Grundlagen der Immobilienwirtschaft

Lizenz zum Wissen.

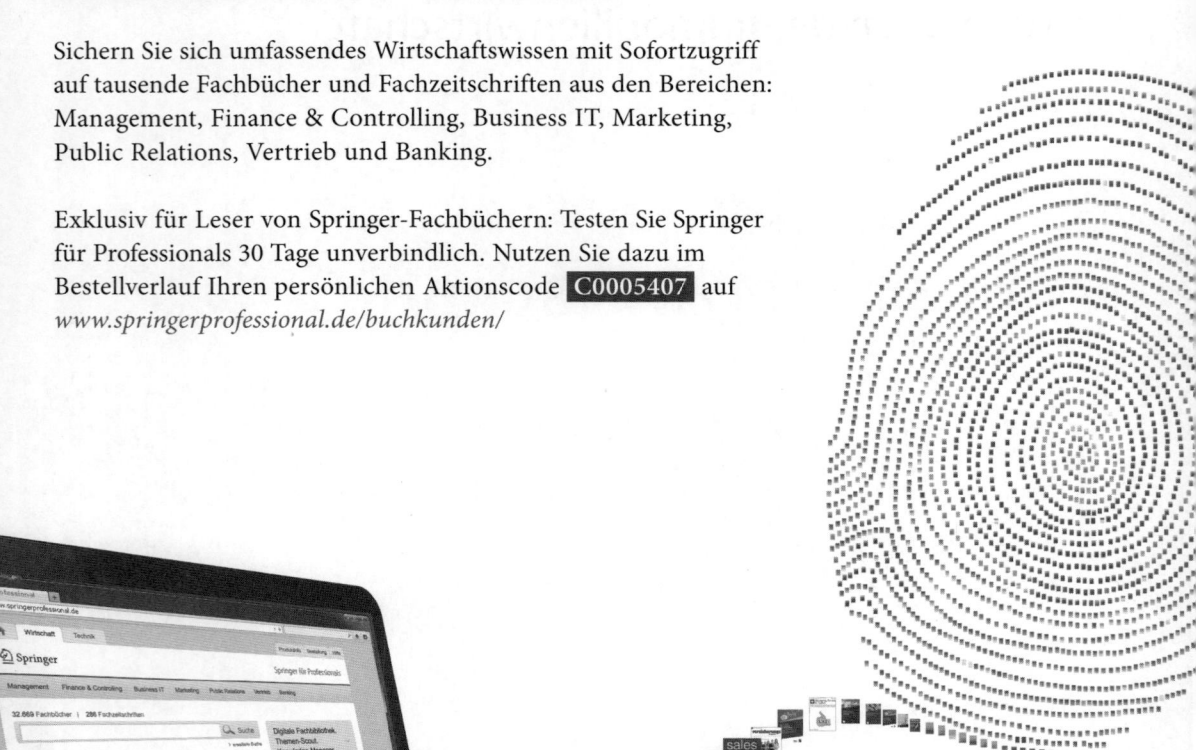

Sichern Sie sich umfassendes Wirtschaftswissen mit Sofortzugriff auf tausende Fachbücher und Fachzeitschriften aus den Bereichen: Management, Finance & Controlling, Business IT, Marketing, Public Relations, Vertrieb und Banking.

Exklusiv für Leser von Springer-Fachbüchern: Testen Sie Springer für Professionals 30 Tage unverbindlich. Nutzen Sie dazu im Bestellverlauf Ihren persönlichen Aktionscode C0005407 auf www.springerprofessional.de/buchkunden/

Jetzt 30 Tage testen!

Springer für Professionals.
Digitale Fachbibliothek. Themen-Scout. Knowledge-Manager.

- Zugriff auf tausende von Fachbüchern und Fachzeitschriften
- Selektion, Komprimierung und Verknüpfung relevanter Themen durch Fachredaktionen
- Tools zur persönlichen Wissensorganisation und Vernetzung

www.entschieden-intelligenter.de

Springer für Professionals · Springer

Kerry-U. Brauer (Hrsg.)

Grundlagen der Immobilienwirtschaft

Recht – Steuern – Marketing – Finanzierung – Bestandsmanagement – Projektentwicklung

8. Auflage

Springer Gabler

Herausgeberin
Prof. Dr. habil. Kerry-U. Brauer
Berufsakademie Sachsen
Staatliche Studienakademie Leipzig
Deutschland

ISBN 978-3-658-01657-9 ISBN 978-3-658-01658-6 (eBook)
DOI 10.1007/978-3-658-01658-6

Die Deutsche Nationalbibliothek verzeichnet diese Publikation in der Deutschen Nationalbibliografie; detaillierte bibliografische Daten sind im Internet über http://dnb.d-nb.de abrufbar.

Springer Gabler
© Springer Fachmedien Wiesbaden 1999, 2000, 2001, 2003, 2006, 2008, 2011, 2013
Das Werk einschließlich aller seiner Teile ist urheberrechtlich geschützt. Jede Verwertung, die nicht ausdrücklich vom Urheberrechtsgesetz zugelassen ist, bedarf der vorherigen Zustimmung des Verlags. Das gilt insbesondere für Vervielfältigungen, Bearbeitungen, Übersetzungen, Mikroverfilmungen und die Einspeicherung und Verarbeitung in elektronischen Systemen.

Die Wiedergabe von Gebrauchsnamen, Handelsnamen, Warenbezeichnungen usw. in diesem Werk berechtigt auch ohne besondere Kennzeichnung nicht zu der Annahme, dass solche Namen im Sinne der Warenzeichen- und Markenschutz-Gesetzgebung als frei zu betrachten wären und daher von jedermann benutzt werden dürften.

Lektorat: Irene Buttkus, Walburga Himmel

Gedruckt auf säurefreiem und chlorfrei gebleichtem Papier

Springer Gabler ist eine Marke von Springer DE. Springer DE ist Teil der Fachverlagsgruppe Springer Science+Business Media.
www.springer-gabler.de

Vorwort

Seit dem Jahre 1999 liegt nunmehr bereits die achte vollständig überarbeitete Auflage des Lehrbuchs vor. Das Buch hat sich damit erfreulich schnell als Grundlagenwerk für die Branche entwickelt. Es wird gleichermaßen im Rahmen des immobilienwirtschaftlichen Hochschulstudiums und von Fach- und Führungskräften in der Praxis genutzt.

Die hier vorliegende achte Auflage wurde wiederum in allen Kapiteln umfassend überarbeitet.

Im Kapital 1 „Einführung in die Immobilienwirtschaft" wurden die geplanten Änderungen bei den Immobilienfondskonstruktionen aufgenommen. Aktuelle Rechtsänderungen und steuerrechtliche Veränderungen fanden in den Kapiteln 2 „Rechtsgrundlagen der Immobilienwirtschaft" und 3 „Steuerliche Betrachtungen zu Immobilien" Berücksichtigung. Im Kapitel 4, in dem das „Immobilienmarketing" als ganzheitlicher unternehmerischer Ansatz für die Branche vermittelt wird, wurden die Ausführungen um das Thema „Social Media" erweitert. Ebenfalls komplett übererarbeitet wurde das Kapitel Immobilienbestandsmanagement. Die sich hier vollziehenden Änderungen und Herausforderungen an das Portfolio-, Asset-, Facility und Property-Management werden dargestellt und um das wichtige Thema Immobiliencontrolling ergänzt.

Das bewährte methodische Konzept der Orientierung am Lebenszyklus der Immobilie wurde beibehalten.

So ist auch die achte Auflage des Lehrbuchs eine Symbiose aus Tradition und Moderne.

Leipzig, im Juli 2013   Kerry-U. Brauer

Vorwort zur ersten Auflage

Die Immobilienwirtschaft ist in Deutschland eine vergleichsweise junge Wirtschafts- und Wissenschaftsdisziplin. Ursache hierfür ist, dass die Immobilie in der Vergangenheit fast ausschließlich als wertstabiles Anlagegut und als bloße „Hülle" für den betrieblichen Leitungsprozess gesehen wurde. Erst in jüngster Vergangenheit, bedingt durch qualitative Veränderungen betrieblicher Leitungsprozesse und zunehmende nationale und internationale Konkurrenz, wird die Immobilie als das betrachtet was sie ist. Ein Wirtschaftsgut, mit dem es zu wirtschaften gilt.

Parallel dazu wächst der Bedarf an hoch qualifiziertem Fachpersonal, das in der Lage ist, Immobilien gemäß den Markterfordernissen zu entwickeln, zu vermarkten, zu bewirtschaften und schließlich neuen Nutzungen zuzuführen. Die in der sehr heterogenen Branche der Immobilienwirtschaft Tätigen müssen gleichermaßen Generalisten und Spezialisten sein. Generalisten dahingehend, dass sie auf der Grundlage der genauen Kenntnis volkswirtschaftlicher und betriebswirtschaftlicher Zusammenhänge in der Lage sind, die wirtschaftlichen Erwägungen ihrer Geschäftspartner und Auftraggeber zu verstehen. Spezialisten dahingehend, dass sie Geschäftspartner und Auftraggeber immobilienspezifisch beraten können. Das setzt gleichermaßen solides wirtschaftliches und juristisches Wissen in Verbindung mit immobilienspezifischem Wissen voraus.

Anliegen des Buches ist es, dieses Wissen zu vermitteln. Der Aufbau orientiert sich am Lebenszyklus der Immobilie. Die übergreifenden juristischen und steuerlichen Aspekte werden voran gestellt. Auf dieser Grundlage werden die wesentlichen Wissensinhalte zum Immobilienmarketing als Ausgangspunkt jeglicher immobilienwirtschaftlicher Tätigkeit, zur Renditeberechnung und zur Finanzierung von Immobilieninvestitionen, zur Verwaltung und damit Bestanderhaltung der Immobilien und schließlich zusammenfassend zur Immobilienentwicklung dargelegt. Die umseitige Übersicht verdeutlicht die Struktur des Buches.

Hervorgegangen ist dieses Buch aus meinen Vorstellungen zu einer optimalen Gestaltung eines Hochschulstudiums auf dem Gebiet der Immobilienwirtschaft und damit verbunden aus den von mir und von den Mitautoren gehaltenen Vorlesungen an der Berufsakademie Sachsen, Staatliche Studienakademie Leipzig. Für die konstruktive Zusammenarbeit mit allen Autoren des vorliegenden Buches möchte ich mich sehr herzlich bedanken. Ebenso danke ich sehr für die wertvollen Anregungen meiner Freunde, Kolleginnen und Kollegen Heike Hallmann, Silvia Horn, Renate Luderer, Lutz Güldner, Siegfried Patzig und Wolfram Schwalm. Für die Erstellung des Layouts für das vorliegende Buch danke ich sehr herzlich Mario Brauer. Ebenso gilt mein Dank für die erwiesene Rücksicht und Geduld Olaf Brauer, Eva Katharina Brauer und Ursula Welzel.

Kerry-U. Brauer

Aufbau des Buches

Einführung in die Immobilienwirtschaft (1)

Rahmenbedingungen für den Lebenszyklus einer Immobilie

Rechtsgrundlagen der Immobilienwirtschaft (2) **Steuerliche Betrachtungen zu Immobilien (3)**

Lebenszyklus einer Immobilie

Phase bis zur Investitionsentscheidung	Entstehungsphase	Erhaltungsphase	Phase erneuter Investitionsentscheidung
	Vermarktungsphase		

| **Immobilienmarketing (4) Renditeberechnung (5)** | **Immobilienfinanzierung (6)** | **Immobilienbestandsmanagement (7)** | **Immobilienprojektentwicklung (8)** |

Inhaltsverzeichnis

Vorwort V
Vorwort zur ersten Auflage VI
Aufbau des Buches VII
Abkürzungsverzeichnis XIII
Autorenverzeichnis XVII

1 Einfühung in die Immobilienwirtschaft 1
Prof. Dr. habil. Kerry-U. Brauer

1.1 Einordnung der Immobilienwirtschaft in die Wirtschaftswissenschaft 5
1.2 Systematisierung der Immobilienwirtschaft 23
1.3 Entwicklungstrends in der Immobilienwirtschaft 44
1.4 Literaturverzeichnis 58

2 Rechtsgrundlagen der Immobilienwirtschaft 59

Teil 1 Grundstücksrecht 61

2.1 Grundstücksrecht 63
Monica Steinforth

Teil 2 Öffentliches und privates Baurecht 117

2.2 Öffentliches und privates Baurecht 119
Prof. Dr. Bernd Dammert

Teil 3 Mietrecht 205

2.3 Mietrecht 207
Prof. Raphael Tobias Huber

Teil 4 Bauträger, Makler-, Wohnungseigentumsrecht 265

2.4 Bauträger, Makler-, Wohnungseigentumsrecht 267
Dr. Ulrich Schwering

3 Steuerliche Betrachtungen zu Immobilien 317
Prof. Dr. Claudia Siegert

3.1 Überblick über wesentliche Steuerarten 321
3.2 Steuern bei Immobilienerwerb, -besitz und -abgabe 322
3.3 Vermögenszuordnung und steuerliche Bewertung von Immobilien 325
3.4 Immobilien im Einkommensteuerrecht 343

3.5	Förderung von Immobilieneigentum	368
3.6	Immobilien im Umsatzsteuerrecht	370
3.7	Immobilien im Gewerbesteuerrecht	384
3.8	Immobilien im Erbschaftsteuerrecht	387
3.9	Literaturverzeichnis	394

4 Immobilienmarketing ... 397

Prof. Dr. Susanne Ertle-Straub

4.1	Grundlagen des Immobilienmarketing	401
4.2	Marketingplanung	405
4.3	Immobilienresearch - Die Informationsfunktion des Immobilienmarketing	408
4.4	Instrumente des Immobilienmarketing	415
4.5	Marketing-Mix	430
4.6	Literaturverzeichnis	432

5 Renditeberechnung bei Immobilieninvestitionen ... 435

Prof. Dr. habil. Kerry-U. Brauer

5.1	Abgrenzung zwischen Wirtschaftlichkeit, Rentabilität und Rendite	439
5.2	Einnahmen- und Ausgabengrößen bei Immobilieninvestitionen	441
5.3	Renditeberechnung aus Sicht eines Endinvestors	445
5.4	Möglichkeiten der Objektivierung der Renditeberechnung mit Hilfe der Monte Carlo Analyse	456
5.5	Renditeberechnung aus Sicht eines Zwischeninvestors	457
5.6	Wirtschaftlichkeitsbetrachtungen aus Sicht einer Bank	460
5.7	Literaturverzeichnis	462

6 Immobilienfinanzierung ... 463

Prof. Dr. habil. Kerry-U. Brauer

6.1	Einführung in die Immobilienfinanzierung	467
6.2	Grundsatzentscheidungen bei der Kreditaufnahme zur Immobilienfinanzierung	477
6.3	Prozess der Kreditgewährung	494
6.4	Bauträgerfinanzierung	515
6.5	Alternative Formen der Kapitalbeschaffung zur Realisierung von Immobilieninvestitionen	530
6.6	Literaturverzeichnis	537

7 Immobilienbestandsmanagement 539
Prof. Dr. Bettina Lange

7.1 Notwendigkeit des Immobilienbestandsmanagements 543
7.2 Immobilien-Portfoliomanagement 550
7.3 Immobilien-Asset Management 560
7.4 Immobilien Facility Management 563
7.5 Immobilien Property Management 572
7.6 Weitere Immobilienmanagement-Ansätze 591
7.7 Immobiliencontrolling als Unterstützungsfunktion im Immobilienmanagement 593
7.8 Literaturverzeichnis 605

8 Immobilienprojektentwicklung 607
Prof. Dr. habil. Kerry-U. Brauer

8.1 Grundlagen der Projektentwicklung 611
8.2 Phase bis zur Investitionsentscheidung 619
8.3 Konzeptions- und Planungsphase 635
8.4 Realisierungsphase und Vermarktung 649
8.5 Literaturverzeichnis 655

Stichwortverzeichnis 657

Abkürzungsverzeichnis

AfA	Absetzung für Abnutzung
AG	Amtsgericht
AGBG	Gesetz zur Regelung des Rechts der Allgemeinen Geschäftsbedingungen
AO	Abgabeordnung
AVB	Allgemeine Vertragsbedingungen
AVV	Allgemeine Verwaltungsvorschrift
BauGB	Baugesetzbuch
BewG	Bewertungsgesetz
BGB	Bürgerliches Gesetzbuch
BGBl.	Bundesgesetzblatt
BGH	Bundesgerichtshof
BGHZ	Entscheidung des Bundesgerichtshofes in Zivilsachen
BMF	Bundesminister für Finanzen
BStBl	Bundessteuerblatt
BV	Berechnungsverordnung
BverfG	Bundesverfassungsgericht
CD	Compact Disc
DGNB	Deutsche Gesellschaft für nachhaltiges Bauen
DIN	Deutsche Industrienorm
DWW	Deutsche Wohnungswirtschaft (Zeitschrift)
EigZulG	Eigenheimzulagegesetz
ErbSt	Erbschaftssteuer
ErbStG	Erbschaftsteuergesetz
Est	Einkommenssteuer

Abkürzungsverzeichnis

EstDV	Einkommensteuerdurchführungsverordnung
EstG	Einkommensteuergesetz
EstH	Einkommensteuerhinweise
EStR	Einkommensteuerrichtlinien
FördG	Fördergebietsgesetz
GBO	Grundbuchordnung
GBVfg	Grundbuchverfügung
GE	Das Grundeigentum (Zeitschrift)
GewO	Gewerbeordnung
GewSt	Gewerbesteuer
GewStG	Gewerbesteuergesetz
GFZ	Geschossflächenzahl
GrESt	Grunderwerbssteuer
GrSt	Grundsteuer
GRZ	Grundflächenzahl
HeizKVO	Heizkostenverordnung
HGB	Handelsgesetzbuch
HOAI	Honorarordnung für Architekten und Ingenieure
ImmoWertV	Immobilienwertermittlungsverordnung
InvZulG	Investitionszulagegesetz
KapST	Kapitalertragsteuer
KSt	Körperschaftssteuer
LG	Landgericht
MaBV	Makler- und Bauträgerverordnung
MEA	Miteigentumsanteil

NJW	Neue Juristische Wochenschrift
NJW-RR	Neue Juristische Wochenschrift – Rechtsprechungsreport
OLG	Oberlandesgericht
PC	Personalcomputer
SolZ	Solidaritätszuschlag
TG	Tiefgarage
TÜV	Technischer Überwachungsverein
Ust	Umsatzsteuer
UstG	Umsatzsteuergesetz
VAG	Versicherungsaufsichtsgesetz
VGB	Allgemeine Wohngebäude-Versicherungsbedingungen
VOB	Verdingungsordnung für Bauleistungen
VoSt	Vorsteuer
VVG	Versicherungsvertragsgesetz
WE	Das Wohneigentum (Zeitschrift)
WEG	Wohneigentumsgesetz
WEG	Wohneigentumsgesetz, Wohneigentümergemeinschaft
WertR	Wertermittlungs-Richtlinien
WM	Wohnungswirtschaft und Mietrecht (Zeitschrift)
ZMR	Zeitschrift für Miet- und Raumrecht

Autorenverzeichnis

Prof. Dr. habil. Brauer, Kerry-U.:	Studienrichtungsleiterin Immobilienwirtschaft, Berufsakademie Sachsen, Staatliche Studienakademie Leipzig und Leiterin des iSt. Institut für immobilienwirtschaftliche Studien
Prof. Dr. Dammert, Bernd:	Rechtsanwalt, Dr. Dammert & Steinforth, Leipzig
Prof. Dr. Ertle – Straub, Susanne:	Senatorin h.c., Professorin für Immobilienwirtschaft und –management, HAWK Hildesheim/ Holzminden/ Göttingen und Inhaberin RESEARCH CONSULTING MARKETING, Nürtingen
Prof. Huber, Rafael Tobias:	Rechtsanwalt, Rechtsanwälte Prof. Huber & Heike, München
Prof. Dr. Lange, Bettina:	Studienrichtungsleiterin Bankwirtschaft, Berufsakademie Sachsen, Staatliche Studienakademie Leipzig
Dr. Schwering, Ulrich:	Rechtsanwalt, Leipzig
Prof. Dr. Siegert, Claudia:	Studienrichtungsleiterin Steuerberatung/ Wirtschaftsprüfung, Berufsakademie Sachsen, Staatliche Studienakademie Leipzig
Steinforth, Monica:	Rechtsanwältin, Dr. Dammert & Steinforth, Leipzig

Erstes Kapitel
Einführung in die
Immobilienwirtschaft

Prof. Dr. habil. Kerry-U. Brauer

1 Einführung in die Immobilienwirtschaft

1.1 Einordnung der Immobilienwirtschaft in die Wirtschaftswissenschaft 5
    1.1.1 Betriebswirtschaftliche Einordnung 5
    1.1.2 Charakteristik des Wirtschaftsgutes Immobilie und des Immobilienmarktes 10
    1.1.3 Volkswirtschaftliche Einordnung und Bedeutung der Immobilienwirtschaft 17
        1.1.3.1 Methodische Aspekte der volkswirtschaftlichen Einordnung 17
        1.1.3.2 Volkswirtschaftliche Bedeutung der Immobilienwirtschaft 19
        1.1.3.3 Interdependenzen zwischen Geld-, Kapital- und Immobilienmarkt 21
1.2 Systematisierung der Immobilienwirtschaft 23
    1.2.1 Einführung in die Systematisierung der Immobilienwirtschaft 23
    1.2.2 Funktionelle Systematisierung 25
    1.2.3 Institutionelle Systematisierung 31
    1.2.4 Systematisierung nach den Zielstellungen der Immobilieneigentümer 41
1.3 Entwicklungstrends in der Immobilienwirtschaft 44
    1.3.1 Entwicklungstrends im Immobilienmanagement 44
    1.3.2 Entwicklungstrend Nachhaltigkeit 48
    1.3.3 Entwicklungstrends der Immobilienmärkte 51
        1.3.3.1 Globalisierung der Immobilienmärkte 51
        1.3.3.2 Entwicklungen ausgewählter Immobilienteilmärkte 53
1.4 Literaturverzeichnis 58

1.1 Einordnung der Immobilienwirtschaft in die Wirtschaftswissenschaft

1.1.1 Betriebswirtschaftliche Einordnung

Die Immobilienbetriebslehre ist im Vergleich zur allgemeinen Betriebswirtschaftslehre und zu einer Reihe spezieller Betriebswirtschaftslehren, wie z.B. der Bankbetriebslehre oder der Handelsbetriebslehre, eine relativ junge Wirtschafts- und Wissenschaftsdisziplin. Hieraus ergibt sich zunächst die Notwendigkeit zur inhaltlichen Bestimmung.

Wird die Immobilienwirtschaft als spezielle Betriebswirtschaftslehre gesehen, ist es nahe liegend, für die inhaltliche Bestimmung von den herkömmlichen Strukturierungsansätzen der Betriebswirtschaftslehre auszugehen. Zwei Varianten der Strukturierung bestehen:

1. Gliederung der Betriebswirtschaftslehre nach den Funktionen des betrieblichen Leistungsprozesses
2. Gliederung der Betriebswirtschaftslehre auf Grundlage einer marktorientierten Unternehmensführung - Marketingansatz.

Zu 1: Gliederung der Betriebswirtschaftslehre nach den Funktionen des betrieblichen Leistungsprozesses

In der Betriebswirtschaftslehre wird zwischen der allgemeinen und den branchenbezogenen oder speziellen Betriebswirtschaftslehren unterschieden. Die allgemeine Betriebswirtschaftslehre ist nach dem betrieblichen Leistungsprozess strukturiert. Sie behandelt die einzelnen betrieblichen Funktionen, wie Beschaffung, Produktion und Absatz aus materieller Sicht bei deren Widerspiegelung in finanziellen Prozessen. Es wird hier eine funktionale Gliederung des betrieblichen Leistungsprozesses vorgenommen.

In den speziellen Betriebswirtschaftslehren finden die branchenspezifischen Aspekte Berücksichtigung. Die Strukturierung baut ebenfalls auf der funktionalen Gliederung auf, berücksichtigt aber den konkreten Produktions- oder Dienstleistungsprozess, der in den Wirtschaftseinheiten erbracht wird. Beispielhaft sei die industrielle Fertigung von materiellen Gütern, die in der Industriebetriebslehre systematisiert wird oder die Erbringung von Finanzdienstleistungen, die in der Bankbetriebslehre oder in der Versicherungsbetriebslehre dargestellt wird, genannt.

Abbildung 1.1: Gliederung der Betriebswirtschaftslehre nach den Funktionen des betrieblichen Leistungsprozesses

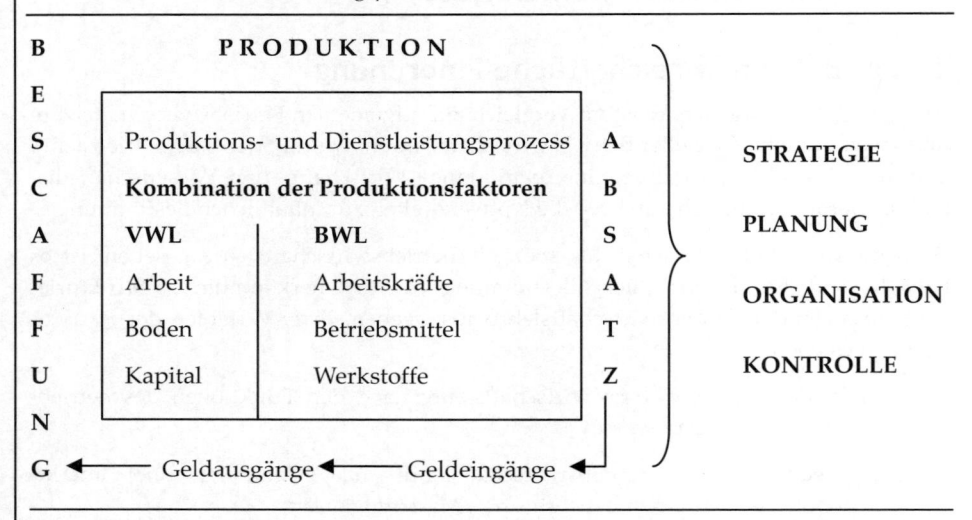

B		PRODUKTION			
E					
S	Produktions- und Dienstleistungsprozess		A		STRATEGIE
C	**Kombination der Produktionsfaktoren**		B		
A	VWL	BWL	S		PLANUNG
F	Arbeit	Arbeitskräfte	A		ORGANISATION
F	Boden	Betriebsmittel	T		
U	Kapital	Werkstoffe	Z		KONTROLLE
N					
G	← Geldausgänge ← Geldeingänge ←				

Lehnt man sich an die funktionale Gliederung nach den Leistungsphasen: Beschaffung, Produktion und Absatz an, müssen diesen die adäquaten Leistungsphasen in der Immobilienwirtschaft zugeordnet werden. Eine solche Betrachtung ist relativ unproblematisch, wenn die Immobilienwirtschaft in der Weise definiert wird, dass im Ergebnis des Leistungsprozesses die Immobilie als materielles Produktionsergebnis entsteht. Der Investor investiert in die Immobilie und schafft im Ergebnis davon durch Neubau, Umbau oder umfangreiche Modernisierung ein neues materielles Produkt.

Abbildung 1.2: Funktionale Gliederung der Immobilienwirtschaft, bei der die Immobilie Produktionsergebnis ist

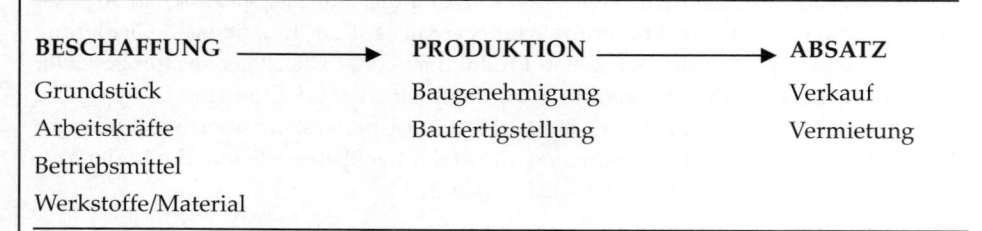

BESCHAFFUNG →	PRODUKTION →	ABSATZ
Grundstück	Baugenehmigung	Verkauf
Arbeitskräfte	Baufertigstellung	Vermietung
Betriebsmittel		
Werkstoffe/Material		

In diesem Fall wird die Immobilienwirtschaft ausschließlich aus der Entstehung der Immobilie heraus definiert. Der Leistungsprozess ist abgeschlossen, wenn die Immobilie entwickelt, gebaut und verkauft ist.

1 Einführung in die Immobilienwirtschaft

Infolge der Langlebigkeit der Immobilie als Wirtschaftsgut reicht eine solche Betrachtung nicht aus. Vielmehr ist es erforderlich, neben der Entstehungsphase auch die Nutzungsphase in die inhaltliche Bestimmung mit einzubeziehen. Hier wird die Immobilie nicht als das Ergebnis des betrieblichen Leistungsprozesses betrachtet, sondern als Produktionsfaktor. Das heißt, die Immobilie ist der entscheidende Produktionsfaktor und damit das Trägermedium für das Erbringen einer Dienstleistung durch ein Immobilienunternehmen. Diese Dienstleistung kann in der Vermietung, im Verkauf, in der Verpachtung oder in der Bewirtschaftung der Immobilie bestehen. Ziel ist, dass im Ergebnis der Dienstleistung ein einmaliges wirtschaftliches Ergebnis (Provisionseinnahme im Ergebnis von Verkauf oder Vermietung) oder ein dauerhaftes wirtschaftliches Ergebnis (Einnahmen aus Bestandsmanagementtätigkeit) erzielt wird. Charakteristisch für diesen Leistungsprozess ist, dass von der „klassischen" Reihenfolge Beschaffung – Produktion – Absatz abgewichen wird. So fallen bei Dienstleistungsprozessen, infolge der Immaterialität der Leistung, Produktion und Absatz zusammen. Beim Verkauf der Immobilie wird mit dem Erbringen der Dienstleistung des Immobilienmaklers die Immobilie abgesetzt. Bei der Bewirtschaftung von Immobilien wird die Dienstleistung durch den Verwalter/ Property Manager ebenfalls parallel erbracht und abgesetzt.

Abbildung 1.3: Funktionale Gliederung der Immobilienwirtschaft, bei der die Immobilie Produktionsfaktor ist

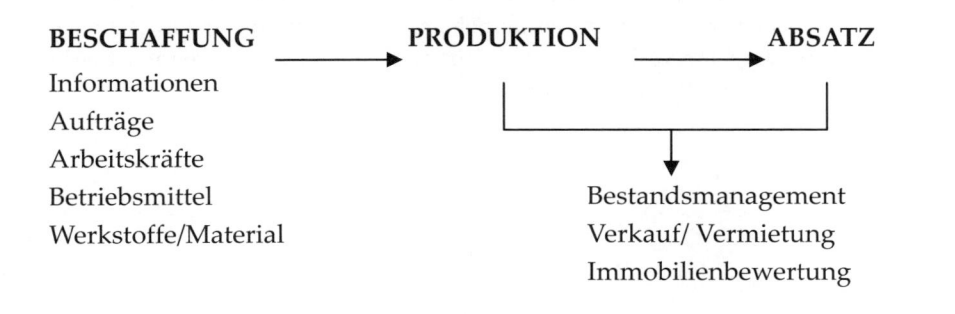

BESCHAFFUNG	PRODUKTION	ABSATZ
Informationen		
Aufträge		
Arbeitskräfte		
Betriebsmittel		Bestandsmanagement
Werkstoffe/Material		Verkauf/ Vermietung
		Immobilienbewertung

Zu 2: Gliederung der Betriebswirtschaftslehre auf Grundlage einer marktorientierten Unternehmensführung - Marketingansatz

Marketing beinhaltet eine umfassende Philosophie und Konzeption des Planens und Handelns, bei der alle Aktivitäten eines Unternehmens konsequent auf die gegenwärtigen und künftigen Erfordernisse der Märkte ausgerichtet werden[1]. Eine solche marktorientierte Führung eines Unternehmens gewinnt für die Immobilienwirtschaft aufgrund tendenziell gesättigter Immobilienteilmärkte an Bedeutung. Das heißt, dass

---

1 Vgl. Weis (2009) S.19

Prof. Dr. habil. Kerry-U. Brauer

das Angebot die Nachfrage übersteigt. Das betrifft gleichermaßen die Wohnimmobilienmärkte und die Gewerbeimmobilienmärkte. Diese Entwicklung wird sich, bei aller regionaler Differenziertheit, mit hoher Wahrscheinlichkeit auch künftig vollziehen. Ursachen hierfür liegen in der demographischen und in der wirtschaftlichen Entwicklung. Bis zum Jahr 2020 werden zwar trotz sinkender Bevölkerungszahlen noch steigende Haushaltszahlen, aufgrund der Verkleinerung der privaten Haushalte, in Deutschland prognostiziert, dennoch ist nicht mit einem Angebotsengpass in den meisten regionalen Teilmärkten zu rechnen[2]. Im Gewerbeimmobilienbereich ist die Ursache im fortschreitenden Intensivierungsprozess in Produktion und Dienstleistung mit damit einhergehender effizienterer Flächeninanspruchnahme zu sehen[3].

Hinzu kommt, dass Immobilieninvestitionen immer mit einer langfristigen und hohen Kapitalbindung verbunden sind. Damit erhält die marktorientierte Unternehmensführung einen besonderen Stellenwert. Fehlentscheidungen sind im Immobilienbereich regelmäßig mit überdurchschnittlich hohen Kapitalverlusten verbunden. Die Informationsbeschaffung über den jeweiligen Immobilienteilmarkt gewinnt daher ganz entscheidend an Bedeutung. In tendenziell gesättigten Märkten ist es unumgänglich, die spezifischen Zielgruppen im Nachfrageverhalten nach Immobilien zu analysieren. Das Nachfrageverhalten muss dabei sowohl quantitativ (Anzahl von Wohn- bzw. Gewerbeimmobilien, Größen, Flächeninanspruchnahme) als auch qualitativ (Lage, Ausstattung, Grundrissanforderungen etc.) analysiert werden. Hierauf aufbauend sind die Entscheidungen zur jeweiligen Produkt-, Kontrahierungs- Distributions- und Kommunikationspolitik zu treffen. Das betrifft gleichermaßen die Immobilienunternehmen, bei denen die Immobilie Produktionsergebnis ist, als auch die Immobilienunternehmen, bei denen die Immobilie Produktionsfaktor ist. Abbildung 1-4 gibt hierfür eine Orientierung.

---

[2] Vgl. 1.3.3.2 Entwicklung ausgewählter Immobilienteilmärkte
[3] Vgl. Ebenda

1 Einführung in die Immobilienwirtschaft

Abbildung 1.4: Anwendung marketingpolitischer Instrumentarien in der Immobilienwirtschaft

Marketingpolitische Instrumentarien	Immobilie als Produktionsergebnis	Immobilie als Produktionsfaktor
Produktpolitik	Investitionen in: • Wohnimmobilien • Gewerbeimmobilien • Serviceleistungen im Zusammenhang mit der Investitionstätigkeit (z.B. Finanzierung/ Versicherung)	Vermarktung/ Verwaltung von: • Wohnimmobilien • Gewerbeimmobilien • weitere Serviceleistungen (z.B. Finanzierung/ Versicherung)
Kontrahierungspolitik	• Kaufpreishöhe • Mietpreishöhe • Zahlungsmodalitäten	• Maklercourtage • Verwaltergebühr • Zahlungsmodalitäten
Distributionspolitik	• Verkauf/ Vermietung durch eigene Mitarbeiter • Verkauf/ Vermietung durch Fremdfirmen	• Leistungserbringung durch eigene Mitarbeiter • Leistungserbringung durch Tochter- oder Partnerunternehmen • Leistungserbringung durch freie Mitarbeiter
Kommunikationspolitik	zielgruppenspezifische Ansprache im Rahmen von: • Öffentlichkeitsarbeit • Werbung • Verkaufsförderung • Verkauf	

Zusammenfassung

Die Immobilienwirtschaft umfasst alle wirtschaftlichen Funktionen, bei denen

a) das Wirtschaftsgut Immobilie im Ergebnis des Leistungsprozesses entsteht und

b) die Immobilie wesentlicher Produktionsfaktor ist, der in den Leistungsprozess des Immobilienunternehmens eingebracht wird, um letztendlich ein wirtschaftliches Ergebnis aus der Dienstleistung an der Immobilie erzielen zu können.

Damit umfasst die Immobilienwirtschaft all jene Leistungsprozesse, die unmittelbar an den Lebenszyklus der Immobilie gebunden sind. Besonderes Merkmal der Immobilienwirtschaft ist die unmittelbare Verschmelzung von Produktions- und Dienstleistungsprozessen. Nach der Entstehung der Immobilie im Ergebnis des Produktions-

Prof. Dr. habil. Kerry-U. Brauer

prozesses schließt sich ein vergleichsweise langer Nutzungs- und Bewirtschaftungszeitraum an, in dem aus der Dienstleistungserbringung an der Immobilie wirtschaftliche Erträge generiert werden. Die hiermit verbundenen Aufgabenfelder werden von mehr oder weniger auf diese Leistungsphasen spezialisierten Unternehmen erbracht. Eine marktorientierte Unternehmensführung gewinnt dabei für alle immobilienwirtschaftlichen Unternehmen an Bedeutung.

1.1.2 Charakteristik des Wirtschaftsgutes Immobilie und des Immobilienmarktes

Fasst man die Immobilienwirtschaft als eine spezielle Betriebswirtschaftslehre, so resultieren deren Besonderheiten gegenüber anderen speziellen Betriebswirtschaftslehren aus der Charakteristik des Wirtschaftsgutes Immobilie.

1. Standortgebundenheit

Wesentliches Charakteristikum des Wirtschaftsgutes Immobilie gegenüber anderen Wirtschaftsgütern ist deren Immobilität, d.h. Unbeweglichkeit und damit Standortgebundenheit.

Aus diesem Merkmal lassen sich zwei Betrachtungsweisen ableiten:

a) die Bindung an den Boden gemäß § 94 BGB, wonach zu den wesentlichen Bestandteilen eines Grundstücks die mit dem Grund und Boden fest verbundenen Sachen, insbesondere Gebäude gehören;

b) der Boden als komplementäres Gut zum Gebäude. Hier wird der Bodenmarkt als dem Immobilienmarkt vorgelagerten Markt betrachtet. Das heißt, dass die Möglichkeiten und Grenzen immobilienwirtschaftlicher Marktentwicklung maßgeblich von der Baulandausweisung in Quantität und Qualität (nach der Nutzungsart gemäß Baunutzungsverordnung) abhängen.

Diese Standortgebundenheit bedingt die Abhängigkeit der Vermarktung (Verkauf und Vermietung und damit dauerhafte Nutzung) von der regionalen Wirtschafts- und Arbeitsmarktsituation, von der technischen und kulturellen Infrastruktur sowie von ökologischen Faktoren. Aufgrund der Standortgebundenheit existiert eine Vielzahl von Teilmärkten und ergibt sich zwangsläufig die Besonderheit der Einmaligkeit jeder Immobilie.

2. Einmaligkeit

Jede am Markt befindliche Immobilie ist ein Unikat. Ein Unikat insofern, dass selbst bei gleichem Grundriss keine Immobilie völlig identisch mit einer anderen ist. Diese Einmaligkeit resultiert aus der Standortgebundenheit. Der Standort kann weiter – Region, Stadt, Gemeinde – oder enger – Stadtbezirk, Straße – gefasst werden. Selbst bei gleichem Grundriss von Wohnungen in ein und demselben Haus bleibt jede Wohnung ein Unikat, z.B. aufgrund von Unterschieden in der Belichtung und in der Beschallung. Aus dieser Einmaligkeit jeder Immobilie ergibt sich wiederum die Heterogenität des Wirtschaftsgutes Immobilie.

3. Heterogenität

Die oben beschriebene Einmaligkeit bedingt zwangsläufig die Heterogenität, d.h. Ungleichartigkeit der Immobilien. Die Heterogenität kann größer oder sehr klein sein und damit bereits in Richtung homogener Güter gehen. Größer insofern, wenn bspw. Drei- und Vier-Raum-Wohnungen in unterschiedlichen Stadtbezirken miteinander konkurrieren. Diese Drei- und Vier-Raum-Wohnungen befinden sich zwar auf dem Teilmarkt Wohnimmobilien, werden aber nach Lage und Ausstattung unterschiedlichen Ansprüchen gerecht. Das gleiche gilt für Büroimmobilien in verschiedenen Städten. Diese konkurrieren insofern miteinander, wie die Entscheidung zwischen verschiedenen Standorten für die Ansiedlung eines Unternehmens getroffen wird. Die Ungleichartigkeit ist sehr klein, tendiert gegen Null, wenn bspw. zwei Zwei-Raum-Wohnungen in einem Haus in unterschiedlichen Etagen miteinander konkurrieren. In dem Fall ist eine völlige Substituierbarkeit möglich. Trotz oben beschriebener Einmaligkeit können diese in dem Fall tendenziell als homogene Güter eingestuft werden.

4. Lange Produktionsdauer

Ein weiteres Charakteristikum besteht in der langen Produktionsdauer der Immobilie. Gemeint ist hier nicht nur der unmittelbare Bau der Immobilie, sondern vor allem auch das Planungs- und Genehmigungsverfahren, das der Bauphase direkt vorgelagert ist. Der Zeitraum zwischen Investitionsentscheidung und Fertigstellung und damit Nutzungsübergabe kann in Abhängigkeit von der Größenordnung des zu realisierenden Projekts zwischen 2 und 5 Jahren oder länger betragen. Unsicherheiten über die Produktionsdauer resultieren aus der nicht exakt vorhersehbaren Dauer des Genehmigungsverfahrens, aus der Unabwägbarkeit witterungsbedingter Verzögerungen in der Bauphase und häufig aus einem mangelhaften Planungs- und Baumanagement.

Infolge der langen Produktionsdauer besteht zwangsläufig eine geringe Angebotselastizität. Es kann nur mit Zeitverzögerung auf eine veränderte Nachfrage reagiert werden. Gleichzeitig geht damit eine erhöhte Unsicherheit für den Investor einher. Verändert sich die Nachfrageentwicklung während der „Produktionszeit" der Immobilie, lassen sich die noch in Realisierung befindlichen Immobilien gegebenenfalls nur mit Preisabschlägen vermarkten. Die eingangs kalkulierten Verkaufs- oder Vermietungspreise lassen sich nicht mehr erzielen mit allen damit verbundenen wirtschaftlichen Konsequenzen für den Investor.

Das in der wirtschaftswissenschaftlichen Literatur als „Spinnwebtheorem" oder „Schweinezyklus" bezeichnete Phänomen ist ein typisches für die Immobilienwirtschaft. Das Angebot jedes Wirtschaftsgutes hängt von der Gewinnerwartung ab. Mit wachsender Immobiliennachfrage steigen die Immobilienpreise und erhöht sich die Gewinnspanne. Folglich wird die Immobilienproduktion gesteigert und etablieren sich auch Bauträger und Projektentwickler mit geringerer Produktivität am Markt. Auch diese können infolge gestiegener Preise Gewinne erzielen. Mit zeitlicher Verzögerung von 2 bis 5 Jahren kommen diese Immobilien auf den Markt. Sie drängen, bedingt durch die lange Produktionsdauer, selbst dann noch auf den Markt, wenn die Sättigung der Nachfrage bereits erreicht ist. Die Folge ist ein Überangebot, das einen mehr oder weniger drastischen Preisverfall bedingt. Dieser Preisverfall hat vor allem im Hinblick auf die mit der Immobilieninvestition verbundene hohe Kapitalbindung wirtschaftliche Konsequenzen.

5. Hohe Kapitalbindung

Die Entscheidung für eine Immobilieninvestition ist immer mit der Entscheidung für eine relativ hohe immobile Kapitalbindung verbunden. Die Dauerhaftigkeit dieser hohen immobilen Kapitalbindung hängt vom Zeitraum des Immobilieneigentums ab.

Bei einem Zwischeninvestor, d.h. einem Investor der zwischenzeitlich in eine Immobilie zum Zwecke des Verkaufs investiert (Bauträger, Projektentwickler), ist die hohe Kapitalbindung relativ kurz. Dennoch trägt dieser das Risiko veränderter Marktlage und damit veränderter Verkaufspreise vollständig (vgl. „Schweinezyklus"), sofern nicht der Verkauf bereits vor Fertigstellung erfolgte.

Beim Endinvestor, der die Immobilie zum Zwecke dauerhafter Vermietung oder Eigennutzung im Bestand behält, ist die hohe Kapitalbindung entsprechend lang. Auch er trägt das Risiko einer veränderten Marktlage in Form stagnierender oder sinkender Mietpreise, was die langfristige Werthaltigkeit der Immobilie beeinflusst. Waren in der Vergangenheit regelmäßig kontinuierliche Immobilienwertsteigerungen erzielbar, sind diese nunmehr wesentlich volatiler und hängen maßgeblich von der konkreten wirtschaftlichen und demographischen Entwicklung des regionalen Standortes ab. Weiterer Faktor für die Wertstabilität oder Wertsteigerung von Immobilien ist deren nachfrageadäquate Nutzung. Gemeint ist damit deren Anpassungsmöglichkeit an eine veränderte Nachfrage in der Nutzungsart und -qualität (Ausstattung, Grundrissgestaltung etc.).

6. Dauerhaftigkeit/ Langlebigkeit

Im Unterschied zu den meisten anderen Gütern zeichnet sich eine Immobilie durch ihre Dauerhaftigkeit oder Langlebigkeit aus. Das bedeutet, dass Immobilien während ihrer Lebensdauer oft mehrfach gekauft und verkauft werden. Somit konkurrieren Immobilienbestand und Neubauten miteinander. Quantitativ dominiert bei weitem der Bestand an Immobilien gegenüber den neu gebauten Objekten.

7. Hohe Übertragungskosten

Übertragungskosten entstehen sowohl bei der Übertragung des Eigentums an Immobilien als auch bei der Übertragung der Nutzung von Immobilien. Bei der Eigentumsübertragung entstehen Übertragungskosten in Form der Erwerbsnebenkosten. Das sind: Grunderwerbssteuer, Notar- und Amtsgerichtsgebühren und Maklercourtage.

Mit der Nutzungsübertragung sind Übertragungskosten in Form von Umzugskosten, Aufwendungen für Adressenumschreibung etc. und ggf. Maklercourtage verbunden. Übertragungskosten sind insbesondere dann von Bedeutung, wenn man die Immobilieninvestition als eine Möglichkeit der Geldanlage betrachtet. Der Einfluss auf die Rendite dieser Geldanlage ist umso größer, je kürzer die Immobilie im Bestand gehalten wird. So bedingen allein schon die Übertragungskosten eine vergleichsweise lange Haltedauer von Immobilien.

Charakteristik des Immobilienmarktes

Der Markt im Ursprung seiner Bedeutung ist der „Ort", auf dem Angebot und Nachfrage aufeinander treffen. In der wirtschaftswissenschaftlichen Theorie wird zwischen vollkommenen und unvollkommenen Märkten unterschieden. Diese Unterscheidung geht auf das Modell der vollständigen und der unvollständigen Konkurrenz zurück.

Merkmale vollständiger Konkurrenz sind:

1. Homogenität angebotener Güter;
2. absolute Angebotselastizität;
3. vollständige Markttransparenz;
4. unendlich große Anzahl von Anbietern und Nachfragern.

Diese Merkmale drücken die Idealvorstellung für einen vollkommenen Markt aus. Je weniger der aufgeführten Merkmale auf einen Markt zutreffen, desto unvollkommener ist dieser. Werden diese Merkmale auf den Immobilienmarkt bezogen, kann konstatiert werden:

1. Die angebotenen Güter sind heterogen. Damit bestehen zwangsläufig Präferenzen für einen bestimmten Anbieter oder ein bestimmtes Angebot.
2. Es besteht eine geringe Angebotselastizität gegenüber Nachfrageänderungen, bedingt durch die lange Produktionsdauer von Immobilien.
3. Markttransparenz ist infolge der nebeneinander existierenden verschiedenen Organisationsformen bei der Vermarktung von Immobilien nur partiell gegeben.
4. Auf den jeweiligen Teilmärkten ist die Anzahl agierender Anbieter und Nachfrager begrenzt.

Damit ist der Immobilienmarkt ein stark unvollkommener Markt. Die Besonderheiten des Immobilienmarktes gegenüber anderen Gütermärkten resultieren aus der Charakteristik des Wirtschaftsgutes Immobilie. So wie die Immobilie eine Abstraktion für die verschiedenartigen mit dem Grund und Boden verbundenen Gebäuden ist, ist in Analogie dazu der Immobilienmarkt eine Abstraktion für die einzelnen Märkte auf denen die verschiedenartigen Grundstücke mit oder ohne Gebäude und grundstücksgleichen Rechte (Wohnungs- und Teileigentum, Erbbaurecht) gehandelt werden. Es existiert nicht **der** Immobilienmarkt an sich. Vielmehr besteht der Immobilienmarkt aus einer Vielzahl unterschiedlicher Teilmärkte, die in Abhängigkeit des Betrachtungswinkels unterschiedlich strukturiert werden können. Die verschiedenen Teilmärkte, auf denen sich Kauf und Verkauf sowie An- und Vermietung vollziehen, resultieren primär aus den Charaktermerkmalen „Standortgebundenheit" und „Heterogenität". Aus der Standortgebundenheit resultieren regionale Teilmärkte. Diese regionalen Teilmärkte sind infolge der Heterogenität des Wirtschaftsgutes Immobilie und den damit verbundenen unterschiedlichen Nutzungs- und Vertragsarten durch eine Vielzahl weiterer Teilmärkte untersetzt.

Die in der Abbildung vorgenommene Strukturierung bildet nur eine Variante zur Teilmarktstruktur des Immobilienmarktes:

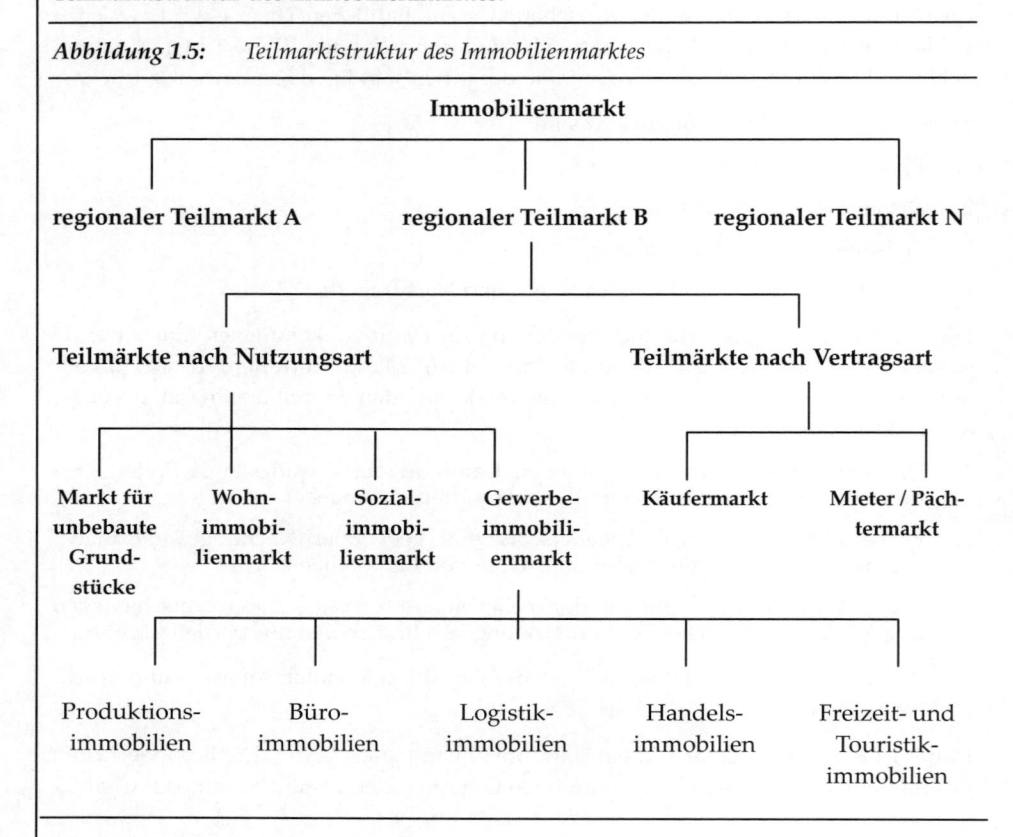

Abbildung 1.5: Teilmarktstruktur des Immobilienmarktes

```
                              Immobilienmarkt
        ┌──────────────────────────┼──────────────────────────┐
regionaler Teilmarkt A      regionaler Teilmarkt B      regionaler Teilmarkt N
                                   │
              ┌────────────────────┴────────────────────┐
       Teilmärkte nach Nutzungsart           Teilmärkte nach Vertragsart
      ┌──────┬──────┬──────┬──────┐              ┌──────────┬──────────┐
   Markt für  Wohn-  Sozial- Gewerbe-         Käufermarkt   Mieter/Pächter-
  unbebaute  immobi- immobi- immobili-                           markt
   Grund-    lien-   lien-   enmarkt
   stücke    markt   markt
                             │
              ┌──────┬───────┼───────┬──────────┐
         Produktions- Büro-  Logistik- Handels-  Freizeit- und
         immobilien  immo-  immo-    immo-     Touristik-
                     bilien bilien   bilien    immobilien
```

14

Markt für unbebaute Grundstücke

Der Markt für unbebaute Grundstücke lässt sich nach folgenden Kriterien in weitere Teilmärkte gliedern.

a. nach Zustand und Entwicklung von Grund und Boden

- Bauerwartungsland,
- Rohbauland,
- baureifes Land.

Im § 5 der Immobilienwertermittlungsverordnung wird diese Unterscheidung nach dem Entwicklungsgrad von Grund und Boden vorgenommen.

b. nach Nutzungsart gemäß Baunutzungsverordnung (BauNVO):

In der Baunutzungsverordnung – BauNVO sind die Rahmenvorgaben für die Festsetzungen im Bebauungsplan zur Art und zum Maß der baulichen Nutzung sowie zur Bauweise fixiert.

Unterschieden wird zwischen: Kleinsiedlungsgebiete (WS), reine Wohngebiete (WR), allgemeine Wohngebiete (WA), besondere Wohngebiete (WB), Dorfgebiete (MD), Mischgebiete (MI), Kerngebiete (MK), Gewerbegebiete (GE), Industriegebiete (GI) und Sondergebiete (SO).[4]

Wohnimmobilienmarkt

Der Wohnimmobilienmarkt kann nochmals in verschiedene Teilmärkte untergliedert werden. Kriterien der Einteilung können sein:

a. Markt für Mietwohnungen,

b. Markt für Eigentumswohnungen,

c. Markt für Einfamilienhäuser einschließlich Doppel – und Reihenhäuser.

Diese Märkte können wiederum nach Größe (Wohnfläche, Anzahl Räume), Bauzustand und Ausstattungsniveau differenziert werden.

Sozialimmobilienmarkt

Der Sozialimmobilienmarkt ist außerordentlich heterogen. Er umfasst all jene Immobilien, die unter dem Sozialbegriff – die Gesellschaft oder die Gemeinschaft betreffend – subsumiert werden können. Kriterien der Einteilung können sein:

---

[4] Vgl. BauNVO, Erster Abschnitt. Art der baulichen Nutzung

a. Immobilien von Gesundheitseinrichtungen (z.B. Krankenhäuser, Kurkliniken, Pflegeheime);

b. Immobilien für Kinderbetreuung (z.B. Kindertagesstätten, Schullandheime);

c. Immobilien für Aus- und Weiterbildung (z.B. Schulgebäude, Hochschulgebäude).

Gewerbeimmobilienmarkt

Der Gewerbeimmobilienmarkt ist ebenfalls nur eine Abstraktion für eine Vielzahl weiterer Teilmärkte, wie in Abbildung 1.5 „Teilmarktstruktur des Immobilienmarktes" aufgezeigt. Im Abschnitt 1.3.3.2 werden aktuelle Entwicklungstendenzen dieser Teilmärkte aufgeführt.

Käufermarkt und Mietermarkt

In allen oben aufgeführten Teilmärkten kann weiterhin nach der Vertragsart zwischen Käufer- und Mieter-/ Pächtermarkt unterschieden werden. Die Entscheidung zum Kauf oder zur Anmietung hängt sowohl im wohnwirtschaftlichen als auch im gewerblichen Immobilienbereich primär von individuellen Präferenzen, jedoch auch von der regionalen Angebots- und Nachfragesituation ab.

Organisation des Immobilienmarktes

Ein Kriterium für die Einstufung des Immobilienmarktes als wirtschaftstheoretisch unvollkommener Markt ist die geringe Markttransparenz. Ein umfassender Überblick über die auf den Teilmärkten befindlichen Angebote ist schwer zu erhalten. Eine wesentliche Ursache hierfür liegt in der Organisation des Immobilienmarktes. Im Unterschied zu anderen Wirtschaftsgütermärkten, bei denen über Groß- und Einzelhandel für Anbieter und Nachfrager transparente Marktstrukturen bestehen, ist das auf dem Immobilienmarkt bzw. auf den Teilmärkten des Immobilienmarktes nicht der Fall. Vielmehr stehen hier verschiedene Organisationsformen nebeneinander.

Prinzipiell wird unterschieden zwischen:

a. dem Direktmarkt und

b. dem Maklermarkt

Im Gegensatz zum anglo - amerikanischen Markt, bei dem der Maklermarkt weit überwiegt, stehen in Deutschland der Direkt- und der Maklermarkt in etwa gleicher Größenordnung nebeneinander. Der **Direktmarkt** ist der Markt, auf dem sich Direktanbieter und Direktnachfrager ohne zwischengeschaltete Handelsform unmittelbar gegenüberstehen. Das betrifft den Markt privater Anbieter sowohl in Form natürlicher als auch juristischer Personen, denen private Nachfrager gegenüberstehen. Auf diesem Markt agieren natürliche Personen, die in der Regel nur einmalig einen Immobilienkauf oder -verkauf tätigen. Das sind beispielsweise Eigennutzer von Einfamilienhäusern oder Eigentumswohnungen. Auf diesem Direktmarkt sind aber auch professionell agierende natürliche oder juristische Personen tätig. Hierzu gehören u.a. Immobilienfonds- und Immobilienleasinggesellschaften, Wohnungsunternehmen, Bauträger und Projektentwickler sowie natürliche Personen, die in gezielten Immobilienkäufen und -verkäufen eine wesentliche Geldanlage sehen.

Der **Maklermarkt** ist der Markt, auf dem Angebot und Nachfrage von Immobilien mit Hilfe eines Immobilienmaklers zusammengeführt werden. Innerhalb des Maklermarktes existieren wiederum unterschiedliche Organisationsformen, beginnend mit dem Einzelmakler, über das Maklerunternehmen mit mehreren für das Unternehmen agierenden Immobilienmaklern bis hin zu Maklerverbünden, in denen sich mehrere Makler zusammen schließen und ihre im Angebot befindlichen Objekte in einen gemeinsamen Datenpool geben.

Wichtiges Medium für die Verbreitung von Immobilienangeboten ist das Internet. Mittlerweile existiert eine Vielzahl von Immobilienbörsen. Zweifelsfrei wird durch dieses Medium ein Beitrag zur Erhöhung der Markttransparenz geleistet. Da aber auch hier nur ein Teil der am Markt befindlichen Objekte erfasst wird und darüber hinaus diese in verschiedenen Datenbänken gespeichert sind, wird die geringe Markttransparenz zwar eingeschränkt, nicht aber aufgehoben.

Zusammenfassung

Der Immobilienmarkt ist nach den Kriterien der vollständigen Konkurrenz ein stark unvollkommener Markt. Primäre Ursachen hierfür sind zum einen die Standortgebundenheit zum anderen die Heterogenität des Wirtschaftsgutes Immobilie. In Folge davon besteht der Immobilienmarkt aus einer Vielzahl von Teilmärkten und weist unterschiedliche Organisationsformen auf.

1.1.3 Volkswirtschaftliche Einordnung und Bedeutung der Immobilienwirtschaft

1.1.3.1 Methodische Aspekte der volkswirtschaftlichen Einordnung

Die volkswirtschaftliche Einordnung knüpft direkt an der betriebswirtschaftlichen Einordnung an. In der betriebswirtschaftlichen Einordnung wurde die Immobilienwirtschaft dahingehend definiert, dass die Immobilie sowohl das Produktionsergebnis im betrieblichen Leistungsprozess als auch der wesentliche Produktionsfaktor ist, um aus der Dienstleistungserbringung an der Immobilie ein wirtschaftliches Ergebnis zu erzielen. Produktions- und Dienstleistungsprozesse stehen in der Immobilienwirtschaft in einem praktisch untrennbaren Zusammenhang. So wie in der Betriebswirtschaftslehre branchenspezifisch unterschieden wird, werden diese Branchen in der Volkswirtschaftslehre in verschiedenen Sektoren zusammengefasst. Grundlage hierfür bildet die Sektorentheorie. Aus entwicklungstheoretischer Sicht existieren in einer Volkswirtschaft drei Sektoren, deren Bedeutung in Abhängigkeit des wirtschaftlichen

Entwicklungsstandes variiert. Der primäre Sektor umfasst die Land- und Forstwirtschaft sowie die Fischerei. Der sekundäre Sektor umfasst die Waren produzierenden Gewerbe. Der tertiäre Sektor umfasst Handel, Verkehr, Kredit-, Versicherungswesen und alle weiteren Dienstleistungen. Die immobilienwirtschaftlichen Unternehmen, bei denen im Ergebnis des betrieblichen Leistungsprozesses die Immobilie als Produktionsergebnis entsteht, gehören demnach zum sekundären und damit zum produzierenden Sektor. Die Immobilienunternehmen, bei denen die Immobilie als Produktionsfaktor fungiert, gehören zum tertiären und damit zum dienstleistenden Sektor.

Während in der Betriebswirtschaftslehre die **innerhalb des Unternehmens** ablaufenden Prozesse untersucht werden, wird in der Volkswirtschaftslehre das Wirken dieser **Unternehmen nach außen** als Marktteilnehmer im volkswirtschaftlichen Reproduktionsprozess analysiert. Hierfür werden zwei verschiedene Methoden – die mikroökonomische und die makroökonomische – angewendet.

Mikroökonomische Methode

In der Mikroökonomie wird das Verhalten einzelner Wirtschaftssubjekte als Marktteilnehmer in der Volkswirtschaft untersucht. Aus der Analyse einzelwirtschaftlicher Erscheinungen werden allgemeingültige Aussagen über das Verhalten aller Unternehmen getroffen. Diese Verallgemeinerung findet dann ihren Ausdruck in der Angebots- und Nachfragetheorie und in Koordination hieraus in der Preistheorie. Eine mikroökonomische Einordnung der Immobilienwirtschaft lässt sich dahingehend vornehmen, wenn beispielsweise analysiert wird, wie sich das Angebots- Nachfrageverhalten einzelner Marktteilnehmer, bei veränderten wirtschaftlichen Rahmenbedingungen (z.B. verändertes Kapitalmarktzinsniveau, veränderte steuerliche Rahmenbedingungen) entwickelt. In der Verallgemeinerung dieser Aussage können dann wiederum gesamtwirtschaftliche Schlussfolgerungen zur Angebots- und Nachfrageentwicklung von Immobilien getroffen werden.

Makroökonomische Methode

In der Makroökonomie werden die volkswirtschaftlichen Erscheinungen zweifach aggregiert. Zum einen werden die Wirtschaftssubjekte in Form der Bildung von Sektoren aggregiert, zum anderen werden die Güter aggregiert und zu Güterbündeln zusammengefasst.

Diese in der Makroökonomie vorgenommene doppelte Aggregation gestaltet sich infolge der Charakteristik der Immobilienwirtschaft als außerordentlich schwierig. So lassen sich die Unternehmen in der Immobilienwirtschaft nicht in einem Sektor zusammenfassen, da sie sowohl dem sekundären als auch dem tertiären Sektor zugeordnet sind. Die Immobilienwirtschaft ist geradezu ein Musterbeispiel für das Verschmelzen dieser beiden Sektoren. Ebenso schwierig ist die Aggregation der in der Immobilienwirtschaft geschaffenen Güter und erbrachten Dienstleistungen zu Güterbündeln. Infolge der Teilmarktstruktur[5] des Immobilienmarktes sind hierfür enge Grenzen gesetzt. Aggregieren lassen sich immer nur Teilbereiche aus der Immobilienwirtschaft. Damit gestaltet sich der Nachweis über die volkswirtschaftliche Bedeutung der Immobilienwirtschaft als außerordentlich schwierig.

1.1.3.2 Volkswirtschaftliche Bedeutung der Immobilienwirtschaft

Zur Erfassung und zum Nachweis der volkswirtschaftlichen Bedeutung der Immobilienwirtschaft wurde im Jahre 2004 von der gif – Gesellschaft für immobilienwirtschaftliche Forschung e.V. ein Gutachten in Auftrag gegeben, das unter Federführung des ifo Institut für Wirtschaftsforschung e.V. erarbeitet wurde[6]. Ebenfalls im Auftrag der gif – Gesellschaft für immobilienwirtschaftliche Forschung e.V. wurde unter Leitung des Instituts der deutschen Wirtschaft Köln ein Gutachten zum Wirtschaftsfaktor Immobilien im Jahr 2009 publiziert.[7] Aus den oben genannten methodischen Problemen und dem eingeschränkten verfügbaren statistischen Datenmaterial gestaltete sich die Ausarbeitung dieser Gutachten als schwierig. Zum Nachweis der Bedeutung der Immobilienwirtschaft wurde versucht, gleichermaßen Bestandsgrößen als auch Stromgrößen zu erfassen.

Erfassung von Bestandsgrößen

Ausgangspunkt hierfür bildet die inhaltliche Abgrenzung der Immobilie. In den Gutachten werden hierunter sämtliche bebaubare Grundstücke sowie mit den Grundstücken verbundene Hochbauten (Wohn- und Nichtwohngebäude) und Tiefbauten (Bauten für die technische und für die Verkehrsinfrastruktur) verstanden[8]. Diese Abgrenzung wurde aus sachlichen und aus statistischen Gründen gewählt. Die Problematik im Nachweis des Immobilienbestandes insgesamt resultiert daraus, dass einzig für Wohnungen und Wohngebäude flächendeckende und räumlich tief gegliederte Daten vorliegen. Bei allen anderen Gebäuden werden nur Baufertigstellungen und Baugenehmigungen erfasst und liegen keine flächendeckenden Angaben vor.[9] Das gesamte Immobilienvermögen in der Volkswirtschaft wird auf 9 Billionen Euro geschätzt. Die darunter fallende Gebäude- und Freifläche (bebaute Flächen und zum Gebäude zugehörige Flächen, wie Zuwegung, Stellplätze, Vorgärten) umfasst ca. 2,4 Millionen Hektar[10], was einen Anteil von ca. 6,7 Prozent von der gesamten Fläche in Deutschland ausmacht. Die wertmäßige Strukturierung des

---

5 Vgl. 1.1.2 Charakteristik des Wirtschaftsgutes Immobilie und des Immobilienteilmarktes
6 ifo Institut
7 IW Institut der deutschen Wirtschaft Köln
8 Vgl. ifo S. 22f und IW S.24ff
9 Vgl. IW S.25
10 Vgl. ebenda S.28

Immobilienvermögens verdeutlicht nachstehende Abbildung, die auf der Grundlage der Volkswirtschaftlichen Gesamtrechnung ermittelt wurde[11].

Abbildung 1.6: *Struktur des volkswirtschaftlichen Immobilienvermögens*

Wert des Immobilienvermögens 9,0 Bio €				
Wohn- und Nichtwohn-gebäude 6,6 Bio €	Grundstücke 2,4 Bio €			
	Gebäude- und Freiflächen 2,1 Bio €		Sonstige Flächen 0,3 Bio €
	Flächen für Wohn-gebäude 1,5645 Bio €	Flächen für Nicht-wohngebäude 0,5355 Bio €	

Erfassung der Stromgrößen

Die Erfassung der Stromgrößen erweist sich als noch komplizierter als die der Bestandsgrößen. Die Ursache liegt im heterogenen Leistungsbild der Immobilienwirtschaft. Eine separate Statistik, in der die Leistungen von Immobilienmaklern, Immobilienverwaltern oder Projektentwicklern ausgewiesen sind, existiert nicht. Es kann hier nur auf die Dienstleistungsstatistik und auf Angaben immobilienwirtschaftlicher Verbände zurückgegriffen werden. Hinzu kommt, dass immobilienwirtschaftliche Leistungen sowohl in Immobilienunternehmen als auch in Nichtimmobilienunternehmen erbracht werden. Das erfordert des Weiteren die Schätzung der Leistungen, die durch die Eigentümer der Immobilien selbst für die Bewirtschaftung erbracht werden (fiktives Bewirtschaftungspotenzial). Zur Erfassung der Stromgrößen wurden im ifo - Gutachten für das Jahr 2002 folgende Leistungen ermittelt bzw. geschätzt[12]:

Leistungserbringung durch	Anzahl Beschäftigte	BIP (Mrd.€)	BIP Anteil
Grundstücks- und Wohnungs-wirtschaft	400 000	250	13,0 %
Baugewerbe	3 000 000	89	4,6 %
Fiktives Bewirtschaftungspotenzial		58 bis 87	3,0 bis 4,5 %

---

[11] Vgl. ebenda S.23
[12] Vgl. ifo Institut, S.130ff

In der Studie „Wirtschaftsfaktor Immobilien" wurde mit 390 Mrd. € für das Jahr 2006 eine annähernd gleiche Größenordnung der Bruttowertschöpfung ermittelt, was einen Anteil von 18,6 % der gesamten Bruttowertschöpfung entspricht.[13]

Sowohl der Umfang der Bestandsgrößen als auch der Stromgrößen verdeutlicht den Stellenwert der Immobilienwirtschaft in der Volkswirtschaft. Darüber hinaus bestehen eine Vielzahl volkswirtschaftlicher Verflechtungen zwischen der Immobilienwirtschaft und allen anderen Wirtschaftszweigen. Ursache hierfür ist, dass einerseits die Immobilienwirtschaft eine Vielzahl von Leistungen für immobilienwirtschaftliche Investitionen aus anderen Wirtschaftszweigen bezieht. Andererseits bildet die Immobilie die Voraussetzung zur Erbringung von Produktions- und Dienstleistungsprozessen. Damit beziehen wiederum auch all anderen Wirtschaftszweige Leistungen aus der Immobilienwirtschaft.

1.1.3.3 Interdependenzen zwischen Geld-, Kapital- und Immobilienmarkt

Die Interdependenzen zwischen Geld-, Kapital- und Immobilienmarkt resultieren aus den untrennbaren Zusammenhängen zwischen diesen Märkten. Geld – und Kapitalmarkt bilden einerseits den vorgelagerten Markt zur Realisierung von Immobilieninvestitionen. Andererseits steht die Immobilie in Konkurrenz zu allen anderen Möglichkeiten der Geldanlage privater und institutioneller Anleger.

Abbildung 1.7: Schnittpunkte zwischen Geld-/ Kapital- und Immobilienmarktmarkt

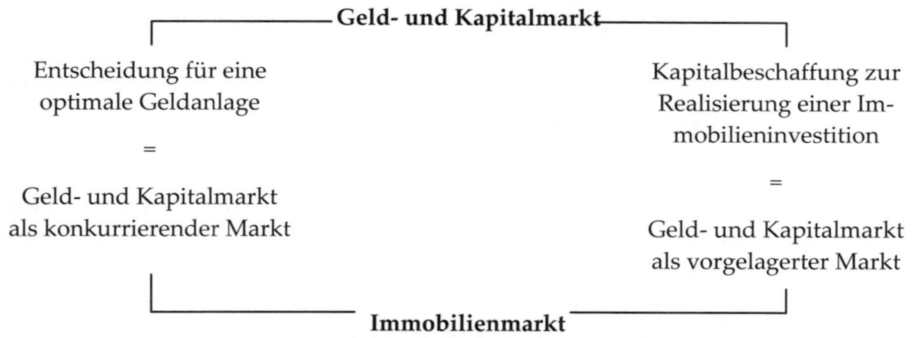

```
                    ┌──── Geld- und Kapitalmarkt ────┐
   Entscheidung für eine                Kapitalbeschaffung zur
   optimale Geldanlage                  Realisierung einer Im-
                                        mobilieninvestition
           =                                    =
   Geld- und Kapitalmarkt               Geld- und Kapitalmarkt
   als konkurrierender Markt            als vorgelagerter Markt
                    └──── Immobilienmarkt ────┘
```

Geld- und Kapitalmarkt als konkurrierender Markt zum Immobilienmarkt

Theoretische Grundlage für die Interdependenzen zwischen Geld-, Kapital- und Immobilienmarkt bildet die von James Tobin und Harry M. Markowitz begründete Port-

---

[13] Vgl. IW, S. 79

foliotheorie. Sie ist eine entscheidungslogische Theorie der Vermögenshaltung. Die Entscheidung über die Vermögensverteilung hängt von den vier Kriterien Ertrag, Risiko, Übertragungskosten und Liquidität ab. In der Entscheidung zwischen den genannten Kriterien findet eine ständige Umschichtung der Vermögenswerte statt. Die Marktsegmente des Finanzmarktes sind dabei im Wesentlichen über die jeweiligen Zinssätze bzw. über das zwischen ihnen bestehende wechselnde Zinsgefälle miteinander verbunden. In Erwartung sinkender oder steigender Zinserträge findet eine permanente Umschichtung finanzieller Mittel privater und institutioneller Anleger statt. Mit dieser Umschichtung verändern sich die Nachfrage und das Angebot der jeweiligen Anlageform. Die Geldanlage in Immobilien steht hier in Konkurrenz zu allen anderen Geldanlagemöglichkeiten auf dem Geld- und Kapitalmarkt. Eine unmittelbare Umschichtung allein aus dem veränderten Zinsgefälle zwischen Geld- und Kapitalmarkt heraus lässt sich empirisch nicht nachweisen. Eine Reihe weiterer wirtschaftlicher Faktoren spielen hierbei eine entscheidende Rolle. Das sind insbesondere die erwartetet Immobilienpreisentwicklung, die Erwartung in die Stabilität oder auch Destabilität eines Währungssystems, die Inflationserwartung und steuerliche Abschreibungsmöglichkeiten, die das Geldanlageverhalten maßgeblich beeinflussen. Mit steigender Bedeutung von indirekten Geldanlagen in Immobilien, d.h. durch die Beteiligung an Gesellschaften, die primär in Immobilien investieren, wie z.B. offene Immobilienfonds oder Real Estate Investment Trusts werden die geschilderten Zusammenhänge zwischen diesen Märkten noch enger.

Geld – und Kapitalmarkt als vorgelagerter Markt zum Immobilienmarkt

Das Zinsniveau auf dem Geldmarkt und zeitverzögert auf dem Kapitalmarkt beeinflusst maßgeblich das Investitionsverhalten. In Abhängigkeit vom aktuellen Zinsniveau wird die Immobilieninvestition teurer oder billiger. Niedrige Kapitalmarktzinsen wirken förderlich auf die Investitionstätigkeit in der Volkswirtschaft im Allgemeinen und in der Immobilienwirtschaft im Besonderen. Das betrifft gleichermaßen die Kapitalbeschaffung in Form von Fremd- und von Eigenkapital.

Zusammenfassung

Die Immobilienwirtschaft ist ein Bereich, bei der sehr hohe Verflechtungen zu allen anderen Wirtschaftszweigen der Volkswirtschaft bestehen. Hinzu kommt der Facettenreichtum nach Nutzungsart der Immobilien (Bestandsgrößen) und nach erbrachten Dienstleistungen während der Nutzungsdauer von Immobilien (Stromgrößen). Diese Heterogenität der Branche erschwert den exakten statistischen Nachweis der volkswirtschaftlichen Bedeutung. Das Immobilienvermögen umfasst schätzungsweise 9 Billionen Euro (Bestandsgröße). Die Dienstleistungen rund um die Immobilie (Stromgröße) umfassen ca. 20 Prozent des Bruttoinlandsprodukts (Summe der Leistungen aus Grundstücks- und Wohnungswirtschaft, Baugewerbe und fiktives Bewirtschaftungspotenzial).

Dabei entwickelt sich die Immobilie immer mehr zu einem Wirtschafts- und Anlagegut, wie alle anderen Wirtschaftsgüter in der Volkswirtschaft. Das heißt, dass die Immobilie ein Produktionsfaktor ist, den es zu optimieren gilt. Gleichzeitig bilden Immobilien eine konkurrierende Assetklasse zu allen anderen Vermögenswerten[14].

1.2 Systematisierung der Immobilienwirtschaft

1.2.1 Einführung in die Systematisierung der Immobilienwirtschaft

Bei der Immobilienwirtschaft handelt es sich um eine vergleichsweise junge Wissenschafts- und Wirtschaftsdisziplin. Hinzu kommt der Facettenreichtum dieses Gebietes einschließlich zahlreicher enger Verflechtungen mit anderen Wirtschaftszweigen sowie wirtschaftswissenschaftlichen, ingenieurtechnischen und juristischen Disziplinen. Insofern ist es nicht verwunderlich, dass unterschiedliche Systematisierungsansätze für die Immobilienwirtschaft entwickelt wurden.

Schulte[15] geht vom so genannten „Haus der Immobilienökonomie" aus. In dieser Systematik werden Management Aspekte, institutionelle, typologische und interdisziplinäre Aspekte verbunden.

- Zu den Managementaspekten gehören hiernach strategiebezogene Aspekte in Form von Portfoliomanagement, Corporate Real Estate Management und Public Real Estate Management.
- Funktionsspezifische Aspekte beinhalten Immobilienanalyse, Immobilienbewertung, Immobilieninvestition und Immobilienmarketing.
- Phasenorientierte Aspekte sind Projektentwicklung, Bau – Projektmanagement und Facilities Management.
- Institutionelle Aspekte beinhalten eine Systematisierung der Akteure am Immobilienmarkt.
- Typologische Aspekte gliedern sich nach der Nutzungsart der Immobilie.
- Interdisziplinäre Aspekte stellen den Bezug zur Volkswirtschaftslehre, zur Rechtswissenschaft, zur Stadtplanung, zur Architektur und zum Ingenieurwesen her.

Der Vorzug des Modells von Schulte besteht in der Komplexität. Streitbar in seinem Modell ist die Einordnung der Bauwirtschaft. Nach Schulte ist diese direkt Bestandteil der Immobilienwirtschaft. Sichtbar wird das bei der Einordnung des Bau- Projektmanagements in die Management - Aspekte und die Einordnung der Bauunternehmen im Rahmen der institutionellen Aspekte.

---

14 Vgl. 1.3 Entwicklungstrends in der Immobilienwirtschaft
15 Vgl. Schulte, K.-W.: Immobilienökonomie, Bd. III; S.4f

Schmoll[16] definiert die Immobilienwirtschaft als Summe der rational gesteuerten menschlichen Aktivitäten, die auf Schaffung und Mehrung von Einkommen oder Vermögen gerichtet sind und die bebaute oder bebaubare Grundstücke und Gebäude zum Gegenstand haben. Er strukturiert die Immobilienbranche nach den Marktteilnehmern[17], d.h. er gliedert hier die Immobilienwirtschaft institutionell. Dabei unterscheidet er nach: Anbietern von Grundstücken, Schaffung neuen Baurechts, Maklern, Finanzdienstleister, Banken, Offene und geschlossene Immobilienfonds, Immobilienproduzenten, Wohnungsunternehmen, private Haus- und Grundstückseigentümer, Projektentwickler und Bauträger, Architekten und Bauingenieure, Baufirmen, Immobilienverwaltern und Facility Managern.

Gondring[18] verzichtet auf eine Systematisierung und beschränkt sich auf die Erklärung noch bestehender Forschungsdefizite in der Branche.

Bach[19] setzt sich mit den unterschiedlichen Systematisierungsansätzen auseinander. Er unterscheidet zwischen Immobilienmanagement, Management von Immobilien und Management in der Immobilienwirtschaft. Dabei wird der Begriff Immobilienmanagement als übergreifend gefasst. Diesem sind das Management von Immobilien und das Management der Immobilienwirtschaft untergeordnet. Unter dem Management von Immobilien versteht Bach alle Managementtätigkeiten während der Nutzungsphase der Immobilie. Damit sieht er den Begriff in Konkurrenz zum Begriff des Facility Management. Unter dem Management der Immobilienwirtschaft versteht er die Unternehmensführung immobilienwirtschaftlicher Unternehmen.

Pfnür[20] differenziert die Sichtweisen im Immobilienmanagement nach der Nutzerperspektive (Immobilie als Betriebsmittel im Leistungserstellungsprozess von Unternehmen), der Eigentümerperspektive (Immobilie als Investment im Rahmen der Kapitalanlage) und aus der leistungswirtschaftlichen Perspektive (Planung, Bau, Vertrieb und Vermarktung).

Bei Murfeld[21] fehlt jeglicher Systematisierungsansatz. Er und seine Mitautoren behandeln einzelne Themenfelder der Immobilienwirtschaft. Auf die Darlegung des systematischen Zusammenhangs zwischen den heterogenen Themengebieten wird verzichtet.

Die aufgeführten Systematisierungsansätze bzw. auch deren Vermeidung verdeutlichen die Heterogenität immobilienwirtschaftlicher Aufgabenfelder.

---

[16] Vgl. Schmoll, F.: Basiswissen Immobilienwirtschaft, S.8
[17] ebenda S. 7ff
[18] Gondring, H.; Lammel, E.: Handbuch Immobilienwirtschaft, S.16ff
[19] Bach, H.; Ottmann, M.; Sailer, E.; Unterreiner, F. P.: Immobilienmarkt und Immobilienmanagement, S.98ff
[20] Pfnür, A.: Modernes Immobilienmanagement, S. 8ff
[21] Murfeld, E.: Spezielle Betriebswirtschaftslehre der Immobilienwirtschaft, S.3ff

Um den unterschiedlichen Erfordernissen der Akteure am Immobilienmarkt zu entsprechen, wird in den folgenden Ausführungen von drei Systematisierungsansätzen ausgegangen:

- Funktionelle Systematisierung
- Institutionelle Systematisierung
- Systematisierung nach den Zielstellungen der Immobilieneigentümer.

1.2.2 Funktionelle Systematisierung

Unter funktioneller Systematisierung wird die Systematisierung der Immobilienwirtschaft nach den Funktionen im Immobilienlebenszyklus verstanden.
Darüber hinaus werden bei der funktionellen Systematisierung die Themenbereiche, zu denen eine unmittelbare Verbindung zum Immobilienlebenszyklus bestehen, mit berücksichtigt. Das betrifft vor allem rechtliche und ingenieurtechnische Gebiete.

Abbildung 1.8: Immobilienlebenszyklus und Zuordnung immobilienwirtschaftlicher Themengebiete

Immobilienlebenszykluss	Phase bis zur Investitionsentscheidung	Entstehungsphase	Erhaltungsphase	Phase erneuter Investitionsentscheidung
		Vermarktungsphase		
Zuordnung immobilienwirtschaftlicher Themenstellungen	Standort- und Marktanalyse Renditeberechnung Kapitalbeschaffung Steuerrecht	Grundstücksrecht Öffentliches Baurecht Privates Baurecht Architektur/ Bauingenieurwesen	Asset und Property Management Facility Management Mietrecht	Siehe Phase bis zur Investitionsentscheidung
	Projektentwicklung		Immobilienbestandsmanagement	
	Vermarktung (Vermietung/ Verkauf) und Immobilienbewertung			

Prof. Dr. habil. Kerry-U. Brauer

Erläuterungen zu den immobilienwirtschaftlichen Themenstellungen:

Standort- und Marktanalyse: Ausgangspunkt einer Standort- und Marktanalyse bildet die Informationsbeschaffung innerhalb eines abgegrenzten regionalen Standortes über die Angebots- und Nachfragesituation zur jeweiligen Immobiliennutzungsart (Wohnimmobilien, Gewerbeimmobilien, Freizeitimmobilien etc.). Bei dem zu analysierenden Standort wird üblicherweise zwischen einem so genannten Makro- und einem Mikrostandort unterschieden. Die räumliche Abgrenzung von Makro- und Mikrostandort hängt immer vom konkreten Immobilieninvestment ab. So kann der Makrostandort bei der Investitionsentscheidung eines international agierenden Unternehmens ganz Europa sein, der Mikrostandort ein Land oder auch ein bestimmter Ballungsraum. Bei Investition im wohnwirtschaftlichen Bereich kann der Makrostandort dagegen die jeweilige Kommune, der Mikrostandort der Ortsteil oder die unmittelbare Umgebung sein. Nach der Fixierung des jeweils zu analysierenden Standortes, gilt es die adäquaten Daten zu erheben. Das geschieht zunächst auf Basis einer Sekundärdatenerhebung. Hier werden bereits vorhandene Daten aus Statistiken, Studien oder anderweitigen Veröffentlichungen herangezogen. Reichen diese Daten nicht aus, ist die Erhebung von Primärdaten in Form von Beobachtungen oder Befragungen erforderlich. Die Informationsbeschaffung beinhaltet den Ausgangspunkt des Immobilienmarketings. Weiterführende Aspekte sind den Kapiteln „4 Immobilienmarketing" und „8 Immobilienprojektentwicklung" zu entnehmen.

Renditeberechnung: Die Rendite einer Immobilieninvestition wird anhand der Methode des internen Zinsfußes oder der Methode des vollständigen Finanzplans unter Einbeziehung sämtlicher Zu- und Abflüsse des betrachteten Investitionszeitraums berechnet. Um in der Phase bis zur Investitionsentscheidung eine Aussage über die erzielbare Rendite aus der Immobilieninvestition treffen zu können, sind mindestens folgende Einflussfaktoren zu prognostizieren:

Abflüsse: Eigenkapitaleinsatz, Kapitaldienstrate, nicht umlagefähige Bewirtschaftungskosten,

Zuflüsse: Mieteinnahmen, Steuerrückflüsse, Immobilienverkaufspreis am Ende des betrachteten Investitionszeitraumes abzüglich zu tilgender Restschuld gegenüber dem Fremdkapitalgeber.

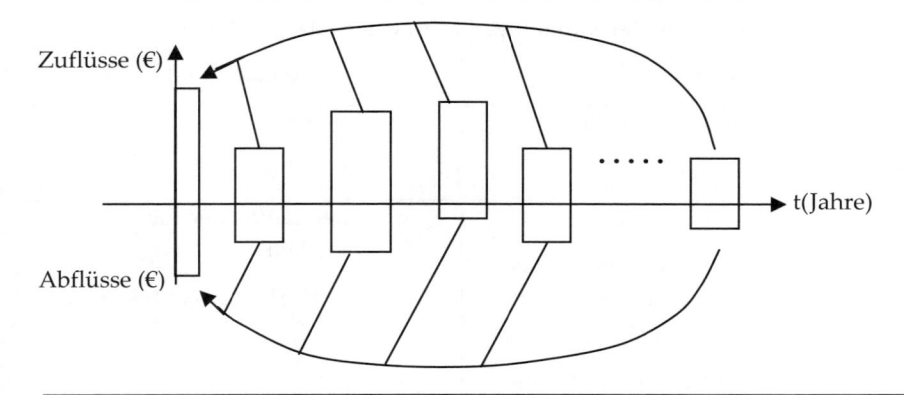

1 Einführung in die Immobilienwirtschaft

Abbildung 1.9: Renditeberechnung auf Basis der Methode des internen Zinsfußes

Durch die Abzinsung der jeweiligen Zu- und Abflüsse auf den Zeitpunkt t_0 erhält man die tatsächliche Verzinsung der Immobilieninvestition. Bei der Methode des vollständigen Finanzplans werden die periodischen Zahlungsströme akkumuliert. Im Ergebnis wird die n - Wurzel aus dem Quotient von Anfangswert in t_0 und Endwert in t_n gezogen: $r = \sqrt[n]{\frac{Kn}{Ko}} - 1$

Die Schwierigkeit dieser Berechnung besteht nicht in der Methode, sondern vielmehr in der Prognose zu erwartender Zu- und Abflüsse. Um zu einer verlässlichen Aussage zu kommen, ist es sinnvoll verschiedene Szenarien unter Berücksichtigung einer besten, einer mittleren und einer schlechtesten Variante zu analysieren.

Umfassendere Ausführungen sind dem Kapitel „5 Renditeberechnung bei Immobilieninvestitionen zu entnehmen.

Kapitalbeschaffung: Aufgrund der Kapitalintensität von Immobilieninvestitionen entscheiden die Möglichkeiten zur Kapitalbeschaffung häufig über die Realisierbarkeit der Immobilieninvestition. Mit tendenzieller Sättigung der immobilienwirtschaftlichen Teilmärkte nimmt der Nachweis der Nachhaltigkeit erzielbarer Reinerträge aus der Immobilie und der daraus resultierenden Werthaltigkeit an Bedeutung zu. Das heißt, dass den Kapitalgebern neben weiteren Unterlagen zum Investitionsvorhaben die Kalkulation künftiger Erträge auf der Grundlage von Standort- und Marktanalysen vorzulegen ist.

Abbildung 1.10: Kapitalbeschaffung nach der Kapitalart

Möglichkeiten der Kapitalbeschaffung nach der Kapitalart	
Eigenkapital	**Fremdkapital**
o Gewinn/ Umsatzerlöse	o Kredit
o Beteiligungskapital	o Anleihen
o Eigenkapital aus Gewinn	o Kreditaufnahme für Immobilieninvestition
o Beteiligung an einer Immobilienkapitalgesellschaft (Offene Immobilienfonds/ REITs)	o Projektfinanzierungsanleihen
o Beteiligung an geschlossenen Immobilienfondsgesellschaften	
o Real Estate Private Equity	

Weiterführende Erläuterungen sind dem Kapitel „6 Immobilienfinanzierung" zu entnehmen.

Immobilienbestandsmanagement: In Deutschland beträgt das Verhältnis zwischen Neubauimmobilien und Bestandsimmobilien nur ca. drei Prozent zu 97 Prozent. Diese Verhältniszahl verdeutlicht die Bedeutung des Immobilienbestandsmanagements. Die hier erbrachten Leistungen haben somit einen nicht unerheblichen Anteil an der Wertschöpfung im Immobilienlebenszyklus. Anspruch und Umfang des Bestandsmanagements hängen maßgeblich von der zu verwaltenden Immobilie und von den im Verwaltervertrag geregelten Aufgaben ab. An Stelle des Begriffs Immobilienverwaltung, setzen sich aus dem angelsächsischen entlehnte Begriffe Property und Asset Management zunehmend durch. Grundsätzlich entscheidet der Eigentümer über die zu erbringenden Leistungen des Property bzw. Asset Managers. Eine Ausnahme hierzu besteht nur bei der Verwaltung von Gemeinschaftseigentum gemäß Wohnungseigentumsgesetz. Im Abschnitt 3 des Wohnungseigentumsgesetzes[22] ist die Verwaltung des Gemeinschaftseigentums geregelt. In den §§ 27 und 28 sind die Aufgaben und Befugnisse des Verwalters fixiert.

Facility Management: Unter Facility Management wird die Gesamtheit aller Leistungen zur optimalen Nutzung von Immobilien auf der Grundlage ganzheitlicher Strategien verstanden. Ziel ist, den gesamten Lebenszyklus der Immobilie im Interesse des Nutzers zu optimieren. Im Ergebnis hat der Nutzer einen konkreten ökonomischen und damit quantifizierbaren Nutzen (z.B. Optimierung seines Kernprozesses und

---

[22] Vgl. Gesetz über das Wohnungseigentum und das Dauerwohnrecht, § 20 ff

damit verbesserte Ertragserzielung, Energieeinsparung oder sonstige Kostenersparnis) oder einen qualitativen Nutzen durch eine verbesserte Nutzungsqualität (z.B. Balkonanbau, bessere Besonnung oder Belüftung, optimale Raumaufteilung etc.). Damit beinhaltet Facility Management als Zielstellung die Optimierung der Gesamtkosten (einmalige und laufende Kosten) bei gleich bleibender oder steigenden Nutzungsqualität der Immobilien.

Für weiter führende Ausführungen zum Asset, Property und Facility Management wird vor allem auf das Kapitel „7 Immobilienbestandsmanagement" und auch auf den Abschnitt „1.2.3 Institutionelle Systematisierung" verwiesen.

Vermarktung (Vermietung und Verkauf): Die Vermietung bzw. der Verkauf von Immobilien bilden den Abschluss im Rahmen des Immobilienmarketings. Ausgehend von der Informationsbeschaffung über den jeweiligen Immobilienteilmarkt (Standort- und Marktanalyse) wird die Entscheidung für ein Immobilienprodukt getroffen. Auf dieser Grundlage ist die Distributionspolitik zu bestimmen, d.h. inwieweit der Vertrieb durch eigene Mitarbeiter des Immobilienunternehmens (direkter Vertrieb) oder durch Immobilienmakler (indirekter Vertrieb) erfolgt. Unmittelbar mit dieser Entscheidung korrespondieren die Festlegungen zur Kommunikationspolitik mit ihren Bestandteilen Öffentlichkeitsarbeit, Werbung, Verkaufsförderung und persönlicher Verkauf.

Die Vermietung bzw. der Verkauf von Immobilien entscheidet über die Wertschöpfung im Immobilienlebenszyklus und damit über die Rendite der getätigten Immobilieninvestition. Insofern haben Vermietung und Verkauf unter Berücksichtigung der hohen Kapitalintensität einer Immobilie einen besonderen Stellenwert. Wird eine Immobilie nicht genutzt, können aus dieser keine Erträge generiert werden. Kapital wird in einem solchen Fall ohne jegliche Verzinsung gebunden. Ein effizienter und erfolgreicher Vertrieb gehört mit zu den entscheidenden Erfolgskriterien im Rahmen von Immobilieninvestitionen.

Weitere Ausführungen sind dem Kapital „4 Immobilienmarketing" zu entnehmen.

Immobilienbewertung: Die Immobilienbewertung nimmt über den gesamten Lebenszyklus einen wichtigen Stellenwert ein. Eine wesentliche Ursache ist in der Langlebigkeit der Immobilien begründet. Daraus resultiert, dass Immobilien während ihres Lebenszyklus mehrfach verkauft werden können und in dem Zusammenhang auch bewertet werden. Eine weitere Ursache für den Stellenwert der Immobilienbewertung ergibt sich aus den unterschiedlichen Sichtweisen auf die Immobilie und den daraus resultierenden differenzierten Bewertungsanlässen und –zielen. Für die Verkehrswert-/ Marktwertermittlung bildet in Deutschland die Immobilienwertermittlungsverordnung mit den darin fixierten Wertermittlungsverfahren die Rechtsgrundlage. Im Zuge der Globalisierung der Immobilienwirtschaft gewinnen jedoch auch internationale Wertermittlungsverfahren (Investment Method, DCF – Method, Profits Method, Residual Method) zunehmend an Bedeutung.

Prof. Dr. habil. Kerry-U. Brauer

Für die Beleihungswertermittlung ist § 16 des Gesetzes zur Neuordnung des Pfandbriefrechtes relevant. Im Absatz 4 ist geregelt, dass in einer Rechtsverordnung Einzelheiten der Methodik und der Form der Beleihungswertermittlung sowie die Mindestanforderungen an die Qualifikation des Gutachters zu bestimmen sind. Das ist in der Beleihungswertverordnung erfolgt.

Weitere Erläuterungen sind dem Kapitel „6 Immobilienfinanzierung" zu entnehmen.

Abbildung 1.11: Anlass der Bewertung

Anlass der Bewertung				
Verkauf	Beleihung	Bilanzierung	Besteuerung	Versicherung
Verkehrswert/ Marktwert	Beleihungswert	Bilanzwert	Einheitswert Grundbesitzwert	Versicherungswert
Rechtsgrundlagen				
BauGB § 194 ImmowertVO	Gesetz zur Neuordnung des Pfandbriefrechte Beleihungswertverordnung	IAS/ IFRS – Standards	Bewertungsgesetz	Versicherungsaufsichtsgesetz Allgem. Wohngebäudeversicherungsbedingungen

Im Rahmen der Bilanzierung von Immobilien als Sachanlagen (unternehmenseigene Immobilien zur Erfüllung des Produktions- oder Dienstleistungsprozesses) nach IAS 16 oder von Finanzinvestitionen (Immobilien als Geldanlage) nach IAS 40 sind bei der erstmaligen Erfassung grundsätzlich die Anschaffungs- und Herstellungskosten anzusetzen. Bei der Folgebewertung besteht die Wahlmöglichkeit zwischen der planmäßigen Abschreibung und der Neubewertungsmethode, bei der die Zeitwerte für Grundstücke und Gebäude aus Marktpreisen abzuleiten sind.

Zu den Inhalten des Bewertungsgesetzes und zur Festsetzung der Einheits- und Grundbesitzwerte wird auf das Kapitel „3 Steuerliche Betrachtungen zu Immobilien" verwiesen.

1 Einführung in die Immobilienwirtschaft

Bei der Ermittlung von Versicherungswerten steht der Sachwert, d.h. die Aufwendungen zur Wiedererrichtung eines Gebäudes im Falle der Zerstörung im Ergebnis der Berechnung.

Themenbereiche mit unmittelbarer Verbindung zum Immobilienlebenszyklus

Diese Themenbereiche umfassen unter anderem die rechtlichen Rahmenbedingungen mit den speziellen Rechtsgrundlagen (Grundstücksrecht, öffentliches und privates Baurecht, Mietrecht, Bauträger- und Maklerrecht sowie Wohneigentumsrecht) und mit dem Steuerrecht. Diese werden in den Kapiteln „2 Rechtsgrundlagen der Immobilienwirtschaft" und „3 Steuerliche Betrachtungen zu Immobilien" behandelt.

Darüber hinaus bestehen unmittelbare Verbindungen zu Architektur und Bauingenieurwesen. Architektur und Bauingenieurwesen werden im vorliegenden Lehrbuch nicht als Bestandteile der Immobilienwirtschaft, sondern vielmehr als dienstleistende Bereiche für die Investoren in der Immobilienwirtschaft gesehen. Insofern wird bewusst auf separate Ausführungen zu diesen Themenkomplexen verzichtet und auf einschlägige Fachliteratur verwiesen.

1.2.3 Institutionelle Systematisierung

Unter institutioneller Systematisierung wird die Systematisierung der in der Immobilienwirtschaft tätigen Unternehmen bzw. Investoren verstanden. Hierfür bestehen zwei Möglichkeiten der Systematisierung. Die erste Variante beinhaltet eine idealtypische Zuordnung der Unternehmen zu den einzelnen Phasen des Immobilienlebenszykluss.

Abbildung 1.12: Idealtypisch Zuordnung von immobilienwirtschaftlichen Unternehmen im Immobilienlebenszyklus

Immobilien-lebenzykluss	Phase bis zur Investitions-entscheidung	Entstehungs-phase	Erhaltungs-phase	Phase erneuter Investitionsentscheidung
	Vermarktungsphase			
Idealtypische Zuordnung immobilien-wirtschaft-licher Unternehmen	Endinvestoren		Asset Manager Property Manager	End-investoren
	Bauträger/ Projektentwickler		Immobilienbestandsmanager	
	Immobilienmakler			
	Sachverständige für die Immobilienbewertung			

Prof. Dr. habil. Kerry-U. Brauer

Der Vorteil einer solchen Zuordnung besteht in der Fortsetzung des funktionellen Systematisierungsansatzes. Der Nachteil besteht in der Fokussierung auf Unternehmen, zu deren Kerngeschäft immobilienwirtschaftliche Produktions- und Dienstleistungsprozesse gehören. Alle weiteren Akteure auf dem Immobilienmarkt, die im Rahmen des Managements von Nebenprozessen (Nichtimmobilienunternehmen) oder als private Anleger maßgeblich die Entwicklung der Immobilienmärkte mit beeinflussen, werden in einer solchen Übersicht nur unter dem Begriff der Endinvestoren subsumiert. Unter Endinvestoren werden all jene Investoren verstanden, die langfristig in Immobilien mit der Zielstellung langfristiger Ertragserzielung oder Eigennutzung investieren. Im Gegensatz dazu werden unter Zwischeninvestoren alle jene Investoren verstanden, die „zwischenzeitlich" in Immobilien investieren, um nach kurzer Entwicklungs- oder Haltezeit aus dem Verkauf der Immobilien den Ertrag erzielen (z.B. Projektentwickler, Bauträger, Privatisierer von Wohnungsbeständen).

Die zweite Variante der institutionellen Gliederung beruht auf der im Abschnitt „1.1.1 Betriebswirtschaftliche Einordnung der Immobilienwirtschaft" verfassten Definition der Immobilienwirtschaft. In dieser Definition bildet die Immobilie zum einen das Produktionsergebnis und zum anderen den maßgeblichen Produktionsfaktor im Wertschöpfungsprozess.

Erläuterungen zu den Immobilienunternehmen

Projektentwickler/Bauträger: Im Lebenszyklus der Immobilie stehen Projektentwickler und Bauträger ganz am Anfang. Sie entwickeln die Idee für eine Immobilieninvestition und legen somit den Ausgangspunkt für den Kreislauf von Investitionsentscheidung – Erstellung – Vermarktung – Nutzung – erneute Investitionsentscheidung (Umnutzung, Abriss, Neubau etc.). Der Projektentwickler kann sowohl als **Zwischeninvestor** als auch als **Dienstleister** agieren. Der **Projektentwickler als Zwischeninvestor** entwickelt die Projektidee, kauft zu deren Realisierung das Grundstück, lässt das Immobilienprojekt in den meisten Fällen errichten, um es schließlich zu vermarkten. Er agiert hier im eigenen Namen, auf eigene Kosten und damit auf eigenes Risiko.

Agiert der **Projektentwickler als Dienstleister**, wird er von einem Grundstückseigentümer mit der Entwicklung, in der Regel auch Erstellung, der Immobilie beauftragt. Sofern der Grundstückseigentümer als Endinvestor agiert, reduziert sich die Vermarktung auf die Vermietung. Der Projektentwickler agiert in diesem Fall im fremden Namen und auf fremde Kosten.

Unabhängig davon, ob der Projektentwickler als Zwischeninvestor oder als Dienstleister tätig wird, unterscheiden sich die zu erbringenden Leistungen kaum. Der wesentliche Unterschied besteht im zu tragenden wirtschaftlichen Risiko. Sofern der Projektentwickler als Zwischeninvestor tätig wird, trägt er dieses voll. Agiert er als Dienstleister obliegt ihm das Vermarktungsrisiko nicht primär. Somit ist sein wirtschaftliches Risiko erheblich geringer.

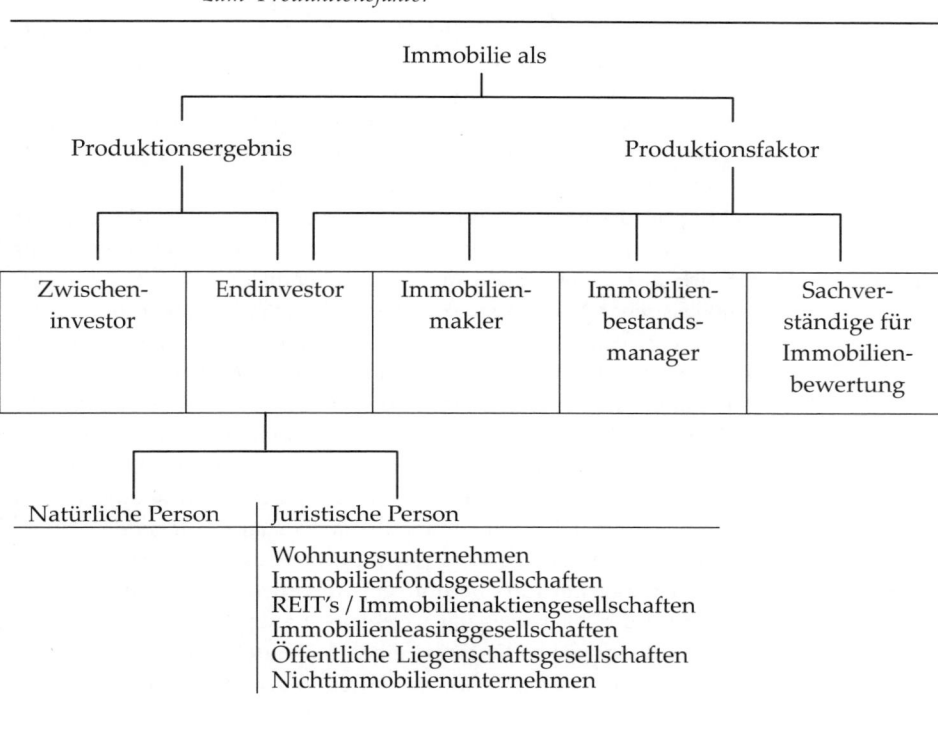

Abbildung 1.13: Immobilienunternehmen in Zuordnung zum Produktionsergebnis und zum Produktionsfaktor

```
                          Immobilie als
              ┌──────────────┴──────────────┐
       Produktionsergebnis              Produktionsfaktor
       ┌──────┴──────┐            ┌──────────┼──────────┐
   Zwischen-    Endinvestor   Immobilien-  Immobilien-  Sachver-
   investor                   makler       bestands-    ständige für
                                           manager      Immobilien-
                                                        bewertung
                   │
         ┌─────────┴─────────┐
   Natürliche Person   Juristische Person
                       Wohnungsunternehmen
                       Immobilienfondsgesellschaften
                       REIT's / Immobilienaktiengesellschaften
                       Immobilienleasinggesellschaften
                       Öffentliche Liegenschaftsgesellschaften
                       Nichtimmobilienunternehmen
```

Die Abgrenzung zwischen Projektentwickler, sofern dieser als Zwischeninvestor tätig wird, und Bauträger ist fließend. Ein Bauträger erwirbt ein Grundstück, entwickelt, bebaut und verkauft es. Inhaltlich bestehen hier kaum Unterschiede. Eine Abgrenzung kann dahingehend vorgenommen werden, dass der Bauträger immer die Projektidee baulich realisiert und somit im Ergebnis seiner Tätigkeit eine fertig gestellte Immobilie vorliegt. Der Projektentwickler entwickelt die Projektidee, sichert deren bauliche Realisierung durch die Schaffung grundbuchrechtlicher und baurechtlicher Voraussetzungen und kann auf dieser Grundlage das Grundstück mit dem für die Projektrealisierung erforderlichen Baurecht und vollständigen Planungsunterlagen verkaufen. Die bauliche Realisierung ist nicht zwingender Bestandteil seiner Tätigkeit.

Die einzelnen damit verbundenen Aufgaben und die sich hieraus an den Projektentwickler/Bauträger ergebenden Anforderungen werden detailliert im Kapitel „8 Immobilienprojektentwicklung" erläutert. Die damit verbundenen rechtlichen Rahmenbedingungen sind dem Kapitel „2 Rechtsgrundlagen, 2.4 Bauträgerrecht" zu entnehmen.

Immobilienmakler: Der Immobilienmakler ist Dienstleister in der Immobilienwirtschaft. Die Immobilie ist für ihn der wesentliche Produktionsfaktor. Er erbringt seine Dienstleistungen in allen Phasen des Lebenszyklus einer Immobilie. Er beschafft die Grundstücke, verkauft und vermietet die Objekte erstmalig im Zuge der Fertigstellung und während der gesamten Nutzungsphase. Aus dieser Tätigkeit heraus verfügt er über die besten Immobilienteilmarktkenntnisse, auf dem er agiert. Aufgrund der tendenziellen Entwicklung der Immobilienteilmärkte vom Verkäufer- zum Käufermarkt und vom Vermieter- zum Mietermarkt sind diese Kenntnisse umso gefragter. Unter diesem Aspekt hat sich das Geschäftsfeld des Immobilienmaklers schrittweise verändert. Anfangs als klassischer Nachweismakler beschränkte sich seine Tätigkeit auf das Zusammenführen von Anbietern und Nachfragern nach Immobilien. Mit der Weiterentwicklung zum Vermittlungsmakler wird mit Hilfe seiner Beratung und zusätzlicher Dienstleistungen aktiv der Kauf- oder Mietvertragsabschluss beeinflusst. In der Gegenwart vollzieht sich die Entwicklung zum Immobilienberater, der alle Facetten des jeweiligen Immobilienteilmarktes kennt und so in der Lage ist, Investoren umfassend zu beraten. Das setzt umfassendes betriebswirtschaftliches, steuerliches und juristisches Wissen voraus. Die vom Immobilienmakler zu erbringende Hauptleistung ist der Abschluss eines Hauptvertrages in Form eines Kaufvertrages oder eines Mietvertrages. Auf dieser Leistung beruht sein Anspruch auf Vergütung. Im § 652 BGB heißt es: „Wer für den Nachweis der Gelegenheit zum Abschluss eines Vertrages oder für die Vermittlung eines Vertrages einen Mäklerlohn verspricht, ist zur Entrichtung des Lohns nur verpflichtet, wenn der Vertrag infolge des Nachweises oder infolge der Vermittlung des Mäklers zustande kommt." Die zu erbringende Hauptleistung beruht auf umfangreichen Nebenleistungen. Diese Nebenleistungen umfassen die dauerhafte Marktbeobachtung und -analyse und hierauf aufbauend die Beratung zur Vermarktungsfähigkeit von Immobilien unter Berücksichtigung von Lage, Zuschnitt und Ausstattung, Preis und Kaufkraft. Sie umfasst des Weiteren die Beratung zur Finanzierung verbunden mit grundlegenden steuerlichen Kenntnissen sowie die Beratung zum Kaufvertragsabschluss verbunden mit grundstücksrechtlichem Wissen. Die Beratungsleistung des Immobilienmaklers ist besonders diffizil. Ein Immobilienmakler ist einerseits nicht berechtigt rechts- oder steuerberatend tätig zu werden. Andererseits erwarten die Kunden von ihm umfassende Auskünfte, um schließlich die Investitionsentscheidung für oder gegen die Immobilie treffen zu können.

Die in Abbildung 1.14 aufgezeigten Haupt- und Nebenleistungen werden unter Berücksichtigung der Teilmarktstrukturen des Immobilienmarktes noch komplexer. In Abhängigkeit von der Größe eines Immobilienmaklerunternehmens ist die Konzentration auf ausgewählte Teilmärkte – regional und nach Nutzungsart der Immobilie – erforderlich.

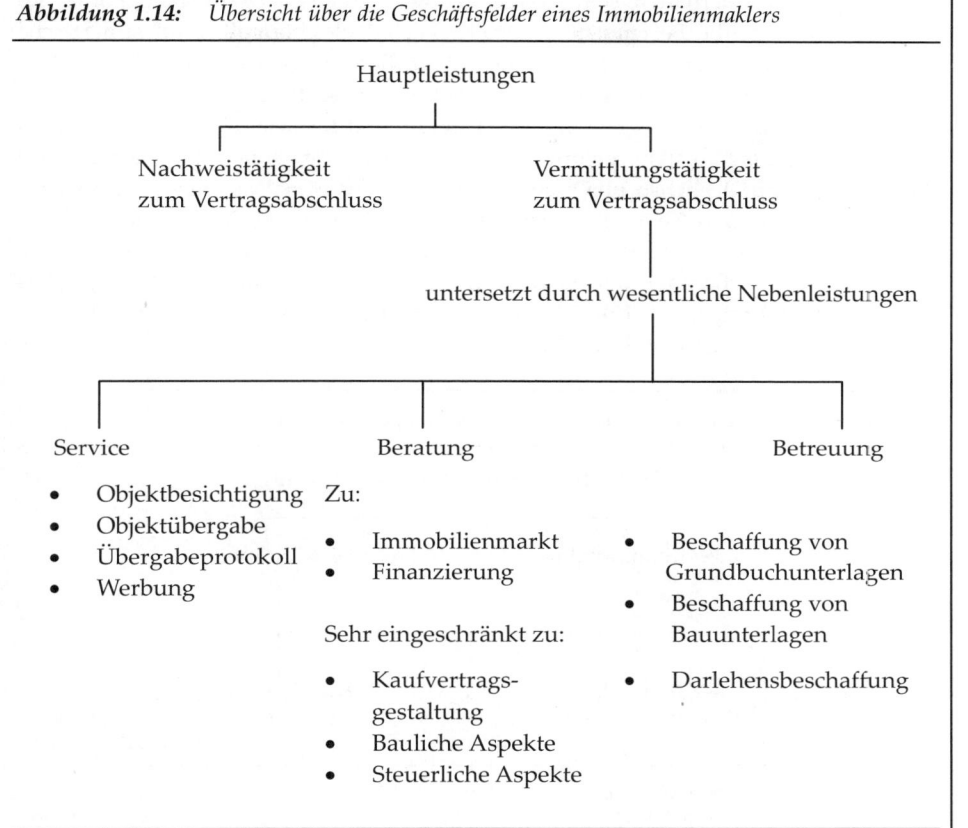

1 Einführung in die Immobilienwirtschaft

Abbildung 1.14: Übersicht über die Geschäftsfelder eines Immobilienmaklers

Hauptleistungen

- Nachweistätigkeit zum Vertragsabschluss
- Vermittlungstätigkeit zum Vertragsabschluss

untersetzt durch wesentliche Nebenleistungen

Service
- Objektbesichtigung
- Objektübergabe
- Übergabeprotokoll
- Werbung

Beratung

Zu:
- Immobilienmarkt
- Finanzierung

Sehr eingeschränkt zu:
- Kaufvertragsgestaltung
- Bauliche Aspekte
- Steuerliche Aspekte

Betreuung
- Beschaffung von Grundbuchunterlagen
- Beschaffung von Bauunterlagen
- Darlehensbeschaffung

Neben Einzelmaklern, die in der Regel regional eng begrenzt und auf einzelne Geschäftsfelder beschränkt sind, agieren überregional (national und international) tätige Immobilienmaklerunternehmen, Immobilienmakler auf Basis eines Franchisekonzepts und Maklerverbünde am Markt. Seit Mitte der neunziger Jahre fusionierten mehrere große national und international tätige Maklerunternehmen. Ein zunehmender Konzentrationsprozess mit verstärkter internationaler Ausrichtung ist, analog zu anderen Branchen, auch in der Immobilienwirtschaft zu verzeichnen.

Weitere Ausführungen zur Tätigkeit eines Immobilienmaklers sind dem Kapital „2 Rechtsgrundlagen" zu entnehmen.

Immobilienbestandsmanager = Asset und Property Manager: Analog dem Immobilienmakler ist der Immobilienbestandsmanager Dienstleister in der Immobilienwirtschaft. Sein Geschäftsfeld schließt sich unmittelbar an die des Bauträgers und Immobilienmaklers an. Nach Objektfertigstellung, Verkauf und Vermietung beginnt die Bestandserhaltung und Bestandspflege der Immobilie. Ziel der Tätigkeit ist die

Sicherung eines dauerhaften, stetig steigenden Ertrages aus der Immobilie. Für dieses Ziel erstreckt sich die Bestandsmanagementtätigkeit gleichermaßen auf strategische und auf operative Fragen im ökonomischen Bereich (Erschließung von Mietsteigerungspotenzialen, Neuvermietung, Mietinkasso, Betriebskostenumlage und -abrechnung) und im technischen Bereich (Planung und Realisierung von Maßnahmen zur Instandhaltung, Instandsetzung und Modernisierung, Umnutzung etc.). Unter diesem Aspekt und ebenso unter dem Einfluss international agierender Investoren wandelt sich das Berufsbild des Immobilienbestandsmanagers immer mehr in den unmittelbaren Interessenvertreter des Immobilieneigentümers, der durch strategische Vorschläge zur Erhöhung der Ertragserzielung aus der Immobilie beiträgt. Die konkreten zu erbringenden Tätigkeiten hängen maßgeblich von der zu verwaltenden Immobilie und dem geschlossenen Managementvertrag ab.

Abbildung 1.15: Übersicht über die Objekte der Immobilienverwaltung

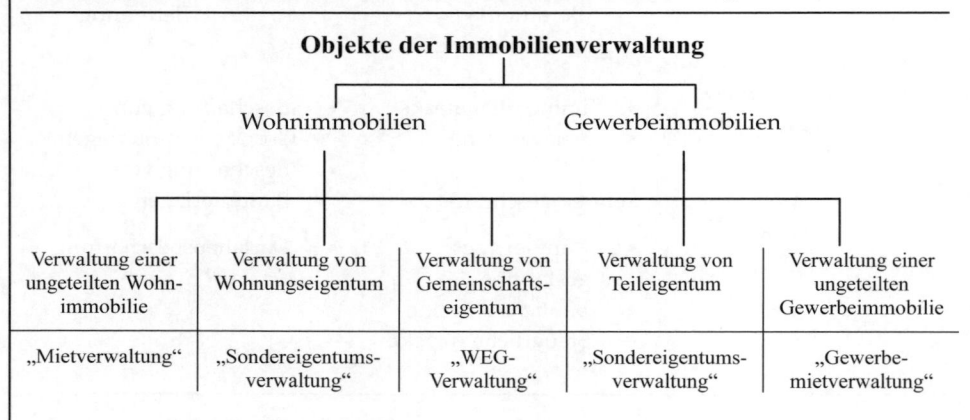

Objekte der Immobilienverwaltung				
Wohnimmobilien			Gewerbeimmobilien	
Verwaltung einer ungeteilten Wohnimmobilie	Verwaltung von Wohnungseigentum	Verwaltung von Gemeinschaftseigentum	Verwaltung von Teileigentum	Verwaltung einer ungeteilten Gewerbeimmobilie
„Mietverwaltung"	„Sondereigentumsverwaltung"	„WEG-Verwaltung"	„Sondereigentumsverwaltung"	„Gewerbemietverwaltung"

Für die **Verwaltung von ungeteilten Wohn- und Gewerbeimmobilien sowie für die Verwaltung von Wohnungs- und Teileigentum** wird ein Verwaltervertrag zwischen dem Eigentümer des jeweiligen Objekts und dem Verwalter geschlossen. Dieser Vertrag ist frei gestaltbar. Eine gesetzliche Grundlage über Mindestinhalte und Formvorschriften existiert nicht. Es steht jedem Eigentümer frei, seine Immobilie selbst zu verwalten oder die Tätigkeit einem Dritten zu übertragen. Ganz wesentlich hiervon unterscheidet sich die **Verwaltung von Gemeinschaftseigentum.** Während bei der Verwaltung eines Mietshauses oder bei der Verwaltung von Wohnungs- und Teileigentum die Interessen des einzelnen Eigentümers durch den Verwalter vertreten werden, ist der Verwalter bei der Verwaltung des gemeinschaftlichen Eigentums der Gemeinschaft verpflichtet und muss deren Interessen gegenüber Einzelinteressen vertreten. Die Verwaltung von Gemeinschaftseigentum ist gesetzlich vorgeschrieben. Im § 20 (2) Wohnungseigentumsgesetz heißt es dazu: „Die Bestellung eines Verwalters kann nicht ausgeschlossen werden." Im § 27 des genannten Gesetzes sind die Aufgaben und Befugnisse des Verwalters von gemeinschaftlichem Eigentum fixiert.

Verwaltung von ungeteilten Wohn- und Gewerbeimmobilien und von Wohnungs- und Teileigentum	Verwaltung von Gemeinschaftseigentum
• keine eigenständige Rechtsgrundlage • Aufgaben und Befugnisse frei vereinbar • keine Pflicht zur Verwalterbestellung • Verwalter vertritt Interessen des Einzelnen	• Wohnungseigentumsgesetz (WEG) als Rechtsgrundlage • Aufgaben und Befugnisse im WEG geregelt • Pflicht zur Verwalterbestellung • Verwalter vertritt Interessen der Gemeinschaft

Weiterführende Ausführungen sind dem Kapitel „7 Immobilienbestandsmanagement" zu entnehmen.

Sachverständige für die Immobilienbewertung: Die Bewertung von Immobilien gewinnt aufgrund der Volatilität der Immobilienteilmärkte und aufgrund der Vielzahl von Bewertungsanlässen[23] zunehmend an Bedeutung. Damit steigt auch die des Berufsstandes der Sachverständigen für die Immobilienbewertung. Voraussetzungen für diese Tätigkeit sind gleichermaßen Kenntnisse der Wertermittlungsverfahren sowie deren adäquate Anwendung für zu bewertende Immobilien in den differenzierten Immobilienteilmärkten. Prinzipiell lassen sich die Sachverständigen[24] einteilen in:

- Freie Sachverständige, die über Fachwissen verfügen, jedoch ohne öffentlich-rechtlichen Nachweis;
- Öffentlich – bestellte Sachverständige, die gemäß § 36 Gewerbeordnung bestellt sind. In der Regel obliegt der jeweiligen IHK die öffentliche Bestellung. Voraussetzung hierfür ist der Nachweis der Sachkunde und der persönlichen Eignung;
- Zertifizierte Sachverständige, die den Nachweis erbracht haben, dass sie ihre Dienstleistung nach strukturierten Regeln und Abläufen erbringen. Die Zertifizierung ist ein Ausdruck der Qualitätssicherung für die Tätigkeit des Sachverständigen.
- Chartered Surveyor: Chartered Surveyor sind Sachverständige, die den Titel unter der Voraussetzung einer Fachprüfung tragen dürfen. Zur Prüfung beim Royal Institution of Chartered Surveyors wird nur zugelassen, wer ein Hochschulstudium, das durch das „Royal Institution of Chartered Surveyors" akkreditiert wurde, erfolgreich absolviert hat bzw. wer einschlägige mindestens zehnjährige Berufserfahrungen nachweisen kann.

---

[23] Vgl. Abbildung 1.11: Anlass der Bewertung
[24] Vgl. Kleiber, Simon, Weyers, S. 114ff

Endinvestoren:

Endinvestoren können gleichermaßen private und juristische Personen sein. So können private Personen zum Zwecke der Eigennutzung (Einfamilienhaus oder Eigentumswohnung) in Immobilien investieren. Sie können außerdem als eine Möglichkeit der Geldanlage direkt (unmittelbarer Erwerb einer vermieten Immobilie) oder indirekt durch die Beteiligung an einer Personen- oder Kapitalgesellschaft in Immobilien investieren. Die Möglichkeiten einer indirekten Geldanlage in Immobilien bestanden bisher in der Beteiligung an:

- Geschlossene Immobilienfondsgesellschaften
- Offene Immobilienfondsgesellschaften
- Immobilienaktiengesellschaften
- REIT's - Real Estate Investment Trust's.

Diese sind damit Endinvestoren als juristische Personen.

Folgende Übersicht charakterisiert die aufgeführten juristischen Personen, die gezielt in Immobilien investieren. Für weitere Informationen wird auf die genannten gesetzlichen Bestimmungen sowie auf einschlägige weiterführende Literatur verwiesen.

Merkmale	Geschlossener Immofonds	Offener Immofonds	Immobilien - AG	REIT
Kurz-charakte-ristik	Investition in eine Immobilie bzw. in ein begrenztes Immobilien-vermögen; Laufzeit zwischen 10 und 20 Jahren	Investition in ein un-begrenztes Immobilien-vermögen Unbegrenzte Laufzeit des Fonds	Investition in ein un-begrenztes Immobilien-vermögen Unbegrenzte Laufzeit	Investition in ein unbegrenztes Immobilienvermögen Unbegrenzte Laufzeit Mindeststreubesitz der Aktien Keine Besteuerung auf Ebene der Gesellschaft
Spezielle Rechts-grundlage	keine	Investment-gesetz	keine	REIT Gesetz
Rechtsform	KG oder GbR	AG oder GmbH	AG	Börsennotierte AG

1 Einführung in die Immobilienwirtschaft

Einkunftsart	Einkünfte aus Vermietung und Verpachtung	Einkünfte aus Kapitalvermögen	Einkünfte aus Kapitalvermögen	Einkünfte aus Kapitalvermögen
Liquidität	Gering, kein funktionierender Zweitmarkt; i.d.R. an die Fondslaufzeit gebunden	Hoch, funktionierender Zweitmarkt: i.d.R. täglicher An- und Verkauf von Anteilen	Gering, sofern nicht börsennotiert; Hoch, sofern börsennotiert	Hoch, aufgrund der Börsennotierung; täglicher An- und Verkauf
Risikostreuung	keine	Hoch, gesetzliche Vorschriften	abhängig von der jeweiligen Unternehmensausrichtung	abhängig von der jeweiligen Unternehmensausrichtung

Im Zuge der Finanz- und Wirtschaftsmarktkrisen in den Jahren ab 2007ff, in denen institutionelle und private Anleger teilweise erhebliche Verluste verbuchen mussten, wurde Maßnahmen zur Stabilisierung der Sicherheit für die indirekte Geldanlage in Immobilien realisiert bzw. vorbereitet. So wurde u.a. das Investmentgesetz dahingehend novelliert, dass die Kreditaufnahme offener Immobilienfonds nur bis max. 30 Prozent des Verkehrswertes der im Sondervermögen befindlichen Immobilien betragen darf sowie Sonderregelungen für die Ausgabe und Rücknahme von Anteilen und Regelungen zur Aussetzung der Rücknahme von Anteilen getroffen.

Gravierende Veränderungen in der indirekten Geldanlage in Immobilien sind mit dem **geplanten Kapitalanlagegesetzbuch (KAGB)** zu erwarten. Mit dem KAGB soll ein geschlossenes Regelwerk für Investmentvermögen aller Art geschaffen werden. Es gilt damit gleichermaßen für die Geldanlage in Wertpapieren jeglicher Art und in Immobilien. Auslöser für die völlige Neuordnung der rechtlichen Rahmenbedingungen für Kapitalanlagen sind zum einem die AIMF-Directive (Alternative Investment Fund Managers Directive) der EU und zum anderen die mit der Finanzmarktkrise gemachten Erfahrungen, dass die offenen Immobilienfonds infolge von Liquiditätsschwierigkeiten zeitweilig oder ganz geschlossen werden mussten. Nach dem bisher vorliegenden Gesetzesentwurf der Bundesregierung enthält dieses nicht nur Regelungen zu den Anforderungen an das Fondsmanagement (Mindestkapital für eine Fondsgründung, fachliche Qualifikation und Zuverlässigkeit der Fondsmanager), sondern greift auch in die inhaltliche Gestaltung der Kapitalanlageprodukte ein. Offene Investmentvermögen, d.h. Vermögen bei denen Anteilsverkäufe durch die Anleger kurzfristig möglich sind, dürfen grundsätzlich nur in so genannte liquide Vermögensgegenstände investieren. Immobilien gehören aufgrund des vergleichsweise langen

Prof. Dr. habil. Kerry-U. Brauer

Zeitraums zur Realisierung eines Verkaufs zu den illiquiden Vermögensgegenständen. Das könnte bedeuten, dass offene Immobilienfonds künftig nicht mehr aufgelegt werden dürfen. Diese Regelung wird noch diskutiert. Für die bestehenden Fonds gilt jedoch Bestandsschutz. Neu aufgelegte Immobilienfonds dürfen nur noch geschlossene Investments sein. Bei 1 – Objektfonds und der damit verbundenen fehlenden Risikodiversifizierung plant der Gesetzgeber, dass ein solches Investment nur von Personen mit Sachkunde und einem Mindestbetrag von 50 000 Euro gezeichnet werden dürfen.

Die AIMF-Directive muss bis spätestens 22.07.2013 in nationales Recht umgesetzt werden. Mit Redaktionsschluss der hier vorliegenden 8. Auflage des Lehrbuchs war noch offen, inwieweit der Entwurf zum Kapitalanlagegesetzbuch rechtskräftig wird und wie sich im Ergebnis davon das Investitionsverhalten in Form der indirekten Geldanlage in Immobilien entwickeln wird. Es bleibt abzuwarten, ob damit eine Aufwertung der Geldanlage in REIT's verbunden sein wird oder ob auf ausländische (primär in Luxemburg ansässige) Investmentgesellschaften ausgewichen wird.

Weitere Endinvestoren in der Immobilienwirtschaft sind **Wohnungsunternehmen**, Immobilienleasinggesellschaften und Versicherungsunternehmen.

Bei **Wohnungsunternehmen** wird zwischen kommunalen, genossenschaftlichen und privaten Unternehmen unterschieden. Die Aufgabenfelder nachhaltige Vermietung und Bestandsmanagement sind identisch. Unterschiede bestehen in der konkreten Geschäftsausrichtung. Kommunale Wohnungsunternehmen haben den Auftrag für alle Einkommensschichten Wohnraum anzubieten und vor allem für wirtschaftlich schwächere Mieter preiswerten Wohnraum zur Verfügung zu stellen. Wohnungsgenossenschaften sind durch die Handlungsprinzipien Selbsthilfe, Selbstverantwortung und Selbstverwaltung gekennzeichnet. Die Leitung einer Genossenschaft erfolgt durch die Gesellschafter, d.h. durch die Genossenschafter. Genossenschafter haben Anspruch auf ein lebenslanges Wohnrecht in einer Wohnung der Genossenschaft.

Immobilienleasinggesellschaften stellen auf der Grundlage eines Immobilienleasingvertrages, der zivilrechtlich ein Mietvertrag ist, dem Leasingnehmer eine Immobilie zur Nutzung zur Verfügung. Dieser Vertrag wird zunächst über eine Grundmietzeit mit fester Leasingrate vereinbart. Mit Ablauf der Grundmietzeit hat der Leasingnehmer regelmäßig eine Kaufoption für die Immobilie. Immobilienleasingverträge sind individuell auf die Belange des Leasingnehmers abgestellte Verträge.

Versicherungsunternehmen investieren in Immobilien für eine verzinslichte Anlage eingezahlter Beträge in Kapitallebens- und Rentenversicherungen. Darüber hinaus betätigen sich Versicherungsunternehmen als Kreditgeber vor allem bei wohnwirtschaftlichen Immobilieninvestitionen und treten hiermit in Konkurrenz zu Kreditinstituten.

Generell steht bei allen privaten und juristischen Personen die laufende Ertragserzielung aus der Vermietung und Immobilienbewirtschaftung oder die eigene Nutzung der Immobilien für Wohn- oder für gewerbliche Zwecke im Mittelpunkt. Die damit verbundenen Ziele werden im folgenden Abschnitt systematisiert.

1.2.4 Systematisierung nach den Zielstellungen der Immobilieneigentümer

Ein weiterer Systematisierungsansatz der Immobilienwirtschaft besteht in der Systematisierung nach den Zielstellungen, die Immobilieneigentümer mit dem Erwerb und Besitz von Immobilien verfolgen. Aus diesen Zielstellungen wiederum können die damit verbundenen Anforderungen an das Immobilienmanagement abgeleitet werden bzw. haben sich spezielle Immobilienmanagementaufgabengebiete entwickelt.

Aufgrund der Langlebigkeit von Immobilien und der prinzipiell hohen Wertbeständigkeit mit der Chance auf Wertsteigerung bilden Immobilien eine wichtige Assetklasse als Geld- und Kapitalanlage. Das gilt gleichermaßen für private und für juristische Personen. Bei Privatpersonen ist nochmals zu unterscheiden zwischen Eigennutzern und Anlegern. Während für Privatpersonen, die ihre Immobilien selbst nutzen, regelmäßig qualitative Aspekte (Wohnqualität, Möglichkeiten der Selbstverwirklichung durch Veränderbarkeit, Status) und Aspekte der Altersvorsorge (Mietersparnis) im Mittelpunkt stehen, streben Anleger die Verzinsung ihrer Geldanlage durch die Vermietung an. Die Rendite einer Geldanlage in Immobilie resultiert aus den nachhaltig erzielbaren Reinerträgen, den erzielbaren Steuerrückflüssen aus der Immobilieninvestition und aus der Wertsteigerung der Immobilie[25]. Die Zielstellung privater und institutioneller Anleger ist im Wesentlichen deckungsgleich. Unterschiede bestehen in den Volumina und in der Professionalität der Geldanlage. Institutionelle Anleger bündeln das Kapitel einer Vielzahl von einzelnen Anlegern und investieren gezielt in den Erwerb und in die Bewirtschaftung von Immobilien. Die Anleger beteiligen sich somit indirekt über die jeweilige juristische Person an Immobilieninvestitionen. Als institutionelle Anleger agieren in Deutschland offene Immobilienfonds, Immobilienaktiengesellschaften, Versicherungsgesellschaften, international agierende „Private Equity Funds" und REITs - Real Estate Investment Trusts[26].

---

[25] Vgl. Kapitel 5 Renditeberechnung von Immobilieninvestitionen
[26] Vgl. Abschnitt 1.2.3 Institutionelle Systematisierung

Prof. Dr. habil. Kerry-U. Brauer

Abbildung 1.16: Zielstellungen der Immobilieneigentümer und daraus resultierende Immobilienmanagementgebiete

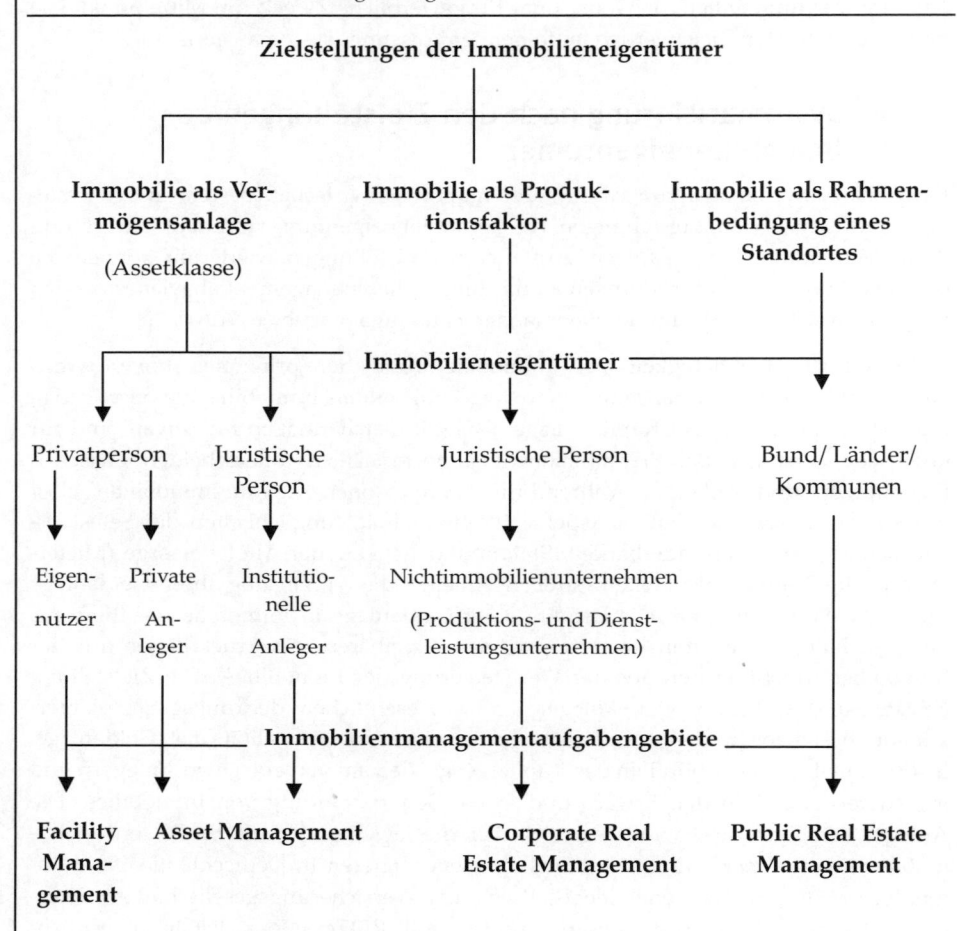

Zielstellungen der Immobilieneigentümer

- **Immobilie als Vermögensanlage** (Assetklasse)
- **Immobilie als Produktionsfaktor**
- **Immobilie als Rahmenbedingung eines Standortes**

Immobilieneigentümer

- Privatperson
- Juristische Person
- Juristische Person
- Bund/ Länder/ Kommunen

- Eigennutzer
- Private Anleger
- Institutionelle Anleger
- Nichtimmobilienunternehmen (Produktions- und Dienstleistungsunternehmen)

Immobilienmanagementaufgabengebiete

- Facility Management
- Asset Management
- Corporate Real Estate Management
- Public Real Estate Management

Immobilie als Vermögensanlage

Tendenziell gewinnt die indirekte Geldanlage in Immobilien, d.h. die Beteiligung an Gesellschaften institutioneller Anleger an Bedeutung. Die Vorzüge: hohe Wertstabilität und Liquidität bei vergleichsweise geringem Kapitaleinsatz gegenüber einer direkten Immobilieninvestition werden hier versucht, miteinander zu kombinieren. Charakteristisch für die Entwicklung auf dem Immobilienanlagemarkt ist die wachsende Bedeutung international agierender Investoren. In der Immobilienwirtschaft vollziehen sich somit vergleichbare Globalisierungsprozesse wie in allen anderen Wirtschaftsbereichen.

Das Management von Immobilien als Vermögensanlage erfolgt über Asset-, Property und Facility Management. Asset- und Property Management sind primär auf die Interessen des Immobilieneigentümers gerichtet. Der Asset Manager agiert als Vertreter des Immobilieneigentümers mit der Zielstellung der Werterhaltung und Wertsteigerung der Immobilie. Facility Management als Gesamtheit aller Leistungen zur optimalen Nutzung der Immobilie umfasst den gesamten Lebenszyklus einer Immobilie. Zielstellung ist die Optimierung der Immobilie im Interesse des Nutzers. Zusammenhänge zwischen Asset, Property und Facility Management bestehen insofern, da die Ertragserzielung aus der Immobilie immer von deren Vermietbarkeit sowie der Erzielung von Mietsteigerungen abhängt. Das wiederum setzt voraus, dass die Immobilie den Vorstellungen des Nutzers entspricht. Weitere Ausführungen hierzu sind dem Kapitel „7 Immobilienbestandsmanagement" zu entnehmen.

Immobilie als Produktionsfaktor

Steigender Wettbewerbs- und damit auch Kostendruck führen zu einem veränderten Umgang mit den unternehmenseigenen Immobilien. Kam diesen in der Vergangenheit die Rolle als bloße Hülle für den Kernprozess zu, rücken sie nunmehr stärker in den Mittelpunkt als Produktionsfaktor und damit auch als Intensivierungsfaktor im Rahmen des betrieblichen Leistungsprozesses. Erscheinungsformen dieser Entwicklung sind die Zentralisierung der Immobilienmanagementaufgaben im Unternehmen sowie die Segmentierung der Immobilien in Verwertungs- und in Bestandsobjekte. Verwertungsobjekte sind all jene Immobilien, die für das Kerngeschäft des Unternehmens nicht mehr benötigt werden. Hier steht die Ertragserzielung durch Verkauf oder Vermietung an Dritte im Mittelpunkt. Bei den Bestandsobjekten, d.h. bei all jenen Immobilien, die zur Erfüllung des Kerngeschäftes benötigt werden, steht deren Optimierung im Mittelpunkt. Es geht hier sowohl um die Ertragssteigerung aus dem Kerngeschäft des Unternehmens und um die Senkung der laufenden Bewirtschaftungskosten (Betriebs-, Instandhaltungs- und Verwaltungskosten), die mit der Immobiliennutzung verbunden sind. Eigenständiger Managementbereich für diese Aufgabenstellung ist das Corporate Real Estate Management.

Immobilie als Rahmenbedingung eines Standortes

Die Schaffung der Rahmenbedingungen für die Entwicklung eines Wirtschaftsstandortes liegt maßgeblich in der Hoheit von Bund, Ländern und Kommunen. Ausgehend von Raumordnungsverfahren beeinflussen die Länder und Kommunen im Rahmen der Bauleitplanung maßgeblich die Entwicklung von Standorten. Hinzu kommen die Entscheidungen zur Mittelverwendung öffentlicher Haushalte zur Standortentwicklung. Dabei verfügen Bund, Länder und Kommunen über einen äußerst heterogenen Immobilienbestand. Neben Gebäuden jeglicher Nutzungsart (Wohn- und Gewerbe-

Prof. Dr. habil. Kerry-U. Brauer

immobilien, Schulen, Krankenhäuser, Theater etc.) stehen Straßen, Parkanlagen, Friedhöfe, Sportstätten sowie diverse technische Infrastruktureinrichtungen im Eigentum der öffentlichen Hand. Die Entwicklung und Bewirtschaftung dieser Immobilienbestände im weiteren Sinn stellen sehr hohe Anforderungen an die Eigentümer. Die öffentliche Hand hat gleichermaßen die Aufgabe die Immobilien als Rahmenbedingung zur Standortentwicklung und die Bewirtschaftung öffentlicher Liegenschaften zu optimieren. Prinzipiell steht der öffentlich – rechtliche Eigentümer von Immobilien vor adäquaten Herausforderungen wie privatwirtschaftliche Produktions- oder Dienstleistungsunternehmen. Auch hier steht die Aufgabe der Segmentierung in Verwertungs- und in Bestandsobjekte mit allen damit verbundenen Anforderungen an das Immobilienmanagement. Als Pendant zum Corporate Real Estate Management entstand das Public Real Estate Management für das Management von Liegenschaften der öffentlichen Hand.

1.3 Entwicklungstrends in der Immobilienwirtschaft

1.3.1 Entwicklungstrends im Immobilienmanagement

Die Immobilienwirtschaft als vergleichsweise junge Wirtschafts- und Wissenschaftsdisziplin ist gekennzeichnet durch einen schnell gewachsenen Professionalisierungsgrad mit der Herausbildung neuer Aufgaben– und schließlich auch Berufsfeldern in der Branche. Ursache dieser Entwicklung ist der Paradigmenwechsel, der sich seit Beginn der 90er Jahre vollzieht.

Abbildung 1.17: Veränderung des Stellenwertes der Immobilie im Zeitablauf

Stellenwert der Immobilie

Vergangenheit	Gegenwart	Zukunft
o Wertstabile Geldanlage	o Individuelles Wirtschaftsgut	o Kurzlebigeres Wirtschaftsgut
o Stille Reserve in der Bilanz	o Assetklasse in Konkurrenz zu anderen Vermögenswerten	o Steigende Bedeutung von Nachhaltigkeitskriterien
o Unzweifelhafte Kreditsicherheit	o Kreditsicherheit	o Kreditsicherheit

Stellenwert der Immobilie in der Vergangenheit

Die Wertstabilität und Wertsteigerung von Immobilien beruhte auf einer dauerhaften Knappheit. Generell dominierte bis Ende des 20. Jahrhunderts auf den meisten Immobilienteilmärkten die Nachfrage gegenüber dem Angebot. Das betraf über Jahrhunderte die Wohnimmobilienmärkte und konjunkturell differenziert auch die Gewerbeimmobilienmärkte. Hinzu kam das quantitative Flächenwachstum infolge demographischer und wirtschaftlicher Prozesse. Mit steigenden Bevölkerungs- und vor allem Haushaltszahlen wurden mehr Wohnungen und mit steigenden privaten Einkommen mehr Wohnfläche pro Kopf nachgefragt. Bei einem extensiven Wirtschaftswachstum steigt ebenso die Nachfrage nach Gewerbeflächen. Die damit verbundene Wertstabilität und Wertsteigerung machte Immobilien zur idealen Kreditsicherheit. Darüber hinaus konnten mit Immobilien in den Bilanzen stille Reserven in den Unternehmen gebildet werden. Diese Möglichkeit resultiert aus den handels- und steuerrechtlichen Bilanzierungsvorschriften in Deutschland. Die Immobilien werden zu den Anschaffungs- und Herstellungskosten in der Bilanz aktiviert und danach kontinuierlich abgeschrieben. Der Immobilienwert wird somit sukzessive in der Bilanz vermindert. Die tatsächliche Wertentwicklung findet keine Berücksichtigung. Somit entsteht eine Lücke und damit „stille Reserve" als Differenz zwischen dem bilanzierten Wert und dem Marktwert der Immobilie.

Stellenwert der Immobilie in der Gegenwart

Globalisierungsprozesse, zunehmender Kosten – und Intensivierungsdruck führten dazu, dass die Immobilie sich immer mehr zu einem Wirtschaftsgut entwickelte. Die verbesserte oder zusätzliche Ertragserzielung aus der Immobilie bei gleichzeitiger Optimierung laufender Bewirtschaftungskosten steht im Fokus von Immobilieneigentümern. Damit verbunden ist die Flächenoptimierung bei gewerblicher Eigennutzung einschließlich Erschließung von zusätzlichen Erträgen aus der Immobiliennutzung. Beispielhaft hierfür ist die Nutzung verfügbarer Flächen in Bahnhofsgebäuden zu nennen. Mit der Entwicklung von Handelsflächen lassen sich zusätzliche Erträge aus dieser Spezialimmobilie generieren.

Nach wie vor ist die Immobilie aufgrund ihrer Langlebigkeit eine wichtige Kreditsicherheit. Jedoch kann nicht mehr prinzipiell von dauerhafter Wertstabilität oder Wertsteigerung ausgegangen werden. Vielmehr hängt diese Entwicklung vom konkreten Standort und der konkreten Nutzungsart der Immobilie ab. Diese Aspekte gewinnen bei der Beleihungswertermittlung von Immobilien zunehmend an Bedeutung.

Tendenziell gesättigte Immobilienteilmärkte führen dazu, dass die Immobilien immer mehr den nutzerspezifischen Vorstellungen angepasst werden müssen. Um so größer die Auswahl, desto differenzierter die Anforderungen der Nutzer. Das hat zur Folge, dass in kürzeren Zeiträumen individuelle nutzerspezifische Anpassungen (Umbauten,

Modernisierungen) vorgenommen werden müssen, um nachhaltige und steigende Erträge aus den Immobilien generieren zu können.

Darüber hinaus steht die Immobilie in unmittelbarer Konkurrenz zu allen anderen Geld- und Kapitalanlageformen. In der Suche nach einer am besten verzinslichten Anlage des Vermögens konkurriert hier die direkte aber vor allem die indirekte Geldanlage in Immobilien mit sämtlichen anderen nationalen und internationalen Anlagegütern.

Dem Paradigmenwechsel in der Immobilienwirtschaft wird mit der Entwicklung adäquater Immobilienmanagementaufgabengebiete entsprochen. Zielstellung ist die Optimierung von Immobilien zur Verbesserung der Ertragserzielung aus den Immobilien bzw. zur Erhöhung des Nutzwertes Immobilien, wodurch den Zielen des Immobiliennutzers besser entsprochen werden kann.

Abbildung 1.18: Begriffsabgrenzungen zwischen Portfolio-, Asset und Facility Management

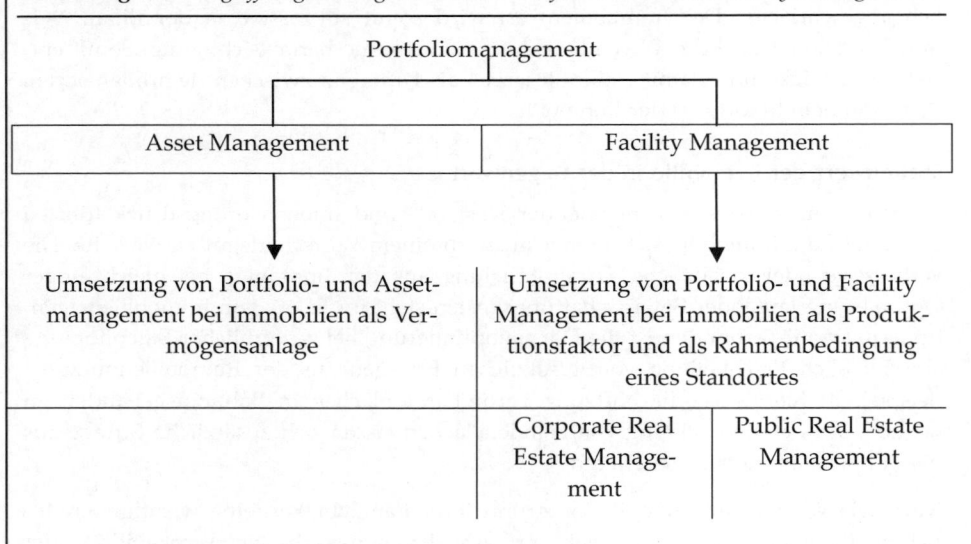

Portfoliomanagement	
Asset Management	Facility Management
Umsetzung von Portfolio- und Assetmanagement bei Immobilien als Vermögensanlage	Umsetzung von Portfolio- und Facility Management bei Immobilien als Produktionsfaktor und als Rahmenbedingung eines Standortes
	Corporate Real Estate Management / Public Real Estate Management

Während das **Portfoliomanagement** die Optimierung von Immobilienbeständen zum Gegenstand hat, wird hier die Auffassung vertreten, dass beim **Asset** und beim **Facility Management** primär die einzelne Immobilie im Fokus von Optimierungsprozessen steht. Nähere inhaltliche Erläuterungen sind dem Kapitel „7 Immobilienbestandsmanagement" zu entnehmen.

1 Einführung in die Immobilienwirtschaft

Neben diesen speziellen Immobilienmanagementaufgabengebieten gewinnen Kooperationen zwischen privatwirtschaftlichen Unternehmen und öffentlich – rechtlichen Einrichtungen für die Realisierung von Immobilieninvestitionen an Bedeutung. Steigender Wettbewerbsdruck privatwirtschaftlicher Unternehmen und zunehmender Kostendruck der öffentlichen Hand führen zur Entwicklung innovativer Kooperationsmodelle. Auf der Grundlage so genannter **PPP – (Public Private Partnership)** oder ÖPP (Öffentlich – Private – Partnerschaft) - Modelle werden Investitionen in öffentlichen Liegenschaften (z.B. Verwaltungsgebäude, Krankenhäuser, Schulen, Hochschulen) und in Infrastruktureinrichtungen (Erschließungsanlagen) realisiert. Die damit verbundenen Potenziale sollen durch das ÖPP - Beschleunigungsgesetzes noch stärker genutzt werden.

Eine weitere Form der Zusammenarbeit zwischen privatwirtschaftlichen Unternehmen und der öffentlichen Hand ist die Entwicklung so genannter **BIDs – Business Improvement Districts**. Zielstellung ist die Aufwertung öffentlicher Räume (Immobilie als Rahmenbedingung eines Wirtschaftsstandortes), um auf dieser Grundlage die Chancen zur Ertragserzielung der ansässigen Immobilieneigentümer zu erhöhen. Die Privatwirtschaft entwickelt und realisiert zwar in Abstimmung mit der öffentlichen Hand, aber in Eigeninitiative und auf eigene Kosten Maßnahmen zur Standortaufwertung. Die Idee der BIDs stammt aus Kanada. Bereits 1970 wurde erstmals in Toronto durch die Bündelung privater Initiative und mit Hilfe privaten Kapitals eine Geschäftsstraße erfolgreich aufgewertet. Erste Erfahrungen mit dieser speziellen Form des Immobilienmanagements wurden in Deutschland bereits in Hamburg und in Nordrhein - Westfalen gesammelt. Hamburg war das erste Bundesland, das Ende des Jahres 2004 hierfür ein eigenständiges Gesetz verabschiedet hat. Die Idee der BIDs, die primär gewerblich genutzte Immobilien (vor allem Handelsimmobilien) betrifft, wurde zu so genannten **HIDs – Housing Improvement Districts** weiter entwickelt, bei denen es um die Aufwertung von Wohnstandorten geht.

Stellenwert der Immobilie in der Zukunft

Die Entwicklungstendenzen der Gegenwart werden sich auch in der Zukunft fortsetzen. Tendenziell gesättigte Märkte führen zu weiter steigenden individuellen Nutzeranforderungen. Das langlebige Wirtschaftsgut Immobilie muss künftig so gestaltet sein, dass es für kurzfristig wechselnde Nutzeranforderungen geeignet ist. Die Veränderlichkeit der Immobilie mit dem Ziel einer dauerhaften Vermarktbarkeit wird damit auch zu einem ganz wesentlichen Kriterium bei der Nutzung der Immobilie als Kreditsicherheit.

Am meisten wird die Immobilienwirtschaft in der Zukunft jedoch vom gesellschaftlichen Trend der Nachhaltigkeit beeinflusst werden. Nachhaltigkeitsanforderungen werden den gesamten Lebenszyklus der Immobilie prägen. Das wird künftig sowohl die rechtlichen als auch steuerrechtlichen Rahmenbedingungen für die Branche betreffen als auch alle Facetten im Immobilienmanagement. Ökologische, ökonomisch - funktionale sowie soziale – stadtsoziologische Nachhaltigkeitskriterien werden zu bestimmenden Faktoren für die Vermarktbarkeit und schließlich für Wertsteigerung bzw. Wertstabilität.

1.3.2 Entwicklungstrend Nachhaltigkeit

Nachhaltigkeit beinhaltet, dass die Bedürfnisse der Gegenwart befriedigt werden, ohne zu riskieren, dass künftige Generationen ihre eigenen Bedürfnisse nicht befriedigen können.[27] Nachhaltigkeit umfasst dabei drei Bereiche:

1. **Ökologische Nachhaltigkeit**: Erhalt von Natur und Umwelt für nachfolgende Generationen.

2. **Ökonomische Nachhaltigkeit**: Ökonomisches Handeln muss so angelegt sein, dass dauerhaft eine tragfähige Grundlage für Erwerb und Wohlstand gegeben ist.

3. **Soziale Nachhaltigkeit**: Entwicklung einer Gesellschaft, an der alle wirtschaftlich, kulturell und gesundheitlich partizipieren können.

Der Ursprung des Nachhaltigkeitsgedankens liegt in der Forstwirtschaft, in denen sich bereits im 18. Jahrhundert mit einer nachhaltigen Bewirtschaftungsweise der Wälder beschäftigt wurde. Pioniere dieser Entwicklung waren Carl von Carlowitz, Hermann Friedrich von Göschhausen und Georg Ludwig Hartwig. Eine nachhaltige Bewirtschaftung ist dadurch geprägt, dass aus einem Wald nur so viel Holz entnommen werden darf, wie nachwächst.

Der wirtschaftliche Aufschwung in den 1960er Jahren in Europa verbunden mit einem extensiven Ressourcenverbrauch führte zu Überlegungen, inwieweit eine solches Wirtschaftswachstum dauerhaft bei der natürlichen Begrenztheit von Ressourcen weltweit möglich ist. So wurde im Jahr 1968 der „Club of Rome" - eine nicht kommerzielle Organisation für den globalen Gedankenaustausch - gegründet, in der führende Vertreter von Wirtschaft, Wissenschaft und Politik mit dem Ziel der gemeinsamen Sorge und Verantwortung für die Zukunft der Menschheit zusammengefunden haben. Die wichtigste Publikation „Grenzen des Wachstums – Szenarien für die Weiterentwicklung der Welt" erschien 1972.

Im Jahr 1983 wurde die Weltkommission für Umwelt und Entwicklung durch die Vereinten Nationen gegründet. Vorsitzende wurde die frühere Umweltministerin und

---

[27] Vgl. Handbuch der Wirtschaftsethik, Band 4, S. 591

damalige Ministerpräsidentin von Norwegen Gro Harlem Brundtland. Im Jahre 1987 veröffentlichte diese Weltkommission den so genannten Brundtland Report „Our Common Future", in dem erstmalig ein Leitbild für eine nachhaltige gesellschaftliche Entwicklung aufgestellt wurde. Hierauf aufbauend publizierte die Bundesregierung im Jahr 2002 „Perspektiven für Deutschland – unsere Strategie für eine nachhaltige Entwicklung".

Weltweites Bevölkerungs- und Wirtschaftswachstum primär in Entwicklungs- und Schwellenländern führen zu weiter steigendem Ressourcenverbrauch und Umweltbelastungen. Die damit verbundenen Herausforderungen finden ihren Ausdruck in Konzepten einer so genannten „Corporate Social Responsibility". In der öffentlichen Diskussion steht in diesem Kontext in ganz entscheidendem Maße die Immobilienwirtschaft. Grund hierfür ist, dass gleichermaßen bei der Erstellung des langlebigen und kapitalintensiven Wirtschafts- und Konsumgutes Immobilie und bei der laufenden Bewirtschaftung ein hoher Ressourcenverbrauch verbunden ist. Nach Berechnungen der Bundesregierung entfallen rund 40 Prozent des Energieendverbrauchs in Deutschland auf Beheizung, Beleuchtung und Klimatisierung von Gebäuden sowie auf die Warmwasserbereitung. Das verursacht etwa 20 Prozent der CO_2 – Emissionen[28]. In der Immobilienwirtschaft werden somit enorme Einsparungspotenziale gesehen. Die Erschließung dieser Potenziale kann über ökonomische Anreizsysteme, über rechtliche Vorgaben und über indirekt ökonomisch wirkende Rahmenbedingungen erschlossen werden. Ökonomische Anreizsysteme können Förderprogramme mit der Gewährung zinssubventionierter Darlehen (z.B. CO_2 - Gebäudesanierungsprogramm) oder steuerlicher Vergünstigungen beinhalten. Rechtliche Vorgaben setzen gesetzliche Standards zu energetischen Anforderungen beim Neubau und bei der Instandsetzung und Modernisierung von Immobilien (z.B. Energieeinsparverordnung 2009 bzw. Fortführung ENEV 2012). Unter indirekt ökonomischen Anreizsystemen wird die freiwillige Zertifizierung von Immobilien nach ökologischen, ökonomischen und sozialen Standards verstanden. Mittlerweile existiert eine Vielzahl nationaler und internationaler Zertifikate zur Bewertung von Immobilien unter Nachhaltigkeitskriterien. Die Deutsche Gesellschaft für Nachhaltiges Bauen (DGNB) entwickelte das DGNB – Siegel. In den USA wurde das LEED-System (Leadership in Energy and Environmental Design) entwickelt. In Großbritannien wurde das BREEAM – System etabliert (Building Research Establishment's Environmental Assesment Method). Darüber hinaus hat mittlerweile fast jedes Land ihr eigenes nationales Siegel für die Gebäudebewertung unter Nachhaltigkeitsstandards entwickelt. Welches der Zertifizierungen künftig weltweit dominieren wird, bleibt abzuwarten. Möglicherweise werden die Vielzahl der genannten Siegel durch eine Kennziffer, dem so genannten „Carbon Footprint" (CO_2 - Fußabdruck) abgelöst. Noch offen ist außerdem, inwieweit die Zertifizierung von Immobilien deren nachhaltige Ver-

---

[28] Bundesministerium für Verkehr, Bau und Stadtentwicklung, S. 25

marktbarkeit und damit Werthaltigkeit beeinflusst. Der Anteil der bisher zertifizierten Immobilien in Deutschland lag im Jahr 2010 nach Recherchen der Immobilienzeitung[29] gerade mal bei 0,05 Prozent der Bauvorhaben p.a.

Mit hoher Wahrscheinlichkeit dürfte im Neubaubereich das Plus – Energie – Haus die Immobilie der Zukunft sein. Noch größere Herausforderungen werden jedoch in der Entwicklung der Bestandsobjekte unter Nachhaltigkeitsanforderungen gesehen. Immerhin dominiert der Bestandsimmobilienumfang mit annähernd 97 Prozent gegenüber neu gebauten Immobilien. Bei diesen müssen gleichermaßen ökologische (sinkender Energieverbrauch in der Bewirtschaftung), ökonomische (nachhaltige Nutzbarkeit und Vermarktbarkeit) sowie soziale (Nutzbarkeit durch alle Generationen bei Minimierung von Segregations-und Gentrifikationsprozessen) Nachhaltigkeitsanforderungen erfüllt werden.

Konkrete Nachhaltigkeitsanforderungen an Immobilien können demnach in folgende Teilbereiche gegliedert werden:

- **Ökologische Nachhaltigkeit**: Verwendung recyclebarer Materialien, Nutzung erneuerbarer Energien, Minimierung des Energieverbrauchs bei der Erstellung und während der Immobiliennutzung, Kostensenkung über den gesamten Lebenszyklus der Immobilie.

- **Funktionale und ökonomische Nachhaltigkeit:** Anpassungsfähigkeit der Immobilie an wechselnde Nutzeranforderungen.

- **Städteplanerische, soziologische Nachhaltigkeit:** Verbindung der Lebensbereiche Wohnen, Arbeiten, Freizeit; Integration statt Segregation und Gentrifikation.

- **Ästhetisch, architektonische Nachhaltigkeit:** Die Immobilie als Ausdruck des gesellschaftlichen Entwicklungsstandes und der daraus resultierenden gesellschaftlichen Ästhetik.

In den hier nur schlagwortartig genannten Themenbereichen werden die künftigen Herausforderungen an die Immobilienbranche gesehen. Werterhaltung und Wertsteigerung von Immobilien werden künftig maßgeblich von der Erfüllung dieser Anforderungen abhängen und Gegenstand weiterer immobilienwirtschaftlicher Forschung sein.

---

[29] Vgl. Immobilien Zeitung Nr. 9 vom 04.03.2010, S.15

1.3.3 Entwicklungstrends der Immobilienmärkte

1.3.3.1 Globalisierung der Immobilienmärkte

Unter Globalisierung wird gemäß Gabler Wirtschaftslexikon[30] eine Form der internationalen Strategie einer grenzüberschreitend tätigen Unternehmung verstanden, bei der Wettbewerbsvorteile weltweit mittels Ausnutzung von Standortvorteilen aufgebaut werden sollen. Damit konkurrieren Wirtschaftsstandorte nicht nur auf nationaler Ebene, sondern vielmehr international miteinander. Mit Unternehmensansiedlungen ist eine steigende Nachfrage nach Gewerbeflächen verbunden und zeitverzögert auch eine steigende Nachfrage nach Wohnflächen aufgrund der Schaffung von Arbeitsplätzen. Parallel dazu wird Kapital benötigt, um die Investition zu realisieren. Das heißt, dass unmittelbare Interdependenzen zwischen Güter-, Immobilien- und Finanzmärkten bestehen.

Globalisierung als internationale Strategie grenzüberschreitender Unternehmungen

Unterschiedliche wirtschaftliche und rechtliche Rahmenbedingungen führen weltweit zu unterschiedlichen Konjunkturzyklen. So wie produzierende und dienstleistende Unternehmen mit ihren Investitionsentscheidungen versuchen, diesen Konjunkturzyklen Rechnung zu tragen, wird bei der Geldanlage in Immobilien auf die damit verbundenen unterschiedlichen Immobilienmarktzyklen reagiert. Institutionelle Immobilienanlagegesellschaften, wie Real Estate Investment Trusts, Offene Immobilienfonds oder Real Estate Private Equity Funds versuchen im Rahmen ihres Portfoliomanagements, die Entwicklungen auf den Immobilienmärkten frühzeitig zu erkennen und somit unter Berücksichtigung von Risiko und Rendite eine maximale Verzinsung der Geldanlage ihrer Anteilseigner zu erzielen. Parallel dazu werden Währungs- und Zinsunterschiede genutzt. Indikatoren dieser Entwicklung sind die verstärkte Ausrichtung offener Immobilienfonds auf Gewerbeimmobilien in konjunkturell starken ausländischen Regionen. Parallel dazu haben ausländische Investoren Immobilien in so genannte „Paketverkäufen" auf deutschen Märkten erworben.

---

[30] Gabler Wirtschaftslexikon, Stichwort Globalisierung

Prof. Dr. habil. Kerry-U. Brauer

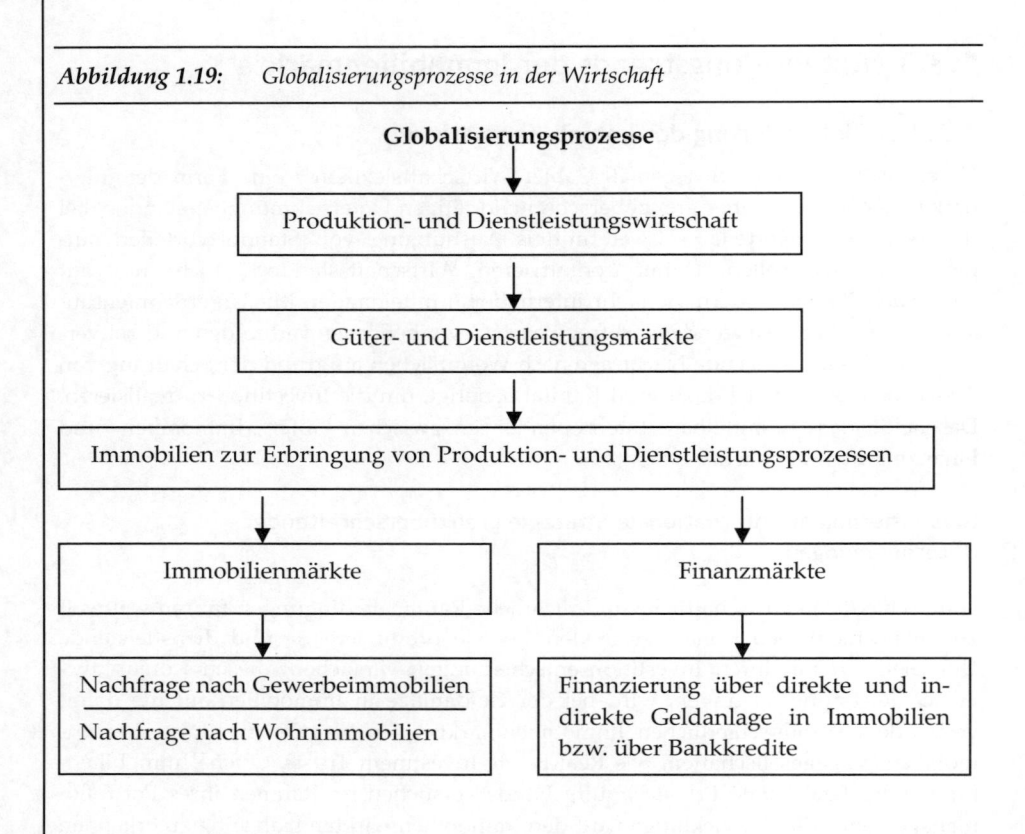

Abbildung 1.19: *Globalisierungsprozesse in der Wirtschaft*

```
                    Globalisierungsprozesse
                             │
                             ▼
          ┌──────────────────────────────────────┐
          │ Produktion- und Dienstleistungswirtschaft │
          └──────────────────────────────────────┘
                             │
                             ▼
          ┌──────────────────────────────────────┐
          │    Güter- und Dienstleistungsmärkte   │
          └──────────────────────────────────────┘
                             │
                             ▼
   ┌──────────────────────────────────────────────────────┐
   │ Immobilien zur Erbringung von Produktion- und        │
   │ Dienstleistungsprozessen                             │
   └──────────────────────────────────────────────────────┘
            │                                │
            ▼                                ▼
   ┌─────────────────┐              ┌─────────────────┐
   │ Immobilienmärkte │              │   Finanzmärkte   │
   └─────────────────┘              └─────────────────┘
            │                                │
            ▼                                ▼
   ┌─────────────────────────┐   ┌──────────────────────────────┐
   │ Nachfrage nach Gewerbe- │   │ Finanzierung über direkte    │
   │ immobilien              │   │ und indirekte Geldanlage in  │
   ├─────────────────────────┤   │ Immobilien bzw. über         │
   │ Nachfrage nach          │   │ Bankkredite                  │
   │ Wohnimmobilien          │   │                              │
   └─────────────────────────┘   └──────────────────────────────┘
```

Mit der Einführung von Real Estate Investment Trusts in Deutschland wurde mit einem weiteren Globalisierungsschub in der Immobilienwirtschaft gerechnet. Deutsche Unternehmen verfügen über einen vergleichsweise hohen Eigentumsanteil an Immobilien. Die Eigentumsquote bei unternehmenseigenen Immobilien beträgt schätzungsweise 60 Prozent, gegenüber 30 bis 40 Prozent im internationalen Vergleich. Zur Erhöhung der Wettbewerbsfähigkeit deutscher Unternehmen wurde damit gerechnet, dass ein Teil unternehmenseigener Immobilien in Real Estate Investment Trusts „ausgelagert" wird. Zwei Vorteile sind damit für Nichtimmobilienunternehmen verbunden. Das Unternehmen verfügt mit dem Verkauf von Immobilien über zusätzliche Liquidität, die zur strategischen Ausrichtung des Unternehmens gezielt genutzt werden kann. Parallel dazu kann sich stärker auf die Kernprozesse im Unternehmen konzentriert werden. Beides kann zu einer verbesserten Wettbewerbsfähigkeit der Unternehmen führen. Die mit der REIT – Einführung in Deutschland erwartete Entwicklung hat sich jedoch bisher nicht bestätigt.

1 Einführung in die Immobilienwirtschaft

Globalisierungsprozesse in der Wirtschaft beeinflussen damit unmittelbar die jeweiligen nationalen Immobilienteilmärkte. Darüber hinaus werden diese durch die wirtschaftspolitischen Rahmenbedingungen maßgeblich mit beeinflusst.

1.3.3.2 Entwicklungen ausgewählter Immobilienteilmärkte

Aus der Standortgebundenheit und aus der Heterogenität der Immobilie ergibt sich die Teilmarktstruktur des Immobilienmarktes. Das heiß, dass es nicht einen Immobilienmarkt, sondern eine Vielzahl regionaler Teilmärkte mit jeweiligen Teilmärkten nach der Nutzungsrat der Immobilie gibt. Diese Entwicklung wird ganz maßgeblich durch die jeweilige regionale wirtschaftliche Situation (Unternehmensansiedlungen, Beschäftigten- und Arbeitslosenquote, Einkommensentwicklung) beeinflusst. Im Mittelpunkt der nachstehenden Ausführungen steht die aktuelle Entwicklung auf ausgewählten Teilmärkten nach der Nutzungsart der Immobilie. Die Darlegungen erheben nicht den Anspruch der Vollständigkeit. Dazu ist die Immobilienteilmarktstruktur viel zu facettenreich. Vielmehr geht es darum, Anregungen zur weiteren Beobachtung und Analyse zu geben.

Wohnimmobilienmarkt

Der Wohnimmobilienmarkt ist der Markt, auf dem Angebot und Nachfrage in Form von Mietwohnungen in ungeteilten Immobilien (Mietshäuser), vermieteten und eigengenutzten Eigentumswohnungen und Einfamilienhäusern (allein stehend, als Doppelhaushälfte oder Reihenhaus) aufeinander treffen. Der Wohnungsbestand in Deutschland umfasst nach Angaben des Statistischen Bundesamtes im Jahr 2010 40,5 Millionen Wohnungen in Wohn- und in Nichtwohngebäuden. Der durchschnittliche Wohnflächenverbrauch pro Kopf betrug in Deutschland im gleichen Jahr 42 m^2.[31] Die Anzahl der Wohnungen wird in größeren zeitlichen Abständen in Form einer Wohnraum- und Gebäudezählung empirisch erhoben. Auf dieser Grundlage werden anhand von Baufertigstellungsanzeigen bzw. erteilten Abrissgenehmigungen die Daten fortgeschrieben.

Die Nachfrage nach Wohnraum wird primär durch die demographische Entwicklung beeinflusst. Entscheidender Indikator für die nachgefragten Wohnungen ist die Anzahl privater Haushalte. Die Struktur der Nachfrage nach Wohnungsgrößen wird durch die Haushaltsgrößen und durch das verfügbare Haushaltsnettoeinkommen maßgeblich bestimmt. Hiervon hängt ebenfalls die Möglichkeit zur Nutzung von Zweitwohnsitzen aus beruflichen Gründen (Notwendigkeit der Trennung von Arbeits- und Wohnort) und aus privaten Gründen (Stadtwohnung und Landhaus) ab.

Während über Jahrzehnte hinweg die Wohnraumnachfrage das Angebot überstieg, lässt sich in jüngster Vergangenheit eine relative Ausgeglichenheit feststellen. In eini-

---

[31] Statistisches Bundesamt, www.destatis.de

gen Gebieten ist mittlerweile das Wohnraumangebot größer als die Nachfrage. Es wird mit einer sehr differenzierten Entwicklung in den einzelnen Regionen in Deutschland und in Europa gerechnet. Entscheidend sind zum einen die natürliche demographische Entwicklung, zum anderen die Wanderungsbewegung infolge differenzierter wirtschaftlicher Entwicklung von Regionen. Das in der Region vorhandene Arbeitsplatzangebot entscheidet ganz maßgeblich über die Ansiedlung und damit über die Nachfrage nach Wohnraum. Das betrifft ebenso die Zuwanderungen aus dem Ausland im Allgemeinen und im Rahmen der EU-Osterweiterung im Besonderen.

Tendenziell wird mit einem weiteren Anstieg des pro Kopf – Wohnflächenverbrauchs gerechnet. Ein Indikator, der für diese Entwicklung spricht, ist die weitere Verkleinerung der Anzahl Personen pro privaten Haushalt. Gegenwärtig beträgt die durchschnittliche Haushaltsgröße in Deutschland 2,1 Personen. Vor allem spricht die steigende Lebenserwartung und die damit steigende Anzahl von Single - Haushalten im Alter für einen weiter steigenden pro – Kopf – Wohnflächenverbrauch. Stagnierende oder sinkende Realeinkommen bei gleichzeitigem Anstieg der Wohnkosten, insbesondere der Wohnnebenkosten aufgrund steigender Energiepreise, wirken dämpfend auf diese Entwicklung.

Neben diesen quantitativen Aspekten gewinnen in Zeiten relativ gesättigter Wohnimmobilienmärkte qualitative Faktoren an Bedeutung. Ausstattung, Lage, Grundriss und Funktionalität der Wohnung erhalten einen höheren Stellenwert. Nachhaltige Vermietungserfolge erfordern zielgruppenspezifische und innovative Wohnraumkonzepte. Für die Entwicklung solcher Angebote ist eine dauerhafte und professionelle Marktanalyse unerlässlich.

Gewerbeimmobilienmarkt

Der Gewerbeimmobilienmarkt lässt sich nach der Nutzungsart der Immobilie in eine Vielzahl weiterer Teilmärkte gliedern. Die Entwicklung dieser Teilmärkte wird primär durch die wirtschaftliche Entwicklung in der Volkswirtschaft und in der jeweiligen Region beeinflusst. Die Entwicklung von der Produktionsgesellschaft zur Dienstleistungs- und Informations- sowie Kommunikationsgesellschaft beeinflusst die Quantität und Qualität nachgefragter Gewerbeflächen.

Produktionsimmobilien

Die Nachfrage nach **Produktionsimmobilien** ging einerseits zurück, veränderte sich andererseits in den Anforderungen an Lage und an Expansionsmöglichkeiten. Moderne Produktionsflächen mit sehr guter Verkehrsinfrastruktur führten zur Entwicklung von Gewerbegebieten mit unmittelbarer Anbindung an das Autobahnnetz und idealerweise auch mit Bahn- oder Wasseranschluss. Bei großen Investitionsvorhaben wird die Entscheidung für Neuansiedlungen auch häufig davon abhängig gemacht, inwieweit Reserveflächen für weitere Expansionsmöglichkeiten verfügbar sind.

Die Folge dieser Entwicklungsprozesse war die Entstehung von Industriebrachen in innerstädtischen oder stadtnahen Lagen, die neuen Nutzungen zugeführt werden mussten und müssen. Beispielhaft sei hier die Umstrukturierung des Ruhrgebiets genannt. Auf vormals von Bergbau und Stahlindustrie genutzten Flächen siedelten sich Unternehmen aus dem Dienstleistungsbereich, der IT-Branche und von Wissenschaft und Forschung an. Eine ähnliche Entwicklung vollzieht sich seit den neunziger Jahren in den Neuen Bundesländern. Innerstädtische Industriegebäude werden seit dem im Bereich von New Economy für so genannte Server-Farms oder Data-Center, die den Datenaustausch für Internet oder Telekommunikationsdienste leisten oder neuerdings von Existenzgründern der so genannten Kreativwirtschaft genutzt. Eine weitere Alternative für die Verwendung von ehemaligen Industriegebäuden besteht in der Wohnnutzung in Form von Lofts.

Büroimmobilien

Infolge des Intensivierungsprozesses vollziehen sich wesentliche quantitative und qualitative Veränderungen auf dem **Büroimmobilienmarkt.** Der Kostendruck in den Unternehmen erfordert eine wesentlich intensivere Nutzung von Büroflächen. Diese kann darin bestehen, dass mehrere Mitarbeiter sich einen Arbeitsplatz teilen (desk sharing). Diese Möglichkeit besteht vor allem in Unternehmen mit einem hohen Anteil an Außendienstmitarbeitern. Eine andere Variante besteht in der Auslagerung von Arbeitsplätzen zu so genannten Telearbeitsplätzen, bei denen der Mitarbeiter von zu Hause aus arbeitet. Der Büroflächenverbrauch kann ebenfalls durch innovative Raumkonzepte mit flexibler technischer Ausstattung reduziert werden. Gegenwärtig beträgt in Deutschland die Büroflächeninanspruchnahme pro Mitarbeiter schätzungsweise 18 m². Im internationalem Vergleich ist das relativ hoch (Japan 9,3 m² London ca. 10 m²)[32]. Weiter steigender Wettbewerbsdruck sowie steigende Mietpreise werden voraussichtlich auch in Deutschland zu einer sinkenden Flächeninanspruchnahme pro Mitarbeiter führen. Mit einem hohen Flächenangebot steigen auch die qualitativen Anforderungen der Nutzer. Neben so genannten Zellenbüros, in denen ein bis maximal vier Mitarbeiter tätig sind, dominieren Großraumbüros mit unterschiedlicher Abschirmung zwischen den einzelnen Arbeitsplätzen. Um den Anforderungen an einerseits Konzentration und andererseits Kommunikation (Arbeit im Projektteam) Rechnung tragen zu können, wurden innovative Bürokonzepte entwickelt, mit denen den unterschiedlichen Nutzeranforderungen entsprochen werden kann. Das Fraunhofer Institut für Arbeitswirtschaft und Organisation forscht auf dem Gebiet innovativer Bürokonzepte seit mehreren Jahren und begleitete deren Umsetzung bei ausgewählten Projekten für Banken und für Versicherungen.

---

[32] Unterreiner, S. V1

Logistikimmobilien

Zu einem attraktiven Investmentbereich auf dem Gewerbeimmobilienmarkt entwickeln sich seit einigen Jahren **Logistikimmobilien**. Ursache dieser Entwicklung ist die Ausweitung von Beschaffungs- und Absatzmärkten, was zu größeren Transport- und Umschlagsleistungen führt. Durch die Konzentration auf Kernprozesse in den Unternehmen wird der Logistikbereich ausgelagert. Die Entstehung von großflächigen Logistikzentren mit unmittelbarer Fernverkehrsanbindung an Straße und Bahn sowie dem Flugverkehr und im Idealfall zu Wasserstraßen ist die Folge. Die erzielten Umsätze in der Logistikbranche sind von 2003 bis 2008 im Mittel um sechs Prozent gestiegen, was doppelt so hoch war wie das durchschnittliche Wachstum des Bruttoinlandsproduktes[33]. Der Logistikimmobilienmarkt wird weiterhin als Wachstumsmarkt aufgrund der zentralen Lage Deutschlands im Zuge der EU – Osterweiterung gesehen. Die Vorteile eines Investments in Logistikimmobilien bestehen in den vergleichsweise geringen Investitionskosten pro Quadratmeter und in der Drittverwendungsfähigkeit der Objekte.

Handelsimmobilien

Im Bereich der **Handelsimmobilien** konkurriert seit Jahren der innerstädtische Handel mit dem großflächigen Einzelhandel an der Peripherie der Städte. Der mangelnden Urbanität von Einkaufszentren wird durch so genannte Events (Ausstellungen, Modenschauen, Pop-Konzerten etc.) begegnet. Erlebniskonsum oder Centertainment sind Stichworte in der Branche. Im Interesse der Belebung der Innenstädte wird nach dem expansiven Handelsflächenwachstum auf der „grünen Wiese" eine Trendumkehr sichtbar. Ausdruck dieser Entwicklung ist, dass in den letzten Jahren Einkaufscenter bevorzugt in Innenstadtlage entwickelt wurden und dass nur noch sehr begrenzt Sondergebietsflächen für den großflächigen Einzelhandel außerhalb von Kommunen ausgewiesen werden. Unabhängig vom Standort hängt die erzielbare Rendite aus Handelsimmobilien immer von der Umsatzerzielung der Händler ab. Für eine nachhaltige Lenkung der Kaufkraftströme sowohl in die Einkaufscenter als auch in die Innenstädte ist ein adäquater Branchenmix erforderlich. Während das Centermanagement unmittelbar auf die Händlerstruktur Einfluss nehmen kann, ist das in den Innenstädten nur sehr begrenzt möglich. Ein wesentliches Instrumentarium hierfür bilden mit den Händlern abgestimmte Stadtmarketingkonzepte, um die Attraktivität der Innenstädte erhöhen zu können.

Die zunehmende Verbreitung von E - commerce, d.h. Verkauf von Waren über Internetangebote wird die Nachfrage nach Handelsflächen und die angebotenen Sortimente beeinflussen. Bereits heute nimmt die Flächeninanspruchnahme vor allem im Buchhandel ab bei gleichzeitiger Sortimentserweiterung (z.B. Spielzeug, Raumausstattung, Esoterik), um Kunden nachhaltig anzuziehen. Ähnliche Entwicklungen

---

[33] DIP Markt und Fakten 2010, S. 26

lassen sich in allen Sortimenten nachweisen (Multimedia, Textilien). Mittlerweile gibt es bereits auch erste bundesweit tätige Anbieter im Bereich des Versandhandels von Lebensmitteln.

Freizeitimmobilien

Der **Immobilienmarkt im Freizeit- und Touristikbereich** ist in sich außerordentlich heterogen. Hierzu gehören Hotels (z.B. Ferienhotel, Sporthotel, Business-Hotel), andere Beherbergungsmöglichkeiten (z.B. Pensionen, Jugendherbergen), Sport- und Fitnessanlagen (Spaßbäder, Schwimmhallen, Golfanlagen, Sportplätze, Anlagen für Erlebnissportarten), Ferienzentren, Wellness - Einrichtungen. Die Aufzählung ließe sich beliebig fortsetzen. Es handelt sich bei diesen Immobilien um Betreiberimmobilien. Das heißt, dass die Umsatzentwicklung maßgeblich durch das Know-how des Betreibers der Immobilie beeinflusst wird. Da Freizeittrends mitunter sehr kurzlebig sind, werden Immobilieninvestitionen in diesem Bereich als vergleichsweise risikobehaftet eingestuft.

Als ein wesentlicher Wachstumsmarkt im Bereich Freizeit und Tourismus werden vor allem Angebote im so genannten Gesundheitstourismus gesehen. Ursachen dieses Entwicklungstrends sind der steigende Anteil der älteren Bevölkerung und die Reformen im Gesundheitswesen mit differenzierter Leistungsübernahme durch die Krankenversicherungsträger.

Zusammenfassung

Der Strukturwandel in der Wirtschaft bei parallel fortschreitenden Globalisierungsprozessen führte zum Paradigmenwechsel in der Immobilienwirtschaft. Die veränderte Stellung der Immobilie wird daran sichtbar, dass sie sich zunehmend zu einem Wirtschaftsgut analog anderer Wirtschaftsgüter entwickelt. Im Mittelpunkt steht die Kosten- und Nutzungsoptimierung, um im Ergebnis davon zu nachhaltiger Ertragserzielung und Ertragssteigerung zu gelangen. Die Immobilie ist unter diesem Aspekt gleichermaßen Assetklasse und Produktionsfaktor. Zur Erreichung dieser Zielstellung zeichnet sich die Branche seit Anfang der neunziger Jahre durch zunehmende Professionalisierung aus. Das Entstehen neuer Immobilienmanagementaufgabengebiete und steigende Qualifikationsanforderungen an die in der Branche tätigen Fach- und Führungskräfte sind Ausdruck dieser Entwicklung. Künftig werden Nachhaltigkeitsaspekte bei Immobilieninvestitionen maßgeblich über die Werthaltigkeit entscheiden.

Prof. Dr. habil. Kerry-U. Brauer

1.4 Literaturverzeichnis

Bach, Hansjörg; Ottmann, Matthias; Sailer, Erwin; Unterreiner, Frank Peter: Immobilienmarkt und Immobilienmanagement, München 2005

Brauer, Kerry- U.: Wohnen, Wohnformen, Wohnbedürfnisse – Soziologische und psychologische Aspekte in der Planung und Vermarktung von Wohnimmobilien, Wiesbaden 2008

Bundesministerium für Verkehr, Bau und Stadtentwicklung: Verantwortung tragen – Zukunft gestalten, Nachhaltigkeitsbericht des BMVBS 2011, www.bmvbs.de

DIP: Markt und Fakten 2010

Gabler Wirtschaftslexikon, Wiesbaden 2005

Gondring, Hanspeter; Lammel, Eckhard (Hrsg.): Handbuch Immobilienwirtschaft, Wiesbaden 2001

Handbuch der Wirtschaftsethik, Gütersloh 1999

ifo Institut für Wirtschaftsforschung e.V.: Die volkswirtschaftliche Bedeutung der Immobilienwirtschaft in: ZIÖ Zeitschrift für Immobilienökonomie, Wiesbaden, Sonderausgabe 2005

Immobilien Zeitung Nr.9, vom 04.03.2010, S.15

IW Institut der Deutschen Wirtschaft Köln: Wirtschaftsfaktor Immobilien – Die Immobilienmärkte aus gesamtwirtschaftlicher Perspektive in: ZIÖ Zeitschrift für Immobilienökonomie, Sonderausgabe 2009

Kleiber, Wolfgang; Simon, Jürgen; Weyers Gustav: Verkehrsermittlung von Grundstücken, Köln 2002

Murfeld, Egon (Hrsg.): Spezielle Betriebswirtschaftslehre der Immobilienwirtschaft, Hamburg 2010

Pfnür, Andreas: Modernes Immobilienmanagement, Berlin Heidelberg 2011

Schmoll, Fritz, gen. Eisenwerth (Hrsg.): Basiswissen Immobilienwirtschaft, Berlin – Reinickendorf 2007

Schulte, Karl – Werner (Hrsg.): Immobilienökonomie Band. III, München 2011

Statistisches Bundesamt Deutschland: www.destatis.de

Unterreiner, Frank Peter: Die demographische Entwicklung als Herausforderung in: Immobilienmarkt Verlagsbeilage zur Frankfurter Allgemeinen Zeitung vom 30.9.2005

Weis, H.C.: Marketing, Ludwigshafen (Rhein) 2009

Zweites Kapitel
Rechtsgrundlagen der Immobilienwirtschaft

Teil 1

Grundstücksrecht

Monica Steinforth

2.1 Grundstücksrecht

2.1.1 Rechtsgrundlagen... 65
    2.1.1.1 Formelles Grundstücksrecht 65
    2.1.1.2 Materielles Grundstücksrecht 65
2.1.2 Das Grundstück 66
    2.1.2.1 Grundstücksbegriff 66
    2.1.2.2 Veränderungen des Grundstückes 67
        2.1.2.2.1 Teilung 67
        2.1.2.2.2 Vereinigung 67
        2.1.2.2.3 Zuschreibung 68
        2.1.2.2.4 Veränderungen durch behördliche Maßnahmen. 68
    2.1.2.3 Bestandteile und Zubehör 69
        2.1.2.3.1 Wesentliche Bestandteile 69
        2.1.2.3.2 Scheinbestandteile 70
        2.1.2.3.3 Zubehör 70
2.1.3 Das Grundbuch 71
    2.1.3.1 Zweck des Grundbuches 71
    2.1.3.2 Öffentlicher Glaube an die Richtigkeit des Grundbuches 71
    2.1.3.3 Das Grundbuchamt 72
    2.1.3.4 Abteilungen des Grundbuches 73
        2.1.3.4.1 Die Aufschrift 74
        2.1.3.4.2 Das Bestandsverzeichnis 75
        2.1.3.4.3 Abteilung I Eigentümerverzeichnis 77
        2.1.3.4.4 Abteilung II 79
        2.1.3.4.5 Abteilung III 80
    2.1.3.5 Der Rang im Grundbuch 82
    2.1.3.6 Die Grundakten 84
    2.1.3.7 Grundbucheinsicht 84
    2.1.3.8 Webbasiertes Abrufverfahren 85
    2.1.3.9 Das Grundbuchverfahren 85
        2.1.3.9.1 Der Antrag 86
        2.1.3.9.2 Eintragungsbewilligung 86
        2.1.3.9.3 Formeller Nachweis der Eintragungsvoraussetzungen 87
        2.1.3.9.4 Beurkundung und Beglaubigung 87
        2.1.3.9.5 Grundsatz der Voreintragung 88

2.1.4	Begründung und Verluste von Rechten		88
	2.1.4.1	Rechtsgeschäftliche Begründung von Rechten	88
	2.1.4.2	Eintragung im Grundbuch	89
	2.1.4.3	Rechtsänderungen kraft Gesetzes	90
	2.1.4.4	Rechtsänderungen durch Hoheitsakt	91
	2.1.4.5	Verlust von Rechten	91
2.1.5	Erwerb des Eigentums an Grundstücken / Grundstückskaufvertrag		92
	2.1.5.1	Formbedürfnis - notarielle Beurkundung	92
	2.1.5.2	Die Vormerkung	94
	2.1.5.3	Der Kaufpreis	95
	2.1.5.4	Die Auflassung	96
	2.1.5.5	Rechte des Käufers bei Mängeln	96
		2.1.5.5.1 Sachmangel	97
		2.1.5.5.2 Rechtsmangel	97
		2.1.5.5.3 Haftung des Verkäufers bei Mängeln	98
	2.1.5.6	Besicherungen	99
	2.1.5.7	Zahlungsverzug des Käufers	100
	2.1.5.8	Aufspaltung in Angebot und Annahme	101
	2.1.5.9	Kauf von unvermessenen Teilflächen	102
2.1.6	Vertretung im Grundstücksrecht		102
	2.1.6.1	Gesetzliche Vertretung	102
		2.1.6.1.1 Natürliche Personen	102
		2.1.6.1.2 Gesellschaften und Körperschaften des Privatrechts	103
		2.1.6.1.3 Körperschaften des öffentlichen Rechts	104
	2.1.6.2	Rechtsgeschäftliche Vertretung	104
		2.1.6.2.1 Vollmacht	104
		2.1.6.2.2 Vertretung ohne Vertretungsmacht	105
		2.1.6.2.3 Form der Vollmacht bzw. Genehmigung	105
2.1.7	Vorkaufsrecht an Grundstücken		106
2.1.8	Belastungen von Grundstücken		108
	2.1.8.1	Hypothek, Grundschuld und Rentenschuld	108
	2.1.8.2	Dienstbarkeiten	109
	2.1.8.3	Nießbrauch	110
	2.1.8.4	Reallast und Altenteilsrecht	111
2.1.9	Grundstücksgleiche Rechte		112
	2.1.9.1	Wohnungseigentum	112
	2.1.9.2	Erbbaurecht	112
2.1.10	Besonderheiten in den neuen Bundesländern		114
	2.1.10.1	Genehmigung nach der GVO	114
	2.1.10.2	Gebäudeeigentum und Nutzungsrechte	115
	2.1.10.3	Sachenrechtsbereinigungsgesetz	115

2.1.1 Rechtsgrundlagen

Formelles und materielles Recht sind im Grundstücksrecht eng miteinander verknüpft. Unter formellem Recht versteht man die zu beachtenden Verfahrensregeln, welchen im Grundstücksrecht große Bedeutung zukommt. Das materielle Recht regelt das Entstehen, den Inhalt, Inhaltsänderungen, Übertragung sowie Erlöschen von Rechten an Grundstücken und grundstücksgleichen Rechten.

2.1.1.1 Formelles Grundstücksrecht

Das formelle Grundstücksrecht ist im Wesentlichen in der Grundbuchordnung geregelt. Zweck des Grundbuches ist es, über privatrechtliche, nicht jedoch auch über öffentlich-rechtliche Verhältnisse eines Grundstückes zuverlässig Auskunft zu erteilen, insbesondere über den Bestand, die Eigentumsverhältnisse sowie Belastungen und etwaige Verfügungsbeschränkungen. Der Verwirklichung dieses Grundbuchsystems dient die Grundbuchordnung. Aber auch im Bürgerlichen Gesetzbuch (BGB), im Wohnungseigentumsgesetz (WEG) sowie im Erbbaurechtsgesetz (ErbbauRG) sind Vorschriften des Grundbuchverfahrensrechtes enthalten und darüber hinaus in mehreren Verordnungen.

2.1.1.2 Materielles Grundstücksrecht

Das materielle Grundstücksrecht ist im Wesentlichen im BGB geregelt. Materielle Regelungen finden sich allerdings auch im WEG und im ErbbauRG. Im Bürgerlichen Gesetzbuch ist das Grundstücksrecht, obwohl systematisch als auch in der Praxis ein eigenständiges Rechtsgebiet, nicht zusammenhängend geregelt. Schwerpunktmäßig finden sich die Regelungen des materiellen Grundstücksrechtes im 3. Buch des BGB „Sachenrecht". Dort sind sowohl ausschließlich das Grundstücksrecht betreffende Regelungen als auch Vorschriften enthalten, die sowohl das Mobiliarsachenrecht (Recht der beweglichen Sachen) als auch das Immobiliarsachenrecht (Grundstücksrecht = Recht an unbeweglichen Sachen), enthalten.

Ausschließliches Grundstücksrecht

- §§ 873 bis 902 BGB - allgemeine Vorschriften über Rechte an Grundstücken
- §§ 925 bis 928 BGB - Erwerb und Verlust von Eigentum an Grundstücken
- §§ 1018 bis 1029 BGB und 1090 bis 1203 BGB - beschränkt dingliche Rechte an Grundstücken

Die nachfolgenden Vorschriften des BGB gelten sowohl für das Mobiliar - als auch das Immobiliarrecht:

- §§ 854 bis 872 BGB - Besitz
- §§ 903 bis 924 BGB - Inhalt des Eigentums

- §§ 985 bis 1007 BGB - Ansprüche aus dem Eigentum
- §§ 1008 bis 1011 BGB – Miteigentum
- §§ 1030 bis 1067 BGB – Nießbrauch

Regelungen des Grundstücksrechts im Schuldrecht:

- § 311 b Abs. 1 BGB - Beurkundungspflicht bei Grundstücksübertragung
- §§ 433 ff. BGB - Kaufrecht
- §§ 463 – 473 BGB - Vorkaufsrecht allgemein
- § 577 BGB - Vorkaufsrecht des Mieters bei Bildung von Wohnungseigentum

Im allgemeinen Teil des BGB sind in den Vorschriften der
- §§ 93 bis 103 BGB - Bestandteile, Zubehör und Nutzungen

ebenfalls Regelungen, die das Grundstücksrecht betreffen, enthalten.

Schließlich kennt auch das Familienrecht eine das Grundstücksrecht betreffende Vorschrift, nämlich § 1416 BGB (vgl. hierzu unten 2.1.4.3).

2.1.2 Das Grundstück

2.1.2.1 Grundstücksbegriff

Weder im BGB noch in der Grundbuchordnung (GBO) findet sich eine Definition des Grundstücksbegriffs.

Zu unterscheiden sind das Grundstück im Rechtssinne (Grundbuchgrundstück) sowie das Flurstück als Katasterparzelle. Der Begriff des Flurstückes stammt aus dem Vermessungs- und Katasterwesen. Das Flurstück ist ein zusammenhängender Teil der Erdoberfläche, der von einer in sich geschlossenen Linie umgrenzt und im amtlichen Verzeichnis (Flurkarte des Liegenschaftskatasters) unter einer bestimmten Nummer geführt wird.

Grundstück im Rechtssinne (Grundbuchgrundstück) ist ein katastermäßig vermessener und räumlich abgegrenzter Teil der Erdoberfläche, welcher im Bestandsverzeichnis des Grundbuchblattes unter einer besonderen Nummer geführt wird.

Mehrere Flurstücke können ein Grundstück, nicht jedoch mehrere Grundstücke ein Flurstück bilden.

2.1.2.2 Veränderungen des Grundstückes

Die Sachenrechte sind Herrschaftsrechte an Sachen, die absolut gegen jedermann wirken. Das Eigentum gewährt als Vollrecht an der Sache dem Eigentümer das umfassende Verfügungs-, Nutzungs- und Abwehrrecht. Der Eigentümer ist daher grundsätzlich auch berechtigt, vorbehaltlich öffentlich-rechtlicher Vorschriften, sein Grundstück zu teilen, mehrere Grundstücke zu vereinigen und ein Grundstück dem anderen zuzuschreiben.

2.1.2.2.1 Teilung

Ausdrücklich ist die Teilung eines Grundstückes materiell-rechtlich nicht geregelt. Sie ergibt sich jedoch aus der dem Eigentümer umfassend eingeräumten Befugnis des § 903 BGB nach Belieben mit seinem Eigentum zu verfahren, soweit nicht das Gesetz und Rechte Dritter entgegenstehen. Die praktischen Fälle der Grundstücksteilung sind die Veräußerung einer Teilfläche eines Grundstückes sowie die Aufteilung eines Grundstückes in mehrere Bauplätze. Die Grundstücksteilung setzt eine hierauf gerichtete Willenserklärung des Eigentümers sowie grundsätzlich den Vollzug im Grundbuch voraus. Zunächst ist, von einigen landesrechtlichen Besonderheiten abgesehen, u.U. eine behördliche Genehmigung für die Grundstücksteilung erforderlich (vgl. hierzu 2.2.2.4, Stichwort „Teilung von Grundstücken"). Unabhängig hiervon ist die katastermäßige Teilung durchzuführen. Hierzu ist eine Einmessung sowie Abmarkung, hierunter versteht man die Bestimmung der neuen Grenzlinie durch Grenzzeichen, notwendig. Die Ergebnisse der Vermessung werden in dem so genannten Veränderungsnachweis festgehalten, der sowohl den alten als auch den neuen Bestand ausweist und die örtlichen Veränderungen in einem beglaubigten Lageplan darstellt. Nach der Neueinmessung erfolgt die rechtliche Teilung. Hierzu bedarf es zunächst der Bewilligung des Eigentümers in der Form des § 29 GBO sowie eines entsprechenden Antrages gem. § 13 GBO. Auf Grundlage des Veränderungsnachweises trägt das Grundbuchamt dann die neu gebildeten Flurstücke jeweils unter einer eigenen Nummer im Bestandsverzeichnis ein. Damit ist dann die rechtliche Teilung vollzogen.

2.1.2.2.2 Vereinigung

Die Vereinigung von Grundstücken ist ausdrücklich in § 890 Abs. 1 BGB vorgesehen. Es können jedoch nur Grundstücke vereinigt werden, die im Bezirk desselben Grundbuchamtes liegen und unmittelbar aneinander grenzen und demselben Eigentümer in derselben Eigentumsform gehören.

Bereits bestehende Belastungen der vereinigten Grundstücke bleiben auf den jeweiligen Teilgrundstücken bestehen. Es erfolgt keine Erstreckung gem. § 1131 BGB (s. unten Absatz „Zuschreibung"). Nach der Vereinigung kann aber nur das gesamte Grundstück belastet werden.

Grundbuchmäßig ist auch hier der Antrag des Eigentümers in der Form des § 29 GBO erforderlich. Da die vereinigten Grundstücke ihre Selbständigkeit verlieren, muss der Eigentümer, will er später die Vereinigung wieder rückgängig machen, das vorbeschriebene Verfahren der Teilung durchführen.

2.1.2.2.3 Zuschreibung

Die Zuschreibung ist eine besondere Art der Vereinigung, in welcher der Eigentümer ein Grundstück einem anderen Grundstück als Bestandteil zuschreiben lässt. Sie ist im § 890 Abs. 2 BGB geregelt und unterscheidet sich von der Vereinigung in ihren Rechtswirkungen auf bestehende Grundpfandrechte. Gem. § 1131 BGB erstrecken sich die Grundpfandrechte (Hypotheken und gem. § 1192 Abs. 1 BGB auch Grund- und Rentenschulden) des „Hauptgrundstückes" kraft Gesetzes auf das zugeschriebene Grundstück nicht jedoch umgekehrt. Jedoch gehen Rechte, mit denen das zugeschriebene Grundstück zuvor belastet war, diesen Hypotheken im Range vor.

Von der Zuschreibung ist die Zusammenschreibung von Grundstücken zu unterscheiden. Bei der Zusammenschreibung werden lediglich mehrere selbständig bleibende Grundstücke durch das Grundbuchamt auf einem Grundbuchblatt eingetragen.

2.1.2.2.4 Veränderungen durch behördliche Maßnahmen

Auch durch behördliche Maßnahmen sind Veränderungen im Zuschnitt des Grundstückes möglich. Die Zerlegung und Verschmelzung von Grundstücken stellen rein katastertechnische Maßnahmen dar, ohne die Eigentümerstellung eines Grundstückseigentümers zu berühren.

Bei der Zerlegung wird ein Flurstück in mehrere selbständige Flurstücke aufgeteilt, wobei Gründe hierfür z. B. die Anpassung der Flurstücke an Veränderungen in der Bebauung und Unterteilung der Straßenzüge sein können. Die Verschmelzung bedeutet die Zusammenfassung mehrerer Flurstücke durch die Katasterbehörde, die örtlich zusammenhängen und ein Grundstück im Rechtssinne bilden.

Durch das Umlegungsverfahren und das Flurbereinigungsverfahren wird in die Eigentümerstellung des Grundstückseigentümers eingegriffen. Sowohl im Rahmen des Umlegungs- als auch des Flurbereinigungsverfahrens werden Grundstücke im Rechtssinne und Flurstücke zusammengefasst und neu aufgeteilt, so dass sich neue Flurstücke und Grundstücke im Rechtssinne mit veränderten Grenzen bilden.

Dies geschieht zur zweckgerechteren Flächennutzung und Beplanung. Das Umlegungsverfahren ist in §§ 45 ff. Baugesetzbuch (BauGB) geregelt und betrifft Grundstücke und Flurstücke innerhalb eines Bebauungsplanes bzw. unbeplante Innenbereiche. Das Flurbereinigungsverfahren betrifft die Außenbereiche und ist im Wesentlichen im Flurbereinigungsgesetz geregelt. Die Berichtigung des Grundbuches erfolgt jeweils auf Ersuchen der Umlegungsstelle bzw. Flurbereinigungsbehörde.

2.1.2.3 Bestandteile und Zubehör

Das Bürgerliche Gesetzbuch ist bestrebt, die nutzlose Zerstörung wirtschaftlicher Werte, die durch die Trennung von Sachteilen, die ihren wirtschaftlichen Zweck und damit ihren Wert nur in der von ihnen gebildeten Einheit haben, zu verhindern. Aus diesem Grunde soll eine Sache und ihre wesentlichen Bestandteile ein einheitliches rechtliches Schicksal erfahren. Das Gesetz unterscheidet zwischen wesentlichen Bestandteilen, Scheinbestandteilen, Rechten als Bestandteile eines Grundstückes sowie Zubehör.

2.1.2.3.1 Wesentliche Bestandteile

Bestandteile einer Sache sind dann wesentlich, wenn sie nicht voneinander getrennt werden können, ohne dass der eine oder der andere Teil zerstört oder in seinem Wesen verändert wird. Im Gegensatz hierzu bezeichnet man als einfache Bestandteile Gegenstände, die von der Hauptsache ohne Zerstörung oder wesentliche Veränderung derselben getrennt werden können.

Besondere Regelungen sieht das Gesetz in den §§ 94 - 96 BGB für Grundstücke vor. Gem. § 94 Abs. 1 BGB sind wesentliche Bestandteile des Grundstückes, die mit dem Grund und Boden fest verbundenen Sachen, insbesondere Gebäude, eingepflanzte Pflanzen, die Erzeugnisse des Grundstückes solange sie mit dem Boden zusammenhängen sowie Samen mit dem Aussäen. Bei Gebäuden erweitert das Gesetz den Begriff der wesentlichen Bestandteile dahingehend, dass alle zur Herstellung eines Gebäudes eingefügten Sachen wesentliche Bestandteile desselben werden. Hiernach ist eine feste Verbindung nicht mehr notwendig, vielmehr entscheidet der Zweck, nicht die Art der Verbindung über die Eigenschaft als wesentlicher Bestandteil. Zur Herstellung eingefügt sind daher all diejenigen mit dem Gebäude verbundenen Teile, wenn sie nach der Verkehrsanschauung dazu dienen, das Gebäude zu seinem Verwendungszweck geeignet zu machen, d. h. umgekehrt, wenn durch ihre Entfernung das Gebäude für den vorgesehenen Zweck ungeeignet wird. Aus diesem Grund gehören z. B. Fenster und Türen, Heizungsanlagen, Fahrstühle, Klimaanlagen, Wasserspeicher und Waschbecken stets zu den wesentlichen Bestandteilen eines Gebäudes, auch wenn sie leicht und ohne großen wirtschaftlichen Wertverlust vom Gebäude getrennt werden können.

Wesentliche Bestandteile können nicht Gegenstand besonderer Rechte sein. Mit der Einfügung der Sache in das Gebäude bzw. mit seiner Verbindung zum Gebäude verliert daher der ursprüngliche Eigentümer sein Eigentum an der Sache. Dieses geht in das Eigentum des Gebäudeeigentümers und sofern das Gebäude mit dem Grundstück fest verbunden ist, in das Eigentum des Grundstückseigentümers über.

Schließlich sind auch Rechte, die mit dem Eigentum an einem Grundstück verbunden sind, Bestandteile des Grundstückes (§ 96 BGB). Hierzu gehören vor allem die so genannten subjektiv-dinglichen Rechte, die dem Eigentümer des herrschenden Grundstückes hinsichtlich eines anderen Grundstückes zustehen, wie Grunddienstbarkeiten,

Reallasten, dingliche Vorkaufsrechte, wenn sie zugunsten des jeweiligen Eigentümers des Grundstückes bestellt sind. Solche Rechte werden auf Antrag im Bestandsverzeichnis auf dem Grundbuchblatt des herrschenden Grundstückes vermerkt (vgl. weiter unten 2.1.3.4.2).

2.1.2.3.2 Scheinbestandteile

Dem gegenüber regelt § 95 BGB die so genannten Scheinbestandteile. Diese können Gegenstand besonderer Rechte sein. Scheinbestandteile sind nach der gesetzlichen Definition

- solche Sachen, die nur zu einem vorübergehenden Zweck mit dem Grundstück oder Gebäude verbunden sind - der Wegfall der Verbindung muss also von vornherein beabsichtigt oder nach der Natur des Zwecks sicher sein[1]
- oder Gebäude oder andere Werke, die in Ausübung eines Rechtes an einem fremden Grundstück von dem Berechtigten mit dem Grundstück verbunden worden sind.

2.1.2.3.3 Zubehör

Schließlich sind diejenigen beweglichen Sachen, die ohne Bestandteil der Hauptsache zu sein, aber dem wirtschaftlichen Zweck der Hauptsache zu dienen bestimmt sind und zu ihr in einer dieser Bestimmung entsprechenden räumlichen Beziehung stehen, Zubehör der Hauptsache (§ 97 BGB). Aus diesem Grunde können nur bewegliche Sachen Zubehör sein.

Zubehör ist ebenfalls sonderrechtsfähig. Dies bedeutet, es kann im Eigentum eines Dritten stehen und unabhängig von der Hauptsache übereignet oder belastet werden. So ist zum Beispiel der Bagger eines Kiesgewinnungsbetriebes, selbst wenn er sich nicht auf dem Grundstück befindet, Zubehör ebenso wie das Baumaterial auf dem Baugrundstück. In Einzelfällen kann jedoch die Abgrenzung zum wesentlichen Bestandteil gerade bei Einbaumöbeln oder Einbaugeräten schwierig sein. Nach § 97 Abs. 2 BGB begründet die vorübergehende Benutzung einer Sache für den wirtschaftlichen Zweck einer anderen nicht deren Zubehöreigenschaft

Die Zubehöreigenschaft ist deshalb von Bedeutung, da sich die Haftung von Grundpfandrechten auch auf die dem Eigentümer des Grundstücks gehörenden Zubehörstücke erstreckt. Ebenso erstreckt sich die Verpflichtung zur Übertragung oder Belastung eines Grundstückes auch auf die dem Grundstückseigentümer gehörigen Zubehörgegenstände (vgl. § 311 c BGB).

Die Sonderrechtsfähigkeit des Zubehörs hat zur Folge, dass unterschieden werden muss, ob das Zubehör dem Veräußerer der Hauptsache gehört oder nicht. Steht das

---

[1] Vgl. im Einzelnen: Palandt/Heinrichs, § 95 BGB, Weirich, Rz. 44

Zubehör im Eigentum des Veräußerers, so erstreckt sich die Einigung z.B. über den Eigentumsübergang an dem Grundstück im Zweifel auch auf die Zubehörgegenstände. Eine gesonderte Einigung und Besitzübergabe sind nicht erforderlich.

Gehört jedoch das Zubehör nicht dem Veräußerer, so richtet sich dessen Erwerb nach den für bewegliche Sachen geltenden Regelungen, wonach Einigung und Übergabe oder im Fall des gutgläubigen Erwerbs der gute Glaube an das Eigentum des Veräußerers und Besitzübergang erforderlich sind.

2.1.3 Das Grundbuch

2.1.3.1 Zweck des Grundbuches

Das Grundbuch ist ein öffentliches Register mit dem Ziel, die erforderliche Klarheit über dingliche Rechtszustände an Grundstücken zu geben. Dies ist wegen der großen wirtschaftlichen Bedeutung des Grundeigentums und der Rechte an Grundstücken unabdingbar. Aus dem Grundbuch ergibt sich daher zunächst der Bestand der Grundstücke. Insbesondere jedoch legt das Grundbuch

- die Eigentumsverhältnisse an den Grundstücken offen,
- macht die dinglichen Belastungen kenntlich und
- stellt ihre Rangverhältnisse untereinander fest.

Darüber hinaus gibt das Grundbuch Auskunft über etwaige Verfügungsbeschränkungen bzw. Verfügungsverbote, allerdings kann dem Grundbuch nichts über Miet- und Pachtverhältnisse an einem Grundstück entnommen werden.

Es sind jedoch auch Erwerbstatbestände außerhalb des Grundbuches möglich, hierauf wird später noch kurz eingegangen werden. In solchen Fällen wird das Grundbuch unrichtig und ist auf Antrag zu berichtigen.

2.1.3.2 Öffentlicher Glaube an die Richtigkeit des Grundbuches

Wegen der großen wirtschaftlichen Bedeutung der Rechte an Grundstücken soll das Grundbuch Klarheit und Transparenz über die Rechtsverhältnisse an Grundstücken vermitteln. Der Rechtsverkehr soll von der Richtigkeit der Eintragung im Grundbuch ausgehen können, auch wenn dieses, wie angedeutet, einen falschen Inhalt haben kann. Aus diesem Grunde wurde in § 891 BGB eine gesetzliche Vermutung dafür geschaffen, dass ein im Grundbuch eingetragenes Recht besteht und auch dem dort Eingetragenen zusteht. Man spricht hierbei von der so genannten positiven Vermutung. Hierauf kann sich jedermann berufen mit der Folge, dass die Vermutung durchaus auch zu Lasten des Eingetragenen wirken kann, nämlich dann, wenn gegen den eingetragenen Eigentümer Ansprüche geltend gemacht werden. Umgekehrt gilt ein im Grundbuch gelöschtes Recht ab der Löschung als nicht mehr bestehend (so genannte negative Vermutung). Die gesetzliche Vermutung kann aber durch den vollen Beweis der Unrichtigkeit des im Grundbuch eingetragenen oder gelöschten Rechtes widerlegt werden. Das Grundbuch ist dann zu berichtigen.

Logische Folge der positiven Vermutung des § 891 BGB ist der in § 892 BGB geregelte öffentliche Glaube des Grundbuches. Dieser schützt denjenigen, welcher ein Recht von dem im Grundbuch Eingetragenen erwirbt. Das bedeutet, dass derjenige, welcher ein Recht an einem Grundstück oder ein Recht an einem solchen Recht durch Rechtsgeschäft erwirbt, auf den Inhalt der Eintragungen des Grundbuches als richtig vertrauen darf. Der Erwerber kann also von dem im Grundbuch Eingetragenen gutgläubig seinerseits Eigentum oder ein Recht erwerben, ohne dass der Veräußerer jedoch tatsächlich Inhaber des Rechtes ist bzw. kann ein Grundstück lastenfrei erwerben, obwohl ein Grundpfandrecht besteht, dieses aber im Grundbuch gelöscht wurde.

Dies gilt nur dann nicht, wenn im Grundbuch bereits ein Widerspruch gegen die Richtigkeit desselben eingetragen ist oder der Erwerber von der Unrichtigkeit der Eintragung im Grundbuch positiv weiß. Bloße Zweifel an der Richtigkeit oder grob fahrlässige Unkenntnis genügen hierzu nicht[2].

2.1.3.3 Das Grundbuchamt

Die Grundbücher werden bei den so genannten Grundbuchämtern geführt. Der Name "Amt" ist irreführend, da die Grundbuchämter Abteilungen der Amtsgerichte und nicht der öffentlichen Verwaltung sind.

Zuständig sind die Grundbuchämter für die jeweils in ihrem Bezirk liegenden Grundstücke. Soweit ein Grundstück im Bezirk mehrerer Grundbuchämter liegt, so wird das zuständige Grundbuchamt gem. § 1 Abs. 2 GBO i.V.m. § 5 FamFG bestimmt.

Eine Besonderheit besteht im Land Baden-Würtemberg. Dort werden die Grundbuchämter bei den Gemeinden geführt und die Grundbuchbeamten sind die sogenannten Notare im Landesdienst.

Organe des Grundbuchamtes sind der
- Grundbuchrichter,
- der Rechtspfleger,
- der Urkundsbeamte der Geschäftsstelle,
- der Präsentatsbeamte.

Die richterlichen Aufgaben wurden durch das Rechtspflegergesetz (RPflG) auf die Rechtspfleger übertragen. Gem. § 5 Abs. 1 RPflG besteht jedoch eine Vorlagepflicht an den Grundbuchrichter, wenn

---

[2] Vgl. hierzu umfassend: Weirich, Rz. 500

1. sich bei Bearbeitung der Sache ergibt, dass eine Entscheidung des Bundesverfassungsgerichtes oder eines für Verfassungsstreitigkeiten zuständigen Gerichts eines Bundeslandes einzuholen ist, oder
2. ein Sachzusammenhang mit einer Richtersache besteht.

Andererseits wird dem Rechtspfleger gem. § 5 Abs. 2 RPflG ein Vorlagerecht an den Grundbuchrichter eingeräumt, wenn die Anwendung ausländischen Rechts in Betracht kommt.

Daneben entscheidet der Grundbuchrichter über die Erinnerung gegen eine Entscheidung des Rechtspflegers sowie über Anträge auf Änderung einer Entscheidung des Urkundsbeamten der Geschäftsstelle.

Der Rechtspfleger nimmt ansonsten in vollem Umfange die Geschäfte des Grundbuchrichters wahr. Er entscheidet selbständig, d. h. er ist nicht an Weisungen gebunden, sondern nur dem Gesetz unterworfen.

Der Urkundsbeamte der Geschäftsstelle führt die vom Richter oder Rechtspfleger verfügten Eintragungen aus, entscheidet über Einsichten in das Grundbuch und die Erteilung von Abschriften und nimmt kleinere Eintragungen, die keine Rechtsänderung bewirken, vor.

Der Präsentatsbeamte ist für die Entgegennahme von Eintragungsanträgen und Eintragungsersuchen durch Feststellung des Eingangszeitpunktes (Präsentat) mit Tag, Stunde und Minute des Einganges zuständig. Nach diesem festgestellten Zeitpunkt des Eingangs richtet sich dann die Reihenfolge der Erledigung der Anträge und Ersuchen. Das Präsentat hat wesentlichen Einfluss auf den Rang des eingetragenen Rechtes.

2.1.3.4 Abteilungen des Grundbuches

Jedes Grundbuchblatt besteht aus fünf Teilen, nämlich der Aufschrift, dem Bestandsverzeichnis sowie den Abteilungen I bis III.

2.1.3.4.1 Die Aufschrift

Abbildung 2.1-1:   *Aufschrift eines Grundbuches*

Grundbuchamt

München

Grundbuch

von

München

Blatt 3481

In der Aufschrift sind das Amtsgericht, der Grundbuchbezirk, die Nummer des Bandes (soweit noch vorhanden) und des Blattes angegeben. Darüber hinaus finden sich hier Vermerke auf Umschreibung eines Blattes sowie etwaige Schließungsvermerke. Ebenfalls ist der Aufschrift zu entnehmen, ob das Grundbuchblatt für Wohnungseigentum oder ein Erbbaurecht angelegt ist. Dieser Zusatz wird dann in Klammern unter der Blatt Nummer vermerkt.[3]

---

[3]   Demharter, Anlage 9 zu § 58 GBV, S. 1099 (Muster)

2.1.3.4.2 Das Bestandsverzeichnis

Abbildung 2.1-2: Bestandsverzeichnis

Grundbuchamt	München			Einlegebogen
Grundbuch von	München	Blatt 3481	Bestandsverzeichnis	1

Lfd. Nr. der Grundstücke	Bisherige lfd. Nr. d. Grundstücke	Bezeichnung der Grundstücke und der mit dem Eigentum ver- Gemarkung (nur bei Ab-.. vom Grundbuch angeben) Flurstück	Wirtschaftsart und Lage	Größe m²
			c	
1	2	3		4
1		11117/b	Philipp-Rosenthal-Str.3, Gebäude- und Freifläche	8 30
2		428	Königsallee 37, Gebäude- und Freifläche	4 80
3 zu 2			Geh- und Fahrtrecht an dem Grundstück München Flurstück 427 Grundbuch München Blatt 2167	

Fortsetzung Abbildung 2.1-2:   Bestandsverzeichnis

Grundbuchamt	München			Einlegebogen	
Grundbuch von	München	Blatt 3481	Bestandsverzeichnis	1	R

Bestand und Zuschreibungen		Abschreibungen	
Zur lfd. Nr. der Grundstücke		Zur lfd. Nr. der Grundstücke	
5	6	7	8

Das Bestandsverzeichnis weist den Grundstücksbestand und etwaige Veränderungen aus. Das Bestandsverzeichnis ist in mehrere Spalten untergliedert. In Spalte 1 wird die Angabe der laufenden Nummer des Grundstückes bestimmt. Sofern ein Grundstück durch Vereinigung, Zuschreibung oder Teilung entstanden ist, so sind in Spalte 2 die bisherigen laufenden Nummern der Grundstücke angegeben, aus denen das neue Grundstück entstanden ist. In Spalte 3 wird schließlich die genaue Bezeichnung des Grundstückes mit der Bezeichnung der Gemarkung oder des sonstigen vermessungstechnischen Bezirks, in dem das Grundstück liegt, der vermessungstechnischen Bezeichnung nach Flur und Flurstücksnummer, die Lage nach Straße und Hausnummer sowie die Wirtschaftsart des Grundstückes eingetragen. In Spalte 4 ist die Größe des Grundstückes festgehalten. Die Spalten 5 und 6 weisen den Bestand bei Anlegung des Grundbuches sowie spätere Zuschreibungen aus. Umgekehrt sind den Spalten 7 und 8 die Abschreibungen, d. h. das Ausscheiden eines Grundstückes aus dem Grundbuchblatt, zu entnehmen.

Im Bestandsverzeichnis werden auch die subjektiv-dinglichen Rechte vermerkt, die mit dem Eigentum an dem eingetragenen Grundstück verbunden sind. Ist also zugunsten eines Grundstückes z. B. ein Geh- und Fahrtrecht eingetragen, so wird dies in Spalte 1 unter der nächsten laufenden Nummer unter Angabe der laufenden Nummer des begünstigten Grundstückes vermerkt. In Spalte 3 wird dann dasjenige Grundstück, zu dessen Lasten das Geh- und Fahrtrecht besteht, benannt.

2.1.3.4.3 Abteilung I Eigentümerverzeichnis

Abbildung 2.1-3: *Abteilung I, Eigentümerverzeichnis*

Grundbuchamt	München			Einlegebogen	
Grundbuch von	München	Blatt 3481		Erste Abteilung	1

Zur lfd. Nr. der Eintragungen	Eigentümer	Lfd. Nr. der Grundstücke im Bestandsverzeichnis	Grundlage der Eintragung	
1	2	3	4	
1	Dobermann Wolfgang, geb. 08.04.1946, Mühlheim	1	Auflassung vom 11.05.1993 eingetragen am 06.03.1995 Müller	
		2; 3 ----- zu 2	Auflassung vom 27.08.1996; eingetragen am 03.01.1997 Henke	

Grundbuchamt	München			Einlegebogen	
Grundbuch von	München	Blatt 3481		Erste Abteilung	1 R

Zur lfd. Nr. der Eintragungen	Eigentümer	Lfd. Nr. der Grundstücke im Bestandsverzeichnis	Grundlage der Eintragung
1	2	3	4

In Abteilung I werden der oder die Eigentümer des Grundstückes oder des Wohnungseigentums bzw. der oder die Inhaber des Erbbaurechtes angegeben. In der 1. Spalte sind wiederum die laufenden Nummern der Eintragung bezeichnet. In Spalte 2 wird der Rechtsinhaber wie folgt eingetragen:

- Natürliche Personen mit dem Vornamen, Familiennamen, Wohnort, Geburtsdatum oder Beruf.
- Einzelkaufmann unter seinem persönlichen Namen, nicht unter seiner Firma.
- Juristische Personen oder Handelsgesellschaften mit ihrem Namen bzw. Firma und Sitz.

Bei Personenmehrheiten,[4] denen ein Recht gemeinschaftlich zusteht, werden sämtliche Personen als auch die Art des Gemeinschaftsverhältnisses eingetragen. Dies gilt im Übrigen nicht nur für die Eintragung in Abteilung I sondern auch in den Abteilungen II und III. So werden z.B. Miteigentümer mit ihrem Namen und der Angabe der Bruchteile (z. B. zu je ½), Gesellschafter des bürgerlichen Rechts ebenfalls mit ihrem Namen und dem Zusatz „als Gesellschafter bürgerlichen Rechts" eingetragen, wobei auch ein etwaiger Name der BGB-Gesellschaft mit benannt wird. Nach der Entscheidung des Bundesgerichtshofes zur Rechtsfähigkeit und Parteifähigkeit der Gesellschaft Bürgerlichen Rechtes besteht allerdings bei den Grundbuchämtern noch Uneinigkeit darüber, ob die GbR als solche auch als Rechtsinhaber in das Grundbuch eingetragen werden kann (dies bejahend BGH, DNotZ 2009, 115).

Erbengemeinschaften werden mit Namen aller Miterben und dem Zusatz „in Erbengemeinschaft" eingetragen. Nicht angegeben werden jedoch die Erbanteile der einzelnen Miterben. Dies ist den Grundakten zu entnehmen.

Spalte 3 enthält wiederum die laufende Nummer der Grundstücke, auf die sich die Eintragung bezieht.

Spalte 4 ist dann zu entnehmen, auf welcher Rechtsgrundlage die Eintragung des Eigentums erfolgt ist; z. B. aufgrund Auflassung oder Erbfolge. Schließlich wird der Tag der Eintragung notiert.

---

4 Vgl. im Einzelnen: Weirich, Rz. 308

2.1.3.4.4 Abteilung II

Abbildung 2.1-4: Abteilung II

Grundbuchamt	München				Einlegebogen	
Grundbuch von	München	Blatt 3481		Zweite Abteilung	1	

Zur lfd. Nr. der Eintra-Gun-gen	Lfd. Nr. der Betroffenen Grundstücke im Bestandsverzeichnis	Lasten und Beschränkungen	
1	2	3	

1	2	Zwangsversteigerung ist angeordnet; Amtsgericht München; AZ: K 39/98; eingetragen am 13.02.1998.
		
		               Rotunterstreichung
		
		         Müller	

2	1	Beschränkt persönliche Dienstbarkeit (Wegerecht) an Flurstück Nr. 1117/b zugunsten Fa. Harder Haustechnik GmbH München. Gem. Bewilligung vom 29.08.1997 UR.Nr. 973/95, Notar Ludewig, München, eingetragen am 13.03.1998 Müller	

Grundbuchamt	München				Einlegebogen	
Grundbuch von	München	Blatt 3481		Zweite Abteilung	1	R

Veränderungen		Löschungen	
Lfd. Nr. der Spalte 1		Lfd. Nr. der Spalte 1	
4	5	6	7
		1	Gelöscht am 31.08.1998 Henke

In Abteilung II werden zunächst mit Ausnahme von Hypotheken, Grundschulden und Rentenschulden sowie die sich auf diese Belastungen beziehenden Vormerkungen und Widersprüche, sämtliche Belastungen des Grundstückes oder eines Anteils am Grundstück eingetragen. Dies sind insbesondere Grunddienstbarkeiten, beschränkt persönliche Dienstbarkeiten, Erbbaurechte, Nießbrauchrechte, Vorkaufsrechte und Reallasten.

In Abteilung II werden ebenfalls die Beschränkungen des Verfügungsrechts des Eigentümers sowie die das Eigentum betreffenden Vormerkungen (der wichtigste Fall ist die Auflassungsvormerkung) und Widersprüche eingetragen. Zu den Verfügungsbeschränkungen gehören insbesondere der Zwangsversteigerungs- und Zwangsverwaltungsvermerk, der Insolvenzvermerk und das allgemeine Veräußerungsverbot, ebenfalls der Testamentsvollstreckervermerk und der Umlegungsvermerk nach § 54 Abs. 1 BauGB sowie der Sanierungsvermerk gem. § 143 Abs. 2 BauGB.

Abteilung II besteht aus 7 Spalten. Spalte 1 bezeichnet wieder die laufenden Nummern der Eintragungen, während Spalte 2 die laufenden Nummern der Grundstücke im Bestandsverzeichnis, die von der Belastung betroffen sind, kennzeichnet. In der 3. Spalte wird schließlich die Art der Beschränkung bzw. Belastung angegeben. Spalte 4 und 5 geben etwaige Veränderungen wieder und Spalte 6 und 7 sind die Löschungen der einzelnen Belastungen und Beschränkungen zu entnehmen.

2.1.3.4.5 Abteilung III

Abbildung 2.1-5: Abteilung III

Grundbuchamt	München				Einlegebogen
Grundbuch von	München		Blatt 3481	Dritte Abteilung	1
Lfd. Nr. der Eintragungen	Lfd. Nr. der belasteten Grundstücke im Bestandsverzeichnis	Betrag	Hypotheken, Grundschulden, Rentenschulden		
1	2	3	4		

Fortsetzung Abbildung 2.1-5:   *Abteilung III*

1	2	2.000.000,00 €	Grundschuld zu zwei Millionen Euro für DEUTSCHER RING Lebensversicherung Aktiengesellschaft, Hamburg; 12% Zinsen; 2% einmaliger Nebenleistung; vollstreckbar nach § 800 ZPO; gem. Bewilligung vom 28.03.1996 (Notarin Seider, München, Urk.-Nr. 388/96); eingetragen am 15.05.2002. Henke
2	2	218.501,34 €	Zwangsicherungshypothek zu zweihundertachtzehntausendfünfhudertein 34/100 Euro für Bauhaus-Projekt GmbH, Kempten; zzgl. weiterer Zinsen in Höhe von 36,0458 € ab 11.06.2001 – gem. Urteil vom 26.09.2000, AZ: 11 0 6034/96 des Landgerichts Kempten; eingetragen am 19.06.2000. Henke
3	1	17.811,48 €	Zwangssicherungshypothek zu siebzehntausendachthundertelf 48/100 Euro für Gisela Modener, München, mit 4% Zinsen seit 08.08.2002 aus 15.000 Euro und 4% Zinsen seit 28.02.2003 aus 2.173,32 €; gem. Versäumnisurteil und Kostenfestsetzungsbeschluss des LG München, AZ: 4 0 5247/95; eingetragen am 27.11.2002. Henke

Monica Steinforth

Fortsetzung Abbildung 2.1-5:   *Abteilung III*

Grundbuchamt	München				Einlegebogen	
Grundbuch von	München		Blatt 3481	Dritte Abteilung	1	R

Veränderungen			Löschungen		
Lfd. Nr. der Spalte	Betrag		Lfd. Nr. der Spalte 1	Betrag	
5	6	7	8	9	10

In der dritten Abteilung des Grundbuchblattes schließlich werden die Hypotheken, Grundschulden und Rentenschulden einschließlich der sich auf diese Rechte beziehenden Vormerkungen und Widersprüche eingetragen. Abteilung III besteht aus 10 Spalten. Spalte 1 ist wiederum die laufende Nummer der Eintragung enthalten und Spalte 2 kennzeichnet die laufende Nummer des betroffenen Grundstückes im Bestandsverzeichnis. In Spalte 3 wird der Betrag der Belastung und in Spalte 4 die Art der Belastung eingetragen. In den Spalten 5, 6 und 7 werden die Veränderungen und in den Spalten 8, 9 und 10 die Löschungen eingetragen.

Gelöschte Eintragungen sind zusätzlich zu den Löschungsvermerken in den entsprechenden Spalten der Abteilungen im Grundbuchblatt rot unterstrichen.

2.1.3.5 Der Rang im Grundbuch

Das Verhältnis der einzelnen im Grundbuch eingetragenen Rechte in Abteilung II und III zueinander wird durch den Rang bestimmt. Der Rang eines Rechtes ist solange von untergeordneter praktischer Bedeutung, wie keine Zwangsversteigerung oder Zwangsverwaltung angeordnet sind. Erst im Rahmen eines solchen Verfahrens gewinnt das Rangverhältnis seine Bedeutung. Der Rang entscheidet dann über das weitere Schicksal eines Rechtes. Das rangschlechtere Recht kann dann zum Teil ausfallen oder gar vollständig erlöschen.

Das Rangverhältnis ergibt sich, soweit nicht durch die betroffenen Parteien eine Rangbestimmung vorgenommen wird, aus der Reihenfolge des Eingangs der Eintragungsanträge beim Grundbuchamt. Die Rangfolge ist in § 45 GBO geregelt. In derselben Abteilung bestimmt sich das Rangverhältnis der Rechte nach der Reihenfolge der Eintragung. Diese entspricht der Zeitfolge der Anträge. Bei Eintragung von Rechten in verschiedenen Abteilungen entscheidet die Angabe des Eintragungstages. Werden jedoch mehrere Eintragungen, die nicht gleichzeitig beantragt sind, unter Angabe desselben Tages vollzogen, so ist im Grundbuch zu vermerken, dass die später beantragte Eintragung der früher beantragten im Range nachgeht. Sind Anträge gleichzeitig gestellt, so wird im Grundbuch vermerkt, dass die Eintragungen den gleichen Rang haben.

Die betroffenen Parteien sind jedoch befugt, das Rangverhältnis abweichend zu bestimmen. Der häufigste Fall einer solchen Rangbestimmung findet sich bei Kaufpreisfinanzierungen für den Grundstückserwerb. Im Rahmen des Vollzuges eines Kaufvertrages wird erstrangig die Auflassungsvormerkung eingetragen, da nur dann der Kaufpreis fällig wird. Grundsätzlich verlangen jedoch die finanzierenden Banken eine erstrangige Sicherung der von ihnen gewährten Darlehen. Aus diesem Grunde wird bei der Grundschuld- bzw. Hypothekenbestellung bestimmt, dass diese im Range der Auflassungsvormerkung vorgeht. Dieser gewillkürte Rang wird dann im Grundbuch wie folgt vermerkt:

Abt. II

Nr. 1   Auflassungsvormerkung für Müller, Wilfried, geb. am 21.07.1953, Frankfurt, gem. Bewilligung vom 14.01.2002, Notar Billig in Frankfurt, UR-Nr. 70/1989, eingetragen am 08.04.2002.
Rang nach Abteilung III/1.

Abt. III

Nr. 1   300.000,00 € Grundschuld ohne Brief zu Dreihunderttausend Deutsche Mark für Deutsche Bank AG, Frankfurt; 18 % Zinsen; vollstreckbar nach § 800 ZPO gem. Bewilligung vom 20.02.2002, Notar Billig in Frankfurt, UR-Nr. 318/2002, eingetragen am 08.04.2002.
Rang vor Abteilung II/1.

Unabhängig von der Bestellung von Rechten kann auch nachträglich das Rangverhältnis mit Einverständnis sämtlicher Berechtigten geändert werden.

Der öffentliche Glaube an die Richtigkeit des Grundbuches bezieht sich auch auf den Rang eines Rechtes, so dass derjenige, welcher ein Recht erwirbt, dieses mit dem im Zeitpunkt des Erwerbs des Rechtes im Grundbuch eingetragenen Rang erhält.

Wird der formelle Prioritätsgrundsatz des § 17 GBO durch das Grundbuchamt verletzt, so wird das Grundbuch deshalb nicht unrichtig. Dem benachteiligten Gläubiger steht weder ein Grundbuchberichtigungsanspruch noch ein Anspruch auf Eintragung eines Widerspruchs nach § 899 BGB zu. Dem benachteiligten Gläubiger bleibt nur der Weg der Rangänderung aufgrund einer Bewilligung des zu Unrecht Begünstigten, welcher notfalls im Klagewege erzwungen werden muss oder ein Amtshaftungsanspruch.

2.1.3.6 Die Grundakten

Zu jedem Grundbuchblatt wird eine gesonderte Grundakte geführt. Hierin werden sämtliche Urkunden, auf die sich eine Eintragung im Grundbuch gründet oder bezieht, aufbewahrt. Hierzu gehören in erster Linie die Kaufverträge, bei Wohnungseigentum die im Kaufvertrag in Bezug genommenen Teilungserklärungen, bei Erbgängen Erbscheine oder Testamente usw.. Diese Urkunden gehören zum Inhalt des Grundbuches. Aus ihnen kann der genaue Inhalt bzw. Umfang eines Rechtes entnommen werden.

In die Grundakten werden außerdem sämtliche schriftliche Eingänge, Verfügungen des Grundbuchamtes sowie Kostenberechnungen aufgenommen.

2.1.3.7 Grundbucheinsicht

Im Hinblick auf den öffentlichen Glauben des Grundbuches und die damit erforderliche Offenlegung seines Inhaltes wird in § 12 GBO das Einsichtsrecht in das Grundbuch geregelt. Im Gegensatz allerdings zu den Handels- und Vereinsregistern, in welche jedermann ohne Einschränkung die Einsicht gestattet ist, ist die Einsicht des Grundbuches eingeschränkt. Zur Einsicht in das Grundbuch ist ein berechtigtes Interesse darzulegen. Hierzu genügt es allerdings, dass der Antragsteller ein verständiges, durch die Sachlage gerechtfertigtes Interesse verfolgt, d. h. sachliche Gründe vorgetragen werden, welche die Verfolgung unbefugter Zwecke oder bloße Neugier ausgeschlossen erscheinen lassen. Ein wirtschaftliches Interesse kann genügen.

So hat zunächst jeder ein berechtigtes Interesse, dem ein Recht am Grundstück oder an einem Grundstücksrecht zusteht, gleichgültig, ob er als Berechtigter eingetragen ist oder nicht. Ein berechtigtes Interesse liegt beispielsweise vor beim:

- Gläubiger, der die Zwangsvollstreckung in den Grundbesitz eines Schuldners beabsichtigt
- Mieter in das Grundbuch des Vermieters
- Grundstückseigentümer in das Grundstück eines Nachbarn, wenn nachbarrechtliche Ansprüche geltend gemacht oder abgewehrt werden sollen.
- Wohnungseigentümer in die Wohnungsgrundbücher der anderen Eigentümer derselben Gemeinschaft.

Ist ein berechtigtes Interesse dargelegt, so kann auch die Einsicht in die Urkunden verlangt werden, auf die im Grundbuch zur Ergänzung einer Eintragung Bezug genommen wird. Das gleiche gilt für noch nicht erledigte Eintragungsanträge.

Gem. § 12 Abs. 2 GBO kann bei Gewährung der Einsicht eine Abschrift oder beglaubigte Abschrift verlangt werden.

Die Grundbucheinsicht ist grundsätzlich gebührenfrei (§ 74 KostO). Das gleiche gilt für die Einsicht in die Grundakten. Einfache und beglaubigte Abschriften sind jedoch gebührenpflichtig. Gem. § 73 Abs. 1 KostO wird derzeit für unbeglaubigte Abschriften eine Gebühr von 10,00 € und für beglaubigte Abschriften eine Gebühr von 18,00 € erhoben.

2.1.3.8 Webbasiertes Abrufverfahren

Die Justizverwaltungen der Bundesländer können gem. § 133 GBO ein automatisiertes Abrufverfahren einführen, welches die Übermittlung von Daten aus dem maschinell geführten Grundbuch ermöglicht. Berechtigt zum Abruf der Daten sind allerdings nur bestimmte Institutionen bzw. Personen, wie Gerichte, Behörden, Notare, öffentlich bestellte Vermessungsingenieure, an dem Grundstück dinglich Berechtigte u.a. Darüber hinaus unterliegt der Datenabruf einem Genehmigungsvorbehalt und die Erteilung der Genehmigung unterliegt bestimmten Voraussetzungen, vgl. § 133 Abs. 2 GBO.

Im Freistaat Sachsen wurde ein internetbasiertes Abrufverfahren eingeführt, mit welchem auf die Grundbücher zugegriffen werden kann. Die Grundbuchblätter werden dabei als PDF-Datei am Bildschirm dargestellt und es ist ein Ausdruck dieser Dateien möglich.

2.1.3.9 Das Grundbuchverfahren

Grundsätzlich wird das Grundbuchamt mit wenigen Ausnahmen, wie z. B. der Löschung gegenstandslos gewordener Eintragungen oder dem Amtswiderspruch gegen die Unrichtigkeit des Grundbuches,[5] nur auf Antrag tätig. Wird ein Antrag gestellt, so ist das Grundbuchamt zum Tätigwerden verpflichtet. Das Grundbuchamt darf hierbei weder hinter dem Antragsumfang zurückbleiben noch darüber hinausgehen. Ist ein Antrag aus formal-rechtlichen oder materiell-rechtlichen Gründen nicht ausführbar, so hat das Grundbuchamt ihn durch Zwischenverfügung zu beanstanden oder zurückzuweisen.

---

5   Vgl. hierzu im Einzelnen: Weirich, Rz. 416 bis 425

2.1.3.9.1 Der Antrag

Antragsberechtigt ist derjenige, zu dessen Gunsten eine Eintragung erfolgen soll oder dessen Recht von der Eintragung betroffen ist (§ 13 Abs. 1 S. 2 GBO). Neben den Beteiligten gilt grundsätzlich der Notar, der die zur Eintragung erforderliche Erklärung beurkundet oder beglaubigt hat, als ermächtigt, im Namen eines jeden der Beteiligten die Eintragung zu beantragen. Diese Berechtigung zur Stellung eines Antrages ermächtigt jedoch nicht, den Inhalt der Erklärung zu ändern oder zu ergänzen oder fehlende Eintragungsunterlagen zu ersetzen.

Der Antrag muss erkennen lassen, 1. wer Antragsteller ist, damit die Antragsberechtigung geprüft werden kann, und 2. welche Eintragung begehrt wird, wobei auf die vorgelegte Eintragungsbewilligung Bezug genommen werden kann. Er ist bedingungs- und befristungsfeindlich. Das betroffene Grundstück ist konkret und übereinstimmend mit dem Grundbuchstand durch Angabe von Gemarkung, Flur oder Flurstücksnummer oder durch ihre laufende Nummer im Bestandsverzeichnis zu bezeichnen.

Eine Form ist für den Antrag nicht vorgeschrieben, jedoch ergibt sich aus dem Umstand, dass er mit einem Eingangsvermerk zu versehen ist, dass der Antrag in einem Schriftstück enthalten sein muss. Sind jedoch in Anträgen auch Erklärungen enthalten - so enthält z.B. der Antrag des Eigentümers auf Löschung einer Grundschuld auch seine formelle Zustimmung im Sinne von § 27 GBO -, so bedarf der Antrag der Beglaubigung oder der Beurkundung gem. §§ 29, 30 GBO.

Das Eintragungsersuchen einer Behörde steht dem Antrag gleich. Es ist in § 38 GBO geregelt. So wird z. B. der Umlegungsvermerk aufgrund eines Eintragungsersuchens der Umlegungsbehörde gem. § 54 BauGB eingetragen, der Zwangsversteigerungsvermerk, die Löschung desselben und die Eintragung des Erstehers auf Ersuchen des Vollstreckungsgerichtes, der Vermerk über die Eröffnung des Insolvenzverfahrens auf Ersuchen des Insolvenzgerichtes und die Eintragung einer Vormerkung, eines Widerspruchs oder eines Veräußerungsverbotes aufgrund einer erlassenen einstweiligen Verfügung auf Ersuchen durch das Prozessgericht.

2.1.3.9.2 Eintragungsbewilligung

Neben dem Antrag ist die Bewilligung des Betroffenen notwendig (§ 19 GBO). Unter ihr versteht man die einseitige Erklärung des Betroffenen, dass er mit der beantragten Eintragung, Berichtigung oder Löschung einverstanden ist. Betroffener ist derjenige, dessen eingetragenes Recht beeinträchtigt wird. Die Eintragungsbewilligung muss ebenso wie der Antrag bestimmt sein und ist ebenfalls befristungs- und bedingungsfeindlich. Ebenso muss der Berechtigte so konkret bezeichnet werden, dass kein Zweifel über seine Person entstehen kann und der Inhalt der Belastung ist konkret zu bestimmen.

Wird das Grundbuchamt auf Ersuchen einer Behörde tätig, so ersetzt dieses behördliche Ersuchen zugleich die Eintragungsbewilligung.

2.1.3.9.3 Formeller Nachweis der Eintragungsvoraussetzungen

Weitere Voraussetzung für eine Eintragung ist der formelle Nachweis der Eintragungsvoraussetzungen. Hierbei sind zu unterscheiden die zur Eintragung erforderlichen Erklärungen sowie andere Voraussetzungen der Eintragung. Die Eintragungsbewilligung sowie die zur Eintragung erforderlichen Erklärungen, dies sind insbesondere die Einigung über den Rechtsübergang, sind in öffentlicher Urkunde[6] oder mit öffentlich beglaubigter Unterschrift (§ 129 BGB) vorzulegen (§ 29 Abs. 1 S. 1 GBO). Unter anderen Voraussetzungen der Eintragung versteht man solche, die nicht in Erklärungen bestehen, wie z. B. handelsrechtliche Vertretungsberechtigung oder Erbfolge. Soweit diese Tatsachen beim Grundbuchamt nicht offenkundig sind, sind sie durch öffentliche Urkunden nachzuweisen (§ 415 ZPO, § 29 Abs. 1 S. 2 GBO). So ist die eingetretene Erbfolge durch einen Erbschein oder durch öffentliches Testament zusammen mit dem Eröffnungsprotokoll, Geburt, Heirat oder Tod durch Vorlage der Standesamtsurkunden, die Vertretungsberechtigung der Organe von Handelsgesellschaften durch einen beglaubigten Handelsregisterauszug nachzuweisen. Der Nachweis von Vertretungsberechtigungen von natürlichen und juristischen Personen sowie Gesellschaften, die im Handels-, Genossenschafts-, Partnerschafts- oder Vereinsregister eingetragen sind, darf allerdings auch durch Bezugnahme auf das entsprechende Register geführt werden, wenn das maßgebliche Register elektronisch geführt wird (§ 32 GBO). Sofern das Grundbuchamt zugleich Registergericht ist, genügt zum Nachweis der ehelichen Güterverhältnisse (§ 33 GBO) ebenfalls die Bezugnahme auf das entsprechende Register. Dies bedeutet, dass die Beteiligten zwar den Nachweis beibringen können, das Grundbuchamt darf das Zeugnis jedoch nicht verlangen.[7]

2.1.3.9.4 Beurkundung und Beglaubigung

Das Gesetz sieht in einer Vielzahl von Fällen die notarielle Beurkundung eines Vertrages vor.[8]

Die Beurkundung ist die Aufnahme der Niederschrift über die von den Beteiligten abgegebenen rechtsgeschäftlichen Erklärungen durch einen Notar. Durch die Beurkundung wird nicht nur die Unterschrift der Beteiligten bezeugt, sondern auch, dass sie inhaltlich die unterzeichnete Erklärung abgegeben haben. Aus diesem Grunde wird die Erklärung der Beteiligten in Form einer Niederschrift aufgenommen, vorgelesen und von den Erklärenden sowie dem Notar unterschrieben (§§ 8 ff. BeurkG).

---

6 Öffentliche Urkunde: Urkunde, die von einer öffentlichen Behörde innerhalb der Grenzen ihrer Amtsbefugnisse oder von einer mit öffentlichem Glauben versehenen Person innerhalb des ihr zugewiesenen Geschäftskreises in der vorgeschriebenen Form aufgenommen ist (§ 415 ZPO).
7 Vgl. Demharter, § 34 GBO, Rz. 4
8 Vgl. Palandt/Heinrichs, § 128 BGB, Rz. 2

Darüber hinaus sieht das Gesetz die öffentliche Beglaubigung einer Erklärung vor.[9] Die öffentliche Beglaubigung (§ 129 BGB) erbringt den Beweis dafür, dass die Unterschrift unter einer Erklärung von demjenigen herrührt, der in dem Beglaubigungsvermerk als Unterzeichner angegeben ist. Nur dieser Beglaubigungsvermerk ist die öffentliche Urkunde. Die unterschriebene Erklärung selbst bleibt insofern Privaturkunde. Auch für die öffentliche Beglaubigung sind grundsätzlich nur die Notare zuständig, im Ausland die deutschen Konsularbeamten.

Wann eine Beurkundung vorgesehen ist, und wann eine öffentliche Beglaubigung, ist im Gesetz im Einzelfall bestimmt. Hauptfall der Beurkundung ist der Kaufvertrag über Grundstücke (§ 311 b Abs. 1 BGB).

2.1.3.9.5 Grundsatz der Voreintragung

Die Eintragung wird vom Grundbuchamt nur dann vorgenommen, wenn die Person, deren Recht durch die Eintragung betroffen werden soll, auch als Berechtigter im Grundbuch eingetragen ist (Grundsatz der Voreintragung § 39 Abs. 1 GBO). Hierdurch soll sichergestellt werden, dass der Rechtsbestand des Grundbuches und seine Änderungen nicht nur im Endzustand sondern in sämtlichen Entwicklungsstufen für jedermann nachvollziehbar und richtig wiedergegeben werden. Von diesem Grundsatz gibt es jedoch einige wenige Ausnahmen. So z. B. kann der Erbe des eingetragenen Berechtigten das Recht übertragen, ohne dass vorher eine Grundbuchberichtigung auf ihn erfolgt ist (§ 40 GBO). Dies gilt jedoch nicht, wenn der Erbe das Grundstück belasten will, da er in diesem Fall Eigentümer bleibt.

2.1.4 Begründung und Verluste von Rechten

2.1.4.1 Rechtsgeschäftliche Begründung von Rechten

Zur Begründung von Rechten an Grundstücken, d. h. zum Erwerb des Eigentums sowie zur Belastung eines Grundstückes oder zur Übertragung oder Belastung eines solchen Rechtes, sind grundsätzlich erforderlich:

- das schuldrechtliche Verpflichtungsgeschäft,
- die Einigung des Berechtigten und des anderen Teiles (§ 873 Abs. 1 BGB)
- die Eintragung der Rechtänderung in das Grundbuch.

Nur wenn die beiden letzten Voraussetzungen erfüllt sind, tritt die Rechtänderung ein. Während die Einigung das rechtsgeschäftliche Willenselement enthält, stellt die Ein-

---

[9] Vgl. hierzu näher: Palandt/Heinrichs, § 129 BGB, Rz. 1

tragung das Element des Vollzuges mit der entsprechenden Publizitätswirkung dar. Das Gesetz sieht jedoch auch Ausnahmen von diesem so genannten Doppeltatbestand vor. So wird der Erwerb einer Briefhypothek oder eine Briefgrundschuld gem. § 1117 Abs. 1 BGB erst mit der Übergabe des Briefes vollzogen. Die weitere Übertragung einer solchen Briefhypothek oder Briefgrundschuld ist dann ohne Eintragung im Grundbuch möglich.

Sofern der Grundstückseigentümer für sich selbst beschränkt dingliche Rechte wie z.B. eine Eigentümergrundschuld eintragen lassen will, so entsteht dieses Recht aus der Natur der Sache heraus ohne vorherige Einigung, sondern ausschließlich aufgrund der Eintragungsbewilligung und der Eintragung selbst.

Die nach § 873 Abs. 1 BGB zur Übertragung des Eigentums an einem Grundstück erforderliche Einigung des Veräußerers und des Erwerbers (so genannte Auflassung) stellt ein selbständiges Rechtsgeschäft gegenüber dem so genannten Grundgeschäft oder Verpflichtungsgeschäft dar. Die Auflassung darf weder unter einer Bedingung oder einer Befristung erklärt werden. Sie ist bei gleichzeitiger Anwesenheit der Beteiligten zu erklären.

Das Verpflichtungsgeschäft begründet die Verpflichtung zu einer Leistung. Es stellt den Rechtsgrund für die Leistung, insbesondere für das Behaltendürfen der Leistung dar. Dies können bei einem Grundstücksübertragungsvertrag z. B. ein Kaufvertrag, ein Schenkungsvertrag oder ein Tauschvertrag sein. Hiervon losgelöst ist die dingliche Einigung. In Verbindung mit der Eintragung bewirkt sie erst die Entstehung oder den Übergang des dinglichen Rechtes. Allerdings schafft sie nicht den Rechtsgrund für das Behalten der Leistung. Fehlt dieser Rechtsgrund jedoch, so ist der Erwerber verpflichtet, das dann ohne rechtlichen Grund allein aufgrund der dinglichen Einigung und Eintragung Erlangte nach Bereicherungsgrundsätzen zurückzugeben. Fehlt umgekehrt die dingliche Einigung und Eintragung, so hat der Erwerber zwar das Recht, die Übereignung zu verlangen, erhält jedoch die Leistung erst dann übertragen, wenn die dingliche Einigung und die Eintragung erfolgt sind. Man spricht hierbei vom so genannten **Abstraktionsprinzip**.

2.1.4.2 Eintragung im Grundbuch

Erst die Eintragung im Grundbuch in Verbindung mit der vorangegangenen Einigung über den Rechtsübergang vollendet den Rechtserwerb. Die Eintragung hat folglich konstitutive Wirkung, d. h. erst mit ihr entsteht das Recht.

Darüber hinaus bestimmt die Eintragung den Rang des Rechtes und durch sie wird die Vermutung der Richtigkeit des Grundbuches begründet.

Einigung und Eintragung müssen sich jedoch inhaltlich decken, um das Recht entstehen zu lassen. Fehlt es an einer Übereinstimmung, so entsteht das vereinbarte Recht nicht und das Grundbuch ist unrichtig.

Darüber hinaus muss die Einigung auch noch im Zeitpunkt der Eintragung fortbestehen. Regelmäßig fallen die Einigung und die Eintragung zeitlich auseinander. Tritt zwischen Einigung und Eintragung der Tod eines Beteiligten ein oder verliert einer der Beteiligten seine Geschäftsfähigkeit, so gilt gem. § 130 Abs. 2 BGB die Einigung fort, da es auf die Wirksamkeit der Willenserklärung ohne Einfluss ist, wenn der Erklärende nach Abgabe der Willenserklärung stirbt oder geschäftsunfähig wird. Die Erben bzw. der Betreuer sind dann an die abgegebene Erklärung in demselben Umfang gebunden wie der Erblasser bzw. der Betreute.

Weitere Voraussetzung ist, dass der Verfügende im Zeitpunkt der Rechtsänderung, also der Grundbucheintragung, verfügungsberechtigt ist. Jedoch kann nach wirksam erklärter Einigung und Antragstellung, aber vor Eintragung des Rechtes im Grundbuch der Verfügende in seinem Verfügungsrecht beschränkt werden, so z. B. bei Eröffnung des Insolvenzverfahrens oder durch Beschlagnahme im Zwangsvollstreckungsverfahren. Hier wird der Erklärungsempfänger durch § 878 BGB geschützt. Ist der Erklärende gem. §§ 873 Abs. 2, 875 Abs. 2 BGB an seine Erklärung gebunden und der Eintragungsantrag bereits gestellt, so bleibt die abgegebene Erklärung trotz der nachträglich eingetretenen Verfügungsbeschränkung wirksam und der Erklärungsempfänger kann das Recht erwerben.

2.1.4.3 Rechtsänderungen kraft Gesetzes

Rechtsänderungen können jedoch auch kraft Gesetzes eintreten. Hauptfall ist die Erbfolge. Hier geht mit dem Tode einer Person deren Vermögen als Ganzes auf einen oder mehrere Erben über (§ 1922 Abs. 1 BGB). Bereits unter Ziffer 2.1.1.2 a. E. wurde auf einen weiteren Fall der Rechtsänderung kraft Gesetzes, nämlich § 1416 BGB verwiesen. Vereinbaren die Ehegatten Gütergemeinschaft, so wird das Vermögen der einzelnen Ehegatten ohne weiteres Rechtsgeschäft zu gemeinschaftlichem Vermögen beider Ehegatten.

Ein nicht vererbliches persönliches Recht erlischt ohne weiteres mit dem Tode des Berechtigten. Dies gilt z. B. für ein lebenslängliches Wohnungsrecht. Ein weiterer wichtiger Fall ist die Umwandlung von Gesellschaften. Nach dem Umwandlungsgesetz geht das gesamte Vermögen im Wege der Gesamtrechtsnachfolge unter Auflösung oder Abwicklung auf einen anderen Rechtsträger über.

In all diesen Fällen tritt die Rechtsänderung kraft Gesetzes außerhalb des Grundbuches ein. Die §§ 311 b Abs. 1, 873, 925 BGB finden keine Anwendung. Das Grundbuch wird durch die Rechtsänderung unrichtig und ist im Wege der Berichtigung zu korrigieren.

2.1.4.4 Rechtsänderungen durch Hoheitsakt

Darüber hinaus können Rechtsänderungen durch Hoheitsakt eintreten. Auch hier ist eine Einigung nach § 873 BGB nicht erforderlich. Dies gilt vor allem im Umlegungs- und Enteignungsverfahren. Es ist lediglich die Rechtskraft des Umlegungsverfahrens bzw. des enteignenden Verwaltungsaktes mit der sich anschließenden Ausführungsanordnung notwendig. In den neuen Bundesländern galt darüber hinaus noch die Besonderheit bei Restitutionsverfahren. Mit Rechtskraft des Rückübertragungsbescheides nach dem Vermögensgesetz ging das Eigentum an dem Grundstück auf den Anspruchsberechtigten gem. § 34 VermG über.

Ein weiterer Fall der Rechtsänderung durch Hoheitsakt ist die Verkündung des Zuschlages im Zwangsversteigerungsverfahren. Hierdurch erwirbt der Ersteher gem. § 90 ZVG das Eigentum. Die Berichtigung des Grundbuches erfolgt sodann auf Ersuchen des Versteigerungsgerichtes (§ 130 ZVG). Keine Einigung ist weiterhin bei Eintragung einer Zwangshypothek oder einer Arresthypothek notwendig. Diese erfolgt auf Anordnung des Vollstreckungsgerichtes, kommt jedoch erst mit der Eintragung im Grundbuch zur Entstehung.

2.1.4.5 Verlust von Rechten

Der Verlust von beschränkt dinglichen Rechten an Grundstücken erfolgt in der Regel durch rechtsgeschäftliche Aufhebung, wozu die einseitige Aufgabeerklärung des Berechtigten sowie die Löschung des Rechts im Grundbuch genügen. Eine Einigung ist grundsätzlich nicht erforderlich, da davon ausgegangen wird, dass die Aufhebung der beschränkt dinglichen Belastung für den Eigentümer einen Vorteil bedeutet. Aus diesem Grunde ist die Aufgabeerklärung entweder gegenüber dem Grundbuchamt oder demjenigen gegenüber abzugeben, zu dessen Gunsten sie erfolgt. Lediglich im Fall von Grundpfandrechten muss der Eigentümer der Aufhebung der Hypothek oder Grundschuld zustimmen, da hierdurch auch die Anwartschaft des Eigentümers auf den künftigen Erwerb einer Eigentümergrundschuld berührt wird. Diese Zustimmung ist dem Grundbuchamt durch öffentliche oder öffentlich beglaubigte Urkunde (§§ 27, 29 GBO) nachzuweisen. Weiterhin ist die formelle Löschungsbewilligung des Berechtigten gem. §§ 19, 29 GBO erforderlich. Die Löschungsbewilligung ist von der materiell-rechtlichen Aufgabeerklärung zu unterscheiden, jedoch dürfte in der Abgabe der Löschungsbewilligung regelmäßig auch konkludent die materielle Aufgabeerklärung enthalten sein.

Die Aufgabeerklärung kann sich nur auf ein noch bestehendes Recht beziehen. Besteht das Recht aus anderen Gründen nicht mehr, z. B. wegen Ablauf der bestimmten Zeit oder wegen Eintritts der auflösenden Bedingung, so ist vom ehemals Berechtigten gegenüber dem Grundbuchamt eine Berichtigungsbewilligung abzugeben. In einer dennoch erteilten Löschungsbewilligung ist diese Erklärung enthalten.

Wird ein Recht im Grundbuch gelöscht, obwohl keine Aufgabeerklärung des Berechtigten vorliegt, so berührt dies das Fortbestehen des Rechtes nicht, sondern das Grundbuch wird unrichtig. Ist dagegen zunächst eine Aufgabeerklärung erfolgt, jedoch ohne rechtlichen Grund, weil sie später z. B. angefochten wurde, so erlischt das im Grundbuch gelöschte Recht auch materiell-rechtlich. Allerdings hat der frühere Berechtigte einen Anspruch auf Neubestellung und Wiedereintragung des Rechtes im Grundbuch.

2.1.5 Erwerb des Eigentums an Grundstücken / Grundstückskaufvertrag

2.1.5.1 Formbedürfnis - notarielle Beurkundung

Gem. § 311 b Abs. 1 BGB bedarf ein Vertrag, durch welchen sich der eine Teil verpflichtet das Eigentum oder einen Miteigentumsanteil an einem Grundstück zu übertragen oder zu erwerben der notariellen Beurkundung. Die Beurkundungspflicht bezieht sich auch auf die Verpflichtung, Sondereigentum an Eigentumswohnungen nach dem Wohnungseigentumsgesetz (WEG) einzuräumen, zu erwerben oder aufzuheben, ein Erbbaurecht zu bestellen oder zu erwerben.

Ein unter Verstoß gegen die Formvorschrift des § 311 b Abs. 1 BGB geschlossener Vertrag ist nach § 125 BGB nichtig. Grundsätzlich kann keine Partei aus einem solchen Vertrag Erfüllungsansprüche herleiten. Ebenso wenig stehen den Beteiligten Erfüllungsansprüche oder Schadensersatzansprüche bei Nichtzustandekommen eines notariellen Kaufvertrages zu. Lediglich im Falle des Verschuldens bei Vertragsverhandlungen sind in engen Ausnahmefällen Schadensersatzansprüche aus der Verletzung von Pflichten des durch die Aufnahme der Vertragsverhandlungen begründeten rechtsgeschäftsähnlichen Schuldverhältnisses denkbar.

Die in der Praxis häufigsten Verträge über Eigentumsänderung an Grundstücken sind:

- Kaufverträge §§ 433 ff. BGB
- Bauträgerverträge (Kombination aus Grundstückskaufvertrag in Verbindung mit Bauwerkserrichtungsvertrag)
- Schenkungsverträge §§ 516 ff. BGB
- Tauschverträge
- Erbteilungsverträge
- Einbringung von Grundeigentum in eine Gesellschaft

Das Formgebot des § 311 b Abs. 1 BGB gilt auch grundsätzlich für so genannte Vorverträge oder Optionsverträge, bei denen sich Parteien entweder beidseitig oder einseitig zum Verkauf oder Ankauf eines Grundstückes verpflichten wollen.

Form und Inhalt der Beurkundung werden näher in §§ 6 - 35 BeurkG geregelt. Um dem Formerfordernis des § 311 b Abs. 1 BGB zu genügen, müssen die beurkundeten Willenserklärungen vollständig und richtig sein. Beurkundungsbedürftig ist daher der ganze Vertrag mit allen Vereinbarungen, aus denen sich nach dem Willen der Vertragsparteien das schuldrechtliche Veräußerungsgeschäft zusammensetzt. Es sind daher alle Abreden, ohne die auch nur eine Partei den Vertrag nicht abgeschlossen haben würde, gleich, ob es sich hierbei um objektiv wesentliche oder unwesentliche Bestimmungen handelt, zu beurkunden. Zu solchen beurkundungsbedürftigen Nebenabreden gehört z. B. die Vereinbarung, dass der Verkäufer die von ihm verkaufte Eigentumswohnung bis zur Bezugsfertigkeit seines Einfamilienhauses noch bewohnen darf ebenso wie die über eine etwaige Nutzungsentschädigung bei verspäteter Räumung des Kaufgegenstandes durch den Verkäufer. Kauft z. B. der Mieter das von ihm bewohnte Objekt, so ist eine etwaige Vereinbarung über die Anrechnung des nach Kaufvertragsabschluss bis zur Eigentumsumschreibung noch zu zahlenden Mietzinses auf den Kaufpreis ebenfalls beurkundungspflichtig.

Ist ein Vertrag unvollständig beurkundet, so ist in jedem Fall der nicht beurkundete Teil des Vertrages in Ermangelung der vorgeschriebenen Form nichtig. Ist jedoch diese nicht beurkundete Nebenabrede oder Bestimmung entweder für beide Parteien oder aber für eine Partei, was jedoch der anderen erkennbar war, unabdingbare Voraussetzung für den Abschluss des gesamten Vertrages, so ist gem. § 139 BGB der Vertrag insgesamt nichtig.

Der Vertrag ist als Scheingeschäft nichtig, wenn etwas anderes beurkundet wurde, als tatsächlich zwischen den Beteiligten vereinbart war. Der wirklich von den Parteien gewollte Vertrag, ist ebenfalls wegen Formmangels nichtig. Der häufigste Fall der Praxis ist die Beurkundung eines niedrigeren als des tatsächlich vereinbarten Kaufpreises, sei es um Grunderwerbssteuer oder Notar- und Grundbuchamtsgebühren zu sparen. Um Gebühren zu sparen, wollen die Vertragsparteien häufig auch den Verkauf von Zubehör vom Grundstückskauf abtrennen. Auch hier kann dann ein Vertrag aus den oben genannten Gründen nichtig sein.

Gem. § 311 b Abs. 1 S. 2 BGB wird ein formnichtiger Vertrag dann geheilt, wenn die Auflassung und die Eintragung im Grundbuch erfolgen. Ist also ein Kaufvertrag als Scheingeschäft wegen Beurkundung eines zu niedrigen Kaufpreises nichtig und die wirklich gewollte Vereinbarung mit dem tatsächlich vereinbarten Kaufpreis wegen fehlender Beurkundung ebenfalls nichtig, so ist jedoch die gleichzeitig erklärte Auflassung, d. h. die Einigung über den Eigentumsübergang aufgrund der zuvor geschilderten abstrakten Natur der dinglichen Einigung grundsätzlich wirksam. Wird dann aufgrund dieser Auflassung der Erwerber im Grundbuch eingetragen, so wird der Formmangel des Verpflichtungsgeschäftes (Kaufvertrag) geheilt. Die Heilung des formnichtigen Vertrages erfasst hierbei die Gesamtheit der vertraglichen Vereinbarungen. Sie bezieht sich jedoch nur auf den Formmangel der fehlenden Beurkundung, nicht jedoch auf andere Mängel wie z. B. fehlende Vertretungsbefugnis oder Willensmängel. Ebenso wenig ersetzt sie einen aus anderen Gründen fehlenden Rechtsgrund für den Erwerb. Die Heilung tritt jedoch auch nur ein, wenn die Auflassung rechtswirksam ist. Leidet die Auflassung selbst unter Fehlern, so kommt eine Heilung ebenfalls nicht in Betracht.

Allerdings kommt der Heilung nach § 311 b Abs. 1 S. 2 BGB keine Rückwirkung zu. Die daher für einen Erwerber aufgrund des formunwirksamen Kaufvertrages eingetragene Auflassungsvormerkung ist wegen des Fehlens des zu sichernden Übereignungsanspruches gegenstandslos und kann keinen Schutz gegen einen zwischenzeitlich gutgläubigen Erwerb eines Dritten gewähren.

2.1.5.2 Die Vormerkung

Regelmäßig fallen Verpflichtungsgeschäft, Auflassung und Eintragung im Grundbuch zeitlich deutlich auseinander. Dies hängt einmal damit zusammen, dass vor Antragstellung beim Grundbuchamt die behördlichen Genehmigungen einzuholen sind und schließlich sind auch beim Grundbuchamt gewisse Bearbeitungszeiten zu beachten. Eine Zug-um-Zug-Leistung ist daher nicht möglich. Dies hat zur Folge, dass entweder der Veräußerer ungesichert ist, nämlich dann, wenn der Kaufpreis erst nach Eintragung im Grundbuch zu zahlen ist, da er dann das volle Risiko der Eintreibung des Kaufpreises trägt. Der Erwerber erwirbt bekanntermaßen mit Eintragung im Grundbuch das Eigentum und der Veräußerer erfährt einen entsprechenden Rechtsverlust. Umgekehrt ist der Käufer, sofern er vor der Eintragung im Grundbuch den Kaufpreis zahlt, ungesichert, da weder eine Verfügungsbeschränkung noch eine Grundbuchsperre in dieser Zeit besteht. Bis zur Eintragung im Grundbuch kann das Grundstück also durch den Veräußerer vertragswidrig entweder belastet oder anderweitig veräußert werden. Es besteht auch das Risiko, dass der Veräußerer insolvent wird, oder aber die Zwangsversteigerung in das Grundstück durch einen anderen Gläubiger betrieben wird. Dem Erwerber wäre dann der Rechtserwerb nicht mehr möglich, er wäre vielmehr auf einen zumeist ins Leere gehenden Schadensersatzanspruch verwiesen.

Diesem Umstand hat das Gesetz durch die Vormerkung in § 883 BGB Rechnung getragen. Hiernach kann zur Sicherung des Anspruches auf Einräumung oder Aufhebung eines Rechtes eine Vormerkung in das Grundbuch eingetragen werden. Die Vormerkung sichert den schuldrechtlichen Anspruch auf eine dingliche Rechtsänderung, gleich ob es sich um Ansprüche auf Einräumung, Aufhebung, Inhalts- oder Rangänderung eines dinglichen Rechts handelt. Verfügungen, die nach Eintragung der Vormerkung über das Grundstück oder das Recht getroffen werden, sind dann gem. § 883 Abs. 2 BGB dem Vormerkungsinhaber, aber auch nur diesem, gegenüber unwirksam, soweit sie seinen Anspruch vereiteln oder beeinträchtigen würden. Häufigster Fall ist die Vormerkung zur Sicherung des Eigentumsübertragungsanspruches, die so genannte **Auflassungsvormerkung**. Nicht eintragungsfähig ist eine Vormerkung zur Sicherung des Anspruches auf Abschluss eines Miet- oder Pachtvertrages, da hierdurch keine dingliche Rechtsänderung eintritt.

Der zu sichernde Anspruch muss bestimmt oder bestimmbar sein. Wird also eine noch zu vermessende Teilfläche veräußert, so muss diese im Kaufvertrag durch Beschreibung oder Lageskizze genau bezeichnet sein.

Auch künftige oder bedingte Ansprüche können gesichert werden, wie z. B. ein einseitiges notariell beurkundetes Optionsrecht auf Erwerb des Grundstückes.

Im Gegensatz zum Rechtserwerb ist für die Vormerkung gem. § 885 BGB keine Einigung notwendig, sondern lediglich die Bewilligung desjenigen, dessen Grundstück oder dessen Recht von der Vormerkung betroffen wird. Zur Eintragung im Grundbuch ist neben der Eintragungsbewilligung der Antrag des Betroffenen oder des Begünstigten (§ 13 GBO) sowie die Voreintragung des Betroffenen notwendig.

Um sowohl den Veräußerer als auch den Erwerber zu sichern, wird daher in Grundstückskaufverträgen oder in Verträgen über Rechtsänderungen an einem Grundstück vereinbart, dass zunächst eine erstrangige Vormerkung im Grundbuch eingetragen wird. Erst nach Eintragung derselben und nach Vorliegen der üblichen Genehmigungen einschließlich des Verzichts der Gemeinde auf ihr Vorkaufsrecht ist das vereinbarte Entgelt zu zahlen. Nach Zahlung des Kaufpreises wird der Eintragungsantrag zum Grundbuchamt gereicht.

2.1.5.3 Der Kaufpreis

Der Kaufpreis wird erst dann fällig gestellt, wenn die Auflassungsvormerkung im Grundbuch eingetragen ist und die weiteren erforderlichen Genehmigungen vorliegen. Üblicherweise wird in den Kaufverträgen aufgenommen, dass der Notar dem Käufer die Fälligkeit des Kaufpreises nach Vorliegen sämtlicher Voraussetzungen mitteilt. Der Käufer ist dann verpflichtet, innerhalb der vereinbarten Frist, den Kaufpreis zu zahlen. Ist die Zahlung auf Notaranderkonto vereinbart, so wird der Notar angewiesen, erst nach Vorliegen aller Fälligkeitsvoraussetzungen, den Kaufpreis an den Verkäufer auszukehren.

Mit der Kaufpreiszahlung geht üblicherweise, wenn nicht aus anderen Gründen ein bestimmter Termin festgelegt wird, der Besitz, die Nutzen und Lasten an dem Grundstück auf den Erwerber über. Wollen der Erwerber oder der Veräußerer diesen Zeitpunkt vorverlegen, ihn jedoch dennoch von der Zahlung des Kaufpreises abhängig machen, so wird häufig die Zahlung des Kaufpreises auf ein Notaranderkonto vereinbart. Die Vereinbarung von Zahlungen auf Notaranderkonten wird z. B. auch dann vereinbart, wenn das Grundstück noch mit Grundpfandrechten belastet ist, deren zugrunde liegende Darlehen noch valutieren, diese Grundpfandrechte jedoch nicht übernommen werden sollen, sondern das Grundstück lastenfrei zu übertragen ist. In diesem Fall ist der Veräußerer meist darauf angewiesen, aus dem Veräußerungserlös die Grundpfandrechte abzulösen. Da jedoch der Kaufpreis grundsätzlich erst dann zu zahlen ist, wenn sichergestellt ist, dass die Grundpfandrechte gelöscht werden, wird vereinbart, dass der Notar den Kaufpreis auf ein Notaranderkonto erhält mit der Maßgabe, mit dem Kaufpreis die Darlehen abzulösen und zugleich die Löschungsbewilligungen der Grundpfandgläubiger einzuholen. Der Kaufpreis wird in solchen Fällen zu einem im Vertrag festgelegten Zeitpunkt auf das vom Notar eingerichtete Notaranderkonto eingezahlt. Nach Eintragung der Auflassungsvormerkung und Vorliegen der üblichen Genehmigungen sowie Ablösung der Darlehen und Löschung der Grundpfandrechte, ist der Notar erst berechtigt, und wird auch im Kaufvertrag entsprechend angewiesen, den dann verbleibenden Restkaufpreis an den Verkäufer auszuzahlen.

2.1.5.4 Die Auflassung

Die Auflassung ist nach § 925 BGB bei gleichzeitiger Anwesenheit von Käufer und Verkäufer zu erklären. Häufig wird die Auflassung bereits im Kaufvertrag erklärt. Jedoch wird dem Notar dann stets aufgegeben, Urkundsausfertigungen zunächst ohne Auflassung an die Beteiligten und das Grundbuchamt herauszugeben. Erst wenn die Voraussetzungen für die Umschreibung vorliegen, d. h. Auflassungsvormerkung, Genehmigungen und Zahlung des Kaufpreises, werden die Vertragsausfertigungen mit der erklärten Auflassung an die Parteien und das Grundbuchamt weitergereicht, da ansonsten zuvor ohne Sicherung des Veräußerers die Eintragung im Grundbuch veranlasst werden könnte. Vielfach werden, um zu vermeiden, dass eine Vertragsurkunde versehentlich vorzeitig an den Erwerber oder das Grundbuchamt mit der erklärten Auflassung ausgehändigt wird, die Verträge ohne Auflassung beurkundet. Damit die Parteien nicht noch einmal den Notar aufsuchen müssen, um die Auflassung zu erklären, wird in der Kaufvertragsurkunde einer oder mehreren Notariatsangestellten die Vollmacht zur Erklärung der Auflassung erteilt. Nach Vorliegen der Auflassungsvormerkung sowie aller erforderlichen Genehmigungen und nach Zahlung des Kaufpreises werden dann von den Notariatsangestellten in einer gesonderten Urkunde für die Parteien die Auflassung erklärt und diese sodann zum Grundbuchamt gereicht.

2.1.5.5 Rechte des Käufers bei Mängeln

Das Gesetz unterscheidet im Kaufrecht zwischen Sachmängeln (§ 434 BGB) und Rechtsmängeln (§ 435 BGB) einer Sache. Die Rechtsfolgen eines Mangels sind jedoch gleich.

2.1.5.5.1 Sachmangel

Ein Sachmangel liegt nach der gesetzlichen Definition vor, wenn die verkaufte Sache

- bei Gefahrübergang nicht die vereinbarte Beschaffenheit aufweist oder
- soweit eine Beschaffenheit nicht vereinbart ist, nicht für die nach dem Vertrag vorausgesetzte Verwendung geeignet ist

sonst

- wenn die Sache nicht für die gewöhnliche Verwendung geeignet und nicht die Beschaffenheit aufweist, die bei Sachen der gleichen Art üblich ist und die der Käufer nach der Art der Sache erwarten kann.

Ein Sachmangel liegt auch dann vor, wenn

- die vereinbarte Montage durch den Verkäufer oder dessen Erfüllungsgehilfen unsachgemäß durchgeführt wurde;
- bei einer zur Montage bestimmten Sache, die Montageanleitung mangelhaft ist, es sei denn, die Sache ist fehlerfrei montiert worden;
- der Verkäufer eine andere Sache oder
- eine zu geringe Menge liefert.

Maßgeblich sind beim Grundstückskauf die drei zuerst genannten Formen eines Sachmangels. Der Begriff der Beschaffenheit ist weit zu verstehen. Hierunter fällt nicht nur jede Eigenschaft einer Sache, sondern jeder der Sache anhaftende tatsächliche, wirtschaftliche oder rechtliche Umstand. Sachmängel sind z. B. Schäden am Bauwerk, Hausschwamm, das Fehlen einer Baugenehmigung für ein errichtetes Gebäude oder einen genehmigungspflichtigen Gebäudeausbau, baurechtliche Beschränkungen aus öffentlichem Baurecht z. B. infolge einer Baulast oder Stellplatzauflage, Bodenverunreinigungen oder Immissionen z.B. bei Wohngrundstücken andauernde erhebliche Geruchsbelästigung.

Maßgeblicher Zeitpunkt für die Sachmängelhaftung ist gem. § 446 BGB der Zeitpunkt der Übergabe der Sache. Verschlechtert sich der Zustand der verkauften Sache bis zum Besitzübergang auf den Erwerber, so trägt das Risiko der Veräußerer, er haftet für die bis dahin eingetretenen Sachmängel. Mit Besitzübergang gehen Nutzung, Lasten und die Gefahr einer zufälligen Verschlechterung auf den Käufer über.

2.1.5.5.2 Rechtsmangel

Ein Rechtsmangel liegt vor,

- wenn ein Dritter in Bezug auf die Sache Rechte gegen den Käufer geltend machen kann, ohne dass der Käufer diese im Kaufvertrag übernommen hätte.

Nach § 435 Satz 2 BGB steht es einem Rechtsmangel gleich,

- wenn im Grundbuch ein Recht eingetragen ist, welches nicht besteht.

Der Verkäufer ist hiernach verpflichtet, dem Käufer das Grundstück frei von Rechten Dritter zu verschaffen. Hierzu gehören sowohl dingliche Rechte, z. B. alle in Abteilung II und III des Grundbuches eingetragenen Rechte und Verfügungsbeschränkungen aber auch nicht eingetragene Altdienstbarkeiten aus Zeiten vor Anlegung der Grundbücher als auch obligatorische Rechte, diese jedoch nur insoweit, als sie einem Dritten berechtigten Besitz verschaffen, durch Zurückbehaltungsrecht dem Erwerber entgegengesetzt werden können oder ihn in seiner Verfügungsbefugnis in der Nutzung des Kaufgegenstandes beeinträchtigen. Hierzu gehören insbesondere Miet- und Pachtverhältnisse sowie die durch Vormerkung gesicherten Ansprüche. Auch öffentlich-rechtliche Bindungen oder Beschränkungen können Rechtsmängel darstellen. Jedoch haftet der Verkäufer gem. § 436 Abs. 2 BGB nicht für die Freiheit eines Grundstückes von öffentlichen Abgaben oder öffentlichen Lasten, welche nicht im Grundbuch eingetragen werden. Hierzu gehören insbesondere Grund- und Gebäudesteuern sowie kommunale Abgaben. Der Verkäufer hat aber, vorbehaltlich einer anderweitigen Vereinbarung, diejenigen Erschließungs- und sonstigen Anliegerbeiträge für Maßnahmen zu tragen, die bis zum Tage des Vertragsabschlusses bautechnisch begonnen sind, ohne dass es auf den Zeitpunkt des Entstehens der Beitragsschuld ankäme (§ 436Abs. 1 BGB).

Der Käufer kann sich im Kaufvertrag verpflichten, bestimmte Rechte bzw. Belastungen zu übernehmen mit der Folge, dass der Verkäufer hierfür selbstverständlich nicht haftet. Die Belastungen, die jedoch vertraglich übernommen werden, sind im Vertrag konkret zu benennen und es sollte auch eine Regelung darüber aufgenommen werden, ob die Übernahme in Anrechnung oder ohne Anrechnung auf den Kaufpreis erfolgt.

Maßgebender Zeitpunkt für die Freiheit von Rechtsmängeln ist bei Grundstücken die Vollendung des Eigentumserwerbs infolge Auflassung und Eintragung.

2.1.5.5.3 Haftung des Verkäufers bei Mängeln

Ist die Sache mangelhaft, so stehen dem Käufer nach § 437 BGB folgende Rechte zu:

Er kann zunächst nach § 439 BGB Nacherfüllung verlangen. Der Käufer kann hierbei nach seiner Wahl entweder die Beseitigung des Mangels oder die Lieferung einer mangelfreien Sache verlangen. Sämtliche zum Zweck der Nacherfüllung erforderlichen Aufwendungen hat der Verkäufer zu tragen (§ 439 Abs. 2 BGB).

Erfolgt die Nacherfüllung nicht innerhalb der gesetzten Nachfrist, schlägt sie fehl oder ist sie dem Käufer nicht zuzumuten oder wird sie durch den Verkäufer verweigert, so kann der Käufer nach §§ 440, 323 und 326 Abs. 5 BGB vom Vertrag zurücktreten, nach § 440, 280, 281, 283 und 311a BGB Schadensersatz oder nach § 284 BGB Ersatz vergeblicher Aufwendungen verlangen oder nach § 441 BGB den Kaufpreis mindern.

2.1 Grundstücksrecht

Bei der Minderung wird der Wert der Sache im Zeitpunkt des Vertragsabschlusses im mangelfreien Zustand mit dem wirklichen Wert verglichen. Um diese Differenz ist dann der Kaufpreis nach § 441 Abs. 2 BGB herabzusetzen. Notfalls ist die Minderung durch Schätzung zu ermitteln. Hat der Käufer mehr als den geminderten Kaufpreis bezahlt, so ist der Mehrbetrag vom Verkäufer zu erstatten (§ 441 Abs.4 BGB).

§ 442 Abs. 1 S. 1 BGB sieht eine Ausnahme von der Haftung des Verkäufers für den Fall vor, dass der Käufer den Mangel bei Abschluss des Kaufvertrages kennt. Im Hinblick auf die Publizität des Grundbuches hat jedoch der Verkäufer ein im Grundbuch eingetragenes Recht stets zu beseitigen, sofern der Käufer diese Belastung nicht übernimmt (vgl. § 442 Abs. 2 BGB).

In Grundstückskaufverträgen wird zumeist die Haftung für Mängel ausgeschlossen. Jedoch obliegt dem Verkäufer eine Offenbarungspflicht. Hat er von Mängeln Kenntnis und verschweigt diese bewusst, auch durch wissentliches Dulden eines Irrtums des Vertragspartners, dann liegt eine arglistige Täuschung vor. Hat der Verkäufer einen Mangel arglistig verschwiegen oder eine Garantie für die Beschaffenheit der Sache übernommen (§ 443 BGB), so kann er sich auf den Haftungsausschluss gem. § 444 BGB nicht berufen.

Der Bundesgerichtshof hat in einem Urteil vom 24.01.2003 noch für einen Gewährleistungsausschluss nach altem Kaufvertragsrecht (gültig bis 31.12.2001) entschieden, dass trotz eines entsprechenden Gewährleistungsausschlusses für sichtbare und unsichtbare Mängel der Verkäufer für solche Mängel hafte, die nach Vertragsabschluss und vor Gefahrübergang entstünden. Wollten die Parteien auch diese Mängel von der Haftung ausschließen, so müsste dies deutlich gemacht werden.[10] Es ist davon auszugehen, dass auch für das neue Kaufvertragsrecht diese Rechtsprechung beibehalten wird.

Bei Bauträgerverträgen ist darauf zu achten, dass der Bauträger für die Errichtung des Gebäudes nach Werkvertragsrecht haftet.

2.1.5.6 Besicherungen

Die Sicherung von Verkäufer und Käufer gegen Verlust des Eigentums bzw. des Kaufpreises wurde bereits erörtert. Zur Sicherung des Kaufpreisanspruches des Verkäufers wird in Grundstückskaufverträgen üblicherweise die Zwangsvollstreckungsunterwerfung des Käufers mit beurkundet. Das bedeutet, dass der Käufer sich wegen der Kaufpreisforderung der sofortigen Zwangsvollstreckung aus der Urkunde in sein gesamtes Vermögen unterwirft. Hierdurch erhält der Verkäufer einen Titel zur sofortigen Durchsetzung der Kaufpreisforderung und ist nicht auf eine etwaige Titulierung im Gerichtsverfahren angewiesen. Jedoch nutzt die Zwangsvollstreckungsunterwerfung dem Verkäufer dann nichts, wenn der Käufer mittellos ist.

---

[10] Vgl. BGH NJW 2003,1316 f.

Aus diesem Grunde werden in Grundstückskaufverträgen zumeist zusätzlich für den Fall des Zahlungsverzuges Rücktrittsrechte vereinbart.

Zur Sicherung des Käufers wird, wie unter 2.1.5.2 ausgeführt, die Eintragung einer Vormerkung im Grundbuch vereinbart.

Der Käufer wird zumeist nicht in der Lage sein, den Kaufpreis aus Barmitteln zu zahlen, sondern ist auf eine Kaufpreisfinanzierung angewiesen. Zur Besicherung der Darlehen steht ihm dann regelmäßig nur das zu erwerbende Grundstück zur Verfügung. Dieses kann er jedoch vor Eigentumsumschreibung nicht selber belasten. Aus diesem Grunde muss der Verkäufer bei der Besicherung durch Belastung des Grundstückes mitwirken. Dies geschieht in der Regel derart, dass in den Kaufverträgen eine so genannte Belastungsvollmacht vereinbart wird. Hierdurch wird der Käufer berechtigt, zur Darlehensfinanzierung eine Grundschuld oder Hypothek im Grundbuch des zu erwerbenden Grundstückes eintragen zu lassen. Der Verkäufer verpflichtet sich entweder zur Erteilung einer Belastungsvollmacht oder er erteilt diese Belastungsvollmacht bereits im Grundstückskaufvertrag. Von dieser Vollmacht darf dann zur Sicherung des Verkäufers nur der beurkundende Notar Gebrauch machen. Zur Absicherung des Verkäufers wird zugleich die Abtretung des Darlehens in Höhe der Kaufpreisforderung an den Verkäufer vereinbart.

2.1.5.7 Zahlungsverzug des Käufers

Der Käufer kommt mit der Kaufpreisforderung in Verzug, wenn diese fällig ist und der Verkäufer gemahnt hat. Er kommt auch dann mit der Kaufpreisforderung in Verzug, wenn ein bestimmter Kalendertermin zur Zahlung oder eine angemessene Zahlungsfrist nach Zugang der Fälligkeitsanzeige durch den Notar im Kaufvertrag vereinbart wurde. Dann ist eine Mahnung entbehrlich.

Der Verkäufer kann sich dann aufgrund der Zwangsvollstreckungsunterwerfung eine vollstreckbare Ausfertigung der Vertragsurkunde aushändigen lassen und die Zwangsvollstreckung wegen des Kaufpreises betreiben.

Er kann auch vom Vertrag zurücktreten, wenn der Vertrag eine Rücktrittsregelung enthält. Sieht der Vertrag ausdrücklich keine Rücktrittsregelungen für den Fall des Zahlungsverzuges vor, so gelten die gesetzlichen Bestimmungen. Gem. § 323 BGB muss der Verkäufer dem Käufer eine angemessene Frist zur Zahlung setzen. Kommt der Käufer seiner Zahlungsverpflichtung auch innerhalb dieser Frist nicht nach, so kann der Verkäufer gem. § 323 Abs. 1 BGB vom Vertrag zurücktreten und gem. § 280 BGB Schadensersatz verlangen.

2.1.5.8 Aufspaltung in Angebot und Annahme

Der Kaufvertrag muss nicht in einer einheitlichen Urkunde erfolgen. Er kann in Angebot und Annahme aufgespalten werden. Dies wird häufig dann getan, wenn eine Partei bereits gebunden werden soll, während der anderen noch eine Überlegungs- oder Prüfungszeit eingeräumt werden soll, so z. B. um sich Klarheit zu verschaffen, ob ein geplantes Bauvorhaben genehmigungsfähig ist oder ob die Finanzierung gesichert werden kann. Das Angebot muss vollständig und bestimmt sein, d. h. den gesamten Inhalt des gewollten schuldrechtlichen Vertrages, also einen vollständigen Kaufvertrag enthalten. Es muss so gestaltet sein, dass der Annehmende nur noch zu erklären braucht, er nehme dieses Angebot an. Weiterhin müssen je nach Fallgestaltung die verfahrensrechtlichen Bestimmungen, nämlich Bewilligung der Eintragungsvormerkung, Belastungsvollmacht sowie Vorbehalte eines Rücktrittsrechtes enthalten sein.

Insbesondere ist die Beurkundung der Auflassung erforderlich. Da die Auflassung gem. § 925 BGB bei gleichzeitiger Anwesenheit beider Teile zu erklären ist, kann sie nicht in Angebot und Annahme aufgespalten werden. Die Beurkundung hat daher im Fall der Vertragsaufspaltung so zu geschehen, dass entweder der Anbietende in der Angebotsurkunde auch namens und als vollmachtloser Vertreter (vgl. hierzu 2.1.6.2.2) des Angebotsempfängers die Auflassung erklärt und der Annehmende diese vollmachtlose Vertretung mit seiner Annahme genehmigt oder aber der Anbietende in seiner Angebotsurkunde dem Angebotsempfänger Vollmacht zur Erklärung der Auflassung erteilt. Die Auflassung ist dann zusammen mit der Annahmeerklärung zu beurkunden.

Mit der Beurkundung der Annahmeerklärung kommt der Vertrag zustande. Ein Zugang der Annahme ist gem. § 152 BGB nicht erforderlich. Zumeist wird jedoch der Anbietende eine Frist für die Annahme setzen, so dass der Vertrag nur dann zustande kommt, wenn die Annahmeerklärung innerhalb der Frist zugeht. Ist jedoch bei der Fristsetzung in der Angebotsurkunde bestimmt, dass die Annahme bereits mit der notariellen Beurkundung wirksam werden soll, so ist nur die Beurkundung der Annahmeerklärung innerhalb der Frist erforderlich.

Die Zwangsvollstreckungsunterwerfungserklärung des Käufers ist grundsätzlich eine einseitige Verfahrenserklärung. Sie kann daher ebenfalls nicht in der Form von Angebot und Annahme erklärt werden. Auch hier gibt es nur die Möglichkeit, dass der Verkäufer das Angebot mit der Maßgabe erklärt, dass es nur angenommen werden kann, wenn sich der Käufer zugleich in der Annahmeerklärung der sofortigen Zwangsvollstreckung unterwirft oder aber der Verkäufer erklärt in der Angebotsurkunde die Unterwerfung als Vertreter ohne Vertretungsmacht namens des Käufers mit der Bestimmung, dass das Angebot nur angenommen werden kann, wenn diese Zwangsvollstreckungsunterwerfungserklärung genehmigt wird.

2.1.5.9 Kauf von unvermessenen Teilflächen

Beim Kauf von unvermessenen Teilflächen ist die zu verkaufende Teilfläche in der Urkunde genau zu beschreiben. Dies geschieht zumeist durch Beifügung eines Lageplanes zur Urkunde, in welchem die Teilfläche farblich gekennzeichnet ist. Zumeist werden solche Kaufverträge ohne Auflassung geschlossen und diese erst dann erklärt, wenn der Veränderungsnachweis des Katasteramtes vorliegt. Nach herrschender Meinung kann die Auflassung jedoch schon vor Vermessung zusammen mit dem Kaufvertrag beurkundet werden, wenn die zu vermessende Fläche hinreichend deutlich beschrieben ist. Allerdings ist dann nach Vorliegen des Veränderungsnachweises die nach § 28 GBO geforderte Bezeichnung des aufgelassenen Teilstückes übereinstimmend mit dem Grundbuch in der Form des § 29 GBO (so genannte Identitätserklärung) nachzuholen. Hierzu ist die Erklärung einer dazu bevollmächtigten Person, entweder eines Beteiligten oder des hierzu in der Vertragsurkunde bevollmächtigten Notars erforderlich aber auch ausreichend.

2.1.6 Vertretung im Grundstücksrecht

Grundsätzlich wird zwischen der gesetzlichen und der rechtsgeschäftlichen Vertretung unterschieden. Die gesetzliche Vertretung für Nichtgeschäftsfähige oder beschränkt Geschäftsfähige sowie die Vertretung von Gesellschaften und Körperschaften des privaten und öffentlichen Rechts ist in den einschlägigen Rechtsvorschriften geregelt. Hiervon zu unterscheiden ist die rechtsgeschäftliche Vertretung durch Erteilung einer Vollmacht sowie die Genehmigung einer ohne Vollmacht für den Vertretenen vorgenommenen Rechtshandlung.

2.1.6.1 Gesetzliche Vertretung

2.1.6.1.1 Natürliche Personen

Geschäftsunfähig ist, wer das 7. Lebensjahr noch nicht vollendet hat oder wer an einer nicht nur vorübergehenden krankhaften Störung der Geistestätigkeit leidet. Beschränkt geschäftsfähig sind Minderjährige von der Vollendung des 7. Lebensjahres bis zur Volljährigkeit an. Gesetzliche Vertreter eines ehelichen Kindes sind dessen Eltern. Denkbar ist jedoch auch eine Vertretung durch einen Vormund.

Volljährige, die aufgrund einer psychischen Krankheit oder einer körperlichen, geistigen oder seelischen Behinderung ihre Angelegenheit nicht selbst besorgen können, werden durch einen vom Vormundschaftsgericht bestellten Betreuer (§ 1896 BGB) vertreten.

Bei Grundstücksgeschäften ist zusätzlich sowohl bei der Vertretung durch die Eltern als auch durch den Vormund oder durch den Betreuer die Genehmigung des Vormundschaftsgerichtes erforderlich.

2.1.6.1.2 Gesellschaften und Körperschaften des Privatrechts

Gesellschaften und Körperschaften des Privatrechts werden wie folgt vertreten:

Die BGB-Gesellschaft wird durch alle Gesellschafter gemeinsam vertreten, es sei denn, dass einem oder einigen von ihnen Spezial- oder Generalvollmacht als rechtsgeschäftliche Vollmacht erteilt ist.

Die OHG wird durch ihre Gesellschafter vertreten, wobei jeder Gesellschafter allein zur Vertretung berechtigt ist, es sei denn er ist durch den Gesellschaftsvertrag von der Vertretung ausgeschlossen. Im Gesellschaftsvertrag kann darüber hinaus bestimmt werden, dass alle oder mehrere Gesellschafter nur gemeinschaftlich zur Vertretung berechtigt sind. Ist eine Vertretungsbeschränkung im Handelsregister nicht ersichtlich, so kann der Rechtsverkehr davon ausgehen, dass jeder Gesellschafter allein zur Vertretung berechtigt ist.

Die KG wird durch ihre persönlich haftenden Komplementäre vertreten. Für sie gelten dieselben Regeln wie für die Gesellschafter der OHG. Nicht vertretungsberechtigt sind die Kommanditisten, welchen jedoch Prokura oder eine Spezial- bzw. Generalvollmacht erteilt werden kann.

Die GmbH wird durch den oder die Geschäftsführer vertreten, wobei darauf zu achten ist, ob bei mehreren Geschäftsführern oder bei Erteilung von Prokura Einzel- oder Gesamtvertretungsbefugnis angeordnet ist.

Die GmbH & Co. KG ist eine Kommanditgesellschaft, deren persönlich haftender Gesellschafter die GmbH ist, die wiederum durch ihre Geschäftsführer vertreten wird.

Genossenschaften, rechtsfähige Vereine, rechtsfähige Stiftungen und Aktiengesellschaften werden durch ihre Vorstände vertreten. Zumeist ist die Vertretung des Vorstandes gesondert geregelt.

Ist Prokura, eine handelsrechtliche Sonderform der Vollmacht mit gesetzlich umschriebener Vertretungsmacht, erteilt, so ist folgendes zu beachten:

Der Prokurist ist grundsätzlich gem. § 49 Abs. 2 HGB nicht ermächtigt, ein Grundstück des Geschäftsherrn zu veräußern oder eine Belastung eines Grundstückes des Geschäftsherrn in Abt. II oder III des Grundbuches zu bewilligen. Hierzu bedarf es einer gesonderten Vollmacht. Er ist jedoch ohne besondere Vollmacht berechtigt, ein Grundstück für den Geschäftsherrn zu erwerben, über Grundpfandrechte zu verfügen, der Löschung eines Grundpfandrechtes zuzustimmen oder ein Grundstück zu verpachten oder zu vermieten.

2.1.6.1.3 Körperschaften des öffentlichen Rechts

Die Körperschaften des öffentlichen Rechts handeln durch ihre Organe. Sind mehrere Organe vorhanden, ergibt sich die Vertretungsmacht aus dem Gesetz oder aus dem durch die Organisationsordnung zugewiesenen Aufgabenbereich.

Die Bundesrepublik Deutschland wird im privaten Rechtsverkehr durch die oberen Bundesbehörden vertreten. Die Vertretung kann auf nachgeordnete Behörden übertragen werden.

Die Vertretung der Länder richtet sich nach den Landesverfassungen und den gesetzlich oder durch Organisationsordnung geregelten Aufgabenbereichen der Landesorgane. In den jeweiligen Landkreisordnungen der Länder ist die Vertretung der Kreise geregelt. Üblicherweise ist dies der Landrat.

Die Vertretung der Städte und Gemeinden ist in den Gemeindeordnungen der jeweiligen Länder geregelt. In den meisten Fällen werden die Gemeinden und Städte durch den Bürgermeister vertreten und dieser wiederum von den Beigeordneten als ständige Vertreter für den ihnen zugewiesenen Geschäftsbereich. Jedoch ist dies stets anhand der Gemeindeordnungen und der Satzungen zu prüfen.

Die Vertretung der evangelischen Kirchengemeinden richtet sich nach den jeweiligen Landeskirchenordnungen. Dem gegenüber richtet sich die Vertretung der katholischen Kirchgemeinden nach den Kirchenverwaltungsgesetzen der Diözesen.

2.1.6.2 Rechtsgeschäftliche Vertretung

Für den Abschluss von Grundstücksgeschäften ist die persönliche Anwesenheit der Beteiligten nicht erforderlich. Vielmehr können sich diese nach den allgemeinen Regeln über die Vertretung durch Bevollmächtigte vertreten lassen.

Bei Grundstücksgeschäften geschieht dies entweder durch vorherige Vollmachtserteilung oder aber häufig durch Vertretung ohne Vertretungsmacht mit nachträglicher Genehmigung durch den Vertretenen.

2.1.6.2.1 Vollmacht

Zum Abschluss eines Grundstücksgeschäftes kann durch den Vertretenen einem Dritten Vollmacht zur Vornahme der rechtsgeschäftlichen Handlung erteilt werden. Zu unterscheiden sind dabei rechtsgeschäftliches Können im Außenverhältnis und rechtliches Dürfen im Innenverhältnis. Die Vollmacht bleibt in Kraft bis zu ihrem Erlöschen oder Widerruf. Eine Berufung auf die in der Urkundensammlung eines Notars befindliche Vollmacht reicht zum Nachweis der Vollmacht grundsätzlich nicht aus.

2.1.6.2.2 Vertretung ohne Vertretungsmacht

Die rechtsgeschäftliche Vertretung ist auch durch einen Vertreter ohne Vertretungsmacht möglich, wenn der Vertretene nachträglich die Genehmigung erteilt. Bis zur Genehmigung entstehen für den vollmachtlosen Vertretenen weder Rechte noch Pflichten aus dem Rechtsgeschäft. Kannte der Geschäftsgegner das Fehlen der Vollmacht, was zumeist der Fall ist, da in den Vertragsurkunden auf die Vertretung ohne Vertretungsmacht hingewiesen wird, so haftet auch der vollmachtlose Vertreter, wenn das Rechtsgeschäft nicht genehmigt wird, weder auf Erfüllung noch auf Schadensersatz.

Die Genehmigung ist eine empfangsbedürftige Willenserklärung. Sie kann sowohl gegenüber dem Vertragspartner als auch gegenüber dem Vertreter erklärt werden.

Bis zur Genehmigung bleibt das Rechtsgeschäft schwebend unwirksam. Wird es durch den Vertretenen genehmigt, so wird es rückwirkend voll wirksam. Wird die Genehmigung jedoch verweigert, so wird das Rechtsgeschäft endgültig unwirksam. Es kann dann nicht durch einen später ausgesprochenen Widerruf der Verweigerung oder durch eine später dennoch erteilte Genehmigung wirksam werden. Vielmehr muss das Rechtsgeschäft dann insgesamt neu vorgenommen werden.

2.1.6.2.3 Form der Vollmacht bzw. Genehmigung

Grundsätzlich bedarf die Erteilung einer Vollmacht gem. § 167 Abs. 2 BGB nicht derselben Form, die für das abzuschließende Rechtsgeschäft erforderlich ist. Dies gilt für jede Art der Vollmacht, gleichgültig ob sie eine Spezial- oder Generalvollmacht darstellt. Ebenso ist die Befreiung von dem Verbot des Selbstkontrahierens (§ 181 BGB) formfrei möglich.

Allerdings ist dem Grundbuchamt sowohl die Vollmacht als auch die Genehmigung durch öffentliche oder öffentlich beglaubigte Urkunde (§ 29 GBO) nachzuweisen. Dieser formale Nachweis hat jedoch keinen Einfluss auf die Gültigkeit einer einmal erteilten Vollmacht. War also der Vertreter vom Vertretenen mündlich oder lediglich in einer nicht beglaubigten privatschriftlichen Urkunde bevollmächtigt, so ist der schuldrechtliche Vertrag wirksam zustande gekommen, die Vollmacht jedoch in der Form des § 29 GBO nachträglich zu bestätigen. Wird diese förmliche Bestätigung vom Vertretenen verweigert, so wirkt der einmal abgeschlossene Vertrag dennoch für und gegen ihn mit der Folge, dass dem anderen Vertragspartner ein Anspruch auf Abgabe der Vollmachtsbestätigung in der Form des § 29 GBO zusteht und er diesen Anspruch notfalls gerichtlich durchsetzen kann. Lediglich wenn die angeblich mündlich erteilte Vollmacht nicht bestanden hat und auch nachträglich eine Genehmigung nicht erteilt wird, ist das abgeschlossene Rechtsgeschäft für den Vertretenen wirkungslos. In diesem Fall haftet der angeblich Bevollmächtigte gem. § 179 Abs. 1 BGB auf Erfüllung bzw. Schadensersatz.

Der Formvorschrift des § 29 GBO für die Genehmigung wird sowohl durch notarielle Beurkundung als auch durch privatschriftliche Urkunde mit Unterschriftsbeglaubigung genügt. Die zuletzt genannte Form ist üblich.

Ist die Vollmacht beurkundet, so ist eine Ausfertigung derselben vorzulegen. Wurde die Vollmacht nur mit Unterschriftsbeglaubigung erstellt, so bedarf es der Vorlage der Originalurkunde. Zum Nachweis gegenüber dem Grundbuchamt genügt regelmäßig in beiden Fällen eine vom Notar am Beurkundungstag oder danach gefertigte beglaubigte Kopie der vorgelegten Urkundsausfertigung oder der vorgelegten Originalurkunde. Eine zuvor gefertigte beglaubigte Kopie genügt nicht, da mit ihr nicht der Nachweis geführt werden kann, dass die Vertretungsmacht beim Abschluss des Rechtsgeschäftes noch bestanden hat.

2.1.7 Vorkaufsrecht an Grundstücken

Man unterscheidet zwischen schuldrechtlichem, dinglichem und gesetzlichem Vorkaufsrecht. Das Vorkaufsrecht räumt dem Berechtigten gegenüber dem Eigentümer die Möglichkeit zum Vorkauf ein. Verkauft der Eigentümer das Grundstück an einen Dritten, so ist der Vorkaufsberechtigte befugt, aufgrund einseitiger Erklärung das Grundstück zu den gleichen Vertragsbedingungen zu erwerben, wie sie mit dem Erwerber im Kaufvertrag vereinbart worden sind. Lediglich beim gesetzlichen Vorkaufsrecht der Gemeinden existieren Preislimitierungen, die zu beachten sind. Beim vertraglichen Vorkaufsrecht wird zwischen schuldrechtlichem und dinglichem Vorkaufsrecht unterschieden.

Das **schuldrechtliche Vorkaufsrecht** ist in §§ 463 bis 473 BGB geregelt. Gegenstand kann jede bewegliche oder unbewegliche Sache oder jedes Recht sein. Es begründet jedoch lediglich Rechtsbeziehungen zwischen den Vertragschließenden. Das schuldrechtliche Vorkaufsrecht entsteht durch Vertrag zwischen dem Eigentümer und dem Vorkaufsberechtigten. Bezieht sich das Vorkaufsrecht auf ein Grundstück, so ist der Vertrag, da er die bedingte Verpflichtung zur Übertragung eines Grundstückes zum Gegenstand hat, gem. § 311 b Abs. 1 BGB beurkundungspflichtig.

Das **dingliche Vorkaufsrecht** ist in §§ 1094 bis 1104 BGB geregelt. Es kann nur an Grundstücken, Miteigentumsanteilen an Grundstücken oder grundstücksgleichen Rechten, Erbbaurechten oder Bergwerkseigentum begründet werden. Da es ein dingliches Recht ist, kommt es erst durch Einigung und Eintragung im Grundbuch (vgl. § 873 Abs. 1 BGB) zur Entstehung. Die Rechtsbeziehungen zwischen den Beteiligten, d. h. dem Eigentümer und dem Vorkaufsberechtigten, richten sich wiederum nach den Regeln über das schuldrechtliche Vorkaufsrecht (§ 1098 Abs.1 BGB).

Weder das schuldrechtliche noch das dingliche Vorkaufsrecht sind übertragbar oder vererbbar, soweit die Parteien nichts anderes vereinbart haben. Die Ausübung des

Vorkaufsrechtes kann bedingt oder befristet sein. Nicht jedoch kann das dingliche Vorkaufsrecht als abstraktes Recht an die Laufzeit eines anderen Vertrages, z. B. eines Pachtvertrages, geknüpft werden.

Grundsätzlich besteht das dingliche Vorkaufsrecht nur für den ersten Verkaufsfall. Wird also das Vorkaufsrecht im Verkaufsfall nicht ausgeübt, so erlischt es. Es kann jedoch gem. § 1097 BGB auch für mehrere oder für alle Verkaufsfälle bestellt werden. Dies ist jedoch ausdrücklich zwischen den Parteien zu vereinbaren und entsprechend im Grundbuch einzutragen.

Das Vorkaufsrecht erlischt durch seine wirksame Ausübung, mit Ablauf der Frist, wenn es befristet war, bei Nichtausübung, wenn es nur für den ersten Verkaufsfall bestellt war oder wenn es auflösend bedingt bestellt war, mit Eintritt der Bedingung.[11]

Schließt der Eigentümer mit einem Dritten einen Kaufvertrag über das belastete Grundstück, so kann der Berechtigte sein Vorkaufsrecht ausüben. Voraussetzung hierfür ist zunächst die Rechtswirksamkeit des Kaufvertrages einschließlich der hierzu gehörenden erforderlichen privaten und behördlichen Genehmigungen, nicht jedoch die Unbedenklichkeitsbescheinigung der Grunderwerbssteuerstelle. Besteht die Grundstücksveräußerung nicht in einem Kaufvertrag, sondern z. B. in einem Schenkungsvertrag oder Tauschvertrag, so besteht das Vorkaufsrecht nicht. Zum Zwecke der Ausübung des Vorkaufsrechtes ist der Verkäufer zur Anzeige des Kaufvertrages verpflichtet. Mit Zugang der Mitteilung an den Vorkaufsberechtigten beginnt die zweimonatige Frist bei Grundstücken für die Ausübung des Vorkaufsrechts zu laufen (§§ 1098 Abs. 1, 469 Abs. 2, 130 BGB). Eine andere Frist kann vereinbart werden. Die Ausübung des Vorkaufsrechtes geschieht durch einseitige empfangsbedürftige Erklärung gegenüber dem Verkäufer, eine Erklärung gegenüber dem Drittkäufer ist wirkungslos. Grundsätzlich bedarf die Ausübung des Vorkaufsrechtes keiner besonderen Form, jedoch sollte aus Gründen der Beweissicherung zumindest die Schriftform erfolgen und der Zugangsnachweis gesichert werden. Der Notar ist für die Entgegennahme der Ausübungserklärung nur dann zuständig, wenn er hierzu vom Eigentümer besonders bevollmächtigt wurde.

Gesetzliche Vorkaufsrechte bestehen nach dem BGB für den Miterben beim Verkauf eines Erbteils an einen Dritten (§§ 2034 ff. BGB) sowie für den Mieter beim Verkauf der neu gebildeten und von ihm bewohnten Eigentumswohnung (§ 577 BGB). Darüber hinaus sind Vorkaufsrechte an Grundstücken und Eigentumswohnungen in einer Reihe von weiteren Gesetzen geregelt. Wichtigster Fall ist das Vorkaufsrecht der Gemeinden nach dem Baugesetzbuch.

---

11 Vgl. im Einzelnen weitere Erlöschensfälle bei: Weirich, Rz. 820

2.1.8 Belastungen von Grundstücken

Ein Grundstück kann in verschiedener Weise belastet werden. Hauptfälle der Belastung sind die Eintragung einer Hypothek oder Grundschuld, die Eintragung von Dienstbarkeiten oder eines Nießbrauchrechtes. Der Reallast, dem Altenteilsrecht und der Rentenschuld kommen heutzutage weniger Bedeutung zu.

2.1.8.1 Hypothek, Grundschuld und Rentenschuld

Hypothek und Grundschuld stellen Pfandrechte an einem Grundstück zur Sicherung von Geldforderungen dar. Im Gegensatz zur Grundschuld ist die **Hypothek** jedoch zwingend an das Bestehen der Forderung geknüpft, so genanntes Akzessorietätsprinzip. Die Forderung kann nicht ohne die Hypothek und die Hypothek nicht ohne die Forderung übertragen werden (§ 1153 BGB). Aus diesem Grunde ist die Hypothek bis zur Valutierung der Forderung Eigentümergrundschuld. Sie wird wieder zur Eigentümergrundschuld, wenn und soweit die gesicherte Forderung getilgt ist (§ 1163 Abs. 1 BGB).

Dem gegenüber ist die **Grundschuld** abstrakt, d. h. sie ist nicht durch eine zu sichernde Forderung bedingt. Für sie gelten zwar die Vorschriften über die Hypothek (§§ 1113 ff. BGB) entsprechend, jedoch nur insoweit, als die Grundschuld eine Forderung nicht voraussetzt (§ 1192 Abs. 1 BGB).

Bei der Hypothek und der Grundschuld ist zwischen Briefhypothek bzw. Briefgrundschuld und Buchhypothek bzw. Buchgrundschuld zu unterscheiden. Zur Begründung einer Hypothek oder Grundschuld sind die dingliche Einigung zwischen dem Eigentümer und dem Gläubiger über die Bestellung der Hypothek sowie die Eintragung im Grundbuch erforderlich. Da die Hypothek akzessorisch zur zugrunde liegenden Forderung ist, ist für ihre Entstehung auch eine bestimmte bestehende oder künftige Geldforderung Voraussetzung. Zur Begründung der Briefhypothek bzw. Briefgrundschuld ist dann noch die Übergabe des Hypotheken- bzw. Grundschuldbriefes erforderlich. Entsprechendes gilt dann für die Übertragung sowohl der Briefhypothek als auch der Briefgrundschuld.

Eine Grundschuld kann auch in der Weise bestellt werden, dass eine bestimmte Geldsumme aus dem Grundstück zu regelmäßig wiederkehrenden Terminen zu zahlen ist (**Rentenschuld** - § 1199 BGB). Die Rentenschuld kann bedingt und befristet sein. Die Rentenschuld kann eine Forderung, z. B. eine Leibrente oder den ratenweise zu zahlenden Grundstückskaufpreis sichern. Es ist ein Betrag zu bestimmen, durch dessen Zahlung die Rentenschuld abgelöst werden kann. Diese Ablösesumme muss im Grundbuch angegeben werden (§ 1199 Abs. 2 BGB). Die Rentenschuld ist heute ungebräuchlich.

2.1.8.2 Dienstbarkeiten

Dienstbarkeiten sind auf ein Dulden oder Unterlassen gerichtete beschränkte dingliche Rechte an einem Grundstück. Das Gesetz unterscheidet zwischen Grunddienstbarkeiten und beschränkt persönlichen Dienstbarkeiten. Die Grunddienstbarkeit wird zugunsten des jeweiligen Eigentümers eines anderen Grundstückes (§ 1018 BGB) eingeräumt; sie besteht also zugunsten eines anderen Grundstückes. Demgegenüber wird die beschränkt persönliche Dienstbarkeit bestimmten natürlichen oder juristischen Personen eingeräumt (§ 1090 BGB).

Bei der **Grunddienstbarkeit** wird zwischen Nutzungs-, Unterlassungs- und Duldungsdienstbarkeiten unterschieden. Bei einer Nutzungsdienstbarkeit darf der jeweilige Eigentümer des so genannten herrschenden Grundstückes ein anderes, das dienende bzw. belastete Grundstück, in einzelnen Beziehungen benutzen. Häufigste Fälle sind Wege- oder Leitungsrechte über bzw. durch ein Grundstück. Bei einer Unterlassungsdienstbarkeit darf der Eigentümer des dienenden Grundstückes auf seinem Grundstück gewisse Handlungen nicht vornehmen, so z. B. das Grundstück nicht oder nur in bestimmter Weise bebauen. Die Duldungsdienstbarkeit schließlich schließt die Ausübung eines Rechtes, dass sich aus dem Eigentum an dem belasteten Grundstück gegenüber dem anderen Grundstück ergibt aus, das heißt, dem Eigentümer des dienenden Grundstückes ist es untersagt, gegenüber dem herrschenden Grundstück ihm ansonsten zustehende Abwehrrechte geltend zu machen. Dies können Duldung von Emissionen oder geringeren Abstandsflächen bei Gebäuden sein.

Wie bei der Begründung aller Rechte an Grundstücken, entsteht die Dienstbarkeit durch dingliche Einigung. Ihrer Bestellung liegt in der Regel ein schuldrechtlicher Vertrag zugrunde. Die Dienstbarkeiten werden gleich, ob es sich um Grund- oder beschränkt persönliche Dienstbarkeiten handelt, in Abt. II des Grundbuches des belasteten Grundstückes eingetragen. Bei Grunddienstbarkeiten kann beim herrschenden Grundstück ein entsprechender Hinweis im Bestandsverzeichnis erfolgen.

Auch **beschränkt persönliche Dienstbarkeiten** können in einer Nutzungs-, Duldungs- oder Unterlassungsdienstbarkeit bestehen, nur dass sie nicht zugunsten des jeweiligen Eigentümers eines bestimmten Grundstückes bestehen, sondern zugunsten einer bestimmten natürlichen oder juristischen Person. In diesem Fall darf der jeweils Berechtigte das belastete Grundstück entweder in einzelnen Beziehungen nutzen oder aber der Grundstückseigentümer des belasteten Grundstückes darf gewisse Handlungen gegenüber dem Berechtigten nicht vornehmen bzw. gewisse Abwehrrechte ihm gegenüber nicht ausüben.

Häufigster Fall der beschränkt persönlichen Dienstbarkeit ist das in § 1093 BGB geregelte Wohnungsrecht. Hiernach kann eine beschränkt persönliche Dienstbarkeit derart bestellt werden, dass der Berechtigte ein Gebäude oder einen Teil eines Gebäudes unter Ausschluss des Eigentümers als Wohnung benutzen darf. Aber auch Leitungsrechte zugunsten von Versorgungsunternehmen gehören hierzu.

Sowohl die Grunddienstbarkeit als auch die beschränkt persönliche Dienstbarkeit erlöschen durch Aufgabe und Löschung des Rechtes im Grundbuch. Sie erlöschen kraft Gesetzes bei Teilung des dienenden Grundstückes bezüglich der real nicht betroffenen Teilparzellen. Die Grunddienstbarkeit erlischt darüber hinaus kraft Gesetzes bei Teilung des herrschenden Grundstückes bezüglich der vorteilslosen neuen Teilparzellen sowie bei Verjährung des Anspruchs auf Beseitigung der beeinträchtigenden Anlage. Die beschränkt persönliche Dienstbarkeit erlischt stets durch den Tod des Berechtigten. Zur Löschung des Rechtes genügt hier der Nachweis des Ablebens durch Sterbeurkunde.

2.1.8.3 Nießbrauch

Im Gegensatz zu den Grunddienstbarkeiten und beschränkt persönlichen Dienstbarkeiten kann der Nießbrauch auch an beweglichen Sachen bestellt werden. Derjenige, zugunsten dessen ein Nießbrauchrecht eingeräumt wird, ist berechtigt, die Nutzungen der Sache zu ziehen, er kann die Sache z.B. vermieten oder verpachten. Der Nießbrauch ist in §§ 1030 ff. BGB geregelt. Berechtigter kann nur eine bestimmte natürliche oder juristische Person sein. Ist das Nießbrauchrecht an einem Grundstück bestellt, so erstreckt sich der Nießbrauch auch auf das Zubehör. Auch die Bestellung eines Nießbrauches an einem Grundstück erfolgt durch dingliche Einigung und Eintragung im Grundbuch. Der Einigung geht ein obligatorisches Grundgeschäft voraus. Der Nießbrauch kann durch rechtsgeschäftliche Aufhebungserklärung des Berechtigten und Löschung im Grundbuch wieder aufgehoben werden. Er ist nicht übertragbar (§ 1059 BGB) und auch nicht vererblich (§ 1061 BGB), er erlischt also mit dem Tode des Nießbrauchers. Ist das Nießbrauchrecht befristet bzw. unter einer auflösenden Bedingung eingeräumt, so erlischt es mit Zeitablauf oder mit Eintritt der auflösenden Bedingung. Der Nießbrauch gewährt dem Berechtigten die Befugnis, das Grundstück oder eine Eigentumswohnung in Besitz zu nehmen und sämtliche Nutzungen hieraus zu ziehen. Hierdurch unterscheidet er sich von der Dienstbarkeit, welche nur zu einzelnen Nutzungen des dienenden Grundstückes berechtigt.

Zwar ist der Nießbrauch nicht übertragbar, jedoch kann die Ausübung des Nießbrauchrechtes einem anderen überlassen werden. Der Nießbraucher ist verpflichtet, das Grundstück ordnungsgemäß zu bewirtschaften und den gewöhnlichen Erhaltungsaufwand zu tragen. Er hat daher gewöhnliche Reparaturen, Ausbesserungen und Erneuerungen auf eigene Kosten vorzunehmen, ebenso wie die auf dem Grundstück ruhenden wiederkehrenden Lasten, wie Grund- und Gewerbesteuern zu tragen. Aus der Erhaltungspflicht der Sache ergibt sich auch die Pflicht des Nießbrauchnehmers, die Sache gegen alle Gefahren zu versichern.

Darüber hinaus hat der Nießbraucher alle zur Zeit der Bestellung des Nießbrauchrechtes bestehenden privatrechtlichen Lasten des Grundstückes zu tragen, gleich ob das Nießbrauchrecht entgeltlich oder unentgeltlich gewährt wird.

2.1.8.4 Reallast und Altenteilsrecht

Ein Grundstück kann auch in der Weise belastet werden, dass an denjenigen, zu dessen Gunsten die Belastung erfolgt, wiederkehrende Leistungen aus dem Grundstück zu entrichten sind (**Reallast**). Diese ist in den §§ 1105 ff. BGB geregelt. Die Reallast kann sowohl zugunsten des jeweiligen Eigentümers eines anderen Grundstückes als auch zugunsten einer bestimmten Person bestellt werden (§§ 1110, 1111 BGB). Die Leistungen aus einer Reallast können sowohl in Geld als auch in Naturalien oder Handlungen bestehen. Bei den Leistungen muss es sich um wiederkehrende Leistungen handeln, jedoch müssen diese nicht regelmäßig, nicht gleichartig und nicht gleich groß wiederkehren. Sie müssen allerdings auf einem einheitlichen Schuldverhältnis beruhen. Aus diesem Grunde kann eine einmalige Leistung nicht Gegenstand einer Reallast sein. Die sich aus der Reallast ergebenden Leistungspflichten müssen bestimmt oder bestimmbar sein, sie müssen jedoch nicht, wie der Wortlaut der Vorschrift des § 1105 BGB zunächst vermuten lässt, vom belasteten Grundstück stammen. Dies wäre z. B. bei einer Reallast auf Pflegeleistungen ohnehin undenkbar. Das belastete Grundstück dient lediglich der Sicherung der Erfüllung der dem Berechtigten aus der Reallast zustehenden Ansprüche; es haftet für die Gewährung der wiederkehrenden Leistungen. Kommt der Eigentümer des belasteten Grundstückes mit der Erfüllung seiner aus der Reallast zu erbringenden Leistungen nicht nach, so kann sich der Berechtigte durch Zwangsvollstreckung in das Grundstück dann jedoch nur in Geldleistung befriedigen. Die Entstehungsvoraussetzungen sind dieselben wie bei den übrigen dinglichen Rechten.

Der so genannte **Altenteilvertrag** hat sich historisch im Wesentlichen in Verbindung mit dem landwirtschaftlichen Höfeübergabevertrag entwickelt. Im Gesetz ist der Begriff Altenteil nicht definiert. Der Bundesgerichtshof definiert ihn als ein durch Vertrag oder Verfügung von Todes wegen begründetes Rechtsverhältnis, das durch einen Inbegriff von Nutzungen und Leistungen für den Berechtigten in Verbindung mit einem Nachrücken des Verpflichteten in eine die Existenz mindestens teilweise begründende Wirtschaftseinheit geprägt ist. Da historisch das Altenteilrecht regional unterschiedlich geprägt war, hat der Gesetzgeber des BGB darauf verzichtet, das Altenteil als Vertragstyp einheitlich zu regeln und die schuldrechtliche Ausgestaltung dem Landesgesetzgeber vorbehalten. Bis auf Hamburg haben alle Länder der alten Bundesrepublik von diesem Vorbehalt Gebrauch gemacht. Charakteristisch für das Altenteil sind die in der Regel auf Lebenszeit angelegte leibliche und persönliche Versorgung des Berechtigten, das Bestehen von persönlichen nicht jedoch notwendig verwandtschaftlichen Beziehungen zwischen den Beteiligten, Leistung und Gegenleistung sind wertmäßig nicht gegeneinander abgewogen, es sind nicht nur Geldleistungen vereinbart und es besteht eine örtliche Bindung des Berechtigten zu dem Grundstück auf dem oder aus dem die Leistungen gewährt werden. Altenteilsvereinbarungen stehen meist in Verbindung mit einer Grundstücksübertragung.

2.1.9 Grundstücksgleiche Rechte

Neben dem Volleigentum an Grundstücken sieht das Gesetz noch zwei Sonderformen vor, nämlich das Wohnungseigentum (geregelt im WEG) und das Erbbaurecht (geregelt im ErbbauRG).

2.1.9.1 Wohnungseigentum

Das Wohnungseigentum ist eine Sonderform des Grundeigentums. Während üblicherweise nach dem BGB das Grundstück mit dem hierauf errichteten Gebäude eine rechtliche Einheit bildet, folglich kein Eigentum an Teilen eines Grundstückes möglich ist, macht das Wohnungseigentumsgesetz hiervon eine Ausnahme. Das Wohnungseigentum besteht aus einem Miteigentumsanteil an dem Grundstück, auf welchem die Wohnanlage errichtet ist in Verbindung mit dem Sondereigentum an einer Wohnung oder einem nicht zu Wohnzwecken dienenden, in sich jedoch abgeschlossenen Gebäudeteil.

Wohnungseigentum entsteht entweder durch vertragliche Vereinbarung der Miteigentümer oder durch einseitige Teilungserklärung des Eigentümers des Grundstückes. Wohnungseigentum kann nur auf einem Einzelgrundstück gebildet werden. Steht das Gebäude auf mehreren Grundstücken oder soll es auf mehreren Grundstücken errichtet werden, so ist zuvor die Vereinigung der Grundstücke oder eine Zuschreibung notwendig. Weitere Voraussetzung ist ein Aufteilungsplan, in welchem die vorgesehenen Wohneinheiten bezeichnet sind. Sodann muss der Eigentümer gegenüber dem Grundbuchamt erklären, dass das Eigentum an seinem Grundstück in Miteigentumsanteile in der Weise aufgeteilt wird, dass mit jedem Anteil das Sondereigentum an einer bestimmten Wohnung oder an einem nicht zu Wohnzwecken dienenden Gebäudeteil verbunden ist. Im Hinblick auf § 29 GBO bedarf diese Erklärung der Beurkundung oder der Beglaubigung. Sodann wird beim Grundbuchamt für jede Eigentumswohnung ein besonderes Wohnungsgrundbuchblatt angelegt (§§ 7, 8 Abs. 2 WEG). Dieses entspricht im Aufbau dem normalen Grundbuch. Im Bestandsverzeichnis ist also das Wohnungseigentum näher bezeichnet, in Abt. I der Wohnungseigentümer eingetragen und in Abt. II und III die Verfügungsbeschränkungen bzw. Belastungen. Nach Anlegung der Wohnungsgrundbuchblätter wird das Grundbuchblatt des Grundstückes geschlossen. Das Wohnungseigentum ist wie das Volleigentum am Grundstück übertragbar und belastbar.

2.1.9.2 Erbbaurecht

Das Erbbaurecht ist das veräußerliche und vererbliche Recht auf oder auch unter der Erdoberfläche eines Grundstückes ein Bauwerk zu errichten und zu haben. Im Hinblick auf das belastete Grundstück ist das Erbbaurecht ein beschränkt dingliches Recht und wird auf dem Grundbuchblatt des Grundstückes in Abt. II als Belastung eingetragen. Gem. § 10 Abs. 1 ErbbauRG kann das Erbbaurecht ausschließlich nur an 1. Rangstelle bestellt werden. Eine nachrangige Eintragung ist unzulässig. Dies bedeutet für den Fall einer Vorbelastung des Grundstückes, dass das Erbbaurecht nur dann entstehen kann, wenn die 1. Rangstelle der Vorbelastung durch Löschung oder Rangrücktritt freigemacht wird. Auch eine Eintragung im gleichen Rang mit anderen Rechten kommt nicht in Betracht.[12]

Die Erbbaurechte selbst werden wie Grundstücke behandelt. Für jedes Erbbaurecht wird ein Erbbaugrundbuchblatt angelegt, welches dem normalen Grundbuchblatt entspricht. Das Erbbaurecht selbst kommt wiederum durch einen schuldrechtlichen Vertrag, welcher der notariellen Beurkundung bedarf, sowie durch die dingliche Einigung und Eintragung im Grundbuch zustande. Der gesetzliche Mindestinhalt des Erbbaurechtes ist in § 1 ErbbauRG geregelt. Hierzu gehört zunächst das Recht auf dem Grundstück ein Gebäude zu haben, die Veräußerlichkeit und Vererblichkeit des Erbbaurechts, die Belastung des Eigentums am Grundstück, wobei auch ein nicht für das Bauwerk erforderlicher Teil belastet werden kann, sofern das Bauwerk wirtschaftlich die Hauptsache bleibt und die Bedingungsfeindlichkeit hinsichtlich einer auflösenden Bedingung. § 2 ErbbauRG regelt vertragliche Inhalte des Erbbaurechts. Dies sind:

- Errichtung, Instandhaltung und Verwendung des Bauwerkes,
- Versicherung des Bauwerkes und sein Wiederaufbau im Falle der Zerstörung,
- Tragung der öffentlichen und privatrechtlichen Lasten und Abgaben,
- Verpflichtung des Erbbauberechtigten, das Erbbaurecht beim Eintreten bestimmter Voraussetzungen auf den Grundstückseigentümer zu übertragen (Heimfall),
- Verpflichtung des Erbbauberechtigten zur Zahlung von Vertragsstrafen,
- Einräumung eines Vorrechtes für den Erbbauberechtigten auf Erneuerung des Erbbaurechts nach dessen Ablauf und
- Verpflichtung des Grundstückseigentümers, das Grundstück an den jeweiligen Erbbauberechtigten zu verkaufen.

Das Erbbaurecht wird in der Regel entgeltlich bestellt, dies ist jedoch nicht zwingend vorgeschrieben. Wird ein Erbbauzins ausbedungen, so gilt § 9 ErbbauRG. Es finden die Vorschriften des BGB über die Reallasten Anwendung.

Die Erbbaurechtsverordnung schreibt keine Mindest- oder Höchstdauer des Erbbaurechtes vor. Ein Erbbaurecht auf unbegrenzte Dauer ist daher theoretisch möglich, kommt jedoch wegen der dann weitgehenden Aushöhlung des Eigentums nicht vor. Zu kurze Laufzeiten wiederum lassen das Bauwerk sich nicht amortisieren. In der

---

[12] zu den Einschränkungen der Erstrangigkeit vgl. Weirich, Rz. 1304

Vertragspraxis werden daher Laufzeiten zwischen 40 und 99 Jahren, wobei die voraussichtliche Standdauer des Bauwerkes eine Rolle spielt, vereinbart.

Erlischt das Erbbaurecht durch Zeitablauf, so hat der Grundstückseigentümer dem Erbbauberechtigten eine Entschädigung für das Bauwerk zu leisten. Im Erbbaurechtsvertrag können Vereinbarungen über die Höhe der Entschädigung und die Art der Zahlung aber auch der Ausschluss der Entschädigung getroffen werden (vgl. § 27 ErbbauRG). Lediglich für den Fall, dass das Erbbaurecht zur Befriedigung des Wohnbedürfnisses minderbemittelter Bevölkerungskreise bestellt wurde, schreibt § 27 Abs. 2 ErbbauRG zwingend eine Entschädigung von mindestens 2/3 des gemeinen Wertes des Bauwerkes vor. Unabhängig von dem Erlöschen des Erbbaurechtes durch Zeitablauf kann das Erbbaurecht mit Zustimmung des Grundstückseigentümers aufgehoben werden. Die Zustimmung ist dem Grundbuchamt oder dem Erbbauberechtigten gegenüber zu erklären und ist unwiderruflich.

2.1.10 Besonderheiten in den neuen Bundesländern

2.1.10.1 Genehmigung nach der GVO

Bekanntermaßen wurde in der ehemaligen DDR ein großer Teil des Privateigentums an Grundstücken durch Enteignungen, zwangsweise Aufgabe oder zwangsweise Veräußerung des Eigentums in so genanntes Volkseigentum überführt. Im Grundbuch wurde dann eingetragen „Volkseigentum, Rechtsträger: Rat der Gemeinde oder Gebäudewirtschaft xy". Dieses Volkseigentum ist allerdings nicht gleichzusetzen mit dem Eigentum der öffentlichen Hand. Mit der Wiedervereinigung wurde über das Vermögensgesetz den früheren Eigentümern die Möglichkeit der Restitution, d. h. Rückübertragung ihres verlorenen Eigentums, geschaffen. Gleiches gilt für enteignetes oder zwangsweise veräußertes jüdisches Eigentum, allerdings räumlich beschränkt auf die neuen Bundesländer. Da ein solcher Antrag auf Rückübertragung nicht im Grundbuch eingetragen wird, ist beim Erwerb von Grundstücken in den neuen Bundesländern die so genannte Genehmigung nach der Grundstücksverkehrsordnung notwendig. Diese wird dann erteilt, wenn ein Restitutionsantrag entweder bei dem Amt oder dem Landesamt zur Regelung offener Vermögensfragen, in dessen Bezirk das Grundstück belegen ist, nicht vorliegt oder aber der Restitutionsantragsteller der Veräußerung zustimmt oder die Veräußerung nach § 3 c) Vermögensgesetz erfolgt. Die Genehmigung nach der Grundstücksverkehrsordnung ist gem. § 2 Abs. 1 GVO nicht erforderlich, wenn ein bereits genehmigter Vorerwerb nach dem 28.09.1990 vorliegt, der eingetragene Eigentümer aufgrund eines Rückübertragungsverfahrens in das Grundbuch eingetragen wurde oder der Veräußerer oder sein Gesamtrechtsvorgänger seit dem 29.01.1933 ununterbrochen als Eigentümer im Grundbuch eingetragen ist. Bis zur Erteilung der Genehmigung nach der Grundstücksverkehrsordnung ist das gesamte Rechtsgeschäft schwebend unwirksam. Die Erteilung dieser Genehmigung stellt in den neuen Bundesländern daher regelmäßig auch eine Fälligkeitsvoraussetzung für die Zahlung des Kaufpreises dar. Sie ist unabdingbare Voraussetzung für die Eigentumsumschreibung.

Ein angemeldeter Rückübertragungsanspruch, über welchen noch nicht rechtskräftig entschieden ist, kann auch abgetreten werden. Die Abtretung bedarf der notariellen Beurkundung. Mit Rechtskraft des Rückübertragungsbescheides erwirbt der Abtretungsempfänger das Eigentum an dem Grundstück und wird aufgrund des behördlichen Eintragungsersuchens im Grundbuch eingetragen.

2.1.10.2 Gebäudeeigentum und Nutzungsrechte

Entgegen den Vorschriften der §§ 93, 94 BGB konnte auf dem Gebiet der ehemaligen DDR vom Grundstückseigentum losgelöstes Eigentum an Gebäuden erworben werden. Dies war aufgrund einer Vielzahl von verschiedenen Rechtsvorschriften möglich. Häufig entstand vom Grundstück getrenntes Gebäudeeigentum, wenn ein Berechtigter aufgrund eines verliehenen oder gesetzlichen Nutzungsrechtes ein Gebäude auf fremdem Grundstück errichtete. Dieses Gebäudeeigentum konnte dann auch selbständig veräußert werden.

Zum Erwerb des Gebäudeeigentums war eine Eintragung im Grundbuch oder in ein Gebäudegrundbuch nicht erforderlich. In gelegentlichen Fällen kam es zwar zu einer Eintragung sowohl auf dem belasteten Grundstück als auch zur Anlegung eines Gebäudegrundbuches. Dies hatte jedoch keinen konstitutiven sondern lediglich deklaratorischen Charakter.

Durch den Einigungsvertrag wurde das Fortbestehen dieses selbständigen Gebäudeeigentums anerkannt. Da in den neuen Bundesländern das Gebäudeeigentum nicht notwendigerweise im Grundbuch eingetragen ist, allerdings dennoch besteht, galt der öffentliche Glaube an das Grundbuch in den neuen Bundesländern insofern zunächst nur eingeschränkt. Diese Einschränkung galt jedoch nur bis zum 31.12.2000. Nach Art. 231 § 5 Abs. 3 ff. EGBGB erlischt das selbständige Gebäudeeigentum bei Übertragung eines Grundstückes nach dem 31.12.2000, es sei denn, dass das Nutzungsrecht oder selbständige Gebäudeeigentum im Grundbuch eingetragen oder dem Erwerber bekannt sind.

2.1.10.3 Sachenrechtsbereinigungsgesetz

Zum Zwecke der langfristigen Wiederzusammenführung von Gebäude- und Grundstückseigentum trat zum 01.10.1994 das Sachenrechtsbereinigungsgesetz (SachenRBerG) in Kraft. Hiernach hat der Nutzer eines Grundstückes nach Altrecht der DDR ein Wahlrecht, ob er vom Grundstückseigentümer das Grundstück ankaufen oder sich ein Erbbaurecht hieran bestellen lassen will (§ 15 SachenRBerG, Ausnahme § 15 Abs. 3

SachenRBerG). Auch trifft das Sachenrechtsbereinigungsgesetz Vorschriften zur Höhe der Vergütung. Entscheidet sich der Nutzer für den Kauf des Grundstückes, so beträgt der Kaufpreis gem. § 68 SachenRBerG die Hälfte des Bodenwertes. Entscheidet er sich demgegenüber für einen Erbbaurechtsvertrag, so wird in § 43 SachenRBerG geregelt, dass der Erbbauzins die Hälfte des regelmäßigen Zinses, d. h. bei Eigenheimen 2 % bzw. 4% vom Bodenwert je nach Größe der in Anspruch genommenen Fläche, 2 % für im staatlichen oder genossenschaftlichen Wohnungsbau errichteten Gebäude und bei anders genutzten Gebäuden 3,5 % vom Bodenwert jährlich beträgt, wobei in den ersten 9 Jahren gem. § 51 SachenRBerG die Zinssätze noch einmal ermäßigt sind. Das Recht des Nutzers zum Ankauf bzw. Abschluss eines Erbbauvertrages erstreckt sich jedoch nur auf die ihm durch die Nutzungsurkunde zugewiesene Fläche und bei fehlender Nutzungsurkunde auf die für die Funktion des Gebäudes erforderliche Fläche.

Stimmt der Grundstückseigentümer dem Verlangen des Gebäudeeigentümers auf Abschluss eines Kaufvertrages bzw. einer Erbbaurechtsbestellung nicht zu, so hat der Nutzer nach erfolgloser Durchführung eines notariellen Vermittlungsverfahrens das Recht, den Grundstückseigentümer auf Abschluss eines Kauf- bzw. Erbbaurechtsvertrages zu verklagen. Mit Rechtskraft des Urteils kommt dann der jeweilige Vertrag über das Grundstück zustande.

Hat der Nutzer das Grundstück durch Kauf hinzu erworben, so ist gem. § 78 SachenRBerG eine isolierte Verfügung über eines der beiden Rechtsobjekte nicht mehr möglich. Im Falle des Bestellens eines Erbbaurechtes wird das Gebäude gem. § 59 SachenRBerG Bestandteil des Erbbaurechtes und das selbständige Gebäudeeigentum erlischt.

Teil 2

Öffentliches und privates Baurecht

Prof. Dr. Bernd Dammert

2.2 Öffentliches und privates Baurecht

2.2.1	Einleitung		121
2.2.2	Öffentliches Baurecht		122
	2.2.2.1	Einführung	122
	2.2.2.2	Rechtsquellen des öffentlichen Baurechts	123
	2.2.2.3	Bauleitplanung	126
	2.2.2.4	Sicherung der Bauleitplanung	139
	2.2.2.5	Die planungsrechtliche Zulässigkeit baulicher Vorhaben	143
	2.2.2.6	Erschließung	151
	2.2.2.7	Bauordnungsrecht	151
2.2.3	Privates Baurecht		168
	2.2.3.1	Einführung	168
	2.2.3.2	Die Rechtsbeziehungen der am Bau Beteiligten	168
	2.2.3.3	Wesen und Abschluss des Bauvertrages	171
	2.2.3.4	Die Vergabe- und Vertragsordnung für Bauleistungen, Teil B	174
	2.2.3.5	Inhalt des Bauvertrages	175
	2.2.3.6	Von der Bauerrichtung bis zur Abnahme	179
	2.2.3.7	Die Abnahme der Bauleistung	181
	2.2.3.8	Baumängel und Mängelrechte	184
	2.2.3.9	Bauzeit und Verzugsfolgen	191
	2.2.3.10	Vergütungsanspruch des Bauunternehmers und Abrechnung	193
	2.2.3.11	Die Kündigung des Bauvertrages	197
	2.2.3.12	Sicherung von Ansprüchen	199
	2.2.3.13	Grundzüge des Architekten- und Ingenieurvertragsrechts	201

2.2 Öffentliches und privates Baurecht

2.2.1 Einleitung

Das Baurecht regelt Art und Maß der baulichen Nutzung eines Grundstücks, die Anforderungen an das Grundstück und die Ordnung der Bauausführung sowie die Rechtsverhältnisse der an der Errichtung eines Bauwerks beteiligten Personen.

Das öffentliche Baurecht umfasst die Vorschriften zur baulichen Bodennutzung und zur Abwehr von Gefahren für die öffentliche Sicherheit und Ordnung (Bauordnungsrecht), die sich aus der Errichtung baulicher Anlagen sowie der baulichen Nutzung von Grundstücken ergeben können.

Das private Baurecht hingegen umfasst die Regelungen zur Bauerrichtung von der Planung bis zur Fertigstellung, insbesondere im Rahmen so genannter Bauerrichtungsverträge (Bauvertragsrecht).

Abbildung 2.2-1: Funktionen von privatem und öffentlichem Baurecht

Baurecht

Vorschriften zur Ordnung der Bebauung

und zu den Rechtsverhältnissen der am

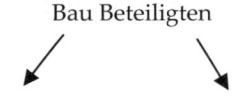

Bau Beteiligten

↙   ↘

privates Baurecht   öffentliches Baurecht

Das öffentliche Baurecht und das zivilrechtliche Nachbarrecht gestalten Inhalt und Schranken der Baufreiheit gem. Art. 14 Abs. 1 S. 2 GG aus. Angesichts der Dichte rechtlicher Vorgaben für die bauliche Nutzung eines Grundstückes beschränkt sich die Baufreiheit oftmals auf die Frage, ob und wann ein Grundstück bebaut werden soll und wie verbliebene Spielräume bei der Errichtung des Bauwerkes selbst genutzt werden. Gerade deshalb ist die Kenntnis der wesentlichen baurechtlichen Vorschriften und ihrer Anwendungspraxis umso wichtiger, um nicht nur Fehlentscheidungen beim Grundstückserwerb selbst, sondern auch bei den sich hieran anschließenden Phasen der Vorbereitung und Realisierung baulicher Vorhaben auf einem Grundstück zu vermeiden. Zu beachten ist weiterhin, dass die Regelungen des öffentlichen Baurechts dem privaten Grundstücksverkehr übergeordnet sind, so dass vertragliche Absprachen über die Bebaubarkeit eines Grundstückes im Hinblick auf die öffentlich-rechtliche Bebaubarkeit eines Grundstückes unbeachtlich sind.

Prof. Dr. Bernd Dammert

2.2.2 Öffentliches Baurecht

2.2.2.1 Einführung

Aufgabe des öffentlichen Baurechts ist es, die bauliche Nutzung des Bodens im öffentlichen Interesse zu ordnen und zu lenken, indem Vorgaben über die Zulässigkeit bestimmter Nutzungsarten, Grenzen für das Maß der Bebauung sowie Anforderungen an die Beschaffenheit des Baugrundstücks und des Bauwerks selbst getroffen werden. Verfahrensrechtlich wird die bauliche Nutzung eines Grundstückes durch die Erteilung einer Baugenehmigung gestattet, soweit die Landesbauordnungen für bestimmte Bauvorhaben nicht die Durchführung eines Anzeige- oder Genehmigungsfreistellungsverfahrens ausreichen lassen.

Die historischen Wurzeln des öffentlichen Baurechts, wie wir es heute kennen, lassen sich bis zum 19. Jahrhundert zurückverfolgen. Schon das Preußische Allgemeine Landrecht von 1794 erlaubte in § 65 Abs. 1 S. 8 dem Eigentümer, dass er „in der Regel ... seinen Grund und Boden mit Gebäuden zu besetzen oder seine Gebäude zu verändern wohl befugt sei".

Diese Befugnis wurde dadurch eingeschränkt, dass kein Bauvorhaben „zum Schaden oder Unsicherheit des Gemeinwesens oder zur Verunstaltung der Städte und öffentlichen Plätze" vorgenommen werden durfte. Es bestand deshalb die Pflicht, vor Beginn eines Bauvorhabens „der Obrigkeit zur Beurteilung Anzeige zu machen". Ansätze für ein Städtebaurecht finden sich im Preußischen Fluchtliniengesetz von 1875, welches den Gemeinden bereits das Recht einräumte, in eigener Entscheidung Straßen- und Baufluchten festzulegen, Anliegerbeiträge zur Finanzierung der Straßen zu erheben und das Bauen an unfertigen Straßen zu verbieten. Neben dieser Entwicklung des Städtebaurechts, das die Städte und Gemeinden zur Schaffung eigenen Ortsrechtes für die Bebauung berechtigte, entwickelte sich als zweiter Strang des öffentlichen Baurechts das so genannte „Baupolizeirecht", bei dem die Sicherheit des Bauwerks, also Fragen der Standsicherheit, des Brandschutzes sowie der ordnungsgemäßen Besonnung und Belichtung im Vordergrund standen. Diese baupolizeilichen Regelungen finden sich heute in den 16 Landesbauordnungen der Länder wieder, angepasst an die heutigen Verhältnisse und ergänzt um Vorschriften zu Bauprodukten.

Neben dem Bauplanungs- und Bauordnungsrecht bestimmt ein dritter öffentlichrechtlicher Regelungsstrang die Voraussetzungen für die bauliche Nutzung von Grundstücken, insbesondere die Errichtung, Veränderung und Beseitigung von Gebäuden. Es handelt sich hierbei um Vorschriften des Denkmalrechts, des Naturschutzrechts, des Erschließungsrechts, des Umweltrechts sowie des Bodenverkehrsrechts. Man fasst diese Bereiche gemeinhin unter dem Begriff des Baunebenrechts zusammen. Damit wird umschrieben, dass primärer Regelungsgegenstand und -zweck dieser Vorschriften zwar nicht die bauliche Nutzung von Grundstücken ist, sie aber gleichwohl die bauliche Nutzung von Grundstücken (wesentlich) mitbestimmen können.

2.2 Öffentliches und privates Baurecht

Sind die genannten drei Hauptregelungsbereiche des öffentlichen Baurechts auch jeder für sich gesondert zu beachten, so sind sie doch gerade bei der Entscheidung über die Zulässigkeit eines baulichen Vorhabens eng miteinander verwoben.

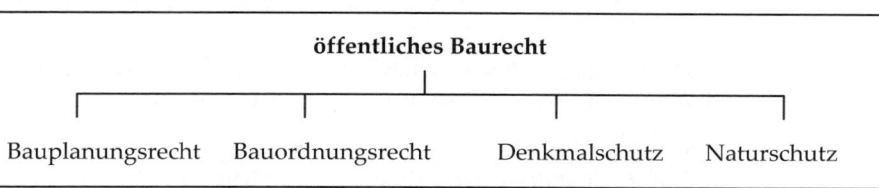

Abbildung 2.2-2: Bestandteile des öffentlichen Rechts

öffentliches Baurecht

| Bauplanungsrecht | Bauordnungsrecht | Denkmalschutz | Naturschutz |

2.2.2.2 Rechtsquellen des öffentlichen Baurechts

Abbildung 2.2-3: Bestandteile des öffentlichen Baurechts

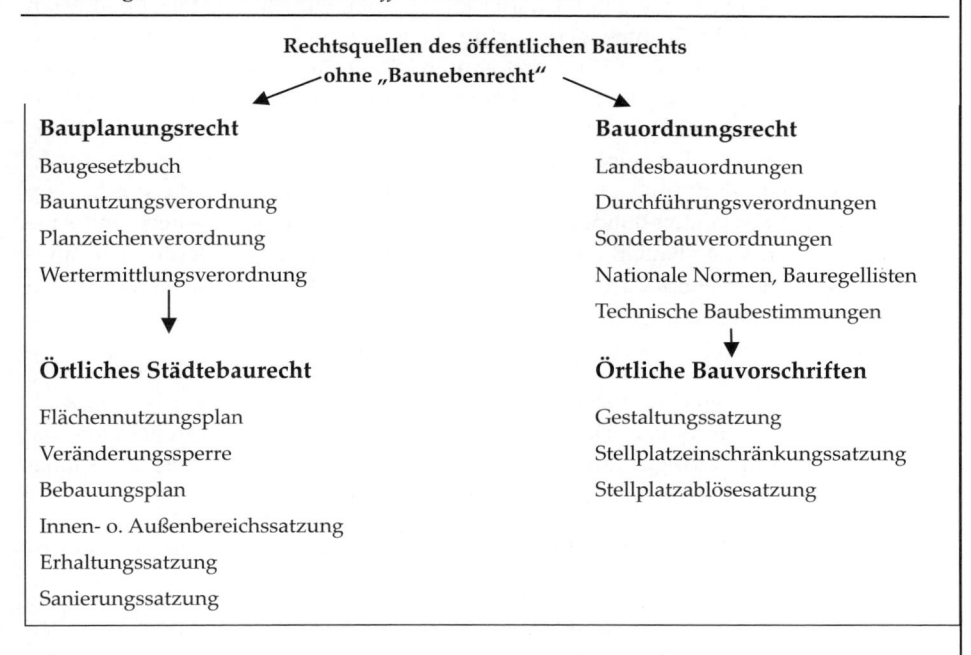

Rechtsquellen des öffentlichen Baurechts ohne „Baunebenrecht"

Bauplanungsrecht
- Baugesetzbuch
- Baunutzungsverordnung
- Planzeichenverordnung
- Wertermittlungsverordnung

Örtliches Städtebaurecht
- Flächennutzungsplan
- Veränderungssperre
- Bebauungsplan
- Innen- o. Außenbereichssatzung
- Erhaltungssatzung
- Sanierungssatzung

Bauordnungsrecht
- Landesbauordnungen
- Durchführungsverordnungen
- Sonderbauverordnungen
- Nationale Normen, Bauregellisten
- Technische Baubestimmungen

Örtliche Bauvorschriften
- Gestaltungssatzung
- Stellplatzeinschränkungssatzung
- Stellplatzablösesatzung

Die Gesetzgebungskompetenzen für das öffentliche Baurecht sind zwischen dem Bund und den Ländern aufgeteilt. Das Grundgesetz selbst kennt keine spezielle Gesetzgebungskompetenz des Bundes unter dem Titel „öffentliches Baurecht". Art. 74 Nr. 18 GG verleiht dem Bund vielmehr die konkurrierende Gesetzgebungskompetenz für das Bodenrecht und den Grundstücksverkehr. In seinem so genannten „Baurechtsgutachten" vom 16. Juni 1954 bestimmte das Bundesverfassungsgericht das Boden-

Prof. Dr. Bernd Dammert

recht als diejenigen nicht privatrechtlichen Rechtsnormen, die die rechtlichen Beziehungen des Menschen zu Grund und Boden regeln. Basierend auf der Kompetenzordnung des Grundgesetzes bestehen drei normative Regelungsebenen, nämlich die des Bundesrechts, des Landesrechts sowie des von den Gemeinden autonom gesetzten Ortsrechts.

Bundesrecht

Das vom Bund gesetzte öffentliche Baurecht umfasst insbesondere Gesetze und Rechtsverordnungen mit planungsrechtlichem Inhalt. Die wichtigsten Rechtsquellen sind:

- Das Baugesetzbuch (BauGB)
  Zurückgehend auf das Bundesbaugesetz von 1960 enthält das Baugesetzbuch in seiner Fassung der Bekanntmachung vom 23.09.2004 die Rechtsvorschriften zur Bauleitplanung und ihrer Sicherung, zur baulichen und sonstigen Nutzung von Grundstücken, zur Bodenordnung, zur Enteignung aus städtebaulichen Gründen, zur Erschließung, zu städtebaulichen Maßnahmen für den Naturschutz sowie zu städtebaulichen Sanierungs- und Entwicklungsmaßnahmen. Das am 01.06.1990 in Kraft getretene Maßnahmengesetz zum Baugesetzbuch (BauGBMaßnahmenG) enthielt - bis zum 31.12.1997 befristet - zahlreiche Änderungen und Ergänzungen des BauGB. Durch das Bau- und Raumordnungsgesetz 1998 sind die Sonderregelungen des BauGBMaßnahmenG zum großen Teil in das BauGB selbst übernommen worden. Die einigungsbedingten Sondervorschriften für die neuen Bundesländer sind zum 31.12.1997 aufgehoben worden, so dass seit dem 01.01.1998 im gesamten Bundesgebiet ein einheitliches Bauplanungsrecht mit Ausnahme der in § 247 BauGB enthaltenen „Sonderregelungen für Berlin als Hauptstadt der Bundesrepublik Deutschland" gilt. Gewisse Modifikationen ergeben sich durch die Ausführungsgesetze und Verordnungen der Länder zum BauGB, die jedoch in der Regel befristet sind.

  Durch das Europarechtsanpassungsgesetz Bau 2004 (EAG Bau), wurde es in zahlreichen Punkten novelliert. Das EAG Bau ist am 20. Juli 2004 in Kraft getreten. Die letzte Änderung erfolgte durch Art. 1 des Gesetzes zur Förderung des Klimaschutzes in den Städten und Gemeinden vom 22. Juli 2011.

Auf Grundlage des BauGB hat der Bund eine Reihe von Rechtsverordnungen erlassen:

- Baunutzungsverordnung (BauNVO):
  Sie konkretisiert Bauflächen und Baugebiete von Bauleitplänen, enthält Vorgaben für das Maß der baulichen Nutzung sowie die Legaldefinition der für das Maß der baulichen Nutzung wesentlichen Parameter, wie Grundflächenzahl, Geschoßflächenzahl und überbaubare Grundstücksfläche. Die BauNVO wurde 1962 erlassen und 1968, 1977, 1986 und 1990 novelliert. Die anzuwendende Fassung hängt davon ab, wann ein Bebauungsplan, der Regelungen der BauNVO in seine Festsetzungen übernimmt, erlassen wurde.

- Planzeichenverordnung (PlanzVO):
  Sie bestimmt, welche Planzeichen für Darstellungen und Festsetzungen in Bauleitplänen zu verwenden sind, beispielsweise um Art und Maß der baulichen Nutzung festzulegen.
- Wertermittlungsverordnung (WertV):
  Die Wertermittlungsverordnung und die ergänzende Wertermittlungsrichtlinie enthielt Vorschriften zur Ermittlung des Verkehrswertes von Grundstücken. Sie enthielt kein Planungsrecht, sondern diente dem Grundstücksverkehr. Die Wertermittlungsverordnung wurde zwischenzeitlich durch die Immobilienwertermittlungsverordnung (ImmoWertV) ersetzt, die entsprechende Regelungen enthält.

Baurecht der Länder

- **Bauordnungen:**
  Zentrale Rechtsquelle des öffentlichen Baurechts bilden die Bauordnungen der 16 Länder. Die Landesbauordnungen orientieren sich zwar an der von den Ländern unter Mitwirkung des Bundes erarbeiteten Musterbauordnung, enthalten jedoch zum Teil deutliche Unterschiede, die der Rechtsanwender beachten muss.
- **Baunebenrecht:**
  Insbesondere die Denkmalschutzgesetze der Länder enthalten wichtige Regelungen für das öffentliche Baurecht. Dies gilt sowohl für die Denkmalschutzgesetze, bei denen die Unterschutzstellung als Baudenkmal die Eintragung in eine Denkmalsliste voraussetzt (so genanntes Listen-Prinzip: z.B. in Nordrhein-Westfalen), als auch für diejenigen Denkmalschutzgesetze, bei denen die Denkmaleigenschaft bereits Kraft Gesetzes begründet wird (so genanntes ipso-jure-System, z.B. Hessen, derzeit noch in Sachsen).

Ferner ergeben sich aus dem Bundesnaturschutzgesetz und den Naturschutzgesetzen der Länder, die das Bundesnaturschutzgesetz sowie die naturschutzrechtlichen Regelungen des BauGB (§ 1 a, § 135 a - 135 c BauGB) konkretisieren und ergänzen, wesentliche Vorgaben und Auswirkungen auf das öffentliche Baurecht.

Baurecht der Gemeinden

Die Gemeinden können in unterschiedlicher Weise durch kommunale Satzungen Rechtsvorschriften des öffentlichen Baurechts erlassen. Neben Bebauungsplänen, Veränderungssperren, Entwicklungs-, Erhaltungs- und Sanierungssatzungen nach dem BauGB kommen die auf Grundlage der Landesbauordnungen erlassenen „örtlichen Bauvorschriften" (oftmals in Form so genannter Gestaltungssatzungen) in Betracht.

2.2.2.3 Bauleitplanung

Die Bauleitplanung, also die Aufstellung von Flächennutzungs- und Bebauungsplänen, ist in §§ 1 bis 13a BauGB geregelt. Sie ist grundsätzlich zweistufig angelegt und das wichtigste Instrument der Gemeinden, die bauliche Nutzung von Grund und Boden in ihrem Gemeindegebiet rechtlich zu ordnen.

Abbildung 2.2-4: Inhalt des Bauplanungsrechts

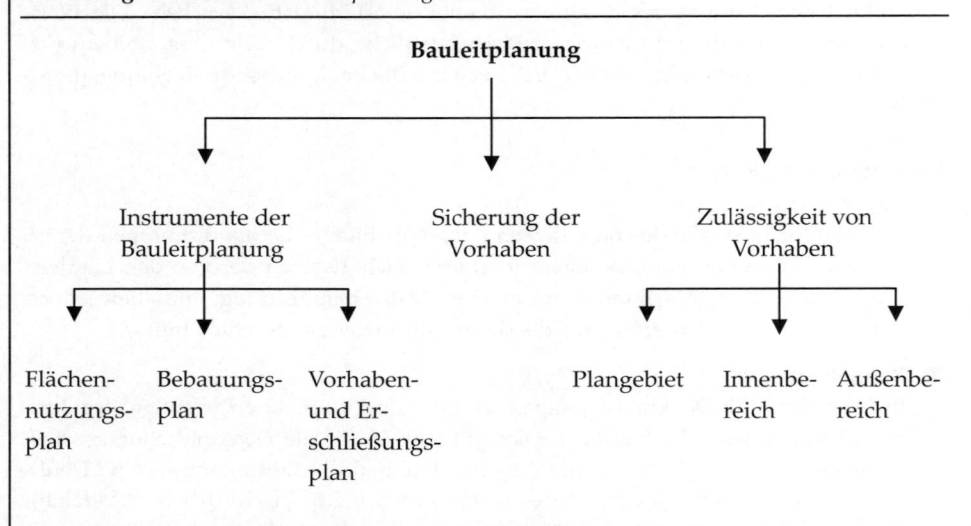

```
                          Bauleitplanung
          ┌──────────────────┼──────────────────┐
          ▼                  ▼                  ▼
    Instrumente der    Sicherung der      Zulässigkeit von
    Bauleitplanung     Vorhaben           Vorhaben
   ┌──────┼──────┐                     ┌──────┼──────┐
   ▼      ▼      ▼                     ▼      ▼      ▼
Flächen-  Bebauungs- Vorhaben-      Plangebiet Innenbe- Außenbe-
nutzungs- plan       und Er-                   reich    reich
plan                 schließungs-
                     plan
```

Aufgabe der Bauleitplanung

Aufgabe der Bauleitplanung ist es, die bauliche und sonstige Nutzung der Grundstücke in einer Gemeinde nach Maßgabe des Baugesetzbuches vorzubereiten und zu leiten (§ 1 Abs. 1 BauGB). Die Bauleitplanung dient damit zum einen der städtebaulichen Entwicklung des Gemeindegebiets („bauliche und sonstige Nutzung der Grundstücke ... vorzubereiten") und der städtebaulichen Ordnung („...zu leiten"). Diese bereits in der Aufgabenzuweisung des § 1 Abs. 1 BauGB enthaltene Entwicklungs- und Ordnungsfunktion von Bauleitplänen wird durch § 1 Abs. 3 BauGB verdeutlicht.

Bauleitplanung - vor allem mit den Instrumenten des Flächennutzungs- und Bebauungsplans - ist „Angebotsplanung". Durch sie werden neue Baugebiete ausgewiesen und damit planungsrechtlich „Baurecht" für die jeweiligen Grundstückseigentümer geschaffen. Daneben ist die Bauleitplanung auch „Entwicklungsplanung", d. h. die räumliche und sachliche Lenkung der jeweiligen Grundstücksnutzung durch die plangebende Gemeinde.

2.2 Öffentliches und privates Baurecht

Die Entwicklungs- und Ordnungsaufgabe der Bauleitplanung begründet auch ihre inneren Schranken:

Ihre Aufstellung muss dem Zweck dienen, Grundstücke städtebaulich zu entwickeln und zu ordnen. Für sonstige Zwecke, wie z. B. Umwelt- und Sozialpolitik sind Bauleitpläne nicht das geeignete und zulässige Instrument. Hiermit nicht zu verwechseln ist jedoch, dass Umweltgesichtspunkte bei der Aufstellung von Bauleitplänen zu beachten sind und die Ausweisung von Baugebieten sonstige erwünschte Folgewirkungen mit sich bringen kann. Zweck und Wirkung sind gleichwohl zu unterscheiden.

Das in § 1 Abs. 1 BauGB weiter enthaltene „Planmäßigkeitsprinzip" wird durch die Pflicht der Gemeinden, Bauleitpläne aufzustellen, sobald und soweit es für die städtebauliche Entwicklung und Ordnung erforderlich ist (§ 1 Abs. 3 BauGB), rechtlich abgesichert. Das Planmäßigkeitsprinzip schließt es aus, die bauliche und sonstige Nutzung von Grundstücken durch andere Instrumente als Bauleitpläne vorzubereiten und zu leiten. Andere planerische Formen, wie z. B. Rahmenpläne, Strukturentwicklungskonzepte etc., sind deshalb zwar nicht unzulässig, sie dürfen jedoch die Bauleitplanung nicht verdrängen oder nur noch zu einer leeren Hülse werden lassen.

Träger der Bauleitplanung

Nach § 1 Abs. 3 BauGB sind die Gemeinden verpflichtet, Bauleitpläne aufzustellen, sobald und soweit es für die städtebauliche Entwicklung und Ordnung ihres Gemeindegebietes erforderlich ist. Mit der Verpflichtung der Gemeinden geht deren verfassungsrechtlich geschütztes Recht einher, ihr Gemeindegebiet städtebaulich zu entwickeln und zu ordnen. Diese kommunale Planungshoheit ist Teil der durch Art. 28 Abs. 2 S. 1 GG geschützten kommunalen Selbstverwaltungsgarantie, gegen deren Verletzung sich eine Gemeinde rechtlich zur Wehr setzen kann. Die Planungshoheit der Gemeinden wird aber nur im Rahmen der Gesetze gewährleistet, weshalb auch die Planungstätigkeit der Gemeinde der Rechtmäßigkeitskontrolle durch den Staat unterliegt.

Nach § 205 Abs. 1 BauGB können sich Gemeinden - und sonstige öffentliche Planungsträger - zu einem Planungsverband zusammenschließen, um durch gemeinsame zusammengefasste Bauleitplanung den Ausgleich der verschiedenen Belange zu erreichen. Planungsverbände nach § 205 Abs. 1 BauGB ermöglichen die gemeindegebietsübergreifende Bauleitplanung, um einen entsprechenden Koordinierungsbedarf befriedigen zu können. Der Planungsverband nimmt anstelle der Verbandsgemeinden die Aufgabe der Bauleitplanung war, ohne dass diese hierdurch ihre Planungshoheit verlieren.

Instrumente der Bauleitplanung

Instrumente der städtebaulichen Planung sind gem. § 1 Abs. 2 BauGB die Bauleitpläne. Bauleitpläne sind der Flächennutzungsplan (vorbereitender Bauleitplan) und

Prof. Dr. Bernd Dammert

der Bebauungsplan (verbindlicher Bauleitplan). Die Plantypen sind im BauGB abschließend geregelt. Es gilt der Grundsatz der Ausschließlichkeit der Plantypen. Satzungen nach § 34 Abs. 4 BauGB (Klarstellungs-, Entwicklungs- und Abrundungssatzungen) haben lediglich planergänzende Funktion.

Abbildung 2.2-5: Die Instrumente der Bauleitplanung

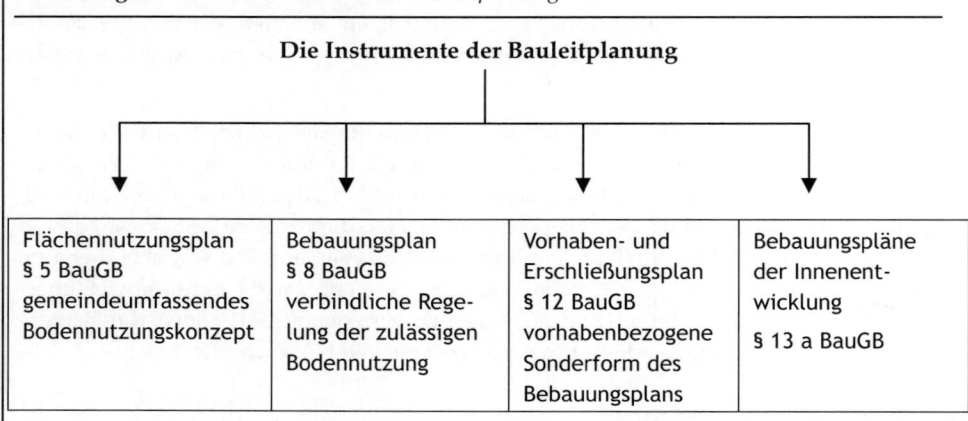

Die Instrumente der Bauleitplanung

Flächennutzungsplan § 5 BauGB gemeindeumfassendes Bodennutzungskonzept	Bebauungsplan § 8 BauGB verbindliche Regelung der zulässigen Bodennutzung	Vorhaben- und Erschließungsplan § 12 BauGB vorhabenbezogene Sonderform des Bebauungsplans	Bebauungspläne der Innenentwicklung § 13 a BauGB

Flächennutzungsplan

Als vorbereitender Bauleitplan (§ 1 Abs. 2 BauGB) stellt der Flächennutzungsplan die erste Stufe im System der Bauleitplanung dar. Gem. § 5 Abs. 1 S. 1 BauGB ist im Flächennutzungsplan für das ganze Gemeindegebiet die sich aus der beabsichtigten städtebaulichen Entwicklung ergebende Art der Bodennutzung nach den voraussehbaren Bedürfnissen der Gemeinde in den Grundzügen darzustellen. Der Flächennutzungsplan besitzt eine so genannte "Programmierungsfunktion", da gem. § 8 Abs. 2 S. 1 BauGB Bebauungspläne aus dem Flächennutzungsplan zu entwickeln sind. Darüber hinaus hat der Flächennutzungsplan eine progammvollziehende Funktion, in dem er Ziele der Raumordnung und vorrangige Fachplanungen in sich aufnimmt und damit auf der Ebene der kommunalen Bauleitplanung transformiert.

Form und Inhalte des Flächennutzungsplans

Der Flächennutzungsplan beruht auf einer kartografischen Darstellung des Gemeindegebiets und kann aus mehreren Teilblättern bestehen. In der Praxis wird häufig die deutsche Grundkarte im Maßstab 1 : 5000 bzw. 1 : 10000 verwandt, was eine hinreichend genaue Darstellung ermöglicht. Eine parzellenscharfe Darstellung, aus der sich für jedes einzelne Grundstück planerische Darstellungen entnehmen lassen, ist - im Unterschied zu den Festsetzungen eines Bebauungsplanes - nicht erforderlich. Darstellungsmittel sind neben den aus der PlanzV 90 entnommenen Planzeichen auch textliche Darstellungen. Zum besseren Verständnis des Flächennutzungsplanes kann ihm auch ein Erläuterungsbericht beigefügt werden. Ferner enthält der Flächennutzungsplan in der Regel auch so genannte Verfahrensvermerke, also textliche Ausführungen über die Durchführung der einzelnen Verfahrensschritte bei der Aufstellung des Planes.

Im Flächennutzungsplan können insbesondere folgende Planungsinhalte dargestellt werden:

- Die für die Bebauung vorgesehenen Flächen nach der allgemeinen Art ihrer baulichen Nutzung (Bauflächen),

- nach der besonderen Art ihrer baulichen Nutzung (Baugebiete) sowie

- nach dem allgemeinen Maß der baulichen Nutzung.

Die Konkretisierung darstellbarer Bauflächen und Baugebiete erfolgt durch § 1 BauNVO. Nach § 1 Abs. 1 BauNVO können im Flächennutzungsplan als Bauflächen dargestellt werden

- Wohnbauflächen (W)

- gemischte Bauflächen (M)

- gewerbliche Bauflächen (G)

- Sonderbauflächen (S).

Werden im Flächennutzungsplan lediglich Bauflächen dargestellt, wie in der Praxis weit verbreitet, erfolgt die Festsetzung von Baugebieten durch die konkreteren Bebauungspläne. Welche Baugebiete nach § 1 Abs. 2 BauNVO im Bebauungsplan festgesetzt oder bereits im Flächennutzungsplan dargestellt werden können, wird im Zusammenhang mit den Festsetzungsmöglichkeiten bei Bebauungsplänen näher erläutert.

Neben der Darstellung von Bauflächen oder Baugebieten können in Flächennutzungsplänen auch Verkehrsflächen, Grünflächen, Flächen für die Landwirtschaft und Waldflächen zum Schutz von Boden, Natur und Landschaft dargestellt (§ 5 Abs. 2 Nr. 2 bis 10 BauGB) sowie weitere Flächen, wie z. B. Altlasten, Verdachtsflächen, gekennzeichnet werden (§ 5 Abs. 3 BauGB). Insbesondere Planungen anderer Planungsträger können nachrichtlich übernommen werden (§ 5 Abs. 4 BauGB).

Grundsätzlich wird der Flächennutzungsplan für das gesamte Gemeindegebiet aufgestellt, wobei auch gemeinsame Flächennutzungspläne von benachbarten Gemeinden (§ 204 Abs. 1 BauGB) möglich sind.

Prof. Dr. Bernd Dammert

Rechtsnatur und Rechtswirkungen

Der Flächennutzungsplan entfaltet als vorbereitender Bauleitplan keine unmittelbare Außenwirkung und ist daher für den Bürger nicht rechtsverbindlich. Der Flächennutzungsplan wird nicht als Satzung beschlossen, sondern ist als hoheitliche Maßnahme eigener Art anzusehen, der keine Rechtsnormqualität zukommt.

Der Flächennutzungsplan verleiht weder einen Anspruch auf Umsetzung seiner Darstellungen in entsprechende Festsetzungen in einem Bebauungsplan noch auf Erteilung einer Baugenehmigung. Der Flächennutzungsplan ist damit aber nicht etwa wirkungslos, sondern ist bei der Bebauungsplanung und sonstigen öffentlichen Planung-en zu beachten. Aufgrund fehlender Bürgerverbindlichkeit steht dem Einzelnen regelmäßig keine Rechtsschutzmöglichkeit gegen Flächennutzungspläne zur Verfügung. Nachbargemeinden können sich aber unter bestimmten Voraussetzungen gegen Flächennutzungspläne wehren.

Der Bebauungsplan

Im Unterschied zum Flächennutzungsplan ist der Bebauungsplan eine Rechtsnorm und damit allgemeinverbindlich. Er wird gem. § 10 Abs. 1 BauGB von der Gemeinde als Satzung beschlossen. Bebauungspläne werden in der Regel nur für kleinere Teile des Gemeindegebietes beschlossen, so dass in jeder Stadt oder Gemeinde eine mehr oder minder große Zahl von Bebauungsplänen existiert. Meist werden sie durch die Bezeichnung des Plangebietes sowie unter Beifügung einer entsprechenden Nummer voneinander unterschieden.

Bebauungspläne müssen, wie andere Rechtsnormen auch, einen für ihren Adressaten klar erkennbaren Regelungsinhalt (Normbefehl) enthalten. Das Bestimmtheitsgebot verlangt

- die parzellenscharfe Festsetzung der baulichen oder sonstigen Nutzung von Grundstücken und Grundstücksteilen (unter Verwendung entsprechender Karten im Maßstab 1:500 oder 1:1000),
- Verwendung von Planzeichen nach der PlanzV 90 oder zusätzlich klar definierter Planzeichen,
- genau bestimmte textliche Festsetzungen.

Arten von Bebauungsplänen

Bebauungspläne lassen sich nach ihrem Inhalt, nach ihrem Verhältnis zum Flächennutzungsplan sowie nach dem Zeitpunkt ihrer Entstehung unterscheiden:

Unterscheidung nach dem Inhalt

Bebauungspläne, die allein oder gemeinsam mit sonstigen baurechtlichen Vorschriften mindestens Festsetzungen über die Art und das Maß der baulichen Nutzung, die überbaubaren Grundstücksflächen und die örtlichen Verkehrsflächen enthalten (§ 30

2.2 Öffentliches und privates Baurecht

Abs. 1 BauGB), werden als qualifizierte Bebauungspläne bezeichnet. Im Geltungsbereich eines qualifizierten Bebauungsplanes ist ein Bauvorhaben planungsrechtlich zulässig, wenn es dessen Festsetzungen nicht widerspricht und die Erschließung gesichert ist.

Enthält ein Bebauungsplan nicht die in § 30 Abs. 1 BauGB genannten 4 Mindestfestsetzungen, handelt es sich um einen sogenannten einfachen Bebauungsplan (§ 30 Abs. 3 BauGB). Aufgrund seiner geringeren Regelungsdichte lässt sich die planungsrechtliche Zulässigkeit von Bauvorhaben im Geltungsbereich eines einfachen Bebauungsplanes nicht allein nach den Planfestsetzungen beurteilen, vielmehr muss ergänzend auf die Vorschriften der §§ 34 oder 35 BauGB zurückgegriffen werden. In der Praxis wird der einfache Bebauungsplan insbesondere zur bodenrechtlichen und städtebaulichen Ordnung im Bestand genutzt.

Unterscheidung nach dem Verhältnis zum Flächennutzungsplan

Nach § 8 Abs. 2 S. 1 BauGB sind Bebauungspläne grundsätzlich aus dem Flächennutzungsplan zu entwickeln. Abweichend von dieser Grundregel können nach näherer rechtlicher Maßgabe

- selbständige Bebauungspläne (§ 8 Abs. 2 S. 2 BauGB),
- parallele Bebauungspläne (§ 8 Abs. 3 S. 1 BauGB),
- vorzeitige Bebauungspläne (§ 8 Abs. 4 S. 1 BauGB)

aufgestellt werden. Im Unterschied zu dem aus dem Flächennutzungsplan abgeleiteten Bebauungsplan bedürfen selbständige, parallele oder vorzeitige Bebauungspläne gem. § 10 Abs. 2 S. 1 BauGB der Genehmigung der höheren Verwaltungsbehörde. Bei den abgeleiteten Bebauungsplänen ist auch in den neuen Bundesländern die bislang bestehende grundsätzliche Genehmigungspflicht zum 01.01.1998 weggefallen.

Unterscheidung nach der Entstehung

Sind Bebauungspläne vor dem Inkrafttreten des Vorläufers des BauGB, des Bundesbaugesetzes (BBauG) am 29.06.1961 oder in der früheren DDR aufgestellt worden, können sie auch weiterhin fortgelten. Man spricht in diesem Falle von übergeleiteten Bebauungsplänen.

Der Zeitpunkt der Inkraftsetzung eines Bebauungsplanes ist auch dann von Bedeutung, wenn es um Beantwortung der Frage geht, welche Fassung der BauNVO bei der Beurteilung der planungsrechtlichen Zulässigkeit eines Vorhabens im Geltungsbereich eines B-Plans heranzuziehen ist. Verweist ein Bebauungsplan in seinen Festsetzungen auf die BauNVO, wird diese im Rahmen der Festsetzungen Bestandteil des Bebauungsplans und damit der Rechtsnorm selbst. Spätere Novellierungen der BauNVO ändern nichts daran, dass die in dem Bebauungsplan einbezogenen Vor-

Prof. Dr. Bernd Dammert

schriften in der Fassung weiter anzuwenden sind, wie sie zum Zeitpunkt des Inkrafttretens des Bebauungsplanes galten.

Inhalt des Bebauungsplans

Jeder Bebauungsplan muss Festsetzungen und kann Kennzeichnungen und nachrichtliche Übernahmen enthalten:

Die rechtsverbindlichen Festsetzungen eines Bebauungsplans (§ 8 Abs. 1 S. 1 BauGB) bilden seinen Regelungskern. Die rechtlich zulässigen Festsetzungsmöglichkeiten werden in § 9 BauGB abschließend definiert (numerus clausus). Inwieweit der Plangeber von den Festsetzungsmöglichkeiten nach § 9 BauGB Gebrauch macht, hängt zwar von den jeweiligen Umständen des Einzelfalls ab. Festsetzungen von Art und Maß der baulichen Nutzung (§ 9 Abs. 1 Nr. 1 BauGB i.V.m. BauNVO), der Bauweise und der überbaubaren und nicht überbaubaren Grundstücksflächen sowie der Stellung der baulichen Anlagen (§ 9 Abs. 1 Nr. 2 BauGB i.V.m. BauNVO), der Verkehrsflächen (§ 9 Abs. 1 Nr. 11 BauGB), sowie der öffentlichen und privaten Grünflächen (§ 9 Abs. 1 Nr. 15 BauGB) werden sich jedoch in vielen Bebauungsplänen finden.

Die BauNVO konkretisiert und differenziert die Festsetzungsmöglichkeiten in Bebauungsplänen, insbesondere im Hinblick auf Art und Maß der baulichen Nutzung:

§ 1 Abs. 2 BauNVO stellt für die Festsetzung von Baugebieten in Bebauungsplänen 10 Gebietstypen zur Verfügung.

- Kleinsiedlungsgebiete (WS)
- reine, allgemeine und besondere Wohngebiete (WR, WA, WB)
- Dorfgebiete (MD)
- Mischgebiete (MI)
- Kerngebiete (MK)
- Gewerbegebiete (GE)
- Industriegebiete (GI)
- Sondergebiete (SO).

Die Einzelvorschriften der BauNVO zu den jeweiligen Gebietstypen sind gleich aufgebaut:

Abs. 1 umschreibt den Gebietscharakter, Abs. 2 bestimmt die zulässigen baulichen Nutzungen und Abs. 3 die ausnahmsweise zulässigen baulichen Nutzungen.

Das Maß der baulichen Nutzung wird durch folgende Parameter konkretisiert:

- Grundflächenzahl (GRZ):
  Sie gibt an, wie viel Quadratmeter Grundfläche je Quadratmeter Baugrundstück überbaut werden dürfen (§ 19 BauNVO).

2.2 Öffentliches und privates Baurecht

- Geschoßflächenzahl (GFZ):
  Sie gibt an, wie viel Quadratmeter Geschoßfläche je Quadratmeter Baugrundstück zulässig sind (§ 20 BauNVO)
- Zahl der Vollgeschosse (zur Definition der Vollgeschosse vgl. LBauO)
- Höhe der baulichen Anlage (§ 18 BauNVO)

Darüber hinaus kann durch die Festsetzung von Baulinien, Baugrenzen oder Bebauungstiefen (§ 23 BauNVO) die Positionierung des Baukörpers auf dem Baugrundstück planerisch „gesteuert" werden.

Grundsätze und Verfahren der Bauleitplanung

Nach § 2 Abs. 1 S. 1 BauGB sind Bauleitpläne von der Gemeinde in eigener Verantwortung aufzustellen. Im Rahmen ihrer verfassungsrechtlich gewährleisteten und einfach-gesetzlich ausgeformten Planungshoheit haben die Gemeinden zwar autonom zu entscheiden, zu welchem Zeitpunkt und mit welchem Inhalt die Erstellung von Bauleitplänen für die städtebauliche Entwicklung und Ordnung erforderlich ist. Diese Entscheidungsfreiheit wird durch § 1 Abs. 3 Satz 2 BauGB abgesichert, wonach auf die Aufstellung von Bauleitplänen und städtebaulichen Satzungen kein Anspruch besteht und ein Anspruch auch nicht durch Vertrag begründet werden kann. Dies bedeutet jedoch nicht, dass die Gemeinden bei der Aufstellung von Bauleitplänen keinen inhaltlichen Bindungen unterliegen. Das BauGB unterwirft die planerische Willensbildung der Gemeinde folgenden Grundsätzen:

- dem Grundsatz der Erforderlichkeit der Planung (§ 1 Abs. 3 Satz 1 BauGB)
- der Anpassungsverpflichtung von Bauleitplänen an die Ziele der Raumordnung (§ 1 Abs. 4 BauGB)
- dem Gebot gerechter Abwägung der betroffenen öffentlichen und privaten Belange gegeneinander und untereinander (§ 1 Abs. 7 BauGB)

Bei der Bewertung planungserheblicher Belange im Rahmen der Abwägung haben die Gemeinden insbesondere die in § 1 Abs. 5 und 6 BauGB normierten Ziele und Leitsätze der Planung zu beachten. Soweit es für die städtebauliche Entwicklung und Ordnung geboten ist (Grundsatz der planerischen Zurückhaltung) soll sie eine nachhaltige städtebauliche Entwicklung im Sinne eines gerechten Ausgleichs der sozialen, ökonomischen und ökologischen Belange herbeiführen. Welche Belange im Einzelfall konkret betroffen sein können, ist von den Gemeinden sorgfältig zu ermitteln und zu bewerten, damit eine sachgerechte Abwägung stattfinden kann (§ 2 Abs. 3 BauGB).

Das Planaufstellungsverfahren

Das Verfahren zur Aufstellung von Bauleitplänen wird am Beispiel eines Bebauungsplanes dargestellt und lässt sich in folgende 4 Stufen untergliedern:

Verfahren bis zum Planentwurf

Nach entsprechenden Vorüberlegungen beginnt das Verfahren in der Regel mit dem Beschluss, einen Bauleitplan aufzustellen, der nach § 2 Abs. 1 S. 2 BauGB ortsüblich bekannt zu machen ist. Das BauGB schreibt jedoch für die Wirksamkeit eines Bebauungsplanes keinen förmlichen Aufstellungsbeschluss vor, so dass dessen Fehlen oder Formunwirksamkeit als solche die Wirksamkeit der Satzung nicht tangiert. Die Bedeutung des Planaufstellungsbeschlusses liegt in rechtlicher Hinsicht deshalb vor allen Dingen darin, dass er Voraussetzung für den Beschluss einer Veränderungssperre (§ 14 BauGB) oder die Zurückstellung von Baugesuchen (§ 15 BauGB) sowie für die vorzeitige Zulassung von Bauvorhaben nach § 33 BauGB ist.

Frühzeitige Öffentlichkeits- und Behördenbeteiligung

Nach § 3 Abs. 1 BauGB ist die Öffentlichkeit möglichst frühzeitig über die allgemeinen Ziele und Zwecke der Planung, sich wesentlich unterscheidende Lösungen und die voraussichtlichen Auswirkungen der Planung öffentlich zu unterrichten. Form- und Fristvorschriften bestehen diesbezüglich nicht. Von der Unterrichtung und Erörterung kann gem. § 3 Abs. 1 S. 2 BauGB abgesehen werden, wenn ein Bebauungsplan aufgestellt oder aufgehoben wird und sich dies auf das Plangebiet und Nachbargebiete nicht oder nur unwesentlich auswirkt oder die Unterrichtung und Erörterung bereits zuvor auf anderer Grundlage erfolgt sind.

Nach § 4 Abs. 1 S. 1 BauGB hat die Gemeinde die Behörden und sonstigen Träger öffentlicher Belange (TöB), deren Aufgabenbereich durch die Planung berührt wird, in gleicher Weise wie die Öffentlichkeit möglichst frühzeitig über die allgemeinen Ziele und Zwecke der Planung, über sich wesentlich unterscheidende Lösungen und über die voraussichtlichen Auswirkungen der Planung zu unterrichten und zur Äußerung aufzufordern. Außerdem muss die Gemeinde die Träger öffentlicher Belange zur Äußerung zu dem erforderlichen Umfang und zum Detaillierungsgrad der Umweltprüfung nach § 2 Abs. 4 BauGB auffordern. Diese frühzeitige Behördenbeteiligung wurde durch das Europarechtsanpassungsgesetz Bau (BGBl. I S. 1359) im Jahre 2004 in das BauGB eingeführt und damit EU-Richtlinien umgesetzt.

Die Gemeinde kann die Unterrichtung der Öffentlichkeit gleichzeitig zu der Unterrichtung der betroffenen Träger der öffentlichen Belange durchführen (§ 4 a Abs. 2 BauGB).

Für Bebauungspläne der Innenentwicklung besteht gem. § 13a Abs. 1 BauGB die Möglichkeit, ein vereinfachtes Verfahren gem. § 13 BauGB durchzuführen.

Öffentliche Auslegung und Behördenbeteiligung

Nach § 3 Abs. 2 S. 1 BauGB sind die Entwürfe der Bauleitplanung mit der Begründung und den nach Einschätzung der Gemeinde wesentlichen, bereits vorliegenden umweltbezogenen Stellungnahmen für die Dauer eines Monats öffentlich auszulegen. Ort und Dauer der Auslegung sowie Angaben dazu, welche Arten umweltbezogener

Informationen verfügbar sind, sind mindestens 1 Woche vorher ortsüblich bekannt zu machen. Die Bekanntmachung hat den Hinweis zu enthalten, dass während der Auslegungsfrist die Möglichkeit zur Abgabe von Stellungnahmen besteht und nicht fristgerecht abgegebene Stellungnahmen bei der Beschlussfassung über den Bauleitplan unberücksichtigt bleiben können (§ 3 Abs. 2 S. 2 2. HS BauGB).

Gegenstand der Auslegung ist der von der Gemeinde zur Auslegung beschlossene Entwurf nebst Begründung und den nach Einschätzung der Gemeinde wesentlichen, bereits vorliegenden umweltbezogenen Stellungnahmen. Alternativentwürfe, Vorentwürfe oder sonstiges Planungsmaterial wird hingegen nicht mehr ausgelegt. Die Bürger sollen durch die im Entwurf konkretisierten Planungsabsichten unterrichtet werden, damit sie diesbezüglich Stellungnahmen vorbringen können. Die Bekanntmachung der Offenlegung hat Anstoßfunktion und muss so erfolgen, dass dem „mündigen Bürger" deutlich wird, welches Plangebiet betroffen ist.

Im Anschluss an die frühzeitige Behördenbeteiligung holt die Gemeinde die Stellungnahmen der Behörden und sonstigen Träger öffentlicher Belange, deren Aufgabenbereich durch die Planung berührt wird, ein (§ 4 Abs. 1 Satz 2 i.V.m. Abs. 2 BauGB). In der Praxis geschieht dies durch Übersendung des Vorentwurfs mit der Bitte um Stellungnahme. Die Träger öffentlicher Belange haben ihre Stellungnahmen innerhalb eines Monats abzugeben. Allerdings soll die Gemeinde diese Frist bei Vorliegen eines wichtigem Grunde angemessen verlängern (§ 4 Abs. 2 S. 2 2. HS BauGB).

Die öffentliche Auslegung kann zeitgleich zu der Einholung der Stellungnahmen bei den Trägern der öffentlichen Belange durchgeführt werden (§ 4 a Abs. 2 BauGB).

Wird der Entwurf des Bauleitplans nach der Auslegung und der Einholung der Stellungnahmen geändert oder ergänzt, ist er erneut auszulegen und die Stellungnahmen erneut einzuholen. Hierbei kann die Dauer der Auslegung angemessen verkürzt werden. Werden durch die Änderungen oder Ergänzungen des Planentwurfs Grundzüge der Planung nicht berührt, kann anstelle der Wiederholung des Auslegungsverfahrens die Einholung der Stellungnahmen auf die von der Änderung oder Ergänzung betroffene Öffentlichkeit sowie die betroffenen Träger öffentlicher Belange beschränkt werden.

Beschluss über den Bauleitplan
Der Flächennutzungsplan wird durch einfachen Gemeinderatsbeschluss beschlossen.

Das Bebauungsplanaufstellungsverfahren wird hingegen durch den Satzungsbeschluss gem. § 10 Abs. 1 BauGB abgeschlossen. Satzungsgeber ist das nach dem jeweiligen Landesrecht zuständige Gemeindeorgan, in der Regel der Gemeinde-(Stadt-)Rat. Voraussetzung für den Satzungsbeschluss ist, dass der Satzungsgeber die betroffenen Belange untereinander und gegeneinander abgewogen (§ 1 Abs. 7 BauGB) hat. Die besondere Berücksichtigung umweltschützender Belange sieht nunmehr § 1 a BauGB vor. In der Praxis erfolgt dies meist in der Weise, dass die betroffenen und vor-

Prof. Dr. Bernd Dammert

gebrachten Belange einander tabellarisch gegenübergestellt werden (so genanntes Abwägungsprotokoll) und basierend hierauf eine Abwägungsentscheidung getroffen wird. Obwohl vom BauGB nicht vorgeschrieben, wird das Ergebnis der Abwägung häufig in einem eigenständigen Beschluss festgehalten (sogenannter Abwägungsbeschluss), welcher dem eigentlichen Satzungsbeschluss vorangehen muss.

Rechtmäßigkeitskontrolle und Inkrafttreten

Im Unterschied zum Flächennutzungsplan, der gem. § 6 Abs. 1 BauGB stets der Genehmigung der höheren Verwaltungsbehörde bedarf, sind aus dem Flächennutzungsplan entwickelte Bebauungspläne nicht (mehr) genehmigungsbedürftig. Dies gilt seit dem 01.01.1998 auch für die neuen Bundesländer. Auch die für abgeleitete Bebauungspläne früher bestehende Anzeigepflicht ist mit der Neubekanntmachung des BauGB zum 01.01.1998 entfallen. Die Länder können allerdings bestimmen, dass Bebauungspläne, die nicht der Genehmigung bedürfen, vor ihrem Inkrafttreten der Höheren Verwaltungsbehörde anzuzeigen sind (§ 246 Abs. 1 a S. 1 BauGB). Einzelne Bundesländer haben bzw. wollen von dieser Möglichkeit Gebrauch machen, wenn auch nur befristet.

Selbständige, parallele oder vorzeitige Bebauungspläne bedürfen hingegen gem. § 10 Abs. 2 S. 1 BauGB stets der Genehmigung der Höheren Verwaltungsbehörde. Die Genehmigung gilt gem. § 6 Abs. 4 BauGB als erteilt, wenn die Behörde nicht binnen von 3 Monaten die Genehmigung ablehnt.

Der Bebauungsplan tritt erst in Kraft, wenn beim abgeleiteten Bebauungsplan der Beschluss des Bebauungsplans oder im Falle genehmigungsbedürftiger Bebauungspläne die Genehmigung selbst ortsüblich bekannt gemacht worden ist (§ 10 Abs. 3 S. 1 BauGB). Der Bebauungsplan ist mit der Begründung zu jedermanns Einsicht bereitzuhalten. In der Bekanntmachung ist darauf hinzuweisen, wo der Bebauungsplan eingesehen werden kann.

Mängel der Bauleitplanung

Bei der Aufstellung von Bauleitplänen kann es sowohl zur Verletzung von Verfahrens- und Formvorschriften als auch zu Mängeln der Abwägung kommen. In Abweichung von dem allgemeinen Grundsatz, dass die Rechtswidrigkeit einer Rechtsnorm ihre Nichtigkeit zur Folge hat und ein fehlerhafter Bebauungsplan damit zwangsläufig nichtig wäre, schränkt § 214 BauGB die Beachtlichkeit der Verletzung von Vorschriften über die Aufstellung des Flächennutzungsplanes und der Satzungen ein. Ferner bestimmt § 215 BauGB Fristen für die Geltendmachung der Verletzung von Verfahrens- und Formvorschriften sowie von Mängeln der Abwägung. Hieraus ergibt sich folgendes „System" der Beachtlichkeit von Planungsmängeln.

System der Planungsmängel
Das System der Planungsmängel und ihrer Relevanz lässt sich wie folgt zusammenfassen:

- § 214 Abs. 1 Satz 1 Nr. 1 BauGB:
  Die Vorschrift erfasst offensichtliche Ermittlungs- oder Bewertungsfehler, die sich auf das Ergebnis des Verfahrens auswirken.
- § 214 Abs. 1 Satz 1 Nr. 2 und 3 BauGB:
  Die Regelung betrifft die Verletzung der Vorschriften über die Beteiligung der Öffentlichkeit und der Träger öffentlicher Belange sowie der Verletzung der Vorschriften über den Begründungszwang, etc.
- § 214 Abs. 1 Satz 1 Nr. 4 BauGB:
  Die Vorschrift erfasst „absolut" beachtliche Verfahrens- und Formfehler.
- § 214 Abs. 2 BauGB:
  Der Absatz enthält einen Katalog unbeachtlicher materieller Mängel bei der Entwicklung des Bebauungsplans.
- § 214 Abs. 2a BauGB:
  Enthält Unbeachtlichkeits- und Fiktionsvorschriften für das beschleunigte Verfahren.
- § 214 Abs. 3 BauGB:
  Die Norm betrifft die Erheblichkeit von Mängeln im Abwägungsvorgang.
- § 214 Abs. 4 BauGB:
  Dieser Absatz regelt das so genannte ergänzende Verfahren zur Behebung von Fehlern.

Fristen für die Geltendmachung von Planungsmängeln
Nach § 215 Abs. 1 BauGB können die dort näher bezeichneten Mängel nur innerhalb einer Frist von einem Jahr seit der Bekanntmachung des Flächennutzungsplans oder der Satzung geltend gemacht werden. Dies betrifft die in § 214 Abs. 1 Satz 1 Nr. 1 bis 3 BauGB bezeichneten Verfahrens- und Formvorschriften, die Verletzung der Vorschriften über das Verhältnis des Bebauungsplans und des Flächennutzungsplans gem. § 214 Abs. 2 BauGB und beachtliche Mängel des Abwägungsvorgangs gem. § 214 Abs. 3 Satz 2 BauGB. Der Sachverhalt, der die Verletzung oder den Mangel begründen soll, ist darzulegen. Die Rügefrist wird nur dann in Gang gesetzt, wenn bei Inkraftsetzung des Flächennutzungsplans und der Satzung auf die Voraussetzungen für die Geltendmachung der Vorschriftenverletzung sowie der entsprechenden Rechtsfolgen hingewiesen wird (§ 215 Abs. 2 BauGB). Unterbleibt dieser Hinweis oder erfolgt er fehlerhaft, wird die Rügefrist nicht in Gang gesetzt.

Planerhaltung

Die Gemeinden haben die Möglichkeit festgestellte Mängel der Planung - auch im Nachhinein - durch ein ergänzendes Verfahren zu heilen (§ 214 Abs. 4 BauGB). Das ergänzende Verfahren hat zur Folge, dass der Flächennutzungsplan oder die Satzung rückwirkend in Kraft gesetzt werden.

Vorhaben- und Erschließungsplan

Nach § 12 Abs. 1 Satz 1 BauGB kann die Gemeinde durch einen vorhabenbezogenen Bebauungsplan die Zulässigkeit von Vorhaben bestimmen, wenn der Vorhabenträger auf der Grundlage eines mit der Gemeinde abgestimmten Planes zur Durchführung der Vorhaben- und der Erschließungsmaßnahmen bereit und in der Lage ist und sich zur Durchführung innerhalb einer bestimmten Frist und zur Tragung der Planungs- und Erschließungskosten ganz oder teilweise vor dem Satzungsbeschluss verpflichtet. Der Vorhaben- und Erschließungsplan, der erstmals in § 55 BauZVO der DDR geregelt, durch § 246 a Abs. 1 Satz 1 Nr. 6 BauGB für das Beitrittsgebiet übergeleitet, durch § 7 BauGB-MaßnahmeG für das gesamte Bundesgebiet fortgeschrieben wurde, hat seit dem 01.01.1998 (erstmalig) seinen Standort im BauGB selbst gefunden. Als vorhabenbezogene Sonderform des Bebauungsplanes besteht die Funktion des Vorhaben- und Erschließungsplanes darin, die planungsrechtlichen Voraussetzungen für die Zulässigkeit eines Bauvorhabens zu schaffen sowie den Vorhabenträger zur Realisierung des Bauvorhabens selbst und zur Übernahme der Planungs- und Erschließungskosten zu verpflichten. Seiner Funktion entsprechend setzt sich der vorhabenbezogene Bebauungsplan aus zwei Teilen zusammen:

- dem Vorhaben- und Erschließungsplan
- dem Durchführungsvertrag

Inhalt und Gegenstand des Vorhaben- und Erschließungsplanes

Planinhalt sind zum einen die planungsrechtlichen Voraussetzungen für die Realisierung eines Vorhabens als auch die Herstellung der erforderlichen Erschließungsanlagen hierfür. Ähnlich einem (normalen) Bebauungsplan enthält der Plan die erforderlichen Festsetzungen, die später Bestandteil der Plansatzung werden. Als Sonderform eines Bebauungsplanes gelten für den Vorhaben- und Erschließungsplan die §§ 1 bis 10 BauGB entsprechend, wobei die Gemeinde bei der Bestimmung der Zulässigkeit von Vorhaben nicht an den numerus clausus der Festsetzungen gemäß § 9 BauGB sowie die Vorgaben der BauNVO gebunden ist (§ 12 Abs. 3 Satz 2 BauGB). Gemeinden sind daher bei der Festlegung der Zulässigkeit des planerfaßten Vorhabens freier, als bei einem (normalen) Bebauungsplan.

Für das Planungsverfahren selbst gelten dieselben Vorschriften wie für die Aufstellung von Bebauungsplänen, wobei zu beachten ist, dass beim vorhabenbezogenen Bebauungsplan die Initiative nicht von der Gemeinde selbst, sondern vielmehr vom Vorhabenträger ausgeht. Nach § 12 Abs. 2 BauGB hat die Gemeinde über den Antrag des Vorhabenträgers auf Einleitung des Bebauungsplanverfahrens nach pflichtgemäßem Ermessen zu entscheiden. Ein Rechtsanspruch auf Aufstellung eines Vorhaben- und Erschließungsplans besteht jedoch nicht.

Durchführungsvertrag

Der Beschluss über die Satzung des vorhabenbezogenen Bebauungsplans setzt voraus, dass sich der Vorhabenträger zuvor dazu verpflichtet hat, das Vorhaben selbst - innerhalb bestimmter Fristen - durchzuführen als auch - ganz oder teilweise - die erforderlichen Planungs- und Erschließungskosten zu tragen. Durch die ausdrückliche Regelung in § 12 Abs. 1 Satz 1 BauGB wurde der bisherige Streit, ob der Durchführungsvertrag vor oder nach dem Satzungsbeschluss abgeschlossen werden muss, beendet. In der Verwaltungspraxis wird häufig auf entsprechende Vertragsmuster zurückgegriffen, die neben den Herstellungs- und Erschließungsverpflichtungen des Vorhabenträgers auch die Stellung von Sicherheiten sowie die künftige Widmung öffentlicher Verkehrsflächen regeln. Soweit durch einen Durchführungsvertrag die Verpflichtung zur Übertragung des Eigentums an einem Grundstück (in der Regel Vorhabenträger auf die Gemeinde) begründet werden soll, bedarf der Vertrag gemäß § 311b Satz 1 BGB zu seiner Wirksamkeit der notariellen Beurkundung. Nach obergerichtlicher Rechtsprechung ist im Durchführungsvertrag ferner das zu realisierende Vorhaben konkret zu beschreiben, allgemeine Angaben oder Öffnungsklauseln genügen hingegen nicht.

Ergänzende Regelungen

Um die Realisierung des Vorhabens sowie die Herstellung der erforderlichen Erschließungsanlagen sicherzustellen, bedarf ein Wechsel des Vorhabenträgers der Zustimmung der Gemeinde (§ 12 Abs. 5 Satz 1 BauGB). Diese Zustimmung darf aber nur dann verweigert werden, wenn Tatsachen die Annahme rechtfertigen, dass die Durchführung des Vorhaben- und Erschließungsplans innerhalb der vertraglich vereinbarten Frist gefährdet ist (§ 12 Abs. 5 Satz 2 BauGB). Soweit der Vorhaben- und Erschließungsplan vertragswidrig nicht innerhalb der vereinbarten Frist durchgeführt wird, soll die Gemeinde den vorhabenbezogenen Bebauungsplan aufheben (§ 12 Abs. 6 Satz 1 BauGB). Durch § 12 Abs. 6 Satz 2 BauGB wird die Gemeinde hierfür von möglichen Ersatzansprüchen des Vorhabenträgers freigestellt. Das Satzungsaufhebungsverfahren hat nach denselben Grundsätzen zu erfolgen, wie das Satzungsaufstellungsverfahren, wobei § 12 Abs. 6 Satz 3 BauGB die Möglichkeit eröffnet, ein vereinfachtes Verfahren nach § 13 BauGB durchzuführen.

2.2.2.4 Sicherung der Bauleitplanung

Vom Planaufstellungs- bis zum Satzungsbeschluss kann ein erheblicher Zeitraum vergehen. Damit die Realisierung der Planungsabsichten der Gemeinde nicht durch tatsächliche oder rechtliche Veränderungen während der Durchführung der Planung unmöglich gemacht oder wesentlich erschwert werden, stellt das BauGB den Gemeinden mehrere Instrumente zur Sicherung der Bauleitplanung zur Verfügung:

Abbildung 2.2-6: Die Instrumente zur Sicherung und Verwirklichung der Bauleitplanung

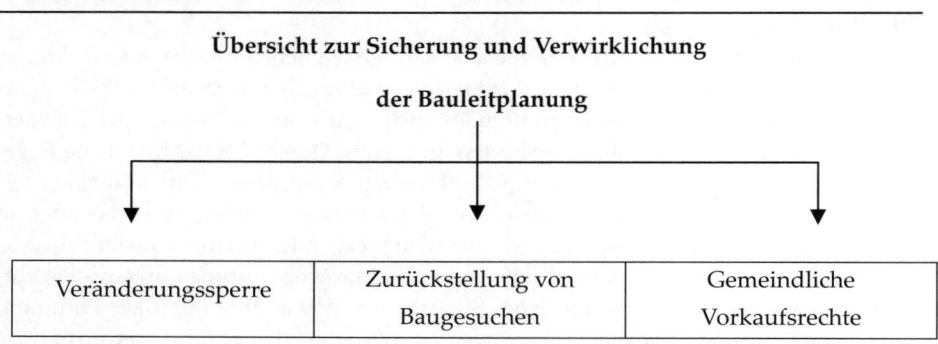

Übersicht zur Sicherung und Verwirklichung der Bauleitplanung

Veränderungssperre	Zurückstellung von Baugesuchen	Gemeindliche Vorkaufsrechte

Veränderungssperre

Sobald eine Gemeinde einen Planaufstellungsbeschluss (§ 2 Abs. 1 Satz 2 BauGB) gefasst hat, kann sie gemäß § 14 Abs. 1 BauGB eine Veränderungssperre für den künftigen Planbereich beschließen. Voraussetzung hierfür ist, dass ein entsprechendes Sicherungsbedürfnis besteht. Dieses Sicherungsbedürfnis muss auf eine konkrete Planungsabsicht gerichtet sein, die rein negative Absicht, ein Bauvorhaben grundsätzlich zu verhindern genügt nicht. Ob und wann eine Veränderungssperre erlassen wird, liegt im pflichtgemäßen Ermessen der Gemeinde. Die Veränderungssperre wird gemäß § 16 Abs. 1 BauGB von der Gemeinde als Satzung beschlossen und ist gemäß § 16 Abs. 2 Satz 1 BauGB ortsüblich bekannt zu machen. Die Satzung bedarf weder der rechtsaufsichtlichen Genehmigung noch der Anzeige.

Der mögliche Inhalt einer Veränderungssperre ist durch § 14 Abs. 1 BauGB abschließend geregelt und sieht vor, dass

- Vorhaben im Sinne des § 29 BauGB nicht durchgeführt oder bauliche Anlagen nicht beseitigt werden dürfen und

- erhebliche oder wesentliche wertsteigernde Veränderungen von Grundstücken und baulichen Anlagen, deren Veränderungen nicht genehmigungs-, zustimmungs- oder anzeigepflichtig sind, nicht vorgenommen werden dürfen.

Die Veränderungssperre führt zu einem materiellen Veränderungsverbot, so dass Baugenehmigungen nicht erteilt und genehmigungsfreie Vorhaben nach Maßgabe von § 14 Abs. 1 Nr. 2 BauGB nicht errichtet werden dürfen. Eine Ausnahme gilt insofern, als Vorhaben, die vor dem Inkrafttreten der Veränderungssperre baurechtlich genehmigt wurden, oder aufgrund eines anderen baurechtlichen Verfahrens zulässig sind, Unterhaltungsarbeiten und die Fortführung einer bisher ausgeübten Nutzung von der Veränderungssperre nicht berührt werden (§ 14 Abs. 3 BauGB). Neben dieser gesetzlichen Ausnahmeregelung besteht gemäß § 14 Abs. 2 BauGB die Möglichkeit, dass durch behördliche Entscheidung eine Ausnahme von der Veränderungssperre zugelassen werden kann.

Die Geltungsdauer der Veränderungssperre ist durch § 17 Abs. 1 Satz 1 BauGB grundsätzlich auf zwei Jahre beschränkt. Nach § 17 Abs. 1 Satz 3 BauGB kann die Gemeinde die Frist um 1 Jahr verlängern. Eine nochmalige Verlängerung um ein weiteres Jahr ist gemäß § 17 Abs. 2 BauGB möglich, setzt aber das Bestehen von besonderen Umständen voraus. Nach § 17 Abs. 5 BauGB tritt die Veränderungssperre automatisch außer Kraft, sobald und soweit die Bauleitplanung rechtsverbindlich abgeschlossen ist. Dauert die Veränderungssperre länger als 4 Jahre, ist den Betroffenen für dadurch entstandene Vermögensnachteile eine angemessene Entschädigung in Geld zu leisten (§ 18 Abs. 1 Satz 1 BauGB). Entschädigungsverpflichtet ist die Gemeinde (§ 18 Abs. 2 BauGB). Für die Bemessung der Entschädigung gelten die Entschädigungsvorschriften im zweiten Abschnitt des fünften Teils des BauGB's entsprechend.

Zurückstellung von Baugesuchen

Anstelle einer Veränderungssperre kann die Gemeinde bei der Baugenehmigungsbehörde beantragen, die Entscheidung über die Zulässigkeit von Vorhaben im Einzelfall für einen Zeitraum von bis zu 12 Monaten auszusetzen, wenn zu befürchten ist, dass die Durchführung der Planung durch das Vorhaben unmöglich gemacht oder wesentlich erschwert würde (§ 15 Abs. 1 Satz 1 BauGB). Wird kein Baugenehmigungs- sondern vielmehr nur ein Freistellungs- oder ein Anzeigeverfahren durchgeführt, wird auf Antrag der Gemeinde anstelle der Aussetzung der Entscheidung über die Zulässigkeit eine vorläufige Untersagung innerhalb einer durch Landesrecht festgesetzten Frist ausgesprochen (§ 15 Abs. 1 Satz 2 BauGB). Diese vorläufige Untersagung steht der Zurückstellung gleich.

Durch das Europarechtsanpassungsgesetz Bau vom 24.06.2004 (BGBl. I S. 1359), welches der Umsetzung von EU-Richtlinien dient, wurde § 15 BauGB um einen dritten Absatz ergänzt. Nach der neu eingefügten Vorschrift hat eine Gemeinde die Möglichkeit, auch bei einem Außenbereichsvorhaben einen Antrag auf Zurückstellung eines Baugesuchs zu stellen, wenn sie beschlossen hat einen Flächennutzungsplan aufzustellen, zu ändern oder zu ergänzen und wenn das Außenbereichsvorhaben nach § 35 Abs. 1 Nr. 2 bis 6 BauGB den Festsetzungen dieses Flächennutzungsplans zuwiderlaufen würde.

Im Unterschied zur Veränderungssperre wird bei einer Zurückstellung keine Entschädigung gewährt. Die Rechtsprechung sieht in der Zurückstellung vielmehr eine entschädigungslose Konkretisierung der Inhalts- und Schrankenbestimmung des Eigentums gemäß Art. 14 Abs. 1 Satz 2 GG.

Teilung von Grundstücken

Nach § 19 Abs. 1 Satz 1 BauGB a.F. bestand für die Gemeinden die Möglichkeit im Geltungsbereich eines qualifizierten oder einfachen Bebauungsplanes durch Satzung zu bestimmen, dass die Teilung eines Grundstückes zu ihrer Wirksamkeit der Genehmigung bedarf. Diese Gestaltungsmöglichkeit ist durch das Europarechtsanpassungsgesetz Bau entfallen. Die gesetzliche Regelung beschränkt sich nunmehr darauf, dass bei einer Teilung eines Grundstücks im Geltungsbereich eines Bebauungsplans keine Verhältnisse entstehen dürfen, die den Festsetzungen des Bebauungsplans widersprechen (§ 19 Abs. 2 BauGB).

Der planungsrechtliche Teilungsbegriff ist unverändert geblieben. § 19 Abs. 1 BauGB definiert „Teilung" als die dem Grundbuchamt gegenüber abgegebene oder sonst wie erkennbar gemachte Erklärung des Eigentümers, dass ein Grundstücksteil grundbuchmäßig abgeschrieben oder als selbständiges Grundstück oder als ein Grundstück zusammen mit anderen Grundstücken oder mit Teilen anderer Grundstücke eingetragen werden soll.

Vorkaufsrechte

Die in den §§ 24 bis 28 BauGB geregelten gesetzlichen Vorkaufsrechte der Gemeinde dienen einerseits der Sicherung der Bauleitplanung, andererseits der Sicherung sonstiger städtebaulicher Maßnahmen, unabhängig einer beabsichtigten Bauleitplanung. Durch das BauROG 1998 wurden die in verschiedenen Gesetzen enthaltenen städtebaulichen Vorkaufsrechte nunmehr im BauGB zusammengefasst. Alle gesetzlichen Vorkaufsfälle nach dem BauGB setzen voraus, dass über ein Grundstück tatsächlich ein Kaufvertrag abgeschlossen wird. Andere vertragliche Vereinbarungen, wie z. B. Schenkung etc., lösen kein Vorkaufsrecht aus.

Das BauGB regelt folgende Vorkaufsfälle:

- das allgemeine Vorkaufsrecht gem. § 24 BauGB:
  Entgegen der vom Gesetzgeber gewählten Überschrift steht einer Gemeinde nicht in allen Fällen beim Kauf von Grundstücken ein Vorkaufsrecht zu, sondern lediglich in den im Gesetz abschließend genannten Fällen. Dies sind insbesondere Flächen, für die nach dem Bebauungsplan eine Nutzung für öffentliche Zwecke oder für naturschutzrechtliche Ausgleichsmaßnahmen vorgesehen ist, in Umlegungs- und Sanierungsgebieten, im Geltungsbereich einer Erhaltungssatzung, sowie in Gebieten, die vorwiegend mit Wohngebäuden bebaut werden können, soweit die Grundstücke unbebaut sind (§ 24 Abs. 1 Satz 1 Nr. 1 bis 6 BauGB).

- das besondere Vorkaufsrecht gem. § 25 BauGB:
  Über das in § 24 BauGB gesetzlich geregelte Vorkaufsrecht hinaus kann die Gemeinde durch Satzung weitere Vorkaufsrechte begründen. Das in § 25 BauGB geregelte Vorkaufsrecht wird daher auch als „Satzungsvorkaufsrecht" bezeichnet.

Die Vorkaufsrechte dürfen nur ausgeübt werden, wenn das Wohl der Allgemeinheit dies rechtfertigt. Bei der Ausübung hat die Gemeinde den Verwendungszweck des Grundstückes anzugeben. Nach § 26 BauGB ist die Ausübung des Vorkaufsrechts ausgeschlossen, wenn einer der gesetzlichen Ausschlussgründe vorliegt. Dies ist insbesondere dann der Fall, wenn der Eigentümer das Grundstück an seinen Ehegatten oder eine Person verkauft, die mit ihm in gerader Linie verwandt oder verschwägert oder in der Seitenlinie bis zum 3. Grad verwandt ist (§ 26 Nr. 1 BauGB).

Das Vorkaufsrecht kann nur binnen von 2 Monaten nach Mitteilung des Kaufvertrags durch Verwaltungsakt gegenüber dem Verkäufer ausgeübt werden (§ 28 Abs. 2 Satz 1 BauGB). Wird das Vorkaufsrecht nicht fristgerecht ausgeübt oder ein so genanntes Negativattest erteilt, erlischt das Vorkaufsrecht. Die Rechtswirkungen des ausgeübten Vorkaufsrechts ergeben sich aus §§ 463, 464 Abs. 2, §§ 465 bis 468 und 471 BGB (§ 28 Abs. 2 Satz 2 BauGB).

2.2.2.5 Die planungsrechtliche Zulässigkeit baulicher Vorhaben

Nach § 29 Abs. 1 BauGB bemisst sich die planungsrechtliche Zulässigkeit von Vorhaben, die die Errichtung, Änderung oder Nutzungsänderung von baulichen Anlagen zum Inhalt haben, nach den §§ 30 bis 37 BauGB. Die planungsrechtlichen Anforderungen gemäß §§ 30 bis 37 BauGB gelten ungeachtet der Frage, ob für das jeweilige Vorhaben eine bauaufsichtliche Genehmigung, eine Anzeige oder ähnliches erforderlich ist oder nicht. Insoweit unterscheidet sich die seit dem 01.01.1998 geltende Rechtslage von dem früher geltenden Recht und trägt dem Umstand Rechnung, dass in den letzten Jahren die Landesbauordnungen in zunehmendem Maße auf ein formelles Genehmigungserfordernis bei Bauvorhaben verzichten. Ihrer Funktion nach geht es bei §§ 30 bis 37 BauGB um einen Ausgleich zwischen Baufreiheit und Planvorbehalt sowie dem Schutz des Außenbereichs.

Durch die §§ 30 bis 37 BauGB wird jedes Grundstück bauplanungsrechtlich einem von insgesamt drei planungsrechtlichen Bereichen zugeordnet. Jedes Grundstück liegt entweder im Geltungsbereich eines Bebauungsplans (§ 30 BauGB) oder eines nicht qualifiziert beplanten, im Zusammenhang bebauten Ortsteils (§ 34 BauGB) oder im Außenbereich (§ 35 BauGB). Da die Bebaubarkeit eines Grundstückes wesentlich von seiner planungsrechtlichen Qualität abhängt, spielt die rechtliche Zuordnung zu einem der genannten drei Bereiche in der Praxis eine erhebliche Rolle. Dies gilt nicht nur für die planungsrechtliche Zulässigkeit von Vorhaben, sondern auch für die Wertermittlung (§ 54 ImmoWertV).

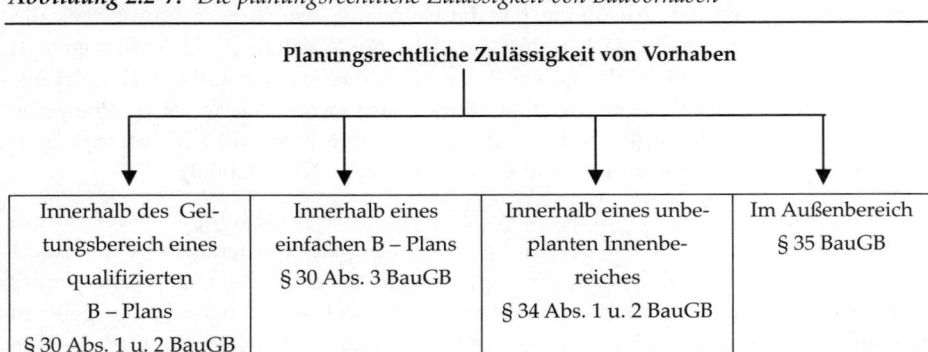

Abbildung 2.2-7: Die planungsrechtliche Zulässigkeit von Bauvorhaben

Planungsrechtliche Zulässigkeit von Vorhaben

Innerhalb des Geltungsbereich eines qualifizierten B – Plans § 30 Abs. 1 u. 2 BauGB	Innerhalb eines einfachen B – Plans § 30 Abs. 3 BauGB	Innerhalb eines unbeplanten Innenbereiches § 34 Abs. 1 u. 2 BauGB	Im Außenbereich § 35 BauGB

Zulässigkeit von Vorhaben im Geltungsbereich eines Bebauungsplanes

Ein Bebauungsplan gibt für seinen Geltungsbereich rechtsverbindlich die Parameter für die bauliche Nutzung von Grundstücken vor. Abhängig von Art und Regelungsdichte von Bebauungsplänen bemisst § 30 BauGB in unterschiedlicher Weise planungsrechtliche Zulässigkeit von baulichen Vorhaben im Geltungsbereich eines Bebauungsplanes nach dessen Festsetzungen:

Im Geltungsbereich eines qualifizierten Bebauungsplanes, also eines Bebauungsplanes, der allein oder gemeinsam mit sonstigen baurechtlichen Vorschriften Mindestfestsetzungen über die Art und das Maß der baulichen Nutzung, die überbaubaren Grundstücksflächen und die örtlichen Verkehrsflächen enthält, ist gemäß § 30 Abs. 1 BauGB ein Vorhaben planungsrechtlich zulässig, wenn es diesen Festsetzungen nicht widerspricht und die Erschließung gesichert ist. Dies bedeutet, dass unter planungsrechtlichen Gesichtspunkten Baufreiheit besteht, soweit ein Vorhaben den Festsetzungen eines qualifizierten Bebauungsplanes nicht entgegensteht.

Auch im Geltungsbereich eines vorhabenbezogenen Bebauungsplanes (§ 12 BauGB) ist ein Vorhaben planungsrechtlich zulässig, wenn es diesem nicht widerspricht und die Erschließung gesichert ist (§ 30 Abs. 2 BauGB). Der vorhabenbezogene Bebauungsplan nach § 12 BauGB ist insoweit dem qualifizierten Bebauungsplan gleichgestellt worden, wobei zu berücksichtigen ist, dass die plangebende Gemeinde beim vorhabenbezogenen Bebauungsplan nicht an den Festsetzungskatalog des § 9 BauGB gebunden ist und daher über § 9 BauGB hinausgehende Anforderungen an die planungsrechtliche Zulässigkeit von Vorhaben bestehen können.

Aufgrund seiner geringeren Regelungsdichte als ein qualifizierter Bebauungsplan vermag ein einfacher Bebauungsplan gemäß § 30 Abs. 3 BauGB die planungsrechtliche Zulässigkeit von Vorhaben nicht vollständig zu „steuern". Soweit daher der einfache Bebauungsplan die für die Beurteilung der planungsrechtlichen Zulässigkeit eines

2.2 Öffentliches und privates Baurecht

Vorhabens erforderlichen Parameter nicht selbst enthält, ist ergänzend und quasi „lückenfüllend" auf die gesetzlichen Vorgaben in §§ 34 oder 35 BauGB zurückzugreifen. Im Geltungsbereich eines einfachen Bebauungsplans sind daher sowohl satzungsrechtliche als auch gesetzliche Vorgaben zu beachten.

Ausnahmen und Befreiungen

Die Festsetzungen eines Bebauungsplans regeln die planungsrechtliche Zulässigkeit von Vorhaben im Normalfall. In bestimmten Fällen kann die Verwirklichung von Vorhaben jedoch zu Abweichungen von den Festsetzungen eines Bebauungsplanes führen. Ob derartige Abweichungen planungsrechtlich zulässig sind oder nicht, beurteilt sich danach, ob nach § 31 BauGB eine Ausnahme vorgesehen ist oder eine Befreiung erteilt werden kann.

- Nach § 31 Abs. 1 BauGB können von den Festsetzungen des Bebauungsplans solche Ausnahmen zugelassen werden, die in dem Bebauungsplan nach Art und Umfang ausdrücklich vorgesehen sind. Die Ausnahme stellt daher eine „planimmanente" Abweichungsmöglichkeit dar. Soweit die Ausnahme die Art der baulichen Nutzungen betrifft, erfolgt die ausdrückliche Zulassung von Ausnahmen im Bebauungsplan selbst in der Weise, dass unter Rückgriff auf die jeweils in Abs. 3 der Baugebietstypen der BauNVO (§§ 2 bis 10 BauNVO) konkrete Ausnahmemöglichkeiten vorgegeben werden. Darüber hinaus besteht auch die Möglichkeit, dass die plangebende Gemeinde an sich allgemein zulässige Nutzungen gemäß § 1 Abs. 5 BauNVO nur ausnahmsweise im Bebauungsplan zulässt.

- Obwohl durch die Aufnahme eines Ausnahmevorbehalts in dem Bebauungsplan selbst durch die plangebende Gemeinde eine Rahmenentscheidung getroffen worden ist, bedarf die konkrete Zulassung einer Ausnahme noch der behördlichen Entscheidung. Hierbei ist der Baugenehmigungsbehörde zwar Ermessen eingeräumt. Dieses Ermessen ist jedoch dadurch gebunden, dass nur städtebauliche Gründe herangezogen werden dürfen und die Zulassung von Ausnahmen dem Zweck des Bebauungsplans Rechnung zu tragen hat. Darüber hinaus schreibt § 36 Abs. 1 BauGB vor, dass die Entscheidung im Einvernehmen mit der Gemeinde zu erfolgen hat.

- Nach § 31 Abs. 2 BauGB besteht ferner die Möglichkeit, Abweichungen von den Festsetzungen des Bebauungsplans im Wege der Befreiung zuzulassen. Die Befreiung ist im Unterschied zur Ausnahme im Bebauungsplan selbst nicht vorgesehen. Es handelt sich daher um ein planexternes Instrument, dessen Anwendungsvoraussetzungen in § 31 Abs. 2 BauGB näher geregelt sind. Eine Befreiung von den Festsetzungen eines Bebauungsplans ist in atypischen Sonderfällen daher möglich, wenn

    1. Gründe des Wohls der Allgemeinheit die Befreiung erfordern oder
    2. die Abweichung städtebaulich vertretbar ist oder
    3. die Durchführung des Bebauungsplanes zu einer offenbar nicht beabsichtigten Härte führen würde.

In jedem Fall muss die Abweichung auch unter Würdigung nachbarlicher Interessen mit den öffentlichen Belangen vereinbar sein.

Gründe des Wohls der Allgemeinheit, die eine Befreiung rechtfertigen, können beispielsweise die Errichtung von Krankenhäusern, Alten- und Pflegeheimen, von Schulen, Anlagen der Versorgung oder Entsorgung, des Umweltschutzes, des Verkehrs etc. sein. Städtebaulich vertretbar ist eine Abweichung insbesondere dann, wenn bei Umbauten oder Wiederaufbauten in bereits länger bebauten Gebieten ein Abweichen von den Festsetzungen eines Bebauungsplans das Vertrauen anderer Grundstückseigentümer in den Bestand planerischer Festsetzungen in vertretbarer Weise einschränkt. Eine offenbar nicht beabsichtigte Härte kann dann vorliegen, wenn aufgrund des Zuschnitts von Grundstücken (Weggrundstücke oder besonders schmal geschnittene Grundstücke) eine sinnvolle Bebauung nach den Festsetzungen des Bebauungsplans nicht möglich ist.

In jedem Fall dürfen durch eine Befreiung die Grundzüge der Planung nicht beeinträchtigt werden.

Zulässigkeit von Vorhaben während der Planaufstellung

Bis zum Inkrafttreten eines Bebauungsplanes kann erhebliche Zeit vergehen. Für den Fall, dass das Planaufstellungsverfahren bereits ein fortgeschrittenes Stadium erreicht hat, hat der Gesetzgeber in § 33 BauGB die Möglichkeit geschaffen, schon vor Inkrafttreten eines Bebauungsplanes ein Vorhaben planungsrechtlich zuzulassen. § 33 BauGB stellt dabei keinen zusätzlichen planungsrechtlichen Bereich neben §§ 30, 34 oder 35 BauGB dar. Sinn und Zweck von § 33 BauGB besteht vielmehr darin, die zum Genehmigungszeitpunkt bestehenden planungsrechtlichen Hindernisse nach §§ 30, 34 oder 35 BauGB durch einen Vorgriff auf künftige Festsetzungen eines Bebauungsplans zu überwinden. § 33 BauGB regelt zwei unterschiedliche Zulassungstatbestände:

- Vorabzulassung gemäß § 33 Abs. 1 BauGB
  Nach § 33 Abs. 1 BauGB ist ein Vorhaben, für dessen Bereich ein Aufstellungsbeschluss gefasst worden ist, zulässig, wenn
  1. die Öffentlichkeits- und Behördenbeteiligung (§ 3 Abs. 2, § 4 Abs. 2 und § 4 a Abs. 2 bis 5 BauGB) durchgeführt worden ist,
  2. anzunehmen ist, dass das Vorhaben den künftigen Festsetzungen des Bebauungsplanes nicht entgegensteht,
  3. der Antragsteller diese Festsetzungen für sich und seine Rechtsnachfolger schriftlich anerkennt und
  4. die Erschließung gesichert ist.

Der in § 33 Abs. 1 Nr. 1 BauGB genannte Verfahrensstand wird auch als „formelle Planreife" bezeichnet. Die in § 33 Abs. 1 Nr. 2 BauGB angesprochene so genannte „materielle" Planreife setzt voraus, dass gegen den künftigen Plan in materieller Hinsicht keine durchgreifenden rechtlichen Bedenken bestehen, so dass im Falle der Genehmigungsbedürftigkeit die Genehmigung sicher zu erwarten ist. Sind sämtliche Voraussetzungen des § 33 Abs. 1 BauGB erfüllt, besteht ein Rechtsanspruch darauf, dass der Bauantrag so behandelt wird, als seien die zu erwartenden Festsetzungen des Bebauungsplanes schon rechtswirksam geworden.

- Vorabzulassung gemäß § 33 Abs. 2 BauGB
  Fehlt die formelle Planreife i. S. v. § 33 Abs. 1 Nr. 1 BauGB insoweit, dass der Bauleitplanentwurf nach der Auslegung und der Einholung von Stellungnahmen (§ 4 a Abs. 3 Satz 1 BauGB) geändert oder ergänzt wird, so kann ein Vorhaben gleichwohl vor einer erneuten Öffentlichkeits- und Behördenbeteiligung zugelassen werden, wenn sich die vorgenommene Änderung oder Ergänzung des Bebauungsplanentwurfs nicht auf das Vorhaben auswirkt und die in § 33 Abs. 1 Nr. 2 bis 4 BauGB bezeichneten Voraussetzungen erfüllt sind (§ 33 Abs. 2 BauGB).

- Vorabzulassung gemäß § 33 Abs. 3 BauGB
  Eine Vorabzulassung ist schließlich auch bei der Durchführung eines vereinfachten Verfahrens gem. § 13 BauGB oder § 13a BauGB zulässig. Das Vorhaben kann dann vor der Durchführung der Öffentlichkeits- und Behördenbeteiligung zugelassen werden, wenn die Voraussetzungen nach § 33 Abs. 1 Nr. 2 bis 4 BauGB vorliegen. Vor der Erteilung der Genehmigung ist der betroffenen Öffentlichkeit und den berührten Behörden und sonstigen Trägern öffentlicher Belange Gelegenheit zur Stellungnahme innerhalb angemessener Frist zu geben, soweit sie dazu nicht bereits zuvor Gelegenheit hatten.

Zulässigkeit von Vorhaben im nichtbeplanten Innenbereich

Die planungsrechtliche Zulässigkeit von Bauvorhaben unterliegt nach dem BauGB nicht dem Vorbehalt vorheriger kommunaler Bauleitplanung. Soweit keine Bebauungspläne existieren oder diese nur Teilfragen regeln, beurteilt sich die planungsrechtliche Zulässigkeit von Vorhaben nach den vom Gesetzgeber selbst aufgestellten Kriterien. Nach § 34 Abs. 1 Satz 1 BauGB ist ein Vorhaben innerhalb der im Zusammenhang bebauten Ortsteile zulässig, wenn es sich nach Art und Maß der baulichen Nutzung, der Bauweise und der Grundstücksfläche, die überbaut werden soll, in die Eigenart der näheren Umgebung einfügt und die Erschließung gesichert ist. § 34 Abs. 1 BauGB regelt damit allgemein die Zulässigkeit von Vorhaben im (nicht qualifiziert geplanten) Innenbereich. Die Anwendung des § 34 BauGB setzt voraus:

- im Zusammenhang bebauter Ortsteil:
  Für einen Bebauungszusammenhang ist eine tatsächlich aufeinander folgende, zusammenhängende Bebauung maßgeblich, die, auch wenn sie vereinzelt Baulücken aufweist, nach der Verkehrsauffassung den Eindruck der Geschlossenheit vermitteln muss. Die vorhandene Bebauung muss ein gewisses Gewicht haben, „maßstabbildende Kraft" besitzen. Baulücken unterbrechen den Bebauungszusammenhang nicht, wenn sich die Fortsetzung der vorhandenen Bebauung gewissermaßen als „zwanglose Fortsetzung" fortsetzt, die Baulücke mithin als „Bau-

grundstück" prägt. Fehlt es hieran, kann es sich bei einem unbebauten Grundstück trotz vorhandener Umgebungsbebauung um eine „Außenbereichsinsel" im Innenbereich handeln. Nach der Rechtsprechung ist hierbei allerdings eine Abgrenzung nicht nach feststehenden thematischen Größen möglich, vielmehr kommt es auf die „natürliche Betrachtungsweise" an. Der Bebauungszusammenhang bildet dann einen Ortsteil, wenn er nach der Zahl der vorhandenen Bauten ein gewisses Gewicht besitzt und Ausdruck einer organischen Siedlungsstruktur ist. Eine Splittersiedlung kann daher zwar einen Bebauungszusammenhang, nicht jedoch einen Ortsteil bilden. Zum Zwecke der Rechtssicherheit können die Gemeinden gemäß § 34 Abs. 4 Nr. 1 BauGB die Grenzen für die im Zusammenhang bebauter Ortsteile durch Satzung festlegen.

- Einfügen in die Eigenart der näheren Umgebung:
Für die Beurteilung, ob sich ein Vorhaben einfügt oder nicht, kommt es auf die „nähere Umgebung" des Baugrundstücks an. Die „nähere Umgebung" i. S. des Planungsrechts geht über die unmittelbar angrenzenden Nachbargrundstücke hinaus und bezieht auch diejenigen Grundstücke ein, die im Rahmen „städtebaulicher Sichtachsen" prägend wirken.

Planungsrechtlicher Maßstab ist aber die Umgebung nicht schlechthin, sondern lediglich ihre „Eigenart". Um diese Eigenart zu ermitteln, sind aus dem umgebenden Bebauungsbestand einerseits Fremdkörper, andererseits völlig unbedeutende Bebauungen auszuklammern. Nur ausnahmsweise entspricht dabei die Eigenart der näheren Umgebung einem Baugebiet, wie sie in der BauNVO typisiert sind. Soweit dies der Fall ist, beurteilt sich die Zulässigkeit des Vorhabens nach seiner Art alleine danach, ob es nach der BauNVO in dem Baugebiet allgemein zulässig wäre (§ 34 Abs. 2 BauGB). Prüfungstechnisch ist daher diese Frage gedanklich vorzuziehen. Lässt sich die Eigenart der näheren Umgebung hingegen keinem in der BauNVO typisierten Baugebiet zuordnen, bleibt es für die Beurteilung der planungsrechtlichen Zulässigkeit bei dem oftmals heterogenen Nutzungsrahmen. Nicht selten weist die Umgebungsbebauung eine planungsrechtliche „Gemengelage" von Wohngebäuden, imitierenden und nicht imitierenden Gewerbebetrieben etc. auf, so dass die Eigenart der näheren Umgebung durch diesen - weit gefassten - Rahmen geprägt wird. Was für die Nutzungsart gilt, gilt gleichermaßen für das Maß der baulichen Nutzung. Weisen Gebäude beispielsweise eine Bebauung von 2 bis 4 Vollgeschossen auf, ist auch eine künftige Bebauung in diesem Rahmen grundsätzlich zulässig. Einschränkungen können sich insoweit allerdings aus dem „Beeinträchtigungsverbot" (§ 34 Abs. 1 Satz 2 2. HS BauGB) und dem „Rücksichtnahmegebot" (§ 15 Abs. 2 BauNVO) ergeben.

Orientierungshilfen zur Beurteilung der Frage, ob sich ein Vorhaben planungsrechtlich in die Eigenart der näheren Umgebung einfügt, sind die Begriffe und Parameter der BauNVO. Hinzuweisen ist darauf, dass nach § 246 Abs. 7 die Länder befristet bis zum

2.2 Öffentliches und privates Baurecht

31.12.2004 die Anwendung von § 34 Abs. 1 Satz 1 BauGB für Einkaufszentren, großflächige Einzelhandelsbetriebe und sonstige großflächige Handelsbetriebe i. S. v. § 11 Abs. 3 BauNVO ausschließen und damit einen Planungsvorbehalt schaffen konnten.

Abbildung 2.2-8: Zulässigkeit von Vorhaben im unbeplanten Innenbereich

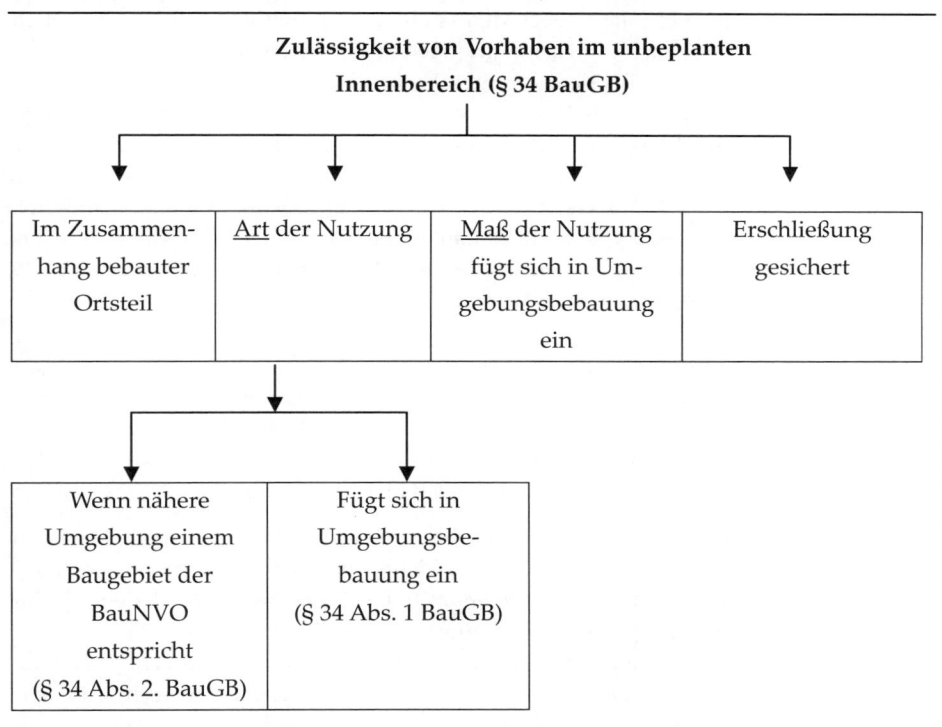

Zulässigkeit von Vorhaben im unbeplanten Innenbereich (§ 34 BauGB)			
Im Zusammenhang bebauter Ortsteil	Art der Nutzung	Maß der Nutzung fügt sich in Umgebungsbebauung ein	Erschließung gesichert

Wenn nähere Umgebung einem Baugebiet der BauNVO entspricht (§ 34 Abs. 2. BauGB)	Fügt sich in Umgebungsbebauung ein (§ 34 Abs. 1 BauGB)

Zulässigkeit von Vorhaben im Außenbereich

Grundstücke, die weder im Geltungsbereich eines Bebauungsplanes noch innerhalb eines im Zusammenhang bebauten Ortsteils liegen, sind nach dem BauGB möglichst von Bebauungen frei zu halten. Da das BauGB keine Positiv-Definition des Außenbereichs enthält, kommt es in der Praxis für die Bestimmung des Außenbereichs vor allen Dingen auf eine Abgrenzung zum Innenbereich gemäß § 34 BauGB an:

Ein Grundstück außerhalb des Geltungsbereichs eines Bebauungsplanes kann nur entweder im Innenbereich oder im Außenbereich liegen.

Hinsichtlich der Zulässigkeit von Vorhaben im Außenbereich grenzt § 35 BauGB zwei Arten von Vorhaben voneinander ab:

Prof. Dr. Bernd Dammert

Die in § 35 Abs. 1 BauGB aufgeführten sogenannten „privilegierten" Vorhaben sind im Außenbereich zulässig, wenn die ausreichende Erschließung gesichert ist. Alle anderen „sonstigen" Vorhaben i. S. v. § 35 Abs. 2 BauGB sind nur dann zulässig, wenn ihre Ausführung und Benutzung öffentliche Belange nicht beeinträchtigt und die Erschließung gesichert ist.

Unter § 35 Abs. 1 BauGB fallen neben den land- und forstwirtschaftlichen Betrieben insbesondere Ver- und Entsorgungseinrichtungen bis hin zu Anlagen zur Nutzung der Wind- oder Wasserenergie. Bei den sonstigen Vorhaben gemäß § 35 Abs. 2 BauGB gilt der Grundsatz, dass die in § 35 Abs. 3 BauGB beispielhaft aufgezählten öffentlichen Belange nicht beeinträchtigt sein dürfen. Von besonderer Bedeutung ist hierbei in der Praxis das in § 35 Abs. 3 Nr. 7 BauGB aufgeführte Verbot der Entstehung, Verfestigung oder Erweiterung einer Splittersiedlung. Um den Strukturwandel in der Landwirtschaft zu erleichtern, sieht § 35 Abs. 4 BauGB Erleichterungen für bestimmte Erweiterungen und Umnutzungen vor. Der „räumlich-funktionale Zusammenhang" (§ 35 Abs. 4 Nr. 1 e BauGB) ist jedoch zu wahren.

Gemeindliches Einvernehmen

Da nach den Bauordnungen der Länder die Zulässigkeit von Bauvorhaben nicht durch die plangebenden Gemeinden, sondern vielmehr durch die staatlichen Bauaufsichtsbehörden entschieden wird, ist den Gemeinden zur Sicherung ihrer kommunalen Planungshoheit ein Mitwirkungsrecht in Form des Einvernehmens eingeräumt worden.

Nach § 36 Abs. 1 Satz 1 BauGB wird daher über die Zulässigkeit von Vorhaben nach den §§ 31, 33 bis 35 BauGB im bauaufsichtlichen Verfahren von den Baugenehmigungsbehörden im Einvernehmen mit der Gemeinde entschieden. Ist im Geltungsbereich eines qualifizierten Bebauungsplanes für bestimmte Bauvorhaben nach den Landesbauordnungen keine Baugenehmigung mehr erforderlich, stellen die Länder gemäß § 36 Abs. 1 Satz 3 BauGB sicher, dass die Gemeinde rechtzeitig vor Ausführung des Vorhabens über Maßnahmen zur Sicherung der Bauleitplanung nach den §§ 14 und 15 BauGB entscheiden kann.

Das gemeindliche Einvernehmen stellt eine rein behördeninterne Mitwirkungshandlung der Gemeinden im bauaufsichtlichen Verfahren dar. Ein klagbarer Anspruch auf Erteilung des gemeindlichen Einvernehmens besteht daher nicht. Da die Bauaufsichtsbehörde an eine etwaige Verweigerung des Einvernehmens gebunden ist und in diesem Falle ein planungsrechtliches Genehmigungserfordernis fehlt, wurde sowohl durch die Landesbauordnungen als auch durch § 36 Abs. 2 Satz 3 BauGB die Möglichkeit vorgesehen, dass ein rechtswidrig versagtes Einvernehmen der Gemeinde durch die nach Landesrecht zuständigen Behörden ersetzt werden kann. Die Ersetzung des gemeindlichen Einvernehmens kommt dann in Betracht, wenn das Einvernehmen aus nicht-städtebaulichen Gründen versagt wird.

Die Gemeinde hat zwei Monate Zeit, um über die Erteilung oder Versagung des Einvernehmens zu entscheiden. Äußert sich die Gemeinde in diesem Zeitraum nicht, gilt gemäß § 36 Abs. 2 Satz 2 BauGB das Einvernehmen als erteilt.

2.2.2.6 Erschließung

Zahlreiche Vorschriften des Bauplanungsrechts machen die Zulässigkeit eines Vorhabens davon abhängig, dass die Erschließung gesichert ist. Obwohl das BauGB selbst keine Definition der Erschließung enthält, umfasst der planungsrechtliche Erschließungsbegriff den Anschluss an das öffentliche Straßennetz, die Energie- und Wasserversorgung sowie die erforderliche Grundstücks- und Straßenentwässerung. Die Erschließung in vorgenanntem Sinne ist nur teilweise im BauGB selbst geregelt. Dies gilt sowohl was die Herstellung von Erschließungsanlagen betrifft als auch die Erhebung von Erschließungsbeiträgen. Nach § 123 Abs. 1 BauGB ist die Erschließung zwar Aufgabe der Gemeinde, soweit sie nicht nach anderen gesetzlichen Vorschriften oder öffentlich-rechtlichen Verpflichtungen einem anderen obliegt. Ein Rechtsanspruch auf Erschließung besteht gemäß § 123 Abs. 3 BauGB jedoch grundsätzlich nicht. Nur in Ausnahmefällen kann sich die Erschließungslast der Gemeinden zu einem Erschließungsanspruch eines Grundstückseigentümers verdichten.

Nach § 124 BauGB kann die Gemeinde die Erschließung durch Vertrag auf einen Dritten übertragen. Hierbei sind unterschiedliche Gestaltungen denkbar. Zum einen kann der Erschließungsträger sämtliche Erschließungsleistungen übernehmen und auf eigene Kosten finanzieren. Denkbar ist aber auch, dass der Erschließungsträger die Erschließungsleistung zunächst nur vorfinanziert und ihm die Gemeinde nach Herstellung der Erschließungsanlagen den auf Fremdanlieger entfallenden Kostenanteil erstattet, um ihn ihrerseits über Fremdanliegerbeiträge zu refinanzieren. Obwohl im BauGB (teilweise) geregelt, handelt es sich beim Erschließungsbeitragsrecht um keinen Teil des Planungsrechts, sondern vielmehr um öffentliches Abgabenrecht, das an dieser Stelle nicht weiter vertieft werden soll.

2.2.2.7 Bauordnungsrecht

Das Bauordnungsrecht der Länder hat sich historisch als so genanntes „Baupolizeirecht" entwickelt, dessen Aufgabe im Wesentlichen die Gefahrenabwehr, insbesondere die Verhütung der Brandgefahr und die Sicherung der Standsicherheit von Gebäuden war. Nach und nach wurde das Bauordnungsrecht um Regelungen erweitert, die auch dem konfliktfreien Zusammenleben der Menschen sowie sozialen Belangen dienen. In Umsetzung der Bauproduktenrichtlinie der EU haben schließlich binnenmarktöffnende Vorschriften über die Verwendung der in Verkehr gebrachten Bauprodukte Eingang in die Landesbauordnungen gefunden. Damit verfolgen die mehr oder minder auf der Musterbauordnung der ARGE BAU beruhenden Landesbauordnungen neben der Gefahrenabwehr das Ziel des Verunstaltungsschutzes, der Ver-

Prof. Dr. Bernd Dammert

wirklichung sozialer Standards sowie - zum Teil - der Umweltverträglichkeit, indem entsprechende Anforderungen an die Bauausführung und das einzelne Bauwerk gestellt werden.

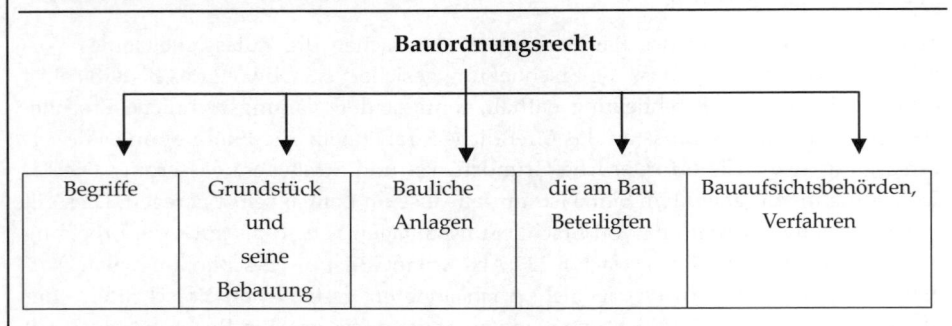

Abbildung 2.2-9:   Inhalt des Bauordnungsrechts

Bauordnungsrecht				
Begriffe	Grundstück und seine Bebauung	Bauliche Anlagen	die am Bau Beteiligten	Bauaufsichtsbehörden, Verfahren

Materielles Bauordnungsrecht

Das materielle Bauordnungsrecht enthält Vorgaben zur Gefahrenabwehr, baulichen Gestaltung sowie zur Verwirklichung sozialer Standards, basierend auf allgemeinen Anforderungen.

Begriffe und allgemeine Anforderungen des Bauordnungsrechts

Den zitierten Vorschriften liegt die Sächsische Bauordnung vom 28.05.2004, umfassend geändert durch das Gesetz zur Neufassung der Sächsischen Bauordnung und zur Änderung anderer Gesetze vom 28.05.2004 (SächsGVBl. S. 200), zugrunde. Diese Neufassung erfolgte als Umsetzung der im November 2002 von der Bauministerkonferenz der Länder beschlossenen neuen Musterbauordnung. Für einzelne Regelungen sind jedoch Unterschiede der Landesbauordnung zu beachten.

Die für das Verständnis und die Anwendung bauordnungsrechtlicher Vorschriften maßgeblichen Begriffe sind in § 2 SächsBO definiert. Bauliche Anlagen sind hiernach mit dem Erdboden verbundene, aus Bauprodukten hergestellte Anlagen (§ 2 Abs. 1 Satz 1 SächsBO). Den baulichen Anlagen werden eine Vielzahl von Tätigkeiten und Vorhaben gleichgestellt (§ 2 Abs. 1 Satz 3 SächsBO). Gebäude sind besondere, nämlich selbständig benutzbare, überdeckte bauliche Anlagen, die von Menschen betreten werden können und geeignet oder bestimmt sind, dem Schutz von Menschen, Tieren oder Sachen zu dienen (§ 2 Abs. 2 SächsBO). Ferner werden die Gebäude gem. § 2 Abs. 3 SächsBO in folgende Gebäudeklassen eingeteilt:

2.2 Öffentliches und privates Baurecht

Gebäudeklasse 1:

a) frei stehende Gebäude mit einer Höhe bis zu 7 m und nicht mehr als zwei Nutzungseinheiten von insgesamt nicht mehr als 400 m2 und

b) frei stehende land- oder forstwirtschaftlich genutzte Gebäude;

Gebäudeklasse 2:

Gebäude mit einer Höhe bis zu 7 m und nicht mehr als zwei Nutzungseinheiten von insgesamt nicht mehr als 400 m2;

Gebäudeklasse 3:

Sonstige Gebäude mit einer Höhe bis zu 7 m;

Gebäudeklasse 4:

Gebäude mit einer Höhe bis zu 13 m und Nutzungseinheiten mit jeweils nicht mehr als 400 m2;

Gebäudeklasse 5:

Sonstige Gebäude einschließlich unterirdischer Gebäude.

In § 2 Abs. 4 SächsBO hat der Gesetzgeber einen Katalog sogenannter „Sonderbauten" in die Bauordnung eingefügt, zu denen beispielsweise Hochhäuser, bauliche Anlagen mit mehr als 30 m Höhe über Geländeoberfläche, größere Verkaufsstätten, Versammlungsstätten etc. gehören. Der Katalog der 19 Kategorien von Sonderbauten ist abschließend.

Geschosse sind oberirdische Geschosse, deren Deckenoberfläche im Mittel mehr als 1,40 Meter über die Geländeoberfläche hinausragt.

Das Grundstück und seine Bebauung

Voraussetzung für die Bebauung eines Grundstückes ist, dass es nach Lage, Form, Größe und Beschaffenheit für die vorgesehene Bebauung nach Maßgabe bauordnungsrechtlicher Vorschriften geeignet ist. Die Landesbauordnungen verlangen daher, dass das Grundstück im bauordnungsrechtlichen Sinne erschlossen ist, die erforderlichen Abstandsflächen eingehalten sind, sowie die Anforderungen an nicht überbaute Flächen, die Einfriedung von Grundstücken und die Gestaltung von Gemeinschaftsanlagen beachtet werden.

Gebäude dürfen daher nur errichtet werden, wenn das Grundstück in angemessener Breite an einer befahrbaren öffentlichen Verkehrsfläche liegt, oder wenn das Grundstück eine befahrbare, rechtlich gesicherte Zufahrt zu einer befahrbaren öffentlichen Verkehrsfläche hat. Ebenso muss die Versorgung mit Trinkwasser und die einwandfreie Beseitigung des Abwassers und Niederschlagswassers dauernd gesichert sein. Zur Brandbekämpfung muss eine ausreichende Wassermenge zur Verfügung stehen.

Prof. Dr. Bernd Dammert

Im Baugenehmigungsverfahren kann daher eine Bescheinigung verlangt werden, wonach die öffentliche Verkehrsfläche befahrbar ist und der Anschluss an die öffentliche Wasserversorgungs- und Abwasserbeseitigungsanlage möglich ist. Ob bei fehlender Sammelkanalisation eine Abwasserbeseitigung über Kleinkläranlagen zulässig ist, regelt nicht das Bauordnungsrecht, sondern die Wassergesetze der Länder.

Um eine ausreichende Belichtung, Besonnung und Belüftung, sowie die Sicherstellung des Brandschutzes für das Baugrundstück selbst und daneben einen Schutz der Nachbargrundstücke vor übermäßiger Beengung und Einsicht zu gewährleisten, verlangen die meisten Landesbauordnungen, dass bestimmte Abstandsflächen eingehalten werden. Dem Begriff nach stellen Abstandsflächen vor Außenwänden oberirdischer Gebäude freizuhaltende Flächen dar (§ 6 Abs. 1 Satz 1 SächsBO). Die Abstandsflächen müssen auf dem Grundstück selbst liegen (§ 6 Abs. 2 Satz 1 SächsBO). Die Abstandsflächen dürfen auch auf öffentlichen Verkehrsflächen, öffentlichen Grünflächen und öffentlichen Wasserflächen liegen, jedoch nur bis zu deren Mitte (§ 6 Abs. 2 Satz 2 SächsBO). Eine Abstandsfläche ist nicht erforderlich vor solchen Außenwänden, die an Grundstücksgrenzen errichtet werden, wenn nach planungsrechtliche Vorschriften an die Grenze gebaut werden muss oder gebaut werden darf (§ 6 Abs. 1 Satz 3 SächsBO). Grundsätzlich dürfen sich Abstandsflächen nicht überdecken (§ 6 Abs. 3 Satz 1 SächsBO). Die meisten Landesbauordnungen lassen jedoch gewisse Ausnahmen zu (vgl. § 6 Abs. 3 Satz 2 SächsBO). Die Tiefe der Abstandsflächen bemisst sich nach der Wandhöhe, die senkrecht zur Wand gemessen wird. Als Wandhöhe gilt das Maß von der Geländeoberfläche bis zum Schnittpunkt der Wand mit der Dachhaut oder bis zum oberen Abschluss der Wand (§ 6 Abs. 4 SächsBO). Die Höhe von Dächern mit einer Neigung von weniger als 70 Grad wird zu einem Drittel der Wandhöhe hinzugerechnet (§ 6 Abs. 4 Satz 4 SächsBO). In den übrigen Fällen wird die Höhe des Dachs voll hinzugerechnet. Das sich aus Wandhöhe und anteiliger Dachhöhe ergebende Maß ist H. Die Tiefe der Abstandsflächen beträgt 0,4 H, jedoch mindestens 3 m (§ 6 Abs. 5 Satz 1 SächsBO).

In Gewerbe-, und Industriegebieten ist eine Tiefe von 0,2 H ausreichend, allerdings muss die Tiefe mindestens 3 m betragen. Bei Wohngebäuden der Gebäudeklassen 1 und 2 mit nicht mehr als drei oberirdischen Geschossen genügt eine Tiefe der Abstandsfläche von 3 m (§ 6 Abs. 5 SächsBO).

Vor die Außenwand vortretende Bauteile wie Gesimse und Dachüberstände sowie Vorbauten, wie Balkone, Hauseingangstreppen und deren Überdachungen etc. bleiben für die Berechnung der Abstandsflächen außer Betracht. Für die Vorbauten gilt dies allerdings nur, wenn sie insgesamt nicht mehr als ein Drittel der Breite der jeweiligen Außenwand in Anspruch nehmen, nicht mehr als 1,50 m vor diese Außenwand vortreten und mindestens 2 m von der gegenüberliegenden Nachbargrenze entfernt bleiben (§ 6 Abs. 6 SächsBO).

2.2 Öffentliches und privates Baurecht

In den Abstandsflächen eines Gebäudes sowie ohne eigene Abstandsflächen sind die folgenden baulichen Anlagen zulässig, auch wenn sie nicht an die Grundstücksgrenze oder an das Gebäude gebaut werden (§ 6 Abs. 7 SächsBO):

- Garagen, Abstellräume und Gebäude ohne Aufenthaltsräume und Feuerstätten mit einer mittleren Wandhöhe bis zu 3 m und einer Gesamtlänge je Grundstücksgrenze von 9 m;
- gebäudeunabhängige Solaranlagen mit einer Höhe bis zu 3 m und einer Gesamtlänge je Grundstücksgrenze von 9 m sowie
- Stützmauern und geschlossene Einfriedungen in Gewerbe- und Industriegebieten, außerhalb dieser Baugebiete mit einer Höhe bis zu 2 m.

Zu beachten ist, dass bei der ersten und zweiten Fallgruppe die Länge der die Abstandsflächentiefe gegenüber den Grundstücksgrenzen nicht einhaltenden Bebauung auf einem Grundstück insgesamt 15 m nicht überschreiten darf.

Die Landesbauordnungen schreiben ferner vor, dass bauliche Anlagen nach Form, Maßstab, Verhältnis der Baumassen und Bauteile zueinander, Werkstoff und Farbe so gestaltet sein müssen, dass sie nicht verunstaltend wirken (§ 9 Satz 1 SächsBO). Für Gebäude stellt dieses Verunstaltungsverbot eine kaum praxisrelevante Einschränkung dar. Bei Werbeanlagen hingegen spielt es eine weitaus größere Rolle (§ 10 SächsBO).

Die Landesbauordnungen verlangen i. S. d. allgemeinen Anforderungen an die Bauausführungen, dass Baustellen so einzurichten sind, dass bauliche Anlagen ordnungsgemäß errichtet, geändert, instand gesetzt oder abgebrochen werden können und Gefahren oder vermeidbare Belästigungen nicht entstehen (§ 11 Abs. 1 SächsBO). Insbesondere muss jede bauliche Anlage standsicher sein (§ 12 Abs. 1 Satz 1 SächsBO), der Entstehung eines Brandes und der Ausbreitung von Feuer und Rauch muss vorgebeugt werden (§ 14 SächsBO), der erforderliche Wärmeschutz muss vorhanden sein (§ 15 Abs. 1 SächsBO) und die Verkehrssicherheit muss gewährleistet sein (§ 16 SächsBO). Diese allgemeinen Grundsätze werden durch Sondervorschriften zu Wänden, Decken, Dächern, Treppen, Rettungswegen, haustechnischen Anlagen, Feuerungsanlagen, Aufenthaltsräumen, Wohnungen, Stellplätzen und Garagen konkretisiert (§§ 26-46 SächsBO).

Formelles Bauordnungsrecht

Regelungsgegenstand des formellen Bauordnungsrechts sind insbesondere der Aufbau der Bauaufsichtsbehörden sowie Inhalt und Durchführung bauordnungsrechtlicher Verwaltungsverfahren. Ergänzt wird dieses spezielle Verfahrensrecht durch die (allgemeinen) Verwaltungsverfahrensgesetze der Länder. Im Vordergrund stehen die Bestimmungen über das Baugenehmigungsverfahren sowie die bauordnungsrechtlichen Eingriffsbefugnisse gegen bauordnungswidrige Zustände. Die Genehmigungsverfahren dienen der präventiven Kontrolle von Bauvorhaben. Die Eingriffsbefugnisse dienen dem repressiven Vorgehen gegen rechtswidrige Bauvorhaben.

Prof. Dr. Bernd Dammert

Aufbau der Bauaufsichtsbehörden

Die Bauaufsichtsbehörden sind in den meisten Bundesländern dreistufig aufgebaut. Bauaufsichtsbehörden sind hiernach die zuständigen Ministerien als oberste Bauaufsichtsbehörde, die Landesdirektionen (Bezirksregierungen) als obere Bauaufsichtsbehörden und die Landkreise und kreisfreien Städte als untere Bauaufsichtsbehörden (§ 57 Abs. 1 Satz 1 SächsBO). Der obersten und oberen Bauaufsichtsbehörde obliegt die Fach- und Dienstaufsicht über die jeweils nachgeordneten Bauaufsichtsbehörden.

Genehmigungsbedürftige und genehmigungsfreie Bauvorhaben

Die Landesbauordnungen gehen von dem Grundsatz aus, dass die Errichtung, die Änderung, die Nutzungsänderung und der Abbruch baulicher Anlagen sowie anderer Anlagen und Einrichtungen, an die bauordnungsrechtliche Anforderungen gestellt werden, der Baugenehmigung bedürfen, soweit die Landesbauordnungen keine Befreiungen oder Lockerungen von der Genehmigungspflicht statuieren (vgl. § 59 Abs. 1 SächsBO). Dieser Grundsatz ist jedoch immer weiter gelockert worden, wie die Regelungen zu verfahrensfreien Vorhaben (§ 61 SächsBO) und zur Genehmigungsfreistellung in Sachsen (§ 62 SächsBO) zeigen. Nach diesen Vorschriften bedarf es für ein bauliches Vorhaben keiner förmlichen Baugenehmigung mehr.

Um beurteilen zu können, ob für ein bestimmtes Vorhaben überhaupt eine Genehmigung erforderlich ist, ist daher zunächst der Katalog genehmigungsfreier Vorhaben daraufhin zu überprüfen, ob das Gebäude oder die bauliche Anlage hierin erfasst ist. Genehmigungsfrei sind beispielsweise Kleinstgebäude, außer im Außenbereich (§ 61 Abs. 1 Nr. 1 a) SächsBO), Anlagen der öffentlichen Versorgung mit Elektrizität, Gas, Öl oder Wärme dienen mit einer Höhe bis zu 5 m und einer Brutto-Grundfläche bis zu 10 m2 (§ 61 Abs. 1 Nr. 4 b) SächsBO), bestimmte nur vorübergehend aufgestellte oder genutzte Anlagen (§ 61 Abs. 1 Nr. 13 SächsBO) sowie der Abbruch kleinerer Gebäude und verfahrensfreier Vorhaben (§ 61 Abs. 3 Satz 1 SächsBO).

Reine Instandsetzungs- und Instandhaltungsarbeiten bedürfen ebenfalls keiner Baugenehmigung (§ 61 Abs. 4 SächsBO). Zu berücksichtigen ist aber, dass auch Baumaßnahmen, die keiner Baugenehmigung bedürfen, ebenso wie genehmigungsbedürftige Vorhaben den sonstigen öffentlich-rechtlichen Vorschriften entsprechen müssen, wie beispielsweise dem Bauplanungsrecht, Wasserrecht, Immissionsschutzrecht, Gewerberecht, Straßenrecht etc.

Neben den Katalogen an genehmigungsfreien Vorhaben sehen die Landesbauordnungen in unterschiedlicher Weise Vereinfachungen bei der Zulassung von Bauvorhaben vor. Es handelt sich hierbei um das vereinfachte Baugenehmigungsverfahren, das Anzeigeverfahren sowie das Freistellungsverfahren.

2.2 Öffentliches und privates Baurecht

Genehmigungsfreistellung

Die Landesbauordnungen gehen in zunehmendem Maße dazu über, Gebäude von der förmlichen Genehmigungspflicht zu befreien. Beispiel hierfür ist die Genehmigungsfreistellung nach § 62 SächsBO, die durch die Novellierung der Sächsischen Bauordnung eingefügt wurde und das seit dem 18.03.1999 geltende Anzeigeverfahren ablöst:

Nach § 62 Abs. 1 SächsBO ist für die Errichtung, Änderung und Nutzungsänderung baulicher Anlagen, die keine Sonderbauten, wie beispielsweise Hochhäuser (§ 2 Abs. 4 SächsBO) sind, anstelle eines Baugenehmigungsverfahrens eine Genehmigungsfreistellung vorgesehen, wenn die folgenden Voraussetzungen erfüllt sind:

1. Das Vorhaben muss im Geltungsbereiches eines qualifizierten oder vorhabenbezogenen Bebauungsplanes (§ 30 Abs. 1 oder §§ 12, 30 Abs. 2 BauGB) liegen.
2. Das Vorhaben darf den Festsetzungen des Bebauungsplans nicht widersprechen.
3. Die Erschließung im Sinne des Baugesetzbuches muss gesichert sein.
4. Schließlich darf die Gemeinde nicht innerhalb von drei Wochen ab dem von der Bauaufsichtsbehörde bestätigten Eingangsdatum von ihrem so genannten „Rückholrecht" Gebrauch gemacht haben, also gegenüber der Bauaufsichtsbehörde verlangt haben, dass für das Bauvorhaben ein vereinfachtes Baugenehmigungsverfahren durchgeführt werden soll oder eine vorläufige Untersagung nach § 15 Abs. 1 Satz 2 BauGB gegenüber der Bauaufsichtsbehörde beantragt haben.

Soweit die vorbezeichneten Voraussetzungen erfüllt sind, bedarf es einer Baugenehmigung nur noch für Sonderbauten (§ 2 Abs. 4 SächsBauO).

Ähnlich zu dem bis zur Novelle der Sächsichen Bauordnung im Jahre 2004 geltenden Anzeigeverfahren kann der Bauherr sein Bauvorhaben ohne eine Baugenehmigung formell legal realisieren, sofern er die erforderlichen Unterlagen vor der Durchführung des Bauvorhabens eingereicht hat.

Der Verfahrensablauf gestaltet sich im Einzelnen wie folgt (§ 62 Abs. 3 SächsBO):

- Zunächst muss der Bauherr die erforderlichen Unterlagen vor Baubeginn bei der unteren Bauaufsichtsbehörde und der Gemeinde, wenn diese nicht Bauaufsichtsbehörde ist, einreichen.
- Die Bauaufsichtsbehörde ist verpflichtet, dem Bauherrn innerhalb von fünf Werktagen das Eingangsdatum zu bestätigen, wenn die Unterlagen vollständig eingereicht wurden oder bei mangelnder Vollständigkeit fehlende Unterlagen nachzufordern.
- Das Bauvorhaben darf drei Wochen nach dem von der Bauaufsichtsbehörde bestätigten Eingangsdatum begonnen werden, es sei denn die Bauaufsichtsbehörde untersagt den Baubeginn innerhalb dieser Frist.

Bestehen für die Bauaufsichtsbehörde Anhaltspunkte dafür, dass dem beabsichtigten Vorhaben öffentlich-rechtliche Vorschriften entgegenstehen und beispielsweise die Erschließung nicht gesichert ist, kann der Baubeginn untersagt werden.

Prof. Dr. Bernd Dammert

Die Bauaufsichtsbehörde muss den Baubeginn zwingend innerhalb der dreiwöchigen Frist untersagen, wenn die Gemeinde dem Bauherrn und der Bauaufsichtsbehörde vor Ablauf dieser Frist mitteilt, dass ein Genehmigungsverfahren durchgeführt werden soll oder sie eine Untersagung nach § 15 Abs. 1 Satz 2 BauGB beantragt wird. Der Baubeginn ist des Weiteren immer dann zu untersagen, wenn es sich bei der baulichen Anlage um einen Sonderbau handelt oder die oben dargestellten Voraussetzungen der Genehmigungsfreiheit nicht vorliegen (§ 62 Abs. 3 Satz 5 SächsBO).

Hat der Bauherr Abweichungen von den Anforderungen der Sächsischen Bauordnung oder von Vorschriften, die aufgrund der Sächsischen Bauordnung erlassen wurden, nach § 67 Abs. 1 Satz 1 SächsBO beantragt, so darf mit der Ausführung des Bauvorhabens zumindest hinsichtlich der davon betroffenen Teile des Vorhabens, erst begonnen werden, wenn die entsprechende Genehmigung vorliegt (§ 62 Abs. 3 Satz 4 SächsBO).

Die Einreichung der erforderlichen Unterlagen gem. § 62 Abs. 3 Satz 1 SächsBO hat in jeweils einfacher Ausfertigung zu erfolgen. Es handelt sich dabei um die so genannten Bauvorlagen. Diese umfassen die bautechnischen Nachweise nach §§ 66, 62 Abs. 5 Satz 1 SächsBO. Die bautechnischen Nachweise dokumentieren, dass die Anforderungen an die Standsicherheit, den Brand-, Schall-, Wärme- und Erschütterungsschutz nach näherer Maßgabe der Verordnung auf Grund § 88 Abs. 3 SächsBO eingehalten sind. Einzureichen sind weiterhin alle für die Beurteilung des Bauvorhabens und die Bearbeitung des Bauantrags erforderlichen Bauvorlagen. In der nach § 88 Abs. 3 SächsBO erlassenen Verordnung ist detailliert geregelt, um welche Unterlagen es sich dabei handelt (§§ 62 Abs. 5 Satz 2, 68 Abs. 2 SächsBO). Der Bauantrag muss von dem Bauherrn und dem Entwurfsverfasser und die Bauvorlagen von dem Entwurfsverfasser unterzeichnet sein (§§ 62 Abs. 5 Satz 2, 68 Abs. 4 Satz 1 SächsBO).

Der Bauherr hat weiterhin einen Auszug aus dem Bebauungsplan mit Eintragung des Baugrundstücks und eine Bestätigung der Gemeinde, dass für das Vorhaben die Erschließung bei Nutzungsbeginn gesichert ist und eine Erklärung des Entwurfsverfassers, dass die öffentlich-rechtlichen Vorschriften eingehalten werden und die Bauvorlagen vollständig erstellt sind sowie Ausnahmen und Befreiungen gesondert beantragt werden, einzureichen (§§ 62 Abs. 3 Satz 1, 68 Abs. 2 Satz 1 SächsBO).

Sollte zwischen dem Zeitpunkt, in dem die Bauausführung zulässig geworden ist und dem Beginn der Ausführung des Bauvorhabens mehr als drei Jahre vergehen, so muss der Bauherr das beschriebene Verfahren der Genehmigungsfreistellung nochmals durchführen (§ 62 Abs. 3 Satz 6 SächsBO). Im Geltungsbereich von qualifizierten oder vorhabenbezogenen Bebauungsplänen kann durch die Genehmigungsfreistellung in verhältnismäßig kurzer Zeit mit der Errichtung begonnen werden. Da keine förmliche Baugenehmigung mehr erteilt wird, muss auf die mit der Erteilung einer Baugenehmigung verbundene Rechtssicherheit jedoch verzichtet werden.

2.2 Öffentliches und privates Baurecht

Vereinfachtes Baugenehmigungs- und „Voll" - Baugenehmigungsverfahren

Der Trend, dass sich der Staat aus dem förmlichen Baugenehmigungsrecht weiter zurückzieht, zeigt sich auch bei den neueren Regelungen zum Baugenehmigungsverfahren selbst. War es bislang die Regel, dass für die Errichtung, die Änderung, die Nutzungsänderung und den Abbruch baulicher Anlagen ein umfassendes Baugenehmigungsverfahren durchzuführen war, wird das „klassische" Baugenehmigungsverfahren künftig immer mehr zum Ausnahmeverfahren. Sowohl in Bayern als auch in Sachsen wird mit Ausnahme von Sonderbauten (§ 2 Abs. 4 SächsBO) nur noch ein vereinfachtes Baugenehmigungsverfahren durchgeführt. Dieses vereinfachte Baugenehmigungsverfahren zeichnet sich durch einen reduzierten staatlichen Prüfungsumfang aus und soll hierdurch innerhalb kürzerer Zeit zur Erteilung der beantragten Baugenehmigung führen. Ein solches vereinfachtes Baugenehmigungsverfahren nach § 63 SächsBO beschränkt sich nicht mehr nur auf kleinere Bauvorhaben, sondern erfasst sämtliche bauliche Anlagen, soweit es sich nicht um Sonderbauten oder verfahrensfreie Bauvorhaben nach § 61 SächsBO oder bauliche Anlagen handelt, für welche eine Genehmigungsfreistellung nach § 62 SächsBO geltend gemacht werden kann.

Im vereinfachten Baugenehmigungsverfahren beschränkt sich die Prüfung der Bauvorlagen auf die planungsrechtliche Zulässigkeit des Vorhabens, auf beantragte Abweichungen im Sinne des § 67 Abs. 1 und 2 Satz 3 SächsBO und die Einhaltung sonstiger öffentlich-rechtlicher Anforderungen, soweit wegen der Baugenehmigung eine Entscheidung nach anderen öffentlich-rechtlichen Vorschriften entfällt oder ersetzt wird.

Bei den genannten Abweichungen handelt es sich um Abweichungen von der Sächsischen Bauordnung oder von auf ihrer Grundlage erlassenen Vorschriften (§ 67 Abs. 1 Satz 1 SächsBO) sowie um Abweichungen von Rechtsnormen, die im Genehmigungsverfahren nicht geprüft werden (§ 67 Abs. 2 Satz 3 SächsBO). Die Prüfung anderer öffentlich-rechtlicher Anforderungen wird beispielsweise bei einer baulichen Anlage durchgeführt, welche in den Anwendungsbereich des Sächsischen Denkmalschutzgesetzes fällt. In diesem Fall ist auch das Denkmalschutzrecht Prüfungsmaßstab und es entfällt die denkmalschutzrechtliche Genehmigung durch die Baugenehmigung. Eine bauordnungsrechtliche Prüfung der Zulässigkeit des Vorhabens findet – mit Ausnahme der Fälle einer Prüfungspflicht zu den bautechnischen Nachweisen (§ 66 Abs. 4 SächsBO) nicht statt. Der Prüfungsumfang in dem vereinfachten Baugenehmigungsverfahren ist somit sehr eingeschränkt wobei der Prüfungsumfang vor allem durch die Novellierung der Sächsischen Bauordnung im Jahre 2004 beträchtlich reduziert wurde.

Damit wird die Verantwortung für die Einhaltung der bauordnungsrechtlichen Anforderungen in hohem Maße auf den Bauherrn selbst sowie auf die von diesem beauftragten Fachplaner verlagert.

Prof. Dr. Bernd Dammert

Im vereinfachten Baugenehmigungsverfahren nach § 63 SächsBO gilt die Baugenehmigung als erteilt, wenn die Bauaufsichtsbehörde nicht innerhalb von 3 Monaten nach Bestätigung der vollständigen Bauvorlagen über den Bauantrag entschieden hat. Aus wichtigem Grunde kann die Baugenehmigungsbehörde die Entscheidungsfrist um höchstens zwei Monate verlängern (§ 69 Abs. 4 und 5 SächsBO). Auf Antrag hat die Bauaufsichtsbehörde dem Bauherrn über den Eintritt der „Genehmigungsfiktion" ein Zeugnis auszustellen. Dieses Zeugnis steht der Baugenehmigung gleich (§ 69 Abs. 5 S. 2 und 3 SächsBO).

Ein „Voll" - Baugenehmigungsverfahren gem. § 64 SächsBO wird aufgrund des weiten Anwendungsbereiches der Genehmigungsfreistellung und des vereinfachten Baugenehmigungsverfahrens nur noch bei Sonderbauten durchgeführt (§ 63 Satz 1 , § 2 Abs. 4 SächsBO). Abgesehen von den vorbezeichneten Besonderheiten sind der Verfahrensablauf beim vereinfachten Baugenehmigungsverfahren und beim „Voll"- Baugenehmigungsverfahren identisch. Voraussetzung für die Erteilung einer Baugenehmigung ist zunächst, dass ein entsprechender Bauantrag gestellt wird. Dieser ist entweder bei der Gemeinde (Art. 67 Abs. 1 BayBO) oder bei der Unteren Bauaufsichtsbehörde (§ 68 Abs. 1 SächsBO) einzureichen. Der Bauantrag besteht in der Regel aus einem landesrechtlich vorgegebenen Antragsformular sowie den so genannten Bauvorlagen. Zu diesen Bauvorlagen gehören der (amtliche) Lageplan, die Bauzeichnung, die Baubeschreibungen sowie bestimmte bautechnische Nachweise (§ 1 Abs. 1 DVO SächsBO).

Soweit es sich bei dem Vorhaben um die Errichtung und Änderung von Gebäuden handelt, müssen die Bauvorlagen von einem Entwurfsverfasser unterschrieben sein, der bauvorlageberechtigt ist (§ 65 Abs. 1 SächsBO). Bauvorlageberechtigt sind in der Regel diejenigen, die nach den Architekten- und Ingenieurgesetzen der Länder die Berufsbezeichnung Architekt oder Ingenieur führen dürfen, weil sie in die entsprechenden Listen der Architekten- und Ingenieurkammern eingetragen sind (§ 65 Abs. 2 SächsBO). Für Staatsangehörige eines anderen Mitgliedsstaates der Europäischen Union oder eines anderen Vertragsstaates des Abkommens über den Europäischen Wirtschaftsraum bestehen Sonderregelungen zum Bauvorlagerecht (vgl. § 65 Abs. 4 SächsBO). Für geringfügige oder technisch einfache Bauvorhaben müssen die Bauvorlagen nicht von einem bauvorlageberechtigten Entwurfsverfasser unterschrieben sein (§ 65 Abs. 1 Nr. 2 SächsBO).

Soweit der Bauantrag oder die Bauvorlagen unvollständig sind oder sonstige erhebliche Mängel aufweisen, fordert die Bauaufsichtsbehörde in der Praxis die fehlenden Unterlagen nach. Kommt der Bauherr dem Verlangen der Bauaufsichtsbehörde innerhalb einer ihm gesetzten angemessenen Frist nicht nach, gilt der Antrag als zurückgenommen (§ 69 Abs. 2 Satz 3 SächsBO).

Sobald der Bauantrag und die Bauvorlagen vollständig sind, hat die Bauaufsichtsbehörde zum einen unverzüglich dem Bauherrn die Vollständigkeit von Bauantrag und Bauvorlagen und den voraussichtlichen Zeitpunkt der Entscheidung (datums-

2.2 Öffentliches und privates Baurecht

genau) schriftlich zu bestätigen (§ 69 Abs. 2 Satz 1 SächsBO). Die Bauaufsichtsbehörde hat ferner die Gemeinde und andere beteiligte Stellen zum Bauantrag zu hören (§ 69 Abs. 1 Satz 1 SächsBO).

Sofern die Erteilung der Baugenehmigung nach landesrechtlichen Vorschriften der Zustimmung oder des Einvernehmens einer anderen Stelle bedarf, gilt diese als erteilt, wenn sie nicht innerhalb eines Monats nach Eingang des Ersuchens verweigert wird und nicht andere öffentlich-rechtliche Vorschriften eine abweichende Regelung treffen. Sonstige Stellungnahmen anderer Stellen sollen im bauaufsichtlichen Verfahren unberücksichtigt bleiben, wenn sie nicht innerhalb eines Monats nach Aufforderung zur Stellungnahme bei der Bauaufsichtsbehörde eingehen, es sei denn die verspätete Stellungnahme ist für die Rechtmäßigkeit der Entscheidung über den Bauantrag von Bedeutung(§ 69 Abs. 1 Satz 5 SächsBO). Diese Monatsfrist bezieht sich ausschließlich auf Einvernehmensregelungen, die im jeweiligen Landesrecht gründen. Die bundesrechtliche Einvernehmensregelung nach § 36 BauGB und die hiernach geltende Zwei-Monats-Frist (§ 36 Abs. 2 S. 2 BauGB) bleibt von landesrechtlichen Regelungen unberührt. Beide stehen selbständig nebeneinander. In der Praxis erfolgt die Beteiligung anderer Behörden oder Dienststellen in der Regel in der Weise, dass diesen der Antrag zugeleitet wird und diese zur Stellungnahme aufgefordert werden. Zu beteiligende Behörden oder Dienststellen sind beispielsweise Planungsämter, Denkmalschutz- und Naturschutzbehörden.

Viele Landesbauordnungen enthalten keine Vorgaben, innerhalb welcher Frist die Bauaufsichtsbehörde über den Bauantrag zu entscheiden hat. Zum Zwecke der Verfahrensbeschleunigung wurde durch die Novellierung der Sächsischen Bauordnung im Jahre 1999 in § 69 Abs. 4 Satz 1 SächsBO die Verpflichtung der Bauaufsichtsbehörde aufgenommen, über den Bauantrag innerhalb von drei Monaten zu entscheiden. Diese Frist beginnt mit dem bestätigten Datum der Vollständigkeit von Bauantrag und Bauvorlagen zu laufen. Die jeweilige Entscheidungsfrist kann im Einzelfall bei Vorliegen eines wichtigen Grundes um höchstens zwei Monate verlängert werden. Soweit die Frist verlängert wird, ist dies dem Bauherrn unter Nennung der Gründe und unter Angabe des voraussichtlichen Entscheidungszeitpunktes mitzuteilen. Im Unterschied zum vereinfachten Baugenehmigungsverfahren tritt nach Ablauf der genannten Frist keine „Genehmigungsfiktion" ein. Bei Untätigbleiben der Bauaufsichtsbehörde hat der Antragsteller lediglich die Möglichkeit, gem. § 75 VwGO beim Verwaltungsgericht Untätigkeitsklage zu erheben.

Entgegen einer verbreiteten Fehlvorstellung enthalten die Landesbauordnungen keine Regelungen, die grundsätzlich die Beteiligung von Nachbarn vorsehen. Nachbarn sind vielmehr in der Regel nur dann zu beteiligen, wenn Befreiungen oder Ausnahmen von nachbarschützenden Regelungen erteilt werden sollen (§ 70 Abs. 2 S. 1 SächsBO). Ist für die Ausführung eines Bauvorhabens keine Befreiung oder Ausnahme erforderlich, bedarf es auch keiner Nachbarbeteiligung. Soweit im Befreiungs- und Ausnahmefall eine Nachbarbeteiligung durchzuführen ist, haben diese binnen einer bestimmten Frist ihre Einwendungen vorzubringen (2-Wochen-Frist gem. § 70 Abs. 2 S. 2 SächsBO). Der Kreis der zu beteiligenden Nachbarn ist in den jeweiligen Landesbauordnungen unterschiedlich geregelt. Vielfach sind nur die Eigentümer benachbarter Grundstücke zu beteiligen (§ 70 Abs. 1 SächsBO). Eine grundsätzliche und allgemeine Nachbarbeteiligung sieht derzeit nur noch Art. 66 Abs. 1 BayBO vor, wobei dessen fehlende Zustimmung zum Bauvorhaben zur Folge hat, dass ihm eine Ausfertigung der Baugenehmigung zuzustellen ist. Allein die fehlende Nachbarzustimmung ist daher kein Hinderungsgrund für die Erteilung der Baugenehmigung.

Von der Rechtsprechung wurde der Grundsatz entwickelt, dass der Grundstücksnachbar sein Einwendungsrecht dann verliert, wenn er die ihm vorgelegten Lagepläne und Bauzeichnungen unterschrieben oder der Erteilung etwaiger Befreiungen schriftlich zugestimmt hat. In diesem Falle ist der Nachbar an seine Zustimmung gebunden. Einzelne Landesbauordnungen haben diesen Grundsatz in den Regelungstext übernommen (§ 70 Abs. 3 SächsBO). Soweit den Einwendungen eines Nachbarn gegen eine beantragte Befreiung nicht entsprochen worden ist, ist ihm die Entscheidung über die Befreiung zuzustellen (§ 70 Abs. 4 S. 1 SächsBO). Damit wird er in die Lage versetzt, zu prüfen, ob er gegen die Entscheidung weiter rechtlich vorgehen will oder nicht.

Seinen Abschluss findet das Baugenehmigungsverfahren durch Erteilung der Baugenehmigung.

Rechtsnatur und -wirkungen der Baugenehmigung

Nach den Landesbauordnungen ist die Baugenehmigung dann zu erteilen, wenn dem Vorhaben keine öffentlich-rechtlichen Vorschriften entgegenstehen, die im bauaufsichtlichen Genehmigungsverfahren zu prüfen sind (§ 72 Abs. 1 S. 1 SächsBO). Bei der Baugenehmigung handelt es sich daher um eine so genannte „gebundene Entscheidung", d. h., es besteht ein Rechtsanspruch auf Erteilung, wenn keine Hinderungsgründe vorliegen. Die Erteilung der Baugenehmigung steht daher nicht im Ermessen der Behörden.

Hinsichtlich der Rechtswirkungen der Baugenehmigung wird zwischen einem feststellenden und einem verfügenden Teil unterschieden. Die Baugenehmigung stellt einerseits fest, dass das Bauvorhaben mit den einschlägigen öffentlich-rechtlichen Vorschriften übereinstimmt, oder negativ formuliert, keine diesbezüglichen Vorschriften entgegenstehen (feststellende Wirkung). Daneben beseitigt die Baugenehmigung das präventive Bauverbot und gibt damit den Bau dem Grunde nach zur Ausführung frei. In einzelnen Landesbauordnungen ist diese Freigabewirkung verfahrensrechtlich von der eigentlichen Baugenehmigung abgespalten, soweit dort erst nach Erteilung des Baufreigabescheines mit der Ausführung genehmigungsbedürftiger Vorhaben begonnen werden darf (§ 68 Abs. 1 Nr. 3 BbgBO).

Bei der Baugenehmigung handelt es sich mithin um einen begünstigenden Verwaltungsakt, der auch für und gegen den Rechtsnachfolger des Bauherrn wirkt (§ 58 Abs. 3 SächsBO). Die von der Baugenehmigung ausgehenden Rechtswirkungen be-

2.2 Öffentliches und privates Baurecht

treffen ausschließlich die Ebene des öffentlichen Rechts. Ob ein Bauvorhaben auf einem bestimmten Grundstück privatrechtlich ausgeführt werden darf, ist nicht Regelungsgegenstand der Baugenehmigung. Sie wird „unbeschadet der privaten Rechte Dritter erteilt" (§ 72 Abs. 4 SächsBO). Es ist daher auch grundsätzlich zulässig, dass ein Dritter, der selbst nicht Eigentümer des Baugrundstückes ist, einen entsprechenden Bauantrag stellt und eine Baugenehmigung erwirken kann. Lediglich in den Fällen, in denen Mangels Eigentümerstellung des Antragstellers eine Realisierung des Bauvorhabens ausgeschlossen erscheint, kann die Baugenehmigungsbehörde die Zustimmung des Grundstückseigentümers zu dem Bauvorhaben verlangen, da die Behörde nicht verpflichtet ist, eine aus privatrechtlichen Gründen nutzlose Genehmigung zu erteilen (§ 68 Abs. 4 S. 3 SächsBO). Erteilt in einem solchen Falle der Grundstückseigentümer seine Zustimmung nicht, kann der Bauantrag mangels Sachbescheidungsinteresse des Antragstellers zurückgewiesen werden.

Da auf Erteilung der Baugenehmigung ein Rechtsanspruch besteht, wenn keine öffentlich-rechtlichen Vorschriften entgegenstehen, darf die Genehmigungsbehörde den Bauantrag nicht einfach ablehnen, wenn ein milderes Mittel besteht, um diese Kollision mit entgegenstehenden Vorschriften zu lösen. Hierzu gehört zum einen die Gestattung von Abweichungen (§ 67 Abs. 1 Satz 1 SächsBO) sowie von Ausnahmen und Befreiungen (§ 67 Abs. 2 Satz 1 SächsBO). Wenn von bauordnungsrechtlichen Vorschriften, also von Vorschriften der Sächsischen Bauordnung und von den auf ihrer Grundlage erlassenen Regelungen abgewichen wird, verwendet die Sächsische Bauordnung seit der letzten Novellierung im Jahre 2004 den Begriff „Abweichungen". Wird von Vorschriften des Bauplanungsrechts abgewichen, so werden – wie bereits in der Sächsischen Bauordnung von 1999 – die Begriffe „Ausnahmen" und „Befreiungen" verwendet. Bauordnungsrechtliche Abweichungen können von solchen Vorschriften gestattet werden, die als Sollvorschriften ausgestaltet oder in denen ausdrücklich Ausnahmen vorgesehen sind und wenn die Abweichungen mit den öffentlichen Belangen vereinbar sind (§ 67 Abs. 1 SächsBO).

Abweichungen von den Anforderungen dieses Gesetzes und auf Grund dieses Gesetzes erlassener Vorschriften können von der Bauaufsichtsbehörde zugelassen werden, wenn sie unter Berücksichtigung des Zwecks der jeweiligen Anforderungen und unter Würdigung der öffentlich-rechtlich geschützten nachbarlichen Belange mit den öffentlichen Belangen vereinbar sind (§ 67 Abs. 1 Satz 1 SächsBO). Der Bauherr muss die Zulassung der genannten Abweichungen und von Ausnahmen und Befreiungen von den Festsetzungen eines Bebauungsplans, oder einer sonstigen städtebaulichen Satzung nach § 31 BauGB oder von Regelungen der Baunutzungsverordnung über die zulässige Art der baulichen Nutzung nach § 34 Abs. 2 HS 2 BauGB gesondert schriftlich beantragen und diesen Antrag begründen (§ 67 Abs. 2 Satz 1 und 2 SächsBO).

Schließlich kann die Baugenehmigung selbst mit Auflagen und Bedingungen verbunden und befristet erteilt werden (§ 72 Abs. 3 Satz 1 SächsBO). Durch solche Nebenbestimmungen, insbesondere durch Auflagen und Bedingungen können bestehende

Prof. Dr. Bernd Dammert

Genehmigungshindernisse ausgeräumt werden. Ihre Beifügung stellt gegenüber der Versagung der Genehmigung ein milderes Mittel dar.

Die Baugenehmigung erlischt, wenn nicht innerhalb von 3 Jahren nach Erteilung der Genehmigung mit der Ausführung des Bauvorhabens begonnen oder die Bauausführung länger als zwei Jahre unterbrochen worden ist (§ 73 Abs. 1 SächsBO). Auf schriftlichen Antrag kann die Geltungsdauer der Genehmigung jeweils um zwei Jahre verlängert werden (§ 73 Abs. 2 S. 1 SächsBO).

Besondere Formen der Baugenehmigung

Bereits im Vorfeld kann der künftige Antragsteller noch vor Einreichung des Bauantrages rechtsverbindlich klären lassen, ob beispielsweise ein Grundstück überhaupt bebaubar ist. Die Landesbauordnungen stellen hierfür das Instrument des Vorbescheides zur Verfügung. Auf schriftlichen Antrag des Bauherrn wird diesem ein schriftlicher Bauvorbescheid erteilt, worin die Bauaufsichtsbehörde zu einzelnen Fragen verbindlich Stellung nimmt (§ 75 Satz 1 SächsBO). Der Vorbescheid stellt einen Ausschnitt aus dem feststellenden Teil einer künftigen Baugenehmigung dar. Die besondere Bedeutung des Vorbescheides liegt darin, dass er die Behörde im Umfang der darin getroffenen Feststellungen auch für das nachfolgende Baugenehmigungsverfahren bindet. Von besonderer praktischer Bedeutung ist das Vorbescheidsverfahren vor allen Dingen im Hinblick auf Art und Maß der baulichen Nutzung eines Grundstückes. Ein Vorbescheid, der diese allgemeinen planungsrechtlichen Fragen zum Inhalt hat, wird auch als „Bebauungsgenehmigung" bezeichnet. Die Wirkung des Bauvorbescheides ist auf 3 Jahre (§ 75 Satz 2 SächsBO) begrenzt. Eine Verlängerung der Geltungsdauer des Vorbescheides um bis zu 2 Jahre ist in der Regel möglich.

Um gerade bei größeren Bauvorhaben eine rasche Bauausführung zu ermöglichen, kann der Beginn der Bauarbeiten für die Baugrube und für einzelne Bauteile oder Bauabschnitte auf schriftlichen Antrag schon vor Erteilung der Baugenehmigung schriftlich gestattet werden (§ 74 Satz 1 SächsBO). Man spricht hierbei von der so genannten Teilbaugenehmigung. Die Erteilung einer Teilbaugenehmigung setzt allerdings voraus, dass der für das Gesamtvorhaben eingereichte Bauantrag nach überschlägiger Prüfung auch genehmigungsfähig ist.

In der Praxis kommt es häufig vor, dass während der Bauausführung kleinere Abweichungen von der Baugenehmigung erforderlich werden. In diesem Falle kann eine in den Landesbauordnungen nicht ausdrücklich vorgesehene aber allgemeiner Verwaltungspraxis entsprechende „Tektur-Genehmigung" beantragt werden. Die Abweichungen - Tekturen - werden in die originalen Genehmigungspläne meist mit grüner Tinte von der Bauaufsichtsbehörde eingetragen und stellen im Rechtssinn eine nachträgliche Genehmigung von Abweichungen dar. Die Tektur-Genehmigung ist Bestandteil der ursprünglichen Baugenehmigung und daher auch an deren Geltungsdauer gebunden.

2.2 Öffentliches und privates Baurecht

Sind bauliche Anlagen oder Teile baulicher Anlagen, die in derselben Ausführung an mehreren Stellen errichtet oder verwendet werden sollen, wie beispielsweise Fertiggaragen, von einem Prüfamt durch so genannte Typenprüfungen allgemein geprüft wurden und sind darüber Standsicherheitsnachweise vorhanden, so bedarf es einer bauaufsichtlichen Prüfung nicht (§ 66 Abs. 4 Satz 3 SächsBO). Zuständig für die Typenprüfung sind in der Regel nicht die unteren Bauaufsichtsbehörden, sondern besondere Genehmigungsinstanzen (Sächsische Landesstelle für Bautechnik).

Eine genehmigungsrechtliche Besonderheit besteht schließlich bei baulichen Anlagen, die wie Festzelte, Tribünen, Jahrmarktstände etc. geeignet und bestimmt sind, an verschiedenen Orten wiederholt aufgestellt und zerlegt zu werden. Die Landesbauordnungen bezeichnen diese baulichen Anlagen als „fliegende Bauten" (§ 76 Abs. 1 Satz 1 SächsBO). Fliegende Bauten bedürfen, bevor sie erstmals aufgestellt und in Gebrauch genommen werden, einer Ausführungsgenehmigung, mit Ausnahme kleinerer Zelte und Anlagen (§ 76 Abs. 2 SächsBO). Die Ausführungsgenehmigung wird auf Antrag durch eine von der obersten Bauaufsichtsbehörde bestimmten Stelle erteilt (§ 76 Abs. 3 S. 1 SächsBO). Die Genehmigung wird nur befristet erteilt, höchstens für einen Zeitraum von 5 Jahren (§ 76 Abs. 4 S. 1 SächsBO). Da fliegende Bauten an wechselnden Standorten aufgestellt werden, betrifft die Genehmigung nicht die standortabhängige planungsrechtliche Zulässigkeit, sondern vielmehr bauordnungsrechtliche Fragen.

Bauaufsichtliche Maßnahmen und Befugnisse

Nach den Landesbauordnungen haben die Bauaufsichtsbehörden bei der Errichtung, Änderung, Instandsetzung, Instandhaltung, dem Abbruch sowie der Nutzung von baulichen Anlagen darüber zu wachen, dass die öffentlich-rechtlichen Vorschriften und die aufgrund dieser Vorschriften erlassenen Anordnungen eingehalten werden (§ 58 Abs. 2 S. 1 SächsBO) Sie können in Wahrnehmung dieser Aufgaben die erforderlichen Maßnahmen treffen (§ 58 Abs. 2 S. 2 SächsBO).

Während es bei der Erteilung von Baugenehmigungen um die präventive Prüfung eines erst noch zu errichtenden Bauvorhabens im Hinblick auf seine Übereinstimmung mit öffentlich-rechtlichen Vorschriften geht, richten sich bauaufsichtsrechtliche Maßnahmen in der Regel gegen bauliche Anlagen, die ohne die erforderliche Genehmigung errichtet worden sind (Schwarzbauten).

Die Entscheidung darüber, ob, gegen wen und mit welchen Mitteln bei einem Schwarzbau vorgegangen wird, liegt im Ermessen der Bauaufsichtsbehörden. Die ordnungsgemäße Ausübung des Ermessens, insbesondere die Wahl der richtigen Eingriffsmaßnahmen hängt mit davon ab, welchen rechtlichen Inhalt die Illegalität des „Schwarzbaus" aufweist. Man unterscheidet insoweit zwischen der formellen und der materiellen Illegalität. Eine bauliche Anlage ist formell rechtswidrig, wenn sie ohne die erforderliche Genehmigung errichtet worden ist. Eine bauliche Anlage ist darüber hinaus materiell rechtswidrig, wenn ihrer Errichtung öffentlich-rechtliche Vorschriften

Prof. Dr. Bernd Dammert

entgegenstehen und eine Baugenehmigung daher überhaupt nicht erteilt werden kann. Diese Unterscheidung zwischen formeller und materieller Illegalität wirkt sich insbesondere auf die zulässigen Eingriffsmaßnahmen der Bauaufsichtsbehörden gegen Schwarzbauten aus.

Gegen nicht genehmigte, also formell illegale Anlagen, die aber dem Grunde nach genehmigungsfähig sind, kann keine Abrissverfügung erlassen werden, da rechtlich gesehen, zumindest ein Anspruch auf nachträgliche Genehmigung und damit auf eine formelle Legalisierung besteht. Gegen einen solchen formell illegal errichteten Schwarzbau kann allerdings eine so genannte Nutzungsuntersagung erlassen werden, die solange andauert, bis die nachträglich zu beantragende Genehmigung erteilt worden ist.

Ist hingegen eine bauliche Anlage formell und materiell illegal, kann die Bauaufsichtsbehörde ihre Beseitigung verlangen, also eine Abrissverfügung erlassen (§ 80 Satz 1 SächsBO).

Weder eine Nutzungsuntersagungs- oder gar eine Abrissverfügung kann gegen solche bauliche Anlagen erlassen werden, die zwar gegen materielles Recht verstoßen, für die aber eine (unanfechtbare) Baugenehmigung erlassen worden ist. Solange die Baugenehmigung besteht, ist die bauliche Anlage in ihrem Bestand und ihrer Nutzung rechtlich geschützt. Voraussetzung für bauaufsichtliche Ordnungsmaßnahmen ist in diesem Fall daher, dass vorher die Baugenehmigung aufgehoben worden sein muss.

Im Unterschied zu illegal errichten baulichen Anlagen können sich gegen legal errichtete Bauvorhaben nur in eingeschränkter Weise bauaufsichtsrechtliche Maßnahmen ergeben.

Die bloße Duldung eines rechtswidrigen Zustandes durch die Bauaufsichtsbehörde über einen längeren Zeitraum hinweg führt dagegen zu keinem Bestandsschutz der baulichen Anlagen im Rechtssinne, schränkt jedoch das Ermessen der Bauaufsichtsbehörde unter dem Gesichtspunkt des Vertrauensschutzes ein.

Die Durchsetzung bauaufsichtlicher Ordnungsmaßnahmen, insbesondere von Nutzungsuntersagung und Abrissverfügung, erfolgt mit den Mitteln des Verwaltungszwangs nach den Verwaltungsvollstreckungsgesetzen der Länder. Die Vollstreckung kann über die Verhängung eines Zwangsgeldes bis hin zur Ersatzvornahme gehen. Darüber hinaus sind auch besondere Sicherungsmaßnahmen vorgesehen, wie die Versiegelung von Gebäuden bzw. der Baustelle selbst. Ist der Nutzer einer illegal errichteten baulichen Anlage nicht identisch mit dem Bauherrn, muss neben den bauaufsichtlichen Maßnahmen gegen den Bauherrn selbst eine „Duldungsverfügung" gegen den jeweiligen Nutzer ergehen, soweit dieser den bauordnungsrechtlichen Maßnahmen nicht zustimmt.

2.2 Öffentliches und privates Baurecht

Rechtsschutz des Bauherrn und Nachbarn

Kennzeichnend für Rechtsschutzfragen im Bauordnungsrecht ist das Dreiecksverhältnis aus Bauherr (Grundstückseigentümer), Bauaufsichtsbehörde und Dritter (Nachbar). In der Praxis lassen sich rechtsschutzauslösende Sachverhalte ferner danach unterscheiden, ob der Rechtsschutzsuchende etwas begehrt (Verpflichtungssituation) oder sich gegen etwas wehren will (Abwehrsituation).

1. Grundfall:
   Der Bauherr begehrt eine Baugenehmigung, die ihm von der Bauaufsichtsbehörde untersagt wird. Bleibt der Antragsteller mit seinem Begehren gegenüber der unteren Bauaufsichtsbehörde ohne Erfolg, kann er gegen die ablehnende Entscheidung der Ausgangsbehörde innerhalb eines Monats nach Bekanntgabe der ablehnenden Entscheidung schriftlich Widerspruch einlegen. Lehnt auch die Widerspruchsbehörde seinen Antrag ab, kann der Bauherr innerhalb eines Monats nach Zustellung des Widerspruchsbescheides Verpflichtungsklage gem. § 42 Abs. 1 VwGO beim Verwaltungsgericht erheben. Die Möglichkeit, Verpflichtungsklage zu erheben, besteht nach § 75 VwGO auch dann, wenn über den Widerspruch oder über den Genehmigungsantrag selbst ohne zureichenden Grund nicht innerhalb angemessener Frist entschieden worden ist, jedoch nicht vor Ablauf von 3 Monaten seit Antragstellung. Was im Einzelfall angemessen ist, hängt vom Umfang des Bauvorhabens ab.

2. Grundfall
   Die Baugenehmigung wird antragsgemäß erteilt, ein Nachbar wehrt sich hiergegen. Soweit eine Baugenehmigung einen Nachbarn in dessen Rechten verletzt, kann dieser gegen die Baugenehmigung zunächst Widerspruch einlegen. Soweit dem Nachbarn der Genehmigungsbescheid mit ordnungsgemäßer Rechtsbehelfsbelehrung zugestellt worden ist, beträgt die Widerspruchsfrist einen Monat. Ist die Genehmigung nicht oder mit fehlerhafter Rechtsbehelfsbelehrung zugestellt worden, beträgt die Widerspruchsfrist bis zu einem Jahr (§ 58 Abs. 2 VwGO). Hilft die Widerspruchsbehörde dem Widerspruch nicht ab, kann der Nachbar Anfechtungsklage beim Verwaltungsgericht erheben. Zu beachten ist jedoch, dass nach § 212 a Abs. 1 BauGB Widerspruch und Anfechtungsklage eines Dritten gegen die bauaufsichtliche Zulassung eines Vorhabens in Abweichung von § 80 Abs. 1 VwGO keine aufschiebende Wirkung haben. Um zu verhindern, dass der Genehmigungsempfänger von der Baugenehmigung Gebrauch macht und das Gebäude errichtet, ist der Nachbar daher gezwungen, gem. § 80 a Abs. 1 Nr. 2 VwGO bei der Behörde selbst oder gem. § 80 a Abs. 3, § 80 Abs. 5 VwGO bei Gericht die Aussetzung der Vollziehung zu beantragen.

3. Grundfall
   Der Nachbar wehrt sich gegen ein formell illegales Bauvorhaben. In diesem Falle liegt keine Baugenehmigung vor, die der Nachbar angreifen kann. Er hat allerdings die Möglichkeit, bei der Bauaufsichtsbehörde den Antrag zu stellen, gegen

das illegale Bauvorhaben vorzugehen. Lehnt die untere Bauaufsichtsbehörde seinen Antrag auf Einschreiten ab, kann sich der Nachbar an die Widerspruchsbehörde wenden bzw. soweit auch diese seinem Begehren nicht stattgibt, Verpflichtungsklage erheben. Um zu verhindern, dass vor einer Entscheidung des Verwaltungsgerichtes in der Hauptsache bereits vollendete Tatsachen geschaffen worden sind, kann der Nachbar ferner gem. § 123 VwGO den Erlass einer einstweiligen Anordnung durch das Verwaltungsgericht beantragen, die den Weiterbau bis zur Entscheidung in der Hauptsache verbietet.

2.2.3 Privates Baurecht

2.2.3.1 Einführung

Wer ein Gebäude errichten will, schließt zu diesem Zwecke in der Regel entsprechende Planungs- und Bauerrichtungsverträge. Dieses so genannte Bauvertragsrecht ist das Kernstück des privaten Baurechts. Das Bauvertragsrecht ist im wesentlichen Werkvertragsrecht, dessen grundlegende Vorschriften die §§ 631 bis 651 BGB sind. Soweit es um die Errichtung von Bauwerken selbst geht, werden in der Praxis häufig die „Allgemeine Vertragsbedingungen für die Ausführung von Bauleistungen" Teil B der Vergabe- und Vertragsordnung für Bauleistungen, kurz VOB/B genannt, vereinbart. Obwohl es sich bei den Regelungen der VOB/B um keine Rechtsnormen, sondern vielmehr lediglich um vereinbarungsbedürftige allgemeine Geschäftsbedingungen handelt, spielen diese in der Praxis eine große Rolle.

Weder das BGB noch die VOB/B verwenden die häufig gebrauchte Bezeichnung „Bauherr", sie sprechen vielmehr von Besteller (§ 631 Abs. 1 BGB) oder Auftraggeber (§ 1 Abs. 4 VOB/B). Besteller und/oder Auftraggeber sind, unabhängig von der rechtlich spezifischen Ausdrucksweise, Herr der Planung und Bauerrichtung, indem die erforderlichen Vorgaben getroffen und die Ausführung der Werkleistungen gesteuert werden. Ob der jeweilige Bauherr hier persönlich tätig wird oder sich Dritter bedient, ändert an seinen grundsätzlichen Befugnissen nichts.

2.2.3.2 Die Rechtsbeziehungen der am Bau Beteiligten

Die (vertraglichen) Rechtsbeziehungen der am Bau Beteiligten spiegeln die Funktion wieder, die die jeweiligen Vertragspartner des Bauherrn für die Realisierung des Bauvorhabens besitzen. Regelmäßig schließt der Bauherr einerseits mit Architekten und Ingenieuren sowie Bauunternehmen entsprechende Werkverträge ab. Abhängig vom vereinbarten Leistungsumfang erbringen Architekten die erforderlichen Planungsleistungen, wozu im Falle der Genehmigungsbedürftigkeit eines Bauvorhabens auch die erforderliche Genehmigungsplanung zählt. Über die reine Planungsleistung

2.2 Öffentliches und privates Baurecht

hinaus ist der Architekt aber auch unabhängiger Sachwalter des Bauherrn und hat diesen in allen planungsrelevanten Fragen zu beraten. Ist dem Architekten auch die Bauüberwachung übertragen worden, hat er im Auftrag des Bauherrn dafür zu sorgen, dass das Bauwerk entsprechend den Ausführungsplänen errichtet wird und etwaige Mängel der Bauleistungen beseitigt werden. Ferner obliegt dem Architekten in der Regel die Kostenüberwachung, angefangen von der ersten Kostenschätzung bis hin zur abschließenden Kostenfeststellung. Der Architektenvertrag ist ebenso wie der eigentliche Bauvertrag im Rechtssinne ein Werkvertrag, für den die §§ 631 ff. BGB gelten. Für die Vergütung der Architektenleistungen besteht jedoch eine besondere Honorarordnung für Architekten und Ingenieure (HOAI), die preisrechtliche Vorschriften für die jeweilige Planungstätigkeit enthält. Obwohl die HOAI reines Preisrecht darstellt, wird sie in der Vertragspraxis häufig dafür verwandt, die Leistungspflichten der Architekten näher zu umschreiben. Es wird hierbei auf so genannte „typisierte Leistungsbilder" zurückgegriffen, wie beispielsweise das Leistungsbild Objektplanung für Gebäude mit seinen 9 Leistungsphasen (§ 33 HOAI i. V. m. Anlage 11).

Neben der Objektplanung bedarf es für die Errichtung von Gebäuden regelmäßig der Erstellung einer Statik, von Vermessungsplänen, von Baugrundgutachten, von technischen Gebäudeplanungen (Heizung, Lüftung, Sanitär, Elektro) sowie bei Sanierungsvorhaben oftmals von Holzschutzgutachten. Diese Leistungen werden meist von hierfür speziell beauftragten Ingenieuren erbracht. Die Leistungen dieser so genannten „Sonderfachleute" sind wiederum vom planenden und bauleitenden Architekten zu koordinieren. Die Verträge mit den Sonderfachleuten werden vom Bauherrn entweder direkt und in eigenem Namen abgeschlossen, so dass der Sonderfachmann ausschließlich Vertragspartner und Erfüllungsgehilfe des Bauherrn selbst ist. Es ist aber auch möglich, dass der Bauherr beispielsweise mit einem Architekten einen Generalplanungsvertrag abschließt, der neben der Objektplanung auch die oben genannten speziellen Leistungen der Ingenieure beinhaltet. In diesem Fall schließt der Generalplaner seinerseits mit den von ihm zu beauftragenden Sonderfachleuten eigene Werkverträge ab, die Sonderfachleute sind dann Erfüllungsgehilfen des Generalplaners. Im Verhältnis zum Bauherrn haftet der Generalplaner auch für Fehler der von ihm beauftragten Sonderfachleute.

Für die Durchführung eines Bauvorhabens sind in der Regel eine Reihe verschiedener Bauleistungen erforderlich. Der Bauherr kann daher entweder eine Vielzahl von Werkverträgen mit den jeweiligen Bauhandwerkern abschließen, oder aber auch sich nur eines Unternehmers bedienen, der im Verhältnis zum Bauherrn alle für das Bauvorhaben notwendigen und vertraglich vereinbarten Bauleistungen zu erbringen hat. Beim Bauunternehmen unterscheidet man deshalb zwischen verschiedenen Auftragnehmerformen:

- Der **Alleinunternehmer** führt alle vereinbarten Bauarbeiten im Rahmen seines Betriebes selbst durch. Gegenstand der Bauleistung kann hierbei nur ein Teilgewerk aber auch die gesamte Bauleistung sein.

Prof. Dr. Bernd Dammert

- Der **Hauptunternehmer** hat einen Teil der zu einem Bauvorhaben gehörigen Leistungen zu erbringen, wobei er wiederum den wesentlichen Teil des Auftrages selbst ausführt, einen anderen Teil an Nachunternehmer vergibt.

- Der **Generalunternehmer** unterscheidet sich vom Hauptunternehmer dadurch, dass an ihn alle erforderlichen Bauleistungen vergeben worden sind. Mit dem Hauptunternehmer vergleichbar ist der Generalunternehmer insoweit, als er einen Teil der beauftragten Leistungen selbst erbringt, einen anderen Teil an Nachauftragnehmer überträgt. Gegenüber dem Bauherrn ist der Generalunternehmer gleichzeitig Alleinunternehmer.

- Der **Generalübernehmer** unterscheidet sich vom Generalunternehmer dadurch, dass er selbst keine Bauleistungen erbringt, sondern diese vielmehr in vollem Umfang durch Nachunternehmer erbringen lässt. Gegenüber seinen Nachunternehmern schlüpft der Generalübernehmer daher in die Rolle eines Bauherrn, führt also Bauleistungen nicht selbst aus, sondern lässt sie ausführen.

- Der **Totalunternehmer** wiederum ist ein Generalunternehmer, der neben den Bauleistungen auch die erforderlichen Planungsleistungen erbringt.

- Der **Nachunternehmer** ist Vertragspartner und Erfüllungsgehilfe des General- bzw. Hauptunternehmers. Er steht in keinem unmittelbaren Vertragsverhältnis zum Bauherrn.

Bei größeren Bauvorhaben schließen sich Bauunternehmer bisweilen zu sogenannten Arbeitsgemeinschaften (ARGE) zusammen, um gemeinsam ein bestimmtes Vorhaben abzuwickeln. Diese baurechtlichen Arbeitsgemeinschaften stellen im Rechtssinne Gesellschaften des bürgerlichen Rechts gemäß §§ 705 ff. BGB dar, kurz BGB-Gesellschaft oder GbR genannt. Häufig wird eine Arbeitsgemeinschaft nur für ein einzelnes Bauvorhaben gebildet. Es ist jedoch rechtlich zulässig und in der Praxis auch anzutreffen, dass Arbeitsgemeinschaften für eine längere Zeit gebildet werden. Da es sich bei der baurechtlichen Arbeitsgemeinschaft nur um eine Form des Zusammenschlusses von Bauunternehmen handelt, ist bei allen der oben genannten Auftragnehmerformen die Bildung von Arbeitsgemeinschaften möglich.

In der Praxis ist es die Regel, dass der Bauunternehmer die von ihm für die Werkherstellung benötigten Baustoffe selbst beschafft. Der zwischen dem Lieferanten und dem Bauunternehmer geschlossene Vertrag wird in der Regel ein Kaufvertrag sein. Der Bauherr selbst unterhält zum Baustofflieferanten des Bauunternehmers keine eigenen Vertragsbeziehungen. Dies wirkt sich vor allen Dingen dann aus, wenn der Baustofflieferant sein Material unmittelbar auf die Baustelle geliefert hat, der Bauunternehmer ihn jedoch nicht bezahlt oder gar in Insolvenz geht. Wird das angelieferte Material in das Bauwerk eingebaut, verliert der Baustofflieferant das Eigentum an seinem angelieferten Material kraft Gesetzes gemäß § 946 BGB. Zwar sieht § 951 Abs. 1 BGB eine Entschädigung für diesen Eigentumsverlust nach den Vorschriften über die Herausgabe einer ungerechtfertigten Bereicherung (§§ 812 ff. BGB) vor. Hat jedoch der Bau-

2.2 Öffentliches und privates Baurecht

herr das Eigentum an den eingebauten Materialien aufgrund einer vertraglichen Leistung des Bauunternehmers erlangt, fehlt es an einer ungerechtfertigten Bereicherung des Bauherrn. Im Falle drohender Insolvenz des Bauunternehmers kommt es daher bei den Baustofflieferanten oftmals zu einem Wettlauf gegen die Zeit, um unbezahltes Material noch vor dessen Einbau durch den Bauunternehmer von der Baustelle zurückzuholen.

Will der Bauherr die ihm obliegenden Bauherrenaufgaben, insbesondere den Abschluss der Bauverträge, die Koordinierung des Vorhabens sowie die Verwaltung der Geldmittel nicht selbst vornehmen, kann er hiermit einen Baubetreuer beauftragen. Die rechtliche Qualifizierung von Baubetreuungsverträgen hängt davon ab, ob dem Baubetreuer die vollständige oder nur die teilweise Betreuung übertragen worden ist. Ist dem Baubetreuer nur eine Teilbetreuung in wirtschaftlichen Fragen übertragen worden, handelt es sich hierbei meist um einen Dienst- bzw. Geschäftsbesorgungsvertrag. Schuldet der Baubetreuer hingegen die vollständige Baubetreuung und damit einhergehend die Erstellung des Bauwerkes nach entsprechenden Vorgaben des Bauherrn, geht die Rechtsprechung von einem Werkvertrag aus. Da der Baubetreuer im Namen und für Rechnung des Bauherrn handelt, bestehen auch bei Einschaltung eines Baubetreuers unmittelbare Vertragsverhältnisse zwischen Bauherrn und Bauunternehmen bzw. Bauherrn und Architekten/Ingenieuren.

Ebenfalls auf der Seite des Bauherrn angesiedelt ist der so genannte Projektsteuerer. Die Projektsteuerung umfasst Aufgaben wie die Aufstellung und Überwachung von Termin-, Kosten- und Zahlungsplänen, die Erstellung und Koordinierung eines Ablaufprogramms für das Gesamtprojekt, die laufende Information des Bauherrn über die Projektentwicklung und das rechtzeitige Herbeiführen notwendiger Entscheidungen sowie laufende Qualitäts- und Kostenkontrolle.

Als Baubetreuungsvertrag im weiteren Sinne ist schließlich noch auf den so genannten Bauträgervertrag hinzuweisen. Beim Bauträgervertrag werden regelmäßig vertragliche Pflichten zur Bauwerkserrichtung und Grundstücksveräußerung in der Weise miteinander verbunden, dass der Bauträger auf einem ihm gehörenden bzw. noch zu beschaffenden Grundstück ein Bauwerk errichtet und nach Fertigstellung das Grundstück sowie das Bauwerk auf den Erwerber übereignet. Soweit es um die Errichtung des Bauwerkes geht, findet - mit gewissen Modifikationen - das Werkvertragsrecht Anwendung.

2.2.3.3 Wesen und Abschluss des Bauvertrages

Der Bauvertrag ist seinem Vertragstypus nach ein Werkvertrag gemäß §§ 631 ff. BGB. Nach § 631 Abs. 1 BGB wird der Unternehmer durch den Werkvertrag verpflichtet, das Werk herzustellen. Der Bauunternehmer schuldet daher den vertraglich vereinbarten Erfolg. Gegenüber dem Auftraggeber haftet der Bauunternehmer dafür, dass er die vertraglich geschuldete Bauleistung vollständig, mangelfrei und zeitgerecht erbringt.

Prof. Dr. Bernd Dammert

Diese Erfüllungsverpflichtung des Bauunternehmers besteht verschuldensunabhängig, so dass sich der Bauunternehmer nicht darauf berufen kann, er habe eine nicht vertragsgemäße Leistung nicht zu vertreten. Neben dieser garantieähnlichen Erfüllungspflicht des Auftragnehmers ist dieser zur Vorleistung verpflichtet. Der Bauherr und Auftraggeber ist zur Zahlung des vereinbarten Werklohnes gemäß § 641 Abs. 1 S. 1 BGB grundsätzlich erst dann verpflichtet, wenn der Bauunternehmer das Werk vertragsgemäß hergestellt und der Auftraggeber die Leistung abgenommen hat (§ 640 Abs. 1 BGB). Das BGB sieht allerdings in § 632 a unter bestimmten Voraussetzungen die Möglichkeit zur Forderung von Abschlagszahlungen vor. Ansonsten kann der Bauunternehmer Abschlags- oder Vorauszahlungen verlangen, wenn dies vertraglich gesondert vereinbart wird oder die VOB/B als Ganzes vereinbart ist.

Abschluss- und Gestaltungsfreiheit

Für den Bauvertrag gelten wie für jeden anderen zivilrechtlichen Vertrag auch die Grundsätze der Abschlussfreiheit. Dies bedeutet, dass Auftraggeber und Auftragnehmer autonom darüber entscheiden können, ob sie einen bestimmten Vertrag abschließen wollen oder nicht. Hieran ändern auch die noch später darzustellenden Allgemeinen Vertragsbedingungen für die Ausführung von Bauleistungen (VOB/B) im Grunde nichts, wenngleich der Bauunternehmer gemäß § 1 Abs. 4 VOB/B verpflichtet ist, nicht vereinbarte Leistungen, die zur Ausführung der vertraglichen Leistung erforderlich werden, auf Verlangen des Auftraggebers mit auszuführen, außer wenn sein Betrieb auf derartige Leistungen nicht eingerichtet ist.

Die durch § 631 ff. BGB gesetzlich geregelten Grundsätze des Werkvertragsrechts können durch die Vertragsparteien geändert werden. Es handelt sich insoweit um disponibles Recht. Soweit allerdings Abweichungen vom gesetzlichen Regelungsmodell vereinbart werden sollen und es sich für eine Vielzahl von Verträgen vorformulierte Vertragsbedingungen handelt, können sich aus der Anwendung des AGB-Rechtes (§§ 305 – 310 BGB) Einschränkungen ergeben. Die Gestaltungsfreiheit wird ferner durch bindende preisrechtliche Regelungen wie die HOAI sowie durch die allgemeinen Grundsätze der §§ 134, 138 BGB begrenzt.

Vertragsschluss durch Vertreter

Der Bauherr und auch der Werkunternehmer muss den Bauvertrag nicht persönlich abschließen, sondern kann sich bei dem Vertragsabschluss vertreten lassen. Soweit eine ausdrückliche Vollmacht mündlich oder schriftlich erteilt wird, bestehen hierbei in der Regel keine Probleme. In der Praxis kommt es jedoch bisweilen vor, dass ein Bauherr seinem Architekten zwar zum Abschluss von Bauverträgen keine ausdrückliche Vollmacht erteilt hat, der Architekt jedoch wiederholt im Namen des Bauherrn Aufträge erteilt und der Bauherr dies hingenommen hat. In diesem Fall muss sich der Bauherr das Handeln seines Architekten zurechnen lassen, da er dessen Handeln geduldet hat (so genannte Duldungsvollmacht). Eine Duldungsvollmacht kann auch auf Seiten des Bauunternehmers vorliegen, wenn dieser beispielsweise hinnimmt, dass ein von ihm eingesetzter Projektleiter Vertragsverhandlungen führt und nach außen rechtsgeschäftliche Erklärungen abgibt.

Vorsicht ist allerdings dann geboten, wenn Verträge mit kommunalen Gebietskörperschaften geschlossen werden. Denn das Kommunalrecht sieht strikte Vertretungsregeln vor, deren Nichtbeachtung zur Unwirksamkeit des vermeintlich abgeschlossenen Vertrages führen kann. Da nach Auffassung der Rechtsprechung jeder, der häufiger mit Gemeinden Verträge abschließt, diese Vertretungsregeln kennen muss, können auch Schadensersatzansprüche gegen den nicht vertretungsberechtigten Vertreter ausscheiden (§ 179 Abs. 3 S. 1 BGB).

Vertragsabschluss bei öffentlicher Ausschreibung

Soweit öffentliche Auftraggeber Bauaufträge vergeben wollen, unterliegen sie hierbei besonderen rechtlichen Bindungen. Nach dem geltenden Vergaberecht haben öffentliche Auftraggeber (§ 98 GWB), wie z. B. Bund, Länder und Gemeinden, die Vorschriften der Vergabe- und Vertragsordnung für Bauleistungen (VOB/A) zu beachten. Die VOB/A ist als öffentliches Vergaberecht nur für öffentliche Auftraggeber verpflichtend, so dass der Bauunternehmer vom privaten Auftraggeber nicht verlangen kann, dass dieser eine Ausschreibung nach der VOB/A durchführt. Entscheidet sich allerdings ein privater Auftraggeber zur Anwendung der VOB/A, so kann dies zu einer Selbstbindung des Auftraggebers führen mit der Folge, dass Verstöße gegen entsprechende Vergabevorschriften zu einem Schadensersatzanspruch des Bieters führen können.

Wird das nach der VOB/A für öffentliche Bauaufträge vorgeschriebene Regelverfahren der öffentlichen Ausschreibung (§ 3 Abs. 1 S. 1 VOB/A) durchgeführt, so kommt der Vertragsabschluss durch den so genannten Zuschlag (§ 18 VOB/A) zustande. Der Bieter ist an sein Angebot gebunden und kann nach Zuschlagserteilung nicht verlangen, dass beispielsweise über Preise oder sonstige Leistungsinhalte nachverhandelt wird.

Formvorschriften

Der Abschluss eines Bauvertrages unterliegt grundsätzlich keinen Formvorschriften. Wie andere zivilrechtliche Verträge auch können daher Bauverträge mündlich oder gar durch schlüssiges Verhalten geschlossen werden. Es genügt, dass sich aus den Handlungen der Vertragsparteien einander entsprechende rechtsgeschäftliche Erklärungen über ein Angebot zum Vertragsabschluss und dessen Annahme gegenüberstehen. Steht der Bauvertrag jedoch im Zusammenhang mit einer anderen vertraglichen Abrede, durch den sich der eine Teil verpflichtet, das Eigentum an einem Grundstück zu übertragen oder zu erwerben, führt dieser rechtliche Zusammenhang auch zur notariellen Beurkundungsbedürftigkeit des Bauvertrages (§ 311 b Abs. 1 S. 1 BGB).

Rechtlich zulässig ist es weiter, dass die Vertragsparteien den Abschluss, die Änderung oder die Ergänzung des Vertrages davon abhängig machen, dass dies in Schriftform erfolgt. Obwohl in der Praxis verbreitet, ist die Vorgabe einer Schriftformklausel durch Allgemeine Geschäftsbedingungen rechtlich nicht wirksam.

2.2.3.4 Die Vergabe- und Vertragsordnung für Bauleistungen, Teil B

Das BGB enthält keine besonderen Regelungen für Bauverträge. Vielmehr findet auf Bauverträge das allgemeine Werkvertragsrecht nach § 631 ff. BGB Anwendung. Da durch diese allgemeinen Regelungen die besonderen Erfordernisse der Bauerrichtung nur unzureichend berücksichtigt werden, bemühte man sich schon frühzeitig, zur Ergänzung des allgemeinen Werkvertragrechts spezielle bauvertragliche Regelungen zu entwickeln. Dieses Bestreben wurde dadurch unterstützt, dass die öffentliche Hand einheitliche Regelungen für die Vergabe und Durchführung von Bauleistungen forderte. Daher wurde bereits in den Jahren von 1921 bis 1926 die Erste Verdingungsordnung für Bauleistungen (VOB) entwickelt, die zunächst zwar nur für die öffentliche Hand galt, nach ihrer Neufassung nach dem Kriege jedoch erstmalig auch „Allgemeine Vertragsbedingungen für die Ausführung von Bauleistungen" (VOB/B) enthielt. Derzeit gliedert sich die Vergabe- und Vertragsordnung für Bauleistungen in drei Teile:

- Teil A enthält Allgemeine Bestimmungen für die Vergabe von Bauleistungen
- Teil B enthält Allgemeine Vertragsbedingungen für die Ausführung von Bauleistungen
- Teil C enthält Allgemeine Technische Vertragsbedingungen für Bauleistungen

Ihrer Rechtsnatur nach stellt die VOB/B kein Gesetz oder sonstige Rechtsnorm dar, vielmehr handelt es sich um eine Allgemeine Geschäftsbedingung. Da Allgemeine Geschäftsbedingungen gemäß § 305 Abs. 2 BGB nur dann Vertragsbestandteil werden, wenn der Verwender Allgemeiner Vertragsbedingungen bei Vertragsschluss die andere Vertragspartei auf sie hinweist und ihr die Möglichkeit verschafft, in zumutbarer Weise von ihrem Inhalt Kenntnis zu nehmen, sowie wenn die andere Vertragspartei mit ihrer Geltung einverstanden ist, bedarf die VOB/B der ausdrücklichen Einbeziehung in den Bauvertrag. Soweit es sich bei den Vertragsparteien um solche handelt, die häufiger oder gar regelmäßig Bauverträge abschließen, genügt die schlichte Vertragsklausel, dass die Geltung der VOB/B vereinbart wird. Ist der Vertragspartner des Verwenders jedoch im Abschluss von Bauverträgen unerfahren, wie beispielsweise beim erstmaligen und oft auch einmaligen Abschluss eines Bauvertrages über die Errichtung eines Einfamilienhauses, genügt der bloße Hinweis auf die VOB/B nicht. In diesem Fall muss der Verwender, hier der Bauunternehmer, dem Auftraggeber die Möglichkeit geben, sich vom Inhalt der VOB/B vor Vertragsabschluss Kenntnis zu verschaffen. Geschieht dies nicht, ist die VOB/B nicht wirksam vereinbart und daher nicht anwendbar. Obwohl eine Vielzahl von Einzelregelungen der VOB/B bei isolierter Betrachtung nicht mit den Anforderungen des AGB-Rechtes (§§ 305-310 BGB)

2.2 Öffentliches und privates Baurecht

vereinbar wären, ging die Rechtsprechung bislang davon aus, dass das Gesamtgefüge der VOB ausgewogen und die VOB/B daher bei ihrer im wesentlichen unveränderten und vollständigen Vereinbarung AGB-konform ist. Sofern allerdings nur Teile der VOB/B vereinbart werden oder die VOB/B in wesentlichen Bereichen abgeändert werden soll, läuft der Verwender Gefahr, dass mangels Gesamtvereinbarung der VOB/B eine „isolierte" Inhaltskontrolle gemäß § 307 BGB durchgeführt wird mit der Folge, dass eine Vielzahl von Bestimmungen der VOB/B dieser Inhaltskontrolle nicht standhalten. Ein Beispiel für eine AGB-rechtlich unwirksame Teilvereinbarung von Bestimmungen der VOB/B ist die isolierte Anwendung der Mängelansprüche gemäß § 13 VOB/B. Obwohl auch die VOB/B ständigen Weiterentwicklungen und kritischer Beurteilung durch die obergerichtliche Rechtsprechung unterliegt, hat sie sich im wesentlichen doch in der Vertragspraxis bewährt und wird daher in eine Vielzahl von Bauverträgen einbezogen. Wie keine andere Allgemeine Geschäftsbedingung prägt die VOB/B die Ausführung von Bauleistungen. Zu beachten ist allerdings, dass für den Fall, dass die VOB/B gegenüber Verbrauchern verwendet wird, die einzelnen Bestimmungen nach der Rechtsprechung auch dann einer „isolierten" Inhaltskontrolle unterliegen, wenn die VOB/B zuvor vollständig und unverändert vereinbart wurde. Zur Begründung hat die Rechtsprechung ausgeführt, dass die Interessen der Verbraucher bei der Aufstellung der VOB/B nicht in dem Maße berücksichtigt werden, wie die Interessen der sonstigen Baubeteiligten. Da Verbraucher in der Regel in geschäftlichen Dingen unerfahren sind, bedürfen sie eines besonderen Schutzes.

Zur Klarstellung ist darauf hinzuweisen, dass die VOB/B nur auf Bauverträge Anwendung findet, nicht etwa hingegen auf Architekten- oder Ingenieurverträge.

2.2.3.5 Inhalt des Bauvertrages

Jeder Bauvertrag enthält auftraggeber- und auftragnehmerbezogene Hauptpflichten. Der Werkunternehmer hat das Bauwerk vertragsgerecht, d. h. vollständig und mangelfrei herzustellen. Der Auftraggeber hat die vereinbarte Vergütung, den sogenannten Werklohn, zu zahlen (§ 631 Abs. 1 BGB). Diese werkvertraglichen Kardinalpflichten sind beim reinen BGB-Bauvertrag und beim VOB-Bauvertrag gleich. Die Einzelfragen, die sich im Zusammenhang mit der Leistungsbeschreibung ergeben, werden an späterer Stelle näher erläutert.

Unterschiede zwischen BGB- und VOB-Vertrag

Die VOB/B enthält für Bauverträge gegenüber dem Werkvertragsrecht des BGB eine Reihe von Unterschieden, die sich in abweichende Regelungen zugunsten des Auftragnehmers, abweichende Regelungen zugunsten des Auftraggebers und "neutrale" Abweichungen unterteilen lassen. Die wichtigsten Abweichungen sind wie folgt zusammenzufassen:

Prof. Dr. Bernd Dammert

■ Abweichungen VOB/B zugunsten des Auftragnehmers

Nach § 3 Abs. 1 VOB/B ist der Auftraggeber verpflichtet, die zur Ausführung nötigen Unterlagen dem Auftragnehmer unentgeltlich und rechtzeitig zu übergeben. Damit wird der von der Rechtsprechung für den BGB-Bauvertrag herausgearbeitete Grundsatz, dass dem Bauunternehmer durch den Bauherrn brauchbare und zuverlässige Pläne und Unterlagen zur Verfügung zu stellen sind, ausdrücklich festgehalten. In § 4 Abs. 1 und Abs. 4 VOB/B werden dem Auftraggeber Mitwirkungs- und Bereitstellungspflichten auferlegt, die das BGB-Werkvertragsrecht nicht kennt. § 5 Abs. 4 VOB/B enthält Sonderregelungen für Fälle der Leistungsverzögerung, die die ansonsten geltenden gesetzlichen Verzugsbestimmungen verdrängen. § 6 Abs. 2 VOB/B räumt dem Bauunternehmer einen Anspruch auf Verlängerung der Ausführungsfristen im Falle von ihm nicht zu vertretenden Behinderungen ein. § 7 VOB/B sieht eine im Unterschied zu § 644 BGB für den Bauunternehmer günstigere Gefahrteilungsregelung vor. Durch § 8 Abs. 3 VOB/B werden die Leistungsstörungsrechte des Auftraggebers auf das Recht zur Kündigung bzw. Auftragsentziehung beschränkt. § 12 Abs. 2 - 5 VOB/B gestalten im Einzelnen die Abnahme näher aus, wobei dem Bauunternehmer Ansprüche auf Teilabnahme eingeräumt und das Recht des Bauherrn zur Abnahmeverweigerung nur auf wesentliche Mängel eingeschränkt wird. Für die Praxis bedeutsame Besserstellungen des Werkunternehmers enthält § 13 Abs. 4 VOB/B, der die Verjährungsfrist für Gewährleistungsansprüche bei Bauwerken von 5 auf 4 Jahre einschränkt.

■ Abweichungen zugunsten des Auftraggebers

§ 1 Abs. 3 VOB/B gibt dem Auftraggeber das Recht, nachträglich Änderungen des Bauentwurfes anzuordnen. Damit kann der Bauherr den Leistungsinhalt auch nachträglich an veränderte Anforderungen anpassen, der Auftragnehmer muss dem Folge leisten, wobei ihm nach § 2 Abs. 5 VOB/B ein zusätzlicher Vergütungsanspruch eingeräumt wird. Nach § 1 Abs. 4 VOB/B hat der Auftragnehmer auf Verlangen des Auftraggebers die zur Ausführung der vertraglichen Leistungen erforderlichen Zusatzleistungen auszuführen, außer wenn der Betrieb des Auftragnehmers auf derartige Leistungen nicht eingerichtet ist. Durch § 2 Abs. 10 VOB/B wird die Vergütung von Stundenlohnarbeiten dahingehend eingeschränkt, dass eine Vergütung nur erfolgt, wenn die Stundenlohnarbeiten als solche vor ihrem Beginn ausdrücklich vereinbart worden sind. Durch § 4 Abs. 8 VOB/B wird der Einsatz von Nachunternehmern davon abhängig gemacht, dass der Auftraggeber schriftlich zustimmt. § 8 Abs. 2 VOB/B räumt dem Auftraggeber ein spezielles Kündigungsrecht für den Fall ein, dass der Auftragnehmer seine Zahlungen einstellt oder das Insolvenzverfahren beantragt wird. Nach § 14 Abs. 1 VOB/B hat der Auftraggeber Anspruch darauf, dass der Auftragnehmer eine prüffähige Schlussrechnung vorlegt. Die Prüffähigkeit der Schlussrechnung ist Fälligkeitsvoraussetzung für den Werklohnanspruch. Nach § 16 Abs. 3 Nr. 2 VOB/B führt die vorbehaltlose Annahme der Schlusszahlung zum Ausschluss weiterer Nachforderungen, soweit der Auftragnehmer über die Schlusszahlung schriftlich unterrichtet und auf die Ausschlusswirkung hingewiesen wurde.

- **„Neutrale" Abweichungen**
  Regelungen der VOB/B, die sich von den Vorschriften des gesetzlichen Werkvertragsrechts unterscheiden, ohne dabei den Auftraggeber oder den Auftragnehmer besser zu stellen, finden sich insbesondere in den besonderen Vergütungsmodalitäten des § 2 Abs. 3 bis 8 VOB/B sowie in der Ausgestaltung vertraglicher Nebenpflichten.

Typen des Bauvertrages

In der Praxis werden mehrere Bauvertragstypen unterschieden, die sich insbesondere in der Art und der Ermittlung der vereinbarten Vergütung unterscheiden. Während das Werkvertragsrecht des BGB derartige unterschiedliche Vergütungsweisen nicht kennt, differenziert die VOB/A zwischen Einheitspreisverträgen, Pauschalverträgen, Stundenlohnverträgen und Selbstkostenerstattungsverträgen (§ 4 Abs. 1 bis 2 VOB/A). Da Stundenlohnverträge in der Praxis nur für kleinere Bauleistungen abgeschlossen werden, wird das private Bauvertragsrecht durch den Einheitspreis- und Pauschalvertrag geprägt.

Die Bezeichnung Einheitspreisvertrag leitet sich daraus ab, dass hierbei für die einzelnen Leistungspositionen bezogen auf Mengen-, Gewichts- oder Maßeinheiten oder Stückzahlen ein bestimmter Preis vereinbart wird (Beispiel: Pos. 10.4.8: Errichtung von Kalksandsteinmauerwerk, 61,00 €/m^2). Um dem Auftragnehmer die Kalkulation der Einheitspreise zu ermöglichen, enthalten die Leistungsverzeichnisse in der Regel vom Auftraggeber geschätzte Mengen- oder Maßangaben. Diese vorläufigen Mengen- oder Maßansätze ergeben durch Multiplikation mit dem Einheitspreis den vorläufigen Gesamtpreis für die jeweilige Leistungsposition (auch Positionspreis genannt). Rechnet man die einzelnen Positionspreise zusammen, ergibt sich hieraus der Angebotspreis. Dieser Angebotspreis ist deshalb nur vorläufig, weil zum Zeitpunkt der Angebotsabgabe und des Vertragsabschlusses die tatsächlich für das Bauvorhaben erforderlichen Mengen und Massen noch nicht im Einzelnen bekannt sind. Erst nach vollständiger Erstellung des Werkes ist durch das so genannte Aufmass bekannt, welche Mengen oder Massen angefallen sind. Der vertragliche Werklohnanspruch berechnet sich beim Einheitspreisvertrag daher durch Multiplikation der tatsächlichen Mengen oder Massen mit dem vertraglich vereinbarten Einheitspreis. Da Abweichungen der ausgeschriebenen von den tatsächlich erbrachten Mengen die Regel sind, weiß der Auftraggeber bei Vertragsabschluss noch nicht genau, welche Vergütung er schließlich bei Fertigstellung des Bauvorhabens zu zahlen hat. Je nachdem, ob Mengenmehrungen oder -minderungen auftreten, kann die Vergütung höher oder niedriger sein, als der Angebotsendpreis.

Anders als beim Einheitspreisvertrag ist beim Pauschalvertrag die zu zahlende Gesamtvergütung bereits bei Abschluss des Bauvertrages zwischen den Parteien fest vereinbart. Der Angebotspreis ist gleichzeitig auch der für die vereinbarten Leistungen zu zahlende Werklohn, unabhängig von den tatsächlich erbrachten Mengen und Massen. Entgegen einem verbreiteten Missverständnis ist der Pauschalpreis nicht automatisch auch ein Festpreis. Nach § 2 Abs. 7 VOB/B bleibt zwar bei Vereinbarung eines Pauschalpreises die Vergütung grundsätzlich auch bei Leistungsänderungen unverändert. Weicht jedoch die ausgeführte Leistung von der vertraglich vorgesehenen Leistung so erheblich ab, dass ein Festhalten an der Pauschalsumme nicht zumutbar ist (§ 313 BGB), so ist auf Verlangen ein Ausgleich unter Berücksichtigung der Mehr- oder Minderkosten zu gewähren. Hierbei verweist § 2 Abs. 7 Nr. 1 Satz 3 VOB/B auf die „Grundlagen der Preisermittlung". Diese Verweisung trägt der Tatsache Rechnung, dass bei vielen Pauschalverträgen die pauschalierte Vertragssumme aus den einzelnen kalkulierten Einzelpositionen abgeleitet wird. Ob diese Kalkulationen hierbei offen gelegt werden oder nicht, spielt keine Rolle. Um die unterschiedlichen Formen der Pauschalverträge klarer zu unterscheiden, wird im baurechtlichen Schrifttum und in der Rechtsprechung zwischen so genannten Detail-Pauschalverträgen und Global-Pauschalverträgen differenziert. Beim Detail-Pauschalvertrag wird das so genannte Bau-Soll zumeist sehr konkret, ähnlich den Leistungsverzeichnissen bei Einheitspreisverträgen, vorgegeben. Eine Pauschalierung erfolgt insoweit, als unabhängig von der tatsächlich ausgeführten Menge ein entsprechender Preis vereinbart wird. Erweisen sich jedoch die meist vom Auftraggeber vorgegebenen Mengenermittlungskriterien im Nachhinein als unzutreffend und fallen für die Realisierung des Vorhabens weitaus größere Mengen an als zunächst angesetzt, kann dies beim Detail-Pauschalvertrag zu einem zusätzlichen Vergütungsanspruch des Auftragnehmers führen. Aufgrund der von ihm getroffenen Leistungsvorgaben trägt insoweit der Auftraggeber das Mengenermittlungsrisiko.

Im Unterschied hierzu ist beim Global-Pauschalvertrag das Bau-Soll nur in allgemeiner Weise vorgegeben. Die Ermittlung der erforderlichen Mengen bis hin zur Erstellung der hierfür erforderlichen Planungen ist beim Global-Pauschalvertrag regelmäßig auf den Auftragnehmer übertragen. Übernimmt dieser das Mengenermittlungsrisiko, hat er dieses auch zu kalkulieren und kann bei späteren Abweichungen der tatsächlichen von den kalkulierten Mengen keinen zusätzlichen Vergütungsanspruch gegenüber dem Auftraggeber geltend machen.

Neben der vorgenannten Differenzierung von Vertragstypen nach Art und Ermittlung der Vergütung werden Bauverträge zuweilen auch danach unterschieden, in welcher Form die Auftragnehmer tätig werden. So werden beispielsweise Generalunternehmerverträge und Subauftragnehmerverträge geschlossen. Die jeweilige Unternehmerform stellt im Rechtssinne jedoch keinen eigenen Vertragstypus dar.

2.2.3.6 Von der Bauerrichtung bis zur Abnahme

Für den Auftraggeber stehen beim Bauvertrag die Realisierung des Bauvorhabens nach seinen Vorstellungen und die Einhaltung seiner Zeit- und Kostenvorgaben im Vordergrund. Deshalb ist besonderes Augenmerk auf eine möglichst klare und vollständige Beschreibung des vertraglich geschuldeten Bau-Solls zu legen.

Vertraglich geschuldete Bauleistungen
Weder das Werkvertragsrecht des BGB noch die VOB/B sagen im Einzelnen, welche Bauleistung zu erbringen ist, sondern setzen ein zwischen den Vertragsparteien vereinbartes Leistungssoll voraus. Für öffentliche Auftraggeber enthält § 7 VOB/A Vorgaben zur Leistungsbeschreibung. Hiernach ist die Leistung eindeutig und so erschöpfend zu beschreiben, dass alle Bewerber die Beschreibung im gleichen Sinne verstehen müssen und ihre Preise sicher und ohne umfangreiche Vorarbeiten berechnen können. In der Bauvertragspraxis erfolgt die Definition des Bau-Solls mittels Leistungsbeschreibungen, die sich aus so genannten Leistungsverzeichnissen und Planunterlagen zusammensetzen können. Darüber hinaus werden häufig ergänzende Vorgaben getroffen, die die Leistungserbringung und Abrechnung betreffen. § 1 Abs. 2 VOB/B trägt der Baupraxis dadurch Rechnung, dass für die einzelnen Leistungsvorgaben im Falle eines Widerspruchs eine Rangfolge aufgestellt wird. So gelten bei Widersprüchen im Vertrag nacheinander die Leistungsbeschreibung, die besonderen Vertragsbedingungen, etwaige zusätzliche Vertragsbedingungen, etwaige zusätzliche technische Vertragsbedingungen, die allgemeinen technischen Vertragsbedingungen für Bauleistungen sowie die allgemeinen Vertragsbedingungen für die Ausführung von Bauleistungen. Lässt sich trotz der zahlreichen Leistungsvorgaben der Leistungsumfang nicht klar ermitteln, trägt der Auftraggeber das hiermit verbundene Risiko. Er hat es in der Hand, durch eindeutige und vollständige Verdingungsunterlagen das Leistungssoll klar zu definieren. Unterlässt er dies, hat er die hieraus möglicherweise entstehenden Folgen, meist Mehrkosten, zu tragen.

Erkennt allerdings der Auftragnehmer bereits bei der Angebotsprüfung, dass für die Leistungserbringung erforderliche Teilleistungen in den Verdingungsunterlagen fehlen, kann ihn eine Hinweispflicht im Hinblick auf die fehlenden Leistungspositionen treffen.

Zusätzliche und geänderte Leistungen
Bei der Errichtung des Bauwerkes kann sich herausstellen, dass über die in den Leistungsbeschreibungen enthaltenen Vorgaben hinaus zusätzliche und/oder geänderte Leistungen notwendig werden. Nach § 1 Abs. 3 VOB/B kann der Auftraggeber nachträglich Änderungen des Bauentwurfes anordnen und nach § 1 Abs. 4 VOB/B vom Auftragnehmer verlangen, geänderte oder auch zusätzliche Leistungen, die zur Ausführung der vertraglichen Leistung erforderlich werden, auszuführen, außer wenn der Betrieb des Auftragnehmers auf derartige Leistungen nicht eingerichtet ist. Verlangt der Auftraggeber vom Auftragnehmer solche geänderten oder zusätzlichen Leistun-

gen, hat der Auftragnehmer gemäß § 2 Abs. 5 und 6 VOB/B Anspruch auf zusätzliche Vergütung. Die Praxis spricht hierbei von so genannten Nachträgen.

Von zusätzlichen und geänderten Leistungen im vorbezeichneten Sinne zu unterscheiden sind Nebenleistungen und besondere Leistungen. Nach den allgemeinen Regelungen für Bauarbeiten jeder Art - DIN 18299 - sind Nebenleistungen, wie beispielsweise das Einrichten und Räumen der Baustelle einschließlich der Geräte und dergleichen (DIN 18299, Ziff. 4.1.1) in der Leistungsbeschreibung nur zu erwähnen, wenn sie ausnahmsweise selbständig vergütet werden sollen. Dies bedeutet im Umkehrschluss, dass die jeweils in Abschnitt 4.1 aller allgemeinen technischen Vertragsbedingungen für Bauleistungen enthaltenen Nebenleistungen vom Auftragnehmer ohne besondere Erwähnung bei Bedarf zu erbringen sind, ohne dass er hierfür zusätzliche Vergütung verlangen kann. Im Unterschied zu den Nebenleistungen sind besondere Leistungen nach Ziffer 4.2, DIN 18299, solche Leistungen, die nur dann zur vertraglichen Leistung gehören, wenn sie in der Leistungsbeschreibung besonders erwähnt sind. Zu den besonderen Leistungen gehört beispielsweise das Beaufsichtigen der Leistungen anderer Unternehmer sowie die Prüfung von Stoffen und Bauteilen, die der Auftraggeber liefert.

Mitwirkungspflichten des Auftraggebers

Bei der Bauerrichtung stehen die Leistungspflichten des Auftragnehmers im Vordergrund. Der Auftragnehmer hat die Leistungen unter eigener Verantwortung nach Vertrag auszuführen und die anerkannten Regeln der Technik sowie die gesetzlichen und behördlichen Bestimmungen zu beachten. Es ist seine Sache, die Ausführung seiner vertraglichen Leistungen zu leiten und für Ordnung auf seiner Arbeitsstelle zu sorgen (§ 4 Abs. 2 Nr. 1 VOB/B). Der Auftragnehmer ist auch für die Erfüllung der gesetzlichen, behördlichen und berufsgenossenschaftlichen Verpflichtungen gegenüber seinen Arbeitnehmern alleinverantwortlich (§ 4 Abs. 2 Nr. 2 VOB/B). Der Auftragnehmer hat schließlich die Leistung im eigenen Betrieb auszuführen und darf nur mit schriftlicher Zustimmung des Auftraggebers die Leistungen an Nachunternehmer übertragen, soweit im Vertrag nichts anderes vereinbart ist (§ 4 Abs. 8 Nr. 1 VOB/B).

Den Auftraggeber treffen jedoch bestimmte Mitwirkungspflichten. So hat er für die Aufrechterhaltung der allgemeinen Ordnung auf der Baustelle zu sorgen und das Zusammenwirken der verschiedenen Unternehmer zu regeln. Er hat die erforderlichen öffentlich-rechtlichen Genehmigungen und Erlaubnisse, wie beispielsweise Baugenehmigungen, Sondernutzungserlaubnisse, wasserrechtliche Erlaubnisse etc. nicht nur zu beantragen, sondern vielmehr herbeizuführen. Darüber hinaus hat der Auftraggeber, soweit nichts anderes vereinbart ist, dem Auftragnehmer die notwendigen Lager- und Arbeitsplätze auf der Baustelle, vorhandene Zufahrtswege und Anschlussgleise sowie vorhandene Anschlüsse für Wasser und Energie unentgeltlich zur Benutzung oder Mitbenutzung zu überlassen. Die Kosten für den Verbrauch und die Messer oder Zähler trägt jedoch der Auftragnehmer (§ 4 Abs. 4 VOB/B). Darüber hinaus hat der Auftraggeber dem Auftragnehmer die für die Ausführung des Bauvor-

2.2 Öffentliches und privates Baurecht

habens erforderlichen Unterlagen unentgeltlich und rechtzeitig zu übergeben (§ 3 Abs. 1 VOB/B). Das Abstecken der Hauptachsen der baulichen Anlagen, ebenso der Grenzen des Geländes, das dem Auftragnehmer zur Verfügung gestellt wird und das Schaffen der notwendigen Höhenfestpunkte in unmittelbarer Nähe der baulichen Anlage ist ebenfalls Sache des Auftraggebers (§ 3 Abs. 2 VOB/B).

2.2.3.7 Die Abnahme der Bauleistung

Die Phase der Bauerrichtung wird in rechtlicher Hinsicht durch die so genannte Abnahme abgeschlossen. Die Abnahme stellt in mehrfacher Hinsicht eine einschneidende Zäsur dar und wird zu Recht als „Dreh- und Angelpunkt des Bauvertrages" bezeichnet. Bei der Abnahme handelt es sich um eine Mitwirkungspflicht des Auftraggebers, die als selbständige Hauptpflicht ausgestaltet ist. Der Auftragnehmer hat daher einen Rechtsanspruch gegenüber dem Auftraggeber auf Abnahme seiner Leistung (§ 640 Abs. 1 BGB).

Inhalt und Rechtswirkungen der Abnahme

Die rechtsgeschäftliche Abnahme bedeutet, dass der Auftraggeber das vom Auftragnehmer hergestellte Werk - körperlich - entgegennimmt und gegenüber dem Auftragnehmer als der Hauptsache nach vertragsgemäße Leistungserfüllung billigt. Zwar geht § 640 Abs. 1 BGB davon aus, dass das Werk erst dann abzunehmen ist, wenn es vertragsgemäß, also vollständig hergestellt ist. Dies schließt jedoch gerade bei Bauleistungen nicht aus, dass noch vor Fertigstellung des gesamten Bauwerks Teile davon selbständig abgenommen werden. § 12 Abs. 2 VOB/B räumt dem Auftragnehmer diesbezüglich sogar einen besonderen Anspruch ein. Weder der Abnahme nach § 640 Abs. 1 BGB noch nach § 12 VOB/B steht es entgegen, dass das abzunehmende Werk Mängel aufweist. Wegen unwesentlicher Mängel kann die Abnahme nicht verweigert werden (§ 640 Abs. 1 S. 2 BGB). Nimmt der Auftraggeber ein mangelhaftes Werk ab, obwohl er den Mangel kennt, stehen ihm die gesetzlich geregelten Gewährleistungsrechte nur dann zu, wenn er sich bei der Abnahme seine Rechte wegen des Mangels vorbehält (§ 640 Abs. 2 BGB).

Von der rechtsgeschäftlichen Abnahme im vorbezeichneten Sinne sind sowohl die öffentlichen Bauabnahmen als auch so genannte „technische Vorabnahmen" oder „Gebrauchsabnahmen" zu unterscheiden. Diese Abnahmen betreffen entweder die Einhaltung der öffentlich-rechtlichen Bauvorschriften oder stellen eine „Vorstufe" zur rechtsgeschäftlichen Abnahme dar, wobei es ihnen regelmäßig an der rechtsgeschäftlichen Billigungserklärung fehlt.

Die Abnahme als „Dreh- und Angelpunkt des Bauvertrages" hat folgende gravierende Rechtsfolgen:

Prof. Dr. Bernd Dammert

- Die Abnahme beendet die Phase der Vorleistungspflicht des Werkunternehmers und konkretisiert den Erfüllungsanspruch auf das abgenommene Werk. Mit Abnahme entfällt ein etwaiger Erfüllungsanspruch auf Neuherstellung.

- Mit der Abnahme geht die Gefahr vom Auftragnehmer auf den Auftraggeber über. Denn nach § 644 Abs. 1 BGB trägt der Unternehmer die Gefahr bis zur Abnahme des Werkes. Wird beispielsweise das Bauwerk vor Abnahme beschädigt oder zerstört, ohne dass der Auftraggeber dies verschuldet hat, ist der Auftragnehmer verpflichtet, das Werk neu herzustellen bzw. entsprechende Schäden zu beseitigen. Für die bis zum Eintritt des schädigenden Ereignisses bereits erbrachten Leistungen steht dem Auftragnehmer hingegen kein Zahlungsanspruch zu. Diese Gefahrtragungsregel des § 644 BGB wird allerdings durch § 7 VOB/B zugunsten des Bauunternehmers abgemildert. Nach § 7 Abs. 1 VOB/B hat der Auftragnehmer Anspruch auf Vergütung seiner bereits entstandenen Kosten, wenn die ganz oder teilweise ausgeführte Leistung vor der Abnahme durch höhere Gewalt, Krieg, Aufruhr oder andere unabwendbare vom Auftragnehmer nicht zu vertretende Umstände beschädigt oder zerstört wird. In der Bauvertragspraxis werden die damit einhergehenden Haftungsverlagerungen regelmäßig durch entsprechende Bauwesenversicherungen abgedeckt.

  Nach § 641 Abs. 1 Satz 1 BGB ist die Vergütung bei der Abnahme des Werkes zu entrichten, die Abnahme führt mithin zur Fälligkeit des Vergütungsanspruches. § 16 Abs. 3 Nr. 1 VOB/B verlangt für die Fälligkeit des Werklohnes über die Abnahme hinaus noch die Vorlage einer prüffähigen Schlussrechnung.

- Mit der Abnahme wird einerseits die Verjährungsfrist für den Vergütungsanspruch des Auftragnehmers und andererseits für die Mängelansprüche des Auftraggebers in Gang gesetzt. Für die Fristberechnung gelten bei der Verjährung des Vergütungsanspruches §§ 195, 199 BGB, so dass die Verjährungsfrist erst am Schluss des Jahres, in dem die Fälligkeit des Vergütungsanspruches eingetreten ist, zu laufen beginnt.

- Die Abnahme führt ferner dazu, dass bei Abnahme nicht vorbehaltene Vertragsstrafenansprüche oder Mängelansprüche verloren gehen. Der Auftraggeber kann eine verwirkte Vertragsstrafe nur dann geltend machen, wenn er sich dies bei der Abnahme ausdrücklich vorbehält (§ 341 Abs. 3 BGB, §§ 11 Abs. 4, 12 Abs. 4 Nr. 1, Abs. 5 VOB/B). Die verschuldensunabhängigen Mängelansprüche für die bei der Abnahme bekannten bzw. sichtbaren Mängel kann der Auftraggeber ebenfalls nur dann geltend machen, wenn er sich diese Ansprüche vorbehält (§ 640 Abs. 2 BGB).

- Die Abnahme kehrt schließlich die Beweislast um. Bis zur Abnahme hat der Auftragnehmer die Beweislast dafür, dass das von ihm erstellte Werk mangelfrei ist und den vertraglichen Anforderungen entspricht. Nach der Abnahme hat hingegen der Auftraggeber die Beweislast dafür, dass ein von ihm behaupteter

Mangel vorliegt. Diese Beweislastgrundsätze gelten sowohl für Bauverträge nach dem BGB als auch nach der VOB/B.

Die unterschiedlichen Formen der Abnahme

Die Abnahme kann in unterschiedlichen Formen erfolgen:

- Die Abnahme kann durch **ausdrückliche** Erklärung des Auftraggebers, sei es in Schriftform oder mündlich, erfolgen (§ 640 BGB, § 12 Abs. 1 VOB/B).

- Eine qualifizierte Form der ausdrücklichen Abnahme stellt die so genannte **förmliche** Abnahme dar. § 12 Abs. 4 VOB/B enthält nähere Regelungen, in welcher Weise eine förmliche Abnahme durchzuführen ist. Die Vertragsparteien sind berechtigt, die in § 12 Abs. 4 VOB/B enthaltenen Formvorgaben als verbindlich zu vereinbaren und damit andere Abnahmeformen auszuschließen. Die Grenze stellt hierbei aber ein rechtsmissbräuchliches Verhalten des anderen Vertragspartners dar.

- Im Unterschied zur ausdrücklichen Abnahme fehlt bei der so genannten **stillschweigenden** Abnahme eine verbale oder schriftliche Abnahmeerklärung des Auftraggebers. Die Anerkennung der Abnahme durch schlüssiges Verhalten ergibt sich aus den allgemeinen Grundsätzen der Rechtsgeschäftslehre, die sowohl für BGB- als auch VOB-Bauverträge gilt. Die stillschweigende Abnahme setzt voraus, dass aus der Handlungsweise des Auftraggebers, beispielsweise der Ingebrauchnahme des Werkes, ein Rückschluss auf seinen Abnahmewillen möglich ist. Gerade hierin zeigt sich ein Unterschied zur so genannten fiktiven Abnahme nach § 12 Abs. 5 Nr. 1 VOB/B. Denn bei der Abnahme durch schlüssiges Verhalten ist nach der Rechtssprechung außer der bloßen Ingebrauchnahme des Bauwerkes ein Abnahmewille erforderlich, bei der fiktiven Abnahme hingegen nicht.

- Die **fiktive** Abnahme gemäß § 12 Abs. 5 Nr. 1 und 2 VOB/B geht über die Abnahme durch schlüssiges Verhalten nach dem BGB bei weitem hinaus. Unabhängig davon, ob ein Abnahmewille des Auftraggebers vorliegt oder nicht, gilt die Leistung gemäß § 12 Abs. 5 Nr. 1 VOB/B mit Ablauf von 12 Tagen nach schriftlicher Mitteilung über die Fertigstellung der Leistung als abgenommen. Nach der Rechtsprechung liegt in der Zusendung der Schlussrechnung eine Fertigstellungsanzeige im Rechtssinne, die die Rechtsfolgen gemäß § 12 Abs. 5 Nr. 1 VOB/B auslösen kann.

Voraussetzung für die fiktive Abnahme ist in jedem Falle, dass die Bauleistung fertig gestellt ist, wobei sie allerdings noch Mängel aufweisen kann und das keine Abnahmeverweigerung vorliegt. Ferner darf die fiktive Abnahme nicht durch das Verlangen oder die Vereinbarung förmlicher Abnahme ausgeschlossen sein.

Ferner gilt die Leistung nach Ablauf von 6 Werktagen als abgenommen, wenn der Auftraggeber die Leistungen oder einen Teil davon in Gebrauch nimmt und nichts anderes, beispielsweise förmliche Abnahme, vereinbart ist (§ 12 Abs. 5 Nr. 2 VOB/B). Die Benutzung von Teilen der baulichen Anlage zur Weiterführung der Arbeiten gilt allerdings nicht als Abnahme.

Will der Auftraggeber im Falle des § 12 Abs. 5 Nr. 1 und § 12 Abs. 5 Nr. 2 VOB/B etwaiger Gewährleistungsrechte wegen bekannter Mängel bzw. eines Vertragsstrafenanspruches nicht verlustig gehen, so muss er zwingend sowohl den Vorbehalt von Mängeln als auch wegen des Vertragsstrafenanspruches innerhalb der 12-tägigen bzw. 6-tägigen Frist gegenüber dem Auftragnehmer erklären.

§ 640 Abs. 1 BGB wurde dahingehend ergänzt, dass es einer Abnahme gleich steht, wenn der Auftraggeber das Werk nicht abnimmt, obwohl er hierzu verpflichtet ist und der Auftragnehmer ihm zur Abnahme eine angemessene Frist gesetzt hat.

- Im Unterschied zu § 640 BGB räumt § 12 Abs. 2 VOB/B dem Auftragnehmer das Recht ein, die **Teilabnahme** für in sich abgeschlossene Leistungsteile sowie für solche Leistungsteile zu verlangen, die durch die weitere Ausführung der Prüfung und Feststellung entzogen werden. Soll bei einem BGB-Bauvertrag ein Anspruch auf Teilabnahme begründet werden, bedarf dies der ausdrücklichen Vereinbarung zwischen den Vertragsparteien.

Die Verweigerung der Abnahme

Der Auftraggeber ist nur dann zur Abnahme verpflichtet, wenn das Werk vertragsgemäß hergestellt worden ist (§ 640 Abs. 1 BGB). Das Recht des Auftraggebers, die Abnahme einer nicht vertragsgerechten Leistung zu verweigern, wird durch § 12 Abs. 3 VOB/B insoweit eingeschränkt, als hiernach die Abnahme wegen wesentlicher Mängel verweigert werden kann. Was als wesentlicher Mangel anzusehen ist, wird in § 12 Abs. 3 VOB/B nicht definiert. Ob ein Mangel „wesentlich" ist, wird in der Rechtsprechung unter Berücksichtigung und Wertung der Umstände des jeweiligen Einzelfalls beurteilt. Maßgebende Kriterien sind dabei die Art, der Umfang und vor allem die Auswirkung des Mangels. Die Wesentlichkeit eines Mangels ist in der Regel allerdings dann anzunehmen, wenn die Bauleistung nicht den anerkannten Regeln der Technik entspricht oder in beachtlichen Maß von der vereinbarten Beschaffenheit des Werkes abweicht. Die Abnahmeverweigerung ist eine empfangsbedürftige Willenserklärung und gegenüber dem Auftragnehmer klar zum Ausdruck zu bringen. Dabei genügen bloße Mängelrügen nicht.

2.2.3.8 Baumängel und Mängelrechte

Mit der Abnahme enden die Erfüllungspflichten des Auftragnehmers. Über den Abnahmezeitpunkt hinaus ist dieser jedoch zur Beseitigung der bei der Abnahme vorbehaltenen und innerhalb der Verjährungsfrist später auftretenden und gerügten Mängel verpflichtet. Durch die Mängelrechte wird die werkvertragliche Verpflichtung des Auftragnehmers, den geschuldeten Erfolg herbeizuführen, zugunsten des Auftraggebers ergänzt, indem der Auftragnehmer verpflichtet ist, die Vertragsgemäßheit im Sinne der Mangelfreiheit während der entsprechenden Verjährungsfristen (§ 634 a BGB) herbeizuführen, d. h. zu gewährleisten.

Nach § 651 S. 1 BGB finden auf einen Vertrag, der die Lieferung herzustellender oder zu erzeugender beweglicher Sachen zum Gegenstand hat, die Vorschriften des Kaufrechts, soweit es sich bei den herzustellenden oder zu erzeugenden beweglichen Sachen um „nicht vertretbare" Sachen handelt, ergänzend die Vorschriften des Werkvertragsrechts Anwendung (§ 651 S. 3 BGB). Nicht vertretbare Sachen sind solche, die durch die Art der Herstellung den Bestellerwünschen angepasst sind und daher individuelle Merkmale besitzen. Bei Bauerrichtungsverträgen wird in der Regel das werkvertragliche Mängelrecht gemäß § 634 ff. BGB zur Anwendung kommen.

Baumängel nach BGB und VOB/B

Wie bereits dargelegt, beinhalten Mängelansprüche das Einstehenmüssen des Auftragnehmers für die vertragsgerechte Erfüllung seiner Leistungspflichten über den Zeitpunkt der Abnahme hinaus. Der Auftragnehmer ist gemäß § 633 Abs. 1 BGB verpflichtet, dem Besteller das Werk frei von Sach- und Rechtsmängeln zu verschaffen. Ist das Werk nicht von dieser Beschaffenheit, kann der Auftraggeber die ihm gesetzlich oder darüber hinausgehend vertraglich eingeräumten Rechte geltend machen.

Anspruchseröffnende Tatbestandsvoraussetzung des Mängelrechts sowohl nach dem BGB als auch nach der VOB/B ist, dass das Werk einen Mangel im Rechtssinne aufweist. Nach § 633 Abs. 2 S. 1 BGB liegt ein Sachmangel vor, wenn das Werk nicht die vereinbarte Beschaffenheit aufweist. Wenn keine Beschaffenheitsvereinbarung getroffen wurde, liegt ein Sachmangel nach § 633 Abs. 2 S. 2 BGB vor, wenn sich das Werk nicht für die nach dem Vertrag vorausgesetzte Verwendung (§ 633 Abs. 2 Nr. 1 BGB) ansonsten nicht für die gewöhnliche Verwendung eignet und nicht die Beschaffenheit aufweist, die bei Werken der gleichen Art üblich ist und die der Besteller nach der Art des Werkes erwarten kann (§ 633 Abs. 2 Nr. 2 BGB). § 13 Abs. 1 VOB/B erweitert dem Wortlaut nach den Katalog der Mängel darauf, dass das Werk nicht den anerkannten Regeln der Technik entspricht. Obwohl sich diese „Mangelvariante" im Wortlaut des § 633 Abs. 2 BGB nicht wiederfindet, ergibt sich hieraus in der Sache letztlich kein Unterschied zwischen BGB- und VOB-Bauverträgen. Auch beim BGB-Bauvertrag wird ein Verstoß gegen die anerkannten Regeln der Technik in der Regel zu einem Fehler führen. Ferner ist zu beachten, dass auch beim BGB-Bauvertrag kraft Gewerbeüblichkeit und Verkehrssitte die allgemein anerkannten Regeln der Technik, wie sie insbesondere in den DIN-Normen des Teils C der VOB niedergelegt sind, im Wege der Auslegung als Inhalt des Bauvertrages anzusehen sind.

Verstoß gegen die anerkannten Regeln der Technik

Sowohl nach § 13 Abs. 1 VOB/B als auch nach allgemeinen Grundsätzen und entsprechender Verkehrssitte beim BGB-Bauvertrag übernimmt der Auftragnehmer die Gewähr auch dafür, dass das Werk den anerkannten Regeln der Technik entspricht. Maßgeblicher Zeitpunkt für die Übereinstimmung mit den anerkannten Regeln der Technik ist die Abnahme.

Prof. Dr. Bernd Dammert

Anerkannte Regeln der Technik werden häufig aus den DIN-Normen abgeleitet. Bei den DIN-Normen handelt es sich jedoch nicht um Rechtsnormen, sondern vielmehr um technische Regelwerke. Soweit bestimmte DIN-Normen durch Gesetze angeführt oder übernommen werden, spricht die Vermutung dafür, dass es sich um eine anerkannte Regel der Technik im Rechtssinne handelt. Bei anderen DIN-Normen oder sonstigen technischen Regelwerken ist hingegen zu prüfen, ob diese Regelwerke auch die anerkannten Regeln der Technik wiedergeben. Es besteht beispielsweise eine Reihe technischer Regelwerke von Wirtschaftsverbänden, bei denen eine Nichtübereinstimmung nicht automatisch zum Verstoß gegen die anerkannten Regeln der Technik führt. Zudem ist dem Werkunternehmer der Beweis vorbehalten, dass ein bestimmtes technisches Regelwerk nicht mehr dem Stand der Technik entspricht.

Insgesamt gesehen geben die DIN-Normen jedoch einen gewissen Anhaltspunkt dafür, ob die anerkannten Regeln der Technik eingehalten sind oder nicht.

Mangel der Bauleistung

Ein Mangel der Bauleistung liegt vor, wenn die Ist-Beschaffenheit des Werkes von der vertraglichen Soll-Beschaffenheit abweicht. Soweit eine Beschaffenheit nicht vereinbart ist, liegt ein Sachmangel vor, wenn es sich nicht für die nach dem Vertrag vorausgesetzte Verwendung, ansonsten für die gewöhnliche Verwendung eignet und eine Beschaffenheit hat, die bei vergleichbaren Werken üblich ist und die der Besteller nach der Art des Werkes erwarten darf (§ 633 Abs. 2 BGB).

Ein Fehler im Rechtssinne kann deshalb auch dann vorliegen, wenn zwar bestimmte anerkannte Regeln der Technik noch eingehalten werden, die im Vertrag darüber hinausgehenden Erfordernisse jedoch nicht gewahrt wurden.

Die vertraglich vereinbarte oder verkehrsübliche Gebrauchsfähigkeit des Werkes umfasst nicht nur die Nutzungsmöglichkeit, sondern auch den Verkehrswert. Bei bloß optischen Mängeln ist die Rechtsprechung zurückhaltend mit der Annahme eines Fehlers im Rechtssinne, wobei bei Überschreitung der in DIN-Normen vorgesehenen Maßtoleranzen häufig auch ein Werkmangel vorliegen wird.

Neben den Qualitäts-Mängeln können auch quantitative Abweichungen zu Fehlern der Bauleistung führen (§ 633 Abs. 2 S. 3 BGB). Wird beispielsweise vereinbart, eine Zufahrt mit einer Breite von 3,00 m zu pflastern und erfolgt die Pflasterung lediglich in einer Breite von 2,70 m, liegt auch hierin ein Fehler der Bauleistung. Schließlich stellen auch Verunreinigungen des Werkes, wie beispielsweise das Zurücklassen von Bauschutt, Abklebungen etc. einen Fehler der Bauleistung dar.

Maßgeblicher Zeitpunkt

Maßgeblicher Zeitpunkt für die Beurteilung, ob ein Mangel vorliegt oder nicht, ist die Abnahme. Für den Auftragnehmer kann dies dann zu Problemen führen, wenn sich zwischen dem Zeitpunkt des Vertragsabschlusses und der Abnahme der Bauleistung, beispielsweise durch Novellierung von DIN-Normen, die anerkannten Regeln der Technik ändern. Soweit die geänderten DIN-Normen die anerkannten Regeln der Technik konkretisieren, muss der Werkunternehmer diese veränderten Anforderungen zur Sicherstellung der Mangelfreiheit der Bauleistung einhalten, obwohl dies bei Vertragsabschluss gar nicht vereinbart war. Diesem Dilemma kann der Auftragnehmer nur dadurch begegnen, dass er sich abzeichnende Veränderungen der anerkannten Regeln der Technik genau verfolgt und bei Eintritt der Änderung den Auftraggeber sofort gemäß § 4 Abs. 3 VOB/B auf die nunmehr eingetretenen Änderungen im Vergleich zu der bei Vertragsabschluss vorliegenden Planung hinweist. Ändert der Auftraggeber daraufhin die Planung ab, hat der Auftragnehmer seine Bauleistung den veränderten Normen anzupassen, wobei ihm gemäß § 2 Abs. 5 VOB/B ein zusätzlicher Vergütungsanspruch eingeräumt wird. Behält der Bauherr seine bisherige Planung bei, kann er gemäß § 13 Abs. 3 VOB/B den Auftragnehmer umgekehrt nicht unter Berufung auf veränderte technische Regelwerke in Anspruch nehmen.

Ausschluss und Wegfall der Mängelansprüche

In Ausnahmefällen können die Mangelfolgepflichten des Auftragnehmers von Anfang an ausgeschlossen sein oder später wegfallen, wenn diesbezügliche Gründe in der Sphäre des Auftraggebers vorliegen.

Nach § 13 Abs. 3 VOB/B ist der Auftragnehmer von Ansprüchen wegen solcher Mängel frei, die auf die Leistungsbeschreibung oder auf Anordnungen des Auftraggebers, auf die von diesem gelieferten oder vorgeschriebenen Stoffe oder Bauteile oder die Beschaffenheit der Vorleistungen eines anderen Unternehmens zurückzuführen sind. Dieser Ausschluss zugunsten des Auftragnehmers greift jedoch nur dann ein, wenn dieser seinen Prüfungs- und Hinweispflichten gemäß § 4 Abs. 3 VOB/B nachkommt und damit dem Auftraggeber die Möglichkeit gibt, seine Entscheidung zu korrigieren. Nur wenn der Auftraggeber trotz entsprechender Bedenkenanmeldung des Auftragnehmers an seinen Vorgaben festhält, wird der Auftragnehmer bei daraus resultierenden Mängeln frei.

Nach § 640 Abs. 2 BGB verliert der Auftraggeber seine Mängelansprüche gem. § 634 Nr. 1 bis 3 BGB für ihn bekannte Mängel, wenn er sich diese bei der Abnahme nicht ausdrücklich vorbehält. Das Gesetz verlangt hierbei positive Kenntnis des Mangels, bloßes Kennenmüssen oder gar grobfahrlässige Unkenntnis des Mangels genügt hingegen nicht.

Zur Klarstellung ist darauf hinzuweisen, dass § 640 Abs. 2 BGB nur zum Verlust der in § 634 Nr. 1 bis 3 BGB geregelten Mängelansprüche führt. Schadensersatzansprüche gemäß § 634 Nr. 4 BGB bleiben hingegen erhalten.

Überblick über die Mängelansprüche nach BGB und VOB/B

Die Gewährleistungsansprüche unterscheiden sich beim BGB- und VOB-Bauvertrag erheblich. Dies zeigt ein Vergleich der jeweiligen Gewährleistungsansprüche.

Prof. Dr. Bernd Dammert

Beim **BGB-Bauvertrag** stehen dem Auftraggeber folgende Gewährleistungsansprüche zu:

- **Nacherfüllungsanspruch** gemäß § 635 BGB (mit dem Leistungsverweigerungsrecht gegenüber Werklohnforderungen)
- **Selbstvornahme** des Auftraggebers (so genannte Ersatzvornahme), wenn der Auftragnehmer trotz Fristsetzung den Mangel nicht beseitigt (§ 637 BGB)

   Der Auftraggeber kann hierbei Ersatz seiner erforderlichen Aufwendungen verlangen.

- **Selbstvornahme durch Drittunternehmer** als Alternative zur Eigennachbesserung, nach Maßgabe der vorbezeichneten Voraussetzungen (§ 637 BGB)
- Anspruch auf **Vorschuss** für den Ersatz der erforderlichen Aufwendungen im Falle des § 637 BGB
- **Minderung** des Werklohnes nach fruchtloser Fristsetzung (§ 638 BGB)
- **Rücktritt** nach fruchtloser Fristsetzung (§ 636 BGB)
- **Schadensersatz** wegen Nichterfüllung, wenn der Werkmangel vom Auftragnehmer - zumindest fahrlässig - verschuldet ist (§ 634 Nr. 4 BGB)
- **Schadensersatzanspruch** bei so genannten Mangelfolgeschäden, soweit der Auftragnehmer diese verschuldet hat (§§ 634 Nr. 4, 280 Abs. 1 BGB).

Beim **VOB-Bauvertrag** ist zwischen Mangelansprüchen bis zur Abnahme und nach der Abnahme der Bauleistung wie folgt zu differenzieren:

Mängelansprüche bis zur Abnahme der Bauleistung

Der Auftraggeber kann gemäß § 4 Abs. 6 VOB/B verlangen, dass **Stoffe oder Bauteile**, die dem **Vertrag** oder den Proben **nicht entsprechen**, auf Anordnung innerhalb

- einer vom Auftraggeber bestimmten Frist vom Auftragnehmer zu **entfernen** sind. Geschieht dies nicht, so können die vertragswidrigen Stoffe oder Bauteile auf Kosten des Auftragnehmers entfernt oder für seine Rechnung veräußert werden.
- **Leistungen**, die schon während der Ausführung als mangelhaft oder vertragswidrig erkannt werden, hat der Auftragnehmer gemäß § 4 Abs. 7 VOB/B auf eigene Kosten **durch mangelfreie** zu **ersetzen**. Hat der Auftragnehmer den Mangel oder die Vertragswidrigkeit verschuldet, so hat er auch den daraus entstehenden Schaden zu ersetzen. Kommt der Auftragnehmer der Pflicht zur Beseitigung des Mangels nicht nach, so kann ihm der Auftraggeber eine angemessene Frist zur Beseitigung des Mangels setzen und erklären, dass er ihm nach fruchtlosem Ablauf der Frist den Auftrag entziehe.

2.2 Öffentliches und privates Baurecht

- Eine **Selbstvornahme** ist dem Auftraggeber beim VOB-Bauvertrag - im Unterschied zu § 637 BGB - hingegen **versagt**, wenn er nicht zuvor den Bauvertrag ganz oder teilweise gekündigt hat.

Mängelansprüche nach Abnahme der Bauleistung

- Nach § 13 Abs. 5 Nr. 1 VOB/B ist der Auftragnehmer zur **Nachbesserung** verpflichtet.

- Der Auftraggeber ist gemäß § 13 Abs. 5 Nr. 2 VOB/B zur **Eigennachbesserung** berechtigt, wenn der Auftragnehmer der Aufforderung zur Mängelbeseitigung nicht innerhalb einer vom Auftraggeber gesetzten angemessenen Frist nachkommt.

- Anstelle der Eigennachbesserung kann der Auftraggeber den **Mangel** auch durch **Drittunternehmer beseitigen** lassen.

- Für den im Falle der Selbstvornahme entstehenden Kostenerstattungsanspruch kann der Auftraggeber auch entsprechenden **Vorschuss** vom Auftragnehmer verlangen.

- Der Auftraggeber kann **Minderung** des Werklohnes verlangen, wenn die Beseitigung des Mangels unmöglich ist oder einen unverhältnismäßig hohen Aufwand erfordern würde und deshalb vom Auftragnehmer verweigert werden kann (§ 13 Abs. 6 VOB/B).

- Anspruch auf Schadensersatz nach § 13 Abs. 7 Nr. 1, 2 VOB/B. Nach Nr. 1 haftet der Auftragnehmer unbeschränkt, wenn durch den Mangel höchstpersönliche Rechtsgüter wie Leben, Körper oder Gesundheit verletzt werden. Ebenso besteht nach Nr. 2 eine unbeschränkte Haftung bei vorsätzlich oder grob fahrlässig verursachten Mängeln.

- Anspruch auf Schadensersatz nach § 13 Abs. 7 Nr. 3 S. 1 VOB/B (so genannter **kleiner Schadensersatzanspruch**). Danach haftet der Auftragnehmer wenn die Voraussetzungen nach Nr. 1 oder 2 nicht vorliegen für den Schaden an der baulichen Anlage, wenn der Auftragnehmer einen wesentlichen, die Gebrauchsfähigkeit des Werkes erheblich beeinträchtigenden Mangel verschuldet hat.

- Anspruch auf Schadensersatz nach § 13 Abs. 7 Nr. 3 S. 2 VOB/B (so genannter **großer Schadensersatzanspruch**) für einen weitergehenden Schaden, der allerdings nur dann zu ersetzen ist, wenn

    a. der Mangel auf einem Verstoß gegen die anerkannten Regeln der Technik beruht,
    b. der Mangel in dem Fehlen einer vertraglich vereinbarten Beschaffenheit besteht, oder
    c. soweit der Auftragnehmer den Schaden durch Versicherung seiner gesetzlichen Haftpflicht gedeckt hat oder durch eine solche zu tarifmäßigen, nicht auf

außergewöhnliche Verhältnisse abgestellten Prämien und Prämienzuschlägen bei einem im Inland und zum Geschäftsbetrieb zugelassenen Versicherer hätte decken können
- Schadensersatz wegen positiver Vertragsverletzung, Mängel und Schäden außerhalb des Bauwerkes, die der Auftragnehmer verschuldet hat.

Ausgeschlossen ist beim VOB-Bauvertrag hingegen der Rücktritt.

Verjährungsfristen

Die Durchsetzbarkeit der Mängelansprüche des Auftraggebers ist durch entsprechende Verjährungsfristen zeitlich begrenzt. Sind die Verjährungsfristen abgelaufen, kann sich der Auftragnehmer gegenüber dem Gewährleistungsverlangen des Auftraggebers auf die dauernde Einrede der Verjährung berufen.

Die Verjährungsfristen bei Mängeln sind sowohl beim BGB-Werkvertrag als auch beim VOB-Bauvertrag inhaltlich und zeitlich differenziert.

Nach § 634 a Abs. 1 BGB verjähren der Nacherfüllungsanspruch (§ 635 BGB), das Selbstvornahmerecht (§ 637 BGB) sowie Schadensersatzansprüche (§ 634 Nr. 4 BGB) bei einem Bauwerk und einem Werk, dessen Erfolg in der Erbringung von Planungs- und Überwachungsleistungen hierfür besteht, in 5 Jahren (§ 634 a Abs. 1 Nr. 2 BGB). Abweichend hiervon verjähren die Ansprüche in der regelmäßigen Verjährungsfrist, wenn der Unternehmer den Mangel arglistig verschwiegen hat (§ 634 a Abs. 3 S. 1 BGB). In diesem Falle tritt die Verjährung jedoch nicht vor Ablauf der in § 634 a Abs. 1 Nr. 2 BGB bestimmten Frist ein. Die Verjährung beginnt mit der Abnahme des Werkes (§ 634 a Abs. 2 BGB).

Nach § 13 Abs. 4 VOB/B verjähren beim VOB-Bauvertrag Mängelansprüche für Bauwerke innerhalb von 4 Jahren, für Arbeiten an einem Grundstück und für die vom Feuer berührten Teile von Feuerungsanlagen in 2 Jahren. Auch hier beginnt die Verjährungsfrist mit der Abnahme der gesamten Leistung. Nur für in sich abgeschlossene Teile der Leistungen beginnt die Verjährung mit der Teilabnahme (§ 13 Abs. 4 Nr. 3 VOB/B).

Die gegenüber der 5-jährigen Verjährungsfrist nach § 634 a Abs. 1 Nr. 2 BGB beim VOB-Bauvertrag auf nur 4 Jahre verkürzte Verjährungsfrist für Bauwerke wird in der Praxis oftmals als zu kurz angesehen. Aus diesem Grunde stellt sich die Frage, ob durch abweichende vertragliche Vereinbarungen auch beim VOB-Bauvertrag die Verjährungsfrist verlängert werden kann. Nach der Rechtsprechung wird eine vertragliche Verlängerung der Gewährleistungsfrist auf 5 Jahre oder gar darüber hinaus als durchweg zulässig angesehen. In der neueren Rechtsprechung zeichnet sich zudem eine Tendenz ab, durch extensive Anwendung der Grundsätze über die Annahme eines arglistig verschwiegenen Mangels die Verjährung für meist gravierende Mängel auf 30 Jahre zu erweitern. Der Bundesgerichtshof, und ihm folgend die Instanzgerichte, haben entschieden, dass der Werkunternehmer, der ein Bauwerk arbeitsteilig herstellen lässt, die organisatorischen Voraussetzungen dafür schaffen muss, um sachgerecht beurteilen zu können, ob das Bauwerk bei Ablieferung mangelfrei ist. Sofern der Werkunternehmer dies unterlässt, verjähren die Gewährleistungsansprüche, wie bei arglistigem Verschweigen eines Mangels, erst nach 30 Jahren, wenn der Mangel bei richtiger Organisation des Arbeitsablaufes der Werkherstellung entdeckt worden wäre.

Die Berechnung der Gewährleistungsfristen erfolgt gemäß §§ 186 ff. BGB.

Besondere Bedeutung kommt in der Praxis der Hemmung und Neubeginn der Verjährung zu:

Rechtsfolge der Hemmung ist, dass der Zeitraum, während der die Verjährung gehemmt ist, in den Lauf der Verjährungsfrist nicht eingerechnet wird (§ 209 BGB).

Im Unterschied zur Hemmung führt der Neubeginn der Verjährung gemäß § 212 BGB dazu, dass die bis zum Neubeginn abgelaufene Zeit nicht angerechnet wird und die Verjährungsfrist wieder von vorne zu laufen beginnt.

Die wichtigsten Hemmungstatbestände sind:

- Gerichtliche Geltendmachung von Gewährleistungsansprüchen durch Klageerhebung oder Zustellung eines (gerichtlichen) Mahnbescheides (hier ist allerdings nur die Geltendmachung von Geldansprüchen möglich) (§ 204 Nr. 1, 3 BGB)
- Anmeldung des Anspruches im Insolvenzverfahren (§ 204 Nr. 10 BGB)
- Zustellung der Streitverkündung in einem anderen Prozess (§ 204 Nr. 6 BGB)
- Zustellung des Antrags auf Durchführung eines selbständigen Beweisverfahrens gemäß §§ 485 ff. ZPO (§ 204 Nr. 7 BGB)

Der wichtigste Tatbestand des Neubeginns ist:

- Anerkenntnis des Gewährleistungsanspruches durch den Auftragnehmer (§ 212 Abs. 1 Nr. 1 BGB)

2.2.3.9 Bauzeit und Verzugsfolgen

Sowohl für den Auftraggeber als auch für den Auftragnehmer ist es von erheblicher wirtschaftlicher Bedeutung, dass die vereinbarte bzw. vorgesehene Bauzeit eingehalten wird. Für beide Vertragsparteien kann die Verlängerung der Bauzeit zu ganz erheblichen wirtschaftlichen Schäden führen. Darüber hinaus können Bauzeitüberschreitungen für den Auftragnehmer zu schmerzhaften Sanktionen durch den Auftraggeber führen, indem beispielsweise eine vereinbarte Vertragsstrafe verwirkt werden kann oder Verzugsschadensersatzansprüche drohen.

Prof. Dr. Bernd Dammert

Im Hinblick auf diese erhebliche Bedeutung der Bauzeit mag es überraschen, dass das BGB-Werkvertragsrecht keine speziellen Regelungen zur Bauzeit enthält. Lediglich im Zusammenhang mit Fristsetzungen bei Mängelansprüchen gemäß § 637 BGB finden sich Vorgaben zu zeitlichen Abläufen. § 636 BGB knüpft für den Rücktrittsanspruch daran an, dass eine Frist nicht eingehalten wird. Nach § 642 BGB kann der Auftragnehmer vom Auftraggeber eine angemessene Entschädigung verlangen, wenn dieser durch Unterlassen von Mitwirkungshandlungen in Verzug der Annahme kommt.

Im Unterschied zum BGB enthält die VOB in ihren Teilen A und B eine ganze Reihe von bauzeitbezogenen Vorgaben. Hinzuweisen ist auf die Regelung der Ausführungsfristen in § 9 VOB/A, der durch § 5 VOB/B auf der Ebene des Vertragsrechts „umgesetzt" wird.

Nach § 5 Abs. 1 VOB/B ist die Ausführung des Bauvorhabens grundsätzlich nach den verbindlichen Fristen (Vertragsfristen) zu beginnen, angemessen zu fördern und zu vollenden. In einem Bauzeitenplan enthaltene Einzelfristen gelten jedoch nur dann als Vertragsfristen, wenn dies im Vertrag ausdrücklich vereinbart worden ist. Bereits aus § 5 Abs. 1 VOB/B lässt sich folgende Differenzierung hinsichtlich der Durchführungsfristen eines Bauvorhabens treffen:

- Frist für den Beginn der Ausführung
- im Bauzeitenplan enthaltene Einzelfristen
- Fertigstellungsfrist (auch Ausführungsfrist oder Bauzeit genannt)

Nicht jede Frist ist automatisch rechtlich verbindlich und löst bei Nichteinhaltung entsprechende Sanktionen aus. Dies gilt insbesondere für die in einem Bauzeitenplan enthaltenen Einzelfristen, die nur bei ausdrücklicher Vereinbarung als Vertragsfrist rechtsverbindlich sind.

Soweit vertraglich für den Beginn der Ausführung keine Frist vereinbart worden ist, hat der Auftraggeber gemäß § 5 Abs. 2 VOB/B dem Auftragnehmer auf Verlangen Auskunft über den voraussichtlichen Beginn zu erteilen, damit letzterer disponieren kann. Denn der Auftragnehmer hat innerhalb von 12 Werktagen nach Aufforderung des Auftraggebers mit der Bauausführung zu beginnen. Der Beginn der Ausführung ist hierbei dem Auftraggeber anzuzeigen.

Stellt der Auftraggeber fest, dass die Ausführungsfristen offenbar nicht eingehalten werden können, da zu wenig Arbeitskräfte, Geräte, Gerüste, Stoffe oder Bauteile auf der Baustelle eingesetzt werden, muss der Auftragnehmer auf Verlangen des Auftraggebers unverzüglich Abhilfe schaffen (§ 5 Abs. 3 VOB/B). Kommt der Auftragnehmer diesem Verlangen nicht nach oder verzögert er den Beginn der Ausführung, oder gerät er mit der Vollendung in Verzug, kann der Auftraggeber entweder bei Aufrechterhaltung des Vertrages Schadensersatz verlangen oder dem Auftragnehmer eine angemessene Nachfrist zur Vertragserfüllung setzen und erklären, dass er ihm nach fruchtlosem Ablauf den Auftrag entziehe (§ 5 Abs. 4 VOB/B). Neben diesem

Kündigungs- und Schadensersatzrecht des Auftraggebers kann die Überschreitung der Ausführungsfristen zur Verwirkung einer vereinbarten Vertragsstrafe gemäß § 11 VOB/B führen. Ist die Vertragsstrafe wirksam vereinbart, wird sie fällig, wenn der Auftragnehmer in Verzug gerät (§ 11 Abs. 2 VOB/B). Soweit sie nach Tagen bemessen ist, zählen für ihre Berechnung nur Werktage (§ 11 Abs. 3 VOB/B). Obwohl allgemeingültige Vorgaben zur zulässigen Höhe von Vertragsstrafenversprechen nicht möglich sind, akzeptiert die Rechtsprechung Vertragsstrafen in Höhe von bis zu 0,3 % je Arbeitstag, begrenzt auf eine Gesamthöhe von bis zu 5 % der Angebotssumme.

Umgekehrt hat der Auftragnehmer die Möglichkeit, die Ausführungsfristen durch die Geltendmachung von ihm nicht zu vertretender Baubehinderung zu verlängern (§ 6 Abs. 2 VOB/B). Kann beispielsweise ein Auftragnehmer nicht rechtzeitig mit dem Bau beginnen, weil erforderliche Genehmigungen fehlen, oder kann er mit der Ausführung nicht fortfahren, weil die entsprechenden Vorgewerke noch nicht mit ihren Arbeiten fertig sind, kann der Auftragnehmer gemäß § 4 Abs. 3 VOB/B gegenüber dem Auftraggeber Behinderung anzeigen. Diese Behinderungsanzeige hat unverzüglich und schriftlich zu erfolgen. Erfolgt eine form- und fristgerechte sowie berechtigte Behinderungsanzeige, führt dies gemäß § 6 Abs. 2 Nr. 1 a VOB/B zu einer Verlängerung der Ausführungsfristen. Gleiches gilt für Baubehinderungen, die durch Streik oder eine von der Berufsvertretung der Arbeitgeber angeordnete Aussperrung im Betrieb des Auftragnehmers oder für den Auftragnehmer unabwendbare Umstände eintreten (§ 6 Abs. 2 Nr. 1 b, c VOB/B). Witterungsbedingte Behinderungen führen nur dann zu einer Bauzeitverlängerung, wenn der Auftragnehmer bei Abgabe des Angebotes normalerweise nicht mit ihnen rechnen musste (§ 6 Abs. 2 Nr. 2 VOB/B).

2.2.3.10 Vergütungsanspruch des Bauunternehmers und Abrechnung

Der Auftragnehmer hat nach § 631 Abs. 1 BGB Anspruch auf Zahlung der vereinbarten Vergütung durch den Auftraggeber. Haben die Vertragsparteien keine nähere vertragliche Bestimmung über die Höhe der Vergütung getroffen, so ist gemäß § 632 Abs. 2 BGB „die übliche Vergütung als vereinbart anzusehen". Als übliche Vergütung in diesem Sinne ist der in § 2 Abs. 1 Nr. 1 VOB/A angeführte „angemessene Preis" anzusehen. Für die Berechnung ist auf die folgenden Grundsätze zurückzugreifen.

Soweit zwischen den Vertragsparteien Streit über die zu zahlende Vergütung besteht, muss grundsätzlich der Auftragnehmer nachweisen, welcher Vergütungsanspruch ihm nach Vereinbarung oder Üblichkeit zusteht. Wendet der Auftraggeber die Vereinbarung eines Pauschalpreises ein, muss der Auftragnehmer beweisen, dass kein Pauschalpreis vereinbart worden ist.

Die Ermittlung des Vergütungsanspruches hängt davon ab, welchen Vertragstyp die Vertragsparteien gewählt haben, insbesondere ob ein Einheitspreis- oder Pauschalvertrag vorliegt.

Prof. Dr. Bernd Dammert

Beim Einheitspreisvertrag errechnet sich der Vergütungsanspruch des Auftragnehmers aus den tatsächlichen Mengen und Massen multipliziert mit den jeweiligen vertraglichen Einheitspreisen. Etwaige Mengenänderungen fließen also automatisch in die Berechnung des Vergütungsanspruches ein, und zwar ohne dass der Auftragnehmer dies dem Auftraggeber gegenüber besonders anzeigen müsste.

§ 2 Abs. 2 VOB/B sagt daher, dass die Vergütung nach den vertraglichen Einheitspreisen und den tatsächlich ausgeführten Leistungen berechnet wird, wenn keine andere Berechnungsart (z. B. durch Pauschalsumme, nach Stundenlohnsätzen, nach Selbstkosten) vereinbart ist.

Über das BGB-Werkvertragsrecht weit hinausgehend enthält die VOB/B detaillierte Regelungen, wonach die Vertragsparteien Anpassungen des vereinbarten Angebotspreises verlangen können. Bei diesen Preisanpassungen stehen in der Praxis die so genannten Nachträge der Auftragnehmer im Vordergrund. Das System der Preisänderungsmöglichkeiten nach § 2 Abs. 3 bis 10 VOB/B stellt sich wie folgt dar:

- Einheitspreisänderungen aufgrund von Mehr- oder Mindermengen von über 10 %: Nach § 2 Abs. 3 Nr. 1 VOB/B gilt der vertragliche Einheitspreis auch dann, wenn die ausgeführte Menge der unter dem Einheitspreis erfassten Leistung oder Teilleistung um nicht mehr als 10 % von dem im Vertrag vorgesehenen Umfang abweicht. Wird hingegen der Mengenansatz um mehr als 10 % überschritten, kann auf Verlangen einer der Vertragsparteien ein neuer Preis unter Berücksichtigung der Mehr- oder Minderkosten vereinbart werden. Umgekehrt ist bei einer um über 10 % hinausgehenden Unterschreitung des Mengenansatzes auf Verlangen der Einheitspreis für die tatsächlich ausgeführte Menge der Leistung oder Teilleistung zu erhöhen, soweit der Auftragnehmer nicht durch Erhöhung der Mengen bei anderen Ordnungszahlen (Positionen) oder in anderer Weise einen Ausgleich erhält. Die Erhöhung des Einheitspreises soll im Wesentlichen dem Mehrbetrag entsprechen, der sich durch Verteilung der Baustelleneinrichtungs- und Baustellengemeinkosten und der allgemeinen Geschäftskosten auf die verringerte Menge ergibt. Die Umsatzsteuer wird entsprechend dem neuen Preis vergütet (§ 2 Abs. 3 Nr. 3 VOB/B). Durch diese Einheitspreisanpassungsregelungen wird dem Umstand Rechnung getragen, dass die Kalkulation des Einheitspreises von den zugrunde gelegten Mengenansätzen abhängt.

- Werden im Vertrag vereinbarte Leistungen des Auftragnehmers vom Auftraggeber selbst übernommen (z. B. Lieferung von Bau-, Bauhilfs- und Betriebsstoffen), steht dem Auftragnehmer auch hierfür die vereinbarte Vergütung abzüglich ersparter Aufwendungen zu (§§ 2 Abs. 4, 8 Abs. 1 Nr. 2 VOB/B).

- Werden durch Änderungen des Bauentwurfs oder andere Anordnungen des Auftraggebers die Grundlagen des Preises für eine vertragliche Leistung betroffen, so ist - auf Verlangen des Auftragnehmers - ein neuer Preis unter Berücksichtigung der Mehr- oder Minderkosten zu vereinbaren. Die Vereinbarung soll vor der Ausführung der geänderten Leistung getroffen werden (§ 2 Abs. 5 VOB/B). Diese Regelung ist Grundlage für Nachträge wegen geänderter Ausführung der vereinbarten Bauleistungen.

- Wird im Unterschied zu § 2 Abs. 5 VOB/B keine Änderung, sondern eine zusätzliche Leistung gefordert, hat der Auftragnehmer ebenfalls Anspruch auf gesonderte Vergütung. Er muss jedoch den Anspruch dem Auftraggeber ankündigen, bevor er mit der Ausführung der Leistung beginnt (§ 2 Abs. 6 Nr. 1 VOB/B). Diese Regelung ist daher Grundlage der Nachträge für Zusatzleistungen. Die Vergütung selbst ist nach den Grundlagen der Preisermittlung für die sonstigen vertraglichen Leistungen und die besonderen Kosten der geforderten Leistungen zu ermitteln. Sie ist möglichst vor Beginn der Ausführung zu vereinbaren (§ 2 Abs. 6 Nr. 2 VOB/B).

- Führt der Auftragnehmer ohne Auftrag oder unter eigenmächtiger Abweichung vom Auftrag Leistungen aus, steht ihm hierfür eine Vergütung zu, wenn der Auftraggeber solche Leistungen nachträglich anerkennt. Eine Vergütung steht ihm auch zu, wenn die Leistungen für die Erfüllung des Vertrages notwendig waren, dem mutmaßlichen Willen des Auftraggebers entsprachen und ihm unverzüglich angezeigt wurden (§ 2 Abs. 8 Nr. 2 VOB/B). Liegen die letztgenannten Voraussetzungen nicht vor, erhält der Auftragnehmer für Leistungen ohne Auftrag und unter eigenmächtiger Abweichung vom Auftrag keine Vergütung (§ 2 Abs. 8 Nr. 1 VOB/B).

- Verlangt der Auftraggeber vom Auftragnehmer Zeichnungen, Berechnungen oder andere Unterlagen, die dieser nach dem Vertrag nicht zu beschaffen hatte, sind sie gesondert zu vergüten (§ 2 Abs. 9 Nr. 1 VOB/B). Für die Berechnung des Vergütungsanspruches ist vermittelt über § 632 Abs. 2 BGB auf die HOAI zurückzugreifen, sofern dort geregelte Leistungsbilder betroffen sind.

- Angefallene Stundenlohnarbeiten werden nur vergütet, wenn sie als solche vor ihrem Beginn ausdrücklich vereinbart worden und die Voraussetzungen des § 15 VOB/B eingehalten sind (§ 2 Abs. 10 VOB/B).

Die vorbezeichneten Regelungen gelten für den Einheitspreisvertrag. Für den Pauschalvertrag sieht § 2 Abs. 7 VOB/B dann eine Anpassungsmöglichkeit vor, wenn die ausgeführte Leistung von der vorgesehenen Leistung so erheblich abweicht, dass ein Festhalten an der Pauschalsumme nicht zumutbar ist. Dann kann auf Verlangen eines Vertragspartners der Ausgleich unter Berücksichtigung der Mehr- und Minderkosten erfolgen. Auch beim Pauschalvertrag sind gemäß § 2 Abs. 7 Nr. 1 VOB/B Anpassungen für weggefallene, geänderte oder zusätzliche Leistungen (§ 2 Abs. 4 bis 6 VOB/B) möglich.

Die Fälligkeit des Vergütungsanspruches des Auftragnehmers hängt im Einzelnen davon ab, ob ein BGB-Werkvertrag oder VOB-Bauvertrag abgeschlossen worden ist. Beim BGB-Werkvertrag ist die Vergütung gemäß § 641 Abs. 1 BGB fällig, wenn das Werk abgenommen und eine Rechnung erteilt worden ist. Beim VOB-Bauvertrag tritt die Fälligkeit nach Abnahme sowie (spätestens) innerhalb von 30 Tagen nach Zugang einer prüffähigen Schlussrechnung ein (§ 16 Abs. 3 Nr. 1 Satz 1 VOB/B). Die Frist verlängert sich gemäß § 16 Abs. 3 Nr. 1 Satz 2 VOB/B auf höchstens 60 Tage, wenn dies aufgrund der besonderen Natur oder Merkmale der Vereinbarung sachlich gerechtfertigt ist und ausdrücklich vereinbart wurde. Ist die Rechnungsprüfung vorher abgeschlossen, tritt die Fälligkeit zu diesem Zeitpunkt ein. Die Schlussrechnung hat in prüfbarer Form zu erfolgen, der Auftragnehmer hat die Rechnung übersichtlich aufzustellen und dabei die Reihenfolge der Posten einzuhalten und die in den Vertragsbestandteilen enthaltenen Bezeichnungen zu verwenden. Die zum Nachweis von Art und Umfang der Leistung erforderlichen Mengenberechnungen, Zeichnungen und anderen Belege sind beizufügen. Änderungen und Ergänzungen des Vertrages, insbesondere Nachträge, sind in der Rechnung besonders kenntlich zu machen (§ 14 Abs. 1 VOB/B).

Hinsichtlich der Zahlungsweise sieht auch das BGB die Möglichkeit von Abschlagszahlungen vor. Nach § 632 a BGB kann der Auftragnehmer vom Auftraggeber eine Abschlagszahlung für eine vertragsgemäß erbrachte Leistung in der Höhe verlangen, in der der Besteller durch die Leistung einen Wertzuwachs erlangt hat. Dies gilt auch für eigens angefertigte oder gelieferte erforderliche Stoffe oder Bauteile, wenn dem Besteller nach seiner Wahl Eigentum hieran übertragen oder Sicherheit hierfür geleistet wird. Der Gesetzgeber hat § 632 a Abs. 1 BGB damit der Parallelbestimmung des § 16 Abs. 1 Nr. 1 VOB/B angeglichen. Nach § 16 Abs. 2 VOB/B können auch Vorauszahlungen, selbst nach Vertragsabschluss, vereinbart werden. Da derartige Vorauszahlungen für den Auftraggeber mit Risiken behaftet sind, kann er gemäß § 16 Abs. 2 Nr. 1 VOB/B hierfür eine Sicherheit verlangen. Vorauszahlungen sieht das BGB zwar nicht vor, sie können jedoch auch hiernach vereinbart werden.

Im Unterschied zum BGB enthält die VOB/B Sonderregelungen zur so genannten Schlusszahlung. Unter Schlusszahlung versteht man die endgültige Begleichung des Werklohnanspruches des Auftragnehmers nach dem Bauvertrag. Die Schlusszahlung setzt grundsätzlich eine vorliegende Schlussrechnung voraus. Von besonderer rechtlicher Bedeutung sind die in § 16 Abs. 3 Nr. 2 VOB/B an die vorbehaltlose Annahme der Schlusszahlung geknüpften Rechtsfolgen. Denn hiernach schließt die vorbehaltlose Annahme der Schlusszahlung jedwede Nachforderungen des Auftragnehmers aus. Dies gilt allerdings nur dann, wenn der Auftragnehmer über die Schlusszahlung schriftlich unterrichtet und auf die Ausschlusswirkung hingewiesen wurde. Der Schlusszahlung steht es ferner gleich, wenn der Auftraggeber unter Hinweis auf geleistete Zahlungen weitere Zahlungen endgültig und schriftlich ablehnt (§ 16 Abs. 3 Nr. 3 VOB/B). Für Einwendungen gegen die Schlusszahlung sieht § 16 Abs. 3 Nr. 5 VOB/B bestimmte Ausschlussfristen vor. Ein Vorbehalt gegen die Schlusszahlung ist hiernach innerhalb von 28 Tagen nach Zugang der Schlusszahlungsmitteilung zu erklären. Der Vorbehalt wird allerdings hinfällig, wenn nicht innerhalb von weiteren 28 Tagen eine prüfbare Rechnung über die vorbehaltenen Forderungen eingereicht oder, wenn das nicht möglich ist, der Vorbehalt eingehend begründet wird (§ 16 Abs. 3 Nr. 5

VOB/B). Die genannten Ausschlussfristen gelten nicht für ein Verlangen nach Richtigstellung der Schlussrechnung und -zahlung wegen Aufmaß-, Rechen- und Übertragungsfehlern (§ 16 Abs. 3 Nr. 6 VOB/B).

Eine Besonderheit gegenüber dem BGB-Werkvertragsrecht sieht schließlich auch § 16 Abs. 6 VOB/B vor, wonach der Auftraggeber berechtigt ist, zur Erfüllung seiner Zahlungsverpflichtungen gegenüber dem Auftragnehmer statt dessen an dessen Gläubiger zu leisten, soweit sie an der Ausführung der vertraglichen Leistung aufgrund eines mit dem Auftragnehmer abgeschlossenen Dienst- oder Werkvertrages beteiligt sind und der Auftragnehmer in Zahlungsverzug gekommen ist. Denkbar sind hier insbesondere Werkverträge zwischen dem Auftragnehmer und seinen Nachunternehmern. Für den Auftraggeber ist jedoch insoweit Vorsicht geboten, als nach Insolvenzeröffnung über das Vermögen des Auftragnehmers keine schuldbefreienden Zahlungen gemäß § 16 Abs. 6 VOB/B an Gläubiger des Auftragnehmers mehr möglich sind.

2.2.3.11 Die Kündigung des Bauvertrages

Nach Abschluss des Bauvertrages kann es vor dessen Abwicklung dazu kommen, dass eine der Vertragsparteien den Vertrag wieder kündigen will. Die Kündigung stellt im Rechtssinne ein einseitiges und bedingungsfeindliches Gestaltungsrecht dar. Bei der Kündigung ist zwischen den Kündigungen durch den Auftragnehmer oder den Auftraggeber sowie beim BGB-Werkvertrag und beim VOB-Bauvertrag zu unterscheiden. Hiernach ergibt sich folgende Übersicht:

Kündigung durch den Auftragnehmer

- Nach §§ 642, 643 BGB kann der Auftragnehmer den Werkvertrag kündigen, wenn der Auftraggeber trotz angemessener Fristsetzung seinen Mitwirkungsverpflichtungen nicht nachkommt.

- Nach § 9 Abs. 1 VOB/B kann der Auftragnehmer den Vertrag kündigen, wenn der Auftraggeber eine ihm obliegende Handlung unterlässt und dadurch den Auftragnehmer außerstande setzt, eine Leistung auszuführen (Annahmeverzug nach §§ 293 ff. BGB) oder wenn der Auftraggeber eine fällige Zahlung nicht leistet oder sonst in Schuldnerverzug gerät.

- Nach § 9 Abs. 2 VOB/B ist die Kündigung schriftlich zu erklären. Sie ist erst zulässig, wenn der Auftragnehmer dem Auftraggeber ohne Erfolg eine angemessene Frist zur Vertragserfüllung gesetzt und erklärt hat, dass er nach fruchtlosem Ablauf der Frist kündigen werde. Rechtsfolge der Kündigung ist, dass die bisherigen Leistungen nach den Vertragspreisen abzurechnen sind und der Auftragnehmer außerdem Anspruch auf angemessene Entschädigung nach § 642 BGB hat (§ 9 Abs. 3 VOB/B).

- Ein weiteres Kündigungsrecht steht dem Auftragnehmer für den Fall zu, dass er vom Auftraggeber für die noch zu erbringenden Vorleistungen gemäß § 648 a BGB eine Bauhandwerkersicherung verlangt und der Auftraggeber die Sicherheit nicht fristgemäß leistet (§ 648 a Abs. 5 BGB).

Kündigung durch den Auftraggeber

- Der Auftraggeber kann gemäß § 649 Satz 1 BGB vor Vollendung des Werkes jederzeit den Vertrag kündigen. Er benötigt hierfür keinen besonderen Kündigungsgrund. Eine Form ist für die Kündigung nicht vorgeschrieben.

  Gewissermaßen als Ausgleich für dieses freie Kündigungsrecht des Auftraggebers steht dem Auftragnehmer die gesamte vereinbarte Vergütung, auch aus dem gekündigten Leistungsteil, zu, worauf er sich jedoch dasjenige anrechnen lassen muss, was er infolge der Aufhebung des Vertrags an Aufwendungen erspart oder durch anderweitige Verwendung seiner Arbeitskraft erwirbt oder zu erwerben böswillig unterlässt (§ 649 Satz 2 BGB). Nach § 649 S. 3 BGB wird zunächst widerlegbar vermutet, dass dem Auftragnehmer 5 % der auf den noch nicht erbrachten Teil der Werkleistung entfallenden vereinbarten Vergütung zustehen.

- § 8 VOB/B räumt dem Auftraggeber eine Reihe spezieller Kündigungsrechte ein: Nach § 8 Abs. 2 Nr. 1 VOB/B kann der Auftraggeber den Vertrag kündigen, wenn der Auftragnehmer seine Zahlungen einstellt oder das Insolvenzverfahren bzw. ein vergleichbares gesetzliches Verfahren beantragt oder ein solches Verfahren eröffnet oder dessen Eröffnung mangels Masse abgelehnt wird. Nach § 8 Abs. 3 Nr. 1 VOB/B kann der Auftraggeber den Vertrag auch kündigen, wenn Fristen zur Beseitigung vertragswidriger Leistungen oder zur Förderung des Baugeschehens fruchtlos abgelaufen sind. Der Auftraggeber kann gemäß § 8 Abs. 4 VOB/B ferner den Auftrag entziehen, wenn der Auftragnehmer aus Anlass der Vergabe eine Abrede getroffen hatte, die eine unzulässige Wettbewerbsbeschränkung darstellt. In allen Fällen ist die Kündigung schriftlich zu erklären (§ 8 Abs. 5 VOB/B).

  Der Auftragnehmer wiederum kann gemäß § 8 Abs. 6 VOB/B Aufmaß und Abnahme der von ihm ausgeführten Leistungen alsbald nach Kündigung verlangen. Er selbst hat unverzüglich eine prüfbare Rechnung über die ausgeführten Leistungen vorzulegen.

Bei der Kündigung des Werkvertrages tritt in der Regel das Problem auf, die bereits erbrachten Leistungen quantitativ und qualitativ festzuhalten. Dies gilt vor allen Dingen deshalb, weil der Auftraggeber wirtschaftlich gehalten ist, durch Einsatz eines anderen Auftragnehmers die Leistungen fortzuführen und zu vollenden. Zum Zwecke der Dokumentation wird in der Praxis entweder ein privates Beweissicherungsgutachten in Auftrag gegeben oder, wenn sich die Parteien nicht einigen können, ein selbständiges Beweisverfahren gemäß §§ 485 ff. ZPO eingeleitet.

2.2.3.12 Sicherung von Ansprüchen

Sowohl bei Auftraggebern als auch bei Auftragnehmern besteht ein Bedürfnis dafür, seinen jeweiligen vertraglichen Anspruch zu sichern. Das Sicherungsbedürfnis des Auftraggebers richtet sich zum einen auf die vertragsgerechte Herstellung des Werkes und zum anderen auf die Absicherung der Gewährleistungsansprüche. Der Auftragnehmer hingegen strebt eine Sicherheit für seinen Vergütungsanspruch an.

Auch im Hinblick auf die jeweiligen Sicherheiten unterscheiden sich das BGB-Werkvertragsrecht und die VOB/B erheblich.

Instrumente zur Sicherung von Ansprüchen des Auftraggebers:

Das BGB-Werkvertragsrecht enthält keine speziellen Vorschriften zur Sicherung der Erfüllungs- und Gewährleistungsansprüche des Auftraggebers. Die Praxis greift daher auf anderweitige Sicherungsinstrumente zurück, insbesondere auf die Bürgschaft gemäß §§ 765 ff. BGB. Zur Absicherung des Herstellungsanspruches können so genannte Erfüllungsbürgschaften, zur Sicherung der Mängelansprüche so genannte Gewährleistungsbürgschaften vereinbart werden. Die Bürgschaft ist ihrem Wesen nach akzessorisch, d. h. Bestand und Durchsetzbarkeit sind grundsätzlich von der Hauptforderung abhängig. Diese Abhängigkeit kann die Bürgschaft für den Auftraggeber wirtschaftlich erheblich entwerten. Gerade im Falle des Rückgriffs auf die Erfüllungsbürgschaft, beispielsweise bei insolvenzbedingter Kündigung des Bauvertrages zur Abdeckung entstehender Mehrkosten aufgrund der Neubeauftragung des anderen Auftragnehmers ist der Auftraggeber darauf angewiesen, dass er möglichst schnell die erforderlichen Mittel erhält. Ist die Durchsetzung der Bürgschaftsforderung mit langwierigen Auseinandersetzungen verbunden, erfüllt sie für den Auftraggeber häufig nicht ihren Zweck. Aus diesem Grunde hatte sich in der Praxis das Bestreben durchgesetzt, die bestehende Abhängigkeit der Bürgschaft von der Hauptverpflichtung aufzulockern bzw. zu durchbrechen. Daher wurde verbreitet das Bürgschaftsversprechen in Form einer so genannten Bürgschaft auf erstes Anfordern erteilt. Bei der Bürgschaft auf erstes Anfordern ist der Bürge, in der Regel eine Bank, verpflichtet, auf Verlangen des Auftraggebers und Sicherungsnehmers den Bürgschaftsbetrag auszuzahlen und etwaige Einwendungen hiergegen im Rückforderungsprozess geltend zu machen. Der Bundesgerichtshof hat Bürgschaften auf erstes Anfordern in AGB als unzulässig angesehen.

- Als weiteres Sicherungsmittel dient der Einbehalt von an den Auftragnehmer zu leistenden Zahlungen, der so genannte Sicherheitseinbehalt. Orientiert an der für öffentliche Auftraggeber geltenden Regelung des § 9 Abs. 8 VOB/A ist hierbei in der Praxis ein Sicherheitseinbehalt von 5 % verbreitet. Es ist jedoch darauf hinzuweisen, dass dieser oftmals nicht ausreicht, um die entsprechenden Risiken abzusichern.

Prof. Dr. Bernd Dammert

Im Unterschied zum BGB-Werkvertragsrecht enthalten die VOB/B in § 17 eingehende Regelungen zur Sicherheitsleistung. Allerdings muss auch hier die Sicherheitsleistung dem Grunde nach vereinbart sein. Nach § 17 Abs. 2 VOB/B kann, wenn im Vertrag keine anderen Regelungen getroffen sind, Sicherheit durch Einbehalt oder Hinterlegung von Geld oder durch Bürgschaft eines in der europäischen Gemeinschaft zugelassenen Kreditinstitutes oder Kreditversicherers geleistet werden. Nach § 17 Abs. 3 VOB/B hat der Auftragnehmer die Wahl unter den verschiedenen Arten der Sicherheiten und kann eine Sicherheit durch eine andere ersetzen, wenn sich die Vertragsparteien nicht auf eine bestimmte Form der Sicherheit festgelegt haben. § 17 Abs. 5 bis 8 VOB/B regeln die näheren Modalitäten der unterschiedlichen Arten der Sicherheitsleistung. Nach § 17 Abs. 4 S. 3 VOB/B kann keine Bürgschaft auf erstes Anfordern verlangt werden.

Instrumente zur Sicherung von Ansprüchen des Auftragnehmers

Anders als beim Auftraggeber enthält das BGB-Werkvertragsrecht für den Auftragnehmer besondere Vorschriften zur Sicherung seiner Ansprüche. Nach § 648 BGB kann der Auftragnehmer eines Bauwerkes für seine Forderungen aus dem Bauvertrag die Einräumung einer Sicherungshypothek an dem Baugrundstück des Auftraggebers verlangen. Diese Bausicherungshypothek kann der Auftragnehmer bei Weigerung des Auftraggebers auch im Wege der einstweiligen Verfügung zwangsweise sichern lassen. Voraussetzung ist allerdings, dass das Vorliegen eines sicherungsfähigen Anspruches, in der Regel also der Erbringung einer vertragsgerechten Teilleistung, glaubhaft gemacht wird, und gleichzeitig der Auftraggeber auch Eigentümer des Baugrundstückes ist. Fallen hingegen Eigentümer des Baugrundstückes und Auftraggeber rechtlich auseinander und kann auch keine rechtliche Zurechnung vorgenommen werden, versagt dieses Sicherungsinstrument. Der Auftragnehmer kann ferner für die von ihm zu erbringenden Vorleistungen gemäß § 648 a Abs. 1 BGB Sicherheitsleistung verlangen. Sicherheit kann bis zur Höhe des voraussichtlichen Vergütungsanspruches verlangt werden. Die Kosten der Sicherheit hat allerdings der Auftragnehmer bis zu einem Höchstsatz von 2 % für das Jahr dem Auftraggeber zu erstatten. Soweit der Auftragnehmer eine Sicherung nach § 648 a BGB erhalten hat, ist der Anspruch auf Einräumung einer Sicherungshypothek nach § 648 Abs. 1 BGB ausgeschlossen (§ 648 a Abs. 4 BGB).

Über die genannten speziellen Sicherungsinstrumente hinaus stehen dem Auftragnehmer die bereits für den Auftraggeber dargestellten Sicherungsmittel der Bürgschaft und die Sicherungsinstrumente nach § 17 VOB/B zur Verfügung. Hierauf wird Bezug genommen.

2.2.3.13 Grundzüge des Architekten- und Ingenieurvertragsrechts

Architekten- und Ingenieurverträge stellen in der Regel - ebenso wie Bauverträge - Werkverträge gemäß §§ 631 ff. BGB dar. Sie sind grundsätzlich nicht formbedürftig und können daher sowohl mündlich als auch durch schlüssiges Verhalten geschlossen werden. Will der Architekt oder Ingenieur ein höheres als das Honorar nach den Mindestsätzen vereinbaren, so bedarf die Honorarvereinbarung der Schriftform (§ 7 Abs. 1 HOAI). Schriftformerfordernisse können sich aus den Regelungen des Kommunalrechts ergeben.

Das vom Architekten und Ingenieur geschuldete Werk ist nicht die Bauleistung selbst, sondern vielmehr „das Entstehenlassen des Bauwerks", die erforderliche Planung, Koordinierung, Ausschreibung, Rechnungsprüfung und Bauaufsicht. Der Architekt und Ingenieur schuldet im Rahmen seiner werkvertraglichen Verpflichtung demgemäß eine technisch und wirtschaftlich ordnungsgemäße Planung, die den Leistungsvorgaben des Auftraggebers entspricht.

Im Unterschied zu Bauleistungen besteht für Architekten- und Ingenieurleistungen bislang noch keine allgemeine Vertragsbedingung vergleichbar der VOB/B, obwohl diesbezügliche Denkansätze und Vorschläge bereits auf dem Tisch liegen. Die Rechts- und Vertragspraxis wird bereits seit Jahrzehnten durch Formularverträge, insbesondere die früher von den Architektenkammern herausgegebenen so genannten „Einheitsarchitektenverträge" geprägt. Diese Vertragsmuster sind zwar bisweilen kritisiert worden, es ist jedoch unverkennbar, dass ein praktisches Bedürfnis für derartige Vertragsmuster sowohl bei den Auftraggebern als auch bei den Auftragnehmern besteht.

Während beim Bauvertrag das Bausoll durch Leistungsverzeichnisse, Baubeschreibungen und Pläne im Einzelnen vorgegeben ist, sind derartige Konkretisierungen der werkvertraglichen Leistungspflicht beim Architekten- und Ingenieurvertrag vorab in der Regel nicht möglich. Der Auftraggeber kann zwar die Vorgabe treffen, dass beispielsweise ein Bürogebäude auf einem bestimmten Grundstück mit einer bestimmten Größe und Ausstattungsqualität sowie zu bestimmten Kosten geplant werden soll. Einzelvorgaben dieser erst noch zu schaffenden Planung sind dem Auftraggeber jedoch in der Regel nicht möglich, die Planung soll ihm gerade die entsprechenden Einzelangaben liefern. Aus diesem Grunde erfolgt die Konkretisierung der Leistungsverpflichtung beim Architekten- und Ingenieurvertrag sowohl „ergebnisbezogen" als auch „prozessorientiert".

Wenngleich von der Rechtsprechung kritisiert, ohne tragfähige Alternativvorschläge unterbreiten zu können, greift die Praxis für die Umschreibung der werkvertraglichen Leistungspflichten in Architekten- und Ingenieurverträgen häufig auf die so genannten Leistungsbilder der HOAI zurück. Die HOAI ist dabei reines Preisrecht und enthält Vorgaben für die Berechnung der Architekten- und Ingenieurhonorare. Da sich die Leistungen bei Architekten und Ingenieuren je nachdem, wofür Planungs-

Prof. Dr. Bernd Dammert

leistungen zu erbringen sind, erheblich unterscheiden, sind so genannte typisierte Leistungsbilder normiert. Es bestehen Leistungsbilder und Leistungsbereiche für:

- Flächennutzungsplan (§ 18 HOAI i. V. m. Anlage 4)
- Bebauungsplan (§ 19 HOAI i. V. m. Anlage 5)
- Landschaftsplan (§ 23 HOAI i. V. m. Anlage 6)
- Grünordnungsplan (§ 24 HOAI i. V. m. Anlage 7)
- Landschaftsrahmenplan (§ 25 HOAI i. V. m. Anlage 8)
- Landschaftspflegerischer Begleitplan (§ 26 HOAI i. V. m. Anlage 9)
- Pflege- und Entwicklungsplan (§ 27 HOAI i. V. m. Anlage 10)
- Objektplanung für Gebäude und raumbildende Ausbauten (§ 33 HOAI i. V. m. Anlage 11)
- Objektplanung für Freianlagen (§ 38 HOAI i. V. m. Anlage 11)
- Objektplanung für Ingenieurbauwerke (§ 42 HOAI i. V. m. Anlage 12)
- Objektplanung für Verkehrsanlagen (§ 46 HOAI i. V. m. Anlage 12)
- Tragwerksplanung (§ 49 HOAI i. V. m. Anlage 13)
- Technische Ausrüstung (§ 53 HOAI i. V. m. Anlage 14)

Zu beachten ist dabei, dass im Rahmen der Neufassung der HOAI die bisherigen Leistungsbilder und Leistungsbereiche der:

- Umweltverträglichkeitsstudie
- Thermische Bauphysik
- Schallschutz und Raumakustik
- Leistungen für Bodenmechanik, Erd- und Grundbau
- Vermessungstechnische Leistungen

als Beratungsleistungen in die Anlage 1 zur HOAI als nicht verbindliche Empfehlungen verschoben wurden.

Die einzelnen Leistungsbilder wiederum sind in mehrere Leistungsphasen untergliedert. Dies sei am Beispiel der Objektplanung für Gebäude und raumbildende Ausbauten gemäß § 33 HOAI i. V. m. Anlage 11 dargestellt. Anlage 11 zu § 33 HOAI nennt folgende neun Leistungsphasen:

Leistungsphase 1: Grundlagenermittlung

Leistungsphase 2: Vorplanung (Projekt- und Planungsvorbereitung)

Leistungsphase 3: Entwurfsplanung (System- und Integrationsplanung)

Leistungsphase 4: Genehmigungsplanung

2.2 Öffentliches und privates Baurecht

Leistungsphase 5: Ausführungsplanung

Leistungsphase 6: Vorbereitung der Vergabe

Leistungsphase 7: Mitwirkung bei der Vergabe

Leistungsphase 8: Objektüberwachung (Bauüberwachung)

Leistungsphase 9: Objektbetreuung und Dokumentation

Diese dem tatsächlichen Planungsgeschehen nachgezeichneten Phasen werden in der Anlage erneut in Leistungen untergliedert, die zur ordnungsgemäßen Erfüllung eines Auftrages im Allgemeinen erforderlich sind (§ 3 Abs. 2 HOAI). Besondere Leistungen werden in der Anlage 2 lediglich beispielhaft ausgeführt und können frei vereinbart werden (§ 3 Abs. 3 HOAI).

Die vorbezeichneten und in einzelnen Phasen aufgegliederten Leistungsbilder dienen nach dem Zweck der HOAI dazu, das geschuldete Honorar zu berechnen. Da die Leistungsbilder und -phasen jedoch ein Abbild des realen Planungsprozesses abgeben, ermöglichen sie auch eine Umschreibung von Leistungsverpflichtungen des Architekten und Ingenieurs und werden deshalb häufig auf die Ebene des Werkvertragsrechts „transformiert".

Obwohl es sich beim Architekten- und Ingenieurvertrag im Rechtssinne um Werkverträge handelt, bedarf das Architekten- und Ingenieurwerk für die Fälligkeit des Vergütungsanspruchs nicht der Abnahme im Sinne von § 640 BGB. Nach § 15 HOAI ist das Honorar vielmehr fällig, wenn die Leistung vertragsgemäß erbracht und eine prüffähige Honorarschlussrechnung überreicht worden ist. Die Erstellung prüffähiger Honorarschlussrechnungen bereitet in der Praxis meist erhebliche Probleme. Für die Ermittlung des Honorars sind folgende Schritte notwendig:

- Ermittlung der anrechenbaren Kosten (§ 4 HOAI)
- Eingruppierung des Vorhabens in so genannte Honorarzonen (§ 5 HOAI)
- Ermittlung des so genannten Tabellenwertes (z. B. § 34 HOAI)
- Ermittlung des konkreten Honoraranteiles für die vereinbarten und erbrachten Planungsleistungen unter Zugrundelegung des Tabellenwertes
- Berechnung der vereinbarten Nebenkosten (§ 14 HOAI)
- Anrechnung bereits geleisteter Abschlagszahlungen
- Ausweis der Umsatzsteuer (§ 16 HOAI)

Nach § 7 Abs. 1 HOAI können die Vertragsparteien bei Auftragserteilung das Honorar durch schriftliche Vereinbarung innerhalb der durch die HOAI gesetzten Höchst- und Mindestsätze frei vereinbaren. Treffen die Vertragspartner hingegen keine schriftliche Vereinbarung über das Honorar, gelten gemäß § 7 Abs. 6 S. 1 HOAI die jeweiligen Mindestsätze als vereinbart.

Teil 3

Mietrecht

Prof. Rafael Tobias Huber

2.3 Mietrecht

2.3.1 Einleitung 209
2.3.2 Miete und andere Rechtsverhältnisse 211
2.3.3 Mietvertrag 213
      2.3.3.1 Einzelfragen zum Vertragsabschluss 213
      2.3.3.2 Vertragsinhalt 214
2.3.4 Rechte und Pflichten der Mietvertragsparteien aus dem Mietvertrag 217
      2.3.4.1 Rechte des Mieters aus dem Mietvertrag 218
      2.3.4.2 Gewährleistung 218
      2.3.4.3 Rechtsfolgen bei Vorliegen eines Mangels 219
      2.3.4.4 Gewährleistungsausschluss 223
      2.3.4.5 Gebrauchsrechte des Mieters 223
      2.3.4.6 Verwendung auf die Mietsache 226
      2.3.4.7 Rechte des Vermieters aus dem Mietvertrag 226
      2.3.4.8 Gebrauchspflicht 226
      2.3.4.9 Zahlung des Mietzinses 226
      2.3.4.10 Mietstruktur 227
      2.3.4.11 Betriebskosten 228
      2.3.4.12 Zahlung der Betriebskosten 230
      2.3.4.13 Abrechnung der Betriebskosten 230
            2.3.4.13.1 Abrechnungsfrist 232
            2.3.4.13.2 Belegeinsicht 233
            2.3.4.13.3 Heizkosten 234
      2.3.4.14 Mieterhöhung 235
      2.3.4.15 Instandhaltung und Instandsetzung der Mietsache 237
      2.3.4.16 Modernisierung 242
      2.3.4.17 Kaution 244
      2.3.4.18 Vermieterpfandrecht 247
2.3.5 Beendigung des Mietvertrages 249
      2.3.5.1 Kündigung von Mietverhältnissen 250
      2.3.5.2 Außerordentliche Kündigung 253
      2.3.5.3 Fortsetzung des Mietverhältnisses 255

2.3.6		Pflichten nach Beendigung des Mietverhältnisses	255
	2.3.6.1	Rückgabepflicht des Mieters	255
	2.3.6.2	Zustand der Mieträume bei Rückgabe	256
	2.3.6.3	Nutzungsentschädigung oder Ersatz von Aufwendungen und Wegnahmerecht	256
	2.3.6.4	Verjährung	257
2.3.7		Wechsel der Mietvertragsparteien	258
	2.3.7.1	Mieterwechsel	258
	2.3.7.2	Vermieterwechsel	258
2.3.8		Werkwohnungen	259
2.3.9		Mietstreitigkeiten	260

2.3.1 Einleitung

Neues Mietrecht

Nachdem zum 01.09.2001 eine grundlegende Mietrechtsreform durchgeführt wurde, die zu einer Neugestaltung des Mietrechts und zu einer Zusammenfassung nahezu sämtlicher mietrechtlicher Regelungen im bürgerlichen Gesetz geführt hat, trat zum 1.5.2013 mit der Mietrechtsnovelle 2013 eine weitere Änderung des Mietrechts in Kraft. Die wesentlichen Neuerungen dieser Mietrechtsnovelle lassen sich kurz wie folgt zusammenfassen:

- Minderungsausschluss bei energetischer Modernisierung für drei Monate (§ 536 Abs. 1 a BGB n. F.)

- Erleichterung der energetischen Modernisierung (§ 554 BGB a. F. wird durch die §§ 555 a bis 555 f BGB n. F. ersetzt)

- Härteabwägung auch im Rahmen der Mieterhöhung bei Modernisierung (§ 559 Abs. 4 BGB n. F.)

- Rechtliche Regelung einer Kostenumlage bei Umstellung auf gewerbliche Wärmelieferung durch Dritte – Contracting (§ 556 c BGB n. F. iVm einer Verordnung über die Wärmelieferung für Mietwohnraum – MietWohn-WärmeLV)

- Einführung der energetischen Qualität als Merkmal der ortsüblichen Vergleichsmiete im Sinne von § 558 Abs. 2 S. 1 BGB

- Einführung einer Landesöffnungsklausel zur befristeten Absenkung der mietrechtlichen Kappungsgrenze durch Rechtsverordnung für 5 Jahre in Ballungsgebieten mit besonders gefährdeter Wohnraumversorgung (§ 558 Abs. 3 S. 2 und S. 3 BGB n. F.).

- Fristlose Kündigung auch bei Verzug mit der Leistung einer Mietsicherheit in Höhe von 2 Monatsmieten (§ 569 Abs. 2 a BGB nF) und klarstellende Fälligkeitsregelung (§ 551 Abs. 2 S. 3 BGB n. F.).

- Anwendung der Kündigungsbeschränkung des § 577 a BGB auch auf den Fall der Umwandlung von Miet- und Eigentumswohnungen nach dem sog. „Münchner Modell" (§ 577 a Abs. 1 a und Abs. 2 a BGB n. F.

- Pflicht zur Sicherheitsleistung für nach Rechtshängigkeit fällig werdende, wiederkehrende Geldforderungen bei hoher Erfolgsaussicht der Räumungs- und Zahlungsklage auf gerichtliche Anordnung innerhalb der Räumungssache (§ 283 a ZPO n. F.).

- Gesetzliche Regelung der sog. „Berliner Räumung" (§ 885 a ZPO n. F.).

- Zulässigkeit einer einstweiligen Räumungsverfügung bei Nichterfüllung der Sicherungsanordnung nach § 283 a ZPO n. F. oder im Fall des „vorgeschobenen Untermieters" (§ 940 a ZPO n. F.)

Prof. Rafael Tobias Huber

- Pflicht zur beschleunigten Terminierung und Abwicklung von Räumungssachen (§ 272 Abs. 4 ZPO n. F.).

Kernstück der Mietrechtsreform zum 1.5.2013 ist die energetische Modernisierung mit neuen Regelungen zur Duldung von Modernisierungsmaßnahmen und einem dreimonatigen Minderungsausschluss. Während des rund zweieinhalbjährigen Gesetzgebungsverfahrens wurden viele Aspekte des neuen Mietrechts heftig diskutiert. Vor allem die Mieterverbände sehen in der Mietrechtsnovelle eine einseitige Stärkung der Vermieterrechte. Insbesondere können energetische Modernisierungen einfacher durchgeführt werden. Des Weiteren dient das neue Mietrecht auch einem verbesserten Schutz des Vermieters vor sog. „Mietnomaden". Auf der anderen Seite hat das neue Mietrecht auch eine spürbare Verbesserung der Mieterrechte zum Inhalt. So kann bei einer Mieterhöhung bis zur ortsüblichen Vergleichsmiete in Ballungsräumen die Kappungsgrenze von 20 %, durch eine entsprechende Landesverordnung auf 15 % gesenkt werden. Viele Kommunen, wie z. B. die Landeshauptstadt München, haben von dieser Möglichkeit bereits Gebrauch gemacht. Weiter wurde der Schutz des Mieters bei der Umwandlung einer Mietwohnung in eine Eigentumswohnung gem. § 577 a BGB verbessert.

Wie sich die gesamten Neuerungen der Mietrechtsnovelle in der Praxis auswirken, bleibt abzuwarten. Insbesondere wird sich erst durch die praktische Anwendung der neuen Gesetze zeigen, ob die mit dem Gesetz verbundenen Verbesserungen auch tatsächlich eintreten. Auch wird sich zeigen, zu welchen Ergebnissen das neue Mietrecht in der gerichtlichen Praxis führen wird.

Aufbau des neuen Mietrechts
Um die gesteckten Ziele zu erreichen wurde mit der Mietrechtsreform zum 1.9.2011 zunächst der gesamte Aufbau des BGB verändert. Innerhalb des BGB war bisher die Miete von Wohnraum nicht in einem eigenen Teil geregelt. Der Untertitel „Miete" enthielt vielmehr Vorschriften für alle Arten gemieteter Sachen – z. B. für die Miete von Tieren, die Miete von Grundstücken und die Miete von Schiffen. Eine Gliederung nach der Art des Mietobjektes gab es nicht. Erst einer Schlussvorschrift (§ 580 BGB a. F.) war zu entnehmen, dass die Vorschriften über die Miete von Grundstücken auch für die Miete von Wohnräumen und anderen Räumen galten.

Hinzu kam, dass aufgrund zahlreicher Gesetzesänderungen in den letzten Jahrzehnten vor der Mietrechtsreform ein ungeordnetes Nebeneinander von ursprünglich abstrakten Mietrechtsvorschriften und nachträglich eingefügten, konkret auf Wohnraum bezogenen Spezialregelungen entstanden war. In dieser Zeit sind einige der für das Wohnraummietrecht wichtigen Regelungen nicht im BGB, sondern in Sondergesetzen geregelt worden, so z. B. das MHG (Miethöhegesetz). Diese Vorschriften sind jetzt durch das Mietrechtsreformgesetz, soweit sie nicht aufgehoben wurden, in das BGB übernommen worden.

Nicht in das BGB übernommen wurden die Vorschriften der Heizkostenverordnung, da sie keinen ausschließlichen mietrechtlichen Anwendungsbereich haben, sondern auch für das Verhältnis zwischen Wohnungseigentümer und Eigentümergemeinschaft gelten.

Die ab 01.09.2001 geltenden Neuregelungen gelten grundsätzlich für alle Mietverhältnisse die ab dem 01.09.2001 abgeschlossen worden sind. Darüber hinaus gelten für Mietverhältnisse die zum 01.09.2001 bereits begründet waren, verschiedene Übergangsvorschriften. So gilt auch bezüglich der Fälligkeit einer Mietzahlung im Wohnraummietverhältnis, bei sog. „Altverträgen", dass die Miete erst am Ende des Monats zu bezahlen ist (vgl. § 551 Abs. 1 BGB a. F.), sofern nichts anderes vereinbart ist. Demgegenüber sieht die gesetzliche Neuregelung bei Wohnraummietverhältnissen vor, dass generell die Miete am 3. Werktag eines jeden Monats im voraus zu entrichten ist (§ 556 b. Abs. 1 BGB).

Trotz aller Mietrechtsreformen, die eigentlich immer eine Verbesserung der gesetzlichen Grundlagen zum Ziel haben, bleibt das Mietrecht auch aufgrund der umfangreichen und zum Teil höchst unterschiedlichen Rechtsprechung weiterhin ein kompliziertes Rechtsgebiet. Ohne Kenntnis der Vielzahl der BGH-Entscheidungen, die seit der Mietrechtsreform im Bereich des Mietrechts ergangen sind, ist eine Handhabung des Mietrechts für den juristisch ungebildeten Laien nahezu ausgeschlossen. Man denke nur an die jüngste Entwicklung der Rechtsprechung zum Thema „Schönheitsreparaturen".

2.3.2 Miete und andere Rechtsverhältnisse

Pachtvertrag (§ 581 ff BGB)
Sowohl beim Mietvertrag, als auch beim Pachtvertrag gestattet der eine Vertragspartner dem anderen Vertragspartner den Gebrauch einer Sache gegen Geld oder geldwerte Leistung auf eine bestimmte oder unbestimmte Zeit hin. Ein erster Unterschied besteht darin, dass dem Mieter nur körperliche Gegenstände im Sinne des § 90 BGB zum Gebrauch gewährt werden können, bei der Pacht jedoch auch Rechte (z. B. Fischerei- oder Jagdpacht). Der entscheidende Unterschied zur Miete liegt aber darin, dass bei der Pacht nicht nur der Gebrauch der Sache, sondern auch das Recht gewährt wird, nach § 581 Abs. 1 BGB die Früchte aus der Sache nach den Regeln einer ordnungsgemäßen Wirtschaft zu ziehen.

Zu beachten ist, dass es für einzelne Pachtverhältnisse unterschiedliche gesetzliche Regelungen gibt. So bestehen besondere gesetzliche Regelungen für die Pacht von landwirtschaftlichen Flächen oder einer Apotheke (Apothekengesetz) oder auch bei sog. „Kleingartenpacht" (Bundeskleingartengesetz).

Leihe (§ 598 ff BGB)
Der wesentliche Unterschied der Leihe zur Miete besteht darin, dass die Leihe grundsätzlich unentgeltlich erfolgt. Werden also Räumlichkeiten unentgeltlich überlassen, so

kann dies eine Leihe darstellen mit der Folge, dass die gesetzlichen Regelungen des Mietrechts nicht zur Anwendung kommen. Insbesondere wäre die Anwendung des sozialen Kündigungsschutzes ausgeschlossen.

Sobald aber eine geldwerte Gegenleistung vorliegt, liegt nicht mehr die Unentgeltlichkeit im Sinne des Leihvertrages vor, sondern es ist dann ein Mietverhältnis entstanden.

Leasing
Ein Leasingvertrag liegt vor, wenn der Leasinggeber dem Leasingnehmer eine Sache für ein in Raten zu bezahlendes Entgelt zum Gebrauch überlässt. In der Regel hat während der Leasingvertragszeit der Leasingnehmer die Haftung für Instandhaltung, Sachmängel, Untergang und Beschädigung der Sache allein zu tragen. Der Leasingvertrag ist einem Mietvertrag weitgehend ähnlich. Dies hat auch dazu geführt, dass man den Leasingvertrag auch als atypischen Mietvertrag bezeichnet. Der hauptsächliche Zweck des Leasingvertrages liegt darin, dem Leasingnehmer den Kaufpreis für die Leasingsache zu finanzieren, da meistens am Ende des Leasingvertrages der Erwerb der Leasingsache durch den Leasingnehmer erfolgt.

Hinzuweisen ist noch auf das Immobilienleasing, dass eine besondere Form des Finanzierungsleasings darstellt. Das Immobilienleasing zeichnet sich vor allem durch die lange Vertragsdauer – bis zu 30 Jahren – aus. Beim Immobilienleasing räumt der Leasinggeber als Bauherr dem Leasingnehmer nach Ablauf der Vertragszeit eine Kaufoption ein, die durch eine Vormerkung im Grundbuch gesichert wird.

Wohnrecht – dingliches Recht (§ 1093 BGB)
Der Vermieter kann dem Mieter einer Wohnung ein sog. „Wohnrecht" einräumen; dies bedeutet in der Regel, dass der Mieter berechtigt ist, bis zu seinem Lebensende in der Wohnung zu wohnen. Für die Laufzeit des Wohnrechts gelten in der Regel die allgemeinen Mietrechtsvorschriften mit Ausnahme des Rechts auf ordentliche Kündigung des Mietverhältnisses. So kann z. B. der Vermieter, der einem Mieter ein lebenslanges Wohnrecht eingeräumt hat, nicht wegen Eigenbedarfs kündigen.

Das dingliche Wohnrecht muss an erster Rangstelle im Grundbuch eingetragen werden, weil es sonst bei Zwangsversteigerungen keinen Bestand hat.

Nießbrauch – dingliches Recht (§ 1030 ff BGB)
Wird eine Mietsache in Form eines sog. „Nießbrauchs" überlassen, so ist der Nießbraucher berechtigt auch den Nutzen aus der Mietsache zu ziehen. Wird also z. B. eine Mietwohnung im Wege des Nießbrauchs überlassen, so darf der Nießbraucher die Wohnung ohne Zustimmung des Eigentümers weitervermieten und die Miete, die er für die Vermietung erhält, behalten.

Auch das Nießbrauchrecht muss, wie das dingliche Wohnrecht, vor einem Notar vereinbart werden und sollte auf jeden Fall an erster Rangstelle im Grundbuch eingetragen werden, damit es bei etwaigen Zwangsversteigerungen bestehen bleibt. Für Wohnraum- oder Gewerberaummietverhältnisse ist von besonderer Bedeutung, dass mit Eintragung eines Wohnungsrechtes oder eines Nießbrauchsrechtes im Grundbuch der dinglich Berechtigte gem. § 567 BGB anstelle des bisherigen Vermieters in das Mietverhältnis eintritt. Es findet somit ein Vermieterwechsel statt.

2.3.3 Mietvertrag

Der Mietvertrag ist ein gegenseitiger schuldrechtlicher Vertrag, der ein Dauerschuldverhältnis begründet. Der Grundsatz der Vertragsfreiheit gilt auch hier (BVerfG, BverfGE 8, 328). Die allgemeinen Vorschriften des BGB über Verträge und Schuldverhältnisse sind anzuwenden, soweit nicht die §§ 535–580 a. BGB und die sonstigen Mietgesetze Sonderregelungen enthalten. Durch die letzte Mietrechtsreform (01.09.2001) wurde das private Wohnungsmietrecht im Bürgerlichen Gesetzbuch zusammengefasst.

Im Bereich der Geschäftsraummiete ist die Gestaltungsmöglichkeit der Vertragspartei am größten. Bei sog. „preisfreien Wohnraum" ergeben sich dagegen bei der Gestaltung von Mietverträgen aufgrund der bestehenden Regelungen zum Schutz von Wohnraummietern in den §§ 535 ff BGB erhebliche Einschränkungen. Bei sog. „preisgebundenem Wohnraum" (sozialer Wohnungsbau oder öffentlich geförderter Wohnungsbau) ist dagegen der Gestaltungsspielraum in besonderem Hinblick auf Mietzinsvereinbarungen sehr eingeschränkt.

2.3.3.1 Einzelfragen zum Vertragsabschluss

Ein Mietvertrag konnte bis zur gesetzlichen Neuregelung des Schuldrechtes schriftlich, mündlich oder konkludent erfolgen. Die Neuregelung des § 126 III BGB bestimmt, dass anstelle der schriftlichen Form, die elektronische Form treten kann, wenn sich aus dem Gesetz nichts anderes ergibt. In diesem Fall muss dann gem. § 126 a. BGB der Aussteller der Erklärung dieser seinen Namen hinzufügen und das elektronische Dokument mit einer qualifizierten elektronischen Signatur nach dem Signaturgesetz versehen. Ein Vertrag wird in diesem Fall dann abgeschlossen, wenn die Parteien jeweils ein gleichlautendes Dokument mit ihrer elektronischen Signatur signieren.

Ein Mietvertrag, der für eine längere Laufzeit als ein Jahr abgeschlossen werden soll, muss unter Einhaltung der gesetzlichen Schriftform abgeschlossen werden (§§ 550, 578 BGB). Bei Nichtbeachtung der Form gilt der Vertrag als auf unbestimmte Zeit geschlossen. Der Vertrag ist nicht etwa unwirksam oder nichtig. Vielmehr ergibt sich als Rechtsfolge aus der Nichteinhaltung der Schriftform für beide Vertragsparteien die Möglichkeit, frühestens zum Ablauf eines Jahres nach Überlassung der Mietsache, die Kündigung des Mietverhältnisses auszusprechen (§ 550 Satz 2 BGB).

Damit die gesetzliche Schriftform eingehalten ist, ist nach § 126 BGB nicht nur erforderlich, dass ein Vertrag von beiden Vertragsparteien unterzeichnet wird. Vielmehr muss hinzukommen, dass alle wesentlichen Regelungen und Inhalte in einer einheitlichen Urkunde zusammengefasst sind. Dies bedeutet, dass alle Bestandteile des Vertrages durch feste körperliche Verbindung zu einer einheitlichen Vertragsurkunde zusammengefasst werden müssen. Die Rechtsprechung des Bundesgerichtshofes hat zwar in den letzten Jahren dieses Erfordernis im Rahmen der sog. „Auflockerungsrechtsprechung" gelockert, aber im Zusammenhang mit dem Abschluss langfristiger Mietverträge, insbesondere bei der Vermietung von gewerblichen Räumen, sollte größtmögliche Sorgfalt auf die Einhaltung der gesetzlich vorgeschriebenen Schriftform gelegt werden.

Haben die Mietvertragsparteien im Mietvertrag eine Kaufoption vereinbart, ist für die Wirksamkeit des Vertrages grundsätzlich die notarielle Beurkundung (§ 311 b Abs. 1 BGB) notwendig. Ob die Mißachtung dieser Formvorschrift allerdings die Unwirksamkeit des gesamten Vertrages zur Folge hat, richtet sich nach § 139 BGB. In diesem Fall wird es darauf ankommen, ob die Parteien den Mietvertrag auch ohne die Kaufoption hätten schließen wollen. In der Regel wird hiervon auszugehen sein, so dass keine Gesamtnichtigkeit in Betracht kommt (BGH NZM 2009, 198).

Ein Mietvertrag kann natürlich auch mündlich geschlossen werden. Notwendig hierfür ist allerdings, dass die allgemeinen Regeln über den Abschluss von Verträgen gem. §§ 130, 145 ff BGB beachtet werden. Die Parteien eines Mietvertrages müssen sich, damit ein mündlicher Mietvertrag zustande kommt, in jedem Falle über die wesentlichen Vertragsinhalte, wie Vertragsparteien, Mietobjekt, Mietdauer, Miete und Mietzweck, geeinigt haben.

Zu beachten ist, dass bei einem Mietvertragsabschluss unter Abwesenden, die Übermittlung des Vertrages zur Unterzeichnung an den anderen Vertragspartner lediglich ein Angebot auf Abschluss des Mietvertrages darstellt, welches der Annahme bedarf. Nach § 147 Abs. 2 BGB kann das einem Abwesenden gemachte Mietvertragsangebot nur bis zu dem Zeitpunkt angenommen werden, in welchem der Antragende den Eingang der Antwort unter regelmäßigen Umständen erwarten darf. Die Rechtsprechung sieht in einem derartigen Fall für Mietverträge in der Regel Annahmefristen von zwei bis drei Wochen als ausreichend an (LG Stendal, NJW-RR 2005, 97).

Weiter kann ein sog. „konkludenter" Vertragsabschluss auch bei Mietverträgen in Betracht kommen. Zwar dürfte dieser Fall des Zustandekommens eines Mietvertrages in der Praxis ungewöhnlich sein, aber dennoch gibt es häufig Fälle, in denen beispielsweise der Mieter in die Räumlichkeiten einzieht, ohne dass eine abschließende Einigung über einen Mietvertrag erzielt wurde; trotzdem nimmt der Vermieter aber über Monate vorbehaltlos die Mietzahlungen, die vom Nutzer der Räume bezahlt werden, an (LG Berlin ZMR 2001, 32 ff).

2.3.3.2 Vertragsinhalt

Für das Zustandekommen eines wirksamen Mietvertrages ist mindestens erforderlich, dass eine Einigung der Parteien über Mietobjekt, Mietzweck, Miete und Mietdauer erfolgt (BGH WPM 1964, 1216; LG Düsseldorf WuM 1986, 133). Fehlt eine Einigung in einem der vorgenannten Punkte, so ist im Zweifel der Vertrag nicht zustande gekommen. Haben sich die Parteien dagegen über andere Punkte nicht geeinigt oder andere Punkte schlichtweg nicht geregelt, so tritt an die Stelle dieser Regelungslücke die gesetzliche Regelung.

Das **Mietobjekt** muss so bezeichnet sein, dass es genau individualisiert werden kann. Dies ist nach allgemeiner Ansicht dann der Fall, wenn im Mietvertrag hinreichend genaue Angaben zur Mietfläche, zur Anzahl und Lage der Räume gemacht werden.

Bezüglich der **Mietdauer** ist festzuhalten, dass Mietverträge auf bestimmte, wie auch auf unbestimmte Zeit abgeschlossen werden können. Haben die Parteien keine bestimmte Regelung bezüglich der Vertragslaufzeit getroffen, so ist in der Regel anzunehmen, dass der Mietvertrag auf unbestimmte Zeit laufen soll. Ist es aber erkennbar nicht zu einer abschließenden Einigung über die Mietdauer gekommen, so ist davon auszugehen, dass kein ausreichender vertraglicher Bindungswille der Parteien besteht.

Bei Wohnraummietverhältnissen ist darauf hinzuweisen, dass Zeitmietverträge ab dem 01.09.2001 nur noch im Rahmen der gesetzlichen Bestimmungen von § 575 BGB vereinbart werden können. Danach kann ein Mietverhältnis, welches auf bestimmte Zeit eingegangen werden soll, nur dann vom Vermieter befristet werden, wenn der Vermieter nach Ablauf der Mietzeit

- die Räume als Wohnung für sich, seine Familienangehörigen oder Angehörige seines Haushalts nutzen will, oder

- der Vermieter in zulässiger Weise die Räume beseitigen oder so wesentlich verändern oder instandsetzen will, dass die Maßnahmen durch eine Fortsetzung des Mietverhältnisses erheblich erschwert würden, oder

- wenn der Vermieter die Räume an einen zur Dienstleistung Verpflichteten vermieten will.

Anderweitige Befristungsgründe lässt der Gesetzgeber im Zusammenhang mit der Vereinbarung eines Zeitmietvertrags bei Wohnraum nicht zu (§ 575 Abs. 4 BGB). Sog. „einfache Zeitmietverträge", die vor dem 01.09.2001 abgeschlossen wurden, haben weiterhin volle Gültigkeit. Insbesondere kommt in diesen Fällen weiterhin § 564 c. BGB a. F. voll zur Anwendung. Danach kann der Mieter 2 Monate vor Ablauf der vereinbarten Mietzeit die Fortsetzung des Mietverhältnisses verlangen.

Zulässig ist aber nach der neuesten BGH-Rechtsprechung ein wechselseitiger Kündigungsausschluss für die ordentliche Kündigung. Ein formularmäßiger wechselseitiger Kündigungsverzicht kann aber nicht wirksam für einen längeren Zeitraum als 4 Jahre vereinbart werden (BGH v. 6.4.2005 – VIII ZR 27/04; WuM 2005, 346).

Für den wirksamen Abschluss eines Mietvertrages ist auch eine Einigung über eine bestimmte **Höhe der Miete** grundsätzlich erforderlich. Allerdings ist es ausreichend, wenn sich die Parteien auf eine bestimmbare Miete einigen. So gilt im Zweifel die ortsübliche Miete als vereinbart, wenn sich die Parteien im Grunde darüber geeinigt haben, dass die Überlassung des Mietobjektes gegen Entgelt erfolgen soll, aber eine konkrete Miete nicht ausgehandelt wurde.

Der Mieter von Gewerberaum muss zusätzlich zur Miete nur dann Mehrwertsteuer zahlen, wenn dies im Mietvertrag ausdrücklich vereinbart worden ist und der Vermieter zur Mehrwertsteuer optiert hat und der Mieter zum Vorsteuerabzug berechtigt ist. Fehlt die Berechtigung des Mieters zum Vorsteuerabzug, so kann die vertragliche Regelung jedoch im Rahmen einer ergänzenden Vertragsauslegung so zu verstehen sein, dass der Mieter die Nettomiete + MwSt als Gesamtmiete schuldet (BGH NZM 2009, 237).

Die Parteien des Mietvertrages müssen sich schließlich auch darüber einigen, welchen Gebrauch der Mieter von der Mietsache machen wird (sog. „**Mietzweck**"). Diese Einigung muss nicht ausdrücklich erfolgen, sondern kann sich schlüssig aus der Beschaffenheit der Miträume ergeben. So z. B. bei einer erkennbar nur für Wohnraumnutzung ausgerichteten Wohnung. Bei gewerblichen Mietverhältnissen spielt der Mietzweck eine sehr große Rolle, da der Vermieter im Rahmen seiner „Funktionsgarantie" dafür haftet, dass die Miträume für den vereinbarten Zweck geeignet sind.

Mietvertragsparteien:
Bei allen Arten von Mietverträgen muss auch eine Einigung darüber erzielt werden, wer auf Mieter- und auf Vermieterseite Vertragspartei ist. Partei eines Mietvertrages kann jede rechtsfähige, natürliche oder juristische Person oder Gesamthandsgemeinschaft, insbesondere Personengesellschaften wie etwa GbR, oHG, der nichtrechtsfähige Verein, die E.W.I.V (Europäische wirtschaftliche Interessensvertretung) und Partnerschaftsgesellschaft sein.

Treten auf Vermieterseite mehrere Personen auf, so kann das Innenverhältnis zwischen diesen Vermietern unterschiedlich sein, so kann z. B. eine Gemeinschaft, eine Gesellschaft oder eine Erbengemeinschaft vorliegen. Nach dem jeweiligen Rechtsverhältnis richten sich die Rechte und Pflichten der Vermieter untereinander. In welcher Rechtsform die Vermietermehrheit den Mietvertrag abgeschlossen hat, ist aber auch für die Geltendmachung von Rechten gegenüber den Mietern, insbesondere für die Geltendmachung von Forderungen und für die Vertretungsbefugnis von Bedeutung. Sofern es keine weiteren Anhaltspunkte für eine andere Regelung gibt, bilden mehrere Vermieter eine Gemeinschaft im Sinne der §§ 741 ff BGB. Mehrere Vermieter sind in solchen Fällen Mitgläubiger nach § 432 BGB. Die Vermieter können Leistungen des Mieters daher nur an alle fordern und nicht anteilig (BGH NJW 1969, 839).

Bezüglich ihrer Pflichten sind mehrere Vermieter gegenüber dem Mieter Gesamtschuldner nach § 421 BGB. Eine Vermietermehrheit führt dazu, dass sämtliche Erklärungen gegenüber den Mietern von allen Vermietern abgegeben werden müssen. Und umgekehrt gilt, dass Erklärungen des Mieters gegenüber allen Vermietern abgegeben werden müssen (OLG Koblenz, WuM 1999, 964). Eine gegenseitige Bevollmächtigung ist aber nach den allgemeinen Grundsätzen möglich.

Stehen auf der Mieterseite mehrere Mieter, so wird für das Innenverhältnis zwischen den Mitmietern grundsätzlich das Rechtsverhältnis einer Gemeinschaft angenommen. In zahlreichen Fällen, insbesondere bei Ehegatten, nicht ehelichen Lebensgemeinschaften und Wohngemeinschaften, wird jedoch das Rechtsverhältnis der Gesellschaft angenommen. Eine Gesellschaft liegt nur dann vor, wenn die Voraussetzungen des § 705 BGB erfüllt sind (LG Berlin, NJW-RR 1999, 1388). Dies ist sehr häufig der Fall bei Geschäftsraummiete und ebenso bei Wohngemeinschaften. Letztere setzt mind. 3 Mieter voraus (vgl. Horst in MDR 1999, 266). Bezüglich ihrer Pflichten sind Mieter grundsätzlich Gesamtschuldner im Sinne von § 421 BGB gegenüber der Vermieterseite, sofern nichts anders vertraglich vereinbart ist. Der Vermieter kann sich also wegen vertraglicher Forderungen an jeden einzelnen Mieter oder an einige oder an alle halten. Hinsichtlich der Verpflichtung des Vermieters sind bei Mietermehrheit sämtliche Mieter Mitgläubiger nach § 432 BGB bezüglich der Verpflichtungen des Vermieters.

Bilden die Mieter jedoch eine Gesellschaft, stehen die Forderungen aus dem Mietverhältnis den Mietern zur gesamten Hand zu.

Bei einem Mietvertrag, in dem auf Mieterseite beide Ehegatten aufgeführt sind und nur einer den Vertrag unterschrieben hat, wird von einem Vertragsabschluss auch mit dem Ehegatten, der den Vertrag nicht unterzeichnet hat, ausgegangen. Bei späterem Zuzug des Ehegatten hingegen besteht kein Anspruch auf Beitritt zum Mietvertrag, wenn der Ehegatte während des Mietverhältnisses in die Wohnung einzieht (LG Aachen, NJW-RR 1987, 1373).

Erklärungen gegenüber dem Vermieter müssen grundsätzlich von allen Mietern abgegeben werden, gegenseitige Bevollmächtigung ist auch hier nach den allgemeinen Grundsätzen möglich, jedoch sind Abgabevollmachten nach herrschender Meinung (BGH NJW 1997, 3437 = ZMR 1998, 17), jedenfalls in allgemeinen Geschäftsbedingungen, unwirksam.

2.3.4 Rechte und Pflichten der Mietvertragsparteien aus dem Mietvertrag

Für die Rechte und Pflichten der Mietvertragsparteien ist in erster Linie der Mietvertrag maßgeblich. Haben die Mietvertragsparteien keine andere Regelung im Mietvertrag getroffen, so gelten die mietvertraglichen Vorschriften der §§ 535 ff BGB. Besonders zu beachten ist, dass es im Rahmen der mietrechtlichen Vorschriften zwingende gesetzliche Regelungen gibt, von denen insbesondere im Bereich des Wohnraummietrechtes durch anders lautende vertragliche Vereinbarung nicht abgewichen werden kann. So ist beispielsweise der Ausschluss des Minderungsrechtes bei Wohnraummietverhältnissen im Rahmen eines Mietvertrages gem. § 536 Abs. BGB unwirksam.

Man spricht in diesem Zusammenhang von sog. „zwingendem Recht". Eine vertragliche Vereinbarung, die von diesem zwingenden Recht abweicht, ist automatisch unwirksam. Dem gegenüber stehen aber die sog. „dispositiven gesetzlichen Regelungen". In diesen Regelungen gibt der Gesetzgeber nur ein sog. „Leitbild" vor. Die Parteien können aber von diesem gesetzlichen Regelungsvorschlag abweichen und eine eigenständige Regelung innerhalb der allgemeinen gesetzlichen Schranken (z. B. Sittenwidrigkeit) vereinbaren. In der Praxis, vor allem im Bereich der Wohnraumvermietung, findet man sehr häufig vorgedruckte Mietvertragsformulare, die eine Vielzahl bereits vorformulierter vertraglicher Regelungen enthalten. In welchem Umfang und mit welchem Inhalt derartige vorformulierte Vertragsklauseln Gegenstand einer wirksamen vertraglichen Vereinbarung zwischen Mieter und Vermieter sein können, wird durch die Regelungen in §§ 305 ff sowie durch eine Flut von Rechtsprechung (z. B. zum Thema „Schönheitsreparaturen) zu einzelnen Vertragsklauseln bestimmt. Durch die Neuregelung des Gesetzes über die allgemeinen Geschäftsbedingungen (AGBG) ist ein weiteres Bewertungskriterium bezüglich der Bewertung einer vorformulierten Vertragsklausel in § 307 Abs. 1 Satz 2 BGB gesetzlich verankert worden. Nach dieser Regelung kann eine Bestimmung in allgemeinen Geschäftsbedingungen eine unangemessene Benachteiligung darstellen, wenn die Vertragsbestimmung nicht klar und verständlich ist (sog. „Transparenzgebot").

2.3.4.1 Rechte des Mieters aus dem Mietvertrag

Der Mieter kann vom Vermieter gem. § 535 Abs. 1 BGB beanspruchen, dass dieser ihm den Gebrauch (Einräumung der tatsächlichen Verfügungsgewalt) der Mietsache während der Mietzeit gewährt. Der Vermieter ist weiter verpflichtet, die Mietsache in einem zu dem vertragsmäßigen Gebrauch geeigneten Zustand zu überlassen und sie während der Mietzeit in diesem Zustand zu erhalten (§ 535 Abs. 1 Satz 2 BGB). Schließlich hat der Vermieter alle Handlungen, die den vertragsgemäßen Gebrauch des Mieters stören, zu unterlassen und fremde Störungen im Rahmen der tatsächlichen und rechtlichen Möglichkeiten abzuwehren (Fürsorge- und Sicherungspflichten).

2.3.4.2 Gewährleistung

Erfüllt der Vermieter die mietvertraglichen Pflichten nicht, nicht rechtzeitig oder schlecht, so kann der Mieter von ihm, soweit das nicht unmöglich ist, die Erfüllung der Pflichten verlangen. Soweit die Leistungsstörung auf einem Sach- oder Rechtsmangel beruht, stehen dem Mieter daneben regelmäßig alleine die Rechte aus den §§ 536, 536 a. BGB zu.

Ein Sachmangel ist im Mietrecht gegeben, wenn die Mietsache einen Fehler aufweist, der ihre Tauglichkeit zum vertragsgemäßen Gebrauch aufhebt oder nicht unerheblich mindert (§ 536 Abs. 1 BGB) oder ihr eine zugesicherte Eigenschaft fehlt oder diese später wegfällt (§ 536 Abs. 2 BGB).

Der mietrechtliche Fehlerbegriff entspricht dabei dem des Kauf- und Werkvertragrechts. Danach liegt für den Mieter immer dann ein Fehler vor, wenn eine Abweichung des tatsächlichen Zustandes der Mietsache von dem vertraglich geschuldeten Zustand vorliegt (BGH, ZMR 2000, 508 = NJW 2000, 1714).

Dabei ist zu beachten, dass der vertraglich geschuldete Zustand der Parteidisposition unterliegt. Der sog. „Sollzustand" wird durch die Erfordernisse des vertragsgemäßen Gebrauchs, also durch den von den Parteien konkret ausdrücklich oder stillschweigend vereinbarten Gebrauchszweck festgelegt. Maßgebend ist nicht die gewöhnliche oder die übliche Beschaffenheit, sondern „als was" die Sache vermietet ist (vgl. OLG Celle, WM 1985; ZMR 1985, 10; OLG Hamm, WuM 1987, 248).

Das Fehlen oder der spätere Wegfall einer zugesicherten Eigenschaft werden nach § 536 Abs. 2 BGB dem Fehler gleichgestellt, ohne das es darauf ankommt, ob die Tauglichkeit erheblich gemindert ist (OLG Düsseldorf, MdR 1990, 342). Eine zugesicherte Eigenschaft liegt dann vor, wenn der Vermieter gegenüber dem Mieter vertragsmäßig bindend erklärt, die Gewähr für das Vorhandensein bestimmter Eigenschaften zu übernehmen und für alle Folgen ihres Fehlens einstehen zu wollen (OLG Dresden, NJW RR 1998, 512). Für eine Zusicherung genügt daher weder die Angabe des Verwendungszweckes im Mietvertrag, selbst wenn sie Verhandlungsgegenstand war, noch reichen Angaben des Vermieters, die über allgemeine Anpreisungen oder eine Beschreibung der Mietsache nicht hinausgehen (z. B. Umsatzperspektiven) aus, um eine Zusicherung zu begründen (OLG Hamburg, NJW-RR 1998, 1091). Eine Zusicherung kann auch stillschweigend erfolgen. Dies ist dann der Fall, wenn der Mieter nach dem Gesamtzusammenhang davon ausgehen durfte, dass der Vermieter die Eigenschaft garantieren will (BGH, NJW 1986, 836).

Der vertragsgemäße Gebrauch der Mietsache kann neben Sachmängeln oder bei Fehlen zugesicherter Eigenschaften auch durch Rechte Dritter beeinträchtigt werden. In diesem Falle spricht man von einem Rechtsmangel im Sinne von § 536 Abs. 3 BGB. Dieser liegt vor, wenn dem Mieter wegen des entgegenstehenden Rechts eines Dritten der Gebrauch der Mietsache ganz oder zum Teil entzogen wird. Ein Angriffspunkt der Beeinträchtigung ist insoweit nicht die Mietsache als solche, sondern das Recht des Mieters zu ihrem Gebrauch. Ein typischer Rechtsmangel ist die sog. „Doppelvermietung" (vgl. hierzu OLG Frankfurt a. M., NJW-RR 1997, 77).

2.3.4.3 Rechtsfolgen bei Vorliegen eines Mangels

Ist die Mietsache mangelhaft, kommen als Rechte des Mieters in Betracht:

- Anspruch auf Beseitigung (§ 535 I 2 BGB),
- Einrede des nichterfüllten Vertrages (§ 320 BGB),

- Mangelbeseitigung durch den Mieter und Aufwendungsersatz (§ 536 a. II BGB),
- Mietminderung (§ 536 BGB),
- Schadensersatz (§ 536 a. I BGB) und
- außerordentliche fristlose Kündigung aus wichtigem Grund (§ 543 II 1 BGB) oder wegen erheblicher Gefährdung der Gesundheit (§ 569 Abs. 1 BGB).

Die vorgenannten Rechte stehen grundsätzlich nebeneinander. Allerdings ist zu beachten, dass die Gewährleistung auch ausgeschlossen sein kann, z. B. wenn der Mieter bei Abschluss des Mietvertrages den Mangel der Mietsache kennt (536 b. I BGB). In diesem Zusammenhang ist aber wichtig, dass der Gewährleistungsausschluss nach § 536 b. BGB nur die Mietminderung, den Schadens- den Aufwendungsersatzanspruch und das Beseitigungsrecht des Mieters sowie das Kündigungsrecht des Mieters erfasst. Unberührt dagegen bleiben immer der Erfüllungs- bzw. Beseitigungsanspruch nach § 535 BGB (OLG Köln, NJW-RR 1993, 467) und grundsätzlich auch das Zurückbehaltungsrecht (OLG Naumburg, WuM 2000, 242).

Von besonderer praktischer Bedeutung ist die **Mietminderung**. Ist die Mietsache mangelhaft, mindert sich nach § 536 I BGB die Miete. Ist die Tauglichkeit zum vertragsgemäßen Gebrauch aufgehoben, ist der Mieter von der Mietzahlung vollständig befreit (§ 536 I 1 BGB).

Solange und soweit die Tauglichkeit gemindert ist, hat der Mieter nur eine geminderte Miete zu zahlen (§ 536 I 2 BGB). Die Minderung tritt automatisch Kraft Gesetzes ein (BGH, ZMR 1997, 567). Daher kommt es nicht darauf an, ob der Mieter bei Mangelfreiheit die Mietsache nutzen konnte oder wollte. Ein Verschulden ist nicht erforderlich. Ebenso ist irrelevant, ob der Mieter die der Beeinträchtigung zugrunde liegende Maßnahme (z. B. Instandhaltung) nach § 554 BGB zu dulden hat.

Ist die Gebrauchstauglichkeit aufgehoben, ist der Mieter von der Entrichtung der Miete vollständig befreit. Ist die Tauglichkeit gemindert, ist die Miete angemessen herabzusetzen. Welches Verhältnis zwischen Minderung der Miete zur Beeinträchtigung der Tauglichkeit angemessen ist, bemisst sich grundsätzlich nach den Umständen des Einzelfalles. Relevant sind hier insbesondere der räumliche Umfang, Dauer, Grad und Art der Beeinträchtigung, vor allem auch in bezug auf den vereinbarten Verwendungszweck. Bedauerlicherweise hat die Rechtsprechung bis heute kein von allen Gerichten anerkanntes Berechnungssystem zur Berechnung der Mietminderung entwickelt. Vielmehr hielt man an dem Prinzip der Einzelfallentscheidung fest. Dies führt aber in der Praxis häufig zu ganz unterschiedlichen und zum Teil auch nicht nachvollziehbaren Ergebnissen.

Neu ist aufgrund der Mietrechtsnovelle zum 1.5.2013, dass das Minderungsrecht des Mieters gemäß § 536 Abs. 1 a BGB n. F. für eine Zeitdauer bis zu drei Monaten ausgeschlossen ist, wenn der Vermieter eine energetische Modernisierung der Wohnung oder des Hauses durchführt.

2.3 Mietrecht

Die Frage, ob die Mietminderung aus der Bruttomiete oder der Nettomiete zu berechnen ist, hat der BGH mit Entscheidung vom 6.4.2005 (XII ZR 225/03, WuM 2005, 384) geklärt. Danach gilt, dass entgegen der bisher herrschenden Meinung die Minderung aus dem Brutto-Mietbetrag, also der Miete einschließlich der zu zahlenden Nebenkosten, zu berechnen ist.

Für die Praxis interessant sind die BGH-Entscheidungen vom 24.3.2004, in welchem sich der Bundesgerichtshof mit der Mietfläche als Mangel beschäftigt. In diesen Entscheidungen hat der BGH festgelegt, dass bei einem Mietvertrag, der eine Flächenangabe enthält, jede über 10% hinausgehende Abweichung zu Lasten des Mieters einen erheblichen Mangel darstellt. Dies gilt auch, wenn im Mietvertrag eine „ca.-Mietfläche" angegeben ist (vgl. BGH v. 24.3.2004, XIII ZR 295/03, WuM 2004, 336 sowie VIII ZR 133/03, WuM 2004, 268). Die vom BGH entwickelten Grundsätze gelten sowohl für das Wohnraum-Mietrecht, als auch für das Gewerberaum-Mietrecht.

Der Mieter kann neben einer Mietminderung nach § 536 a. Abs. 1 BGB in drei Fällen auch noch **Schadensersatz wegen Nichterfüllung** verlangen:

- der Mangel war bei Vertragsschluss vorhanden,
- der Mangel entsteht später wegen eines Umstandes, den der Vermieter zu vertreten hat,
- der Vermieter kommt mit der Beseitigung eines Mangels in Verzug

Für Mängel die bei Abschluss des Vertrages vorlagen, haftet der Vermieter garantiemäßig (BGH, BGH Z 9, 320, 321). Die Ursache des Mangels muss grundsätzlich bei Vertragsabschluß vorliegen und bei Überlassung der Mietsache noch vorhanden sein. Auf den Zeitpunkt des Beginns des Mietverhältnisses kommt es nicht an. Der Mangel muss noch nicht in Erscheinung getreten sein.

Die Garantiehaftung greift nicht ein, wenn aufgrund des Mangels die Mietsache nicht überlassen wird.

Weiter kann nach § 536 a. Abs. 1 BGB der Mieter auch Ersatz des Schadens verlangen, wenn der nach Vertragsabschluß entstandenen Mangel verursacht wird und ihn der Vermieter zu vertreten hat. Zu vertreten hat der Vermieter insbesondere schuldhafte Verletzungen seiner Instandhaltungspflicht, soweit diese nicht wirksam auf den Mieter übertragen sind.

Kein Verschulden trifft den Vermieter, wenn die Stör- oder Gefahrenquelle außerhalb seiner Einflusssphäre liegt.

Allerdings muss der Vermieter sich das Verschulden seiner Erfüllungsgehilfen zurechnen lassen, selbst wenn sie Arbeiten außerhalb der Mietsache ausführen (vgl. OLG Düsseldorf, ZMR 1999, 391). Erfüllungsgehilfen sind die vom Vermieter zu einer Verrichtung an oder in der Mietsache bestellten Personen, wie z. B. Handwerker und deren Hilfspersonen, Hausmeister, Hausverwaltung, Winterdienst.

Weiter regelt § 536 a. Abs. 1 BGB den Fall, dass der Vermieter mit der Beseitigung eines Mangels in Verzug kommt. In diesem Fall ist der Vermieter zum Ersatz des dadurch entstandenen Schadens verpflichtet. Auf den Zeitpunkt, in dem der Mangel entstanden ist und ob er vom Vermieter auch zu vertreten ist, kommt es dabei nicht an. Daher haftet der Vermieter in diesem Fall der Verzugshaftung auch für Mängel, die andere Mieter oder Dritte verursacht haben.

Im Zusammenhang mit Schadensersatzansprüchen wegen Nichterfüllung haftet der Vermieter nicht nur gegenüber dem Mieter. Ersatzberechtigt sind auch Dritte, die in den Schutzbereich des Mietvertrages einbezogen sind. Dazu gehören die Personen, die nach dem Inhalt und dem Zweck des Mietvertrages bestimmungsgemäß wie der Mieter mit der Mietsache in Berührung kommen, z. B. in der Wohnung lebende Familienangehörige, in Betriebsräumen beschäftigte Betriebsangehörige (OLG Köln, ZMR 2000, 256).

Der Vermieter hat den Schaden gem. § 536 a. Abs. 1, § 249 BGB durch Naturalrestitution auszugleichen. Er hat den Mieter so zu stellen, wie er bei vertragsgemäßer Erfüllung, also ohne den Mangel stünde (LG Essen, WuM 1997, 552). Zu ersetzen sind sowohl der Mangel als auch der Mangelfolgeschaden (BGH, NJW 1971, 424).

Wegen eines Mangels kann der Mieter auch das Mietverhältnis fristlos nach § 543 Abs. 1 Satz 1, Abs. 2 Nr. 1 BGB kündigen, wenn der Vermieter dem Mieter den vertragsmäßigen Gebrauch ganz oder zum Teil nicht rechtzeitig gewährt oder dieser wieder entzogen wird. Dabei ist entscheidend, dass der vorenthaltene oder entzogene Teil erheblich sein muss. Geringfügige Einschränkungen genügen nicht. Dies folgt aus dem Sinn und Zweck der Regelung. Die außerordentliche fristlose Kündigung ist grundsätzlich ultima ratio. In der Praxis wird daher häufig über die Erheblichkeit der Beeinträchtigung gestritten. Es kommt aber immer auf die Umstände des Einzelfalles an und es ist daher in jedem Einzelfall im Wege der Abwägung und unter Berücksichtigung etwaiger besonderer Gründe zu prüfen, ob die Voraussetzung einer fristlosen Kündigung gem. § 543 Abs. 2 Nr. 1 BGB vorliegen.

Die Kündigung ist erst zulässig, wenn eine dem Vermieter gesetzte angemessene Frist zur Abhilfe erfolglos abgelaufen ist (§ 543 Abs. 3 Satz 1 BGB). Eine Mangelanzeige reicht nicht aus, um die Frist in Lauf zu setzen. Vielmehr muss der Mieter konkret Abhilfe verlangen. Dabei genügt es, dass er deutlich zu erkennen gibt, dass er den eingetretenen Zustand nicht hinnehmen will (LG Berlin, ZMR 1996, 176). Die zu beseitigende Gebrauchsstörung muss vom Mieter genau bezeichnet werden (OLG Naumburg, ZMR 2000, 381).

Die Länge der Frist richtet sich nach den Umständen des Einzelfalles. Maßgebend sind namentlich Art und Umfang der Gebrauchsbeeinträchtigung und der erforderlichen Beseitigungsmaßnahmen.

Die Fristsetzung kann dann entbehrlich sein, wenn eine Frist offensichtlich keinen Erfolg verspricht. Dies ist dann der Fall, wenn der Vermieter die Beseitigung des Mangels ernsthaft und endgültig verweigert, oder die Abhilfe innerhalb einer angemessenen Frist unmöglich erscheint.

2.3.4.4 Gewährleistungsausschluss

Ein Ausschluss der Gewährleistung kann sich nach § 536 b. BGB aus der Kenntnis der Mieters, nach § 536 c. Abs. 2 BGB aus der Verletzung der Anzeigepflicht sowie nach § 242 BGB aus Treu und Glauben ergeben.

Nach § 536 b. BGB sind Gewährleistungsrechte ausgeschlossen, wenn der Mieter den Mangel der Mietsache bei Vertragsschluss kennt, oder wenn ihm der Mangel infolge grober Fahrlässigkeit unbekannt geblieben ist und der Vermieter den Mangel arglistig verschwiegen hat (§ 536 b. Satz 2 BGB) oder, wenn der Mieter die mangelhafte Sache obwohl er den Mangel kennt, vorbehaltlos annimmt (§ 536 b. Satz 3 BGB).

In diesen Fällen umfasst der Gewährleistungsausschluss sowohl die Mietminderungs-, die Schadens- und Aufwendungsersatzansprüche und auch das Ersatzvornahmerecht des Mieters als auch das Recht zur fristlosen Kündigung. Unberührt bleiben allerdings die Erfüllungs- bzw. Beseitigungsansprüche nach § 535 BGB.

Bei einer Mehrheit von Mietern schließt die Kenntnis oder grob fährlässige Unkenntnis eines Mieters die Rechte aller aus (BGH, NJW 1972, 249).

Ein Ausschluss von Gewährleistungsrechten nach Treu und Glauben (§ 242 BGB) kommt vor allem dann in Betracht, wenn der Mieter den Mangel selbst verschuldet oder verursacht hat. Beispielsweise der Mieter gewährt dem Vermieter zur Beseitigung des Mangels keinen Zutritt zu den Miefräumen oder es sind Feuchtigkeitsschäden durch falsches Heiz- und Lüftungsverhalten des Mieters aufgetreten.

Vertragliche Gewährleistungsausschlüsse sind einzelvertraglich oder formularvertraglich möglich, soweit sich aus den §§ 138, 242, 536 Abs. 4, 536 d. BGB und den Vorschriften über die allgemeinen Geschäftsbedingungen (§§ 305 ff BGB) nicht anderes ergibt.

2.3.4.5 Gebrauchsrechte des Mieters

Durch den Mietvertrag wird der Vermieter verpflichtet, dem Mieter den Gebrauch der vermieteten Sache während der Mietzeit zu gewähren (§ 535 Abs. 1 Satz 1 BGB). Der Begriff des vertragsgemäßen Gebrauchs der Mietsache ist bei Wohnraum eng verknüpft mit dem Begriff des Wohnens und bei der Miete von Geschäftsraum mit dem Betrieb des entsprechenden Gewerbes (Mietzweck). Der Mieter von Wohnraum muss die Möglichkeit haben, seine allgemeine Lebensführung und Persönlichkeit zu entfalten (BVerfG, WuM 1994, 1212). Deshalb ist auch beispielsweise ein generelles Rauchverbot in Wohnraummietverträgen unwirksam.

Prof. Rafael Tobias Huber

Bei der Geschäftsvermietung beinhaltet der Mietgebrauch dem Mieter die Ausübung seines Geschäfts zu ermöglichen (sog." Funktionsgarantie").

Im Einzelfall hängt die Bewertung des vertragsgemäßen Gebrauchs der Mietsache von der Regelung des Mietvertrages ab. Durch vertragliche Regelungen kann der Begriff des Gebrauchs der Mietsache konkretisiert werden und es kann geregelt werden, was erlaubt und was untersagt sein soll. Von besonderer Bedeutung ist in diesem Zusammenhang die **Hausordnung**. Die Hausordnung soll das reibungslose Zusammenleben der Mieter untereinander sowie den Gebrauch von Gemeinschaftseinrichtungen und den Schutz des Gebäudes regeln.

Die Geltung der Hausordnung zwischen den Parteien und zwischen den Mietern untereinander hängt davon ab, dass die Hausordnung vereinbart ist. Dazu muss sie in den Mietvertrag einbezogen werden. Hierzu genügt die Beifügung der Hausordnung insgesamt als Anlage zum Mietvertrag. Eine nachträgliche Aushändigung der Hausordnung nach Vertragsabschluss führt nicht zu der Geltung (OLG Frankfurt a. M., WuM 1988, 399).

Die einseitige Änderung der Hausordnung durch den Vermieter kann gem. § 242 BGB zulässig sein, sofern eine ordnungsgemäße Verwaltung und Bewirtschaftung des Hauses dies erfordert.

Von besonderer praktischer Bedeutung ist auch die Frage, inwieweit die **Tierhaltung** im Zusammenhang mit Wohnraummietverhältnissen möglich ist. Hierbei ist zu unterscheiden, dass im Rahmen einer individualvertraglichen Regelung die Haltung von Tieren generell ausgeschlossen werden kann. Eine solche Regelung setzt voraus, dass sie ausgehandelt worden ist. Liegt dagegen nur eine häufig anzutreffende formularvertragliche Regelung in der Weise vor, dass das Halten von Haustieren generell unzulässig ist, so ist eine derartige Regelung von der Rechtsprechung als unwirksam eingestuft worden (vgl. LG München I, WM 1994, 372; BGH, WM 1993, 109). Zuletzt hat der BGH in seiner Entscheidung vom 14.11.2007, VIII ZR 340/06, WuM 2008, 23, dargelegt, dass in Fällen, in denen eine wirksame mietvertragliche Regelung zur Tierhaltung fehlt, die Beantwortung der Frage, ob die Haltung von Haustieren zum mietvertraglichen Gebrauchsrecht des Mieters gehört, einer Interessenabwägung der Interessen des Vermieters und des Mieters im Einzelfall bedarf.

Auch Gemeinschaftsflächen und Gemeinschaftsräume dürfen, im Rahmen des mietvertraglichen Gebrauchs, mitbenutzt werden. So darf der Mieter eine im Haus befindliche Waschküche auch ohne ausdrückliche Vereinbarung im Mietvertrag nutzen. Auf der anderen Seite darf der Mieter nicht ohne entsprechende Einwilligung des Vermieters Gegenstände im Treppenhaus oder auf der Hoffläche abstellen. Eine Ausnahme kann sich allerdings für einen Kinderwagen ergeben, sofern keine zumutbare Abstellmöglichkeit vorhanden ist (AG Winsen, NZM 2000, 237).

Bauliche Veränderungen darf der Mieter grundsätzlich nur mit Zustimmung des Vermieters durchführen. Eine Ausnahme hiervon ergibt sich aus § 554 a. BGB. Diese

Vorschrift wurde im Zuge der Mietrechtsreform neu geschaffen. Aufgrund dieser Vorschrift hat der Mieter einen einklagbaren Anspruch auf Zustimmung zu einer baulichen Veränderung oder zur Schaffung einer Einrichtung, die für eine behindertengerechte Nutzung der Mietsache oder den Zugang zu ihr erforderlich ist, sofern er ein berechtigtes Interesse nachweisen kann. In diesem Zusammenhang kann der Vermieter die Zustimmung davon abhängig machen, dass der Mieter eine zusätzliche Sicherheit zur Absicherung der Wiederherstellungskosten leistet.

Zur Gebrauchsüberlassung an Dritte **(Untervermietung)** ist der Mieter ohne die Erlaubnis des Vermieters nicht berechtigt (§ 540 Abs. 1 BGB).

Gem. § 553 Abs. 1 BGB kann aber der Mieter von Wohnraum nach Abschluss des Mietvertrages vom Vermieter die Erlaubnis zur Untervermietung verlangen, wenn nach der Überlassung ein berechtigtes Interesse zur Untervermietung entstanden ist. Der Vermieter kann allerdings die Erlaubnis verweigern, wenn in der Person, an welche die Untervermietung erfolgen soll, ein wichtiger Grund vorliegt. Ein solcher Grund kann z. B. darin liegen, dass die Wohnung übermäßig belegt werden würde oder ein sonstiger Grund vorliegt, aufgrund dessen die Untervermietung für den Vermieter unzumutbar ist (z. B. persönliche Feindschaft).

Der BGH hat in seiner Entscheidung vom 23.11.2005, VIII ZR 4/05, WuM 1006, 147) festgelegt, dass der Anspruch des Wohnungsmieters auf Erteilung der Erlaubnis zur Untervermietung nicht mehr voraussetzt, dass der Mieter in der Wohnung seinen Lebensmittelpunkt hat.

Wird die Erlaubnis zur Untervermietung durch den Vermieter verweigert, so kann der Mieter gem. § 540 Abs. 1 Satz 3 BGB das Mietverhältnis mit der gesetzlichen Kündigungsfrist kündigen.

Von der Untervermietung zu unterscheiden ist der sog. „Besuch". Das Recht einen Besucher in die Wohnung aufzunehmen, steht einem Wohnraummieter grundsätzlich uneingeschränkt zu. Sollte der Besuch allerdings mehrere Wochen andauern, so wäre dies möglicherweise nicht mehr vom mietvertraglichen Gebrauchsrecht gedeckt. In diesem Zusammenhang würde dann wohl eine dauerhafte Gebrauchsüberlassung an Dritte vermutet werden. Welche zeitlichen Grenzen bezüglich eines Besuchs gelten, ist von den jeweiligen Umständen des Einzelfalls abhängig. Die Rechtsprechung vertritt hier keine einheitliche Linie.

Jedenfalls von der Untervermietung zu unterscheiden ist die Aufnahme eines Lebenspartners (Lebensgefährte oder Lebensgefährtin). Hierzu ist der Mieter stets berechtigt. Die Rechtsprechung des BGH fordert in diesem Zusammenhang lediglich vom Mieter, dass dieser die Aufnahme des Lebenspartners anzeigt und darüber hinaus auch noch die persönlichen Daten des aufzunehmenden Lebenspartners benannt werden (Urteil des BGH vom 15.11.2003, WuM 2003, 688).

2.3.4.6 Verwendung auf die Mietsache

Gem. § 536 a. Abs. 2 BGB ist der Vermieter verpflichtet, dem Mieter die auf die Mietsache gemachten notwendigen Verwendungen zu ersetzen. Bei notwendigen Verwendungen handelt es sich um Maßnahmen, die zur Erhaltung, Wiederherstellung oder Verbesserung erforderlich waren.

Sonstige Verwendungen, also solche, die nicht unbedingt erforderlich waren, sind nur nach den Vorschriften über die Geschäftsführung ohne Auftrag gem. § 539 Abs. 1 BGB in Verbindung mit §§ 670, 683, 677 BGB zu erstatten. Hat der Mieter die Mietsache mit einer Einrichtung (Einbauten) versehen, so ist er gem. § 539 Abs. 2 BGB berechtigt diese Einrichtung wieder weg zu nehmen. Nach §§ 552, 578 Abs. 2 BGB kann allerdings der Vermieter die Ausübung dieses Wegnahmerechts des Vermieters durch Zahlung einer angemessenen Entschädigung abwenden, sofern nicht der Mieter ein berechtigtes Interesse an der Wegnahme hat. Eine mietvertragliche Vereinbarung, durch die das Wegnahmerecht des Wohnraummieters ausgeschlossen wird, ist nur wirksam, wenn ein angemessener Ausgleich vorgesehen ist (§ 552 Abs. 2 BGB).

2.3.4.7 Rechte des Vermieters aus dem Mietvertrag

Auch dem Vermieter steht eine Vielzahl von Rechten aus dem Mietvertrag zu.

2.3.4.8 Gebrauchspflicht

Sowohl der Gewerberaummieter als auch der Wohnraummieter ist nicht verpflichtet, die Mietsache zu gebrauchen. Lediglich im Bereich des Gewerberaummietrechts kann für den Mieter eine Gebrauchspflicht vereinbart werden. Diese Regelung spielt häufig bei der Vermietung von Ladengeschäften eine Rolle. Man spricht hier in der Praxis von der sog. „Betriebspflicht".

Verstößt der Mieter gegen diese Gebrauchspflicht, z. B. das Offenhalten des Ladens während der üblichen Geschäftszeiten, so stellt dies eine erhebliche Vertragsverletzung des Mieters dar, welche zu einem Schadensersatzanspruch oder zu einem Kündigungsrecht des Vermieters führen kann.

2.3.4.9 Zahlung des Mietzinses

Hauptpflicht des Mieters aus dem Mietvertrag ist gem. § 535 Abs. 2 BGB die Zahlung der vereinbarten Miete.

Der Gesetzgeber hat die Art des Mietentgeltes nicht ausdrücklich geregelt. Der Gesetzgeber geht vielmehr vom Grundsatz der Vertragsfreiheit aus und überlässt es den Mietvertragsparteien, die Art des Entgeltes einvernehmlich festzulegen. Allerdings unterliegt die Freiheit zur Festlegung der Miete gewissen Schranken. Bei Mietverhältnissen über freifinanzierte Wohnungen steht es den Vertragsparteien frei, unter

Berücksichtigung der konkreten Marktsituation die Vergleichsmiete zu überschreiten oder auch darunter zu bleiben (Gefälligkeitsmiete). Eine Begrenzung bei Mietvereinbarungen nach oben besteht allerdings in dem Verbot der Mietpreisüberhöhung (§ 5 Wirtschaftsstrafgesetz) und des Mietwuchers (§ 291 StGB).

Bei der Vermietung von preisgebundenem Wohnraum sind von den Vertragsparteien die gesetzlich festgelegten Höchstgrenzen hinsichtlich der Miete zu beachten. Öffentlich geförderte Wohnungen dürfen nach § 8 WoBindG nicht zu einem höheren Entgelt vermietet werden, als zur Deckung der laufenden Aufwendungen erforderlich ist (Kostenmiete).

Bei gewerblichen Mietverhältnissen kann die vereinbarte Miete sittenwidrig wegen Wuchers sein. Wann dies allerdings der Fall ist, ist in der Rechtsprechung sehr umstritten. In der Regel muss es sich um eine Mietpreisüberhöhung von mehr als 100% gegenüber der ortsüblichen Gewerberaummiete handeln.

Die Fälligkeit der Miete regelt sich nach § 556 b. Abs. 1 BGB, sofern keine anders lautenden vertraglichen Vereinbarungen getroffen werden. Danach ist die Miete zu Beginn, spätestens bis zum 3. Werktag der einzelnen Zeitabschnitte zu entrichten, nach denen sie bemessen ist. Für Verträge, die vor dem 1.9.2001 abgeschlossen wurden, gilt, sofern nichts Abweichendes vereinbart wurde, die Regelung von § 551 Abs. 1 BGB a. F. weiter, wonach die Miete bei monatlicher Zahlweise, erst am Ende des jeweiligen Monats zur Zahlung fällig wird.

2.3.4.10 Mietstruktur

Man unterscheidet bei der Vereinbarung der Miete in folgende Mietbegriffe:

- Bruttomiete: keine gesonderten Betriebskosten

- Bruttokaltmiete: Bruttomiete ohne Heizkosten

- Teilinklusivmiete: nur einige Betriebskosten (meist die verbrauchsabhängigen) werden gesondert erhoben

- Nettomiete: alle Betriebskosten werden gesondert umgelegt, entweder als Vorauszahlung mit jährlicher Abrechnung oder als Pauschale ohne Abrechnungsverpflichtung

An die einmal vereinbarte Mietstruktur sind beide Parteien grundsätzlich gebunden. Der Vermieter hat gegen den Mieter keinen Anspruch auf Vertragsänderung, auch nicht unter dem Gesichtspunkt von Treu und Glauben. Ein Anspruch auf Änderung der Mietstruktur ergibt sich auch nicht aus dem Recht des Vermieters, die Miete auf die ortsübliche Vergleichsmiete zu erhöhen. Lediglich bei den sog. „verbrauchsabhängigen Betriebskosten" kann der Vermieter gem. § 556 a Abs. 2 BGB einseitig bestimmen, dass zukünftig aus der Gesamtmiete verbrauchsabhängige Betriebskosten herausgenommen werden und gesondert abgerechnet werden. Allerdings ist im Gegenzug hierzu die bisherige Gesamtmiete entsprechend herab zu setzen.

2.3.4.11 Betriebskosten

Was unter dem Begriff „Betriebskosten" zu verstehen ist, ist im Gesetz definiert: Betriebskosten sind die Kosten, die dem Eigentümer durch das Eigentum am Grundstück oder dem bestimmungsgemäßen Gebrauch des Gebäudes oder der Wirtschaftseinheit, der Nebengebäude, Anlagen, Einrichtungen und des Grundstücks laufend entstehen können (§ 1 BetrKV). Über § 556 Abs. 1 BGB gilt diese Begriffsbestimmung für die Mietverhältnisse über preisfreien Wohnraum.

Nach der gesetzlichen Regelung in § 535 Abs. 1 Satz 3 BGB hat der Vermieter die auf der Mietsache ruhenden Lasten zu tragen. Dies bedeutet, dass der Vermieter auch sämtliche Betriebskosten nach § 2 Nr. 1-17 BetrKV zu tragen hat.

Unter Betriebskosten sind nur solche Kosten zu verstehen, die laufend entstehen. Wann eine laufende Entstehung angenommen werden kann, ist nicht unstreitig, so wird vielfach vertreten, dass die Kosten mindestens im jährlichen Turnus anfallen müssen (LG Siegen, WuM 1992, 630 ff). Es gibt aber auch die Ansicht, dass auch Wiederholungszeiträume von mehreren Jahren zulässig sein können (AG Karlsruhe, WuM 1992, 139). Unstreitige Voraussetzung ist jedenfalls, dass eine gewisse Regelmäßigkeit der Entstehung der jeweiligen Kosten gegeben ist. Kosten einer nur einmaligen Maßnahme sind nicht als Betriebskosten umlagefähig. Bei einem Zwischenzeitraum von fünf oder mehreren Jahren wird man dagegen wohl nicht mehr von einer laufenden Entstehung sprechen können. Darlegungs- und Beweispflichtig für die laufende Entstehung der Kosten ist der Vermieter.

Nachdem - wie vorstehend ausgeführt - die Betriebskosten aufgrund der gesetzlichen Regelung in § 535 Abs. 1 Satz 3 BGB grundsätzlich in der Miete enthalten sind, bedarf es einer ausdrücklichen und eindeutigen Vereinbarung, wenn der Vermieter die Betriebskosten auf den Mieter überwälzen will. Dabei muss der Mieter klar feststellen können, mit welchen Betriebskosten er zu rechnen hat. Es gibt zu dieser Problematik eine Vielzahl von gerichtlichen Entscheidungen. Beispielhaft sei erwähnt, dass eine Regelung, „der Mieter trägt die üblichen Nebenkosten" zu unbestimmt ist. Gleiches gilt auch für die Formulierung wonach der Mieter „sämtliche Nebenkosten" zu tragen hat. In diesen Fällen tritt der gewünschte Erfolg die Betriebskosten auf den Mieter überzuwälzen nicht ein. Es verbleibt bei der gesetzlichen Regelung. Es wird deshalb empfohlen, sämtliche Betriebskosten, die der Mieter übernehmen soll, in den Mietvertrag aufzunehmen. Die einzelnen Betriebskostenarten ergeben sich aus Anlage 3 zu § 2 Nr. 1-17 BetrKV. Danach gibt es folgende Betriebskostenpositionen:

1. die laufenden öffentlichen Lasten des Grundstücks
2. die Kosten der Wasserversorgung

3. die Kosten der Entwässerung
4. die Kosten
   a. des Betriebs der Zentralheizungsanlage einschließlich der Abgasanlage
   b. des Betriebs der zentralen Brennstoffversorgungsanlage
   c. der eigenständig gewerblichen Lieferung von Wärme, auch aus Anlagen im Sinne des a.
   d. der Reinigung und Wartung von Etagenheizungen
5. die Kosten des Betriebs
   a. der zentralen Wasserversorgungsanlage
   b. der eigenständig gewerblichen Lieferung von Warmwasser, auch aus Anlagen im Sinne des a.
   c. der Reinigung und Wartung von Warmwassergeräten
6. die Kosten verbundener Heizungs- und Warmwasserversorgungsanlagen
7. die Kosten des Betriebs des maschinellen Personen- und Lastenaufzugs
8. die Kosten der Straßenreinigung und Müllabfuhr
9. die Kosten der Hausreinigung und Ungezieferbekämpfung
10. die Kosten der Gartenpflege
11. die Kosten der Beleuchtung
12. die Kosten der Schornsteinreinigung
13. die Kosten der Sach- und Haftpflichtversicherung
14. die Kosten für den Hauswart
15. die Kosten
    a. des Betriebs der Gemeinschafts-/ Antennenanlage
    b. des Betriebs der mit einem Breitbandkabelnetz verbundenen privaten Verteilanlage
16. die Kosten des Betriebs der maschinellen Wascheinrichtung
17. sonstige Betriebskosten

Bei einem Wohnraummietverhältnis ist der Vermieter gem. § 556 BGB nur berechtigt auf den Mieter die sich aus § 2 Nr. 1-17 BetrKV ergebenden Betriebskosten umzulegen. Dagegen können in gewerblichen Mietverhältnissen auch zusätzliche Nebenkosten wie etwa:

- Verwaltungskosten

- Managementkosten u.s.w.

erhoben werden.

Zu beachten ist, dass der Begriff der „sonstigen Betriebskosten" (§ 2 Nr. 17 BetrKV) nicht etwa ein Sammelbecken ist für Betriebskosten, die nicht in die Aufzählung der Nr. 1-16 passen. Vielmehr müssen sonstige Betriebskosten, wie z. B. Wartung von Alarmanlagen, Feuerlöscherwartung u.s.w. ausdrücklich als sonstige Betriebskosten vereinbart werden, damit insoweit eine wirksame Kostentragungspflicht für den Mieter begründet wird.

2.3.4.12 Zahlung der Betriebskosten

Im Rahmen eines Mietvertrages können Vermieter und Mieter vereinbaren, dass bestimmte Betriebskosten neben der Miete als Vorauszahlung oder als Pauschale erhoben werden.

Bei der Pauschalierung der Betriebskosten sind sämtliche Kosten mit der monatlichen Betriebskostenzahlung abgegolten. Der Vermieter trägt das Risiko einer verbrauchsbedingten Kostensteigerung. Allerdings besteht für dem Vermieter die Möglichkeit im Rahmen einer vertraglichen Vereinbarung festzulegen, dass die Pauschale für die Zukunft angepasst werden kann, wenn durch die Pauschale die anfallenden Betriebskosten nicht mehr gedeckt sind (§ 560 Abs. 1 BGB). Ohne eine solche Vereinbarung gibt es dagegen für den Vermieter keinen entsprechenden Anspruch, die Pauschale anzupassen.

Haben die Mietvertragsparteien sich auf eine Vorauszahlung auf die anfallenden Betriebskosten vereinbart, so zahlt zunächst der Mieter einen monatlichen Abschlagsbetrag, über den dann jährlich auf der Basis der tatsächlich angefallenen Kosten abzurechnen ist. Der Vermieter hat dann die tatsächlich angefallenen Kosten zu ermitteln und unter Einbeziehung der Vorauszahlungen gegenüber dem Mieter abzurechnen. Im Gegensatz zur Betriebskostenpauschale kann es aufgrund einer Abrechnung dazu kommen, dass der Mieter bei Fehlbeträgen Nachzahlungen leisten muss, auf der anderen Seite der Vermieter zu Zurückerstattungen verpflichtet ist, wenn die Vorauszahlungen die tatsächlichen Kosten übersteigen.

Sowohl der Vermieter als auch der Mieter können eine Veränderung – Erhöhung oder Ermäßigung – der Betriebskostenvorauszahlung unter den Voraussetzungen des § 560 BGB verlangen.

2.3.4.13 Abrechnung der Betriebskosten

Soweit der Mieter auf Nebenkosten eine Vorauszahlung leistet ist der Vermieter zur ordnungsgemäßen Nebenkostenabrechnung gem. § 556 Abs. 3 BGB verpflichtet. Dies bedeutet, dass der Vermieter jährlich über die Betriebskosten abzurechnen hat. Dies gilt auch nach herrschender Meinung für die Geschäftsraummiete (LG Frankfurt a. d. Oder, NZM 1999, 311, 312).

Nach den in der Entscheidung des BGH (NJW 1982, 573 = ZMR 1982, 108) zusammengefassten Grundsätzen muss die Nebenkostenabrechnung so abgefasst sein, dass sie auch ein juristisch und betriebswirtschaftlich nicht vorgebildeter Empfänger nachvollziehen und überprüfen kann. Hierfür ist notwendig, dass eine geordnete Zusammenstellung mit einer zweckmäßigen und übersichtlichen Aufgliederung in die einzelnen Abrechnungsposten erfolgt. Die einzelnen Positionen müssen so angegeben werden, dass eine rechnerische Nachvollziehbarkeit möglich ist. Sowohl die Einzelangaben als

2.3 Mietrecht

auch die Abrechnung insgesamt müssen klar, übersichtlich und aus sich heraus verständlich sein.

Danach ergibt sich folgender Mindestinhalt für eine Betriebskostenabrechnung:

1. Angabe der Gesamtkosten und ihre Zusammensetzung
Hierbei ist notwendig, dass der Mieter aus der Abrechnung heraus feststellen kann, welche Kosten Berücksichtigung gefunden haben. Hierzu gehört eine Spezifizierung nach den einzelnen Kostenpositionen (AG Aachen, WM 1999, 305). Bei sog. „gemischten Kosten" ist die Darstellung in der Abrechnung, um welchen Anteil die Gesamtkosten bereinigt wurden, erforderlich (vgl. BGH-Urteil vom 11.9.2007, VIII ZR 1/07 WuM 2007, 575).

So sind beispielsweise bei den Hausmeisterkosten enthaltene Verwaltungskosten (z. B. für Wohnungsübergaben) transparent zu machen und in Abzug zu bringen.

2. Mitteilung und Erläuterung des Umlagemaßstabs
Wie dies im Einzelnen zu geschehen hat, ist abhängig von dem gewählten Umlagemaßstab und auch von der jeweiligen Kostenart. Die Umlage erfolgt dabei, soweit die Vertragsparteien nichts anderes vereinbart haben, grundsätzlich nach dem Anteil der Wohnfläche, es sei denn, es erfolgt eine Verbrauchserfassung (vgl. § 556 a. Abs. 1 BGB). Die Berechnung der Wohnfläche erfolgt seit 01.01.2004 auf der Basis der WoFlVO.

So hat bei der Abrechnung von Heizkosten die Umlage der Heizkosten zwingend nach der Heizkostenverordnung zu erfolgen (§ 1 HeizkV; Ausnahme § 2 HeizkV).

Im Falle eines Leerstandes einer Wohnung im Haus ist die Wohnung gleichwohl hinsichtlich der Betriebskosten zu berücksichtigen. Hier hat der Vermieter die anfallenden Betriebskosten selbst zu tragen.

Interessant ist in diesem Zusammenhang, dass nach der Rechtsprechung des BGH Aufzugskosten auch auf den Erdgeschossmieter umgelegt werden können, unabhängig davon, ob dieser den Aufzug anderweitig (z. B. Keller) nutzen kann (BGH, NJW 2006, 3557).

3. Berechnung des Anteils des Mieters
Bei der Abrechnung hat der Vermieter auch den Grundsatz der Wirtschaftlichkeit zu beachten (vgl. BGH Urt. v. 28.11.07, VIII ZR 261/06 WuM 2008, 29). Dies bedeutet, dass bei Maßnahmen und Entscheidungen des Vermieters, die Einfluss auf die Höhe der vom Mieter zu tragenden Betriebskosten haben, auf ein angemessenes Kosten-Nutzen-Verhältnis Rücksicht zu nehmen ist.

Bei gemischt genutzten Objekten, bei denen sowohl Wohnungsmietverhältnisse als auch Gewerberaummietverhältnisse bestehen, ist eine Aufteilung der Betriebskosten im Rahmen des sog. „Vorwegabzuges" vorzunehmen, welcher bezüglich der Kostenverteilung den Umstand der unterschiedlichen Nutzung berücksichtigt. Bei einer gewerblichen Nutzungsart, die nicht erheblich von einer Wohnnutzung abweicht, ist der sog. „Vorwegabzug" grundsätzlich nicht notwendig.

4. Angabe der tatsächlich geleisteten Vorauszahlungen

5. Feststellung des Gesamtergebnisses (LG Frankfurt a. M., ZMR 1999, 764)

2.3.4.13.1 Abrechnungsfrist

Mit den Vorauszahlungen erhält der Vermieter einen Vorschuss auf die endgültigen Kosten. Es entspricht Treu und Glauben, dass die vorläufigen Zahlungen so bald wie möglich mit dem endgültigen Betrag abgeglichen werden. Der Vermieter muss deshalb die Abrechnung erstellen, sobald ihm das möglich ist und dies unter Berücksichtigung einer angemessenen Bearbeitungszeit zumutbar ist (OLG München ZMR 1997, 233, 234). Für Wohnraum gilt immer - wie bereits erwähnt -, die Jahresfrist nach § 556 Abs. 3 Satz 2 BGB. Danach muss der Vermieter die Abrechnung dem Mieter spätestens bis zum Ablauf des 12. Monats nach dem Ende des Abrechnungszeitraumes zuleiten. „Zuleiten" bedeutet in diesem Zusammenhang nicht etwa die Aufgabe zur Post, sondern den tatsächlichen Zugang beim Mieter. Denn der Vermieter hat die Abrechnungspflicht erst erfüllt, wenn der Mieter die Abrechnung auch erhält.

Bedient sich der Vermieter zur Beförderung der Betriebskostenabrechnung der Post, wird diese insoweit als Erfüllungsgehilfe des Vermieters tätig. Kommt es auf dem Postweg für den Vermieter zu unerwarteten und nicht vorhersehbaren Verzögerungen oder kommt es gar zu einem Postverlust, so werden dem Vermieter diese Versäumnisse vollzugerechnet. Hat der Vermieter die Betriebskostenabrechnung zwar rechtzeitig abgesandt, ist aber zwischenzeitlich die Abrechnungsfrist abgelaufen und der Mieter erklärt die Betriebskostenabrechnung nicht oder nicht rechtzeitig erhalten zu haben, so wirken sich derartige Postversäumnisse ausschließlich zum Nachteil des Vermieters aus. Der Vermieter wäre in diesem Falle mit der Geltendmachung einer Betriebskostennachzahlung ausgeschlossen (BGH, NZM 2009, 274). Die Beweislast dafür, dass dem Mieter die Betriebskostenabrechnung innerhalb des gesetzlichen Abrechnungszeitraumes zugegangen ist, trägt ausschließlich der Vermieter.

Rechnet der Vermieter nicht innerhalb der zu Verfügung stehenden Zeit ab, kann der Mieter Klage auf Verteilung einer Abrechnung erheben. Der Anspruch des Mieters auf Abrechnung wird durch den Fristablauf nicht berührt.

Bei Wohnraummietverhältnissen besteht gem. § 556 Abs. 3 Satz 4 BGB für Nachforderungen des Vermieters eine Ausschlussfrist. Dies gilt allerdings nicht, wenn der Vermieter die Geltendmachung der Nachforderungen erst nach Ablauf der Jahresfrist zu vertreten hat. Die Rechtsprechung verlangt vom Vermieter, dass er alle zumutbaren Bemühungen zu unternehmen hat, um sich die für die Abrechnung erforderlichen Unterlagen rechtzeitig zu beschaffen, die Abrechnung fristgerecht zu erstellen und zu versenden. Die Überschreitung der Abrechnungsfrist hat der Vermieter beispielsweise dann nicht zu vertreten, wenn eine unvorhersehbare Verzögerung in der Postbeförderung vorliegt oder mit Versorgungsunternehmen noch über Rechnungshöhe und Rechnungsgrund Rechtsstreitigkeiten geführt werden. Aufgrund einer erst nach Ablauf der Abrechnungsfrist erteilten Abrechnung kann der Vermieter aber Betriebskosten bis zur Höhe der vereinbarten Vorauszahlung des Mieters auch dann verlangen, wenn der Mieter diese nicht erbracht hat, da es sich nicht um Nachforderungen, sondern um Mieten handelt (BGH, Urt. v. 31.10.2007, VIII ZR 261/06 WuM 2007, 700).

Geht dem Mieter eine Betriebskostenabrechnung erst nach Ablauf des Abrechnungszeitraumes zu und leistet der Mieter trotz der verfristeten Betriebskostenabrechnung die von ihm verlangte Nachzahlung, so kann der Mieter vom Vermieter die geleistete Zahlung gem. § 812 BGB zurückverlangen (BGH, NZM 2006, 222).

Nach § 556 Abs. 3 Satz 5 BGB hat der Mieter Einwendungen gegen die Abrechnung spätestens bis zum Ablauf des 12. Monats nach Zugang der Abrechnung dem Vermieter mitzuteilen. Nach Ablauf dieser Frist kann der Mieter Einwendungen nicht mehr geltend machen es sei denn, der Mieter hat die verspätete Geltendmachung nicht zu vertreten (§ 556 Abs. 3 Satz 6 BGB). Zu den Einwendungen gegen eine Abrechnung des Vermieters über Vorauszahlungen der Betriebskosten, die der Mieter spätestens bis zum Ablauf des 12. Monats nach Zugang einer formell ordnungsgemäßen Abrechnung geltend machen muss, gehört auch der Einwand, dass es für einzelne, nach § 556 Abs. 1 BGB grundsätzlich umlagefähige Betriebskosten an einer vertraglichen Vereinbarung im Mietvertrag über deren Umlage fehlt (vgl. BGH Urt. v. 10.10.07, VIII ZR 279/06, WuM 2007, 694).

Erstellt der Vermieter aufgrund der Einwendungen des Mieters eine neue Abrechnung beginnt eine neue Frist zu laufen. Bei einer Änderung der Abrechnung läuft die Frist im Umfang der Änderung neu. Zur Fristwahrung ist es erforderlich, dass die Mitteilung über die Einwendungen innerhalb der Frist dem Vermieter zu geht. Darauf hinzuweisen ist, dass auch eine nicht formell ordnungsgemäße Abrechnung die Ausschlussfrist für Einwendungen des Mieters in Lauf setzt. Das entspricht dem Gesetzeszweck nach einer bestimmten Zeit Klarheit über die wechselseitigen Ansprüche zu schaffen (Bericht des Rechtsausschusses BT- Drucksache 14/5663 Seite 170).

2.3.4.13.2 Belegeinsicht

Das Belegeinsichtsrecht des Mieters ist ausdrücklich für preisgebundenen Wohnraum in § 29 Abs. 1 NMV 1970 normiert. Bei sonstigen Mietverhältnissen wird diese Vorschrift analog angewendet (vgl. Kleffmann ZMR 1984, 109). Der Mieter kann also von dem Vermieter verlangen, dass er Einsicht in die Originalbelege, die der jeweiligen Betriebskostenabrechnung zugrunde liegen, bekommt. Das Einsichtsrecht erstreckt sich auf alle Unterlagen auf denen die Abrechnung beruht. Der Mieter hat das Recht die vorhandenen Originalunterlagen einzusehen, muss sich also grundsätzlich nicht auf Abschriften oder Kopien verweisen lassen (AG Hamburg, WM 1991, 282).

Zum Einsichtsrecht gehört auch, dass der Mieter in zumutbarer Weise Kenntnis nehmen kann. In diesem Zusammenhang ist außerordentlich umstritten, an welchem Ort die Belegeinsicht zu gewähren ist, wenn keine vertragliche Vereinbarung besteht. Im Hinblick auf § 269 BGB wird man der Auffassung den Vorzug geben müssen, die einen Anspruch auf Vorlage der Belege in der Mietwohnung bejaht. Zu verkennen ist jedoch nicht, dass es praktisch einfacher wäre, wenn der Mieter die Belege dort einsehen würde, wo sie sich befinden. Zumindest dann, wenn der Vermieter die Unterlagen am Ort der Mietwohnung aufbewahrt, ist deshalb eine ausdrückliche Vereinbarung interessengerecht, dass die Belege beim Vermieter eingesehen werden können. Dies wird auch in der Praxis meistens so gehandhabt. Nur in ganz besonders gelagerten Ausnahmefällen, wenn die Verbringung der Belege an den Ort des Mietobjektes für den Vermieter schlechterdings unzumutbar ist, wird man diesem das Recht einräumen müssen – auf eigene Kosten – dem Mieter zunächst die Kopien zu übersenden. Nur wenn dann konkrete Umstände vorliegen, die eine Einsicht in die Originalbelege rechtfertigen, sind diese vorzulegen (vgl. LG Frankfurt a. M., ZMR 1999, 764).

2.3.4.13.3   Heizkosten

Die Vorschriften der Heizkostenverordnung haben grundsätzlich Vorrang vor rechtsgeschäftlichen Bestimmungen (§ 2 Heizkostenverordnung). Der Vorrang der HeizkostenV besteht nach § 2 HeizkostenV aber nicht bei Gebäuden mit nicht mehr als zwei Wohnungen, von denen eine der Vermieter selbst bewohnt. Das bedeutet, dass abweichende vertragliche Regelungen möglich sind und zwar sowohl im Hinblick auf Einzelpunkte, als auch bis hin zum völligen Ausschluss der Anwendbarkeit der HeizkostenV. Wird keine Vereinbarung getroffen, verbleibt es bei der Anwendung der HeizkostenV.

Die HeizkostenV hat einen sehr weiten Anwendungsbereich. Sie gilt nicht nur für Mieterverhältnisse. Die Verordnung spricht deshalb nicht von Vermieter und Mieter, sondern von Gebäudeeigentümer, dem Gebäudeeigentümer Gleichgestellten, dem Lieferer und dem Nutzer. Im Grundsatz gilt die HeizkostenV für alle Mietverhältnisse.

Nach § 4 Abs. 1 HeizkostenV hat der Gebäudeeigentümer den anteiligen Verbrauch der Nutzer an Wärme und Warmwasser zu erfassen. Er hat hierzu nach § 4 Abs. 2 Satz 1 HeizkostenV Ausstattungen zur Verbrauchserfassung zu verwenden. Der Mieter hat die Anbringung der Ausstattungen zu dulden. Für die Erfassung des Wärmeverbrauchs dürfen Wärmezähler und Heizkostenverteiler verwendet werden. Nicht zulässig ist es dagegen auf die Heizleistungen des Heizkörpers abzustellen (OLG Hamburg, ZMR 1999, 502). Der Warmwasserverbrauch darf mit Warmwasserzähler oder anderen geeigneten Ausstattungen erfasst werden. Die Anforderungen an die Ausstattungen zur Verbraucherfassung sind in § 5 Abs. 1 HeizkostenV beschrieben.

Die Verteilung der Kosten der Versorgung mit Wärme und Warmwasser hat nach den §§ 7-9 HeizkostenV auf die Nutzer zu erfolgen. Die HeizkostenV schreibt dabei einen verbrauchsabhängigen und einen verbrauchsunabhängigen Kostenanteil vor. Nach § 7

Abs. 1 HeizkostenV sind mindestens 50%, höchstens 70% der Gesamtkosten nach dem erfassten Verbrauch zu verteilen. Die weiteren 30% bis 50% werden nach einem festen Maßstab, der üblicherweise durch das Größenverhältnis der Mietfläche bestimmt wird, abgerechnet.

Soweit die Kosten der Versorgung mit Wärme oder Warmwasser entgegen den Vorschriften der Heizkostenverordnung nicht verbrauchsabhängig abgerechnet werden, hat der Nutzer das Recht, bei der nichtverbrauchsabhängigen Abrechnung der Kosten den auf ihn entfallenden Anteil um 15% zu kürzen (§ 12 Abs. 1 Satz 1 HeizkostenV).

In den letzten Jahren ist festzustellen, dass Vermieter dazu übergeben, die Heizanlagen einem Versorger zu überlassen und mit ihm für eine feste Laufzeit einen Versorgungsvertrag über diese Energie zu schließen (sog. **„Wärmecontracting"**). Der Versorger verpflichtet sich im Rahmen dieser Verträge in der Regel nicht nur zur Lieferung der Energie, sondern auch zur Wartung und Instandhaltung usw., wobei diese Kosten in den Energiepreis eingerechnet werden. Sofern das Wärmecontracting bereits bei Abschluss des Mietvertrages bestand, ergeben sich keinerlei Probleme. Bei bestehenden Mietverträgen ist eine Umstellung auf Wärmecontracting nur möglich, wenn die Instandhaltungskosten ermittelt und aus der Abrechnung herausgenommen werden (AG Düsseldorf, ZMR 2005, 959).

Der Gesetzgeber hat nunmehr das sog. „Wärmecontracting" in § 556 c BGB nF neu geregelt. Danach kann der Vermieter die Versorgung von der Eigenversorgung mit Wärme und Warmwasser auf eine eigenständig gewerbliche Lieferung durch einen Wärmelieferanten umstellen, wenn der Mieter die Betriebskosten für Wärme oder Warmwasser nach dem Mietvertrag zu tragen hat. Hinzu kommen muss aber, dass die Wärme mit verbesserter Effizienz entweder aus einer vom Wärmelieferanten errichteten neuen Anlage oder aus einem Wärmenetz geliefert wird und die Kosten der Wärmelieferung die Betriebskosten für die bisherige Eigenversorgung mit Wärme oder Warmwasser nicht übersteigen.

Der Vermieter hat die Umstellung spätestens drei Monate zuvor in Textform anzukündigen. Die Bundesregierung wurde in der gesetzlichen Regierung ermächtigt durch Rechtsverordnung ohne Zustimmung des Bundesrates Vorschriften für Wärmelieferverträge zu erlassen. Hierbei sind die Belange von Vermietern, Mietern und Wärmelieferanten angemessen zu berücksichtigen (§ 556 c BGB n. F.).

2.3.4.14 Mieterhöhung

Der Mieter schuldet grundsätzlich die vertraglich vereinbarte Miete. Eine Erhöhung der Miete ist, soweit die Parteien nicht zulässigerweise eine Wertsicherungsklausel oder eine Staffelmiete vereinbart haben dadurch möglich, dass der Mietvertrag im Wege einer ordentlichen Kündigung beendet wird mit dem Ziel, einen neuen Vertrag mit einem höherem Mietzins abzuschließen. In diesem Falle spricht man von einer Änderungskündigung. Diese Form der Mieterhöhung ist allerdings bei Wohnraummietverhältnissen gem. § 573 Abs. 1 Satz 2 BGB ausgeschlossen. Vielmehr kann der Vermieter von Wohnraum, sofern er keine Indexmiete (§ 557 b. BGB) oder Staffelmiete (§ 557 a. BGB) bei Abschluss des Mietvertrages vereinbart hat einseitig nach Maßgabe der §§ 558-560 BGB eine Erhöhung der Miete verlangen. Das Recht zur Mieterhöhung steht dem Vermieter allerdings dann nicht zu, wenn eine Erhöhung durch Vereinbarung ausgeschlossen ist oder der Ausschluss sich aus den Umständen, insbesondere der Vereinbarung eines Mietverhältnisses auf bestimmte Zeit mit fester Miete ergibt (§ 557 Abs. 3 BGB).

Bei der Mieterhöhung gem. § 558 BGB handelt es sich um die „allgemeine Mieterhöhung", die dem Vermieter im freifinanzierten Wohnungsbau die Möglichkeit gibt, unabhängig von Erneuerungen und Verbesserungen des vermieteten Hauses oder der Wohnung die Miete an „allgemeine Kostensteigerungen" anzupassen, nämlich auf die ortsübliche Vergleichsmiete anzuheben.

Nach § 558 Abs. 1 BGB kann der Vermieter die Zustimmung des Mieters zu einer Erhöhung des Mietzins verlangen, wenn:

1. der Mietzins von der Erhöhung nach den §§ 559-560 BGB abgesehen seit 15 Monaten unverändert ist (sog. „Wartefrist") und
2. der verlangte Mietzins die üblichen Mietentgelte, die in *der* Gemeinde oder in vergleichbaren Gemeinden für nicht preisgebundenen Wohnraum vergleichbarer Art, Größe, Ausstattung, Beschaffenheit und Lage *einschließlich der energetischen Ausstattung und Beschaffenheit* gezahlt werden, nicht übersteigt und
3. der Mietzins sich innerhalb eines Zeitraums von 3 Jahren nicht mehr als 20% erhöht hat (sog. „Kappungsgrenze").

Ab 1.5.2013 ist es Gemeinden mit besonders gefährdeter Versorgung der Bevölkerung mit Mietwohnungen zu angemessenen Bedingungen möglich, die Kappungsgrenze auf 15 % innerhalb von drei Jahren zu reduzieren. Die Landesregierungen wurde in § 558 Abs. 3 BGB nF ermächtigt, diese Gebiete durch Rechtsverordnung für die Dauer von jeweils höchstens 5 Jahren zu bestimmen. Die Landeshauptstadt München hat bereits nach Inkrafttreten der Mietrechtsnovelle zum 1.5.2013 durch eine entsprechende Verordnung die Kappungsgrenze von 20 % auf 15 % reduziert.

Nach § 558 Abs. 1 BGB ist der Anspruch nach § 558 BGB dem Mieter gegenüber in Textform zu erklären und zu begründen. Als Begründungsmittel kann insbesondere Bezug genommen werden auf einen Mietspiegel (§§ 558 c., 558 d. BGB), eine Auskunft aus einer Mietdatenbank (§ 558 e. BGB), ein mit Gründen versehenes Gutachten eines öffentlich-bestellten und vereidigten Sachverständigen, auf die Benennung von mindestens drei Vergleichsmieten für vergleichbare Wohnungen.

Existiert ein qualifizierter Mietspiegel so muss ein Mieterhöhungsverlangen zwingend mit dem qualifizierten Mietspiegel begründet werden. (§ 558 a. Abs. 3 BGB). Wird also bei einer Wohnung, die im Geltungsbereich eines qualifizierten Mietspiegels liegt, ein Mieterhöhungsverlangen nur mit drei Vergleichswohnungen begründet, so ist dieses

Mieterhöhungsverlangen bereits aus formellen Gründen unwirksam, da nicht der qualifizierte Mietspiegel zugrunde gelegt wurde.

Soweit der Mieter der Mieterhöhung zustimmt, schuldet er die erhöhte Miete mit Beginn des dritten Kalendermonats nach dem Zugang des Erhöhungsverlangens (§ 558 b. Abs. 1 BGB).

Stimmt der Mieter der Mieterhöhung allerdings nicht bis zum Ablauf des zweiten Monats nach dem Zugang des Verlangens (Überlegungsfrist) zu, kann der Vermieter auf Erteilung der Zustimmung klagen. Die Klage muss innerhalb von drei weiteren Monaten erhoben werden (Klageerhebungsfrist).

Unter dem Begriff der ortsüblichen Vergleichsmiete versteht man nicht etwa die Marktmiete, die im Falle einer Neuvermietung zu erzielen wäre. Vielmehr versteht man hierunter einen repräsentativen Querschnitt von Mieten, die für vergleichbaren Wohnraum in der Gemeinde üblicherweise bezahlt werden. Hierbei werden die Neuvermietungsmieten und die Bestandsmieten der jeweils letzten vier Jahre vor Zugang des Mieterhöhungsverlangens zugrunde gelegt. Bei der Berechnung der ortsüblichen Vergleichsmiete ist grundsätzlich die vertraglich vereinbarte Wohnfläche zugrunde zu legen, es sei denn, die tatsächliche Wohnfläche übersteigt die vertraglich vereinbarte um mehr als 10% (BGH Urt. v. 23.5.07, VIII ZR 138/06, WuM 2007, 450).

Neben der Mietanpassung zur ortsüblichen Vergleichsmiete gibt es auch noch die Mieterhöhung wegen durchgeführter Modernisierungsmaßnahme (§ 559 BGB, siehe Abschnitt „Modernisierung") und die Mietanpassung für Betriebskosten gemäß § 560 BGB. Die letztgenannte Erhöhungsmöglichkeit gilt nicht nur bei vereinbarten Betriebskostenvorauszahlungen, sondern auch für Betriebskostenpauschalen. Allerdings setzt die Erhöhung einer Pauschale eine entsprechende Regelung im Mietvertrag voraus (vgl. § 560 Abs. 1 Satz 1 BGB).

2.3.4.15 Instandhaltung und Instandsetzung der Mietsache

Den Vermieter trifft nach § 535 Abs. 1 Satz 1 BGB die Pflicht, dem Mieter den Gebrauch der Mietsache während der Mietzeit zu gewähren. Satz 2 der gesetzlichen Regelungen legt dabei fest, dass der Vermieter die Mietsache in einem zum vertragsgemäßen Gebrauch geeigneten Zustand zu überlassen und sie während der Mietzeit in diesem Zustand zu erhalten hat. Hieraus folgt die Instandhaltungspflicht und Instandsetzungspflicht des Vermieters.

Unter Instandhaltung versteht man vorbeugende Maßnahmen, um einen ordnungsgemäß bestehenden Zustand aufrecht zu erhalten und um mögliche Schäden an der Mietsache zu vermeiden. Darunter fallen in erster Linie Wartungsarbeiten.

Unter Instandsetzung versteht man die Wiederherstellung eines ordnungsgemäßen Zustandes, wie Reparaturen, Austausch schadhafter Einrichtungen, etc. Instandhaltung und Instandsetzungen sind für den Vermieter Hauptpflichten, die der Fürsorgepflicht entspringen. Auf ein Verschulden des Vermieters kommt es dabei nicht an. Hat der Mieter seinerseits Einrichtungen eingebaut, ist er allerdings verpflichtet diese auch selbst zu unterhalten.

In § 555 a Abs. 1 BGB n. F. ist die Duldungspflicht des Mieters bezüglich der Instandhaltungs- und Instandsetzungsmaßnahmen des Vermieters geregelt. Diese Vorschrift bezieht sich auf Erhaltungsmaßnahmen, die zur Erhaltung der Mietsache erforderlich sind. Diese durchzuführenden Maßnahmen müssen also objektiv notwendig sein. Im Umkehrschluss hierzu ist der Mieter deshalb nicht verpflichtet, Maßnahmen zu dulden, die nicht der Erhaltung der Mietsache oder des Gebäudes dienen sollen, insbesondere also Veränderungen des Mietobjektes zum Gegenstand haben (LG Gießen, WM 1998, 278). Von den Instandhaltungs- und Instandsetzungsmaßnahmen sind die reinen Verbesserungsmaßnahmen nach § 555 b BGB n. F. (vgl. „Modernisierung") zu unterscheiden. Modernisierungsarbeiten muss der Vermieter im Gegensatz zu Instandhaltung- und Instandsetzungsmaßnahmen nicht zwingend dulden. Sofern eine Maßnahme sowohl Instandhaltung-/Instandsetzungsmaßnahmen, aber auch Modernisierungsmaßnahmen enthält, so richtet sich die Frage der Duldungspflicht des Mieters grundsätzlich nach § 555 d BGB nF (LG Berlin, GE 1994, 927).

Schönheitsreparaturen
Zu den gesetzlichen Erhaltungspflichten des Vermieters gem. § 535 BGB gehören auch die sog. „Schönheitsreparaturen". In der mietrechtlichen Praxis werden aber dem Mieter nahezu regelmäßig – meist in formularmietvertraglichen Vereinbarungen – die Schönheitsreparaturen übertragen. Fehlt es an einer solchen Überbürdung auf den Mieter oder ist die Vereinbarung unwirksam, obliegt dem Vermieter nach wie vor die Hauptpflicht zur Renovierung der Mietwohnung (OLG Koblenz, WuM 2000, 22).

Der Begriff der Schönheitsreparaturen wird entsprechend der Begriffsbestimmung des § 28 Abs. 4 Satz 4 II. BV definiert (BGH, ZMR 1985, 84). Danach fallen unter die Schönheitsreparaturen **das Tapezieren, Anstreichen oder Kalken der Wände und Decken, das Streichen der Fußböden und der Heizköper einschließlich der Heizrohre, der Innentüren sowie der Fenster und Außentüren von innen**.

Sind in einem Gewerberaummietvertrag allgemein die Schönheitsreparaturen auf den Mieter übertragen worden, so umfassen die Schönheitsreparaturen auch die Grundreinigung des Teppichbodens (BGH NZM 2009, 126).

Vom Begriff der Schönheitsreparatur ist die Beseitigung von Schäden abzugrenzen. Für letztere haftet der Mieter stets. Beschädigt der Mieter etwa ein Waschbecken, so spricht man hier von einem Schaden und nicht von Schönheitsreparaturen. Gleiches gilt etwa, wenn der Teppichboden nicht mehr zu reinigen ist oder wenn der Mieter Dübellöcher in ungewöhnlicher Anzahl in der Wohnung zurücklässt (BGH, WuM 1993, 109).

Die Überbürdung der Verpflichtung zur Durchführung von Renovierungsarbeiten auf den Mieter setzt eine wirksame Vereinbarung zwischen den Vertragsparteien voraus. Die meisten Mietverträge enthalten schriftlich fixierte Überbürdungserklärungen, insbesondere in formularmäßiger Form. Hierbei ist festzuhalten, dass es eine Flut unterschiedlicher Rechtsprechungen zur Thematik "Schönheitsreparaturen" gibt. Diese Rechtsprechung ist sich aber darüber einig, dass im Bereich des Wohnraummietrechtes eine Vereinbarung dahingehend, dass der Mieter, unabhängig von der vertraglichen Dauer des Mitverhältnisses bei Beendigung die Schönheitsreparaturen durchzuführen hat unwirksam ist. Eine derartige Regelung ist in jedem Falle als Formularklausel unwirksam. Ob die Vereinbarung auch als Individualvereinbarung unwirksam ist, ist nach der Rechtsprechung umstritten. In der Praxis dürfte eine Individualvereinbarung aber selten vorkommen, da Mietverträge meistens als vorformulierte Mietverträge von Vermieterseite vorgelegt werden.

Die Rechtsprechung hat Pauschalvereinbarungen im Bereich der Schönheitsreparaturen für wirksam erachtet, wenn aufgrund dieser Vereinbarungen der Mieter gehalten ist "je nach dem Grad der Abnutzung oder Beschädigung" während der Mietzeit Schönheitsreparaturen durchzuführen . Bei Vermietung einer bei Vertragsbeginn nicht renovierten Wohnung ist die formularmäßige Abwälzung von Schönheitsreparaturen auf den Mieter nach Maßgabe eines Fristenplanes ebenfalls dann wirksam, wenn die Renovierungsfristen mit dem Anfang des Mietverhältnisses zu laufen beginnen.

Unzulässig sind dagegen Klauseln, wonach der Mieter sowohl zu einer Anfangs- als auch zu einer laufenden Renovierung verpflichtet sein soll (Landgericht Frankfurt a. M., WuM 1986, 208). Aber auch eine isolierte Formularregelung, wonach der Mieter verpflichtet ist, die Mieträume bei Beendigung des Mietvertrages die Schönheitsreparaturen durchzuführen, ist unwirksam (vgl. BGH Urt. v. 12.9.07, VIII ZR 143/06, WuM 2007, 682).

Eine Formularklausel, die den Mieter verpflichtet, die Schönheitsreparaturen während der Vertragsdauer nach einem Pflichtenplan durchzuführen, ist grundsätzlich wirksam (BGH, Urt. v. 20.10.2004, VIII ZR 378/03; WuM 2005, 50). Hierbei ist allerdings zu beachten, dass die Fristen in einem Fristenplan nicht absolut gesetzt werden dürfen (starrer Fristenplan). Bereits der Mustermietvertrag des Bundesministeriums der Justiz von 1976 sieht vor, dass „im allgemeinen" Schönheitsreparaturen nach einem Fristenplan durchzuführen sind. Nach dem Mustermietvertrag 1976 sind „im allgemeinen" zu renovieren:

- die Nassräume wie Küche, Bad und Dusche alle drei Jahre,

- die Haupträume wie Wohn-, Schlafzimmer, Flur, Diele, Toilette alle fünf Jahre, und

- Nebenräume z. B. Abstellkammer alle sieben Jahre.

Dieser Fristenplan stellt eine Richtlinie dar, wann Mieträume üblicherweise renoviert werden müssen. Diese Fristen dürfen daher vertraglich weder unzulässig verkürzt werden, noch dürfen sie „starr" sein. Enthält ein Fristenplan von vorne herein sehr kurze Fristen ist die Schönheitsreparaturenvereinbarung insgesamt unwirksam (LG Berlin, WuM 1996, 758).

„Starr" sind Fristen dann nicht, wenn aus ihnen durch Formulierungen wie „im allgemeinen" oder „im Regelfall" erkennbar ist, dass es sich um einen Näherungswert handelt, von dem auch nach Oben abgewichen werden kann (BGH, Urt. v. 23.06.2004, VIII ZR 361/03; NZM 2004, 653 und Urt. v. 22.09.2004, VIII ZR 360/03; NZM 2004, 901).

„Starr" sind dagegen Fristen mit Formulierungen, dass „spätestens" nach bestimmten Zeitabständen zu renovieren ist (BGH, Urt. v. 16.02.2005, VIII ZR 48/04; NZM 2005, 299). Ist ein Fristenplan im Mietvertrag nicht ausdrücklich vertraglich vereinbart, ist der Vertrag nach der Verkehrssitte dahin auszulegen, dass die Fristen nach § 7 des Mustermietvertrages 1976 heranzuziehen sind (BGH, NJW 1985, 2575).

Werden in einer Schönheitsreparaturenklausel „starre" Fristen vereinbart oder werden „Fristen" unzulässig verkürzt oder ist die Schönheitsreparaturenregelung wegen einer unzulässigen Endrenovierungsvereinbarung unwirksam, so führt dies dazu, dass die gesamte Vereinbarung über die Schönheitsreparaturen unwirksam wird und an die Stelle dieser vertraglichen Vereinbarung die gesetzliche Regelung tritt, wonach der Vermieter die Erhaltungslast der Mietsache und damit auch die Schönheitsreparaturen zu tragen hat.

Der Bundesgerichtshof hält auch Schönheitsreparaturenklauseln, die dem Mieter für Schönheitsreparaturen während der Mietzeit bestimmte Farbtöne vorgeben, für unwirksam. Der Bundesgerichtshof ist der Ansicht, dass es zum Gebrauchsrecht des Mieters gehört, auch über die farbliche Gestaltung der Mieträume frei entscheiden zu können (BGH, NZM 2009, 313).

In der Praxis tritt häufig das Problem auf, dass das Mietverhältnis endet, bevor die Schönheitsreparaturen zur Durchführung fällig sind. Die Rechtsprechung lässt in diesem Falle eine formularvertragliche Quotenregelung, die den Mieter verpflichtet, die Schönheitsreparaturen nicht selbst durchzuführen, sondern sich an ihnen je nach Zeitablauf seit Durchführung der letzten Schönheitsreparaturen quotenmäßig zu beteiligen, als wirksam zu (BGH, Urt. v. 26.05.2004, VIII ZR 77/03; NZM 2004, 615). Ebenso kann ein Fristenplan, der dem Mieter die laufenden Schönheitsreparaturen nach Ablauf bestimmter Fristen auferlegt mit einer Quotenklausel kombiniert werden. Die Quotenklausel kann dann angewendet werden, wenn die Fristen des Fristenplans bei Vertragsbeendigung noch nicht vollständig abgelaufen sind (BGH, NZM 1998, 710). Die Rechtsprechung des BGH hat jedoch die Voraussetzungen für den Abschluss einer wirksamen Quotenklausel zuletzt erheblich verschärft (vgl. BGH, Urt. v. 26.9.07, VIII ZR 143/06, WuM 2007, 684).

2.3 Mietrecht

Hat der Mieter trotz einer unwirksamen Schönheitsreparaturenregelung, die Schönheitsreparaturen durchgeführt, da er in Unkenntnis der Rechtslage die Verpflichtung zur Durchführung der Schönheitsreparaturen als gegeben ansah, so kann der Mieter gegenüber dem Vermieter die Kosten, die er für die Schönheitsreparaturen aufgewendet hat, nach den Grundsätzen der ungerechtfertigten Bereicherung (§ 812 BGB) vom Vermieter zurückverlangen.

Allerdings ist darauf hinzuweisen, dass ungeachtet einer unwirksamen Abgeltungsklausel der Mieter immer berechtigt ist die Renovierungsarbeiten selbst vorzunehmen. Dies steht ihm auf jeden Fall frei (BGH, WuM 1988, 294). Bei Durchführung der Schönheitsreparaturen durch den Mieter muss seine Arbeit den Anforderungen einer fachgerechten Leistung entsprechen. Insofern wird fachhandwerkliches Niveau, nicht Hobbyqualität gefordert (LG Berlin, GE 2000, 676). Eine Klausel, wonach der Mieter verpflichtet ist, Schönheitsreparaturen durch einen Fachhandwerker durchzuführen, ist unwirksam (OLG Stuttgart, WuM 1993, 528).

Ist der Mieter vertraglich zur Renovierung bei Auszug verpflichtet, würden aber die Arbeiten infolge eines Umbaus nach Vertragsende wieder zerstört, wird allgemein davon ausgegangen, dass der Mieter von der Renovierungspflicht befreit ist. Allerdings gesteht die Rechtsprechung dem Vermieter in diesen Fällen einen Ausgleichsanspruch in Geld zu (LG Oldenburg, WuM 2000, 301).

Liegt eine wirksame Regelung zur Durchführung der Schönheitsreparaturen vor, ist der Mieter grundsätzlich verpflichtet, bis zur Beendigung des Mietverhältnisses die Schönheitsreparaturen durchzuführen. Nachdem es sich jedoch um eine Hauptpflicht aus dem Mietverhältnis handelt, gerät der Mieter mit dem Ende des Mietverhältnisses nicht in Verzug, wenn die Schönheitsreparaturen bis zu diesem Zeitpunkt nicht durchgeführt sind. Vielmehr muss der Vermieter eine Nachfrist gemäß §§ 323, 325, 281 BGB setzen. Die Fälligkeit der Verpflichtung Schönheitsreparaturen durchzuführen, tritt nämlich erst mit dem Ende des Mietverhältnisses ein (BGH, NJW 1991, 2416).

Die Nachfrist ist schriftlich zu setzen und muss einen angemessenen Zeitraum über den Beendigungszeitpunkt des Mietverhältnisses hinaus umfassen. Ferner muss ein solches Schreiben die Zustandsbeschreibung der Mieträume und die Nennung der auszuführenden Arbeiten beinhalten. Die Nachfristsetzung ist entbehrlich, wenn der Mieter die Erfüllung der Verpflichtung die Schönheitsreparaturen durchzuführen ernsthaft und endgültig verweigert (OLG Celle, WuM 1982, 317).

Der BGH hat seine Rechtsprechung, wonach eine Mieterhöhung für den Vermieter bei einer unwirksamen Schönheitsreparaturenklausel in der Form eines Zuschlags zur ortsüblichen Vergleichsmiete ausgeschlossen ist, erneut bestätigt (BGH NZM 2009, 313). Dies bedeutet, dass die Kosten im Falle einer unwirksamen Schönheitsreparaturenregelung für die Durchführung der Schönheitsreparaturen voll beim Vermieter verbleiben und diese auch nicht in Form eines Zuschlags oder einer Mieterhöhung gegenüber dem Mieter als Ausgleich für die nichtwirksame Verpflichtung verlangt werden können.

Prof. Rafael Tobias Huber

Kleinreparaturen

Viele Mietverträge enthalten formularmäßige Klauseln, die den Mieter verpflichten sollen, sich für kleine Instandhaltungen/Instandsetzungen mit einem bestimmten Betrag zu beteiligen (sog. „Bagatellklausel"). Der BGH hat in seiner Entscheidung (WuM 1989, 324) die Voraussetzungen festgelegt, unter denen eine Bagatellklausel wirksam ist. Danach muss im Rahmen einer formularmäßigen Klausel ein Höchstbetrag pro Einzelfall festgelegt werden. Ein Betrag von 100,00 €-200,00 € dürfte insoweit unproblematisch sein. Darüber hinaus ist eine Höchstgrenze im Mietvertrag für einen bestimmten Zeitraum festzulegen. Eine Vereinbarung wonach die Höchstgrenze pro Jahr mit 5% der Nettomiete festgelegt wird, dürfte in jedem Fall zulässig sein.

2.3.4.16 Modernisierung

Nach § 555 d Abs. 1 BGB n. F. hat der Mieter Modernisierungsmaßnahmen zu dulden, soweit sie nicht für ihn oder seine Familie eine Härte bedeuten, die auch unter Berücksichtigung der berechtigten Vermieterinteressen oder der Interessen der anderen Mieter im Gebäude nicht gerechtfertigt ist.

Unter Modernisierungsmaßnahmen versteht man nach § 555 b BGB n. F.:

- Bauliche Veränderungen, durch die in Bezug auf die Mietsache Energie nachhaltig eingespart wird (energetische Modernisierung)

- Bauliche Veränderungen, durch die nicht erneuerbare Primärenergie nachhaltig eingespart oder das Klima nachhaltig geschützt wird

- Bauliche Veränderung, durch die der Wasserverbrauch nachhaltig reduziert wird

- Bauliche Veränderung, durch die der Gebrauchswert der Mietsache nachhaltig erhöht wird

- Bauliche Maßnahme, durch die die allgemeinen Wohnverhältnisse auf Dauer verbessert werden

- Bauliche Maßnahme, die aufgrund von Umständen durchgeführt wird, die der Vermieter nicht zu vertreten hat und die keine Erhaltungsmaßnahmen nach § 555 a BGB n. F. (Instandhaltung- oder Instandsetzung) sind.

- Bauliche Maßnahme, durch die neuer Wohnraum geschaffen wird

Will der Vermieter Modernisierungsmaßnahmen durchführen, so hat er die Art, den voraussichtlichen Umfang, den voraussichtlichen Beginn und die voraussichtliche Dauer der Modernisierungsmaßnahme sowie die zu erwartende Mieterhöhung sowie die voraussichtlichen künftigen Betriebskosten in Textform mitzuteilen (§ 555 c Abs. 1 BGB nF. Bei der Modernisierungsankündigung soll der Vermieter den Mieter auch auf den Härteeinwand nach § 555 d Abs. 3 S. 1 BGB n F hinweisen. Die Ankündigungspflicht des Vermieters (§ 555 c Abs. 4 BGB n. F.) entfällt nur in den Fällen, in denen die

Modernisierungsmaßnahme nur mit einer unerheblichen Einwirkung auf die Mietsache verbunden ist und nur zu einer unerheblichen Erhöhung der Miete führt. Dies trifft nur bis zu einer Erhöhung der monatlichen Miete von bis zu 5 % zu (vgl. LG Berlin, WuM 1991, 482).

Will der Mieter eine Modernisierung nicht hinnehmen, so steht ihm ein Sonderkündigungsrecht zu. Er kann bis zum Ablauf des Monats, der auf den Zugang der Mitteilung durch den Vermieter folgt, für den Ablauf des nächsten Monates kündigen (§ 555 e Abs. 1 BGB n. F.).

Im Zusammenhang mit Modernisierungsmaßnahmen für den Mieter entstehende Aufwendungen kann der Mieter gem. § 555 a Abs. 3 BGB n. F. ersetzt verlangen. Hierbei kann es sich insbesondere um zur Wiederherstellung eines ordnungsgemäßen Zustandes, wie Reinigung der Räume, Erneuerung von Schönheitsreparaturen, Kosten für die vorübergehende Unterbringung des Mieters im Hotel oder die vorübergehende Auslagerung seiner Möbel, handeln. Wichtig sind aber in diesem Zusammenhang ersparte Eigenkosten, die sich der Mieter anrechnen lassen muss (LG Essen, WuM 1981, 67). Bei Verlangen hat der Vermieter dem Mieter für die Aufwendungen Vorschuss zu leisten (§ 555 a Abs. 3 S. 2 BGB n. F.).

Der Mieter ist darüber hinaus berechtigt in Zusammenhang mit Erhaltungsmaßnahmen aber auch bei Modernisierungsmaßnahmen durch den Vermieter eine Mietminderung geltend zu machen, wenn der Gebrauch der Mietsache ganz oder teilweise z. B. durch Lärm, Dreck, Abdunkelung u.s.w. beeinträchtigt wird. Aufgrund der Neuregelung zum 1.5.2013 wurde das Minderungsrecht des Mieters aber bei Modernisierungsmaßnahmen eingeschränkt. Nach § 536 Abs. 1 a BGB n. F. darf ein Mieter für Beeinträchtigungen, die in Zusammenhang mit einer energetischen Modernisierung des Vermieters entstehen, für drei Monate kein Minderungsrecht geltend machen.

Mieterhöhung im Sinne des § 559 BGB in Verbindung mit § 559 b BGB

Der Vermieter kann nach Abschluss der Modernisierungsarbeiten 11% der tatsächlich reinen aufgewandten Modernisierungskosten auf die Jahresmiete aufschlagen. Sind die Modernisierungsmaßnahmen für das gesamte Wohnungsanwesen durchgeführt worden, so sind die Gesamtkosten entsprechend der Gesamtfläche anteilsmäßig vom Vermieter auf die einzelnen Wohnungen zu verteilen (vgl. AG München, WuM 1986, 91). In der Praxis ist es bei größeren Modernisierungsvorhaben oftmals schwierig, die aufgewendeten Gesamtkosten in umlagefähige Modernisierungskosten und nichtumlagefähige Instandhaltungs-/Instandsetzungskosten aufzuteilen. Viele Mieterhöhungen nach durchgeführter Modernisierung scheitern daran, dass der Vermieter nicht in der Lage ist den Kostenanteil, der auf die reine Modernisierung entfällt zu belegen und aufzuschlüsseln. Hier empfiehlt es sich daher bereits die entsprechenden Handwerkerleistungen im Vorfeld in Modernisierung und Instandhaltung/Instandsetzung aufzuteilen und entsprechend abzurechnen.

Dem Mieterhöhungsanspruch steht nicht entgegen, dass der Vermieter die Maßnahme weniger als drei Monate vorher angekündigt hat und der Mieter der Maßnahme widersprochen hat (BGH Urt. v. 19.9.07, VIII ZR 6/07, WuM 2007, 630).

Will der Mieter von Gewerberäumen Modernisierungsarbeiten durchführen und hierfür eine Mieterhöhung geltend machen, so ist darauf hinzuweisen, das die Vorschrift von § 559 BGB und die damit verbundene Möglichkeit zur Mieterhöhung unmittelbar nur für Wohnraumverhältnisse gilt. Zwar verweist § 578 Abs. 2 BGB auf eine entsprechende Anwendung der §§ 555 a bis 555 f BGB n. F., bei Räumen, die keine Wohnräume sind, dennoch empfiehlt es sich, bereits in einem gewerblichen Mietvertrag eine gesonderte Vereinbarung über Duldung und Mieterhöhung bei Modernisierungsmaßnahmen zu regeln.

Die Mieterhöhung wegen durchgeführter Modernisierung (§ 559 BGB) ist in Textform zu erklären (§ 559 b. Abs. 1 Satz 1 BGB). Die entstandenen Kosten müssen hierbei für alle einzelnen Modernisierungsmaßnahmen berechnet und konkret erläutert werden. Die Kosten, die für Erhaltungsmaßnahmen (Instandhaltung, Instandsetzung) erforderlich gewesen wären, gehören nicht zu den aufgewendeten Modernisierungskosten. Sie sind, soweit erforderlich, durch Schätzung zu ermitteln (§ 559 Abs. 2 BGB).

Liegen die Voraussetzungen vor, so schuldet der Mieter die erhöhte Miete mit Beginn des dritten Monats nach dem Zugang der Erklärung. (§ 559 b Abs. 2 Satz 1 BGB). Diese Frist verlängert sich um 6 Monate, wenn der Vermieter dem Mieter die zu erwartende Erhöhung der Miete im Rahmen der Modernisierungsankündigung nicht mitgeteilt hat, oder wenn die tatsächliche Mieterhöhung mehr als 10% höher ist als die mitgeteilte (§ 559 b. Abs. 2 Satz 2 BGB).

2.3.4.17 Kaution

Die Verpflichtung des Mieters zur Zahlung einer Kaution, muss zwischen den Mietvertragsparteien vereinbart werden. Eine gesetzliche Verpflichtung zur Erbringung einer Sicherheit durch den Mieter besteht nicht (Palandt–Weidenkaff § 551 BGB Rn 7).

Die Möglichkeit der freien Vereinbarung einer Sicherheitsleistung für den Bereich der Wohnraummiete wird durch § 551 BGB eingeschränkt. Im Bereich der Geschäftsraummiete bestehen dagegen keine gesetzlichen Beschränkungen. Alle Verpflichtungen der Parteien ergeben sich grundsätzlich ausschließlich aus der Kautionsabrede. Daher kann hier insbesondere wirksam vereinbart werden, dass die Kautionssumme drei Monatsmieten übersteigt und dass sie in voller Höhe vor oder zum Beginn des Mietverhältnisses zu leisten ist. Hinsichtlich der Anlage und Verzinsung der Kaution tendiert die Rechtsprechung aber allerdings dazu, dass beispielsweise auch ohne Vereinbarung einer Verzinsungsverpflichtung der Vermieter von Gewerberaum verpflichtet sein soll die Kaution zu verzinsen. Eine einheitliche Linie gibt es hier allerdings nicht.

2.3 Mietrecht

Grundsätzlich sind alle denkbaren Formen der Sicherheitsleistung möglich. Im Vordergrund stehen jedoch drei Formen der Sicherheitsleistung, nämlich die Barkaution, das Kautionskonto und die Bankbürgschaft.

Bei Mietverhältnissen für Wohnraum darf die Höhe der Sicherheit den Betrag von drei Nettomonatsmieten nicht übersteigen (§ 551 Abs. 1 Satz 1 BGB).

Der Vermieter von Wohnraum hat die ihm als Sicherheit überlassene Geldsumme getrennt von seinem Vermögen bei einem Kreditinstitut als Sparanlage mit dreimonatiger Kündigungsfrist und üblichem Zinssatz anzulegen. Die Vertragsparteien können aber einvernehmlich auch eine andere Anlageform vereinbaren. In beiden Fällen muss aber die Anlage getrennt vom Vermögen des Vermieters erfolgen. Die Zinserträge, die der Kaution anwachsen, stehen dem Mieter zu. Sie erhöhen die Sicherheit (§ 551 Abs. 3 BGB).

In der Regel wird die Kaution für alle Verpflichtungen des Mieters aus den Mietverhältnissen bestellt und sichert dann sämtliche gegenwärtigen und zukünftigen Forderungen des Vermieters, die mit dem Mietverhältnis zu tun haben, ab. Etwas anderes gilt nur dann, wenn spezielle und konkrete Sicherungsabreden bezüglich der Verwendung der Kaution bestehen.

Der Zeitpunkt der Zahlung der Kaution richtet sich zunächst grundsätzlich nach den vertraglichen Vereinbarungen. Allerdings ist hierbei darauf zu achten, dass bei einem Mietverhältnis über Wohnraum, sofern eine Geldsumme als Sicherheit zu leisten ist, der Mieter berechtigt ist, die Sicherheitsleistung in drei gleichen monatlichen Teilleistungen zu leisten. Die erste Rate ist dabei zu Beginn des Mietverhältnisses zu zahlen, die weiteren beiden Raten sind jeweils einen Monat später fällig. Die Höhe der Teilleistung muss jeweils mindestens 1/3 der Gesamtkaution darstellen.

Leistet der Mieter die Kaution ggf. nach Maßgabe des § 551 Abs. 2 BGB nicht, kann der Vermieter auf Zahlung der Kaution klagen. Dem Mieter steht gegenüber diesem Anspruch kein Zurückbehaltungsrecht wegen Mängeln der Miträume zu (AG Köln, WuM 1993, 605; OLG Düsseldorf ZMR 1998, 159). Ebenso ist die Aufrechnung mit einer Gegenforderung ausgeschlossen. Die Nichtzahlung der Kaution bei Wohnraum- und Gewerbemietverhältnissen stellt ab 1.5.2013 einen Grund für eine außerordentliche fristlose Kündigung dar (§ 569 Abs. 2 a BGB n. F.). Dieses außerordentliche Kündigungsrecht des Vermieters ist dann gegeben, wenn der Mieter mit einer Sicherheitsleistung nach § 551 BGB in Höhe eines Betrages in Verzug ist, der der zweifachen Monatsmiete entspricht. Einer Abhilfefrist oder einer Abmahnung nach § 573 Abs. 3 S. 1 BGB bedarf es nicht.

Im Bereich der Geschäftsraummiete können Regelungen über Höhe und Fälligkeit der Kaution zwischen den Parteien frei vereinbart werden. Mangels anderweitiger Vereinbarung ist die Kaution in voller Höhe bei Mietbeginn fällig.

Prof. Rafael Tobias Huber

Wurde die Kaution im Rahmen des Mietverhältnisses nicht erbracht, so ist umstritten, ob nach Beendigung des Mietverhältnisses seitens des Vermieters noch ein Anspruch auf Leistung der vereinbarten, aber nicht geleisteten, Kaution besteht. Die herrschende Meinung geht dabei von einem solchen Anspruch aus (z. B. OLG Zelle, ZMR 1998, 265). Allerdings muss der Vermieter nachweisen, dass gegen den Mieter Forderungen bestehen, die über die Kaution gesichert werden sollen.

Während des Mietverhältnisses darf der Vermieter die Kaution grundsätzlich nur für unbestrittene oder rechtskräftig festgestellte Ansprüche verwenden. Ebenso für Forderungen, die so offensichtlich begründet sind, dass ein Bestreiten des Mieters mutwillig wäre (LG Mannheim, WuM 1996, 269). Hat der Vermieter die Kaution während des Mietverhältnisses zu Recht in Anspruch genommen, hat er nach überwiegender Anfassung auch ohne entsprechende vertragliche Regelung einen Anspruch auf Wiederauffüllung der Kaution gegen den Mieter, weil der Mieter durch seine Nichtzahlung das Sicherungsinteresse des Vermieters beeinträchtigt hat (OLG Düsseldorf, ZMR 2000, 211).

Nach Beendigung des Mietverhältnisses ist die Mietsicherheit entweder zurückzugeben oder zu verwerten. Will der Vermieter die Kaution verwerten, so muss er hierüber abrechnen. Die Rechtsprechung hat dem Vermieter hierfür eine max. Abrechnungsfrist von sechs Monaten zugebilligt. Im Einzelfall können aber auch kürzere Fristen in Betracht kommen, aber nur dann, wenn offenkundig keine Forderungen des Vermieters bestehen oder mietvertraglich eine kürzere Frist der Abrechnung über die Kaution vereinbart wurde. Veräußert der Vermieter während des Mietverhältnisses die Mietwohnung bzw. das Grundstück, bestimmen sich die Rechte und Pflichten bezüglich der Kaution nach § 566 a. BGB. Diese Vorschrift ist auch auf gewerbliche Mietverhältnisse anwendbar. Der Mieter hat gegen seinen früheren Vermieter, den Veräußerer der Wohnung, einen Anspruch auf Aushändigung der Kaution an den Erwerber der Wohnung. Sofern dem bisherigen Vermieter gegen den Mieter Ansprüche zustehen, die durch die Kaution gesichert sind, besteht dieser Anspruch auf Aushändigung nur in Höhe der verbleibenden Sicherheit. Der Erwerber selbst hat ebenfalls gegen den bisherigen Vermieter einen Anspruch auf Auszahlung einer vom Mieter der vermieteten Wohnung geleisteten Barkaution. Gegen diese Forderung ist eine Aufrechnung mit einem Anspruch auf Zahlung des Restkaufpreises nicht möglich (OLG Frankfurt a. M., ZMR 1991, 340).

Erlangt der Erwerber die Kaution nicht vom Veräußerer, hat er keinen Anspruch gegen den Mieter auf erneute Leistung der Kaution. Dies gilt auch dann, wenn dem Veräußerer die Herausgabe der Kaution unmöglich geworden ist (Palandt/Weidenkaff, § 566 a. BGB, Rn 4).

Nachdem der Erwerber nach § 566 a. Satz 1 BGB in die Rechte und Pflichten eintritt, die durch die Leistung der Kaution begründet wurden, bedeutet dies, dass der Mieter die Kaution auch dann, wenn der Erwerber sie nicht erhalten hat bzw. eine Pflicht zur Rückgewähr übernommen hat, sie in jeden Fall vom Erwerber zurückverlangen kann. Den Erwerber trifft also eine **Garantiehaftung** für die Rückzahlung der Kaution. Damit sollen Schwierigkeiten vermieden werden, die daraus entstehen, dass der Mieter seinen früheren Vermieter möglicherweise nicht mehr in Anspruch nehmen kann. Die Rückzahlungspflicht des Erwerbers erstreckt sich auch auf die Kautionszinsen im Fall der Barkaution. Die Garantiehaftung gilt auch zu Lasten des Zwangsverwalters einer Mietwohnung, der die Kaution nicht vom Vermieter erhalten hat (BGH, Urt. v. 09.03.2005, VIII ZR 330/03; WuM 2005, 460).

2.3.4.18 Vermieterpfandrecht

Das Vermieterpfandrecht stellt ein gesetzliches Pfandrecht dar (§§ 562 ff BGB).

Große Bedeutung erlangt das Vermieterpfandrecht heute fast ausschließlich im Bereich der Geschäftsraummiete und des Leasings, während es im Wohnraummietrecht infolge der schrittweise Ausweitung der Pfändungsverbote (§§ 811 ff ZPO, § 562 Abs. 1 Satz 2 BGB), der Zunahme von Vorbehalts- und Sicherungseigentum sowie des Minderwertes gebrauchter Sachen, seiner eigentlichen Funktionen beraubt und durch die Kaution als vertraglich vereinbarte Sicherheit verdrängt wurde (Schmid „Miete und Mietprozess" 4. Aufl. Kap. 6 Rz 108 c).

Das Entstehen des Vermieterpfandrechts setzt immer das Bestehen eines Mietvertrages über Wohnraum, über ein Grundstück oder über Räume, die keine Wohnräume sind, voraus. Das Vermieterpfandrecht erstreckt sich nach dem Wortlaut des § 562 BGB auf Sachen des Mieters, also körperliche Gegenstände (§ 90 BGB). Forderungen und Rechte des Mieters werden vom Vermieterpfandrecht nicht erfasst. Das gesetzliche Erfordernis der Einbringung zeigt, dass es sich um bewegliche Sachen handeln muss.

Das Vermieterpfandrecht erstreckt sich nur auf Sachen die im Eigentum des Mieters stehen. Bei Miteigentum unterliegt entsprechend § 1258 BGB nur der Miteigentumsanteil dem Pfandrecht. Bei Gesamthandeigentum entsteht ein Vermieterpfandrecht, wenn alle Gesamthänder Mieter sind oder der Mieter über das Gesamthandeigentum verfügungsberechtigt ist.

Sachen die im Eigentum Dritter stehen werden vom Pfandrecht nicht erfasst.

Nach § 562 Abs. 1 Satz BGB erstreckt sich das Pfandrecht nicht auf die Sachen, die der Pfändung nicht unterliegen. Das gilt insbesondere für die nach den §§ 811 Abs. 1, 811 c. 1 ZPO unpfändbaren Sachen. Dies wird nach überwiegender Ansicht im Hinblick auf den sozialpolitischen Zweck auch für Hausratsgegenstände des § 812 ZPO angenommen. Eine Austauschpfändung nach § 811 a. ZPO dürfte dagegen zulässig sein. Nimmt der Vermieter unpfändbare Sachen unter Berufung auf sein angebliches Vermieterpfandrecht an sich und verwertet sie, macht er sich gegenüber dem Mieter schadensersatzpflichtig (Palandt/Weidenkaff, § 562 Rn 18). Der Vermieter ist für das Bestehen seines Pfandrechts beweispflichtig. Die Tatsachen, aus denen sich die Unpfändbarkeit der Sache ergibt, muss hingegen der Mieter beweisen.

Der Vermieter muss das Eigentum des Mieters beweisen. Dabei kann er sich allerdings auf die gesetzliche Vermutung des § 1362 BGB und des § 1006 BGB berufen.

Prof. Rafael Tobias Huber

Damit ein Vermieterpfandrecht entstehen kann, müssen die betroffenen Sachen vom Mieter eingebracht sein. Einbringen bedeutet, ein vom Mieter gewolltes Hineinbringen in die Mieträume zu Beginn oder während der Mietzeit. Entsprechendes gilt, wenn sich die Sache bereits vor Beginn des Mietverhältnisses in den Mieträumen befand (etwa vom Vormieter gekaufte Möbel).

Das Vermieterpfandrecht besteht nach § 562 Abs. 1 Satz 1 BGB für die Forderungen des Vermieters aus dem Mietverhältnis. Hierzu zählen insbesondere die Miete, Entschädigungs- und Schadenersatzforderungen aus Verletzung der Rückgabepflicht, die Nutzungsentschädigungen der Betriebskosten, Vertragsstrafen, Schadensersatzansprüche wegen Verletzung von Vertragspflichten sowie die Kosten der Kündigung und Rechtsverfolgung.

Der Vermieter kann die dem Pfandrecht unterliegenden Sachen gem. §§ 1257, 1228 Abs. 2, 1231 BGB vom Mieter herausverlangen, sie in Besitz nehmen und verwerten, sobald die gesicherte Forderung ganz oder zum Teil fällig ist (sog. „Pfandreife"). Ein besonderer Titel des Vermieters ist für die Pfandverwertung nicht erforderlich. Ggf. muss er jedoch die Herausgabe vom Mieter einklagen. Die Verwertung richtet sich nach § 1228 ff BGB. Der sog. „Pfandverkauf" ist durch öffentliche Versteigerungen und zwar durch eine hierzu befugte Person, insbesondere durch einen Gerichtsvollzieher, zu bewirken. Eine Verwertung durch den Vermieter selbst widerspricht den gesetzlichen Regelungen und kann zu Schadenersatzansprüchen des Mieters führen, z. B. weil Pfandgegenstände weit unter Wert verschleudert wurden.

Der Vermieter hat im Rahmen des Vermieterpfandrechts einen Anspruch darauf, dass die Sachen im Mietobjekt verbleiben, da andernfalls ein Erlöschen des Vermieterpfandrechts gem. § 562 a. Satz 1 BGB droht. Denn das Pfandrecht erlischt mit Entfernung der Sachen vom Grundstück. Dies gilt nicht, sofern die Sachen ohne Wissen des Vermieters entfernt wurden oder wenn der Mieter der Wegschaffung ausdrücklich widersprochen hat. Stellt der Vermieter fest, dass der Mieter Gegenstände, die dem Pfandrecht unterliegen ohne seine Genehmigung entfernen will, so kann er im Rahmen des Selbsthilferechtes auch ohne Anrufen des Gerichtes die Wegschaffung verhindern. Bei der Ausübung der Selbsthilferechte ist aber grundsätzlich der Grundsatz der Verhältnismäßigkeit zu beachten. Der Vermieter darf niemals weitergehen, als dies zur konkreten Gefahrenabwehr erforderlich ist. In Betracht kommt z. B. ein Versperren von Türen. Bei Überschreitung der Grenzen des Selbsthilferechtes kann sich der Vermieter schadenersatzpflichtig und gegebenenfalls strafbar machen.

Nach § 562 c. Satz 1 BGB kann der Mieter die Geltendmachung des Vermieterpfandrechts generell durch Sicherheitsleitung abwenden. Die Höhe der Sicherheit richtet sich hierbei nach der Forderung des Vermieters, nicht nach dem Wert der eingebrachten Sachen. Der Mieter kann auch jeweils einzelne Sachen dadurch vom Pfandrecht befreien, dass er in Höhe ihres Wertes Sicherheit leistet (§ 562 c. Satz 2 BGB).

2.3.5 Beendigung des Mietvertrages

Für die Beendigung eines Mietvertrages gibt es mehrere Möglichkeiten. Ein Mietverhältnis kann durch Zeitablauf enden, durch Kündigung oder durch einen Aufhebungsvertrag. Ein Rücktrittsrecht steht den Vertragsparteien nur dann zu, wenn die Mietsache noch nicht überlassen ist.

Das Mietverhältnis endet nicht automatisch mit dem Tod des Mieters. Stirbt der Mieter, so sind sowohl der Vermieter, als auch die Erben zur Kündigung des Mietverhältnisses unter Wahrung der gesetzlichen Fristen berechtigt. Zu beachten ist, dass die Kündigung nur für den ersten Termin zulässig ist (§§ 564, 580 BGB). Die Vorschriften der §§ 563, 563 a. BGB regeln den Eintritt von Familienangehörigen des verstorbenen Mieters in das Mietverhältnis sowie die Fortsetzung des Mietverhältnisses mit dem überlebenden Ehegatten.

Ist ein Mietvertrag auf bestimmte Zeit abgeschlossen (befristet) endet er mit Ablauf der Vertragslaufzeit (§ 542 Abs. 2 BGB). Eine Kündigung oder sonstige, das Ende des Mietvertrages erst einleitende Erklärung ist nicht erforderlich. Dies gilt sowohl für Verträge über Wohnraum als auch für gewerbliche Mietverträge. Die zeitliche Befristung bindet die Parteien insoweit, als während der Vertragslaufzeit die ordentliche Kündigung ausgeschlossen ist. Die fristlose Kündigung bleibt dagegen zulässig. Von einer Befristung spricht man dann, wenn das Ende des Mietvertrages kalendarisch festgelegt wurde und demnach bestimmbar ist.

Der Mietaufhebungsvertrag ist formlos gültig. Grundsätzlich gilt die Formfreiheit auch, wenn der Mietvertrag hinsichtlich einer möglichen Vertragsaufhebung die Schriftformklausel enthält.

Für das Zustandekommen des Mietaufhebungsvertrages ist es nicht ausreichend, wenn sich die Parteien lediglich darüber einig sind, dass das Mietverhältnis dem Grunde nach aufgehoben werden soll. Vielmehr muss eine Einigung über einen konkreten Beendigungszeitpunkt erzielt werden (LG Limburg, WuM 1993, 47). In bestimmten Fällen kann die Beendigung des Mietverhältnisses auch dadurch erreicht werden, dass der Mieter einen Ersatzmieter stellt. Häufig findet man in Mietverträgen sog. „Ersatzmieterklauseln". Eine sog. „echte" Ersatzmieterklausel liegt vor, wenn der Mieter einen Ersatzmieter stellen darf, der Vermieter den Ersatzmieter allerdings ablehnen kann, wenn bezüglich der Person des Ersatzmieters in wirtschaftlicher oder sonstiger Hinsicht begründete Bedenken bestehen.

Zeitmietvertrag
Aber auch ohne eine entsprechende mietvertragliche Ersatzmieterklausel kommt es zur Beendigung des Mietverhältnisses, wenn der Vermieter sich grundsätzlich bei Stellung eines Ersatzmieters durch den Mieter mit der Beendigung des Mietverhältnisses einverstanden erklärt hat (OLG München, ZMR 1995, 156).

Nach den grundlegenden Rechtsentscheiden des OLG Karlsruhe und des OLG Hamm, (WuM 1981, 173; GE 1995, 1203) muss der Vermieter den Mieter vorzeitig aus dem Vertrag entlassen, wenn das berechtigte Interesse des Mieters an der Vertragsauflösung dasjenige des Vermieters am Bestand des Vertrages ganz erheblich übersteigt. Erforderlich ist demnach stets eine Abwägung der beiderseitigen Interessen. Es genügt nicht, dass der Mieter lediglich sein Interesse an der bisherigen Wohnung verloren hat. Ein berechtigtes Interesse an der vorzeitigen Vertragsauflösung nach Treu und Glauben (§ 242 BGB) kann z. B. in einer schweren Krankheit des Mieters und einem dadurch bedingten Umzug liegen. Aber auch beruflich bedingter Ortswechsel oder die wesentliche Vergrößerung der Familie können nach der Rechtsprechung ein berechtigtes Interesse des Mieters an der Beendigung des Mietverhältnisses begründen. Aber auch in den Fällen der Nachmieterstellung nach Treu und Glauben (§ 242 BGB) muss der Mieter einen zumutbaren Nachmieter anbieten. Der Vermieter ist aber nur dann berechtigt den Nachmieter abzulehnen, wenn die Gründe hierfür gewichtig sind. Dies ist aufgrund einer Interessenabwägung zu bewerten (OLG Hamm, WuM 1983, 228).

Lehnt der Vermieter grundlos einen Ersatz- oder Nachmieter ab, verliert er seinen Mietanspruch. Der Mieter kann in diesem Fall verlangen, so gestellt zu werden, als sei er zu demjenigen Zeitpunkt aus dem Mietvertrag ausgeschieden, zu welchem der Vermieter in zumutbarer Weise mit dem geeigneten Nachmieter den Anschlussvertrag geschlossen hätte (OLG München, ZMR 1995, 257).

2.3.5.1 Kündigung von Mietverhältnissen

Das Gesetz unterscheidet zwischen fristloser (z. B. § 543 BGB) und ordentlicher Kündigung (z. B. § 573 BGB bei Wohnraum), sowie außerordentlicher Kündigung unter Einhaltung einer Kündigungsfrist (z. B. § 561 BGB).

Die Kündigung ist ihrer Rechtsnatur nach eine einseitige, empfangsbedürftige Willenserklärung, die dem anderen Vertragsteil zugehen muss. Den Zugang des Kündigungsschreibens muss der Kündigende beweisen.

Gem. § 568 Abs. 1 BGB bedarf die Kündigung von Wohnraummietverhältnissen der schriftlichen Form. So genügt eine Kündigung per Telefax oder per e-mail nicht.

Weiter ist bei ordentlichen Kündigungen die Kündigungsfrist einzuhalten. Bei einem Mietverhältnis über Wohnraum ist die Kündigungsfrist gem. § 580 Abs. 1 BGB spätestens am 3. Werktag eines Kalendermonats für den Ablauf des übernächsten Monats zulässig. Die Kündigungsfrist verlängert sich demgegenüber für den Vermieter gem. § 573 c. Abs. 1 BGB nach 5 und 8 Jahren seit Überlassung des Wohnraums jeweils um 3 Monate. Bei einer ordentlichen Kündigung durch den Mieter ist gem. § 573 c. Abs. 1 BGB ist unabhängig von der Dauer des Mietverhältnisses eine einheitliche Frist von 3 Monaten festgelegt. Dies gilt nunmehr auch für alle Mietverträge über Wohnraum, die vor dem 01.09.2001 abgeschlossen wurden und die nach dem 01.06.2005 gekündigt wurden (vgl. Palandt/Weidenkaff § 573 c. Rn 1).

2.3 Mietrecht

Bei Wohnraummietverhältnissen können zum Nachteil des Mieters abweichende Kündigungsfristen nicht vereinbart werden. So ist z. B. eine Vereinbarung, dass das Mietverhältnis von beiden Mietparteien nur unter Einhaltung einer Kündigungsfrist von 6 Monaten gekündigt werden kann, unzulässig (§ 573 c. Abs. 4 BGB).

Bei gewerblichen Mietverhältnissen ist gem. § 580 a. Abs. 2 BGB die ordentliche Kündigung spätestens am 3. Werktag eines Kalendervierteljahres zum Ablauf des nächsten Kalendervierteljahres zulässig. Im Bereich von gewerblichen Mietverhältnissen kann allerdings eine kürzere oder längere Kündigungsfrist jederzeit vereinbart werden.

Nachdem im Zuge der Mietrechtsreform der sog. „einfache Zeitmietvertrag" im Bereich von Wohnraummietverhältnissen abgeschafft wurde (eine zeitliche Befristung ist bei Wohnraummietverhältnissen nur noch im Rahmen von § 575 BGB möglich), wurde vielfach versucht eine zeitliche Befristung dadurch zu erreichen, dass die Parteien des Mietverhältnisses die Möglichkeit zur ordentlichen Kündigung für eine bestimmte Zeit ausgeschlossen haben. Die Wirksamkeit einer solchen Vereinbarung war lange Zeit umstritten. Nunmehr hat der BGH in seiner neuesten Rechtsprechung festgelegt, dass ein solcher **wechselseitiger** Kündigungsausschluss im Rahmen eines Formularmietvertrages wirksam ist, sofern die Dauer des Verzichts nicht länger als vier Jahre ist (BGH, 06.04.2005 VIII ZR 27/04; WuM 2005, 346). Als Individualvereinbarung kann ggf. ein wechselseitiger Kündigungsausschluss auch für einen längeren Zeitraum vereinbart werden.

Während bei einem Geschäftsraummietverhältnis für die Kündigung, soweit nichts anderes vereinbart ist, weder eine bestimmte Form für die Kündigung eingehalten werden muss, noch eine Begründung der Kündigung erfolgen muss, ist bei einem Wohnraummietverhältnis eine ordentliche Kündigung gem. § 573 BGB immer zu begründen. Gem. § 573 BGB ist der Vermieter nur bei Vorliegen eines berechtigten Interesses zur Kündigung berechtigt. Ein berechtigtes Interesse des Vermieters an der Beendigung des Mietverhältnisses ist gem. § 573 Abs. 2 BGB insbesondere dann gegeben, wenn:

- der Mieter seine vertraglichen Pflichten schuldhaft nicht unerheblich verletzt hat,
- der Vermieter die Räume als Wohnung für sich, seine Familienangehörigen oder Angehörige seines Haushalts benötigt,
- der Vermieter durch die Fortsetzung des Mietverhältnisses an einer angemessenen wirtschaftlichen Verwertung des Grundstücks gehindert wird.

Gem. § 573 Abs. 3 BGB sind die Gründe für ein berechtigtes Interesse des Vermieters in dem Kündigungsschreiben anzugeben. Der Vermieter ist aber berechtigt nachträglich entstandene Kündigungsgründe nachzuschieben.

Von besonderer praktischer Relevanz ist die sog. „Eigenbedarfskündigung" (§ 573 Abs. 2 Nr. 2 BGB). Eigenbedarf bedeutet grundsätzlich, dass objektiv die Eigenbedarfslage gegeben ist und subjektiv der Wille zur Selbstnutzung vorhanden ist (LG Gießen,

WuM 1989, 384). Der BGH hat in der jüngsten Rechtsprechung den Personenkreis für die Eigenbedarf geltend gemacht werden kann, erweitert. So hat der BGH entschieden, dass auch zugunsten des Schwagers des Vermieters Eigenbedarf geltend gemacht werden kann, wenn beispielsweise ein enger Kontakt des Vermieters zu seinem Schwager besteht (BGH NZM, 2009, 353). Auch für leibliche Nichten und Neffen des Vermieters kann der Vermieter Eigenbedarf geltend machen, ohne dass es hierbei auf ein besonderes Näheverhältnis ankommt (BGH 27. 1.10, VIII ZR 159/09, NZM 2010, 271). Eine Eigenbedarfskündigung wegen Bedarfs an lediglich einem Teil der Mieträume ist grundsätzlich unzulässig.

Allerdings kommt gem. § 573 b. BGB eine Teilkündigung durch den Vermieter in Betracht, wenn er nicht zum Wohnen bestimmte Nebenräume oder Teile eines Grundstücks kündigen möchte, um neuen Wohnraum zu Vermietungszwecken zu schaffen oder den neu zu schaffenden und den vorhandenen Wohnraum mit Nebenräumen oder Grundstücksteilen ausstatten will. In diesem Falle ist nach der gesetzlichen Regelung kein berechtigtes Interesse im Sinne von § 573 BGB erforderlich. Will z. B. der Vermieter das Speicherabteil des Mieters kündigen, um im Speicher Wohnungen zu Vermietungszwecken zu schaffen, so kann er unter Hinweis auf die gesetzlichen Regelung spätestens am 3. Werktag eines Kalendermonats zum Ablauf des übernächsten Kalendermonats kündigen. Als Ausgleich für den Verlust der gekündigten Nebenflächen kann der Mieter eine angemessene Senkung der Miete verlangen.

Der Gesetzgeber hat auch für Mietverhältnisse in Zweifamilienhäusern eine Erleichterung zur Kündigung in § 573 a. BGB festgelegt. Nach dieser Vorschrift ist der Vermieter einer Wohnung in einem Gebäude mit nicht mehr als 2 Wohnungen berechtigt das Mietverhältnis zu kündigen, ohne dass er ein berechtigtes Interesse darlegen muss, sofern er selbst in dem Gebäude (Zweifamilienhaus) wohnt. Für die Wirksamkeit der Kündigung ist allerdings erforderlich, dass im Kündigungsschreiben dargelegt ist, dass die Kündigung auf diese spezielle Vorschrift gestützt wird.

Als Rechtsfolge ergibt sich nur, dass sich die Kündigungsfrist im Falle, dass der Vermieter eine Kündigung auf diese Vorschrift stützt, um 3 Monate verlängert (§ 573 a. Abs. 1 BGB).

Gem. § 574 BGB kann der Mieter einer ordentlichen Kündigung des Vermieters widersprechen und von ihm die Fortsetzung des Mietverhältnisses verlangen, wenn die Beendigung des Mietverhältnisses für den Mieter, seine Familie oder einen anderen Angehörigen seines Haushalts eine Härte bedeuten würde, die auch unter Würdigung der berechtigten Interessen des Vermieters nicht zu rechtfertigen ist.

Besondere Vorschriften gelten, wenn nach der Überlassung der Wohnungsmieträume an den Mieter Wohnungseigentum begründet wird. In diesem Falle gilt für den Erwerber der Wohnung eine Kündigungssperrfrist gem. § 577 a. BGB von 3 Jahren. Diese Frist kann gem. § 577 a. Abs. 2 Satz 2 von den Landesregierungen in Wohnungsmangelgebieten bis zu 10 Jahren ausgedehnt werden. Sperrfrist bedeutet in diesem Zusammenhang, dass erst nach Ablauf der Frist die Kündigung erklärt werden kann.

Die Mietrechtsnovelle zum 1.5.2013 hat den Schutz des Mieters dahingehend ausgeweitet, dass die vorgenannte Kündigungsbeschränkung auch dann gelten soll, wenn der vermietete Wohnraum nach der Überlassung an den Mieter an eine Personengesellschaft oder an mehrere Erwerber veräußert worden ist oder zugunsten einer Personengesellschaft oder mehrerer Erwerber mit einem Recht belastet worden ist, durch dessen Ausübung dem Mieter der vertragsgemäße Gebrauch entzogen wird (§ 577 a Abs. 1 a BGB n. F.).

2.3.5.2 Außerordentliche Kündigung

In bestimmten Fällen räumt der Gesetzgeber dem Mieter die Möglichkeit zur außerordentlichen Kündigung ein. Dabei ist zu unterscheiden in außerordentliche, befristete Kündigungen und außerordentliche, fristlose Kündigungen.

Als außerordentliche befristete Kündigung ist aufgrund der praktischen Bedeutung das Sonderkündigungsrecht des Mieters bei Verweigerung der Untervermietungserlaubnis gem. § 540 Abs. 1 Satz 2 BGB hervorzuheben; des Weiteren das Sonderkündigungsrecht des Mieters nach der Ankündigung von Modernisierungsmaßnahmen gem. § 555 e Abs. 1 BGB n. F. Auch wegen einer Mieterhöhung steht dem Mieter ein Sonderkündigungsrecht nach § 561 BGB zu.

Mietverhältnisse über mehr als 30 Jahre können nach Ablauf von 30 Jahren ohne Begründung, aber mit der Frist des § 573 d. Abs. 2 BGB, gekündigt werden.

Darüber hinaus sieht der Gesetzgeber sowohl für Vermieter, als auch für Mieter die Möglichkeit einer außerordentlichen, fristlosen Kündigung vor, wenn

- dem Mieter der vertragsgemäße Gebrauch der gemieteten Sache ganz oder zum Teil nicht rechtzeitig gewährt oder wieder entzogen wird und der Vermieter eine ihm vom Mieter angemessene, gesetzte Frist hat verstreichen lassen (§ 543 Abs. 2 Satz 1 Nr. 1 BGB);

- eine Wohnung oder ein anderer zum Aufenthalt von Menschen bestimmter Raum so beschaffen ist, dass die Benutzung mit einer erheblichen Gefährdung der Gesundheit verbunden ist (§§ 543 Abs. 1, 569 Abs. 1, 578 Abs. 2 Satz 2 BGB);

- der Vermieter eine ihm obliegende Verpflichtung in einem solchen Maße verletzt, dass dem Mieter die Fortsetzung des Mietverhältnisses nicht mehr zugemutet werden kann.

Ob ein Grund für die außerordentliche, fristlose Kündigung gegeben ist, hängt immer von den Umständen des Einzelfalles ab. Es gibt zu dieser Problematik eine Unzahl von Rechtsprechung und auch einen weiten Ermessensspielraum der Gerichte bezüglich der Bewertung der einzelnen Kündigungsgründe.

Prof. Rafael Tobias Huber

Der Vermieter ist demgegenüber zur außerordentlichen Kündigung des Mietverhältnisses berechtigt, wenn

- der Mieter eine ihm obliegende Verpflichtung in einem solchen Maße verletzt, dass dem Vermieter die Fortsetzung des Mietverhältnisses nicht mehr zugemutet werden kann (§§ 543 Abs. 1, 569 Abs. 2 und Abs. 2 a BGB n. F.);

- der Mieter sich für zwei aufeinander folgende Termine mit der Mietzinsentrichtung oder eines nicht unerheblichen Teils der Miete in Verzug befindet, oder in einem Zeitraum, der sich über mehr als zwei Termine erstreckt, mit der Entrichtung der Miete in Höhe eines Betrages in Verzug gekommen ist, der die Miete für zwei Monate erreicht (§ 543 Abs. 2 Nr. 3 BGB);

- der Mieter oder derjenige, dem der Mieter den Gebrauch der Mietsache eingeräumt hat, ungeachtet einer Abmahnung des Vermieters den vertragswidrigen Gebrauch der Mietsache fortsetzt, der die Vermieterrechte in erheblichem Maße verletzt (§ 543 Abs. 2 Nr. 2 BGB). Hierunter fallen insbesondere die unbefugte Gebrauchsüberlassung der Mietsache an einen Dritten, sowie die erhebliche Gefährdung der Mietsache durch Vernachlässigung der dem Mieter obliegenden Sorgfalt.

Bei Wohnraummietverhältnissen ist § 543 Abs. 2 Satz 1 Nr. 1–3 BGB in seiner Gesamtheit zwingend. Abweichende Vereinbarungen zugunsten des Wohnraummieters sind allerdings zulässig (vgl. § 569 Abs. 5 BGB).

Bei Geschäftsraummietverhältnissen sind abweichende Vereinbarungen auch zu Lasten des Mieters häufig, z. B. Kündigungsrecht des Vermieters schon bei Rückstand einer Monatsmiete.

Während bei einer ordentlichen Kündigung wegen eines schuldhaften, nicht unerheblichen Pflichtverstoßes grundsätzlich der Kündigung keine Abmahnung vorausgegangen sein muss (vgl. BGH, Urt. v. 28.11.07, VIII ZR 154/07, WuM 2008, 31), ist dies bei einer fristlosen Kündigung mit Ausnahme einer Kündigung wegen Zahlungsverzugs (§ 543 Abs. 2 Nr. 3 BGB) zwingend notwendig (vgl. § 543 Abs. 3 BGB).

Eine Besonderheit gilt im Bereich der Wohnraummietverhältnisse im Zusammenhang mit einer fristlosen Kündigung wegen Zahlungsverzug. Gem. § 569 Abs. 3 Nr. 2 BGB hat der Gesetzgeber dem Mieter eine zusätzliche Möglichkeit eingeräumt sich die Wohnung zu erhalten. Der Mieter kann nach dieser Vorschrift bis zum Ablauf von 2 Monaten nach Eintritt der Rechtshängigkeit (Zeitpunkt der Zustellung der Räumungsklage) die vollständigen, fälligen Mieten bezahlen. Mit vollständiger Zahlung wird die fristlose Kündigung unwirksam. Gleiches gilt, wenn sich eine öffentliche Stelle (in der Regel das Sozialamt) innerhalb dieser sog. „Schonfrist" verpflichtet, die gesamten offenen Mietrückstände auszugleichen.

2.3.5.3 Fortsetzung des Mietverhältnisses

Auch nach Kündigung oder Beendigung des Mietverhältnisses durch Zeitablauf kann das Mietverhältnis fortgesetzt werden, wenn die Parteien die Fortsetzung des Mietverhältnisses ausdrücklich vereinbaren oder durch stillschweigende Verlängerung des Mietverhältnisses gem. § 545 BGB. In Betracht kommt auch noch eine Fortsetzung des Mietverhältnisses durch Inanspruchnahme vertraglich vereinbarter Verlängerungsoptionen.

Von besonderer praktischer Bedeutung ist die stillschweigende Verlängerung des Mietverhältnisses gem. § 545 BGB. Nach dieser Vorschrift wird die Verlängerung des Mietverhältnisses fingiert, wenn der Mieter nach Ablauf des Mietverhältnisses die Räumlichkeiten nicht an den Vermieter zurückgibt, sondern sie entsprechend der bisherigen Mietvereinbarung weiter nutzt (OLG Düsseldorf, DWW 1990, 272), es sei denn der Mieter oder der Vermieter haben innerhalb der Zwei-Wochenfrist des § 545 Satz 1 BGB der anderen Vertragspartei ihren entgegenstehenden Willen mitgeteilt. Unterlässt sowohl der Mieter als auch der Vermieter eine entsprechende Erklärung, so wird das Mietverhältnis ohne Rücksicht auf den Parteiwillen auf unbestimmte Zeit verlängert. Die Vereinbarungen des „alten Mietverhältnisses" bestehen vollinhaltlich fort, jedoch sind die Vereinbarungen über die Beendigung des Mietverhältnisses nunmehr gegenstandslos, da das Mietverhältnis auf unbestimmte Zeit verlängert wird. Anstelle der vertraglich vereinbarten Kündigungsfristen gelten nunmehr die gesetzlichen. Für die Beendigung des Mietverhältnisses ist eine erneute Kündigung erforderlich, da sich das Mietverhältnis aufgrund eines unterlassenen Fortsetzungswiderspruchs auf unbestimmte Zeit fortsetzt.

2.3.6 Pflichten nach Beendigung des Mietverhältnisses

2.3.6.1 Rückgabepflicht des Mieters

Gem. § 546 BGB ist der Mieter verpflichtet nach Beendigung des Mietverhältnisses die Mietsache zurückzugeben. Bei einer Mehrheit von Mietern haften gem. §§ 431, 421 BGB alle Mieter als Gesamtschuldner für die Rückgabe der Wohnung. Hierbei ist zu beachten, dass der Rückgabeanspruch gem. § 546 Abs. 1 BGB dem Vermieter auch gegenüber demjenigen Mitmieter zusteht, die den Besitz an der Wohnung bereits endgültig aufgegeben haben (LG Hannover, ZMR 1999, 407).

Die Rückgabe der Mieträume erfolgt, in dem der Mieter dem Vermieter den unmittelbaren Besitz (§ 854 BGB) an ihnen einräumt. Hierfür reicht die Übergabe der Schlüssel an den Vermieter aus.

Der Anspruch des Vermieters auf Rückgabe der Wohnung ist sofort nach Beendigung des Mietverhältnisses fällig. § 570 BGB schließt jegliches Zurückbehaltungsrecht des Mieters gegenüber dem Rückgabeanspruch des Vermieters der Wohnung aus, weil die

Gegenansprüche des Mieters kaum in einem angemessenen Verhältnis zum Wert der Wohnung und zu dem möglicherweise durch die Zurückbehaltung der Wohnung eintretenden hohen Schaden stehen. Die Geltendmachung des Zurückbehaltungsrechts durch den Mieter wegen Gegenansprüchen gegen den Vermieter ist nur ausgeschlossen, soweit der Vermieter vom Mieter die Rückgabe gem. § 546 Abs. 1 BGB verlangt. Stützt der Vermieter seinen Anspruch auf Herausgabe der Wohnung bzw. des Grundstücks jedoch auf § 985 BGB oder § 812 BGB, z. B. weil der Mietvertrag nichtig oder wirksam angefochten ist, ist § 570 BGB unanwendbar, so dass der Mieter sich auf sein Zurückbehaltungsrecht berufen kann.

Der Vermieter kann sowohl von dem Mieter der Wohnung deren Rückgabe verlangen (§ 546 Abs. 1 BGB), als auch von demjenigen, dem die Wohnung von dem Mieter überlassen wurde (§ 546 Abs. 2 BGB), wie z. B. vom Unter- oder Endmieter, aber auch von dem Ehegatten des Mieters, der nicht Partei des Mietvertrages und daher selbst nicht Mieter ist.

2.3.6.2 Zustand der Mieträume bei Rückgabe

Der Mieter muss die Wohnung in dem vertraglich vereinbarten Zustand zurückgeben. Ist der Mieter also mietvertraglich zur Instandhaltung der Wohnung verpflichtet und sind nach dem Zustand der Mieträume bei der Rückgabe Schönheitsreparaturen erforderlich, muss der Mieter diese Schönheitsreparaturen vor der Rückgabe der Wohnung durchführen oder durchführen lassen. Haben die Parteien jedoch keine Regelungen über die Vornahme von Schönheitsreparaturen getroffen, muss der Zustand der Mieträume bei Rückgabe dem vertragsgemäßen Gebrauch entsprechen, d. h. die Räume müssen sauber („besenrein") übergeben werden.

Hat der Mieter bauliche Veränderungen an der Wohnung durchgeführt, insbesondere wenn der Mieter Einbauten, Einrichtungen oder Installationen vorgenommen hat, so hat der Mieter vor Rückgabe der Wohnung diese wieder zu beseitigen, oder beseitigen zu lassen. Dies gilt auch für diejenigen Maßnahmen des Mieters, die er im Einverständnis mit dem Vermieter vorgenommen hatte (LG Berlin, MDR 1987, 234).

Weiter gehört zu einer ordnungsgemäßen Übergabe, dass der Mieter alle Räume, auch Nebenräume leer geräumt übergeben muss (OLG Hamm, ZMR 1996, 372).

2.3.6.3 Nutzungsentschädigung oder Ersatz von Aufwendungen und Wegnahmerecht

Gem. § 546 a. BGB kann der Vermieter vom Mieter eine Nutzungsentschädigung verlangen, wenn der Mieter nach Beendigung des Mietverhältnisses dem Vermieter die Mieträume vorenthält.

Der Mieter enthält dem Vermieter die Mietsache vor, in dem er sie ihm gegen seinen Willen nicht, verspätet oder nur teilweise zurückgibt (OLG Hamm, ZMR 1996, 372).

2.3 Mietrecht

Unerheblich ist dabei, ob der Mieter den Gebrauch an der Wohnung fortsetzt, entscheidend ist nur, ob er den unmittelbaren oder den mittelbaren Besitz an den Mieträumen behält, z. B. in dem er dem Vermieter die Schlüssel nicht zurückgibt.

Die Höhe der Nutzungsentschädigung entspricht dabei mindestens der zur Zeit der Beendigung des Mietverhältnisses vereinbarten Miete einschließlich der vereinbarten Nebenkosten und sonstiger Zuschläge oder Nebenleistungen. Wäre die ortsübliche Miete höher, so ist die Nutzungsentschädigung in Höhe der ortsüblichen Miete geschuldet (BGH, NJW 1999, 2808). Allerdings ist hierfür erforderlich, dass der Vermieter, nachdem der Mieter die Mieträumlichkeiten dem Vermieter vorenthält, den Mieter formlos auffordert eine Nutzungsentschädigung in Höhe der ortsüblichen Miete zu bezahlen. Die Nutzungsentschädigung ist zum gleichen Termin fällig, wie die ursprünglich geschuldete Miete (BGH, NJW 1974, 556).

Der Anspruch des Vermieters auf Nutzungsentschädigung erlischt im Zeitpunkt der Rückgabe der Wohnung gem. § 546 Abs. 1 BGB.

Gem. § 546 a. Abs. 2 BGB kann der Vermieter neben der Nutzungsentschädigung auch noch den weiteren, ihm durch die Vorenthaltung der Mietsache entstandenen Schaden vom Mieter ersetzt verlangen. Allerdings gilt für diesen Schaden, dass eine Ersatzpflicht des Mieters nur dann besteht, wenn er diesen Schaden auch zu vertreten hat. Der Schaden des Vermieters kann z. B. darin liegen, dass der Vermieter bei anderweitiger Vermietung eine höhere Miete, als die vom Mieter zu erstattende Nutzungsentschädigung, erlangen könnte. Des Weiteren kommt in Betracht ein Mietausfallschaden, wenn der Vermieter wegen der verspäteten Rückgabe der Wohnung nicht sofort einen neuen Mieter findet.

2.3.6.4 Verjährung

Besondere Bedeutung kommt im Rahmen der Beendigung von Mietverhältnissen der Verjährungsvorschrift von § 548 BGB zu.

Nach § 548 Abs. 1 BGB verjähren die Ersatzansprüche des Vermieters wegen Veränderungen oder Verschlechterungen der Mietsache, sowie Ansprüche des Mieters auf Ersatz getätigter Aufwendungen auf die Mietsache oder auf Gestattung der Wegnahme einer Einrichtung in 6 Monaten.

Für den Vermieter beginnt der Lauf der kurzen Verjährungen mit dem Zeitpunkt, in welchem der Vermieter die Sache zurückerhält.

Für den Mieter wird die kurze Verjährung mit der Beendigung des Mietverhältnisses in Lauf gesetzt. Für Mietforderungen und für Nachzahlungsforderungen aus Betriebskostenabrechnungen gilt die 3-jährige Verjährungsfrist gem. § 195 BGB.

In seiner Entscheidung vom 17.2.2010 hat sich der BGH mit der Frage beschäftigt, ob der Anspruch des Mieters auf Beseitigung eines Mangels während der Mietzeit verjährt. Der BGH hat dies verneint mit dem Argument, dass der Anspruch des Mieters auf Gewährung des vertragsgemäßen Gebrauchs während der Dauer des Mietverhältnisses ständig neu entstehe, so dass die Verjährungsfrist damit nicht ablaufen könne. Allerdings können im Einzelfall Ansprüche auf Mängelbeseitigung sowie auch andere Ansprüche des Mieters gegenüber dem Vermieter verwirkt sein. Dies ist im jeweiligen Einzelfall zu prüfen (BGH NZM 2010, 235).

2.3.7 Wechsel der Mietvertragsparteien

Ein Wechsel der Mietvertragsparteien des Mietvertrages kann sowohl auf Vermieter- als auch auf Mieterseite erfolgen.

2.3.7.1 Mieterwechsel

Mieter und Vermieter können durch Vertrag vereinbaren, dass ein Dritter in das zwischen ihnen bestehende Vertragsverhältnis eintritt. Ein solcher Parteiwechsel kann sowohl auf Vermieter- als auch auf Mieterseite durchgeführt werden. Voraussetzung ist hierfür stets, dass eine dreiseitige Vereinbarung zwischen dem Vermieter und dem Alt- sowie Neumieter getroffen wird. Es ist jedoch auch denkbar, dass der Vertrag nur zwischen einer der Mietvertragsparteien und dem Dritten geschlossen wird, die andere Mietvertragspartei dieser Vereinbarung lediglich zustimmt.

Die Eintrittsvereinbarung und die Zustimmung sind grundsätzlich formfrei, es sei denn, dass die Schriftform für Vertragsänderungen im Mietvertrag vereinbart ist. Der Eintritt eines Dritten, z. B. eines Mieters, in einen auf längere Zeit als 1 Jahr abgeschlossenen Mietvertrag bedarf in jedem Falle der Schriftform des § 550 BGB (BGH, WuM 1975, 824).

Ein Mieterwechsel kann auch dadurch eintreten, dass der Ehegatte des verstorbenen Mieters, welcher mit diesem einen gemeinsamen Hausstand geführt hat, das Mietverhältnis fortsetzen möchte. Insoweit gibt § 563 BGB sowohl dem Ehegatten, als nunmehr auch dem Lebenspartner einen einseitigen Fortsetzungsanspruch.

2.3.7.2 Vermieterwechsel

Wie bereits beim Mieterwechsel dargestellt, kann auch beim Vermieterwechsel das bisherige Vertragsverhältnis mit all seinen Rechten und Pflichten auf einen neuen Vermieter übertragen werden. Dies kann durch eine Vereinbarung zwischen dem neuen und dem alten Vermieter erfolgen, welcher der Mieter dann zustimmt. Die Vertragsübernahme kann aber auch durch dreiseitige Vereinbarung zwischen früherem und neuem Vermieter sowie dem Mieter erfolgen.

Häufig entsteht aber ein Vermieterwechsel dadurch, dass das Mietobjekt bzw. das Grundstück auf dem sich das Mietobjekt befindet, veräußert wird. Gem. § 566 BGB tritt nämlich der Erwerber eines Grundstücks mit allen Rechten und Pflichten in ein bestehendes Mietverhältnis ein. Es gilt hier der Grundsatz „Kauf bricht nicht Miete". § 566 BGB will u. a. verhindern, dass ein Mieter, der von dem oder den Eigentümern gemietet hat, ohne sein Zutun plötzlich einem oder mehreren Vermietern gegenüber steht, die nicht mehr Eigentümer sind und einem oder mehreren Eigentümern, die nicht durch einen Mietvertrag an ihn gebunden sind.

Ferner kann sich ein Vermieterwechsel dadurch ergeben, dass der Eigentümer überlassenen Wohnraum z. B. mit einem dinglichen Wohnungsrecht oder einem Nießbrauchrecht belastet (§ 567 BGB). In diesem Falle tritt der durch das Wohnungsrecht Begünstigte nach Eintragung des Wohnungsrechts in Abteilung II. des Grundbuchs auf Vermieterseite in das Mietverhältnis ein. Ferner kann es zu einem Vermieterwechsel durch Erbfolge kommen. Gem. § 1922 Abs. 1 BGB tritt der Erbe in alle auch aus einem mit der Mietpartei bestehenden Mietverhältnis resultierenden Rechte und Pflichten des verstorbenen Vermieters ein.

2.3.8 Werkwohnungen

Besondere Regelungen sind für Werkwohnungen im Sinne von §§ 567, 567 a. und b. BGB vorgesehen. Begrifflich fällt unter Werkwohnung jeder Wohnraum, der mit Rücksicht auf ein Dienst- insbesondere Arbeitsverhältnis vermietet wird.

Der Gesetzgeber unterscheidet in diesem Zusammenhang die Werkmietwohnung (§ 567 BGB) von der Werkdienstwohnung (§ 567 b. BGB).

Bei einer Werkmietwohnung sind 2 Rechtsverhältnisse zu unterscheiden. Einmal das Arbeitsverhältnis und des weiteren das Mietverhältnis. Sofern das Arbeitsverhältnis beendet wird, hat dies zugleich Auswirkungen auf den Bestand des Mietvertrages. Bei einer Werkmietwohnung ist eine Kündigung des Mietverhältnisses durch den Arbeitgeber vor Beendigung des Arbeitsverhältnisses ausgeschlossen.

Für die Kündigung einer Werkmietwohnung gelten kürzere Kündigungsfristen (vgl. § 567 BGB).

Der dienstberechtigte Mieter einer Werkmietwohnung ist berechtigt gem. § 567 a. BGB aufgrund der dort vorgesehenen Sozialklausel der Kündigung zu widersprechen.

Im Unterschied zu Werkmietwohnungen, deren Vermietung aufgrund eines unabhängig vom Arbeitsverhältnis zu begründenden Mietverhältnisses vermietet wird, ist die Überlassung der Werkdienstwohnung Bestandteil des Dienstvertrages und Teil der Vergütung. Die gegenseitigen Rechte und Pflichten ergeben sich dabei nicht aus einem neben dem Arbeitsverhältnis bestehenden Mietvertrages, sondern aus dem Arbeitsverhältnis selbst. Dies hat zur Folge, dass für die Dauer des Arbeitsverhältnisses die Werkdienstwohnung nicht gekündigt werden kann.

Prof. Rafael Tobias Huber

2.3.9 Mietstreitigkeiten

Für Mietstreitigkeiten gibt es in der Zivilprozessordnung (ZPO) und im Gerichtsverfassungsgesetz (GVG) spezielle Vorschriften. Insbesondere ergeben sich Besonderheiten bei der sachlichen und örtlichen Zuständigkeit des anzurufenden Gerichts.

Welches Gericht sachlich und örtlich zuständig ist, hängt grundlegend davon ab, ob es sich bei dem Mietverhältnis das der Rechtsstreitigkeit zugrunde liegt, um ein Wohnraummietverhältnis handelt oder um ein anderweitiges Mietverhältnis (z. B. Gewerbemietvertrag oder aber auch ein Pachtvertrag).

Das Amtsgericht ist gem. § 23 Ziffer 2 a. GVG erstinstanzlich ausschließlich sachlich zuständig für Streitigkeiten über Ansprüche aus einem Mietverhältnis über Wohnraum oder über den Bestand eines solchen Mietverhältnisses.

Der Begriff „Wohnraummiete" bestimmt sich dabei nach materiellem Recht. Danach kommt es nicht darauf an, ob Gegenstand des Vertrages Räume sind, die zum Wohnen an sich bestimmt oder/und geeignet sind, sondern, ob der Vertragszweck darauf gerichtet ist, dass die Wohnung vom Mieter zu Wohnzwecken und nicht zum Zwecke der Weiterüberlassung an Dritte angemietet worden ist.

Örtlich ist gem. § 29 a. ZPO ausschließlich das Amtsgericht zuständig, in dessen Bezirk sich die Wohnräume befinden. Es handelt sich hierbei um einen ausschließlichen (zwingenden) Gerichtsstand in Miet- oder Pachtsachen. Soweit daher eine Wohnung z. B. in München gelegen ist, dann ist das Amtsgericht München sowohl örtlich als auch sachlich zuständig.

Handelt es sich dagegen um ein Mietverhältnis, welches nicht Wohnräume betrifft, so hängt die sachliche Zuständigkeit des anzurufenden Gerichts davon ab, wie hoch der Streitwert, der einer Klage zugrunde liegt, ist. Danach ist das Amtsgericht immer für Klagen bis zu € 5.000,00 (§ 23 Nr. 1 GVG) und bei Klagen mit einem höheren Streitwert immer das Landgericht als Eingangsgericht sachlich zuständig.

Anzumerken ist, dass vor dem Landgericht gem. § 78 ZPO Anwaltszwang herrscht. Dies bedeutet, dass sich die Parteien des Rechtsstreits nur durch einen beim Prozessgericht zugelassenen Rechtsanwalt als Prozessbevollmächtigten vertreten lassen können. Dagegen besteht dieser Anwaltszwang bei Streitigkeiten aus Mietrechtsverhältnissen beim Amtsgericht nicht.

Die örtliche Zuständigkeit bei gerichtlichen Auseinandersetzungen im Bereich von Mietverhältnissen, die nicht Wohnraum betreffen, bestimmt sich wiederum nach § 29 a. ZPO. So ist für eine Räumungsklage gegen einen Ladenmieter in Leipzig das Landgericht Leipzig örtlich und sachlich zuständig, wenn der Streitwert, der dieser gerichtlichen Auseinandersetzung zugrunde zu legen ist, mehr als € 5.000,00 beträgt.

Bei sog. „Mischmietverhältnissen" (es ist sowohl Wohnraum, als auch Gewerberaum im Rahmen eines einheitlichen Mietvertrages überlassen worden), richtet sich die

2.3 Mietrecht

örtliche Zuständigkeit nach dem Schwergewicht des Vertrages (OLG München, ZMR 1995, 295). Danach ist das Amtsgericht ausschließlich zuständig, wenn die Wohnraumnutzung überwiegt, ohne Rücksicht auf die Höhe des Streitwerts.

Für Forderungsklagen aus einem Mietvertrag kommt auch die Geltendmachung der Zahlungsansprüche im Wege des **Urkundenprozesses** (§§ 592 ff ZPO) in Betracht. Vorteil dieses Urkundenprozesses ist, dass der Kläger schneller als im ordentlichen Verfahren einen Vollstreckungstitel, aus dem er ohne Sicherheitsleistung, aber unter dem Risiko einer Schadensersatzpflicht vollstrecken darf, erlangt. Die Vorschriften über den Urkundenprozess gelten auch für Mietverhältnisse über Wohnraum. Aus den Vorschriften des sozialen Mietrechts lässt sich die Unstatthaftigkeit der Urkundenklage bei Ansprüchen aus Wohnraummietverhältnissen nicht herleiten (BGH, WuM 1999, 345). Die Zulässigkeit des Urkundenprozesses im Rahmen des Wohnraum-Mietrechts ist spätestens seit der BGH-Entscheidung vom 01.07.2005 endgültig geklärt (BGH v. 01.07.2005, VIII ZR 216/04; WuM 2005, 526). Aufgrund der genannten BGH-Entscheidung ist der langjährige Streit über die Anwendbarkeit des Urkundenprozesses bei Wohnraummietverhältnissen beendet. Dies bedeutet, dass nunmehr die Geltendmachung von Forderungen im Urkundenprozess sowohl bei Gewerberaum-Mietverhältnissen als auch bei Wohnraummietverhältnissen möglich ist.

Für die Geltendmachung von Mietforderungen im Rahmen des Urkundenprozesses ist erforderlich, dass die Urkunde (also der Mietvertrag) im Original oder in beglaubigter Abschrift dem Gericht vorgelegt wird. Aus der Urkunde müssen sich dann Forderungsgrund und Forderungshöhe ergeben.

Um insbesondere gegen das sog. „Mietnomadentum" zu kämpfen hat der Gesetzgeber mit Wirkung ab 1.5.2013 festgelegt, dass Räumungsverfahren bei Gericht vorrangig und beschleunigt durchzuführen sind (§ 272 Abs. 4 ZPO n. F).

Ebenfalls zur Bekämpfung des sog. „Mietnomadentum" hat der Gesetzgeber mit der Mietrechtsnovelle zum 1.5.2013 die sog. „Sicherungsanordnung gem. § 283 a ZPO n. F. eingeführt. Mit diesem Instrument soll sichergestellt werden, dass sich erhebliche Zahlungsausfälle, die häufig in Folge eines Räumungsprozesses entstehen, nicht summieren und am Ende des Prozesses der Mieter nicht mehr bezahlen kann. Der Gesetzgeber hat insoweit ein besonderes Schutzbedürfnis des Vermieters gesehen und festgelegt, dass auf Antrag des Klägers bei einer Räumungsklage, welche mit einer Zahlungsklage aus dem Mietverhältnis verbunden ist, vom Mieter Sicherheit zu leisten ist (§ 283 a ZPO n. F.). Diese Sicherheit ist dann vom Mieter binnen einer vom Gericht zu bestimmenden Frist nachzuweisen. Sollte der Mieter die Sicherheit dann nicht innerhalb der Frist leisten, so besteht nach dem neuen Mietrecht für den Vermieter die Möglichkeit gem. § 940 a Abs. 3 ZPO n. F. die Räumung gegen den Mieter im Wege der einstweiligen Verfügung anordnen zu lassen.

Bei einem gerichtlichen Räumungsverfahren ist zu beachten, dass der Mieter von Wohnraum gem. § 721 ZPO die Möglichkeit hat eine Räumungsfrist zu erlangen, obwohl er bereits rechtskräftig zur sofortigen Räumung verurteilt ist. Das Gericht kann nämlich auf Antrag oder von Amts wegen dem Schuldner eine den Umständen nach angemessene Räumungsfrist gewähren, sei es gleich im Räumungsurteil, oder, wenn das Urteil auf künftige Räumung lautet, später in einem eigenen Beschluss.

Der Sinn der Vorschrift liegt im Wesentlichen darin, die bei einer sofortigen Zwangsräumung entstehenden sozialen Härten nach Möglichkeit zu vermeiden und dem Mieter die Gelegenheit zu geben, noch während eines befristeten Zeitraums Ersatzwohnraum zu suchen und den Umzug vorzubereiten. Hinzu kommt das Interesse der Allgemeinheit einer möglichen, drohenden Obdachlosigkeit entgegenzuwirken (LG Regensburg, WuM 1991, 359).

Haben die Parteien im Rahmen eines Räumungsrechtsstreits über eine Wohnung einen gerichtlichen Räumungsvergleich abgeschlossen, so kann spätestens 2 Wochen vor dem Tage, an dem nach dem Vergleich zu räumen ist, vom Schuldner der Räumungsverpflichtung eine den Umständen nach angemessene Räumungsfrist beantragt werden. Die Räumungsfrist darf aber insgesamt nicht mehr als 1 Jahr, gerechnet vom Tage des Abschlusses des Vergleiches, betragen (§ 794 a. ZPO).

Die Beurteilung der Frage, ob eine Räumungsfrist gewährt, verlängert oder auch verkürzt, oder vollständig aufgehoben werden soll, muss vom angerufenen Amtsgericht nach pflichtgemäßem Ermessen entschieden werden. Grundvoraussetzung für die Gewährung einer Räumungsfrist ist, dass das Interesse des Schuldners am Verbleib in der Wohnung größer ist, als das Interesse des Gläubigers an der sofortigen Durchsetzung des Räumungstitels. Es sind dabei bei der vorzunehmenden Interessensabwägung sämtliche Umstände auf Schuldnerseite wie auch auf Gläubigerseite zu berücksichtigen. Weiter muss grundsätzlich als Voraussetzung für die Gewährung einer Räumungsfrist verlangt werden, dass der Schuldner zumindest seine laufende Nutzungsentschädigung entrichtet und sich auch ernsthaft um eine Ersatzwohnung bemüht. Die Gewährung einer Räumungsfrist kommt dann nicht in Betracht, wenn der Mieter nicht alles ihm zumutbare und mögliche tut, um sich eine Ersatzunterkunft zu suchen.

Wird keine Räumungsfrist nach den Vorschriften der §§ 721, 794 a. ZPO gewährt, so besteht für den Schuldner der Räumungsverpflichtung immer noch die Möglichkeit sich auf den allgemeinen Vollstreckungsschutz (§765 a. ZPO) zu berufen. Diese Vorschrift kommt allerdings nur zur Anwendung, wenn der Schuldner einen entsprechenden Antrag stellt. Der Antrag ist spätestens 2 Wochen vor dem festgesetzten Räumungstermin zu stellen. Voraussetzung, damit der Vollstreckungsschutz gem. § 765 a. ZPO gewährt wird ist, dass bei Nichtgewährung des Räumungsschutzes die Zwangsvollstreckungsmaßnahme eine sittenwidrige Härte für den Räumungsschuldner darstellen würde.

Bei der Beurteilung, ob Vollstreckungsschutz zu gewähren ist, wird lediglich auf die objektive Auswirkung der Vollstreckungsmaßnahme unter Berücksichtigung der Umstände des Einzelfalles abgestellt, ohne dass es darauf ankommt, ob dass Vollstreckungsgericht, die der Zwangsvollstreckung zugrunde liegende Entscheidung für richtig oder falsch hält.

Der Umstand, dass der Räumungsschuldner noch keine Ersatzräume, insbesondere eine Ersatzwohnung gefunden hat, reicht für sich allein für die Begründung einer sittenwidrigen Härte nach § 765 a. ZPO nicht aus. Vielmehr müssen ganz wichtige Gründe vorliegen. Als Beispiele seien hier genannt, dass dem Räumungsschuldner eine Zwangsräumung bzw. Unterbringung in einer Notunterkunft aus gesundheitlichen Gründen nicht zugemutet werden kann, oder eine Suizidgefährdung für den Räumungsschuldner bei Durchführung der Zwangsräumungsmaßnahme besteht. Aber auch hier gilt, dass immer die Umstände des Einzelfalles maßgeblich sind.

Liegt ein Vollstreckungstitel gegen den Schuldner vor (Urteil, gerichtlicher Räumungsvergleich) und kommt der Schuldner seiner Räumungsverpflichtung nicht nach, so hat der Gläubiger die Möglichkeit die Zwangsräumung gem. § 885 Abs. 1 ZPO durch den Gerichtsvollzieher durchführen zu lassen. Dies passiert in der Weise, dass der Gerichtsvollzieher den Schuldner aus dem Besitz setzt und den Gläubiger in den Besitz einweist. Das erfolgt in der Regel in der Weise, dass eine vom Gerichtsvollzieher beauftragte Spedition die Mieträume leer räumt und die Einrichtungsgegenstände sowie die sonstige Habe des Schuldners einlagert. Mit der Übergabe der Schlüssel bzw. dem Auswechseln der Schließzylinder wird der Gläubiger in die Lage versetzt, die tatsächliche Gewalt über die Räume auszuüben. Damit ist die Räumung beendet, selbst wenn mit Zustimmung des Gläubigers noch wertloses Gerümpel zurückgelassen wird (LG München I, WuM 1998, 500). Seit 1.5.2013 besteht für einen Vollstreckungsauftrag in Zusammenhang mit der Vollstreckung eines Räumungstitels die Möglichkeit, den Vollstreckungsauftrag gem. § 885 a ZPO n. F. zu beschränken. Dieser beschränkte Vollstreckungsauftrag führt dazu, dass der Gerichtsvollzieher durch beispielsweise Austausch der Schlösser den Vermieter wieder in den Besitz der Mieträume bringt. Das Inventar und das Mobiliar des Mieters verbleiben aber in den Räumlichkeiten. Der Vermieter muss sich nunmehr selbst um die Entsorgung bzw. um die Verwertung der Sachen des Mieters kümmern (§ 885 a Abs. 3 und Abs. 4 ZPO n. F.). Diese sog. „Berliner Räumung" ist oft vielmals kostengünstiger als eine vollständige Räumung durch den Gerichtsvollzieher unter Mitwirkung einer vom Gerichtsvollzieher beauftragten Spedition.

Der Gerichtsvollzieher ist aufgrund des Räumungstitels berechtigt sich auch gegen den Willen des Schuldners Zugang zur Wohnung zu verschaffen. Eine zusätzliche richterliche Anordnung ist nicht erforderlich.

Der Gerichtsvollzieher wird in der Regel nur tätig, wenn der Vermieter einen Vorschuss einbezahlt hat. Nach § 788 Abs. 1 Satz 1 ZPO kann der Gerichtsvollzieher seine eigenen oder die vom Vermieter bevorschussten Kosten unmittelbar mit dem Räumungstitel vollstrecken. Führt ein solcher Vollstreckungsversuch mangels pfändbarer Habe nicht zum Erfolg, kann der Vermieter die Kosten durch Kostenfestsetzungsbeschluss als notwendige Kosten der Zwangsvollstreckung titulieren lassen, wenn er meint, sie später beim Schuldner noch beitreiben zu können.

Teil 4
Bauträger-, Makler-, Wohnungseigentumsrecht

Dr. Ulrich Schwering

2.4 Bauträger-, Makler-, Wohnungseigentumsrecht

2.4.1	Bauträgerrecht		269
	2.4.1.1	Abgrenzungsfragen	269
		2.4.1.1.1 Generalunternehmer	269
		2.4.1.1.2 Generalübernehmer	270
		2.4.1.1.3 Der Bauträger	270
	2.4.1.2	Der Bauträgervertrag	270
		2.4.1.2.1 Konstitutive Merkmale des Bauträgervertrages	271
		2.4.1.2.2 Rechtsnatur des Bauträgervertrages	273
		2.4.1.2.3 Die Sicherungspflicht des Bauträgers	276
	2.4.1.3	Allgemeine Geschäftsbedingungen	280
	2.4.1.4	Der Vergütungsanspruch des Bauträgers	281
	2.4.1.5	Ansprüche des Erwerbers	283
		2.4.1.5.1 Erfüllungsanspruch	283
		2.4.1.5.2 Schadensersatz	284
		2.4.1.5.3 Herausgabeansprüche	284
		2.4.1.5.4 Verjährung	285
	2.4.1.6	Gewährleistungsansprüche des Erwerbers	285
		2.4.1.6.1 Nacherfüllungsanspruch	285
		2.4.1.6.2 Selbstvornahme	286
		2.4.1.6.3 Leistungsverweigerungsrecht	287
		2.4.1.6.4 Minderungsrecht	287
		2.4.1.6.5 Rücktritt	288
		2.4.1.6.6 Schadensersatz	288
		2.4.1.6.7 Verjährungsfragen	290
2.4.2	Maklerrecht		290
	2.4.2.1	Stellung des Maklers	290
	2.4.2.2	Zustandekommen des Maklervertrages	291
		2.4.2.2.1 Form und Inhalt des Maklervertrages	291
		2.4.2.2.2 Klauselproblematik bei Maklerverträgen	293
	2.4.2.3	Pflichten des Maklers	295
	2.4.2.4	Maklerverträge	296
		2.4.2.4.1 Der einfache Maklervertrag	296
		2.4.2.4.2 Der Alleinauftrag	296

		2.4.2.5	Der Hauptvertrag	298
		2.4.2.5.1	Form des Hauptvertrages	299
		2.4.2.5.2	Zustimmungserfordernisse	299
		2.4.2.5.3	Bedingung	300
		2.4.2.5.4	Anfechtung	300
		2.4.2.5.5	Rücktritt	301
		2.4.2.5.6	Aufhebung des Hauptvertrages	301
		2.4.2.5.7	Unzureichende Hauptverträge	301
	2.4.2.6	Die Kausalität		302
	2.4.2.7	Die Haftung des Maklers		304
	2.4.2.8	Der Makler im Wettbewerbsrecht		305
		2.4.2.8.1	Die Ahndung von Wettbewerbsverstößen	305
		2.4.2.8.2	Abmahnung	305
		2.4.2.8.3	Unterlassungserklärung mit Vertragsstrafeversprechen	306
2.4.3	Wohnungseigentumsrecht			306
	2.4.3.1	Vorbemerkung		306
	2.4.3.2	Begründung von Wohnungseigentum und Teileigentum		307
		2.4.3.2.1	Inhalt der Teilungserklärung	309
		2.4.3.2.2	Objektbeschreibung	310
		2.4.3.2.3	Gemeinschafts- und Sondereigentum	310
	2.4.3.3	Die Eigentümergemeinschaft		312
	2.4.3.4	Die Verwaltung		314
	2.4.3.5	Die Eigentümerversammlung		315
2.4.4	Literaturverzeichnis			316

2.4.1 Bauträgerrecht

2.4.1.1 Abgrenzungsfragen

Im gewerblichen Wohnungs- und Gewerbebau finden wir im Wesentlichen drei typische Unternehmermodelle: den Bauträger, den Generalunternehmer und den Generalübernehmer. Dabei sind die Grenzen keineswegs starr, Mischformen sind daher denkbar und oft Ergebnis der Verhandlungen der Vertragsparteien im Einzelfall. Juristisch wird man daher auch ausgehend von den nachfolgend beschriebenen Grundformen unterschiedliche rechtliche Bewertungen vornehmen müssen.

Denn die wesentlichen Unterschiede bestehen in der rechtlichen Grundkonstruktion und dem folgend in unterschiedlichen Pflichten und Rechte der Vertragspartner.

2.4.1.1.1 Generalunternehmer

Als Generalunternehmen wird ein solches bezeichnet, das anbietet, sämtliche zur Errichtung eines Bauvorhabens notwendigen Arbeiten in eigener Verantwortung zu übernehmen. Der Begriff „Generalunternehmer" findet nur Verwendung, wenn das Unternehmen nicht gleichzeitig auch Verkäufer des Baugrundstücks ist. Denn dann handelt das Unternehmen nicht als Generalunternehmen, sondern als Bauträger. Dass der Generalunternehmer sämtliche Arbeiten in eigener Verantwortung übernimmt, bedeutet nicht, dass ein solches Unternehmen alle Bauleistungen mit dem eigenen Betrieb ausführt. Alles, was nicht mit dem eigenen Betrieb geleistet werden kann, wird von Subunternehmern ausgeführt, die der Generalunternehmer seinerseits beauftragt. Der Generalunternehmer steht allerdings dem Auftraggeber gegenüber für das Gelingen des gesamten Baus ein. Strikt zu trennen sind also das Vertragsverhältnis zwischen Generalunternehmer und Auftraggeber einerseits und Generalunternehmer und Subunternehmer andererseits. Das bedeutet, dass der Auftraggeber keinen Direktanspruch gegen den Subunternehmer im Falle von Gewährleistungsansprüchen hat. Dies ist dem Auftraggeber des Generalunternehmers nur dann möglich, wenn der Generalunternehmer seinerseits die ihm gegen die Subunternehmer zustehenden Erfüllungs- und Gewährleistungsansprüche an den Auftraggeber abtritt. Dies ist insbesondere im Falle eines leider nicht selten eintretenden Insolvenzverfahrens über das Vermögen des Generalunternehmers von Bedeutung. Leider werden auch oft zu Lasten des Auftraggebers die Gewährleistungsansprüche, die beim Generalunternehmer angemeldet werden, von diesem mit dem Hinweis darauf zurückgewiesen, dass der Subunternehmer keinen Mangel anerkennt. Auf diesen Verweis sollte man sich als Auftraggeber keinesfalls einlassen. Der Generalunternehmer ist in der Verantwortung. Die Auffassung des Subunternehmers über das Bestehen von Mängeln kann dem Auftraggeber völlig egal sein.

2.4.1.1.2 Generalübernehmer

Wer die Vorbereitung und Durchführung eines Bauvorhabens ganz (oder teilweise) in eigenem Namen und auf eigene Rechnung, aber im Gegensatz zum Bauträger auf dem Grundstück des Bauherrn organisiert, wird als Generalübernehmer bezeichnet. Der Generalübernehmer selbst erbringt dabei keine Bauleistungen. Er schaltet dafür ausschließlich Subunternehmer ein. Ein so genannter Totalübernehmer wird der Generalübernehmer dann, wenn er auch Planungsleistungen übernimmt. Man kann einen Generalübernehmer häufig in Form der „one man show" antreffen, der sich auf Baukoordinierung spezialisiert hat.

2.4.1.1.3 Der Bauträger

Bauträger ist, wer sich verpflichtet, ein Haus oder ein vergleichbares Bauwerk zu errichten oder umzubauen und zudem das Eigentum an dem Grundstück zu verschaffen oder ein Erbbaurecht daran zu bestellen oder ein bestehendes zu übertragen. Die Eigentumsverschaffung ist das den Bauträgervertrag prägende Merkmal. Hier zeigt sich auch, warum der Vertragspartner des Bauträgers besonders schützenswert ist. Solange nämlich der Bauträger auf dem in seinem Eigentum befindlichen Grundstück baut, wird er Eigentümer des Bauwerkes. Dies ergibt sich ohne weiteres aus den §§ 93, 94 BGB i.V.m. § 946ff BGB. Aber: bezahlt hat das Bauwerk der Vertragspartner, der im Falle der Insolvenz des Bauträgers sein Geld verliert und kein Eigentum erhält.

2.4.1.2 Der Bauträgervertrag

Der typische Bauträgervertrag (es gibt allerdings nicht „den Bauträgervertrag") ist auf die schlüsselfertige Errichtung einer Immobilie und die Übereignung des Baugrundstücks oder des Wohnungseigentums auf den Erwerber gerichtet. Im Gegensatz zum Generalunternehmer-/Generalübernehmervertrag geht der Leistungsumfang des Bauträgervertrages über die Erbringung reiner Bauleistungen hinaus. Mit "schlüsselfertiger Erstellung" ist auch die Vollsanierung eines Altbaus gemeint. Der Bauträgervertrag beinhaltet neben werkvertraglichen Leistungspflichten auch Architektenleistungen wie Planung, Statik, Koordination der Gewerke, Bauaufsicht. Obendrein hat der Bauträgervertrag auch die oben bereits erwähnte Eigentumsverschaffungspflicht am zu bebauenden Grundstück bzw. die Bestellung oder Übertragung eines Erbbaurechts am Grundstück gegenüber dem Erwerber zum Inhalt. Denn der Bauträgervertrag zeichnet sich gerade dadurch aus, dass der Bauträger ein eigenes Grundstück zur Bebauung zur Verfügung stellt und er das „zu bebauende Grundstück" an den Erwerber übereignet. Rechtsgrundlagen, die im Rahmen des Bauträgervertrages besondere Bedeutung haben, sind das BGB und dabei insbesondere die Vorschriften des Werkvertragsrechts für die Bauleistung (nicht § 649 BGB!), die §§ 305ff BGB für die Ausgestaltung der Verträge, die sog. Klauselrichtlinie (EuGH 1.4.2004, DNotZ 2004, 767), die Verordnung über Abschlagszahlungen bei Bauträgerverträgen, die Makler- und Bauträgerverordnung (MaBV) sowie die Gewerbeordnung. Die Rechtsprechung hat sich des Öfteren

2.4 Bauträger-, Makler-, Wohnungseigentumsrecht

damit zu beschäftigen gehabt, ob der Verkauf eines sanierten Altbaus nach Kauf- oder nach Werkvertragsrecht zu beurteilen ist. Grundlegende Entscheidung dazu ist die des BGH vom 16.12.2004 (BGH-Urteil vom 16.12.2004 – VII ZR 257/03). Darin hat der BGH seine Grundsätze zu den Voraussetzungen, unter denen auf den Erwerb sanierter Objekte Werkvertragsrecht anzuwenden ist, modifiziert und den Auslegungsvorgang in zwei gestufte Prüfungsschritte aufgeteilt. Im ersten vorrangigen Schritt hat er untersucht, ob der Bauträger nach dem maßgeblichen Empfängerhorizont des Erwerbers Sanierungsarbeiten in einem Umfang übernommen hat, die die Anwendbarkeit des Werkvertragsrechts auf die Erwerberverträge rechtfertigen. Es muss sich also um nicht unwesentliche Sanierungsarbeiten handeln, die der Bauträger für den Erwerber erbringt. Ansonsten handelt es sich um Kaufvertragsrecht. Anschließend hat der BGH in einem zweiten Schritt hinsichtlich jedes einzelnen vom Kläger gerügten Mangels geprüft, ob und in welchem Umfang der Erwerber eine Sanierungsmaßnahme nach dem heutigen Stand der anerkannten Regeln der Technik berechtigterweise erwarten konnte. Der BGH wörtlich: „Verspricht der Veräußerer eines Altbaus eine Sanierung bis auf die Grundmauern, darf der Erwerber dies grundsätzlich dahin verstehen, dass der Veräußerer zu diesem Zeitpunkt im Rahmen des technisch Möglichen die Maßnahmen angewandt hat, die erforderlich sind, um den Stand der anerkannten Regeln der Technik zu gewährleisten. Etwas anderes kann sich ergeben, wenn die berechtigte Erwartung des Erwerbers unter Berücksichtigung der gesamten Vertragsumstände, insbesondere des konkreten Vertragsgegenstandes und der jeweiligen Gegebenheiten des Bauwerkes, darauf nicht gerichtet ist." Man sieht an diesen Entscheidungsgründen, dass es gelegentlich durchaus Probleme gibt, einen Vertrag über die Veräußerung einer Immobilie dem Kauf- oder dem Werkvertragsrecht zu unterwerfen, wenn eben nicht unerhebliche Sanierungsmaßnahmen mitveräußert werden. Wegen der dem Kaufrecht fremden Abnahmewirkung ist es sinnvoll, den Vertrag als Werkvertrag auszugestalten, wenn Zweifel über die rechtliche Einordnung des Konstrukts bestehen. Gehen die Vertragsparteien fälschlicherweise davon aus, sie hätten einen Kaufvertrag geschlossen, handelt es sich aber rechtlich um einen Werkvertrag, ist das Problem vorprogrammiert. Die Parteien haben nämlich in diesem Fall keine Abnahme erklärt mit der Folge, dass die Gewährleistungsfristen nicht beginnen. Das kann verheerende Auswirkungen haben.

2.4.1.2.1 Konstitutive Merkmale des Bauträgervertrages

Bauträger ist, wer als Bauherr gewerbsmäßig Bauvorhaben im eigenen Namen und für eigene oder auch fremde Rechnung vorbereitet oder durchführt. Das Besondere ist, dass der Bauträger keineswegs mit eigenen Mitteln sein Bauvorhaben realisiert, sondern mit denen der potenziellen Erwerber. Sie statten den Bauträger - je nach Baufortschritt - mit den zur Weiterführung des Bauvorhabens notwendigen finanziellen Mitteln aus. Das Risiko des Bauträgers besteht darin, dass seine geplanten Objekte keine Abnehmer finden und er auf den Planungskosten sitzen bleibt. Insbesondere die Tatsache, dass der Bauträger mit fremden Mitteln baut, veranlasste den Gesetzgeber,

Dr. Ulrich Schwering

zum Schutz des Erwerbers und zur Vermeidung des Missbrauchs durch den Bauträger gesetzgeberische Maßnahmen zu ergreifen. Denn immerhin baut der Bauträger mit fremden Mitteln, nämlich denen des Erwerbers, auf seinem eigenen Grundstück, ohne dass der Erwerber irgendwie abgesichert wäre. Der Bauträger hingegen erwirbt mit dem Baufortschritt Eigentum an dem von ihn hergestellten wesentlichen Bestandteilen, insbesondere Gebäuden. Das ist gesetzlich eben so angelegt, sieht man sich die §§ 93,94 BGB i.V.m. §§ 946ff BGB an. Dass Missbrauchsgefahren hier nahe liegend sind, braucht nicht weiter erwähnt zu werden. Deshalb unterliegt der Bauträger einer Erlaubnispflicht nach § 34 c der Gewerbeordnung und ist damit den Regelungen der MaBV (oder genauer: Verordnung über die Pflichten der Makler, Darlehensvermittler, Bauträger und Baubetreuer vom 20.06.1974, zuletzt geändert durch Art. 2 der Verordnung vom 02.05.2012 BGBl. I, Seite 1006)unterworfen. Denn diese wiederum ist Ausfluss des § 34 c Gewerbeordnung. Die MaBV auferlegt dem Bauträger besondere Buchführungspflichten, regelt die Überwachung der Bauträger durch die Gewerbeaufsichtsämter und enthält Regelungen, wie der Bauträger organisiert sein muss, welche Art von Verträgen er abzuschließen befugt ist usw. Voraussetzung für die Anwendbarkeit der MaBV ist unter anderem die Bauherreneigenschaft des Bauträgers. Diese liegt vor, wenn der Bauträger einen bestimmten Einfluss auf die Planung und auf den Ablauf des Baugeschehens hat, wenn er den Bauantrag im eigenen Namen stellt und der Verantwortliche für das gesamte Baugeschehen, insbesondere auch gegenüber dem Bauherrn ist, Vertragspartei der übrigen Bauhandwerker und Bauunternehmer ist, in der Regel bei Baubeginn Eigentümer des Grundstücks oder zum Bau auf fremden Boden dinglich berechtigt ist. Es ist völlig egal, ob sich ein Bauunternehmen "Bauunternehmen" nennt, wenn es die vorgenannten Voraussetzungen erfüllt, ist es kein Bauunternehmen im herkömmlichen Sinne mehr, dann ist es ein Bauträgerunternehmen. Dies ist auch nur folgerichtig, gibt es doch seit jeher den Grundsatz falsa demonstratio non nocet, d. h. eine falsche Bezeichnung schadet nicht. Eine falsche Bezeichnung ändert eben nichts an der rechtlichen Einordnung.

Wenn also die Voraussetzung für eine Rechtsfolge gegeben ist, tritt sie unabhängig von einer fehlerhaften Bezeichnung auch ein. Es gilt das Recht des Bauträgers, nicht das des Bauunternehmers, nicht also ausschließlich Werkvertragsrecht.

Der Bundesgerichtshof behandelt demzufolge ein Bauunternehmen, welches die vorgenannten Voraussetzungen erfüllt, als Bauträger , unabhängig davon, ob es sich selber als Bauträger bezeichnet (vgl. BGH-Urteil vom 12.03.1981, VII ZR 11 7/80, NJW 1981, 1665). Nicht als Bauträger einzustufen sind, wie vorerwähnt, Generalübernehmer und Generalunternehmer sowie die Lieferanten von Fertighäusern. Sie unterliegen weder der Genehmigungspflicht nach § 34 c Gewerbeordnung und damit auch nicht den Regelungen der MaBV. Wir werden noch auf die besonderen Regelungen der MaBV eingehen, können aber an dieser Stelle schon einmal festhalten, dass die MaBV den Bauträger besonderen Regelungen und Anforderungen unterwirft, denen sich der Bauträger auch gerne entziehen möchte. Aufgrund der einschränkenden Regelungen der MABV, den spezifischen Haftungsrisiken und den besonderen Siche-

2.4 Bauträger-, Makler-, Wohnungseigentumsrecht

rungspflichten besteht die Neigung, den Vorschriften der MABV auszuweichen. Versucht wird, den Vertrag über die Bauerrichtung und den über den Grundstückserwerb aufzuspalten (dann liegt ein so genanntes verdecktes Bauträgermodell vor). Dieses Modell ist regelmäßig dadurch gekennzeichnet, dass die Unternehmer ein für ein bestimmtes Grundstück geplantes Haus schlüsselfertig anbieten und zugleich die Möglichkeit des Grundstückserwerbs, dass sie "zufällig an der Hand haben", nachweisen. Der BGH hat dazu entschieden, dass in einem derartigen Fall beide Verträge beurkundungsbedürftig sind (BGH-Urteil vom 16.12.1993, VII ZR 25/93, Baurecht_1994, S. 239). Nicht entschieden hat der BGH, ob in diesen Fällen die MaBV anwendbar ist. Das brauchte der Bundesgerichtshof im zur Entscheidung anstehenden Fall auch nicht, wäre er aber tatsächlich zur Entscheidung über diese Frage gekommen, hätte die Bejahung der Anwendbarkeit der MaBV nahe gelegen. Denn die Interessenlage ist die gleiche wie beim einheitlichen Vetrag mit gleichen Leistungspflichten. Es ist kein anderer wesentlicher Grund ersichtlich, die Verträge aufzuspalten, als der, die Regelungen der Makler- und Bauträgerverordnung, also Schutznormen, zu umgehen. Möglicherweise aber wollten die Parteien z. B. die Grunderwerbsteuer vermindern, so dass dann die Aufteilung in zwei verschiedene Verträge durchaus sinnvoll sein kann. Wenn eine saubere Trennung von Grundstückskaufvertrag und Bauerrichtungsvertrag zu bejahen ist, liegt möglicherweise auch kein Bauträgervertrag vor (so jedenfalls OLG Hamm, Urteil vom 21.02.2006, 24 U 112/05). Im Übrigen muss nach der ständigen Rechtsprechung des BGH eine Baubeschreibung, die Vertragsinhalt ist, beurkundet werden. Die Beurkundungspflicht besteht unabhängig davon, ob und inwieweit der Bauträger die geschuldete Werkleistung zum Zeitpunkt des Vertragsabschlusses tatsächlich ausgeführt hat (BGH-Urteil vom 16.12.2004 – VII ZR 257/03).

2.4.1.2.2 Rechtsnatur des Bauträgervertrages

Aufgrund der umfangreichen Leistungsverpflichtung des Bauträgers zur Bauerrichtung und zur Eigentumsverschaffung lässt sich der Bauträgervertrag keinem der gesetzlichen Vertragstypen zuordnen. Es handelt sich um einen kombinierten Vertrag, der Elemente mehrerer gesetzlicher Vertragstypen umfasst. Die Leistungsverpflichtungen und die entsprechenden Leistungsstörungen müssen im Hinblick auf die Anspruchsvoraussetzungen und die Verjährung dem jeweils gesetzlichen Vertragstyp zugeordnet werden. Dass dies möglich ist, ergibt sich aus dem Grundsatz der Vertragsfreiheit, d. h. bis zu den Grenzen der Sittenwidrigkeit i.S.d. § 138 BGB bzw. des Verstoßes gegen ein gesetzliches Verbot i.S.d. § 134 BGB, können sich Vertragsparteien Verpflichtungen unterwerfen, ohne dass der Gesetzgeber dem Einhalt gebieten will. Die gesetzlichen Regelungen sind nur insoweit anwendbar, als sie mit der vertraglich vereinbarten Einheitlichkeit der Verpflichtung des Bauträgers vereinbar sind. Die Einheitlichkeit der Verpflichtung des Bauträgers und die dieser korrespondierenden Gegenleistung erfordert eine interessengerechte Modifikation der Vertragstypen des Gesetzes.

Dr. Ulrich Schwering

Der BGH hat den Bauträgervertrag in ständiger Rechtsprechung als kombinierten Vertrag über den Erwerb von Grundstückseigentum und über die Bauerrichtung mit einheitlicher Leistungsverpflichtung qualifiziert (vgl. BGH-Urteil vom 05.04.1979, VII ZR 308/77, NJW 1979, 1820; BGH-Urteil vom 29.06.1989, VII ZR 151/88, NJW 1989, 2748). Der BGH bezeichnet den Bauträgervertrag als sog. Typenkombinationsvertrag (BGH-Urteil vom 21.11.1985, VII ZR 366/83), der werkvertragliche Elemente (Planung, Bauaufsicht und Bauerrichtung), kaufrechtliche Elemente (Erwerb des Grundstücks) sowie Elemente eines Geschäftsbesorgungsvertrages (Beratung und Betreuung) hat. Der werkvertragliche Charakter des Bauträgervertrages prägt vorrangig die Rechtsnatur des Vertrages, weil nach der Interessenlage und dem jeweiligen Risiko der Parteien das werkvertragliche Gewährleistungs- und Mangelrisiko die anderen Elemente dominiert. Die Parteien eines Bauträgervertrages können nicht wirksam vereinbaren, dass der Vertrag insgesamt den Regeln des Kaufrechts unterliegt, weil für die Zuordnung des Vertrages zu einem gesetzlichen Vertragstyp nicht die Bezeichnung des Vertrages als Kaufvertrag, sondern der tatsächlich gewollte Regelungsgehalt des Vertrages maßgeblich ist (BGH-Urteil vom 29.06.1989, VII ZR 151188, NJW 1989, 1537). Die Bezeichnung des Vertrages als Kaufvertrag und die Ausgestaltung der Gewährleistungsrechte des Erwerbers nach kaufrechtlichen Grundsätzen ist rechtlich unerheblich, der Vertrag unterliegt den Grundsätzen des Werkvertrages.

Man fragt sich, wofür eine solche Abgrenzung von Bedeutung ist. Das mag wie folgt erläutert werden: Die Abgrenzung ist von entscheidender Bedeutung für den Umfang der Hauptleistungspflichten des Veräußerers, die Geltung der MaBV und vor allem für die Frage der Gewährleistungspflichten des Veräußerers. Soweit Kaufrecht anwendbar ist, gelten die kaufrechtlichen Gewährleistungsregelungen; die Haftung des Veräußerers kann durch AGB weitgehend ausgeschlossen werden. In der Praxis ist die Abgrenzung von erheblicher Bedeutung für sog. Sanierungsmodelle. Gegenstand der Abgrenzung zwischen Werk- und Kaufvertrag ist die Bauerrichtungsverpflichtung. Unerheblich ist der Umstand, ob das Bauwerk im Zeitpunkt des Erwerbs bereits fertig gestellt war oder nicht fertig gestellt werden sollte. Ein Werkvertrag liegt dann vor, wenn das Objekt nach der Verkehrsauffassung aus Sicht des Erwerbers als neu anzusehen ist. Nach der Rechtsprechung des BGH liegt ein Kaufvertrag dann vor, wenn eine gebrauchte Immobilie Gegenstand des Vertrages ist. Veräußert der Erwerber eine von ihm zuvor selbst genutzte Eigentumswohnung, dann ist Kaufrecht anwendbar. Die kaufrechtlichen Gewährleistungsrechte können nach dem vom BGH entwickelten Grundsatz für das Grundstück und das Objekt weitgehend ausgeschlossen werden. Dieser Grundsatz ist auf ein vermietetes Objekt übertragbar. Der BGH hat in mehreren grundsätzlichen Entscheidungen Veräußerungsverträge aber dann als Werkverträge qualifiziert, wenn deren Vertragsgegenstand umfassend sanierte Immobilien waren. In allen Entscheidungen hat der Bundesgerichtshof die Praxis von Bauträgern und Notaren beanstandet, derartige Verträge als Kaufverträge auszugestalten, und hat betont, dass die Bezeichnung und Ausgestaltung derartiger Verträge als Kaufverträge keinen Einfluss auf den werkvertraglichen Charakter der Verträge hat. Wird ein Objekt un-

2.4 Bauträger-, Makler-, Wohnungseigentumsrecht

mittelbar nach einer umfassenden Sanierung an den Mieter des Objektes veräußert, handelt es sich nach den vom BGH entwickelten Grundsätzen ebenfalls um einen Werkvertrag. Generalisierende Abgrenzungskriterien zwischen Kauf- und Werkvertrag in Sanierungsfällen sind nicht möglich, die Rechtsprechung des BGH bietet lediglich Anhaltspunkte. So hat der BGH einen Werkvertrag angenommen bei der Erstellung eines Musterhauses für eine Ausstellung (BGH-Urteil vom 06.05.1982, VII ZR 74/81, NJW 1982, 2243), den Neubau hinter historischer Fassade (BGH-Urteil vom 07.05.1987, VII ZR 366/85, BGHZ 100, 391), den Umbau von Garagen und Werkstatträumen (BGH vom 21.04.1998, Vil ZR 372/86, Baurecht 1988, 492), den Umbau eines Bungalows (BGH-Urteil vom 29.06.1989, VII ZR 151/88, Baurecht 1989, 597). Die differenzierten Regelungen für die primären Leistungspflichten und die mit ihnen korrespondierenden Gewährleistungsansprüche beruhen auf dem Grundsatz der Einheitlichkeit des Vertrages mit partiellem Vorrang des der jeweiligen Leistung entsprechend dem gesetzlichen Vertragstyp. Der Vorrang des werkvertraglichen Aspekts ist vor allem von Bedeutung im Rahmen der Gewährleistung für das Bauwerk, nämlich Gewährleistungspflichten des Bauträgers hinsichtlich der Planung und Bauaufsicht, Vereinbarung der VOB/B für Architekten- und Ingenieurleistungen (Planung und Bauaufsicht). Der BGH hat sich noch jüngst dazu geäußert, in welchen Fällen er trotz des ersten Anscheins, es läge ein reiner Kaufvertrag vor, die Gewährleitung des „Verkäufers" den Regelungen des Werkvertragsrechts unterwirft (BGH, Urteil vom 06.10.2005, VII ZR 117/04, BauR 2006, Seite 99). Der BGH bejaht für den Fall, dass der Veräußerer eine Herstellungsverpflichtung übernommen hat, die insgesamt nach Umfang und Bedeutung mit Neubauarbeiten **nicht** vergleichbar ist, die Gewährleistung nach den Regelungen des Werkvertragsrechts, wenn die Herstellungsverpflichtung verletzt ist. Diese differenzierende Betrachtungsweise ist für den angesprochenen Fall gerechtfertigt, da der Veräußerer **nicht** Neubauarbeiten vergleichbare Arbeiten erbringt. Erbringt er nämlich Bauleistungen, die einer Neuherstellung gleich kommen, ist insgesamt (also auch ohne Aufteilung in die jeweiligen Leistungsverpflichtungen) das Werkvertragsrecht anzuwenden. Dies ist ständige Rechtsprechung des BGH.

Der kaufrechtliche Aspekt des Bauträgervertrages hat vor allem Bedeutung für die Formbedürftigkeit (§ 311b BGB) des Bauträgervertrages, insbesondere in Fällen der Aufspaltung der Verträge. So hat die Rechtsprechung des BGH zu der Formbedürftigkeit erhebliche Auswirkungen. Denkt man einmal daran, dass der Bauträger bzw. die Vertragsbeteiligten aus Kostengründen den Grundstückskaufvertrag notariell beurkunden lassen, den gleichzeitig abgeschlossenen Bauleistungsvertrag aber nicht. Der BGH ist hier der Auffassung, dass beide Verträge formbedürftig sind, weil der eine Vertrag mit dem anderen steht und fällt. Deshalb ist grundsätzlich Vorsicht geboten bei sog. verbundenen Verträgen, da im Zweifel die Rechtsprechung davon ausgehen wird, dass beide Verträge formbedürftig sind (BGH-Urteil vom 06.11.1980, VII ZR 12/80, NJW 1981, 274). Im Zweifel wird sich der Bauträger dazu rechtlich beraten lassen müssen, da ansonsten der Streit vorprogrammiert ist, stellt sich heraus, dass einer der Verträge formunwirksam ist. Was ist mit dem Schicksal des anderen - formwirksa-

Dr. Ulrich Schwering

men - Vertrages? Der ist ebenfalls in diesem Fall unwirksam, da die Rechtsprechung von einem einheitlichen Vertrag ausgeht. Die Rechtsfolge ergibt sich aus § 139 BGB, wonach im Zweifel ein Vertrag dann gänzlich nichtig ist, wenn er nichtige Teile beinhaltet.

Schließlich hat der Bauträgervertrag auch geschäftsbesorgenden Charakter. Denn der Bauträger ist Beratungs-, Hinweis- und Betreuungspflichten ausgesetzt, nimmt mithin quasi auch die Funktion des Planers wahr. Er ist darüber hinaus dann besonderen Haftungsrisiken ausgesetzt, wenn er bei der Beschaffung von Fremdfinanzierungsmitteln behilflich ist. Auch hier ist die Tätigkeit des Bauträgers gefahrgeneigt. Man sieht an der Fülle der Leistungspflichten des Bauträgers, dass er umfangreicher Haftung ausgesetzt sein kann.

Zu beachten ist, dass der Grundsatz der Einheitlichkeit des Vertrages gilt. Man kann also das Vertragswerk nicht in einen Kaufvertrag und in einen Werkvertrag aufspalten. So ist zu beachten, dass die Kündigung des Bauträgervertrages immer auch eine Kündigung des Grundstückskaufvertrages beinhaltet. § 649 BGB ist nicht anwendbar. Die Kündigung des werkvertraglichen Teils des Bauträgervertrages ist nur aus wichtigem Grunde möglich (vgl. BGH-Urteil vom 21.11.1985, VII ZR 366/83, NJW 1986, 534). Auch hat der Bauträger einen einheitlichen Vergütungsanspruch, der einheitlich auch der Verjährung nach § 196 BGB unterliegt, d. h. nach zehn Jahren. Teile fälliger Ansprüche (Abschlagszahlungen) verjähren selbstständig, d. h. die spätere Erstellung der Schlussrechnung kann die einmal eingetretene Verjährung von Abschlagszahlungen nicht mehr beseitigen.

Seit der Schuldrechtsmodernisierung ist streitig geworden, ob in den sogenannten Nachzüglerfällen (wenn keine Bauleistungen mehr zu erbringen sind, die Immobilie aber dennoch noch nicht verkauft wurde) Kauf- oder Werkvertragsrecht zur Anwendung gelangen soll. Dem Urteil des Bundesgerichtshofes vom 26.04.2007 (BGH Urt. vom 26.04.2007 VII ZR 210/ 05) kann man entnehmen, dass der BGH an seiner bisherigen Rechtsprechung festhält und eher dazu neigt, Kaufrecht im Hinblick auf die Bauleistung nicht anzuwenden. Es ist daher mehr als ratsam, solche Verträge nach Werkvertragsrecht auszugestalten. Sollten die Parteien nämlich den Vertrag als Kaufvertrag bezeichnen und auch so abwickeln, fehlt es an der die Gewährleistungsfristen in Gang setzenden Abnahme.

2.4.1.2.3 Die Sicherungspflicht des Bauträgers

Da, wie vorerwähnt, der Bauträger mit fremden Mitteln baut, nämlich denen des Erwerbers, hat er besondere Sicherungspflichten gegenüber dem Erwerber. Dies hat der Verordnungsgeber in der MaBV dezidiert geregelt.

Der Bauträger im Sinne der vorgenannten Begriffsbestimmung unterliegt der Genehmigungspflicht nach § 34 c der Gewerbeordnung und, falls er den Werklohn vor Fertigstellung des Objektes und der Eigentumsverschaffung an dem Grundstück bzw.

an dem Sonder- und Gemeinschaftseigentum verlangt, den folgenden Verpflichtungen aus der MaBV. Die MaBV eröffnet dem Bauträger zwei Gestaltungsformen, die Sicherung nach § 3 Abs. 1 MaBV und die durch Bürgschaft nach § 7 MaBV.

Die Sicherung nach § 3 Abs. 1 Makler- und Bauträgerverordnung

Die Norm des § 3 MaBV enthält Vorgaben, die für den Bauträgervertrag zwingend vorgeschrieben sind. Zwingend vorgeschriebene Vereinbarungen der Abschlagszahlungen gem. § 3 Abs. 2 Ziff. 1 und 2 der MaBV regeln vorgeschriebene Höchstsätze in Abhängigkeit von dafür erreichten Bautenständen (so z. B. 30 % bzw. 20% als so genannte Spatenstichrate, sobald der Bagger das Grundstück befährt, oder, wie es die MaBV beschreibt „nach Beginn der Erdarbeiten)). Zwingende Voraussetzung für die Entgegennahme von Zahlungen des Erwerbers ist zunächst die Rechtswirksamkeit des Erwerbervertrages. Die Rechtswirksamkeit des Erwerbervertrages richtet sich grundsätzlich zunächst danach, dass er formwirksam ist, d. h. notariell beurkundet nach § 311b BGB. Oft wird im Rahmen des Abschlusses notarieller Verträge eine Vertragspartei durch einen so genannten vollmachtlosen Vertreter vertreten. Die Vertragspartei, die sich vollmachtlos hat vertreten lassen, muss den Vertrag noch nachgenehmigen, §§ 177, 184 BGB.

Wenn ein nicht Volljähriger an dem Bauträgervertrag beteiligt ist, kann eine vormundschaftliche Genehmigung nach den §§ 1821, 1822 BGB erforderlich sein. Sollte der Bauträgervertrag eine sog. Wertsicherungsklausel gem. § 3 Währungsgesetz beinhalten, bedarf diese der Zustimmung des Bundesamtes für Wirtschaft und Ausfuhrkontrolle (BAFA, sofern die Preisklausel bis zum 13.09.2007 vereinbart und deren Genehmigung bis dahin beim Bundesamt beantragt worden ist. Seit dem 14.09.2007 gilt ein neues Preisklauselgesetz (PrKG). Danach bleibt es bei dem grundsätzlichen Indexierungsverbot (§ 1 Abs. 1 PrKG). Der Betrag von Geldschulden darf danach nicht unmittelbar und selbstständig durch den Preis oder Wert von anderen Gütern oder Leistungen bestimmt werden, die mit den vereinbarten Gütern oder Leistungen nicht vergleichbar sind. Dieses Indexierungsverbot ist nach der neuen Rechtslage jedoch mit dem System von Legalausnahmen kombiniert. Es werden im Preisklauselgesetz also bestimmte Arten von Wertsicherungsklauseln aufgeführt, für die das Indexierungsverbot wiederum nicht gilt. Bei landwirtschaftlichen Grundstücken muss eine Genehmigung nach dem Grundstücksverkehrsgesetz vorliegen, bei Grundstücken im sog. Beitrittsgebiet (also auf dem Gebiet der fünf neuen Bundesländer) muss die Genehmigung nach § 7 Grundstücksverkehrsordnung der ehemaligen DDR gegeben sein. Die Gemeinde hat ein Vorkaufsrecht und muss den Vertrag öffentlich-rechtlich genehmigen, §§ 19, 22, 23 BauGB. Des Weiteren muss die schriftliche Mitteilung des Notars über die Erfüllung der vorstehenden Voraussetzungen vorliegen.

Es muss des Weiteren die Beachtung des Verbotes eines vertraglichen Rücktrittsrechts zugunsten des Bauträgers beachtet werden. Schließlich ist eine Auflassungsvormerkung zugunsten des Erwerbers erforderlich sowie das Freigabeversprechen der vor-

Dr. Ulrich Schwering

rangigen Grundpfandgläubiger für den Zeitpunkt der Vollendung des Bauvorhabens oder seiner Nichtvollendung. Schlussendlich muss die unanfechtbare Baugenehmigung, soweit diese gesetzlich vorgeschrieben ist, vorliegen. Teilgenehmigungen reichen nicht aus.

Erst wenn diese vorgenannten zahlreichen Voraussetzungen gegeben sind, kann der Bauträger Zahlungen der Erwerber an sich nach Maßgabe des Baufortschritts verlangen und das Bauvorhaben kann beginnen.

Trotz der Sicherung nach § 3 Abs. 1 MaBV muss man konstatieren, dass eine Sicherungslücke für den Fall eintritt, dass der Bauträger vom Vertrag zurücktritt. Hält z. B. der Erwerber fällige Abschlagszahlungen zurück, weil er Mängel der Bauleistungen behauptet, die sich später als falsch herausstellen und ist der Bauträger vom Vertrag zurückgetreten , dann ist der Erwerber für den Fall, dass der Rücktritt eben berechtigt war, nicht mehr gesichert.

Es wird vereinzelt diskutiert, ob die Regelung des § 3 MaBV mit der Vorschrift des § 632a BGB in Einklang zu bringen ist. Angesichts aber des eindeutigen Votums des Gesetz – und Verordnungsgebers (Verordnung über die Abschlagszahlungen bei Bauträgerverträgen vom 25.03.2001, BGBl. I, S. 981) bleibt es dabei, dass § 3 MaBV uneingeschränkt Geltung hat.

An dieser Stelle folgendes zu § 632a BGB: der durch das Forderungssicherungsgesetz vom 23.10.2008 (sh. BGBl. I, S. 2022) reformierte § 632a BGB hat erhebliche Auswirkungen auch für den Bauträger. Das Gesetz erweitert insofern den Anspruch auf Abschlagszahlungen. Voraussetzung ist insbesondere nicht mehr ein „in sich abgeschlossener Teil des Werkes" wie noch die Vorgängerfassung verlangte. Erstmals findet sich im BGB eine ausdrückliche Regelung über den Bauträgervertrag. Durch § 632a BGB wird klargestellt, dass beim Bauträgervertrag Abschlagszahlungen nur dann verlangt werden können, soweit sie gemäß der Verordnung über die Abschlagszahlungen bei Bauträgerverträgen vom 25.03.2001 vereinbart sind. § 1 dieser Verordnung wird durch das Forderungssicherungsgesetz in Satz 3 dahingehend gefasst, dass § 632a Abs. 3 BGB Anwendung findet. Werden demnach die Anforderungen für zulässige Abschlagszahlungen nicht eingehalten, ist es dem Bauträger sowohl nach der MaBV als auch im Lichte der Abschlagszahlungsverordnung untersagt, Zahlungen zu verlangen (BGH Urteil Vom 22.12.2000 VII ZR 310/ 99; BGH Urteil vom 22.03.2007 VII ZR 268/05). Es gilt § 641 BGB. Zahlungen können danach erst nach Abnahme verlangt werden. In einem Bauträgervertrag muss daher nunmehr ausdrücklich vorgesehen werden, dass der Erwerber aus der zuerst nach Maßgabe des § 3 Abs. 1 u. 2 MaBV fälligen Zahlung entweder einen Betrag in Höhe von 5% der Vertragssumme bis zur vollständigen Fertigstellung einbehalten kann oder eine Sicherheit gestellt wird.

Sicherung nach § 7 Makler- und Bauträgerverordnung durch eine Bürgschaft

§ 7 MaBV räumt dem Bauträger, vorbehaltlich einer wirksamen vertraglichen Vereinbarung, die Möglichkeit ein, vor der Fälligkeit der Raten und abweichend von dem Ratenplan des § 3 MaBV Zahlungen des Erwerbers entgegenzunehmen. Auch in diesen Fällen wird man einen Einbehalt nach § 632a BGB vorsehen müssen, der nur durch eine besondere Sicherheit nach § 632a Abs. 4 BGB abgelöst werden kann. Denn auch die Sicherheit des § 7 MaBV deckt nicht alle erdenklich möglichen Ansprüche des Erwerbers ab. Sie ist auf die Besonderheiten der MaBV zugeschnitten. Die Sicherheit nach § 632a BGB geht weiter.

Statt der Sicherung nach § 3 MABV kann eine solche gemäß § 7 MABV vereinbart werden, sofern eine Sicherheit gestellt wird, die für alle etwaigen Ansprüche des Auftraggebers auf Rückgewähr oder Auszahlung seiner Vermögenswerte im Sinne des § 2 Abs. 1 Satz 1 MABV geleistet haben. Dies regelt ausdrücklich § 7 Abs. 1, 2. Halbsatz, MABV.

Immer wieder war Gegenstand der Rechtsprechung auch die Frage, wie weit die Bürgschaft nach § 7 MABV reicht. Welche Ansprüche deckt sie? Wichtig ist in diesem Zusammenhang die Entscheidung des BGH vom 21.01.2003 (BGH-Urteil vom 21.01.2003 – XI ZR 145/02 -), in dem es um Folgendes ging: Der Erwerber eines sanierten Objektes hatte, gestützt auf die Bürgschaft, von der bürgenden Bank des Bauträgers Ersatz des Verzugsschadens verlangt, der ihm durch die Überschreitung der vereinbarten Bauzeit entstanden ist. Der BGH hat die Klage mit der Begründung abgewiesen, Verzugsschäden würden vom Sicherungszweck der Bürgschaft nicht umfasst. Der BGH bestätigt seine bisherige Rechtsprechung, dass eine Bürgschaft gemäß § 7 MABV sowohl Ansprüche des Erwerbers auf Ersatz von Aufwendungen für Mängelbeseitigung sichert als auch Ansprüche auf Rückgewähr der Vorauszahlung, die aus einer auf Mängel des Bauwerkes gestützten Wandlung oder Minderung oder aus einem Schadensersatzanspruch wegen Nichterfüllung resultieren. Er hält sich damit streng an den Wortlaut des § 3 MaBV.

Der Wechsel der Sicherheiten

Nach § 7 Abs. 1 Satz 4 MaBV ist der Austausch der Sicherungen der §§ 2 – 6 MaBV und derjenigen des § 7 MaBV zulässig. Aus der rein gewerberechtlichen Zulässigkeit ergibt sich aber nicht, dass der Austausch der Sicherheiten dem geschlossen Vertrag entspricht. Der Austausch der Sicherheiten bedarf einer ausdrücklichen Regelung im Vertrag. So kann der Vertrag regeln, dass zunächst eine Bürgschaft nach § 7 MaBV gestellt wird und der Erwerber unabhängig von den Voraussetzungen des § 3 MaBV zu Abschlagszahlungen verpflichtet ist, dass aber ab einem bestimmten Zeitpunkt oder Ereignis Zahlungen nach Maßgabe des § 3 MaBV erfolgen und die Bürgschaft dann zurückgegeben werden muss. Beachtlich ist im Übrigen, dass sog. Vermischungsverbot (sh. BGH Urteil vom 06.05.2003 XI ZR 33/02); die MaBV lässt nach Auffassung des Bundesgerichtshofes nur den Austausch, nicht die parallele Anwendung des § 3 und des § 7 MaBV zu. In der Praxis wird von diesen Vorgaben häufig abgewichen und aus vielerlei Gründen ohne eine notariell beurkundete vertragliche Vereinbarung ein Wechsel der Sicherheiten vorgenommen.

Notwendige vertragliche Regelung

Die Sicherungen, die oben angesprochen wurden, müssen notariell beurkundet werden, soweit eine solche nach § 7 MaBV vereinbart werden soll. Der Bauherr könnte aus steuerlichen Gründen ein erhebliches Interesse daran haben, im "Altjahr" über den Bautenstand hinausgehende Zahlungen zu erbringen, die allerdings dann durch Bürgschaft nach § 7 MaBV abgesichert sein müssen. Wichtig ist also, dass eine solche Vereinbarung notariell beurkundet wird. Ob dies durch Allgemeine Geschäftsbedingungen möglich ist, ist streitig. Es spricht dann viel für eine mögliche AGB – Klausel, wenn die berechtigten Interessen beider Vertragspartner Niederschlag finden, so dass die Hürde des § 307 BGB genommen werden kann. In der Regel sollte man davon absehen, eine durch Allgemeine Geschäftsbedingungen vereinbarte Sicherung nach § 7 MaBV zu vereinbaren. Entweder man gibt sich mit der Regelung des § 3 der MaBV zufrieden oder man sollte dann die Klausel über die Sicherung nach § 7 MaBV individualvertraglich vereinbaren, so dass die Regelungen des AGBG nicht greifen. Der Nachweis individualvertraglicher Vereinbarung ist in der Regel schwer zu führen.

2.4.1.3 Allgemeine Geschäftsbedingungen

Jeder kennt den Begriff der Allgemeinen Geschäftsbedingungen. Was sich allerdings dahinter verbirgt, ist wiederum bei weitem nicht jedem vollständig klar. Vor allem muss man sich die Rechtsfolgen vor Augen halten, wenn man Allgemeine Geschäftsbedingungen zum Vertragsinhalt erklärt.

Allgemeine Geschäftsbedingungen sind alle für eine Vielzahl von Verträgen vorformulierten Vertragsbedingungen, die eine Vertragspartei (Verwender) der anderen Vertragspartei bei Abschluss eines Vertrages stellt. Gleichgültig ist, ob die Bestimmungen einen äußerlich gesonderten Bestandteil des Vertrages bilden oder in die Vertragsurkunde selbst aufgenommen werden, welchen Umfang sie haben, in welcher Schriftart sie verfasst sind und welche Form der Vertrag hat (wortgleich § 305 Abs. 1 BGB). Liegen Allgemeine Geschäftsbedingungen vor, so unterliegen die einzelnen Klauseln der so genannten Inhaltskontrolle, die in den §§ 307 bis 309 BGB geregelt ist. Im Zuge der Schuldrechtsmodernisierung wurde das AGB-Gesetz vom 09.12.1976 aufgehoben und die größtenteils wortgleichen Paragraphen in das BGB implementiert. Die Norm des § 307 BGB bildet die Generalklausel, die dann eingreift, wenn die §§ 308, 309 BGB, die Einzelfälle betreffen, nicht zur Anwendung gelangen. Nach § 307 BGB ist eine Klausel in Allgemeinen Geschäftsbedingungen dann unwirksam, wenn sie den Vertragspartner des Verwenders entgegen den Geboten von Treu und Glauben unangemessen benachteiligt. Nun könnte der Bauträger in einem etwaigen Prozess damit gehört werden, seine Geschäftsbedingungen seien keine Allgemeinen Geschäftsbedingungen, da sie nicht für eine Vielzahl von Verträgen vorformuliert seien. Doch damit wird der Bauträger kaum durchdringen, da der BGH schon die Absicht der mehrfachen Verwendung ausreichen lässt, ohne dass die tatsächliche Verwendung mehrfach stattgefunden haben muss.

Der Bauherr bzw. Vertragspartner des Bauträgers ist grundsätzlich beweispflichtig dafür, dass Allgemeine Geschäftsbedingungen vorliegen und dem folgend Regelungen des BGB zur Regelung der Allgemeinen Geschäftsbedingungen eingreifen. Da ihm dies in der Regel nicht leicht fallen wird, hat der Bundesgerichtshof für diese Art Fälle eine Vermutungsregelung zugunsten des Bauherrn entwickelt. In den Fällen, in denen Bauträger Verträge verwenden, die aufgrund ihrer Gestaltung typischerweise als Formularverträge verwendet werden, ist die Beweislast umgekehrt. Dann ist also der Bauträger gefragt, im Einzelnen darzulegen, warum die Klauseln keine Allgemeinen Geschäftsbedingungen darstellen, die Voraussetzungen des § 305 BGB mithin nicht gegeben sind. Im Hinblick auf § 310 Abs. 3 BGB ist allerdings dieser Problempunkt weitestgehend hinfällig geworden.

Grundsätzlich wird man sagen können, dass die Verwendung Allgemeiner Geschäftsbedingungen sehr sorgsam zu handhaben ist, da der Bauträger damit rechnen muss, dass ein Instanzgericht eine Klausel für unwirksam hält und er keine Rechte mehr daraus herleiten kann. Man sollte sich daher immer die Regelungen des § 307 BGB vor Augen halten und überlegen, ob die Klausel den Bauherrn nicht einseitig in einer Weise benachteiligt, die an die Grenzen der guten Sitten stößt oder mit den Grundsätzen von Treu und Glauben nicht vereinbar ist. Der oft geschäftlich unerfahrene Erwerber ist schutzwürdig und deshalb geht die Rechtsprechung mit dem Bauträger hart um. Zudem kann nicht jeder Rechtsstreit bis zum BGH geführt werden, so dass besonderes Augenmerk auf das Instanzgericht und dessen Rechtsprechung zu legen ist.

2.4.1.4 Der Vergütungsanspruch des Bauträgers

Umfang

Für den Bauträger steht das Interesse an der Kaufpreiszahlung an erster Stelle. In der Regel haben Bauträger und Erwerber einen Festpreis vereinbart, durch den sämtliche für die schlüsselfertige Immobilie erforderlichen Leistungen abgegolten werden sollen. Der Umfang der abgegoltenen Leistungen ist in der Regel einzelvertraglich geregelt. Sollte eine einzelvertragliche Regelung nicht vorliegen, so wird man nach der Rechtsprechung des Bundesgerichtshofs davon auszugehen haben, dass die Vergütung beinhaltet: das Grundstück, dessen Beplanung, die Bauleistungen, die Kosten der Erschließung, die Kosten der Gebäudevermessung, die Kosten des Vertriebs und der

Dr. Ulrich Schwering

Gebühren für öffentlich-rechtliche Genehmigungen und auch die evtl. Erhöhung der Mehrwertsteuer.

Die Rechtsprechung hat sich bei nicht einzelvertraglichen Regelungen dafür ausgesprochen, dass nicht zu den Kosten des Festpreises gehören: Kosten der Beurkundung und Grundbucheintragung, die Grunderwerbsteuer, die Aufwendungen für die Hausanschlüsse Gas, Wasser, Elektrik.

Zur Vermeidung von Unklarheiten ist zu empfehlen, dezidiert in den Vertrag aufzunehmen, welche Leistungen vom Festpreis umfasst sind. Je detaillierter eine solche Regelung ausfällt, desto weniger gibt es Streit darüber, was vom Festpreis im Einzelnen an Leistungen umfasst sein soll und man muss nicht auf die Rechtsprechung des Bundesgerichtshofs zurückgreifen, die natürlich Schwankungen unterworfen sein kann.

In diesem Zusammenhang sei erwähnt, dass so genannte Preisanpassungsklauseln nicht zu beanstanden sind (OLG Dresden, Urteil vom 03.06.2005, 11 U 1967/04). Diese Preisanpassungsklauseln betreffen folgende Fälle:

Die Parteien gehen bei Vertragsabschluss von einer bestimmten herzustellenden oder umfangreich zu sanierenden Fläche aus. Sie vereinbaren, dass bei Abweichung der geplanten Fläche von mehr als 3 % der Preis entsprechend anzugleichen ist auf die tatsächliche Fläche. Solche Klauseln sind nicht nur zulässig, sie sind sehr empfehlenswert. Sie dienen der zulässigen Flexibilität der Regelungen des Bauträgervertrages.

Fälligkeit

Sollten Abschlagszahlungen nicht vereinbart worden sein, so ist nach der gesetzlichen Regelung die Abnahme i. S. d. § 641 BGB Voraussetzung der Fälligkeit der Vergütung des Bauträgers durch den Erwerber. Dieser doch eher theoretischen Annahme wird in der Praxis dadurch begegnet, dass Abschlagszahlungen vereinbart werden, vor allem solche, die im Einklang mit § 3 MaBV stehen. Zudem hat der Bauträger für in sich abgeschlossene Bauteile den Anspruch auf eine Abschlagszahlung gemäß § 632a BGB. Sollte sich allerdings in einem Rechtsstreit herausstellen, dass Fälligkeitsklauseln unwirksam sind, da sie sich nicht an den zwingenden Regelungen der MaBV orientieren, gilt die gesetzliche Regelung. Das ist für den Bauträger eine böse Überraschung.

Verzug

Nach § 284 Abs. 3 BGH kommt der Schuldner auch ohne Mahnung in Verzug, wenn 30 Tage nach Zugang der Rechnung vergangen sind. Die Folgen des Verzuges sind für den Schuldner unangenehm. Sämtliche mit dem Verzug im Zusammenhang stehenden Schäden (beim Bauträgermodell in der Regel Zinsschäden) sind zu ersetzen und darüber hinaus besteht das Risiko des Bauherrn, dass der Bauträger vom Vertrag zurücktritt. Einzelheiten ergeben sich aus § 346 BGB.

Verjährung

Der Vergütungsanspruch des Bauträgers verjährt gemäß § 196 BGB in zehn Jahren. Der Beginn der Verjährung ist in § 199 BGB geregelt. Danach beginnt die regelmäßige Verjährungsfrist von drei Jahren jeweils am 31.12. des Jahres zu laufen, in dem der Anspruch entstanden ist und der Gläubiger der Grund des Anspruchs kannte sowie die Person des Schuldners bzw. hätte kennen müssen. Die Verjährungsfrist des § 196 BGB hingegen beginnt mit der Entstehung des Anspruchs. Eine Unterscheidung danach, ob die Leistung für einen Gewerbetreibenden erfolgt oder für einen Privatmann, wie im alten Recht geregelt, kennt die neue Verjährungsrechtslage nicht mehr.

In vielen Bauträgerverträgen findet sich die so genannte Zwangsvollstreckungsunterwerfungserklärung. Der Erwerber erklärt, dass er sich wegen der Zahlungsverpflichtungen aus dem Bauträgervertrag der sofortigen Zwangsvollstreckung in sein gesamtes Vermögen unterwirft. Hat er eine solche Erklärung abgegeben, sind die kurzen Verjährungsfristen des § 196 BGB hinfällig, es gilt dann die 30jährige Verjährungsfrist des § 197 Abs. 1 Nr. 4 BGB. Der Bundesgerichtshof hat mit seinem Urteil vom 22.10.1998 (Baurecht 1999, S. 53 ff.) entschieden, dass eine Klausel des Inhalts, dass sich ein Erwerber in einem Bauträgervertrag der Zwangsvollstreckung in sein gesamtes Vermögen unterwirft, der Notar eine Klausel zur Vollstreckung dieser Urkunde erteilen kann, ohne dass es eines besonderen Nachweises – Bautenstandsnachweises – bedarf, gemäß §§ 3, 12 Makler- und Bauträgerverordnung i V. m. § 134 BGB nichtig ist. Nach § 12 MaBV dürfen nicht zu Lasten des Erwerbers die Schutzregelungen der MaBV beschränkt werden. Daher wird man darauf zu achten haben, dass die in der Makler- und Bauträgerverordnung geregelten Raten nur dann vollstreckt werden können, wenn die die Raten begründenden Fälligkeitsvoraussetzungen nachgewiesen sind. Das wird in der Regel durch Sachverständige, Bauleiter oder Architekten zu unternehmen sein. Folge der Unwirksamkeit der notariellen Klausel ist, dass nunmehr wieder die 10jährige Verjährungsfrist gilt. Die 30jährige Verjährungsfrist ist hinfällig. Doch es ist aufgrund der obergerichtlichen Rechtsprechung höchste Vorsicht bei der Ausgestaltung der Klausel angezeigt. Denn die Gerichte stehen der Klausel im Grundsatz skeptisch gegenüber (sh. insoweit OLG Bamberg Urt. Vom 13.08.2008 1U 189/07; OLG München Urteil vom 03.02.2009 9 U 3417/ 08; BGH Urteil vom 25.09.2008 VII ZR 35/07).

2.4.1.5 Ansprüche des Erwerbers

2.4.1.5.1 Erfüllungsanspruch

Der Primäranspruch des Erwerbers ist gerichtet auf die Herstellung des Werkes und Verschaffung des Eigentums. Der Bauträger schuldet die vertraglich vereinbarte Bauleistung sowie die gesamte damit verbundene Planung (Pause, Bauträgerkauf, RN 66). Ausgenommen sind natürlich vereinbarte Eigenleistungen des Erwerbers. Der Vertrag muss also den Umfang der vom Bauträger geschuldeten Leistung regeln. Regelmäßig ergibt sich Art und Umfang der Bauleistung aus der Baubeschreibung, die mitbeurkundet werden muss, § 311b BGB. Diese Beurkundungspflicht bezieht sich auch auf die oft zahlreichen Anlagen zu der jeweiligen Baubeschreibung. Es muss sich zudem aus dem Bauträgervertrag ergeben, dass den Bauträger die Herstellungsverpflichtung trifft. Ergibt sich diese Verpflichtung nicht aus dem Vertrag, ist er nicht wirksam, da eine entsprechende Willenserklärung nicht beurkundet ist. Wenn auch der BGH darauf hinweist, dass eine Baubeschreibung stets zu beurkunden ist, schließt dies nicht aus, dass der Umfang der Herstellungsverpflichtung sich aus anderen Umständen ergeben kann (BGH Urteil vom 10.02.2005 VII ZR 184/04). Das vertraglich festgelegte Bausoll bestimmt den Umfang des Erfüllungsanspruchs des Erwerbers und ist entscheidend für die Haftung des Bauträgers. Hierzu regelt der dem § 434 BGB nachgebildete § 633 BGB, dass das Werk frei von Sachmängeln ist, wenn es die vereinbarte Beschaffenheit hat. Sofern diese nicht festgelegt ist, kommt es nach § 633 Abs. 2 BGB auf die Eignung für die nach dem Vertrag vorausgesetzte Verwendung an, wenn diese nicht vertraglich bestimmt ist, auf die Eignung für die gewöhnliche Verwendung.

Der Erwerber wird Eigentümer des erworbenen Grundbesitzes durch Eigentumsumschreibung im Grundbuch. Grundlage ist die Einigung über den Eigentumsübergang, die sog. Auflassung im Sinne des § 925 BGB (die entgegen vielfach vertretener Ansicht nicht beurkundet werden muss, aber kann, wie sich aus § 873 Abs. 2 BGB ergibt) sowie die Eintragung in das Grundbuch nach § 873 BGB.. Im Hinblick auf diesen Teil des Bauträgervertrages gilt Kaufrecht.

2.4.1.5.2 Schadensersatz

Selbstverständlich kann auch der Bauträger mit der Erbringung seiner Leistung in Verzug geraten. Es gilt aber auch hier, dass die Fälligkeit nicht mit Verzug zu verwechseln ist. Der Erwerber muss dem Bauträger eine Mahnung zusenden, die verbunden ist mit einer bestimmten Fristsetzung und nach Ablauf der Frist kann der Erwerber unter Verzugsgesichtspunkten Ansprüche geltend machen. Hier gilt die Regelung des § 284 BGB nicht, da diese nur Geldforderungen umfasst.

Der Verzugsschaden besteht hier etwa in dem Mehraufwand für Finanzierungskosten, Kosten anderweitiger Unterkunft, entgangener Mieten etc. Des Weiteren stehen dem Erwerber die Rechte des § 346 BGB zu.

2.4.1.5.3 Herausgabeansprüche

Ebenfalls unter die Primäransprüche zu subsumieren sind Herausgabeansprüche des Erwerbers gegen den Bauträger von das Objekt betreffenden Unterlagen, vor allem Plänen. Zu diesen Unterlagen gehören insbesondere die Statikpläne, die Installationspläne, die Betriebs- und Bedienungsanleitungen und Prüfzeugnisse. Diese Herausgabe von Unterlagen ist für den Erwerber wichtig, um die technischen Anlagen bei Ingebrauchnahme bedienen zu können.

Nicht selten findet sich in den Bauträgerverträgen eine Abtretungsklausel des Inhalts, dass der Bauträger seine ihm gegen seine Subunternehmer zustehenden Gewährleistungsansprüche an den Erwerber abtritt. Der Erwerber hat dann das Risiko, dass er selber gegen die einzelnen Unternehmer vorgehen muss, um seine Gewährleistungsansprüche geltend machen zu können. Dafür benötigt er selbstverständlich Unterlagen. Der Bauträger hat ihm zur Vorbereitung derartiger Prozesse sämtliche vertraglichen Unterlagen, insbesondere die Leistungsverzeichnisse und Ausschreibungsunterlagen, die Zeichnungen und Schlussrechnungen sowie die dazu geführte Korrespondenz vorzulegen. Dies ist zwingende Nebenpflicht des im Bauträgervertrag zusätzlich geschlossenen Abtretungsvertrages. Unabhängig davon ist dem Erwerber zu raten, die Gewährleistungsansprüche kumulativ beim Bauträger und Subunternehmer geltend machen zu können.

2.4.1.5.4 Verjährung

Die Erfüllungsansprüche des Erwerbers verjähren nach § 196 BGB in zehn Jahren. Ausgenommen davon sind die Gewährleistungsansprüche, die gemäß § 634a Abs. 1 Nr. 2 BGB in fünf Jahren verjähren.

2.4.1.6 Gewährleistungsansprüche des Erwerbers

Der Bauträger schuldet die Errichtung eines mangelfreien Werkes, so dass der Erwerber im Falle des Auftretens von Mängeln nach Abnahme des Werkes sog. Gewährleistungsansprüche geltend machen kann. Dies betrifft allerdings nur das herzustellende Werk, nicht das Grundstück. Bezüglich des Grundstücks gilt Kaufrecht und außerdem ist in der Regel hier die Gewährleistung vertraglich ausgeschlossen.

Praxisrelevant sind daher die Mängel, die am Bauwerk selber auftreten, sei es durch Planungsfehler oder Fehler in der Bauausführung, Nichteinhaltung der anerkannten Regeln der Technik, Verstöße gegen Denkmalschutzauflagen etc.. Der Erwerber hat primär den Anspruch auf Nacherfüllung gemäß § 635 BGB, weiterhin kann er unter den Voraussetzungen des § 637 BGB den Mangel auf Kosten des Bauträgers selber beseitigen, den Festpreis unter den Voraussetzungen des § 638 BGB mindern oder unter den Voraussetzungen des § 636 BGB zurücktreten.

2.4.1.6.1 Nacherfüllungsanspruch

Nach § 634 Nr. 1 BGB kann der Besteller Nacherfüllung verlangen. Der Nacherfüllungsanspruch hängt nicht davon ab, ob der Besteller das Werk abgenommen hat. Er kann nach der Abnahme und grundsätzlich auch davor geltend gemacht werden.

Der Nacherfüllungsanspruch hängt nicht davon ab, ob der Unternehmer einen Mangel verschuldet hat. Die Erfolgshaftung des Unternehmers ist verschuldensunabhängig. Der Unternehmer muss deshalb einen Mangel auch dann beseitigen, wenn ihm kein Vorwurf zu machen ist, etwa weil er unerkannt fehlerhaftes Material eingebaut hat oder die zum Zeitpunkt der Leistung anerkannten Regeln der Technik eingehalten hat oder weil er nach allgemeinem Fachwissen auf Herstellerangaben und sonstige Informationen vertrauen konnte (BGH-Urteil vom 10.11.2005 – VII ZR 147/04).

Verlangt der Besteller Nacherfüllung, so kann der Unternehmer gemäß § 635 Abs. 1 BGB nach seiner Wahl den Mangel beseitigen oder ein neues Werk herstellen. Nach § 635 Abs. 2 BGB hat der Werkunternehmer die zum Zweck der Nacherfüllung erforderlichen Aufwendungen zu tragen. Die Transport-, Wege-, Arbeits- und Materialkosten sind dort nur beispielhaft genannt. Die Nacherfüllungsverpflichtung erstreckt sich nicht nur darauf, die eigene mangelhafte Leistung nachträglich in einen mangelfreien Zustand zu versetzen. Sie umfasst auch alles, was vorbereitend erforderlich ist, um den Mangel an der eigenen Leistung zu beheben.

2.4.1.6.2 Selbstvornahme

Beseitigt der Unternehmer einen Mangel nicht, hat der Besteller die Möglichkeit, diesen Mangel selbst zu beseitigen oder beseitigen zu lassen (so genanntes Selbstvornahmerecht). Er hat allerdings nur unter den Voraussetzungen des § 637 BGB einen Anspruch auf Erstattung der für die Beseitigung erforderlichen Aufwendungen.

Der Anspruch auf Ersatz der erforderlichen Aufwendungen für die Mängelbeseitigung tritt an die Stelle des Nacherfüllungsanspruchs. Es ist ein verschuldensunabhängiger Anspruch, mit dem die Erfolgshaftung des Werkunternehmers sichergestellt wird.

§ 637 BGB ist Ausdruck einer grundlegenden Systematik des Werkvertragsrechts. Danach ist dem Unternehmer grundsätzlich die Gelegenheit einzuräumen, den Mangel seines Werkes selbst zu beseitigen. Dieser ungeschriebene Grundsatz begründet keinen Anspruch des Unternehmers im rechtlichen Sinne. Der Besteller erleidet jedoch erhebliche Nachteile, wenn er ihn missachtet.

Beseitigt der Besteller den Mangel selbst oder lässt er ihn durch Dritte beseitigen, ohne dass dem Unternehmer die Gelegenheit zur Mängelbeseitigung eingeräumt worden war, kann er grundsätzlich keine Kostenerstattung für die Mängelbeseitigung, gleich aus welchem Rechtsgrund, verlangen. Der Ersatzvornahme muss also die Aufforderung zur Mängelbeseitigung innerhalb angemessener Frist vorausgehen. Die angemessene Frist für die Nacherfüllung ist verbunden mit der Aufforderung zur Mängelbeseitigung. Die Aufforderung zur Mängelbeseitigung muss die Mängel so genau bezeichnen, dass der Unternehmer in der Lage ist, zu erkennen, was von ihm verlangt wird. Es gilt insoweit die so genannte Symptomtheorie des BGH. Danach reicht die ausreichend genaue Bezeichnung der Mangelerscheinungen aus. Ausreichend ist auch die Bezugnahme auf bereits erfolgte Rügen, etwa in Baustellenprotokollen, vor prozessualen Schreiben (BGH-Urteil vom 03.12.1998 – VII ZR 405/97 -). Ausnahmsweise ist eine Fristsetzung entbehrlich. In dem in Bezug genommenen § 323 Abs. 2 BGB werden die Tatbestände aufgelistet, nach denen eine Fristsetzung entbehrlich ist. Zusammen mit § 637 Abs. 2 BGB ist die Fristsetzung entbehrlich, wenn

1. der Schuldner die Leistung ernsthaft und endgültig verweigert,
2. der Schuldner die Leistung zu einem im Vertrag bestimmten Termin oder innerhalb einer bestimmten Frist nicht bewirkt und der Gläubiger im Vertrag den Fortbestand seines Leistungsinteresses an die Rechtzeitigkeit gebunden hat oder,
3. besondere Umstände vorliegen, die unter Abwägung der beiderseitigen Interessen den sofortigen Rücktritt rechtfertigen,
4. die Nacherfüllung fehlgeschlagen ist,
5. die Nacherfüllung dem Besteller unzumutbar ist.

Im Hinblick auf die Sicherheit, die eine Fristsetzung mit sich bringt, sollte man sich nicht auf das Vorliegen der Voraussetzungen des § 637 BGB stützen.

2.4.1.6.3 Leistungsverweigerungsrecht

Auch nach der Abnahme steht dem Besteller wegen eines Anspruchs auf Mängelbeseitigung ein Leistungsverweigerungsrecht nach § 320 Abs. 1 BGB zu. Es ist jedoch im Hinblick darauf, dass der Besteller die Leistung mit der Abnahme als Erfüllung angenommen hat, nicht gerechtfertigt, dem Unternehmer den Anspruch auf die volle Vergütung zu versagen. Vielmehr besteht das Leistungsverweigerungsrecht nur in Höhe eines Betrages, der erforderlich ist, um den Unternehmer zur Nacherfüllung anzuhalten. Dieser Betrag kann nicht auf das Einfache der Mängelbeseitigungskosten beschränkt sein, weil damit nicht genügend Druck auf den Unternehmer ausgeübt wird, die Mängelbeseitigung vorzunehmen.

Deshalb ist im § 641 Abs. 2 BGB der so genannte Druckzuschlag geregelt. Das Leistungsverweigerungsrecht nach der Abnahme ist nämlich in der Regel auf das Doppelte der Mängelbeseitigungskosten begrenzt. Das Leistungsverweigerungsrecht kann durch Allgemeine Geschäftsbedingungen nicht ausgeschlossen werden. Die Norm des § 641 BGB ist im Hinblick auf § 320 BGB lex specialis; denn § 320 BGB kennt keine Begrenzung des Leistungsverweigerungsrechts.

2.4.1.6.4 Minderungsrecht

Das Minderungsrecht des § 638 BGB ist als einseitiges Gestaltungsrecht ausgestaltet. Die Minderung wird nämlich durch die einseitig gestaltende Erklärung des Bestellers vollzogen. Diese Erklärung muss gegenüber dem Unternehmer erfolgen. Mit ihr hat der Besteller eine Wahl zwischen dem ihn zustehenden Rechten wegen eines Mangels getroffen. Diese Wahl ist bindend.

Man kann davon ausgehen, dass entsprechend der ständigen Rechtsprechung des BGH die Minderung grundsätzlich in Höhe der Nachbesserungskosten erfolgen kann. Etwas anderes gilt, wenn der Unternehmer die Mängelbeseitigung wegen der unverhältnismäßigen Kosten verweigert, die Nacherfüllung unmöglich ist oder die Leistungsverweigerungsrechte aus § 275 Abs. 2 und 3 BGB geltend gemacht werden. Dann muss die Minderung nach der gesetzlichen Formel des § 638 Abs. 3 BGB ermittelt werden. Dazu sind Schätzungsmethoden entwickelt worden, wie z. B. das Zielbaumverfahren (Aurnhammer, BauR 1983, 979; Pauli, BauR 2002, 1323) oder die Nutzwertanalyse (OLG Celle, BauR 1998, 401).

2.4.1.6.5 Rücktritt

Wegen des Rücktritts verweist § 634 BGB auf die §§ 323, 326 Abs. 5 BGB. § 636 BGB enthält lediglich eine ergänzende Regelung. Der Rücktritt ersetzt die Wandlung nach altem Recht. Das Rücktrittsrecht steht dem Besteller als einseitiges Gestaltungsrecht verschuldensunabhängig zu. Tritt der Besteller zurück, ist er daran gebunden. Der Vertrag wird dann rückabgewickelt, §§ 346 ff. BGB. Der Erwerber ist beim Bauträgervertrag in der Lage, die empfangene Leistung vollständig zurückzugeben, z. B. die halbfertig errichtete Eigentumswohnung. Er wird deshalb häufig den Rücktritt wählen, zumal im neuen Recht nicht verwehrt ist, daneben Schadensersatz zu verlangen, § 325 BGB. Der Erwerber kann also auch nach dem Rücktritt noch den Schaden verlangen, der ihm dadurch entstanden ist, dass der Vertrag gescheitert ist, wie z. B. entgangene Abschreibungsmöglichkeiten oder Mietausfall. Wie alle neuen Gewährleistungsrechte setzt der Rücktritt grundsätzlich den Ablauf einer vom Besteller zur Nacherfüllung gesetzten angemessenen Frist voraus. Nach fruchtlosem Fristablauf kann der Gläubiger zurücktreten. Die Fristsetzung ist nach § 323 Abs. 2 BGB entbehrlich. Außerdem ist die Fristsetzung unter den in § 636 BGB genannten Voraussetzungen entbehrlich. Der Rücktritt ist ausgeschlossen, wenn der Mangel vom Besteller alleine oder überwiegend zu vertreten ist, wie das z. B. bei schweren Planungsfehlern der Fall sein kann. Der Rücktritt ist ebenfalls ausgeschlossen, wenn der vom Schuldner nicht zu vertretende Umstand der zum Rücktritt berechtigen würde, zu einer Zeit eintritt, zu welcher der Gläubiger im Verzug der Annahme ist, § 323 Abs. 6 BGB.

2.4.1.6.6 Schadensersatz

Soweit der Unternehmer die fällige Leistung nicht oder nicht wie geschuldet erbringt, kann der Besteller unter den Voraussetzungen des § 280 Abs. 1 BGB Schadensersatz statt der Leistung verlangen, wenn er dem Unternehmer erfolglos eine angemessene Frist zur Leistung oder Nacherfüllung bestimmt hat, § 281 Abs. 1 BGB.

§ 281 Abs. 1 BGB regelt den Schadensersatz statt der Leistung. Dieser Schadensersatzanspruch erfasst die Schäden, die durch eine Nacherfüllung verhindert werden könnten. Dem Unternehmer muss die Möglichkeit eröffnet werden, die Nacherfüllungshandlung vorzunehmen. Ihm wird damit auch die Möglichkeit eröffnet, durch

2.4 Bauträger-, Makler-, Wohnungseigentumsrecht

die Nacherfüllung vermeidbare Schäden zu verhindern. Dazu gehören in erster Linie die Mängelbeseitigungskosten, aber auch andere Schäden, die durch eine Mängelbeseitigung verhindert werden können. Diese Schäden können nur verlangt werden, wenn der Erfüllungsanspruch ausgeschlossen ist. Schäden, die unabhängig davon entstehen, ob die Mängel beseitigt werden, werden nach § 280 Abs. 1 BGB ersetzt. Den Erfüllungsanspruch in Schadensersatz statt der Leistung (wegen Nichterfüllung) können nicht nebeneinander bestehen.

Das Recht zum Rücktritt und zum Schadensersatz ist im Allgemeinen Schuldrecht geregelt. Ist das Werk mangelhaft, kann der Besteller gemäß § 634 Nr. 4 BGB Schadensersatz nach den §§ 280, 281, 284 BGB und § 311 a BGB verlangen. Damit findet eine Verweisung auf das Schadensersatzsystem des neuen Schuldrechts statt.

Im Groben hat sich jedoch an der bisherigen Rechtslage wenig geändert. Der so genannte Mangelfolgeschaden, das ist der Schaden, der durch eine Mängelbeseitigung nicht verhindert werden kann, kann ohne jede Einschränkung verlangt werden, wenn der Unternehmer den Mangel schuldhaft herbeigeführt hat, § 280 Abs. 1 BGB. Zu den Mangelfolgeschäden gehören alle Schäden, die infolge der mangelhaften Leistung beim Besteller eingetreten sind, also z. B. Gutachterkosten, Mehraufwendungen infolge des Mangels, entgangener Gewinn infolge der mangelhaften Herstellung, Nutzungsausfall, Rechtsverfolgungskosten.

Der frühere Schadensersatz wegen Nichterfüllung kann nur unter den Voraussetzungen des § 281 BGB verlangt werden. Es ist also eine Fristsetzung erforderlich. Danach kann der Besteller Schadensersatz statt der Leistung verlangen, soweit die Leistung nicht wie geschuldet erbracht worden ist. Damit ist grundsätzlich der so genannte kleine Schadensersatz verankert worden. Der Auftraggeber kann Schadensersatz wegen Nichterfüllung nur verlangen, soweit die Leistung mangelhaft ist. Der Auftraggeber hat also Anspruch auf Ersatz der Mängelbeseitigungskosten und den sich aus der mangelhaften Leistung ergebenden Schäden. Den großen Schadensersatz wegen Nichterfüllung kann er verlangen, wenn die Pflichtverletzung erheblich ist. Mit der Rücktrittsproblematik im Rahmen des Bauträgervertrages hat sich der BGH in einer jüngsten Entscheidung (31.03.2006, V ZR 51/05) intensiv beschäftigt. Insbesondere geht es um die Frage, inwieweit sich der Erwerber möglicherweise zwischenzeitlich gezogene Nutzungen anrechnen muss. Im Rahmen dieser Entscheidung wird deutlich, dass der Erwerber sich überlegen muss, ob er den großen Schadensersatz oder die reine Rückabwicklung fordert. Denn der BGH führt aus, dass der Erwerber sich den nach dem üblichen Miet- oder Pachtzins zu berechnenden Wert der Eigennutzung anrechnen lassen muss, wenn er neben dem reinen Rücktritt auch Schadensersatz in Form seiner Finanzierungskosten etc. verlangt. Beschränkt sich aber der Erwerber darauf, den Leistungsaustausch lediglich rückgängig zu machen oder Ersatz der Vertragskosten zu verlangen, ist als Nutzungsvorteil nur die abnutzungsbedingte, zeiteinteilig linear zu berechnende Wertminderung der Immobilie anzurechnen. Insoweit wird man zukünftig zunächst einmal rechnen müssen, ob der große Schadensersatz wirklich vorteilhafter ist als der reine Rücktritt.

Sobald der Besteller Schadensersatz statt Leistung verlangt hat, ist der Anspruch auf Nacherfüllung ausgeschlossen, § 281 Abs. 4 BGB. Vor diesem Verlangen hat der Besteller jedoch die Wahl zwischen sämtlichen Ansprüchen, z. B. kann er auch noch weiter Erfüllung verlangen.

2.4.1.6.7 Verjährungsfragen

Nach § 634a Abs. 1 und 2 BGB verjähren die in § 634 Nr. 1, 2 und 4 BGB genannten Ansprüche wegen Mängel am Bauwerk innerhalb von fünf Jahren, gerechnet vom Tag der Abnahme an. Der Gesetzgeber hat es abgelehnt, die regelmäßige Verjährung mit der Höchstfrist von in der Regel zehn Jahren anzuwenden. Vielmehr bleibt es dabei, dass Ansprüche wegen Mängeln fünf Jahre nach Abnahme verjähren. Dabei wird in Kauf genommen, dass Mängel bei der Herstellung eines Bauwerks auch erst nach Ablauf von fünf Jahren auftreten können und damit eine Durchsetzung der Rechte aus diesem Mangel von vornherein gar nicht möglich ist. Es ist immer wieder darauf hingewiesen worden, dass bestimmte Mängel an Bauwerken häufig erst nach dem Ablauf von fünf Jahren auftreten (Lang, NJW 1995, 2063). Ansprüche wegen Mängel an Werken, die die Herstellung, Wartung oder Veränderung einer Sache zum Gegenstand haben, verjähren gemäß § 634a Abs. 1 Nr. 1 BGB in zwei Jahren nach der Abnahme. Diese Arbeiten zeichnen sich dadurch aus, dass sie nicht die Lieferung einer herzustellenden oder zu erzeugenden beweglichen Sache zum Gegenstand haben, für die Kaufrecht und damit die zweijährige Verjährung des § 438 Abs. 1 Nr. 3 BGB i. V. m. § 651 BGB gilt. Vielmehr werden die Arbeiten am Gegenstand selbst vorgenommen. Darunter fallen die ausdrücklich genannten Wartungsarbeiten und Veränderungsarbeiten sowie Reparaturarbeiten. Darunter fallen auch Arbeiten an einem Grundstück wie z. B. gärtnerische Arbeiten. Auch Abbrucharbeiten zur Vorbereitung von Bauarbeiten fallen darunter. Diese sind keine Arbeiten am Bauwerk (BGH-Urteil vom 09.03.2004 – X ZR 67/01 –). In zwei Jahren verjähren auch die Ansprüche wegen Mängeln von Planungs- und Überwachungsleistungen für die genannten Arbeiten. Darunter fallen die Planungsleistungen für Arbeiten, die nicht für Konstruktion, Bestand und Erhaltung und Benutzbarkeit des Gebäudes von wesentlicher Bedeutung sind.

2.4.2 Maklerrecht

2.4.2.1 Stellung des Maklers

Der Makler ist selbstständiger Gewerbetreibender. Er ist Kaufmann i.S.d. § 1 HGB und i. d. R. auch kein Vertreter einer späteren Hauptvertragspartei. Deshalb muss sich die Hauptvertragspartei i. d. R auch Äußerungen des Maklers nicht zurechnen lassen.

2.4 Bauträger-, Makler-, Wohnungseigentumsrecht

Allerdings ist gerade in jüngster Entwicklung der Rechtsprechung ersichtlich, dass Vorsicht geboten ist. Beauftragt nämlich z. B. der Verkäufer einen Makler mit den Vertragsverhandlungen, ist es ihm als eigenes Verschulden gegenüber dem Käufer anzurechnen, wenn er den Makler nicht über die Umstände informiert, die dem Käufer zu offenbaren sind. Dem Verkäufer ist das Wissen seines Vertreters, der in seinem Namen handelt, zuzurechnen; anderes gilt nur, wenn der Vertreter die Angelegenheiten des Verkäufers, sei es allgemein, sei es für den Verkaufsfall, in eigener Verantwortlichkeit zu erledigen und die dabei erlangten Informationen zur Kenntnis nehmen und weiter zu geben hat (BGH, Urteil vom 14.05.2004, V ZR 120/03, DB 2004, 2367; MDR 2004, 1176, NJW RR 2004, 1196). Hintergrund dieser Rechtsprechung ist, dass sich der Auftraggeber des Maklers nicht dadurch aus der Verantwortung stehlen soll, dass er sich um das abzuschließende Geschäft nicht kümmert, dem Makler gleichsam die volle Verantwortlichkeit für das Geschäft aufbürdet. Wenn dann der Makler falsche oder irreführende Angaben macht, sind diese doch dem Auftraggeber zuzurechnen.

2.4.2.2 Zustandekommen des Maklervertrages

Der Maklervertrag - im Gesetz Mäklervertrag genannt - findet seine gesetzliche Grundlage in den §§ 652 ff. BGB. Der Maklervertrag ist Teil des Besonderen Schuldrechts, d. h. für ihn gibt es einige Sonderregelungen, wie etwa auch für das Kauf-, Werkvertrags- und Reiserecht. Beim Maklervertrag schuldet der Makler den Nachweis der Gelegenheit zum Abschluss eines Vertrages oder die Vermittlung eines Vertrages, der Vertragspartner schuldet Maklerlohn. Wie alle Verträge kommt auch der Maklervertrag nur dann zustande, wenn zwei übereinstimmende Willenserklärungen dahingehend abgegeben werden. Die Einzelheiten ergeben sich aus §§ 145 ff. BGB. Kurz gesagt: Ein Vertrag kommt durch Angebot und Annahme zustande, die gleichlautenden Inhalt haben müssen. In den §§ 145 ff. BGB sind dann Sonderformen geregelt, z. B. das Angebot unter Abwesenden. Aufgrund der spärlichen gesetzlichen Ausgestaltungen des Maklerrecht, hat sich das Recht des Maklers mehr und mehr in reines Rechtsprechungsrecht ergossen. Die umfangreiche Rechtsprechung zum Maklerrecht sollte der Anwender unbedingt kennen.

2.4.2.2.1 Form und Inhalt des Maklervertrages

Wie bereits dem Wortlaut des § 652 BGB zu entnehmen ist, ist für den Provisionsanspruch des Maklers nicht hinwegzudenkende Voraussetzung, dass der Vertragspartner sich auch mit der Zahlung einer Provision einverstanden erklärt, d. h. ein Maklervertrag zustande gekommen ist. Der Makler kann also aus seiner eigenen Initiative heraus tätig werden, Aufwendungen haben etc., erlangt dadurch aber allenfalls ein freundliches Danke seiner Mitmenschen, aber nicht einen Provisionsanspruch. Insbesondere ist für den Makler Vorsicht geboten, der von sich aus Geheimnisse preisgibt, ohne dass bereits ein Maklervertrag zustande gekommen wäre. Das passiert im täg-

Dr. Ulrich Schwering

lichen Geschäftsleben häufig dann, wenn Kunden von sich aus Eigeninserate schalten und der Makler daraufhin geeignete Objekte anbietet. Bietet der Makler dann dem Interessenten die Objekte dergestalt an, dass er Eigentümer, Lage etc. genau bezeichnet, kann der Eigeninteressent sich direkt an den Eigentümer wenden und mit diesem verhandeln, ohne dass der Makler eine Provision verdient hätte. Denn keineswegs kann der Kunde, der sich an den Makler wendet, davon ausgehen, er müsse den Makler auch bezahlen. Nicht selten werden ja auch Maklerverträge mit Verkäufern oder Vermietern abgeschlossen. Also: ohne Maklervertrag auch kein Maklerlohn!

Fraglich ist, ob der Maklervertrag formfrei geschlossen werden kann. Der Norm des § 652 BGB, auch seinen folgenden Paragraphen, lässt sich ein Schriftformerfordernis oder auch ein Erfordernis zu einer notariellen Beurkundung des Maklervertrages nicht entnehmen. Der Maklervertrag ist also formfrei, d. h. mündlich, schriftlich oder auch konkludent (durch schlüssiges Verhalten) möglich. Doch die sichere Kenntnis, einen Maklervertrag geschlossen zu haben, ersetzt nicht die Notwendigkeit in einem evtl. später zu führenden Prozess über den Provisionsanspruch, das Zustandekommen eines Maklervertrages auch zu beweisen. Genau aufgrund dieser Tatsache ist es dringend anzuraten, einen Maklervertrag immer schriftlich abzuschließen, da der Urkundsbeweis in einem Prozess der am besten zu führende Beweis ist. An dieser Stelle sei erwähnt, dass ein Maklervertrag nicht dadurch zustande kommt, dass man dem Makler einen Besichtigungsnachweis unterschreibt, auch dann nicht, wenn versteckt ein Provisionsanspruch niedergelegt ist.

Zur Sicherung des Provisionsanspruchs findet sich häufig in notariellen Verträgen über den Kauf der vermittelten Grundstücke auch die Verpflichtung des Käufers, Maklerprovision zu entrichten. Diese Klausel ist nicht etwa als Vertragsabschluss anzusehen, sondern sie dient lediglich der Sicherung des Provisionsanspruchs, der wiederum auf einem vorher abgeschlossenen Vertrag beruht. Möglicherweise handelt es sich auch um einen erstmals abgeschlossenen Vertrag zu Gunsten Dritter i.S.d. § 328 BGB.

Die streitbarsten Fälle über Maklerprovisionsansprüche sind diejenigen, in denen der Makler das Zustandekommen eines Vertrages durch schlüssiges Verhalten behauptet. Ein Nachweis ist hier außerordentlich schwierig. Denn schlüssiges Verhalten bedeutet, dass man aus einem bestimmten Verhalten des Vertragspartners auf dessen Vertragsabschlusswillen schließt. Dabei kommt es nicht einmal darauf an, ob sich der einzelne Vertragspartner auch den Abschluss eines Vertrages vorstellt, sondern es geht um die Frage, ob sein Verhalten objektiv verkehrstypisch wirkt. Die alltäglichen Fälle sind die, in denen jemand eine Straßenbahn besteigt, wodurch man wohl annehmen kann, er wolle befördert werden und es ist verkehrstypisch, dass eine Beförderung nicht unentgeltlich erfolgt. Der Kunde kann also nicht die Straßenbahn verlassen und sich darauf berufen, es sei ja kein Vertrag zwischen den Verkehrsbetrieben und ihm zustande gekommen. Er schuldet selbstverständlich das Entgelt für die Beförderung. Ähnlich ist es im Maklergewerbe. Nimmt jemand die Dienste eines Immobilienmaklers in Anspruch in dem Wissen, dass es sich um einen Immobilienmakler handelt, dessen typische Dienste auch nicht unentgeltlich abverlangt werden können, und bedient er dessen Dienste längerer Zeit , hat mit dem Makler schlüssig einen Vertrag abgeschlossen. Es bedarf dann eines ausdrücklichen Hinweises des Vertragspartners, dass er mit dem Makler gerade keinen Vertrag abschließen will (vgl. Oberlandesgericht Köln, NJW-RR 1987, 1529; Oberlandesgericht Hamm, Versicherungsrecht 1991, 1172; OLG Köln, NJW-RR 1993, 764). Wichtig ist, dass sich der Kunde längere Zeit hat Dienste gefallen lassen in der Kenntnis, dass der Makler diese Dienste nicht für den Verkäufer oder Vermieter erbringt. Einmalige Tätigkeiten des Maklers lösen keinen Provisionsanspruch aus, da es an einem Vertrag fehlt.

Der Kaufinteressent darf auch dann, wenn er sich ohne Bezug auf ein konkretes Angebot an einen Makler wendet, um sich Objekte aus dessen „Bestand" nachweisen zu lassen, mangels einer ausdrücklichen Provisionsforderung des Maklers i. d. R. davon ausgehen, diese seien dem Makler bereits vom Verkäufer an die Hand gegeben worden. Anders liegt es nur bei einer weitergehenden Nachfrage von Maklerleistungen, insbesondere bei Erteilung eines eigenen Suchauftrages durch den Kunden (BGH, Urteil vom 20.09.2005, III ZR 393/04, NJW 2005, 3779).

Eines sei festgehalten: Unklarheiten im Hinblick auf den Vertragsschluss gehen zu Lasten des Maklers. Das hat der Bundesgerichtshof immer wieder betont. Es sei die ureigenste Sache des Maklers, in seinem Interesse für klare Verhältnisse zu sorgen. Dazu gehöre auch, sich unmissverständlich dazu zu äußern, dass für die Tätigkeit des Maklers eine Provision verlangt werde.

Sollte wider der Regel der Maklervertrag der Beurkundung bedürfen, ist der Vertrag ohne die Einhaltung der Form gem. § 311b BGB nichtig. Ebenso ergibt sich die Möglichkeit der Nichtigkeit aus den §§ 134, 138 BGB. Beurkundungsbedürftig ist ein Maklervertrag z. B., wenn sich der Vertragspartner in dem Vertrag verpflichtet, ein bestimmtes Objekt zu kaufen oder zu verkaufen. Das ergibt sich ohne Weiteres aus § 311b BGB.

2.4.2.2.2 Klauselproblematik bei Maklerverträgen

Eine besondere Problematik, die einer Vertiefung bedarf, ist die der Verwendung Allgemeiner Geschäftsbedingungen durch den Makler. Grundsätzlich ist beim Maklervertrag, wie auch bei anderen Verträgen, zu unterscheiden zwischen dem sog. individuell ausgehandelten Vertrag und dem Vertrag, dem Allgemeine Geschäftsbedingungen - vorformulierte Vertragsbedingungen und Klauseln - zugrunde liegen. Dann greifen die Regelungen der §§ 305 ff. BGB betreffend das Recht der Allgemeinen Geschäftsbedingungen. Nach § 305 BGB sind Allgemeine Geschäftsbedingungen alle für eine Vielzahl von Verträgen vorformulierte Vertragsbedingungen, die eine Vertragspartei (Verwender) der anderen Vertragspartei bei Abschluss eines Vertrages stellt. Gleichgültig sei, ob die Bestimmungen einen äußerlich gesonderten Bestandteil des Vertrages bilden oder in die Vertragsurkunde selber aufgenommen werden, welchen Umfang sie haben, in welcher Schriftart sie verfasst sind und welche Form der Vertrag hat.

Dr. Ulrich Schwering

Im Anwendungsbereich des § 310 Abs. 3 BGB ist zu beachten, dass bei Verbraucherverträgen sogar die einmalige Verwendung einer Klausel genügt, um sie als allgemeine Geschäftsbedingung zu qualifizieren. Nach § 305 Abs. 1 S. 3 BGB liegen allgemeine Geschäftsbedingungen dann nicht vor, soweit die Vertragsbedingungen ausgehandelt sind. Aushandeln setzt die Möglichkeit des Vertragspartners des Verwenders voraus, auf die inhaltliche Ausgestaltung der Vertragsbedingungen Einfluss zu nehmen. Erforderlich ist neben der objektiven Möglichkeit auch die subjektive Bereitschaft des Verwenders zur Änderung der Vertragsbedingung. Dann wäre die Inhaltskontrolle der §§ 307ff BGB ausgeschlossen.

Man ist also auf einer relativ sicheren Seite, wenn man den Vertrag individuell aushandelt. Aber dies ist unüblich. Denn man müsste dem Kunden nicht nur die von einem gestellten, vorformulierten Vertragsbedingungen mehrere Tage zur Kenntnis geben, sondern der Kunde müsste nachweislich Einfluss haben, die vorformulierten Vertragsbedingungen in seinem Sinne oder einem Kompromisssinne zu ändern. In der Regel wird dies schlicht nicht gemacht. Die Klauseln müssen ernstlich zur Disposition stehen.

Ohne im Einzelnen auf die von der Rechtsprechung für unwirksam gehaltenen Klauseln einzugehen, so sollen doch einige Beispiele verdeutlichen, wie folgenschwer die Anwendung des AGBG wirken kann:

Die Generalklausel des § 307 BGB heißt:
"Bestimmungen in Allgemeinen Geschäftsbedingungen sind unwirksam, wenn sie den Vertragspartner des Verwenders entgegen den Geboten von Treu und Glauben unangemessen benachteiligen."

Was dies bedeutet, ist klar. Immer wenn der Anschein einseitiger und nachteiliger vertraglicher Regelungen erweckt wird, läuft man Gefahr, dass bei unterstellter Anwendung des Rechts über die Allgemeinen Geschäftsbedingungen die Generalklausel des § 307 BGB eingreift und die Klausel unwirksam ist (bevor allerdings § 307 BGB eingreift, sind die Sonderregelungen der §§ 308, 309 BGB zu berücksichtigen).

Da § 652 BGB eine erfolgsabhängige Vergütung vorsieht, hat der BGH jegliche Art von erfolgsunabhängiger Provision, völlig irrelevant, wie diese Provision genannt wird (Aufwendungsersatz, Vertragsstrafe, Vergütung oder sonst), für unwirksam gehalten. Immer dann, wenn der Makler einen Erfolg nachweisen kann, ist Provision zu zahlen, sonst nicht. Es entsteht daher kein Anspruch auf Zahlung. Ebenso unwirksam sind Aufwendungsersatzklauseln bereits vor Entstehung von Kosten. Ebenfalls entsteht hier kein Zahlungsanspruch des Maklers. Gesetzgeberische Grundidee des Maklervertrages ist die vom Erfolg abhängige Provision.

Unwirksam sind ebenfalls Aufwendungsersatzklauseln, die einen prozentualen Anteil der Provision darstellen. Auch diesen Aufwand muss der Makler im Zweifel selber tragen.

Ganz pfiffige Gewerbetreibende haben sich zur Ausschaltung der Inhaltskontrolle durch die §§ 305 ff. BGB folgende Klausel einfallen lassen:

„Beide Vertragsparteien erklären, dass vorliegender Vertrag im Einzelnen ausgehandelt wurde und es sich nicht um vorformulierte Vertragsbedingungen einer Vertragspartei handelt."

So oder ähnlich finden sich viele Klauseln nicht nur in Maklerverträgen, die augenscheinlich nur den Sinn haben, die Anwendung der Inhaltskontrollvorschriften auszuschließen. Es bedarf keiner Vertiefung, dass die Rechtsprechung diese Klausel für unwirksam hält, da sie zur Aushebelung der Inhaltskontrollvorschriften insgesamt führen würde, was der gesetzgeberischen Motivation, Schutz des geschäftlich Unerfahrenen, zuwiderliefe.

2.4.2.3 Pflichten des Maklers

Sind die Parteien übereingekommen, dass der Makler den Abschluss eines Vertrages nachweist oder vermittelt und der andere Vertragspartner für die Tätigkeit des Maklers Provision zahlen will, ist ein Maklervertrag geschlossen worden, so dass sich auch entsprechende Leistungspflichten der Parteien daraus ergeben. Die Frage ist, welche Leistungspflichten im Einzelnen vom Makler geschuldet sind. Denn ausweislich § 653 BGB ist dem Makler nicht irgend eine Frist gesetzt, seine Tätigkeit zu erfüllen, es ist auch nicht weiter ausgeführt, was der Makler im einzelnen zu unternehmen hat, um den Maklervertrag zu erfüllen. Grundsätzlich aber ist festzuhalten, dass der Maklervertrag vom gesetzlichen Leitbild her sich durch das Fehlen einer Tätigkeitspflicht auszeichnet (Münchner Kommentar zum BGB, Roth, § 652 RN 3, 4). Damit korrespondiert gerade die Erfolgsabhängigkeit der Vergütung.

Sicher ist, dass der Makler insbesondere bei einem Alleinauftrag eine intensive und schnelle Tätigkeit zu entfalten hat, da sich der Vertragspartner darauf verlassen können muss, dass der Makler insbesondere bei einem Alleinauftrag diese exklusive Beauftragung auch zu schätzen weiß.

Ansonsten kann man allgemein feststellen, dass der Maklervertrag wie jeder andere Vertrag zu bewerten ist, d. h. die Vertragspartner einander zur Vertragstreue verpflichtet sind und insbesondere gegeneinander fair zu verhalten haben. Wie ebenfalls bei jedem anderen Vertrag gibt es auch bei einem Maklervertrag sog. Nebenpflichten, die im Falle ihrer Verletzung zur sog. positiven Vertragsverletzung mit Schadensersatzfolgen führen können. Dieses sind insbesondere Hinweis-, Obhuts- und Mitteilungspflichten.

Im Übrigen gilt: Vermitteln im Sinne des § 652 BGB heißt, dass der Makler auf einen Dritten final einwirkt, um den vom Auftraggeber gewünschten Vertrag abzuschließen. Hierauf muss sich also auch der Maklervertrag erstrecken. Der Dritte kann dem Auftraggeber bekannt sein.

Dr. Ulrich Schwering

Der Nachweismakler benennt einen dem Kunden bis zu diesem Zeitpunkt nicht bekannten möglichen Partner für den angestrebten Vertragsschluss. Dies muss dann Inhalt des Maklervertrages sein, um eine Provisionspflicht des Kunden daraus herzuleiten. In der Regel sind beide Arten Gegenstand des Maklervertrages.

2.4.2.4 Maklerverträge

Ein Interessent sollte sich grundsätzlich vor Augen halten, dass er sich in verschiedener Art und Weise mit dem Makler verbinden kann. Es gibt insoweit verschiedene Ausgestaltungen von Maklerverträgen, die zum Teil im Einzelnen kurz dargestellt werden sollen. Es sind allgemeine Vertragstypen, die in verschiedenen Ausgestaltungen in der Praxis Verwendung finden.

2.4.2.4.1 Der einfache Maklervertrag

Der dem Gesetz entsprechende gängige Vertragstyp im Sinne des § 652 BGB ist der sog. einfache Maklerauftrag ohne Aufwendungsersatz. Denn das Gesetz sieht den Aufwendungsersatzanspruch nur bei einer entsprechend vertraglichen Regelung vor, vgl. § 652 Abs. 2 BGB. Der einfache Maklervertrag ist dadurch geprägt, dass er die Vertragsparteien so gut wie gar nicht zu einem bestimmten Handeln verpflichtet. Lediglich die allgemeinen Treuepflichten müssen eingehalten werden. Ob ein Erfolgsfall eintritt, hängt natürlich von dem Einsatz des Maklers ab. Ob Provision anfällt, hängt ebenfalls davon ab.

Tut der Makler nichts, bleibt es folgenlos. Hat der Makler eine große Initiative entfaltet und sehr viel Aufwendungsersatz geleistet, tut sich ebenfalls nichts, wenn ein Hauptvertrag nicht zustande kommt. Denn Fakt ist, dass der Makler beim einfachen Maklerauftrag nicht einmal zu einer Tätigkeit verpflichtet werden kann (so jedenfalls der Bundesgerichtshof in Der Betrieb 1981, 211). Das primäre Interesse des Maklers ist aber nun einmal auf seine Provision gerichtet. Befindet er das Objekt für nicht vermittelbar, legt er seine Arbeiten folgenlos nieder. Der Kunde seinerseits kann allerdings im Gegensatz dazu den Auftrag jederzeit widerrufen, es sei denn, die Vertragsparteien hätten etwas anderes vereinbart. Ein Grund für die Kündigung braucht nicht vereinbart zu werden, ebenfalls gibt es keine Kündigungsfrist. Also ist auch der Kunde nicht in irgendeiner Weise an den Makler gebunden. Der einfache Maklerauftrag ist daher relativ wenig wert.

2.4.2.4.2 Der Alleinauftrag

Für den Makler interessanter ist der sog. Makleralleinauftrag, der jedenfalls bei Verkaufsfällen die Regel ist. . Der Alleinauftrag ist ein anderer Vertragstyp als der einfache Maklerauftrag und führt auch zu entsprechend anderen Verpflichtungen der Vertragsparteien. Das Wesen des Alleinauftrages besteht in einer stärkeren Bindung des Auftraggebers an den Makler, dem erhöhte Pflichten des Maklers gegenüberstehen. Es handelt sich um einen auf bestimmte Dienstleistungen gerichteten Maklerdienstvertrag, der aber gleichwohl kein gegenseitiger Vertrag ist, weil dieser Dienstleistung nicht unmittelbar eine Gegenleistung gegenübersteht (vgl. Palandt-Sprau, § 652 BGB, Rnd. 73).

Denn der Kunde verpflichtet sich, ausschließlich (exklusiv) die Leistungen des Maklers in Anspruch zu nehmen, den er durch den Alleinauftrag gebunden hat. Eine solche Bindung kann freilich befristet eingegangen werden. Gebunden sind beide Parteien durch die Einschränkung der ansonsten uneingeschränkt (Palandt-Sprau, § 652 BGB, Rnd. 12) gegebene Beendigungsmöglichkeit (BGH, NJW RR 1987, 944). Beim Alleinauftrag wird entweder eine Frist vereinbart, während der nicht widerrufen werden kann, ansonsten gilt wohl eine angemessene Bindungsfrist. Man ist auch durch die §§ 305 ff. BGB nicht daran gehindert, sog. Verlängerungsklauseln in den Vertrag aufzunehmen.

Da der Makler Exklusivität genießt, ist er verpflichtet zu intensiver und zügiger Tätigkeit im Interesse eines raschen Hauptvertragsabschlusses. Im Gegensatz zum einfachen Maklerauftrag ist hier zu bemerken, dass der Kunde einen Erfüllungsanspruch aus dem Maklervertrag hat (BGH, Der Betrieb 1987, 1935), d. h. den Makler zur Tätigkeit gerichtlich zwingen kann. Dass ein solcher Prozess allerdings aufgrund seiner Dauer nicht den beabsichtigten Erfolg bringen wird, soll nur nebenbei erwähnt werden. Erfüllungsanspruch im vorgenannten Sinne heißt aber nicht Erfolgsanspruch. Erfüllung heißt Pflicht zur Tätigkeit (mit oder ohne Erfolg).

Der schlichte Alleinauftrag besagt lediglich, dass der Kunde neben dem Vertragsmakler keinen weiteren Makler mit Nachweis und/oder Vermittlung beauftragen darf (BGH NJW 1984, 360). Der Kunde ist also nicht gehindert, das dem Makler angetragene Objekt seinerseits selber zu verkaufen, ohne dass der Makler einen Provisions- oder Schadensersatzanspruch gegen den Kunden hätte. Eine wesentlich stärkere Einschränkung der Kunden erfährt dieser beim sog. qualifizierten Alleinauftrag. Dadurch wird der Kunde nämlich nicht nur gehindert, für die Dauer der Bindungsfrist einen weiteren Makler hinzuzuziehen, sondern ihm ist auch folgenloser Selbstverkauf untersagt. Während der Laufzeit des Vertrages soll nur der Makler zu Nachweis und Vermittlung berechtigt sein, und zwar auch bei Verhandlungen mit Interessenten, die der Kunde selbst gefunden hat.

Der qualifizierte Alleinauftrag weicht im erheblichen Umfang von der gesetzlichen Regelung des § 652 BGB ab, so dass hier die Kollisionsnorm des § 307 BGB greift und den qualifizierten Alleinauftrag bzw. die den qualifizierten Alleinauftrag ausmachenden Klauseln für unwirksam halten würde. Deshalb ist zu beachten, dass der qualifizierte Alleinauftrag nur individualvertraglich vereinbart werden kann (BGH NJW 1984, 360).

Der qualifizierte Alleinauftrag enthält nicht selten eine sog. Zuziehungs- und Verweisungsklausel, die etwa wie folgt vereinbart wird:

Dr. Ulrich Schwering

„Der Vertragspartner des Maklers ist verpflichtet, alle im Zeitpunkt des Abschlusses des Maklervertrages vorhandenen oder zukünftig bekannt werdenden Interessenten an den Makler zu verweisen, der alleine befugt ist, die Verhandlungen zu führen."

Diese Zuziehungs- und Verweisungsklausel unterscheidet sich vom qualifizierten Alleinauftrag insofern, als dass im Rahmen des qualifizierten Alleinauftrages den Kunden lediglich eine Unterlassungsverpflichtung trifft, nämlich keine Kunden selber zu bedienen, während ihn bei der Zuziehung- und Verweisungsklausel eine Pflicht trifft, einen evtl. Kunden zur Zuziehung des Maklers zu allen Verhandlungen und zur Verweisung aller Interessenten an den Makler, d. h. die Pflicht zu einem positiven Tun.

2.4.2.5 Der Hauptvertrag

Die gesetzliche Regelung des § 652 BGB geht davon aus, dass eine Maklerprovision nicht verdient ist, wenn der Makler keinen Erfolg nachweisen kann. Der Erfolg besteht in dem Abschluss bzw. dem Nachweis der Möglichkeit des Abschlusses oder der Vermittlung eines Hauptvertrages.

Nachdem der Makler also einen Maklervertrag nachweisen kann, muss er, um einen Provisionsanspruch durchsetzen zu können, nunmehr das Zustandekommen eines wirksamen Hauptvertrages nachweisen. Nur ein wirksamer Hauptvertrag lässt gem. § 652 BGB einen Provisionsanspruch des Maklers überhaupt entstehen.

Nunmehr fragt sich, unter welchen Voraussetzungen ein Vertrag unter Umständen, ohne dass man es ihm auf den ersten Blick ansieht, gleichwohl unwirksam ist. Sollte sich zeigen, dass in dem Hauptvertrag die Gegenleistung in Form des Mietzinses oder Kaufpreises in keinem Verhältnis zu dem steht, was der Kunde dafür erhält, so kann u. U. der Vertrag gem. § 138 BGB nichtig sein, da er insoweit wegen Wuchers gegen die guten Sitten verstößt. Des Weiteren ist zu beachten, dass ein Hauptvertrag u. U. gegen ein gesetzliches Verbot verstoßen kann. Ein Vertrag, der gegen ein gesetzliches Verbot verstößt, ist gem. § 134 BGB nichtig.

Schließlich muss der Vertrag von geschäftsfähigen Personen unterzeichnet sein. Zwar ist es jedem offensichtlich, dass etwa ein Kind einen Vertrag nicht abschließen kann, gleichwohl sind Fälle denkbar und nicht praxisfern, in denen ein verdeckt Geschäftsunfähiger handelt. Denn ob jemand entmündigt ist, muss ihm nicht anzusehen sein. Ein Vertrag, der gleichwohl geschlossen wurde, ist nichtig, vgl. § 105 BGB. Grundsätzlich besteht keine zeitliche Festlegung, wann der Hauptvertrag abgeschlossen sein muss. So kann der Provisionsanspruch sogar noch entstehen, wenn der Makler bereits verstorben ist, aber durchaus seine Leistung zuvor relevant und ursächlich für den eingetretenen Erfolg – den Hauptvertrag – war (BGH, NJW 1984, 359). Bei sehr langen Zeiträumen treten naturgemäß die Probleme eines jeden Zivilprozesses zutage, dass nämlich der Makler seine provisionsrelevante Tätigkeit nicht mehr nachweisen kann. Es kann aber auch sogar nach Abschluss des Hauptvertrages eine Vereinbarung über die Provisionspflicht des Geschäfts getroffen werden (BGH, NJW 1966, 2008). Solche Vereinbarungen müssen aber eindeutig ausfallen (OLG Karlsruhe, NZM 2005, 72f).

Schlussendlich muss der abgeschlossene Hauptvertrag auch dem entsprechen, der durch die Tätigkeit des Maklers abgeschlossen werden sollte. Denn der Makler ist zum Abschluss eines bestimmten, nicht irgendeinen Vertrages eingeschaltet worden. Schuldet er also den Abschluss eines langfristigen Mietvertrages ist der Maklervertrag nicht erfüllt, wenn es nur zum Abschluss eines ordentlich kündbaren Mietvertrages kommt.

2.4.2.5.1 Form des Hauptvertrages

Abgesehen von Nichtigkeitsgründen wegen des Inhalts des Vertrages oder der Geschäftsunfähigkeit des Vertragschließenden ist ein Nichtigkeitsgrund auch die Formnichtigkeit. Nicht jeder Vertrag, wie etwa der Maklervertrag, ist formfrei abschließbar. Ein Grundstückskaufvertrag bedarf der notariellen Beurkundung, um wirksam zu sein, vgl. §§ 311b, 125 BGB. Der Provisionsanspruch des Maklers entsteht somit nicht, falls der Hauptvertrag dem Formerfordernis nicht genügt. Dies mag vor allem dann merkwürdig sein, wenn sogar den Notar dadurch ein Verschulden trifft, dass er die Parteien nicht ausreichend über die Formpflicht des Vertrages aufgeklärt hat. Dann aber ist in Erwägung zu ziehen, ob der Makler nicht einen evtl. Schadensersatzanspruch gegen den Notar hat.

Trotz Formnichtigkeit gern. §§ 311b, 125 BGB kann der Vertrag gleichwohl geheilt werden, was sich aus § 311b Abs. 2 BGB ergibt. Denn der Vertrag wird seinem ganzen Inhalt nach dann voll gültig, wenn die Auflassung erfolgt und der Eigentumsübergang in das Grundbuch eingetragen worden ist. Die Maklerprovision ist mit der nachträglichen Heilung des Hauptvertrages verdient.

2.4.2.5.2 Zustimmungserfordernisse

Nicht selten ist die Wirksamkeit eines Vertrages davon abhängig, dass Genehmigungen erteilt werden. Solange diese erforderlichen Genehmigungen nicht erteilt sind, spricht man von "schwebender Unwirksamkeit" des Vertrages. Aus dem Begriff selber ergibt sich schon, dass eine Provision nicht verdient ist, solange der Zustand schwebender Unwirksamkeit andauert. Ist also der Verpflichtungsvertrag selbst von einer Genehmigung abhängig, so wird der Vertrag erst mit der Erteilung der Genehmigung wirksam und ein Provisionsanspruch entsteht auch erst zu diesem Zeitpunkt (BGHZ 60, 385 ff; BGH NJW RR 1991, 1073; OLG Nürnberg, ZflR 2000, 2004). Diese Fälle gleichen der in § 652 Abs. 1 Satz 2 BGB geregelten Konstellation, nach welcher bei Vereinbarung einer aufschiebenden Bedingung die Entstehung des Provisionsanspruchs vom Eintritt der Bedingung abhängig sein soll (BGH NZN 2001, 476). So ist jeder Kaufvertrag über ein Grundstück erst dann wirksam, wenn das sog. Negativattest der zuständigen Gemeinde bzw. Stadt vorliegt. Denn die Stadt bzw. Gemeinde hat ein gesetzliches Vorkaufsrecht, um ihren städtebaulichen Vorstellungen entsprechend handlungsfähig sein zu können. In der Regel ist die Beibringung eines Negativattestes überhaupt kein Problem, so dass sich der Makler seiner Provision nahezu sicher sein kann. Die schwebende Unwirksamkeit des Hauptvertrages führt also auch zum Schwebezustand bezüglich der Maklerprovision.

2.4.2.5.3 Bedingung

Nicht selten wird ein Vertrag auch unter einer aufschiebenden oder einer auflösenden Bedingung geschlossen. Wenn die aufschiebende Bedingung nicht eintritt, dann kann der Vertrag nicht durchgeführt werden und es entsteht kein Provisionsanspruch, s. § 158 BGB. Erst bei Eintritt der Bedingung wird der Hauptvertrag wirksam und der Provisionsanspruch entsteht generell aus § 652 Abs. 1 Satz 2 BGB (BGH NJW 1974, 694).

Anders sieht dies bei der auflösenden Bedingung aus. Denn bei der auflösenden Bedingung ist nach der gesetzlichen Regelung der Vertrag geschlossen, der Eintritt der Bedingung führt lediglich dazu, dass der Vertrag dann „aufgelöst wird". Da ein wirksamer Hauptvertrag aber bestanden hat, ändert das an dem Provisionsanspruch des Maklers nichts mehr (BGH, MDR 1993, 710, so jedenfalls die herrschende Meinung, die nicht unbestritten ist). Hier müssen gegebenenfalls die Hauptvertragsparteien aufpassen, dass sie die Provision für den Fall ausschließen, dass der Vertrag aufgelöst wird.

2.4.2.5.4 Anfechtung

Vergleichbar mit den Fällen der Nichtigkeit eines Vertrages (vgl. oben) sind die Fälle der Anfechtung eines Vertrages. Denn trotz zunächst bestehender Wirksamkeit des Vertrages kann es Gründe geben, die in den §§ 119, 123 BGB geregelt sind, die eine Vertragspartei zur Anfechtung des Vertrages berechtigen. Dann ist die gesetzliche Fiktion generell § 142 Abs. 1 BGB diejenige, dass der Vertrag als von Anfang an nichtig anzusehen ist. Damit ist klar, dass ein Makler keine Provision beanspruchen kann, wenn der Vertrag wirksam angefochten worden ist. Die Fälle der "normalen Anfechtung" in § 119 BGB sind weniger praxisrelevant. Denn dann müsste sich eine Vertragspartei verschreiben oder in seiner Aussage geirrt haben, was in der Regel weder richtig, geschweige denn beweisbar ist. Bloße Motivirrtümer (etwa Spekulationsgedanken) rechtfertigen nie eine Anfechtung. Praxisrelevanter sind die Fälle der arglistigen Täuschung gem. § 123 BGB. Fälle arglistiger Täuschung sind immer anfechtbare Rechtsgeschäfte. Dies ist etwa dann zu bejahen, wenn etwa der Verkäufer einen gewichtigen Mangel eines Gebäudes (z. B. Hausschwamm) verschweigt, obwohl er danach gefragt wurde und wider besseren Wissen das Vorhandensein eines solchen Mangels verneint. Man kann sich allerdings vorstellen, dass ein Prozess wegen Anfechtung wegen arglistiger Täuschung außerordentlich schwierig zu führen ist. Denn der Anfechtende muss darlegen und beweisen, dass der Vertragspartner etwas arglistig verschwiegen hat. Da Arglist eine innere Tatsache ist, ist sie einer Beweiserhebung nicht zugänglich,

2.4 Bauträger-, Makler-, Wohnungseigentumsrecht

so dass lediglich eine Fülle von Indizien vorgetragen werden müssen, damit das Gericht die Arglist des Vertragspartners unterstellt.

2.4.2.5.5 Rücktritt

Ist in einem Hauptvertrag ein Rücktrittsrecht nicht vereinbart, übt aber eine Partei gleichwohl den Rücktritt aus, dann bleibt der Provisionsanspruch des Maklers bestehen (OLG Stuttgart, NJW-RR 1991, 820). Denn unter der Vertragsuntreue eines Vertragspartners sollen der Makler und damit sein Provisionsanspruch nicht leiden.

Beim vertraglich vorbehaltenen Rücktritt hängt die Zuordnung des Risikos von der Ausgestaltung des Vertrages ab. Sichert und wiederholt die Vereinbarung im Wesentlichen das gesetzliche Rücktrittsrecht, so bleibt der Provisionsanspruch erhalten (BGH, NJW 1974, 695). Ergibt sich dagegen aus der Auslegung des Vertrages, dass eine Durchführung bereits zum Zeitpunkt des Vertragsabschlusses zweifelhaft war, wird man davon ausgehen müssen, dass dieser Rücktrittsvorbehalt die Wirkung einer aufschiebenden Bedingung hat. Dann ist die Provision nicht verdient (BGH, NJW 66, 1404).

2.4.2.5.6 Aufhebung des Hauptvertrages

Die Parteien des wirksam abgeschlossenen Hauptvertrages überlegen sich die Sache anders und heben den Vertrag einverständlich wieder auf. In diesen Fällen bleibt die Maklerprovision bestehen (BGH, NJW 1986, 1165). Das ist auch sachgerecht, da es ausschließlich dem Willen der Parteien unterliegt, den Hauptvertrag aufzuheben. Der Makler hat seine Arbeit erfüllt, der Vertrag ist nachgewiesen. Die Provision ist verdient und fällig. Auch ein in das Kleid einer Anfechtung gesteckter Rücktritt ändert daran nichts. Die Praxis zeigt aber, dass dieser Versuch nicht selten unternommen wird, um im Nachhinein die Provision zu ersparen.

2.4.2.5.7 Unzureichende Hauptverträge

Während die oben erwähnten Fallgruppen dem Durchführungs- und Erfüllungsrisiko des Hauptvertrages zugeordnet werden können, gibt es noch eine weitere Fallgruppe des möglicherweise provisionsschädlichen Verlaufs bzw. Abschluss des Hauptvertrages. Die Fallgruppe der unzureichenden Hauptverträge beantwortet die Frage, ob ein Makler Provision verdient, obwohl nicht der Kunde, sondern ein ihm Nahestehender (oder der Makler selber) den Hauptvertrag abgeschlossen hat und die weitere, ob auch Provision verdient ist, obwohl der abgeschlossene Vertrag gar nicht der war, den der Kunde sich hat nachweisen lassen wollen.

Es ist nicht genügend, wenn der Makler seinem Auftraggeber ein Geschäft mit sich selber, ein sog. Eigengeschäft, als Hauptvertrag anbietet (BGH NJW 1985, 2473). Beim Vermittlungsmaklervertrag versteht sich dies ohne weiteres von selbst, denn der Makler wird nicht geltend machen können, er habe auf sich eingewirkt und somit den Vertrag vermittelt. Aber auch der Nachweismakler kann keine Provision für das Eigengeschäft beanspruchen. Denn der Makler kann nur ein Angebot nachweisen, nicht die Gelegenheit zum Abschluss eines Vertrages (BGH aaO).

Dem Eigengeschäft gleichgestellt sind die Fälle der „echten Verflechtung". So entsteht kein Provisionsanspruch, wenn der Makler oder sein Unternehmen an der Käufer- oder Verkäufergesellschaft beteiligt ist (OLG Naumburg NZW 2000, 920), es sich zwar um verschiedene Gesellschaften handelt, die aber von einer Obergesellschaft gesteuert werden (BGH NJW 1974, 1130) oder um Gesellschaften mit dem gleichen Organvertreter (BGHZ 112, 296). Die wirtschaftliche Abhängigkeit des Maklers von einer Vertragspartei schließt einen Provision aus.

Auch die Fälle „unechter Verflechtung" erweisen sich als provisionsschädlich. Diesen sieht die Rechtsprechung dann, wenn der Makler im Lager der mit dem Auftraggeber kontrahierenden Partei steht . Prominentestes Beispiel ist der Makler, der einen gewünschten Vertrag auch nachweist, Vertragspartner des Hauptvertrages ist aber seine Ehefrau (BGH NJW 1998, S. 1433).

2.4.2.6 Die Kausalität

Der Vorschrift des § 652 BGB ist zu entnehmen, dass für den Maklerprovisionsanspruch eine Ursächlichkeit zwischen seiner Tätigkeit und dem Abschluss des Hauptvertrages bzw. dem Nachweis über die Möglichkeit des Abschlusses eines Hauptvertrages gegeben sein muss. Dies ergibt sich aus dem Wort infolge. Was bedeutet aber eine solche Ursächlichkeit bzw. Kausalität? In der juristischen Theorie geht man zunächst von der sog. conditio-sine-qua-non-Formel aus. Danach ist jede Ursache für einen Erfolg kausal, wenn sie nicht hinweg gedacht werden könnte, ohne dass der Erfolg entfiele. Diese so genannte natürliche Ursächlichkeit geht allerdings zu weit, bedarf daher der Einschränkung.

Denn es kann nicht sein, dass irgendeine Mitursächlichkeit - quasi schon die Existenz des Maklers - dafür herhalten soll, dass ein Provisionsanspruch entsteht. Die Tätigkeit des Maklers muss vielmehr ursächlich, mindestens aber mitursächlich für den Abschluss des Hauptvertrages gewesen sein. Die Conditio-sine-qua-non-Formel erfährt Einschränkung durch die Rechtsprechung des BGH, der eine "typische Maklerleistung" bzw. "typische Maklertätigkeit" verlangt, um Ursächlichkeit zu bejahen (vgl. BGH, NJW-RR 1988, 1397; BGH, NJW-RR 1991, 371). Mitunter wird auch die Formulierung gefunden, es genüge für die Kausalität nicht der schlichte Eintritt eines Erfolges, vielmehr müsse der Abschluss eines Hauptvertrages als Arbeitserfolg des Maklers erweisen (BGH, NJW RR 1988, 942). Davon zu unterscheiden sind nur „bei Gelegenheit" der Maklerleistung mit ausgelöste, vom Vertrag mit dem Auftraggeber nicht gedeckte Kausalketten, die zum zufälligen Abschluss anderer als der zunächst beabsichtigten Hauptverträge führen, so, wenn der Hauptvertrag sich als zufälliges Nebenprodukt der Maklerleistung erweist, etwa weil der eingeschaltete Notar am Erwerb interessiert ist (BGH, NJW 1976, 1844).

2.4 Bauträger-, Makler-, Wohnungseigentumsrecht

Es genügt deshalb nicht, dass der Makler eine beliebige Ursache für das Zustandekommen des Vertrages setzt. Der Hauptvertrag muss vielmehr die Folge einer vertragsgemäßen Nachweis- und/oder Vermittlungstätigkeit des Maklers sein. Die Maklerleistung muss daher so gestaltet sein, dass der Maklerkunde aufgrund und infolge des Nachweises selbst verhandeln und abschließen kann. Denn das ist wichtig, da der Makler nicht ein Objekt nachweist, sondern die Gelegenheit zum Abschluss eines Vertrages. Dazu gehört in der Regel nicht nur die Angabe des konkreten Objektes, sondern auch Namen und Anschrift des Verkäufers, womit klargestellt ist, dass der Nachweis einer bloßen Ermittlungsmöglichkeit nicht ausreichend ist. Ein wirksamer Nachweis liegt auch dann vor, wenn der Makler eine Person benennt, die zwar noch nicht Eigentümer bzw. Verfügungsberechtigter über das Grundstück ist, dies also noch zu erwerben beabsichtigt.

Die Gelegenheit zum Abschluss des Hauptvertrages muss nach der Rechtsprechung des BGH im Zeitpunkt des Nachweises bestehen. Ist der nachgewiesene Partner zu diesem Zeitpunkt nicht abschlussbereit, dann fehlt es am Nachweis einer Gelegenheit. Denn die angebliche Gelegenheit gibt es nicht (BGH, NJW-RR 1991, 950).

Der Nachweismakler erwirbt in aller Regel den Provisionsanspruch durch den ursächlichen Erstnachweis. Vielfach ist auch nur dieser Erstnachweis lediglich ursächlich, denn nur eine noch unbekannte Gelegenheit kann nachgewiesen werden (vgl. BGH, NJW 1980, 123).

Es kann im besonderen Einzelfall auch genügen, dass die Nachweistätigkeit des Maklers den Kaufentschluss des Kunden derartig fördert, dass dieser durch eine wesentliche Maklerleistung einen neuen Anstoß erhält, sich konkret um das bereits nachgewiesene Objekt zu bemühen, z. B. durch Unterrichtung über verschiedene wichtige Einzelheiten, Übergabe maßgeblicher Unterlagen, Pläne usw. (BGH LM Nr. 83, 88 zu § 652 BGB).

Im Nachweis einer Gelegenheit erschöpft sich die Aufgabe und Tätigkeit des Nachweismaklers. Ein anderer Makler kann dem Kunden das Objekt nicht mehr nachweisen, weil der Kunde die notwendigen Kenntnisse bereits durch den Erstnachweis erlangt hat. Ist der Erstnachweis ursächlich, dann bleibt der Lohnanspruch des Nachweismaklers auch dann bestehen, wenn ein weiterer Makler als Vermittlungsmakler den Hauptvertrag zustande bringt. Sind beide Maklerleistungen ursächlich bzw. mitursächlich, dann muss die Provision an beide Makler bezahlt werden. Das setzt natürlich den Abschluss zweier Maklerverträge voraus. Der Einwand, dass man an einen Makler bereits Provision geleistet habe, ist unbeachtlich.

Die Ursächlichkeit des Nachweises wird nicht dadurch ausgeschlossen, dass der Kunde auch auf andere Weise als durch den Nachweis des Maklers von der Gelegenheit hätte erfahren können, z. B. von der Versteigerung eines Objektes, durch Zeitungsanzeige etc. Hat er von der Gelegenheit durch den Makler erfahren, dann genügt dies zur Bejahung der Ursächlichkeit (BGH DB 1983, 2244).

Der Vermittlungsmakler, der also lediglich vermittelnd tätig wird, kann allein dadurch ursächlich zu dem Erfolg beigetragen haben, auch wenn dem Kunden die Gelegenheit schon bekannt war. Denn der Vermittlungsmakler muss die Abschlussbereitschaft der Partner fördern und zu dem Ergebnis bringen. Vermitteln verlangt ein Verhandeln mit beiden Parteien mit dem Ziel, einen Vertrag zustande zu bringen.

2.4.2.7 Die Haftung des Maklers

Eine Haftung des Maklers aus von ihm zu vertretender - verschuldeter - Verletzung des Maklervertrages kann sich daraus ergeben, dass er auf Frage des Kunden sich persönlich für bestimmte übermittelnde Fakten stark macht und diese zusichert, obwohl er sich nicht selbst von der Richtigkeit überzeugt hat und diese Fakten sich dann später als falsch herausstellen.

Der für den Verkäufer tätige, bei der Beurkundung des Kaufvertrages anwesende Makler, für den ein eigener Provisionsanspruch gegen den Käufer begründet wird, ist dem Käufer zur Aufklärung verpflichtet, wenn er Kenntnis davon hat, dass der Verkäufer bei einem vereinbarten Gewährleistungsausschluss unrichtige Angaben über den Zustand des Vertragsgegenstandes macht (BGH, Urteil vom 22.09.2005, III ZR 295/04, NJW 2005, 3778).

Ist sich der Makler hinsichtlich solcher Tatsachen selbst nicht ganz sicher, dann ist ihm dringend anzuraten, dass er sich nicht selbst engagiert, sondern den Kunden an den Verkäufer oder auf eigene Erkundigungen verweist. Eine Verletzung der Auskunftspflicht führt nicht zum Verlust der Provision nach § 654 BGB, gleichwohl können Schadensersatzansprüche entstehen. Es versteht sich von selber, dass der Makler keine unerfüllbaren Zusagen oder Zusicherungen machen darf. Ein Makler, der einem Kunden den Kauf eines Objektes als durchführbar darstellt, obgleich er erkennen muss, dass die Finanzierung des Objektes ausgeschlossen ist, ist wegen positiver Vertragsverletzung Schadenersatzpflichtig.

Der Kunde ist, wenn er einen Schadensersatzanspruch gegen den Makler aus Verletzung des Maklervertrages hat, so zu stellen, wie er stehen würde, wenn er das Geschäft nicht abgeschlossen hätte, vgl. §§ 249, 276, 278 BGB. In erster Linie kommt also die sog. Naturalrestitution in Betracht. Vorteile, die der Partner des Hauptvertrages hat, sind in der Regel zu berücksichtigen und auszugleichen.

Wer einen Anspruch aus positiver Vertragsverletzung gegen den Makler geltend macht, muss darlegen und ggf. beweisen, dass dem Makler objektiv eine Pflichtverletzung vorzuwerfen (§ 282 BGB) ist.

Der Makler haftet für seinen Geschäftsführer wie für seine Mitarbeiter.

Der Makler ist seinem Kunden gegenüber verpflichtet, über die wesentlichen Vorgänge seiner Maklertätigkeit Auskunft zu erteilen. Besondere Vorsicht ist geboten, wenn der Makler Rechtsfragen oder Steuerfragen beantwortet. Der Makler ist nicht zur Rechtsberatung befugt. Es handelt sich dann um einen eklatanten Verstoß gegen das Rechtsberatungsgesetz. Der Makler muss daher den Kunden an einen Anwalt, Steuerberater oder Wirtschaftsprüfer verweisen. Wenn er das nicht tut, können Ersatzansprüche gegen den Makler entstehen, die uferlos sein können. Eine Versicherung gegen derartige Ansprüche gibt es nicht, da insoweit die Verstöße gegen Rechtsberatungs- und Steuerberatungsgesetz nicht versicherbar sind.

2.4.2.8 Der Makler im Wettbewerbsrecht

2.4.2.8.1 Die Ahndung von Wettbewerbsverstößen

Insbesondere im Rahmen der gewerblichen Tätigkeit eines Maklers finden sich immer wieder Fälle von Wettbewerbsverstößen, die der gerichtlichen Überprüfung unterzogen werden. Der Makler ist im Rahmen des Wettbewerbsrechts u. U. erheblichen Schadensersatzansprüchen ausgesetzt. Es ist nahezu unmöglich, die Einzelfallentscheidungen der Rechtsprechung wiederzugeben. Daher sollte sich ein Makler, wie auch im Rahmen des Rechts der AGB, mit einer Grundregel vertraut machen: Ist der Makler nach außen tätig, in welcher Form auch immer, muss sich aus seinem Tätigwerden der gewerbliche Charakter der Maklertätigkeit genauso unzweifelhaft ergeben, wie die Provisionspflicht für jedermann, auch für den unbedachten und den flüchtigen Leser, es muss sich um eine klar und ganz unmissverständliche Aktion handeln. Jeder Zweifel, jede Unklarheit ist unzulässig und vor allem folgeträchtig. 'Nichtssagende Chiffreanzeigen, Angabe von Telefonnummern, alle Angaben, die geeignet sind, beim interessierten aber gemeinhin flüchtigen Publikum den unzutreffenden Eindruck einer Mitteilung von privater Seite zu erwecken, sind wettbewerbswidrig und unzulässig. Der Makler muss immer bei seinem Tätigwerden einen "dummen Kunden" unterstellen, da die Rechtsprechung davon ausgeht, dass der Normalbürger lediglich ein minimales Maß an Kenntnissen des Geschäftsverkehrs haben muss.

2.4.2.8.2 Abmahnung

Jeder Wettbewerber, auch Verbände zur Förderung gewerblicher Interessen, Verbraucherverbände und Industrie- und Handelskammern können sich mit Wettbewerbsverstößen an den Makler wenden und ggf. den Antrag auf Erlass einer einstweiligen Verfügung gem. §§ 935, 940 ZPO stellen. In der Regel geht dem Antrag auf Erlass einer einstweiligen Verfügung eine sog. Abmahnung voraus. Diese ist in der Regel verbunden mit einer sog. strafbewehrten Unterlassungserklärung.

2.4.2.8.3 Unterlassungserklärung mit Vertragsstrafeversprechen

Wird ein Makler wegen eines angeblichen Wettbewerbsverstoßes abgemahnt, dann empfiehlt es sich, sachkundigen Rat bei einem in Wettbewerbssachen erfahrenden Anwalt einzuholen, um festzustellen, ob die Abmahnung begründet ist. Erweist sich die Abmahnung als begründet oder mit hoher Wahrscheinlichkeit begründet, sollte die Unterlassungserklärung mit einem angemessenen Vertragsstrafeversprechen (1 500,00 - 3 000,00 € für Normalfälle), innerhalb der Frist abgegeben werden, um die Wiederholungsgefahr und damit der Gefahr des Antrages auf Erlass einer einstweiligen Verfügung zu begegnen. Angemessene Kosten der Rechtsverfolgung müssen übernommen werden. Hat sich der Makler dann einem Unterlassungsgläubiger gegenüber rechtswirksam und mit ausreichender Vertragsstrafe unterworfen, dann braucht er keine weitere Unterlassungserklärung dem zweiten Gläubiger gegenüber abzugeben (BGH WRP 1983, 264).

Der Abgemahnte ist verpflichtet, den Abmahnenden darüber aufzuklären, dass eine Unterwerfung wegen desselben Verstoßes bereits einem Dritten gegenüber erfolgt ist.

2.4.3 Wohnungseigentumsrecht

2.4.3.1 Vorbemerkung

Nach dem Wohnungseigentumsgesetz (WEG vom 15.03.1951 in der im Bundesgesetzblatt, Teil III, Gliederungsnummer 403-1, veröffentlichen bereinigten Fassung, zuletzt geändert durch Art. G vom 10.05.2012)) kann Eigentum auch an Wohnungen oder an nicht zu Wohnzwecken dienenden Räumen eines Gebäudes (Teileigentum) begründet werden, § 1 Abs. 1 WEG. Damit durchbricht des WEG den Grundsatz, dass Gebäude und Grundstück eigentlich rechtlich eine Einheit bilden (§§ 94, 93, 946 BGB). Diesen Grundsatz kannte das DDR-Zivilrecht nicht, weshalb es heute auf dem Gebiet der neuen Bundesländer oft zu einem Auseinanderfallen der Eigentümerstellung von Gebäuden und Grund und Boden kommt. Diese Problematik regelt das dazu ergangene Sachenrechtsbereinigungsgesetz, worauf hier nicht eingegangen werden soll.

Das Wohnungseigentumsrecht räumt allerdings dem Wohnungseigentümer kein vom übrigen Eigentum losgelöstes Eigentumsrecht an einem Teil des Gebäudes ein. Es lässt vielmehr "Sondereigentum" an Wohnungen oder sonstigen Räumen in Verbindung mit einem Miteigentum der Wohnungseigentümer am Grundstück und am übrigen Gebäude zu. Während das Wohnungseigentum in der Praxis eine sehr große Bedeutung hat, sind Dauerwohn- und -nutzungsrecht gem. §§ 31 ff. WEG nicht sonderlich praxisrelevant, weshalb auf Ausführungen dazu verzichtet werden kann.

2.4.3.2 Begründung von Wohnungseigentum und Teileigentum

Eigentum ist die rechtliche Zuordnung einer beweglichen oder unbeweglichen Sache zu einer Person, dem Eigentümer, dem ein umfassendes Herrschaftsrecht an der Sache ebenso zusteht, wie die Befugnis, Einwirkungen Dritter auf das Eigentum abzuwehren. Ein Blick in den § 903 BGB rechtfertigt diese Erkenntnis. Dies gilt erst einmal grundsätzlich auch im Wohnungseigentumsrecht. Der Eigentümer kann jeden Dritten von Einwirkungen auf seine Wohnung ausschließen.

Die Begründung von Wohnungseigentum ist in zwei Alternativen denkbar:

Durch Teilungserklärung nach § 8 WEG, dadurch, dass der Eigentümer sein Eigentum in Miteigentumsanteile aufteilt und mit jedem Anteil am Sondereigentum verbindet. Diese Teilung kann auch durch eine Eigentümergemeinschaft erfolgen, wenn die bisherigen Eigentumsverhältnisse unverändert für die neuen Einheiten beibehalten werden.

Oder durch Teilungsvertrag nach § 3 WEG durch eine Eigentümergemeinschaft (hier nur Bruchteilsgemeinschaft i. S. d. §§ 741 ff. BGB) in der Weise, dass jedem Miteigentümer zu seinem Miteigentumsanteil Sondereigentum zugewiesen wird. Besteht eine andere Gemeinschaftsform (z. B. Erbengemeinschaft), muss zuvor eine Bruchteilsgemeinschaft gebildet werden. Der Miteigentumsanteil jedes einzelnen Eigentümers, ggf. deren Summe, muss vor und nach der Aufteilung genau gleich sein.

Die Teilungserklärung nach § 8 WEG muss wegen der grundbuchrechtlichen Bestimmungen der §§ 19, 29 GBO öffentlich beglaubigt sein (nicht notariell beurkundet, vgl. §§ 128, 129 BGB zur Unterscheidung).

Der Teilungsvertrag nach § 3 WEG bedarf der notariellen Beurkundung, was sich aus § 4 Abs. 3 WEG i. V. m. § 311b BGB ergibt.

Die Teilungserklärung (der Teilungsvertrag) besteht aus der Aufteilungserklärung, der Gemeinschaftsordnung (das sind diejenigen Regelungen, der die Gemeinschaft unterworfen ist) und dem sog. Aufteilungsplan mit Abgeschlossenheitsbescheinigung (vgl. § 7 Abs. 4 WEG).

Nun kann nicht jedes Eigentum in Wohnungseigentum umorganisiert werden, weshalb gewisse Grundvoraussetzungen zur Begründung von Wohnungseigentum gegeben sein müssen. So kann grundsätzlich Wohnungseigentum nur an einem einheitlichen Grundstück geschaffen werden, andere Grundstücke einzubeziehen ist wegen § 1 Abs. 4 WEG nicht möglich. Allerdings geht diese Regelung an der Praxis vorbei, da es durchaus nahe liegende Gründe geben kann, weitere Grundstücke im Rahmen der Bildung von Wohnungseigentum hinzuzuziehen. So ist es nicht weiter zu vertiefen, dass selbstverständlich auch Gebäude u.U. über mehrere Grundstücke erbaut werden müssen, andere Grundstücke für Garagen genutzt werden sollen usw. Fraglich ist aber, wie der Norm des § 1 Abs. 4 WEG begegnet werden kann. Es bietet sich folgendes an: Die in Betracht gezogenen Grundstücke werden vor der Begründung von

Dr. Ulrich Schwering

Wohnungseigentum nach § 890 BGB durch Vereinigung oder Bestandteilszuschreibung grundbuchmäßig zu einem einheitlichen Grundstück zusammengefasst. Die Eigentumsverhältnisse an den beteiligten Grundstücken müssen völlig identisch sein. Es genügt eine Grundbucherklärung des Eigentümers in öffentlich - beglaubigter Form.

Was aber ist, wenn die Eigentumsverhältnisse an den betroffenen Grundstücken unterschiedlich sind? Hier gibt es keine Gestaltungsmöglichkeiten und die Vorschrift des § 1 Abs. 4 WEG greift. Lediglich wenn es sich um einen nicht seltenen Fall eines sog. Überbaus handelt, ist der Fall dennoch im Sinne der Begründung eines Wohnungseigentumsrechts lösbar. Denn dann kann anhand der gesetzlichen Regelung gleichwohl Wohnungseigentum begründet werden, obwohl mehrere Grundstücke davon betroffen sind. Es muss feststehen, dass der hinübergebaute Bauteil wesentlicher Bestandteil des aufzuteilenden Grundstücks ist, vgl. § 93 BGB, also ein einheitliches Gebäude und damit auch am überbauten Teil Eigentum des überbauenden Eigentümers besteht. Sonst liegt überhaupt keine Überbauung i. S. d. Gesetzes vor. Des Weiteren muss es sich um einen erlaubten oder einen versehentlichen Überbau handeln, der dann rechtmäßiger Überbau ist, da dieser nach § 912 BGB zu dulden ist. Der Nachweis des Vorliegens dieser Voraussetzungen gegenüber dem Grundbuchamt bedarf der Form des § 29 GBO, der öffentlichen Beglaubigung. Ansonsten merke: Bei mehreren betroffenen Grundstücken mit unterschiedlichen Eigentumsverhältnissen ist die Bildung von Wohnungseigentum ausgeschlossen. Es bleibt nur, sich mit den übrigen Eigentümern über einen Erwerb ihrer Grundstücke zu verständigen.

Aber auch die Beschaffenheit des Gebäudes muss, um Wohnungseigentum errichten zu können, bestimmten Anforderungen unterworfen werden. Wohnungseigentum kann an einem bereits errichteten oder einem noch zu errichtenden Gebäude begründet werden, auch an einer Mischung aus beidem. Auch an mehreren Gebäuden auf einem Grundstück kann ohne weiteres Wohnungseigentum begründet werden.

Nach § 3 Abs. 2 Satz 1 WEG soll das Sondereigentum "in sich abgeschlossen" sein. Einzelheiten regelt die Allgemeine Verwaltungsvorschrift für die Ausstellung von Bescheinigungen gem. § 7 Abs. 4 Nr. 2 und § 32 Abs. 2 Nr. 2 WEG vom 19.03.1974 (BAnz Nr. 58). Danach sind "abgeschlossene Wohnungen solche, die baulich vollkommen von fremden Wohnungen und Räumen abgeschlossen sind, z. B. durch Wände und Decken und einen eigenen, abschließbaren Zugang unmittelbar vom Freien, von einem Treppenhaus oder einem Vorraum haben". Nicht in sich abgeschlossen sind demnach Räume, die keinen entsprechend freien Zugang haben oder ihrerseits den einzigen Zugang zu einem im Gemeinschaftseigentum stehenden Raum darstellen.

Für Garagen und Stellplätze gelten gem. § 3 Abs. 2 Satz WEG und Nr. 6 der AVV Erleichterungen: Die Abgrenzung kann durch dauerhafte Markierungen erfolgen (fest verankerte Geländer oder Begrenzungsschwellen aus Stein oder Metall; in den Boden eingelassene Markierungssteine; Trennstriche o. ä.). Die Garage insgesamt muss aber zumindest eine Zugangssperre aufweisen (vgl. OLG Celle, NJW-RR 1991, 1489).

Besondere Kriterien sind für die Beschaffenheit einer Wohnung aufgestellt (Nr. 4 der AVV): Sie muss die Führung eines Haushalts ermöglichen und deshalb über eine Küche (oder einen vergleichbaren Raum mit Kochgelegenheit) sowie Wasserversorgung, Ausguss und WC verfügen. Liegt die Abgeschlossenheit der einzelnen Einheiten vor, so erteilt die zuständige Baubehörde die sog. Abgeschlossenheitsbescheinigung.

Das Grundbuchamt ist an die Abgeschlossenheitsbescheinigung der Baubehörde nicht gebunden; es hat die Frage der Abgeschlossenheit vielmehr selbständig zu prüfen. Allerdings erstreckt sich die Prüfungspflicht nicht auf bautechnische Fragen, was auch nahe liegend ist, sondern nur auf die intensive Prüfung der eingereichten Unterlagen. Die Nichtbindung der Behörde wirkt sich in der Praxis kaum aus. Die Abgeschlossenheitsbescheinigung ist für die Behörde in der Regel maßgeblich, es sei denn, sie leidet unter offensichtlichen Fehlern. Doch das Grundbuchamt wird selten auf offensichtliche Unrichtigkeiten stoßen. Denn zuvor hatten bereits ein Architekt (jedenfalls in der Regel) und eine Bauaufsichtsbehörde die Abgeschlossenheit zu prüfen. Der Aufteilungsplan besteht aus einem Lageplan des Grundstücks mit eingezeichnetem Gebäude und vom Gebäude Bauzeichnungen von allen Gebäudeteilen, Grundrisse aller Geschosse und Schnitte und Ansichten. Eine wichtige Aufgabe der Teilungserklärung ist die exakte Trennung von Gemeinschaftseigentum und Sondereigentum sowie der einzelnen Sondereigentumseinheiten voneinander. Dies geschieht verbal und anhand von Plänen. Beide Teile, somit auch der Aufteilungsplan, werden durch Bezugnahme auf die Eintragungsbewilligung dinglicher Inhalt des Sondereigentums und nehmen damit am öffentlichen Glauben des Grundbuchs teil. Bestehen Diskrepanzen zwischen den Teilen, so hat wegen ihrer Gleichwertigkeit kein Erklärungswille Vorrang mit der Folge, dass das Grundbuchamt die Eintragung ablehnen muss. Trägt es gleichwohl ein, so ist im Zweifel kein wirksames Sondereigentum entstanden.

Auch eine von den Plänen abweichende Bauausführung kann zur Nichtentstehung von Sondereigentum führen. Bei Teilung eines bestehenden Gebäudes entsteht allerdings stets wirksames Sondereigentum, der Aufteilungsplan muss geändert werden. Das gleiche gilt bei Teilung eines geplanten Gebäudes, wenn es sich um unwesentliche oder geringfügige Abweichungen handelt.

Die Begründung von Wohnungseigentum bedarf keiner Zustimmung der Grundpfandgläubiger (also in der Regel der Banken, die den Kauf des Grundstückes finanziert haben), auch nicht der Zustimmung der Inhaber von Dienstbarkeiten, Vorkaufsrechten usw. Die Belastungen werden einfach und unverändert in alle Wohnungsgrundbücher eingetragen. Aus Hypotheken und Grundschulden werden schlicht Gesamtbelastungen.

2.4.3.2.1 Inhalt der Teilungserklärung

Zweck der Teilungserklärung ist vor allem die Beschreibung und Festlegung der tatsächlichen und rechtlichen Verhältnisse, die für die Wohnungseigentümergemeinschaft verbindlich sein sollen. Durch die Eintragung im Grundbuch werden diese

Festlegungen, auch die Regeln der Gemeinschaftsordnung (vgl. § 5 Abs. 4 WEG), dinglicher Inhalt aller Einheiten: sie wirken für und gegen Rechtsnachfolger, ob sie diesen beim Erwerb kannten oder nicht. Umgekehrt sind Regelungen ohne diese dingliche Wirkung bei jeder Veräußerung gefährdet. Spätere Ergänzungen mit dinglicher Wirkung sind in der Regel nur einstimmig möglich. Lediglich Teilbereiche können durch Mehrheitsbeschluss i. S. d. § 23 WEG oder durch Gerichtsbeschluss an dessen Stelle gem. § 43 WEG nachträglich verdinglicht werden. Die inhaltliche Gestaltung einer Teilungserklärung ist deshalb mit besonderer Sorgfalt und nach den Gegebenheiten und Bedürfnissen des Einzelfalles vorzunehmen. Die Folgen mangelnder Sorgfalt zeigen sich oft erst nach Jahren, wenn steigende Kosten, anfallende Reparaturen, Eigentümerwechsel oder querulatorische Beteiligte die Teilungserklärung bezweifeln und gerichtlich überprüfen lassen.

Grundsätzlich herrscht im Bereich des Wohnungseigentums Vertragsfreiheit mit dem Recht, den Inhalt frei zu gestalten. Allerdings ist das nicht uneingeschränkt so. Denn das WEG gibt den Beteiligten zwingende Voraussetzungen an die Hand:

Nicht disponibel sind die Vorschriften der §§ 5 Abs. 2 (zwingendes Gemeinschaftseigentum), 6 (Sondereigentum ist unselbständig, also nicht lösbar vom Miteigentumsanteil), 11 (grundsätzliche Unauflösbarkeit der Gemeinschaft), 18 (Entziehung aus wichtigem Grund), 20 (Verwalterbestellung ist nicht ausschließbar), 26 (Bestellungszeitraum für Verwalter höchstens fünf Jahre), 27 (Aufgaben und Befugnisse des Verwalters), 43 ff., 53 ff.

2.4.3.2.2 Objektbeschreibung

Die Objektbeschreibung der Wohnungs- und Teileigentumseinheiten besteht aus der Feststellung der Miteigentumsanteile am Gemeinschaftseigentum und der Zuordnung bestimmter Räume hierzu als Sondereigentum. Die Miteigentumsanteile werden in der Regel nach dem Verhältnis der Nutzflächen zueinander festgelegt. Diese Art der Aufteilung ist nicht zwingend. Die Beschreibung des Raumeigentums kann ausführlich oder auch summarisch erfolgen. Eine erläuternde Beschreibung kann aber dann notwendig sein, wenn Gebäudeteile oder Anlagen betroffen sind, deren Sondereigentumsfähigkeit problematisch ist.

2.4.3.2.3 Gemeinschafts- und Sondereigentum

Die meisten Teilungserklärungen enthalten eine Wiederholung und geben den Wortlaut des Gesetzes wieder, ohne die Begriffe weiter zu erläutern. Der Gesetzeswortlaut ist aber insoweit recht klar, so dass auf diesen auch zurückgegriffen werden kann. Basis jeder Regelung ist die gesetzliche Vermutung, dass alles Gemeinschaftseigentum ist, was nicht in der Teilungserklärung zu Sondereigentum erklärt worden ist. Dabei ist der Bestimmung lediglich entzogen, was zwingend Gemeinschaftseigentum ist. Dies sind nach § 5 Abs. 2 WEG:

2.4 Bauträger-, Makler-, Wohnungseigentumsrecht

- Bestandteile, die für den Bestand und die Sicherheit des Gebäudes erforderlich sind; das sind alle Gegenstände, deren Veränderung, Beseitigung oder Einfügung das gemeinschaftliche Eigentum oder die Rechte eines anderen Sondereigentums über das nach § 14 Abs. 1 Ziff. 3 WEG zulässige Maß hinaus beeinträchtigen oder die äußere Gestalt des Gebäudes verändern würden.

- Anlagen und Einrichtungen, die dem gemeinsamen Gebrauch dienen, und zwar dergestalt, dass die Nutzung des Gebäudes davon abhängt (etwa Heizungsanlage, Fahrstuhl, etc.).

Zwingendes Gemeinschaftseigentum sind Grund und Boden, Fundamente, Haupt- und Stützmauern, Fassaden, Dach, Schornsteine, Zwischenböden, tragende und verschiedenes Eigentum trennende Mauern und Decken, Isolierschichten, Estrich, Heizungsanlagen, Leitungsschächte und Gemeinschaftsleitungen, Treppen, Flure, Fahrstuhl, Durchgangsräume.

Sondereigentum entsteht stets durch ausdrückliche Bestimmung (in der Teilungserklärung oder späteren Änderungserklärung), und zwar primär an bestimmten Räumen bzw. Raumeinheiten, die das Kriterium der Abgeschlossenheit erfüllen müssen und in deren Gefolge an zu diesen Räumen gehörenden Bestandteilen des Gebäudes die nicht zwingend Gemeinschaftseigentum sind. Dabei gehören automatisch, d. h. ohne ausdrückliche Bestimmung, zum Sondereigentum: Innentüren, nichttragende Innenwände eines Sondereigentums, andere Wände oberhalb des Rohputzes (Feinputz, Tapeten, Verkleidung), Fußbodenbelag, Sanitärgegenstände (Dusche, Badewanne, Waschbecken u. ä.), Ver- und Entsorgungsleitungen ab Anschlussstelle zu bzw. von der einzelnen Einheit an, Heizkörper innerhalb des Sondereigentums. Für andere Gebäudeteile, die nicht zwingend Gemeinschaftseigentum sind, ist die Zuweisung als Sondereigentum in der Teilungserklärung festzulegen.

Die Bedeutung der Zuweisung als Sondereigentum liegt auf der einen Seite in dem daraus resultierenden alleinigen Nutzungsrecht, auf der anderen Seite in der Pflicht zur Instandhaltung und Kostentragung, also der alleinigen wirtschaftlichen Verantwortlichkeit. Deshalb kann eine unwirksame Zuordnung zum Sondereigentum u. U. dahin umgedeutet werden, dass den betreffenden Wohnungseigentümer jedenfalls die Instandhaltungspflicht trifft, ihm möglicherweise auch ein Sondernutzungsrecht zustehen soll. Aber jede Umdeutung birgt Gefahren, so dass die Zuweisung als Sondereigentum besonders vonstatten gehen sollte.

Nach § 12 Abs. 1 WEG kann die Veräußerung eines Wohnungseigentums von der Zustimmung der anderen Wohnungseigentümer oder eines Dritten, in der Regel des Verwalters, abhängig gemacht werden. Allerdings kann nach der zwingenden Vorschrift des § 12 Abs. 2 Satz 1 WEG die Zustimmung nur aus wichtigem Grund verweigert werden. Deshalb sprechen mehr Gründe gegen als für die Aufnahme der Zustimmungsbedürftigkeit:

Dr. Ulrich Schwering

- Die Vertragsabwicklung wird häufig verzögert.
- Es entstehen erhebliche Kosten.
- Es fehlt ein wirksam bestellter Verwalter.

Für eine Aufnahme der Zustimmungsbedürftigkeit spricht, dass gewisse Kontrolle sowie die Mitteilung des Eigentumswechsels an den Verwalter gewährleistet ist. Die Vorschrift des § 12 Abs. 1 WEG gestattet eben die Festlegung in der Gemeinschaftsordnung oder in sonstiger Vereinbarung, dass ein Wohnungseigentümer zur Veräußerung seines Wohnungseigentums der Zustimmung anderer Wohnungseigentümer oder eines Dritten bedarf und zwar in Anlehnung an die in §§ 5 bis 8 ErbbauVO und abweichend von der allgemeinen Vorschrift des § 137 BGB, nach der rechtsgeschäftliche Verfügungsbeschränkungen gegenüber einem Dritten unwirksam sind. Durch § 12 Abs. 1 WEG soll den Wohnungseigentümern die Möglichkeit gegeben werden, sich gegen das Eindringen unerwünschter Personen in die Gemeinschaft und gegen sonstige unerwünschte Veränderungen im Personenkreis der Teilhaber zu schützen.

Bei Aufnahme der Zustimmungsbedürftigkeit sollten unbedingt die von den Kreditgebern durchweg verlangten Ausnahmen in die Teilungserklärung aufgenommen werden, also keine Zustimmungsbedürftigkeit bei Veräußerung im Wege der Zwangsvollstreckung durch den Konkursverwalter, an einen dinglichen Gläubiger und bei dessen Weiterveräußerung, ggf. auch bei Veräußerung an nahe Verwandte. Solche Unterlassungen haben naturgemäß fatale Konsequenzen.

Ferner sollte bei Übertragung der Kompetenz auf den Verwalter geregelt werden, dass dessen Zustimmung durch die Eigentümerversammlung ersetzt werden kann. Auch ohne diese Bestimmung kann die Eigentümerversammlung durch Mehrheitsbeschlüsse den Verwalter zur Abgabe der Erklärung verpflichten. Ist der Verwalter gleichzeitig Verkäufer oder Käufer, ist er gleichwohl zur Erteilung der Zustimmung befugt. § 181 BGB greift nicht. Er ist also auch nicht von den Beschränkungen des § 181 BGB zu befreien.

2.4.3.3 Die Eigentümergemeinschaft

§ 13 WEG stellt - entsprechend § 903 BGB - den Grundsatz auf, dass jeder mit seinem Sondereigentum beliebig verfahren (es veräußern, vermieten, selbst nutzen) kann, andere von der Nutzung ausschließen darf, "soweit nicht das Gesetz oder Rechte Dritter entgegenstehen". Der Mitgebrauch des gemeinschaftlichen Eigentums kann ihm allerdings nicht streitig gemacht werden. Diese Befugnisse stehen bei Wohnungseigentum in einem eigentümlichen Spannungsverhältnis zwischen dem einzelnen Eigentümer und der Gemeinschaft, für dessen nähere Ausgestaltung im Gesetz nur Rahmenbedingungen festgelegt sind. Zum Wesen des Wohnungseigentums gehört, dass keine übergebührliche Nutzung des Gemeinschaftseigentums durch einzelne Wohnungseigentümer erfolgt. Die Zweckbestimmung des Gebäudes oder der einzelnen Ein-

2.4 Bauträger-, Makler-, Wohnungseigentumsrecht

heiten legt den Nutzungsumfang fest. Auch das Prinzip der Unauflösbarkeit der Gemeinschaft stellt eine Leitlinie für die Gestaltung der Gemeinschaft dar. Jede Regelung der Nutzung und des Gebrauchs des Eigentums muss an diesem Widerstreit zwischen dem Eigentumsrecht des einzelnen einerseits und den Besonderheiten und Schutzbedürfnissen der Gemeinschaft andererseits gemessen werden. Solche Nutzungs- und Gebrauchsregelungen können die bestehenden Rechte einschränken oder besondere Rechte einräumen. Mitglied einer so verstandenen Eigentümergemeinschaft zu sein kann also vielerlei Streitpotential in sich bergen. Der Kauf einer Eigentumswohnung ist daher sehr sorgfältig zu überdenken.

Einschränkungen ergeben sich aus der bereits für die einzelnen Einheiten in der Teilungserklärung angegebene Nutzungsart. Eine als „Wohnung" bezeichnete Einheit darf nur zu Wohnzwecken, eine als „Gewerberaum" o. ä. bezeichnete Einheit nur für den angegebenen Zweck benutzt werden, es sei denn, die Teilungserklärung lässt eine andere Nutzung ohne weiteres oder mit Zustimmung der Eigentümerversammlung oder des Verwalters zu. Ein Zustimmungserfordernis sollte vereinbart sein.

Die Rechte der Eigentümer können aber auch erweitert werden, und zwar sowohl hinsichtlich der Nutzung des Sondereigentums als auch des Gemeinschaftseigentums. So kann eine bauliche Erweiterung von Sonder- oder Gemeinschaftseigentum (z. B. Ausbau eines Speicherraumes) ohne weiteres von vornherein oder mit Genehmigung des Verwalters oder der Eigentümerversammlung vorgesehen werden.

Der häufigste Fall einer Nutzungserweiterung ist die Einräumung von Sondernutzungsrechten am Gemeinschaftseigentum. Diese bieten sich insbesondere dort an, wo eine Zuweisung als Sondereigentum rechtlich nicht zulässig ist, sei es an Grundstücksflächen, sei es an nicht sondereigentumsfähigen Gebäudeteilen. Mit der Einräumung von Sondernutzungsrechten sollte unbedingt die Frage der Instandhaltung und Kostentragung sowie der Verkehrssicherungspflicht klar geregelt werden. Die Einräumung von Sondernutzungsrechten am Gemeinschaftseigentum legt aber nahe, dass eine Instandhaltungspflicht den Sondereigentümer trifft, sollte sie nicht besonders geregelt sein.

Wiederaufbaupflicht und Aufhebung der Gemeinschaft:

Abweichend von den gesetzlichen Vorschriften des BGB über die Gemeinschaft schreibt § 11 Abs. 1 Satz 1 und 2 WEG vor, dass eine Aufhebung der Gemeinschaft nicht verlangt werden kann, auch nicht aus wichtigem Grund. Diese Bestimmung ist auch nicht abdingbar. Der Ausschluss des Aufhebungsrechts erstreckt sich nach § 11 Abs. 2 WEG auch auf den Pfändungsgläubiger und den Konkursverwalter.

Eine von diesem Grundsatz abweichende Vereinbarung ist nach § 11 Abs. 1 Satz 3 WEG aber für den Fall zulässig, dass das Gebäude ganz oder z. T. zerstört ist und eine Verpflichtung zum Wiederaufbau nicht besteht. Regelt die Teilungserklärung hierzu nichts, kann die Situation eintreten, dass weder ein Aufhebungsrecht noch eine Wiederaufbaupflicht besteht. Nur ausnahmsweise kann trotz fehlender Regelung in der

Teilungserklärung eine Wiederaufbaupflicht durch Mehrheitsbeschluss (§ 21 Abs. 3 WEG) begründet werden, wenn nämlich (§ 22 Abs. 2 WEG) das Gebäude nicht mehr als zur Hälfte zerstört ist oder der Schaden durch Versicherung oder in anderer Weise gedeckt ist. Die Feststellung des Schadensumfanges bedarf dabei eines einstimmigen Beschlusses der Eigentümerversammlung oder eines Gerichtsbeschlusses. Ist das Gebäude mehr als zur Hälfte zerstört oder besteht keine Versicherungsdeckung, kann nach der gesetzlichen Regelung eine Wiederaufbaupflicht nur durch einstimmigen Beschluss herbeigeführt werden.

2.4.3.4 Die Verwaltung

Der Verwaltung des gemeinschaftlichen Eigentums ist im WEG der gesamte dritte Abschnitt der §§ 20-29 gewidmet. Diese sehr ausführliche gesetzliche Regelung reicht in der Regel aus. Sie beinhaltet im Wesentlichen folgendes:

Hauptorgan der Verwaltung ist die Wohnungseigentümerversammlung. Daneben kann ein Verwalter eingesetzt werden. Als Verwalter geeignet ist jede natürliche oder juristische Person, auch Personengesellschaften, also auch die OHG, die KG, nicht aber eine BGB-Gesellschaft. Die Aufgaben der Verwaltung sind:

- Verwaltung der gemeinschaftlichen Teile und Einrichtungen,
- Verwaltung der für den gemeinschaftlichen Gebrauch bestimmten Sachen und Dienste,
- Wahrnehmung der gemeinschaftlichen Interessen schlechthin.

Erfolgt die Verwaltung durch Wohnungseigentümer selbst, so vollzieht sie sich nach § 21 WEG nach folgenden Grundsätzen:

- Die Verwaltung erfolgt gemeinschaftlich.
- Jeder einzelne Wohnungseigentümer kann Maßnahmen zur Schadensabwehr treffen.
- Über die ordnungsgemäße Verwaltung sind Mehrheitsbeschlüsse zu fassen.
- Jeder einzelne Wohnungseigentümer kann eine ordnungsgemäße Verwaltung verlangen.

Die Bestellung eines Verwalters kann nicht ausgeschlossen werden, es muss aber keinesfalls ein Verwalter neu bestellt werden. Eine andere Frage ist, ob eine Verwalterbestellung überhaupt erfolgen soll oder nicht. Bei größeren Gemeinschaften wird sie unumgänglich sein, auch dann, wenn die Veräußerung von der Zustimmung des Verwalters abhängig gemacht wird. Ansonsten ist die Verwaltung großer Anlagen viel zu schwerfällig. Die Bestellung erfolgt dann zweckmäßigerweise in der Teilungserklärung, sofern nicht besondere Gründe vorliegen, bereits die erste Wahl der Eigentümerversammlung zu überlassen.

2.4 Bauträger-, Makler-, Wohnungseigentumsrecht

In §§ 27, 28 WEG sind die Befugnisse des Verwalters ebenfalls in ausreichendem Umfang geregelt. Empfehlenswert könnte sein, dem Verwalter die Befugnis einzuräumen, Ansprüche der Gemeinschaft gegenüber Dritten oder gegenüber einzelnen Wohnungseigentümern im eigenen Namen, aber für Rechnung der Gemeinschaft geltend zu machen, und zwar auch gerichtlich, also im Wege der sog. Prozessstandschaft. Denn diese Position vermittelt § 27 Abs. 2 Nr. 5 WEG nicht. Hier wird nur die Befugnis erteilt, im Namen der Wohnungseigentümer Ansprüche geltend zu machen. Dies führt in Prozessen aber zu erheblichen Problemen, vor allem bei einer Vielzahl von Eigentümern. Sie müssen nicht nur alle als Kläger aufgeführt werden, vielmehr bereitet auch jeder Wechsel (etwa bei Veräußerung) prozessuale Probleme. Auch bei dinglicher Sicherung von Forderungen würden sich in der Praxis kaum zu bewältigende Probleme ergeben.

Der Verwalter darf höchstens für fünf Jahre bestellt (bei Bestellung in der Teilungserklärung ist der Fristbeginn der Zeitpunkt der Anlage der Wohnungsgrundbücher) und frühestens ein Jahr vor Ablauf der Amtszeit wieder gewählt werden, es sei denn, die neue Amtszeit beginnt bereits mit der Neuwahl.

2.4.3.5 Die Eigentümerversammlung

Zur Eigentümerversammlung regelt das Gesetz (wobei die meisten Regeln abdingbar sind) die grundsätzliche Zuständigkeit, § 23 Abs. 1 WEG, die Entbehrlichkeit der Versammlung bei schriftlicher Zustimmung aller, § 23 Abs. 3 WEG, die Einberufung, den Ablauf und die Formalitäten, § 24 WEG, Beschlussfähigkeit und Beschlussfassung, § 25 WEG, ohne ausdrückliche Erwähnung: Stimmrechtsübertragung zulässig.

Mangels anderweitiger Bestimmungen in der Teilungserklärung führt der Verwalter den Vorsitz. Darin liegt eine gewisse Problematik, da Aufgabe der Versammlung vor allem auch eine Kontrolle der Verwaltertätigkeit ist. Legt man Wert auf eine neutrale Versammlungsleitung, sollte die Teilungserklärung die Wahl der Versammlungsleitung der Versammlung überlassen und dabei den Verwalter selbst ausschließen.

Einem besonderen Problem trägt § 24 Abs. 3 WEG. Ein Verwalter ist nach Ablauf seiner Amtszeit nicht mehr zur Einberufung einer Eigentümerversammlung berechtigt. Zwar sind die Beschlüsse, die in einer dergestalt einberufenen Versammlung gefasst werden, nicht nichtig, gleichwohl anfechtbar. Die Folge: Soll ein solches Versammlungsprotokoll etwa zum Nachweis einer neuen Verwalterwahl beim Grundbuch verwendet werden, so muss noch eine Bescheinigung des zuständigen Amtsgerichts vorgelegt werden, dass keine Anfechtung erfolgt ist. Mit der Einräumung der Befugnis zur Einberufung auch nach Ablauf der Amtszeit wird dies umgangen. Besteht ein Verwaltungsbeirat, so ist dessen Vorsitzender oder sein Vertreter zur Einberufung berechtigt (§ 24 Abs. 3 WEG).

Dr. Ulrich Schwering

2.4.4 Literaturverzeichnis

Basty, Gregor: der Bauträgervertrag, 6. Auflage, Köln, Berlin, Bonn, München 2009

Bärmann/ Pick/ Merle: WEG - Kommentar, 9. Auflage, München 2002

Bärmann/ Pick: Ergänzungsband zur 17. Auflage des WEG-Kommentars zum Entwurf eines Gesetzes zur Änderung des WEG und anderer Gesetze vom 08.03.2006, München 2006

Franke/ Kemper/ Zanner und Grünhagen: VOB – Kommentar, Düsseldorf 2002

Ingenstau/ Korbion: VOB – Kommentar, 17. Auflage, Düsseldorf 2009

Jauernig: BGB – Kommentar , 12. Auflage, München 2007

Leinemann: VOB – Kommentar, Köln, Berlin, Bonn, München 2002

Palandt: Kommentar zum BGB u. a., 69. Auflage, München 2010

Werner/ Pastor: Der Bauprozess, 12. Auflage, Düsseldorf 2008

Zöller: ZPO – Kommentar, 26. Auflage, Köln 2007

Drittes Kapitel
Steuerliche Betrachtungen
zu Immobilien

Prof. Dr. Claudia Siegert

3 Steuerliche Betrachtungen zu Immobilien

- 3.1 Überblick über wesentliche Steuerarten 321
- 3.2 Steuern bei Immobilienerwerb, -besitz und -abgabe 322
- 3.3 Vermögenszuordnung und steuerliche Bewertung von Immobilien 325
  - 3.3.1 Vermögenszuordnung von Immobilien 325
    - 3.3.1.1 Möglichkeiten der Vermögenszuordnung - Überblick 325
    - 3.3.1.2 Immobilien im Privatvermögen 325
    - 3.3.1.3 Immobilien im Betriebsvermögen 326
  - 3.3.2 Steuerliche Bewertung von Immobilien 328
    - 3.3.2.1 Notwendigkeit der Feststellung von Einheits- und Bedarfswerten 328
    - 3.3.2.2 Feststellung von Einheitswerten für Zwecke der Grund- und Gewerbesteuer 329
    - 3.3.2.3 Bewertung von Grundstücken für Zwecke der Grunderwerbsteuer 334
    - 3.3.2.4 Bewertung von Grundvermögen für Zwecke der Erbschaft- und Schenkungsteuer 336
    - 3.3.2.5 Bewertung von Immobilien für ertragsteuerliche Zwecke .. 342
- 3.4 Immobilien im Einkommensteuerrecht 343
  - 3.4.1 Zu versteuerndes Einkommen und Einkommensteuertarif 343
  - 3.4.2 Einkünfte aus Vermietung und Verpachtung 347
    - 3.4.2.1 Einnahmen aus Vermietung und Verpachtung 347
    - 3.4.2.2 Werbungskosten 348
  - 3.4.3 Gewerblicher Grundstückshandel 356
  - 3.4.4 Immobilienfonds - Einkünfte aus Vermietung und Verpachtung oder aus Kapitalvermögen 357
  - 3.4.5 Sonstige Einkünfte - Private Veräußerungsgeschäfte 361
  - 3.4.6 Verlustausgleich und Verlustabzug 364
- 3.5 Förderung von Immobilieneigentum 368
  - 3.5.1 Eigenheimzulage 368
  - 3.5.2 Investitionszulage 369
- 3.6 Immobilien im Umsatzsteuerrecht 370
  - 3.6.1 System der Umsatzsteuer 370
  - 3.6.2 Steuerfreiheit bei Grundstückskauf und -vermietung 373
  - 3.6.3 Optionsrecht 374
  - 3.6.4 Vorsteuerberichtigung bei Änderung der Nutzungsart 380

Prof. Dr. Claudia Siegert

	3.6.5	Steuerschuldnerschaft des Leistungsempfängers	383
3.7	Immobilien im Gewerbesteuerrecht		384
	3.7.1	Ermittlung der Gewerbesteuer - Überblick	384
	3.7.2	Ausgewählte Hinzurechnungen und Kürzungen beim Gewerbeertrag	386
		3.7.2.1 Hinzurechnungen	386
		3.7.2.2 Kürzungen für den Grundbesitz	387
3.8	Immobilien im Erbschaftsteuerrecht		387
3.9	Literaturverzeichnis		394

3 Steuerliche Betrachtungen zu Immobilien

3.1 Überblick über wesentliche Steuerarten

Steuerrechtliche Regelungen sind von wesentlicher Bedeutung sowohl beim Besitz von Immobilien im Betriebs- und Privatvermögen als auch bei deren Erwerb und Veräußerung. Sie beeinflussen u.a. Vertragsgestaltungen, die Zuordnung zu den Vermögensarten sowie den Investitionszeitpunkt.

Das deutsche Steuerrecht kennt eine Vielzahl von Steuern, deren Erhebung an jeweils verschiedene Tatbestände anknüpft.

Besitzsteuern sind Steuern, die an das Einkommen oder das Vermögen einer natürlichen oder juristischen Person anknüpfen. Sie können weiterhin unterteilt werden in Personensteuern, welche die persönlichen Verhältnisse und die Leistungsfähigkeit einer natürlichen oder juristischen Person berücksichtigen (z.B. ESt, KSt), und Realsteuern, die ein Objekt (z.B. Grund und Boden bei der GrSt, Ertragskraft des Gewerbebetriebs bei der GewSt) zum Gegenstand haben.

Als Verkehrsteuern bezeichnet man Steuern, die Vorgänge des Rechts- und Wirtschaftsverkehrs belasten. Diese können weiter untergliedert werden in allgemeine Verkehrsteuern (USt) und spezielle Verkehrsteuern (z.B. GrESt).

Im Bereich der Immobilienwirtschaft sind einige der Besitz- und Verkehrsteuern von besonderer Bedeutung, die in der folgenden Übersicht dargestellt werden.

Abbildung 3.1: Ausgewählte Besitz- und Verkehrsteuern

Besitzsteuern		Verkehrsteuern
vom Einkommen	vom Vermögen	
Einkommensteuer (ESt)	Grundsteuer (GrSt)	**Umsatzsteuer (USt)**
Körperschaftsteuer (KSt)		Grunderwerbsteuer (GrESt)
Solidaritätszuschlag (SolZ)		
Erbschaftsteuer (ErbSt)		
Gewerbesteuer (GewSt)		

Im Rahmen dieses Buches soll nur auf die hier hervorgehobenen Steuerarten näher eingegangen werden. Darüber hinaus kann dieses Kapitel nur wesentliche Grundzüge der genannten Steuerarten darstellen. Der an steuerlichen Einzelproblemen interessierte Leser sollte unbedingt auf die Gesetzestexte sowie aktuelle Kommentare und Fachbücher zurückgreifen.

Das Steuerrecht ist in Deutschland ständigen Änderungen unterworfen. Gesetzesänderungen sollen einen Beitrag zur Reformierung des Wirtschaftsstandortes Deutschland leisten und gleichzeitig der angespannten Haushaltslage von Bund, Ländern und

Prof. Dr. Claudia Siegert

Kommunen Rechnung tragen. Auch Änderungen in der Rechtsprechung vor allem des Europäischen Gerichtshofes (EuGH), des Bundesverfassungsgerichtes (BVerfG) und des Bundesfinanzhofes (BFH) wirken sich auf die Steuerpflichtigen aus.

In jüngster Vergangenheit haben vor allem das Unternehmensteuerreformgesetz 2008 sowie die Reform des Erbschaftsteuer- und Bewertungsgesetzes 2009 wesentliche Änderungen mit sich gebracht. Die aktuelle Auflage dieses Buches berücksichtigt den Stand des Steuervereinfachungsgesetzes 2011.

3.2 Steuern bei Immobilienerwerb, -besitz und -abgabe

Die folgende Übersicht zeigt, welche Steuern durch den Erwerb von Immobilien, durch deren Besitz im Betriebs- oder im Privatvermögen und durch deren Abgabe infolge Veräußerung bzw. Schenkung oder Erbschaft berührt sind. Auf die Einzelheiten hierzu wird in den folgenden Kapiteln – jeweils unter der genannten Steuerart – einzugehen sein.

Auf Besitzsteuern hat der **Immobilienerwerb** keinerlei Auswirkungen. Hier erfolgt lediglich die Zuordnung der Immobilie zum Betriebs/Unternehmens- oder Privatvermögen eines Steuerpflichtigen. Dies hat in der Folge entscheidenden Einfluss z.B. auf die anzuwendenden Abschreibungsmethoden und -sätze[1] oder für die Versteuerung von Veräußerungsgewinnen bzw. -verlusten[2].

Beim Erwerb einer Immobilie fällt i.d.R. Grunderwerbsteuer an, sofern keine der in den §§ 3 und 4 GrEStG aufgezählten Befreiungsvorschriften zutreffen. Die Grunderwerbsteuer bemisst sich nach dem Wert der Gegenleistung (zumeist der Kaufpreis), der Steuersatz beträgt grds. 3,5 % (§ 11 GrEStG). Einige Bundesländer haben den Steuersatz aber bereits seit einigen Jahren erhöht bzw. beabsichtigen dies. So gilt z.B. in Baden-Württemberg, Rheinland-Pfalz, Brandenburg und Thüringen ein Steuersatz von 5 %, in Bremen, Hamburg und Niedersachsen 4,5 % und im Saarland 4 %. Möglich sind diese unterschiedlichen Regelungen, da die Grunderwerbsteuer eine Landessteuer ist, d.h. ihr Aufkommen steht dem jeweiligen Bundesland zu. Diese Steuer stellt sog. Anschaffungsnebenkosten dar, welche die Anschaffungskosten des Grundstücks erhöhen. Sofern ein bebautes Grundstück erworben wird, sind diese Anschaffungsnebenkosten auf Grund und Boden und Gebäude (im Verhältnis ihrer Werte) aufzuteilen. In der Umsatzsteuer ist der Erwerb einer Immobilie i.d.R. steuerfrei; es kann sich aber als sinnvoll erweisen, für die Umsatzsteuerpflicht zu optieren[3].

---

[1] Vgl. Kapitel 3.4.2.2 Werbungskosten
[2] Vgl. Kapitel 3.4.5 Sonstige Einkünfte – Private Veräußerungsgeschäfte
[3] Vgl. Kapitel 3.6.3 Optionsrecht

3 Steuerliche Betrachtungen zu Immobilien

Befinden sich Immobilien im **Privatvermögen**, unterliegen bei deren Vermietung die Einkünfte der Einkommensteuer im Rahmen der Einkünfte aus Vermietung und Verpachtung[4]. Der Selbstnutzer einer Immobilie hat unter bestimmten Voraussetzungen die Möglichkeit, Aufwendungen wie Sonderausgaben abzuziehen.

Wenn Immobilien dem **Betriebsvermögen** zugeordnet wurden, ist zunächst von Bedeutung, ob sie zum Vermögen eines Einzelunternehmers bzw. einer Personengesellschaft oder einer Kapitalgesellschaft gehören. Werden die Immobilien von einem Personenunternehmen vermietet, gehören die Einkünfte zur Einkunftsart des jeweiligen Unternehmens, d.h. es werden Einkünfte aus Land- und Forstwirtschaft (§ 13 EStG), aus Gewerbebetrieb (§ 15 EStG) oder Selbständiger Arbeit (§ 18 EStG) erzielt. Eine Besonderheit besteht bei Immobilien, die der Gesellschafter einer Personengesellschaft an die Gesellschaft vermietet bzw. verpachtet. Diese Mieteinkünfte zählen beim Gesellschafter gem. § 15 Abs. 1 Nr. 2 EStG ebenfalls zu den gewerblichen Einkünften. Ist es eine Kapitalgesellschaft, die das Grundstück vermietet/verpachtet, erzielt sie gewerbliche Einkünfte gem. § 8 Abs. 2 KStG, die der Körperschaftsteuer unterliegen.

Für die Ermittlung des Gewerbeertrages eines gewerblichen Unternehmens wird eine Kürzung vom Gewinn aus Gewerbebetrieb vorgenommen, wenn das Grundstück zum Betriebsvermögen des Unternehmens gehört[5]. Damit sollen Doppelbesteuerungen betrieblicher Grundstücke mit Grundsteuer und Gewerbesteuer vermieden werden. Allerdings werden gezahlte Mieten, Pachten oder Leasingraten für Immobilien dem Gewinn hinzugerechnet, soweit ein Freibetrag überschritten wird[6].

Beim **Verkauf** der Immobilie aus dem Betriebsvermögen wirkt sich der hierbei erzielte Gewinn bzw. Verlust auf den Erfolg des Unternehmens aus, d.h. er wird wiederum der jeweiligen Einkunftsart zugerechnet. Erfolgt ein Verkauf von Immobilien aus dem Privatvermögen, unterliegt der Gewinn nur dann der Einkommensteuer, wenn zwischen Anschaffung und Veräußerung weniger als zehn Jahre lagen. Außerhalb dieser Veräußerungsfrist ist ein Gewinn nicht steuerbar, ein Verlust wirkt sich allerdings auch nicht einkommensmindernd aus.

Der Immobilienverkauf ist wiederum umsatzsteuerfrei, wobei eine Option zur Besteuerung sinnvoll sein kann.

Wird das Grundstück **unentgeltlich abgegeben** - verschenkt oder vererbt - unterliegt dieser Vorgang beim Erben bzw. beim Beschenkten oder beim Schenker der Erbschaft- bzw. Schenkungsteuer[7]. Für diese Fälle gelten gesonderte Bewertungsvorschriften[8].

---

[4] Vgl. Kapitel 3.4.2 Einkünfte aus Vermietung und Verpachtung
[5] Vgl. Kapitel 3.7.2.2 Kürzungen für den Grundbesitz
[6] Vgl. Kapitel 3.7.2.1 Hinzurechnungen
[7] Vgl. Kapitel 3.8 Immobilien im Erbschaftsteuerrecht
[8] Vgl. Kapitel 3.3.2.4 Bewertung von Grundvermögen für Zwecke der Erbschaft- und Schenkungsteuer

Abbildung 3.2: Steuern bei Immobilienerwerb, -besitz und -abgabe

Immobilienerwerb	Immobilienbesitz	Immobilienabgabe
ESt/KSt/GewSt keine Auswirkungen **USt** evtl. Option gem. § 9 UStG **GrESt** grds. 3,5 % vom Wert der Gegenleistung (in einigen Bundesländern höher) stellt Anschaffungsnebenkosten für das Grundstück dar, evtl. aufteilen auf Grund und Boden sowie Gebäude	**Immobilien im Privatvermögen** **ESt** Einkünfte aus Vermietung und Verpachtung gemäß § 21 EStG Gebäudeabschreibung gem. § 7 Abs. 4 Nr. 2 oder degressiv gem. § 7 Abs. 5 Nr. 2, 3 EStG bzw. erhöhte Absetzungen gem. §§ 7h, 7i EStG bei Selbstnutzung: Sonderausgabenabzug gem. § 10f EStG **Immobilien im Betriebsvermögen** **ESt/KSt** Einkünfte aus der Vermietung/Verpachtung von Grundstücken gehören zur jeweiligen Einkunftsart des Betriebes (§§ 13, 15, 18 EStG) Einkünfte aus der Vermietung/Verpachtung von Grundstücken des Gesellschafters einer Personengesellschaft an diese Gesellschaft sind Einkünfte aus Gewerbebetrieb (§ 15 EStG), Grundstück ist Sonderbetriebsvermögen Einkünfte aus der Vermietung/Verpachtung von Grundstücken durch eine Kapitalgesellschaft sind Einkünfte aus Gewerbebetrieb (§ 8 KStG) Gebäudeabschreibung gem. § 7 Abs. 4 Nr. 1 oder degressiv gem. § 7 Abs. 5 Nr. 1 EStG bzw. erhöhte Absetzungen gem. §§ 7h, 7i EStG **GewSt** Hinzurechnung von 50% der Mieten, Pachten, Leasingraten zum Gewerbeertrag (§ 8 Nr. 1 GewStG) Kürzung des Gewinns aus Gewerbebetrieb um 1,2 % des Einheitswertes des zum Betriebsvermögen gehörenden Grundbesitzes (§ 9 Nr. 1 GewStG i.V.m. § 121a, § 133 BewG) **unabhängig von der Vermögenszuordnung** **GrSt** Anwendung einer Steuermesszahl auf den Einheitswert des Grundstücks, die Gemeinde hat ein Hebesatzrecht	**ESt** evtl. privates Veräußerungsgeschäft gem. § 23 EStG bei Verkauf aus dem Privatvermögen Einfluss auf den Gewinn bei Verkauf aus dem Betriebsvermögen (§§ 13, 15, 18 EStG) **KSt** Einfluss auf den Gewinn bei Verkauf durch eine Körperschaft **ErbSt** evtl. beim Erben zu versteuernder Erwerb evtl. beim Schenker oder Beschenkten zu versteuernder Erwerb Bedarfsbewertung des Grundbesitzes gem. §§ 157 BewG **USt** evtl. Option gem. § 9 UStG evtl. Berichtigung der Vorsteuer gem. § 15a UStG

3.3 Vermögenszuordnung und steuerliche Bewertung von Immobilien

3.3.1 Vermögenszuordnung von Immobilien

3.3.1.1 Möglichkeiten der Vermögenszuordnung - Überblick

Für die steuerliche Behandlung von Immobilien (bebaute und unbebaute Grundstücke) ist von ausschlaggebender Bedeutung, ob sie dem Betriebs- oder Privatvermögen eines Steuerpflichtigen zuzuordnen sind. Die Vermögenszuordnung beeinflusst z.B. die Einkunftsart (evtl. Einkünfte aus Gewerbebetrieb oder aus Vermietung und Verpachtung) bzw. den Abschreibungssatz und die anwendbare Abschreibungsmethode und somit die Höhe der möglichen Abschreibung.

Bei einer unterschiedlichen Nutzung von Gebäuden - eigenbetrieblich, fremdbetrieblich, Nutzung zu eigenen oder fremden Wohnzwecken - stellt im Ertragsteuerrecht jeder der Gebäudeteile ein eigenständiges Wirtschaftsgut dar. Grundstücke und Grundstücksteile, die ausschließlich und unmittelbar für betriebliche Zwecke genutzt werden, sind grundsätzlich sog. notwendiges Betriebsvermögen. Für eigene Wohnzwecke genutzte Grundstücksteile sind notwendiges Privatvermögen. Bei Grundstücksteilen, die zu fremden Betriebs- oder Wohnzwecken vermietet werden, hat der Steuerpflichtige z.T. ein Wahlrecht, ob er Gebäudeteile dem Betriebs- oder Privatvermögen zurechnen möchte. Diese Wirtschaftsgüter werden daher als gewillkürtes Betriebsvermögen bezeichnet. Einen vereinfachten Überblick über Möglichkeiten der Vermögenszuordnung gibt die Abbildung 3.3.

3.3.1.2 Immobilien im Privatvermögen

Befindet sich eine Immobilie im Privatvermögen, kann sie entweder selbst genutzt oder vermietet werden, bzw. das Objekt wird gemischt genutzt.

Aus der Nutzung einer Immobilie für eigene Wohnzwecke ergeben sich zunächst keine steuerrechtlichen Konsequenzen. Allerdings besteht unter bestimmten Voraussetzungen die Möglichkeit eines Sonderausgabenabzuges bzw. (auslaufend grds. bis zum Jahr 2013) der Förderung mittels Eigenheimzulage[9].

Wird die Immobilie als Wohn- oder Gewerberaum vermietet, werden Einkünfte aus Vermietung und Verpachtung[10] erzielt.

Sofern beim Kauf und Verkauf von Immobilien die Veräußerungsfrist von 10 Jahren unterschritten wird, unterliegt ein Veräußerungsgewinn der Einkommensteuer[11]. Ist

---

9 Vgl. Abschnitt 3.5 Förderung von Immobilieneigentum
10 Vgl. Abschnitt 3.4.2 Einkünfte aus Vermietung und Verpachtung

dies nicht der Fall, ergeben sich aus der Veräußerung keine ertragsteuerlichen Konsequenzen.

Abbildung 3.3: Möglichkeiten der Vermögenszuordnung - Übersicht

Grundstück/Grundstücksteil			
betriebliche Nutzung		Nutzung für Wohnzwecke	
eigenbetriebliche Nutzung	Vermietung zu fremden Betriebszwecken	Vermietung zu fremden Wohnzwecken	Nutzung zu eigenen Wohnzwecken
Wert des Grundstücksteils ist von untergeordneter Bedeutung (Wert beträgt nicht mehr als 20 % des gesamten Grundstückswertes und nicht mehr als 20 500 €)	Grundstücksteile stehen in objektivem Zusammenhang mit dem Betrieb, sind bestimmt und geeignet, den Betrieb zu fördern		↘ Privatvermögen
nein ↘ notwendiges Betriebsvermögen	ja ↘ Wahlrecht, ob Betriebs- oder Privatvermögen (gewillkürtes Betriebsvermögen)		

3.3.1.3 Immobilien im Betriebsvermögen

Steuerpflichtige, die ihren Gewinn durch Betriebsvermögensvergleich (Bilanzierung gem. § 4 Abs. 1 oder § 5 Abs. 1 EStG) ermitteln, haben die Möglichkeit, zu fremden Betriebs- oder Wohnzwecken vermietete Grundstücke bzw. Grundstücksteile als gewillkürtes Betriebsvermögen zu behandeln. Dies gilt - unter etwas eingeschränkten Bedingungen - auch für Steuerpflichtige, die ihren Gewinn mittels Einnahme-Überschuss-Rechnung (gem. § 4 Abs. 3 EStG) ermitteln. Die Mieteinnahmen für die Immobilien sind in diesem Fall der jeweiligen Einkunftsart des Betriebes zuzuordnen (z.B. Einkünfte aus Gewerbebetrieb). Gewinne bzw. Verluste aus der Veräußerung der Immobilie gehören ebenfalls zu der betreffenden Einkunftsart.

Gehören Immobilien bzw. Teile davon zum Betriebsvermögen, sind sie in der Bilanz des Unternehmens unter der Position Sachanlagen auszuweisen. Zu beachten ist dabei

---

11 Vgl. Abschnitt 3.4.5 Sonstige Einkünfte - Private Veräußerungsgeschäfte

die unterschiedliche ertragsteuerliche Behandlung der einzelnen Grundstücksbestandteile als nicht abnutzbares oder als abnutzbares Wirtschaftsgut.

Die Abnutzung der Gebäude und Außenanlagen wird durch die planmäßige Abschreibung in Form der sog. Absetzung für Abnutzung (AfA) widergespiegelt. Werden auf einem Grundstück Rohstoffvorkommen ausgebeutet (z.B. bei Bergbauunternehmen, Steinbrüchen), erfolgt eine Absetzung für Substanzverringerung. Bei abnutzbaren Grundstücksbestandteilen ist somit der Wert in der Bilanz der sog. Restbuchwert. Lediglich der Grund und Boden wird als nicht abnutzbares Wirtschaftsgut mit seinen Anschaffungskosten ausgewiesen. Bei außergewöhnlichen Wertminderungen der Immobilie kann eine außerplanmäßige Abschreibung (sog. Teilwertabschreibung) vorgenommen werden, wenn die Wertminderung voraussichtlich von Dauer ist (§ 6 Abs. 1 Nr. 1, 2 EStG).

Abbildung 3.4: Ertragsteuerliche Behandlung von Grundstücksbestandteilen

Grundstücksbestandteil	ertragsteuerliche Behandlung
Grund und Boden	nichtabnutzbares Wirtschaftsgut (unabhängig davon, ob bebaut oder unbebaut)
Gebäude	abnutzbares Wirtschaftsgut
Außenanlagen	abnutzbares Wirtschaftsgut

Handelt der Unternehmer mit Grundstücken, so sind diese allerdings als Waren dem Umlaufvermögen zuzuordnen. Eine planmäßige Abschreibung der abnutzbaren Grundstücksbestandteile ist dann nicht möglich. Nur bei außerordentlichen Wertminderungen kann auf den niedrigeren Teilwert abgeschrieben werden (§ 6 Abs. 1 Nr. 2 EStG).

Aus der folgenden Abbildung wird ersichtlich, unter welchen Bilanzpositionen Immobilien aufgeführt werden.

Prof. Dr. Claudia Siegert

Abbildung 3.5: Bilanz einer Kapitalgesellschaft - Prinzipdarstellung gem. § 266 HGB

Aktivseite	Passivseite
A. Anlagevermögen	A. Eigenkapital
I. Immaterielle Vermögensgegenstände	I. Gezeichnetes Kapital
II. Sachanlagen	II. Kapitalrücklage
1. **Grundstücke, grundstücksgleiche Rechte und Bauten**	III. Gewinnrücklagen
III. Finanzanlagen	IV. Gewinnvortrag/Verlustvortrag
B. Umlaufvermögen	V. Jahresüberschuss/Jahresfehlbetrag
I. Vorräte	B. Rückstellungen
1. Roh-, Hilfs- und Betriebsstoffe	C. Verbindlichkeiten
2. unfertige Erzeugnisse, Leistungen	D. Rechnungsabgrenzungsposten
3. **fertige Erzeugnisse und Waren**	E. Passive latente Steuern
II. Forderungen und sonstige Vermögensgegenstände	
III. Wertpapiere	
IV. Kassenbestand, Guthaben bei Kreditinstituten und Schecks	
C. Rechnungsabgrenzungsposten	
D. Aktive latente Steuern	

3.3.2 Steuerliche Bewertung von Immobilien

3.3.2.1 Notwendigkeit der Feststellung von Einheits- und Bedarfswerten

Die Feststellung des Wertes von Vermögensgegenständen ist für viele Steuerarten (z.B.: GrSt, GewSt, ErbSt) von Bedeutung. Zur Anwendung kommen hierbei sog. Einheitswerte oder Bedarfswerte, mit denen der Wert einzelner Wirtschaftseinheiten festgestellt wird. Diese Wertermittlung soll der Vereinheitlichung und Vereinfachung des Steuerrechts dienen, da der Wert einmal für jeweils mehrere Steuerarten festgesetzt wird.

Für diese steuerliche Bewertung von Vermögensgegenständen ist das Bewertungsgesetz (BewG) maßgebend.

Zu unterscheiden ist hierbei

- die Einheitswertfeststellung als Grundlage der Bewertung für die Grundsteuer und für die Gewerbesteuer, die in regelmäßigen Abständen erfolgen soll
- die Feststellung von Grundbesitzwerten für Zwecke der Erbschaftsteuer und Grunderwerbsteuer, die nur bedarfsweise erfolgt (Bedarfsbewertung).

Die Frage, ob die Vorschriften über die Einheitsbewertung des Grundvermögens sowie über die Heranziehung der Grundbesitzwerte als Bemessungsgrundlage für die Grunderwerbsteuer verfassungsgemäß sind, unterliegt derzeit der gerichtlichen Prüfung durch das Bundesverfassungsgericht bzw. den Bundesfinanzhof. Bis zu einer Entscheidung hierüber werden die Einheitswerte und die Grundbesitzwerte vorläufig festgestellt[12]. Das Problem besteht darin, dass sowohl die Einheitswerte als auch die Grundbesitzwerte für die Grunderwerbsteuer – wie in den beiden folgenden Abschnitten dargestellt - nicht auf tatsächlich am Markt feststellbaren Werten beruhen.

3.3.2.2 Feststellung von Einheitswerten für Zwecke der Grund- und Gewerbesteuer

Für die Bewertung von Immobilien für Zwecke der Grund- und Gewerbesteuer gilt der Zweite Teil, Erster Abschnitt des Bewertungsgesetzes. Für die neuen Bundesländer ist zu beachten, dass weiterhin das Bewertungsgesetz der Deutschen Demokratischen Republik (BewG-DDR) von 1970 sowie die Durchführungsverordnung zum Reichsbewertungsgesetz (RBewDV) von 1935 anzuwenden sind. Auf deren Besonderheiten soll hier nicht eingegangen werden.

Im Bewertungsgesetz werden verschiedene Vermögensarten unterschieden. Der Wert der einzelnen Vermögensarten (und somit auch der Wert der zu diesem Vermögen gehörenden Grundstücke) werden außerhalb der laufenden Steuerfestsetzung in einem gesonderten Verfahren festgestellt.

Stichtag der Einheitsbewertung ist immer der 01.01. eines Kalenderjahres.

---

[12] Vgl. gleich lautende Erlasse der obersten Finanzbehörden der Länder vom 17.06.2011, vorläufige Festsetzung der Grunderwerbsteuer, vorläufige Feststellung nach § 17 Abs. 2 und 3 GrEStG und vorläufige Feststellung von Grundbesitzwerten sowie gleich lautende Erlasse der obersten Finanzbehörden der Länder vom 19.04.2012, vorläufige Einheitswertfeststellung und vorläufige Feststellungen des Grundsteuermessbetrags

Abbildung 3.6: Vermögensarten gem. BewG

land- und forstwirtschaftliches Vermögen (§ 33 BewG)	→ einschließlich Grund und Boden
Grundvermögen (§ 68 BewG)	unbebaute und bebaute Grundstücke (§§ 72 ff. BewG, vgl. Abb. 3.7) → Grund und Boden, Gebäude, sonstige Bestandteile, Zubehör → Erbbaurechte → Wohnungseigentum, Teileigentum
Betriebsvermögen (§§ 95, 96, 97 BewG)	→ alle Teile eines Gewerbebetriebs i.S.d. § 15 Abs. 1 und 2 des EStG, die bei der steuerlichen Gewinnermittlung zum Betriebsvermögen gehören dem Gewerbetrieb gleichgestellt ist die Ausübung eines freien Berufs i.S.d. § 18 EStG → einen Gewerbebetrieb bilden auch die Wirtschaftsgüter von Kapitalgesellschaften → hierzu gehören auch Betriebsgrundstücke (§ 99 BewG), diese sind der zu einem Gewerbebetrieb gehörende Grundbesitz

Abbildung 3.7: Grundstücksarten gem. BewG

unbebaute Grundstücke (§ 72 BewG)	→ Grundstücke, auf denen sich keine benutzbaren Gebäude befinden
baureife Grundstücke (§ 73 BewG)	→ unbebaute Grundstücke, wenn sie in einem Bebauungsplan als Bauland festgesetzt sind und die sofortige Bebauung möglich ist
Mietwohngrundstücke (§ 75 Abs. 2 BewG)	→ Grundstücke, die zu mehr als 80 % (berechnet nach der Jahresrohmiete) Wohnzwecken dienen
Geschäftsgrundstücke (§ 75 Abs. 3 BewG)	→ Grundstücke, die zu mehr als 80 % eigenen oder fremden gewerblichen oder öffentlichen Zwecken dienen
gemischtgenutzte Grundstücke (§ 75 Abs. 4 BewG)	→ Grundstücke, die teils Wohnzwecken, teils eigenen oder fremden gewerblichen oder öffentlichen Zwecken dienen
Ein-/Zweifamilienhäuser (§ 75 Abs. 5, 6 BewG)	→ Wohngrundstücke, die nur eine bzw. zwei Wohnungen enthalten
sonstige bebaute Grundstücke (§ 75 Abs. 7 BewG)	→ alle übrigen bebauten Grundstücke

3 Steuerliche Betrachtungen zu Immobilien

Allgemeine Feststellungen der Einheitswerte (sog. **Hauptfeststellungen**) sollen in regelmäßigen Zeitabständen erfolgen, wobei für die Feststellung der Einheitswerte beim Grundbesitz durch das Bewertungsgesetz ein Zeitabstand von 6 Jahren vorgeschrieben ist (§ 21 BewG). Dieser Bewertungsrhythmus wurde bisher nicht eingehalten; die letzten Hauptfeststellungszeitpunkte für den Grundbesitz sind der 01.01.1964, in den neuen Bundesländern der 01.01.1935. Aus diesem Grund wird bei der Einheitsbewertung auch noch die Wertgröße „DM" verwendet. Eine Umrechnung des Wertes in Euro erfolgt erst als letzter Schritt der Bewertung (§ 30 BewG).

Treten während eines Hauptfeststellungszeitraumes wesentliche Änderungen des Einheitswertes ein, ist dieser fortzuschreiben (§ 22 BewG). Dies kann erfolgen als

- Wertfortschreibung,
- Artfortschreibung,
- Zurechnungsfortschreibung.

Eine **Wertfortschreibung** (§ 22 Abs. 1 BewG) wird durchgeführt, wenn bestimmte Wertgrenzen überschritten werden. Hierfür gibt es zum einen eine Bruchteilsgrenze, die mehr als 1/10 und bei Abweichungen nach oben mindestens 5 000 DM, bei Abweichungen nach unten mindestens 500 DM betragen muss. Zum anderen existiert eine feste Wertgrenze, die bei Abweichungen nach oben 100 000 DM und nach unten 5 000 DM beträgt. Bei der Prüfung, ob diese Grenzen erreicht sind, sind jeweils die gem. § 30 BewG auf volle 100 DM abgerundeten Werte zu vergleichen.

Beispiele:

Als Einheitswert eines Grundstücks wird zum 01.01.2012 500 000 DM und zum 01.01.2013 610 000 DM festgestellt. Es ist eine Wertfortschreibung durchzuführen, da die Abweichung nach oben mehr als 100 000 DM beträgt. Der fortgeschriebene Einheitswert von 610 000 DM wird in Euro umgerechnet (311 888,04 €), dieser Betrag wird auf volle Euro abgerundet (311 888 €).

Als Einheitswert eines Grundstücks wird zum 01.01.2012 60 000 DM und zum 01.01.2013 70 000 DM festgestellt. Es ist eine Wertfortschreibung durchzuführen, da die Abweichung nach oben mehr als 1/10 des bisherigen Einheitswertes (6 000 DM) und mehr als 5 000 DM beträgt. Es wird ein Einheitswert von 70 000 DM bzw. 35 790 € festgestellt.

Eine **Artfortschreibung** (§ 22 Abs. 2 BewG) wird durchgeführt, wenn sich die Art des zu bewertenden Gegenstandes seit dem letzten Feststellungszeitpunkt wesentlich geändert hat.

Prof. Dr. Claudia Siegert

Beispiel:

Aus einem Grundstück des Grundvermögens wird ein Grundstück des Betriebsvermögens.

Eine **Zurechnungsfortschreibung** (§ 22 Abs. 2 BewG) wird durchgeführt, wenn der zu bewertende Gegenstand einem anderen Steuerpflichtigen zuzurechnen ist.

Beispiel:

Der Steuerpflichtige X kauft von Y am 20.06.2012 ein unbebautes Grundstück. Zum 01.01.2013 ist dieses Grundstück X zuzurechnen.

Alle drei Fortschreibungsarten sind selbständig nebeneinander zulässig. Sie können aber auch gleichzeitig in einem Arbeitsgang durchgeführt werden.

Beispiel:

Der Steuerpflichtige X kauft von Y am 20.02.2013 ein unbebautes Grundstück. Er errichtet im selben Jahr darauf ein Mietshaus. Infolge der Bebauung erhöht sich der Einheitswert von bisher 50 000 DM auf 90 000 DM. Eine Zurechnungsfortschreibung ist durchzuführen, da der Eigentümer gewechselt hat. Eine Artfortschreibung ist erforderlich, da aus dem bisher unbebauten Grundstück ein bebautes Grundstück (Mietwohngrundstück) wurde. Die Wertfortschreibung wird notwendig, da die Wertgrenzen überschritten wurden.

Eine **Nachfeststellung** von Einheitswerten (§ 23 BewG) muss erfolgen, wenn nach dem Hauptfeststellungszeitpunkt eine wirtschaftliche Einheit neu entsteht, bzw. diese erstmals zu einer Steuer herangezogen werden soll.

Beispiel:

X ist Eigentümer eines 2 000 qm großen Grundstücks. Er veräußert davon 1 200 qm im Jahr 2012 an Y. Dieser besaß bisher noch kein Grundstück. Für das neu entstandene 1 200 qm große Grundstück ist per 01.01.2013 eine Nachfeststellung erforderlich. Für das dem X verbleibende 800 qm große Grundstück ist ggf. eine Wertfortschreibung durchzuführen.

Die Einheitswertermittlung für unbebaute und bebaute Grundstücke erfolgt nach unterschiedlichen Algorithmen. Der Einheitswert für unbebaute Grundstücke wird nach folgendem Schema ermittelt:

Abbildung 3.8: Einheitswertermittlung für unbebaute Grundstücke

	Bodenwert (abhängig von Grundstücksgröße und Durchschnittswert (gemäß Richtwertkarte) je Quadratmeter)
+	Wert evtl. vorhandener Außenanlagen
=	gemeiner Wert, abgerundet auf volle 100 DM, danach Umrechnung in €, abrunden auf volle € (§ 30 BewG)
=	**Einheitswert des unbebauten Grundstücks**

Die Bewertung der bebauten Grundstücke kann grundsätzlich nach zwei Verfahren - Ertragswertverfahren und Sachwertverfahren - erfolgen, die jeweils für verschiedene Grundstücksarten zur Anwendung kommen (§ 76 BewG). Die hier verwendeten Begriffe und Berechnungen beim Ertrags- und Sachwertverfahren sind ausschließlich für das Steuerrecht bindend; es besteht kein Zusammenhang zur Wertermittlung nach der Wertermittlungsverordnung (WertV).

Abbildung 3.9: Anwendung des Ertragswert- und des Sachwertverfahrens bei der Einheitsbewertung

Ertragswert-verfahren §§ 78 ff. BewG	→ Mietwohngrundstücke, Geschäftsgrundstücke → gemischtgenutzte Grundstücke → Ein- und Zweifamilienhäuser
Sachwert-verfahren §§ 83 ff. BewG	→ sonstige bebaute Grundstücke → Ein- und Zweifamilienhäuser mit besonderer Gestaltung oder Ausstattung → Geschäfts- und Mietwohngrundstücke, für die weder eine Jahresrohmiete ermittelt noch die übliche Miete geschätzt werden kann → Grundstücke mit Behelfsbauten, sonstige bebaute Grundstücke, für die ein Vervielfältiger in den Anlagen 3 – 8 BewG nicht bestimmt ist

Prof. Dr. Claudia Siegert

Für das **Ertragswertverfahren** kann das folgende Schema herangezogen werden:

Abbildung 3.10: Ertragswertverfahren bei der Einheitsbewertung

	Jahresrohmiete nach dem Stand im Feststellungszeitpunkt bzw. übliche Miete bei Eigennutzung, Nichtnutzung, unentgeltlicher Überlassung, um mehr als 20% von der üblichen Miete abweichender Miete
x	Vervielfältiger (abhängig von Grundstücksart, Bauart und -ausführung, Baujahr, Einwohnerzahl der Gemeinde) gem. den Anlagen 3 – 8 BewG
=	vorläufiger Grundstückswert
+/./.	Werterhöhungen bzw. -ermäßigungen bei Vorliegen besonderer Umstände (z.B. Wertminderungen durch Lärm, behebbare Baumängel, die Notwendigkeit des baldigen Abbruchs bzw. Werterhöhungen durch die Größe der nicht bebauten Fläche), die weder in der Jahresrohmiete noch im Vervielfältiger berücksichtigt sind Diese Wertveränderungen dürfen insgesamt 30 % des vorläufigen Grundstückswertes nicht übersteigen.
=	endgültiger Grundstückswert (gemeiner Wert, abgerundet auf volle 100 DM), danach Umrechnung in €, abrunden auf volle € (§ 30 BewG)
=	**Einheitswert des bebauten Grundstücks** umfasst Bodenwert, Gebäudewert und Wert der Außenanlagen

Beim **Sachwertverfahren** werden Bodenwert, Gebäudewert und Wert der Außenanlagen zunächst getrennt ermittelt. Der so zustande gekommene Ausgangswert ist an den gemeinen Wert (entspricht dem Verkehrswert) anzugleichen. Dies erfolgt mit Hilfe von Wertzahlen, die durch Rechtsverordnung festgesetzt werden. Hierbei werden insbesondere die Zweckbestimmung und Verwendbarkeit der Grundstücke sowie die Gemeindegröße berücksichtigt.

3.3.2.3 Bewertung von Grundstücken für Zwecke der Grunderwerbsteuer

Durch das Jahressteuergesetz 1997 wurde die Bewertung des Grundbesitzes für Zwecke der Erbschaftsteuer rückwirkend ab dem 01.01.1996 sowie für Zwecke der Grunderwerbsteuer ab dem 01.01.1997 neu geregelt. Anstelle der Einheitswerte wurden seitdem Grundbesitzwerte (§ 138 BewG) festgestellt.

3 Steuerliche Betrachtungen zu Immobilien

Die Bewertung für Zwecke der Erbschaftsteuer wurde ab dem 01.01.2009 nochmals neu geregelt[13], die Grundbesitzbewertung nach dem vierten Abschnitt des zweiten Teils des BewG wird seitdem nur noch für Zwecke der Grunderwerbsteuer angewendet. Die hier ermittelten Bedarfswerte spielen nur noch eine untergeordnete Rolle, da die Bemessungsgrundlage für die Grunderwerbsteuer gem. § 8 GrEStG i.d.R. der Kaufpreis ist. Die Bedarfsbewertung mittels Grundbesitzwerten kommt vor allem bei der Übertragung von Anteilen an einer Personengesellschaft, in deren Vermögen sich ein Grundstück befindet, zur Anwendung.

Die Wertermittlung bei der Bedarfsbewertung unterscheidet sich ebenfalls bezüglich der unbebauten und bebauten Grundstücke.

Für **unbebaute Grundstücke** wird der Grundbesitzwert wie folgt ermittelt (§ 145 BewG):

Abbildung 3.11: Grundbesitzwert für unbebaute Grundstücke

	Grundstücksfläche (qm) x Bodenrichtwert (€)
./.	Abschlag 20 %
=	Wert des Grundstücks, abgerundet auf volle 500 € (§ 139 BewG)
=	**Grundbesitzwert für das unbebaute Grundstück**

Als Bodenrichtwert ist stets der aktuelle vom Gutachterausschuss ermittelte Wert anzusetzen (§ 145 Abs. 3 BewG). Weist der Steuerpflichtige z.B. mittels Gutachten nach, dass der gemeine Wert (Verkehrswert) des Grundstücks niedriger ist, ist dieser der Bewertung zugrunde zu legen (§ 138 Abs. 4 BewG).

Bei der Bewertung **bebauter Grundstücke** kommt ein Ertragswertverfahren (§ 146 BewG) zur Anwendung:

---

[13] Vgl. Abschnitt 3.3.2.4 Bewertung des Grundvermögens für Zwecke der Erbschaft- und Schenkungsteuer

Abbildung 3.12: *Grundbesitzwert für bebaute Grundstücke*

	vereinbarte Jahresmiete (ohne Betriebskosten) bzw. übliche Miete bei eigengenutzten, ungenutzten, unentgeltlich oder verbilligt (mehr als 20 %) überlassenen Grundstücken
x	Faktor 12,5
./.	Wertminderung für das Alter des Gebäudes ■ wenn das Gebäude mindestens 50 Jahre alt ist 25 % oder ■ wenn das Gebäude noch keine 50 Jahre alt ist für jedes volle Jahr ab der Bezugsfertigkeit bis zum Besteuerungszeitpunkt 0,5 %
=	gekürzter Ausgangswert
+	Wertzuschlag bei Ein- und Zweifamilienhäusern 20 %
=	Zwischensumme, abgerundet auf volle 500 € (§ 139 BewG)
=	**Grundbesitzwert für das bebaute Grundstück**

Auch hier kann wieder ein mittels Gutachten nachgewiesener niedrigerer Verkehrswert zum Ansatz kommen (§ 138 Abs. 4 BewG). Außerdem darf der ermittelte Ertragswert nicht geringer sein als der Wert, der für das Grundstück anzusetzen wäre, wenn es wie ein unbebautes Grundstück bewertet würde (§ 146 Abs. 6 BewG). Für die Berechnung der Wertminderung wegen Alters kann zugunsten des Steuerpflichtigen als Zeitpunkt der Bezugsfertigkeit der 01.01. des Jahres der Bezugsfertigkeit angenommen werden.

Gesonderte Regelungen wurden weiterhin für die Bewertung von speziellen bebauten Fabrikgrundstücken (§ 147 BewG), von Erbbaurechten und Gebäuden auf fremdem Grund und Boden (§ 148 BewG) sowie von Grundstücken im Zustand der Bebauung (§ 149 BewG) getroffen.

3.3.2.4 Bewertung von Grundvermögen für Zwecke der Erbschaft- und Schenkungsteuer

Mit Beschluss des Bundesverfassungsgerichts vom 07.11.2006 wurde festgestellt, dass die unterschiedliche Bewertung der Vermögensgegenstände im Erbschaftsteuerrecht nicht verfassungsgemäß ist. So wurden z.B. für die Bewertung von Betriebsvermögen die Steuerbilanzwerte und für die Bewertung von Grundstücken die Grundbesitzwerte zugrunde gelegt, die i.d.R. wesentlich niedriger waren als die Verkehrswerte, während z.B. für die Bewertung von Kapitalvermögen die Nennwerte angesetzt wurden. Diese Bewertungsunterschiede waren mit dem Gleichheitssatz aus Artikel 3 Abs. 1

3 Steuerliche Betrachtungen zu Immobilien

des Grundgesetzes nicht vereinbar. Der Gesetzgeber musste diesen verfassungswidrigen Zustand bis zum Ende des Jahres 2008 beenden. Mit Wirkung ab dem 01.01.2009 wurden daher das Bewertungsgesetz sowie das Erbschaftsteuergesetz grundlegend reformiert.

Die Bewertung aller Vermögensgegenstände orientiert sich nunmehr am gemeinen Wert. Dieser **gemeine Wert** wird gem. § 9 BewG durch den Preis bestimmt, der im gewöhnlichen Geschäftsverkehr nach der Beschaffenheit des Wirtschaftsgutes bei einer Veräußerung zu erzielen wäre. Dabei sind alle Umstände, die den Preis beeinflussen, zu berücksichtigen. Nicht zu berücksichtigen sind allerdings ungewöhnliche oder persönliche Verhältnisse. Der gemeine Wert kann somit mit dem Verkehrswert gleichgesetzt werden.

Nach der Bewertung mit dem gemeinen Wert gibt es jedoch für viele Vermögensgegenstände (z.B. Produktivvermögen, Grundstücke) Verschonungsregeln. Diese sollen u.a. sicherstellen, dass die Übertragung von selbst genutztem Wohneigentum im Regelfall von einer Besteuerung ausgenommen wird.

Die Bewertung sollte sich also zum einen an den gemeinen Wert anlehnen, der inhaltlich dem Verkehrswert (Marktwert) nach § 194 BauGB entspricht[14]. Gleichzeitig sollte die Bewertung aber vom Steuerpflichtigen selbst oder von seinem Berater vorgenommen werden können. Ein Wertgutachten sollte im Regelfall entbehrlich sein. Um diese beiden Ziele miteinander zu vereinbaren, wurde eine typisierende Bewertung entwickelt, die sich an die immobilienwirtschaftlichen Wertermittlungsverfahren anlehnt.

Die Bewertung **unbebauter Grundstücke** (§ 178 BewG) ist nur wenig von den Änderungen betroffen. Der Wert ermittelt sich aus dem Produkt von Fläche und aktuellem Bodenrichtwert (§ 179 BewG); der bis zum Jahr 2008 angewandte Bewertungsabschlag von 20% entfällt.

Beispiel:

Der Steuerpflichtige X verschenkt ein unbebautes Grundstück. Der Bodenrichtwert für das 550 qm große Grundstück beträgt 250 €/qm. Die Schenkung wird im Jahr 2008 ausgeführt (Variante: Schenkung im Jahr 2009).

Schenkung 2008:	550 qm x 250 €/qm x 80% =	110.000 €
Schenkung 2009:	550 qm x 250 €/qm =	137.500 €

---

[14] Vgl. Erlass zur Umsetzung des Gesetzes zur Reform des Erbschaftsteuer- und Bewertungsrechts; Bewertung des Grundvermögens ... (AEBewGrV) vom 05.05.2009

Prof. Dr. Claudia Siegert

Für die Bewertung bebauter Grundstücke werden verschiedene Verfahren normiert, die in Abhängigkeit von der jeweiligen Grundstücksart zur Anwendung kommen (§§ 181, 182 BewG). Eine Übersicht hierzu gibt die folgende Abbildung.

Abbildung 3.13: Verfahren zur Bewertung bebauter Grundstücke gem. § 182 BewG

Vergleichswertverfahren	→ Wohnungseigentum → Teileigentum → Ein- und Zweifamilienhäuser
Ertragswertverfahren	→ Mietwohngrundstücke, → Geschäftsgrundstücke und gemischt genutzte Grundstücke, für die sich auf dem örtlichen Grundstücksmarkt eine übliche Miete ermitteln lässt
Sachwertverfahren	→ Wohnungs- und Teileigentum sowie Ein- und Zweifamilienhäuser, soweit ein Vergleichswert nicht vorliegt → Geschäftsgrundstücke, gemischt genutzte Grundstücke, für die sich keine übliche Miete ermitteln lässt → sonstige bebaute Grundstücke

Vergleichswertverfahren (§ 183 BewG)

Das Verfahren ist für Grundstücke, die mit weitgehend gleichartigen Gebäuden bebaut sind, anzuwenden und eignet sich daher für die o.g. Grundstücksarten. Eine Mitbenutzung von Ein- oder Zweifamilienhäusern für betriebliche Zwecke (z.B. als Arbeitszimmer) ist unschädlich, wenn diese weniger als 50% der Wohn- oder Nutzfläche beträgt und soweit hierdurch die Eigenart des Grundstücks nicht beeinträchtigt wird. Besonderheiten, die den Wert beeinflussen, werden nicht berücksichtigt.

Für die Vergleichswertermittlung stehen zwei Möglichkeiten zur Verfügung:

- Die Werte werden aus tatsächlich realisierten Verkaufspreisen abgeleitet, die den Finanzämtern durch die Gutachterausschüsse mitgeteilt werden (§ 183 Abs. 1 BewG).
- Die Gutachterausschüsse erheben Vergleichsfaktoren für geeignete Bezugseinheiten (z.B. Flächeneinheiten von Gebäuden). Da sich diese Faktoren nur auf das Gebäude beziehen, ist der Bodenwert gem. § 179 BewG gesondert zu berücksichtigen (§ 183 Abs. 2 BewG).

Ertragswertverfahren (§§ 184 – 188 BewG)

Bei diesem Verfahren wird der Wert des Gebäudes auf der Grundlage des nachhaltig erzielbaren Ertrags getrennt vom Bodenwert ermittelt. Es ist daher für Mietwohngrundstücke, Geschäftsgrundstücke und gemischt genutzte Grundstücke, für die sich eine übliche Miete ermitteln lässt, anwendbar. Der Wert sonstiger baulicher Anlagen (vor allem der Außenanlagen) ist mit diesem Ertragswert abgegolten.

3 Steuerliche Betrachtungen zu Immobilien

Für den Bodenwert wird der Wert des unbebauten Grundstücks verwendet. Bei der Ermittlung des Ertragswertes des Gebäudes wird vom Reinertrag des Grundstücks ausgegangen, der sich aus dem Rohertrag abzüglich Bewirtschaftungskosten ergibt. Als Rohertrag wird die vertraglich vereinbarte Miete angesetzt; die tatsächlich gezahlte Miete ist irrelevant. Bei Gebäuden, die eigengenutzt, ungenutzt oder unentgeltlich überlassen werden oder die zu einer mehr als 20 % von der üblichen Miete abweichenden tatsächlichen Miete überlassen werden, kommt die ortsübliche Miete zum Ansatz. Betriebskosten sind hierbei nicht zu berücksichtigen. Für die Bewirtschaftungskosten sind Erfahrungssätze anzuwenden, die von den Gutachterausschüssen erhoben werden. Sollten diese nicht zur Verfügung stehen, können der Anlage 23 des BewG pauschalierte Erfahrungssätze entnommen werden. Aus dem Reinertrag des Grundstücks ist die Verzinsung des Bodenwertes herauszurechnen. Der hierbei zu Anwendung kommende Liegenschaftszins wird ebenfalls von den Gutachterausschüssen ermittelt. Sollten keine geeigneten Liegenschaftszinssätze vorliegen, werden diese in § 188 BewG in Abhängigkeit von der Grundstücksart vorgegeben (z.B. 5 % für Mietwohngrundstücke). Der sich ergebende Gebäudereinertrag ist mit einem Vervielfältiger zu kapitalisieren, der aus Anlage 21 zum BewG entnommen werden kann. Er ist abhängig vom Liegenschaftszinssatz und der Restnutzungsdauer des Gebäudes. Auch die wirtschaftliche Gesamtnutzungsdauer wurde für verschiedene Gebäudetypen normiert (Anlage 22 zum BewG). Verlängerungen bzw. Verkürzungen dieser Nutzungsdauer, z.B. durch bauliche Veränderungen oder Naturkatastrophen sind zu berücksichtigen. Für ein noch genutztes Gebäude beträgt die Mindest-Restnutzungsdauer 30 % der Gesamtnutzungsdauer. Bodenwert und Gebäudeertragswert ergeben den Ertragswert des bebauten Grundstücks. Bei Gebäuden mit negativem Ertragswert ist mindestens der Bodenwert anzusetzen.

Die folgende Abbildung gibt einen schematischen Überblick über den Ablauf des Ertragswertverfahrens.

Abbildung 3.14: Ertragswertverfahren gem. §§ 184 ff. BewG

Rohertrag (vertragliche bzw. übliche Miete)	Bodenrichtwert
./. Bewirtschaftungskosten (ggf. Anlage 23)	x Grundstücksfläche
= Reinertrag des Grundstücks	= Bodenwert
./. Bodenwertverzinsung	
= Gebäudereinertrag	
x Vervielfältiger (Anlage 21)	
= Gebäudeertragswert	
= Ertragswert des bebauten Grundstücks (Grundbesitzwert)	

Beispiel:

Der Steuerpflichtige X verschenkt im September 2012 ein Geschäftsgrundstück. Der Bodenrichtwert für das 4 000 qm große Grundstück beträgt 130 €/qm. Das Gebäude wurde im Jahr 1982 errichtet und war im Mai bezugsfertig. Es wird eine Jahresnettomiete von 90 000 € erzielt. Für Mietausfallwagnis, Verwaltungskosten und Instandhaltungsaufwand werden erfahrungsgemäß 18 % der Jahresnettomiete veranschlagt.

Für ein Geschäftsgrundstück wird gem. Anlage 22 zum BewG eine wirtschaftliche Gesamtnutzungsdauer von 70 Jahren zugrunde gelegt.

Der Liegenschaftszins für Geschäftsgrundstücke beträgt 6,5%, soweit vom Gutachterausschuss hierzu keine anderen Angaben vorliegen.

Bodenwert	4 000 qm x 130 €/qm	520 000 €
Rohertrag	90 000 €	
./. Bewirtschaftungskosten 18 %	./. 16 200 €	
= Reinertrag	73 800 €	
./. Bodenwertverzinsung (6,5 %)	./. 33 800 €	
= Gebäudereinertrag	40 000 €	
x Vervielfältiger 14,15 (Anlage 21 für Restnutzungsdauer 40 Jahre)		
= Gebäudeertragswert		566 000 €
= Ertragswert des bebauten Grundstücks		1 086 000 €

Sachwertverfahren (§ 189 – 191 BewG)

Für die Bedarfsbewertung bebauter Grundstücke ist das Sachwertverfahren neu. Es kommt zur Anwendung, wenn keine Vergleichswerte vorliegen bzw. wenn sich eine übliche Miete nicht ermitteln lässt. Der Bodenwert ist hierbei wiederum der Wert des unbebauten Grundstücks. Für die Ermittlung des Gebäudewertes wurden Regelherstellungskosten aus statistischen Erhebungen für das gesamte Bundesgebiet hergeleitet. Sie sind abhängig vom Gebäudetyp, Baujahr und Ausstattungsstandard und ergeben sich aus Anlage 24 zum BewG. Eine Wertminderung wegen Alters ergibt sich aus dem Verhältnis des Alters des Gebäudes zur wirtschaftlichen Gesamtnutzungsdauer (Anlage 22). Nach Bezugsfertigkeit des Gebäudes eingetretene Veränderungen, die die wirtschaftliche Gesamtnutzungsdauer des Gebäudes verlängern oder verkürzen, sind zu berücksichtigen. Die Summe aus Bodenwert und Gebäudewert ist mittels sog. Wertzahlen an die Marktgegebenheiten anzupassen. Die Wertzahlen sollen wiederum von den Gutachterausschüssen zu Verfügung gestellt werden bzw. sie können als pauschalierte Erfahrungssätze der Anlage 25 zum BewG entnommen werden.

3 Steuerliche Betrachtungen zu Immobilien

Abbildung 3.15: Sachwertverfahren gem. §§ 189 ff. BewG

Regelherstellungskosten (Anlage 24)	Bodenrichtwert
x Bruttogrundfläche bzw. Bruttorauminhalt	x Grundstücksfläche
= Gebäuderegelherstellungswert	= Bodenwert
./. Alterswertminderung	
= Gebäudesachwert	
= vorläufiger Sachwert	
x Wertzahl (ggf. Anlage 25)	
= Sachwert des bebauten Grundstücks (Grundbesitzwert)	

Beispiel:

Der Steuerpflichtige X verschenkt im Januar 2012 ein Einfamilienhaus. Der Bodenrichtwert für das 600 qm große Grundstück beträgt 240 €/qm. Das Gebäude wurde im Jahr 2002 errichtet und war im Juni bezugsfertig. Das Gebäude mit einer Bruttogrundfläche von 250 qm ist unterkellert und hat ein ausgebautes Dachgeschoss. Sein Ausstattungsgrad ist als „mittel" einzuschätzen.

Für ein Einfamilienhaus wird gem. Anlage 22 zum BewG eine wirtschaftliche Gesamtnutzungsdauer von 80 Jahren zugrunde gelegt.

Die Regelherstellungskosten für im Jahr 2002 errichtetes Gebäude mit dem beschriebenen Ausstattungsniveau betragen 860 € (Anlage 24).

Bodenwert	600 qm x 240 €/qm	144 000 €
Regelherstellungskosten	860 €	
x Bruttogrundfläche	250 qm	
= Gebäuderegelherstellungswert	215 000 €	
./. Alterswertminderung (9/80)	./. 24 188 €	
= Gebäudesachwert		190 812 €
= vorläufiger Sachwert		334 812 €
x Wertzahl (Anlage 25) 0,9		
ergibt sich bei einem vorläufigen Sachwert von mehr als 300 000 € und einem Bodenrichtwert bis zu 300 €/qm		
= Sachwert (Grundbesitzwert)		301 330 €

Für Erbbaugrundstücke, Gebäude auf fremdem Grund und Boden sowie Grundstücke im Zustand der Bebauung gelten spezielle Bewertungsvorschriften (§§ 192 ff. BewG).

Bei allen Bewertungsverfahren hat der Steuerpflichtige die Möglichkeit nachzuweisen, dass der gemeine Wert seines Grundstücks niedriger ist als der so ermittelte Grundbesitzwert. Für dieses Wertgutachten gelten die Vorschriften des § 199 des Baugesetzbuches (§ 198 BewG).

3.3.2.5 Bewertung von Immobilien für ertragsteuerliche Zwecke

Die Bewertung von Immobilien für ertragsteuerliche Zwecke (ESt, KSt) erfolgt grundsätzlich zu Anschaffungskosten bzw. Herstellungskosten (§ 6 EStG). Bei Gebäuden sind die Anschaffungs- oder Herstellungskosten jährlich um die Abschreibungen[15] zu vermindern.

Zu den **Anschaffungskosten** gehören der Kaufpreis der Immobilie sowie die sogenannten Anschaffungsnebenkosten (gem. § 255 Abs. 1 HGB). Dies sind z.B. die Grunderwerbsteuer, Notarkosten für die Beurkundung des Kaufvertrages, Kosten für die Eintragung ins Grundbuch. Bei der Anschaffung bebauter Grundstücke sind diese Nebenkosten im Verhältnis des Wertes von Grund und Boden sowie des Gebäudes auf diese aufzuteilen.

Herstellungskosten von Gebäuden sind alle Aufwendungen, die für den Verbrauch von Material sowie die Inanspruchnahme von Dienstleistungen für die Herstellung, Erweiterung und über den ursprünglichen Zustand hinausgehende Verbesserungen entstehen (gem. § 255 Abs. 2 HGB).

Bei bestimmten Abschreibungsformen (z.B. Sonderabschreibungen, erhöhte Absetzungen) ist es zulässig, diese schon auf Anzahlungen bzw. auf Teilherstellungskosten zu beziehen (§ 7a EStG). **Anzahlungen** auf Anschaffungskosten sind Zahlungen, die nach dem rechtswirksamen Vertragsabschluss aber vor der Lieferung des Gegenstandes geleistet werden, soweit sie die Anschaffungskosten nicht übersteigen. Anzahlungen dürfen keine willkürlich geleisteten Zahlungen sein. Nicht als willkürlich gilt eine Anzahlung, wenn das Gebäude spätestens im folgenden Jahr geliefert wird. Die steuerlichen Verwaltungsanweisungen beziehen sich bei der Beurteilung von Anzahlungen ausdrücklich auf die Makler-Bauträger-Verordnung (MaBV).

Teilherstellungskosten sind Aufwendungen, die z.B. durch Materialverbrauch, Lohnzahlungen und Beanspruchen von Dienstleistungen für die Herstellung eines Gebäudes bis zum Ende eines Jahres entstanden sind, wenn sich die Herstellung über einen längeren Zeitraum erstreckt.

---

[15] Vgl. Abschnitt 3.4.2.2 Werbungskosten

Bei Aufwendungen, die für ein Gebäude nach dessen Fertigstellung anfallen, ist es von besonderer Bedeutung, ob diese als Erhaltungsaufwand oder als nachträglicher Herstellungsaufwand einzuschätzen sind. Sind diese Kosten Erhaltungsaufwand, können sie sofort in voller Höhe gewinnmindernd angesetzt werden. Sind sie als nachträglicher Herstellungsaufwand einzustufen, können sie nur gemeinsam mit dem Gebäude abgeschrieben werden.

3.4 Immobilien im Einkommensteuerrecht

3.4.1 Zu versteuerndes Einkommen und Einkommensteuertarif

Bemessungsgrundlage der Einkommensteuer ist das zu versteuernde Einkommen. Seine Ermittlung wird in der nachfolgenden - vereinfachten - Übersicht dargestellt.

Bei den ersten drei Einkunftsarten - den Gewinneinkünften - ermitteln sich die Einkünfte (der Gewinn bzw. Verlust) als Differenz von Betriebseinnahmen und Betriebsausgaben. Die Einkünfte der anderen vier Einkunftsarten - der Überschusseinkünfte - ermitteln sich grds. als Differenz zwischen Einnahmen und Werbungskosten. Da jeder Steuerpflichtige Einkünfte aus mehreren Einkunftsarten beziehen kann, sind diese zur **Summe der Einkünfte** zu saldieren. Einkünfte aus Immobilien fließen dem Besitzer im Rahmen der Einkunftsart **Vermietung und Verpachtung**[16] zu, wenn sich das Grundstück im Privatvermögen befindet. Gehört das Grundstück zu einem Betriebsvermögen, werden die hieraus fließenden Einkünfte der jeweiligen Gewinneinkunftsart zugerechnet. Gewinne oder Verluste aus der Veräußerung der Immobilien gehören dann ebenfalls zu dieser Einkunftsart. Gewinne oder Verluste aus der Veräußerung von privaten Immobilien sind dagegen als reine Wertveränderungen des Vermögens einkommensteuerlich unbeachtlich. Besteuert werden solche Gewinne nur, wenn sie innerhalb einer bestimmten Zeitspanne erzielt werden, der Gewinn aus diesem sog. privaten Veräußerungsgeschäft gehört in diesem Fall zu den **sonstigen Einkünften**[17].

---

[16] Vgl. Abschnitt 3.4.2 Einkünfte aus Vermietung und Verpachtung
[17] Vgl. Abschnitt 3.4.5 Sonstige Einkünfte - Private Veräußerungsgeschäfte

Abbildung 3.16: Ermittlung des zu versteuernden Einkommens (§ 2 EStG)

	Einkünfte aus Land- und Forstwirtschaft (§ 13 EStG)	
	Einkünfte aus Gewerbebetrieb (§ 15 EStG)	} Gewinneinkünfte
	Einkünfte aus selbständiger Arbeit (§ 18 EStG)	
	Einkünfte aus nichtselbständiger Arbeit (§ 19 EStG)	
	Einkünfte aus Kapitalvermögen (§ 20 EStG)	
	Einkünfte aus Vermietung und Verpachtung (§ 21 EStG)	} Überschusseinkünfte
	sonstige Einkünfte (§ 22, § 23 EStG)	
=	**Summe der Einkünfte**	
./.	Altersentlastungsbetrag (§ 24a EStG)	
=	**Gesamtbetrag der Einkünfte**	
./.	Verlustabzug (§ 10d EStG)	
./.	Sonderausgaben (§§ 10 - 10c EStG)	
./.	Steuerbegünstigung des selbstgenutzten Wohneigentums (§§ 10f, 10g EStG)	
./.	außergewöhnliche Belastungen (§§ 33 – 33b EStG)	
=	**Einkommen**	
./.	Freibeträge für Kinder (§ 32 Abs. 6 EStG)	
=	**zu versteuerndes Einkommen**	

Bei vielen Steuerpflichtigen entspricht die Summe der Einkünfte dem **Gesamtbetrag der Einkünfte**. Dieser ist eine wesentliche Bemessungsgrundlage im Einkommensteuerrecht, u.a. für die Ermittlung der abzugsfähigen außergewöhnlichen Belastungen. Vom Gesamtbetrag der Einkünfte können Sonderausgaben und außergewöhnliche Belastungen abgezogen werden. Diese Aufwendungen sind privater Natur. Sie können jedoch - z.T. mit Höchst- oder Pauschalbeträgen - angesetzt werden, da bestimmte Verhaltensweisen des Steuerpflichtigen gefördert werden sollen bzw. um erschwerte Lebensumstände zu berücksichtigen.

Zu den **Sonderausgaben** gehören vor allem Vorsorgeaufwendungen wie z.B. Beiträge zu bestimmten Lebensversicherungen, zu Kranken-, Renten- und Haftpflichtversicherungen sowie Spenden oder Kosten der Berufsausbildung. Wie Sonderausgaben werden auch Aufwendungen für zu eigenen Wohnzwecken genutzte Baudenkmale sowie Gebäude in Sanierungsgebieten und städtebaulichen Entwicklungsbereichen behandelt. Der Regelungsinhalt dieses § 10f EStG entspricht im Wesentlichen den Vorschriften der §§ 7h oder 7i EStG[18]. Als **außergewöhnliche Belastungen** werden

---

[18] Vgl. Abschnitt 3.4.2.2 Werbungskosten

z.B. die Kosten eines Krankheits- oder Todesfalls, bestimmte Unterhaltsaufwendungen oder die Aufwendungen für die Berufsausbildung von Kindern anerkannt.

Nach Abzug dieser Aufwendungen ergibt sich das **Einkommen**. Dieses kann bei Steuerpflichtigen mit Kindern um die Freibeträge für Kinder gemindert werden. Nach Abzug dieser Beträge ergibt sich das **zu versteuernde Einkommen**, das die Bemessungsgrundlage der Einkommensteuer darstellt.

Die Einkommensteuer wird nach Ablauf eines Kalenderjahres als Jahressteuer ermittelt. Dabei wird grundsätzlich jeder Steuerpflichtige einzeln zur Einkommensteuer veranlagt (Grundtarif). Ehepartner können jedoch unter bestimmten Bedingungen gemeinsam zur Steuer veranlagt werden (§ 26 EStG) und dabei die Vorteile des sog. Splittingtarifs nutzen.

Der Einkommensteuertarif ist ein linear-progressiver Tarif mit zwei Progressionszonen (vgl. Abbildung 3.17). Das Existenzminimum eines jeden Steuerpflichtigen in Höhe von ggw. 8 004 € (Ledige, Tarif 2010) ist von der Besteuerung freigestellt (sog. **Grundfreibetrag**). Danach schließt sich eine linear-progressive Zone mit einem **Eingangssteuersatz** von derzeit **14 %** an, die bei einem zu versteuernden Einkommen von ggw. 13 469 € endet. Die zweite linear-progressive Zone endet bei einem zu versteuernden Einkommen von 52 881 €. Einkommensteile, die dieses zu versteuernde Einkommen übersteigen, werden mit einem Steuersatz von ggw. **42 %** versteuert. Für ein zu versteuerndes Einkommen ab 250 731 € gilt seit dem Jahr 2007 ein **Spitzensteuersatz** von **45 %**.

Abbildung 3.17: Einkommensteuertarif 2010 (Grundtarif)

zu versteuerndes Einkommen	Einkommensteuer	Durchschnittssteuersatz	zu versteuerndes Einkommen	Einkommensteuer	Durchschnittssteuersatz
5 000 €	-	-	75 000 €	23 328 €	31,10 %
10 000 €	315 €	3,15 %	100 000 €	33 828 €	33,82 %
20 000 €	2 701 €	13,50 %	250 000 €	96 828 €	38,73 %
30 000 €	5 625 €	18,75 %	500 000 €	209 306 €	41,86 %
40 000 €	9 007 €	22,52 %	1 000 000 €	434 306 €	43,43 %
50 000 €	12 847 €	25,69 %	5 000 000 €	2 234 306 €	44,69 %

Der **Durchschnittssteuersatz** gibt an, wie viel Prozent Einkommensteuer im Durchschnitt auf das gesamte zu versteuernde Einkommen gezahlt werden muss.

Prof. Dr. Claudia Siegert

Eine für steuerliche Entscheidungen jedoch wesentlichere Aussage bietet der **Grenzsteuersatz**. Er verdeutlicht die Erhöhung bzw. Verringerung der Steuerbelastung (in € oder %) bei einer Erhöhung bzw. Verringerung des zu versteuernden Einkommens um eine Einheit. Dies soll an zwei Beispielen verdeutlicht werden.

Beispiel 1:

Ein lediger Steuerpflichtiger vermietet ein Wohnhaus und hat damit einen Gewinn aus Vermietung in Höhe von 100 000 €. Mit der Vermietung eines anderen Gebäudes erzielt er im selben Jahr negative Einkünfte aus Vermietung in Höhe von 10 000 €. Durch diesen Verlust sinkt sein zu versteuerndes Einkommen auf 90 000 €; die Steuerbelastung verringert sich wie folgt (Berechnung ohne Solidaritätszuschlag, keine Berücksichtigung von Sonderausgaben, außergewöhnlichen Belastungen):

zu versteuerndes Einkommen	Einkommensteuer	Durchschnittssteuersatz
100 000 €	33 828 €	33,82 %
90 000 €	29 628 €	32,92 %
Verringerung um		Grenzsteuersatz
10 000 €	4 200 €	42,00 %

Der Grenzsteuersatz zeigt in diesem Beispiel somit die steuerliche Belastung der letzten 10 000 € dieses Steuerpflichtigen. Jeder Euro Werbungskosten, den er mehr geltend machen kann, verringert seine Einkommensteuerbelastung um 42 Cent.

Beispiel 2:

Ein lediger Steuerpflichtiger hat einen Gewinn in Höhe von 30 000 € aus der Vermietung eines Gebäudes. Auch er hat Vermietungsverluste aus einem anderen Gebäude in Höhe von 10 000 €.

zu versteuerndes Einkommen	Einkommensteuer	Durchschnittssteuersatz
30 000 €	5 625 €	18,75 %
20 000 €	2 701 €	13,50 %
Verringerung um		Grenzsteuersatz
10 000 €	2 924 €	29,24 %

Der gleiche Verlust in Höhe von 10 000 € führt also bei einem Steuerpflichtigen mit weniger Einkünften auch zu einer geringeren steuerlichen Entlastung.

3 Steuerliche Betrachtungen zu Immobilien

Nicht der Einkommensteuer unterliegen die Einkünfte, wenn die Betätigung nicht Ausdruck eines wirtschaftlichen, auf die Erzielung von Erträgen gerichteten Verhaltens ist, sondern auf privater Neigung beruht. In diesem Fall liegt sog. „Liebhaberei" vor, die einkommensteuerlich unbeachtlich ist[19]. Im Rahmen der Einkünfte aus Vermietung und Verpachtung kann dies z.B. bei nur vorübergehender Vermietung oder bei Bauherrenmodellen mit Rückkaufsangebot vorkommen. Die entstehenden Verluste werden dann nicht anerkannt und können nicht mit anderen positiven Einkünften verrechnet werden.

3.4.2 Einkünfte aus Vermietung und Verpachtung

3.4.2.1 Einnahmen aus Vermietung und Verpachtung

Einnahmen aus Vermietung und Verpachtung sind alle Einnahmen, die dem Vermieter/Verpächter von Grundstücken, Gebäuden und Gebäudeteilen aus deren Nutzungsüberlassung zufließen.

Hierzu gehören u.a.:

- Mieteinnahmen für Wohnungen,
- Mieteinnahmen für nicht Wohnzwecken dienende Räume (z.B. Gewerberäume),
- Einnahmen aus der Vermietung von Garagen, Werbeflächen u.ä.,
- Einnahmen aus Umlagen (Wassergeld, Müllabfuhr, Straßenreinigung, Zentralheizung, besondere Ausstattung),
- Abstandszahlungen für die Entlassung eines Mieters aus einem Mietverhältnis,
- bei Option zur Umsatzsteuerpflicht (§ 9 UStG)[20]: angerechnete bzw. erstattete Vorsteuerbeträge,
- werterhöhende Aufwendungen des Mieters, die dem Vermieter nach Vertragsende entschädigungslos überlassen werden,
- Erlöse aus der Veräußerung von Miet- und Pachtzinsforderungen,
- bestimmte Zuschüsse aus öffentlichen oder privaten Mitteln.

---

[19] Vgl. Schreiben betr. Einkunftserzielung bei den Einkünften aus Vermietung und Verpachtung vom 08.10.2004, BStBl. I S. 933
[20] Vgl. Abschnitt 3.6.3 Optionsrecht

3.4.2.2 Werbungskosten

Werbungskosten im Überblick

Werbungskosten sind Aufwendungen, die der Erwerbung, Sicherung und Erhaltung der Vermietungseinnahmen dienen. Sie können auch vor (vorweggenommene Werbungskosten z.B. Aufwendungen zur Besichtigung potentieller Objekte, Finanzierungskosten während des Baus) bzw. nach der Erzielung von Einnahmen (nachträgliche Werbungskosten z.B. Zahlung rückständiger Grundsteuer nach Verkauf des Objekts) anfallen.

Zu den Werbungskosten gehören u.a.:

- Schuldzinsen (§ 9 Abs. 1 Nr. 1 EStG),
- Erhaltungsaufwand,
- Absetzung für Abnutzung (AfA) (§ 7 Abs. 4 und 5 EStG),
- erhöhte Absetzungen (z.B. §§ 7h, 7i),
- sonstige Werbungskosten (§ 9 Abs. 1 Nr. 2, 3 EStG) z.B.
  - Grundsteuer,
  - Gebühren für Müllabfuhr, Wasser, Straßenreinigung,
  - Kosten für Zentralheizung, Warmwasserversorgung, Fahrstuhlbetrieb, Hausbeleuchtung,
  - Beiträge zu Hausversicherungen,
  - Ausgaben für die Hausverwaltung und den Hausmeister.

Da die von den Mietern gezahlten Umlagen Einnahmen sind, denen die Kosten für Müllabfuhr, Zentralheizung, Warmwasserversorgung usw. als Werbungskosten gegengerechnet werden, verbleiben als Aufwendungen für den Vermieter letztendlich nur die nicht umlagefähigen Bewirtschaftungskosten.

Werden Wohnungen verbilligt vermietet, kann es unter bestimmten Voraussetzungen zu einer Kürzung des Werbungskostenabzugs kommen (§ 21 Abs. 2 EStG). Die bestehende gesetzliche Regelung ist durch das Steuervereinfachungsgesetz 2011 deutlich vereinfacht worden. Die maßgebliche Grenze für verbilligte Vermietung wird von ehemals 56 % auf 66 % heraufgesetzt; d. h. es erfolgt eine Aufteilung der Vermietung in einen entgeltlichen und einen unentgeltlichen Teil, wenn das Entgelt für die Überlassung einer Wohnung weniger als 66 % der ortsüblichen Marktmiete beträgt. Die Werbungskosten sind dann nur noch in Höhe des entgeltlichen Teils abziehbar. Die bisher erforderliche Totalüberschussprognose, d. h. die Prüfung, ob mit dieser Vermietung überhaupt ein dauerhafter Überschuss erzielt werden kann, entfällt. Als ortsüblich anzusehen ist jeder der Mietwerte des Mietspiegels, nicht nur der Mittelwert. Diese Regelungen gelten ab dem Veranlagungszeitraum 2012.

3 Steuerliche Betrachtungen zu Immobilien

Beispiel 1:

Der Steuerpflichtige X vermietet ab dem 02.01.2012 eine Wohnung an einen Angehörigen. Die Anschaffungskosten i.H.v. 100 000 € (dav. 5 % Grund und Boden) wurden fremdfinanziert (7 % p.a.). Weitere Werbungskosten entstehen i.H.v. 1 000 €. Der Mieter bezahlt 340 €, die ortsübliche Miete gem. Mietspiegel würde 500 € betragen (68 %).

Die Wohnungsvermietung gilt als entgeltlich. Es wird nicht geprüft, ob auf Dauer gesehen ein Überschuss der Einnahmen über die Werbungskosten erzielt werden kann.

Die Einkünfte ermitteln sich wie folgt:

Mieteinnahmen	4 080 €
./. Schuldzinsen	./. 7 000 €
./. AfA	./. 1 900 € (2 % von 95 000 €)
./. weitere Werbungskosten	./. 1 000 €
= Verlust	./. 5 820 €

Beispiel 2:

Der Steuerpflichtige Y vermietet ab dem 02.01.2012 eine Wohnung an einen Angehörigen. Die monatliche Miete beträgt 600 €, ortsüblich wären 1 000 €. Im Zusammenhang mit der Wohnung sind jährliche Aufwendungen (Abschreibungen, Finanzierungskosten etc.) in Höhe von 15 000 € entstanden.

Die Einkünfte ermitteln sich wie folgt:

Mieteinnahmen	7 200 €
./. Werbungskosten (60 % abziehbar)	./. 9 000 €
= Verlust	./. 1 800 €

Die wichtigsten Werbungskosten sollen folgend ausführlicher dargestellt werden.

Abschreibungen (§ Abs. 1 Nr. 7 i.V.m. § 7 Abs. 4 und 5 EStG)

Abschreibungen spiegeln den Werteverzehr langlebiger abnutzbarer Wirtschaftsgüter während ihrer Nutzungsdauer wider. Sie werden im Steuerrecht als Absetzung für Abnutzung (AfA) bezeichnet.

Für die Ermittlung von Abschreibungen bei Gebäuden kommen zwei Methoden zur Anwendung - die lineare Abschreibung und die Abschreibung in Staffelsätzen, die einen degressiven Abschreibungsverlauf begründet. Die Abschreibungssätze unterscheiden sich bei Gebäuden im Betriebs- und im Privatvermögen. Der lineare Abschreibungssatz für sog. Wirtschaftsgebäude (d. h. Gebäude im Betriebsvermögen, die nicht Wohnzwecken dienen) beträgt 3 %. Dies gilt, wenn das Gebäude ab dem 01.01.2001 angeschafft oder mit seiner Herstellung begonnen wurde. Lag die Anschaffung bzw. der Beginn der Herstellung vor diesem Datum, beträgt der Abschreibungssatz 4 %.

In den folgenden Ausführungen soll nur auf Abschreibungen von Gebäuden im Privatvermögen eingegangen werden.

Die **lineare Abschreibung** ist für alle Gebäude nutzbar, die der Steuerpflichtige angeschafft oder hergestellt hat. Die Abschreibungssätze betragen

- bei Gebäuden, die vor dem 01.01.1925 fertig gestellt wurden   2,5 %,
- bei Gebäuden, die nach dem 31.12.1924 fertig gestellt wurden   2,0 %.

Im Jahr der Anschaffung bzw. der Fertigstellung sowie bei einer Veräußerung im Laufe eines Jahres kann die Abschreibung nur monatsanteilig angesetzt werden.

Die **degressive Staffelabschreibung** kommt für Gebäude in Betracht, die der Steuerpflichtige selbst hergestellt oder bis zum Ende des Jahres der Fertigstellung angeschafft hat. Sie bietet den Vorteil, dass zu Beginn der Gebäudenutzung größere Beträge als Werbungskosten angesetzt werden können und sich somit das zu versteuernde Einkommen in der Anfangszeit der Investition stark mindert. Welche Staffelsätze anwendbar sind, ist abhängig von der Nutzung des Gebäudes (Wohn- oder Gewerbezwecke) und vom Datum des Bauantrags bzw. Kaufvertrags. Bei Gebäuden, für die nach dem 31.12.2005 der Bauantrag gestellt bzw. die nach diesem Datum erworben wurden, entfällt die degressive Abschreibung.

Einen Überblick über anwendbare Staffelsätze gibt die Abbildung 3.18.

Ein Wechsel zwischen der linearen Abschreibung und der Abschreibung in degressiven Staffelsätzen ist grds. nicht zulässig.

Bemessungsgrundlage der Abschreibung sind die Anschaffungskosten einschließlich der Anschaffungsnebenkosten oder die Herstellungskosten eines Gebäudes.

3 Steuerliche Betrachtungen zu Immobilien

Abbildung 3.18: Abschreibungssätze bei degressiver Staffelabschreibung

Nutzung des Gebäudes	unabhängig	Wohnzwecke		
Bauantrag/ Kaufantrag	vor dem 01.01.1995	nach dem 28.02.1989 und vor dem 01.01.1996	nach dem 31.12.1995 und vor dem 01.01.2004	nach dem 31.12.2003 und vor dem 01.01.2006
Staffelsätze	8 x 5 % 6 x 2,5 % 36 x 1,25 %	4 x 7 % 6 x 5 % 6 x 2 % 24 x 1,25 %	8 x 5 % 6 x 2,5 % 36 x 1,25 %	10 x 4 % 8 x 2,5 % 32 x 1,25 %
Abschreibungsdauer gesamt	50 Jahre	40 Jahre	50 Jahre	50 Jahre
Rechtsgrundlage	§ 7 Abs. 5 Nr. 2 EStG	§ 7 Abs. 5 Nr. 3a EStG	§ 7 Abs. 5 Nr. 3b EStG	§ 7 Abs. 5 Nr. 3c EStG

Neben den Baukosten gehören zu den Anschaffungskosten eines Gebäude z.B.

- Anschlusskosten an das Abwassernetz sowie an das Versorgungsnetz (Strom, Gas, Wasser, Wärme),
- Aufwendungen für Einbauten wie Heizungsanlage, Fahrstuhlanlage,
- Bauplanungskosten,
- Kosten zur Beseitigung von Baumängeln.

Anschaffungsnebenkosten sind u.a. die Grunderwerbsteuer (grds. 3,5 % des Grundstückskaufpreises), Notar- und Grundbuchkosten. Nicht zu den Anschaffungskosten gehören die Finanzierungskosten für ein Grundstück.

Die Abschreibung beginnt bei angeschafften Gebäuden mit dem Zeitpunkt der Anschaffung, bei selbst hergestellten Gebäuden mit dem Zeitpunkt der Fertigstellung. Als fertig gestellt gilt ein Gebäude, wenn die wesentlichen Bauarbeiten abgeschlossen sind, so dass ein Bezug zugemutet werden kann.

Wird ein Gebäude im Laufe eines Jahres angeschafft/fertiggestellt bzw. veräußert, muss die Abschreibung zeitanteilig erfolgen. Eine Ausnahme hiervon bildet die de-

Prof. Dr. Claudia Siegert

gressive Staffelabschreibung, hier kann im Jahr der Anschaffung/Fertigstellung der gesamte Jahresbetrag abgeschrieben werden.

Beispiel 1:

Der Steuerpflichtige X erwirbt am 15.10.2012 ein Wohngebäude für 1 Mio. € (10 % Anteil Grund und Boden), um es zu vermieten. Die Grunderwerbsteuer beträgt 35 000 €, weitere Anschaffungsnebenkosten fallen i.H.v. 30 000 € an. Das Gebäude wurde im Jahr 1975 errichtet.

Anschaffungskosten des bebauten Grundstücks	1 000 000 €
+ Anschaffungsnebenkosten	65 000 €
Anschaffungskosten gesamt	1 065 000 €
Bemessungsgrundlage der AfA (90 %)	958 500 €

Der AfA-Satz beträgt 2 %, da es sich um ein Gebäude im Privatvermögen handelt, das nach dem 31.12.1925 fertiggestellt wurde.

AfA 2012	958 500 € x 2 % x 3/12	4 793 €
AfA 2013	958 500 € x 2 %	19 170 €

Beispiel 2:

Der Steuerpflichtige Y erwarb am 15.10.2000 ein in diesem Jahr errichtetes Wohngebäude für 1 Mio. € (10 % Anteil Grund und Boden), um es zu vermieten. Die Anschaffungsnebenkosten betrugen wiederum 65 000 €. Per 10.05.2012 wird das Grundstück wieder veräußert.

Der AfA-Satz beträgt im Jahr der Fertigstellung und den folgenden sieben Jahren 5 %, da es sich um ein neues Gebäude im Privatvermögen handelt, das Wohnzwecken dient und das nach dem 31.12.1995 und vor dem 01.01.2004 fertiggestellt wurde.

AfA 2000 – 2007	958 500 € x 5 %	47 925 €
AfA 2008 – 2011	958 500 € x 2,5 %	23 963 €
AfA 2012	958 500 € x 2,5 % x 5/12	9 984 €

Neben den allgemeinen Abschreibungsgrundsätzen des § 7 EStG gibt es noch spezielle Regelungen zur Abschreibung für bestimmte Objekte bzw. in bestimmten Gebieten.

Eine Übersicht über diese Regelungen zu **erhöhten Absetzungen** gibt die folgende Abbildung.

Abbildung 3.19: Erhöhte Absetzungen

erhöhte Absetzungen bei Gebäuden in Sanierungsgebieten und städtebaulichen Entwicklungsbereichen (§ 7h EStG)	▪ maximal 8 x 9 %, 4 x 7 % ▪ Bemessungsgrundlage: Modernisierungs- und Instandsetzungskosten
erhöhte Absetzungen bei Baudenkmalen (§ 7i EStG)	▪ maximal 8 x 9 %, 4 x 7 % ▪ Bemessungsgrundlage: Herstellungskosten für Baumaßnahmen, die zur Erhaltung des Gebäudes als Baudenkmal oder zu seiner sinnvollen Nutzung erforderlich sind

- Kombination mit linearer oder Staffel-AfA ist möglich
- können nur in Anspruch genommen werden, soweit die Kosten nicht durch Zuschüsse aus Fördermitteln gedeckt wurden

Finanzierungskosten (§ 9 Abs. 1 Nr. 1 EStG)

Zu den Werbungskosten bei den Einkünften aus Vermietung und Verpachtung gehören auch die im Zusammenhang mit der Finanzierung des Objekts stehenden Aufwendungen. Dies sind insbesondere

- Schuldzinsen,
- Bereitstellungszinsen,
- Erbbauzinsen,
- Disagio, Damnum (§ 11 Abs. 2 EStG),
- Vorfälligkeitsentschädigungen bei einer Anschlussfinanzierung.

Weiterhin zählen hierzu Kosten, die mit der Geldbeschaffung zusammenhängen, z.B.

- Schätzgebühren,
- Gebühren des Notars und des Grundbuchamtes für die Bestellung und Eintragung eines Grundpfandrechts,
- Bearbeitungsgebühren,
- Fahrt- und Telefonkosten im Zusammenhang mit der Finanzierung.

Schuldzinsen, die auf die Zeit nach der Veräußerung eines Grundstücks entfallen, sind keine nachträglichen Werbungskosten.

Entstehen Schuldzinsen für ein Darlehen, das zur Finanzierung eines teilweise selbst genutzten und teilweise vermieteten Gebäudes eingesetzt wird, können sie nur als

Prof. Dr. Claudia Siegert

Werbungskosten abgezogen werden, soweit sie den vermieteten Teil des Gebäudes betreffen[21].

Abgrenzung von Herstellungskosten und Erhaltungsaufwand

Nach Fertigstellung eines Gebäudes anfallende Aufwendungen sind entweder als (nachträgliche) Herstellungskosten oder als Erhaltungsaufwand einzustufen[22].

Typischer **Erhaltungsaufwand** sind die Kosten, die für die laufende Instandhaltung und Instandsetzung von Gebäuden erforderlich sind, z.B. Kosten für einen neuen Außenanstrich, für die Erneuerung des Daches oder der Fenster. Betragsmäßig hohe Erhaltungsaufwendungen für Wohngebäude im Privatvermögen können auf zwei bis fünf Jahre gleichmäßig verteilt werden (§ 82b EStDV).

Zum **Herstellungsaufwand** zählen Aufwendungen für die Herstellung eines Gebäudes sowie Aufwendungen, die für die Erweiterung oder für die über den ursprünglichen Zustand hinausgehende wesentliche Verbesserung eines Gebäudes entstehen. Eine Erweiterung liegt z.B. in folgenden Fällen vor

- Aufstockung oder Anbau,
- Vergrößerung der nutzbaren Fläche, z.B. durch Anbau von Balkon oder Terrasse, Einbau von Dachgauben, Schaffung von ausbaufähigem Dachraum,
- Vermehrung der Substanz, z.B. durch Einsetzen zusätzlicher Trennwände, Errichtung einer Außentreppe.

Eine über den ursprünglichen Zustand hinausgehende wesentliche Verbesserung liegt vor, wenn die Modernisierungsmaßnahmen über eine zeitgemäße und substanzerhaltende Erneuerung hinausgehen, der Gebrauchswert des Gebäudes deutlich erhöht und damit für die Zukunft eine erweiterte Nutzungsmöglichkeit geschaffen wird. Dies ist der Fall, wenn der Gebrauchswert des Gebäudes von einem sehr einfachen auf einen mittleren oder von einem mittleren auf einen sehr anspruchsvollen Standard gehoben wird.

Aus Vereinfachungsgründen können Herstellungskosten nach Fertigstellung eines Gebäudes, die unter 4 000 € (Rechnungsbetrag ohne Umsatzsteuer) liegen, als Erhaltungsaufwand behandelt werden (R 21.1 Abs. 2 EStR).

Aufwendungen, die der Erhaltung eines Gebäudes dienen, können im Jahr der Verausgabung in voller Höhe als Werbungskosten angesetzt werden. Dagegen gehören Aufwendungen, die als nachträgliche Herstellungskosten einzuschätzen sind, zu den

---

[21] Vgl. Schreiben betr. Schuldzinsen bei einem Darlehen ... vom 16.04.2004, BStBl. I , S. 464
[22] Vgl. Schreiben betr. Abgrenzung von Anschaffungskosten, Herstellungskosten und Erhaltungsaufwendungen bei der Instandsetzung und Modernisierung von Gebäuden vom 18.07.2003, BStBl I S. 386

Herstellungskosten eines Gebäudes und können nur im Rahmen der Abschreibungen als Werbungskosten angesetzt werden.

Die Wirkung nachträglicher Herstellungskosten auf die Abschreibungen soll im Folgenden verdeutlicht werden.

Beispiel:

Ein zu Beginn des Jahres 2005 für 1 Mio. € angeschafftes Gebäude wurde seitdem pro Jahr mit 2 % linear abgeschrieben (entspricht einer Nutzungsdauer von 50 Jahren). Im Mai 2012 fallen nachträgliche Herstellungskosten für die Aufteilung einer großen Wohnung in zwei kleinere in Höhe von 150 000 € an. Die restliche Nutzungsdauer des Gebäudes beträgt nach dieser Maßnahme noch mindestens 50 Jahre.

Anschaffungskosten am 01.01.2005	1 000 000 €
./. Abschreibungen 2005 bis 2011 (1 Mio. € x 2 % x 7 Jahre)	./. 140 000 €
= Restwert des Gebäudes zum 31.12.2011	860 000 €

Die nachträglichen Herstellungskosten erhöhen die Bemessungsgrundlage der AfA, d.h. die Anschaffungs- bzw. Herstellungskosten. Sie werden so berücksichtigt, als seien sie zu Jahresbeginn 2012 aufgewendet worden (R 7.4 Abs. 9 EStR).

Bemessungsgrundlage der AfA ab 01.01.2012	1 150 000 €
(1 000 000 € Anschaffungskosten + 150 000 € nachträgliche Herstellungskosten)	
Abschreibung ab 01.01.2012 (1,15 Mio. € x 2 %)	23 000 €

Der Betrag von 23 000 € ist so lange anzusetzen, bis der um die nachträglichen Herstellungskosten erhöhte Restwert des Gebäudes von 1 010 000 € voll abgeschrieben ist. Die Abschreibungsdauer des Gebäudes verlängert sich somit.

Restwert des Gebäudes zum 01.01.2012 (860 000 € + 150 000 €)	1 010 000 €
./. Abschreibung 2012	./. 23 000 €
= Restwert zum 31.12.2012	987 000 €

Als Herstellungskosten werden auch Aufwendungen behandelt, die in engem zeitlichem Zusammenhang mit der Anschaffung eines Gebäudes anfallen (das Gesetz geht hier von einem Zeitraum von drei Jahren aus), wenn sie im Verhältnis zum Kaufpreis relativ hoch sind (**anschaffungsnahe Herstellungskosten**). Dies ist der Fall, wenn die Aufwendungen ohne Umsatzsteuer 15 % der Anschaffungskosten des Gebäudes übersteigen (§ 6 Abs. 1 Nr. 1a EStG).

3.4.3 Gewerblicher Grundstückshandel

Das Erzielen von Einkünften durch die Nutzungsüberlassung von Grundstücken (Vermietung oder Verpachtung) sowie durch die Verwertung der Substanz (Kauf und Veräußerung von Grundstücken) ist i.d.R. der privaten Vermögensverwaltung zuzurechnen. Die laufenden Einnahmen aus den Objekten gehören zur Einkunftsart Vermietung und Verpachtung; Gewinne aus der Veräußerung von Objekten unterliegen nicht der Einkommensteuer, sofern sie nicht sonstige Einkünfte[23] sind.

Treten aber zu dieser vermögensverwaltenden Tätigkeit weitere Tätigkeiten hinzu bzw. liegen besondere Umstände vor, kann gewerblicher Grundstückshandel[24] angenommen werden.

Als wesentliche Folgen der gewerblichen Tätigkeit sind u.a. zu nennen:

- Die Einkünfte aus dem Grundstückshandel zählen zu den Einkünften aus Gewerbebetrieb. Sie unterliegen der Steuerermäßigung bei Einkünften aus Gewerbebetrieb (§ 35 EStG). Diese Steuerermäßigung beträgt seit dem Jahr 2008 das 3,8fache des Gewerbesteuermessbetrages, der für das Unternehmen festgesetzt wurde.

- Alle Veräußerungsgewinne, auch diejenigen, die außerhalb der Veräußerungsfrist von 10 Jahren erzielt werden, gehören zu den gewerblichen Einkünften und sind somit in voller Höhe steuerpflichtig. Veräußerungsverluste können aber mit anderen Gewinnen aus dem Gewerbebetrieb verrechnet werden.

- Die Grundstücke gehören zum Umlaufvermögen, Gebäude können somit nicht planmäßig nach § 7 EStG abgeschrieben werden.

- Das Unternehmen wird gewerbesteuerpflichtig[25].

Zu prüfen wäre somit, ob die Merkmale eines Gewerbebetriebes wie

- nachhaltige Tätigkeit,

- Gewinnerzielungsabsicht und

- Beteiligung am allgemeinen wirtschaftlichen Verkehr

vorliegen.

Als typische Indizien für gewerblichen Grundstückshandel werden z.B. angesehen:

---

[23] Vgl. Abschnitt 3.4.5 Sonstige Einkünfte - Private Veräußerungsgeschäfte
[24] Vgl. Schreiben betr. Abgrenzung zwischen privater Vermögensverwaltung und gewerblichem Grundstückshandel vom 26.03.2004, BStBl I S. 434
[25] Vgl. Abschnitt 3.7 Immobilien im Gewerbesteuerrecht

3 Steuerliche Betrachtungen zu Immobilien

- Es besteht ein enger zeitlicher Zusammenhang zwischen dem Erwerb, der Bebauung und der Veräußerung von Grundstücken. Hierbei werden alle Objektveräußerungen während eines Zeitraumes von fünf Jahren betrachtet.

- Der Grundstücksbesitzer wirkt aktiv an der Erschließung und Baureifmachung von Grundstücken mit bzw. bebaut bisher unbebaute Grundstücke, modernisiert Altbauten, teilt Gebäude in Eigentumswohnungen auf.

- Es wird eine bestimmte Anzahl von Objekten verkauft, wobei unter "Objekt" jeweils Ein- und Zweifamilienhäuser, Eigentumswohnungen sowie die Baugrundstücke für diese zu verstehen sind. Hierbei gilt eine Veräußerung von bis zu drei Objekten im genannten Fünfjahreszeitraum nicht als gewerbliche Tätigkeit. Bei anderen als den angeführten Objekten (z.B. gewerblichen Grundstücken) können auch schon weniger Veräußerungsvorgänge zur Gewerblichkeit führen.

- die Intensität der Tätigkeit, die sich z.B. durch das Ausmaß von Werbemaßnahmen oder der Verhandlungstätigkeit äußert,

- ein Zusammenhang zur sonstigen gewerblichen oder selbständigen Tätigkeit des Steuerpflichtigen (z.B. zur Tätigkeit als Bauunternehmer oder Architekt).

3.4.4 Immobilienfonds - Einkünfte aus Vermietung und Verpachtung oder aus Kapitalvermögen

Der Kauf von Anteilen an einem Immobilienfonds ist eine auf Grundbesitz ausgerichtete Geldanlage, wobei zwischen offenen und geschlossenen Immobilienfonds unterschieden wird.

Ein **geschlossener Immobilienfonds** dient zur Finanzierung eines oder mehrerer abgegrenzter Bauvorhaben. Als Rechtsformen kommen die Kommanditgesellschaft (häufig in Form einer GmbH & Co. KG) und die Gesellschaft bürgerlichen Rechts zur Anwendung. Die Anteilseigner eines solchen geschlossenen Fonds gelten als Miteigentümer der Immobilie. Sie erzielen Einkünfte aus Vermietung und Verpachtung, die ihnen gemäß ihrem Gesellschaftsanteil zugerechnet werden[26]. In der Entstehungsphase des Gebäudes und oft noch mehrere Jahre darüber hinaus übersteigen die Ausgaben die Einnahmen, so dass den Gesellschaftern Verluste zugerechnet werden, die mit Gewinnen bzw. Überschüssen aus anderen Einkunftsarten verrechnet werden können. In der Entstehungsphase des Gebäudes und oft noch mehrere Jahre darüber hinaus übersteigen die Ausgaben die Einnahmen, so dass den Gesellschaftern Verluste zugerechnet werden, die mit Gewinnen bzw. Überschüssen aus anderen Einkunfts-

---

[26] Vgl. Schreiben betr. einkommensteuerliche Behandlung von Gesamtobjekten, von vergleichbaren Modellen (geschlossene Fonds) vom 20.10.2003, BStBl. I S. 546

arten verrechnet werden können[27]. Zu beachten sind hier jedoch die Verlustverrechnungsbeschränkungen im Zusammenhang mit sog. Steuerstundungsmodellen (§ 15b EStG), die auch bei Einkünften aus Vermietung und Verpachtung anzuwenden sind (§ 21 Abs. 1 Satz 2).

Für Steuerpflichtige mit hohem Grenzsteuersatz bieten sich somit in der Verlustphase einkommensteuerliche Vorteile aus dieser Geldanlage. Verwiesen wird hierzu auf das Beispiel in Abschnitt 3.4.1.

Die gesetzliche Grundlage des **offenen Immobilienfonds** bilden das Investmentgesetz (InvG) und das Investmentsteuergesetz (InvStG). Der Bestand solcher Fonds kann sich laufend durch Käufe und Verkäufe verändern; das Fondsvermögen schwankt mit der Zahl der verkauften Anteile.

Die Erträge von Investmentfonds werden besteuert bei

- Ausschüttung (Besteuerung bei Zufluss beim Anteilseigner)
- Thesaurierung (sog. ausschüttungsgleiche Erträge gelten mit Ablauf des Geschäftsjahres, in dem sie vom Fonds vereinnahmt wurden, als zugeflossen)
- Veräußerung der Investmentanteile bzw. Rückgabe an den Fonds.

Für die Besteuerung gilt das sog. Transparenzprinzip, d.h. der Anteilseigner soll i.W. so gestellt werden, wie ein Investor, der direkt in das Produkt investiert hat. Das Investmentvermögen ist daher von der Körperschaft- und Gewerbesteuer befreit, die Besteuerung findet auf der Ebene des Anteilseigners statt. Daher unterscheidet sich die Besteuerung auch in Abhängigkeit davon, ob der Anteilseigner die Fondsanteile im Betriebs- oder Privatvermögen hält. Die folgenden Ausführungen beziehen sich ausschließlich auf Anteile im Privatvermögen.

Erträge aus Investmentvermögen können vor allem sein:

- Zinsen, Dividenden
- Mieterträge
- Veräußerungsgewinne von Wertpapieren oder Immobilien.

Die Erträge aus Investmentfonds werden als Einkünfte aus Kapitalvermögen (§ 20 EStG) behandelt; sie unterliegen der **Kapitalertragsteuer** in Höhe von 25 % gem. § 43 Abs. 1 EStG i.V.m. § 43a Abs. 1 Nr. 1 EStG (§ 2, § 7 InvStG). Dieser Steuersatz gilt für alle Arten der dort genannten Kapitalerträge.

Die Erträge bleiben steuerfrei, soweit es sich um Gewinne aus der Veräußerung von Grundstücken und grundstücksgleichen Rechten handelt, sofern zwischen Kauf und

---

[27] Vgl. Abschnitt 3.4.6 Verlustausgleich und Verlustabzug

Verkauf mehr als 10 Jahre liegen, es sich also nicht um ein privates Veräußerungsgeschäft handelt.

Bei der Besteuerung der Einkünfte aus Kapitalvermögen haben sich ab dem Jahr 2009 wesentliche Änderungen ergeben. Mit dem Abzug der Kapitalertragsteuer, der i.d.R. durch die depotführende Bank bzw. bei ausschüttungsgleichen Erträgen durch die Investmentgesellschaft vorgenommen wird, ist die Einkommensteuer abgegolten (§ 43 Abs. 5 EStG). Aus dieser abgeltenden Wirkung der Kapitalertragsteuer leitet sich der umgangssprachlich benutzte Begriff der **„Abgeltungsteuer"** her. Es handelt sich aber weiterhin um eine besondere Erhebungsform der Einkommensteuer (eine sog. Quellensteuer), da sie beim Zufluss der Erträge an der Quelle durch die Kredit- bzw. Finanzdienstleistungsinstitute einbehalten wird. Die Einbeziehung der Kapitaleinkünfte in die Ermittlung des zu versteuernden Einkommens entfällt dann. Gleichzeitig entfällt aber auch die Möglichkeit, die gezahlte Kapitalertragsteuer auf die Einkommensteuerschuld anzurechnen. Für Werbungskosten im Zusammenhang mit Kapitalerträgen kommt ein sog. **Sparer-Pauschbetrag** (§ 20 Abs. 9 EStG) i.H.v. 801 € (bzw. 1 602 € bei zusammen veranlagten Ehegatten) zum Ansatz, der den früheren Werbungskosten-Pauschbetrag und den Sparerfreibetrag in sich vereinigt. Höhere tatsächliche Werbungskosten können grds. nicht mehr abgezogen werden. Unter bestimmten Voraussetzungen besteht aber die Möglichkeit bzw. auch die Pflicht, die Kapitaleinkünfte weiterhin in die Einkommensteuerveranlagung einzubeziehen. Die für den Privatanleger sicherlich wichtigste Möglichkeit ist die Günstigerprüfung gem. § 32d Abs. 6 EStG. Hier wird durch die Finanzverwaltung geprüft, ob die Hinzurechnung der Kapitaleinkünfte zu den anderen Einkünften und deren Versteuerung mit dem tatsächlichen Einkommensteuersatz günstiger ist als das Einbehalten der Kapitalertragsteuer an der Quelle.

Verluste aus Kapitalerträgen können seit 2009 nur mit Gewinnen aus anderen Kapitalerträgen verrechnet werden; Verluste aus Aktienverkäufen sind nur mit Gewinnen aus Aktienverkäufen verrechenbar. Eine Verrechnung von Verlusten aus Kapitalvermögen mit Gewinnen aus anderen Einkunftsarten ist nicht möglich. Auch ein Verlustabzug nach § 10d EStG ist ausgeschlossen. Allerdings mindern Verluste eines Jahres die Einkünfte aus Kapitalvermögen der folgenden Jahre (§ 20 Abs. 6 EStG). Besondere Vorschriften gelten für Verluste aus Aktienverkäufen, die bis zum 31.12.2008 entstanden sind und nach damaligem Recht noch den sonstigen Einkünften zuzuordnen waren.

Beispiel 1:

Der ledige Steuerpflichtige X (Freiberufler) besitzt Anteile an einem inländischen offenen Immobilienfonds. Dieser schüttet im Jahr 2012 4 000 € steuerpflichtig aus. Der Steuerpflichtige hat der depotführenden Bank einen Freistellungsauftrag in Höhe des Sparer-Pauschbetrages erteilt hat.

Prof. Dr. Claudia Siegert

Es wird angenommen, dass der Steuerpflichtige aus seiner freiberuflichen Tätigkeit einen Gewinn i.H.v. 100 000 € hat und dass seine Sonderausgaben und außergewöhnlichen Belastungen 5 000 € betragen.

Einnahmen aus Kapitalvermögen	4 000 €
./. Sparer-Pauschbetrag	./. 801 €
= Einkünfte aus Kapitalvermögen (§ 20 EStG)	3 199 €
darauf Kapitalertragsteuer 25% (gerundet)	800 €
Auszahlung an den Steuerpflichtigen	3 200 €

Die Zahlung der Kapitalertragsteuer wirkt sich nicht auf die Einkommensteuerbelastung des Steuerpflichtigen aus (abgeltende Wirkung).

Einkünfte aus selbständiger Arbeit (§ 18 EStG)	100 000 €
./. Sonderausgaben/außergewöhnliche Belastungen	./. 5 000 €
= zu versteuerndes Einkommen	95 000 €
Einkommensteuer hierauf (Tarif 2010)	31 728 €

Der Steuerpflichtige X zahlt also insgesamt 32 528 € an Einkommensteuer.

Beispiel 2:

Der ledige Steuerpflichtige Y (Arbeitnehmer) besitzt Anteile an einem inländischen offenen Immobilienfonds. Dieser schüttet im Jahr 2012 1 000 € steuerpflichtig aus. Der Steuerpflichtige hat der depotführenden Bank einen Freistellungsauftrag in Höhe des Sparer-Pauschbetrages erteilt hat.

Der Steuerpflichtige hat einen monatlichen Bruttolohn i.H.v. 1 400 €, seine Sonderausgaben und außergewöhnlichen Belastungen betragen 3 000 €.

Einnahmen aus Kapitalvermögen	1 000 €
./. Sparer-Pauschbetrag	./. 801 €
= Einkünfte aus Kapitalvermögen (§ 20 EStG)	199 €
darauf Kapitalertragsteuer 25% (gerundet)	50 €
Auszahlung an den Steuerpflichtigen	950 €

3 Steuerliche Betrachtungen zu Immobilien

Bruttoarbeitslohn	16 800 €
./. Arbeitnehmer-Pauschbetrag (§ 9a Nr. 1a EStG)	./. 1 000 €
= Einkünfte aus nichtselbständiger Arbeit (§ 19 EStG)	15 800 €
./. Sonderausgaben/außergewöhnliche Belastungen	./. 3 000 €
= zu versteuerndes Einkommen	12 800 €
Einkommensteuer hierauf (Tarif 2010)	881 €

Der Steuerpflichtige Y zahlt also insgesamt 931 € an Einkommensteuer.

Er beantragt bei seinem Finanzamt die Günstigerprüfung gem. § 32d Abs. 6 EStG:

Einkünfte aus nichtselbständiger Arbeit (§ 19 EStG)	15 800 €
+ Einkünfte aus Kapitalvermögen (§ 20 EStG)	199 €
= Summe der Einkünfte / Gesamtbetrag der Einkünfte	15 999 €
./. Sonderausgaben/außergewöhnliche Belastungen	./. 3 000 €
= zu versteuerndes Einkommen	12 999 €
Einkommensteuer hierauf (Tarif 2010)	926 €

Der Steuerpflichtige Y muss nach der Günstigerprüfung 926 € Einkommensteuer zahlen, also 5 € weniger als bei der ersten Variante. Die bereits von der Depotbank einbehaltene KapESt i.H.v. 50 € wird auf seine Steuerschuld angerechnet, wenn er eine Bescheinigung über die einbehaltene KapESt vorlegt (§ 36 Abs. 2 Nr. 2 i.V.m. § 45a Abs. 2 EStG).

Der Grenzsteuersatz des Steuerpflichtigen Y liegt unter dem Steuersatz von 25 % für die Kapitalertragsteuer, daher ist für ihn die Günstigerprüfung vorteilhaft. Somit ist sichergestellt, dass Geringverdiener durch die abgeltende Wirkung der Kapitalertragsteuer nicht zusätzlich belastet werden.

3.4.5 Sonstige Einkünfte - Private Veräußerungsgeschäfte

Überschüsse bzw. Verluste aus der Veräußerung von Gegenständen des Privatvermögens werden einkommensteuerlich grundsätzlich nicht erfasst. Handelt es sich jedoch bei diesem Veräußerungsgeschäft um ein sog. privates Veräußerungsgeschäft, unterliegt der Überschuss im Rahmen der Einkunftsart „Sonstige Einkünfte" der Einkommensteuer.

Voraussetzung für das Vorliegen eines privaten Veräußerungsgeschäftes ist, dass die Anschaffung und Veräußerung bestimmter Wirtschaftsgüter des Privatvermögens in einer definierten Frist erfolgen. Die Frist beträgt bei Veräußerungen ab dem 01.01.1999 bei

Prof. Dr. Claudia Siegert

- Grundstücken und grundstücksgleichen Rechten (z.B. Erbbaurechten) 10 Jahre,
- anderen Wirtschaftsgütern (ausgenommen Gegenstände des täglichen Gebrauchs) 1 Jahr.

Maßgeblich für die Frist ist der Abschluss des schuldrechtlichen Verpflichtungsgeschäfts (Kaufvertrag, Abgabe des Meistgebotes in der Zwangsversteigerung); auf die Übertragung des Gegenstandes (Eintragung ins Grundbuch) kommt es nicht an.

Auch hier haben sich infolge der Einführung der Abgeltungsteuer ab dem Jahr 2009 Änderungen ergeben. Gewinne aus der Veräußerung von Wertpapieren unterliegen nunmehr als Einkünfte aus Kapitalvermögen gem. § 20 Abs. 2 EStG der Kapitalertragsteuer i.H.v. 25 %. Bezüglich der privaten Veräußerungsgeschäfte mit Grundstücken entfaltet diese Neuregelung keine Wirkung.

Unbedeutend sind die Motive des Geschäfts, d.h. es muss keine Spekulationsabsicht vorliegen. Somit unterliegen der Besteuerung auch Überschüsse, die beim Verkauf von Grundstücken aus einer wirtschaftlichen Notlage heraus angefallen sind.

Ausgenommen von einer Besteuerung des Veräußerungsgewinns werden Gebäude, die

- im Zeitraum zwischen Anschaffung bzw. Fertigstellung und Veräußerung ausschließlich eigenen Wohnzwecken dienten, oder
- die im Jahr der Veräußerung und den beiden vorangegangenen Jahren zu eigenen Wohnzwecken genutzt wurden.

Beispiel 1:

Der Steuerpflichtige X erwarb im Januar 2011 ein Einfamilienhaus für 250 000 €, das er seitdem ausschließlich für eigene Wohnzwecke nutzte. Im Oktober 2012 muss er aus beruflichen Gründen umziehen und veräußert das Haus daher für 260 000 €.

Da er das Haus ausschließlich zu eigenen Wohnzwecken genutzt hat, unterliegt der Veräußerungsgewinn nicht der Besteuerung.

Beispiel 2:

Der Steuerpflichtige Y erwarb im Januar 2010 ein Einfamilienhaus für 250 000 €, das er seitdem ausschließlich für eigene Wohnzwecke nutzte. Im Juni 2012 zieht er aus, da er aus beruflichen Gründen umziehen muss. Er vermietet das Haus ab Juli 2012. Im Dezember 2012 veräußert er das Haus für 260 000 € an den bisherigen Mieter.

Es liegt ein privates Veräußerungsgeschäft vor, da das Haus zwischen Anschaffung und Veräußerung nicht ausschließlich zu eigenen Wohnzwecken genutzt wurde. Auch die zweite Voraussetzung ist nicht erfüllt, da das Haus nicht im Jahr der Veräußerung und den beiden vorangegangenen Jahren zu eigenen Wohnzwecken genutzt wurde.

Gegenstand der Besteuerung sind auch Gewinne, die entstehen, wenn auf einem ursprünglich unbebauten Grundstück ein Gebäude errichtet wird und das bebaute Grundstück innerhalb der Veräußerungsfrist verkauft wird.

Beispiel:

Ein Steuerpflichtiger erwarb im Jahr 2003 ein unbebautes Grundstück. Er bebaute es im Jahr 2004 mit einem Einfamilienhaus, das ständig fremdvermietet wurde. Im Jahr 2012 wird das bebaute Grundstück veräußert.

Für die Berechnung der Frist wird auf die Anschaffung des Grund und Boden abgestellt, so dass innerhalb der zehnjährigen Veräußerungsfrist verkauft wurde. Die Ermittlung des Gewinns bezieht sich nicht nur auf den Grund und Boden, sondern auf das gesamte bebaute Grundstück, obwohl das Gebäude zum Zeitpunkt der Anschaffung noch nicht vorhanden war.

Der Gewinn bzw. Verlust aus privaten Veräußerungsgeschäften wird wie folgt ermittelt:

Veräußerungspreis
./. Anschaffungskosten/Herstellungskosten (ggf. abzüglich AfA, erhöhte AfA)
./. ggf. nachträgliche Herstellungskosten
./. Werbungskosten
= Veräußerungsgewinn/-verlust

Wurde das Grundstück zwischenzeitlich vermietet, sind die Anschaffungs- oder Herstellungskosten um die in Anspruch genommenen Abschreibungen und Sonderabschreibungen zu mindern. Der dadurch erhöhte Gewinn ist ein Ausgleich für die Inanspruchnahme von Werbungskosten bei den Einkünften aus Vermietung und Verpachtung, so dass keine doppelte Begünstigung des Steuerpflichtigen erfolgt.

Beispiel:

Ein Mietshaus wurde am 02.01.2011 gekauft und am 31.12.2012 wegen finanzieller Schwierigkeiten wieder veräußert. Die Anschaffungskosten betrugen 500 000 €, davon entfielen 50 000 € auf den Grund und Boden. Der Veräußerungspreis beträgt 550 000 €, es entstanden 6 000 € Maklerkosten. An Mieteinnahmen werden 36 000 € erzielt, in Höhe von 15 000 € sind sonstige Werbungskosten entstanden. Die lineare Abschreibung (2 % von 450 000 €) beträgt 9 000 € pro Jahr.

Während der Besitzzeit werden Einkünfte aus Vermietung und Verpachtung (§ 21 EStG) in folgender Höhe erzielt:

Mieteinnahmen	36 000 €
./. Abschreibungen	./. 9 000 €
./. sonstige Werbungskosten	./. 15 000 €
= Einkünfte aus Vermietung und Verpachtung in den Jahren 2011 und 2012	12 000 €

Durch die Veräußerung innerhalb von zwei Jahren nach Anschaffung entstehen sonstige Einkünfte (§ 22 i.V.m. § 23 EStG). Der Gewinn aus dem privaten Veräußerungsgeschäft wird folgendermaßen ermittelt:

Veräußerungspreis	550 000 €
./. Anschaffungskosten abzüglich AfA (500 000 € ./. 9 000 € x 2 Jahre)	./. 482 000 €
./. Werbungskosten (Makler etc.)	./. 6 000 €
= Gewinn aus privatem Veräußerungsgeschäft 2012	62 000 €

Gewinne aus privaten Veräußerungsgeschäften bleiben steuerfrei, wenn der innerhalb eines Jahres erzielte Gesamtgewinn 600 € nicht übersteigt (Freigrenze von 599 €). Verluste aus privaten Veräußerungsgeschäften dürfen mit Veräußerungsgewinnen, die ein Steuerpflichtiger im gleichen Jahr erzielt, bis zur Höhe des Gewinns verrechnet werden. Sie können außerdem mit Gewinnen aus der gleichen Einkunftsart des vorangegangenen Jahres bzw. späterer Jahre verrechnet werden. Eine Verlustverrechnung mit anderen positiven Einkünften ist aber ausgeschlossen.

3.4.6 Verlustausgleich und Verlustabzug

Grundsätzlich kann bei der Ermittlung der Summe der Einkünfte ein horizontaler und/oder vertikaler Verlustausgleich stattfinden (§ 2 Abs. 3 EStG).

Unter dem **horizontalen Verlustausgleich** ist die Verrechnung von positiven und negativen Einkünften innerhalb einer Einkunftsart zu verstehen. Überschüsse aus einem vermieteten Objekt können z.B. Verluste aus anderen Objekten kompensieren. Einschränkungen bezüglich der Höhe des zu verrechnenden Betrages bestehen nicht.

Beispiel:

Ein Steuerpflichtiger erzielt mit der Vermietung eines Gewerbeobjekts 50 000 € Verluste und mit der Vermietung von Wohnobjekten Überschüsse von 80 000 €.

Verluste aus Gewerbeobjekt	./. 50 000 €
+ Überschüsse aus Wohnobjekten	+ 80 000 €
= Einkünfte aus Vermietung und Verpachtung	30 000 €

3 Steuerliche Betrachtungen zu Immobilien

Vertikaler Verlustausgleich ist die Verrechnung positiver und negativer Einkünfte unterschiedlicher Einkunftsarten. Nach der Durchführung des horizontalen Verlustausgleichs ist zu prüfen, ob und in welcher Höhe ein vertikaler Verlustausgleich durchzuführen ist.

Beispiel 1:

Ein Steuerpflichtiger erzielt im Jahr 2012 Einkünfte aus Gewerbebetrieb i.H.v. 50 000 € und Einkünfte aus Vermietung und Verpachtung i.H.v. ./. 80 000 €.

Einkünfte aus Gewerbebetrieb	50 000 €
./. Einkünfte aus Vermietung und Verpachtung	./. 80 000 €
= Summe der Einkünfte = Gesamtbetrag der Einkünfte	./. 30 000 €

Bleiben danach – wie im Beispiel - noch nicht ausgeglichene Verluste bestehen, ist unter bestimmten Bedingungen ein **Verlustabzug** gem. § 10d EStG möglich. Dieser ist vorrangig vor Sonderausgaben und außergewöhnlichen Belastungen durchzuführen. Der Verlustabzug ist sowohl als **Verlustrücktrag** als auch als Verlustvortrag möglich. Stellt der Steuerpflichtige keinen Antrag, wird von Amts wegen der Verlust in das unmittelbar vorangehende Jahr zurückgetragen. Der Steuerpflichtige kann die Höhe des Verlustrücktrages selbst bestimmen. Dessen Höhe ist allerdings auf 511 500 € (bzw. 1 023 000 € bei zusammen veranlagten Ehegatten) beschränkt. Er kann aber auch beantragen, dass der Verlust in die kommenden Jahre vorgetragen wird.

Fortsetzung des Beispiels 1:

Der Gesamtbetrag der Einkünfte des Steuerpflichtigen betrug im Jahr 2011 100 000 €.

2011	
Gesamtbetrag der Einkünfte	100 000 €
2012	
Einkünfte aus Gewerbebetrieb	50 000 €
/. Einkünfte aus Vermietung und Verpachtung	./. 80 000 €
= Summe der Einkünfte = Gesamtbetrag der Einkünfte	./. 30 000 €

Der Verlust aus dem Jahr 2012 wird gem. § 10d Abs. 1 EStG auf das Jahr 2011 zurückgetragen. Der Gesamtbetrag der Einkünfte des Jahres 2011 beträgt demnach nur noch 70 000 €. Zu viel gezahlte Einkommensteuer des Jahres 2011 wird erstattet.

Prof. Dr. Claudia Siegert

Beispiel 2:

Der Gesamtbetrag der Einkünfte des Steuerpflichtigen betrug im Jahr 2009 3 Mio. €. Im Jahr 2010 wird ein Verlust aus Vermietung und Verpachtung i.H.v. 2 Mio. € erzielt.

Da der Höchstbetrag von 511 500 € überschritten ist, kann der Verlust nur bis zu diesem Betrag in das Jahr 2009 zurückgetragen werden. Der Gesamtbetrag der Einkünfte beträgt danach 2 488 500 € im Jahr 2009 und 0 € im Jahr 2010. Der nicht ausgeglichene Verlust von 1 488 500 € wird gem. § 10d Abs. 2 EStG auf die folgenden Jahre vorgetragen.

2009

Gesamtbetrag der Einkünfte	3 000 000 €
./. Verlustabzug (aus 2010)	./. 511 500 €
= Einkommen	2 488 500 €
verbleibender Verlust (Vortrag auf Folgejahre)	./. 1 488 500 €

Können Verluste nicht oder nicht in vollem Umfang durch Verlustrücktrag berücksichtigt werden oder macht der Steuerpflichtige von seinem Wahlrecht des Verzichts auf den Verlustrücktrag Gebrauch, werden die Verluste in den folgenden Jahren verrechnet (**Verlustvortrag**). Dies ist immer dann sinnvoll, wenn der Steuerpflichtige für die Zukunft mit steigenden Einkünften und somit steigenden Steuern rechnet. Bis zu einem Gesamtbetrag der Einkünfte i.H.v. 1 Mio. € (bzw. 2 Mio. € bei zusammen veranlagten Ehegatten) ist ein unbegrenzter Abzug möglich. Verluste, die 1 Mio. € übersteigen, können zu 60 % des 1 Mio. übersteigenden Gesamtbetrages der Einkünfte abgezogen werden. Die Verluste gehen nicht verloren, sie werden nur zeitlich gestreckt berücksichtigt.

Fortsetzung des Beispiels 2:

Der Gesamtbetrag der Einkünfte des Steuerpflichtigen beträgt im Jahr 2011 1 500 000 €.

Gesamtbetrag der Einkünfte 2011	1 500 000 €
./. unbeschränkter Verlustabzug (Verlustvortrag aus 2009)	./. 1 000 000 €
= verbleibender Gesamtbetrag der Einkünfte 2011	500 000 €
./. eingeschränkter Verlustabzug bis zu 60 % des verbleibenden Gesamtbetrages der Einkünfte (60 % von 500 000 €)	./. 300 000 €
= Gesamtbetrag der Einkünfte 2011	200 000 €

Der Steuerpflichtige kann von seinem nach dem Rücktrag in das Jahr 2009 verbliebenen Verlust i.H.v. 1 488 500 € im Jahr 2011 insgesamt 1 300 000 € abziehen. Der verbleibende Verlust i.H.v. 188 500 € ist in den folgenden Jahren zu berücksichtigen.

3 Steuerliche Betrachtungen zu Immobilien

Vom Verlustausgleich ausgeschlossen sind z.B.

- Ab dem Jahr 2009 Verluste aus Kapitalerträgen, soweit sie Gewinne, die der Steuerpflichtige im selben Kalenderjahr aus Kapitalerträgen erzielt hat, übersteigen (§ 20 Abs. 6 EStG). Auch der Vor- und Rücktrag dieser Verluste ist nur innerhalb derselben Einkunftsart möglich.

- Verluste aus privaten Veräußerungsgeschäften, soweit sie Gewinne, die der Steuerpflichtige im selben Kalenderjahr aus privaten Veräußerungsgeschäften erzielt hat, übersteigen (§ 23 Abs. 3 EStG). Auch der Vor- und Rücktrag dieser Verluste ist nur innerhalb derselben Einkunftsart möglich.

- Verluste aus sog. **Verlustzuweisungsgesellschaften** gem. § 2b EStG. Beteiligungen an Verlustzuweisungsgesellschaften sind nach dem Gesetzestext solche, bei deren Erwerb bzw. Begründung die Erzielung von Steuervorteilen im Vordergrund steht. Dies ist insbesondere dann gegeben, wenn die Rendite nach Steuern mehr als die Hälfte der Rendite vor Steuern beträgt und wenn die Kapitalanleger gezielt mit diesem Effekt geworben werden. Solche negativen Einkünfte dürfen nicht mit anderen Einkünften ausgeglichen und auch nicht nach § 10d EStG abgezogen werden. Die Verluste dürfen nur mit Gewinnen aus gleichartigen Geschäften, die im vorangegangenen oder gleichen Jahr erwirtschaftet wurden bzw. in den Folgejahren erwirtschaftet werden, verrechnet werden.

  Die Regelung zu den Verlustzuweisungsgesellschaften wurde ab 1999 in das Einkommensteuergesetz eingefügt. Im Jahr 2006 wurde das Gesetz noch verschärft durch das Einfügen des § 15b EStG. Die Regelungen des § 2b EStG gelten weiter für negative Einkünfte aus einer Erwerbsquelle, der der Steuerpflichtige vor dem 11.11.2005 beigetreten ist. Der § 15b EStG gilt für Verluste aus sog. Steuerstundungsmodellen, denen der Steuerpflichtige nach dem 10.11.2005 beigetreten ist bzw. die nach diesem Datum mit dem Außenvertrieb begonnen haben.

- Verluste aus sog. **Steuerstundungsmodellen** gem. § 15b EStG[28]. Diese Regelung erfasst auch modellhafte Anlagetätigkeiten einzelner Steuerpflichtiger, während bei § 2b EStG die Beteiligung an einer Gesellschaft erforderlich war. Steuerstundungsmodelle liegen vor, wenn ein Anbieter aufgrund eines vorgefertigten Konzeptes Steuerpflichtigen die Möglichkeit bietet, zumindest in der Anfangsphase der Investition prognostizierte Verluste mit anderen Einkünften verrechnen zu können. Diese Beschränkung der Verlustverrechnung ist allerdings nur anzuwenden, wenn innerhalb der Anfangsphase das Verhältnis der prognostizierten Verluste zur Höhe des gezeichneten (und nach dem Konzept auch aufzubringenden) Kapitals 10 % übersteigt. Neben den geschlossenen Medienfonds oder Leasingfonds können hiervon auch modellhafte Gestaltungen im Zusammenhang

---

[28] Vgl. Anwendungsschreiben zu § 15b EStG vom 17.07.2007, BStBl. I S. 542

mit der Sanierung und Instandsetzung von Immobilien in Sanierungsgebieten (§ 7h EStG) oder mit der Modernisierung denkmalgeschützter Immobilien (§ 7i EStG) bzw. geschlossene Immobilienfonds überhaupt betroffen sein. Verluste aus einem Steuerstundungsmodell können nur noch mit künftigen Gewinnen aus derselben Einkunftsquelle verrechnet werden. In dem Jahr, in dem der Verlust entsteht, kann er somit steuerlich nicht berücksichtigt werden. Auch ein Verlustrücktrag ist ausgeschlossen.

3.5 Förderung von Immobilieneigentum

3.5.1 Eigenheimzulage

Seit dem Jahr 1996 wurden Selbstnutzer von Immobilien unter bestimmten Voraussetzungen durch die Gewährung einer Eigenheimzulage nach dem Eigenheimzulagengesetz (EigZulG) gefördert. Diese Eigenheimzulage wurde für Neufälle ab dem 01.01.2006 abgeschafft. Wurde vor dem 01.01.2006 mit der Herstellung eines förderfähigen Objekts begonnen bzw. der Kaufvertrag abgeschlossen, gelten noch die bisherigen Regelungen des EigZulG über den gesamten Förderzeitraum von acht Jahren. Es sollen daher nur noch kurze Ausführungen zum Inhalt dieses Gesetzes erfolgen.

Durch die Eigenheimzulage werden v.a. Steuerpflichtige gefördert, die

■ ein Eigenheim oder eine Eigentumswohnung im Inland anschaffen bzw. herstellen und diese zu eigenen Wohnzwecken nutzen oder

■ Geschäftsanteile an einer Wohnungsgenossenschaft erwerben.

Die Gewährung der Zulage ist an **Einkommensvoraussetzungen** (§ 5 EigZulG) gebunden. Der Gesamtbetrag der Einkünfte darf im Jahr der Anschaffung bzw. Herstellung des Objekts und im vorangegangenen Jahr die Summe von 70 000 €/140 000 € (Ledige/Verheiratete) nicht übersteigen. Für jedes Kind, für das im Erstjahr die Voraussetzungen zur Gewährung der Kinderzulage vorliegen, erhöhen sich diese Beträge um 30 000 €. Wird diese Einkommensvoraussetzung zum Zeitpunkt der Anschaffung/Herstellung nicht erfüllt, ist eine spätere Antragstellung möglich; der Förderzeitraum verlängert sich dadurch aber nicht. Sind die Voraussetzungen im Erstjahr erfüllt, erfolgt später keine nochmalige Überprüfung.

Jeder Steuerpflichtige kann die Eigenheimzulage für ein Objekt in Anspruch nehmen; zusammenveranlagte Ehegatten können die Förderung somit zweimal nutzten. Wurde ein Objekt nicht bis zum Ende des Förderzeitraumes zu eigenen Wohnzwecken genutzt, kann die Förderung für den verbleibenden Zeitraum auf ein Folgeobjekt übertragen werden.

3 Steuerliche Betrachtungen zu Immobilien

Bemessungsgrundlage der Eigenheimzulage sind die Anschaffungs- bzw. Herstellungskosten der Wohnung zzgl. der Anschaffungskosten von Grund und Boden sowie die Aufwendungen für Instandsetzungs- und Modernisierungsmaßnahmen innerhalb von zwei Jahren nach Anschaffung der Wohnung. Die maximale Bemessungsgrundlage beträgt 25 000 €.

Der **Förderzeitraum** beträgt maximal acht Jahre. Er beginnt mit der Nutzung des Objekts für eigene Wohnzwecke.

Die Fördersumme setzt sich aus mehreren Beträgen zusammen, die in den letzten Jahren mehrfach verändert wurden:

1. Der **Fördergrundbetrag** (§ 9 Abs. 2 EigZulG) i.H.v. 5 % der Bemessungsgrundlage, maximal 1 250 € pro Jahr.
2. Eine **Zusatzförderung** (§ 9 Abs. 3, 4 EigZulG) wird gewährt für Maßnahmen der Energieeinsparung in Höhe von 2 % der Aufwendungen für die Maßnahme, maximal jährlich 256 €.
3. Eine **Kinderzulage** (§ 9 Abs. 5 EigZulG) wird für jedes steuerlich zu berücksichtigende Kind in Höhe von jährlich 800 € pro Kind gewährt.

Die Summe der insgesamt gewährten Fördergrundbeträge und der Kinderzulagen darf die Bemessungsgrundlage nicht übersteigen.

Die Fördersumme ist mittels Formular beim zuständigen Finanzamt zu beantragen. Über ihre Gewährung ergeht ein Bescheid, innerhalb eines Monats nach Vorliegen des Bescheids wird der Betrag ausgezahlt. In den Folgejahren wird die Zulage jeweils im März gezahlt. Durch diese regelmäßige Zahlung ist die Zulage auch als Finanzierungsinstrument - z. B. für Sondertilgungen - einsetzbar.

3.5.2 Investitionszulage

Für bestimmte Investitionen in den neuen Bundesländern, die bis zum 31.12.2013 begonnen werden, wird auf Antrag eine **Investitionszulage** gem. InvZulG gewährt. Sie wird grundsätzlich im Jahr nach Abschluss der Investition gezahlt. Ziel dieses Gesetzes ist eine Konzentration der Förderung u.a. auf sog. Erstinvestitionen i.S.d. § 2 Abs. 3 InvZulG. Dies kann auch die Anschaffung neuer Gebäude sein, wenn diese mindestens 5 Jahre nach Abschluss des Investitionsvorhabens in einem Betrieb des verarbeitenden Gewerbes, der produktionsnahen Dienstleistungen oder des Beherbergungsgewerbes verbleiben.

Bemessungsgrundlage für die Investitionszulage ist die Summe der Anschaffungs- oder Herstellungskosten der begünstigten Investition. Die Zulage beträgt 12,5 % der Bemessungsgrundlage.

Prof. Dr. Claudia Siegert

3.6 Immobilien im Umsatzsteuerrecht

3.6.1 System der Umsatzsteuer

Die Umsatzsteuer gehört zu den Verkehrsteuern. Mit ihr wird der Kauf von Waren und Dienstleistungen belastet.

Die Umsatzsteuer wird in allen Phasen des Wirtschaftsprozesses erhoben. Sie bezieht sich auf den Nettowert einer Leistung und kann grundsätzlich vom Unternehmer als sog. Vorsteuer mit seiner Umsatzsteuertraglast verrechnet werden. Hierdurch wird gewährleistet, dass die Steuer den Ertrag des Unternehmers i.d.R. nicht beeinflusst. Der Unternehmer führt die Umsatzsteuer zwar an das Finanzamt ab (sie wird bei ihm also liquiditätswirksam), getragen wird sie aber letztlich vom privaten Endverbraucher.

Die Ermittlung der Umsatzsteuer vollzieht sich in einer schrittweisen Entscheidung: Zunächst ist zu untersuchen, ob eine Leistung steuerbar ist, d.h. ob sie überhaupt der Umsatzsteuer unterliegt. Unter das Umsatzsteuergesetz fallen folgende Umsätze (§ 1 Abs. 1 UStG):

- Lieferungen und sonstige Leistungen, (i.d.R. Dienstleistungen), die ein Unternehmer im Rahmen seines Unternehmens im Inland gegen Entgelt erbringt,

- die Einfuhr von Gegenständen aus dem Drittlandsgebiet (i.W. Staaten, die nicht der EU angehören) im Inland,

- der innergemeinschaftliche Erwerb (d.h. der Erwerb von Gegenständen aus den Staaten der Europäischen Union) im Inland gegen Entgelt.

Werden Lieferungen oder sonstige Leistungen nicht gegen Entgelt erbracht, können sie dennoch steuerbar sein, wenn eine unentgeltliche Wertabgabe vorliegt (§ 3 Abs. 1b und Abs. 9a UStG). Dies ist u.a. bei folgenden Sachverhalten der Fall:

- Entnahme eines Gegenstandes aus dem Unternehmen für Zwecke außerhalb des Unternehmens (z.B. der Unternehmer entnimmt ein bisher betrieblich genutztes Gebäude aus dem Unternehmensvermögen, da er es künftig für private Wohnzwecke nutzen möchte),

- Verwendung eines dem Unternehmen zugeordneten Gegenstandes für Zwecke, die außerhalb des Unternehmens liegen (z.B. der Unternehmer nutzt eine Etage in einem vollständig dem Unternehmensvermögen zugeordneten Gebäude für private Wohnzwecke).

Voraussetzung für die Steuerbarkeit dieser unentgeltlichen Wertabgaben ist, dass der entnommene oder nichtunternehmerisch verwendete Gegenstand bei der Anschaffung zum vollen oder teilweisen Vorsteuerabzug berechtigt hat.

3 Steuerliche Betrachtungen zu Immobilien

Ist die Leistung steuerbar, muss geprüft werden, ob Steuerbefreiungen wirksam werden (§ 4 UStG).

Ist eine Leistung umsatzsteuerfrei, bewirkt dies i.d.R. für den Unternehmer, dass er die Vorsteuer, die in den Eingangsumsätzen für diese Leistung enthalten ist, nicht abziehen kann.

Ist die Leistung steuerpflichtig, ist die Bemessungsgrundlage der Umsatzsteuer zu ermitteln (§ 10 UStG).

Auf die Bemessungsgrundlage ist der Steuersatz anzuwenden (§ 12 UStG). Der Regelsteuersatz beträgt seit dem 01.01.2007 19 %. Der ermäßigte Steuersatz liegt seit dem 01.07.1983 bei 7 %. Dieser gilt seit dem 01.01.2010 u.a. auch für die Vermietung von Wohn- und Schlafräumen, die zur kurzfristigen Beherbergung von Fremden bereitgehalten werden (§ 12 Abs. 2 Nr. 11 UStG)

Aus der Multiplikation von Bemessungsgrundlage und Steuersatz ergibt sich die sog. Umsatzsteuertraglast.

Von dieser aus dem Leistungsverkauf resultierenden Umsatzsteuer kann der Unternehmer grds. die ihm in Rechnung gestellte Umsatzsteuer - die sog. Vorsteuer – abziehen (§ 15 UStG).

Im Ergebnis entsteht eine Umsatzsteuerschuld, die an das Finanzamt abzuführen ist, oder ein Vorsteuerguthaben, das vom Finanzamt erstattet wird.

Beispiel:

Ein Hotelier aus Leipzig vermietet für eine Woche zehn Hotelzimmer für je 100 €/Tag zzgl. USt. Eines der Zimmer war im gleichen Monat renoviert worden. Vom Malerbetrieb liegt eine ordnungsgemäße Rechnung über 2 000 € zzgl. 380 € USt vor.

Der Umsatz ist steuerbar, da es sich um eine sonstige Leistung (Vermietungsleistung) eines Unternehmers (Hotelier) im Rahmen seines Unternehmens im Inland gegen Entgelt handelt. Er ist auch steuerpflichtig, da für die kurzfristige Vermietung keine Steuerbefreiung existiert (§ 4 Nr. 12 Satz 2 UStG). Die Umsatzsteuer beträgt 490 € (700 € x 10 x 7 %). Hiervon kann der Unternehmer die ihm vom Malerbetrieb in Rechnung gestellte Umsatzsteuer i.H.v. 380 € als Vorsteuer abziehen. Unterstellt man, dass der Unternehmer nur diese Vermietungsleistungen erbracht hat und auch nur diese Malerrechnung bei ihm eingegangen ist, müsste er in diesem Monat 110 € Umsatzsteuer an das Finanzamt abführen.

Bei den folgenden Betrachtungen soll ausschließlich auf Lieferungen und sonstige Leistungen im Inland eingegangen werden.

Prof. Dr. Claudia Siegert

Damit die Leistungen der Umsatzsteuer unterliegen, müssen sie von einem **Unternehmer** im Rahmen seines Unternehmens erbracht werden (§ 2 UStG). Unternehmer i.S.d. Umsatzsteuergesetzes können z.B. sein

- natürliche Personen (z.B. Hauseigentümer, die Wohn- oder Gewerberäume vermieten),

- juristische Personen (z.B. Bauunternehmen in der Rechtsform der AG oder GmbH, Wohnungsgenossenschaften),

- Personenvereinigungen (z. B. Immobilienfonds in der Rechtsform der KG oder GbR).

Der umsatzsteuerliche Begriff des **Inlands** umfasst im Wesentlichen das Gebiet der Bundesrepublik (§ 1 Abs. 2 UStG).

Sonstige Leistungen im Zusammenhang mit einem Grundstück gelten stets dort als erbracht, wo das Grundstück liegt (§ 3a Abs. 3 Nr. 1 UStG). Dies sind insbesondere die folgenden Leistungen:

- Vermietung und Verpachtung von Grundstücken, Wohnungen, Hotelzimmern,

- Bestellung und Übertragung von dinglichen Nutzungsrechten an Grundstücken (z.B. Grunddienstbarkeiten, Erbbaurechte),

- sonstige Leistungen im Zusammenhang mit der Veräußerung und dem Erwerb von Grundstücken (z.B. Leistungen der Grundstücksmakler und -sachverständigen, der Notare bei der Beurkundung von Kaufverträgen),

- sonstige Leistungen, die der Erschließung von Grundstücken oder der Vorbereitung, Koordinierung bzw. Ausführung von Bauleistungen dienen (z.B. Leistungen der Architekten, der Bauingenieure, der Bauträgergesellschaften).

Die Lieferung eines Grundstücks erfolgt dort, wo dem Erwerber die Verfügungsmacht verschafft wird (§ 3 Abs. 7 UStG).

Die Leistungen des Unternehmers müssen gegen **Entgelt** erbracht werden. Dieses kann Geld sein, aber auch in einer anderen Lieferung (z.B. beim Tausch von Grundstücken) oder in einer sonstigen Leistung bestehen. Allgemein ist Entgelt alles, was der Leistungsempfänger aufwendet, um die Leistung zu erhalten, jedoch abzüglich der Umsatzsteuer (§ 10 UStG). Entgelt ist insbesondere der Kaufpreis abzüglich aller Preisminderungen z.B. durch Rabatte oder Preisnachlässe.

3.6.2 Steuerfreiheit bei Grundstückskauf und -vermietung

Bei bestimmten steuerbaren Umsätzen kommen Steuerbefreiungen zur Anwendung (§ 4 UStG). Die Steuerbefreiung für Grundstücksumsätze liegt darin begründet, dass beim Grundstückskauf bereits Grunderwerbsteuer (grds. 3,5 % des Kaufpreises) anfällt und eine doppelte Steuerbelastung vermieden werden soll. Die Steuerbefreiung für Vermietungsleistungen erfolgt insbesondere bei der Vermietung von Wohnraum aus sozialen Gründen.

Die Steuerbefreiungen können nach bestimmten Kriterien systematisiert werden (vgl. Abb. 3.20).

Steuerbefreiungen können nur die gewünschte Entlastungswirkung für den Endverbraucher bringen, wenn sie in der letzten Stufe innerhalb einer Folge von Umsätzen gewährt werden. Liegt die Steuerbefreiung nicht am Ende der Umsatzkette, erhöhen sich die Kosten der Leistung, da keine Vorsteuer abgezogen werden kann. Aus diesem Grund sieht das Gesetz eine Optionsmöglichkeit zur Umsatzbesteuerung vor, auf die im folgenden Kapitel eingegangen wird.

Abbildung 3.20: Steuerbefreiungen

steuerfreie Umsätze	
ohne Optionsmöglichkeit, z.B.	**mit Optionsmöglichkeit, z.B.**
→ Geld-, Kapital- und Kreditumsätze → Umsätze der Bausparkassen-, Versicherungsvertreter → Vermietung und Verpachtung → Umsätze der Heilberufe → Umsätze bestimmter kultureller Einrichtungen	→ bestimmte Geld- und Kreditumsätze → Umsätze, die unter das Grunderwerbsteuergesetz fallen (§ 4 Nr. 9a UStG) → bestimmte Vermietung und Verpachtung von Grundstücken (§ 4 Nr. 12a UStG)
	Unternehmer optiert nicht	Unternehmer optiert
steuerfreie Umsätze ⇨ kein Vorsteuerabzug		**steuerpflichtige** Umsätze ⇨ **Vorsteuerabzug**

Von der Umsatzsteuer befreit sind z.B. **Grundstücksumsätze** (z.B. die Lieferung von bebauten oder unbebauten Grundstücken, die Bestellung von Erbbaurechten).

Bei den **Vermietungsleistungen** ist nur ein Teil steuerbefreit. Ausgenommen von der Steuerbefreiung sind u.a.

- die kurzfristige (weniger als 6 Monate währende) Beherbergung in Hotelzimmern u.ä.,
- die Vermietung von Plätzen für das Abstellen von Fahrzeugen (Land-, Wasser-, Luftfahrzeuge),
- die kurzfristige Vermietung auf Campingplätzen.

Nebenleistungen, die üblicherweise im Zusammenhang mit der Hauptleistung Vermietung erbracht werden (z.B. die Vermietung eines Pkw-Stellplatzes im Zusammenhang mit einer Wohnung), teilen das Schicksal der Hauptleistung, d.h. sie sind ebenfalls steuerfrei.

3.6.3 Optionsrecht

Bei bestimmten steuerfreien Umsätzen kann der Unternehmer auf die Steuerbefreiung verzichten (vgl. Abb. 3.20); diese Wahlmöglichkeit wird als Option (§ 9 UStG) bezeichnet. Sinnvoll ist das Ausüben der Option, um die Möglichkeit des Vorsteuerabzugs zu sichern. Das Ausüben der Option ist jedoch an Voraussetzungen gebunden:

- Bei Vermietung und Verpachtung von Grundstücken an Gewerbetreibende (z.B. Produktionsunternehmen, Händler) oder Freiberufler (z.B. Rechtsanwälte, Architekten), die steuerpflichtige Umsätze ausführen, kann die Option ausgeübt werden.

- Bei Vermietung und Verpachtung von Grundstücken an Gewerbetreibende (z.B. Versicherungsmakler) oder Freiberufler (z.B. Ärzte), die steuerfreie Umsätze ausführen, kann die Option nicht ausgeübt werden.

- Bei Vermietung und Verpachtung von Grundstücken an Privatpersonen kann die Option ebenfalls nicht ausgeübt werden.

- Beim Verkauf von Grundstücken ist das Optionsrecht nicht eingeschränkt, d.h. der steuerpflichtige Verkauf von Grundstücken ist auch an Unternehmer möglich, die nicht zum Vorsteuerabzug berechtigt sind. An Privatpersonen ist kein umsatzsteuerpflichtiger Verkauf möglich.

- Bei Grundstückskäufen ist der Verzicht auf die Steuerbefreiung im notariell beurkundeten Grundstückskaufvertrag zu erklären.

Bei Vermietungsumsätzen muss der Unternehmer (Vermieter) nachweisen, ob die Voraussetzungen für die steuerpflichtige Vermietung gegeben sind. Der Nachweis kann sich z.B. aus dem Mietvertrag oder aus einer schriftlichen Bestätigung des Mieters ergeben.

Die Option wird durch den Ausweis der Umsatzsteuer auf der Rechnung sowie durch den steuerpflichtigen Ausweis der Umsätze in der Steueranmeldung ausgeübt.

Grundstücksumsätze

Sofern der Erwerb eines Grundstücks unter das Grunderwerbsteuergesetz fällt, unterliegt der Umsatz nicht der Umsatzsteuer. Mit dem Kauf von Grundstücken sind jedoch weitere Aufwendungen verbunden, die mit Umsatzsteuer belastet sind (z.B. Notar-, Rechtsanwalts- und Maklerkosten, Kosten für Zeitungsannoncen). Da diese Umsatzsteuer bei steuerfreien Umsätzen nicht als Vorsteuer abzugsfähig ist, erhöhen sich die Kosten. Für den Verkäufer einer Immobilie, die dieser bisher steuerpflichtig vermietet hat, ist der steuerpflichtige Verkauf die einzige Möglichkeit, eine u. U. erforderlich werdende Korrektur des Vorsteuerabzugs – und somit Liquiditätsbelastungen – zu vermeiden.

Der Verzicht auf die Steuerbefreiung kann somit sowohl für den Verkäufer wie auch für den Käufer interessant sein:

- Für den Verkäufer ist die gezahlte Umsatzsteuer als Vorsteuer abzugsfähig.
- Der Käufer hat diese Möglichkeit ebenfalls. Will der Käufer das Grundstück später steuerfrei vermieten, kann er i.d.R. einen Nachlass vom Kaufpreis aushandeln, der seine höhere Belastung durch die Umsatzsteuer ausgleicht.

Beispiel:

Der Grundstückshändler G verkauft ein unbebautes Grundstück für 500 000 € an den Unternehmer U, der darauf später ein Geschäftshaus errichten möchte. Im Zusammenhang mit dem Grundstücksgeschäft hat G Aufwendungen für Zeitungsanzeigen sowie Makler in Höhe von 10 000 € zzgl. 1 900 € USt. U trägt Anschaffungsnebenkosten (Notar- und Rechtsanwaltskosten) in Höhe von 40 000 € zzgl. 7 600 € USt. Die Grunderwerbsteuer soll unberücksichtigt bleiben.

Bei Steuerfreiheit des Grundstücksgeschäfts ergibt sich folgende Situation:

Verkäufer G		Käufer U	
Verkaufserlös	500 000 €	Grundstückspreis	500 000 €
./. Nebenkosten	./. 11 900 €	+ Anschaffungsnebenkosten	+ 47 600 €
= Reinerlös	488 100 €	= Anschaffungskosten	547 600 €

Da die Nebenkosten des Käufers und des Verkäufers im Zusammenhang mit einem umsatzsteuerbefreiten Geschäft stehen, ist die in den Aufwendungen enthaltene Umsatzsteuer nicht als Vorsteuer abzugsfähig. Die Umsatzsteuer schmälert den Reinerlös des Verkäufers. Der Käufer erfasst den Grundstückspreis und die Anschaffungsnebenkosten, er ist mit insgesamt 547 600 € belastet.

Bei Verzicht auf die Steuerbefreiung ergibt sich folgende Situation:

Verkäufer G		Käufer U	
Verkaufserlös	500 000 €	Grundstückspreis	500 000 €
./. Nebenkosten	./. 10 000 €	+ Anschaffungsnebenkosten	40 000 €
= Reinerlös	490 000 €	= Anschaffungskosten	540 000 €
erhaltene USt aus dem Grundstücksverkauf	95 000 €	gezahlte USt für den Grundstückskauf	95 000 €
./. Vorsteuer für Makler etc.	./. 1 900 €	+ USt auf Nebenkosten	7 600 €
= USt-Zahllast	93 100 €	= gezahlte USt	102 600 €

Da die Nebenkosten des Käufers und des Verkäufers im Zusammenhang mit einem umsatzsteuerpflichtigen Geschäft stehen, ist die in den Aufwendungen enthaltene Umsatzsteuer als Vorsteuer abzugsfähig.

Der Reinerlös des Verkäufers erhöht sich um den Betrag der Umsatzsteuer (1 900 €). Für den Grundstücksverkauf nimmt er vom Käufer 95 000 € USt ein; nach Verrechnung mit der von ihm gezahlten Vorsteuer muss er 93 100 € USt zahlen.

Der Käufer muss Anschaffungskosten von 540 000 € erfassen. Er hat 95 000 € USt für den Grundstückskauf und 7 600 € USt für die Nebenkosten gezahlt. Den Gesamtbetrag von 102 600 € erhält er als Vorsteuer vom Finanzamt erstattet.

Sowohl Käufer als auch Verkäufer hatten also aus der Option zur Umsatzsteuer Vorteile.

Errichten/Vermieten von Gebäuden

Die spätere Nutzung des Gebäudes entscheidet über den Abzug der Vorsteuer, die im Zusammenhang mit dem Bau bzw. Kauf anfällt.

- Wird das Gebäude später umsatzsteuerfrei verkauft oder vermietet, ist die Vorsteuer nicht abzugsfähig. Sie gehört zu den Anschaffungs- bzw. Herstellungskosten des Gebäudes.

- Wird das Gebäude später umsatzsteuerpflichtig verkauft oder vermietet, wird die Vorsteuer vom Finanzamt erstattet.

Ob das Gebäude später umsatzsteuerfrei oder umsatzsteuerpflichtig verkauft oder vermietet werden soll, ist dem Finanzamt gegenüber glaubhaft zu machen. Aufgrund eines Nutzungskonzeptes, in dem der vorgesehene Mietermix möglichst detailliert geplant wird, sind ggf. Flächen, bei deren Verkauf/Vermietung zur Umsatzsteuer optiert werden kann, und solche, bei denen eine Option nicht möglich ist, getrennt

3 Steuerliche Betrachtungen zu Immobilien

auszuweisen. Die Vorlage abgeschlossener Mietverträge bereits in der Bauphase ist nicht erforderlich.

Werden Erhaltungsarbeiten am Gebäude erforderlich, ist die dafür anfallende Vorsteuer ebenfalls gemäß der steuerfreien bzw. steuerpflichtigen Vermietung aufzuteilen. Die Umsatzsteuer für Erhaltungsarbeiten an einem steuerpflichtig vermieteten Gebäudeteil ist in voller Höhe abzugsfähig.

Beispiel:

Ein Bauherr kauft im Jahr 2006 ein Grundstück von einer Privatperson (steuerfrei) für 100 000 €. Er errichtet darauf ein Haus für 600 000 € (Baumaterial und Bauleistungen) und zahlt 96 000 € USt (damaliger Steuersatz 16 %).

In dem Haus werden drei gleich große Einheiten geschaffen, die ab dem 01.01.2007 für monatlich 3 000 € (unternehmerische Zwecke an einen Händler und einem Arzt) bzw. 2 000 € (Wohnzwecke) vermietet werden. Die laufenden Aufwendungen, die mit Vorsteuer belastet sind, betragen jährlich 12 000 € zzgl. 2 280 € USt.

Im Jahr 2012 sind Erhaltungsarbeiten am Dach für 30 000 € zzgl. 5 700 € USt erforderlich; im Verkaufsraum des Händlers werden Fliesen für 9 000 € zzgl. 1 710 € USt verlegt.

Gewerberaum für Einzelhändler	Arztpraxis	Wohnung
- Händler ist Unternehmer - führt steuerpflichtige Umsätze aus	- Arzt ist Unternehmer - führt steuerfreie Umsätze aus	- Mieter ist Privatmann
↪ steuerpflichtige Vermietung möglich	↪ steuerpflichtige Vermietung nicht möglich	

Da das Gebäude zu 1/3 steuerpflichtig und zu 2/3 steuerfrei vermietet werden soll, war im Jahr der Errichtung des Gebäudes 1/3 der gezahlten Umsatzsteuer (32 000 €) als Vorsteuer abziehbar; diese wurde vom Finanzamt erstattet. Auf Grund der teilweise steuerfreien Vermietung ist der Vermieter mit 2/3 der Umsatzsteuer für den Hausbau (64 000 €) belastet.

Mieteinnahmen p.a.		
36 000 € (Händler)	36 000 € (Arzt)	24 000 € (Wohnung)
2007 - 2011 USt auf Miete 6 840 € ./. VoSt lfd. Aufwand (1/3) ./. 760 € = Zahlung 6 080 € 2012 USt auf Miete 6 840 € ./. VoSt lfd. Aufwand (1/3) ./. 760 € ./. VoSt Dachdecker (1/3) ./. 1 900 € ./. VoSt Fliesen (100 %) ./. 1 710 € = Zahlung 2 470 €	Die in den Aufwendungen enthaltene Vorsteuer ist nicht abzugsfähig. Der Vermieter ist mit 2/3 der Umsatzsteuer für die laufenden Aufwendungen (jährlich 1 520 €) und die Dachreparatur (3 800 €) belastet. Die gezahlte Umsatzsteuer erhöht seine Kosten.	

Teilweise Eigennutzung von Gebäuden durch den Unternehmer

Der Vorsteuerabzug bei Grundstücken, die teilweise für unternehmerische und teilweise für nichtunternehmerische Zwecke genutzt werden, wurde per 01.01.2011 neu geregelt. Seitdem ist zu unterscheiden zwischen Immobilien, die vor diesem Datum angeschafft bzw. mit deren Herstellung vorher begonnen wurde (im Folgenden Bestandsimmobilien genannt) und solchen Immobilien, deren Anschaffung / Herstellung ab dem 01.01.2011 erfolgte.

Bei der Zuordnung von nur teilweise unternehmerisch genutzten Gegenständen zu seinem unternehmerischen Bereich bzw. zu seinem Privatbereich hat der Unternehmer grds. ein Wahlrecht (Abschnitt 15.2 Abs. 21 UStAE):

- Er kann einen solchen Gegenstand insgesamt seinem Unternehmen zuordnen, wenn der Gegenstand zu mindestens 10 % unternehmerisch genutzt wird (§ 15 Abs. 1 UStG).
- Er kann den Gegenstand entsprechend dem unternehmerischen Nutzungsanteil zum Unternehmen bzw. zum nicht unternehmerischen Bereich zuordnen.
- Er kann den Gegenstand insgesamt dem nichtunternehmerischen Bereich zuordnen.

Bestandsimmobilien

In der Konsequenz heißt dies für einen Unternehmer, der ein Gebäude zu mindestens 10 % für sein Unternehmen und den restlichen Gebäudeteil privat nutzt, dass er das

3 Steuerliche Betrachtungen zu Immobilien

gesamte Gebäude seinem Unternehmen zuordnen und aus den gesamten Anschaffungs- oder Herstellungskosten sowie den laufenden Aufwendungen einen Vorsteuerabzug vornehmen kann, wenn er das Gebäude für steuerpflichtige Umsätze nutzt. Im Gegenzug unterliegt allerdings die nichtunternehmerische Nutzung als unentgeltliche Wertabgabe gem. § 3 Abs. 9a Nr. 1 UStG der Umsatzsteuer. Die Bemessungsgrundlage bestimmt sich in diesen Fällen nach den bei der Ausführung des Umsatzes entstandenen Ausgaben, soweit sie zum vollen oder teilweisen Vorsteuerabzug berechtigt haben (§ 10 Abs. 4 Nr. 2 UStG). Zu diesen Ausgaben gehören auch die Anschaffungs- oder Herstellungskosten des Wirtschaftsgutes. Betragen diese mindestens 500 €, sind sie gleichmäßig auf einen sog. Berichtigungszeitraum zu verteilen, der bei Grundstücken 10 Jahre beträgt[29].

Beispiel:

Ein Unternehmer besitzt ein Gebäude, das er zu 75 % steuerpflichtig vermietet und zu 25 % für private Wohnzwecke nutzt. Er hat das Haus insgesamt seinem Unternehmensvermögen zugeordnet und aus den Herstellungskosten des Hauses, die im Jahr 2010 1 Mio. € betragen haben, die Umsatzsteuer i.H.v. 190 000 € in voller Höhe als Vorsteuer geltend gemacht.

Die Privatnutzung der 25 % des Hauses unterliegt als unentgeltliche Wertabgabe der Umsatzsteuer. Die anteiligen Herstellungskosten betragen 250 000 €. Verteilt man diese auf den Berichtigungszeitraum von 10 Jahren, ergibt sich eine Bemessungsgrundlage für die Umsatzsteuer i.H.v. 25 000 € und es sind bei einem Steuersatz von 19 %, jährlich 4 750 € Umsatzsteuer (insgesamt 47 500 €) für die private Nutzung des Gebäudes zu entrichten. Über 10 Jahre verteilt zahlt er somit 25 % der im Jahr 2010 erstatteten Vorsteuer in Form der Umsatzsteuer auf die unentgeltliche Wertabgabe zurück. Dies entspricht dem Prozentsatz der Privatnutzung des Gebäudes. Dennoch verbleibt dem Unternehmer ein beträchtlicher Liquiditätsvorteil aus dem Vorsteuerabzug im Jahr der Anschaffung bzw. Herstellung des Gebäudes.

Neuimmobilien

Dieses oben beschriebene Modell, nach dem in der Sache Seeling ergangenen Urteil des Europäischen Gerichtshofes „Seeling-Modell" genannt, ist für ab dem 01.01.2011 angeschaffte/hergestellte Immobilien nicht mehr anwendbar. Der neu in das Gesetz eingefügte § 15 Abs. 1b UStG regelt, dass bei Ausgaben im Zusammenhang mit einem Grundstück nur noch der Teil der Umsatzsteuer als Vorsteuer abgezogen werden kann, der auf die Verwendung des Grundstücks zu unternehmerischen Zwecken entfällt.

---

[29] Vgl. Schreiben betr. Bemessungsgrundlage bei sonstigen Leistungen i.S. des § 3 Abs. 9a Nr. 1 und 2 UStG vom 13.04.2004, BStBl. I S. 468

Prof. Dr. Claudia Siegert

Abwandlung des Beispiels:

Das Gebäude (Herstellungskosten 1 Mio. €) wird im Jahr 2012 errichtet. Die Umsatzsteuer aus den Herstellungskosten ist i.H.v. 142 500 € (75 % von 190 000 €) als Vorsteuer abziehbar, 47 500 € können nicht abgezogen werden, da sie auf den privat genutzten Teil der Immobilie entfallen. Im Gegenzug entfällt die Besteuerung der unentgeltlichen Wertabgabe wegen der privaten Nutzung des dem Unternehmen zugordneten Gebäudes. Der Liquiditätsvorteil aus dem vollen Vorsteuerabzug im Jahr der Anschaffung/Herstellung ist hinfällig geworden.

Dennoch sollte der Unternehmer weiterhin von der Möglichkeit Gebrauch machen, ein solches gemischt genutztes Gebäude in vollem Umfang dem Unternehmen zuzuordnen. Vergrößert sich zu einem späteren Zeitpunkt (innerhalb des zehnjährigen Korrekturzeitraumes) der Anteil der zum Vorsteuerabzug berechtigenden unternehmerischen Nutzung, ist eine Vorsteuerkorrektur gem. § 15a UStG zugunsten des Unternehmers möglich.

3.6.4 Vorsteuerberichtigung bei Änderung der Nutzungsart

Eine Berichtigung des Vorsteuerabzugs wird erforderlich, wenn sich die Verhältnisse, die im Zeitpunkt der erstmaligen Verwendung des Grundstücks für den Vorsteuerabzug maßgebend waren, ändern (§ 15a UStG). Hierbei sind vor allem folgende Fälle zu unterscheiden:

- Handelt es sich um ein Wirtschaftsgut, das nicht nur einmalig zur Ausführung von Umsätzen verwendet wird, ist ein Berichtigungszeitraum von 5 Jahren, bei Grundstücken von 10 Jahren zu beachten (§ 15a Abs. 1 UStG).

- Handelt es sich um ein Wirtschaftsgut, das nur einmalig zur Ausführung von Umsätzen verwendet wird, ist bei Änderung der Verhältnisse eine Vorsteuerberichtigung vorzunehmen (§ 15a Abs. 2 UStG). Es existiert kein festgelegter Berichtigungszeitraum.

- Auch die Veräußerung oder Entnahme eines Wirtschaftsgutes können eine Änderung der Verhältnisse darstellen (§ 15a Abs. 8, 9 UStG).

Der Berichtigungszeitraum beginnt mit dem Tag der erstmaligen unternehmerischen Verwendung des Gegenstandes und endet fünf bzw. zehn Jahre danach.

Die Vorsteuerkorrektur erfolgt in Höhe von jährlich einem Fünftel bzw. einem Zehntel des geltend gemachten Vorsteuerbetrages. Erfolgt die Nutzungsänderung nicht für das gesamte Kalenderjahr, ist die Vorsteuerkorrektur monatsanteilig vorzunehmen.

Die Berichtigung erfolgt grundsätzlich jeweils am Ende des Kalenderjahres.

3 Steuerliche Betrachtungen zu Immobilien

Der Begriff der Verwendung umfasst auch die Verwendungsabsicht. Der Unternehmer muss seine Verwendungsabsicht anhand objektiver Anhaltspunkte darlegen können. Bei einem Unternehmer, der ein Gebäude errichtet, um es später zu vermieten, wären solche Anhaltspunkte insbesondere Mietverträge, Kalkulationsunterlagen, Architektenunterlagen oder Vertriebskonzepte. Mittels dieser Unterlagen lässt sich belegen, ob später z.B. eine (steuerfreie) Vermietung an einen Arzt oder eine (steuerpflichtige) Vermietung an einen Rechtsanwalt geplant ist. In Abhängigkeit von dieser Verwendungsabsicht ist dann schon während der Bauphase ein Vorsteuerabzug aus den Herstellungskosten möglich oder nicht.

Beispiel:

Ein Unternehmer errichtet im Jahr 2004 Gewerberäume für 500 000 € zzgl. 80 000 € USt (16 %). Diese Räume vermietet er steuerpflichtig ab 01.04.2004 an einen Gewerbetreibenden für monatlich 3 000 € zzgl. 480 € USt.

Ab 01.07.2007 vermietet er die Räume steuerfrei an einen Versicherungsmakler.

Der Berichtigungszeitraum beginnt am 01.04.2004 und endet am 31.03.2014; zu berichtigen ist jährlich 1/10 des in Anspruch genommenen Vorsteuerbetrages (8 000 €).

	USt	VoSt	Zahllast bzw. Erstattung (./.)	VoSt-Korrektur
01.04.2004 - 31.12.2004	4 320 €	80 000 €	./. 75 680 €	
2005	5 760 €	-	5 760 €	
2006	5 760 €	-	5 760 €	
01.01.2007- 30.06.2007	3 420 €	-	3 420 €	
01.07.2007 - 31.12.2007				4 000 €
2008 – 2013 je				8 000 €
01.01.2014 - 31.03.2014				2 000 €
VoSt-Korrektur gesamt				54 000 €

Obwohl die in Anspruch genommene Vorsteuererstattung in späteren Jahren wieder korrigiert wird, bleibt dem Vermieter der Liquiditätsvorteil im Jahr der Gebäudeerrichtung. Die Vorsteuerkorrektur ist am Ende eines jeden Kalenderjahres (mit der Umsatzsteuererklärung) durchzuführen.

Ab 2005 in das Gesetz eingefügt wurde die Vorsteuerkorrektur für Wirtschaftsgüter, die dem Unternehmer nur einmalig zur Ausführung von Umsätzen dienen. In der Immobilienwirtschaft sind von dieser Regelung vor allem Grundstückshändler betroffen, bei denen das Grundstück nach ertragsteuerlichen Gesichtspunkten zum Umlaufvermögen gehört.

Beispiel:

Ein Unternehmer handelt mit Grundstücken. Er erwirbt im Februar 2010 ein Grundstück für 100 000 € zzgl. 19 000 € USt und beabsichtigt, dieses Grundstück später wieder steuerpflichtig zu verkaufen. Die gezahlte Umsatzsteuer macht er daher im Februar 2010 als Vorsteuer gegenüber seinem Finanzamt geltend. Tatsächlich verkauft er das Grundstück aber im Juni 2012 steuerfrei an einen Privatmann. Da im Juni 2012 eine Änderung der Verhältnisse eintritt, ist der ursprünglich vorgenommene Vorsteuerabzug zu berichtigen. An das Finanzamt sind 19 000 € Umsatzsteuer zu zahlen. Da hier kein festgelegter Berichtigungszeitraum existiert, wäre eine Vorsteuerberichtigung z.B. auch vorzunehmen, wenn das Grundstück erst im Jahr 2015 verkauft würde.

Sofern das Wirtschaftsgut noch verwendungsfähig ist, stellen seine Veräußerung oder Entnahme ebenfalls eine Änderung der Verhältnisse dar, wenn dieser Umsatz anders zu beurteilen ist als die für den ursprünglichen Vorsteuerabzug maßgebliche Verwendung. Die Berichtigung erfolgt hier für den Veranlagungszeitraum, in dem die Entnahme stattgefunden hat.

Beispiel:

Ein Unternehmer errichtet im Jahr 2009 ein Bürogebäude für 500 000 € zzgl. 95 000 € USt und vermietet es ab dem 01.04.2010 steuerpflichtig. Die Umsatzsteuer aus den Herstellungskosten macht er als Vorsteuer geltend. Am 01.07.2012 wird das Gebäude steuerfrei verkauft.

Der Berichtigungszeitraum beginnt am 01.04.2010 und endet am 31.03.2020. Wegen des steuerfreien Verkaufs muss der Vorsteuerabzug für die Zeit vom 01.07.2012 bis zum 31.03.2020 rückgängig gemacht werden (4 750 € für 2012, je 9 500 € für 2013 bis 2019, 2 375 € für 2020). Die Vorsteuer i.H.v. insgesamt 73 625 € ist im Juli 2012 zu berichtigen.

An dieser Stelle wird ersichtlich, warum die Option zur Umsatzsteuerpflicht gem. § 9 UStG bei der Veräußerung von Grundstücken sinnvoll sein kann.

Die gleichen Folgen bzgl. der Vorsteuerberichtigung treten ein, wenn der Unternehmer das Gebäude für private Zwecke aus seinem Unternehmensvermögen entnimmt. Hier ist allerdings keine Option möglich, so dass eine hohe Liquiditätsbelastung entsteht.

Eine Vorsteuerkorrektur ist selbstverständlich aber auch zugunsten des Unternehmers möglich.

3 Steuerliche Betrachtungen zu Immobilien

Beispiel:

Ein Unternehmer errichtet im Jahr 2009 Büroräume für 500 000 € zzgl. 95 000 € USt. Diese Räume vermietet er steuerfrei ab 01.01.2010 an einen Arzt, der ausschließlich steuerfreie Umsätze erbringt (§ Nr. 14 UStG). Ein Vorsteuerabzug aus den Herstellungskosten ist nicht möglich (§ 15 Abs. 2 Nr. 1 UStG), weil die Vermietung steuerfrei erfolgen muss. Für die Herstellungskosten hat der Unternehmer ordnungsgemäße Rechnungen.

Ab 01.01.2012 vermietet er die Räume steuerpflichtig an einen Rechtsanwalt.

Der Berichtigungszeitraum beginnt am 01.01.2010 und endet am 31.12.2020. Beginnend ab dem 01.01.2012 ist in jedem Jahr bis zum Ablauf des Berichtigungszeitraumes eine Vorsteuerberichtigung i.H.v. 9 500 € zugunsten des Unternehmers möglich.

3.6.5 Steuerschuldnerschaft des Leistungsempfängers

Schuldner der Umsatzsteuer ist grundsätzlich der leistende Unternehmer. Bei ausgewählten Umsätzen wird jedoch der Leistungsempfänger zum Schuldner der Umsatzsteuer. Es handelt sich hierbei z.B. um folgende Umsätze:

- Umsätze, die unter das Grunderwerbsteuergesetz fallen (§ 13b Abs. 2 Nr. 3 UStG)
- Werklieferungen und sonstige Leistungen, die der Herstellung, Instandsetzung, Instandhaltung, Änderung oder Beseitigung von Bauwerken dienen, mit Ausnahme von Planungs- und Überwachungsleistungen (§ 13b Abs. 2 Nr. 4 UStG).

Im ersten Fall (§ 13b Abs. 2 Nr. 3 UStG) schuldet der Leistungsempfänger die Steuer, wenn er ein Unternehmer oder eine juristische Person des öffentlichen Rechts ist.

Beispiel:

Der Grundstückseigentümer G verkauft im Jahr 2012 ein Grundstück für 500 000 € zzgl. 95 000 € USt an den Unternehmer U für dessen Unternehmen. Die für dieses Geschäft ausgeübte Option zur Umsatzbesteuerung ist in den notariellen Kaufvertrag aufzunehmen. G darf die Umsatzsteuer dem U nicht in Rechnung stellen, U darf die Umsatzsteuer nicht an den Verkäufer zahlen. U rechnet die Umsatzsteuer auf den Nettobetrag der Rechnung auf, er muss sie bei seinem Finanzamt anmelden und abführen. Soweit er das Grundstück für steuerpflichtige Umsätze nutzt, hat er einen Anspruch auf Vorsteuererstattung. Nutzt er das Grundstück nur teilweise für steuerpflichtige Umsätze, erfolgt die Vorsteuererstattung nur anteilig (entsprechend den Flächenanteilen).

Die Regelung, dass die Umsatzsteueroption in den notariellen Kaufvertrag aufzunehmen ist, dient somit dem Schutz des Leistungsempfängers. Ohne sie könnte der

Verkäufer auch noch nachträglich (bis zur Bestandskraft der Umsatzsteuererklärung) optieren, wodurch eine nachträgliche Steuerschuld beim Leistungsempfänger entstehen würde.

Im zweiten Fall (§ 13b Abs. 2 Nr. 4 UStG) schuldet der Leistungsempfänger die Steuer, wenn er ein Unternehmer ist, der die o.g. Bauleistungen erbringt. Die Steuerschuldnerschaft des Leistungsempfängers gilt auch, wenn die Leistung für den nichtunternehmerischen Bereich bezogen wird.

Beispiel:

Der Unternehmer B betreibt ein Bauunternehmen und vermietet Wohnungen. Er beauftragt den Fensterbauer F, in diesen Mietwohnungen neue Fenster einzubauen. F baut für 20 000 € neue Fenster ein.

Da B selbst Bauleistungen erbringt, ist er der Schuldner der Umsatzsteuer. Er rechnet die Steuer i.H.v. 3 800 € auf den Nettobetrag von 20 000 € auf und führt sie an sein Finanzamt ab. Da er die Wohnungen steuerfrei vermietet, ist kein Vorsteuerabzug möglich.

F darf in seiner Rechnung keine Umsatzsteuer ausweisen. In dieser Rechnung ist auf die Steuerschuldnerschaft des Leistungsempfängers hinzuweisen.

Die gleichen Regelungen würden gelten, wenn F die Fenster im Privathaus des B einbauen würde.

3.7 Immobilien im Gewerbesteuerrecht

3.7.1 Ermittlung der Gewerbesteuer - Überblick

Mit der Gewerbesteuer soll die Ertragskraft eines Gewerbebetriebs besteuert werden; Objekt der Besteuerung ist der Gewerbebetrieb. Der Gewerbesteuer unterliegen alle gewerblichen Unternehmen im Sinne des Einkommensteuergesetzes (z.B. Bauunternehmer, Immobilienmakler als Einzelunternehmer oder Personengesellschaft), die Kapitalgesellschaften unabhängig von der Art ihrer Tätigkeit (z.B. Vermietungsunternehmen in der Rechtsform der GmbH oder AG) sowie die Erwerbs- und Wirtschaftsgenossenschaften (z.B. Wohnungsgenossenschaften).

Gewerbetreibende erhalten ab dem Jahr 2008 eine Ermäßigung der Einkommensteuer in Höhe des 3,8fachen des für das Unternehmen festgesetzten Gewerbesteuermessbetrages (§ 35 EStG). Allerdings ist seit dem Jahr 2008 die Gewerbesteuer nicht mehr als Betriebsausgabe abziehbar (§ 4 Abs. 5b EStG).

Ebenfalls seit 2008 ist die Ermittlung der Gewerbesteuer i.w. unabhängig von der Rechtsform des gewerblichen Unternehmens geregelt. Ausgangsgröße ist der Gewinn aus Gewerbebetrieb, der nach den Vorschriften des EStG bzw. des KStG ermittelt wird. Dieser Gewinn wird durch Hinzurechnungen bzw. Kürzungen modifiziert. Von diesem Gewerbeertrag wird bei Einzelunternehmen bzw. Personengesellschaften ein Freibetrag i.H.v. 24 500 € abgezogen, der einen Ausgleich dafür schafft, dass bei Kapitalgesellschaften Geschäftsführergehälter Betriebsausgaben darstellen, während bei Personenunternehmen die Entlohnung des geschäftsführenden Gesellschafters den Gewinn nicht mindern darf. Auf den verbleibenden Betrag wird eine Steuermesszahl i.H.v. 3,5 % angewandt; es ergibt sich der Steuermessbetrag. Da die Gewerbesteuer den Gemeinden zufließt, haben diese ein Hebesatzrecht. Die Gemeinde legt einen Prozentsatz fest, mit dem der Steuermessbetrag multipliziert wird. Dieser liegt je nach Gemeindegröße etwa zwischen 300 % und 500 %%; mindestens sind 200 % festzusetzen (§ 16 Abs. 4 GewStG).

Den Algorithmus zur Ermittlung der Gewerbesteuer zeigt die Abbildung 3.21.

Abbildung 3.21: Ermittlung der Gewerbesteuer

Einzelunternehmen / Personengesellschaften	Kapitalgesellschaften
Gewinn aus Gewerbebetrieb (§ 7 GewStG) + Hinzurechnungen (§ 8 GewStG) ./. Kürzungen (§ 9 GewStG) ./. Gewerbeverlust Vorjahre (§ 10a GewStG) = Gewerbeertrag	
./. Freibetrag 24 500 € (§ 11 Abs. 1 Nr. 1 GewStG)	kein Freibetrag
= (ggf. geminderter) Gewerbeertrag x Steuermesszahl 3,5 % (§ 11 Abs. 2 GewStG) = Steuermessbetrag x Hebesatz der Gemeinde (§ 16 GewStG) = Gewerbesteuer	

In Form der Hinzurechnungen und Kürzungen beeinflussen Immobilien im Betriebsvermögen sowie deren Finanzierung oder Vermietung die Höhe der Gewerbesteuer entscheidend. Auf einige von ihnen soll im Folgenden näher eingegangen werden.

3.7.2 Ausgewählte Hinzurechnungen und Kürzungen beim Gewerbeertrag

3.7.2.1 Hinzurechnungen

Ausgangspunkt der Hinzurechnung ist der Gedanke, dass bestimmte Wirtschaftsgüter (z.B. Darlehen, gemietete oder geleaste Gegenstände) die Ertragskraft des Unternehmens gestärkt haben. Die Schuldzinsen, Mieten oder Leasingraten haben aber als Betriebsausgabe den Gewinn des Unternehmens gemindert. Infolge der Unternehmensteuerreform wurden diese Hinzurechnungsvorschriften ab dem Jahr 2008 neu gefasst.

Dem Gewinn aus Gewerbebetrieb wird u.a. hinzugerechnet (§ 8 Nr. 1 GewStG) ein Viertel:

- aus Entgelten für Schulden,

- 20 % der Miet- und Pachtzinsen einschließlich Leasingraten für die Benutzung von beweglichen Wirtschaftsgütern des Anlagevermögens, die im Eigentum eines anderen stehen,

- 50 % der Miet- und Pachtzinsen einschließlich Leasingraten für die Benutzung der unbeweglichen Wirtschaftsgüter des Anlagevermögens, die im Eigentum eines anderen stehen

soweit die Summe den Betrag von 100 000 € übersteigt.

Beispiel:

Ein Bauunternehmer benötigt ein Darlehen zur Anschaffung von Baumaschinen. Die Bank bewilligt ihm per 01.01.2012 einen Kredit über 1 Mio. € mit einem nominalen Zinssatz von 6 % p.a. und einer Laufzeit von 10 Jahren. Es wird ein Disagio von 2 % einbehalten. Außerdem zahlt er Leasingraten für Kraftfahrzeuge i.H.v. 60 000 €/a. Seinen Gewerbebetrieb führt er auf einem gepachteten Gelände, für das er eine jährliche Pacht i.H.v. 96 000 € entrichtet.

Es ergibt sich folgende Summe der Beträge gem. § 8 Nr. 1 GewStG:

Darlehenszinsen	1 000 000 € x 6 % p.a.	60 000 €
Disagio	1 000 000 € x 2 %	20 000 €
Leasingraten	60 000 € x 20 %	12 000 €
Grundstückspacht	96 000 € x 50 %	48 000 €
		140 000 €

Der Freibetrag von 100 000 € ist um 40 000 € überschritten. Dieser Betrag ist zu 25 %, d.h. i.H.v. 10 000 €, dem Gewerbeertrag hinzuzurechnen.

3.7.2.2 Kürzungen für den Grundbesitz

Grundstücke werden bereits mit der Grundsteuer belastet. Befinden sie sich im Betriebsvermögen eines Gewerbebetriebes, unterliegt dieser außerdem der Gewerbesteuer. Um eine Doppelbesteuerung zu vermeiden, erfolgt daher eine Kürzung vom Gewinn.

Der den Gewerbeertrag mindernde Betrag bemisst sich nach dem Einheitswert der Betriebsgrundstücke. Zu kürzen sind 1,2 % des Einheitswertes des Grundbesitzes, der zum Betriebsvermögen des Unternehmens gehört.

Da die letzte Einheitswertfeststellung des Grundvermögens in den alten Bundesländern per 01.01.1964 und in den neuen Bundesländern per 01.01.1935 erfolgte, sind diese Werte sehr stark veraltet. Für Zwecke der Gewerbesteuer gilt daher

- bei Geltung der Einheitswerte von 1964 ist ein um 40 % erhöhter Einheitswert (§ 121a BewG) bzw.
- bei Geltung der Einheitswerte von 1935 sind für die unterschiedlichen Grundstücksarten verschiedene Multiplikatoren zwischen 100 % und 600 % der Einheitswerte von 1935 (§ 133 BewG) anzusetzen.

Beispiel:

Im Betriebsvermögen eines Unternehmers befindet sich ein Grundstück mit einem 1964 festgestellten Einheitswert von 80 000 €.

Kürzung vom Gewinn aus Gewerbebetrieb

80 000 € x 140 % x 1,2 %   1 344 €

3.8 Immobilien im Erbschaftsteuerrecht

Der Erbschaftsteuer unterliegen u.a. der Erwerb von Todes wegen und Schenkungen unter Lebenden (§ 1 ErbStG). Die geerbten bzw. geschenkten Vermögensgegenstände werden dabei nach den Vorschriften des Bewertungsgesetzes bewertet. Für die Bewertung von Grundstücken zu Zwecken der Erbschaftsteuer gilt seit dem 01.01.1996 die Bewertung mit dem Grundbesitzwert[30]. Im Zuge der Reform des Erbschaftsteuer- und Bewertungsrechts wurde diese Bewertung ab dem Jahr 2009 neu geregelt.

Da im Rahmen dieser sog. Bedarfsbewertung grds. zum gemeinen Wert (Verkehrswert) bewertet werden muss, hat das Vererben bzw. Verschenken von Immobilien

---

30 Vgl. Abschnitt 3.3.2.4 Bewertung von Grundbesitz für Zwecke der Erbschaft- und Schenkungssteuer

Prof. Dr. Claudia Siegert

nunmehr keine Vorteile mehr gegenüber der Zuwendung anderer Vermögensgegenstände wie z. B. Geld oder Wertpapiere.

Der Wert des durch Erbschaft oder Schenkung erworbenen Vermögens wird durch verschiedene Beträge gemindert:

→ **Nachlassverbindlichkeiten** bzw. abzugsfähige Belastungen bei Schenkungen (§ 10 ErbStG), z.B.

- die noch nicht getilgte Restschuld eines Darlehens, die von den Erben oder Beschenkten übernommen werden muss,
- Kosten der Nachlassregelung, Bestattungskosten,
- Notarkosten, Grundbuchgebühren.

→ bei Erbschaften ein Freibetrag für den **Zugewinnausgleich** des Ehegatten (sofern während der Ehe Zugewinngemeinschaft bestand) und **Versorgungsfreibeträge** (§ 5, § 17 ErbStG)

- Der Freibetrag für den Zugewinnausgleich des Ehegatten wird anhand des tatsächlichen Anfangs- und Endvermögens der Ehegatten ermittelt.
- Der Versorgungsfreibetrag für den Ehegatten beträgt 256 000 €; er wird um den Kapitalwert steuerfreier Versorgungsbezüge (z.B. Hinterbliebenenrente) gemindert.
- Die Höhe des Versorgungsfreibetrages für Kinder ist altersabhängig; auch hier erfolgt eine Minderung um den Kapitalwert steuerfreier Hinterbliebenenbezüge (z.B. Waisenrente).

→ **persönliche Freibeträge**, die von der Steuerklasse des Erben/Beschenkten abhängig sind. Diese Freibeträge können bei Schenkungen gezielt ausgenutzt werden, da sie nach Ablauf von zehn Jahren erneut gewährt werden (§ 14 ErbStG). In Folge der Reform des Erbschaftsteuer- und Bewertungsgesetzes und der damit verbundenen höheren Wertansätzen für viele Vermögensgegenstände (insbesondere Grundstücke) wurden auch diese Freibeträge erhöht, damit die Übertragung von durchschnittlichen Vermögen weiterhin von der Erbschaftsteuer befreit bleibt.

Einen Überblick über die Steuerklassen und Freibeträge gibt Abbildung 3.22.

→ weitere **Freibeträge** (§ 13 ErbStG) z. B. für Hausrat und andere private Gegenstände.

→ weitere **Steuerbefreiungen**, durch die vor allem auch die Übertragung von Immobilien (im Inland, einem anderen EU-Staat oder in einem Staat des EWR) begünstigt wird, z. B.

3 Steuerliche Betrachtungen zu Immobilien

- Schenkungen, durch die ein Ehegatte dem anderen das Miteigentum an einem Ein- oder Zweifamilienhaus verschafft, soweit darin eine Wohnung zu eigenen Wohnzwecken genutzt wird (§ 13 Abs. 1 Nr. 4a ErbStG)
- Erwerb von Todes wegen an einem bebauten Grundstück durch den überlebenden Ehegatten bzw. Lebenspartner, soweit der Erblasser darin bis zu seinem Tod eine Wohnung zu eigenen Wohnzwecken genutzt hat und das beim Erwerber unverzüglich zur Selbstnutzung zu eigenen Wohnzwecken bestimmt ist (§ 13 Abs. 1 Nr. 4b ErbStG)

Dies gilt auch, wenn der Erblasser die Wohnung aus zwingenden Gründen (z.B. wegen Alters oder Pflegebedürftigkeit) nicht selbst nutzen konnte. Die Steuerbefreiung entfällt allerdings mit Wirkung für die Vergangenheit, wenn der Erwerber die Wohnung innerhalb von zehn Jahren nicht mehr zu eigenen Wohnzwecken nutzt, es sei denn er ist wiederum aus zwingenden Gründen an der Selbstnutzung gehindert.

Bezüglich der Größe unterliegt das übertragene Grundstück keinerlei Beschränkungen.

- Erwerb von Todes wegen an einem bebauten Grundstück durch die Kinder, soweit der Erblasser darin bis zu seinem Tod eine Wohnung zu eigenen Wohnzwecken genutzt hat und das beim Erwerber unverzüglich zur Selbstnutzung zu eigenen Wohnzwecken bestimmt ist (§ 13 Abs. 1 Nr. 4c ErbStG)

Auch hier gilt die Steuerbefreiung, wenn sowohl der Erblasser als auch der Erbe aus zwingenden Gründen an der Selbstnutzung gehindert waren bzw. sind und auch diese Steuerbefreiung ist an eine zehnjährige Selbstnutzung zu Wohnzwecken gebunden.

Die Steuerbefreiung beschränkt sich hier allerdings auf eine Wohnungsgröße von 200 qm, der Grundbesitzwert des diese Fläche übersteigenden Teils ist zu versteuern (A 4 AEErbSt).

- Der Erwerb von Grundstücken von Todes wegen oder durch Schenkung, wenn das Grundstück nicht zu einem begünstigten Produktivvermögen gehört und zu Wohnzwecken vermietet wird, ist zu 10 % von der Besteuerung befreit (§ 13c ErbStG).

Bezüglich der Steuerbefreiungen ist zu beachten, dass Schulden, die mit steuerfrei übertragenem Vermögen im Zusammenhang sehen, nicht als Nachlassverbindlichkeiten abgezogen werden können (§ 10 Abs. 6 ErbStG).

Diese Steuerbefreiungen sollen im Folgenden an einigen Beispielen dargestellt werden.

Prof. Dr. Claudia Siegert

Beispiel 1:

Herr A erwirbt ein Einfamilienhaus für 500 000 € und lässt es auf den Namen beider Ehepartner ins Grundbuch eintragen.

Die Zuwendung i.H.v. von 250 000 € an Frau A ist steuerfrei gem. § 13 Abs. 1 Nr. 4a ErbStG.

Herr B erwirbt an der Ostsee eine Ferienwohnung für 100 000 € und lässt sie auf den Namen beider Ehepartner eintragen

Die Zuwendung an Frau B ist nicht steuerfrei, da die Ferienwohnung nicht als Familienwohnsitz dient.

Beispiel 2:

Der Steuerpflichtige C verstirbt und hinterlässt seinem Lebenspartner D ein gemischt genutztes Grundstück i.S.d. § 181 Abs. 1 Nr. 5 BewG (zwei Wohnungen und ein Ladenlokal). Der Grundbesitzwert beträgt 750 000 €. Alle drei Einheiten sind gleich groß. Die Dachgeschosswohnung haben beide gemeinsam bewohnt, die andere Wohnung und der Laden sind vermietet. D bleibt weitere 12 Jahre in dieser Wohnung.

Der Erwerb der selbst genutzten Wohnung i.H.v. 250 000 € ist steuerfrei gem. § 13 Abs. 1 Nr. 4b ErbStG, da alle Voraussetzungen erfüllt sind.
Den Erwerb der anderen Wohnung und des Ladenlokals (500 000 €) muss D versteuern, für die vermietete Wohnung kommt die Steuerbefreiung gem. § 13c ErbStG i.H.v. 10 % (25 000 €) in Betracht.

Beispiel 3:

Der Steuerpflichtige E lebte wegen einer Erkrankung im Pflegeheim. Nach seinem Tod erhält die Ehefrau F das gemeinsam bewohnte Einfamilienhaus mit 300 qm Wohnfläche (Variante: 180 qm) und 600 qm Grundstück (Grundbesitzwert 900 000 €). Auf dem Grundstück lastet eine Grundschuld i.H.v. 60 000 €.

Fünf Jahre später stirbt F und hinterlässt das Haus ihrem Sohn G. Zu diesem Zeitpunkt ist das Grundstück noch mit einer Schuld i.H.v. 50 000 € belastet.

Der Erwerb des Hauses durch F ist steuerfrei gem. § 13 Abs. 1 Nr. 4b ErbStG. Es ist unschädlich dass E das Haus zum Zeitpunkt seines Todes nicht selbst genutzt hat, da dies aus zwingenden Gründen (Pflegebedürftigkeit) geschah. Die Grundschuld i.H.v. 60 000 € kann nicht als Nachlassverbindlichkeit abgezogen werden (§ 10 Abs. 6 ErbStG).

Der Erwerb des Hauses durch G ist nicht insgesamt steuerfrei gem. § 13 Abs. 1 Nr. 4c ErbStG, da die Wohnfläche mehr als 200 qm beträgt. Der Erwerb ist zu 2/3 des Grundbesitzwertes (600 000 €) steuerfrei. Die Grundschuld kann i.H.v. 33 333 € (2/3 v. 50 000 €) als Nachlassverbindlichkeit abgezogen werden

Variante (Wohnfläche 180 qm)

Der Erwerb durch G ist insgesamt steuerfrei gem. § 13 Abs. 1 Nr. 4c ErbStG, da die maximale Wohnfläche nicht überschritten ist. Die Grundschuld kann nicht als Nachlassverbindlichkeit abgezogen werden.

Es ist in beiden Fällen unschädlich, dass F das Haus nicht mindestens 10 Jahre bewohnt hat, da für die kürzere Nutzung ein zwingender Grund besteht.

Beispiel 4:

Der Steuerpflichtige H verstirbt und hinterlässt seiner Tochter I seine selbstgenutzte Eigentumswohnung (100 qm, Wert 300 000 €) sowie ein Wertpapierdepot, das ebenfalls einen Wert von 300 000 € hat. Im Testament hat er als Vermächtnis bestimmt, dass seine Tochter die Wohnung an seine langjährige Krankenpflegerin J übertragen muss.

Da I die Wohnung nicht selbst nutzt, sondern sie infolge des Vermächtnisses an J herausgeben muss, kann sie die Steuerbefreiung nicht in Anspruch nehmen (§ 13 Abs. 1 Nr. 4c Satz 2 ErbStG).

J kann für die Wohnung keine Steuerbefreiung in Anspruch nehmen, da sie nicht zu den begünstigten Erwerbern gehört.

Verbleibt nach Abzug der Steuerbefreiungen ein steuerpflichtiger Erwerb, wird dieser der Erbschaftsteuer unterworfen. Der Tarif der Erbschaftsteuer ist ein progressiver Stufentarif (Abbildung 3.22). Beim Überschreiten der jeweiligen Vermögensgrenze um nur 1 € gilt grds. ein höherer Steuersatz. Für solche Fälle gelten jedoch Regelungen für einen Härteausgleich (§ 19 Abs. 3 ErbStG).

Abbildung 3.22: Steuerklassen und Freibeträge in der Erbschaftsteuer (§§ 15, 16 ErbStG)

Steuer-klasse	Verwandtschaftsverhältnis (aus der Sicht des Erblassers/Schenkers)	Freibetrag
I	→ Ehegatte, Partner einer eingetragenen Lebenspartnerschaft	500 000 €
	→ Kinder	400 000 €
	→ Enkel	200 000 €
	→ Enkel sind Kinder bereits verstorbener Kinder	400 000 €
	→ Urenkel	100 000 €
	→ Eltern, Großeltern (nur bei Erwerb von Todes wegen)	100 000 €
II	→ Eltern, Großeltern (nur bei Schenkung)	20 000 €
	→ Geschwister	
	→ Abkömmlinge ersten Grades von Geschwistern (Nichten, Neffen)	
	→ Schwiegerkinder, Schwiegereltern	
III	→ alle übrigen Erwerber, z.B. Lebensgefährte, Verlobte	20 000 €

Besteuert wird immer der Erwerb, der dem Erben gemäß gesetzlicher Erbfolge oder Testament zusteht. Wie die tatsächliche Nachlassverteilung erfolgt, ist für die Besteuerung ohne Belang.

Abbildung 3.23: Steuersätze in der Erbschaftsteuer ab 2010 (§ 19 ErbStG)

Wert des steuerpflichtigen Erwerbs bis einschließlich ... €	Prozentsatz in der Steuerklasse		
	I	II	III
75 000	7	15	30
300 000	11	20	30
600 000	15	25	30
6 000 000	19	30	30
13 000 000	23	35	50
26 000 000	27	40	50
darüber	30	43	50

3 Steuerliche Betrachtungen zu Immobilien

zusammenfassendes Beispiel:

Der Steuerpflichtige vererbt im Jahr 2012 seinen gesamten Besitz zu gleichen Teilen an seine beiden erwachsenen Kinder. Das Vermögen umfasst ein Grundstück (Grundbesitzwert 1 000 000 €), Wertpapiere (Kurswert 250 000 €), Hausrat im Wert von 50 000 € sowie den Familienschmuck im Wert von 25 000 €.

jedes der Kinder erhält Vermögen im Steuerwert von:	662 500 €
(500 000 € + 125 000 € + 25 000 € + 12 500 €)	
davon sind abzugsfähig	
Pauschalbetrag für Bestattungskosten (jeweils zur Hälfte)	./. 5 150 €
Freibetrag für Hausrat	./. 25 000 €
(41 000 €, maximal anteiliger Wert des geerbten Hausrats)	
Freibetrag für sonstige Gegenstände, z.B. Schmuck	./. 12 000 €
(12 000 €, maximal anteiliger Wert des geerbten Gegenstandes)	
<u>persönlicher Freibetrag</u>	<u>./. 400 000 €</u>
= steuerpflichtiger Erwerb	220 350 €
abgerundet auf volle 100 € (§ 10 Abs. 1 Satz 6 ErbStG)	220 300 €
in der Steuerklasse I zahlt jedes der Kinder (Steuersatz 11%)	24 233 €

Prof. Dr. Claudia Siegert

3.9 Literaturverzeichnis

Anwendungsschreiben zu § 15b EStG vom 17.07.2007, BStBl. I, S. 542

Gleich lautende Erlasse der obersten Finanzbehörden der Länder vom 17.06.2011 Vorläufige Festsetzung der Grunderwerbsteuer, vorläufige Feststellung nach § 17 Abs. 2 und 3 GrEStG und vorläufige Feststellung von Grundbesitzwerten

Gleich lautende Erlasse der obersten Finanzbehörden der Länder vom 19.04.2012 Vorläufige Einheitswertfeststellung und vorläufige Feststellungen des Grundsteuermessbetrags

Erlass zur Umsetzung des Gesetzes zur Reform des Erbschaftsteuer- und Bewertungsrechts; Anwendung der geänderten Vorschriften des Erbschaftsteuer- und Schenkungsteuergesetzes (AEErbSt) vom 25.06.2009, BStBl. I S. 713

Erlass zur Umsetzung des Gesetzes zur Reform des Erbschaftsteuer- und Bewertungsrechts; Bewertung des Grundvermögens nach dem Sechsten Abschnitt des Zweiten Teils des Bewertungsgesetzes (AEBewGrV) vom 05.05.2009, BStBl. I S. 590

Schreiben betr. Abgrenzung von Anschaffungskosten, Herstellungskosten und Erhaltungsaufwendungen bei der Instandsetzung und Modernisierung von Gebäuden ... vom 18.07.2003, BStBl. I S. 386

Schreiben betr. einkommensteuerliche Behandlung von Gesamtobjekten, von vergleichbaren Modellen ... (geschlossene Fonds) vom 20.10.2003, BStBl. I S. 546

Schreiben betr. Abgrenzung zwischen privater Vermögensverwaltung und gewerblichem Grundstückshandel vom 26.03.2004, BStBl. I S. 434

Schreiben betr. Schuldzinsen bei einem Darlehen ... vom 16.04.2004, BStBl. I, S. 464

Schreiben betr. Einkunftserzielungsabsicht bei den Einkünften aus Vermietung und Verpachtung vom 08.10.2004, BStBl. I S. 933

Schreiben betr. Bemessungsgrundlage bei sonstigen Leistungen i.S. des § 3 Abs. 9a Nr. 1 und 2 UStG vom 30.04.2004, BStBl. I S. 468

Bartlsperger, St. u.a.: Geschlossene Immobilienfonds, 5. Auflage, Schäffer-Poeschel Verlag, Stuttgart 2007

Birle, J. P. u.a.: Haus- und Grundbesitz in der Besteuerung, Loseblattausgabe, NWB Verlag, Herne 2011

Brunner, M.: Kapitalanlage mit Immobilien, Verlag Springer Gabler, Wiesbaden 2010

Eisele, D.: Erbschaftsteuerreform 2009, 2. Auflage, NWB Verlag, Herne 2009

Gürsching, L.; Stenger, A.: Bewertungsrecht – BewG / ErbStG, Kommentar, Loseblattausgabe, Verlag Dr. Otto Schmidt Köln 2012

Harenberg, F., Zöller, St.: Abgeltungsteuer 2011, 3. Auflage, NWB Verlag, Herne 2012

Horschitz, H.; Groß, W.; Schnur, P.: Bewertungsrecht, Erbschaftsteuer, Grundsteuer, 17. Auflage, Schäffer-Poeschel Verlag, Stuttgart 2010

Kapp, R., Ebeling, J.: Erbschaftsteuer- und Schenkungsteuergesetz, Kommentar, Loseblattausgabe, Verlag Dr. Otto Schmidt, Köln 2012

Kaligin, Th.: Aktuelle Immobilienbesteuerung 2010, Praktikerkommentar zu §§ 7h, 7i, 15a und 15b EStG, Verlag Boorberg, Stuttgart 2010

Kurz, D.: Umsatzsteuer, 16. Auflage, Schäffer-Poeschel Verlag, Stuttgart 2012

Lindauer, J.: Immobilien und Steuern, Kompakte Darstellung für die Praxis, Verlag Springer Gabler, Wiesbaden 2010

Märkle, R.: Anschaffungs-, Herstellungs- und Erhaltungskosten bei Gebäuden, 8. Auflage, Verlag Boorberg Stuttgart 2011

Meyer, B.; Ball, J.: Umsatzsteuer und Immobilien, 2. Auflage, Erich Schmidt Verlag, Berlin 2011

Meyer, B.; Ball, J.: Übertragung von Immobilien im Steuerrecht, Erich Schmidt Verlag, Berlin 2011

Sauer, O.; Ritzer, H.; Schuhmann, H.: Handbuch Immobilienbesteuerung – Betriebs- und Privatvermögen, Loseblattausgabe, Verlag Dr. Otto Schmidt, Köln 2012

Schreiber, K. (Hrsg.): Immobilienrecht. Handbuch, 3. Auflage, Erich Schmidt Verlag, Berlin 2011

Söffing, M., Thonemann, S.: Gewerblicher Grundstückshandel und private Veräußerungsgeschäfte mit Grundstücken, 3. Auflage, NWB Verlag, Herne 2011

von Cölln, H.-H.: Brennpunkte der Umsatzsteuer bei Immobilien, HDS-Verlag, Weil 2012

Zenthöfer, W.: Einkommensteuer, 11. Auflage, Schäffer-Poeschel Verlag, Stuttgart 2012

Viertes Kapitel

Immobilienmarketing

Prof. Dr. Susanne Ertle-Straub

4 Immobilienmarketing

4.1 Grundlagen des Immobilienmarketing 401
    4.1.1 Immobilienmarketing als ganzheitlicher Ansatz 401
    4.1.2 Kundenorientierung als Leitmaxime des Immobilienmarketing 404
4.2 Marketingplanung 405
    4.2.1 Strategisches Marketing 406
    4.2.2 Exkurs: Corporate Identity 407
    4.2.3 Operatives Immobilienmarketing 408
4.3 Immobilienresearch - Die Informationsfunktion des Immobilienmarketing 408
    4.3.1 Grundlagen des Informationsmanagements 408
    4.3.2 Instrumente des Immobilienresearch 408
        4.3.2.1 Basisanalysen 409
        4.3.2.2 Spezialanalysen 414
4.4 Instrumente des Immobilienmarketing 415
    4.4.1 Produktpolitik 415
        4.4.1.1 Grundlagen 415
        4.4.1.2 Der Produktentwicklungsprozess/Projektentwicklung 415
        4.4.1.3 Mittel der Produktgestaltung 417
        4.4.1.4 Produktalternativen 418
    4.4.2 Kontrahierungspolitik 419
        4.4.2.1 Preispolitiken 419
        4.4.2.2 Konditionenpolitik 423
    4.4.3 Distributionspolitik 424
    4.4.4 Kommunikationspolitik 425
        4.4.4.1 Grundlagen der Kommunikationspolitik 425
        4.4.4.2 Instrumente der Kommunikationspolitik 425
    4.4.5 Exkurs: Social Media 429
4.5 Marketing-Mix 430
4.6 Literaturverzeichnis 432

4.1 Grundlagen des Immobilienmarketing

4.1.1 Immobilienmarketing als ganzheitlicher Ansatz

In der Betriebswirtschaftslehre hat sich die Gliederung nach Institutionen (Branchen) und Funktionen wie Beschaffung, Logistik, Personal, Absatz etc. etabliert. Der „Absatz" wurde nach dem Verständnis einiger Autoren (Wöhe, Gutenberg) als letzte Phase im Prozess der betrieblichen Leistungserstellung verstanden. Diese Produktionsorientierung hat sich durch geänderte Markt- und Umweltbedingungen in eine Marketingorientierung verwandelt. Entsprechend groß ist die Vielfalt an Definitionen des Marketing, die sich in zahlreichen Marketingbüchern wiederfinden. Der Schwerpunkt der Marketingliteratur konzentriert sich auf das Konsumgüter- bzw. Investitionsgütermarketing.

Immobilienmarketing hat sich in Deutschland erst vor ca. 30 Jahren (um 1980) entwickelt. Vor dem Hintergrund der historischen Entwicklung von Immobilienmärkten in der Nachkriegszeit, mit Knappheit in allen Segmenten, ist dies verständlich; galt es Immobilien und deren Flächen lediglich zu verteilen.

In den *Anfängen* des Immobilienmarketing wurden dessen Funktionen mit denen der Werbung oder des Verkaufs gleichgesetzt. Tatsächlich versuchten die Anbieter von Immobilien die Wandlung vom Verkäufer- zum Käufermarkt durch Erhöhung der Werbebudgets und sogenanntes „hard-selling" zu begegnen. Hochglanzprospekte und einschlägige Schulungen der Immobilienverkäufer kennzeichneten diese Phase der Entwicklung des Immobilienmarketing.

Die *zweite Phase* der Entwicklung des Immobilienmarketing ist die Ausrichtung auf den betrieblichen Engpassfaktor „Grundstücksbeschaffung". Die Aktivitäten von Immobilienunternehmen konzentrierten sich auf die Grundstücksbeschaffung. Die Nachfrage nach Flächen war weniger das Problem als der Erwerb attraktiver Standorte. Diese Entwicklungsstufe des Immobilienmarketing kennzeichnete die Dominanz der Technik über die Ökonomie. Die Projektbeteiligten konzentrierten sich auf das Bauwerk und seine Optimierung.

Eine *dritte Phase* lässt sich mit der organisatorischen Implementierung von Marketingverantwortlichen in Immobilienunternehmen beschreiben. In der Aufbau- und Ablauforganisation gab es zumindest in größeren Unternehmen und bei institutionellen Investoren die Funktionsbezeichnung „Marketing". Der/die Marketingverantwortliche war in die Entscheidungsprozesse beim Ankauf von Objekten oder der Entwicklung von Projekten eingebunden.

Prof. Dr. Susanne Ertle-Straub

In etwa zeitgleich entwickelte sich das Immobilienresearch – die Informationsfunktion des Marketing. In die Wirtschaftlichkeits-und Rentabilitätsberechnungen von Immobilien wurden „Marketing-Etas" eingestellt - ein Novum bis dahin.

Die Bedeutung des Immobilienmarketing hat sich mit der Wandlung des betrieblichen Engpassfaktors - dem Verkauf oder der Vermietung von Immobilien als Problemfeld - geändert.

Diese *vierte Phase* des Immobilienmarketing geht einher mit der Publikation von Literatur über Immobilienmarketing und der wissenschaftlichen Auseinandersetzung mit den vielfältigen Themenfeldern rund um das Immobilienmarketing.

Die *aktuelle Phase* wird von der Autorin als die *„entscheidungs- und verhaltenswissenschaftliche"* Phase des Immobilienmarketing bezeichnet. Die wissenschaftliche Auseinandersetzung mit dem Transaktionsprozess zwischen Immobilien-Anbieter und -Nachfrager und ihrem wechselseitigen Entscheidungsverhalten entlang der Wertschöpfungskette stehen im Mittelpunkt des Forschungsinteresses.[1] Die Immobilie wird in diesem Konzept als ein Bündel von Produkteigenschaften (sog. Stimuli) verstanden. Zielsetzung dieses Beitrages ist es mittels unterschiedlicher Methoden darzulegen, wie die Entscheidung eine Immobilie zu mieten oder zu kaufen zustande kommt.[2]

Aktuell gewinnt im Immobilienmarketing der Begriff des *„Business Development"* an Bedeutung. Auch hierzu gibt es keine allgemeinverbindliche Definition. Teilweise wird er synonym für Marketing verwendet, teilweise handelt es sich um die spezielle Aufgabe *Geschäftsfelder* und Dienstleistungen neu zu entwickeln, auszubauen oder weiterzuentwickeln.[3] In dieser Phase existieren beide Bereiche parallel zueinander.

Diese *aktuelle Phase* des Immobilienmarketing findet eine Erweiterung um den Begriff des Customer Relationship Management (CRM). Das CRM ist ein Ansatz zur Gestaltung von Kundenbeziehungen.[4] Die enge Sichtweise des CRM beschränkt sich auf die informationstechnologische Bearbeitung von Kundendaten und deren Abbildung in Kommunikationsprozessen. Die weite Sichtweise integriert das CRM in ein Marketingkonzept zur langfristigen Gestaltung der Anbieter-Nachfrager-Beziehung.[5]

Die Gestaltung der Kundenbeziehungen und deren Profitabilität wird, in reifen Märkten mit begrenztem Wachstum und Sättigungstendenzen, vor allem vor dem Hintergrund

---

1 Vgl. Ertle-Straub, S.: Bürobeschäftigte und Büroflächenbestände in Deutschland, S. 89-91

2 Vgl. Ertle-Sraub, S.: Standortanalyse für Büroimmobilien und vgl. Brade, K.

3 Vgl. Wehmeier, V. : S. 12 ff.

4 Vgl. Sperl, F..: S. 41.

5 Vgl. Mattmüller, R.: S. 58 f.

der demografischen Entwicklung in Deutschland wettbewerbsentscheidend sein. So versprechen sich Anbieter eine bessere Mieterbindung, Reduzierung der Betriebskosten und Steigerung des Marktwertes einer Immobilie durch Nachhaltigkeitsbestrebungen. Dies ist jedoch ein eigenständiges Kapitel, dessen empirische Beweislage noch weiterer Untersuchungen bedarf.

Die folgenden Punkte sind Definitionsansätze, die der Komplexität des Produktes „Immobilie" (Standortgebundenheit, Heterogenität, begrenzte Substituierbarkeit, Dauer des Produktentwicklungsprozesses/Projektentwicklung, Länge des Lebenszyklus, hohe Investitionsvolumina und Transaktionskosten) und deren Umwelt bzw. Verflechtungsbereichen gerecht werden. Demnach wird als Immobilienmarketing in diesem Beitrag verstanden:

- Eine unternehmerische Grundhaltung, die ein Immobilienunternehmen aus der Perspektive des Marktes steuert *(Marketing als Führungsphilosophie)*.

- Diese Steuerung erfolgt auf Basis einer *systematischen und zielorientierten Informationsbasis* unter Einbezug des aktuellen Standes der Forschung.

- Die Gesamtheit aller systematischen und zielgerichteten *Maßnahmen*, die den *Austauschprozess* zwischen Anbietern und Nachfragern unter Berücksichtigung der individuellen und organisationalen Ziele zur Gestaltung der Anbieter-/Nachfrager-Beziehung optimal erfüllen.[6]

- Ist eine integrativ-prozessuale Betrachtung, die alle internen und externen Beziehungen berücksichtig. Auf der Basis von individuellen Analysen erfolgt die Steuerung vom jeweiligen Markt aus. Dabei stehen die vielfältigen Wechselbeziehungen im Mittelpunkt der Betrachtung. Der Integrationsgedanke zielt auf die Berücksichtigung aller Zielgruppen, Geschäftsfelder, Wettbewerber, Immobilien-Anbieter und -Nachfrager, Wirtschaftsunternehmen, Mitarbeiter, Öffentlichkeit und schließlich der Integration des aktuellen Wissensstandes und der Methodenkompetenz rund um die Immobilienökonomie.[7]

- Ein dynamischer Prozess, der eine flexible Steuerung aller operativen und strategischen Instrumente zulässt.

Die Komplexität des Produktes und Wirtschaftsgutes „Immobilie" und der jeweiligen Absatzmärkte erfordern Immobilienmarketing entlang des gesamten Produktlebenszyklusses.[8] Marketing umfasst dabei sowohl die Anpassung an Marktbedingungen als auch die Beeinflussung derselben. Beides geschieht auf der Basis von Informationen.

---

6 Vgl.. Brade, K.; Bobber, M..; Schmitt, A.: S. 713
7 Vgl. Mattmüller, R.: S. 44 f.
8 Vgl. Kapitel 8 Immobilienprojektentwicklung.

Prof. Dr. Susanne Ertle-Straub

4.1.2 Kundenorientierung als Leitmaxime des Immobilienmarketing

Der integrativ-prozessuale Marketingansatz stellt die Anbieter-Kundenbeziehung in den Mittelpunkt des Transaktionsprozesses. Studien aus dem Konsumgüterbereich belegen, dass die Neukundengewinnung teurer ist als die Pflege des Stammes an Bestandskunden. Kundenzufriedenheit ist die Voraussetzung für Kundenbindung.

Ein Beispiel soll diesen Prozess erläutern. Ein Mietinteressent für eine Wohnung nimmt bei einer Besichtigung in seiner subjektiven Wahrnehmung eine Bewertung aller in Verbindung mit der Mieteinheit/ dem Mietobjekt angepriesenen Eigenschaften vor (IST-Leistung) und vergleicht diese mit der Erwartung (SOLL-Leistung) vor dem Hintergrund seiner individuellen Nutzenstiftung (Prestige, preisgünstig, Nähe zum Arbeitsort etc.). Entspricht die wahrgenommene Produktleistung der Wohnung oder wird diese sogar übertroffen, tritt Kundenzufriedenheit ein.[9]

Abbildung 4.1: Kundenkontaktkreislauf

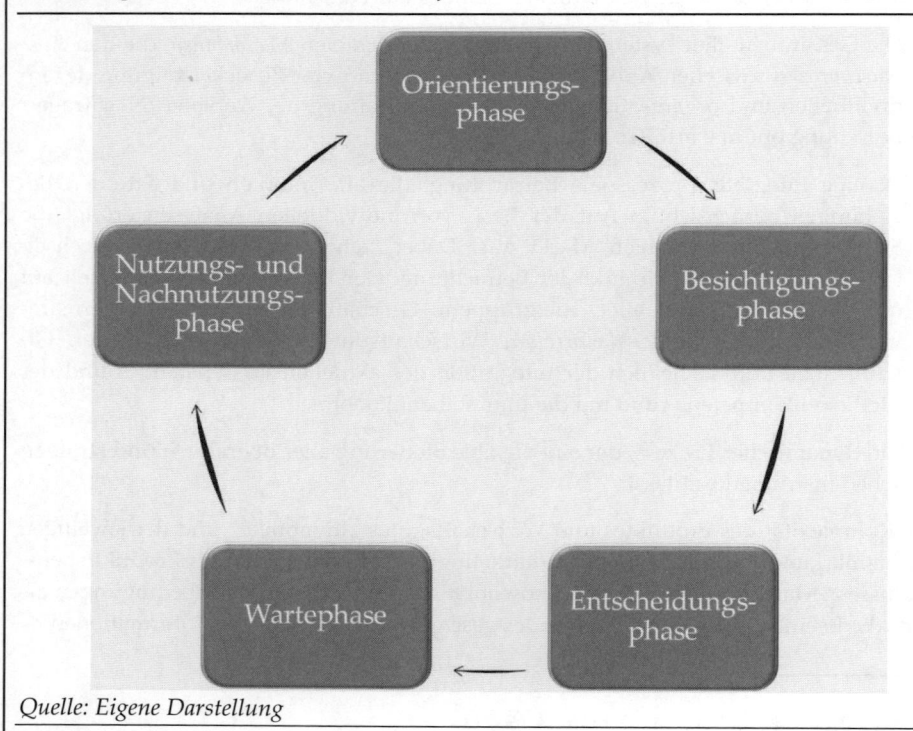

Quelle: Eigene Darstellung

---

[9] Vgl. Sperl, F.: S..65

Diese wiederum ist eine Voraussetzung für die Kundenbindung. Wird ein Mieter bei einer Veränderung seiner persönlichen Lebensumstände neuen Wohnraum suchen, wird er bei Zufriedenheit mit den derzeitigen Dienstleistungen und dem aktuellen Wohnraumangebot bei einem Wohnungswechsel eher geneigt sein, diesen beim gleichen Eigentümer zu vollziehen. Zwar gibt es äußere Zwänge durch Mietvertragslaufzeiten. Die Suche nach alternativen Räumlichkeiten wird bei Unzufriedenheit mit den Bestandsflächen jedoch intensiviert.

Wichtig ist eine aktive Gestaltung der Beziehung zwischen Flächenanbieter und Nachfrager. Dazu gehört auch ein professionelles Beschwerdemanagement. In Marktgebieten mit geringen Leerstandsquoten gibt es bislang noch wenig äußeren Druck ein aktives *Beschwerdemanagement* einzuführen. Diese Sichtweise ist jedoch kurzfristig orientiert. Zum einen wirkt ein unzufriedener Mieter als Multiplikator und zum anderen verursacht dies hohe Mieterwechselkosten. Beschwerdemanagement kann bspw. nutzbringend für die Produktentwicklung eingesetzt werden.

Den Mitarbeitern von Immobilienunternehmen kommt, als Schnittstelle zwischen Eigentümern und Mietern, eine nicht zu unterschätzende Bedeutung zu. Bei großen Bestandshaltern ist seit einigen Jahren der Trend zum Outsourcing von Property und Facilities Management etc. zu beobachten. Verursacher dieser Entwicklung ist einerseits der enorme Kostendruck und dessen Auswirkungen auf die Rendite der Bestände andererseits. Die Kundenbeziehung zwischen Mitarbeiter und Mieter wird dabei vernachlässigt – zu Lasten der Kundenbindung. In den komplexen Prozess der Marketingaktivitäten sind auch die Mitarbeiter als eigenständige Zielgruppe einzubinden. Die Ausführungen zur Kundenbindung gelten analog auch für die Mitarbeiterbindung.

4.2 Marketingplanung

Der Marketingplanung kommt in Anbetracht der zuvor erläuterten Besonderheiten von Immobilien,[10] der Komplexität von vorgelagerten und nachgelagerten Teilmärkten, der Umweltbedingungen (rechtliche, ökonomische, ökologische, infrastrukturelle, soziodemografische usw.) eine wichtige Bedeutung zu. Der Prozess der Marketingplanung umfasst die Situationsanalyse, die Ziel- und Strategieplanung sowie die Maßnahmenplanung.

In Abhängigkeit von der Dauer der Wirkungsweise lässt sich strategisches von operativem Immobilienmarketing unterscheiden.

---

10 Vgl. Kapitel 8 Immobilienprojektentwicklung.

Prof. Dr. Susanne Ertle-Straub

4.2.1 Strategisches Marketing

Auf Basis systematischer Analysen und Prognosen werden Strategien zukunftsgestaltend entwickelt. Diese sind langfristig konsistente Grundsätze zur Gewinnung von Wettbewerbsvorteilen.

Die Grundlage für erfolgreiche Marketingstrategien ist eine Unternehmensvision sowie eine *Unternehmensphilosophie*, die bei vielen Immobilienunternehmen in *Leitbildern* dokumentiert wird. Die unterschiedlichen Bezugsebenen solcher Leitbilder beziehen sich auf:

- Das Verhältnis eines Unternehmens zur „Makroebene" - d.h. die Beziehung zur Wirtschaftsordnung, soziale Verantwortung, die Einbindung in die Gesellschaft.
- Die „Mesoebene" beschreibt den Umgang mit Mitarbeitern, Gewerkschaften, Umwelt.
- Die „Mikroebene" bezieht sich auf das individuelle Handeln, z.B. den Umgang mit Bestechungsversuchen.

Die Analyse dieser Leitbilder verschiedener Unternehmen der Immobilienbranche zeigt eine große Bandbreite in der strategischen Ausrichtung. „Nachhaltigkeit" als Leitmaxime der strategischen Ausrichtung von Bauunternehmen/ Projektentwickler kann sich beispielsweise in der Wahl der Baumaterialen, der Standortwahl bei innerstädtischen Shopping Centern, in der Entwicklung von Immobilien mit geringem Energieverbrauch, in der Zertifizierung z.B. nach DGNB oder LEED[11], in der nachhaltigen Renditeorientierung oder in den Grundsatzentscheidungen über die Art der Tätigkeiten im Immobilienbereich (z.B. keine Geschäfte mit Etablissements) ausdrücken.

Strategisches Marketing konzentriert sich auf die Bündelung der Ressourcen auf zukunftsfähige Geschäftsfelder. Welche dies sind, hängt von der einzelnen unternehmerischen Tätigkeit ab. Diese zu identifizieren ist Aufgabe der Marktforschung.

Kennzeichnend für strategisches Marketing ist das **„Primat des Marktes"**. D.h. alle unternehmerischen Bereiche haben sich dem Marketing „unterzuordnen". Dies ist in der Realität, vor allem bei technisch orientierten Unternehmen der Immobilienwirtschaft, nicht immer einfach umzusetzen.

Denkbare Marketing-Strategien sind, in Abhängigkeit von der *Situationsanalyse* des jeweiligen Immobilienunternehmens, mit den Dimensionen Markt, Wettbewerb und eigenes Unternehmen abzugrenzen:

- Marktsegmentierungsstrategien
  (Marktdurchdringung in angestammten Geschäftsfeldern, Zielgruppenselektion, Erschließung neuer Zielgruppen, Auswahl von Zielmärkten bzw. Leadership in Energy and Environmental Design)

---

[11] Deutsche Gesellschaft für nachhaltiges Bauen e.V.

- Wettbewerbsstrategien
  (Kostenvorteilsstrategie, Rentabilitätsstrategie, Qualitätsstrategie etc.)

- Gesamtunternehmensstrategien
  (Expansionsstrategie, Konsolidierungsstrategie, Optimierungsstrategie).

Die Basis aller Strategien bilden strategische Analysen.

4.2.2 Exkurs: Corporate Identity

Corporate Identity (CI) ist ein „einheitlicher Rahmen" des Auftrittes eines Unternehmens nach innen und außen. Corporate Identity lässt sich mit *Unternehmenspersönlichkeit* übersetzen. der CI umfasst:

- Das Unternehmensverhalten als die Summe des Verhaltens der Mitarbeiter (Corporate Behaviour).

- Das Erscheinungsbild (Corporate Design) – Firmengebäude, Logo, Druckartikel, Internetauftritt, Firmenkleidung, Einrichtung

- Die Unternehmenskommunikation (Corporate Communication) - der Art und Weise der Kommunikation nach innen und außen

CI beschreibt das *Selbstbild* eines Unternehmens, welches *strategisch geplant* ist auf Basis eines definierten Soll-Images, festgelegter Unternehmensphilosophie sowie der operativ eingesetzten Selbstdarstellung und Verhaltensweisen nach innen und außen.[12]

Als Folge der CI entwickelt sich ein Corporate Image – ein *„Fremdbild"* bei Zielgruppen, Kunden, Wettbewerbern, der Öffentlichkeit - kurz allen Kontakten.

Vorteile von CI:

- Profilierung eines Unternehmens gegenüber Mitarbeitern und der gesamten Umwelt.

- Abgrenzung zu Wettbewerbern.

- Wiedererkennung von Produkten, Dienstleistungen, des Unternehmens als Ganzes, seiner Mitarbeiter und der Unternehmensbotschaften.

- Stärkung des „Wir-Bewusstseins" innerhalb des Unternehmens.

- Förderung von Vertrauen der Kapitalgeber, Subunternehmer, Kunden etc.

- Einheitliches Führungsverhalten.

- Leistungssteigerungspotenzial.

---

[12] Vgl. Brikigt, K.; Stadler,M.; Funk,H.

Zielsetzung der CI ist die Erlangung der Miet-und Kaufpräferenz bei den angestrebten Zielgruppen zur Erringung von Wettbewerbsvorteilen.

4.2.3 Operatives Immobilienmarketing

Das operative Immobilienmarketing beschäftigt sich mit Fragestellungen, **wie** die Marketingstrategien umgesetzt werden können. Während Marktingstrategien eher die langfristigen Ziele verfolgen, richtet sich das operative Immobilienmarketing an die kurz- bis mittelfristig umzusetzenden Maßnahmen und an den Einsatz des gesamten marketingpolitischen Instrumentariums.

4.3 Immobilienresearch - Die Informationsfunktion des Immobilienmarketing

4.3.1 Grundlagen des Informationsmanagements

Immobilienresearch ist die systematische und zielorientierte Erfassung und Untersuchung der Immobilienteilmärkte mit Hilfe wissenschaftlicher Erhebungsmethoden. Zielsetzung ist die Schaffung von Transparenz als Basis von immobilienwirtschaftlichen Entscheidungen, um Chancen und Risiken zu identifizieren, zu analysieren und zu bewerten.

Die Methoden der Datenerhebung, Primär-bzw. Sekundärforschung werden in Kapitel 8 beschrieben. Ebenso die Quellen der Datenerhebung.

4.3.2 Instrumente des Immobilienresearch

Die Auswahl der geeigneten Analyse hängt vom Untersuchungsgegenstand und dem damit verbundenen Ziel ab.

Nachfolgende Abbildung gibt einen Überblick über die gängigen Immobilienanalysen.

Dabei wird zwischen Basisanalysen und Spezialanalysen unterschieden.

Abbildung 4.2: Immobilienanalysen

Basisanalysen	Spezialanalysen
Marktanalyse	Bewertungsanalyse
Standortanalyse	Investitionsanalyse
Gebäudeanalyse	Finanzierungsanalyse
Mietanalyse	

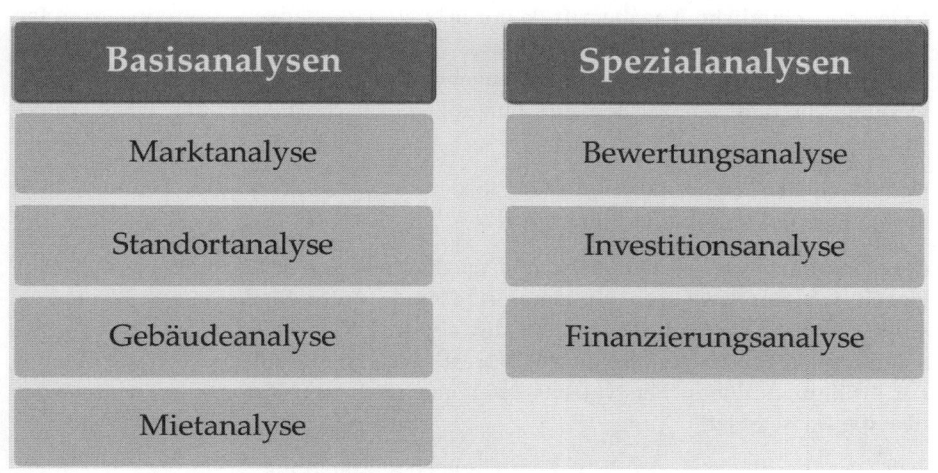

Quelle: Isenhöfer, B.; Väth, A. ;Hofmann, P.: , S. 393

4.3.2.1 Basisanalysen

Häufig wird in der Literatur aber auch umgangssprachlich von STOMA (Standort- und Marktanalyse) gesprochen. Darunter wird „das systematische Sammeln, Gewichten und Auswerten von direkt oder indirekt mit einer Immobilie im Zusammenhang stehenden Informationen verstanden."[13] Zielsetzung ist es, alle für die Beurteilung der Entwicklungsmöglichkeiten einer Immobilie relevanten Rahmenbedingungen aufzeigen sowie perspektivisch zu bewerten. Dabei sind Restriktionen für die Immobilienentwicklung herauszuarbeiten.[14] Im Weiteren werden beide Analysen getrennt betrachtet, um klare Ziele herauszuarbeiten.

Standortanalyse

Die Standortbindung der Immobilie fixiert zugleich das Marktgebiet. Je nach Fachdisziplin werden Standortbegrifflichkeiten uneinheitlich verwendet.[15] Aus der betriebswirtschaftlichen Perspektive eines Bauträgers, Projektentwicklers oder Eigentümers werden die Standortbegriffe wie folgt definiert:

---

[13] Muncke, G.; Dzomba, M.; Walter,M.: S. 136.

[14] Vgl. ebenda.

[15] Vgl. Ertle-Straub, S.: Standortanalyse für Büroimmobilien, S.21 f.

Prof. Dr. Susanne Ertle-Straub

Der **Mikrostandort** ist das eigentumsrechtlich abgegrenzte Grundstück und sein unmittelbares Umfeld.

Lage: der **räumliche Lagebegriff** kennzeichnet die relative Entfernung von Immobilienstandorten zum Stadtkern bzw. zu den wichtigsten Versorgungs- und Infrastruktureinrichtungen. Der **wertende Lagebegriff** kommt hauptsächlich in der Bewertung vor und kennzeichnet die nutzungsspezifische Einordnung eines Grundstückes.

Der **Makrostandort** ist der Großraum in dem sich ein Grundstück befindet sowie dessen Einzugs- bzw. Verflechtungsgebiet.[16]

Die Standortanalyse beurteilt die Standortqualität und den Standortnutzens in Abhängigkeit von der jeweiligen Nutzungsart. Gerade unter Marketinggesichtspunkten kommt es ganz wesentlich auf die Sichtweise des Nutzers an. Nicht die objektive Standortqualität oder der objektive Mietpreis – sondern die subjektive Wahrnehmung zur Erfüllung individueller Nutzenvorstellungen, z.B. von Büromietern, entscheiden über die Anmietung![17]

Den Zusammenhang verdeutlicht die nachfolgende Abbildung.

Abbildung 4.3: Zusammenhang Standortqualität und –nutzen

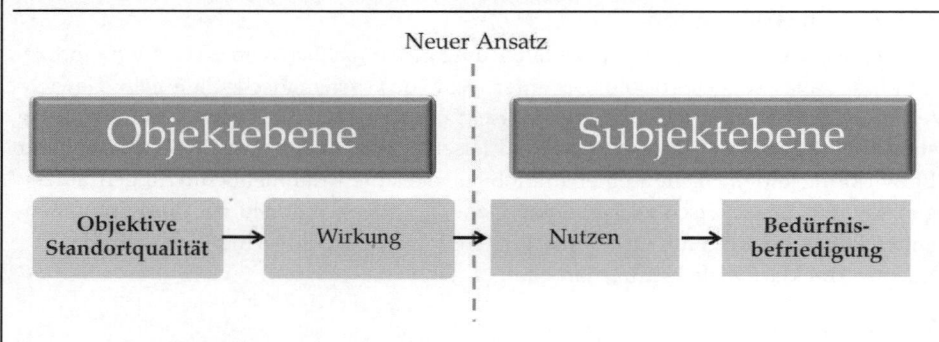

Neuer Ansatz

Objektebene | **Subjektebene**

Objektive Standortqualität → Wirkung → Nutzen → Bedürfnisbefriedigung

Nicht die *objektive Standortqualität* oder der *objektive Mietpreis* sondern die *subjektive Wahrnehmung* zur *Erfüllung individueller Nutzenvorstellungen* der Büromieter entscheiden über die Anmietung

Quelle: Ertle-Straub, Susanne: Standortanalyse für Büroimmobilien, S. 69

---

[16] Vgl. ebenda.

[17] Vgl. Ertle-Straub, S.: Standortanalyse für Büroimmobilien, S. 69 ff.

Die Standortanalyse umfasst dabei sowohl den Makrostandort als auch den Mikrostandort. Durch die Verbindung von Grundstück und aufstehendem Gebäude wird der Standort zu einem Produktbestandteil der Immobilie. Die Standortanalyse auf Mikrostandortebene wird demzufolge zu einem Planungsinstrument der Produktgestaltung. Dies ist ein innovativer Ansatz mit weitreichenden Folgen.[18]

Umgekehrt begrenzt der Makrostandort zugleich das Marktgebiet. Somit könnte die Makrostandortanalyse auch als die qualitative Marktanalyse bezeichnet werden.

Zur Beurteilung werden aus dem Blickwinkel der geplanten Nutzung Standortfaktoren herangezogen. Standortfaktoren sind allgemein als Entscheidungskriterien der Standortwahl zu verstehen. Eine weitere Differenzierung ergibt sich aus den Standortanforderungen (Soll) mit den Standortbedingungen (Ist) auf Makro- bzw. Mikrostandortebene.

In der Literatur findet sich bei Auflistungen von Standortfaktoren eine Untergliederung in harte bzw. weiche Standortfaktoren. Harte Standortfaktoren wie etwa die Grundstücksgröße, das Maß der baulichen Nutzung, Entfernungen zu Versorgungseinrichtungen usw. lassen sich quantifizieren. Ein solche Quantifizierung ist bei weichen Standortfaktoren schwer möglich. Dennoch wirken sich weiche Standortfaktoren, wie z.B. das Image des Umfeldes unmittelbar auf die erzielbare Miete aus. Die Unterteilung in harte und weiche Standortfaktoren ist deshalb nicht mehr zeitgemäß. Wichtiger scheint der Hinweis darauf, dass die *Entscheidungsrelevanz* von Standortfaktoren von der Nutzung abhängt und sich dynamisch verändert (Bsp. Netzgeschwindigkeit als wichtiger Standortfaktor bei Büronutzung).

Standortfaktoren für die unterschiedlichen Nutzungen finden sich auch in Kapitel 8 Immobilienprojektentwicklung.

Weitere Ziele der Standortanalyse, die entweder als separater Standortfaktor untersucht werden bzw. eine eigenständige Methodik erfordern, sind:

- Tragfähigkeit von Projekten/Objekten (Ermittlung des Marktanteils eines Einzelhandelsprojektes aus der Sicht der potenziellen Nachfrage unter Berücksichtigung von Kaufkraft, Bevölkerung im Einzugsgebiet, betriebsnotwendigem Umsatzpotential des Einzelhandelsbetriebes).
- Bestimmung von Einzugsgebieten (Zeit-Distanz-Methode bzw. Gravitationsmodelle zur Ermittlung der Einzugsgebietsbegrenzung für Einzelhandelsimmobilien).
- Identifikation von Markt- bzw. Standortrisiken.

---

[18] Vgl. ebenda.

Traditionelle Methoden der Standortbewertung

Standortfaktoren müssen nach deren Analyse „verdichtet" werden, um zu einer Entscheidung zu gelangen. Quantitative Standortbewertungsmethoden sind diejenigen, die die Standortproblematik auf die monetäre Dimension einschränken. Dazu zählen alle Investitionsrechenverfahren.[19]

Zu den qualitativen Methoden der Standortbewertung zählen:

- Standortklassifikation, aufgrund räumlicher Zuordnung zu einer Lage.
- Analogiemethode (Übertrag von Erfahrungen mit anderen Standorten).
- Stärken-Schwächen-Methode.
- Checklist-Methode.
- Scoring-Methoden (Rangreiheverfahren, Nutzwertanalyse, Real Estate Norm).[20]

Ein *innovativer Ansatz zur Standortbewertung* aus Nutzersicht ist in der Dissertation der Autorin beschrieben. Um eine am Kundennutzen orientierte Produktgestaltung vornehmen zu können, wurde im Rahmen einer empirischen Untersuchung unter Anwendung der Conjoint Analyse die Anmietungspräferenz von Büromietern unter Einbezug des Mietpreises für unterschiedliche Lagen untersucht. Der Beitrag einzelner Standort- und Objektfaktoren auf die Mietpreishöhe lässt sich unter Anwendung eines mathematischen Modells berechnen. Es lässt sich somit die *Gesamtpräferenz* für ein Produkt bzw. der Teilnutzen je Produkteigenschaft berechnen.[21] Diese innovative Form der Standortanalyse ist auf die Messung des Mieterverhaltens unter Berücksichtigung der subjektiven Wahrnehmung fokussiert. Im Ergebnis lässt sich nachweisen, welchen relativen Teilnutzen einzelne Produkteigenschaften stiften bzw. im Kontext mit Mietpreisen und Lagen Kompromisse denkbar sind.

Marktanalyse

Immobilienmärkte lassen sich nach subjektbezogenen (Marktteilnehmer), objektbezogenen (Nutzungsarten) sowie räumlichen Kriterien abgrenzen. Aus dieser Kombination entsteht eine Vielzahl von Teilmärkten, wie diese bereits anderweitig beschrieben sind.

Die Marktanalyse zielt auf die Einschätzung der Angebots- bzw. Nachfragesituation in den unterschiedlichen Teilmärkten bzw. aggregierten Gesamtmärkten ab.

---

[19] Vgl. Ertle - Straub, S: Standortanalyse für Büroimmobilien, S. 157 ff.

[20] Vgl. ebenda für die genauen Beschreibung der Methode zzgl. Beispielen

[21] Vgl. ebenda.

Ziele der quantitativen Marktanalyse:

- Quantitative Aufnahmefähigkeit - *IST-Analyse* der Angebots- bzw. Nachfragesituation auf m²-Basis (Bestandsflächen, Leerstand, Vermietungsleistung p.a., Flächen im Bau und in der Planung, Flächenkennziffern pro Beschäftigten/je Einwohner, Mietpreise, Vervielfältiger, Renditen usw.).
- Bestimmung des Anteils eines Projektes an der Flächenabsorption.
- *Prognosen* der quantitativen Aufnahmefähigkeit für die Teilmärkte (Bürobeschäftigtenentwicklung, Flächenausstattung, Wachstumsraten, Ersatzbedarf bzw. Kaufkraftentwicklung, Bevölkerungsentwicklung, Entwicklung der Flächenproduktivitäten bei Einzelhandelsimmobilien usw.).

Ziele der qualitativen Marktanalyse:

- Welche Flächentypen und Standards werden von welchen Nutzern und welchen Branchen nachgefragt bzw. von welchen Investoren angeboten?
- Welche Mikrostandorte werden präferiert bzw. wie verschieben sich die Präferenzen?
- Identifikation von Marktnischen.

Die *Wettbewerbsanalyse* ist eine spezielle Form der Marktanalyse und ermittelt die relative Marktposition der Immobilie im Vergleich zu Wettbewerbsobjekten. Darüber hinaus gibt es weitere Sonderformen an speziell ausgerichteten Marktanalysen.

Gebäudeanalyse

Die Gebäudeanalyse beschäftigt sich mit dem Projekt/Objekt selbst und umfasst, die Analyse des Nutzungskonzeptes. Vor dem Hintergrund potenzieller Mieter werden Funktionalität, Zuwegung, Ausstattungsstandards, Flexibilität der Mieteinheiten (insbesondere bei Gewerbeimmobilien), Effizienz in der Bewirtschaftung, Flächen, Nutzung, technische Gegebenheiten, Nachnutzungsmöglichkeiten u.s.w. geprüft.

Mietanalysen

Diese dienen der Optimierung des Cash-Flows aus der Immobilie bzw. aus dem Portfolio. Bezugsbasis bei Mietverträgen ist die Mietfläche. Bei Gewerbeimmobilien sind die Vertragsbedingungen frei aushandelbar. Was unter einer „Mietfläche" zu verstehen ist, kann insbesondere bei gemischt-genutzten Immobilien zu Problemen der Abgrenzung führen. Die gif-Richtlinie MF-G hat sich mittlerweile als Anlage zu Gewerberaummietverträgen durchgesetzt und grenzt die exklusiven Mietflächen von gemeinschaftlich genutzten Mietflächen ab.[22]

---

22 Vgl. Gif (Hrsg.): Richtlinie zur Berechnung der Mietfläche von Gewerberäumen- MF-G.

Folgende Punkte sind Gegenstand der Untersuchung:

- Analyse existierender Mietverhältnisse (Mieterbonität, Mietvertragslaufzeit, Entwicklung der Miethöhe, Mietvertragsmodalitäten, Vertragstypen wie Indexmietvertrag, Staffelmietvertrag, Umsatzmietvertrag bei Einzelhandelsimmobilien).
- Mietermix, Branchenmix, Sozialmix bei Wohnungsmietern.
- Betriebskosten zu Vergleichsobjekten.
- Prognose der Performance-Erwartungen auf Ebene des Einzelobjektes bzw. innerhalb des Nutzungsclusters für Zwecke des Benchmarking.

Die Basisanalysen – insbesondere die Markt- bzw. Standortanalysen - bilden die wesentlichen Grundlagen für die Ausrichtung des Immobilienmarketing.

4.3.2.2 Spezialanalysen

Die Spezialanalyen fließen eher indirekt als Informationsgrundlage für die Ausrichtung des Immobilienmarketing ein, weshalb sie kurz angesprochen werden.

Die *Bewertungsanalysen* dienen der Wertermittlung einer Immobilie auf Basis nationaler und internationaler Wertermittlungsverfahren. Erkenntnisse aus der Standort- bzw. Marktbeurteilung sind auch für die Bewertung unerlässlich.

Die *Investitionsanalyse* befasst sich mit der voraussichtlich erzielbaren Rendite unter Einsatz statischer und dynamischer Investitionsrechenverfahren. Die Ergebnisse der Basisanalysen fließen mit ein.

Die *Finanzierungsanalyse* erfolgt auf der Ebene des Kreditnehmers hinsichtlich der Bonität und Kapitaldienstfähigkeit. Für die Ermittlung des Beleihungswertes steht das Projekt/Objekt unter Anwendung bzw. mit den Erkenntnissen der Basisanalyen stärker im Mittelpunkt. Spekulative Projektentwicklungen werden häufig nur mit einer festgelegten Vorvermietungsquote finanziert.

Die *Machbarkeitsstudie* dient entweder der Beurteilung der wirtschaftlichen Sinnhaftigkeit eines Projektes unter Berücksichtigung von speziell zu entwickelnden Nutzungskonzepten oder aber fasst alle vorangegangenen Analysen im Sinne von Stärken/Schwächen, Chancen/Risiken für die Gesamtbeurteilung einer Projektentwicklung zusammen.

Abschließend ist festzuhalten, dass die einzelnen Analysen in der Praxis nicht trennscharf vorkommen, sondern, je nach Aufgabenstellung, Teilkomponenten aus allen Analysen enthalten können.

Weiter Analysen, die dem strategischen Marketing und weniger der Immobilie zugerechnet werden, sind die Umweltanalyse, Wettbewerberanalyse, Kundenanalyse und die Unternehmensanalyse des eigenen Unternehmens.[23]

4.4 Instrumente des Immobilienmarketing

4.4.1 Produktpolitik

4.4.1.1 Grundlagen

Nach Meffert beinhaltet die Produktpolitik alle Entscheidungen, die sich auf die marktgerechte Gestaltung des Leistungsprogrammes eines Unternehmens beziehen.[24] Die Aufgabe der Produktpolitik oder der Leistungsprogrammpolitik ist es, sich mit folgenden Fragen auseinanderzusetzen, um unter ihrer Zuhilfenahme Kundenzufriedenheit zu erreichen:

- Welche Produkte/Dienstleistungen sollen im Sortiment in welcher Breite und Tiefe vertrieben werden?
- Welche Produkte werden in welchem Teilmarkt angeboten?
- Wie sind diese Produkte zu gestalten?
- Welches Qualitätsniveau soll angestrebt werden?

4.4.1.2 Der Produktentwicklungsprozess/Projektentwicklung

Der Produktentwicklungsprozess[25] - bei Immobilien auch Projektentwicklung genannt - gestaltet sich für Immobilien besonders anspruchsvoll, vor allem wenn die späteren Nutzer/Investoren noch nicht bekannt sind (spekulative Projektentwicklung). Der Reiz dieser besonderen Form der Produktentwicklung besteht darin, antizyklisch zu agieren. Das Flächenangebot kann aufgrund der langen Projektentwicklungszeiträume nicht elastisch auf die Nachfrage reagieren. Das „Timing" der Projektentwicklung entscheidet somit über den Vermarktungserfolg und die erzielbaren Vermietungs-bzw. Verkaufspreise.

---

23 Vgl. die Ausführungen über strategisches Marketing.

24 Meffert, H.: S. 43.

25 Vgl. Kapitel 8 Immobilienprojektentwicklung.

Prof. Dr. Susanne Ertle-Straub

Abbildung 4.4: *Immobilien- Lebenszyklus*

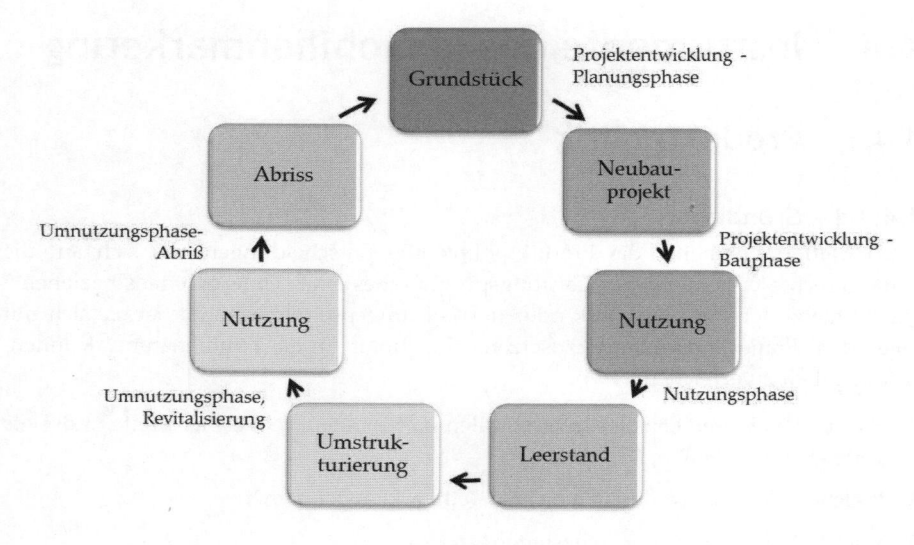

Phasen im Kreislauf:
- Grundstück
- Projektentwicklung - Planungsphase
- Neubauprojekt
- Projektentwicklung - Bauphase
- Nutzung
- Nutzungsphase
- Leerstand
- Degenerationsphase
- Umstrukturierung
- Umnutzungsphase, Revitalisierung
- Nutzung
- Umnutzungsphase-Abriß
- Abriss

Quelle: Eigene Darstellung

Der Beginn einer Projektentwicklung hängt von den unterschiedlichen Ausgangslagen ab. Entweder gibt es ein zu bebauendes Grundstück für welches eine adäquate Nutzung gesucht wird, oder es gibt eine Projektidee und/oder Kapital, welche/welches auf der Suche nach einem geeigneten Grundstück ist. Die Initiierung von Projektentwicklungen kann von allen Interessengruppen ausgehen.

Auf der Grundlage der Ergebnisse der unterschiedlichen Analysen - insbesondere der Standort bzw. Marktanalyse – ergeben sich Erkenntnisse über die Projektphilosophie, denkbare Nutzungsalternativen sowie die wirtschaftliche Realisierbarkeit. Bei positiver Würdigung wird das Projekt weiterverfolgt.

Zur Vorbereitung der Realisierung werden die baurechtlichen Rahmenbedingungen geprüft, planerisch alternative Nutzungskonzepte entwickelt, Kosten und Erträge kalkuliert und im Anschluss daran die Realisierung vorbereitet.[26] Grundstückssicherung, Auswahl des Planers, Vergabe von Bauleistungen, Abschluss von „Vor-/Mietverträgen", Finanzierungssicherung und schließlich der Start der Bauphase folgen.

---

[26] Vgl. Falk, B.: S. 212 f.

Es gibt unterschiedliche Auffassungen darüber, wann und welche marketingpolitischen Instrumente im Verlauf der Projektentwicklung einzusetzen sind. Marktforschung ist in jeder Phase des Lebenszyklus einer Immobilie wichtig. In Anbetracht der Investitionssummen bei Immobilien - insbesondere bei nicht eigengenutzten Gewerbeimmobilien - hat sich das Bewusstsein für die Notwendigkeit bei Investoren verbessert. Nicht selten wird auch heute noch an dieser Stelle gespart und das Bauchgefühl ersetzt die Analytik.

Welche Marketinginstrument in der jeweiligen Phase des Lebenszyklus dominieren, hängt von der individuellen Aufgabenstellung ab.

4.4.1.3 Mittel der Produktgestaltung

Eine Beschränkung auf die „physische Hülle" des Produktes „Immobilie" ist nach neuen Erkenntnissen nicht zweckmäßig. In der subjektiven Wahrnehmung der Nachfrager werden dem Produkt weitaus mehr Eigenschaften zugerechnet. Die *Produkteigenschaften* bilden *„Stimuli"*-Anreize zum Kauf oder zur Anmietung.

Die nachfolgende Abbildung zeigt exemplarisch die Mittel der Produktgestaltung bei Immobilien. Dabei lassen sich elementare *Mittel der Produktgestaltung* bzw. komplexe Mittel der Produktgestaltung unterscheiden.

Abbildung 4.5: Mittel der Produktgestaltung bei Immobilien

Elementare Gestaltungsmittel	Komplexe Gestaltungsmittel

• Grundstücksgröße und -zuschnitt
• Räumlicher Standort
• Umfeldgestaltung
• Verkehrsinfrastruktur
• Parkplatzangebot
• Einkaufsmöglichkeiten
• Architektur / Design
• Baumaterialien
• Gebäude- und Nutzungsflexibilität
• Funktionalität
• Adresse / Image
• Ausstattungsstandard
• Gebäudegröße / Mietfläche
	• Vertragsgarantien
	   z. B. Mietgarantien
	• Facilities Management
	• Vermietungs- bzw.
	   Verkaufsmanagement
	• Betreiberkonzepte

Quelle: Eigene Darstellung

Die Standortwahl auf allen räumlichen Ebenen ist die herausragende Besonderheit des Produktes „Immobilie". Darauf bauen allen anderen Produktentscheidungen auf. Fehleinschätzungen der Standortfrage lassen sich nicht im Nachhinein korrigieren. Der Hersteller hat je nach Lage auf dem Grundstücksmarkt zu entscheiden, ob er unbebaute Grundstücke erwirbt bzw. bebaute mit der Möglichkeit diese einer höherwertigen Nutzung zuzuführen. Der Umbau von Industriegebäuden zu Lofts, Szenenhotels in aufstrebenden Gebieten, die Grundstücksarrondierung bei den „Bahn 21-Projekten" dienen als Beispiele. Baurechtliche Zulässigkeit der BGF, der GFZ, der GRZ setzen Rahmenbedingungen für Nutzung und Architektur.

Die gestalterischen Elemente der Architektur, z. B. die Auswahl des Architekten entscheiden über das „Branding" der Immobilie. Die *„Immobilie als Markenartikel"* (z.B. Marco Polo Tower - Hamburg, Messeturm - Frankfurt a.M., Porsche-Museum - Stuttgart) mit *hoher Bekanntheit, Qualität* und einem gehobenen *Preis-/Leistungsverhältnis,* die Adresse, die Namensgebung (z.B. Hafen City Hamburg) sind weitere Produktentscheidungen.

Die in der vorherigen Abbildung genannten komplexen Gestaltungsmittel erheben keinen Anspruch auf Vollständigkeit. Allein das Spektrum der Serviceleistungen ist sehr umfassend. Hier geht es um Dienstleistungen rund um die Immobilie. Ohne auf eine weitere Differenzierung einzugehen, mögen die folgenden Beispiele zur Veranschaulichung hilfreich sein:

- Gemeinsamer Empfang bei Bürogebäuden mit vielen Mietern.
- Shuttle-Service bei gehobener Hotellerie.
- Umzugsservice bei Kauf von Eigentumswohnungen.
- Visualisierte Wärmemessung bei Haussanierungen.
- Einkaufstransport bei innerstädtischen Handelsimmobilien.
- 24-Stunden Mieterhotline.
- Quartiersmanagement bei großen Wohnungsbeständen.

4.4.1.4 Produktalternativen

Die folgende Abbildung der objektbezogenen Marktabgrenzungsmöglichkeiten zeigt die Bandbreite an Immobilienprodukten. Jede Immobilie ist ein Unikat, deren „Absatz" von der Nutzenmaximierung/-optimierung der angestrebten, heterogenen Zielgruppen sowie dem Marktumfeld (u.a. Marktzyklus) abhängt.

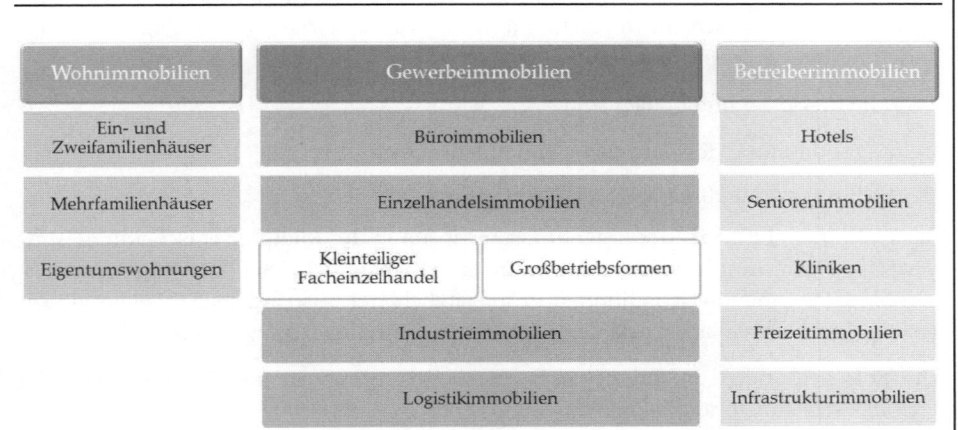

Abbildung 4.6: Objektbezogene Marktabgrenzung

Wohnimmobilien	Gewerbeimmobilien		Betreiberimmobilien
Ein- und Zweifamilienhäuser	Büroimmobilien		Hotels
Mehrfamilienhäuser	Einzelhandelsimmobilien		Seniorenimmobilien
Eigentumswohnungen	Kleinteiliger Facheinzelhandel	Großbetriebsformen	Kliniken
	Industrieimmobilien		Freizeitimmobilien
	Logistikimmobilien		Infrastrukturimmobilien

Quelle: Eigene Darstellung, in Anlehnung an Schulte, K.-W., S.23

Der Immobilienanbieter hat die Entscheidung zu treffen, ob er gleichzeitig die unterschiedlichen Gewerbe- bzw. Wohnimmobilien anbieten will (Sortimentsbreite) und hier die Strategie der *Produktinnovation* bzw. der *Produktelimination* anstrebt. Entscheidungen der Sortimentstiefe zielen auf die Veränderung bestehender Produkte, z.B. konzentriert sich ein Fertighaushersteller auf Niedrigenergiehäuser. Um bei diesem Beispiel zu bleiben ist eine andere produktpolitische Entscheidung die *Produktstandardisierung*. Es werden ausschließlich bestimmte Ausbauvarianten angeboten, um z.B. die Kostenführerschaft zu übernehmen. Eine weitere Möglichkeit ist die *Produktdiversifikation*, z.B. ein Makler, der die die Bewertung von Objekten als neues Geschäftsfeld anbietet.

4.4.2 Kontrahierungspolitik

4.4.2.1 Preispolitiken

Die *Preispolitik* umfasst alle Entscheidungen und Maßnahmen zur Durchsetzung der monetären Gegenleistung für die von einem Unternehmen in bestimmter Menge und Qualität angebotene Leistung.[27]

Die *Konditionenpolitik*, wird in Punkt 4.4.2.2 beschrieben, betrifft die Abweichungen von den üblichen Preisen.

---

27 Vgl. Ertle-Straub, S.: Standortanalyse für Büroimmobilien, S. 88 und die dort angegebene Literatur.

Prof. Dr. Susanne Ertle-Straub

Beide gemeinsam werden als Kontrahierungspolitik bezeichnet. Ziel der Kontrahierungspolitik ist es, den Absatz der eigenen Produkte zu fördern und die Gewinne zu optimieren. Dies geschieht in Abstimmung mit der Unternehmensstrategie und den anderen Marketinginstrumenten.

Zentrale Preise bei Immobilien sind:

- die Bestimmung des Kauf- bzw. Verkaufspreises
- die Bestimmung des Miet- bzw. Pachtpreises

Bei Wohnimmobilien ist der Eigentümer nicht frei in der Mietpreisentscheidung, sondern in einen umfassenden Rechtsrahmen eingebunden. Bei Gewerberaummietverhältnissen sind die Konditionen grundsätzlich frei aushandelbar, hängen jedoch von der Markkonstellation und den Spezifika der jeweiligen Nutzungsart ab.

Die Entscheidungen im Rahmen der Preispolitik umfassen die *Preisermittlung*, die *Preisdifferenzierung* und die *Preisstrategie*.

Zur Charakterisierung der Konkurrenzverhältnisse dient das Marktformenschema, das aus der Konstellation der Zahl der Anbieter bzw. Nachfrager auf die Möglichkeiten der Preisbildung schließt.

Immobilien sind heterogene Produkte, die durch eingeschränkte Markttransparenz und verzögerte Reaktionsgeschwindigkeit auf der Angebots- und Nachfrageseite als unvollkommene Märkte zu bezeichnen sind. Je unvollkommener ein Markt ist, desto größer sind die Spielräume für die Preisgestaltung.

Die Transparenz von z.B. Büroimmobilienmärkten[28] hat in den letzten Jahren durch die Standards der Gesellschaft für Immobilienwirtschaftliche Forschung und die Reseach-Aktivitäten der Berater- und Forschungseinrichtungen zugenommen. Dennoch gibt es zahlreiche Möglichkeiten z.B. den Mietpreis/ m² Bürofläche durch die Vereinbarung von Incentives für Externe intransparent zu gestalten. Eine weitere Möglichkeit der Intransparenz ist die Bezugsbasis der Mietfläche. Die gif-Richtlinie MF-G bietet den am Transaktionsprozess Beteiligten ein Regelwerk zur Berechnung der Mietflächen für Gewerberäume, deren Anwendung beruht jedoch auf Freiwilligkeit.

Preisermittlung

Die Preisermittlung kann marktorientiert oder kostenorientiert erfolgen. Bei der *Marktorientierung* orientiert sich der Anbieter von Mietflächen bzw. Immobilien an der zu erzielenden Preisobergrenze des jeweiligen Teilmarktes. Im Wege der Rückrechnung wird, unter Berücksichtigung der Kosten und des angestrebten Gewinns, die kalkula-

---

[28] Zur ausführlichen Beschreibung von Büroimmobilienmärkten vgl. Ertle-Straub, S., in: Wohnungs- und Immobilienlexikon, Mändle, E.; Mändle M. (Hrsg.)

torische Ausgangsbasis ermittelt. Dabei gibt es die Möglichkeit sich am Wettbewerber oder am Abnehmer zu orientieren.

Büromietmärkte, deren zyklische Schwankungen immer wieder zu Büroflächenüberangeboten führen, verleiten Flächenanbieter in einen Mietpreiswettbewerb um Mieter einzutreten. Den Wettbewerber beim Mietpreis zu unterbieten wird in einer derartigen Marktphase zum dominanten Marketinginstrument.

Beispiel für eine *abnehmerorientierte Preispolitik* ist die Vermietung von Einzelhandelsflächen in 1a-Lagen. Filialunternehmen des Einzelhandels konkurrieren um die besten innerstädtischen Standorte. Aus der Strategie dieser Unternehmen heraus, Standorte zu „sichern" um den Konkurrenten fernzuhalten, sind diese Unternehmen teilweise bereit, Spitzenmieten zu bezahlen. Der Flächenanbieter kann derartige Flächen zum „Höchstgebot" vermieten.

Ein weiteres Beispiel aus dem Investmentbereich sind Gebotsverfahren um die besten Projekte. Projektentwickler bieten Top-Immobilien diversen Investoren an und fordern dazu auf, Kaufpreisgebote abzugeben. Der Meistbietende erhält den Zuschlag. Der Projektentwickler kann auf dieser Basis über die Residualmethode[29] berechnen, welchen Preis er maximal bereit ist für den Grundstücksankauf zu bezahlen.

Ein Beispiel aus der Wohnungswirtschaft ist der Verkauf von hochwertigen Eigentumswohnungen in exklusiven Lagen mit einem Nachfrageüberhang. Auch hier überbieten sich die Kaufpreisforderungen der Anbieter.

Eine weitere Fragestellung im Rahmen der abnehmerorientierten Preisgestaltung ist, wie elastisch die Nachfrager auf Angebote reagieren können. D.h., wie schnell reagiert die Nachfrage auf Preisänderungen. Ist die Fläche für den Mieter Produktionsfläche wird er diese nur bei Bedarf nachfragen. Eine weitere Einschränkung ist die Mietvertragslaufzeit sowie die relativ hohen Transaktionskosten.

Bau- und Grundstückskosten sowie Anschaffungsnebenkosten bilden bei der *Kostenorientierung* die Basis für die Ermittlung der Preisuntergrenze.[30] Eine einfache und verbreitete Variante der Preisermittlung ist die Zuschlagskalkulation. Ausgehend von Vollkosten oder Teilkosten werden Vertriebskosten, Marketingkosten, Finanzierungskosten usw. sowie ein Gewinnzuschlag berechnet, um zum Verkaufspreis bzw. analog zum Mietpreis zu gelangen. Ob die so ermittelten Verkaufspreise erzielbar sind, hängt wiederum von der Marktsituation ab.

---

29 Vgl. Kapitel 8 Immobilienprojektentwicklung.

30 Vgl. Ertle-Straub, S.: Standortanalyse für Büroimmobilien, S. 96 f.

Prof. Dr. Susanne Ertle-Straub

Preisdifferenzierung

Preisdifferenzierung bei der Vermarktung von Immobilien kann auf der *zeitlichen Ebene* bzw. auf der *produktbezogenen Preisdifferenzierung* erfolgen. Eine weitere Möglichkeit der Preisdifferenzierung ist die nach Nutzergruppen (z.B. Senioren, Studenten).

Die zeitliche Preisdifferenzierung erfolgt regelmäßig beim Abschluss von Gewerberaummietverträgen. Während der Mietvertragslaufzeit kann eine Anpassung der Miethöhe/ m^2 beim Eintreten bestimmter vereinbarter Bedingungen (Änderung des Verbraucherpreisindex, Umsatzwachstum im Einzelhandel, Änderung der Marktmiete) oder aber im Vorhinein festgelegter Bedingungen (Staffelmiete) erfolgen.

Die Makler- und Bauträgerverordnung regelt die Kaufpreisraten bei dem Erwerb von Wohnungseigentum gemäß Baufortschritt. Eine Preisdifferenzierung je nach Kaufzeitpunkt ist im Wohnungsbau durchaus üblich. Je früher Kaufverträge abgeschlossen werden und Anzahlungen zu leisten sind, desto geringer sind die Finanzierungskosten. Die zeitliche Differenzierung der Erwerbsvorgänge berechtigt zu unterschiedlichen Kalkulationen.

Die *produktbezogene Preisdifferenzierung* lässt sich etwa durch den unterschiedlichen Ausbaustandard sowohl bei Wohnungsbau, als auch bei Gewerbeimmobilien begründen. Unterschiedliche Lagequalitäten, die Anbindung an die Lauflage, der Branchenbesatz, Flächenzuschnitt sowie Größe usw. bilden die Basis für eine sehr differenzierte Preispolitik bei Einzelhandelsimmobilien. Die Ausrichtung der Wohnbereiche, Sichtachsen sowie die Möglichkeiten der individuellen Gestaltung von Wohnraum führen zu Preisdifferenzierungen.

Preisstrategie

Die Entscheidung der Preisstrategie steht in Zusammenhang mit der Unternehmensstrategie, der Unternehmensphilosophie und der Produktpolitik. Welche Strategie für welchen Anbieter die Richtige ist, hängt vom Marktgebiet und dessen Rahmenbedingungen sowie vom Zugang zu den angestrebten Zielgruppen ab.

Es lassen sich *Hochpreisstrategie*, *Niedrigpreisstrategie* sowie die *Mischstrategie* unterscheiden. Mit der Hochpreisstrategie verbindet sich ein Angebotsniveau der Immobilien und Dienstleistungen auf gehobenem Niveau. Ein Maklerunternehmen hat sich auf die Vermittlung von exklusiven Villen weltweit spezialisiert und bietet dementsprechende Beratung in exklusivem Ambiente an. Ein institutioneller Investor konzentriert seine Anlagepolitik auf den Erwerb von Einzelhandelsimmobilien in 1a-Lagen, dementsprechend teuer ist der Erwerb derartiger Immobilien.

Ein Beispiel für eine Niedrigpreisstrategie, mit dem Ziel die Kostenführerschaft anzustreben, sind standardisierte Fertighäuser ohne Unterkellerung, auf möglichst kleinem Grundstück.

Mischstrategien sind bei einer breiten Produktpalette möglich. Eine klare Zielgruppensegmentierung ist hier besonders wichtig. Klare Produktpositionierungen betreffen auch die Immobilienwirtschaft, um dem seit längerem festzustellenden Trend der gesplitteten Märkte gerecht zu werden.

4.4.2.2 Konditionenpolitik

Die Konditionenpolitik umfasst sämtliche vertraglichen Vereinbarungen über das zu entrichtende Entgelt,[31] außer dem Miet-/Kaufpreis selbst. Es sind alle Instrumente, die indirekt zur Preisgestaltung beitragen und den Verkauf/die Vermietung unterstützen sollen. Darunter fallen die *Zahlungsbedingungen*, in denen die Art und Weise und die Form des Entgelts konkretisiert werden.

Das Instrumentarium für Immobilien umfasst:

- Befristete mietfreie Zeiten (z.B. bei Büroflächen- oder Wohnflächenüberangeboten).
- Mietgarantien (z.B. bei Verkauf eines Großprojekts an einen Investor).
- Reduzierte Mietpreise (z.B. zur Gewinnung von Magnetmietern bei Shopping Centern).
- Reduzierte Kaufpreise (z.B für die letzte zu verkaufende Eigentumswohnung in einer Wohnanlage).
- Kaufpreisreduzierung von Eigenheimen (bei Erbringung von kalkulierten Eigenleistungen des/der Bauherrn/in).

Die Gewährung von *Incentives* ist insbesondere bei Marktungleichgewichten ein beliebtes Instrument der Konditionenpolitik. Hierzu gehören beispielsweise:

- Die Übernahme der Kosten für die Mietersonderausstattung zur Beförderung einer Anmietung (Lebensmittelhandwerksbetriebe erfordern Sonderausstattungen, wie Fettabscheideanlagen bei einem Fleischerfachgeschäft oder spezielle Ladenlayouts).
- Beratungsleistungen (Energieberatung bei Altbauten).
- Übernahme der Mustereinrichtung.

Auch die Gestaltung von Vermittlungsprovisionen für interne bzw. externe Absatzmittler ist Bestandteil der Konditionenpolitik.

Abschließend ist zu bemerken, dass für die Gestaltung der Kontrahierungspolitik die rechtlichen Restriktionen des Mietrechts zu beachten sind, denen in der Wohnungswirtschaft enge Grenzen gesetzt sind.

---

[31] Vgl. Hüttner, M.; Pingel, A., Schwarting, U.

4.4.3 Distributionspolitik

Die Distributionspolitik im Marketingmix beinhaltet sämtliche Entscheidungen im Zusammenhang mit den Absatzwegen vom Anbieter zum Nachfrager. Es geht um die Gestaltung des Vertriebs. Die grundlegende Entscheidung ist die Frage des *Eigen- bzw. Fremdvertriebs.*

Der *Eigenvertrieb* wird auch als Direktvertrieb bezeichnet. Mit einer eigenen Vertriebsorganisation werden die jeweiligen Märkte bearbeitet. Bei direkten Immobilienprodukten erfolgt der Verkauf bzw. die Vermietung mit eigenen Mitarbeitern, die in der Regel neben einem Fixgehalt variable Gehaltsbestandteile erhalten.

Der *Fremdvertrieb,* als indirekte Vertriebsform, schaltet externe Personen oder Organisationen in den Vertrieb ein. Makler gelten als klassische indirekte Vertriebsform. Der Hersteller/Anbieter von Immobilien wird die Auswahl des Maklers nach der Spezialisierung, der Kompetenz in einem bestimmten Marktsegment und der Kontaktreichweite des Maklers bzw. regionaler Schwerpunkte treffen. Die Frage des Alleinauftrags bzw. alternativ des Vertriebs durch mehrere Makler ist zu beantworten. Regional unterschiedlich sind die Besonderheiten, z.B. ob ein Makler ausschließlich für eine Seite der Vertragsparteien tätig sein kann oder für beide Seiten und wie die jeweiligen Provisionsregelungen sind.

Strukturvertriebe wenden sich bevorzugt an Kapitalanleger von Immobilien und sind bundesweit tätig. Bauträger lagern den Vertrieb auch teilweise in Tochtergesellschaften aus, die wiederum teils mit eigenen Mitarbeitern, teils mit freien Mitarbeitern arbeiten.

Beim Einsatz von Absatzmittlern ist die Frage zu entscheiden, ob eine Innenprovision oder Außenprovision zum Einsatz kommt. Dies hängt von der Marktlage und der strategischen Ausrichtung ab. Es kann sinnvoll sein, z.B. bei Bauträgermaßnahmen, eine Innenprovision zu vereinbaren, um dem Käufer nicht das Gefühl zu geben, dass eine Wohneinheit durch den Vertrieb überteuert wird.

Bei indirekten Immobilienprodukten (offene, geschlossene Immobilienfondsanteile, Reits, Immobilien-AGen und sonstigen Beteiligungen) werden Fondsanteile vertrieben. Meist erfolgt der Vertrieb über die Gesellschafterbanken der Fonds. Zusätzlich werden, je nach Anlageform, auch Strukturvertriebe vorgenommen bzw. der Vertrieb über Finanzdienstleister abgewickelt.

Die Auswahl der Vertriebsform, des Vertriebswegs bzw. der Organisation ist ein sensibles Thema. Werden Immobilien von unterschiedlichen Organisationen angeboten, so erweckt es für den potenziellen Interessenten den Eindruck, dass das Objekt schlecht verkäuflich ist.

In Verbindung mit der Vermietung von Immobilien zählt das *Vermietungsmanagement* zur Distributionspolitik. Am Beispiel des Shopping-Centers soll die Bandbreite der Aufgaben kurz dargelegt werden. Das Vermietungsmanagement umfasst Entscheidun-

4 Immobilienmarketing

gen über den Zeitpunkt des Flächenangebots, Mieter- bzw. Branchenmix, die Einflussnahme auf die Nutzungskonzeption, das Einrichten von Vermietungsbüros, die Reihenfolge der Flächenvermietung, die Einflussnahme auf die Kommunikationspolitik usw..

Abschließend ist anzumerken, dass das „Timing" der Abfolge der Vertriebspolitik in den Phasen Vorbereitung (Gesprächs- und Verhandlungsvorbereitung) Angebotsunterbreitung, Verhandlung und Vertragsabschluss sowie nicht zuletzt die „After-Sale"-Betreuung über den Absatzerfolg entscheidet.

4.4.4 Kommunikationspolitik

4.4.4.1 Grundlagen der Kommunikationspolitik

Die Kommunikationspolitik stellt das Bindeglied zwischen den Teilpolitiken der Produkt-Kontrahierungs-und Distributionspolitik dar. Sie leitet sich aus dem strategischen Marketing ab. Aus dem integrativ-prozessualen Marketingansatz heraus ist es die Aufgabe der Kommunikationspolitik Informationen über das Unternehmen und seine Produkte bzw. Dienstleistungen an die potenziellen Zielgruppen zu transportieren.

Die lange Phase der Produktentwicklung und die Öffentlichkeitswirksamkeit von Immobilien[32] erfordern eine gezielte Kommunikationspolitik, die in ein übergeordnetes Marketingkonzept eingebunden ist. Innerhalb dieses Konzeptes sind auch die Ziele der Kommunikationspolitik zu konkretisieren.

4.4.4.2 Instrumente der Kommunikationspolitik

Generelle Zielsetzung bei der Nutzung von Instrumenten der Kommunikationspolitik ist es, auf allen Ebenen den Kommunikationsprozess so zu steuern, dass ein positives Image auf der Unternehmens- und/oder Produktebene entsteht. Der Kommunikationsprozess vollzieht sich zwischen dem „Absender" einer „Kommunikationsbotschaft" über den „Träger" der Botschaft hin zum „Empfänger" (*Wer* sagt *was*, über *welche* Kanäle, zu *wem*). Dieser Prozess ist im Hinblick auf seine Wirkung zu betrachten.

Dieses Grundprinzip bezieht sich auf alle *Instrumente der Kommunikationspolitik*. Diese sind:

- Werbung
- Öffentlichkeitsarbeit/Public Relations (PR)
- Verkaufsförderung

---

[32] Vgl. Brade, K.: S. 730

Prof. Dr. Susanne Ertle-Straub

- (Eventmarketing-wird teilw. unter Verkaufsförderung gesehen)
- (Direktmarketing- dto.)

Die einzelnen Kommunikationsinstrumente werden systematisch nach den folgenden *Phasen* geplant:

1. Formulierung der Kommunikationsziele.
2. Ermittlung und Fixierung der relevanten Zielgruppe/n.
3. Erarbeitung der zielgruppengerechten Kommunikationsstrategie.
4. Kalkulation des Budgets.
5. Auswahl und Koordination der Kommunikationsinstrumente.
6. Erfolgskontrolle.[33]

Kommunikationsziele können ökonomisch aber auch außerökonomisch orientiert sein. Der Vorteil einer ökonomischen Orientierung liegt in der Quantifizierbarkeit und damit Messbarkeit. Solche ökonomischen Ziele können sein: Erhöhung eines Marktanteils, Erhöhung der Anzahl verkaufter Immobilien oder Steigerung des Vermietungsumsatzes. Außerökonomische Ziele können in der Steigerung des Bekanntheitsgrads oder in der Verbesserung des Produktimages bestehen. Diese lassen sich nicht unmittelbar quantifizieren, sondern erfordern andere Methoden der Erfolgsmessung (Imageprofile, Befragungen zum Bekanntheitsgrad bei Probanden).

Die *Zielgruppen* lassen sich differenzieren in *direkte Zielgruppen* und *indirekte Zielgruppen*.

Direkte Zielgruppen werden unmittelbar angesprochen Immobilien zu kaufen, zu mieten oder zu betreiben (z.B. institutionelle Investoren, Hotelbetreiber, Betreiber von Seniorenanlagen, Eigennutzer, Kapitalanleger, Mieter, Käufer von Wohnungsanlagen, usw.). Jede der genannten Zielgruppen lässt sich in diverse Unterzielgruppen differenzieren.

Bei *indirekten Zielgruppen* werden nicht die Letztnachfrager angesprochen sondern Meinungsbilder, die den Absatz an die Käufer bzw. Mieter unterstützen (Absatzmittler, Genehmigungsbehörden, Medien, Interessenverbände, Architekten, Bürgerinitiativen, Handwerker, Banken, Beratungsunternehmen usw.).

In den folgenden Ausführungen werden punktuell Beispiele angeführt, da allein der Teil der Kommunikationspolitik ein eigenständiges Kapitel erfordern würde.

---

[33] Vgl. Brade, K.: S. 74 f.

Werbung

Alle Maßnahmen, die auf die Auslösung von Kaufentscheidungen bzw. die Inanspruchnahme von Dienstleistungen abzielen und dem Erreichen von definierten Werbezielen dienen, werden unter Werbung zusammengefasst.

Werbung erfolgt aufgabenbezogen und ist eher kurz- bis mittelfristig angelegt.

Die Werbewirkung basiert auf einem kognitiven Prozess der Informationsverarbeitung, der in der Folge zu Präferenzen beim Kauf oder bei Anmietung von Immobilien führt. Die Stufen der Beeinflussung durch Werbung folgen dem *AIDA-Modell:*

Attention (Aufmerksamkeit)	- Wahrnehmungsschwelle
Interest (Interesse)	- Bewusstseinsschwelle
Desire (Besitzwunsch)	- Reflektionsschwelle
Action (Kaufhandlung)	- Aktionsschwelle[34]

Auf den Ebenen des Immobilienprodukts lässt sich die Einführungswerbung, der Relaunch bzw. die Marktfestigung als Strategie unterscheiden. Einführungswerbung wird in Verbindung mit der Eröffnung von Handelsimmobilien, neuartigen Dienstleistungen (Energieberatung) betrieben. Der Relaunch wird z.B. nach der Revitalisierung einer Immobilie notwendig, die nicht nur optisch oder im Mieterbesatz eine Anpassung an aktuelle Mieter sichtbar werden lässt, sondern auch eine Aktualisierung von Markenname und werblichem Auftritt. Die Marktfestigung positioniert bereits etablierte Immobilien mittels Werbung z.Bsp. gegen neu entstandenen Wettbewerbsimmobilien.

Werbemittel und Werbeträger

Je nach Strategie und Zielsetzung gilt es, Werbebotschaften zu formulieren und die Auswahl für geeignete Werbemittel zu treffen. Alternativ stehen die Folgenden zur Auswahl:

- Printmedien (z.B. Immobilienmanager, Immobilienwirtschaft heute, Immobilienzeitung, Verbandszeitschriften, lokale Tageszeitung, Verkaufs- und Vermietungsprospekte usw.)
- Elektronische Medien (E-Mail, Internetauftritt, Immobilien-Online-Börsen, iPhone, Web 1.0, 2.0, , Twitter, klassische Funk-und Fernsehwerbung, DVD)
- Direktwerbung (Telefonaktionen, Internet, Mailings, Hauswurfsendungen usw.)
- Außenwerbung (besonders gestaltete Bauzäune, Bauschilder, Werbung an Baukränen, Werbung an Flughäfen/Bahnhöfen, Fassaden usw.)
- Werbegeschenke zum Einzug (z.B. Blumen)

---

[34] Vgl. Falk, B.: S. 422

Prof. Dr. Susanne Ertle-Straub

Je nach Aufgabenstellung sind die Kosten zu kalkulieren und Aufträge an externe Werbeagenturen zu vergeben. Zu berücksichtigen ist die Branchenerfahrung, Kosten und Timing des Werbemitteleinsatzes und am Ende die Erfolgskontrolle.

Verkaufsförderung

Die Verkaufsförderung umfasst eine Vielzahl unterschiedlicher operativer Instrumente zur Absatzförderung mit starkem kurzfristigem Anreizcharakter. Die Zielsetzung ist es, zusätzliche bzw. außergewöhnliche Impulse als Anreize für die Zielgruppen zu schaffen. Der Zeithorizont ist eher kurzfristig und aktionsbezogen ausgelegt. Die Abfolge des Vorgehens erfolgt analog zur Werbung.

Verkaufsförderungsmaßnahmen werden individuell auf die anzusprechenden Zielgruppen ausgerichtet. Eine genaue Abgrenzung zwischen Werbemitteln und Mitteln der Verkaufsförderung ist nicht in jedem Falle möglich und hängt von der individuellen Ausrichtung ab. Mit der Verkaufsförderung erhält der Kunde zusätzliche Informationen, die die Kaufentscheidung positiv beeinflussen sollen.

Mittel der Verkaufsförderung:

- Musterhaus, Musterwohnung, Musterbüros (Verkauf von Einheiten durch geschultes Personal vor Ort).
- Computersimulation der Lichtverhältnisse und Raumerlebnisse zum Abverkauf vor Errichtung.

Verkaufsfördernd sind darüber hinaus so genannte Incentives, wie bspw. Preisausschreiben oder exklusive Reisen für die besten Absatzmittler.

Öffentlichkeitsarbeit/Public Relations (PR)

Darunter wird das methodische Bemühen um Verständnis und Vertrauen eines Unternehmens oder einer Organisation verstanden auf der Grundlage systematischer Erforschung.[35]

Bei der Öffentlichkeitsarbeit geht es um die systematische Verbesserung des Kommunikations- und Informations-Austauschs in den Bereichen „Human Relation" (interne Beziehungsfelder) und „Public Relation" (externe Beziehungsfelder). Der Informationsaustausch muss sachlich, verständlich und überprüfbar sein. Dies ist eine Aufgabe mit dauerhaftem Zeithorizont.

PR als kostenlose Werbung zu verstehen ist ein falscher Ansatz. Gelegentlich ist eine eindeutige Abgrenzung zwischen den Instrumenten der Marketingkommunikation nicht eindeutig möglich.

---

[35] Vgl. Ertle-Straub, S.: Öffentlichkeitsarbeit, in: Falk, Bernd (Hrsg.), S. 455ff

Instrumente der Öffentlichkeitsarbeit

Die Instrumente lassen sich grob in folgende Bereiche einteilen:

- Klassische Pressearbeit.

- Nach innen und außen gerichtete PR-Maßnahmen (Teilnahme an Messen und Ausstellungen, Tag der offenen Tür, Charity-Veranstaltungen, Sponsoring, Kunst am Bau, Pressekonferenzen, Baustellenbesichtigungen, Bürgerinformationen, Architekturpreise, Gütesiegel usw.).

- Innerbetriebliche PR-Maßnahmen („PR begins at home"!).

- PR-Publikationen (Mieterzeitschriften, Firmenbroschüren).

Denkbare Anlässe in Immobilienunternehmen (Auswahl):

- Mietergewinnung.

- Grundsteinlegung, Schlüsselübergabe, Richtfest, Eröffnung.

- Veränderungen von Personalien.

- Produktinnovationen.

- Vermarktungsraten usw.

Die Imagebildung und ggf. Veränderung ist ein langwieriger Prozess. PR ist deshalb ebenfalls strategisch anzulegen und in ein Gesamtkonzept zu integrieren. Die Grundfunktionen der Öffentlichkeitsarbeit sind auch hier: Analyse/Bewertung/Konzeption, Redaktion/Gestaltung, Kontakt und Organisation.

Zur Analyse von Images gibt es die Methodik der Polaritäten-Profile, die mit gegensätzlichen Adjektiven ein Image in Teileigenschaften aufsplittn. Die Einordnung von Probanden auf dieser Skala gibt Hinweise auf ein Ist - Image bzw. liefert die Basis für eine Imageveränderung.

In einer Kommunikationsstrategie werden PR-Botschaften und Themenkomplexe mit geeigneten Mitteln - differenziert nach internen und externen Zielgruppen – umgesetzt.

4.4.5 Exkurs: Social Media

Von großer Dynamik sind die internetbasierten Marketingtools. So lassen sich die Möglichkeiten des „Immobilien Internet" nicht eindeutig einem bestimmten Marketinginstrument zuordnen, da es Plattformen für Immobilienvertrieb, also der Distributionspolitik gibt (z. B. ImmoScout 24, ImmoWelt etc.) wie auch der Kommunikationspolitik, die über die Kanäle des Social Media sowohl in Dialog mit den Kunden tritt bzw. Informationen übermittelt. Zwischenzeitlich gibt es eine Fülle von Plattformangeboten. Facebook, Twitter, Google + Xing, Youtube etc. sind nur die bekanntesten und am weitesten verbreiteten. Mehr als 20 Mio. Menschen nutzen in Deutschland soziale Netzwerke. Daraus erwächst die Notwendigkeit, sich mit der Thematik als Teil des Marketing-Mix zu beschäftigen.

Die Immobilienbranche zeigt einerseits großes Interesse an „Social Media", setzt diese bislang jedoch noch eher zaghaft ein[36]. Nach aktuellen Untersuchungen sind z. B. nur 20 % der Immobilienmakler in Social Mediakanälen anzutreffen, nur 3 % nutzen diese aktiv[37].

Die Website eines Unternehmens bleibt der Dreh- und Angelpunkt. Diese sollte nicht abgekoppelt von den sozialen Medien agieren, sondern dafür optimiert werden. Die Inhalte sollten durch Links und speziell programmierbare Buttons die Interaktion mit dem Leser ermöglichen. Durch redaktionelle Weblogs ist eine gezielte Kundenansprache möglich und über eine gezielte Contenstrategie werden mehr Besucher über die Suchmaschinen auf das Unternehmen aufmerksam. Einzelne redaktionelle Artikel, die über aktuelle Themen, Aktivitäten oder Angebote des jeweiligen Immobilienunternehmens informieren, können von den Lesern kommentiert und weiter empfohlen werden. Gerade dem Empfehlungsmarketing wird für die Akquise von Neukunden eine dominierende Bedeutung zugemessen. Andere Branchen wie etwa Hotelportale setzen diese Instrumente sehr aktiv ein.

Die Interaktion mit dem Leser/potenziellen Kunden ist jedoch ausschlaggebend für den erfolgreichen Einsatz der sozialen Medien. Nur ein echter Dialog, für den sich auf das Unternehmen zugeschnittene „guidelines" empfehlen, führt zur Festigung von Kundenbeziehungen bzw. dem Aufbau derselben. Je authentischer, offener und transparenter sich ein Unternehmen in den sozialen Netzwerken gibt, umso größer der Erfolg.

Ein wichtiges Thema für die Zukunft insbesondere von Immobilientransaktionen ist die „Mobility". Durch den Einsatz von Smartphones und Tablets bzw. „Apps" ist eine Nutzung an dem Standort möglich, an dem ein Kauf- oder Mietinteressent ein Objekt erwerben bzw. mieten möchte. Sog. „Augmented Reality Apps" lassen sich an Ort und Stelle angebotenen Immobilien ermitteln.

4.5 Marketing-Mix

Die demografische Entwicklung, die unterschiedlichen vor- und nachgelagerten Märkte der differenzierten Immobilienprodukte und deren Anbieter erfordern einen Marketing-Mix, der sich an die Unternehmensstrategien von Immobilienunternehmen an-

---

[36] Vgl. Fitzner, K.-E.: Das social media missverstaendniss
[37] Vgl. Lister, Michael; Erbil, Tayfun: Ertragssteigerungs- und Kostensenkungspotenziale für Maklerunternehmen, in AIZ, Heft 09/2011, S. 22 f.

passt. „Hersteller", zu denen Bauträger, Bauunternehmen und Projektentwickler zählen, werden den Marketing-Mix auf die zu veräußernden Immobilien abstellen. Makler, Hausverwalter, Facility-Management-Unternehmen, Bewerter, Researcher etc. verkaufen die jeweilige Dienstleistung, die es im Sinne der Zielgruppen zu optimieren gilt. Institutionelle Investoren bemühen sich, das Vertrauen von Anlegern zu gewinnen, um Geldmittel in Immobilien zu investieren zu können. Der Wettbewerb erstreckt sich in diesem Falle auf die Kapitalmärkte und nicht nur auf die jeweiligen Immobilienmärkte.

Das Primat des Marktes und der intensivere Wettbewerb werden die Immobilienwirtschaft zu einer weiteren Professionalisierung des Marketings bewegen. Welches der marketingpolitischen Instrumente in der jeweiligen Lebenszyklusphase der Immobilie dominiert, hängt von der individuellen Aufgabenstellung, den Zielgruppen und zahlreichen weiteren Einflußfaktoren ab.

Prof. Dr. Susanne Ertle-Straub

4.6 Literaturverzeichnis

Brikigt, Klaus; Stadler, Marinus; Funk, Hans J.: Corporate Identity, Landsberg 2002

Brade, Kerstin; Bobber, Michael; Schmitt, Alexander u.a.: Immobilienmarketing, in Schulte, Karl-Werner (Hrsg.), Immobilienökonomie, Band I, Wiesbaden 2005.

Brade, Kerstin: Strategischer Marketingplanungsprozess für Büroimmobilien, in: Schriften zur Immobilienökonomie, Diss., Band 7, Schulte, Karl-Werner (Hrsg.), Köln 1998

Ertle-Straub, Susanne: Standortanalyse für Büroimmobilien, Reihe Immobilienmanagement, Diss., Band 4, Pelzl., Wolfgang (Hrsg.), Norderstedt 2003.

Ertle-Straub, Susanne: Bürobeschäftigte und Büroflächenbestände in Deutschland, in: ZIÖ Sonderausgabe 2008, gif(Hrsg.), Wiesbaden 2008.

Ertle-Straub, Susanne: Öffentlichkeitsarbeit, in: Falk, Bernd (Hrsg.), Das Grosse Handbuch Immobilienmarketing, , Landsberg/Lech 1997.

Ertle – Straub, Susanne: Büroimmobilienmärkte, in: Wohnungs-und Immobilienlexikon, Mändle, Eduard; Mändle Markus (Hrsg.) 2. erweiterte und aktualisierte Auflage, Freiburg/Berlin/München 2011.

Fitzner, Kai-Eric: Das social media missverstaendnis, Teil 1 in: http://www.netmedia.de/de/blog/das-social-media-missverstaendnis-tei-1, Abrufdatum: 16.08.2012

Falk, Bernd: Das Grosse Handbuch Immobilienmarketing, Landsberg/Lech 1997.

Gif (Hrsg.): Richtlinie zur Berechnung der Mietfläche für Gewerblichen Raum (MF-G) Stand 2012.

Gawlitta, Thomas: Digitale Immobilien Kommunikation, 1. Auflage, Wiesbaden 2012.

Gif (Hrsg.): Richtlinie zur Berechnung der Verkaufsfläche im Einzelhandel (MF/V) Stand 2012.

Hüttner, Manfred; Pingel, Anette; Schwarting, Ulf: Marketing-Management, München/ Wien 1999.

Isenhöfer Björn; Väth, Arno; Hofmann, Philipp: Immobilienanalysen, in: Schulte, Karl-Werner, Immobilienökonomie, Bd I. , 4. Überarbeitete und erweiterte Auflage, München/Wien 2008.

Kippes, Stephan: Immobilienmarketing, München 2001.

Lister, Michael; Erbil, Tayfun: Ertragssteigerungs- und Kostensenkungpotenziale für Maklerunternehmen, in AIZ, Heft 09/2011, S. 22 f.

Mattmüller, Roland: Integrativ-Prozessuales Marketing, 3. erw. Aufl., Wiesbaden 2006.

Meffert, Heribert.: Marketing, 10. vollst. überarb. und erweiterte Auflage, Wiesbaden 2008.

Muncke, Günter; Dzomba, Maike; Walter, Mareike: Standort-und Marktanalyse in der Immobilienwirtschaft, in: Schulte, Karl-Werner, Immobilienökonomie, Bd. I, Wiesbaden 2005.

Pfnür, Andreas; Niesslein, Gerhard; Herzog, Marc (Hrsg.): Praxishandbuch Customer Relationship Management für Immobilienunternehmen, Köln 2011.

Sperl, Friederike: Customer Relation Ship Management, in: Schriften zur immobilienwirtschaflichen Forschung, Rottke, Nico; Thomas, Matthias (Hrsg.), Köln 2009 Wehmeier, Volker: Geschäftsfeldentwicklung, Norderstedt 2007.

Stilke, Marc: Social-Media-Plattformen- mehr Chancen als Risiken für Makler: in: Der langfristige Kredit, 62. Jg., Heft 04/2011.

Fünftes Kapitel

Renditeberechnung bei Immobilieninvestitionen

Prof. Dr. habil. Kerry-U. Brauer

5 Renditeberechnung bei Immobilieninvestitionen

5.1	Abgrenzung zwischen Wirtschaftlichkeit, Rentabilität und Rendite.............	439
5.2	Einnahmen- und Ausgabengrößen bei Immobilieninvestitionen..................	441
5.3	Renditeberechnung aus Sicht eines Endinvestors..	445
5.4	Möglichkeiten der Objektivierung der Renditeberechnung mit Hilfe der Monte Carlo Analyse	456
5.5	Renditeberechnung aus Sicht eines Zwischeninvestors...................................	457
5.6	Wirtschaftlichkeitsbetrachtungen aus Sicht einer Bank	460
5.7	Literaturverzeichnis...	462

5.1 Abgrenzung zwischen Wirtschaftlichkeit, Rentabilität und Rendite

Tendenziell ausgeglichene oder gesättigte Immobilienteilmärkte erfordern deren umfassende qualitative und quantitative Analyse zur Vermeidung von Fehlinvestitionen und damit von Fehlallokationen betriebswirtschaftlicher und volkswirtschaftlicher Ressourcen. Ausgangspunkt qualitativer Entscheidungen bildet die Zielgruppenanalyse und sich hieraus ergebende konkrete Nutzeranforderungen an die Immobilie. Darauf aufbauend geht es um die quantitative Analyse in Form einmaliger und laufender Aufwendungen und Erträge bzw. Abflüsse und Zuflüsse aus der Immobilieninvestition. Eine solche Berechnung ist eine wesentliche Voraussetzung für die Realisierung wirtschaftlich tragfähiger Immobilieninvestitionen. Sie ist gleichermaßen für Eigenkapital- und für Fremdkapitalgeber von Bedeutung, um die Verzinsung des eingebrachten Kapitals zu sichern.

Dominierten in der Vergangenheit statische Berechnungsverfahren, werden heute primär dynamische Verfahren, insbesondere bei institutionellen Anlegern, wie Immobilienfonds-, Immobilienaktien- und Versicherungsgesellschaften, angewendet.

Zunächst wird sich der Begriffsbestimmung zugewendet. Die Begriffe Wirtschaftlichkeit, Rentabilität und Rendite werden umgangssprachlich häufig synonym verwendet und in der Fachliteratur teilweise mit unterschiedlichen Inhalten belegt[1]. Ohne eindeutige inhaltliche Bestimmung ist eine Aussage über Wirtschaftlichkeit, Rentabilität oder Rendite einer Immobilieninvestition weitgehend wertlos. So kann aus der Angabe, dass die Immobilieninvestition eine Rendite von fünf Prozent aufweist, nicht unmittelbar auf die Vorteil- oder Nachteilhaftigkeit gegenüber anderen Geldanalgen geschlussfolgert werden. Vielmehr muss bekannt sein, welche Daten in die Berechnung eingeflossen sind (Erwerbsnebenkosten, Miet- oder Reinerträge, Steuerrückflüsse, Aufwendungen für Modernisierung und Instandsetzung, Immobilienwertsteigerung, Dauer des Investitionszeitraumes etc.) und ob das Ergebnis durch Anwendung dynamischer oder statischer Berechnungsmethoden erzielt wurde.

Es werden die Begriffe Wirtschaftlichkeit, Rentabilität und Rendite voneinander abgegrenzt. Auf dieser Grundlage wird heraus gearbeitet, welche Faktoren jeweils in die Berechnung einfließen.

---

1 Vgl. Olfert (2011) S.52f; Wöhe (2010) S.38f;

Prof. Dr. habil. Kerry-U. Brauer

Abbildung 5.1: Abgrenzung zwischen Wirtschaftlichkeit, Rentabilität und Rendite

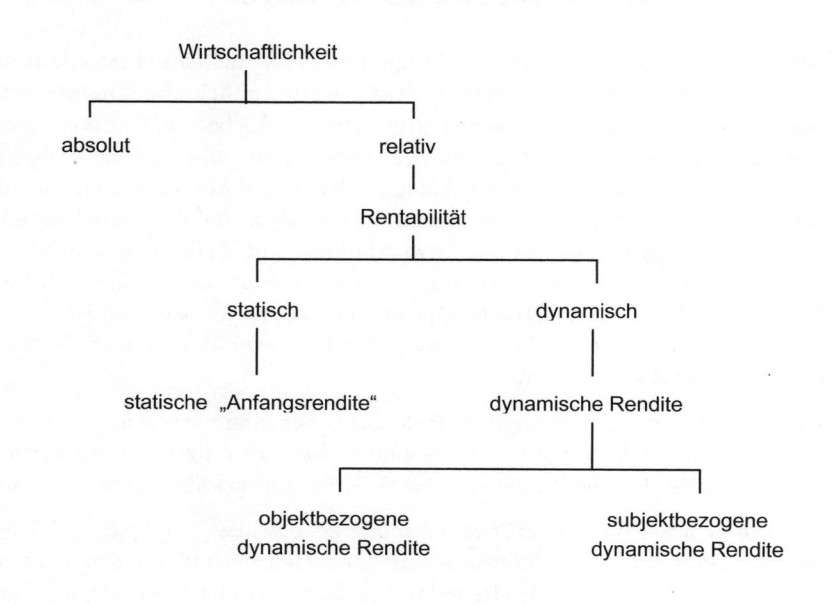

```
                        Wirtschaftlichkeit
                    ┌───────────┴───────────┐
                 absolut                  relativ
                                            │
                                       Rentabilität
                                   ┌────────┴────────┐
                                statisch          dynamisch
                                   │                 │
                       statische „Anfangsrendite"  dynamische Rendite
                                              ┌──────────┴──────────┐
                                        objektbezogene         subjektbezogene
                                      dynamische Rendite     dynamische Rendite
```

Für den Begriff **Wirtschaftlichkeit** existiert keine allgemeingültige Definition. Eine Tätigkeit wird als wirtschaftlich bezeichnet, wenn sie dem Wirtschaftlichkeitsprinzip entspricht. Dem Wirtschaftlichkeitsprinzip kann das Minimalprinzip oder das Maximalprinzip zugrunde liegen. Beim Minimalprinzip wird mit minimalem Ressourceneinsatz ein angestrebtes Ergebnis erzielt. Beim Maximalprinzip wird mit einem vorgegeben Ressourceneinsatz ein maximales Ergebnis erzielt. Minimal- und Maximalprinzip werden allgemein im generellen Extremumprinzip erfasst. Wirtschaftlichkeit bedeutet demnach das optimale Verhältnis zwischen Ressourceneinsatz und erzieltem Ergebnis.

Unterschieden wird zwischen absoluter und relativer Wirtschaftlichkeit. Bei der **absoluten Wirtschaftlichkeit** wird der Erfolg an einer absoluten Größe, z.B. dem Gewinn gemessen. So ist der erzielte Gewinn als Differenz zwischen sämtlichen Investitionskosten und dem erzielten Verkaufserlös Ausdruck absoluter Wirtschaftlichkeit der vom Bauträger getätigten Investition.

Bei der **relativen Wirtschaftlichkeit** werden eine Erfolgsgröße einer Aufwands- oder Umsatzgröße gegenübergestellt. Erfolgsgröße kann wiederum der Gewinn sein. Aufwandsgrößen können das eingesetzte Eigen- bzw. Fremdkapital, Umsatzgröße der

Umsatz sein. Die relative Wirtschaftlichkeit entspricht in dem Fall der Eigenkapital-, der Gesamtkapital- oder der Umsatzrentabilität. **Rentabilität** ist damit die relative Wirtschaftlichkeit einer Investition. In der Regel dominieren hier statische Berechnungsmethoden. Das heißt, dass Anfangs- oder Durchschnittsgrößen ins Verhältnis zueinander gesetzt werden. Bei Immobilieninvestitionen werden zu deren Berechnung in der Regel die im Anfangsjahr oder im Durchschnitt erzielbaren Jahresroherträge (Nettokaltmieten) dem Kaufpreis für die Immobilie gegenübergestellt. Der so ermittelte Wert wird auch als statische „Anfangsrendite" oder mitunter in der Praxis auch nur als Rendite bezeichnet. Jedoch handelt es sich bei der genannten Gegenüberstellung bestenfalls um eine Orientierungsgröße als Ausgangspunkt für weitere Analysen, aber nicht um eine Rendite im Sinne der Verzinsung des eingesetzten Kapitals.

Bei Anwendung der dynamischen Methoden der Investitionsrechnung zur Berechnung der **Rendite** werden immer die Zu- und Abflüsse über den gesamten betrachteten Zeitraum einer Investition einbezogen. Die zu unterschiedlichen Zeitpunkten anfallenden Zahlungen werden durch Abzinsung auf den Zeitpunkt t_0 miteinander vergleichbar gemacht. Die Rendite wird somit auf Basis der Methode des internen Zinsfußes oder auf Basis der Methode des vollständigen Finanzplans berechnet und ist Ausdruck der Verzinsung der Abflüsse durch die Zuflüsse. Für den Begriff **Rendite** existieren in der wirtschaftswissenschaftlichen Literatur eine Reihe weiterer synonym verwendeter Bezeichnungen. Dazu gehören: Effektivzins, interner Zinsfuß oder discounted – cash - flow Rendite.

In Abhängigkeit davon, ob in die Berechnung der Rendite allein Daten aus dem Immobilienobjekt einfließen oder ob subjektive Faktoren des Investors, wie Fremdkapitalanteil, Abschreibungen oder Steuersatz Berücksichtigung finden, wird zwischen **objektbezogener** und **subjektbezogener Rendite** unterschieden.

5.2 Einnahmen- und Ausgabengrößen bei Immobilieninvestitionen

Um eine Aussage über die Rendite einer Immobilieninvestition treffen zu können, ist es zunächst erforderlich, alle die Investition betreffenden Einnahmen und Ausgaben bzw. Zu- und Abflüsse im Zeitablauf zu erfassen. Die Berücksichtigung des zeitlichen Anfalls ist dann umso wichtiger, je länger der betrachtete Zeitraum ist, in dem die Immobilie im Bestand gehalten wird. Je kürzer der Zeitraum, desto geringer ist die Bedeutung des Zeitpunkts für anfallende Zahlungen. Bei einer sehr schnellen Realisierung einer Immobilieninvestition durch einen Bauträger einschließlich des vollständigen Verkaufs kann gegebenenfalls auf die Einbeziehung des Zeitpunkts der Zu- und Abflüsse verzichtet werden. Eine statische Berechnung erzielter Wirtschaftlichkeit oder Rentabilität kann in dem Fall ausreichend sein. Die getätigten Einnahmen und Ausgaben werden dann unabhängig vom Zeitpunkt des Zahlungsflusses gegenübergestellt.

Prof. Dr. habil. Kerry-U. Brauer

Bei der Renditeberechnung von Immobilieninvestitionen muss unterschieden werden zwischen der Renditeberechnung für einen Zwischeninvestor und der Renditeberechnung für einen Endinvestor.

Der Zwischeninvestor investiert zwischenzeitlich in die Immobilie und erzielt den Ertrag aus dem Verkauf. Typische Zwischeninvestoren sind Bauträger und Projektentwickler.

Der Endinvestor investiert langfristig in die Immobilie. Die Verzinsung resultiert aus der nachhaltigen Erzielung von Miet- bzw. von Reinerträgen und von der Wertentwicklung der Immobilie.

Bei der Einschätzung der Wirtschaftlichkeit von Immobilieninvestitionen durch Kreditinstitute als Grundlage für die Entscheidung zur Kreditgewährung steht weniger die erzielbare Rendite als vielmehr die Liquidität im Mittelpunkt. Der Fokus ist hier auf die laufende und vor allem langfristige Einnahmenerzielung in Form von Mieteinnahmen bzw. von Reinerträgen gerichtet, mit denen der Kapitaldienst bedient werden kann.

Die Rendite einer Immobilieninvestition ergibt sich immer aus der dauerhaften und ertragreichen Nutzung der Immobilie. Das heißt, dass der entscheidende Ausgangspunkt der Nutzwert und damit die Eignung einer Immobilie für einen bestimmten Nutzer des jeweiligen Objektes ist. Eine dauerhafte Vermietung sichert eine nachhaltige Ertragserzielung und damit die Verzinsung des aufgewendeten Kapitals für die Immobilieninvestition. Ist eine solche gesichert, ist es für einen Zwischeninvestor (Bauträger oder Projektentwickler) unproblematisch einen Endinvestor, der die Immobilie erwirbt und langfristig im Eigentum behält, zu finden. Die erzielbare Rendite eines Zwischeninvestors hängt somit von der Vermarktungsfähigkeit und dem erzielbaren Verkaufspreis ab.

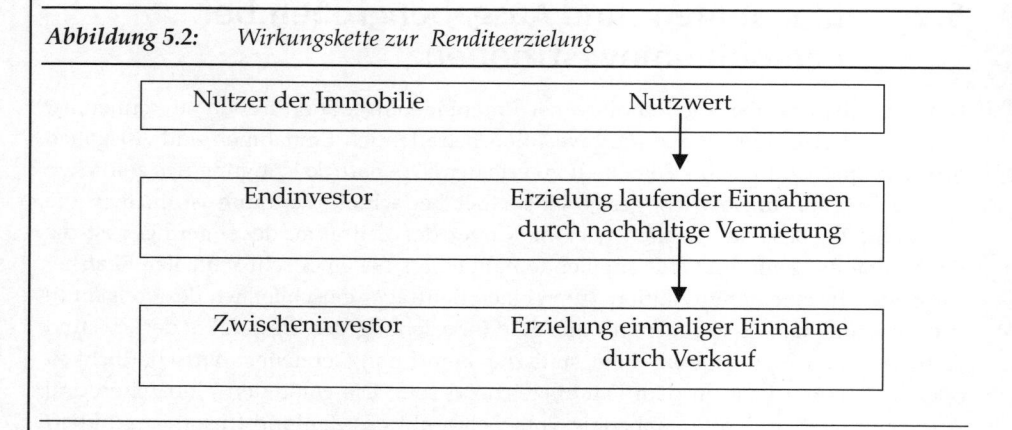

Abbildung 5.2:   Wirkungskette zur Renditeerzielung

Nutzer der Immobilie	Nutzwert
Endinvestor	Erzielung laufender Einnahmen durch nachhaltige Vermietung
Zwischeninvestor	Erzielung einmaliger Einnahme durch Verkauf

5 Renditeberechnung bei Immobilieninvestitionen

Die Übersichten zu den Einnahmen- und Ausgabengrößen sollen als Anhaltspunkte für zu berücksichtigende Größen bei der Renditeberechnung dienen. Sofern diese zahlungswirksam werden, erscheinen diese als Zu- und Abflüsse.

Einnahmen- und Ausgabengrößen für die Renditeberechnung aus Sicht eines Endinvestors

Zahlungswirksame Ausgabengrößen

Zeitpunkt t_0:

- Kaufpreis bzw. eingesetztes Eigenkapital
- Grunderwerbsteuer
- Notar- und Amtsgerichtsgebühren
- Gutachten/ Studien
- Maklerprovision

Zeitablauf:

- Kalkulatorische oder tatsächliche nicht umlagefähige Bewirtschaftungskosten (Mietausfallwagnis, Instandhaltungsrücklage, Instandhaltungskosten, Verwaltergebühren)
- Aufwendungen für Modernisierung oder Umnutzung
- Kapitaldienstraten

Zeitpunkt t_n:

- Aufwendungen für den Verkauf der Immobilie
- Tilgung der Restschuld

Zahlungswirksame Einnahmengrößen

Zeitablauf:

- Nettokaltmiete
- Steuerrückflüsse
- sonstige Zulagen bzw. gewährte Zuschüsse

Zeitpunkt t_n:

- Immobilienwert/ Verkaufserlös am Ende des Investitionszeitraums

Je exakter die hier aufgeführten Einnahmen/ Zuflüsse und Ausgaben/ Abflüsse ermittelt werden können, desto genauer ist schließlich die berechnete Rendite. Die Problematik besteht primär darin, dass mit zunehmendem Zeithorizont die angenommenen Einnahmen- und Ausgabengrößen in ihrer Eintrittswahrscheinlichkeit unsicherer werden. Das betrifft insbesondere den zu erwartenden Verkaufserlös nach einem Zeitraum von 10 und mehr Jahren. Volatile Wertentwicklungen auf den unterschiedlichen Teilmärkten erschweren eine sichere Prognose.

Einnahmen- und Ausgabengrößen für die Renditeberechnung einer Immobilieninvestition aus Sicht eines Zwischeninvestors:

Zahlungswirksame Ausgabengrößen, sofern mit Eigenkapital finanziert

- **Grunderwerbskosten**
    - Grundstückskaufpreis
    - Grunderwerbsteuer
    - Notar- und Amtsgerichtsgebühren
    - Maklercourtage

- **Grundstücksaufbereitung**
    - Vermessungskosten
    - Altlastenuntersuchung
    - Baugrundgutachten
    - Abbruch/ Räumung
    - Altlastenbeseitigung
    - innere Erschließung
    - Ablösung von Rechten

- **Bauhauptkosten**
    - Baukosten
    - Kosten für technische Ausstattung
    - Kosten für PKW-Stellplätze
    - Kosten für befestigte Außenanlagen
    - Kosten für Grünanlagen

- **Baunebenkosten**
    - Studien zu Standort- und Marktanalysen
    - Projektentwicklungskosten
    - Planungskosten
    - Kosten für die Baugenehmigung
    - Stellplatzablösekosten
    - Projektsteuerungskosten
    - Kosten für Ersatzpflanzungen

5 Renditeberechnung bei Immobilieninvestitionen

■ **Fremdfinanzierungskosten – sofern Kreditaufnahme erfolgt ist**
  - Zinsen für Grundstück
  - Zinsen für Bauhaupt- und Baunebenkosten

■ **Vertriebskosten**
  - Maklercourtage
  - Werbung
  - Prospektkosten
  - Miet- und Zinsgarantie

Zahlungswirksame Einnahmengrößen

■ Verkaufserlöse

Die hier aufgeführten Einnahmen- und Ausgabengrößen dienen als Anhaltspunkte für zu berücksichtigende Faktoren, die in eine Renditeberechnung einfließen müssen. Die Ausgabengrößen können identisch mit den Abflüssen sein, jedoch in Abhängigkeit von der konkreten Finanzierung auch davon abweichen. Bei der Inanspruchnahme eines Kredites werden bei den Abflüssen nur die Kostenpositionen berücksichtigt, die mit Eigenkapital finanziert wurden. Das aufgenommene Fremdkapital wird dann mit den Fremdfinanzierungskosten einbezogen.

Anhand eines durchgängigen Beispiels wird die Rendite einer Immobilieninvestition sowohl aus Sicht des Endinvestors als auch aus Sicht des Zwischeninvestors ermittelt. Das gleiche Beispiel wird zur Darstellung der Wirtschaftlichkeitsüberlegungen aus Sicht einer Bank fortgeführt.

5.3 Renditeberechnung aus Sicht eines Endinvestors

Ein Endinvestor erwirbt eine Immobilie mit dem Ziel, aus dieser Investition langfristig dauerhaft Einnahmen zu erzielen und darüber hinaus von der Immobilienwertsteigerung zu profitieren. Prinzipiell muss bei der Renditeberechnung für eine Immobilie zwischen

a) statischer „Anfangsrendite";
b) objektbezogener dynamischer Rendite;
c) subjektbezogener dynamischer Rendite

unterschieden werden.

a) Statische Anfangsrendite:

Für die Berechnung der statischen „Anfangsrendite" werden die zu Beginn einer Immobilieninvestition anfallenden Einnahmen und Ausgaben in das Verhältnis zueinander gesetzt. Die statische „Anfangsrendite" berücksichtigt insofern nur die Ausgangsgrößen einer Immobilieninvestition und vernachlässigt alle weiteren Zu- und Abflüsse im Investitionszeitraum einschließlich des Immobilienwertes zum Ende des Zeitraums. Insofern handelt es sich bei dieser Größe um keine Rendite, bestenfalls um eine Orientierungsgröße für den Vergleich zwischen Investitionsalternativen. Hierbei fließen ausschließlich objektbezogene Daten in die Berechnung ein. Subjektbezogene Faktoren, d.h. vom jeweiligen Investor abhängige Daten (z.B. Steuerrückflüsse), bleiben unberücksichtigt.

b) Objektbezogene dynamische Rendite

In die Berechnung der objektbezogenen dynamischen Rendite gehen alle objektbezogenen Zahlungen über den gesamten Zeitraum des Immobilienbesitzes bei Berücksichtigung des jeweiligen zeitlichen Anfalls der Zu- und Abflüsse ein. Unter objektbezogener dynamischer Rendite wird eine solche verstanden, die sich allein auf die Immobilie bezieht und jegliche subjektive, den jeweiligen Investor betreffende Faktoren, wie Steuersatz und die konkrete Ausgestaltung der Finanzierung (Darlehensart, Fremdfinanzierungsanteil, Höhe von Zinssatz und Tilgung etc.) unberücksichtigt lässt.

c) Subjektbezogene dynamische Rendite

Analog der objektbezogenen dynamischen Rendite werden auch bei der subjektbezogenen dynamischen Rendite alle über den Zeitablauf des Immobilieneigentums anfallenden Zahlungen bei Berücksichtigung ihrer zeitlichen Wirksamkeit in die Berechnung einbezogen. Der Unterschied besteht in der Berücksichtigung der bereits genannten subjektiven Faktoren (Steuersatz, Finanzierung der Immobilie, Abschreibungssätze), die die Zu- und Abflüsse im Rahmen der Immobilieninvestition maßgeblich bestimmen.

Anhand eines durchgängigen Beispiels soll aufgezeigt werden, zu welch unterschiedlichen Renditen im Ergebnis der Anwendung verschiedener Berechnungsmethoden gelangt wird.

Im folgenden Beispiel wird der Kauf eines Mehrfamilienhauses in einem Sanierungsgebiet angenommen. Der Investor erwirbt die Immobilie unsaniert, vereinbart jedoch bereits bei Kauf die Instandsetzung und Modernisierung (nachträgliche Herstellungskosten) und beabsichtigt die Immobilie 10 Jahre im Bestand zu halten.

Daten zum Immobilienobjekt (objektbezogene Daten)
- Unsaniertes Mehrfamilienhaus in einem Sanierungsgebiet mit 12 Wohnungen
- 1 000 m² Wohnfläche
- 1 300 m² Grundstücksfläche

5 Renditeberechnung bei Immobilieninvestitionen

Anschaffungskosten:

Kaufpreis (300,- €/ m² Wohnfläche)	300 000 €
Nachträgliche Herstellungskosten (900,- €/ m² Wohnfläche)	900 000 €
Investitionskosten ohne Erwerbsnebenkosten	**1 200 000 €**
Erwerbsnebenkosten (ca.5% Notar/ Amtsgericht/ Grunderwerbsteuer)	60 000 €
Summe Investitionskosten	**1 260 000 €**

Ertragserzielung:

Rohertrag 7 €/ m² Wohnfläche pro Monat	**84 000 €**
nicht umlagefähige Bewirtschaftungskosten	**Kosten p.a.**
Verwaltergebühr (15,-€/Einheit / Monat)	2 160 €
Instandhaltungsrücklage (1,- €/ m² Wohnfläche/ Monat)	12 000 €
Mietausfallwagnis (5% des Rohertrags)	4 200 €
Reinertrag	**65 640**
Immobilienwertsteigerung p.a. 1,5 % bezogen auf 1 200 000 €	(1 200 000 x 1,160541)
Immobilienwert nach 10 Jahren:	**1 392 649 €**

a) Berechnung der statischen „Anfangsrendite"

Die statische „Anfangsrendite" geht von den Einnahmen und Ausgaben einer Immobilieninvestition im Zeitpunkt t_0 aus. In Abhängigkeit davon, welche der Ausgangsgrößen in das Verhältnis zueinander gesetzt werden, variiert die als statische „Anfangsrendite" bezeichnete Größe.

$$\text{statische Anfangsrendite I} = \frac{\text{Rohertrag}}{\text{Investitionskosten ohne Erwerbsnk.}} * 100 = \frac{84.000}{1.200.000} * 100 = 7{,}00\,\%$$

$$\text{statische Anfangsrendite II} = \frac{\text{Rohertrag}}{\sum \text{Investitionskosten}} * 100 = \frac{84.000}{1.260.000} * 100 = 6{,}67\,\%$$

$$\text{statische Anfangsrendite III} = \frac{\text{Reinertrag}}{\text{Investitionskosten ohne Erwerbsnk.}} * 100 = \frac{65.640}{1.200.000} * 100 = 5{,}47\,\%$$

$$\text{statische Anfangsrendite IV} = \frac{\text{Reinertrag}}{\sum \text{Investitionskosten}} * 100 = \frac{65.640}{1.260.000} * 100 = 5{,}21\,\%$$

b) Berechnung der objektbezogenen dynamischen Rendite

Bei dieser Berechnung bleiben alle Faktoren, die subjektiv durch den Investor bedingt sind, wie z.B. Zuflüsse aus Steuerersparnis, unberücksichtigt. Die Renditeberechnung fußt allein auf den Daten zum Immobilienprojekt.

Alle Zahlungseingänge und alle Zahlungsausgänge werden über den Zeitraum der Immobilieninvestition erfasst. Im vorliegenden Beispiel umfasst dieser Zeitraum 10 Jahre. Unter Berücksichtigung des zeitlichen Anfalls der Zu- und Abflüsse werden diese auf den Zeitpunkt t_0 abgezinst und daher miteinander vergleichbar gemacht. Das heißt, dass für jeden ausgehenden und für jeden eingehenden Zahlungsstrom der Barwert ermittelt wird. Durch Addition aller Barwerte der Zuflüsse und Subtraktion aller Barwerte der Abflüsse erhält man den Kapitalwert der Investition. Beträgt der Kapitalwert gleich Null, ist der Effektivzins dieser Investition ermittelt worden. Hierfür müssen mindestens zwei Kapitalwerte mit unterschiedlichen Probierzinssätzen berechnet werden. Auf dieser Grundlage kann entweder durch schrittweise Interpolation, mit Hilfe einer grafischen Darstellung oder aber mit Hilfe einer Näherungsformel der Effektivzins ermittelt werden[2]. Nachfolgend wird der Effektivzins mit Hilfe der Regula falsi näherungsweise berechnet.

Schritte zur Rendite- bzw. Effektivzinsberechnung einer Investition:

1. Berechnung des Kapitalwerts 1 = C_{01} mit Hilfe des Probierzinssatzes i_1
2. Berechnung des Kapitalwerts 2 = C_{02} mit Hilfe des Probierzinssatzes i_2
3. Näherungsweise Berechnung des Effektivzinssatzes r mit Hilfe der Regula falsi

$$r = i_1 - C_{01} * \frac{i_2 - i_1}{C_{02} - C_{01}}$$

---

[2] Ausführliche Erläuterungen mit Berechnungsbeispielen zur Kapitalwertmethode und zur Methode des internen Zinsfußes sind u.a. zu finden in: Götze S.66ff

5 Renditeberechnung bei Immobilieninvestitionen

Berechnung der Abflüsse und der Zuflüsse

Abfluss zum Zeitpunkt t_0:

Summe der Investitionskosten: 1 260 000 €

Zu- und Abflüsse im Zeitablauf

Rohertrag - nicht umlagefähige Bewirtschaftungskosten = Reinertrag: 65 640 €

1. Berechnung des Reinertrages pro Jahr
2. Ermittlung der barwertigen Reinerträge durch Abzinsung der pro Jahr ermittelten Reinerträge auf den Zeitpunkt t_0 und Summierung der barwertigen Reinerträge (Diskontierungssummenfaktor)

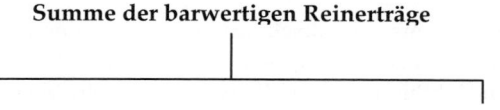

Summe der barwertigen Reinerträge

bei Probierzinssatz von 6 %	bei Probierzinssatz von 7 %
Reinerträge x Diskontierungssummenfaktor	Reinerträge x Diskontierungssummenfaktor
65 640 € x 7,360087	65 640 € x 7,023582
483 116 €	**461 028 €**

Zufluss im Zeitpunkt t_n

Immobilienwert/ Verkaufserlös nach 10 Jahren   1 392 649 €

Ermittlung des Barwerts durch Abzinsung auf den Zeitpunkt t_0

Barwert der Immobilie

bei Probierzinssatz von 6 %	bei Probierzinssatz von 7 %
Immobilienwert x Abzinsungsfaktor	Immobilienwert x Abzinsungsfaktor
1 392 649 € x 0,558395	1 392 649 € x 0,508349
777 648 €	**707 952 €**

Berechnung der objektbezogenen Rendite

	$i_1 = 0{,}06$	$i_2 = 0{,}07$
- Barwert der Summe Investitionskosten	1 260 000 €	1 260 000 €
+ Barwert der Reinerträge	483 116 €	461 028 €
+ Barwert Immobilienwert	777 648 €	707 952 €
Summe der Barwerte – C_0	**+ 764 €**	**- 91 020 €**

Auf Basis der Methode des internen Zinsfußes wird mit Hilfe der Näherungsformel Regula falsi eine **objektbezogene dynamische Rendite in Höhe von 6,01 %** ermittelt.

c) Berechnung der subjektbezogenen dynamischen Rendite

Die Methode zur Berechnung der subjektbezogenen dynamischen Rendite ist analog der zur Berechnung der objektbezogenen dynamischen Rendite. Der Unterschied besteht in den Zu- und Abflüssen, die in die Berechnung eingehen.

Zur Berechnung der subjektbezogenen dynamischen Rendite müssen alle für den jeweiligen Investor relevanten Zu- und Abflüsse einbezogen werden. Das betrifft insbesondere die steuerlichen Aspekte. Unterschiede in den Steuerrückflüssen resultieren aus dem konkreten Steuersatz des Investors, aus der Abschreibung der Immobilie und aus der konkreten Finanzierungsgestaltung in Form von Zinssatz, Darlehensart, Tilgungsumfang.

Aus diesem Grunde sind eine Reihe subjektbezogener Daten notwendig, um die Berechnung vornehmen zu können.

Subjektbezogene Daten:

Zeitraum des Immobilieneigentums: 10 Jahre

Finanzierung

Summe Investitionskosten	1 260 000 €
Eigenkapital (ca. 30%)	360 000 €
Fremdkapital (ca. 70%)	900 000 €

Festdarlehen zu 6,0% Zinssatz ⇨ 54 000 €/ p.a. Zinsleistung

5 Renditeberechnung bei Immobilieninvestitionen

Ermittlung der Abschreibungsvolumina:
Verteilung der Summe der Investitionskosten von 1 260 000 €

Grundstücksanteil am Kaufpreis	Gebäudeanteil am Kaufpreis	Nachträgliche Herstellungskosten
1 300 m² x 140 €/m² 182 000 €	118 000 €	900 000 €
Anteilige Zurechnung der Erwerbsnebenkosten von 5 %		
191 100 €	123 900 €	945 000 €
Keine Abschreibung	Lineare Abschreibung 2 % : 2 478 €	Degressive Abschreibung 1.- 8. Jahr: 9%: 85 050 € 9.- 12.Jahr: 7 %: 66 150 €

zu versteuerndes Einkommen des Investors
vor der getätigten Immobilieninvestition p.a.:   130 000 €

Auf der Grundlage der objektbezogenen und der subjektbezogenen Daten werden die Nettorückflüsse pro Jahr berechnet. Um die zu unterschiedlichen Zeitpunkten anfallenden Nettorückflüsse miteinander vergleichbar machen zu können, werden diese jeweils auf den Zeitpunkt t_0 abgezinst. Man erhält so die Barwerte der Nettorückflüsse, die schließlich summiert werden.

Berechnung der Zu- und Abflüsse

Abfluss zum Zeitpunkt t_0:   Eigenkapitaleinsatz   360 000 €

Zu- und Abflüsse im Zeitablauf

	Rohertrag (Nettokaltmiete)
-	nicht umlagefähige Bewirtschaftungskosten
=	Reinertrag vor Steuern
-	Fremdkapitalzinsen
+	Rückfluss aus Steuerersparnis*
=	Nettorückfluss

* Für die Berechnung der Höhe des Rückflusses aus Steuerersparnis wird ein beispielhafter Steuertarif gewählt. An dieser Stelle wird ausdrücklich darauf hingewiesen, dass die erhöhten Absetzungen nach § 7h Einkommensteuergesetz nur in Anspruch genommen werden dürfen, wenn der Erwerb der Immobilie im unsanierten Zustand erfolgt und somit nach dem Erwerb die nachträglichen Herstellungskosten anfallen.

Berechnung der Einkünfte aus Vermietung und Verpachtung

	1. bis 8. Jahr	9. und 10. Jahr
Reinertrag	65 640 €	65 640 €
- Fremdkapitalzinsen	54 000€	54 000 €
- Summe Abschreibungen	87 528 €	68 628 €
Einkünfte aus Vermietung und Verpachtung	- 75 888 €	- 56 988 €

Berechnung des Steuerrückflusses

	1. bis 8. Jahr	9. und 10. Jahr
zu verst. Einkommen ohne Immobilieninvestition	130 000 €	130 000 €
Tarifliche Einkommensteuerschuld bei 130 000 €	46 686 €	46 686 €
Zu versteuerndes Einkommen nach getätigter Immobilieninvestition durch Verrechnung mit den Einkünften aus Vermietung und Verpachtung	130 000 € - 75 888 € = 54 112 €	130 000 € -56 988 € = 73 012 €
Steuerschuld nach getätigter Immobilieninvestition	14 810 €	22 750 €
Steuerersparnis aus der Differenz zwischen Steuerschuld ohne und mit Immobilieninvestition = Steuerrückfluss	31 876 €	23 936 €

Berechnung der Nettorückflüsse

	1. bis 8. Jahr	9. und 10. Jahr
Reinerträge	65 640 €	65 640 €
- Fremdkapitalzinsen	- 54 000 €	- 54 000 €
+ Steuerrückfluss	+ 31 876 €	+ 23 936 €
Nettorückfluss	**43 516 €**	**35 576 €**

5 Renditeberechnung bei Immobilieninvestitionen

Berechnung der barwertigen Nettorückflüsse durch Abzinsung auf t_0 und Summierung

		$i_1 = 0{,}13$	$i_2 = 0{,}14$
43 516 €	Diskontierungssummenfaktor n= 8	208 823 €	201 865 €
35 576 €	Abzinsungsfaktor n= 9	11 843 €	10 940 €
35 576 €	Abzinsungsfaktor n = 10	10 480 €	9 596 €
Summe	**barwertiger Nettorückflüsse**	**231 146 €**	**222 401 €**

Zufluss zum Zeitpunkt t_n

Immobilienwert in t_n − Kredit in t_n = Zufluss in t_n

1 392 649 € - 900 000 € = 492 649 €

Ermittlung des Barwertes durch Abzinsung auf t_0

		$i_1 = 0{,}13$	$i_2 = 0{,}14$
492 649 €	Abzinsungsfaktor n= 10	145 128 €	132 889 €

Berechnung der subjektbezogenen Rendite

	$i_1 = 0{,}13$	$i_2 = 0{,}14$
- Eigenkapital	360 000 €	360 000 €
+ Nettorückflüsse	231 146 €	222 401 €
+ Immobilienwert abzgl. Kredit	145 128 €	132 889 €
Summe der Barwerte − C_0	**+ 16 274 €**	**- 4 710 €**

Auf Basis der Methode des internen Zinsfußes wird mit Hilfe der Näherungsformel Regula falsi eine subjektbezogene dynamische Rendite in Höhe von **13,78 %** ermittelt.

Die subjektbezogene dynamische Rendite wird maßgeblich durch folgende Faktoren in ihrer Höhe beeinflusst:

- Steuersatz des Investors
- Abschreibungssätze (linear/ degressiv)
- Fremdkapitalanteil und Fremdkapitalzins
- Immobilienwertsteigerung.

Umso höher der persönliche Steuersatz des Investors ist, desto höher ist die erzielbare subjektbezogene Immobilienrendite bzw. umgekehrt. Das Hauptproblem bei dynamischen Berechnungen besteht in der Einschätzung der voraussichtlichen Immobilienwertsteigerung.

Prof. Dr. habil. Kerry-U. Brauer

Methode des vollständigen Finanzplans (VOFI - Methode)

Ziel bei der Methode des vollständigen Finanzplans ist die Berechnung eines Vermögensendwertes einer Investition. Mit Ermittlung dieses Endwertes eignet sich diese Methode ebenfalls für die Renditeberechnung. Bei der Methode des vollständigen Finanzplans werden ähnlich der dargestellten Methode des internen Zinsfußes zur Renditeberechnung der Immobilieninvestition periodische Zahlungsströme ermittelt. Das heißt, es werden pro Periode sämtliche Zuflüsse und Abflüsse erfasst. Hierin besteht die Analogie zur Methode des internen Zinsfußes. Unterschiede zur Methode des internen Zinsfußes bestehen

    a)   in der Differenzierung zwischen Geldanlage- und Kreditzinssatz und

    b)   in der Reduktion der Zahlungsströme auf einen Zweizahlungsfall.

Zu a) Bei der Methode des internen Zinsfußes wird unterstellt, dass Geldanlage- und Kreditzins identisch sind. Bei der Methode des vollständigen Finanzplans werden dagegen die pro Periode erzielten Zahlungsüberschüsse um einen Habenzinssatz (Geldanlagezinssatz) aufgezinst. Sofern in der jeweiligen Periode eine Unterdeckung infolge sinkender Mieteinnahmen oder getätigter Investitionsmaßnahmen erreicht wird, wird diese Unterdeckung mit angenommenen Sollzinssätzen (Kreditzinssätze) berücksichtigt. Der Kapitalmarktrealität entsprechend wird hier mit unterschiedlichen Soll- und Habenzinssätzen gearbeitet. Es können diese darüber hinaus pro Periode variiert werden. Auf diese Weise können die Zahlungsströme realitätsnäher abgebildet werden.

Zu b) Mit der Reduktion der Zahlungsströme auf einen Zweizahlungsfall wird bei der Ermittlung der Rendite auf Basis der Methode des vollständigen Finanzplans das mathematische Problem des Mehrperiodenfalls umgangen. Bei der Methode des internen Zinsfußes könnte in Abhängigkeit von den konkreten Zahlungen das Problem auftreten, dass verschiedene interne Zinssätze ermittelt werden.

Bei der Ermittlung der Rendite auf Basis der Methode des vollständigen Finanzplans werden die periodischen Zahlungsströme akkumuliert. Zum Zeitpunkt t_n am Ende des betrachteten Investitionszeitraums wird, analog des beschriebenen Beispiels bei der Methode des internen Zinsfußes, der Immobilienwert als tatsächlicher oder fiktiver Zufluss einbezogen. Es liegen so schließlich zwei Werte vor. Der Anfangswert K_0 zu Beginn des Investitionszeitraums und der Endwert K_n für die kumulierten Zahlungsströme über den gesamten Investitionszeitraum einschließlich des Immobilienwertes. Auf der Grundlage dieser Werte wird die VOFI – Rendite nach folgender Formel ermittelt:

$$r = \sqrt[n]{\frac{K_n}{K_o}} - 1$$

5 Renditeberechnung bei Immobilieninvestitionen

Zur Darstellung der Methode des vollständigen Finanzplans wird das Beispiel zur Ermittlung der subjektbezogenen Rendite fortgeführt. Es wird mit den analogen Zu- und Abflüsse gerechnet. Die ausgewiesenen Zuflüssen beinhalten die Nettorückflüsse, bei denen die aus der Vermietung generierten Reinerträge, die abfließenden Fremdkapitalzinsen sowie die zufließenden Steuerrückflüsse einbezogen wurden. Zu- und Abflüsse werden periodenbezogen akkumuliert, um schließlich die Rendite auf der Grundlage der Methode des vollständigen Finanzplans ermitteln zu können.

	Zufluss	Abfluss	Akkumulierter Kapitalstrom	Akkumulierter Kapitalstrom zzgl. Verzinsung von 3 %
t_0		$K_0 = 360\,000$ €		
t_1	43 516 e	–	43 516 €	44 821 €
t_2	43 516 €		88 337 €	90 987 €
t_3	43 516 €		134 503 €	138 538 €
t_4	43 516 €		182 054 €	187 516 €
t_5	43 516 €		231 032 €	237 963 €
t_6	43 516 €		281 479 €	289 923 €
t_7	43 516 e		333 439 €	343 442 €
t_8	43 516 €		386 958 €	398 567 €
t_9	35 576 €		434 143 €	447 167 €
t_{10}	35 576 €		482 743 €	t_{10} ohne Aufzinsung, da Periodenende 482 743 €

Zufluss durch Verkauf: Liquidationserlös

Immobilienwert – Kredit = 1 392 649 € – 900 000 € = 492 649 €

Zufluss in t_{10}:

K_{10} = akkumulierter Kapitalstrom + Liquidationserlös = 482 743 € + 492 649

$K_{10} = 975\,392$ €

$$r = \sqrt[10]{\frac{975\,392\,\text{€}}{360\,000\,\text{€}}} - 1 = 0{,}1048 \times 100 = 10{,}48\,\%$$

Prof. Dr. habil. Kerry-U. Brauer

Wertung der Methoden

Die Ergebnisunterschiede zwischen beiden Methoden resultieren daraus, dass bei der Methode des internen Zinsfußes unterstellt wird, dass die Liquiditätsüberschüsse zum ermittelten internen Zinsfuß verzinslich angelegt werden. Bei der Methode des vollständigen Finanzplans wurde von der Annahme ausgegangen, dass die erzielten Liquiditätsüberschüsse nur mit 3 % verzinslich angelegt werden. Hieraus erklärt sich die ermittelte Rendite von 10, 48 % bei der Methode des vollständigen Finanzplans gegenüber der Rendite von 13, 78 % bei der Methode des internen Zinsfußes.

Die Aussagefähigkeit der ermittelten Rendite hängt jedoch bei beiden Methoden von der Genauigkeit ermittelter Zahlungsströme ab. Das inhaltliche Grundproblem einer Renditeberechnung von Immobilieninvestitionen ist beiden Methoden immanent. Es kann über einen vergleichsweise langen Zeitraum nur mit hoher Unsicherheit die Mietpreisentwicklung, die Entwicklung des Geldanlage- und Kreditzinsniveaus, die Einkommensentwicklung des Investors mit den daraus resultierenden Steuervorteilen und vor allem der Immobilienwert am Ende des betrachteten Investitionszeitraums prognostiziert werden.

Welchen Einfluss die gewählten Methoden und einbezogenen Zu- und Abflussgrößen auf die ermittelte Rendite haben, wurde im gewählten durchgängigen Beispiel deutlich. Für ein und dieselbe Immobilie wurden Renditen zwischen 5,21 und 13,78 Prozent berechnet.

5.4 Möglichkeiten der Objektivierung der Renditeberechnung mit Hilfe der Monte Carlo Analyse

Neben der konkret angewendeten Methode hängen die in der Praxis erzielbaren Ergebnisse einer Renditeberechnung primär von der Mietpreisentwicklung, den Abschreibungsmöglichkeiten, den Fremdkapitalzinssätzen, dem Steuersatz des Investors, der Höhe nicht umlagefähiger Bewirtschaftungskosten, dem Mietausfall und der Immobilienwertsteigerung ab. Die Kenntnis dieser Faktoren, die die Rendite einer Immobilieninvestition maßgeblich beeinflussen, ist für das erfolgreiche Agieren auf dem Immobilienmarkt unerlässlich. Die Schwierigkeit besteht in der Prognose dieser Werte. Eine solche Prognose wird durch eine stark differenzierte Entwicklung auf den Immobilienteilmärkten sowohl hinsichtlich des Standortes als auch hinsichtlich der Nutzungsart der Immobilie wesentlich erschwert.

Die Extrapolation aus Vergangenheitswerten reicht hierfür nicht aus. Vielmehr ist umfangreiches Expertenwissen und damit einhergehende Kenntnis über wesentliche Indikatoren, die die Immobilienmarktentwicklung beeinflussen, unabdingbar. Des Weiteren können die berechneten Renditewerte objektiviert werden, wenn für jeden

5 Renditeberechnung bei Immobilieninvestitionen

Zahlungsstrom, der die Rendite einer Immobilieninvestition beeinflusst, eine Bandbreite von Werten berücksichtigt wird. Theoretische Grundlage einer solchen Verfahrensweise bildet die Monte Carlo Analyse. Hierbei werden von Experten die Bandbreite zwischen dem besten und dem schlechtesten Wert jeder Einflussgröße festgelegt. Im darauf folgenden Schritt werden nun aus der Gesamtheit eingegebener Werte mit Hilfe eines Zufallsgenerators hinreichend viele Stichprobenwerte für die Rendite ermittelt. Im Ergebnis liegen an Stelle der im Beispiel aufgeführten Einzelwerte pro Berechnungsmethode, eine Vielzahl möglicher Renditegrößen einer Immobilieninvestition und deren Eintrittswahrscheinlichkeit vor. Der Investor hat nach diesem Verfahren eine objektivere Entscheidungsgrundlage für sein Investitionsvorhaben.

5.5 Renditeberechnung aus Sicht eines Zwischeninvestors

Die Berücksichtigung des Zeitpunkts von Zu- und Abflüssen ist bei einer Renditeberechnung dann umso wichtiger, je länger der betrachtete Zeitraum ist. Bei einem Zwischeninvestor hängt die Notwendigkeit einer dynamischen Renditeberechnung vom Zeitraum zwischen dem ersten Zahlungsausgang für die Projektidee und dem Grundstücksankauf und dem letzten Zahlungseingang infolge des Verkaufs der fertig gestellten Immobilie ab. Je länger die zu erwartende Vermarktungszeit für die Immobilie ist, desto wichtiger ist die Berücksichtigung des Zeitfaktors bei der Renditeberechnung.

Analog der für einen Endinvestor dargestellten Varianten der Renditeberechnung sollen auch die verschiedenen Möglichkeiten der Renditeberechnung für einen Zwischeninvestor aufgezeigt werden. Steuerliche und damit den Investor betreffende subjektive Aspekte können vernachlässigt werden, da die steuerliche Förderung von Immobilieninvestitionen auf das langfristige Immobilieneigentum gerichtet ist und insofern den Zwischeninvestor nach momentan geltendem Steuerrecht nicht tangiert.

Prof. Dr. habil. Kerry-U. Brauer

Daten zum Immobilienprojekt – Kalkulation eines Zwischeninvestors

Kostenart	„Masse"	Preis	Gesamtpreis
Kaufpreis	1000 m²	800 €	800 000 €
Erwerbsnebenkosten	10 %		80 000 €
Sanierungskosten	1000 m²	900 €	900 000 €
Finanzierungskosten	6% Zins	3 Jahre hälftige Inanspruchnahme eines Darlehens in Höhe von 600000 €	54 000 €
Vermarktungskosten	8 %	bezogen auf den Verkaufspreis 2 500 000 €	200 000 €
Summe Kosten			**2 034 000 €**

Erläuterungen zur Kostenkalkulation:

Bei der Kostenkalkulation durch den Zwischeninvestor ist zu berücksichtigen, inwieweit die Einheiten bzw. Räumlichkeiten künftig an Nutzer verkauft oder vermietet werden, die die Vorsteuer mit ihrer Umsatzsteuerlast verrechnen können. In dem Fall wird die im Kaufpreis oder im Mietpreis ausgewiesene Umsatzsteuer nicht liquiditätswirksam. Der Zwischeninvestor kann in diesem Fall mit Nettopreisen, d.h. ohne Umsatzsteuer kalkulieren. Ist eine Verrechnung der Vorsteuer mit der Umsatzsteuerlast nicht möglich, ist mit Bruttopreisen, d.h. mit Umsatzsteuer zu kalkulieren. Das betrifft immer die Errichtung von Wohnungen und die Errichtung von Gewerbeeinheiten, sofern diese an Gewerbetreibende oder an Freiberufler vermietet werden, die steuerfreie Umsätze tätigen (z.B. Ärzte, Kreditinstitute). Im oben stehenden Beispiel wurde durchgängig mit Bruttowerten kalkuliert, da es sich um ein Wohnobjekt handelt.

a) Berechnung der Umsatzrentabilität

Voraussetzung für die Berechnung der Umsatzrentabilität ist die Ermittlung des realisierten Gewinns, der ins Verhältnis zum realisierten Verkaufserlös gesetzt wird. Im vorliegenden Beispiel wird davon ausgegangen, dass der Zwischeninvestor die Immobilie für insgesamt 2 500 000 € veräußert. Damit erzielt er einen Gewinn vor Steuer aus dem Vorhaben in Höhe von 466 000 €.

$$\text{Umsatzrentabilität} = \frac{\text{Gewinn}}{\text{Umsatz}} \times 100 = \frac{466.000 \text{ €}}{2\,500.000 \text{ €}} \times 100 = 18{,}64\ \%$$

5 Renditeberechnung bei Immobilieninvestitionen

b) Berechnung der Rendite eines Zwischeninvestors

Die Berechnung der Immobilienrendite, die durch einen Zwischeninvestor erzielt wird, erfordert die Erfassung aller Zahlungsausgänge und aller Zahlungseingänge nach dem Zeitpunkt ihres Anfalls. Mit Hilfe eines Liquiditätsplans können die Zahlungsströme erfasst werden. Durch Abzinsung auf den Zeitpunkt t_0 werden diese letztlich miteinander vergleichbar gemacht. Im Ergebnis hiervon kann wiederum mit Hilfe der Methode des internen Zinsfußes die Rendite ermittelt werden.

Auch dieses Beispiel wird fortgesetzt. Folgende Zahlungsausgänge und Zahlungseingänge im Zeitablauf werden für das Immobilienprojekt angenommen:

Periode		Zahlungsausgänge/Abflüsse	Zahlungseingänge/Zuflüsse
0.	Kaufpreis incl. Erwerbsnebenkosten	880 000 €	-
1.	Sanierungskosten und anteilige Finanzierungs- und Vermarktungskosten	577 000 €	-
2.	Sanierungskosten und anteilige Finanzierungs- und Vermarktungskosten	577 000 €	-
3.	Erlöse		2 500 000 €
Summe		2 034 000 €	2 500 000 €
Periode		Barwert bei $i_1 = 0{,}09$	Barwert bei $i_2 = 0{,}10$
0.	Grundstückskosten	880 000 €	880 000 €
1.	anteilige Kosten	529 358 €	524 546 €
2.	anteilige Kosten	485 649 €	476 859 €
3.	Erlöse	1 930 458 €	1 878 288 €
Kapitalwerte		+ 35 451 €	- 3 117 €

Werden nun die ermittelten Kapitalwerte sowie die Probierzinssätze in die Näherungsformel Regula falsi eingesetzt, ergibt sich eine Immobilienrendite von 9,92 %. Da erst am Ende des Investitionszeitraums die Zuflüsse realisiert werden, werden diese bei der Barwertermittlung stärker abgezinst, was schließlich zu dem großen Unterschied zwischen der statischen Berechnung (Umsatzrentabilität) und der dynamischen Berechnung führt.

Prof. Dr. habil. Kerry-U. Brauer

5.6 Wirtschaftlichkeitsbetrachtungen aus Sicht einer Bank

Während für den Endinvestor und den Zwischeninvestor die erzielbare Rendite einer Immobilieninvestition von Bedeutung ist, ist die Betrachtungsweise der Bank eine andere. Immobilieninvestitionen werden von ihr unter dem Aspekt der laufenden Kapitaldienstdeckung und der Werthaltigkeit der Immobilie als Kreditsicherheit eingeschätzt. Für die Bank stehen somit einerseits liquiditätsmäßige Betrachtungen und andererseits wertmäßige Betrachtungen im Mittelpunkt.

Liquiditätsmäßige Betrachtung

Bei der liquiditätsmäßigen Betrachtung wird analysiert, inwieweit die zu erbringenden Zins- und Tilgungsleistungen aus den Reinerträgen oder aus den Nettorückflüssen aus der Immobilieninvestition gedeckt werden können. In der Regel werden die Reinerträge und nicht die Nettorückflüsse herangezogen. Eine ausgeglichene Objektrentabilität ist dann gegeben, wenn Zins- und Tilgungsleistungen vollständig aus den Reinerträgen beglichen werden können. Werden, wie im eingangs dargestellten Beispiel zur Renditeberechnung eines Endinvestors, Reinerträge in Höhe von 65 640 € erzielt und wird von einer Kapitaldienstrate (Zins- und Tilgungsleistung) von 7 % ausgegangen, ergibt sich folgende Kapitaldienstgrenze.

$$\text{Kapitaldienstgrenze} = \frac{\text{Reinerträge}}{\text{Zins- und Tilgungssatz} : 100} = \frac{65\,640\,€}{0{,}07} = 937\,714{,}28\,€$$

Im aufgeführten Beispiel des Endinvestors könnte eine maximale Kreditsumme von 937 714 € bei einem Zinssatz von 6,0 % und einem Tilgungssatz von 1,0 % aus den Reinerträgen bedient werden. Übersteigt der Kapitaldienst die erzielbaren Reinerträge, muss vom Investor nachgewiesen werden, dass er die Liquiditätslücke aus anderweitigen Einkünften schließen kann.

Werthaltigkeit der Immobilieninvestition

Hier wird durch die Bank oder durch einen von ihr beauftragten Sachverständigen zunächst der Verkehrswert ermittelt. Auf dieser Grundlage wird dann der Beleihungswert berechnet[3]. Der Beleihungswert für die Immobilie wird durch den jeweiligen Kompetenzträger für die Kreditentscheidung festgesetzt. Im aufgeführten Beispiel ergibt sich bei einer Restnutzungsdauer von 50 Jahren und einem Liegenschaftszinssatz von 5,5 % ein Vervielfältiger von 16,93 (Diskontierungssummenfaktor). Wird dieser Vervielfältiger mit den Reinerträgen in Höhe von 65 640 € multipliziert, erhält

---
[3] Vgl. Kapitel „6 Immobilienfinanzierung" 6.3.3 Objektprüfung

5 Renditeberechnung bei Immobilieninvestitionen

man einen Ertragswert in Höhe von 1 111 285 €. (Auf die getrennte Ermittlung zwischen Bodenwert- und Gebäudeverzinsung wird an dieser Stelle verzichtet). Aus Sicht der Bank ergeben sich zwei Eckpunkte für die Einschätzung der Wirtschaftlichkeit. Im Beispiel sind das zum einen die Kapitaldienstgrenze für den zu gewährenden Kredit in Höhe von 937 714 €. Zum anderen bildet die Werthaltigkeit der Immobilie in Höhe von 1 111 285 € das Wirtschaftlichkeitskriterium. Wirtschaftlichkeitsbetrachtungen werden hier unter dem Aspekt des schlechtesten Falls für eine Bank, dem Fall der Zwangsversteigerung der Immobilie, angestellt.

Weitere Erläuterungen zu diesem Thema werden im Kapitel „6 Immobilienfinanzierung" gegeben.

Prof. Dr. habil. Kerry-U. Brauer

5.7 Literaturverzeichnis

Däumler, Klaus-Dieter: Finanzmathematisches Tabellenwerk, Berlin 1998

Gabler - Wirtschaftslexikon, Wiesbaden 2010

Götze, Uwe: Investitionsrechnung – Modelle und Analysen zur Beurteilung von Investitonsvorhaben, Berlin Heidelberg New York 2008

Olfert, Klaus: Finanzierung, Ludwigshafen (Rhein) 2011

Wöhe, Günter: Einführung in die Allgemeine Betriebswirtschaftslehre, München 2010

Sechstes Kapitel

Immobilienfinanzierung

Prof. Dr. habil. Kerry-U. Brauer

6 Immobilienfinanzierung

6.1 Einführung in die Immobilienfinanzierung 467
    6.1.1 Betriebswirtschaftliche und volkswirtschaftliche Einordnung der Immobilienfinanzierung 467
    6.1.2 Zusammenhang zwischen Refinanzierung und Kreditvergabe 470
    6.1.3 Anbieter von Immobilienfinanzierungen 473
6.2 Grundsatzentscheidungen bei der Kreditaufnahme zur Immobilienfinanzierung 477
    6.2.1 Entscheidung zur Kreditart 477
    6.2.2 Entscheidung zur Zinsvereinbarung 482
    6.2.3 Kreditsicherheiten 488
        6.2.3.1 Übersicht über die Kreditsicherheiten 488
        6.2.3.2 Personensicherheiten 489
        6.2.3.3 Sachsicherheiten 491
6.3 Prozess der Kreditgewährung 494
    6.3.1 Kreditantragstellung 494
    6.3.2 Bonitätsprüfung 496
    6.3.3 Objektprüfung 499
        6.3.3.1 Grundlagen der Immobilienbewertung 499
        6.3.3.2 Beleihungswertermittlung 507
    6.3.4 Kreditvertrag 509
    6.3.5 Valutierung und Prolongation 511
6.4 Bauträgerfinanzierung 515
    6.4.1 Abgrenzung der Bauträgerfinanzierung von der Langfristfinanzierung einer Immobilieninvestition 515
    6.4.2 Prüfung des Bauträgers 518
    6.4.3 Prüfung des Bauträgervorhabens 520
    6.4.4 Bauträgerkreditvertrag 523
    6.4.5 Besicherung, Valutierung und Rückzahlung des Bauträgerkredits.. 527
6.5 Alternative Formen der Kapitalbeschaffung zur Realisierung von Immobilieninvestitionen 530
    6.5.1 Entwicklungstrends in der Kapitalbeschaffung 530
    6.5.2 Alternative Formen der Kapitalbeschaffung 531
6.6 Literaturverzeichnis 537

6.1 Einführung in die Immobilienfinanzierung

6.1.1 Betriebswirtschaftliche und volkswirtschaftliche Einordnung der Immobilienfinanzierung

In der Betriebswirtschaftslehre wird unter Finanzierung die Kapitalbeschaffung zur Realisierung einer Investition verstanden. Bei der Kapitalbeschaffung wird in der betriebswirtschaftlichen Literatur nach

- Kapitalherkunft (Innen- oder Außenfinanzierung),
- Kapitalart (Eigen- oder Fremdkapitel) und
- Kapitalfristigkeiten (kurz-, mittel-, langfristige Kapitalbereitstellung) unterschieden.

Abbildung 6.1::   Gliederung der Kapitalbeschaffung nach der Kapitalart

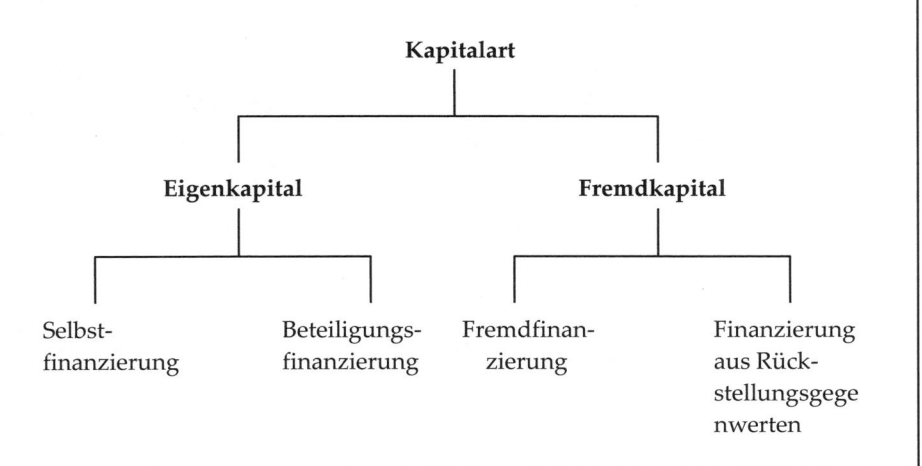

```
                          Kapitalart
                 ┌────────────┴────────────┐
            Eigenkapital              Fremdkapital
            ┌────┴────┐               ┌────┴────┐
        Selbst-    Beteiligungs-   Fremdfinan-   Finanzierung
      finanzierung  finanzierung    zierung      aus Rück-
                                                 stellungsgege
                                                 nwerten
```

Bei der **Selbstfinanzierung** werden bereits erwirtschaftete finanzielle Mittel in die Finanzierung eingebracht. Das können bei einem gewerblichen Investor, wie z. B. einem Bauträger, erwirtschaftete Gewinne aus dem Verkauf anderer Objekte, gebildete Abschreibungen oder Rücklagen sein. Bei einem privaten Investor zählen hierzu alle verfügbaren finanziellen Mittel, die in der Vergangenheit aus den erzielten Einkünften gemäß § 2 Einkommensteuergesetz gebildet wurden.

Bei der **Beteiligungsfinanzierung** wird Eigenkapital durch Zuführung von außen bereitgestellt. Sie ist insbesondere für Kapitalgesellschaften eine wesentliche Finanzierungsmöglichkeit. Durch den Erwerb von Aktien oder GmbH-Anteilen wird sich am Unternehmen beteiligt.

Prof. Dr. habil. Kerry-U. Brauer

Die **Fremdfinanzierung** beinhaltet die „klassische" Kreditgewährung in der Regel durch ein Kreditinstitut. Aufgrund der Kapitalintensität von Immobilieninvestitionen kommt dieser bei Immobilienfinanzierungen, trotz aller alternativen Formen der Kapitalbeschaffung[1], die wesentliche Bedeutung zu.

Die **Finanzierung aus Rückstellungsgegenwerten** ist im Vergleich zu den bereits genannten Finanzierungsmöglichkeiten von relativ geringer Bedeutung. Als Beispiel sei die Finanzierung aus Pensionsrückstellungen genannt.

Die **Einordnung in volkswirtschaftliche Zusammenhänge** ist über die Beteiligungs- und Fremdfinanzierung gegeben. In beiden Fällen wird das Kapital von außen zugeführt. Bei der Beteiligungsfinanzierung wird das Kapital durch den Verkauf von Beteiligungen an einer Gesellschaft (z. B. Aktien, GmbH- Anteile, Genossenschaftsanteile) beschafft. Für die Fremdfinanzierung in Form der Kreditvergabe refinanzieren sich Banken auf dem Finanzmarkt mit seinen Segmenten Geld- und Kapitalmarkt. Der Kapitalmarkt ist in Aktien- und Rentenmarkt gegliedert. So wie der Aktienmarkt eine wichtige Grundlage für die Beteiligungsfinanzierung ist, bilden der Geldmarkt und vor allem der Rentenmarkt (Markt für fest verzinslichte Wertpapiere) die wesentliche Grundlage der Fremdfinanzierung.

Schematisch lässt sich der hier beschriebene Zusammenhang zwischen betriebswirtschaftlicher und volkswirtschaftlicher Einordnung der Immobilienfinanzierung folgendermaßen darstellen:

---

1   Vgl. Abschnitt 6.5.2 Alternative Formen der Kapitalbeschaffung

6 Immobilienfinanzierung

Abbildung 6.2: Finanzierung aus betriebswirtschaftlicher und aus volkswirtschaftlicher Sicht

```
                    Eigenkapital                              Fremdkapital
                 ┌──────┴──────┐                       ┌──────────┴──────────┐
            Selbst-        Beteiligungs-           Fremd-              Finanzierung aus
         finanzierung      finanzierung         finanzierung           Rückstellungs-
                                                                         gegenwerten
                                 └──────────┬──────────┘
                                       Finanzmarkt
                              ┌─────────────┴─────────────┐
                          Geldmarkt                    Kapitalmarkt
                                                  ┌─────────┴─────────┐
                                              Aktienmarkt         Rentenmarkt
                                     ──────▶  Kreditmarkt  ◀──────

                  Refinanzierung für                      Refinanzierung für
                  kurzfristige Kredite                    langfristige Kredite
```

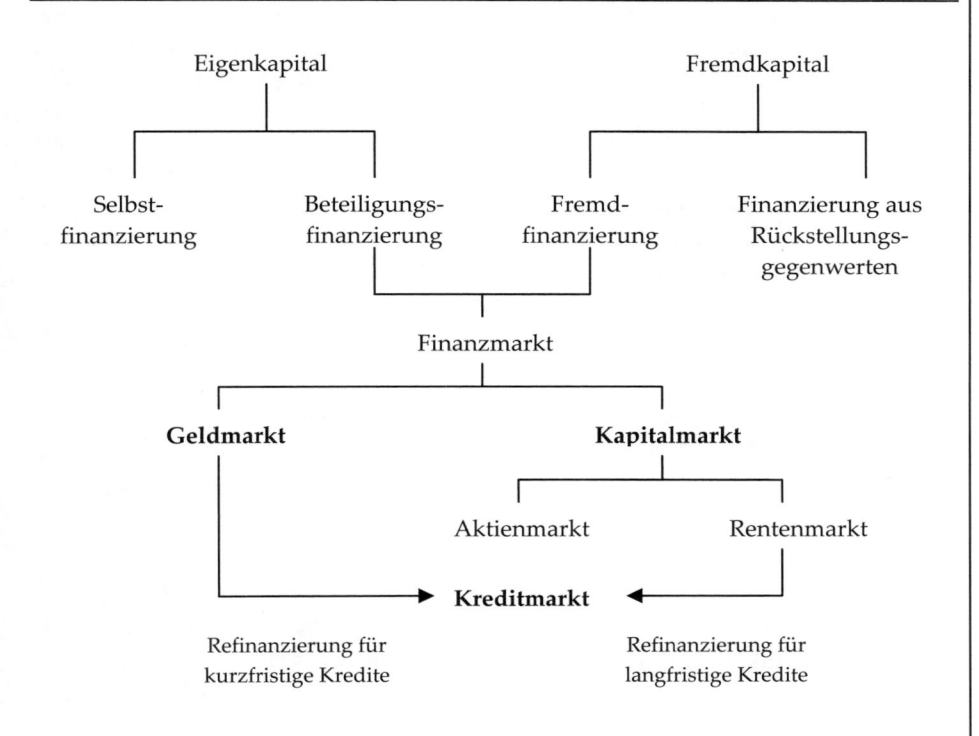

Geld- und Kapitalmarkt bilden die zwei Marktsegmente des Finanzmarktes. Umgangssprachlich werden beide mitunter synonym verwendet. Auch wenn Überschneidungen zwischen diesen beiden Marktsegmenten bestehen, unterscheiden sich Inhalt und Funktionen dieser Märkte. Der Geldmarkt ist der Markt für kurzfristige Geldanlagen und kurzfristige Kredite. Die Laufzeit beträgt maximal ein Jahr. Seine Hauptfunktion besteht im Ausgleich kurzfristiger Liquiditätsengpässe oder –überschüsse. Im Gegensatz zum Geldmarkt ist der Kapitalmarkt der Markt für langfristige Geldanlagen einschließlich Beteiligungskapital und langfristiger Kredite. Die Funktionen des Kapitalmarktes sind:

1. Abstimmung zwischen Kapitalangebot und Kapitalnachfrage;
2. Sicherung des Kapitalflusses in der Volkswirtschaft mit dem Ziel, das Marktgleichgewicht herzustellen;
3. Koordination der Interessen zwischen Kapitalanbietern und Kapitalnachfragern hinsichtlich Laufzeit und Liquidität.

Prof. Dr. habil. Kerry-U. Brauer

6.1.2 Zusammenhang zwischen Refinanzierung und Kreditvergabe

Ausgangspunkt jeglicher Kreditvergabe bildet die Refinanzierung der Kreditinstitute. So wie das Eigenkapital auf ganz verschiedenen Wegen erwirtschaftet werden kann, bestehen unterschiedliche Möglichkeiten der Mittelbeschaffung für die Kreditvergabe. Aus diesen Unterschieden in der Refinanzierung resultieren unter anderen die jeweiligen Konditionen, die mit der Kreditvergabe verbunden sind. Dazu gehören: die Höhe des Zinssatzes, der Zeitraum der Zinsfestschreibung sowie Festlegungen zur Tilgung und zur Kreditbesicherung.

Abbildung 6.3:   Refinanzierungsquellen für Immobilieninvestitionen

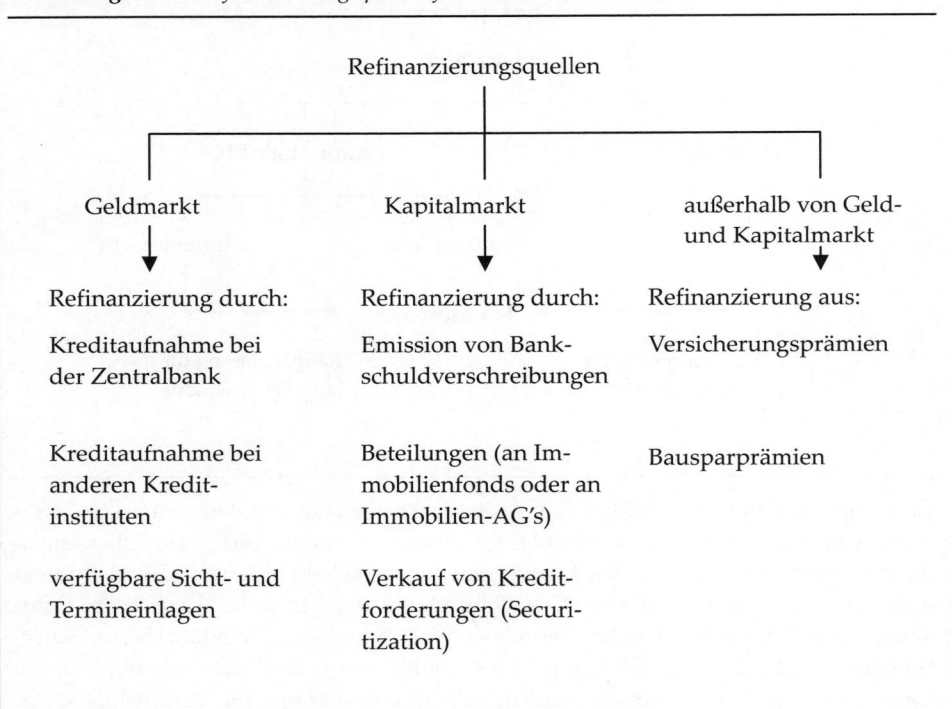

	Refinanzierungsquellen	
Geldmarkt	Kapitalmarkt	außerhalb von Geld- und Kapitalmarkt
Refinanzierung durch:	Refinanzierung durch:	Refinanzierung aus:
Kreditaufnahme bei der Zentralbank	Emission von Bankschuldverschreibungen	Versicherungsprämien
Kreditaufnahme bei anderen Kreditinstituten	Beteilungen (an Immobilienfonds oder an Immobilien-AG's)	Bausparprämien
verfügbare Sicht- und Termineinlagen	Verkauf von Kreditforderungen (Securitization)	

Mit der Refinanzierung auf dem **Geldmarkt** werden für einen kurzfristigen Zeitraum (bis zu maximal einem Jahr) finanzielle Mittel beschafft. Für die Immobilienfinanzierung ist diese Refinanzierungsquelle im Rahmen der Zwischenfinanzierung von Bedeutung oder wenn ein Kredit zu variablen Zinskonditionen aufgenommen wird.

Der Abschluss eines Kreditvertrages mit variablem Zinssatz kann aus folgenden Gründen sinnvoll sein:

1. Bei sehr hohen Kapitalmarktzinsen wird zunächst ein Kreditvertrag mit variablem Zinssatz abgeschlossen. Erst nachdem das Zinsniveau auf dem Kapitalmarkt gesunken ist, wird der Kredit umgeschuldet und ein fester Zinssatz über einen längeren Zeitraum (fünf, zehn bis maximal 15 Jahre) vereinbart.
2. Der Kreditnehmer will sich die Option offen halten, den Kredit jeder Zeit tilgen zu können und nicht an Zinsbindungsfristen gebunden zu sein.
3. Eine Zwischenfinanzierung kann während der Bauphase notwendig werden, insbesondere wenn der Zahlungsplan des Bauunternehmens nicht mit dem Auszahlungsplan des langfristigen Kredits übereinstimmt.

Bei Vereinbarung eines variablen Zinssatzes verändert sich dieser in Abhängigkeit aktueller Zinskonditionen auf dem Geldmarkt. Der Kreditnehmer hat gleichermaßen das Risiko steigender Kreditzinsen als auch die Chance, in den Genuss sinkender Kreditzinsen zu kommen.

Die wichtigste Refinanzierungsquelle für die Bereitstellung von Fremdkapital für eine Immobilieninvestition bildet der **Kapitalmarkt**. Die Finanzierungsinstitute refinanzieren sich hier mittel- bis langfristig vor allem über die Emission von Bankschuldverschreibungen.

Bankschuldverschreibungen sind festverzinsliche Wertpapiere. Sie werden auch als Rentenpapiere bezeichnet. Durch den Verkauf dieser Wertpapiere mit fester Verzinsung und fester Laufzeit ist das Finanzierungsinstitut in der Lage, mittel- bis langfristige Kredite zu festen Zinssätzen anzubieten. Die wichtigsten Bankschuldverschreibungen sind:

1. Inhaberschuldverschreibungen
   Inhaberschuldverschreibungen unterliegen keinem speziellen Verwendungszweck. Sie dienen der laufzeitkongruenten Finanzierung des Kreditgeschäftes.

2. Hypothekenpfandbriefe
   Das Recht zur Refinanzierung mit Hilfe der Emission von Pfandbriefen haben nur Pfandbriefbanken. Kreditinstitute, die das Pfandbriefgeschäft betreiben wollen, bedürfen der Erlaubnis der Bundesanstalt für Finanzdienstleistungsaufsicht[2]. Die aus der Emission von Hypothekenpfandbriefen zur Verfügung stehenden Mittel dürfen ausschließlich nur für die Vergabe solcher Kredite verwendet werden, die grundbuchmäßig gesichert sind. Damit ist die Geldanlage in Hypothekenpfandbriefen außer mit dem Vermögen des Kreditinstitutes über eine gesonderte Deckungsmasse in Form von Immobilien abgesichert. Im Falle des Konkurses des

---

[2] Vgl. Gesetz zur Neuordnung des Pfandbriefrechts § 2

Kreditinstitutes haben die Forderungen der Pfandbriefgläubiger vor den Forderungen aller anderen Konkursgläubiger Priorität. Für den Anleger bedeutet das eine zusätzliche Sicherheit für seine Geldanlage. Die Folge davon ist, dass in der Regel der Zinssatz dieser Geldanlage leicht unter dem Zinssatz einer Inhaberschuldverschreibung liegt. Damit ist auch der Kreditzins in der Regel niedriger als bei einer Refinanzierung über anderweitige Inhaberschuldverschreibungen.

3. Öffentliche Pfandbriefe
   Die Erlaubnis zur Emission von öffentlichen Pfandbriefen haben ebenfalls nur Pfandbriefbanken. Auch hier ist der Verwendungszweck der finanziellen Mittel vorgeschrieben. Sie dürfen ausschließlich nur für die Gewährung von Darlehen an Gebietskörperschaften oder an Körperschaften und Anstalten des öffentlichen Rechts verwendet werden. Für die Erwerber öffentlicher Pfandbriefe bildet die öffentlich – rechtliche Haftung eine sehr hohe Sicherheit dieser Geldanlage. Der Zinssatz liegt auch hier unter dem Zinsniveau für Inhaberschuldverschreibungen.

4. Schiffspfandbriefe
   Schiffspfandbriefe dienen der Finanzierung von Krediten, die durch Schiffshypotheken abgesichert sind. Für die Immobilienfinanzierung sind sie ohne Bedeutung.

5. Schuldverschreibungen von Kreditinstituten mit Sonderaufgaben
   Zu den Kreditinstituten mit Sonderaufgaben gehört beispielsweise die Kreditanstalt für Wiederaufbau (KfW). Ihre primäre Aufgabe besteht in der Bereitstellung von finanziellen Fördermitteln für Investitionsvorhaben. Kreditinstitute mit Sonderaufgaben unterstützen auf diese Weise die Durchsetzung wirtschaftspolitischer Ziele. Ihre Refinanzierung ist somit an diese Ziele gebunden. In der Regel refinanzieren sich diese Institute analog den anderen Kreditinstituten am Kapitalmarkt. Wirtschaftspolitische Einflussnahme besteht dahingehend, dass die Zinssätze für finanzielle Mittel, deren Verwendungszweck vorgegeben ist, subventioniert werden. Für die Immobilienfinanzierung ist dieser Bereich nur insofern interessant, wie finanzielle Mittel für diesen Bereich bereitgestellt werden. Aktuelle Angebote sind der Homepage dieses Institutes (z. B. www.kfw.de) zu entnehmen.

6. Kassenobligationen
   Mit Hilfe von Kassenobligationen werden die finanziellen Mittel für kurz- und mittelfristige Kredite beschafft. Es handelt sich hierbei letztlich um „normale" Inhaberschuldverschreibungen, deren Laufzeit in der Regel aber nur zwei bis vier Jahre beträgt.

Die Kapitalbeschaffung aus Beteiligungen betrifft bei Immobilieninvestitionen primär Immobilienfonds und Immobilienaktiengesellschaften.

Bei der Beteiligung an einem offenen Immobilienfonds erwirbt der Anteilseigner Investmentzertifikate und finanziert auf diese Weise die Immobilien mit dem eingebrachten Eigenkapital.

Bei geschlossenen Immobilienfonds wird der Anleger unmittelbar Miteigentümer der Immobilie. Er bringt analog einer unmittelbaren Immobilieninvestition Eigenkapital in die Finanzierung ein. Der verbleibende Kapitalbedarf wird durch Kreditaufnahme bei einer Bank beschafft.

Bei Immobilienaktiengesellschaften wird sich in Form des Aktienerwerbs an der jeweiligen Gesellschaft beteiligt.

Durch den Verkauf bereits bestehender Kreditforderungen eröffnet sich für die Bank eine weitere Refinanzierungsquelle für die Kreditvergabe. Die Kreditforderungen aus bestehenden Kreditverträgen werden bewertet, verkauft, verbrieft und schließlich als handelbare Wertpapiere an Anleger verkauft (Securitization).[3]

Die **Refinanzierung außerhalb von Geld- und Kapitalmarkt** betrifft vor allem die Mittelbereitstellung durch Lebensversicherungsgesellschaften und Bausparkassen. Im Unterschied zur Refinanzierung am Geld- und Kapitalmarkt erfolgt hier die Refinanzierung aus den Prämienzahlungen der Lebensversicherungsnehmer und der Bausparer. Die Verwendung der Mittel unterliegt in beiden Fällen strengen Vorschriften. Rechtsgrundlagen hierfür bilden zum einen das Versicherungsaufsichtsgesetz (VAG), zum anderen das Gesetz über Bausparkassen (BausparkG). Der Vorteil dieser Refinanzierungsmöglichkeiten liegt in dem günstigeren Refinanzierungszinssatz, der sich auch im Kreditzinssatz niederschlägt. Der Nachteil besteht in der eingeschränkten Möglichkeit der Verwendung dieser Finanzierungsmittel.

6.1.3   Anbieter von Immobilienfinanzierungen

So unterschiedlich wie die Refinanzierungsquellen sind auch die Anbieter von Immobilienfinanzierungen. In der Abbildung 6.4 werden diese durch Fettdruck gekennzeichnet.

---

[3] Vgl. 6.5.2 Alternative Formen der Kapitalbeschaffung: Securitization (Mortgage Backed Securities) – MBS)

Prof. Dr. habil. Kerry-U. Brauer

Abbildung 6.4: Anbieter von Immobilienfinanzierungen (fett gedruckt) innerhalb der Struktur des Bankensystems

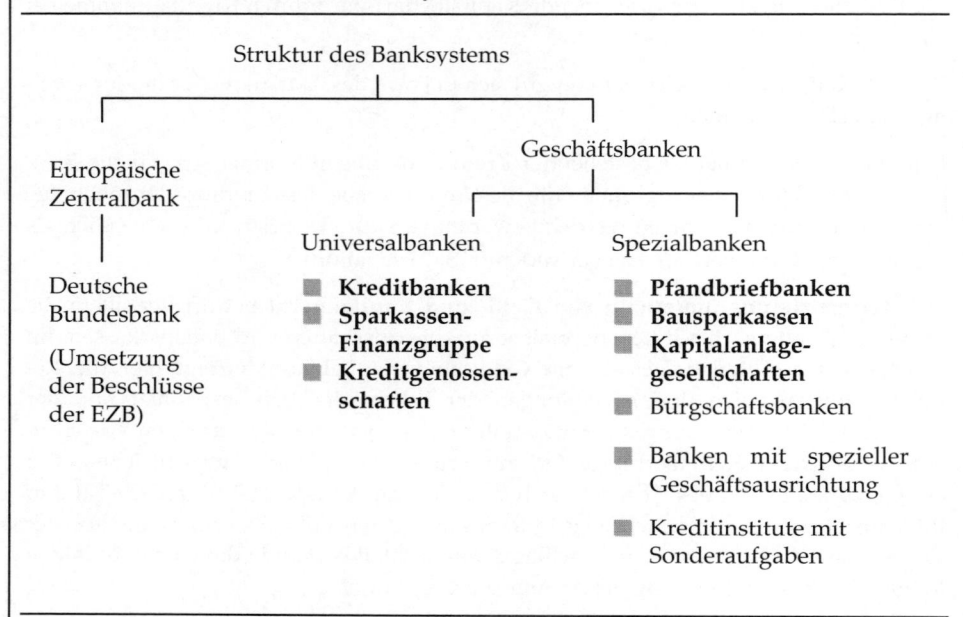

Struktur des Banksystems

- Europäische Zentralbank
  - Deutsche Bundesbank
  - (Umsetzung der Beschlüsse der EZB)
- Geschäftsbanken
  - Universalbanken
    - **Kreditbanken**
    - **Sparkassen-Finanzgruppe**
    - **Kreditgenossenschaften**
  - Spezialbanken
    - **Pfandbriefbanken**
    - **Bausparkassen**
    - **Kapitalanlagegesellschaften**
    - Bürgschaftsbanken
    - Banken mit spezieller Geschäftsausrichtung
    - Kreditinstitute mit Sonderaufgaben

Wie aus den Bezeichnungen Universal- und Spezialbanken hervorgeht, decken diese Banken die gesamte Bandbreite der Bankgeschäfte ab oder sind auf bestimmte Geschäftsbereiche spezialisiert. Insofern sind alle Universalbanken auch Anbieter von Immobilienfinanzierungen. Die von diesen Banken angebotenen Finanzierungskonditionen hängen einerseits von den aktuellen Refinanzierungsmöglichkeiten auf dem Kapitalmarkt und andererseits von der jeweiligen konkreten Geschäftspolitik und natürlich von der Bonität des Kreditnehmers ab.

Universalbanken unterliegen keinen spezifischen Beschränkungen in der Kreditvergabe. Wesentliche Rechtsgrundlage ihrer Tätigkeit bildet das „Gesetz über das Kreditwesen". Vorteil einer Immobilienfinanzierung bei diesen Instituten ist, dass auch alle über das spezifische Geschäft der Immobilienfinanzierung hinausgehenden Bankdienstleistungen angeboten werden. Ein weiterer Vorteil besteht dann, wenn die Bank als Hausbank fungiert, der Kunde bekannt ist und sich daher der Zeitraum der Kreditbearbeitung infolge bereits bekannter Bonität verringert oder aber günstigere Konditionen aufgrund langjähriger guter Kundenkontakte angeboten werden.

Im Rahmen der Spezialbanken sind die **Pfandbriefbanken** die wichtigsten Anbieter von Immobilienfinanzierungen. Im Vergleich zu den Universalbanken sind die Pfandbriefbanken zur Beleihungswertermittlung verpflichtet[4]. Die Immobilienbewertung ist bei Pfandbriefbanken aufgrund ihrer spezifischen Refinanzierungsmöglichkeiten über die Emission von Pfandbriefen so bedeutsam. Für die zu finanzierende Immobilie muss ein Beleihungswert ermittelt werden. Pfandbriefbanken können sich bis zu 60 Prozent des ermittelten Beleihungswertes mit Hilfe der Emission von Pfandbriefen refinanzieren. Der Kredit bis maximal 60 Prozent des Beleihungswertes wird als Realkredit bezeichnet. Kreditmittel, die darüber hinaus für die Finanzierung benötigt werden, muss die Pfandbriefbank, analog den Universalbanken, mit Hilfe der Emission anderweitiger Inhaberschuldverschreibungen oder durch Kreditaufnahme bei anderen Banken beschaffen. Für den Realkreditanteil besteht der Vorzug, sich zu einem günstigeren Zinssatz refinanzieren zu können. Der wesentliche Nachteil besteht im eingeschränkten Geschäftsbereich der Pfandbriefbanken. Unbebaute oder im Bau befindliche Objekte dürfen nur begrenzt finanziert werden.[5]

Bausparkassen sind ebenfalls auf ein spezifisches Segment des Geldanlage- und Kreditgeschäfts beschränkt. Vom Grundgedanken her sind Bausparkassen Selbsthilfeorganisationen. Künftige Erwerber von Immobilien schließen sich zu einer Spargemeinschaft zusammen und zahlen regelmäßig einen bestimmten Sparbeitrag in eine gemeinsame Kasse ein. Aus dieser Kasse wird dann nach Ablauf der Zuteilungsfrist das Bauspardarlehen bereitgestellt. Wesentliche Refinanzierungsquelle bilden somit die von den Bausparern angesammelten Einlagen, die schließlich für die Finanzierung wohnungswirtschaftlicher Maßnahmen verwendet werden. Charakteristisch für eine Geldanlage in einem Bausparvertrag ist der relativ niedrige Guthabenzins. Im Gegenzug gewährt die Bausparkasse den Bausparern einen günstigen Kreditzins. Da in der Regel die Ansparphase bis zur Zuteilung des Bausparvertrages einen mittelfristigen Zeitraum umfasst, wird auch im Gegenzug eine relativ schnelle Tilgung gewährter Darlehensmittel angestrebt. In der Regel soll das von der Bausparkasse gewährte Darlehen nach ca. 12 Jahren getilgt sein.

Kapitalanlagegesellschaften zählen insofern zu den Anbietern von Immobilienfinanzierungen, wie sie das Kapital von Anteilseignern für den Erwerb von Immobilien verwenden. Typischerweise sind das offene Immobilienfondsgesellschaften. Kapitalanlagegesellschaften unterliegen gemäß § 5 Investmentmodernisierungsgesetz der Aufsicht durch die Bundesanstalt für Finanzdienstleistungsaufsicht.

---

[4] Vgl. Abschnitt 6.3.3 Objektprüfung

[5] „Die zur Deckung verwendeten Hypotheken an Bauplätzen sowie an solchen Neubauten, die noch nicht fertig gestellt und ertragsfähig sind, dürfen zusammen zehn Prozent des Gesamtbetrages der zur Deckung der Hypothekenpfandbriefe benutzten Deckungswerte sowie das Doppelte des haftenden Eigenkapitals nicht überschreiten. Hypotheken an Bauplätzen dürfen ein Prozent des Gesamtbetrages der zur Deckung der Hypothekenpfandbriefe benutzten Deckungswerte nicht überschreiten. Hypotheken an Grundstücken, die einen dauernden Ertrag nicht gewähren, insbesondere an Gruben und Brüchen, sind von der Verwendung zur Deckung ebenso ausgeschlossen wie Hypotheken an Bergwerken". Pfandbriefgesetz § 16 (3).

Prof. Dr. habil. Kerry-U. Brauer

Außerhalb der Struktur des Bankensystems sind **Lebensversicherungsgesellschaften** ein weiterer wesentlicher Anbieter von Immobilienfinanzierungen. Rechtsgrundlage ihres Agierens bildet das Versicherungsaufsichtsgesetz (VAG). In den §§ 54 ff VAG sind die Vorschriften für Vermögensanlagen der Versicherungsgesellschaften fixiert. Grund für die strengen Vorschriften ist die Verpflichtung der Versicherungsunternehmen, die in die Lebensversicherung eingezahlten Beträge so anzulegen, dass nicht nur die garantierte Versicherungssumme nach Ablauf der Laufzeit ausgezahlt werden kann, sondern darüber hinaus ein Überschuss erwirtschaftet wird.[6] Werden die Prämienzahlungen der Versicherungsnehmer für die Kreditvergabe im Rahmen von Immobilienfinanzierungen verwendet, ist die Absicherung der Kredite im Grundbuch zwingend vorgeschrieben. Ebenso wie Pfandbriefbanken sind die Lebensversicherungsgesellschaften verpflichtet, die Immobilien, auf denen die Kredite abgesichert werden, zu bewerten. Der Vorteil der Immobilienfinanzierung bei einer Lebensversicherungsgesellschaft liegt in den günstigen Zinskonditionen im Vergleich zu anderen Anbietern. Infolge der günstigen Refinanzierung liegen die Zinskonditionen der Lebensversicherer in der Regel um ca. 0,5 Prozent unter denen von Banken. Nachteile bestehen zum einen im eingeschränkten Kreditvolumen im Verhältnis zum Marktwert der Immobilie, zum anderen in der vorgegebenen Darlehensart. Die Kreditaufnahme bei einer Lebensversicherungsgesellschaft ist regelmäßig mit dem Abschluss eines Festdarlehens verbunden.[7]

Zusammenfassung

Bei der Finanzierung von Immobilien kommt infolge der Größenordnung des benötigten Kapitals der Fremdfinanzierung eine wichtige Bedeutung zu. Wesentliche Quelle der Fremdkapitalbeschaffung für die Immobilienfinanzierung ist der Kapitalmarkt. Hier wiederum kommt dem Rentenmarkt Priorität zu. Auf diesem refinanzieren sich die Kreditinstitute mittel- bis langfristig mit Hilfe der Emission von Bankschuldverschreibungen und reichen im Gegenzug mittel- bis langfristige Kredite aus.

In Abhängigkeit von der konkreten Refinanzierungsart und der jeweiligen Geschäftspolitik des Finanzierungsinstitutes unterscheiden sich die gewährten Darlehen nach:

- Umfang im Verhältnis zum Marktwert der Immobilie,
- der Zinshöhe,

---

[6] VAG § 54 „(1) Die Bestände des Versicherungsvermögens (§ 66) und das sonstige gebundene Vermögen gemäß Absatz 5 (gebundenes Vermögen) sind unter Berücksichtigung der Art der betriebenen Versicherungsgeschäfte sowie der Unternehmensstruktur so anzulegen, dass möglichst große Sicherheit und Rentabilität bei jederzeitiger Liquidität des Versicherungsunternehmens unter Wahrung angemessener Mischung und Streuung erreicht wird."

[7] Vgl. Abschnitt 6.2.1 Entscheidung zur Kreditart

- der Zinsbindungsfrist,
- der Tilgung,
- den geforderten Kreditsicherheiten.

Universalbanken unterliegen in der Kreditvergabe keinen speziellen Beschränkungen, die über die Festlegungen im Kreditwesengesetz hinausgehen. Pfandbriefbanken als „klassische" Immobilienfinanzierer sind an das Pfandbriefgesetz und den darin enthaltenen strengen Beleihungsgrundsätzen gebunden. Dem gegenüber steht jedoch das so genannte „Pfandbriefprivileg", was den Pfandbriefbanken eine preiswertere Refinanzierung gegenüber Universalbanken verschafft.

Neben der Refinanzierung auf dem Geld- und Kapitalmarkt steht die Kapitalbeschaffung außerhalb dieser Märkte. So refinanzieren sich Bausparkassen für die Kreditausreichung über die Beitragszahlungen der Bausparer, die Lebensversicherungsgesellschaften über die Prämienzahlungen der Lebensversicherungsnehmer. In beiden Fällen liegen die Refinanzierungskonditionen unter denen am Kapitalmarkt, was letztlich zu günstigeren Kreditzinsen führt. Welcher der Anbieter die optimale Möglichkeit für die Finanzierung einer Immobilie bietet, hängt vom Finanzierungsvolumen und vom konkret zu finanzierenden Objekt ab.

6.2 Grundsatzentscheidungen bei der Kreditaufnahme zur Immobilienfinanzierung

6.2.1 Entscheidung zur Kreditart

Kreditarten können nach folgenden Kriterien systematisiert werden:

- nach dem Kreditnehmer (Privatkunden- oder Firmenkundenkredit);
- nach den Fristigkeiten (kurz-, mittel- und langfristige Kredite).

In Abhängigkeit vom Investor werden im Rahmen der Immobilienfinanzierung sowohl Privatkundenkredite, insbesondere bei der Finanzierung von Eigentumswohnungen und Einfamilienhäusern, als auch Firmenkundenkredite, in der Regel bei der Finanzierung größerer Wohn- oder Gewerbeimmobilienbestände gewährt. Hinsichtlich der Fristigkeiten dominieren in der Immobilienfinanzierung mittel- bis langfristige Kredite, da in der Regel die Immobilien längerfristig im Eigentum gehalten werden. Eine Ausnahme hiervon bilden Bauträger- oder Projektentwicklerfinanzierungen. Hier beschränkt sich die Finanzierung auf einen vergleichsweise kurzen Zeitraum, der in der Regel nur die Bauphasenfinanzierung und den Vermarktungszeitraum umfasst. Nachstehende Übersicht gibt einen Überblick über die verschiedenen Kreditarten nach ihrer Fristigkeit. In den weiteren Ausführungen wird sich aufgrund des Stellenwertes in der Immobilienfinanzierung auf die mittel- bis langfristigen Kredite beschränkt.

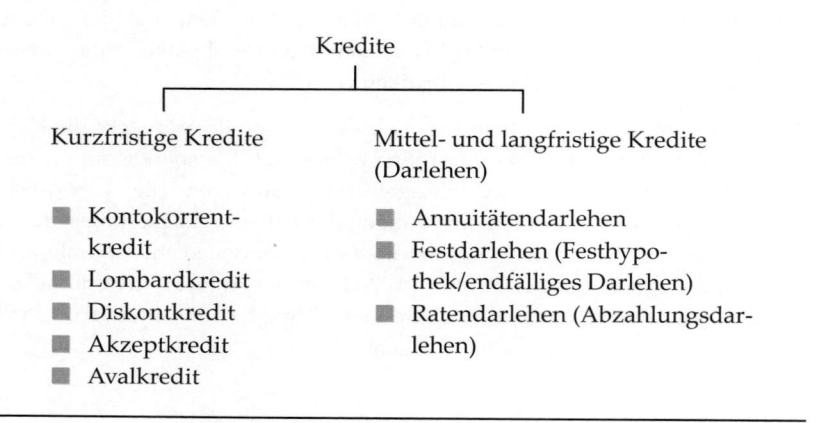

Abbildung 6.5: Kreditarten nach Fristigkeiten

Kredite
- Kurzfristige Kredite
  - Kontokorrentkredit
  - Lombardkredit
  - Diskontkredit
  - Akzeptkredit
  - Avalkredit
- Mittel- und langfristige Kredite (Darlehen)
  - Annuitätendarlehen
  - Festdarlehen (Festhypothek/endfälliges Darlehen)
  - Ratendarlehen (Abzahlungsdarlehen)

Mittel- und langfristige Kredite (Darlehen)
In der Bankpraxis werden mittel- und langfristige Kredite als Darlehen bezeichnet.

Annuitätendarlehen
Annuität ist vom lateinischen „Anno" - „im Jahr" abgeleitet. Charakteristisch für diese Darlehensart ist die gleich bleibende Kapitaldienstrate, bestehend aus einem Zins- und einem Tilgungsanteil. Während der Darlehenslaufzeit verschiebt sich das Verhältnis zwischen Zins- und Tilgung. Ursache hierfür ist, dass bei gleich bleibender Kapitaldienstrate die Zinsen immer nur auf die Restschuld gezahlt werden. Der mit fortschreitender Tilgung ersparte Zinsanteil erhöht im gleichen Umfang den Tilgungsanteil. Bei einem anfänglichen Tilgungssatz von einem Prozent ist das Darlehen nicht nach 100 Jahren sondern in Abhängigkeit von der Höhe des Zinssatzes nach ca. 30 Jahren zurückgezahlt. Je höher der Zinssatz bei gleichem Tilgungssatz, desto kürzer die Laufzeit des Darlehens. Umgekehrt verlängert sich die Laufzeit des Darlehens mit niedrigerem Zinssatz. Dieser Effekt resultiert daraus, dass bei höherem Zinssatz der mit jeder Tilgung ersparte Zinsanteil größer ist. Folgende Tilgungsdauer in Jahren und Tagen (Nachkommastellen = Tage/jährlich, nachschüssig) ergibt sich in Abhängigkeit vom Zins- und Tilgungssatz bei einem Annuitätendarlehen:

Abbildung 6.6: Tilgungsdauer (in Jahren, Tagen) in Abhängigkeit von Zins- und Tilgungssatz

Zinssatz in % Tilgungssatz in %	5,0	6,0	7,0	8,0	9,0
1,0	36,260	33,144	30,263	28,198	26,260
2,0	25,245	23,285	22,830	20,238	19,281

Die Vorteile des Annuitätendarlehens bestehen in der gleichmäßigen und relativ geringen Belastung, sofern eine ein prozentige Tilgung gewählt wird. Diese Darlehensart wird am häufigsten bei der Finanzierung von Immobilien angewendet. Sie ist gleichermaßen für Eigennutzer als auch für Anleger vorteilhaft.

Abbildung 6.7: Grafische Darstellung des Verlaufes eines Annuitätendarlehens

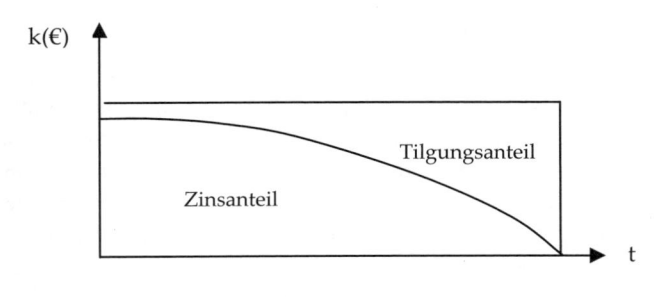

t   Laufzeit des Darlehens
k   Kapitaldienstrate in €

Festdarlehen (Festhypothek/endfälliges Darlehen)

Charakteristikum dieser Darlehensart ist, dass während der Laufzeit das Darlehen nicht getilgt wird. Erst am Ende der Laufzeit wird der gesamte Kreditbetrag getilgt. Um das für die Tilgung benötigte Geld anzusparen, wird in den meisten Fällen eine Kapitallebensversicherung, mitunter auch ein Bausparvertrag, abgeschlossen. Im Gegenzug lässt sich die Bank die Auszahlungsansprüche aus der abgeschlossenen Lebensversicherung oder aus dem Bausparvertrag abtreten. Da während der Laufzeit des Darlehens auf den gesamten Darlehensbetrag Zinsen gezahlt werden müssen, ist die Gesamtbelastung für den Darlehensnehmer höher als bei einem Annuitätendarlehen. Die Vorteile des Festdarlehens resultieren primär aus einem steuerlichen Aspekt. Sofern es sich bei der zu finanzierenden Immobilie um ein Objekt handelt, das vermietet wird, können die anfallenden Fremdkapitalzinsen als Werbungskosten steuerlich geltend gemacht werden. Während beim Annuitätendarlehen der Zinsanteil ständig sinkt und damit auch der Betrag der steuerlich geltend gemacht werden kann, bleibt dieser beim Festdarlehen konstant.

Ein Festdarlehen kann sowohl bei einem Kreditinstitut als auch bei einer Lebensversicherungsgesellschaft aufgenommen werden. Unterschiede bestehen in der Regel im angebotenen Zinssatz und im Beleihungswert. Wird ein Festdarlehen bei einem Kreditinstitut aufgenommen, bildet der aktuelle Refinanzierungszinssatz auf dem Kapitalmarkt zuzüglich Marge für die Bank einschließlich Bonitätseinstufung des Kreditnehmers die Grundlage für den angebotenen Zinssatz. Parallel zur Kreditvergabe wird bei einer Lebensversicherungsgesellschaft nach eigener Wahl eine Kapitallebensversicherung abgeschlossen.

Erfolgt die Kreditaufnahme bei einer Lebensversicherungsgesellschaft, so wird bei dieser eine Kapitallebensversicherung abgeschlossen und im Gegenzug von der Versicherungsgesellschaft ein Festdarlehen gewährt. Infolge der Refinanzierung der Lebensversicherungsgesellschaft aus den Prämien der Beitragszahler liegt der von ihnen gebotene Zinssatz im Durchschnitt um 0,5 Prozentpunkte unter dem Zinssatz von Banken. Die Kehrseite ist jedoch, dass der von der Lebensversicherungsgesellschaft zu finanzierende Anteil mitunter nur ca. 50 Prozent des Marktwerts der Immobilie ausmacht. In Abhängigkeit vom Umfang benötigten Fremdkapitals reicht gegebenenfalls dieser Betrag für die Immobilienfinanzierung nicht aus und es muss ein nachrangiges Darlehen aufgenommen werden. Sofern mit Fördermitteln finanziert wird, können diese in aller Regel nachrangig abgesichert werden. Fließen keine Fördermittel in die Finanzierung ein, ist es weit schwieriger ein Kreditinstitut zu finden, das sich mit der nachrangigen Absicherung einverstanden erklärt. Wird ein nachrangiges Darlehen gewährt, liegt der Zinssatz meist über dem üblichen Fremdkapitalzinssatz infolge des höheren Risikos für die nachrangig abgesicherte Bank. Der eingangs erwähnte Zinsvorteil kann dadurch zunichte gemacht werden.

Diese Darlehensart ist in der Regel ausschließlich für Kreditnehmer interessant, die die Immobilie vermieten. Die dauerhaft hohen Zinsaufwendungen können als Werbungskosten steuerlich geltend gemacht werden. Ohne diesen Steuervorteil, den ein Eigennutzer einer Wohnimmobilie nicht hat, ist diese Darlehensart prinzipiell teurer als ein Darlehen, bei dem eine kontinuierliche Tilgung vereinbart ist (Annuitätendarlehen, Ratendarlehen).

Abbildung 6.8: Grafische Darstellung des Verlaufes eines Festdarlehens

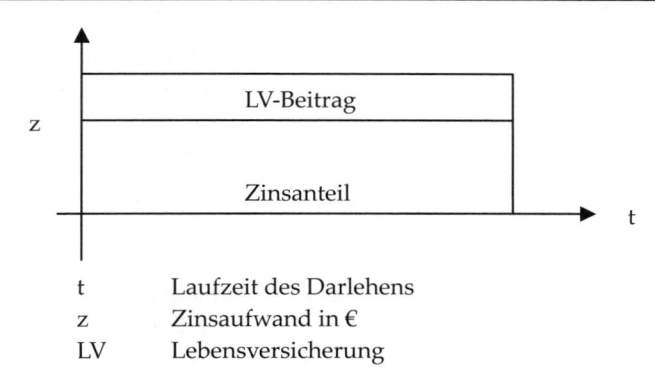

t   Laufzeit des Darlehens
z   Zinsaufwand in €
LV Lebensversicherung

Ratendarlehen (Abzahlungsdarlehen)

Das Ratendarlehen, auch als Abzahlungsdarlehen bezeichnet, ist dadurch gekennzeichnet, dass das Darlehen in gleichmäßigen Raten getilgt wird. Da die Zinsen immer nur auf die Restschuld gezahlt werden, sinkt bei dieser Darlehensart mit jeder Tilgung die Belastung. Hierin besteht der wesentliche Vorteil dieser Darlehensart. Der Nachteil besteht in der relativ hohen Belastung zu Beginn der Darlehenslaufzeit. In der Immobilienfinanzierung findet diese Darlehensart vor allem dann Anwendung, wenn eine kurze Laufzeit angestrebt wird.

Abbildung 6.9: Grafische Darstellung des Verlaufs eines Ratendarlehens

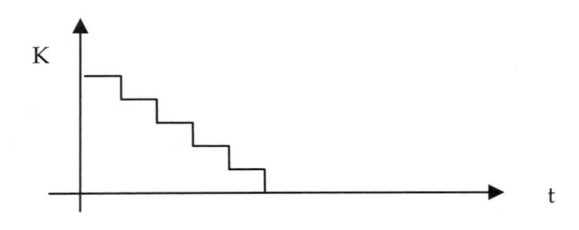

K = Kapitaldienstrate in € p.a.
t = Laufzeit des Darlehens in Jahren

6.2.2 Entscheidung zur Zinsvereinbarung

Prinzipiell kann zwischen der Vereinbarung eines festen und eines variablen Zinssatzes unterschieden werden. Zwischen diesen beiden Varianten liegt die Möglichkeit der Vereinbarung eines Cap- oder Collar - Darlehens. Zur Absicherung der Zinsbelastung besteht auch die Möglichkeit neben dem Kreditvertrag einen Swapvertrag abzuschließen. Darüber hinaus kann die Nominalzinshöhe durch die Vereinbarung eines Disagios (Damnum) beeinflusst werden.

Vereinbarung eins variablen Zinssatzes

Bei der Entscheidung für einen variablen Zinssatz ändert sich der zu zahlende Zinsbetrag in Abhängigkeit von der Entwicklung des Geldmarktzinssatzes. Eine längerfristige und sichere Kalkulationsbasis ist damit nicht gegeben. Diesem Nachteil steht der Vorteil jederzeitiger Tilgungsmöglichkeit gegenüber. In der Immobilienfinanzierung kann die Vereinbarung eines variablen Zinssatzes von Vorteil sein, wenn das Kapitalmarktzinsniveau sehr hoch ist. In Erwartung sinkender Zinsen sollte zunächst eine variable Verzinsung im Darlehensvertrag fixiert werden, um nicht auf Dauer die sehr hohen Zinsen zahlen zu müssen. Erst nachdem die Zinsen gesunken sind, sollte ein fester Zinssatz vereinbart werden.

Festzinsvereinbarung

Die Vereinbarung eines festen Zinssatzes bietet den Vorteil, innerhalb des Zinsfestschreibungszeitraums den Kapitaldienst exakt kalkulieren zu können. Diesem Vorteil steht der Nachteil gegenüber, dass keine beliebige Tilgung während der Zinsfestschreibung möglich ist. Mitunter können begrenzte Sondertilgungen vereinbart werden. Bei vorzeitiger Tilgung, ohne Vereinbarung von Sondertilgungen, fordern die Banken im Gegenzug dazu eine so genannte **Vorfälligkeitsentschädigung**. Wirtschaftlicher Hintergrund für diese ist, dass sich die Kreditinstitute über die Emission von Bankschuldverschreibungen langfristig refinanziert haben. Den Erwerbern dieser Bankschuldverschreibungen müssen die Banken einen fest vereinbarten Zinssatz für diese Geldanlage zahlen. Wird ein Kredit nun vorzeitig zurückgezahlt, bleibt die Zinsforderung der Erwerber der Bankschuldverschreibungen bestehen. Die Banken müssen nunmehr versuchen, die aus einer vorzeitigen Kredittilgung erhaltenen Mittel erneut für eine Kreditvergabe zu verwenden oder anderweitig am Geld- bzw. Kapitalmarkt anzulegen. In Abhängigkeit vom aktuellen Zinsniveau können diese Mittel zum gleichen, zu einem höheren oder aber zu einem niedrigeren Zinssatz ausgereicht oder angelegt werden. Infolge des damit möglicherweise verbundenen Zinsmargen-

und Zinsverschlechterungsschadens wird eine Vorfälligkeitsentschädigung erhoben.[8] Ebenfalls aus der langfristigen Refinanzierung resultieren die von einer Bank geforderten **Bereitstellungszinsen**. Nach Abschluss des Darlehensvertrages besteht die Möglichkeit der sofortigen Auszahlung der finanziellen Mittel, sofern die im Darlehensvertrag vereinbarten Sicherstellungen und anderweitigen Auszahlungsvoraussetzungen erfüllt sind. Das erfordert im Umkehrschluss die Refinanzierung und damit die Bereitstellung der Mittel. Verzögert sich nun die Auszahlung der Darlehensmittel, fließen dem Kreditinstitut noch keine Zinsen aus dem Darlehensvertrag zu, jedoch fallen bereits Zinsen für die erfolgte Refinanzierung an. Aus diesem Grund werden ab einem bestimmten Zeitpunkt, in der Regel ab drei Monate nach Darlehenszusage, Bereitstellungszinsen in Höhe von 3,0 % p.a. erhoben. Dass der Zinssatz für die Bereitstellungszinsen unter dem vereinbarten Kreditzins liegt, resultiert aus der Möglichkeit der Bank, die bereits refinanzierten Gelder kurzfristig auf dem Geldmarkt anzulegen und auf diese Weise einen Ertrag zu erwirtschaften. Da der Geldmarktzins in der Regel unter dem Kapitalmarktzins liegt, kann der Refinanzierungsaufwand nur teilweise kompensiert werden.

Cap-Darlehen

Bei einem Cap – Darlehen wird ein variabler Zinssatz bei gleichzeitiger Festlegung einer Zinsobergrenze vereinbart. Bis zu dieser Zinsobergrenze ist der Zinssatz variabel. Steigt der Kapitalmarktzins darüber hinaus, wird er gekappt. Der Vorteil eines solchen Darlehens besteht in der Kalkulation maximal anfallender Zinskosten bei der Möglichkeit jeglicher Tilgung. Diesen Vorteil lässt sich die Bank jedoch mit einer Zinsbegrenzungsprämie bezahlen.

Collar–Darlehen

Der Begriff Collar (wörtlich: Kragen) entstand aus der Kombination von Cap und Floor. Cap bildet die Zinsobergrenze, Floor die Zinsuntergrenze. Es wird so im Darlehensvertrag ein Zinskorridor vereinbart, in dessen Bandbreiten der Zinssatz variabel ist. Verändert sich der Kapitalmarktzins nach oben oder nach unten über diese Bandbreiten hinaus wird er gekappt, d.h. weder eine Zinssteigerung noch eine Zinssenkung geht über den Zinskorridor hinaus. Bei entsprechender Gestaltung von Zinsober- und Zinsuntergrenze kann die Zinsbegrenzungsprämie maßgeblich eingeschränkt, im günstigsten Fall sogar aufgehoben werden (Zero-Cost-Collar-Darlehen).

---

[8] Zur Berechnung der Vorfälligkeitsentschädigung wurde nach jahrelangem Streit über die Berechnungsmethode und der daraus resultierenden Höhe eine Entscheidung durch den Bundesgerichtshof getroffen (BGH, Urteile vom 1.7.1997, Az XI ZR 267/96, und vom 7.11.2000 Az. XI ZR 27/00).

Abschluss eines Swapvertrages

Swap kommt aus dem Englischen und bedeutet tauschen. Bei Abschluss eines Swapvertrages werden Zahlungsströme getauscht. Swapverträge gehören zu den derivativen Finanzinstrumenten. Beim Zinsswap werden Zinszahlungen zwischen zwei Marktteilnehmern getauscht. Der Abschluss von Zinsswapverträgen hat zum Ziel, sich gegen steigende Zinsen abzusichern und auf eine bestimmte Zinsentwicklung zu spekulieren. Der Marktteilnehmer, der einen Kreditvertrag zu variablem Zinssatz abgeschlossen hat, möchte sich gegen steigende Zinsen absichern. Der Marktteilnehmer, der einen Kreditvertrag zu festen Konditionen abgeschlossen hat, spekuliert im Gegenzug auf sinkende Zinsen oder erzielt einen Zinsvorteil aufgrund des niedrigeren Zinsniveaus auf dem Geldmarkt und seiner besseren Bonitätseinstufung. Der Inhalt des Swapgeschäftes wird in Abbildung 6.10 dargestellt.

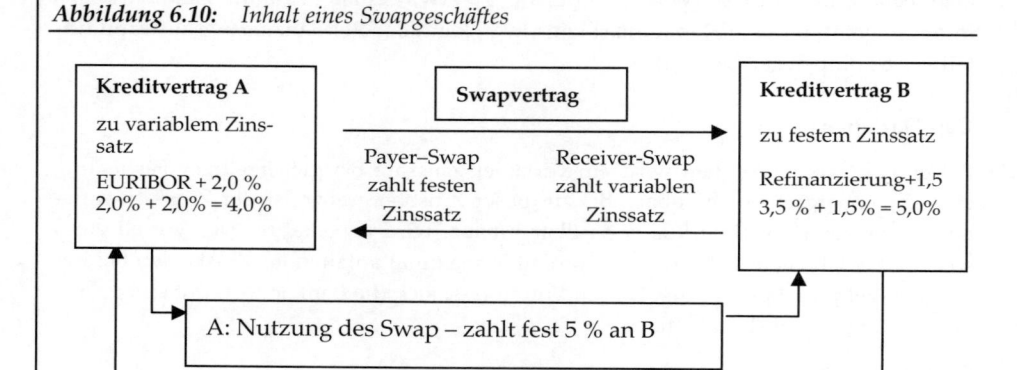

Abbildung 6.10: Inhalt eines Swapgeschäftes

```
┌─────────────────────┐      ┌──────────────┐      ┌─────────────────────┐
│  Kreditvertrag A    │      │ Swapvertrag  │      │  Kreditvertrag B    │
│ zu variablem Zins-  │      └──────────────┘      │ zu festem Zinssatz  │
│ satz                │  Payer–Swap   Receiver-Swap│ Refinanzierung+1,5  │
│ EURIBOR + 2,0 %     │  zahlt festen  zahlt variablen│ 3,5 % + 1,5% = 5,0%│
│ 2,0% + 2,0% = 4,0%  │   Zinssatz      Zinssatz  │                     │
└─────────────────────┘                            └─────────────────────┘
        ▲                                                     ▲
        │   ┌──────────────────────────────────────────┐      │
        └───│ A: Nutzung des Swap – zahlt fest 5 % an B│──────┘
            └──────────────────────────────────────────┘
            ┌──────────────────────────────────────────┐
        ───▶│ B: Nutzung des Swap – zahlt EURIBOR + 1,5 %│◀───
            └──────────────────────────────────────────┘
```

Kreditnehmer A sichert sich gegen steigende Zinsen auf dem Geldmarkt ab. Er zahlt nunmehr immer 5,0 % Zinsen an Kreditnehmer B. Bleibt der Geldmarktzins unverändert, zahlt A höhere Zinsen als ohne den Swapvertrag. Steigt der Geldmarktzinssatz auf beispielsweise 3,3 % an, erzielen beide Marktteilnehmer einen Zinsvorteil. A zahlt 5,0 % Zinsen an Stelle von 5,3 % (3,3% + 2,0%). B zahlt 4,8 % und erhält im Gegenzug 5,0 %. Dieser komparative Vorteil resultiert aus den unterschiedlichen Bonitätseinstufungen, welche in der Marge (Differenz zwischen Refinanzierungssatz und Kreditzinssatz) zum Ausdruck kommt. Ein weiter steigendes Geldmarktzinsniveau tangiert Kreditnehmer A nicht. Er zahlt weiterhin 5,0 % fest an Kreditnehmer B. Kreditnehmer B erleidet dann einen Zinsnachteil, wenn mehr als 5,0 % Zinsen an B zahlen muss. Im oben aufgeführten Beispiel wäre das der Fall ab einem EURIBOR – Zinssatz von über

3,5 %. Kreditnehmer B erzielt aber einen Zinsvorteil, wenn der Geldmarktzins unter 3,5 % liegt. In dem Fall erhält er einen höheren Zinssatz als er an A zahlt.

Letztlich wird mit Abschluss von Zinsswapverträgen von beiden Seiten auf eine Zinsentwicklung spekuliert.

Disagio (Damnum)

Das Disagio ist, abgesehen von einbehaltenen Bearbeitungs- und Schätzgebühren, die Differenz zwischen gewährter und ausgezahlter Darlehenssumme. Das Disagio oder Damnum ist inhaltlich eine Zinsvorauszahlung. Infolge davon wird der Nominalzinssatz gesenkt. Da jedoch ein Teil der gewährten Darlehenssumme nicht ausgezahlt wird, muss die daraus entstehende Finanzierungslücke anderweitig geschlossen werden. Das kann entweder über einen höheren Eigenkapitaleinsatz erfolgen oder über die Ausweitung der Darlehenssumme geschehen. Wird die Darlehenssumme erhöht, muss schließlich mehr Kredit getilgt werden und verlängert sich infolge höherer Kreditsumme und niedrigerem Nominalzinssatz die Laufzeit des Darlehens. Die Folge ist, dass die Gesamtbelastung über die Laufzeit des Darlehens steigt.

Trotz der hier genannten Nachteile kann die Finanzierung mit Disagio sowohl aus steuerlichen als auch aus nicht steuerlichen Gründen von Vorteil sein.

Der steuerliche Vorteil besteht vor allem bei einer Immobilienfinanzierung zum Zwecke der Vermietung oder wenn sich der Immobilienbesitz im Betriebsvermögen befindet. In diesen Fällen kann das Disagio sofort oder bei Unternehmen über den Zeitraum der Zinsfestschreibung verteilt, steuerlich geltend gemacht werden. Bei der Finanzierung selbst genutzter Wohnimmobilien kann das Disagio nicht steuerlich geltend gemacht werden.

Vorteilhaft ist ein Disagio, unabhängig von steuerlichen Gründen, wenn der niedrigere Nominalzinssatz für die Vereinbarung eines höheren Tilgungssatzes genutzt wird.

Infolge des höheren Tilgungssatzes wird die Laufzeit des Darlehens verkürzt und sinkt somit die Gesamtbelastung. In Abbildung 6.11 wird dieser Vorteil anhand eines Beispiels verdeutlicht.

Abbildung 6.11: Vergleich Annuitätendarlehen bei gleicher Kapitaldienstrate ohne Disagio und mit Disagio mit erhöhter Tilgung (Angaben in €)

Annuitätendarlehen ohne Disagio		Annuitätendarlehen mit Disagio und erhöhter Tilgung	
Auszahlungskurs	100 %	Auszahlungskurs	90 %
Darlehenssumme	295 000	Darlehenssumme	327 778
Auszahlungsbetrag	295 000	Auszahlungsbetrag	295 000
Nominalzinssatz	7,56 %	Nominalzinssatz	5,09 %
Zinsfestschreibung	5 Jahre	Zinsfestschreibung	5 Jahre
Tilgungssatz	1,0 %	Tilgungssatz	2,614 %

Jahr	Belastung	Restschuld	Belastung	Restschuld
1	25 252	292 050	25 252	319 210
2	25 252	289 104	25 252	310 205
5	25 252	277 143	25 252	269 366

Prolongation des Darlehens – Vorteil des Disagios ist hiermit aufgehoben,
Zinssatz 7,56%, Tilgung zzgl. ersparter Zinsen

6	25 252	272 690	25 239,59	264 491
26			25 239,59	
27	25 252	12 114	13 356	
28	12 378	-		
Summe	**719 434**		**694 869,20**	

Aufgrund des erhöhten Tilgungssatzes kann die Gesamtbelastung beim Vergleich beider Darlehensvarianten um 24 565 Euro gesenkt werden.

Nominalzinssatz und Effektivzinssatz

Der **Nominalzinssatz** ist entscheidend für die Berechnung der laufenden Zinsbelastung. Der **Effektivzinssatz** dagegen berücksichtigt weitere mit dem Kreditvertrag verbundene Kosten die vom Darlehensnehmer zu zahlen sind. Die rechtliche Grundlage hierfür bildet der § 6 der Preisangabenverordnung. „Bei Krediten sind als Preis die Gesamtkosten als jährlicher Vomhundertsatz des Kredits anzugeben und als effektiver Jahreszins... zu bezeichnen."

Solche Kosten können sein:

- Bearbeitungsgebühren
- Disagio
- Kreditvermittlungskosten
- Tilgungsverrechnung
- Zinszuschläge für Teilauszahlungen.

Der Effektivzins wird nach der Methode des internen Zinsfußes berechnet. Alle mit der Kreditvergabe anfallenden Auszahlungen und Einzahlungen gehen nach dem Zeitpunkt ihres voraussichtlichen Anfalls in die Berechnung ein.

Zusammenfassung

Den mittel- bis langfristigen Krediten kommt bei der Finanzierung von Immobilien Priorität zu. Kurzfristige Kredite sind nur im Rahmen der Gewährung von Zwischen- oder Bauträgerkrediten von Bedeutung.

Bei den langfristigen Krediten besteht die Auswahl zwischen:

- Annuitätendarlehen,
- Festdarlehen,
- Ratendarlehen.

Sofern die anfallenden Fremdkapitalzinsen steuerlich geltend gemacht werden können, empfiehlt sich in der Regel der Abschluss eines Darlehens mit keiner oder nur geringer Tilgung (Festdarlehen oder Annuitätendarlehen mit einem Prozent Tilgungssatz). Bei der Eigennutzung von Wohnimmobilien besteht keine Möglichkeit zur steuerlichen Absetzbarkeit der Fremdkapitalzinsen. Hier empfiehlt sich die Darlehensauswahl mit Tilgung (Annuitätendarlehen oder Ratendarlehen).

Die jährlich anfallende Zinsbelastung kann außerdem durch die Aufnahme eines Darlehens mit oder ohne Disagio beeinflusst werden. Auch hier besteht die Möglichkeit für Anleger oder bei Immobilien im Betriebsvermögen, das Disagio steuerlich geltend zu machen. Sofern die Nominalzinssenkung bei Kreditaufnahme mit Disagio für einen

Prof. Dr. habil. Kerry-U. Brauer

erhöhten Tilgungssatz genutzt wird, kann die Gesamtbelastung über die Dauer der Laufzeit des Darlehens gesenkt werden.

6.2.3 Kreditsicherheiten

6.2.3.1 Übersicht über die Kreditsicherheiten

Eine Kreditvergabe ist prinzipiell an die Bestellung von Sicherheiten gebunden. Werden keine Sicherheiten bestellt, handelt es sich um so genannte Blankokredite. Dispositionskredite als standardisierte Form des Überziehungskredits werden in der Regel als Blankokredite gewährt. In allen übrigen Fällen der Kredit- oder Darlehensgewährung sind regelmäßig Kreditsicherheiten zu stellen.

Kreditsicherheiten bedeuten für den Kreditgeber, dass er im Falle von Zahlungsunfähigkeit oder Zahlungsunwilligkeit des Kreditnehmers auf diese zurückgreifen kann. Mit der Verwertung der Kreditsicherheiten soll der gewährte Kredit möglichst vollständig zurückgezahlt werden können.

Abbildung 6.12: Kreditsicherheiten

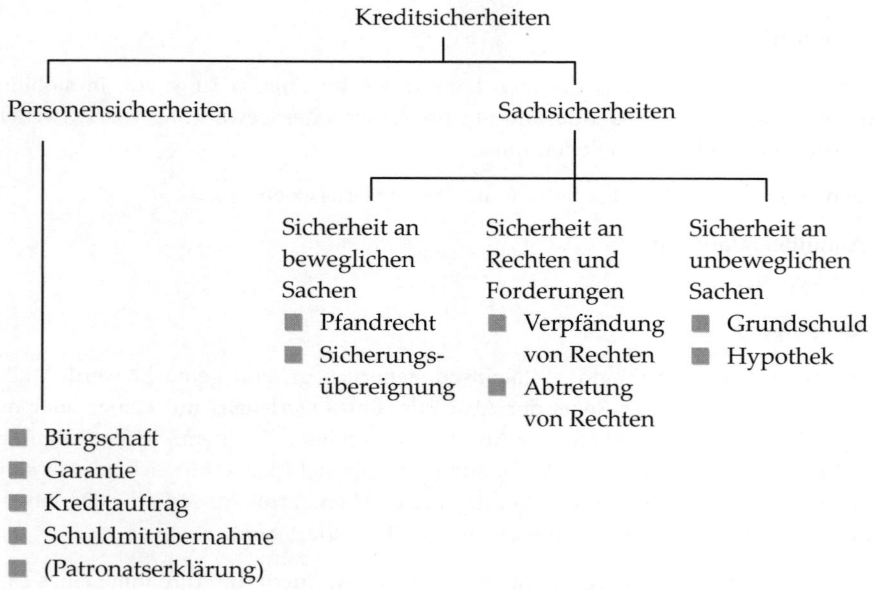

```
                              Kreditsicherheiten
                     ┌───────────────┴───────────────┐
            Personensicherheiten               Sachsicherheiten
                     │            ┌──────────────────┼──────────────────┐
                     │      Sicherheit an       Sicherheit an      Sicherheit an
                     │      beweglichen         Rechten und        unbeweglichen
                     │      Sachen              Forderungen        Sachen
                     │      ■ Pfandrecht        ■ Verpfändung      ■ Grundschuld
                     │      ■ Sicherungs-         von Rechten      ■ Hypothek
                     │        übereignung       ■ Abtretung
                     │                            von Rechten
            ■ Bürgschaft
            ■ Garantie
            ■ Kreditauftrag
            ■ Schuldmitübernahme
            ■ (Patronatserklärung)
```

6.2.3.2 Personensicherheiten

Bürgschaft

Die Bürgschaft ist inhaltlich im § 765 BGB geregelt: „Durch den Bürgschaftsvertrag verpflichtet sich der Bürge gegenüber dem Gläubiger eines Dritten, für die Erfüllung der Verbindlichkeiten des Dritten einzustehen."

Die Möglichkeiten der Ausgestaltung sind in den §§ 766 ff BGB aufgeführt. Die Bürgschaft ist akzessorisch, d.h. sie setzt das Bestehen einer konkreten Hauptschuld voraus. Verringert sich die Hauptschuld verringert sich auch der Umfang der Bürgschaftsleistung. Die Bürgschaft erlischt nicht mit Tod (Bürge als natürliche Person) oder mit Liquidation (Bürge als juristische Person), sondern steht für dessen Erben oder Rechtsnachfolger fort. In der Ausgestaltung von Bürgschaften wird zwischen gewöhnlicher und selbstschuldnerischer Bürgschaft unterschieden. Bei der gewöhnlichen Bürgschaft kann der Bürge die Bürgschaftsleistung verweigern, solange nicht der Gläubiger eine Zwangsvollstreckung gegen den Hauptschuldner ohne Erfolg versucht hat (Einrede der Vorausklage).[9] Infolge des mit einer versuchten Zwangsvollstreckung verbundenen Zeitumfangs kommt den gewöhnlichen Bürgschaften gegenüber den selbstschuldnerischen in der Kreditpraxis eine untergeordnete Rolle zu. In den weitaus meisten Fällen sind die im Rahmen der Kreditbesicherung gewährten Bürgschaften selbstschuldnerische. Der Bürge kann in dem Fall sofort in Anspruch genommen werden, wenn der Hauptschuldner nach Zahlungsaufforderung nicht zahlt (Verzicht auf die Einrede der Vorausklage).

Mit der Bürgschaft als Kreditsicherheit sind sowohl Vor- als auch Nachteile aus Sicht des Kreditinstitutes verbunden. Der Vorteil besteht darin, dass nicht nur der Hauptschuldner, sondern auch der Bürge mit seinem gesamten Vermögen haftet, es sei denn im Bürgschaftsvertrag ist ausdrücklich etwas anderes vereinbart. Der Nachteil besteht darin, dass mit wechselnder Bonität des Bürgen auch die gestellte Sicherheit Veränderungen unterliegt und dass nicht nur die Bonität des Kreditnehmers, sondern auch die des Bürgen geprüft werden muss.

Gemäß § 766 BGB ist die Schriftform bei einer Bürgschaft erforderlich. Eine Ausnahme bildet die Bürgschaftserklärung eines Vollkaufmanns. Diese erlangt auch in mündlicher Form Rechtswirksamkeit.

Garantie

Die Garantie ist eine bürgschaftsähnliche Sicherheit. Im Gegensatz zur Bürgschaft ist die Garantie nicht an eine konkrete Forderung gebunden, d.h. sie ist abstrakt. Im Garantievertrag verpflichtet sich der Garantiegeber, für einen wirtschaftlichen Erfolg

---

[9] Vgl. Bürgerliches Gesetzbuch § 771.

oder im Falle eines wirtschaftlichen Schadens einzustehen. Die Garantie ist nicht gesetzlich geregelt und damit auch nicht formgebunden.

Kreditauftrag

Bei einem Kreditauftrag gemäß § 778 BGB wird die Bank beauftragt, im eigenen Namen und auf eigene Rechnung einem Dritten einen Kredit zu gewähren. Ähnlich dem Bürgschaftsvertrag wird auch hier ein Vertragsverhältnis zwischen dem Auftraggeber und der Bank begründet. Der wesentliche Unterschied zum Bürgschaftsvertrag besteht in der Verpflichtung der Bank zur Kreditgewährung, wenn der Vertrag zwischen Kreditauftraggeber und Bank geschlossen ist. Ein weiterer Unterschied besteht in der Formfreiheit des Kreditauftrages gegenüber dem Bürgschaftsvertrag. Ein Vollkaufmann, der im Rahmen seines Handelsgewerbes einen Kreditauftrag gibt, haftet als selbstschuldnerischer Bürge.

Schuldmitübernahme

Bei der Schuldmitübernahme, auch als Schuldbeitritt oder Mitverpflichtung bezeichnet, tritt eine weitere Person als Gesamtschuldner dem Kreditverhältnis bei. Im Gegensatz zum Bürgen, der für eine fremde Schuld haftet, haftet der Mitübernehmende für seine eigene Schuld. Von dieser Art Personensicherheit wird beispielsweise Gebrauch gemacht, wenn der Ehepartner oder die (erwachsenen) Kinder als Mitübernehmende in das Kreditverhältnis eintreten. Die Schuldmitübernahme kann separat geregelt werden oder innerhalb des Kreditvertrages vereinbart werden. Wesentlich ist, dass der Mitübernehmende den vollständigen Inhalt des Kreditvertrages kennt und das mit seiner Unterschrift bestätigt.

Patronatserklärung

Die Patronatserklärung ist keine Kreditsicherheit im eigentlichen Sinn, findet jedoch im Rahmen der Kreditvergabe sehr häufig in der Praxis Anwendung. In der Patronatserklärung übernimmt die Muttergesellschaft einer Unternehmung die Verpflichtung, die Tochtergesellschaft finanziell so auszustatten, dass diese jederzeit ihre Kreditverpflichtungen erfüllen kann. Die Patronatserklärung wird als Art Ersatzsicherheit eingestuft. Die Problematik dieser Sicherheit besteht darin, dass sich die Muttergesellschaft einseitig zu oben genannter Leistung verpflichtet, ohne dass zwischen ihr und der Kredit gewährenden Bank ein Vertrag besteht. Aus diesem Grunde kann die Kredit gebende Bank auch nicht auf Erfüllung klagen, sondern ihre Ansprüche gegenüber der Muttergesellschaft nur über Schadensersatzforderungen geltend machen. Im Immobilienfinanzierungsbereich ist diese Art der Kreditsicherheit vor allem im Projektentwickler-/ Bauträgerbereich dann von Bedeutung, wenn für die einzelnen Vorhaben eigenständige Projekt- bzw. Objektgesellschaften gegründet werden.

6.2.3.3 Sachsicherheiten

Pfandrecht an beweglichen Sachen

Das Pfandrecht an beweglichen Sachen ist in den §§ 1204 ff BGB geregelt. Das Pfand muss in den Besitz des Gläubigers übergehen. Das Pfandrecht bedeutet damit Faustpfandrecht. Aus diesem Grund hat diese Kreditsicherheit in der Praxis bei der Gewährung eines Bankkredites keine Bedeutung.

Sicherungsübereignung

Die Sicherungsübereignung überwindet den Nachteil der Übergabe des Pfandgutes an den Gläubiger. Der Schuldner und damit Sicherungsgeber bleibt Besitzer des Sicherungsgutes. Der Gläubiger und Sicherungsnehmer wird im Außenverhältnis Eigentümer des Sicherungsgutes. Der Sicherungsnehmer ist berechtigt, das Sicherungsgut einzuziehen und zu verwerten, wenn bestimmte vertragliche Voraussetzungen (z. B. Nichtzahlung der Kapitaldienstrate) gegeben sind. Umgekehrt ist der Sicherungsnehmer verpflichtet, das Eigentum an dem Sicherungsgut zurück zu übertragen, wenn der Sicherungszweck (z. B. vollständige Kreditrückzahlung) nicht mehr gegeben ist.

Die Sicherungsübereignung wird vertraglich geregelt. Eine spezielle Rechtsgrundlage existiert nicht. Unterschieden wird zwischen Einzel-, Raumsicherungs- und Mantelübereignung. Bei der Einzelübereignung werden einzelne Gegenstände sicherungsübereignet. Bei der Raumsicherungsübereignung werden alle in einem bestimmten Raum (z. B. Lagerhalle) befindlichen Gegenstände übereignet. Bei der Mantelübereignung wird in einem Rahmenvertrag festgelegt, welche Gegenstände sicherungsübereignet sind. In allen Fällen ist die exakte Benennung der sicherungsübereigneten Güter für die Wirksamkeit des Vertrages ausschlaggebend (Bestimmtheitsgrundsatz).

Die Werthaltigkeit einer solchen Kreditsicherheit ist so groß wie die Werthaltigkeit des Sicherungsgutes. Typische Gegenstände, die sicherungsübereignet werden, sind Fahrzeuge, Maschinen, Mobiliar. Da diese in aller Regel einem hohen Verschleiß unterliegen, sinkt entsprechend ihre Werthaltigkeit. Ein weiterer Nachteil besteht in dem relativ großen Aufwand für die Verwertung der sicherungsübereigneten Güter und in dem Risiko, dass im Falle von Zahlungsschwierigkeiten der Schuldner die sicherungsübereigneten Gegenstände bereits vor der Verwertung verkauft, verpfändet etc. hat.

Verpfändung von Rechten und Forderungen

Bei der Verpfändung von Rechten und Forderungen gelten aus rechtlicher Sicht die gleichen Grundsätze wie beim Pfandrecht an beweglichen Sachen. Alle Rechte und Forderungen, die übertragbar sind, lassen sich verpfänden. Das können Aktien, GmbH-Anteile, Patentrechte, Erbanteile, Wertpapiere u. a. sein. Zur Bestellung eines Pfandrechts an einem Recht oder einer Forderung ist ein Vertrag zwischen Rechts- bzw. Forderungsinhaber und Gläubiger notwendig. Bei der Verpfändung von Forderungen ist diese gemäß § 1280 BGB nur dann wirksam, wenn der Gläubiger sie dem Schuldner anzeigt. Die Verwertung des verpfändeten Rechts oder der verpfändeten Forderung erfolgt durch Einzug. Typische Beispiele für eine Verpfändung in der Immobilienwirtschaft sind die Verpfändung der Auflassungsvormerkung, die Verpfändung des Sparbuchs, auf dem die Mietkaution eingezahlt wurde, die Verpfändung eines Wertpapiervermögens oder die Verpfändung der Auszahlungsansprüche aus einer Kapitallebensversicherung.

Abtretung von Forderungen und Rechten (Sicherungszession)

Neben der Verpfändung können Rechte und Forderungen auch abgetreten werden. Diese Kreditsicherheit ist im Vergleich zur Verpfändung aus wirtschaftlicher Sicht gleichwertig, aus juristischer Sicht unterschiedlich zu bewerten.

Abbildung 6.13: *Abgrenzung zwischen Verpfändung und Abtretung von Forderungen und Rechten*

Verpfändung von Rechten und Forderungen	Abtretung von Rechten und Forderungen
■ Akzessorisch, d.h. an das Bestehen einer Forderung gebunden	■ Abstrakt
■ Anzeigepflicht	■ Keine Anzeigepflicht – Entscheidung zwischen offener und stiller Zession

Bei der Abtretung von Rechten und Forderungen wird zwischen stiller und offener Zession unterschieden. Bei der stillen Zession wird die Abtretung dem Drittschuldner nicht angezeigt. Der Gläubiger hält sich jedoch das Recht vor, unter bestimmten Voraussetzungen die Abtretung offen zulegen.

Typische Anwendungsfälle im Rahmen der Immobilienfinanzierung sind:

■ Abtretung von Mietforderungen;

■ Abtretung von Kaufpreiszahlungsansprüchen des Bauträgers;

■ Abtretung von Wertpapiervermögen oder Sparguthaben, wenn eine Deckungslücke zwischen Kreditbedarf und Beleihungswert der Immobilie besteht (offene Zession);

■ Abtretung von Auszahlungsansprüchen aus einer Lebensversicherung, wenn ein Festdarlehen endfällig mit der Ablaufleistung einer Lebensversicherung getilgt werden soll (offene Zession).

Grundpfandrechte

Ein Grundpfandrecht ist ein dingliches Recht an einem Grundstück.

Grundpfandrechte haben die größte Bedeutung bei der Absicherung von Krediten. Ihre Bedeutung resultiert aus der prinzipiellen Werthaltigkeit eines Grundstücks.

Arten der Grundpfandrechte sind die Hypothek, die Grundschuld und die Rentenschuld.

Die Rentenschuld ist eine Sonderform der Grundschuld. Mit ihr wird festgelegt, dass zu regelmäßig wiederkehrenden Terminen aus dem Grundstück eine bestimmte Geldsumme zu zahlen ist. Da sie als Kreditsicherheit nicht verwendbar ist, wird auf weitere Ausführungen verzichtet.

Hypothek

Die Hypothek ist ein streng akzessorisches Grundpfandrecht. Das heißt, dass die Hypothek immer an eine konkrete Forderung gebunden ist. Soll eine Hypothek übertragen werden, muss auch die damit verbundene Forderung übertragen werden.

Mit der Rückzahlung des gewährten Kredits erlischt sukzessive die Hypothek. Die Differenz zwischen eingetragener Hypothek und noch bestehender Forderung tritt als Eigentümergrundschuld in Erscheinung. Mit vollständiger Kredittilgung muss die Hypothek gelöscht werden.

Eine Buchhypothek entsteht mit Einigung und Eintragung im Grundbuch. Sie wird abgetreten durch die Abtretung der Forderung und Eintragung der Abtretung im Grundbuch.

Bei einer Briefhypothek wird ein Hypothekenbrief ausgestellt. Auch diese Hypothek entsteht mit Einigung und Eintragung im Grundbuch. Abgetreten wird diese durch mündliche oder schriftliche Abtretung der Forderung und Übergabe des Hypothekenbriefes. Wird die Forderung nur mündlich abgetreten, muss die Abtretung im Grundbuch vermerkt werden. Bei schriftlicher Forderungsabtretung besteht diese Notwendigkeit nicht.

Grundschuld

Der wesentliche Unterschied zwischen Grundschuld und Hypothek besteht in der fehlenden Akzessorietät der Grundschuld. Die Grundschuld ist damit abstrakt. Sie kann eingetragen werden, ohne dass eine Forderung besteht. Sie kann ebenso bestehen bleiben, nachdem die Forderung bereits erloschen ist und kann zu einem späteren Zeitpunkt mit dem Entstehen einer neuen Forderung wieder belebt werden. Aufgrund der mehrfachen Verwendbarkeit von Grundschulden sind diese in der Praxis gegenüber den Hypotheken weit dominierend. Grundlage für die Eintragung bildet die

Grundschuldbestellungsurkunde[10]. Auch die Grundschuld kann in Buch- oder Briefform in Erscheinung treten.

Buchgrundschulden werden, analog der Situation bei Hypotheken, nur im Grundbuch eingetragen. Die Abtretung von Buchgrundschulden erfolgt mit der Abtretung des dinglichen Anspruchs und der Eintragung dieser Abtretung im Grundbuch.

Bei Briefgrundschulden wird neben der Eintragung im Grundbuch ein Grundschuldbrief ausgestellt. Abgetreten werden diese mit Übergabe des Grundschuldbriefes. Bei schriftlicher Abtretung des dinglichen Anspruchs muss die Abtretung nicht im Grundbuch vermerkt werden. Bei mündlicher Abtretung des dinglichen Anspruchs muss die Abtretung im Grundbuch eingetragen werden. Da bereits mit Übergabe des Grundschuldbriefes die Grundschuld erworben wird, ist die Handelbarkeit von Briefgrundschulden einfacher als von Buchgrundschulden.

In Abhängigkeit von der konkreten Geschäftspolitik werden von den Kreditinstituten Buch- oder Briefgrundschulden bevorzugt.

Zu unterscheiden ist darüber hinaus zwischen Fremd- und Eigentümergrundschuld. Eine Fremdgrundschuld wird zugunsten eines Dritten eingetragen. Eine Eigentümergrundschuld wird zugunsten des Eigentümers eingetragen. Sie dient dem Eigentümer zur Sicherung einer vorderen Rangstelle im Grundbuch. Die Eigentümergrundschuld kann mit Entstehen einer Forderung an den Gläubiger abgetreten werden und wird damit zur Fremdgrundschuld.

6.3 Prozess der Kreditgewährung

6.3.1 Kreditantragstellung

Ausgangspunkt jeglicher Entscheidung für oder gegen eine Kreditgewährung bildet die Prüfung der mit dem Kreditantrag einzureichenden Unterlagen. In Abhängigkeit vom Kreditantragsteller (Privatkunde oder Firmenkunde) und vom zu finanzierenden Objekt (selbst genutzte oder vermietete Immobilie) unterscheiden sich die vom Kreditinstitut geforderten Unterlagen.

Einzureichende Unterlagen

- Beschreibung des Investitionsvorhabens
- Investitions- und Finanzierungsplan

---

[10] Inhalt einer Grundschuldbestellungsurkunde vgl. Abschnitt 6.3.5

Bonitätsunterlagen

Privatkunde

- Selbstauskunft;
- Einkommensteuerbescheide der letzten drei Jahre;
- aktuelle Einkommensnachweise;
- Vermögensaufstellung;
- Nachweis über das in die Finanzierung einzubringende Eigenkapital;
- ggf. Aufstellung geplanter Eigenleistungen;

Firmenkunde

- Handelsregisterauszug bzw. Gesellschaftervertrag;
- Jahresabschlüsse oder Einnahmen-Überschuss-Rechnung der letzten drei Jahre;
- aktuelle betriebswirtschaftliche Auswertungen;
- Ertragsvorschau des Unternehmens;
- Nachweis über das in die Finanzierung einzubringende Eigenkapital;

Objektunterlagen

selbst genutzte Immobilie

- Grundbuchauszug;
- Kaufvertrag oder Entwurf zum Kaufvertrag, sofern der Antragsteller noch nicht Grundstückseigentümer ist;
- Bauzeichnungen;
- Kubatur- und Flächenberechnung;
- Baubeschreibung;
- Gebäudefotos, sofern kein Neubau;
- Kostenkalkulation oder Kostenvoranschläge der Gewerke oder Generalunternehmervertrag bzw. Vertragsentwurf;
- Lageplan/Flurkarte;
- Abgeschlossenheitsbescheinigung und Teilungserklärung bei Wohnungs- und Teileigentum.

vermietete Immobilie

- Grundbuchauszug;
- Kaufvertrag oder Entwurf zum Kaufvertrag, sofern der Antragsteller noch nicht Grundstückseigentümer ist;
- Bauzeichnungen;
- Kubatur- und Flächenberechnungen;
- Baubeschreibung;
- Gebäudefotos, sofern kein Neubau;
- Kostenkalkulation oder Kostenvoranschläge der Gewerke oder Generalunternehmervertrag bzw. Vertragsentwurf;
- Lageplan/Flurkarte;
- Mieterverzeichnisse, Kopie abgeschlossener Mietverträge, sofern das Objekt bereits vermietet ist.
- Kalkulation der Mieteinnahmen nach der Errichtung bzw. nach Modernisierung/Instandsetzung

6.3.2 Bonitätsprüfung

Die Bonitätsprüfung umfasst die Prüfung der Kreditfähigkeit und der Kreditwürdigkeit.

Kreditfähig sind alle Privatkunden bzw. natürlichen Personen, die voll geschäftsfähig sind. Volle Geschäftsfähigkeit liegt in der Regel mit Vollendung des 18. Lebensjahres vor. Bei Firmenkunden bzw. juristischen Personen steht die Kreditfähigkeit in Verbindung mit der Rechtsform der Gesellschaft. Bei Kapitalgesellschaften sind Prokuristen,[11] Geschäftsführer und der Vorstand einer Aktiengesellschaft zur Kreditaufnahme berechtigt. Die Legitimationsprüfung lässt sich anhand des Handelsregisterauszuges vornehmen. Bei Personenhandelsgesellschaften ist aus dem Gesellschaftervertrag zu entnehmen, inwieweit eine einzelne Person oder mehrere Personen gemeinschaftlich berechtigt sind, Kreditverträge abzuschließen. Bei nichtrechtsfähigen Personenvereinigungen, wie der Gesellschaft bürgerlichen Rechts oder der Erbengemeinschaften, müssen alle Gesellschafter gemeinschaftlich handeln.

Nach § 18 Kreditwesengesetz hat sich das Kreditinstitut vom Kreditnehmer die wirtschaftlichen Verhältnisse mit Kreditantragstellung und während der gesamten Kreditlaufzeit offen legen zu lassen, wenn ein Kredit der insgesamt 750 000 € oder 10 vom Hundert des haftenden Eigenkapitals des Institutes überschreitet, gewährt wird. „Das Kreditinstitut kann hiervon absehen, wenn das Verlangen nach Offenlegung im Hinblick auf die gestellten Sicherheiten oder auf die Mitverpflichteten offensichtlich unbegründet wäre. Das Kreditinstitut kann von der laufenden Offenlegung absehen, wenn 1. der Kredit durch Grundpfandrechte auf Wohneigentum, das vom Kreditnehmer selbst genutzt wird, gesichert ist, 2. der Kredit vier Fünftel des Beleihungswertes ... nicht übersteigt und 3. der Kreditnehmer die von ihm geschuldeten Zins- und Tilgungsleitungen störungsfrei erbringt."[12]

Bei der Bonitäts- oder Kreditwürdigkeitsprüfung wird zwischen persönlicher und materieller Kreditwürdigkeit unterschieden. Merkmale persönlicher Kreditwürdigkeit sind bei Firmenkunden Berufserfahrung, Ausbildung und Qualität des Managements, bei Privatkunden ist es der Gesamteindruck und die Fähigkeit, die wirtschaftliche Tragweite des Investitionsvorhabens einschätzen zu können. Die materielle Kreditwürdigkeitsprüfung beruht auf der Prüfung der wirtschaftlichen Verhältnisse des Kreditantragstellers. Diese resultieren aus der aktuellen Einkommenssituation und aus den Vermögensverhältnissen. Die Bank wertet hierzu die oben genannten Bonitätsunterlagen aus. Darüber hinaus können von ihr Fremdauskünfte eingeholt werden, sofern der Kreditantragsteller dem zugestimmt hat. Im Privatkundengeschäft sind das in erster Linie Schufa-Auskünfte (Schutzgemeinschaft für allgemeine Kreditsi-

---

[11] Prokuristen sind zwar berechtigt einen Kredit aufzunehmen, jedoch nicht berechtigt ein Grundstück zu belasten!

[12] Gesetz über das Kreditwesen, § 18

cherung), im Firmenkundengeschäft sind es Informationen von privatwirtschaftlichen Wirtschaftsauskunftsunternehmen. Fremdauskünfte können außerdem bei anderen Banken, bei denen der Kreditantragsteller Kunde ist, eingeholt werden. Erhöhte Anforderungen an die einzureichenden Unterlagen und deren Prüfung resultieren aus einem zunehmenden Wettbewerb auf nationalen und auf internationalen Märkten. Neben dieser konjunkturell geprägten Entwicklung und der Verflechtung internationaler Finanzmärkte sehen sich Banken selbst einem zunehmenden Wettbewerbsdruck ausgesetzt.

Parallel zu dieser Verflechtung steigt die Gefahr, dass durch Krisensituationen einzelner Großbanken internationale Finanzmärkte maßgeblich erschüttert werden können. Um einer solchen Entwicklung vorzubeugen, sind staatenübergreifende Standards für das Tätigen von Bankgeschäften notwendig. Diese Erkenntnis ist nicht neu. Bereits seit 1988 fordert die so genannte **„Baseler Eigenkapitalübereinkunft (Basel I)"**[13] eine achtprozentige Eigenkapitalunterlegung der Banken für gewährte Kredite. Die rechtliche Umsetzung dieser Vereinbarung erfolgte in den Paragraphen 10 und 10a des Kreditwesengesetzes. Das Kreditvergabevolumen wird unmittelbar an die Höhe des haftenden Eigenkapitals der Bank gebunden. Bei dieser bisher geltenden Festlegung fand die Bonität des Kreditnehmers und damit das Kreditausfallrisiko keine Berücksichtigung. An diesem Punkt setzt die Reform der Baseler Eigenkapitalübereinkunft an. Mit der Verabschiedung von **„Basel II"** im Jahr 2007 wird eine differenzierte Eigenkapitalunterlegung in Abhängigkeit des Kreditausfallrisikos notwendig. Das Kreditausfallrisiko wird ermittelt aus dem Kreditnehmerrisiko, dem Marktrisiko und dem operationellen Risiko. Alle drei Risiken müssen so objektiv wie möglich bewertet werden. Auf dieser Grundlage wird fixiert, in welchem Umfang der gewährte Kredit mit Eigenkapital durch die Bank unterlegt werden muss. Für den Kreditantragsteller ergeben sich hieraus höhere Anforderungen an einzureichende Bonitäts- und Objektunterlagen hinsichtlich Aktualität und Aussagekraft. Neben quantitativ messbaren Daten (z. B. Jahresabschlüsse, Umsatzentwicklung) gewinnen qualitative Faktoren in der Risikoeinschätzung an Bedeutung. Hierzu gehört die Unternehmensführung, die Einschätzung des jeweiligen Immobilienteilmarktes in seiner künftigen Entwicklung, die strategische Ausrichtung des Unternehmens usw. Um diese Faktoren möglichst objektiv erfassen zu können, bedienen sich die Banken einer mehr oder weniger standardisierten Auswertung der Unterlagen in Form eines Ratings. Das Rating von potenziellen Kreditnehmern kann durch die Bank selbst oder durch externe Rating-Agenturen vorgenommen werden. Beim Rating für Immobilienfinanzierungen wird die Bonität des Kreditantragstellers im Zusammenhang mit dem zu erwartenden Ertrag aus der zu finanzierenden Immobilie bei Einordnung der Investition in die

---

13 Die Bezeichnung „Basel I" bzw. „Basel II" leitet sich aus dem Basler Ausschuss für Bankenaufsicht, der 1974 bei der Bank für internationalen Zahlungsausgleich gegründet wurde, ab. Seine Aufgabe besteht im Informationsaustausch über nationale bankaufsichtsrechtliche Vorschriften und im Abgleich derselben.

Situation des jeweiligen Immobilienteilmarktes bewertet. Eine Einstufung in folgende Bonitätsklassen ist möglich:

1. Öffentlich-rechtlicher Kreditnehmer oder mit öffentlich-rechtlichem Haftungshintergrund;
2. Nachweis nachhaltig erzielbarer Einkünfte über mehrere Jahre, die infolge der beruflichen Tätigkeit oder Zukunftsaussichten der Branche weiter erwartet werden können;
3. Nachweis nachhaltig erzielbarer Einkünfte ist weniger deutlich als bei Stufe 2. Gegebenenfalls entstehende Mietausfälle aus dem zu finanzierenden Objekt können nur bedingt ausgeglichen werden;
4. schwankende Einkünfte, beantragtes Darlehen ist im Verhältnis zum verfügbaren Vermögen und zu den erzielbaren Einkünften hoch;
5. Einkommen ist nicht ausreichend, um erforderliche Zins- und Tilgungsleistung zu erbringen und/oder Negativmerkmale bei Auskünften (Schufa - Negativmerkmal, eidesstattliche Versicherung, laufendes Konkursverfahren etc.).

Die veränderten Anforderungen an die Eigenkapitalunterlegung der Banken im Rahmen von „Basel II" haben Auswirkungen auf die Kreditnehmer. Das betrifft zum einen die prinzipielle Bereitschaft zur Kreditvergabe bzw. die höheren Anforderungen an zu stellende Kreditsicherheiten. Das betrifft zum anderen die Kreditkonditionen. Konkret bedeutet das stärker differenzierte Konditionen in Abhängigkeit vom Rating des Kreditnehmers. Umso höher das Risiko für die Bank, desto höher der Risikoaufschlag auf die Zinskonditionen.

Zur weiteren Stabilisierung der internationalen Finanzmärkte wurden im Jahr 2010 ergänzende Empfehlungen des Basler Ausschusses für Bankenaufsicht **„Basel III"** verabschiedet. Diese Empfehlungen basieren auf den Erfahrungen mit „Basel II" und auf den Erkenntnissen und Erfahrungen der Finanzmarktkrise. Der wesentliche Inhalt dieser Empfehlungen betrifft die Erhöhung der Kernkapitalquoten. Die Kernkapitalquote ist das Verhältnis von Kernkapital (haftendes Eigenkapital) zu den ausgereichten Krediten und risikobehafteten Wertpapieren. Die Mindestkernkapitalquote soll schrittweise von 4 Prozent auf 7 Prozent erhöht werden. Mit der Erhöhung des Kernkapitals soll in Krisensituationen (Kreditausfälle, Wertverluste bei Wertpapieren) damit verbundenen Liquiditätsproblemen begegnet werden können. Das Kernkapital setzt sich zusammen aus so genannten harten und hybriden Kernkapitalbestandteilen. Zum harten Kernkapital (Core-Tier 1) gehören das Beteiligungskapital und die einbehaltenen Gewinne eines Kreditinstitutes. Es steigt von aktuell 2 Prozent auf 4,5 Prozent ab 2019[14]. Zum hybriden Kernkapital gehören stille Einlagen, Genussscheine, Vorzugsaktien. Zur Erhöhung des harten Kernkapitals ist damit eine Wandlung hyb-

---

[14] Roßbach,S.: Basel III – Kreditvergabe in der Klemme

rider Bestandteile notwendig. Neben dem harten Kernkapital wird ein Zusatzpuffer (Capital Conservation Buffer) schrittweise in Höhe von 2,5 Prozent eingeführt. Darüber hinaus wird ein antizyklischer Kapitalpuffer (Countercyclical Capital Buffer) als Schutz vor überhöhtem gesamtwirtschaftlichem Kreditwachstum eingeführt. Die Empfehlungen von Basel III wurden 2012 in europäische Richtlinien umgesetzt. Auf dieser Grundlage werden nationalstaatliche Regelungen getroffen, in denen die Fristen zur Realisierung fixiert werden. Welche konkreten Veränderungen sich aus diesen Regelungen für die Bankkunden, insbesondere für die Nachfrager nach Krediten vollziehen werden, bleibt abzuwarten. Vermutet wird, dass sich die Kreditausreichung aufgrund höherer Kosten der Banken verteuern wird.

Pauschale Aussagen zu Bonitätsanforderungen an Kreditnehmer sind unter diesen veränderten sehr differenzierten Bedingungen kaum noch möglich. Dennoch gelten prinzipiell bei der Finanzierung von selbst genutzten Wohnimmobilien bestimmte Mindestanforderungen an das verfügbare Haushaltseinkommen, das nach Abzug von Zins- und Tilgungsleistung zur Bestreitung des Lebensunterhaltes verbleiben muss.

Bei vermieteten Immobilien wird von Seiten der Banken eine so genannte „ausgeglichene Objektrentabilität" angestrebt. Das heißt, dass aus den erzielten Reinerträgen der Kapitaldienst erbracht werden kann. Reichen die erzielten Reinerträge dafür nicht aus, ist vom Darlehensnehmer nachzuweisen, dass er durch anderweitige Einkünfte diese Unterdeckung ausgleichen kann.

Bei der Kreditvergabe an Wohnungsunternehmen oder an institutionelle Anleger (Immobilienfondsgesellschaften, Immobilienaktiengesellschaften) stehen die strategische Portfolioausrichtung und die daraus resultierende nachhaltige Ertragserzielung im Mittelpunkt zur Bonitätseinstufung des Immobilienunternehmens.

6.3.3   Objektprüfung

6.3.3.1 Grundlagen der Immobilienbewertung

Die Notwendigkeit Immobilien zu bewerten, resultiert aus folgen Gründen:

- o   Verkauf – Feststellung des Verkehrs- bzw. Marktwertes
- o   Beleihung – Ermittlung des Beleihungswertes
- o   Bilanzierung – Ermittlung des Bilanzwertes
- o   Besteuerung – Ermittlung von Einheits- oder Grundbesitzwert
- o   Versicherung – Ermittlung des Versicherungswertes[15].

---

[15] Vgl. 1. Kapitel, Abbildung 1.11: Systematik der Bewertung von Immobilien

Prof. Dr. habil. Kerry-U. Brauer

Die Wertermittlung zum Zwecke des Verkaufs von Immobilien hat zum Ziel, den aktuellen Wert zum Zeitpunkt des Verkaufs der Immobilie zu ermitteln. Der Verkehrswert oder Marktwert (beide Begriffe werden gemäß § 194 Baugesetzbuch synonym verwendet) ist ein stichtagsbezogener Wert. Die Wertermittlung zum Zwecke der Beleihung von Grundstücken, als Sicherheit für die Kreditvergabe, zielt primär auf die Ermittlung der dauerhaften Werthaltigkeit der Immobilie ab. Die Bewertung von Immobilien zum Zwecke der Bilanzierung soll die tatsächlichen Vermögensverhältnisse eines Unternehmens widerspiegeln. Die Wertermittlung zum Zwecke der Besteuerung hat im Ergebnis den Einheitswert oder den Grundbesitzwert der Immobilie. Der Einheitswert wird für die Berechnung der Grundsteuer ermittelt, der Grundbesitzwert für die Berechnung von Erbschaft- und Schenkungssteuer.[16] Die Wertermittlung zum Zwecke der Ermittlung des Versicherungswertes hat das Ziel, den Wert zu fixieren, der adäquat den Wiederherstellungskosten im Falle der Zerstörung des Gebäudes ist. Bodenwert und Lagefaktoren finden hier keine Berücksichtigung. Die Baukosten des Gebäudes stehen im Mittelpunkt einer solchen Wertermittlung. Ausgangspunkt bilden in der Regel die Baukosten von 1914. Diese werden mit einem Baukostenindex fortgeschrieben, um den aktuellen Versicherungswert zu erhalten.

Alle hier aufgeführten Ergebnisse der Wertermittlung werden auf der Grundlage unterschiedlicher Methoden erzielt. Die Problematik ist, dass trotz aller Unterschiedlichkeit in den Methoden teilweise mit den gleichen Begriffen gearbeitet wird. Ausdrücklich wird darauf hingewiesen, dass die Begriffe Verkehrswert, Ertragswert und Sachwert in Abhängigkeit von der Zielstellung der Wertermittlung inhaltlich differieren.

Analogien in den angewendeten Verfahren bestehen bei der Bewertung der Immobilien zum Zwecke des Verkaufs, zum Zwecke der Beleihung und auch zum Zwecke der Bilanzierung, sofern Unternehmen auf Grundlage internationaler Rechnungslegungsvorschriften (IAS – International Accounting Standards/ IFRS – International Financial Reporting Standards)[17] bilanzieren. Prinzipiell werden hierfür die Wertermittlungsverfahren nach der Immobilienwertermittlungsverordnung oder internationale Wertermittlungsverfahren, mit denen der Verkehrswert bzw. Marktwert fixiert wird, angewendet.

---

[16] Vgl. Kapitel 3.2 Steuerliche Bewertung von Immobilien.
[17] Vgl. Kirsch S.53ff

6 Immobilienfinanzierung

Abbildung 6.14: Übersicht über nationale und internationale Wertermittlungsverfahren

Deutsche Wertermittlungsverfahren	Internationale Wertermittlungsverfahren
• Vergleichswertverfahren	• Direct Value Comparison Method
• Ertragswertverfahren	• Investment Method
	• Profits Method
• Sachwertverfahren	• Replacement Cost Method
	• Residual Method

Die sich in der Übersicht gegenüberstehenden Wertermittlungsverfahren bzw. Methoden beruhen auf den gleichen prinzipiellen Herangehensweisen, um schließlich zum Verkehrswert bzw. Marktwert zu gelangen.

Der **Verkehrswert (Marktwert)** gemäß § 194 BauGB beinhaltet den Preis, der im Zeitpunkt der Wertermittlung im gewöhnlichen Geschäftsverkehr nach den rechtlichen Gegebenheiten und tatsächlichen Eigenschaften, ohne Rücksicht auf ungewöhnliche oder persönliche Verhältnisse zu erzielen wäre. Der Verkehrswert ist ein stichtagsbezogener Wert. Die bei der Verkehrswertermittlung zu berücksichtigenden Gegebenheiten werden im § 3 der Immobilienwertermittlungsverordnung genannt. So sind in die Ermittlung des Verkehrswerts eines Grundstückes die allgemeine Wertverhältnisse zum Wertermittlungsstichtag und die maßgebenden Umstände, wie allgemeine Wirtschaftslage, Verhältnisse am Kapitalmarkt sowie wirtschaftliche und demographische Entwicklungen des Gebietes einzubeziehen.

Deutsche Wertermittlungsverfahren

Grundlage für die Verkehrswertermittlung bildet die bereits genannte Immobilienwertermittlungsverordnung – ImmoWertV. Gemäß § 8 der ImmoWertV sind zur Ermittlung des Verkehrswertes das Vergleichswertverfahren, das Ertragswertverfahren, das Sachwertverfahren oder mehrere dieser Verfahren heranzuziehen. Hierzu heißt es: „Die Verfahren sind nach der Art des Wertermittlungsobjekts unter Berücksichtigung der im gewöhnlichen Geschäftsverkehr bestehenden Gepflogenheiten und der sonstigen Umstände des Einzelfalls, insbesondere der zur Verfügung stehenden Daten, zu wählen; die Wahl ist zu begründen. Der Verkehrswert ist aus dem Ergebnis des oder der herangezogenen Verfahren unter Würdigung seines oder ihrer Aussagefähigkeit zu ermitteln."

Der im Ergebnis des angewandten Verfahrens vorliegende Wert - Vergleichswert, Ertragswert oder Sachwert - ist ein Zwischenwert, der unter Berücksichtigung der aktuellen Marktlage zum Verkehrswert fortgeschrieben wird. Im § 14 der ImmoWertV wird auf die Anforderungen zur Auswahl der Marktanpassungsfaktoren und der Liegenschaftszinssätze hingewiesen.

Vergleichswertverfahren (§ 15 ImmoWertV)

„(1) Im Vergleichswertverfahren wird der Vergleichswert aus einer ausreichenden Zahl von Vergleichspreisen ermittelt. Für die Ableitung der Vergleichspreise sind Kaufpreise solcher Grundstücke heranzuziehen, die mit dem zu bewertenden Grundstück hinreichend übereinstimmende Grundstücksmerkmale aufweisen. Finden sich in dem Gebiet, in dem das Grundstück gelegen ist, nicht genügend Vergleichspreise, können auch Vergleichspreise aus anderen vergleichbaren Gebieten herangezogen werden. Änderungen der allgemeinen Wertverhältnisse auf dem Grundstücksmarkt oder Abweichungen einzelner Grundstücksmerkmale sind in der Regel auf der Grundlage von Indexreihen oder Umrechnungskoeffizienten zu berücksichtigen."

Nach folgendem Ablauf wird bei diesem Verfahren der Verkehrswert ermittelt:

1. Suche nach Kaufpreisen vergleichbarer Grundstücke oder grundstücksgleicher Rechte;
2. Analyse ausgewählter Vergleichspreise unter dem Aspekt, inwiefern diese durch ungewöhnliche oder persönliche Verhältnisse beeinflusst wurden;
3. Analyse der Vergleichspreise nach dem Zeitpunkt des Verkaufsfalls und Berücksichtigung der seit dem vollzogenen Wertentwicklung auf dem Grundstücksmarkt;
4. Ermittlung des mit höchster Wahrscheinlichkeit zu erzielenden Preises für das Grundstück auf Basis des einfachen oder gewogenen Mittels aus allen herangezogenen Vergleichspreisen;
5. Gegebenenfalls Anpassung des so ermittelten Vergleichspreises an den Verkehrswert, sofern nachweisbar, dass die aktuelle Grundstücksmarktsituation noch nicht ausreichend berücksichtigt wurde.

Umso spezifischer die Immobilie ist, desto weniger Vergleichsobjekte sind verfügbar und umso weniger geeignet ist das Verfahren. In diesen Fällen müssen das Ertragswert- oder das Sachwertverfahren angewendet werden.

Ertragswertverfahren (§17ff ImmoWertV)

„(1) Im Ertragswertverfahren wird der Ertragswert auf der Grundlage marktüblich erzielbarer Erträge ermittelt. Soweit die Ertragsverhältnisse absehbar wesentlichen Veränderungen unterliegen oder wesentlich von den marktüblich erzielbaren Erträgen abweichen, kann der Ertragswert auch auf der Grundlage periodisch unterschiedlicher Erträge ermittelt werden."

In der bisherigen WertV wurden bei der Anwendung des Ertragswertverfahrens gleich bleibende Reinerträgen über die Restnutzungsdauer kapitalisiert. In der Immo-

WertV kann der Gutachter nunmehr hiervon abweichen. Mit dieser Veränderung wurde sich der internationalen Wertermittlungsmethode Investment Method angenähert. Unverändert jedoch blieb, die getrennte Ermittlung von Bodenwert und von Gebäudewert.

Das Ertragswertverfahren wird bei den Objekten angewendet, bei denen die Ertragserzielung entscheidendes Kriterium für die Immobilieninvestition ist. Das betrifft vor allem Wohnobjekte ab drei Wohneinheiten, Gewerbeobjekte und gemischt genutzte Objekte sowie so genannte Management- oder Betreiberimmobilien (z. B. Hotels, Krankenhäuser, Freizeitimmobilien).

Nach folgendem Ablauf wird bei diesem Verfahren der Verkehrswert ermittelt:[18]

1. Ermittlung des Bodenwerts auf Basis des Vergleichswertverfahrens;
2. Ermittlung der Bodenwertverzinsung mit Hilfe des Liegenschaftszinssatzes[19]
3. Ermittlung des nachhaltig erzielbaren Jahresreinertrages (Jahresrohertrag abzüglich nicht umlagefähiger Bewirtschaftungskosten) für die bauliche Anlage;
4. Auswahl des Vervielfältigers,[20] der sich aus der Restnutzungsdauer des Gebäudes und dem Liegenschaftszinssatz ergibt;
5. Ermittlung des Ertragswerts für das Gebäude, in dem der Jahresreinertrag um die Bodenwertverzinsung vermindert wird. Man erhält so den Jahresreinertrag des Gebäudes, der mit dem Vervielfältiger multipliziert wird;
6. Ermittlung des Ertragswerts für das zu bewertende Objekt durch Addition von Bodenwert (ermittelt auf Basis des Vergleichswertverfahrens) und Ertragswert des Gebäudes;
7. Anpassung des ermittelten Ertragswerts an den Verkehrswert durch Berücksichtigung der Situation auf dem Grundstücksmarkt.

---

18 Vgl. auch Weiterführende Literatur zur Immobilienbewertung
19 „Der Liegenschaftszinssatz (Kapitalisierungszinssätze, § 193 (5), Satz 2, Nummer 1 des Baugesetzbuches) sind die Zinssätze, mit denen Verkehrswerte von Grundstücken je nach Grundstücksart im Durchschnitt marktüblich verzinst werden." ImmoWertV §14 (3)
20 Finanzmathematisch gesehen ist der Vervielfältiger der Diskontierungssummenfaktor.

Beispiel zur Ermittlung des Ertragswerts (Wohnanlage mit 4 000 m² Wohnfläche)

1.	Ermittlung des Bodenwertes auf Basis von Vergleichswerten 5 000 qm x 100 €/ m²	500 000 €
2.	Verzinsung des Bodens bei 5,0 % Liegenschaftszinssatz	25 000 €
3.	Ermittlung des Jahresreinertrages der baulichen Anlage Jahresreinertrag	216 000 €
—	Bodenwertverzinsung	25 000 €
=	Reinertrag der baulichen Anlage	191 000 €
4.	Auswahl des Vervielfältigers bei: Restnutzungsdauer: 80 Jahre Liegenschaftszinssatz: 5,0 % Vervielfältiger 19,60	
5.	Ermittlung des Ertragswerts der baulichen Anlage Reinertrag der baulichen Anlage x Vervielfältiger 191 000 € x 19,60	3 743 600 €
6.	+Bodenwert	500 000 €
=	Ertragswert der Immobilie	4 243 600 €
7.	Feststellung des Verkehrswerts Korrektur/Anpassung des Ertragswerts an die Marktverhältnisse	4 000 000 €

Sachwertverfahren (§ 21ff ImmoWertV)

(1) „Im Sachwertverfahren wird der Sachwert des Grundstücks aus dem Sachwert der nutzbaren baulichen und sonstigen Anlagen sowie dem Bodenwert (§ 16) ermittelt; die allgemeinen Wertverhältnisse auf dem Grundstücksmarkt sind insbesondere durch die Anwendung von Sachwertfaktoren (§ 14 Absatz 2 Nummer 1) zu berücksichtigen.

(2) Der Sachwert der baulichen Anlagen (ohne Außenanlagen) ist ausgehend von den Herstellungskosten (§ 22) unter Berücksichtigung der Alterswertminderung (§ 23) zu ermitteln.

(3) "Der Sachwert der baulichen Außenanlagen und der sonstigen Anlagen wird, soweit sie nicht vom Bodenwert miterfasst werden, nach Erfahrungssätzen oder nach den gewöhnlichen Herstellungskosten ermittelt. Die §§ 22 und 23 sind entsprechend anzuwenden."[21]

---

[21] ImmoWertV, § 21

Das Sachwertverfahren wird vor allem im selbst genutzten Wohnimmobilienbereich angewendet, sofern das Vergleichswertverfahren nicht anwendbar ist.

Nach folgendem Ablauf wird bei diesem Verfahren der Verkehrswert ermittelt.

1. Ermittlung des Bodenwerts anhand des Vergleichswertverfahrens;
2. Ermittlung des Werts der baulichen Anlage;
   - Ermittlung der Herstellungskosten (nach § 22 ImmoWertV),
   - Ermittlung der Alterswertminderung für das Gebäude (nach § 23 ImmoWertV),
   - ggf. Ermittlung von Abschlägen wegen baulicher Mängel und Schäden,
   - ggf. Zu- und Abschläge für sonstige wertbeeinflussende Faktoren.
3. Ermittlung des Werts der Außenanlagen und sonstiger Anlagen;
4. Ermittlung des Sachwerts durch Addition von Bodenwert, Wert der baulichen Anlage und Wert von Außen- und sonstiger Anlagen;
5. Festlegung des Verkehrswerts durch Korrektur des Sachwerts um Markt beeinflussende Faktoren.

Beispiel zur Ermittlung des Sachwerts

1.	Ermittlung des Bodenwerts 500 m² x 100 €/ m²	50 000 €
2.	Ermittlung des Werts der baulichen Anlage Bauwert 250 €/m³ x 600 m³	150 000 €
3.	Ermittlung des Werts der Außenanlagen und sonstiger Anlagen	10 000 €
4.	Ermittlung des Sachwerts	210 000 €
5.	Festlegung des Verkehrswerts	200 000 €

Internationale Wertermittlungsverfahren

Zwischen deutschen und internationalen Wertermittlungsverfahren gibt es eine Vielzahl von Übereinstimmungen, jedoch auch eine Reihe Unterschiede. Prinzipiell gleich ausgerichtet ist die Ermittlung des Marktwertes auf Basis von Vergleichswerten und auf Basis von Sachwerten. Unterschiede bestehen vor allem bei Ertragsobjekten und den damit verbundenen unterschiedlichen Sichtweisen von Kapitalanlegern in Immobilien. Die Immobilie wird auf angelsächsischen Märkten primär als eine Assetklasse unter anderen Geldanlagealternativen gesehen. In Deutschland ist dieses Denken bisher weniger ausgeprägt. Hier wird die Immobilie als eine wichtige Geldanlage insbesondere unter dem Aspekt der Wertstabilität gesehen und nur mittelbar mit anderen Geldanlagemöglichkeiten verglichen. Dieses Denken wurde in der Vergangenheit auch maßgeblich durch steuerrechtliche Regelungen mitgeprägt. Insofern bestehen Unterschiede in den Wertermittlungsverfahren, die auf der Ertragserzielung aus der Immobilie beruhen (Ertragswertverfahren vs. Investment Method). Nachstehende Übersicht zeigt Gemeinsamkeiten und Unterschiede auf.

Abbildung 6.15: Gemeinsamkeiten und Unterschiede in den auf den Ertrag gerichteten Wertermittlungsverfahren bzw. -methoden

Ertragswertverfahren	Investment Method
Kapitalisierung der Erträge aus der Immobilie	
• Abzinsung der Erträge mit dem Liegenschaftszinssatz	• Abzinsung der Erträge mit dem „All Risk Yield"
• Kapitalisierung der Erträge über die Restnutzungsdauer der Immobilie	• Unendliche Kapitalisierung differenzierter Erträge

Aus finanzmathematischer Sicht bestehen keine Unterschiede zwischen dem Ertragswertverfahren und der Investment Method. In beiden Fällen werden Barwerte aus den erwarteten Erträgen ermittelt. Jedoch bestehen wesentliche Unterschiede in den Indikatoren, die zur Barwertermittlung herangezogen werden. Während beim Ertragswertverfahren die Reinerträge mit dem Liegenschaftszinssatz, der aus vorangegangenen Immobilientransaktionen durch den Gutachterausschuss ermittelt wird, abgezinst werden, findet in der Investment Method der „All Risk Yield" Anwendung. Es handelt sich hierbei um einen Kapitalisierungszinssatz, in dem alle Wert beeinflussenden Risikofaktoren einbezogen werden. Die Abzinsung der künftigen Erträge aus der Immobilie erfolgt somit unter Einschätzung der aktuellen und der künftigen Marktlage. Prinzipiell werden hierfür zwei Perioden - Term and Reversion - berücksichtigt. Term beinhaltet den Zeitraum, für den bereits abgeschlossene Mietverträge vorliegen. Die Kalkulation der Einnahmen ergibt sich hier aus den Mietverträgen. Die Abzinsung der Erträge hängt primär von der Einschätzung der Bonität des Mieters ab. Reversion beinhaltet den Zeitraum nach Auslaufen der Mietverträge. Bei der Wertermittlung muss nun prognostiziert werden, wie nachhaltig und ertragreich die weitere Vermietung ist. Aufgrund der steigenden Unsicherheit mit wachsendem Zeithorizont ist der Ansatz eines höheren Kapitalisierungszinssatzes wahrscheinlich. Eine andere Variante der Barwertermittlung besteht in der Kalkulation einer ewig währenden Basismiete (Hardcore) und zusätzlich einer darüber hinaus gehenden Miete (Top slice) nach Auslaufen des Mietvertrages.

Die **Profits Method** basiert auf der analogen Herangehensweise. Sie wird bei der Bewertung von Betreiberimmobilien (z. B. Hotels, Krankenhäuser, Sport- und Freizeitanlagen) angewendet. Ausgangspunkt sind die prognostizierten Umsatzerlöse. Hiervon werden sämtliche Kosten abgezogen. Der so ermittelte Gewinn bildet de facto eine fiktive Pacht. Analog der Investment Method wird diese fiktive Pacht mit einem Kapitalisierungszinssatz abgezinst und summiert. Man erhält hier ebenfalls den Barwert dieser speziellen Immobilie.

Die **Residual Method** bzw. das Residualwertverfahren wird im Zusammenhang mit der Bauträgerfinanzierung erläutert. Es wird hier auf den Abschnitt 6.4.3 verwiesen.

Für Anwendung internationaler Wertermittlungsverfahren ist das „**Red Book**" des „RICS - Royal Institution of Chartered Surveyors" maßgeblich.

Die „TEGoVA – The European Group of Valuers' Associations" ist der europäische Dachverband nationaler Immobilienbewertungsorganisationen mit Sitz in Brüssel. Dieser Dachverband vertritt 40 Mitgliedsverbände in 24 Ländern. Zielstellung ist die Schaffung einheitlicher Standards für die Bewertungspraxis. Die europäischen Bewertungsstandards (European Valuation Standards – EVS) sind im „**Blue Book**" der TEGoVA veröffentlicht.[22]

Die Immobilienbewertung ist ein äußerst facettenreiches Themengebiet, dessen erschöpfende Behandlung den Rahmen des vorliegenden Lehrbuches sprengen würde. Insofern wird im Literaturverzeichnis auf weitere Fachliteratur zu nationalen und zu internationalen Wertermittlungsverfahren hingewiesen.

6.3.3.2 Beleihungswertermittlung

Die Bewertung der zu finanzierenden Immobilie bestimmt ganz maßgeblich die Entscheidung für oder gegen die Kreditgewährung. Die Objektprüfung ist umso wichtiger, je stärker das Finanzierungsengagement auf die Werthaltigkeit des Objekts abgestellt ist. Für Pfandbriefbanken hat die Objektbewertung darüber hinaus die ganz wesentliche Bedeutung, dass von ihr die Refinanzierung beeinflusst wird. Bis zu 60 Prozent des ermittelten Beleihungswertes, d.h. im erststelligen Beleihungsraum, können sich Pfandbriefbanken durch die Emission von Pfandbriefen refinanzieren.[23] Ein Kredit, der 60 Prozent des Beleihungswertes nicht übersteigt, wird als Realkredit bezeichnet. Der darüber hinaus gehende Kreditumfang wird als Außerdeckungsteil bezeichnet. Im Gesetz zur Neuordnung des Pfandbriefrechtes im § 16 Absatz 4 ist fixiert, dass die Beleihungswertermittlung der Pfandbriefbanken durch eine Rechtsverordnung, in der Einzelheiten der Methodik und Form der Beleihungswertermittlung sowie die Mindestanforderungen an die Qualifikation des Gutachters zu bestimmen sind, geregelt werden muss. Auf dieser Grundlage liegt die Verordnung über die Ermittlung der Beleihungswerte vom 12.06.2006 vor, die am 1. August 2006 in Kraft getreten

---

[22] Vgl. Homepage der TEGoVA: www.tegova.org
[23] Vgl. Gesetz zur Neuordnung des Pfandbriefrechtes § 14

ist. Die bisherigen Wertermittlungsanweisungen der Pfandbriefbanken (vormals Hypothekenbanken), die durch die Bundesanstalt für Finanzdienstleistungsaufsicht bestätigt wurden, werden durch die Beleihungswertermittlungsverordnung - BelWertV abgelöst. Die Beleihungswertermittlung orientiert sich an der Wertermittlungsverordnung. Im „§ 4 Verfahren zur Ermittlung des Beleihungswertes" heißt es:

> „(1) Zur Ermittlung des Beleihungswertes sind der Ertragswert (§§ 8-13) und der Sachwert (§§ 14 bis 18) des Beleihungsobjektes getrennt zu ermitteln...
>
> (2) Bei Wohnungs- und Teileigentum ist ergänzend das Vergleichswertverfahren als Kontrollwert bei der Ermittlung des Beleihungswerts zu berücksichtigen...
>
> (3) Maßgeblich für die Ermittlung des Beleihungswertes ist regelmäßig der Ertragswert, der nicht überschritten werden darf..."

Im Teil 3 der Beleihungswertermittlungsverordnung sind Einzelheiten zur Anwendung von Ertragswert-, Sachwert- und Vergleichswertverfahren fixiert.

Bei der **Ertragswertermittlung** muss mit einem Kapitalisierungszinssatz bei wohnwirtschaftlich genutzten Immobilien von mindestens fünf Prozent, bei gewerblich genutzten Immobilien von mindestens sechs Prozent gerechnet werden. Nur in Ausnahmefällen, die nachvollziehbar begründet werden müssen, kann bei gewerblichen Objekten der Mindestkapitalisierungszinssatz um 0,5 Prozent unterschritten werden. In den Anlagen der Beleihungswertermittlungsverordnung sind die Bandbreiten für anzuwendende Kapitalisierungszinssätze in Abhängigkeit von der Objektnutzung, Mindestvorgaben zu den Bewirtschaftungskosten als Grundlage zur Reinertragsermittlung und Erfahrungswerte für die Nutzungsdauer baulicher Anlagen fixiert.

Bei Anwendung des **Sachwert- und des Vergleichswertverfahrens** im Rahmen der Beleihungswertermittlung wird sich methodisch an den Vorgaben der ImmoWertV orientiert. Prinzipiell ist der ermittelte Herstellungswert beim Sachwertverfahren um einen Sicherheitsabschlag von mindestens zehn Prozent zu mindern (§ 16 BelWertV). Der gleiche Sicherheitsabschlag ist beim Vergleichswertverfahren anzuwenden (§ 19 BelWertV).

Auf der Grundlage der oben aufgeführten Verfahren wird durch den Sachverständigen der Bank, der unabhängig von der Kreditentscheidung agiert, der Beleihungswert der Immobilie ermittelt. Der Verkehrswert bzw. Marktwert bildet die oberste Grenze für die Beleihungswertfestsetzung. Im § 16, Absatz 2 des Gesetzes zur Neuordnung des Pfandbriefrechts heißt es dazu: „Der Beleihungswert darf den Wert nicht übersteigen, der sich im Rahmen einer vorsichtigen Bewertung der zukünftigen Verkäuflichkeit einer Immobilie unter Berücksichtigung der langfristigen, nachhaltigen Merkmale des Objektes, der normalen regionalen Marktgegebenheiten sowie der derzeitigen und möglichen anderweitigen Nutzung ergibt. Spekulative Elemente dürfen dabei nicht berücksichtigt werden. Der Beleihungswert darf einen auf transparente Weise und nach einem anerkannten Bewertungsverfahren ermittelten Marktwert nicht übersteigen."

Die Objektprüfung hat neben der Ermittlung des Beleihungswertes bei Ertragswertobjekten die Bedeutung, dass auf ihrer Grundlage die **Kapitaldienstgrenze** ermittelt wird. Die Kapitaldienstgrenze gibt Auskunft über die maximal zu gewährende Kreditsumme, bei der eine ausgeglichene Objektrentabilität erreicht wird. Diese ist dann gegeben, wenn mit den nachhaltig erzielbaren Einnahmen aus der Immobilie (Reinerträge) der Kapitaldienst getragen werden kann. Beleihungswert und Kapitaldienstgrenze können damit gleichermaßen die Höhe des von der Bank gewährten Kredits begrenzen. Ihre Bedeutung ist dann umso größer, je stärker das Kreditengagement auf die Immobilie und erst nachrangig auf die Bonität des Schuldners abgestellt ist. Liegt der Umfang jährlich anfallender Zins- und Tilgungsleistungen über dem Umfang jährlich nachhaltig erzielbarer Reinerträge, muss vom Kreditnehmer nachgewiesen werden, dass die damit verbundene Unterdeckung durch anderweitige dauerhafte Einkünfte kompensiert werden kann. Bei einem jährlich erzielbaren Reinertrag von 216 000 € und einem Zinssatz von sechs Prozent und einem Tilgungssatz von einem Prozent ergibt sich folgende Kapitaldienstgrenze:

$$\text{Kapitaldienstgrenze} = \frac{\text{Jahresreinertrag}}{\frac{\text{Zins- und Tilgungssatz}}{100}} = \frac{216.000\ €}{0{,}07} = 3.085.714\ €$$

Wird ein Kredit in Höhe von maximal 3 085 714 € gewährt, ist hiernach die Objektrentabilität ausgeglichen.

6.3.4 Kreditvertrag

Ein Kreditvertrag ist ein Schuldverhältnis im Sinne des § 241 BGB. Er kommt durch Willenserklärung des Gläubigers und des Schuldners durch Antrag und Annahme zustande. Nach § 311 BGB ist zur Begründung des Schuldverhältnisses ein Vertrag erforderlich. Formvorschriften hierfür existieren mit Ausnahme von solchen Kreditverträgen, die den Vorschriften des Verbraucherdarlehens unterliegen, nicht.

Ein Verbraucherdarlehen liegt vor, wenn ein Vertrag zwischen einem gewerblich handelnden Kreditgeber und einer natürlichen Person geschlossen wird. Eine Ausnahme hiervon besteht nur, wenn die natürliche Person den Kredit für eine bereits ausgeübte gewerbliche oder selbständige berufliche Tätigkeit aufnimmt.

Prof. Dr. habil. Kerry-U. Brauer

Ein Verbraucherdarlehen muss in Schriftform geschlossen sein und folgenden Mindestinhalt bei grundpfandrechtlich abgesicherten Krediten aufweisen:[24]

- Nettokreditbetrag, ggf. die Höchstgrenze des Kredits;
- Art und Weise der Kreditrückzahlung bzw. Regelung der Vertragsbeendigung;
- Zinssatz und alle sonstigen Kosten des Kredits;
- effektiver Jahreszins gemäß Preisangabenverordnung § 6;
- Kosten für Versicherungen, wenn diese im Zusammenhang mit dem Kredit abgeschlossen werden müssen;
- zu bestellende Sicherheiten.

Fehlende Angaben oder Formmängel bei Vertragsabschluss führen nach § 494 BGB zu nachstehend aufgeführten Rechtsfolgen:

- Nichtigkeit des Kreditvertrages, wenn die Schriftform nicht eingehalten wurde oder wenn vorgeschriebene Angaben fehlen;
- Kreditvertrag wird jedoch gültig, wenn der Verbraucher das Darlehen empfängt bzw. den Kredit in Anspruch genommen hat, jedoch ermäßigt sich der Zinssatz auf den gesetzlichen Zinssatz, wenn Angaben zum Effektivzins fehlen;
- nicht angegebene Kosten werden vom Verbraucher nicht geschuldet;
- keine Sicherheitenforderung bei fehlenden Angaben hierüber, jedoch nur bei einem Kreditbetrag unter 50 000 €;
- bei fehlender Angabe, unter welchen Bedingungen sich preisbestimmende Faktoren ändern können, entfällt die Möglichkeit diese zum Nachteil des Verbrauchers zu verändern;
- bei zu niedrig ausgewiesenem Effektivzinssatz vermindert sich der im Kreditvertrag angegebene Zinssatz.

Die Allgemeinen Geschäftsbedingungen des Kreditinstituts werden insofern Bestandteil des Kreditvertrags, wie auf diese im Vertrag verwiesen wird und der Kreditnehmer durch Aushändigung oder Aushang die Möglichkeit hat, von diesen Kenntnis zu nehmen.

Bei allen Kreditverträgen, die nicht dem Verbraucherdarlehensbestimmungen unterliegen, besteht Formfreiheit.

---

[24] Vgl. BGB § 492

6.3.5 Valutierung und Prolongation

Der Kreditantrag des Darlehensnehmers wurde bearbeitet. Die Bonitäts- und Objektprüfung sind erfolgt. Der Darlehensvertrag wurde erstellt. Neben den Konditionen, zu denen das Darlehen gewährt wird, sind im Darlehensvertrag die Voraussetzungen zur Valutierung (Auszahlung) der Darlehensmittel genannt. Diese Voraussetzungen zielen in der Regel auf zwei Bereiche ab. Das sind zum einen die zu bestellenden Sicherheiten für die Kreditgewährung, zum anderen die Absicherung, dass es im Zuge des Investitionsvorhabens zu keinen Kostenüberschreitungen kommt. Dieser Aspekt ist im Rahmen von Immobilienfinanzierungen von besonderer Bedeutung, da regelmäßig die Bauphasen, sei es nun beim Neubau oder bei eine Modernisierung und Instandsetzung der Immobilie mit finanziert werden.

In der Regel werden die Darlehensmittel nur sukzessive nach einem vorher festgelegten Zahlungsplan, der an den Baufortschritt mit entsprechender Rechnungslegung gebunden ist, ausgezahlt. Bei Abschluss des Darlehensvertrages ist darauf zu achten, dass die Auszahlungsraten der Bank so weit als möglich mit dem Zahlungsplan der Baufirma korrespondieren. Die Interessenlagen von Bank und Baufirma sind hier diametral. Die Bank möchte die Zahlungsraten aufgrund des mit jeder Zahlung verbundenen Aufwandes so gering als möglich halten. Die Baufirma möchte aus Liquiditätsgründen in kurzfristigen Abständen Rechnungen legen können. Mitunter ist die Aufnahme eines Zwischenkredits unvermeidlich. Damit steigt der Gesamtaufwand für die Finanzierung. Neben den Bereitstellungszinsen für das langfristig gewährte Darlehen müssen in dem Fall die Zinsen für den Zwischenkredit gezahlt werden. Der gewährte Zwischenkredit wird schließlich mit Valutierung des langfristigen Darlehens abgelöst bzw. getilgt.

Abbildung 6.16: *Voraussetzungen für die Valutierung der Darlehensmittel*

Voraussetzungen für die Valutierung der Darlehensmittel

Stellung der Kreditsicherheiten

z. B.:

- Grundschuldeintragung (i.d.R. an 1. Rangstelle)
- Abtretung der Mieteinnahmen

Erfüllung der Auszahlungsvoraussetzungen

z. B.:

- Vorlage verbindlicher Baukostenangebote in Höhe von maximal kalkulierten Kosten im Kreditantrag
- Vorlage des unterzeichneten GU – Vertrages
- Nachweis des jeweils erreichten Bautenstandes

Die Stellung von Kreditsicherheiten ist Voraussetzung für die Valutierung der Darlehensmittel und hat für die gesamte Laufzeit des Darlehens oberste Priorität. Im Abschnitt 6.2.3 wurde ein Überblick über die Kreditsicherheiten gegeben. Bei Immobilienfinanzierungen wird regelmäßig die Eintragung einer Grundschuld in Abteilung III des Grundbuchs an erster Rangstelle angestrebt. Die Grundschuld beinhaltet ein dingliches Recht an einem Grundstück. Grundlage für die Eintragung bildet die Ausfertigung einer Grundschuldbestellungsurkunde.

Inhalt einer Grundschuldbestellungsurkunde

Neben den Angaben zum verhandelnden Notar und dem Eigentümer des Grundstücks werden in einer Grundschuldbestellungsurkunde folgende Angaben fixiert:

1. das Pfandobjekt/die Pfandobjekte mit den jeweiligen Grundbuchangaben;
2. die Höhe der einzutragenden Grundschuld nebst dinglicher Zinsen und dinglicher Nebenleistungen zugunsten des Grundschuldgläubigers;
3. die Rangstelle für die einzutragende Grundschuld;
4. die dingliche Zwangsvollstreckungsunterwerfung;
5. die persönliche Zwangsvollstreckungsunterwerfung;
6. die Zweckerklärung;
7. der Rückgewähranspruch.

Zu 1. Pfandobjekt

Eine Grundschuld kann an einem oder an mehreren Grundstücken eingetragen werden. Wird eine so genannte Gesamtgrundschuld eingetragen, werden mehrere rechtlich selbständige Grundstücke mit einer Grundschuld belastet. Die Grundschuldsumme wird nicht auf die einzelnen Objekte aufgeteilt. Der Gläubiger hat im Falle der Zwangsvollstreckung die Wahlmöglichkeit zwischen den Grundstücken, aus denen er seine Forderung befriedigt. Reicht der ersteigerte Geldbetrag aus einem Grundstück nicht aus, kann auf weitere mit der Gesamtgrundschuld belastete Grundstücke zurückgegriffen werden. Eine über seine nachgewiesene Forderung hinausgehende Befriedigung ist nicht möglich.

Zu 2. Höhe einzutragender Grundschuld nebst dinglicher Zinsen und dinglicher Nebenleistungen

Aufgrund der Abstraktheit einer Grundschuld muss die Höhe der eingetragenen Grundschuld nebst Zinsen und Nebenleistungen nicht der konkreten Forderung entsprechen. Üblicherweise wird jedoch die Grundschuldhöhe an die Höhe des gewährten Kredits gebunden. Die eingetragenen dinglichen Zinsen und Nebenleistungen liegen jedoch immer weit über dem im Kreditvertrag fixierten Zinssatz. Sie betragen in der Regel 12 % bis 20 % p.a. bezogen auf den Grundschuldbetrag. Einige Kreditinstitute lassen darüber hinaus noch eine einmalige Nebenleistung von fünf bis zehn Prozent des Grundschuldbetrages eintragen. Hintergründe dieser wesentlich höheren dinglichen Zinsen gegenüber den Vereinbarungen im Kreditvertrag sind zum einen, dass bei einer Prolongation des Darlehens nach Ablauf des Zinsfestschreibungszeitraums der im Grundbuch vermerkte Zinssatz auch bei gestiegenem Kreditzins nicht verändert werden muss. Zum anderen kann die Bank ihre aufgelaufenen Forderungen nur für einen Zeitraum von 4 Jahren geltend machen. Da Mahnungen und Zwangsvollstreckungsprozesse in der Praxis diesen Zeitraum überschreiten können, kann sich die Bank mit dem eingetragenen höheren Zinssatz einen höheren Forderungsanspruch sichern. Auch hier gilt, dass sich die Bank nur in Höhe ihrer tatsächlichen Forderung aus dem Zwangsversteigerungserlös befriedigen darf.

Zu 3. Rangstelle

Jeder Gläubiger ist bestrebt, seine Forderung an erster Rangstelle im Grundbuch abzusichern. Mit vorgehenden Eintragungen sowohl in Abteilung II als auch in Abteilung III des Grundbuchs sinkt die Werthaltigkeit der eingetragenen Grundschuld.

Im Falle der Zwangsvollstreckung wird der Versteigerungserlös nach der Begleichung von Verfahrenskosten und von ggf. bestehenden öffentlichen Lasten nach der Rangfolge der Eintragungen verteilt. Mitunter wird die Formulierung gebraucht, dass die Grundschuld, wenn die Eintragung an vorgenannter Rangstelle nicht möglich ist, zunächst an rangbereiter Stelle eingetragen werden soll. Auf diese Weise wird gesichert, dass mit Eingang der Grundschuldbestellungsurkunde beim Grundbuchamt die Grundschuld zunächst eingetragen wird und der Antrag nicht zurückgesandt wird. Im nächsten Schritt muss dann entweder der Rangrücktritt oder die Löschung des vorgehenden Rechtes bewirkt werden, um an die in der Grundschuldbestellungsurkunde geforderte Rangstelle zu kommen.

Zu 4. Dingliche Zwangsvollstreckungsunterwerfung

Bei Grundschuldbestellungsurkunden wird zwischen so genannten vollstreckbaren und nicht vollstreckbaren Ausfertigungen unterschieden. Eine vollstreckbare Ausfertigung beinhaltet die dingliche Zwangsvollstreckungsklausel, die in einer nicht vollstreckbaren Ausfertigung fehlt.

Mit der dinglichen Zwangsvollstreckungsunterwerfung besitzt der Gläubiger einen Titel, so dass er ohne langwieriges Mahnverfahren die Zwangsvollstreckung in das Grundstück erreichen kann.

Zu 5. Persönliche Zwangsvollstreckungsunterwerfung

Im Unterschied zur dinglichen Zwangsvollstreckungsunterwerfung beinhaltet die persönliche Zwangsvollstreckungsunterwerfung die Vollstreckung in das gesamte Vermögen des Schuldners. Sie ist losgelöst von der dinglichen Zwangsvollstreckungsunterwerfung. Damit besitzt der Gläubiger einen Titel, um ohne langwieriges Mahnverfahren in das Vermögen des Schuldners vollstrecken zu können.

Zu 6. Zweckerklärung

Mit der Zweckerklärung, auch als Sicherungszweckerklärung bezeichnet, wird die Verbindung zwischen der Forderung und der Grundschuld hergestellt. Unterschieden wird zwischen weiten und engen Zweckerklärungen. In einer weiten Zweckerklärung sichert sich der Gläubiger mit der Grundschuld gegen alle bestehenden und künftigen - auch bedingten oder befristeten Ansprüche - aus der Geschäftsverbindung ab. In einer engen Zweckerklärung ist die Grundschuld auf die bestehende Forderung beschränkt. In der Praxis dominieren weite Zweckerklärungen.

Die Zweckerklärung ist nicht zwingender Bestandteil der Grundschuldbestellungsurkunde. Sie kann auch separat gefasst werden. Die Handhabung ist von Kreditinstitut zu Kreditinstitut unterschiedlich.

Zu 7. Rückgewähranspruch

Auch wenn eine Grundschuld abstrakt ist und ohne Forderung bestehen kann, wird sie in den meisten Fällen mit dem Entstehen einer Forderung eingetragen. Mit dem schrittweisen Erlöschen der Forderung durch Tilgung steht der freiwerdende Grundschuldbetrag de facto dem Eigentümer zu und wandelt sich dieser Teil in eine Eigentümergrundschuld. Ist ein nachrangiger Gläubiger eingetragen, könnte sich in dem Fall seine Position verbessern, indem schrittweise die von ihm eingetragene Grundschuld mit jedem freiwerdenden Grundschuldbetrag nach vorn rückt - Anspruch auf Rückgewähr der Grundschuld. In der Grundschuldbestellungsurkunde kann aber auch festgelegt werden, dass alle Zahlungen an die Bank auf die persönliche Forderung und nicht auf die Grundschuld angerechnet werden. Der Anspruch auf Rückgewähr der Grundschuld wird dann auf den Anspruch der Erteilung der Löschungsbewilligung beschränkt.

Prolongation des Darlehens

Nach vollständiger Auszahlung der gewährten Darlehensmittel folgt die Phase der kontinuierlich zu erbringenden Kapitaldienstleistungen. Mit Ablauf der Zinsfestschreibung hat der Darlehensnehmer die Wahlmöglichkeit, das Darlehen zu prolongieren (verlängern) oder aber die bestehende Restschuld aus Eigen- oder aus Fremdmitteln vollständig zu tilgen. Der bei der Prolongation angebotene Zinssatz richtet sich nach der Höhe der zu diesem Zeitpunkt üblichen Kapitalmarktkonditionen einschließlich der Bonitätseinstufung des Kreditnehmers. Sofern im Darlehensvertrag ein Annuitätendarlehen vereinbart war, werden beim Prolongationsangebot die bereits ersparten Zinsen, durch die der Tilgungsanteil angestiegen ist, berücksichtigt. Gleiches gilt bei der Umschuldung des Darlehens, wenn ein Darlehensangebot einer anderen Bank in Anspruch genommen wird.

6.4 Bauträgerfinanzierung

6.4.1 Abgrenzung der Bauträgerfinanzierung von der Langfristfinanzierung einer Immobilieninvestition

In der Immobilienwirtschaft kann zwischen End- und Zwischeninvestoren unterschieden werden. Der Endinvestor ist langfristig Eigentümer der Immobilie. Er investiert in die Immobilie, um langfristig aus dieser Erträge zu erwirtschaften. Der Zwischeninvestor ist nur zwischenzeitlich Immobilieneigentümer. Er investiert in die Immobilie zum Zwecke des Verkaufs an einen Endinvestor. Aus den unterschiedlichen Zielstellungen und Zeitabläufen ergeben sich unterschiedliche Risiken, denen mit der jeweiligen Finanzierung Rechnung getragen werden muss.

Prof. Dr. habil. Kerry-U. Brauer

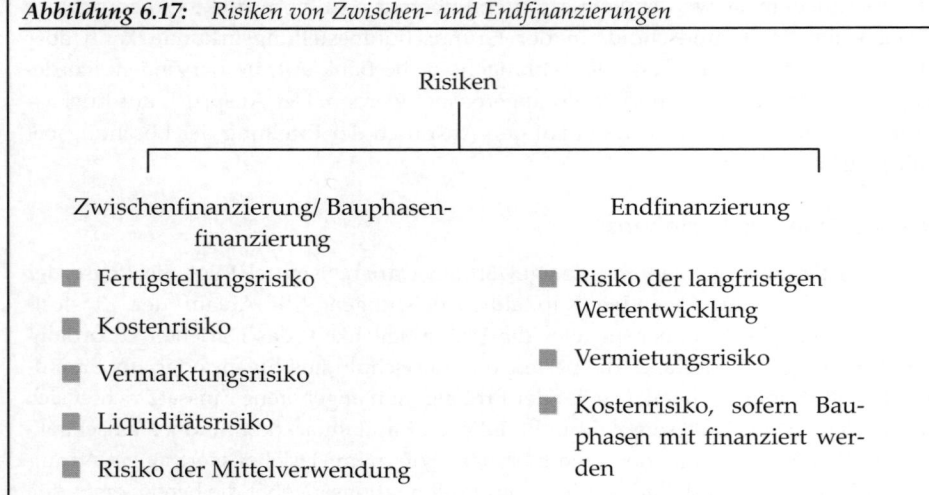

Abbildung 6.17: Risiken von Zwischen- und Endfinanzierungen

```
                              Risiken
            ┌────────────────────┴────────────────────┐
   Zwischenfinanzierung/ Bauphasen-            Endfinanzierung
          finanzierung
   ■ Fertigstellungsrisiko                ■ Risiko der langfristigen
                                            Wertentwicklung
   ■ Kostenrisiko
                                          ■ Vermietungsrisiko
   ■ Vermarktungsrisiko
                                          ■ Kostenrisiko, sofern Bau-
   ■ Liquiditätsrisiko                      phasen mit finanziert wer-
                                            den
   ■ Risiko der Mittelverwendung
```

Das **Fertigstellungsrisiko** des Bauträgervorhabens kann ursächlich beim Bauträger und bei den bauausführenden Firmen liegen. Bonität und know how müssen in beiden Fällen den Anforderungen der kreditgewährenden Bank entsprechen. Dieses Risiko ist daher so hoch zu werten, da ein nicht fertig gestelltes Objekt im Rahmen einer Zwangsvollstreckung nur mit Abschlägen zu verwerten ist. Das Risiko, dass die von der Bank ausgereichten Mittel dabei nicht erlöst werden, ist im Vergleich zu einem fertig gestellten Objekt wesentlich größer.

Das **Kostenrisiko** besteht bei allen Finanzierungen, bei denen noch Baukosten anfallen. Das betrifft gleichermaßen Neubau- sowie Modernisierungs- und Instandsetzungsmaßnahmen. Werden die kalkulierten Investitionskosten zu niedrig angesetzt, ergibt sich eine Finanzierungslücke, die entweder mit Eigen- oder mit Fremdmitteln gedeckt werden muss. Häufig muss der Darlehensnehmer einen Antrag auf Erhöhung der Darlehenssumme stellen. Problematisch ist das vor allem dann, wenn mit dem bereits gewährten Kredit an die Beleihungsgrenze gegangen wurde oder aber wenn der damit verbundene höhere Kapitaldienst nicht zu erbringen ist. Bei Nichtgewährung der Kreditnachforderung besteht andererseits das Problem, dass das Investitionsvorhaben gegebenenfalls nicht beendet werden kann.

Die Entscheidung für oder gegen die Kreditgewährung an einen Bauträger hängt außerdem maßgeblich von der Einschätzung der Vermarktungschancen des Objekts und dem damit verbundenen **Vermarktungsrisiko** ab. Neben der Bewertung des Bauträgervorhabens und der Einschätzung zur Verwertbarkeit wird die Professionalität des Vertriebs in die Kreditentscheidung mit einbezogen. Schließlich wird der Bauträgerkredit aus den Verkaufserlösen zurückgeführt. Stockt die Vermarktung, ist die Kredittilgung in Frage gestellt.

Das **Liquiditätsrisiko** entsteht dann, wenn die Zahlungsabflüsse längerfristig die Zahlungszuflüsse übersteigen. Ein Problem hierbei kann sein, dass der Bauträger die Voraussetzungen für die Kreditauszahlung nicht erfüllen kann, jedoch gleichzeitig bereits laufende Zahlungen an Auftragnehmer (Bauunternehmen, Handwerker) leisten muss. Infolge des Zahlungsverzuges steigen die Kosten im Allgemeinen und die Finanzierungskosten im Besonderen an, sofern noch ein Zwischenkredit zum Ausgleich von Liquiditätsengpässen aufgenommen werden muss.

Das **Risiko der Mittelverwendung** besteht vor allem dann, wenn ein Bauträger parallel mehrere Objekte realisiert. Trotz Auszahlung gegen Rechnungsvorlage und Bestätigung des erreichten Bautenstandes durch den Bau leitenden Architekten sowie Besichtigung vor Ort durch einen Bankmitarbeiter, kann nicht in jedem Fall zu hundert Prozent sichergestellt werden, dass die ausgezahlten Mittel auch in das dafür bestimmte Objekt fließen. Die Gefahr, dass an anderen Objekten bestehende Liquiditätsengpässe ausgeglichen werden, ist nicht vollständig auszuschließen.

Das **Risiko der langfristigen Wertentwicklung** ist ein spezielles Risiko der Endfinanzierung. Die Ertragswertentwicklung einer Immobilie wird durch die Vermietung des Objekts bestimmt. Die dauerhafte Vermietbarkeit und somit das **Vermietungsrisiko** hängt zum einen von der Lage des Objekts, zum anderen von der wirtschaftlichen Entwicklung der Region ab. Die Sachwertentwicklung einer Immobilie korrespondiert mit dem Baukostenindex und wird daher maßgeblich durch die Baupreisentwicklung bestimmt.

Den hier aufgeführten Risiken wird zum einen mit der Darlehensart, zum anderen mit der Form der Kreditbesicherung Rechnung getragen.

Abbildung 6.18: Darlehensart und Kreditbesicherung bei Zwischen- und Endfinanzierungen

	Zwischenfinanzierung	Endfinanzierung
Darlehensart	▪ Endfälliges Darlehen	▪ Darlehen mit mit oder ohne Tilgung
Zinsgestaltung	▪ Auflaufende Zinsen während der Darlehenslaufzeit	▪ Laufende Zinszahlung
Kreditsicherheiten	▪ Globalgrundschuld mit Freistellungserklärung ▪ Abtretung der Verkaufserlöse	▪ Grundschuld ▪ Abtretung der Mieteinnahmen

Prof. Dr. habil. Kerry-U. Brauer

Bei einer Bauträgerfinanzierung werden in der Regel endfällige Darlehen, bei dem die Zinsen während der Darlehenslaufzeit auflaufen, vereinbart. Zins- und Tilgungsleistungen werden endfällig mit den erzielten Verkaufserlösen erbracht.

6.4.2 Prüfung des Bauträgers

Die Prüfung des Bauträgers und des Bauträgerobjekts erfolgt anhand nachstehend aufgeführter Unterlagen, die mit dem Kreditantrag vom Bauträger bei der Bank einzureichen sind:

Einzureichende Unterlagen:

- Beschreibung des Investitionsvorhabens (Lage, Anzahl und Größe geplanter Wohn- und Gewerbeeinheiten, Verkaufspreise, Ausstattung, Stellplätze, Infrastruktur);
- Investitions- und Finanzierungsplan
- Bonitätsunterlagen
  - Handelsregisterauszug/Gesellschaftervertrag;
  - Selbstauskunft der Geschäftsführer;
  - Jahresabschlüsse der letzten 3 Jahre;
  - Betriebswirtschaftliche Auswertungen;
  - Ertragsvorschau/Wirtschaftlichkeitsberechnung;
  - Finanzierungsplan;
  - Nachweis über das Eigenkapital, das in die Finanzierung einfließen soll;
  - Übersicht über bisher realisierte bzw. in Realisierung befindliche Bauträgermaßnahmen;
- Objektunterlagen
  - Standort- und Marktanalyse, Zielgruppe
  - Bauträgerkalkulation;
  - Zeitablauf- und Liquiditätsplan;
  - Bauzeichnungen;
  - Kubatur- und Flächenberechnungen;
  - Baubeschreibung;
  - Lageplan/Flurkarte;
  - Grundbuchauszug;

- Kopie des Grundstückskaufvertrages, sofern Bauträger noch nicht Eigentümer des Grundstücks ist;
- Kopie der Baugenehmigung;
- Generalunternehmervertrag;
- Abgeschlossenheitsbescheinigung und Teilungserklärung, sofern Wohnungs- und Teileigentum gebildet wird;
- Nachweis über geplante Vermarktungsmaßnahme;
- Kaufvertragsentwurf für die Erwerber;

- Zu einem späteren Zeitpunkt sind nachzureichen:
  - Rohbauversicherung;
  - Bauwesen- und Bauherrenhaftpflichtversicherung;
  - Verwaltervertrag, sofern Wohnungs- und Teileigentum gebildet wird;
  - Nachweis über den Vermarktungsstand.

Analog einer langfristigen Immobilienfinanzierung wird auch bei einer Bauträgerfinanzierung der Darlehensnehmer hinsichtlich seiner materiellen und persönlichen Kreditwürdigkeit geprüft. Die persönliche Kreditwürdigkeitsprüfung umfasst primär die Einschätzung der im Bauträgergeschäft bereits gesammelten Erfahrungen. Eingeschätzt werden diese anhand der Anzahl und Größenordnung bereits realisierter Bauträgervorhaben und der damit nachweisbaren Referenzen einschließlich der Zeiträume von Vorhabenbeginn bis zur endgültigen Vermarktung. Die materielle Kreditwürdigkeitsprüfung erfolgt anhand der Analyse der wirtschaftlichen und finanziellen Situation des Bauträgers. Die Bilanzanalyse, die Auswertung der aktuellen betriebswirtschaftlichen Abrechnungen sowie die Analyse der mit dem Bauträgervorhaben verbundenen voraussichtlichen Geschäftsentwicklung stehen hier im Mittelpunkt. Die Problematik der materiellen Kreditwürdigkeitsprüfung eines Bauträgers besteht im stark schwankenden Umlaufvermögen, das in der Regel weitgehend fremdfinanziert ist. Damit ist auch die Liquidität des Bauträgers außerordentlich großen Schwankungen unterworfen. Entscheidendes Kriterium in der materiellen Kreditwürdigkeitsprüfung wird damit das mögliche vom Bauträger in die Finanzierung einbringbare Eigenkapital.

Das Bauträgergeschäft wird aufgrund der eingangs aufgeführten Risiken besonders kritisch von den Kreditinstituten analysiert. Sowohl bei der Kreditantragstellung als auch während der Projektrealisierung wird eine durchgängig sehr hohe Transparenz gefordert. Diese beginnt mit der Begründung der Projektidee auf der Grundlage von Standort- und Marktanalysen, umfasst die laufende Kosten- und Vermarktungskontrolle auf Basis eines vorher festgelegten Projektablaufs, um auf Soll – Abweichungen unmittelbar reagieren zu können.

Prof. Dr. habil. Kerry-U. Brauer

Neben der Prüfung des Bauträgers ist die Bank bemüht, auch die Bau ausführenden Firmen, insbesondere den Generalunternehmer zu prüfen. Die Problematik besteht hier, dass die Bank in keiner Geschäftsbeziehung zu diesen Unternehmen steht und insofern auch keinen unmittelbaren Zugriff auf deren Bonitätsunterlagen hat. Die Beschaffung kann somit nur über den Kreditantragsteller, d.h. den Bauträger erfolgen. In jedem Fall wird der Generalunternehmervertrag geprüft. Neben der Prüfung der Bau ausführenden Firmen gewinnt die Prüfung der Vertriebsorganisation und der Vertriebsvereinbarung in dem Maße an Bedeutung, wie sich der jeweilige Immobilienteilmarkt vom Verkäufer- zum Käufermarkt entwickelt.

6.4.3 Prüfung des Bauträgervorhabens

Die Prüfung des Bauträgervorhabens umfasst zum einen die Einschätzung der Lage des Bauträgerobjektes und der Vermarktungschancen unter Berücksichtigung von Konkurrenzangeboten und der gesamtwirtschaftlichen Situation (Zielgruppe, Einkommenssituation, steuerliche Rahmenbedingungen), um auf die kauffähige Nachfrage zu schlussfolgern. Zum anderen beinhaltet sie die konkrete Wertermittlung des Bauträgervorhabens. Grundlage hierfür bilden die bereits im Abschnitt 6.3.3 aufgeführten Wertermittlungsmethoden. Bei der Bauträgerfinanzierung wird für die Objektprüfung zusätzlich zur Beleihungswertermittlung das Residualwertverfahren angewendet.

Das Residualwertverfahren ist eine angelsächsische Methode der Wertermittlung, die seit Anfang der neunziger Jahre auch in Deutschland im Rahmen der Projektentwicklung und Bauträgerfinanzierung zunehmend angewendet wird. Im Ergebnis der Residualwertmethode liegt ein Residuum, das heißt eine bestimmte Restgröße vor. Dieses Residuum ist in den meisten Fällen der Bodenwert, kann aber auch der Gewinn oder eine andere Größe in Abhängigkeit der Ausgangsdaten und der Zielstellung bei Anwendung dieses Verfahrens sein. Der maximale Bodenwert ist sowohl für den Investor als auch für die Bank von Interesse. Ausgehend von der internen Kostenkalkulation einschließlich Unternehmergewinn ermittelt der Investor mit Hilfe des Residualwertverfahrens einen maximalen Bodenpreis, den er bereit ist, für das Investitionsvorhaben zu zahlen. Für die Bank ist die Ermittlung des Bodenwerts im Zusammenhang mit der Kreditausreichung von Bedeutung. Hiervon hängt ab, inwieweit bereits der Grundstücksankauf finanziert wird oder erst zu einem späteren Zeitpunkt erste Darlehensmittel valutiert werden.

Das Hauptproblem bei der Anwendung des Residualwertverfahrens, ob bei Anwendung durch den Investor oder durch die Bank, besteht in den gewählten Ausgangsgrößen. Ausgegangen werden kann vom Vergleichswert (sofern vorhanden) oder vom Ertragswert des Objekts. Das Sachwertverfahren kann in dem Fall nicht angewendet werden, da der Bodenwert erst ermittelt werden soll. So unterschiedlich wie die Ausgangswerte sind, so unterschiedlich sind auch die mit dem Residualwertverfahren erzielten Ergebnisse. Anhand eines Beispiels soll die Problematik verdeutlicht werden.

6 Immobilienfinanzierung

Beispiel für die Objektprüfung im Rahmen der Bauträgerfinanzierung

Projekt: Wohnanlage mit 100 Wohnungen	
60 Tiefgaragenplätzen	
60 Außenstellplätzen	
Grundstück 10 000 m^2	
Wohnfläche 8 000 m^2	

1. Vergleichswertverfahren:

Verkauf der 8 000 m^2 Wohnfläche zu 2 500 €/ m^2	20 000 000 €
Verkauf von 50 Tiefgaragenstellplätze zu 7 000 €/ Stellplatz	350 000 €
Verkauf von 50 Außenstellplätze zu 2 500 €/ Stellplatz	125 000 €
Verkaufserlös = **Vergleichswert**	**20 475 000 €**

2. Ertragswertermittlung -einstufiges Verfahren

Nettokaltmiete	8 000 m^2 x 8 € x 12 =	768 000 €
TG-Stellplätze	50 x 50 € x 12 =	30 000 €
Außenstellplätze	50 x 25 € 12 =	15 000 €
Rohertrag		813 000 €
./. nicht umlagefähige Betriebskosten 20 %		162 600 €
Jahresreinertrag	=	650 400 €
Vervielfältiger (80 Jahre Restnutzungsdauer 5 % Zins)	=	19,60
Ertragswert = Reinertrag x Vervielfältiger	=	**12 747 840 €**

In Abhängigkeit davon nun, ob auf Basis des Vergleichswertverfahrens oder auf Basis des Ertragswertverfahrens der Bodenwert als Residuum ermittelt wird, variiert das Ergebnis.

3. Residualwertverfahren

		auf Basis des Vergleichswertverfahrens	auf Basis des Ertragswertverfahrens
	Ausgangswert	20 475 000 €	12 747 840 €
—	Baukosten	10 400 000 €	10 400 000 €
—	Baunebenkosten	1 560 000 €	1 560 000 €
—	Finanzierungskosten	700 000 €	700 000 €
—	Vertriebskosten	1 000 000 €	1 000 000 €
—	Unternehmergewinn/ Risiko	3 000 000 €	3 000 000 €
=	Residuum	3 815 000 €	- 3 912 160 €

Nach dieser Berechnung wäre der Bauträger bereit, 3 815 000 € für den Grundstücksankauf aufzuwenden. Die den Bauträger finanzierende Bank dagegen würde einen Eigenkapitalanteil von mindestens 3 912 160 € fordern. Damit müsste mindestens der Grundstücksankauf sowie ein Teil der Bauplanungskosten aus Eigenmitteln des Bauträgers finanziert werden. Auf diese Weise versucht die Bank abzusichern, dass die valutierten Darlehensmittel der Werthaltigkeit des Objekts entsprechen. Die vorsichtige Herangehensweise resultiert primär aus dem Fertigstellungsrisiko, dem auf diese Weise Rechnung getragen werden soll.

Zusätzlich zu der bereits aufgezeigten Objektprüfung durch die Bank wird das Sachwertverfahren herangezogen. Mit Hilfe des Sachwertverfahrens wird eine Gegenrechnung zu der vom Bauträger vorgelegten Kostenkalkulation aufgestellt. Zielstellung ist, jegliche Kostenüberschreitungen zu vermeiden, die das gesamte Investitionsvorhaben gefährden könnten.

Neben der beschriebenen Objektprüfung fordert die Bank vom Bauträger einen Zeitablauf- und Liquiditätsplan. Mit diesem wird der statische Finanzierungsplan im Zeitablauf nach den anfallenden Zahlungsausgängen und Zahlungseingängen untersetzt. Mit dem Zeitablauf- und Liquiditätsplan hat die Bank ein Instrumentarium, um die Planmäßigkeit des Bau- und Vermarktungsverlaufs zu kontrollieren. Darüber hinaus bietet dieser eine Grundlage, um die anfallenden Finanzierungskosten zu berechnen. In den meisten Fällen werden Bauträgerkredite als endfällige Darlehen mit auflaufenden Zinsen gewährt. Über den gesamten Zeitraum der Darlehenslaufzeit fallen weder Zins- noch Tilgungsleistungen an. Sofern Darlehensmittel ausgezahlt werden, fallen Kreditzinsen an. Werden aus dem schrittweisen Verkauf des Bauträgerobjekts Einnahmen erzielt, fallen Guthabenzinsen an. Eine unmittelbare Aufrechnung ausgezahlter Darlehensmittel und zugeflossener Verkaufserlöse ist nach § 6 MaBV nicht zulässig. Es besteht jedoch die Möglichkeit, die anfallenden Kredit- und Guthabenzinsen gegenseitig aufzurechnen. Je schneller die Vermarktung, desto geringer die Zinsbelastung des Bauträgers bereits während der Realisierungsphase.

6.4.4 Bauträgerkreditvertrag

Für die Ausgestaltung des Bauträgerkreditvertrages in Inhalt und Form besteht kein gesetzlich vorgegebener Mindestinhalt. Insofern kann die folgende Aufzählung von Inhalt und dazugehöriger Anlagen nur als ein Beispiel gesehen werden. Die konkrete Ausgestaltung variiert von Bank zu Bank.

Inhalt des Kreditvertrages:

- Darlehenssumme;
- Zinssatz;
- Darlehenslaufzeit;
- Darlehensrückzahlung;
- Bearbeitungs- und Schätzgebühren;
- Kreditsicherheiten;
- Auszahlungsvoraussetzungen;
- Zahlungsplan zur Valutierung der Darlehensmittel;

Anlagen zum Kreditvertrag:

- Empfangsbestätigung und Annahmeerklärung;
- Abtretungserklärung;
- Freistellungserklärung der Bank.

Muster eines Bauträgerkreditvertrages

Sehr geehrte Damen und Herren,

auf der Grundlage unserer Allgemeinen Darlehensbedingungen bieten wir Ihnen zur Finanzierung des Objektes Wohnpark Bauhausen einen Kredit in Höhe von

11 000 000 €
(i.W. elf Millionen Euro)

zu folgenden Bedingungen:

Zinssatz:	7,00 % p.a. bis auf weiteres
Auszahlung:	100 %
Laufzeit:	bis 31.03.2015
Rückzahlung:	durch die Verkaufserlöse
Schätzungskosten:	7 000 €

Den vorgenannten Zinssatz werden wir entsprechend den jeweiligen Veränderungen am Geld- und Kapitalmarkt anpassen. Die Zinsen sind vierteljährlich nachträglich fällig und werden jeweils dem Kreditkonto belastet. Die Kreditmittel dienen der Hochbaufinanzierung inkl. Baunebenkosten sowie der Finanzierung der Tiefgaragen- und Außenstellplätze sowie der Außenanlagen. Die Aufwendungen für den Grundstücksankauf, für die Erwerbsnebenkosten sowie die Grundstücksaufbereitung sind aus Eigenkapital des Bauträgers zu finanzieren.

Sicherstellung des Kredits:

1. Eintragung einer erstrangigen Gesamtbuchgrundschuld in Höhe von 11 000 000 € zunächst auf dem Grundstück, dann in den Wohnungs- und Teileigentumsgrundbüchern;

2. Abtretung der Ansprüche des Bauträgers aus den abgeschlossenen bzw. noch abzuschließenden Kaufverträgen, insbesondere die Ansprüche auf Zahlung der Kaufpreise gegenüber den Erwerbern;

3. Abtretung der Rechte und Ansprüche aus dem Generalunternehmervertrag, insbesondere die Vertragserfüllungsbürgschaft.

Auszahlungsvoraussetzungen:

a) von Auszahlung der 1. Rate:

- vollstreckbare Ausfertigung der Grundschuldbestellungsurkunde;
- beglaubigter Grundbuchauszug mit rangrichtiger Eintragung der Grundschuld;
- Nachweis des Grundstücksankaufs durch Vorlage des Kaufvertrages und Nachweis über die Bezahlung des Grundstücks;
- Nachweis der Realisierung und Finanzierung der Grundstücksaufbereitung;
- Abgeschlossenheitsbescheinigung für das Wohn- und Teileigentum;
- Rohbauversicherung;
- Baugenehmigung;
- Nachweis des Vermarktungsstandes in einem Umfang von 50 % der Wohneinheiten;

b) vor Auszahlung der 2. Rate:

- Nachweis des Eigentums am erworbenen Grundstück durch beglaubigten Grundbuchauszug;
- Teilungserklärung für das Wohn- und Teileigentum;
- Verwaltervertrag;
- vom Bauleiter bestätigter Bautenstandsbericht;
- Nachweis des Vermarktungsstandes von 70 % der Wohneinheiten

c) vor Auszahlung jeder weiteren Rate:

- vom Bauleiter bestätigter Bautenstandsbericht;
- Nachweis weiterer Vermarktung;

d) vor Endabrechnung des Kredits:

- Schlussabnahmeschein oder gleichwertiger Nachweis;
- Nachweis der vollständigen Vermarktung.

Zahlungsplan:

Die Auszahlung des Kredits erfolgt in 6 Raten:

1. 10% der Kreditsumme für Baunebenkosten;
2. 40% der Kreditsumme nach Rohbaufertigstellung;
3. 25% der Kreditsumme nach Fertigstellung der Rohinstallation;
4. 10% der Kreditsumme nach Fertigstellung der Schreiner- und Glaserarbeiten;
5. 10% der Kreditsumme nach Objektfertigstellung;
6. Endabrechnung des Kredits nach Fertigstellung der Außenanlagen.

Voraussetzung für die Auszahlung nach diesem Zahlungsplan ist die Vorlage gelegter Rechnungen in entsprechender Höhe.

Vereinbarung zur Zinskompensation:

Die eingehenden Teilkaufpreise werden auf den einzelnen auf ihren Namen je Eigentumswohnung bzw. je Teileigentum eröffneten Sonderkonten (Erwerberkonten) verbucht.

Unter Zugrundelegung der Allgemeinen Geschäftsbedingungen sowie der Anweisung der Zentralbank über Mindestreserven ist die Bank XYZ bereit, die Zinsguthaben auf den Erwerberkonten mit den jeweiligen Zinsforderungen der Bank gegen den Bauträger zu kompensieren.

Allgemeine Hinweise:

Ergänzend gelten die „Allgemeinen Geschäftsbedingungen der Bank" (AGB-Banken), die in unseren Geschäftsräumen zur Einsicht zur Verfügung stehen und die auf Wunsch übersandt werden.

Mit der Annahme des Kreditangebotes sind die Kreditnehmer verpflichtet, den Kredit zu den vereinbarten Bedingungen abzunehmen.

Alle mit dem Kredit und seiner Sicherstellung zusammenhängenden Kosten und Auslagen einschließlich der Kosten für die Grundstücks- und Objektschätzung gehen zu Lasten des Kreditnehmers. Die Schätzkosten in Höhe von 7 000 € sind nach Annahme des Darlehens fällig und werden bei der ersten Auszahlung einbehalten.

Zur Endfinanzierung der Eigentumswohnungen und des Teileigentums sind wir gern bereit. Entsprechende Anträge können uns zur Prüfung vorgelegt werden.

Prof. Dr. habil. Kerry-U. Brauer

An dieses Angebot halten wir uns 10 Tage gebunden - gerechnet ab dem Datum dieses Angebots. Bei Annahme geben Sie uns bitte den beiliegenden Vordruck „Empfangsbestätigung" und „Annahmeerklärung" unterzeichnet zurück.

Mit freundlichen Grüßen

Bank XYZ

Muster der Anlagen zum Bauträgerkreditvertrag

Abtretungserklärung

Wir, die unterzeichnende   Bauträger GmbH

                                  Baustr. 13

                                  13131 Bauhausen

werden/sind Eigentümer der Wohnungs- und Teileigentumsgrundbücher des Wohnparks in Bauhausen.

Wir erstellen mit dem Bauvorhaben 100 Eigentumswohnungen sowie 60 Tiefgaragenstellplätze und 60 Außenstellplätze.

Sämtliche Kaufpreisansprüche aus den mit den Käufern der Wohneinheiten und des Teileigentums abgeschlossenen oder noch abzuschließenden Kaufverträgen treten wir hiermit an die Bank XYZ ab. Ferner treten wir alle anderen uns aus diesen Kaufverträgen zustehenden Ansprüche, insbesondere Ansprüche aus Forderungsabtretungen seitens der Käufer der Wohneinheiten, an die Bank XYZ ab bzw. zedieren alle an uns abgetretenen oder noch abzutretenden Ansprüche an die Bank weiter. Soweit die Käufer der Wohn- und Gewerbeeinheiten irgendwelche Ansprüche direkt an die Bank abtreten, die zuvor in den Kaufverträgen an uns abgetreten wurden, verzichten wir hiermit auf die zu unseren Gunsten vorliegende Abtretung und stimmen der Abtretung an die Bank zu.

Wir verpflichten uns, die Käufer der Wohneinheiten aufzufordern, Zahlungen ausschließlich auf für diese noch einzurichtenden Konten bei der Bank XYZ zu leisten.

Wir werden dafür Sorge tragen, dass die Bank von jedem von uns abgeschlossenen Kaufvertrag unverzüglich eine Abschrift erhält. Änderungen der Kaufverträge hinsichtlich des gekauften Objekts, der Finanzierung und des Zahlungsplans sind nur nach vorheriger schriftlicher Zustimmung der Bank XYZ zulässig.

Im Übrigen gelten die „Allgemeinen Geschäftsbedingungen" der Bank.

Ort   Datum   Unterschrift

Freistellungserklärung

Die Firma   Bauträger GmbH

Baustr. 13

13131 Bauhausen

erstellt in 13131 Bauhausen eine Wohnanlage.

Für die Bank XYZ ist eine Grundschuld zu 11 000 000 € nebst 16% Zinsen und 10% einmaliger Nebenleistung eingetragen.

Diese Grundschuld dient im Rahmen der Zweckbestimmungserklärung zur Sicherung der dem Bauträger gewährten Kredite.

Dies vorausgeschickt erklärt die Bank hiermit, dass sie:

1. das jeweilige von den Käufern erworbene Kaufobjekt aus der Haftung für die o.g. Grundschuld entlassen und entsprechend Pfandfreigabe erteilen wird, sobald der gesamte Kaufpreis bzw. die geschuldete Vertragssumme auflagenfrei auf das Konto des Bauträgers eingegangen ist;

2. für den Fall, dass das Bauvorhaben nicht vollendet werden sollte, nach ihrer Wahl eine der nachstehenden Regelungen treffen wird:

    a) Pfandfreigabe des Kaufgegenstandes aus der Haftung der Grundschuld gegen auflagenfreie Zahlung eines dem erreichten Bautenstand entsprechenden Teiles des Gesamtkaufpreises auf das Konto des Bauträgers oder

    b) Rückerstattung der bereits auf das Konto eingezahlten Beträge ohne Zinsen Zug um Zug gegen Löschung der Auflassungsvormerkung und der evtl. für die Finanzierungsinstitute des Käufers bereits eingetragenen Grundpfandrechte.

Erkennt der Käufer den von der Bank errechneten Fertigstellungsgrad nicht an, so entscheidet auf Antrag beider Parteien ein von der zuständigen IHK bestellter vereidigter Sachverständiger. Die hierbei anfallenden Kosten gehen zu Lasten des Käufers.

Diese Pfandfreigabe erstreckt sich nicht auf Grundpfandrechte, die zur Sicherung für den Käufer gewährten Darlehen dienen. Ansprüche des Käufers aus dieser Freistellungserklärung gegenüber der Bank sind nicht abtretbar.

Bank XYZ

6.4.5 Besicherung, Valutierung und Rückzahlung des Bauträgerkredits

Der Bauträgerkredit wird zum einen durch die Eintragung einer Globalgrundschuld mit Freistellungserklärung durch die Bank gesichert. Zum anderen erfolgt die Besicherung über die Abtretung der Erlöse aus dem Verkauf der bebauten Einzelgrundstücke bzw. des Wohnungs- und Teileigentums.

Mit Eintragung der Globalgrundschuld wird zunächst das gesamte Grundstück, das der Bauträger bebauen wird, belastet. Für den Verkauf von einzelnen bebauten Grundstücken oder von Wohnungs- und Teileigentum, ist die Bildung entsprechender Grundbuchblätter erforderlich. Das setzt bei der Bebauung einzelner Grundstücke deren amtliche Vermessung und Parzellierung voraus. Vom Katasteramt werden die neuen Flurstücksbezeichnungen vergeben. Auf diesen Grundlagen legt das Grundbuchamt neue Grundbuchblätter an.

Bei der Bildung von Wohnungs- und Teileigentum muss vom Bauträger ein Teilungsplan und eine Teilungserklärung erstellt werden sowie die Abgeschlossenheitsbescheinigung beim zuständigen Bauamt eingeholt werden. Auf diesen Grundlagen wiederum schließt das Grundbuchamt das bisherige Grundbuch und legt die Wohnungsgrundbücher bzw. Grundbücher für Teileigentum an.

In beiden Fällen wird die bereits eingetragene Globalgrundschuld in jedes der neu angelegten Grundbücher übertragen, sofern dem Grundbuchamt keine Anweisung zur betragsmäßigen Aufteilung vorliegt. Damit ist jedes einzelne Grundbuch bereits belastet, bevor die Erwerber der einzelnen Grundstücke oder des Wohnungs- und Teileigentums für ihre Endfinanzierung eine Grundschuld eingetragen haben. Da auch deren Bank möglichst an erster Rangstelle im Grundbuch abgesichert sein möchte, wird mit der Freistellungserklärung, mitunter auch als Freistellungsverpflichtungserklärung bezeichnet, die Sicherheit gegeben, dass unter bestimmten Voraussetzungen die vorrangig eingetragene Grundschuld gelöscht wird. Diese Voraussetzung kann zum einen sein, wenn das Bauvorhaben fertig gestellt wurde und der Kaufpreis vom Erwerber vollständig an den Bauträger gezahlt wurde. Diese Voraussetzung kann zum anderen sein, wenn das Bauvorhaben nicht fertig gestellt wird und dem Erwerber zugemutet werden kann, in eigener Regie das Bauvorhaben zu beenden oder aber wenn es zur vollständigen Rückabwicklung des geschlossenen Bauträgervertrages kommt. Ein Muster für eine Freistellungserklärung ist im Abschnitt 6.4.4 aufgeführt.

Mit der Abtretung (Zession) der Verkaufserlöse wird zum einen der ausgereichte Bauträgerkredit besichert, zum anderen wird damit die Grundlage zur Kreditrückzahlung gelegt. Die von den Erwerbern gezahlten Kaufpreisanteile fließen bei der Bank des Bauträgers auf so genannte Erwerberkonten. Eine Aufrechnung mit dem ausgereichten Kredit ist nicht zulässig. Gemäß § 6 MaBV ist eine getrennte Vermögenshaltung zwingend erforderlich.

Die Valutierung der Darlehensmittel erfolgt nach Sicherstellung des Kredits und der im Kreditvertrag erfüllten Auszahlungsvoraussetzungen. In der Regel werden die Darlehensmittel schrittweise nach Baufortschritt und nach Rechnungsvorlage der Bau ausführenden Firmen ausgezahlt. Parallel zur Auszahlung der Darlehensmittel fließen schrittweise in Abhängigkeit vom Vermarktungsstand Erlöse aus dem Verkauf dem

Bauträger zu. Infolge der Abtretung der Verkaufserlöse fließen diese auf separat gebildete Erwerberkonten bei der Bank des Bauträgers. Es fallen auf der einen Seite Kreditzinsen, auf der anderen Seite Guthabenzinsen an. Sofern vom Bauträger eine Kompensationsvereinbarung ausgehandelt wurde, werden die Kredit- und Guthabenzinsen Tag genau zu den jeweils vereinbarten Zinssätzen verrechnet, so dass sich die Finanzierungskosten des Bauträgers verringern. Umso wichtiger ist es, dass vom Bauträger alle Voraussetzungen geschaffen werden, um bereits vor Fertigstellung des Vorhabens den Erwerbern Rechnungen legen zu können.

Nach § 3 der MaBV sind das folgende:

1. Abschluss eines rechtswirksamen Kaufvertrages bei Vorlage aller Genehmigungen für dessen Vollzug und Ausschluss einer Rücktrittsmöglichkeit durch den Bauträger;
2. Eintragung der Auflassungsvormerkung für den Erwerber;
3. Freistellung des Vertragsobjekts von allen Grundpfandrechten, die nicht übernommen werden sollen;
4. Vorlage der Baugenehmigung;
5. Entgegennahme der Kaufpreisraten nach Baufortschritt in maximal sieben Teilbeträgen.

Zusammenfassung

Die Entscheidung für oder gegen eine Kreditgewährung zur Finanzierung eines Bauträgervorhabens hängt analog einer langfristigen Immobilienfinanzierung von der Bonitäts- und Objektprüfung ab. Besondere Bedeutung haben hierbei der Nachweis bereits erfolgreich realisierter Referenzobjekte sowie die Professionalität des Vertriebs.

Die zwischen der Bauträgerfinanzierung und der langfristigen Finanzierung einer Immobilieninvestition bestehenden Unterschiede werden zum einen mit der Darlehensart (endfälliges Darlehen mit auflaufenden Zinsen), zum anderen mit der speziellen Besicherung des Kredits (Globalgrundschuld mit Freistellungserklärung, Abtretung der Verkaufserlöse) Rechnung getragen.

Prof. Dr. habil. Kerry-U. Brauer

6.5 Alternative Formen der Kapitalbeschaffung zur Realisierung von Immobilieninvestitionen

6.5.1 Entwicklungstrends in der Kapitalbeschaffung

Fortschreitender Intensivierungsdruck der Unternehmen sowie sich vollziehende Globalisierungsprozesse machen auch vor der scheinbar immobilen Branche nicht halt. Die internationalen Verflechtungen der Finanzmärkte, Konzentrationsprozesse in der Bankwirtschaft bei zunehmendem Wettbewerbsdruck der Kreditinstitute beeinflussen direkt das Angebots- und Nachfrageverhalten nach Kapital. Parallel dazu wird auch in der Immobilienbranche in tendenziell gesättigten Märkten agiert. Insofern wird bei der Finanzierung von größeren Immobilieninvestitionen bei der Kreditentscheidung nicht nur der Fokus auf das einzelne Vorhaben gerichtet, sondern steht die strategische Ausrichtung des investierenden Unternehmens im Mittelpunkt.

Abbildung 6.19: Kreditentscheidungsindikatoren

Traditionelle Indikatoren	Erweiterung der traditionellen Indikatoren
• Fokus auf die einzelne Immobilie	• Fokus auf die Unternehmens-/ Investmentstrategie
	• Strategische Portfolioausrichtung
	• Due Diligence
	• Cash Flow Orientierung
• Beleihungswertermittlung	• Beleihungswertermittlung
• Drittverwendungsfähigkeit	• Drittverwendungsfähigkeit
• Bonität	• Bonität
• Eigenkapitaleinsatz	• Eigenkapitaleinsatz

Dominiert in Deutschland zwar nach wie vor die langfristige Fremdfinanzierung bei der Realisierung von Immobilieninvestitionen, so zeichnen sich dennoch gravierende Veränderungen in diesem Marktsegment ab. Ein dynamischer volatiler Immobilienmarkt erfordert adäquate Finanzierungsangebote. Diese Entwicklung wird maßgeblich davon bestimmt, wie die Immobilie als eine Geldanlage neben anderen Vermögenswerten (Assets) am Markt konkurriert. Auf den Kunden zugeschnittene Angebote werden nachgefragt. Flexible Elemente sind hierbei: Sondertilgungsvarianten, Möglichkeiten eines zeitlich befristeten Zahlungsaufschubes, variable Ratengestaltung bei Zins- und Tilgungskonditionen. Neben diesen Änderungen, die die unmittelbare Fremdkapitalbeschaffung betreffen, verbreiten sich schrittweise alternative Formen der Kapitalbeschaffung. Diese Formen der Kapitalbeschaffung beinhalten sowohl die Beschaffung von Eigen- als auch von Fremdkapital oder bilden eine Mischform von beiden. Finanzierungen, die durch eine sehr individuelle Ausgestaltung gekennzeichnet sind, werden auch als strukturierte Finanzierungen bezeichnet. Bei diesen wird die Finanzierung des Vorhabens aus Eigen- und Fremdkapitalanteilen mit unterschiedlichen Laufzeiten, differenzierten Absicherungen und verschiedenen Zinssätzen realisiert.

6.5.2 Alternative Formen der Kapitalbeschaffung

Mit den alternativen Finanzierungsformen, die in den letzten Jahren national und international Verbreitung fanden, soll primär den geänderten Anforderungen und Risiken bei der Finanzierung von Immobilieninvestitionen Rechnung getragen werden. Diese Entwicklung resultiert primär aus folgenden Faktoren:

1. Es vollzieht sich eine differenzierte Entwicklung auf den einzelnen Immobilienteilmärkten in Abhängigkeit von der wirtschaftlichen Situation der jeweiligen Region und von der Nutzungsart der Immobilie.

2. Die Nutzungszeiträume von Immobilien verkürzen sich tendenziell. Modernisierungen und Umbauten sind in kürzeren Zeitabständen notwendig, um dauerhaft erfolgreich steigende Erträge realisieren zu können. Das bedeutet, dass sich Immobilieninvestitionen in kürzeren Zeiträumen amortisieren müssen.

3. Indirekte Geldanlagen in Immobilien nehmen zu. Institutionelle Investoren verfolgen in der Regel eine kürzere Haltestrategie und fragen adäquate Finanzierungsalternativen nach.

4. Die Umstellung der Unternehmen von der Bilanzierung nach HGB zur Bilanzierung nach IAS/ IFRS führt zu einer Veränderung der Finanzierungsstrukturen. Mit der Bewertung des Immobilienvermögens zum „Fair Value" (angemessener Wert) soll in den Bilanzen der tatsächliche Wert des Immobilienvermögens widergespiegelt werden. Kontinuierliche Abschreibungen auf das Immobilienvermögen erübrigen sich damit. Das vermindert die Innenfinanzierungskraft der Unternehmen. Die buchhalterischen Abschreibungen wurden bisher im cash flow liquiditätswirksam und konnten damit für die Innenfinanzierung genutzt werden. Diese Möglichkeit der Finanzierung besteht dann nicht mehr.

Prof. Dr. habil. Kerry-U. Brauer

Mit der folgenden Übersicht sollen die unterschiedlich kombinierbaren Finanzierungsvarianten für strukturierte Finanzierungen verdeutlicht werden.

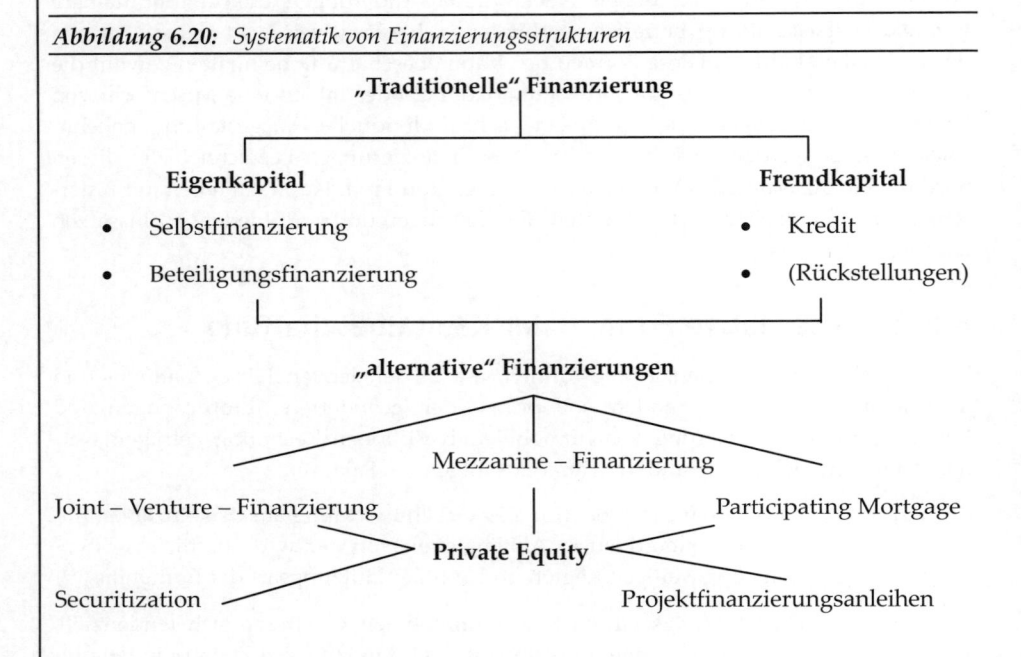

Abbildung 6.20: Systematik von Finanzierungsstrukturen

„Traditionelle" Finanzierung

Eigenkapital
- Selbstfinanzierung
- Beteiligungsfinanzierung

Fremdkapital
- Kredit
- (Rückstellungen)

„alternative" Finanzierungen

Mezzanine – Finanzierung

Joint – Venture – Finanzierung

Private Equity

Participating Mortgage

Securitization

Projektfinanzierungsanleihen

Private Equity

Im Mittelpunkt der alternativen Finanzierungsmöglichkeiten steht „Private Equity". Es handelt sich hierbei um nicht Börsen notiertes Beteiligungskapital in Form von Eigenkapital. Charakteristisch für „Private Equity" ist die sehr individuelle Ausgestaltung von Laufzeit, Verzinsung und Beteiligung am Management. Regelmäßig wird „Private Equity" für einen mittelfristigen Zeitraum von 4 bis 8 Jahren zur Verfügung gestellt. In dieser Zeit wird die Wertsteigerung des Unternehmens angestrebt, so dass die Verzinsung des Kapitals maßgeblich durch den Verkaufserlös des Unternehmens erzielt wird. Bei der Finanzierung von Immobilieninvestitionen wird von „Real Estate Private Equity" gesprochen. Im weiteren Sinne sind damit alle Beteiligungen an Immobilieninvestitionen mit privatem Kapital außerhalb börsennotierter Immobilienunternehmen zu verstehen. Dazu gehören auch offene und geschlossene Immobilienfonds. Im engeren Sinne sind jedoch „Real Estate Private Equity Finanzierungen" durch folgende Merkmale gekennzeichnet:

- Cash flow related lending – Die Verzinsung von Eigen- und Fremdkapital muss sich aus dem Objekt heraus tragen;
- Risk sharing – Es besteht eine angemessene Risikoverteilung zwischen den verschiedenen Kapitalgebern;
- Limited Recourse – Es besteht eine begrenzte Haftung des Kapitalgebers;
- Off – balanced – sheet – financing – Die Finanzierung ist bilanzneutral für den Kapitalgeber.

Private Equity Finanzierungen entwickelten sich zuerst im Rahmen des Ankaufs von Unternehmen und gewannen seit Beginn des neuen Jahrtausends zunehmend auch in der Immobilienwirtschaft an Bedeutung. Ursache dieser Entwicklung ist umfangreiches verfügbares Eigenkapital weltweit, das nach maximaler Verzinsung strebt. Ab den Mitte 2000er Jahren rückten die deutschen Immobilienmärkte in den Fokus internationaler Anleger und damit auch von Private Equity Fonds. Der Hintergrund dieses Interesses bestand im niedrigen Preisniveau deutscher Immobilien gegenüber anderen westeuropäischen Ländern und der daraus resultierenden Preissteigerungsphantasie der Anleger. Nachdem sich diese Erwartung nicht bestätigt hat, ging zunächst das Interesse ausländischer Investoren an Immobilien in Deutschland zurück. Die Nachfrage stieg allerdings im Zuge der Finanzmarkt- und Wirtschaftskrise ab 2012 wieder an. Immobilien gewannen als vermeintlich sichere Geldanlage wieder maßgeblich an Bedeutung.

Private Equity berührt alle weiteren hier beschriebenen alternativen Finanzierungsformen.

Mezzanine - Finanzierung oder Equity - Kicker - Finanzierung

Mezzanine bedeutet wörtlich übersetzt Zwischenraum. Auf den Finanzierungsplan übertragen nimmt die Mezzanine - Finanzierung den Zwischenraum zwischen Eigen- und Fremdkapital ein. Neben dem erstrangig abgesicherten Kredit werden in Form der Mezzanine - Finanzierung zusätzliche Mittel bereitgestellt. In der konkreten Ausgestaltung der Laufzeit und der Verzinsung besteht ein individueller Gestaltungsfreiraum, der entweder mehr in Richtung Fremdkapital oder Eigenkapital (Private Equity) gehen kann. Auf diese Weise kann eine Immobilieninvestition durch unterschiedliche Kapitalgeber mit unterschiedlicher Verzinsung in Abhängigkeit des damit verbundenen Risikos ausgestaltet werden. Dem höheren Risiko kann entweder mit einer höheren laufenden Verzinsung oder mit einer Gewinnbeteiligung am Investitionsvorhaben (Equity Kicker) Rechnung getragen werden.

Die Finanzierung setzt sich aus folgenden Bausteinen zusammen:

Bankkredit	←Erstrangig abgesichert
Mezzanine– Kapital	←Nachrangig abgesichert, höhere Verzinsung
Eigenkapital	

Der Vorteil für den Investor besteht im geringeren Eigenkapitaleinsatz und damit im geringeren Risiko. Der Nachteil besteht andererseits in einem geringeren Gewinn infolge höherer Zinsbelastung oder Gewinnabgabe an die Kapitalgeber.

Der Vorteil für die Kapitalgeber besteht in der Möglichkeit zusätzlicher Einnahmeerzielung. Dem gegenüber steht jedoch das mit dem hohen Kapitalauslauf Dritter verbundene höhere Risiko.

Participating - Mortgage - Finanzierung

Diese Finanzierungsform beinhaltet die Gewährung eines Kredits mit Gewinnbeteiligung. Im Unterschied zur Mezzanine - Finanzierung bildet diese Gewinnbeteiligung kein Äquivalent zum höheren Risiko, sondern ein Äquivalent zur Kreditgewährung zu einem niedrigeren Zinssatz. Der Fremdkapitalgeber verzichtet während der Kreditlaufzeit auf einen Teil der Zinsleistung, indem er einen Kredit zu günstigeren Konditionen anbietet. Im Gegenzug hierfür wird er am Gewinn aus der Vermarktung des Immobilienprojekts beteiligt. Typischerweise ist das eine Variante für die Finanzierung Bauträger- und Projektentwicklervorhaben.

Die Vorteile für den Investor bestehen in der Senkung der Gesamtinvestitionskosten infolge geringerer Finanzierungskosten. Der Nachteil besteht in der Gewinnschmälerung infolge Gewinnteilung zwischen Investor und Kapitalgeber.

Der Vorteil für den Kapitalgeber besteht in der Möglichkeit einer höheren Einnahmenerzielung. Der Nachteil besteht im höheren Risiko durch den Einnahmenverzicht aus Zinsleistung, der nur dann kompensiert wird, wenn mit der Vermarktung ein entsprechender Gewinn realisiert wird.

Ebenso wie bei der Mezzanine - Finanzierung hat auch bei der Participating –Mortgage - Finanzierung der Kapitalgeber in der Regel, trotz des höheren Risikos, keine unmittelbare Möglichkeit, unternehmerische Entscheidungen zum Projektverlauf mit zu beeinflussen.

Joint-Venture-Finanzierung

Bei einer Joint-Venture-Finanzierung beteiligt sich der Kapitalgeber unmittelbar an der Investition. Der Investor (Zwischen- oder Endinvestor) und der Kapitalgeber, gegebenenfalls noch weitere Gesellschafter (z. B. Bauunternehmen), gründen eine gemeinsame Immobilienprojektgesellschaft. Damit hat der Kapitalgeber das Recht und auch die Pflicht, unternehmerische Entscheidungen zur Realisierung und Vermarktung zu treffen. Als Gesellschafter wird der Kapitalgeber unmittelbar am Gewinn aber auch am Risiko beteiligt. Bei dieser Konstellation ergeben sich gleichermaßen für alle Beteiligten Vorteile. Die Vorteile für den Investor bestehen in der Schonung des Eigenkapitals, für den Kapitalgeber besteht der Vorteil im unmittelbaren Mitsprache- und Kontrollrecht bei der Realisierung des Investitionsvorhabens. Auf Abweichungen bei der Projektrealisierung und Vermarktung kann sofort reagiert werden. Für den Kapitalgeber besteht damit eine sehr hohe Transparenz. Sofern sich außerdem das Bauunternehmen am Joint – Venture beteiligt, sichert es sich damit den Auftrag und kann eine optimale bauliche Realisierung bewirken. Das Immobilienprojekt wird wirtschaftlich selbständig außerhalb der Bilanzen der am Joint – Venture beteiligten Unternehmen realisiert.

Projektfinanzierungsanleihen

Inhalt der Projektfinanzierung ist die Emission von Anleihen (festverzinsliche Wertpapiere) zur Realisierung großer Investitionsvorhaben. Das betrifft vor allem Investitionen im Bereich der Primärenergieträger (Erdölplattformen, Pipelines, Kraftwerke) und im Bereich technischer Infrastruktureinrichtungen (Transportverbindungen, Telekommunikationseinrichtungen). An Stelle der „klassischen Kreditaufnahme" werden Anleihen an die Kapitalanleger verkauft. Die Verzinsung wird aus den Einnahmen des Investitionsvorhabens (geförderte Erdölmenge, Einnahmen aus Nutzung der Infrastruktureinrichtungen etc.) gesichert. Voraussetzung für die erfolgreiche Anwendung dieser Finanzierungsform ist das einwandfreie Rating der Gesellschaft, die die Anleihen emittiert und der Nachweis der nachhaltigen Einnahmeerzielung aus dem Vorhaben.

Securitization (Mortgage Backed Securitization - MBS)

Securitization beinhaltet die Verbriefung von Forderungen. Prinzipiell können alle Arten von Forderungen verbrieft werden. Das können gleichermaßen Kapitaldienstforderungen, Kaufpreisforderungen oder Mietforderungen sein. Verbriefung von Forderungen bedeutet den Verkauf der Forderungen und die Umwandlung dieser in handelbare Wertpapiere.

Bei der Verbriefung von Forderungen dominiert die Verbriefung von Kapitaldienstforderungen. Hintergrund dieser Entwicklung war die Umsetzung der Beschlüsse innerhalb der Baseler Eigenkapitalübereinkunft „Basel II"[25]. Danach sind Banken verpflichtet, in Abhängigkeit vom Rating ihrer Kunden, den ausgereichten Kredit mit einem adäquaten Eigenkapitalanteil zu unterlegen. Das heißt, dass die Kreditvergabe an Kreditnehmer mit geringerer Risikoeinschätzung weniger Eigenkapital bindet als die Kreditvergabe mit höherem Kreditrisiko. Unter diesem Aspekt wurden von den Banken ihre Kreditbestände bereinigt. Banken verkauften ihre Kreditportfolien, um

---

[25] Vgl. 6.3.2 Bonitätsprüfung

sich auf diese Weise einerseits von Krediten mit höheren Risiken zu trennen und andererseits sich Freiräume für eine erneute Kreditvergabe an solvente Kreditnehmer zu schaffen. Zwei Vorteile ergeben sich für die Banken hieraus. Erstens besteht die Möglichkeit einer neuen Geschäftsfeldausrichtung. Zweitens erhalten die Banken mit dem Verkauf der Kapitaldienstforderungen sofort liquide Mittel.

Die Forderungen werden an eine speziell dafür gegründete Gesellschaft, einer so genannten „SPV – Special Purpose Vehicle" verkauft. Zur Festlegung des Kaufpreises ist die Bewertung der Forderungen erforderlich. Dazu werden die Forderungen auf den Zeitpunkt t_0 abgezinst und summiert, d. h. kapitalisiert. Die Höhe des Abzinsungsfaktors korrespondiert mit dem bewerteten Risiko zum regelmäßigen Zahlungseingang durch den Kreditnehmer. Die „SPV" hat nunmehr die Aufgabe der Verbriefung, d.h. der Umwandlung der Forderungen in handelbare Wertpapiere und schließlich die Veräußerung derselben an Kapitalanleger. Im Rahmen des Verkaufs der handelbaren Wertpapiere nimmt die Bank nur eine Maklerfunktion ein, indem sie als Mittler zwischen dem Erwerber dieser so geschaffenen handelbaren Wertpapiere und der „SPV" auftritt. Die Finanzierung wird damit prinzipiell außerhalb der Bankbilanz und damit außerhalb notwendiger Eigenkapitalunterlegung durch die Bank realisiert. Diese Art der Verbriefung wird auch als „True Sale" bezeichnet. Im Gegensatz dazu bleiben bei den so genannten „Synthetischen Verbriefungen" die verbrieften Darlehen in der Bankbilanz enthalten. Die vermittelnde Bank verpflichtet sich hier zu einer so genannten „Back – up – Linie". In dem Fall ist die Bank bereit, erforderlichenfalls die verbrieften Forderungen selbst in den Bestand zu nehmen, sofern diese nicht am Markt platziert, d.h. an Anleger veräußert werden können.

Mit der Finanzmarktkrise in den Jahren 2008/ 2009, ausgelöst durch die Subprime Krise in den USA, kam der Verbriefungsmarkt weltweit nahezu zum Erliegen. Die weitere Entwicklung gilt es abzuwarten.

Zusammenfassung

Neben der klassischen Finanzierung durch Kreditaufnahme bei Banken entstanden in jüngster Vergangenheit eine Vielzahl von Alternativen für die Kapitalbeschaffung zur Realisierung von Immobilieninvestitionen. Diese Entwicklung vollzieht sich parallel zum veränderten Stellenwert der Immobilie. Lag über Jahrzehnte hinweg der Fokus bei Immobilieninvestitionen auf deren nachhaltiger Wertstabilität und damit Langfristigkeit, sind heute Investoren auch im Immobilienbereich wesentlich stärker auf eine kurzfristige Geldanlage mit kapitalmarktadäquater Verzinsung ausgerichtet. Immobilien stehen damit immer stärker in unmittelbarer Konkurrenz zu allen anderen Formen der Geldanlage und verlieren ihre Sonderstellung hinsichtlich der Langfristigkeit. Insofern sind die Entwicklungstendenzen in der Immobilienfinanzierung mit den aufgeführten Alternativen zur klassischen Fremdfinanzierung eine logische Konsequenz der sich vollziehenden Entwicklungen auf den Immobilienmärkten.

6.6 Literaturverzeichnis

Weiterführende Literatur zum Thema Finanzierung

Adrian, Reinhold; Heidorn, Thomas: Der Bankbetrieb, Wiesbaden 2000

Grill, Wolfgang; Perczynski, Hans: Wirtschaftslehre des Kreditwesens, Bad Homburg 2011

Kirsch, Hanno: Einführung in die internationale Rechnungslegung nach IAS/ IFRS, Herne/ Berlin 2012

Obst/ Hintner: Geld-, Bank- und Börsenwesen, Stuttgart 2000

Olfert, Klaus; Reichel, Christopher: Finanzierung, Ludwigshafen (Rhein) 2011

Roßbach, Stefan: Basel III – Kreditvergabe in der Klemme, TME Institut, www.tme-ag.de vom 21.08.2012

Tolkmitt, Volker: Neue Bankbetriebslehre, Wiesbaden 2007

Weiterführende Literatur zum Thema Immobilienbewertung:

Bienert, Sven: Bewertung von Spezialimmobilien, Wiesbaden 2005

Gablenz, Klaus: Rechte und Belastungen in der Grundstücksbewertung – systematische Erfassung aller wertbeeinflussenden Faktoren, Düsseldorf 2008

Gablenz, Klaus: Grundstückswertermittlung für Praktiker: Bewertung nach ImmoWertV, Düsseldorf 2012

Kleiber, Wolfgang; Simon, Jürgen: Verkehrswertermittlung von Grundstücken, Köln 2010

Kröll, Ralf: Rechte und Belastungen bei der Verkehrswertermittlung von Grundstücken, Neuwied 2011

Millington, Alan F.: An introduction to poperty valuation, London 2004

Petersen, Hauke: Marktorientierte Immobilienbewertung, Stuttgart, München, Hannover, Berlin 2008

Sandner, Siegfried; Weber, Ulrich: Lexikon der Immobilienbewertung, Köln 2007

White, Darron; Turner, John; Jenyon, Bruce; Lincoln, Nicole: Internationale Bewertungsverfahren, Wiesbaden 2003

www.rics.org

www.tegova.org

Siebentes Kapitel

Immobilienbestandsmanagement

Prof. Dr. Bettina Lange

7 Immobilienbestandsmanagement

7.1	Notwendigkeit des Immobilienbestandsmanagements		543
	7.1.1	Abgrenzung der Immobilienmanagementbegriffe	543
	7.1.2	Unternehmen mit Immobilienbeständen	545
	7.1.3	Zielstellungen immobilienwirtschaftlicher Betätigung	546
		7.1.3.1 Bestandshalter mit vorwiegend renditeorientierter Zielstellung	547
		7.1.3.2 Bestandshalter mit erweiterter Zielstellung	547
		7.1.3.3 Notwendigkeit und Anforderungen an immobilienwirtschaftliche Zielformulierungen	549
7.2	Immobilien-Portfoliomanagement		550
	7.2.1	Quantitativer Ansatz des Immobilien-Portfoliomanagements	552
	7.2.2	Qualitativer Ansatz des Immobilien-Portfoliomanagements	554
7.3	Immobilien-Asset Management		560
	7.3.1	Historie	560
	7.3.2	Aufgabenfelder	561
7.4	Immobilien Facility Management		563
	7.4.1	Einordnung von Facility Management in den Lebenszyklus einer Immobilie	564
	7.4.2	Zielstellung und Aufgabenbereiche von Facility Management	565
7.5	Immobilien Property Management		572
	7.5.1	Aufgabenfelder	572
		7.5.1.1 Kaufmännische Aufgaben	573
		7.5.1.2 Technische Aufgaben	582
		7.5.1.3 Infrastrukturelle Aufgaben	583
	7.5.2	Vertragsgestaltung und Vergütung von Property Managementleistungen	584
	7.5.3	Besonderheiten bei der Verwaltung von Gemeinschaftseigentum	587
		7.5.3.1 Rechtsgrundlagen	587
		7.5.3.2 Bestimmung von Wohnungs- und Teileigentum	587
		7.5.3.3 Aufgaben und Befugnisse des Verwalters	589
		7.5.3.4 Vertragsgestaltung	590
7.6	Weitere Immobilienmanagement-Ansätze		591
7.7	Immobiliencontrolling als Unterstützungsfunktion im Immobilienmanagement		593
	7.7.1	Datenmanagement	594

Prof. Dr. Bettina Lange

       7.7.2   Ausgewählte Controllinginstrumente im Immobilienmanagement . 596
                7.7.2.1   Kennzahlenanalyse 596
                7.7.2.2   Benchmarking 599
                7.7.2.3   Scoring 601
       7.7.3   Komplexität des Immobiliencontrolling 603
  7.8   Literaturverzeichnis 605

7.1 Notwendigkeit des Immobilienbestandsmanagements

Nach wie vor bilden Immobilienbestände die bedeutendste Vermögenskategorie sowohl im Bereich der privaten Anleger als auch im Bereich der Unternehmen und institutionellen Anleger ab. Dabei haben sich Immobilien von einem vormals eher sachwertdeterminierten Vermögensgegenstand zu einer attraktiven Assetklasse entwickelt. Vor allem sicherheitsorientierte Anleger flüchten in „Betongold".[1] Daneben leisten Immobilienbestände auch als Produktionsfaktor einen wesentlichen Beitrag zum Unternehmenserfolg.

Eigenschaften wie Volatilität der Märkte, Schwankungen in den Wertentwicklungen verschiedener Immobilienteilmärkte sowie die Beeinflussbarkeit von Rendite und Risiko der Immobilieninvestition stellen Immobilien als Anlagealternative neben andere Assetklassen wie Wertpapiere und Rohstoffe. Als Investmentkategorie stieg die Attraktivität von Immobilien in den letzten Jahren aufgrund der hohen Unsicherheit, die mit der Euro- und Finanzmarktkrise verbunden ist, zusätzlich.

Die zunehmende Professionalisierung der Immobilienwirtschaft führt daneben zu einer differenzierten Betrachtung von Managementansätzen, die in Abhängigkeit von der Eigentümersituation sowie der Zielstellung im Umgang mit den Immobilien variieren.

7.1.1 Abgrenzung der Immobilienmanagementbegriffe

Der Begriff Immobilienmanagement wird dabei als übergeordnet gesehen. In diesem Sinne umfasst das Immobilienmanagement sämtliche Tätigkeiten im Zusammenhang mit der Entwicklung, Bewirtschaftung und Optimierung von Einzelimmobilien oder von Immobilienbeständen. Das heißt die bisher in den vorangegangenen Kapiteln beschriebenen immobilienwirtschaftlichen Inhalte sind unmittelbarer Bestandteil von Immobilienmanagement. Ergänzend dazu werden im hier vorliegenden Kapitel sich gegenwärtig vollziehende Entwicklungen im Immobilienbestandsmanagement beschrieben, die vor allem mit einer Differenzierung von Immobilienmanagement-Ansätzen und einer damit verbundenen Aufteilung der Managementaufgaben einhergeht.

---

1 Ende 2011 waren in Deutschland 11.845 Mrd. Euro in Immobilien investiert. Gegenüber 2009 erhöhte sich damit das Immobilienvermögen um knapp 7 %. Vgl. Volkswirtschaftliche Gesamtrechnung, Vermögensrechnung, www. destatis.de/DE/ZahlenundFakten/Gesamtrechnung/Tabellen/Bruttoanlagevermögen/html.

Prof. Dr. Bettina Lange

Die in Abbildung 7.1 dargestellte hierarchische Einordnung der Immobilienmanagement-Ansätze bildet die Grundlage für die Ausführungen in diesem Abschnitt. Aufgrund der gegenseitigen Abhängigkeiten der einzelnen Bereiche, die in Form von strategischen Vorgaben bzw. Informationsflüssen bestehen, wurde diese Ordnung entwickelt. Die Beziehungen untereinander werden in den einzelnen Kapiteln detaillierter dargestellt.

Abbildung 7.1: Hierarchie der Immobilienmanagement-Ansätze

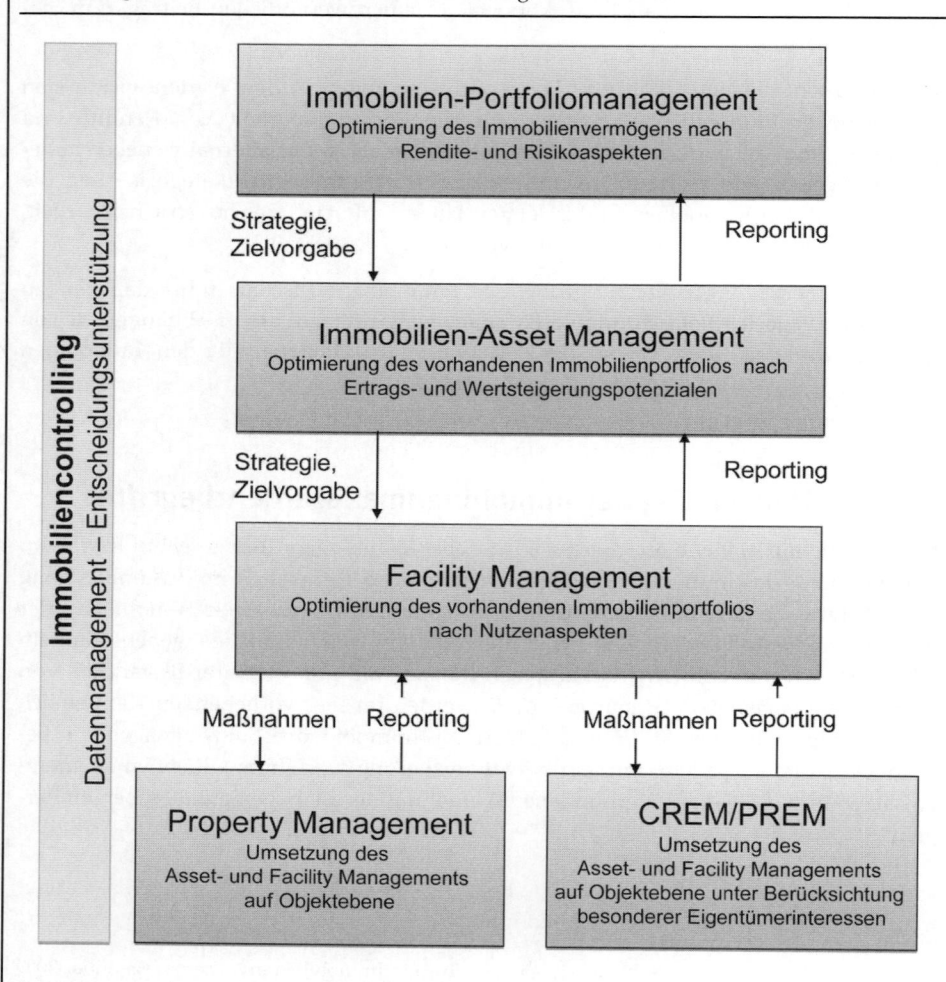

Immobiliencontrolling — Datenmanagement – Entscheidungsunterstützung

Immobilien-Portfoliomanagement
Optimierung des Immobilienvermögens nach Rendite- und Risikoaspekten

↓ Strategie, Zielvorgabe   ↑ Reporting

Immobilien-Asset Management
Optimierung des vorhandenen Immobilienportfolios nach Ertrags- und Wertsteigerungspotenzialen

↓ Strategie, Zielvorgabe   ↑ Reporting

Facility Management
Optimierung des vorhandenen Immobilienportfolios nach Nutzenaspekten

↓ Maßnahmen   ↑ Reporting   ↓ Maßnahmen   ↑ Reporting

Property Management
Umsetzung des Asset- und Facility Managements auf Objektebene

CREM/PREM
Umsetzung des Asset- und Facility Managements auf Objektebene unter Berücksichtung besonderer Eigentümerinteressen

Dabei ist das Immobiliencontrolling nicht als selbständiger Managementansatz zu sehen, sondern vielmehr als Unterstützungsfunktion im Rahmen des Immobilienmanagements auf allen Ebenen.

7.1.2 Unternehmen mit Immobilienbeständen

Der Heterogenität der Immobilien und Immobilienbestände folgt die Heterogenität derjenigen, die Immobilienbestände halten. Ausgehend von differierenden Zielstellungen und Aufgabenbereichen, die mit der eigenen und fremden Bestandshaltung von Immobilien verbunden sind, lassen sich unterschiedliche Akteursgruppen definieren. Mit einer Systematisierung der Unternehmen anhand verschiedener Kriterien soll diese Heterogenität greifbar gemacht werden. Als Kriterien eignen sich folgende Aspekte:

- Systematisierung nach Geschäftsfeldern
- Systematisierung nach Lebenszyklusphase der Immobilien
- Systematisierung nach rechtlicher Stellung der Unternehmen

Werden die Unternehmen nach **Geschäftsfeldern** segmentiert, so ist zu unterscheiden zwischen Unternehmen mit Immobilien als Kerngeschäftsfeld, als Nebengeschäft sowie als angrenzendes Geschäftsfeld. Unternehmen, deren Kerngeschäftsfeld das Immobilienmanagement ist, sind der Immobilienwirtschaft direkt zuzuordnen. Der Geschäftszweck des Unternehmens kann hierbei die Entwicklung, Erstellung, Bewirtschaftung oder Vermarktung von Immobilien bzw. Immobilienbeständen darstellen. Dieser Gruppe wären z. B. Bauträger, Projektentwickler, Wohnungsgesellschaften, Immobiliendienstleister (Makler, Gutachter, Verwalter) zuzuordnen. Diese Unternehmen generieren ihren betrieblichen Umsatz wesentlich aus immobilienbezogenen Leistungen. Daneben existieren Unternehmen mit Immobilienbeständen, deren Kerngeschäftszweck jedoch unabhängig von immobilienwirtschaftlicher Betätigung zu sehen ist. Derartige Unternehmen gehören anderen Branchen an und betreiben das Immobilienmanagement als Nebengeschäft. In der Regel beziehen sich die Aufgaben hier auf die Erhaltung der Immobilien als Produktionsfaktor, wie z. B. im Rahmen des Corporate Real Estate Managements oder die Generierung von Erträgen aus nicht betriebsnotwendigen, d. h. Anlage-Immobilien. Hierzu sind sog. Non-propertycompanies, große Industrieunternehmen zu zählen. Dazwischen sind Unternehmen einzuordnen, die das Immobiliengeschäft als dem Kerngeschäft angrenzendes Geschäft betreiben. Immobilienspezifische Leistungen werden als Unternehmensleistung erbracht, bilden jedoch nicht den Hauptteil der unternehmerischen Betätigung ab. Hierunter sind z. B. Kreditinstitute, Versicherungen, Wirtschaftsprüfungsgesellschaften oder Unternehmensberatungen zu subsummieren.

Prof. Dr. Bettina Lange

Eine Kategorisierung der Unternehmen nach der **Lebenszyklusphase der Immobilie**, in welcher das Unternehmen im Wesentlichen tätig ist, erfolgt gemäß des zu Grunde liegenden Kriteriums vornehmlich nach Entstehungs- und Nutzungsphase, wobei der Entstehungsphase auch die Revitalisierung bzw. der Abriss als Ausgangspunkt einer neuen Nutzungsvorbereitung zuzuordnen ist. In Abhängigkeit von der Zugehörigkeit zu einer dieser Gruppen variieren die Aufgaben innerhalb des Immobilienmanagements. Der Entstehungsphase sind neben Architekten, Ingenieuren auch die Bauträger und Projektentwickler zuzuordnen. Im Rahmen der Nutzungsphase sind vor allem Wohnungsunternehmen, branchenfremde Bestandshalter (Non-Property-Companies), Immobiliendienstleister oder die öffentliche Hand zu nennen.

Auf der Basis der **rechtlichen Stellung** lassen sich Privatpersonen, institutionelle oder öffentliche Eigentümer unterscheiden. Für die Aufgaben innerhalb des Immobilienmanagements spielt die rechtliche Stellung jedoch nur eine untergeordnete Rolle und bezieht sich im Wesentlichen auf rechtliche Rahmenbedingungen wie z. B. Anforderungen an die Erstellungen des Jahresabschlusses oder steuerliche Belange. Daneben differieren gegebenenfalls Zielformulierungen, welche dann weniger immobilienwirtschaftlich als eher politisch, privat bzw. rechtlich motiviert sind.

Die Zuordnung eines zu betrachtenden Unternehmens kann in allen drei Bereichen erfolgen. Selbst innerhalb eines Selektionsmerkmals ist eine eindeutige Zuordnung von Unternehmen nicht immer möglich.

Beispiel: Ein kommunales Wohnungsunternehmen, welches in eigenem Namen und auf eigene Rechnung eine neue Wohnimmobilie erstellt wäre ein Unternehmen mit Immobilien als Kerngeschäft, welches hauptsächlich in der Nutzungsphase – im konkreten Fall jedoch in der Entstehungsphase – tätig ist und gemäß der rechtlichen Stellung der öffentlichen Hand zuzuordnen ist.

Unabhängig von der vorgenannten Segmentierung sind die grundsätzlichen Tätigkeitsfelder, die mit der Bestandshaltung verbunden sind, allen gemein. Hierzu zählen das Kaufen und Halten von Immobilien, die damit verbundene Erwirtschaftung von Miet-/Pachterträgen sowie die Realisation von Wertsteigerungen durch Erhöhung der Mieterträge oder den Verkauf von Objekten.

7.1.3 Zielstellungen immobilienwirtschaftlicher Betätigung

Die Zielstellungen bestandshaltender Unternehmen lassen sich in zwei grundsätzliche Kategorien einteilen:

- Bestandshalter mit vorwiegend renditeorientierter Zielstellung und
- Bestandshalter mit erweiterten Zielsetzungen.

Hinsichtlich einzelner Zielsetzungen und Gegebenheiten bestandshaltender Unternehmen sind die Grenzen fließend. Dennoch ermöglichen die o. g. Kategorien eine nachvollziehbare Systematisierung.

7.1.3.1 Bestandshalter mit vorwiegend renditeorientierter Zielstellung

Zu den vorwiegend renditeorientierten Bestandshaltern sind neben den institutionellen Investoren, z. B. Versicherungen, Pensionskassen, Leasinggesellschaften, offene Immobilienfonds sowie Immobilienaktiengesellschaften auch die privaten Anleger zu rechnen. Investoren halten in der Regel über viele Jahre gewachsene Immobilienbestände, die meist über Nutzungsarten und/oder Regionen diversifiziert sind. Sie handeln grundsätzlich renditeorientiert. Dabei kann die Zielsetzung mit den grundsätzlichen Zielen der Kapitalanlage (magisches Dreieck): Rendite, Sicherheit und Liquidität charakterisiert werden. Institutionelle Investoren generieren immobilienwirtschaftliche Erträge aus der Vermietung/Verpachtung, der Errichtung und der Veräußerung von Immobilien. Auch private Investoren, z. B. Privatpersonen oder Familien verfügen über zum Teil erheblichen Immobilienbesitz. Die Strukturen und Zusammensetzungen dieser Portfolien sind i. d. R. sehr heterogen. Das Zielsystem privater Anleger weist neben den zuvor genannten Elementen des magischen Dreiecks zusätzliche Einflüsse auf. So liefern persönliche Lebensgestaltung, Erbfolge, ethisch-moralische Verpflichtungen sowie der Eigennutz zusätzliche Zielparameter. Mit zunehmender Größe des Immobilienportfolios treten derart subjektive Ziele jedoch in den Hintergrund.

Vorwiegend renditeorientierte Ziele sind im Rahmen des Immobilienmanagements im Hinblick auf die Zielformulierung, -messung, -steuerung und Bewertung der Zielerreichung durch eine Vielzahl quantitativer Analysemethoden zu handhaben.

7.1.3.2 Bestandshalter mit erweiterter Zielstellung

Neben den allgemeingültigen Zielen der Kapitalanlage in Immobilien sind immobilienwirtschaftliche Entscheidungen bei bestandshaltenden Unternehmen nicht nur von Renditeorientierung geprägt. In Abhängigkeit von der Rolle, die die Immobilien im Unternehmen spielen, verändern sich die Zielsysteme und damit die Entscheidungsvoraussetzungen im Immobilienmanagement. Eine besondere Rolle spielen Immobilien vor allem in sog. Non-Property-Companies, im Rahmen der immobilienwirtschaftlichen Betätigung der öffentlichen Hand sowie bei Wohnungsunternehmen, denen hier eine besondere Stellung zukommt.

Non-Property-Companies

Diese Gruppe von Unternehmen sind dadurch gekennzeichnet, dass der Unternehmenszweck dieser Gesellschaften nicht die Erbringung immobilienwirtschaftlicher Leistung ist. Die Immobilienbestände sind in der Regel auch hier historisch gewachsen und können bei größeren Konzernen einige hundert Objekte umfassen. Betriebliche Immobilienportfolien sind durch verschiedene Standorte, jedoch meist nur wenige Nutzungsarten geprägt. Die Immobilien sind lediglich Produktionsfaktor und dienen damit der Unterstützung der Kernprozesse im Unternehmen. Demzufolge stehen beim Immobilienmanagement nicht die primären Anlageziele einer Immobilieninvestition im Mittelpunkt, sondern vielmehr die übergeordneten Ziele des Kerngeschäfts aus der Unternehmensstrategie. Das Immobilienmanagement stellt demnach eine Nebenfunktion im Unternehmen dar. Die Besonderheiten werden vor allem im Rahmen des Corporate Real Estate Managements, als spezifiziertem Managementansatz berücksichtigt.

Die Formulierung der mit betriebsnotwendigen Immobilien verbundenen Zielstellungen im Rahmen des CREM lässt sich auf der Basis der jeweiligen Geschäftsfeldstrategien, deren Umsetzung durch die Immobiliennutzung gewährleistet werden soll, realisieren. Problematischer stellt sich die Messung und Bewertung der Zielerreichung in diesem Kontext dar. In der Regel wird versucht, den Nutzen der Immobilie durch Hilfskonstrukte, wie z. B. kalkulatorische Mieten monetär zu bewerten.

Erweiterung finden die Aufgaben, wenn neben betriebsnotwendigen Immobilien auch Immobilien im Bestand gehalten werden, die als Investitionsobjekte dienen. Für derartigen Immobilienbesitz gelten in der Regel die vorab beschriebenen renditeorientierten Zielstellungen.

Öffentlich-rechtliche Bestandshalter

Bund, Länder, Kommunen und andere öffentliche Institutionen verfügen im Verwaltungs-, Finanz- oder Vorratsvermögen über nicht unerhebliche Immobilienbestände.[2]

Das Zielsystem öffentlicher Bestandshalter ist im Wesentlichen durch die Anforderungen aus der Erfüllung des öffentlichen Auftrages sowie politischer und rechtlicher Restriktionen bestimmt. Die Immobilie stellt in erster Linie einen unterstützenden Faktor zur Zielerreichung dar. In diesem Aspekt sind die Immobilienbestände auch hier in erster Linie Mittel zum Zweck und nicht Kapitalanlage. Im Rahmen des Publik Real Estate Managements werden diese Besonderheiten berücksichtigt. Die Immobilienbestände der öffentlichen Hand sind in der Regel regional ausgerichtet aber über verschiedene Nutzungsarten diversifiziert.

---

2   Vgl. Welling, P., Portfolio-Management, 1997, S. 671 f.

Allerdings führen auch im öffentlichen-rechtlichen Bereich finanzielle Engpässe zu einer stärkeren Renditeorientierung. Vor allem im Rahmen des Vorrats- und Finanzvermögens, in welchem Immobilien nicht der eigenen Nutzung durch die Kommunen bzw. andere öffentliche Institutionen bzw. der Erfüllung des öffentlichen Auftrages dienen, finden die betriebswirtschaftlichen Ziele der Immobilienbestandshaltung zunehmend Beachtung.

Wohnungsunternehmen

Abzugrenzen von institutionellen Investoren, die in Wohnungsbestände investieren, sind Wohnungsunternehmen, die neben betriebswirtschaftlichen Zwecksetzungen der Immobilienbestandshaltung weitere Zielvorgaben, wie z. B. Gemeinnützigkeit, genossenschaftliche oder kommunale Aspekte, zu berücksichtigen haben. Hierzu zählen vor allem Wohnungsgenossenschaften, kommunale Wohnungsunternehmen, Wohnungsunternehmen des Bundes und der Länder, kirchliche sowie freie Wohnungsunternehmen. Die Immobilienbestände sind auf vorwiegend eine Nutzungsart – Wohnen – beschränkt. Zudem sind die Bestandsobjekte meist innerhalb eines eng begrenzten regionalen Teilmarktes konzentriert. Betriebswirtschaftliche Ziele hinsichtlich der Optimierung der Ertrags- und Kostensituation sind auf nachhaltige Bestandshaltung ausgerichtet. Während die rendite- und cashfloworientierten betriebswirtschaftlichen Zielsetzungen im Rahmen von quantitativen Größen abbildbar sind, lassen sich die erweiterten Zielstellungen, wie z. B. Förderung der Mitglieder einer Genossenschaft oder Bereitstellung bezahlbaren Wohnraums eines kommunalen Wohnungsunternehmens wiederum nur schwer quantifizieren. Damit erschwert sich auch hier die Formulierung, Messung und Bewertung der Ziele.

7.1.3.3 Notwendigkeit und Anforderungen an immobilienwirtschaftliche Zielformulierungen

Den Ausgangspunkt jedweder Managementaktivität bilden die Zielfindung und -formulierung. Ausgehend von der Geschäftsidee, den Anforderungen, die der jeweilige Bestandshalter an sein Immobilienvermögen stellt, sind die immobilienwirtschaftlichen Ziele zu konkretisieren. Dabei müssen, wie in der klassischen Unternehmensführung auch, Ziele

- unternehmensbezogen,
- umfassend, d. h. unter Berücksichtigung aller Einflussfaktoren und Rahmenbedingungen,
- langfristig orientiert und damit möglichst stabil,
- operationalisierbar und damit messbar,
- realisierbar
- und allen Beteiligten/Betroffenen bekannt sein.

Prof. Dr. Bettina Lange

Mit der Erfüllung dieser Anforderungen sind Ziele geeignet, die Individualität der jeweiligen Unternehmenssituation abzubilden, die Planungs- und Managementprozesse zu steuern, Lösungsansätze bewerten und damit geeignete Maßnahmen zur Zielerreichung auswählen zu können. Aufgrund der Messbarkeit wird gewährleistet, dass eine Kontrolle der Zielerreichung und damit der Wirkung der Maßnahmen stattfinden kann.

Derartige Ziele bilden dann den Ausgangspunkt für die Formulierung der unternehmenseigenen Immobilienstrategie. Hierbei wird berücksichtigt, welche konkrete Rolle der Immobilienbestand für den Eigentümer einnimmt, z. B. Produktionsfaktor, Anlagealternative, Kerngeschäftsfeld, etc. und welche Zielstellungen hieraus resultieren.

Während beim renditeorientierten Investor die Strategien auf die Optimierung des Immobilienbestandes hinsichtlich der Erzielung von Zahlungsmittelüberschüssen angelegt sind, stellen sich strategische Optionen für ein Non-Property-Unternehmen vielschichtiger dar. Hier geht es um die Optimierung von Nutzungsmöglichkeiten, d. h. die Flächenbedarfe im Unternehmen adäquat zu decken. Damit stellen neben dem Management des eigenen Bestandes alternative Nutzungen wie Anmietung oder Leasing von Flächen und Immobilien strategische Optionen dar.

Die Formulierung einer Immobilienstrategie basiert grundsätzlich auf einer umfassenden Bestandsanalyse. Sie liefert die Stärken und Schwächen des vorhandenen Immobilienbestandes. Durch die Gegenüberstellung mit den Ergebnissen einer Unternehmens- und Umfeldanalyse, die die Rahmenbedingungen und Einflussfaktoren auf die immobilienwirtschaftliche Betätigung des Eigentümers aktuell und in Zukunft abbilden, wird das Potenzial der Immobilien auf dem Markt erkennbar und die strategische Positionierung möglich. Aus der Immobilienstrategie lassen sich dann operative Maßnahmen zur Zielerreichung und damit konkrete Aufgaben des Immobilienmanagements ableiten.

Durch die Formulierung einer langfristig orientierten Immobilienstrategie wird das Immobilienmanagement dahingehend erleichtert, dass die Grundausrichtung immobilienwirtschaftlicher Betätigung im Unternehmen nicht situativ hinterfragt und neu belegt werden muss, sondern strategiekonforme Maßnahmen unmittelbar bestimmt und durchgeführt werden können.

7.2 Immobilien-Portfoliomanagement

Unter einem „Portfolio" (ursprünglich Brieftasche) wird heute ein Bündel von Wertpapieren bzw. weitergehend ein Bündel von Vermögensgegenständen verstanden zwischen denen Substitutions- bzw. Austauschbeziehungen bestehen. Dementsprechend besteht ein Immobilienportfolio aus verschiedenen Immobilien, die über bestimmte Merkmale, z. B. einen gemeinsamen Eigentümer, miteinander in Verbindung stehen.

Von besonderem Interesse für Eigentümer eines Immobilienportfolios sind die Möglichkeiten eines aktiven Managements ihrer Immobilien. Dabei soll nicht die bloße Verwaltung des Bestandes Gegenstand der Betrachtung sein, sondern vielmehr die Berücksichtigung von Investition und Desinvestition zur Bildung bzw. Aufrechterhaltung eines erfolgreichen rendite- und risikoorientierten Immobilienbestandes.

Hier setzt ein aktives strategisch orientiertes Portfoliomanagement an, das nicht nur die Optimierung einzelner Objekte, sondern primär die Sicherung der dauerhaften Werthaltigkeit des gesamten Bestandes zum Ziel hat. Das Ziel des Immobilien-Portfoliomanagements ist die Entwicklung langfristiger Strategien für das Immobilienbestandsmanagement und deren Implementierung. Es steht die Zusammenstellung eines Immobilienbestandes sowie die Untersuchung des Portfolios als Ganzes im Hinblick auf Rendite und Risiko im Mittelpunkt der Betrachtung. Immobilien werden unter Berücksichtigung ihrer Einflüsse auf die Erfolgs- und Risikokomponente des gesamten Portfolios untersucht. Dabei ist das Portfoliomanagement keinesfalls als Ersatz des Immobilienmanagements auf Ebene der Einzelimmobilie anzusehen. Vielmehr bilden die Analysen der Einzelimmobilien mit den konkreten Standortfaktoren die Voraussetzung für ein erfolgreiches Portfoliomanagement. Informationen aus den Bereichen des Asset-, Facility- und Property Managements bilden die Grundlage für die portfolioorientierten Analysen und Entscheidungsprozesse.

Immobilien Portfoliomanagement ist als kontinuierlicher Prozess zu verstehen, der die Analyse, Planung, Steuerung und Kontrolle von Immobilienbeständen beinhaltet. Ziel ist die Erhöhung der Transparenz für den Immobilieneigentümer bzw. -investor, um eine Balance zwischen Erträgen und den damit verbundenen Risiken von Immobilienentscheidungen für das gesamte Portfolio zu ermöglichen.[3] Dabei soll es Möglichkeiten und Wege der strategischen Steuerung von Immobilienbeständen darstellen.

Im Rahmen des Immobilien-Portfoliomanagements sind zwei verschiedene Herangehensweisen zu unterscheiden. Zum einen der qualitative Ansatz aus dem Bereich der strategischen Unternehmensführung. Auf der Grundlage des allgemeinen Managementprozesses werden die typischen Phasen – strategische Analyse, Bildung eines Zielsystems, Strategieableitung und -implementierung – auf den Immobilienbereich übertragen.

Eine andere Sichtweise auf das Immobilien Portfoliomanagement erlauben die Ansätze der Finanz- und Kapitalmarkttheorie. Basierend auf der Annahme, dass auch Immobilien als Finanzgüter charakterisierbar sind, wird versucht, quantitative Konzepte und Methoden der Finanzmathematik auf das Management von Immobilien zu übertragen. Besonderes Augenmerk wird im Rahmen dieses quantitativen Ansatzes

---

[3] Wellner, K.: Portfolio-Management, 2003, S. 35

Prof. Dr. Bettina Lange

auf das Modell der Portfolio-Selection-Theory nach Henry M. Markowitz aus dem Jahre 1952 gelegt.[4]

7.2.1 Quantitativer Ansatz des Immobilien-Portfoliomanagements

Bis in die 50er Jahre wurden Investitionen in Vermögensgegenstände nahezu ausschließlich über ihre Renditen beurteilt. Die mit einer Investition einhergehenden Risiken blieben mehr oder weniger unberücksichtigt. Erst Henry M. Markowitz beschäftigte sich wissenschaftlich mit Rendite-Risiko-Verhältnissen von Investments und ganzen Portfolios. Die von Markowitz entwickelte Portfolio-Selection-Theory gilt als Ausgangspunkt der Betrachtung von Risikoaspekten im Rahmen der Vermögensoptimierung. Mit seinen Forschungen bewies er den Zusammenhang zwischen Rendite und Risiko ganzer Assetklassen. In diesem Kontext stellt die Moderne Portfoliotheorie eine Ergänzung zur bisherigen Betrachtung von Investitionsentscheidungen dar, in dem sie die Risiko-Rendite-Beziehungen der einzelnen Anlagegüter bzw. ganzer Portfolios in den Vordergrund der Betrachtung stellt.

Markowitz gelang der Nachweis, dass durch Mischung verschiedener Portfoliobestandteile die Risiken im Gesamtportfolio gemindert werden können. Dies geschieht durch die Kombination von Assets unterschiedlicher Rendite-Risikoprofile. Statistisch wird dieser Zusammenhang durch Korrelation ausgedrückt. Bei zeitlich und umfänglich exakt gegenläufigen Renditen ließe sich das Gesamtrisiko im Portfolio theoretisch eliminieren. Die Zielstellung des Portfoliomanagements nach Markowitz besteht demnach in der Zusammenstellung optimaler Portfolios, in denen in Abhängigkeit vom einzugehenden Risiko maximale Renditen erzielt werden können. Die Zielkriterien Rendite und Risiko sowie deren Spannungsfeld lassen sich gleichermaßen für Wertpapiere und für Immobilien bilden. Die Übertragung dieses Ansatzes auf Immobilienvermögen ist demnach nachvollziehbar.

Die Zielstellung des Immobilien-Portfoliomanagements besteht dementsprechend darin, das Vermögen bzw. die im Portfolio befindlichen Immobilien so zu streuen, dass bei gleichem Ertrag das Risiko minimiert wird bzw. dass bei gegebenem Risiko der Ertrag optimiert wird(effiziente Portfolios[5]). Dabei gilt:

- Der Ertrag eines Portfolios entspricht dem gewogenen arithmetischen Mittel der Erwartungswerte der Renditen der einzelnen Assets im Portfolio.

---

[4] Für seine in diesem Zusammenhang entwickelten Kenntnisse erhielt Markowitz 1954 den Nobelpreis.

[5] Ein Portfolio ist dann effizient, wenn es keine Objektzusammenstellung gibt, die bei gegebenem Risiko eine höhere Rendite ermöglicht bzw. bei einer bestimmten Risikoerwartung ein geringeres Risiko aufzeigt.

- Das Portfoliorisiko, ausgedrückt als Varianz, Standardabweichung oder Volatilität, hingegen ist kleiner als die Summe der mit ihren Portfolioanteilen gewichteten Risiken der Einzelwerte. [6]

Beim Immobilien-Portfoliomanagement ist demnach unter den Kriterien Rendite und Risiko eine Streuung zwischen den Immobilien nach Standort (geographischer Lage), nach Nutzungsart der Immobilie und/oder nach Objektalter vorzunehmen. Bei der Diversifikation zwischen den Objekten können die unterschiedlichen Konjunkturzyklen zwischen Branchen und Regionen (national und international) genutzt werden. Dazu ist eine möglichst exakte Einschätzung der Entwicklung unterschiedlicher Immobilienteilmärkte zwingend erforderlich. Durch einen Mix von Standardimmobilien (z. B. Wohn- und Geschäftshäuser) mit geringerem Risiko und in der Regel geringerem Ertrag und Spezialimmobilien mit höherem Risiko und in der Regel höherem Ertrag lässt sich theoretisch gesehen die zu erzielende Rendite optimieren.

Die Problematik in der Anwendung der Portfoliotheorie auf Anlageentscheidungen im Immobilienbereich resultiert aus der Heterogenität der Immobilien, der standortgebundenen Einflussfaktoren und der vergleichsweise geringen Markttransparenz, was die Einschätzung von Rendite und Risikopotenzialen gegenüber der Geldanlagen in relativ homogenen Wertpapiertiteln wesentlich erschwert.

Voraussetzung für eine Übertragung ist damit zunächst der Ausbau und die Entwicklung der Verfügbarkeit relevanter Immobilienmarktdaten. Der damit verbundene enorme Researchaufwand lässt Immobilien-Portfoliomanagement unter Beachtung der Kosten-Nutzen-Relation, erst ab einer bestimmten Portfoliogröße sinnvoll erscheinen. Mit einer zunehmenden Größe des Portfolios lassen sich außerdem die für das Portfoliomanagement nachteiligen Eigenschaften der Immobilien, wie mangelnde Teilbarkeit, Langfristigkeit, etc. mindern. Da in diesem Modell ausschließlich die Größen Rendite und Risiko im Mittelpunkt der Betrachtung stehen, werden weitere Zielsetzungen von Immobilieninvestitionen, wie bspw. Image oder Nutzen der Immobilie, nicht berücksichtigt. Zudem ist die Messbarkeit der Risikoeinstellung der Investoren nur schwer gegeben. Einschränkungen hinsichtlich der Realisierbarkeit von Diversifikationspotenzialen in Hinblick auf den An- und Verkauf von Immobilien in einem etablierten Bestand ergeben sich z. T. aus der Immobilienstrategie des Unternehmens.

Insofern bestehen berechtigte Zweifel in der Anwendbarkeit dieser Theorie auf Immobilieninvestitionsentscheidungen bestandshaltender Unternehmen.

Dennoch trägt der quantitative Ansatz des Immobilien-Portfoliomanagements zur erfolgreichen Gestaltung von Immobilienportfolien bei. Die Bedeutung des quantitativen Ansatzes liegt vor allem darin begründet, dass er sowohl die Erfolgsgrößen (Rendite, Return) als auch das Risiko einer Investition in den Entscheidungsprozess einbezieht.

---

6 Vgl. Maier, S.374

Prof. Dr. Bettina Lange

Die Anwendung des Portfoliomanagements im Immobilienbereich kann einerseits der Generierung neuer Portfolios, d. h. die Erstellung eines neuen Immobilienbestandes durch den Kauf verschiedener, den Zielen des Investors und den daraus resultierenden Anforderungen des quantitativen Portfoliomanagements entsprechenden, Objekte, dienen. Dieser Anwendungsfall ist z. B. bei der Auflage eines neuen Immobilienfonds bzw. der Zusammenstellung eines gänzlich neuen Immobilienportfolios gegeben und zugegebener Maßen nicht der Regelfall. Auf der anderen Seite kann auch ein bestehendes Portfolio mit Hilfe der neuen portfoliotheoretischen Ansätze optimiert werden. Dies erfordert allerdings eine differenzierte Vorgehensweise, welche mit der Analyse des Bestandes, der Zielformulierung für die Zukunft und damit verbundener Strategieentwicklungen beginnen muss.

In diesem Zusammenhang bietet die eher qualitativ orientierte Weiterentwicklung des Portfoliomanagementansatzes eine Ergänzung.

7.2.2 Qualitativer Ansatz des Immobilien-Portfoliomanagements

Die Steuerung, Planung und Kontrolle eines Immobilienbestandes ist definitionsgemäß Gegenstand des Immobilien-Portfoliomanagements. Da diese Funktionen als typische Managementfunktionen gelten, liegt es nahe das Portfoliomanagement auf dem Ansatz der Strategischen Unternehmensplanung aufzubauen.

Abbildung 7.2:   Ansatz der Strategischen Unternehmensplanung

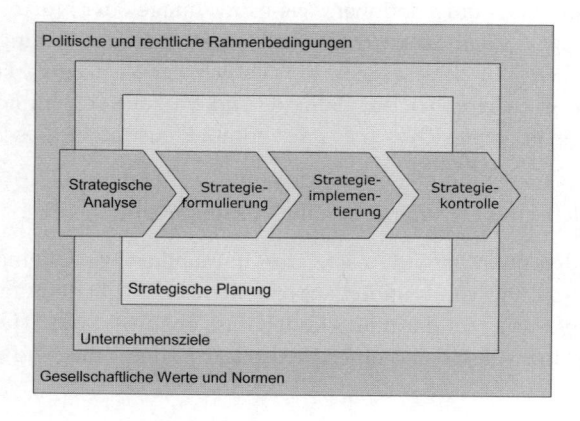

In den 70er Jahren wurde dieser Ansatz der strategischen Unternehmensplanung von zwei nordamerikanischen Unternehmensberatungen (McKinsey und Boston Consulting Group) entwickelt. Die wirtschaftliche Gesamtsituation dieser Zeit sowie die zunehmende Diversifizierung der Unternehmensstrukturen vor allem bei weltweit agierenden Unternehmen führten zu einem Bedarf an Instrumenten, die ein Handling bzw. eine Optimierung der Geschäftsstrukturen ermöglichen. Während man im Rahmen der Markowitz-Theorie nach der Optimierung von Wertpapier-Portfolios strebte, stand hier die optimale Strukturierung der Geschäftsfelder von diversifizierten Unternehmen im Blickpunkt.

Übertragen auf das strategische Management von Immobilienbeständen lässt sich dieser Ansatz vor allem bei der Optimierung bestehender Immobilienportfolios anwenden. In diesem Zusammenhang sind folgende Schritte zu durchlaufen:

1. Bildung strategischer Geschäftseinheiten als Voraussetzung
2. Ist-Analyse
    - Analyse der Umweltbedingungen
    - Analyse des Bestandes / der strategischen Geschäftseinheiten
    - Darstellung des Ist-Portfolios und Einordnung der Strategischen Geschäftseinheiten in die Portfolio-Matrix
3. Definition der Immobilienstrategien
    - Ableitung von Normstrategien aus der Position der Immobilien in der Portfolio-Matrix
    - Einzelobjektorientierte Strategiebildung und -prüfung
4. Definition von Maßnahmen zur Optimierung des Immobilien Portfolios
    - Investition / Desinvestition von Objekten
    - Modernisierung / Instandhaltung
    - Abschöpfen

Zu 1.: Bildung strategischer Geschäftseinheiten (SGE)

Die in der Praxis anzutreffenden Immobilienportfolien sind in der Regel mehr oder weniger historisch gewachsen, heterogen aufgrund der Gegebenheiten der Immobilienteilmärkte sowie der immobilienimmanenten Eigenschaften. Um dieser Heterogenität zu begegnen, ist die Bildung strategischer Einheiten ein aus der Unternehmensführung adäquates Mittel.

Strategische Geschäftsfelder sind autonome Produkt-Markt-Kombinationen, die eigene Chancen und Risiken aufweisen. Sie gestalten die Zielfindung transparenter, erleichtern die Strategieformulierung auf Portfolio- bzw. Teilportfolioebene. Vorteile, die sich aus der Aufteilung des komplexen Immobilienbestandes ergeben, wie z. B.:

- hierarchische Zuordnung einzelner strategischer Geschäftseinheiten zu Verantwortungsträgern
- Verbesserung der Markt- und Wettbewerbsorientierung durch Verringerung der Managementmasse
- größere Flexibilität i. V. m. höherer Reaktionsgeschwindigkeit
- transparente und zielorientierte Ressourcenallokation
- effizientere Informationsbeschaffung und -verarbeitung,

lassen sich nur nutzen, wenn die strategischen Geschäftseinheiten eine Reihe von Anforderungen erfüllen, wie z. B.:

Anforderung	Ausprägung
Homogenität nach innen	• Geringe Unterschiede zwischen den Immobilien innerhalb der strategischen Geschäftseinheit • Gemeinsame marktliche Abhängigkeiten, z. B. gleich Nutzergruppe, gleicher Teilmarkt
Heterogenität nach außen	• Keine Überschneidungen mit Immobilien anderer strategischer Geschäftseinheiten • Abgrenzbarer Teilmarkt • Unabhängige Strategien, Ressourcen und Kompetenzen
Eigener Erfolgspotenzialbeitrag	• Eigene relative Wettbewerbsvorteile
Langfristige Stabilität	• Entwicklung eigener Strategien und Perspektiven sowie deren Umsetzung und Erfolgsmessung setzen langfristig stabile strategische Geschäftseinheiten voraus.
Strategische Unabhängigkeit von anderen strategischen Geschäftseinheiten	• Einzelgeschäftsfeld-Strategie ohne Restriktionen aus anderen strategischen Geschäftseinheiten, um die Erfolgspotenziale adäquat zu nutzen.

In der Praxis haben sich einige Kriterien etabliert, wonach die strategischen Geschäftseinheiten i. d. R. abhängig von der jeweiligen Unternehmensstrategie abgebildet werden.

- Segmentierung nach Teilmärkten (Regionen, Nutzungsarten)
- Segmentierung nach Eigenschaften der Immobilien (Alter, Größe)
- Segmentierung nach rechtlicher Stellung (Eigentum, Mietobjekte in Eigen- oder Fremdnutzung, Objekte in Eigen- oder Fremdverwaltung)
- Segmentierung nach Lebenszyklusphase der Immobilie (Bauland, Projektentwicklung, fertig gestellte Immobilie)
- u. a.

Zu 2.: Ist-Analyse

Im Rahmen der Ist-Analyse wird das Immobilienportfolio auf der Basis der strategischen Geschäftseinheiten nach einem einheitlichen Bewertungskatalog analysiert. Die Ergebnisse werden in die Portfolio Matrix übertragen. In Abhängigkeit vom zu Grunde liegenden Portfoliokonzept unterscheiden sich die Bewertungsbereiche.

Bei der Portfoliomatrix von McKinsey werden die Geschäftsfelder hinsichtlich ihrer Marktattraktivität und ihrer relativen Wettbewerbsposition (Wettbewerbsposition im Verhältnis zur Konkurrenz) eingeschätzt. Bei der Matrix der Boston Consulting Group werden Marktwachstum und relativer Marktanteil abgebildet. Die Vier-Felder-Matrix von Boston Consulting Group mit der Einteilung in „Question Marks" „Stars", „Cash Cows" und „Poor Dogs" fand in der Praxis weite Verbreitung. Dennoch hat sich in der Immobilienwirtschaft die Neun-Felder-Matrix der Beratungsgesellschaft McKinsey weitestgehend durchgesetzt. Gründe hierfür sind vor allem die Möglichkeit der Abbildung eines multikriteriellen Bewertungskataloges sowie die Unterlegung der einzelnen Matrixbereiche mit denkbaren Normstrategien.

Diesem Konzept liegt die Bewertung der Marktattraktivität sowie des relativen Wettbewerbsvorteils zu Grunde. Dabei stehen Standort- und Markteinschätzung in untrennbarem Zusammenhang.

Kriterien der Marktattraktivität können sein:

- Angebot-Nachfrage-Situation auf dem jeweiligen Immobilienteilmarkt
- Einschätzung künftiger Nachfrageentwicklung
- wirtschaftspolitische Rahmenbedingungen (steuerliche Rahmenbedingungen, Fördermittelgewährung)
- wirtschaftliche Entwicklung der Region (Einkommens- und Kaufkraftentwicklung, Arbeitslosigkeit)
- wirtschaftliche Rahmenbedingungen (Potenzial an qualifizierten Arbeitskräften, Forschungs- und Bildungseinrichtungen)
- Verkehrsinfrastruktur
- kulturelle Infrastruktur
- Image der Region
- Verwaltungsklima.

Während diese Kriterien der Marktattraktivität primär standortbedingt sind und daher nur in geringem Umfang durch den Eigentümer selbst beeinflusst werden können, sind die Parameter der relativen Wettbewerbsposition durch Maßnahmen des Bestandhalters gestaltbar.

Prof. Dr. Bettina Lange

Faktoren zur Einschätzung der relativen Wettbewerbsposition können sein:

- Größe und Grundrisse der angebotenen Immobilien
- Bauqualität
- technische Ausstattung
- Drittverwendungsfähigkeit/ flexible Nutzungsmöglichkeit
- Dienstleistungsangebot rund um die Immobiliennutzung
- Höhe der Bewirtschaftungskosten
- Managementqualität.

Ausgangspunkt muss die Analyse des vorhandenen Portfolios nach den oben genannten oder weiteren relevanten Kriterien sein. I. d. R. erfolgt die Analyse der Objekte bzw. der Strategischen Geschäftseinheiten unter zu Hilfenahme eines sog. Scoring-Modells.[7] In Abhängigkeit von der Ausprägung der Teilscores erfolgt im zweiten Schritt die Einordnung der Objekte bzw. SGE's in die Portfoliomatrix.

Abbildung 7.3: Portfolio Matrix nach McKinsey[8]

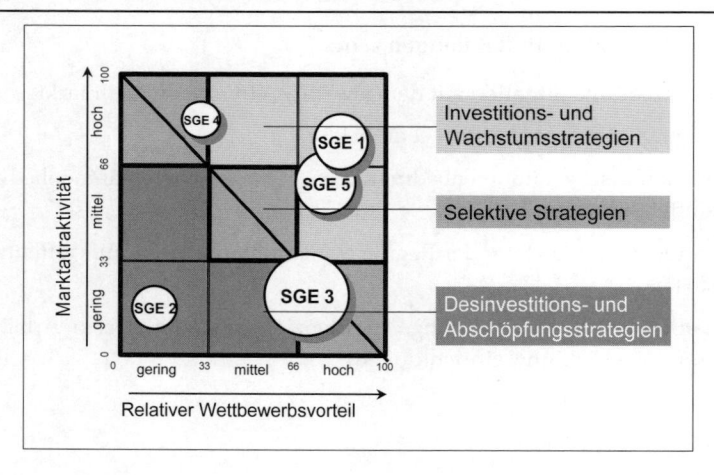

Im dritten Schritt gilt es Strategien zu entwickeln, um das Immobilienportfolio zu optimieren. Hier wird deutlich, dass auf Grund der nur geringen Beeinflussbarkeit der Marktattraktivität durch den Eigentümer eine Verschiebung der strategischen Ge-

---

[7] Vgl. Abschnitt 7.7.2.3 Scoring, S. 601
[8] Vgl. Wellner, K.: Portfoliomanagement, 2003, S. 208

schäftseinheit von den unteren Feldern (geringe Marktattraktivität) in höhere nur bedingt möglich ist. Dagegen kann der Eigentümer durch gezielte Maßnahmen aktiv Einfluss darauf ausüben, die strategischen Geschäftseinheiten weiter rechts zu positionieren und damit Wettbewerbsvorteile zu generieren. Welche grundsätzlichen Möglichkeiten der Eigentümer im Rahmen der sog. Normstrategien hat, zeigt die Abbildung 7.4.

Abbildung 7.4: Normstrategie mit Beispielen in der Neun-Felder-Matrix von McKinsey[9]

Marktattraktivität	Relativer Wettbewerbsvorteil: niedrig	mittel	hoch
hoch	**selektives Vorgehen** • Aufbau von Wettbewerbsvorteilen durch umfassendes Redevelopment • Hohe Entwicklungsinvestitionen z. B. Ältere Objekte in sehr guten Lagen	**selektives Wachstum** • Investition in Objektqualität und Management • Stärken-/ Schwächenanalyse und Maßnahmen ableiten • FM-Potenziale nutzen z. B. Ältere Objekte in 1 A-Lagen	**Investition und Wachstum** • Optimierung der Bestandsobjekte • Sicherung der Wettbewerbsvorteile • Investitionen maximieren z. B. Neue Objekte mit Vollvermietung in 1 A-Lagen
mittel	**ernten** • Cashflow abschöpfen • Objektverkauf erwägen • Spezialisierung, Nischen identifizieren • Redevelopment z. B. vermietete ältere Bestandsobjekte in schlechtem Zustand	**selektives Vorgehen** • Wachstumsbereiche identifizieren • Marktentwicklung abwarten • Selektiv investieren • Maximierung des Cashflows z. B. Bestandsobjekte in mittleren Lagen	**selektives Wachstum** • Wachstumsbereich identifizieren • Investition abhängig von Marktentwicklung • Sicherung der Wettbewerbsposition z. B. Top-Objekte an unattraktiven Standorten mit mittlerem Vermietungsstand
niedrig	**ernten** • Verwertung planen • Evtl. Cashflow abschöpfen • Kapitalfreisetzung realisieren z. B. Leerstehende ältere Objekte an unattraktiven Standorten	**ernten** • Geschäftsbereich ausdünnen • Auf Verwertung vorbereiten • Investition minimieren • Evtl. Realisation von Wertsteigerungen durch Objektverkauf z. B. Vermietete ältere Bestandsobjekte ohne Perspektiven	**selektives Vorgehen** • Gesamtposition halte • Cashflow maximieren • Investition nur zur Instandhaltung z. B. Top-Objekte an peripheren Lagen

---

[9] Vgl. Gabler Wirtschaftslexikon (2004) Band P-SK, S. 2354, Wellner, K. Portfoliomanagement, 2003, S. 211

Prof. Dr. Bettina Lange

Dieses Grundprinzip von Portfoliomanagement lässt sich generell auf Immobilienportfolios anwenden. Das gilt sowohl für das Management von Immobilienbeständen offener Immobilienfonds, von Immobilienaktiengesellschaften und auch von Wohnungsunternehmen.

Die Entscheidungen im Rahmen des Immobilien-Portfoliomanagements bilden die Ausgangsposition für die Maßnahmen im Immobilien-Asset Management.

7.3 Immobilien-Asset Management

Neben Wertpapieren und Rohstoffen haben sich Immobilien in jüngerer Vergangenheit zunehmend als Asset im Sinne der Vermögensanlage etabliert. Unter Assets sind Vermögenswerte zu subsumieren, mit deren Anschaffung betriebswirtschaftliche Ziele, wie z. B. Rendite, Sicherheit und Liquidität verfolgt werden. Mit zunehmender Internationalisierung immobilienwirtschaftlicher Betätigung sowie erweiterten Möglichkeiten der Immobilienanlage erhöht sich die Nachfrage nach Asset Managementleistungen auch in der Immobilienwirtschaft. Die wachsende Bedeutung dieses Managementansatzes wird nicht zuletzt deutlich, wenn in die Betrachtung die Rolle internationaler Investoren sowie die zunehmende Outsourcingorientierung bestandhaltender Non-Property-Companies bzw. der öffentlichen Hand einbezogen werden.

7.3.1 Historie

Asset Management fand seinen Ursprung im Zusammenhang mit der Geldanlage und bezieht sich dabei auf die Verwaltung bzw. das Wertschöpfungsmanagement in- und ausländischen Vermögens unterschiedlicher Kategorien (Aktien, Renten, Immobilien, etc.) durch spezialisierte Vermögensmanager/Vermögensverwalter im Interesse der Vermögenseigentümer. Die zentrale Aufgabe des Asset Managements ist demnach die Steuerung eines Anlageportfolios nach Risiko- und Ertragsgesichtspunkten als Dienstleistung von Finanzintermediären. Hierzu gehören die Vorbereitung sowie die Umsetzung der Anlageentscheidung zur Verfügung des Geldvermögens Dritter.[10]

Übertragen auf das Immobilien-Asset Management bedeutet dies das kapitalmarktorientierte, strategische Management von Immobilien auf der Objektebene unter Beachtung der Ziele und Vorgaben des Eigentümers. In diesem Zusammenhang beinhaltet es die Optimierung aller Tätigkeiten im Rahmen des Immobilienmanagements mit dem Ziel der Ertrags- und Wertsteigerung einer Immobilie. Dieser Zielstellung

---

[10] Vgl. Definition des BVI.

werden alle Analysen, langfristigen Maßnahmen sowie kurz- und mittelfristigen Entscheidungen zur Immobilie untergeordnet. Während somit im Asset Management die Eigentümerinteressen im Fokus stehen, bilden im Facility Management die Interessen der Nutzer den Rahmen für die Aktivitäten im Immobilienmanagement. Hierin bestehen die wesentlichen Unterschiede in den Denkansätzen, auch wenn sie zu gleichen Zielen führen können.

7.3.2 Aufgabenfelder

Die Aufgabenbereiche des Asset Managements können auf die Entwicklung von Immobilienbeständen angewendet werden. Mit dem Asset Management wird das Ziel der dauerhaften Ertragserzielung und damit Werthaltigkeit und Wertsteigerung der Immobilie verfolgt. Den Ausgangspunkt für das Asset Management bildet, die im Rahmen des Immobilien-Portfoliomanagements formulierte Immobilienstrategie bzw. das in Abhängigkeit davon entstandene Immobilienportfolio. Hieraus sind objektbezogene Strategien zu entwickeln. Die folgenden Arbeitsbereiche des Asset Managements bilden den Managementzyklus ab:

1. Ist - Analyse der Immobilie
   - Analyse des Mikrostandorts
   - Analyse des Makrostandorts
   - Analyse der Mieterstruktur und der Mietverträge
   - Analyse der Dienstleistungs- und Wartungsverträge
   - Analyse der Gebäudenutzungskosten nach der DIN 18 960 (Benchmarking)

2. Primärdatenerhebung zu den Eigentümerinteressen
   - Zielsystem des Investors
   - Renditeanforderungen
   - Risikoneigung

3. Primärdatenerhebung zu den Nutzerinteressen
   - Unternehmenszweck
   - Anzahl der Mitarbeiter
   - Arbeitszeiten
   - Notwendige infrastrukturelle Einrichtungen
   - Anforderungen an Raumaufteilung und Ausstattung der Immobilie
   - Angemessenheit von Miet- und Mietnebenkosten
   - Einschätzung der Branchenentwicklung und der Konkurrenzsituation des Mieters

4. Prognosen zur Entwicklung von Standort und Immobilie
   - Entwicklung des Standorts
   - Entwicklung der Anforderungen des Nutzers an die Immobilie
5. Strategische Entscheidungen zur weiteren Entwicklung der Immobilie
   - Ableitung aus der Portfoliostrategie
   - Zielvorgabe zum Ertrag aus der Immobilie
   - Kostenkalkulation für investive Maßnahmen
   - Ertragskalkulation im Ergebnis von investiven Maßnahmen
   - Erstellung eines Zeitablauf- und Liquiditätsplans
6. Maßnahmen zur Weiterentwicklung der Immobilie auf der Grundlage der getroffenen strategischen Entscheidungen (Objekt-Businessplan) – Umsetzung im Rahmen von Property Management
   - Identifikation ökonomisch vorteilhafter Handlungsvarianten (Modernisierung, Umbau, Erweiterung, Abriss)
   - Definition potenzieller Exitstrategien
   - Auswahl und Überwachung externer Dienstleister einschließlich damit verbundener Vertragsänderungen (Dienstleistungs- und Wartungsverträge).
7. Asset Management Bericht
   - Nachkalkulation der Kosten für realisierte investive Maßnahmen
   - Dokumentation von Nutzungsänderungen nach Flächen
   - Dokumentation veränderter Mietverträge
   - Dokumentation veränderter Wartungs- und Dienstleistungsverträge
   - Kaufmännische Dokumentation zu Mieteinnahmen und Immobiliennutzungskosten
   - Berichterstattung an das Portfoliomanagement (Reporting)
8. Ist – Analyse der Immobilie – Beginn eines erneuten Asset – Management – Zyklus

Im Gegensatz zum Immobilien-Portfoliomanagement agiert das Asset Management eher mittelfristig und bildet somit das „taktische Doing" im Rahmen des Immobilienmanagements ab.

Mit dem Aufgabenbereich von Asset Management verändern sich ganz maßgeblich die Anforderungen an das Berufsbild des Immobilienverwalters. Ging es in der Vergangenheit primär um die reine Bewirtschaftung der Immobilie, steht heute die Ertragssicherung und vor allem die Ertragsteigerung im Fokus dieser Managementtätigkeit[11]. Während der Asset Manager die Entscheidungen für die Entwicklung der Immobilie vorbereitet und dem Eigentümer unterbreitet, setzt der Property Manager

---

[11] Vgl. 1.2.3 Institutionelle Systematisierung, Ausführungen zum Immobilienverwalter

diese nach getroffener Entscheidung durch den Eigentümer im Auftrag des Asset Managers um.

Das Immobilien-Asset Management bietet somit ein breites Betätigungsfeld im Rahmen des Immobilienmanagements und avanciert als Dienstleistung Dritter zu einem viel versprechenden Geschäftsfeld. So etablierten sich in den letzten Jahren Asset Management Gesellschaften mit verschiedenen Hintergründen erfolgreich am Markt. Von reinen Asset Management Gesellschaften über Versicherungen, Kapitalgesellschaften, Fonds oder Bestandshaltern bieten sie in unterschiedlichem Umfang Dienstleistungen im Asset Management von Immobilien an. Da in diesem Kontext keine gesetzlichen Vorschriften, wie z. B. das WEG im Rahmen der Verwaltung von Immobilien ein Gerüst für die Vergabe von Asset Management Leistungen bietet, sind die Leistungskataloge, Honorare und vertraglichen Gestaltungsmöglichkeiten bei der Vergabe nahezu unbegrenzt. Dies erschwert zum einen den Angebotsvergleich durch den Auftraggeber zum anderen die Informationsbeschaffung und Analyse durch die Anbieter. Der Vergabe von Asset Managementaufgaben an externe Dritte muss daher eine detaillierte Analyse der eigenen Zielstellungen, der Outsourcingfähigkeit bestimmter Teilleistungen sowie die Erstellung eines detaillierten Pflichtenheftes für den Anbieter vorangestellt werden.

7.4 Immobilien Facility Management

Im Unterschied zum Asset Management, bei dem alle Tätigkeiten rund um die Immobilie auf die Ertrags- und Wertsteigerung für den Immobilieneigentümer gerichtet sind, steht beim Facility Management die Ertragssteigerung bzw. Nutzwerterhöhung des Nutzers der Immobilie im Mittelpunkt.

Die Ziele bestehen in der Optimierung aller Betriebsfunktionen der Immobilie, in der Kostenreduzierung und in der Verbesserung der Dienstleistungen für den Nutzer. Mit dem verbesserten Nutzwert der Immobilie lässt sich natürlich im Regelfall auch ein höherer Ertrag aus der Immobilie für den Eigentümer generieren. Asset Management und Facility Management schließen sich daher keineswegs aus, sondern beinhalten in weiten Teilen gleiche Überlegungen zur Optimierung der Immobiliennutzung.

Der Begriff Facility Management avancierte in den letzten Jahren einerseits zum Modebegriff, andererseits zu einem Synonym schier ungeahnter Wachstumsquellen. Der Geschäftsbereich wird mittlerweile von allen Branchen als der Markt der Zukunft erkannt. Unternehmen aus der Immobilienwirtschaft, aus der Bauwirtschaft, aus dem Anlagenbau, aus dem IT-Bereich sowie aus dem Bereich verschiedenster Dienstleistungen, wie Sicherheits- oder Reinigungsdienste, ringen gleichermaßen um Marktanteile. So unterschiedlich, wie die Branchen sind, so unterschiedlich ist deren Herangehensweise bei der Strukturierung der Geschäftsfelder und bei der inhaltlichen Bestimmung von Facility Management.

Von der GEFMA – Deutscher Verband für Facility Management e.V. wird das Marktvolumen für Facility Management im Bereich des Gebäudemanagements auf ca. 50 Mrd. Euro geschätzt. Gerade im Bereich der Immobilienverwaltung im Allgemeinen und in der Betriebskostenentwicklung im Besonderen werden erhebliche Einsparungspotenziale gesehen. Facility Management ist damit ein Wachstumsmarkt jedoch auf Kosten anderer Märkte. Facility Management bedeutet somit eine Neuorganisation der Märkte rund um die Immobilie, rund um Anlagen und Investitionsgüter bei Kosteneinsparungseffekten für die jeweiligen Eigentümer oder Nutzer.

Der Begriff Facility Management kann nicht wörtlich übersetzt werden. Mit Facility wird im Englischen eine Einrichtung oder eine Anlage bezeichnet. Der Begriff kann jedoch auch mit Möglichkeit, Leichtigkeit oder Gewandtheit übersetzt werden. Für Management stehen die Begriffe Durchführung, Leitung, Verwaltung, Direktion.

Aus der Kombination dieser Übersetzungen in Abhängigkeit des Betrachtungswinkels finden sich eine Vielzahl von Definitionen zum Facility Management.

Mit Bezugnahme auf die Immobilienwirtschaft hat sich bisher noch keine einheitliche Definition etablieren können. Allumfassend wird Facility Management jedoch folgendermaßen bestimmt:

Facility Management ist die Gesamtheit aller Leistungen zur optimalen Nutzung von Immobilien auf der Grundlage ganzheitlicher Strategien. Betrachtet wird der gesamte Lebenszyklus von der Planung und Erstellung, der Nutzung und Umnutzung bis hin zum Abriss einschließlich des Erbringens von Dienstleistungen für den Nutzer der Immobilie. Allen Definitionsansätzen ist jedoch die Zielstellung des Facility Managements, welches in der Optimierung der Immobiliennutzung mit dem Ziel der Nutzwerterhöhung zur Verbesserung der ökonomischen und/ oder kulturell – sozialen Situation des Immobiliennutzers besteht, gemein.

7.4.1 Einordnung von Facility Management in den Lebenszyklus einer Immobilie

Facility Management als Gesamtheit aller Leistungen zur optimalen Nutzung einer Immobilie umfasst den gesamten Lebenszyklus einer Immobilie. Die Übergänge zwischen der Immobilienprojektentwicklung und Facility Management sind fließend. Eine ganzheitliche Betrachtung der Immobilie bedeutet, dass der Aufgabenbereich von Facility Management bereits unmittelbar nach der Entscheidung für eine Immobilieninvestition beginnt.

Mit der Investition verbundene einmalige Kosten und die bei der Immobiliennutzung entstehenden laufenden Nutzungskosten sind so zu optimieren, dass unter Berücksichtigung von einmaligen und laufenden Kosten zur Kosteneinsparung gelangt wird. In der Planungsphase der Immobilie sind gleichermaßen die Herstellungskosten nach der DIN 276 und die Gebäudenutzungskosten nach der DIN 18 960 zu berücksichtigen. Diese „doppelte" Kostenkalkulation ist außerordentlich relevant, da die Nutzungskosten 70 bis 80 Prozent der Gesamtkosten im Lebenszyklus einer Immobilie ausmachen. Einmalige Kosten umfassen dagegen nur 20 bis 30 Prozent.

Die Schwierigkeit in der praktischen Umsetzung besteht in folgenden Faktoren:

1. Die Gliederung der Kosten nach der DIN 276 und nach der DIN 18 960 lässt keine direkte Kausalität zwischen einmaligen und damit verbundenen laufenden Kosten zu. Das heißt, dass aus der Veränderung einmaliger Investitionskosten nur bedingt auf Kosteneinsparungspotenziale in der Immobiliennutzung geschlussfolgert werden kann. Eine weitere Variante für die Erfassung der Gebäudenutzungskosten bietet die GEFMA 200 – eine Richtlinie für die Kostenrechnung im Facility Management (Nutzungskosten von Gebäuden und Diensten).

2. Zu Beginn der Planungsphase einer Immobilie ist häufig der konkrete Nutzer noch nicht bekannt. Damit ist auch noch nicht bekannt, welchen besonderen Beanspruchungen das Gebäude unterliegen wird.

3. Es existiert noch keine ausreichende Dokumentationen über laufende Gebäudekosten in Abhängigkeit vom konkreten Nutzer. Eine analoge Datenbank wie sie mit der Unterdatenbank der IPD – Investment Property Data in Großbritannien geführt wird, existiert in Deutschland mit der DID – Deutsche Immobilien Datenbank erst in Ansätzen.

7.4.2 Zielstellung und Aufgabenbereiche von Facility Management

Die Zielstellung von Facility Management besteht in der Nutzwerterhöhung der Immobilie. Das heißt der Nutzer der Immobilie steht im Mittelpunkt von Facility Management. Dabei ist nicht relevant, ob der Nutzen geldmäßig quantifizierbar ist oder nicht.

Prof. Dr. Bettina Lange

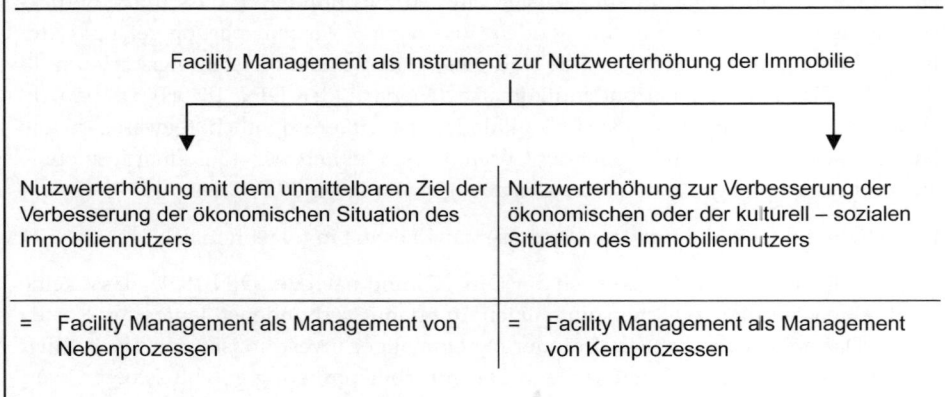

Abbildung 7.5: Facility Management als Instrument zur Nutzwerterhöhung

```
                Facility Management als Instrument zur Nutzwerterhöhung der Immobilie
                                          |
          ┌───────────────────────────────┴───────────────────────────────┐
          ▼                                                               ▼
```

Nutzwerterhöhung mit dem unmittelbaren Ziel der Verbesserung der ökonomischen Situation des Immobiliennutzers	Nutzwerterhöhung zur Verbesserung der ökonomischen oder der kulturell – sozialen Situation des Immobiliennutzers
= Facility Management als Management von Nebenprozessen	= Facility Management als Management von Kernprozessen

Zu 1. Nutzwerterhöhung mit dem unmittelbaren Ziel der Verbesserung der ökonomischen Situation des Immobiliennutzers

Dieser Ansatzpunkt von Facility Management geht von der Unterscheidung zwischen Kern- und Nebenprozessen innerhalb eines Unternehmens aus. Unter Kernprozessen wird das wesentliche Geschäftsfeld für die Ertragserzielung eines Unternehmens verstanden. Nebenprozesse sind alle jene Tätigkeiten, die mit der Schaffung der Rahmenbedingungen zur Erbringung des Kerngeschäfts verbunden sind. Zu diesen Rahmenbedingungen gehören Gebäude einschließlich ihrer technischen Ausstattung, Anlagen sowie Dienstleistungen für das Unternehmen außerhalb des Kerngeschäfts. All diese mit den Nebenprozessen verbundenen Tätigkeiten sind Gegenstand von Facility Management. Die Palette der Leistungen, die im Rahmen von Facility Management erbracht werden, können in technische, kaufmännische und infrastrukturelle Managementbereiche gegliedert werden. Diese Einteilung ist eine idealtypische. Die einzelnen Bereiche überschneiden sich in der Praxis. Somit bildet diese Einteilung nur bedingt eine Grundlage für die praktische Umsetzung eines Facility Management Konzepts. Nachstehende Übersicht soll diese Einteilung verdeutlichen.

7 Immobilienbestandsmanagement

Abbildung 7.6: Bereiche von Facility Management

technisches Management	kaufmännisches Management	infrastrukturelles Management
Wartung und Instandhaltung	Vermietung und Mieterbetreuung	Dienstleistungen

■ Instandhaltung
  - Wasser
  - Heizung
  - Elektroenergie
  - Klima/ Lüftung
  - Aufzug-/ Förder- und Lagertechnik
■ Instandsetzung/ Modernisierung
■ Gebäudeleittechnik
■ technische Ausstattung (Breitbandkabel/ Glasfaserkabel)
■ Ver- und Entsorgung
■ Contracting
	■ Vertragswesen
	■ Kostenplanung und Abrechnung für Investitionen
	■ Kostenplanung und Abrechnung für Bewirtschaftungskosten des Gebäudes
	■ Kostenplanung und Abrechnung für Dienstleistungen
		■ Flächenmanagement
		■ Diverse Dienstleistungen
		  - Büroservice
		  - Concierge
		  - Botendienste
		  - Fuhrpark
		  - Poststelle
		  - Catering
		  - Kommunikationspolitsche Maßnahmen
		  - Schließdienst
		  - Reinigung
		  - Winterdienst
		  - Gartenpflege
		  - Sicherheitsdienst

Mit einer solchen Einteilung ist eine weitere Schwierigkeit für die praktische Umsetzung von Facility Management verbunden. Die aufgeführten Leistungen und deren Untersetzung zielen immer auf Facility Managementkonzepte für ertragswirtschaftliche Unternehmen, deren Kerngeschäft außerhalb der Immobilienbewirtschaftung liegt und die Erträge aus anderen Kernprozessen erwirtschaften. Damit werden all jene Unternehmen ausgeschlossen, deren Kerngeschäft in der Bewirtschaftung eigener Immobilienbestände besteht. Gedacht wird hier in erster Linie an Wohnungsunternehmen, aber auch an Immobilienfonds oder an Immobilienaktiengesellschaften. Die sonst übliche Abgrenzung zwischen Kern- und Nebengeschäft zur Erfassung der Aufgabenfelder von Facility Management lässt sich hier nicht übertragen.

Zu 2. Nutzwerterhöhung zur Verbesserung der ökonomischen oder der kulturell–sozialen Situation des Immobiliennutzers

In all jenen Unternehmen, in denen die Immobilienbewirtschaftung zum Kerngeschäft gehört, ist eine Ertragssteigerung aus dem Kerngeschäft nur dann möglich, wenn der Nutzer der Immobilie entweder einen ökonomischen oder einen kulturell – sozialen Nutzen hat. Einen ökonomischen Nutzen hat dieser dann, wenn er als Mieter der

Prof. Dr. Bettina Lange

Immobilie eine ertragswirtschaftliche Tätigkeit in der Immobilie verrichtet. Kulturell-sozialer Nutzen wird aus dem Wohnen als nicht substituierbares Grundbedürfnis gezogen oder aus dem Konsum von Bildung oder anderweitigen kulturellen Gütern. Auch für diese Zwecke ist die Gebäudenutzung zu optimieren. Die Optimierung kann in der Senkung laufender Kosten (z. B. Senkung der Bewirtschaftungskosten), in der qualitativen Verbesserung der Immobilie (z. B. technische Ausstattung, Lifteinbau, Anbau von Loggien) oder in der Nutzwerterhöhung durch Dienstleistungsangebote rund um die Immobiliennutzung (z. B. Sicherheitsdienste, Betreuungsleistungen) bestehen.

Facility Management als ganzheitlicher Ansatz zur Nutzwerterhöhung der Immobilie bewegt sich immer im nachstehenden magischen Viereck:

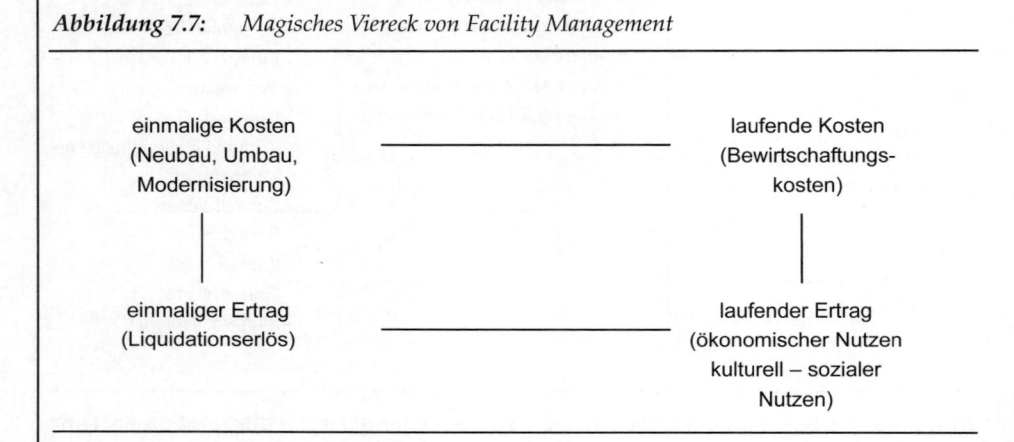

Abbildung 7.7: *Magisches Viereck von Facility Management*

einmalige Kosten (Neubau, Umbau, Modernisierung)	laufende Kosten (Bewirtschaftungskosten)
einmaliger Ertrag (Liquidationserlös)	laufender Ertrag (ökonomischer Nutzen kulturell – sozialer Nutzen)

Die Aufgabenbereiche von Facility Management müssen so gestaltet sein, dass dieses magische Viereck kundenspezifisch optimiert wird.

Die Anforderungen an die Konzepte von Facility Management sind in Abhängigkeit von der konkreten Immobiliennutzung außerordentlich differenziert. In den nachstehenden Ausführungen wird versucht, die differenzierten Anforderungen zu verallgemeinern, um damit ein Denkgerüst für die Ausgestaltung des jeweiligen Facility Management Konzepts zu geben.

Für die Umsetzung von Konzepten ist zu differenzieren, ob Facility Management im Rahmen eines neu zu entwickelnden Immobilienprojekts oder für einen bereits genutzten Immobilienbestand genutzt werden soll. Von folgenden **Aufgabenbereichen** ist auszugehen.

1. Vorbereitung der Einführung von Facility Management im Unternehmen

1. Ist-Analyse der Immobiliennutzung

   - Flächenerfassung
   - Flächennutzungsanalyse
   - Analyse der Miet-/ Nutzungsverträge
   - Analyse der Dienstleistungs- und Wartungsverträge
   - Analyse der Gebäudenutzungskosten
   - Analyse der Mietzahlungen

2. Soll – Analyse der Immobiliennutzung - Entwicklung von Nutzerbedarfsprogrammen

Nutzerbedarfsprogramme umfassen alle quantitativen und qualitativen Anforderungen, die der jeweilige Nutzer an die Immobilie stellt. Nutzerbedarfsprogramme bilden damit einen wesentlichen Ansatzpunkt zur Planung und Umsetzung von Facility Management Konzepten.

Abbildung 7.8: Bestandteile eines Nutzerbedarfsprogramms

Wohnimmobilie	Gewerbeimmobilie
Gebäudekonzeption - Wohnungsgrößen (Fläche) - Wohnungsgrößen (Anzahl der Räume) - Ausstattung	Gebäudekonzeption - Raumtypen (Büro/ Lager/ Fertigung) - Raumzuordnung zueinander - Anzahl und Größe der jeweiligen Raumtypen
Flächenbedarf - Wohnfläche/ Nebenfläche - Stellplätze - Kinderspielplatz - Hoffläche	Flächenbedarf - Flächen in den einzelnen Räumen - Stellplätze - ggf. Reserveflächen für Expansion - Empfangsbereiche - Kommunikationsflächen
Anforderungen an Architektur und Baukonstruktion - Belegung der Geschosse nach Wohnungsgrößen - Geschosshöhen - Wand- und Deckenverkleidung - Bodenbeläge - Schallschutz - Fenstergrößen - Ein- und Ausgänge - Treppen/ Aufgänge	Anforderungen an Architektur und Baukonstruktion - Belegung der Geschosse nach Größe der Gewerbeeinheiten - Geschosshöhen - Wand- und Deckenverkleidung - Bodenbeläge - Schallschutz - Fenstergrößen - Ein- und Ausgänge - Treppen/ Aufgänge

Prof. Dr. Bettina Lange

■ Technische Anlagen - Aufzüge - Beleuchtung - Belüftung (natürlich/ künstlich) - Heizung - Telefontechnik - sanitäre Anlagen - Gebäudeüberwachung	■ Technische Anlagen - Aufzüge - Beleuchtung - Belüftung (natürlich/ künstlich) - Heizung - Telefontechnik - sanitäre Anlagen - Gebäudeüberwachung
■ Anforderungen an Außenanlagen - Stellplätze/ Garagen - Spielplätze - Freisitz - Gartenanlagen - Wege	■ Anforderungen an Außenanlagen - Stellplätze - Zufahrten - Wege

Nutzerbedarfsprogramme können gleichermaßen im Rahmen der Entwicklung neuer Immobilienprojekte oder für einen bereits genutzten Immobilienbestand ermittelt werden.

2. Erarbeitung strategischer Zielstellungen von Facility Management

■ Optimierung des Flächenverbrauchs, differenziert nach verschiedenen Nutzungsarten

■ Optimierung der Miet- und Nutzungsverträge (Laufzeiten, Kündigungsfristen, Optionen)

■ Optimierung der Dienstleistungs- und Wartungsverträge

■ Senkung der laufenden Gebäudenutzungskosten und/ oder Nutzwerterhöhung der Immobilie

3. Facility Management in der Planungs- und Bauphase

■ Planung von Neubau, Umbau oder Modernisierung der Immobilie (HOAI - Leistungsphase 2 bis 4) unter Berücksichtigung einmaliger und laufender Immobilienkosten

■ Realisierung von Neubau, Umbau oder Modernisierung (HOAI – Leistungsphase 5 bis 8)

■ Erfassung einmaliger Kosten nach DIN 276

■ Entscheidung zwischen eigener Leistungserbringung oder Outsourcing im Rahmen der Immobiliennutzung

■ Abschluss bzw. Veränderung von Miet- und Nutzungsverträgen

■ Abschluss bzw. Änderung von Dienstleistungs- und Wartungsverträgen

4. Facility Management in der Immobiliennutzungsphase

- Erarbeitung eines Kennziffernsystems zur Erfassung von Kosten und Erträgen mit dem Ziel der Optimierung
- Erarbeitung einer Pyramide der Rangigkeit einzelner Leistungen innerhalb der Immobiliennutzung
- Adaption von Dienstleistungs- und Wartungsverträgen nach Rangigkeit
- laufende Adaption der Ziele auf Basis eines Nutzungskosten-Controllings

Abbildung 7.9 : Kosten und Erträge während der Immobiliennutzung

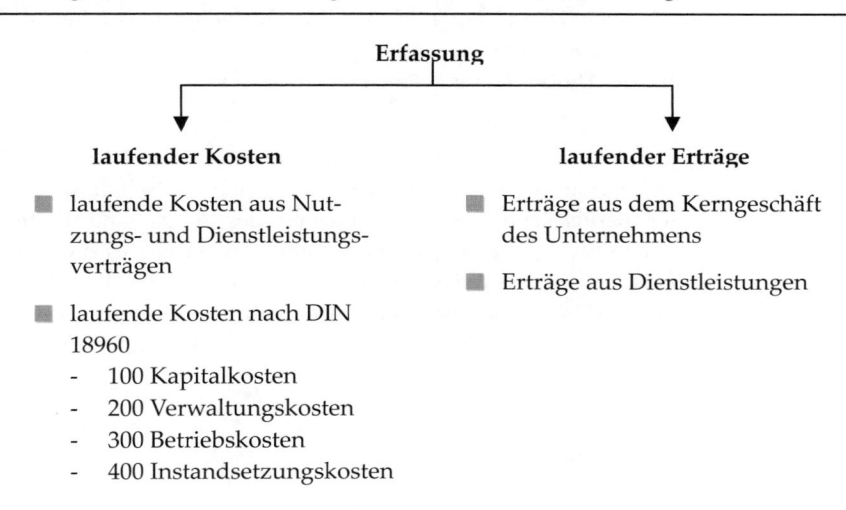

Erfassung

laufender Kosten
- laufende Kosten aus Nutzungs- und Dienstleistungsverträgen
- laufende Kosten nach DIN 18960
  - 100 Kapitalkosten
  - 200 Verwaltungskosten
  - 300 Betriebskosten
  - 400 Instandsetzungskosten

laufender Erträge
- Erträge aus dem Kerngeschäft des Unternehmens
- Erträge aus Dienstleistungen

Die theoretische Darstellung der Inhalte und Ziele von Facility Management ist das eine, die praktische Umsetzung das andere. In der Umsetzung wird vorwiegend von der technischen Aufnahme des Immobilienbestandes nach Lage, Größe, Grundriss und Ausstattung ausgegangen. Diese Daten, die mit einer geeigneten Software erfasst und aktualisiert werden müssen, bilden regelmäßig den Ausgangspunkt zur Implementierung von Facility Management im Unternehmen. Parallel dazu existieren aber in der Regel bereits Softwarelösungen zur Abbildung der kaufmännischen Prozesse im Unternehmen. Um schließlich mit Hilfe von Facility Management die Immobiliennutzung so zu optimieren, dass das Ertrags – Kosten – Verhältnis verbessert wird, sind entsprechende Schnittstellen zwischen technischen und kaufmännischen Softwareprogrammen zu schaffen. Fehlt eine solche Möglichkeit, bleibt Facility Management entweder eine technische oder eine kaufmännische „Insellösung", mit der bei weitem nicht die vorhandenen Optimierungspotenziale erschlossen werden können.

Prof. Dr. Bettina Lange

So unterschiedlich wie die Nutzung der Immobilie ist, so unterschiedlich sind auch die Facility Management Konzepte, die es zu entwickeln gilt. Es gibt nicht Facility Management schlechthin, sondern kundenspezifische Konzepte in Abhängigkeit von der Nutzung der Immobilie. Bereits in den ersten Schritten der Immobilienprojektentwicklung muss das berücksichtigt werden.

7.5 Immobilien Property Management

Der englische Begriff Property bedeutet Grundstück, Immobilie bzw. Immobilienbesitz. Insofern würde eine Übertragung in den Managementbereich die Gleichstellung mit der Immobilienverwaltung rechtfertigen. Wie im folgenden aufzuzeigen ist, gehen die Aufgaben des Property Managements in diesem Kontext jedoch über das Aufgabenmaß der klassischen Immobilienverwaltung hinaus.

Unter Berücksichtigung der Hierarchie der Managementansätze unter 7.1.1 wird Property Management definiert als ergebnisorientierte, operative Bewirtschaftung einzelner Immobilien unter Berücksichtigung der Vorgaben des Asset- und Portfoliomanagements bzw. der Interessen der Eigentümer. Damit überbrückt es die Schnittstelle zwischen strategischer und operativer Steuerung von Immobilien. Das Property Management setzt die Objektstrategien um bzw. entwickelt diese weiter. Diese Zielstellung grenzt Property Management vom nutzenorientierten Facility Management ab.

7.5.1 Aufgabenfelder

Die wesentliche Zielsetzung des Property Managements ist die Gestaltung eines optimalen Preis-Leistungs-Verhältnisses der immobilienbezogenen Dienstleistungen auf Objektebene. Dieser Zielsetzung unterliegen die Aufgabenfelder, die sich auf kaufmännische und technische Aspekte aufgliedern lassen. Dabei ist festzustellen, dass sich wesentliche Aufgaben der Immobilienverwaltung wieder finden und um spezielle Aspekte im Zusammenhang mit den Schnittstellen zum Asset Management ergänzt sind. In Abhängigkeit von der primären Zielsetzung des Eigentümers und Investors kommen dabei vor allem Marketing-, Reporting-, Controlling und Risikomanagementaufgaben hinzu.

Wesentliche Aufgabe des Property Managements über alle Tätigkeitsbereiche hinweg ist die Herstellung von Transparenz in den Portfolios, so dass frühzeitig Renditechancen und -risiken aufgezeigt werden können. Diese Transparenz ermöglicht es, relevante Kennzahlen zu bilden und die Immobilie ganzheitlich und kritisch im Vergleich zum Portfolio und zum Markt zu betrachten und darauf aufbauend auch entsprechende Entscheidungshilfen für den Eigentümer zu erstellen. Dabei werden die

Objekte regelmäßig einerseits hinsichtlich ihrer Ertragspotenziale und deren Ausschöpfung und andererseits bezüglich der Kostensenkungspotenziale analysiert.

Weiterhin sind folgende Aufgabenbereiche für die Tätigkeit im Rahmen des Property Managements wesentlich:

- Treuhändische Wahrnehmung der Eigentümerfunktion vor Ort.[12]
- Koordination der immobilienbezogenen Leistungen des kaufmännischen, technischen und infrastrukturellen Gebäudemanagements bzw. überwacht die Erfüllung dieser Leistungen durch Dritte.
- Erstellung von Entscheidungsvorlagen und Handlungsempfehlungen für das Asset- und Portfoliomanagement des Eigentümers zur Ableitung und Umsetzung der Objekt-/Portfoliostrategie.
- Immobiliencontrolling und Risikomanagement auf Objektebene.
- Auswahl, Steuerung und Kontrolle externer Dienstleister auf Objektebene, vor allem in den Bereichen des technischen und infrastrukturellen Gebäudemanagements.
- Koordination operativer Managementleistungen auf Objektebene.

Mit der Erfüllung der vorgenannten Aufgabenbereiche entlastet es den Asset Manager bzw. Eigentümer und ermöglicht den übergeordneten Asset- und Portfolio Managern die Konzentration auf deren strategisches Kerngeschäft.

7.5.1.1 Kaufmännische Aufgaben

Im Rahmen der Erfüllung der kaufmännischen Aufgaben des Property Managements lassen sich Parallelen zu den Aufgabenbereichen des Facility Managements bzw. der Immobilienverwaltung herstellen.

So zählen

1. Mietvertragsmanagement (An- und Vermietung, Maklersteuerung)
2. Budgetplanung und -steuerung
3. Kostenmanagement
4. Betriebskostenerfassung, -abrechnung und -benchmarking
5. Vertragsmanagement mit Dienstleistern und Versorgern
6. Versicherungsmanagement
7. Reporting vor allem gegenüber dem Asset Management

zu den wesentlichen Aufgaben im kaufmännischen Bereich.

---

[12] Vgl. Teichmann, S. A.: Managementdisziplinen, S. 19.

Zu 1.: Mietvertragsmanagement

Die Zielstellung des Property Managements ist von der performanceorientierten Bewirtschaftung der Immobilie im Interesse der Eigentümer dominiert. In diesem Zusammenhang ist die Sicherung der nachhaltigen Vermietung des Objektes oberste Aufgabe. Die Prämissen innerhalb des Vermietungsmanagements sind entsprechend:

- maximale Ausschöpfung des Mietpotenzials durch Analyse von Mietsteigerungspotenzialen, marktgerechte Vermietung im Hinblick Objektqualität und Preisgestaltung
- Optimierung der Objektrendite durch Ausnutzung von Ertragssteigerungs- und Kostensenkungspotenzialen
- Wertsicherung der Mietverhältnisse, z. B. durch Indexierung
- Optimierung der Flächenproduktivität.

Diese Ziele finden im Managementzyklus des Vermietungsmanagements ihren Niederschlag.

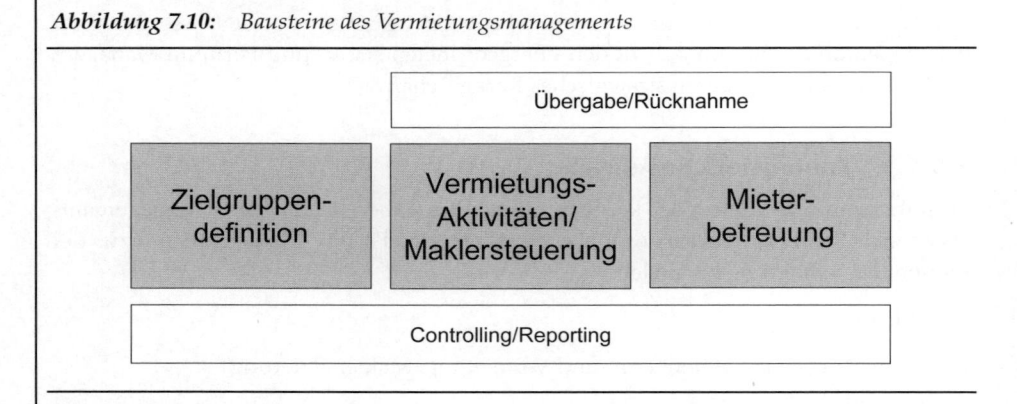

Abbildung 7.10: Bausteine des Vermietungsmanagements

```
                    Übergabe/Rücknahme

  Zielgruppen-    Vermietungs-       Mieter-
  definition      Aktivitäten/       betreuung
                  Maklersteuerung

                    Controlling/Reporting
```

Zu 2.: Budgetplanung und -steuerung

Die Grundlage jeder Budgetierung bildet der Wirtschaftsplan, welcher jährlich zu erstellen ist und die wesentlichen voraussichtlichen Einnahmen und Erträge sowie Ausgaben und Aufwendungen enthält. Aufgrund der Bedeutung des Wirtschaftsplanes ist dieser regelmäßig zu aktualisieren und anzupassen. Bauliche Maßnahmen, Vermietungsstand, laufende Kosten und weitere Aspekte finden in ihm Berücksichtigung. Er gilt als verbindliches Budget und dient auf der Basis von Soll- /Ist-Vergleichen als wesentliches Instrument der Planung-, Steuerung- und Kontrolle von Immobilien. Durch die Erweiterung des Wirtschaftsplanes um Periodenbetrachtungen auf Basis mittel- bis langfristiger Prognosen hinsichtlich der Ertrags- und Aufwandspositionen erweitern sich das Einsatzspektrum und die Bedeutung des Wirtschaftsplanes. Dementsprechend bilden die Daten hieraus in der Regel die Grundlage für Cashflow-Berechungen, Abweichungs- und Potenzialanalysen. Um dieser Zielsetzung gerecht zu werden, muss ein Wirtschaftsplan folgende Merkmale erfüllen:

- Planung der finanziellen Aufwendungen/Ausgaben und Erträge/Einnahmen
- Plan der Nutzungskosten der Immobilie kurz-/mittel- und langfristig
- Planung des Instandhaltungs-, Instandsetzungs- und Modernisierungsaufwands
- Planung der Liquiditätsentwicklung des Geschäftsjahres (Cashflow-Analysen)
- Monatliche Soll-Ist-Vergleiche mit Abweichungsanalysen.

Eine besondere Rolle spielt der Wirtschaftsplan im Zusammenhang mit der Verwaltung im Rahmen des WEG. Hier bildet er zusätzlich die Grundlage für die Ermittlung der Hausgeldbeiträge sowie die Jahresabrechnung gegenüber der Eigentümergemeinschaft. Wesentliche Bestandteile sind:

Einnahmen	Ausgaben
Nebenkostenvorauszahlungen	Betriebskosten
Mieteinnahmen	Verwaltungskosten
Hausgeldeingänge	Instandsetzung und Modernisierung
Zinsen	Instandhaltung

In seiner Gesamtheit liefert die Wirtschafts- und Budgetplanung folgende Informationen:

- Budgets auf der Basis geplanter Maßnahmen
- Cashflows auf der Basis erwarteter Einzahlungen und Auszahlungen
- Ergebnisse der Investitionsrechnungen (ROI, Total Return, Objektmarktwerte).

Diese Informationen ermöglichen es dem Property Manager aktiv die Optimierung der Immobilie hinsichtlich der Kosten-Ertragssituation zu steuern. Gleichzeitig liefern diese Kenngrößen die Basis für das Controlling und Reporting gegenüber den Eigentümern sowie Asset und Portfolio Managern, zur performanceoptimierten Gestaltung des Gesamtportfolios.

Zu 3.: Kostenmanagement

Erheblich gestiegene Kosten der Bewirtschaftung von Immobilien machen es notwendig, dass Potenziale für die Einsparung von Bewirtschaftungskosten permanent analysiert werden. Auf der Basis dieser Analysen werden Optimierungsmaßnahmen abgeleitet und priorisiert. Im Hinblick auf die Effizienzsteigerung der Immobilie ist dies ein wesentlicher Bereich der Performancesteigerung. Mit der Wandlung von Vermieter- zu Mietermärkten sind die Bruttomieten in den Mittelpunkt der Anmietungsentscheidung von Interessenten gerückt. Dies verstärkt den Druck auf die Analyse und Reduzierung von Kosten zusätzlich. Im Blickpunkt des Kostenmanagements stehen daher aller mit der Bewirtschaftung der Immobilie einhergehenden Kostenbestandteile.

Da der Umlagefähigkeit von Bewirtschaftungskosten durch gesetzliche Rahmenbedingungen vor allem hinsichtlich wohnungswirtschaftlicher Nutzung Grenzen gesetzt sind und leerstehende Flächen eine Umlage gar nicht erst ermöglichen, entwickelt sich Kostenmanagement zu einer eigenen Managementdisziplin im Rahmen des Property Managements.

Während bereits mit der Entstehung einer Immobilie die wesentlichen Rahmenbedingungen für die Kosten in der Nutzungsphase entstehen, die im Verlauf der Nutzung nur noch wenig Optimierungspotenzial bieten, z. B. Auswahl der Heizungs- und Klimatechnik, liefern vor allem dienstleistungsgebundene Kosten, wie z. B. Reinigung, Kosten der technischen Dienste etc. gute Möglichkeiten zur Kostensteuerung. Im Mittelpunkt kostenoptimierender Maßnahmen stehen daher unter anderem der Betrieb der technischen Anlagen, Energieeinsparpotenziale sowie die Ausgestaltung von Verträgen mit Dienstleistern und Lieferanten.

Voraussetzung für die aktive Steuerung der Immobilienkosten ist wiederum die Transparenz über die verschiedenen Kostengruppen.

Die zweite Berechnungsverordnung (II. BV) bildet i. d. R. die Grundlage für die Erfassung der Betriebskosten, die hier als diejenigen Kosten definiert sind, welche dem Eigentümer „durch das Eigentum oder den bestimmungsmäßigen Gebrauch des Gebäudes entstehen, es sei denn, dass sie üblicherweise vom Mieter außerhalb der Miete unmittelbar getragen werden."[13]

---

[13] Betriebskosten gemäß Anlage 3 zu § 27 der 2. Berechnungsverordnung

Betriebskosten nach II. BV	Erläuterung
Die laufenden öffentlichen Lasten des Grundstücks	Grundsteuer
Die Kosten der Wasserversorgung	Kosten des Wasserverbrauchs, Grundgebühren, Kosten der Anmietung/Gebrauchsüberlassung der Wasserzähler, Kosten der Berechnung und Aufteilung, Kosten des Betriebs einer eigenen Wasserversorgungsanlage/Wasseraufbereitungsanlage
Die Kosten der Entwässerung	Gebühren für Haus- und Grundstücksentwässerung, Kosten des Betriebs einer entsprechenden, nicht öffentlichen Anlage, Kosten des Betriebs einer Entwässerungspumpe
Die Heizkosten	Kosten des Betriebs der zentralen Heizungsanlage (Brennstoffe, Strom, Bedienung, etc.), Kosten des Betriebs der zentralen Brennstoffversorgungsanlage, Kosten der Wärmelieferung und dazugehöriger Hausanlagen, Kosten der Reinigung und Wartung von Etagenheizungen
Die Kosten der Warmwasserversorgung	Kosten des Betriebs der Warmwasserversorgungsanlage (soweit nicht bei den Kosten zur Wasserversorgung bereits berücksichtigt), die Kosten der Erwärmung gemäß Heizkosten
Die Kosten verbundener Heizungs- und Warmwasserversorgungsanlagen	Soweit nicht in Heizungs- bzw. Warmwasserversorgungskosten bereits berücksichtigt
Kosten des Betriebes des maschinellen Personen-/Lastenaufzugs	Kosten für Betriebsstrom, Beaufsichtigung, Bedienung, Überwachung und Pflege, Prüfung der Betriebsbereitschaft, Reinigung
Kosten der Straßenreinigung und Müllabfuhr	Gebühren, Kosten entsprechender nicht öffentlicher Maßnahmen
Kosten der Hausreinigung und Ungezieferbekämpfung	Kosten der Säuberung der von den Bewohnern gemeinsam genutzten Gebäudeteile
Kosten der Gartenpflege	Kosten der Pflege, Erneuerung von Pflanzen
Kosten der Beleuchtung	Kosten des Stroms für Außenbeleuchtung und der Beleuchtung der von den Bewohnern gemeinsam genutzten Gebäudeteile
Kosten der Schornsteinreinigung	Kehrgebühren soweit nicht unter Heizkosten bereits berücksichtigt
Kosten der Sach- und Haftpflichtversicherung	Kosten der Versicherung des Gebäudes, der Glasversicherung, der Haftpflichtversicherung für das Gebäude, den Öltank und den Aufzug
Kosten für den Hauswart	Vergütung, Sozialbeiträge und alle geldwerten Leistungen, die der Eigentümer dem Hauswart für seine Arbeit gewährt
Kosten des Betriebs der Gemeinschaftsantenne	Betriebsstrom, Prüfung der Betriebsbereitschaft
Kosten des Betriebs der mit einem Breitbandkabelnetz verbundenen privaten Verteilanlage	Betriebsstrom, monatliche Grundgebühren
Kosten des Betriebs der maschinellen Wascheinrichtung	Betriebsstrom, Überwachung, Pflege und Reinigung, Prüfung der Betriebsbereitschaft und Betriebssicherheit
Sonstige Betriebskosten	Kosten die bisher nicht genannt wurden, namentlich Betriebskosten für Nebengebäude, Anlagen und Einrichtungen

Eine weitere Möglichkeit zur einheitlichen Erfassung der Kosten über das gesamte Immobilienportfolio bietet die DIN 18960 – Nutzungskosten im Hochbau.

Tabelle 7.1: Ausgewählte Kostengruppen nach DIN 18960

Kostengruppe nach DIN 18960	Kostenart
311	Wasser, Abwasser
312+313	Heizung, Warmwasser
314	Strom, Kälte
318	Entsorgung
320	Unterhaltsreinigung
321	Reinigung Glas/Fassade
328	Grünpflege und Winterdienst
330+350	Bedienung, Inspektion, Wartung der technischen Anlagen
420	Instandsetzung
360	Kontroll- und Sicherheitsdienste
390	Hauswart

Auf der Basis einheitlich erhobenen Kosten können im Rahmen des Immobiliencontrolling Benchmarkingprojekte, Zeitreihen- oder Objektvergleiche Kostensenkungspotenziale aufzeigen.

Die Gefahr einer rein kostenoptimierten Bewirtschaftung von Immobilien besteht jedoch in der Verlagerung bzw. Unterlassung notwendiger Instandhaltungs- und Modernisierungsmaßnahmen und infolgedessen der eingeschränkten Vermietbarkeit der Immobilie in Zukunft. Aufgabe des Property Managers ist es diese Aspekte ins Gleichgewicht zu bringen.

Zu 4.: Betriebskostenabrechnung

Gemäß der Vorgaben der §§ 556 ff. BGB ist der Eigentümer verpflichtet eine Abrechnung über die Betriebskosten zu erstellen. Die Pflichten, Fristen sowie mögliche Umlageschlüssel sind im Kapitel Mietrecht ausführlich dargestellt. Da der Property Manager die Eigentümerrolle treuhändisch wahrnimmt, obliegt ihm die Erfüllung dieser Verpflichtung. Hierzu muss bis spätestens 1 Jahr nach dem Ablauf des Jahres für welches abgerechnet werden soll eine Betriebskostenabrechnung den Mietern zugehen.

Zu 5.: Vertragsmanagement

Rund um eine Immobilie existieren zahlreiche Formen vertraglicher Verflechtungen. Der bedeutendste Vertrag im Rahmen der Immobiliennutzung ist der Mietvertrag, für dessen Management unter 1. bereits ein eigener Bereich des Mietvertragsmanagements diskutiert wurde. Im Rahmen des Vertragsmanagements stehen solche Verträge im Blickpunkt, die vor allem Lieferungen und Leistungen rund um die Immobiliennutzung zum Gegenstand haben. Hierzu zahlen Verträge mit Energie- und Wasserversorgern, mit Entsorgungsunternehmen, mit Reinigungsunternehmen, Hausmeisterdiensten, Wartungs- und Instandhaltungsverträge etc. Derartige gebäudebezogene Dienstleistungen weisen i.d.R. ein hohes Einsparpotenzial auf. Eine aktive Überprüfung und Gestaltung bietet somit dem Property Manager weiteren Spielraum zu Optimierung des Objektergebnisses. Am Beispiel soll aufgezeigt werden, wie eine entsprechende Optimierung erfolgen kann. Ausgangspunkt bilden in der Regel Ergebnisse aus einem Benchmarkingprojekt oder turnusgemäß anstehende Vertragsverlängerungen, so dass zum einen Defizite aufgezeigt wurden oder extern motiviert die Gelegenheit zur Optimierung geboten wird.

Abbildung 7.11: Vorgehensweise im Vertragsmanagement

Sichten der Verträge und Leistungsbeschreibungen → Klärung von Änderungsmöglichkeiten → Erstellung der Ausschreibungsunterlagen → Angebotsvergleich Verhandlung mit Anbietern → Vertragsabschluss Umsetzung

Vertragliche Veränderungen beziehen sich dabei nicht ausschließlich auf preisliche Aspekte. Im Rahmen der Sichtung der Verträge und Leistungsbeschreibungen soll festgestellt werden, welche Leistungen zu welchem Preis von wem erbracht werden. Mitunter sind die Verträge bereits mehrere Jahre alt, nicht an die aktuellen Gegebenheiten angepasst bzw. mit Vergütungsklauseln ausgestattet, die der jetzigen Marktsituation nicht mehr gerecht werden. Im zweiten Schritt des Vertragsmanagements sind vor allem vertragliche Änderungen im Hinblick auf die Art und Weise sowie den Umfang der Dienstleistungserbringung Gegenstand der Vorbereitung der Ausschreibung. Beispielhaft sei für die Reinigung z. B. der Reinigungsrhytmus, die Reinigungsmethode aber auch Art und Beschaffenheit der zu reinigungenden Flächen als Gegenstand der Klärung von Änderungsmöglichkeiten zu sehen. Untersuchungen zeigten, dass eine Auseinandersetzung mit den Gegebenheiten und Potenzialen der Reinigung Einsparpotenziale von bis zu 40 % ermöglichen. Die Ausschreibungsunterlagen müssen so gestaltet sein, dass die zu erwartenden Angebote vergleichbar sind. So erleichtert es den späteren Angebotsvergleich, wenn detaillierte Angaben zur Größe und Beschaffenheit der zu reinigenden Flächen, zur Häufigkeit der Reinigung, zur

Prof. Dr. Bettina Lange

Reinigungsmethode, zur Zugänglichkeit der zu reinigenden Flächen, zum Überstellungsgrad etc. vorgegeben und in den Leistungsbeschreibungen für die Neuverträge auch dokumentiert werden.

Die Aufgaben des Property Managers gehen über die Aktualisierung/Anpassung der Verträge und damit die Beauftragung objektgebundener Dienstleistungen hinaus. Ein aktives Controlling bzw. die Steuerung der Dienstleister ist ein weiterer wesentlicher Tätigkeitsbereich. Dies erfordert bereits in der Vertragsgestaltung die Definition von steuerbaren Größen, die sowohl der Honorierung als auch der Qualitätsmessung des Dienstleisters zu Grunde gelegt werden können.

Zu 6.: Versicherungsmanagement

Aus der treuhändischen Vertretung des Eigentümers ergeben sich für den Property Manager auch Aufgaben der Versicherung der ihm unterstellten Gebäude. Von Bedeutung sind bei der Prüfung von Versicherungsverträgen die Wirtschaftlichkeit, die Identifikation evtl. vorhandener Deckungslücken, die Risikoabdeckung sowie die Versicherungsbedingungen. Ergebnis der Analyse der Verträge und daraus abgeleiteter Maßnahmen muss die ständige Anpassung an die aktuellen Gegebenheiten sein. Im Ergebnis ist der Wechsel der Versicherung, Reduktion oder Ausbau des vorhandenen Versicherungsschutzes und der abgedeckten Risiken jeweils in Abstimmung mit dem Auftraggeber (Eigentümer oder Asset-/Portfoliomanager) und in Einklang mit der Objektstrategie. Wesentliche Versicherungen, die im Zusammenhang mit Immobilien abzuschließen sind, sind in der folgenden Tabelle zusammengestellt.

Art der Versicherung	Abgedeckte Risikobereiche
Gebäudeversicherung	Beschädigung des Gebäudes durch Feuer, (Leitungs-)Wasser oder Sturm
Glasversicherung	Zerstörung von Bauteilen, Fenstern, Kuppeln o.ä. aus Glas
Haftpflichtversicherung	Schadenereignisse, die durch den Versicherten einem Dritten gegenüber auftreten.

Aufgabe des Property Managers ist es dabei die entsprechenden Versicherungen zu verwalten, d.h. alle Versicherungsdaten und -unterlagen zu sammeln und regelmäßig zu analysieren, die Bezahlung der Versicherungsbeiträge zu gewährleisten und die Abrechnung von Schäden vorzunehmen. Des Weiteren obliegt ihm die Schadenbearbeitung, d.h. die Anmeldung und Durchsetzung von Ansprüchen. In diesem Zusammenhang nimmt er Schadenmeldungen entgegen, leitet diese an den Versicherer weiter und überwacht die Schadenregulierung durch die Versicherungsgesellschaft.

Zu 7.: Reporting

In allen vorgenannten Bereichen wird auf die Notwendigkeit der Sammlung, Analyse und Aktualisierung objektbezogener Daten hingewiesen, ohne diese das Property

7 Immobilienbestandsmanagement

Management seine Aufgaben nicht wahrnehmen könnte. Insofern ist in jedem Aufgabebereich der Umgang mit Objektdaten bereits gegeben. Zusätzlich besteht die Aufgabe des Property Managers in der entscheidungsorientierten Informationsbereitstellung für den Eigentümer bzw. Asset Manager. Auf Basis der Objektdaten liefert er den Ausgangspunkt für alle darauf aufbauenden Entscheidungen auf Objekt- und Portfolioebene. Es liefert zusätzlich alle notwendigen Informationen für Spezialanalysen im Zusammenhang mit dem Verkauf der Immobilien, der Restrukturierung/Revitalisierung vor allem im Hinblick auf Energieeffizienz, CO_2-Reduzierung und Erfüllung gesetzlicher Auflagen, z. B. im Zusammenhang mit der EnEV. Neben der Objektanalyse stehen auch die Analyse des Marktumfeldes sowie der Konkurrenzsituation.

Abbildung 7.12: Wesentliche Analysen im Rahmen des Reportings[14]

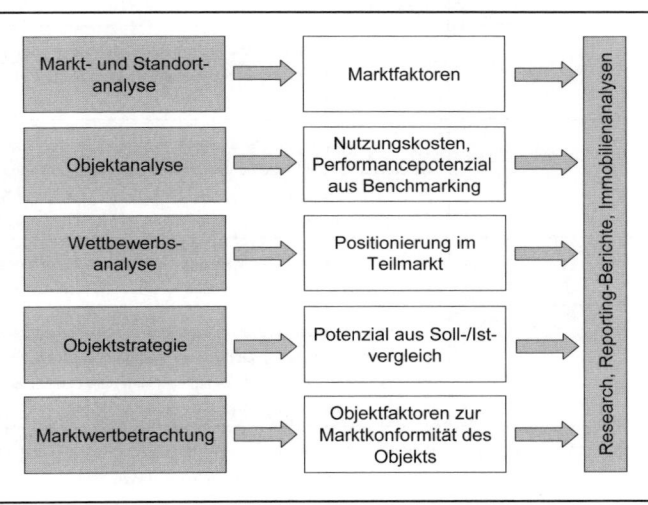

Analyse	Ergebnis	
Markt- und Standortanalyse	Marktfaktoren	
Objektanalyse	Nutzungskosten, Performancepotenzial aus Benchmarking	Research, Reporting-Berichte, Immobilienanalysen
Wettbewerbsanalyse	Positionierung im Teilmarkt	
Objektstrategie	Potenzial aus Soll-/Ist-vergleich	
Marktwertbetrachtung	Objektfaktoren zur Marktkonformität des Objekts	

So liefert das Property Management in Abhängigkeit von der zu Grunde liegenden Objektstrategie Ist- und Potenzialanalysen für das gesamte Portfolio, aufbauend auf die Betrachtung eines jeden einzelnen Objektes. Im Ergebnis sollen die Informationen Chancen und Risiken des Objektes darstellen und eine Entscheidungshilfe für den Eigentümer bieten.

---

[14] Vgl. Preuß, N.,.Schöne, L. B.: Property Management. S.

7.5.1.2 Technische Aufgaben

Die Aufgaben im technischen Bereich orientieren sich an der DIN 32736 (August 2000). Sie umfassen alle Leistungen, die zum Betreiben und Bewirtschaften der baulichen und technischen Anlagen eines Gebäudes erforderlich sind. Sie werden unter Ziff. 3.1 der DIN 32736 im Einzelnen wie folgt aufgeführt:

Aufgabe	Inhalt
Betreiben baulicher und technischer Anlagen	Übernahme, Inbetriebnahme, Bedienung, Überwachung, Optimierung, Instandhaltung und Wartung, Behebung von Störungen, Außerbetriebnahme bzw. Wiederinbetriebnahme, Erfassung von Verbrauchswerten, Überwachung der Einhaltung und Einhaltung der Betriebsvorschriften
Dokumentation	Erfassung, Speicherung und Auswertung aller Daten zum Betrieb der baulichen/technischen Anlage, z. B. Bestandsunterlagen, Verbrauchsdaten, Betriebsprotokolle, Betriebsanweisungen, Abnahmeprotokolle, Wartungsprotokolle
Energiemanagement	Analyse der Energieverbraucher, Ermittlung von Optimierungspotenzialen, Planung und Umsetzung energiesparender Maßnahmen, Nachweis von Einsparungen
Informationsmanagement	Erfassen, Auswertung, Weiterleiten und Verknüpfen von Informationen und Meldungen für das Betreiben von Immobilien. U.a. Konzeption, Bewertung und Entscheidung hinsichtlich über den Einsatz entsprechender Systeme, wie z.B. CAFM-Systeme, BM/ZK-Systeme, etc.
Modernisieren	Planung, Umsetzung aller Maßnahmen zur Verbesserung des Istzustandes von baulichen/technischen Anlagen
Sanieren	Planung und Umsetzung aller Leistungen zur Wiederherstellung des Sollzustandes von baulichen/technischen Anlagen, welche nicht mehr dem aktuellen Stand der Technik, wirtschaftlichen oder ökologischen Ansprüchen sowie gesetzlichen Anforderungen genügen.
Umbauen	Planung und Umsetzung von Leistungen zur Funktions- oder Nutzungsänderung von baulichen/technischen Anlagen
Verfolgen der Sachmängelhaftung	Leistungen während der Sachmängelhaftungsfrist, z.B. Begleiten von Abnahmen und Übergaben, Entgegennahme von Mängelmeldungen aus der technischen Betriebsführung, Geltendmachung von Ansprüchen, Überwachung der Mängelbeseitigung, etc.

Bei der Erfüllung einer Vielzahl von technischen Aufgaben, die sich auf einzelne vorwiegend operative Bereiche der

- Instandhaltungs-/Instandsetzungsplanung
- Modernisierungsplanung
- Steuerung der Wartungsmaßnahmen
- Steuerung und Überwachung von Hausmeisterdiensten
- Entwicklung bedarfsgerechter Servicekonzepte

beziehen, greifen Property Manager in der Regel auf externe Dritte zurück und beschränken sich auf die Koordination, Steuerung und Überwachung dieser Leistungen.

7.5.1.3 Infrastrukturelle Aufgaben

Den dritten Aufgabenbereich des Property Managers bilden in unterschiedlichem Umfang infrastrukturelle Tätigkeiten. Gemäß DIN 32736 sind derartige Leistungen definiert als geschäftsunterstützende Dienstleistungen, welche den Nutzen von Gebäuden verbessern. Dadurch ergeben sich hier erhebliche Schnittstellen mit dem Facility Management. In Abhängigkeit von der vertraglichen Gestaltung des FM bzw. Property Managementauftrages ist entsprechend zu klären, in welchem Bereich die vorwiegend Nutzerorientierten Dienstleistungen wahrzunehmen sind.

Tabelle 7.2: Leistungen des infrastrukturellen Managements nach DIN 32736

Verpflegungsdienste	Gesamtheit der Leistungen für Gemeinschafts- oder Sozialverpflegung
DV-Dienste	Gesamtheit der Leistungen zum Aufbau, zur Inbetriebnahme und zur Aufrechterhaltung der elektronischen Datenerfassung, der Datenaufbereitung sowie des elektronischen Datenaustausches für die Unterstützung der Geschäftsprozesse
Gärtnerdienste	Gesamtheit der Leistungen zur Instandhaltung und Pflege der Außenanlagen
Hausmeisterdienste	Gesamtheit der Leistungen zur Sicherstellung der Gebäudefunktionen
Interne Postdienste	Gesamtheit der Leistungen, die den Versand und die Zustellung von Post und elektronischen Sendungen innerhalb von Gebäuden/Liegenschaften sicherstellen
Kopier- und Druckereidienste	Gesamtheit der Leistungen, welche die Bereitschaft drucktechnischer Maschinen sicherstellen und die Herstellung drucktechnischer Erzeugnisse ermöglichen
Parkraumbetreiberdienste	Gesamtheit der Leistungen, die eine optimale Nutzung das Parkraumes sicherstellen
Reinigungs- und Pflegedienste	Gesamtheit der Leistungen zur Reinigung und Pflege von Gebäuden/Liegenschaften und Außenanlagen
Sicherheitsdienste	Gesamtheit der Leistungen zur Sicherung der Gebäude/Liegenschaften und deren Nutzer vor Ein- bzw. Zugriff Dritter durch Täuschung oder Gewalt

Umzugsdienste	Gesamtheit der Leistungen zur Durchführung von Umzügen
Waren- und Logistikdienste	Gesamtheit der Leistungen, die das Zustellen von Frachtpostsendungen sowie Frachtgütern und deren Versand sicherstellen
Winterdienste	Gesamtheit der Leistungen, die für den sicheren Zugang zu Gebäuden/Liegenschaften erforderlich sind, unter Berücksichtigung der gesetzlichen Bestimmungen
Zentrale Telekommunikationsdienste	Gesamtheit der Leistungen, welche die Kommunikation von zentraler Stelle organisieren
Entsorgen/Versorgen	Gesamtheit der Leistungen, die zur Entsorgung von Abfällen im Rahmen der gesetzlichen Bestimmungen erforderlich sind; Gesamtheit der Leistungen, welche die Versorgung der Anlagen und Systeme mit Energie sowie mit Roh-, Hilfs- und Betriebsstoffen sicherstellen

Auch in diesem Bereich beschränken sich Property Manager zumeist auf die Überwachung, Steuerung und Kontrolle der angebotenen Dienstleistungen. Woraus sich die Schnittstelle zum Vertragsmanagement wieder verdeutlichen lässt.

7.5.2 Vertragsgestaltung und Vergütung von Property Managementleistungen

Da es sich im Rahmen von Property Management um eine in Deutschland noch recht junge Disziplin des Immobilienmanagements handelt und sich bisher nur wenig Standardisierung in den Leistungen etabliert hat, sind sowohl Vertrags- als auch Vergütungsmodelle sehr individuell auf die jeweilige Leistungsart und -tiefe sowie auf die Charakteristika des zu betreuenden Immobilienportfolios anzupassen.

Property Managementverträge sind entweder Dienst- bzw. Werkverträge nach BGB.[15]

Anhand der folgenden Kriterien können beide Vertragsarten voneinander abgegrenzt werden.

---

[15] Dienstvertrag: § 611 BGB, Werkvertrag: § 633 BGB.

7 Immobilienbestandsmanagement

Kriterium	Dienstvertrag	Werkvertrag
Vertragszweck	Leistung von Diensten ohne Ausrichtung auf einen bestimmten Erfolg	Herbeiführung eines bestimmten, vertraglich festgelegten Erfolgs
Gewährleistung	Keine Gewährleistung	Gewährleistung
Vergütung	Pauschalpreis oder Preis für Einsatzzeiten	Pauschalpreis, Einheitspreise
Anspruch zur Zahlung	Erbringung der vereinbarten Dienste	Nur bei Erreichung des vereinbarten Erfolgs

Der Nachteil des Dienstvertrages ist in der mangelnden Berücksichtigung von Zielen zu sehen. Er liefert damit auch kaum Qualitätsmerkmale zur Beurteilung des Property Managers. Anders beim Werkvertrag – hier gehen die Vertragspartner ein konkretes Zielschuldverhältnis ein, welches die Überprüfbarkeit der Qualität und damit auch die Sanktionierung von Fehlleistungen ermöglicht.

In der Regel findet sich im Rahmen des Property Managements eine Mischung aus beiden BGB-geregelten Vertragstypen, ein sog. Dienstleistungsvertrag. Da es sich bei diesem Typ um einen nicht gesetzlich geregelten Vertragstyp handelt sind an das Vertragsgeflecht zusätzliche Anforderungen zu stellen, die über den gesetzlichen Rahmen hinausgehen. Dies dient der Sicherstellung der Position der Vertragsparteien, die sich mit einem solchen Vertrag nicht ausschließlich auf BGB-Recht berufen können. Wesentliche Inhalte des Dienstleistungsvertrages sollten damit sein:

- Leistungsumfang, Leistungsausschlüsse und Leistungsänderungen
- Pflichten- und Verantwortungsübertragungen
- Zahlungspflichten, Bonussysteme und Minderungen
- Gewährleistungen
- Haftung und Versicherung.

In der Regel übernimmt der Auftraggeber die fundierte Beschreibung der späteren Aufgabenfelder des Property Managements. Unterstützung findet er hierbei vor allem in Angebotkatalogen der Dienstleister oder in Leistungskatalogen der Verbände.

Hinsichtlich der Vergütung haben sich in der Praxis unterschiedliche Ansätze etabliert.

1. Prozentsatz der Mieterträge, wobei die zugrunde liegende Bezugsbasis zwischen Soll- über Ist- bis zur Bruttomiete variiert. Im Bereich von Büro- und Geschäftsimmobilien ist eine Bandbreite von 0,8 % bis 6 % der Bemessungsgrundlage zu finden.[16]

---

[16] Die Spannbreite resultiert aus der Berücksichtigung von Besonderheiten der Leistungen bzw. der Objekte, die dem Vertrag zu Grunde liegen. Vgl. Preuß, N.,.Schöne, L. B.: Property Management. S. 17.

2. Betrag pro Einheit des zu verwaltenden Immobilienportfolios variiert entsprechend der Nutzungsart, des Immobilientypus sowie vorherrschenden Besonderheiten

Der Vorteil dieser statischen Vergütungsarten liegt in der Einfachheit der Ermittlung. Allerdings bilden die fehlende Transparenz und unzureichende Erfolgsabhängigkeit wesentliche Nachteile.

Kriterien für die Ermittlung der Managementfee sind in der Regel:[17]

- vereinbarte Service Level (Leistungen, Leistungsqualität und –rhytmus)
- Mietfläche
- Anzahl Mietverträge (Single Tenant vs. Multi Tenant)
- Nettosollmieten, Ist-Mieten, Bruttomieten
- Technische Gegebenheiten des Objektes
- Nutzungsarten

Der Trend geht heute zu einer Mischung aus erfolgsunabhängiger Basisvergütung und erfolgsabhängigem variablen Anteil. Der erfolgsabhängige Anteil wird zum einen an feste Ziele gekoppelt, die zu Beginn des Dienstleistungsvertrages zwischen den Vertragsparteien vereinbart und definiert werden.

Eine Partizipation des Property Managers am Erfolg seiner eigenen Aktivitäten würde eine Honorierung auf Basis des aus den Immobilien erwirtschafteten Cashflows bieten. Aus Sicht des Property Managers wäre diese Vergütungsform vor allem dann lukrativ, wenn es sich um die Übernahme eines bisher lediglich verwalteten Immobilienportfolios handelt, welches hinsichtlich seiner Potenziale noch eine Vielfalt von Optimierungsansätzen bietet.

7.5.3 Besonderheiten bei der Verwaltung von Gemeinschaftseigentum

Die Verwaltung von Wohneigentum bildet einen speziellen Aspekt des Immobilienmanagements ab. Da hier die gesetzlichen Regelungen tief in die Tätigkeit des Immobilienmanagers eingreifen, sollen in den folgenden Ausführungen die Besonderheiten der WEG-konformen Verwaltung von Immobilien im Mittelpunkt stehen. Dabei sollen lediglich die wesentlichen Unterschiede zu den bisherigen Aufgabenbereichen des Immobilienmanagements herausgestellt werden.

---

[17] Vgl. Preuß, N.,.Schöne, L. B.: Property Management. S. 19.

7.5.3.1 Rechtsgrundlagen

Die Verwaltung von Wohneigentum ist ausführlich im WEG - Wohnungseigentumsgesetz geregelt. Gegenstand der Verwaltung ist demnach nicht die Immobilie in ihrer Gesamtheit, wie in den vorangegangenen Abschnitten, sondern des Gemeinschaftseigentums.

7.5.3.2 Bestimmung von Wohnungs- und Teileigentum

Bezogen auf eine Immobilie gibt es verschiedene Arten des Eigentums. Zum einen existiert die Form des Alleineigentums, d. h. ein Eigentümer besitzt eine Immobilie und hat darüber die alleinige Herrschaft. Die zweite Form des Eigentums an einer Immobilie ist das sog. Gesamthandseigentum. Hier verfügen n Personen gemeinsam über ein Grundstück. Sie sind in der Regel über eine GbR gesamthändische Eigentümer. Die dritte und im Rahmen der WEG-Verwaltung bedeutende Eigentumsform ist das Bruchteilseigentum. Beispiele hierfür sind der 50 %ige Anteil von Eheleuten an einem gemeinsamen Einfamilienhaus oder das Wohnungs- und Teileigentum als eine Sonderform. Diese Sondereigentumsform ist im WEG gesetzlich geregelt. Es tritt als Wohnungseigentum auf, bei welchem der Eigentümer über die Wohnung innerhalb einer Immobilie sozusagen das Alleineigentum besitzt. Es handelt sich hier um das Sondereigentum an einer Wohnung. Darüber hinaus hält er einen Miteigentumsanteil an der Immobilie, d. h. am Gemeinschaftseigentum. Die zweite relevante Form ist das sog. Teileigentum. Auch hier verfügt der Eigentümer über „Alleineigentum" allerdings an Flächen, die nicht für Wohnzwecke genutzt werden sowie über einen Miteigentumsanteil am Gemeinschaftseigentum. Somit kann unter Sondereigentum der Teil des Gebäudes verstanden werden, über den der Eigentümer alleinige Verfügungsrechte hat. Entscheidungen bezüglich des Gemeinschaftseigentums hingegen müssen in der Gemeinschaft getroffen und beschlossen werden.

Sowohl Sonder- als auch Gemeinschaftseigentum muss begründet werden. Hierfür sind zwei Voraussetzungen zu erfüllen:

- Abgeschlossenheitsbescheinigung der Wohnung
- Unselbständigkeit des Sondereigentums.

Unter diesen Voraussetzungen gibt es zwei Möglichkeiten der Begründung von Sonder- und Gemeinschaftseigentum.

- Teilung und
- Vertragliche Einräumung.

Die Teilung ist in § 8 WEG geregelt und wird in der sog. Teilungserklärung dokumentiert. Der Alleineigentümer an einem Grundstück/einer Immobilie gibt dem Grundbuchamt die Erklärung über die Teilung seines Grundstücks ab. Diese Form der Begründung tritt z. B. bei Eigentümern auf, die Mietwohnungen in Eigentumswohnungen umwandeln wollen. Die Begründung ist auch möglich für noch nicht fertig gestellte Immobilien. Hier ist die Abgeschlossenheitserklärung bei der Bauaufsichtsbehörde zu beantragen. Diesem Antrag sind Pläne, Lageplan, Bauzeichnungen, Aufstellung der Einheiten mit Flächenangaben (Aufteilungsplan) beizufügen. Zu beachten ist in diesem Fall, dass Sondereigentum nicht ohne dazugehörigen Miteigentumsanteil veräußert oder belastet werden darf. Die Teilungserklärung an sich ist noch kein Vertrag, sondern lediglich eine an das Grundbuchamt gerichtete Erklärung. Sie wird mit Eintragung in das Wohnungsgrundbuch gültig (§ 8 Abs. 2 WEG).

Die Bestandteile der Teilungserklärung sind:

- Formeller Abschnitt (Informationen zum Grundstück, Gegenstände die zum Sondereigentum gehörig sind, etc.)

- Gemeinschaftsordnung (Rechte und Pflichten sowie Verhältnisse der Wohnungseigentümer untereinander, z. B. Instandhaltung des Sondereigentums und des Gemeinschaftseigentums, Bestellung bzw. Abberufung des Verwalters, Hausgeldfragen sowie Tragung von Kosten und Lasten, Beschluss-, Stimmrecht-, Versammlungsformalien)

- Eintragungsbewilligung (Antrag führt zur Schließung des Grundbuchs und zur Anlage der Wohnungsgrundbücher)

Die vertragliche Einräumung (§ 3 WEG) ist in der Regel bei Erbengemeinschaften anzutreffen und bedarf der notariellen Beurkundung. Mehrere Eigentümer räumen sich hier Sondereigentum an einer Wohnung ein.

Sondereigentum muss zu solchem erklärt werden. Dann zählen Wohnungen und sonstige Räume, die in sich abgeschlossen sind, zu dieser Eigentumsform. Ebenfalls Sondereigentum sind wesentliche Bestandteile des Gebäudes innerhalb der zu Sondereigentum erklärten Räume, wenn durch deren Veränderung das Gemeinschaftseigentum oder das Sondereigentum eines anderen Wohnungseigentümers nicht wesentlich beeinträchtigt wird. Dies führt im Umkehrschluss dazu, dass Gebäudebestandteile deren Veränderung das Gemeinschaftseigentum bzw. das Sondereigentum anderer beeinträchtigen nicht zu Sondereigentum zählen und damit nicht der alleinigen Verfügungsmacht des Wohnungseigentümers unterliegen.

Zum Gemeinschaftseigentum gehören alle Bestandteile der Immobilie, die nicht zu Sondereigentum erklärt wurden, z. B. das Grundstück, Teile des Gebäudes, die für dessen Bestand und Sicherheit erforderlich sind, Anlagen und Einrichtungen, die dem gemeinschaftlichen zweckgebundenen Gebrauch der Wohnungseigentümer zwingend dienen sowie alle Anlagen, Einrichtungen und Räume, die nicht zu Sondereigentum erklärt wurden oder im Eigentum Dritter stehen.

7.5.3.3 Aufgaben und Befugnisse des Verwalters

Die Verwaltung von Sondereigentum obliegt dem Wohnungseigentümer selbst. Im Falle der Vermietung von Sondereigentum kann der Wohnungseigentümer einen externen Verwalter mit diesen Aufgaben betreuen. Die Verwaltung des Gemeinschaftseigentums obliegt der Wohnungseigentümerversammlung. Diese kann für einen Zeitraum von maximal fünf Jahren einen Verwalter einsetzen, was in der Teilungserklärung verankert wird. Wird für die Verwaltung der gemeinschaftlichen Einrichtungen ein Verwalter bestimmt, regeln die §§ 26, 27 und 28 des WEG die Bestellung und Abberufung des Verwalters, die Aufgaben und Befugnisse, sowie die Aufstellung des Wirtschaftsplans und die Rechnungslegung.

§ 26 WEG – Bestellung des Verwalters

Die Bestellung eines Verwalters kann durch Aufnahme in die Teilungserklärung, Mehrheitsbeschluss der Wohnungseigentümerversammlung oder richterlichen Beschluss erfolgen. Sie erfolgt maximal für den Zeitraum von fünf Jahren. Die Aufgaben und Pflichten des Verwalters sind in einem Verwaltervertrag zu regeln.

§ 27 WEG – Aufgaben und Befugnisse des Verwalters

Gemäß § 27 Abs. 1 WEG ist der Verwalter berechtigt und verpflichtet:

1. Beschlüsse der Wohnungseigentümer durchzuführen und für die Durchführung der Hausordnung zu sorgen,
2. Die für die ordnungsgemäße Instandhaltung und Instandsetzung des gemeinschaftlichen Eigentums erforderlichen Maßnahmen zu treffen,
3. In dringenden Fällen sonstige zur Erhaltung des gemeinschaftlichen Eigentums erforderlichen Maßnahmen zu treffen,
4. Gemeinschaftliche Gelder zu verwalten.

Der Verwalter ist gemäß § 27 Abs. 2 WEG berechtigt, im Namen der Wohnungseigentümer und mit Wirkung für und gegen sie:

1. Zahlungen und Einnahmen vorzunehmen, soweit es sich um gemeinschaftliche Angelegenheiten handelt
2. Zahlungen und Leistungen vorzunehmen, die mit der laufenden Verwaltung des gemeinschaftlichen Eigentums zusammenhängen
3. Willenserklärungen und Zustellungen entgegenzunehmen, soweit sie an alle Wohnungseigentümer gerichtet sind
4. Maßnahmen zur Wahrung von Fristen oder Vermeidung von Rechtsnachteilen zu ergreifen
5. Ansprüche gerichtlich und außergerichtlich geltend machen.

Aufgaben und Leistungen, die über diese Regelungen des WEG hinausgehen sind Bestandteil des Verwaltervertrages und dort gesondert und detailliert aufzuführen.

7.5.3.4 Vertragsgestaltung

Grundlage der vertraglichen Beziehung zwischen Eigentümerversammlung und Verwaltung ist ein Geschäftsbesorgungsvertrag. Aus ihm resultiert zum einen die Weisungsgebundenheit des Verwalters und zum anderen die Rechenschafts- und Auskunftspflichten gegenüber den Eigentümern. Der Hausverwalter ist verpflichtet die Gelder getrennt von seinem Vermögen zu verwalten.

Der Verwaltervertrag muss vor allem folgende Sachverhalte regeln:

- Auftraggeber, Auftragnehmer
- Umfang der Tätigkeit
- Laufzeit, Verlängerungsoptionen, Kündigungsmodalitäten
- Vergütung (z. B. Festbetrag pro verwaltete Einheit, Anteil der Miete).

Voraussetzung für die Erfüllung der verwalterischen Aufgaben ist die Erstellung einer Verwaltervollmacht. Nur unter dieser Voraussetzung kann der Verwalter gegenüber Dienstleistern, Mietern und anderen Dritten rechtswirksam die Eigentümerversammlung vertreten.

Der Ablauf der Verwaltertätigkeit kann in folgendem Lebenszyklus der Verwaltung zusammengefasst werden.

1. Bewerbung / Verhandlung / Verwaltervertrag

2. Objektübernahme durch Verwalter

3. Durchführung der Verwaltung im kaufmännischen Bereich und technischen Bereich

4. Verlängerung / Erweiterung des Auftragsverhältnisses

5. Laufende und nachwirkende Haftung des Verwalters.

Die Haftung des Verwalters resultiert zum einen aus der Rolle des Verwalters im Innenverhältnis, d. h. zu seinem Vertragspartner im Rahmen des Verwaltungsvertrags und bezieht sich hier auf die Erfüllung seiner Vertragspflichten durch in selbst oder seine Erfüllungsgehilfen mit der Sorgfalt eines Kaufmanns. Zum anderen haftet der Verwalter im Außenverhältnis, d. h. gegenüber Dritten nur für vorsätzliche oder grob fahrlässige Verletzungen der Sorgfaltspflicht. Für Schäden gegenüber Dritten muss die Eigentümerversammlung mit haften, da der Verwalter der gesetzmäßige Vertreter der Eigentümer ist. Sie können sich jedoch dann entsprechend aus der Haftung des Verwalters im Innenverhältnis Schadenersatzansprüche geltend machen.

Beispiele für das Auftreten von Haftungsfällen sind:

- Haftung für nicht rechtzeitig getätigte Instandhaltungsmaßnahmen
- Haftung für mangelhaft überwachte Reparaturaufträge
- Haftung bei Untätigkeit gegenüber Verstößen gegen die Hausordnung
- Haftung bei Vernachlässigung der Verkehrssicherungspflicht
- Haftung bei Verstößen gegen das Bundesdatenschutzgesetz
- Fehlerhafte bzw. verspätete Aufstellung des Jahresabschlusses.

Für Möglichkeiten der Haftungsbegrenzung lassen sich gleichfalls Beispiele benennen:

- Beschränkung der Haftung auf Vorsatz und grobe Fahrlässigkeit
- Beschränkung der Haftung auf unmittelbare Schäden bei leichter Fahrlässigkeit
- Beschränkung der Haftung auf bestimmte Obergrenzen bei leichter Fahrlässigkeit
- Begrenzung der Verjährungsfristen für Ansprüche aus Schäden bei leichter Fahrlässigkeit.

Beschränkung der Haftung erfolgt durch individualrechtliche Vereinbarung, Formularvertrag oder nachträgliche Haftungserleichterung durch Beschluss der Wohnungseigentümergemeinschaft. Grenzen für Haftungsausschlüsse sowie Haftungsbegrenzungen liefern die AGB sowie dass sich Haftungsausschlüsse nicht auf Verletzungen von Leben, Körper oder Gesundheit beziehen dürfen.

7.6 Weitere Immobilienmanagement-Ansätze

Corporate und Public Real Estate Management beinhalten die Anwendung von Portfolio und Asset Management auf Immobilien im Eigentum privatwirtschaftlicher oder öffentlicher Unternehmen bzw. öffentlicher Einrichtungen. Es geht hier um die Optimierung der Immobilienbestände sowie der einzelnen Immobilie von privatwirtschaftlichen Nichtimmobilienunternehmen bzw. der öffentlichen Hand.

Die Gründe für die Entstehung dieser spezifischen Immobilienmanagementaufgabenfelder sind im Intensivierungsprozess der Wirtschaft und im daraus resultierenden Kostendruck zu sehen. An Stelle des über Jahrhunderte anhaltenden extensiven Flächenwachstums, zunächst im produzierenden Bereich, danach im dienstleistenden Bereich, trat die intensive Flächennutzung. Neue Technologien sowie die Entwicklung von der Produktions- zur Dienstleistungsgesellschaft führten zur rückläufigen Nachfrage von Produktionsflächen. Dem stand zunächst ein Wachstum von Büroflächen gegenüber. Aufgrund von Produktivitätssteigerungen auch im Dienstleistungssektor und damit verbundener Arbeitskräfteeinsparungen entwickelte sich die Nachfrage nach Büroflächen rückläufig. Hinzu kamen neue Bürokonzepte, die mit einer sinkenden Flächeninanspruchnahme pro Mitarbeiter verbunden waren. Nach der Optimierung aller anderen Produktionsfaktoren rückte nun die Optimierung des Produktionsfaktors Immobilie in den Fokus von Unternehmensstrategien.

Zeitverzögert, aber prinzipiell ähnlich vollzog sich die Entwicklung bei den Immobilien, die im Eigentum von Bund, Ländern und Kommunen stehen. Aufgrund der dauerhaften Wertsteigerung von Immobilien wurde in diesen in der Vergangenheit eine Vermögensreserve der öffentlichen Hand gesehen. Volatile Wertentwicklungen der Immobilien, die maßgeblich durch die regionale wirtschaftliche Entwicklung bestimmt sind, führten dazu, dass ein Teil der öffentlichen Liegenschaften wirtschaftlich nicht oder nur sehr schwer vermarktbar sind. Hinzu kommen die Intensivierungsprozesse der öffentlichen Hand selbst. Das heißt, dass durch Privatisierung öffentlicher Aufgaben oder durch Verminderung der Beschäftigten die öffentliche Hand selbst weniger Immobilien nachfragt. Die Folge ist, dass ein Teil der eigenen Liegenschaften für die Erfüllung hoheitlicher Aufgaben nicht mehr benötigt wird.

Corporate und Public Real Estate Management beinhalten Konzeptionen zum strategischen und zum operativen Umgang mit den im Eigentum befindlichen Immobilienbeständen privatwirtschaftlicher Unternehmen und der öffentlichen Hand.

Ausgangspunkt bildet die Segmentierung der Immobilienbestände in Verwertungsobjekte und in Bestandsobjekte. Verwertungsobjekte sind all jene Immobilien, die für das Kerngeschäft der Unternehmen bzw. für die Aufgabenerfüllung der öffentlichen Hand nicht benötigt werden. Diese können entweder verkauft oder an Dritte vermietet werden. Die Dringlichkeit der Verwertung dieser Bestände resultiert aus den laufenden Bewirtschaftungskosten. Übersteigen diese die Ertragserzielung, bilden sie so genannte „cash – Fresser", die mit einer laufenden Kostenbelastung verbunden sind. Zur kostenmäßigen Entlastung des Unternehmens oder des öffentlichen Haushaltes haben sie in der Vermarktung oberste Priorität. Ein weiteres Kriterium für die Entwicklung aktiver Vermarktungskonzepte besteht in der Einschätzung der Vermarktungsfähigkeit in Abhängigkeit von der konkreten Angebots-/Nachfrage-Situation auf dem jeweiligen Immobilienteilmarkt. Sofern die Vermarktungschancen aufgrund der geringen Nachfrage am jeweiligen Immobilienteilmarkt sehr gering sind, muss sich auf eine Kostenminimierungsstrategie begrenzt werden.

Für den Umgang mit den Bestandsobjekten, also jenen, die für die jeweilige Aufgabenerfüllung notwendig sind, sind objektspezifische Facility Management – Konzepte zu entwickeln. Wie bereits im vorangegangenen Abschnitt ausgeführt, existiert hierfür kein Patentrezept, sondern muss die Optimierung immer nutzerspezifisch erfolgen, um einerseits den Nutzwert der Immobilie zu erhöhen und andererseits das magische Viereck von einmaligen und laufenden Kosten und Erträgen zu optimieren.

Zusammenfassung

In jüngster Vergangenheit vollzog sich eine wesentliche Professionalisierung in der Entwicklung und im Management von Immobilien und von Immobilienbeständen. Die Hintergründe dieser Entwicklung sind in den sich vollziehenden volatilen Wertentwicklungen auf den unterschiedlichen Immobilienteilmärkten und in der Konkurrenzsituation der Immobilie gegenüber anderen Anlagewerten zu sehen. Die Immobilien entwickelten sich damit zu einer Assetklasse, an die gleiche Anforderungen wie an alle anderen Geld- und Kapitalanlageformen gestellt wird. Das bedeutet, dass sowohl theoretisch als auch praktisch versucht wird, die Instrumentarien zur Optimierung von Anlageprodukten auch auf Immobilien anzuwenden. Ausdruck hierfür ist die Entwicklung von Portfoliomanagementstrategien für Immobilienbestände. Nach der Optimierung von Immobilienbeständen wird dann die einzelne Immobilie im Interesse des Eigentümers im Rahmen von Asset Management oder im Interesse des Immobiliennutzers mit Hilfe von Facility Management Konzepten optimiert. Eine spezifische Ausprägung erhalten diese Aufgabenbereiche beim Management der Immobilien privatwirtschaftlicher Nichtimmobilienunternehmen in Form von Corporate Real Estate Management und beim Management von Liegenschaften, die sich im Eigentum von Bund, Ländern und Kommunen befinden, in Form von Public Real Estate Management.

7.7 Immobiliencontrolling als Unterstützungsfunktion im Immobilienmanagement

Die Erfüllung der umfassenden Aufgaben in den vorgenannten Managementbereichen erfordert eine entscheidungsorientierte Informationsversorgung, die die zentrale Aufgabe des Immobiliencontrollings darstellt. In diesem Zusammenhang ist Immobiliencontrolling als managementunterstützendes Subsystem zu verstehen,[18] welches eine unternehmenszielorientierte Verwendung der Ressource Immobilie gewährleisten soll. Damit muss das Immobiliencontrolling folgende Anforderungen erfüllen:

- Transparenz über den Immobilienbestand

- Transparenz über die wirtschaftlichen Auswirkungen immobilienwirtschaftlicher Entscheidungen

- Aufdecken von Potenzialen und Risiken.

Die Transparenz über den gesamten Immobilienbestand ist zum einen die Grundlage für die Entwicklung und Formulierung der Immobilienstrategie und zum anderen die Voraussetzung für die Planung, Kontrolle und Steuerung aller immobilienwirtschaft-

---

[18] In Anlehnung an Horvath, Controlling, 1994, S. 144

Prof. Dr. Bettina Lange

lichen Entscheidungen. Im Mittelpunkt dieser Aufgaben stehen dabei die Interessen, Ziele und Strategien des Eigentümers.

7.7.1 Datenmanagement

Die zentrale Herausforderung im Immobiliencontrolling besteht in der bestandsübergreifenden Erfassung entscheidungsrelevanter Informationen. Ziel kann es nicht sein, alle in unterschiedlicher Form vorhandenen Daten der Einzelimmobilie zu erheben, vielmehr setzt das Immobiliencontrolling an der Erhebung, Aufbereitung und Analyse managementrelevanter Informationen an. Trotz dieser Eingrenzung ist die Vielschichtigkeit relevanter Daten gegeben und erfordert eine Systematisierung der Daten. Für die Aufgabenerfüllung des Controllings ist es damit unerlässlich in strukturierter Weise, aus internen und externen Quellen Daten möglichst standardisiert, automatisiert und zentral zu erheben.

Abbildung 7.13: Managementrelevante Immobiliendaten

Datenerfassung und -aggregation

Portfolioebene
- Unternehmens-/ Portfoliostrategie
- Gesamtfläche
- Aggregierte Nutzungskosten
- Aggregierte Erträge
- Gesamtrendite
- Regionale Rahmendaten
- ...

Objektebene
- Objektname/ Anschrift
- Baujahr
- Pläne
- Nutz- und Verkehrsflächen
- Vermietete Flächen
- Mieter/ Mietverträge
- Verkehrs-/ Buchwert
- Objekterträge
- Objektkosten
- Dienstleisterverträge
- ...

Flächeneinheit
- Objektzugehörigkeit
- Fläche
- Nutzungsart
- Mieterträge
- Mieter
- Mietvertragliche Inhalte
- Kosten/ Umlage
- ...

Diese immobilienbezogenen Informationen liegen in der Regel vor. Dennoch ist festzustellen, dass sich Daten zum Teil auf das gesamte Portfolio, ganze Objekte oder Teilflächen beziehen. Oftmals erfolgt die Aggregation der Daten auf Objekt- bzw. Portfolioebene nicht aus der einzelnen Flächeneinheit heraus, so dass Diskrepanzen entstehen, wenn Flächeninformationen zu Objekt- und Objektinformationen zu Portfoliodaten zusammengefasst werden. Insofern muss die Zielstellung der Datenerfassung dahingehend konkretisiert werden, dass möglichst auf der kleinsten Ebene die Daten erfasst werden, um dann automatisiert durch entsprechende Software auf Objekt- und Portfolioebene aggregiert zu werden. Eine derartige Vorgehensweise ermöglicht im Rahmen der Auswertung und Analyse der Daten die Zuordnung von Maßnahmen, deren Erfolgskontrolle sowie -steuerung am zielführendsten. Diesem Vorteil steht jedoch der höhere Ressourcenbedarf bei der Erfassung und Pflege der Daten gegenüber.

Der Lösung dieser Controllingaufgabe haben sich zahlreiche Entwickler von CAFM-Software gestellt. Computer-Aided-Facility-Managementsysteme (CAFM) bestehen in der Regel aus zwei Hauptkomponenten. Zunächst wird über eine Datenbank die Verwaltung der immobilienwirtschaftlichen Daten übernommen, des Weiteren erfolgt die analytische Aufbereitung der Informationen in einem CAD-System (Computer-Aided-Design). Derartige Software ist in die IT-Umwelt des Immobilienmanagers zu integrieren. Oftmals werden Schnittstellen vor allem zu weiteren Abteilungen, wie z. B. Buchhaltung, Rechtsabteilung, etc. benötigt, deren Informationen gleichwohl entscheidungsrelevant sind. Ziel ist es dabei, eine doppelte Erfassung in unterschiedlichen Systemen und damit Redundanzen zu vermeiden.

Die Auswertung der Daten auf den unterschiedlichen Ebenen erfolgt in der Regel automatisiert durch die Software. Zu beachten ist in diesem Zusammenhang, dass sich in Abhängigkeit von der Managementaufgabe (Portfolio-, Asset- oder Facility Management) die Anforderungen an die Informationen unterscheiden. So ist für die Konzeption der Berichte zu hinterfragen, welche Managementebene mit welcher Zielsetzung und welchem Informationsbedarf durch die Datenauswertungen angesprochen werden. Unterschiedliche Zielgruppen und damit die Notwendigkeit verschieden aggregierter Informationen aus der Datenbasis resultieren zum einen aus den Aufgaben der vorgestellten Managementansätze und zum anderen aus der Unterschiedlichkeit operativer bzw. strategischer Fragestellungen. Während operative Berichte das tägliche Doing im Facility Management unterstützen sollen, z. B. Instandhaltungsmanagement, Flächen-/Raummanagement, Energiemanagement, etc., sind Berichte für Objekte bzw. das Gesamtportfolio Grundlage für die Strategieentwicklung und -steuerung durch das Portfolio- bzw. Asset-Management.

7.7.2 Ausgewählte Controllinginstrumente im Immobilienmanagement

Ein ganzheitlicher Ansatz des Immobiliencontrollings erfordert die systematische und zielorientierte Kombination verschiedenartiger Instrumente, zur Steuerung von Immobilienbeständen. Dabei werden auch in der Immobilienwirtschaft die grundlegenden Ansätze des Controllings als Führungsunterstützungssystem der Unternehmensführung, zum Teil modifiziert, angewandt. Eine Vielzahl von Controllinginstrumenten hat damit Einzug in das Immobilienmanagement gefunden.

Nachfolgend sollen vor allem die Controllinginstrumente vorgestellt werden, die in den Unternehmen derzeit am häufigsten zum Einsatz kommen.

7.7.2.1 Kennzahlenanalyse

Die Erhebung und Analyse von Kennzahlen stellt in der Regel die Grundlage für weiterführende Analysen dar. Damit ist die Kennzahlenanalyse eines der wichtigsten Controllingtools überhaupt.

Dabei ist unter einer Kennzahl eine numerische Darstellung quantitativ messbarer Sachverhalte zu verstehen. Sie ermöglicht die Bündelung von Informationen in einer Größe. Kennzahlen sind spezifisch auf den Empfänger ausgerichtete Informationen. Eine Zahl bzw. eine Information wird dann zur Kennzahl, wenn folgende Anforderungen erfüllt sind:

Abbildung 7.14: Anforderungen an Kennzahlen im Immobiliencontrolling

Anforderung	Beschreibung
Validität	Gültigkeit für den zu beschreibenden Sachverhalt.
Aktualität	Zeitnah ermittelbar und rechtzeitig verfügbar.
Objektivität	Beeinflussung der Kennzahl durch subjektive Einstellungen ist nicht (kaum) möglich.
Flexibilität	Anpassbarkeit der Kennzahl an geänderte Umweltbedingungen
Stabilität	Wiederholte Ermittlungen der Kennzahl führen unter identischen Bedingungen zum gleichen Ergebnis
Automatisierbarkeit	Die Erhebung und Auswertung kann IT-unterstützt vorgenommen werden. Voraussetzung für die Weiterverwendung in anderen Tools.
Wirtschaftlichkeit	Die Ermittlung und Verwendung der Kennzahl steht in einem angemessenen Kosten-Nutzen-Verhältnis

7 Immobilienbestandsmanagement

Auf der Basis dieser Anforderungen können Kennzahlen unterschiedlich systematisiert werden. Im Rahmen des Immobiliencontrollings hat sich die Aufteilung nach absoluten und relativen Kennzahlen bewährt. Absolute Kennzahlen werden vor allem durch Summen, Differenzen, Mittel- und Einzelwerte erhoben. Kennzeichnend ist, dass sie ein Messergebnis direkt, d. h. ohne Umrechnung und Bezugnahme auf andere Größen darstellen, z. B. Gesamtfläche oder Flächenanteile in einer Immobilie.

Im Gegensatz dazu entstehen relative Kennzahlen durch mathematische Verknüpfung einzelner absoluter Kennzahlen, z. B. in Form von Beziehungs- oder Indexzahlen. Während bei den Beziehungszahlen eine Beobachtungszahl in Abhängigkeit von einer Einflussgröße dargestellt wird (Miethöhe je Quadratmeter, Wasserverbrauch pro Haushalt) handelt es sich bei Indexzahlen um Veränderungen im Zeitverlauf i.d.R. bezogen auf ein Basisjahr (z. B. Baupreisindex). Vor allem im Rahmen der Steuerung von Immobilien- und Immobilienbeständen hat sich die Verwendung relativer Kennzahlen etabliert, da eine Vergleichbarkeit der Ergebnisse über Objekt- und Bestandsgrenzen möglich ist.

Die Kennzahlenanalyse folgt dabei den in der Abbildung dargestellten Verfahrensschritten.

Abbildung 7.15: Prozess der Kennzahlenanalyse

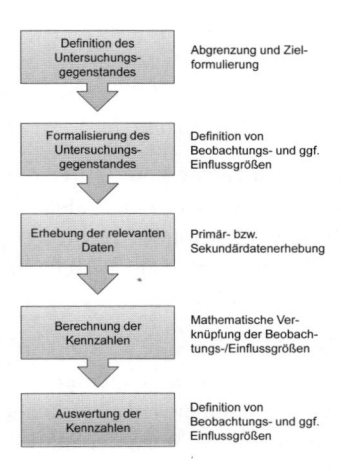

Definition des Untersuchungsgegenstandes	Abgrenzung und Zielformulierung
Formalisierung des Untersuchungsgegenstandes	Definition von Beobachtungs- und ggf. Einflussgrößen
Erhebung der relevanten Daten	Primär- bzw. Sekundärdatenerhebung
Berechnung der Kennzahlen	Mathematische Verknüpfung der Beobachtungs-/Einflussgrößen
Auswertung der Kennzahlen	Definition von Beobachtungs- und ggf. Einflussgrößen

Dabei wird durch die Definition des Untersuchungsgegenstandes bestimmt, welches Ziel mit der Kennzahlenanalyse verfolgt wird. Erst darauf folgend kann bestimmt werden, welche Größen hierbei von Bedeutung sind, wie diese in Form einer Kennzahl zum Ausdruck gebracht werden können und ggf. welche Einflussgrößen auf die Ziel-

Prof. Dr. Bettina Lange

kennzahl relevant sind. So werden mathematische Formeln zur Abbildung der Zielgröße sowie der Einflussgrößen bestimmt, die dann die Berechnungsgrundlage bilden. Zur Verdeutlichung der Ermittlung der Kennzahl sowie der Abhängigkeiten mit Einflussgrößen dienen Rechensysteme, z. B. in Form von Relevanzbäumen. Beispielhaft sei dies an der Zielgröße Betriebskosten in folgender Abbildung dargestellt.

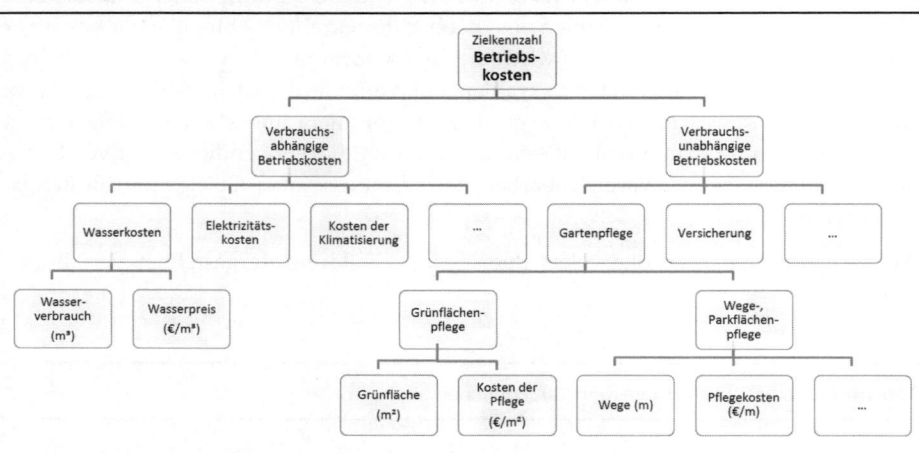

Abbildung 7.16: Relevanzbaum zur Kennzahlenanalyse

Mit der Auswertung der Kennzahlen bzw. deren Integration in weitere Controllingtools, wie z. B. Benchmarking endet der Prozess der Kennzahlenanalyse.

Die Aussagefähigkeit einzelner Kennzahlen kann durch die Erweiterung der Dimensionen der Kennzahlenanalyse erreicht werden, indem beispielsweise die Rechensysteme auf mehrere Objekte (Portfoliobetrachtung), auf mehrere Perioden (Dynamisierung) sowie unter Berücksichtigung verschiedener Szenarien für die Entwicklung der Einflussgrößen angewandt werden.

Die Vorteile der Kennzahlenanalyse liegen vor allem in der Standardisierung und Aggregation von Informationen in Form einer quantitativen Größe. Die Bildung von Kennzahlen ist für eine Vielzahl immobilienwirtschaftlicher Aufgabenstellungen möglich, so dass das Anwendungsgebiet der Kennzahlenanalyse sehr vielschichtig möglich ist. Dennoch liegt vor allem in der Berücksichtigung nur quantifizierbarer, mathematisch formulierbarer Zusammenhänge ein wesentlicher Nachteil der Kennzahlenanalyse. Entscheidungsrelevante Informationen bedürfen in der Regel weiterführender Analysen, deren Anwendung jedoch aufgrund der Eigenschaften von Kennzahlen und ihrer dadurch einfachen Implementierbarkeit in weitere Instrumente des Immobiliencontrollings leicht möglich ist. Damit stellt die Kennzahlenanalyse ein unverzichtbares Basisinstrument des Immobiliencontrollings dar.

7.7.2.2 Benchmarking

Benchmarking ist Allgemein betrachtet ein „kontinuierlicher Prozess, Produkte, Dienstleistungen und Praktiken an den stärksten Mitbewerbern zu messen, oder an den Firmen, die als Industrieführer angesehen werden."[19] Übertragen auf die Immobilienwirtschaft bieten sich zahlreiche Ansatzpunkte für den Einsatz von Benchmarking.

Gegenstand von Benchmarkingprojekten sind z. B.

- Strategien (Servicestrategie, Kostenführerschaft, Qualitätsführerschaft, etc.)
- Prozesse (Durchführung von Modernisierungen, Vermietung leerer Wohnungen, Management von Mietforderungen, Rekrutierung von Personal, etc.)
- Funktionen (Hausmeister, Verwaltung, Marketing, EDV, Beschaffung, etc.) oder
- Verhalten (Qualifikation der Mitarbeiter, Behandlung von Beschwerden, etc.)

Je nach Einbeziehung von Partnern wird zwischen externem und internem Benchmarking unterschieden. Die Vorteile des Benchmarkings mit externen Kooperationspartnern liegen unbestritten in einer erweiterten Einbeziehung von Untersuchungsgegenständen, einer erhöhten Vielfalt von Lösungsansätzen und darüber hinausgehend in den Möglichkeiten, die eine Übertragung branchenfremder Prozesse oder Strategien für die Immobilienunternehmen liefern können. Hemmnisse des externen Benchmarkings bestehen vor allem in noch mangelnden Bereitschaft der Unternehmen vornehmlich intern genutzte Daten für externe zugänglich zu machen. Daneben sind in der Immobilienwirtschaft einheitliche Datenstandards, Kennzahlendefinitionen und ähnliches noch nicht in ausreichendem Maße etabliert, so dass vor dem eigentlichen Benchmarking eine grundsätzliche Einigung über Daten, Datenformate, Kennzahlen und Analysebereiche getroffen werden müssen.

Auf der anderen Seite bietet gerade das Immobilienbestandsmanagement eine Vielzahl von Möglichkeiten innerhalb des eigenen Bestandes die Vorteile dieses Instrumtentes zu nutzen, hier vor allem im Kostenmanagement, Ressourcenallokation, Vermietung, Ausstattung oder Forderungsmanagement. So können Vergleiche im Rahmen von Zeitvergleichen, Objektvergleichen, Abteilungs- und Prozessvergleichen durchgeführt werden.

Die Durchführung von Benchmarkingprojekten geht über den bloßen Vergleich von Gegebenheiten im Unternehmen oder mit Benchmarkingpartnern jedoch hinaus. Der

---

[19] Camp, Robert C.: Benchmarking, 1994, S.296

Prof. Dr. Bettina Lange

in der Abbildung dargestellte Prozess verdeutlicht zum einen die Komplexität des Benchmarkings und zum anderen die Kontinuität, die in Form des Benchmarkingkreislaufs zum Ausdruck kommt.

Abbildung 7.17: Benchmarkingkreislauf

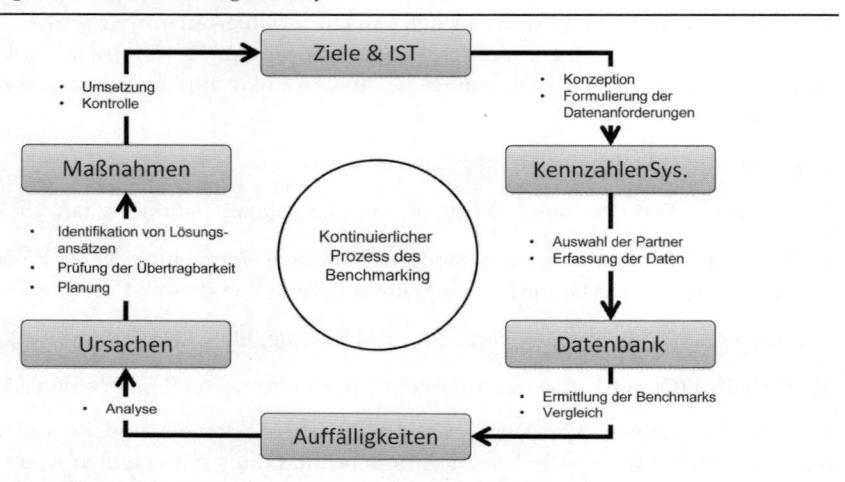

```
                        Ziele & IST
    • Umsetzung                        • Konzeption
    • Kontrolle                        • Formulierung der
                                         Datenanforderungen

      Maßnahmen                          KennzahlenSys.

  • Identifikation von Lösungs-
    ansätzen                Kontinuierlicher    • Auswahl der Partner
  • Prüfung der Übertragbarkeit  Prozess des    • Erfassung der Daten
  • Planung                  Benchmarking

       Ursachen                            Datenbank

                                     • Ermittlung der Benchmarks
    • Analyse                         • Vergleich
                       Auffälligkeiten
```

Gegenstand immobilienwirtschaftlicher Benchmarkings sind vor allem Kennzahlen. Aufgrund der edv-technischen Verfügbarkeit, der Integrierbarkeit in die Abläufe des Immobilienbestandsmanagements sowie der Möglichkeiten, die sich aus der Vergleichbarkeit von Kennzahlen ergeben, sprechen hierfür.

Die Erfolgsfaktoren des Benchmarkings sind vornehmlich in der systematischen Vorgehensweise, der umfassenden Anwendbarkeit auf verschiedene Entscheidungsbereiche im Rahmen des Immobilienmanagements sowie in der möglichen Automatisierung des Prozesses zu sehen. Benchmarking beinhaltet darauf aufbauend die Ableitung von Maßnahmen zur Verbesserung der eigenen Immobilienbestände, Prozesse oder zur Anpassung der Unternehmens- bzw. Immobilienstrategie. Dementsprechend setzt Benchmarking gleichwohl am Ende des Prozesses wieder an, um den Erfolg der ergriffenen Maßnahmen zu prüfen. So münden erfolgreiche Benchmarkingprojekte in kontinuierlicher Informationserfassung, -aufbereitung und -analyse.

Die Grenzen des Benchmarkings sind vor allem in der umfassenden Sammlung und Aufbereitung von Daten zu sehen. Bisher haben sich in der Immobilienwirtschaft lediglich Benchmarkings etabliert, die vornehmlich quantifizierbare, mathematisch verknüpfte Kennzahlen betrachten. Damit ist Benchmarking sehr auf Einzelaspekte im Immobilienmanagement und damit eher auf operative Entscheidungen ausgerichtet.

Für die Unterstützung strategischer Entscheidungen kann Benchmarking daher nur eine Basis darstellen. Eine Ausweitung auf qualitative Merkmale wäre wünschenswert. Hierfür sind Methoden anzuwenden, die es ermöglichen qualitative Merkmale erfassbar und vergleichbar zu machen.

Insgesamt bildet Benchmarking neben der Kennzahlenanalyse ein wesentliches Instrument zur Informationsversorgung im Rahmen des Immobiliencontrolling ab und bildet die Grundlage für weitere Instrumente im Rahmen der Steuerung von Immobilienbeständen.

7.7.2.3 Scoring

Unter Scoring ist in allgemeingültiger Definition die Quantifizierung qualitativer Tatbestände zu verstehen. Darüber hinaus ermöglicht dieses Verfahren die Integration quantitativer Merkmale des Untersuchungsgegenstandes. Es gewährleistet damit, dass alle Eigenschaften der Immobilie bzw. des Immobilienbestandes innerhalb eines Instrumentariums berücksichtigt werden können. Aufgrund der situativ anpassbaren Untersuchungsdimensionen im Scoring ist dieses Verfahren auf eine Vielzahl von multikriteriellen Entscheidungssituationen anwendbar. Scoringverfahren haben sich zum Beispiel für die Bewertung von Märkten und Standorten, für die Personalbeurteilung sowie zur Analyse von Produkten und Investitionsgütern etabliert.

Die Vorgehensweise lässt sich in 7 Schritte untergliedern:

1. Identifikation und Definition des Untersuchungsgegenstandes und -ziels
2. Definition von Beurteilungskriterien, ggf. auf Basis von Expertenwissen oder historischer Untersuchungen
3. Operationalisierung der Beurteilungskriterien in Form von bewertbaren Indikatoren
4. Gewichtung der Beurteilungskriterien sowie der Indikatoren
5. Bewertung der Indikatoren und damit der Bewertungskriterien
6. Ermittlung der Teilscores durch Multiplikation der Bewertungen mit den jeweiligen Gewichtungen der Indikatoren innerhalb der Beurteilungskriterien sowie der Ausprägung der Beurteilungskriterien mit deren Gewichtungen
7. Ermittlung des Gesamtscores durch additive Verknüpfung der Teilscores.

Die Verfahrensschritte eins bis vier sind dabei als Konzeption des Scoringmodells zu verstehen, während die Schritte fünf bis sieben die Anwendung des Instrumentes darstellen. Der wesentliche Kritikpunkt an der Scoringmethode, die Subjektivität bei der Auswahl und Gewichtung der Beurteilungskriterien sowie deren Indikatoren, ist im Rahmen der Beurteilung immobilienwirtschaftlicher Sachverhalte besonders relevant. Durch die Berücksichtigung von Expertenwissen, historischen Analysen oder empirischen Studien bei der Etablierung der Kriterienkataloge kann diesem Kritikpunkt entgegengewirkt werden.

Prof. Dr. Bettina Lange

Weiterhin stellt die unmittelbare Interpretationsbedürftigkeit der Ergebnisse des Scorings einen weiteren Kritikpunkt der Analyse dar. Der Aussagegehalt eines Gesamtscores ist gering. Für die Interpretation des Ergebnisses bedarf es Vergleichsmaßstäbe, d.h. andere Gesamtscores, Limite oder Grenzwerte. Mittels Scoring kann demnach lediglich eine Rangfolge von beispielsweise Investitionsalternativen oder Standorten abgebildet werden.

Dennoch überwiegen die Vorteile, die vor allem aus der Möglichkeit resultierten, sowohl qualitative als auch quantitative Faktoren in die Analyse einzubeziehen. Scoring ist damit geeignet alle, den Immobilienerfolg beeinflussenden Kriterien abzubilden und in einem Verfahren analysieren zu können. Die strukturierte und damit transparente Verfahrensweise des Scorings erleichtert die Nachvollziehbarkeit der Bewertungsergebnisse. Die Anwendbarkeit auf unterschiedlichste Entscheidungssituationen hat die Akzeptanz dieses Verfahrens zusätzlich erhöht. Vor allem in den Bereichen der Objekt- bzw. Markt- und Standortanalyse findet Scoring deshalb Anwendung. Dimensionen, Bewertungskriterien und -indikatoren, die in diesen Modellen berücksichtigt werden, sind bspw.:

Tabelle 7.3: Beispiel für die Aufstellung eines Kriterienkatalogs zur Bewertung der Marktdimension

Dimension	Bewertungskriterium	Bewertungsindikator
Markt	Rahmenbedingungen	Wirtschaftliche Entwicklung
		Zugang zu Finanzierungsquellen
		Steuerliche Belastungen
		Branchenstruktur
		Effizienz der öff. Verwaltung
	Demographie und Sozioökonomie	Bevölkerungsstruktur und -entwicklung
		Einkommensstruktur und -entwicklung
		Struktur der priv. HH
	Infrastruktur	Verkehrserschließung
		Regionale Anbindung
		Stadtentwicklung
	Weiche Standortfaktoren	Image, Wohnqualität
		Kultur- und Freizeitangebot
		Bildungseinrichtungen
	Immobilienangebot	Marktumfang, Bestand
		Markttransparenz, Marktzugang
		Leerstand im Teilmarkt
		Verhandlungsmacht der Anbieter
	Immobiliennachfrage	Struktur der Nachfrage
		Flächenbedarfsentwicklung
		Mieterpräferenzen
	Miet- und Preisniveau	Mietniveau nach Standort
		Mietniveau nach Nutzungsart
		Baulandpreise und Baukosten

Die Ergebnisse der Scoringanalyse sind in einer mehrdimensionalen Matrix visualisierbar und ermöglichen damit im Rahmen des Portfolio-/Assetmanagements auf Immobilienebene die Ableitung von Normstrategien und die Überprüfung der Erfolge eingeleiteter Maßnahmen.

Des Weiteren sind die Ergebnisse der Scoringanalyse kardinal skalierte Werte, die wiederum in weitere Controllingtools integrierbar sind.

Während die Kennzahlenanalyse und das Benchmarking vorwiegen in klar definierten, eher operativen Entscheidungssituationen Anwendung finden, bildet Scoring eine geeignete Grundlage für die Weiterführung vor allem strategischer Informationsaufbereitung im Rahmen des Immobiliencontrolling und dabei die Basis weiterführender Tools.

7.7.3 Komplexität des Immobiliencontrolling

Die Anforderungen des Immobilienmanagements an die Beschaffung, Aufbereitung und Analyse von entscheidungsrelevanten Informationen sind so vielschichtig wie die Managementaufgaben. Aufgrund dessen ist ein allgemeingültiges Immobiliencontrolling, welches für die Immobilienwirtschaft insgesamt anzuwenden ist, nicht konzipierbar. Vielmehr muss in Abhängigkeit von den Anforderungen des Immobilienmanagements situativ ein Controllingsystem entwickelt werden, welches situations- und unternehmensspezifisch aus der Vielfalt möglicher Instrumente, die relevanten selektiert und anpasst. Entsprechend ist hierfür die Datenbasis im Rahmen des Datenmanagements zu schaffen und zu pflegen.

Untersuchungen in Immobilienunternehmen belegen, dass vor allem im Rahmen der operativen Steuerung von Immobilienbeständen Controllinginstrumente zum Einsatz kommen, hier vor allem die Kennzahlenanalyse bzw. Benchmarking. Wohingegen Methoden der Analyse immobilienwirtschaftlicher Daten im Hinblick auf strategische Aspekte nur situativ und eingeschränkt zum Einsatz kommen. Hierzu zählen zum Beispiel:

- Szenarionalysen, Prognosen oder Simulationen zur Abbildung zukünftiger Erwartungen,
- SWOT-Analysen aus der klassischen Unternehmensführung bezogen auf den Untersuchungsgegenstand Immobilie,
- Balanced Scorecard, die im Rahmen der Strategieentwicklung und -umsetzung eine Rolle spielt,
- Immobilien-/Objektrating zur Einschätzung der Qualität der Ergebnissicherheit aus dem Objekt bzw. dem Immobilienbestand.

Prof. Dr. Bettina Lange

Diese Instrumente liefern jedoch einen gerade in Anbetracht der Langfristigkeit, der Vielfalt der Einflussfaktoren sowie der Heterogenität der Immobilien weitere Möglichkeiten der Gestaltung eines ganzheitlichen, entscheidungsorientierten Immobiliencontrollings.

7.8 Literaturverzeichnis

Diederichs, C. J.: Immobilienmanagement im Lebenszyklus, Berlin, Heidelberg, New York, 2006

Falk, Bernd (Hrsg.): Fachlexikon Immobilienwirtschaft, Köln 2004

Falk, Bern (Hrsg.): Handbuch Gewerbe- und Spezialimmobilien, Köln 2006

Gabler Wirtschaftslexikon Wiesbaden 2004

Maier, Kurt M.: Risikomanagement durch Asset Allocation in: Der langfristige Kredit 11/2000

Pfnür, Andreas: Modernes Immobilienmanagement, Berlin, Heidelberg 2004

Preuß, N.,.Schöne, L. B.: Real Estate und Facility Management Berlin, Heidelberg, 2009

Schulte, Karl-Werner (Hrsg.): Handbuch Immobilien Investitionen, Köln 2005

Teichmann, S. A.: Bestimmung und Abgrenzung von Managementdisziplinen im Kontext des Immobilien- und Facilities Management, in: Zeitschrift für Immobilienökonomie, 2/2007, S. 5-37

Wellner, K.: Entwicklung eines Immobilien-Portfolio-Management-Systems, Norderstedt, 2003

Achtes Kapitel
Immobilien-
projektentwicklung

Prof. Dr. habil. Kerry - U. Brauer

8 Immobilienprojektentwicklung

8.1	Grundlagen der Projektentwicklung		611
	8.1.1	Inhaltliche Bestimmung der Projektentwicklung	611
	8.1.2	Aufgabenbereiche, Ablauf und Risiken der Projektentwicklung	615
8.2	Phase bis zur Investitionsentscheidung		619
	8.2.1	Standort- und Marktanalyse	619
		8.2.1.1 Standort- und Marktanalyse als Bestandteil des Marketings	619
		8.2.1.2 Ablauf der Standort- und Marktanalyse	620
		8.2.1.3 Abgrenzung des zu analysierenden Immobilienteilmarktes	621
		8.2.1.4 Methode der Datenerhebung	623
		8.2.1.5 Datenauswertung	627
	8.2.2	Prüfung der Grundstücksdaten	628
		8.2.2.1 Prüfung der baulichen Nutzung des Grundstücks	628
		8.2.2.2 Prüfung des Erschließungsgrades	630
		8.2.2.3 Prüfung der Grundbuch- und Baulastensituation	632
8.3	Konzeptions- und Planungsphase		635
	8.3.1	Schaffung grundbuchrechtlicher Voraussetzungen für die Realisierung des Immobilienprojekts	635
		8.3.1.1 Grundstückssicherung und Grundstückserwerb	635
		8.3.1.2 Verbindung, Teilung und Belastung von Grundstücken	637
	8.3.2	Schaffung baurechtlicher Voraussetzungen	640
		8.3.2.1 Entwurfs- und Genehmigungsplanung	640
		8.3.2.2 Beteiligung von Fachplanungsbehörden und Grundstücksnachbarn	643
	8.3.3	Schaffung finanzieller Voraussetzungen	644
		8.3.3.1 Schritte der Kostenpräzisierung	644
		8.3.3.2 Finanzierung des Immobilienprojekts	647
8.4	Realisierungsphase und Vermarktung		649
	8.4.1	Bauliche Realisierung des Immobilienprojekts	649
	8.4.2	Vermarktung des Immobilienprojekts	651
8.5	Literaturverzeichnis		655

8.1 Grundlagen der Projektentwicklung

8.1.1 Inhaltliche Bestimmung der Projektentwicklung

Die Entwicklung von Immobilienprojekten ist aufgrund der Komplexität der Aufgabenstellung außerordentlich facettenreich. Die inhaltlichen Anforderungen an einen Projektentwickler beginnen mit der Informationsbeschaffung über den jeweiligen Immobilienteilmarkt, umfassen die Entwicklung einer wirtschaftlich tragfähigen Projektidee, können darüber hinaus die bauliche Realisierung umfassen und parallel zu all diesen Aufgaben die Vermarktung der Immobilie. So vielfältig wie diese Leistungen und differenziert die Aufgaben in Abhängigkeit der konkret zu entwickelnden Immobilie sind, so unterschiedlich sind auch die Auffassungen zur inhaltlichen Abgrenzung der Immobilienprojektentwicklung.

Geht man von der unmittelbaren Bedeutung der Begriffe Projekt und Entwicklung aus, so wird unter einem Projekt ein Plan, ein Entwurf oder ein Vorhaben verstanden. Entwicklung ist ein Prozess der Veränderung der Dinge und Erscheinungen, in dessen Verlaufe sich eine fortschreitende Tendenz, ein Übergang der Qualitäten von niederen zu höheren, von einfachen zu komplizierten Formen durchsetzt. Diese Definition kommt der Schwierigkeit und Komplexität der Entwicklung von Immobilien sehr nahe. Ein Immobilienprojekt ist somit ein Entwurf für eine Immobilie.

Die Entwicklung eines Immobilienprojektes kann an der Stelle als beendet gesehen werden, wie sämtliche Voraussetzungen für die bauliche Erstellung und Vermarktung der Immobilie gegeben sind. Diese Auffassung wird als **Projektentwicklung im engeren Sinne** bezeichnet. Projektentwicklung im engeren Sinne umfasst damit die Entwicklung einer Projektidee bis hin zur Entwurfsplanung und ggf. Genehmigungsplanung (bis zu der HOAI - Leistungsphase 4).

In der Praxis erweist sich jedoch die Vermarktung eines Immobilienprojekts ohne bauliche Realisierung, sofern es im eigenen Namen und auf eigene Rechnung des Projektentwicklers erarbeitet wurde, als außerordentlich problematisch. Mitunter ist die Vermarktung nur im Zusammenhang mit der baulichen Realisierung möglich. Damit wird nicht nur ein Immobilienprojekt, sondern eine Immobilie entwickelt. Wird der Bau der Immobilie als weiterer Leistungsbereich in die Immobilienprojektentwicklung einbezogen, wird diese als **Projektentwicklung im mittleren Sinne** bezeichnet.

Übernimmt der Projektentwickler darüber hinaus auch noch Aufgaben während der Nutzungsphase der Immobilie, begibt er sich in den Aufgabenbereich des Asset, Facility und Property Managers. Die Übergänge zwischen der Projektentwicklung und Immobilienbestandsmanagement in Form von Asset, Facility und Property Management sind fließend, soll doch bereits mit der Entwicklung der Projektidee und ihrer baulichen Realisierung der Grundstein für eine optimale und damit nachhaltige Immobiliennutzung gelegt werden. Dennoch gehört das Bestandsmanagement der Immobilie nicht zu den typischen Leistungen eines Projektentwicklers. Der Vollständigkeit halber wird diese Auffassung hier mit dargestellt und als Projektentwicklung **im weiteren Sinne** bezeichnet.

Abbildung 8.1: Abgrenzung der Immobilienprojektentwicklung

Phase bis zur Investitionsentscheidung	Projektidee/ Konzept/ Entwurf	Planung	Realisierung/ Bauphase	Nutzung/ Bestandsmanagement
		Vermarktung		
Projektentwicklung im engeren Sinn				
Projektentwicklung im mittleren Sinn				
Projektentwicklung im weiteren Sinn				
	Projektmanagement/ Projektleitung/ Projektsteuerung HOAI – Leistungsphasen 1 bis 8			HOAI – Leistungsphase 9

Die Leistungsbilder nach Paragraph 3 (4) Honorarordnung für Architekten und Ingenieure (HOAI) umfassen folgende Leistungsphasen 1 bis 9:

1. Grundlagenermittlung;
2. Vorplanung;
3. Entwurfsplanung;
4. Genehmigungsplanung;
5. Ausführungsplanung;
6. Vorbereitung der Vergabe;
7. Mitwirkung bei der Vergabe;
8. Objektüberwachung (Bauüberwachung oder Bauobjektleitung);
9. Objektbetreuung und Dokumentation.

Neben der Projektentwicklung stehen die Begriffe Projektmanagement, Projektleitung und Projektsteuerung. Teilweise werden diese Begriffe synonym verwendet, teilweise mit unterschiedlichen Inhalten belegt. Zu ihrer gegenseitigen Abgrenzung soll sich an den wenigen in Vorschriften und Gesetzen enthaltenen Definitionen orientiert werden. Gemäß **DIN 69 901** wird unter **Projektmanagement** die Gesamtheit von Führungsaufgaben, -organisationen, -techniken und -mitteln für die Initiierung, Definition, Planung, Steuerung und den Abschluss eines Projekts verstanden. Die Übergänge zwischen Projektentwicklung und Projektmanagement sind fließend. Der wesentliche Unterschied wird darin gesehen, dass das Projektmanagement erst mit der Initiierung, d.h. mit der Durchführung beginnt. Im Unterschied hierzu beinhaltet die Projektentwicklung logischerweise die Entwicklung der Projektidee. Damit muss vor der Initiierung des Projektes die Idee auf ihre wirtschaftliche Tragfähigkeit anhand von Standort- und Marktanalysen geprüft werden. Wird unter Initiierung die bauliche Realisierung verstanden, beginnt das Projektmanagement erst mit der konkreten Planung und der Errichtung der Immobilie.

Eine inhaltliche Beschreibung der **Projektsteuerung** ist mit Inkrafttreten der HOAI vom 11.08.2009 weggefallen. Im Wesentlichen finden sich diese Aufgabenbereiche in der Leistungsphase 8 Objektüberwachung (Bauüberwachung) wider.

- Aufstellen, Überwachen und Fortschreiben eine Zahlungsplanes
- Aufstellen, Überwachen und Fortschreiben von differenzierten Zeit-, Kosten- und Kapazitätsplänen,
- Tätigkeit als verantwortlicher Bauleiter, soweit diese Tätigkeit nach dem jeweiligen Landesrecht über die Grundleistungen der Leistungsphase 8 hinausgeht.

Die Aufgaben der Projektsteuerung sind gerade bei sehr großen Immobilienprojekten außerordentlich vielfältig und gehen weit über die genannten Aufgaben der Leistungsphase 8 hinaus. Hierzu gehören des weiteren:

1. Klärung der Aufgabenstellung, Erstellung und Koordinierung des Gesamtprojektes;
2. Klärung der Voraussetzungen für den Einsatz von Planern und anderer Projektbeteiligter;
3. Aufstellung und Überwachung von Organisations-, Termin- und Zahlungspläne bezogen auf das Projekt und die Projektbeteiligten;
4. Koordinierung und Kontrolle der Projektbeteiligten mit Ausnahme der ausführenden Firmen;
5. Vorbereitung und Betreuung der Beteiligung von Planungsbetroffenen;
6. Fortschreibung der Planungsziele und Klärung von Zielkonflikten;
7. laufende Information des Auftraggebers über die Projektabwicklung;
8. Koordinierung und Kontrolle der Bearbeitung von Finanzierungs-, Förderungs- und Genehmigungsverfahren.

Die hier aufgeführten Leistungen können entweder vom Investor selbst wahrgenommen werden oder aber delegiert werden. Insofern umfassen die Aufgaben der Projektsteuerung delegierbare Auftraggeberleistungen.

Die **Projektleitung** dagegen obliegt letztlich dem Investor, der die Entscheidung über die konkrete Realisierung des Projekts trägt. Hierin besteht der wesentliche Aspekt in der Abgrenzung zur Projektsteuerung. Es liegt im Ermessen des Investors, inwieweit er einen Projektleiter beauftragt und diesen mit weitgehenden Entscheidungs- und Weisungsbefugnissen ausstattet. Insofern ist eine exakte Abgrenzung zwischen Projektsteuerung und Projektleitung in der Praxis oft schwierig.

Abbildung 8.2: Zusammenhang zwischen Projektmanagement, -steuerung, -leitung

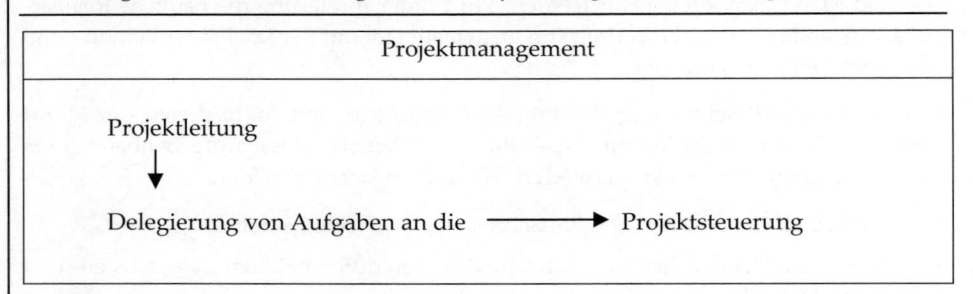

Projektmanagement

Projektleitung
↓
Delegierung von Aufgaben an die ⟶ Projektsteuerung

Prinzipiell sind zwei Varianten für die Stellung des Immobilienprojektentwicklers denkbar. Der Projektentwickler agiert als Dienstleister für einen Investor. Er entwickelt das Immobilienprojekt auf dem Grundstück des Investors und auf dessen Kosten.

Die andere Variante ist, dass der Projektentwickler im eigenen Namen, auf eigenem Grundstück und auf eigene Rechnung das Immobilienprojekt entwickelt. In dem Fall ist der Projektentwickler selbst Investor, genauer Zwischeninvestor. Er trägt hier in der Regel vollständig das Vermarktungsrisiko seines Immobilienprojekts. Er agiert in dem Fall als Bauträger und unterliegt damit allen Bestimmungen der Makler- und Bauträgerverordnung.

Abbildung 8.3: „Stellung" des Projektentwicklers

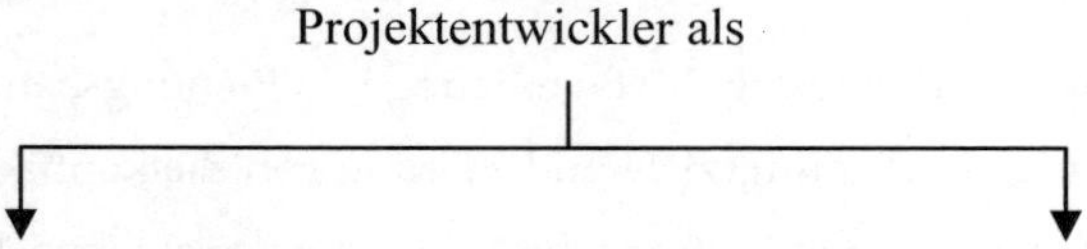

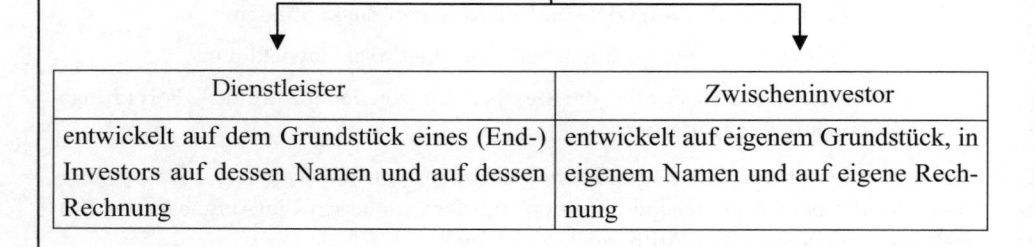

Projektentwickler als

Dienstleister	Zwischeninvestor
entwickelt auf dem Grundstück eines (End-) Investors auf dessen Namen und auf dessen Rechnung	entwickelt auf eigenem Grundstück, in eigenem Namen und auf eigene Rechnung

8.1.2 Aufgabenbereiche, Ablauf und Risiken der Projektentwicklung

Bei der Fixierung der Aufgabenbereiche der Projektentwicklung wird von der Projektentwicklung im mittleren Sinne ausgegangen.

Die Projektentwicklung im mittleren Sinne umfasst:

- die Phase bis zur Investitionsentscheidung;
- die Konzeptions- und Planungsphase;
- die Realisierungsphase und Vermarktung.

Eine eindeutige Abgrenzung zwischen den einzelnen Phasen ist in der Praxis kaum möglich. Vielmehr gehen die in den einzelnen Phasen zu erfüllenden Aufgabenbereiche fließend ineinander über.

Phase bis zur Investitionsentscheidung

Prinzipiell kann zwischen drei Ausgangssituationen in der Phase bis zur Investitionsentscheidung unterschieden werden.

1. Der Projektentwickler hat eine Projektidee und sucht für deren Verwirklichung nach einem geeigneten Grundstück.
2. Der Projektentwickler wird oder ist Eigentümer eines Grundstücks und sucht die geeignete Projektidee.
3. Ein Grundstückseigentümer beauftragt den Projektentwickler ein geeignetes Immobilienprojekt zu entwickeln.

In Abhängigkeit von der Ausgangssituation variieren die Aufgabenbereiche und die mit der Projektentwicklung verbundenen Risiken.

Folgende Aufgaben sind in dieser Phase vom Projektentwickler zu erfüllen:

- Standort- und Marktanalyse;
- Prüfung der baulichen Nutzung;
- HOAI - Leistungsphasen
  - Grundlagenermittlung
  - Vorplanung;
- Wirtschaftlichkeitsanalyse für den End- und Zwischeninvestor;
- Grundstücksakquisition bzw. –sicherung, sofern die Ausgangssituation 1 besteht.

Konzeptions- und Planungsphase

Die **Konzeptionsphase** ist der eigentlichen Planungsphase unmittelbar vorgelagert.

Folgende Aufgaben sind in der Konzeptionsphase zu erfüllen:

- Akquisition potenzieller Nutzer (Mieter);
- Akquisition potenzieller Investoren (Käufer), sofern nicht die Ausgangssituation 3 besteht;
- Präzisierung der Wirtschaftlichkeitsanalyse für den End- und Zwischeninvestor;
- Klärung der finanziellen Voraussetzungen.

Folgende Aufgaben sind in der **Planungsphase** zu erfüllen:

- Schaffung der grundbuchrechtlichen Voraussetzungen:
  - Vereinigung bzw. Teilung des Grundstücks;
  - Eintragung von Lasten und Beschränkungen in Abteilung II des Grundbuchs und in das Baulastenverzeichnis, sofern es für die Projektrealisierung notwendig ist;
  - Schaffung der finanziellen Voraussetzungen (z.B. Kapitalbeschaffung, Stellung der Kreditsicherheiten)
  - ggf. Begründung von Wohnungs- und Teileigentum.
- Schaffung der baurechtlichen Voraussetzungen:
  - Entwurfsplanung;
  - Genehmigungsplanung;
- Kaufvertragsentwurf für Verkauf der Immobilie;
- Vermarktung (Vermietung/Verkauf).

Realisierungsphase und Vermarktung

- Errichtung der Immobilie (HOAI – Leistungsphasen 5 bis 9);
- Vermarktung (Vermietung/Verkauf in Abhängigkeit von der Ausgangssituation).

Dem Projektentwickler obliegt es, die hier aufgezeigten Aufgaben entweder selbst zu realisieren oder sie durch Beauftragung Dritter realisieren zu lassen. Projektentwicklertätigkeit ist damit in erster Linie Koordinierungs- und Leitungstätigkeit bei genauer Kenntnis aller Facetten bei der Planung und Realisierung eines Immobilienvorhabens.

Abbildung 8.4 gibt einen Überblick über den Ablauf und dabei parallel laufender Prozesse in der Projektentwicklung.

8 Immobilienprojektentwicklung

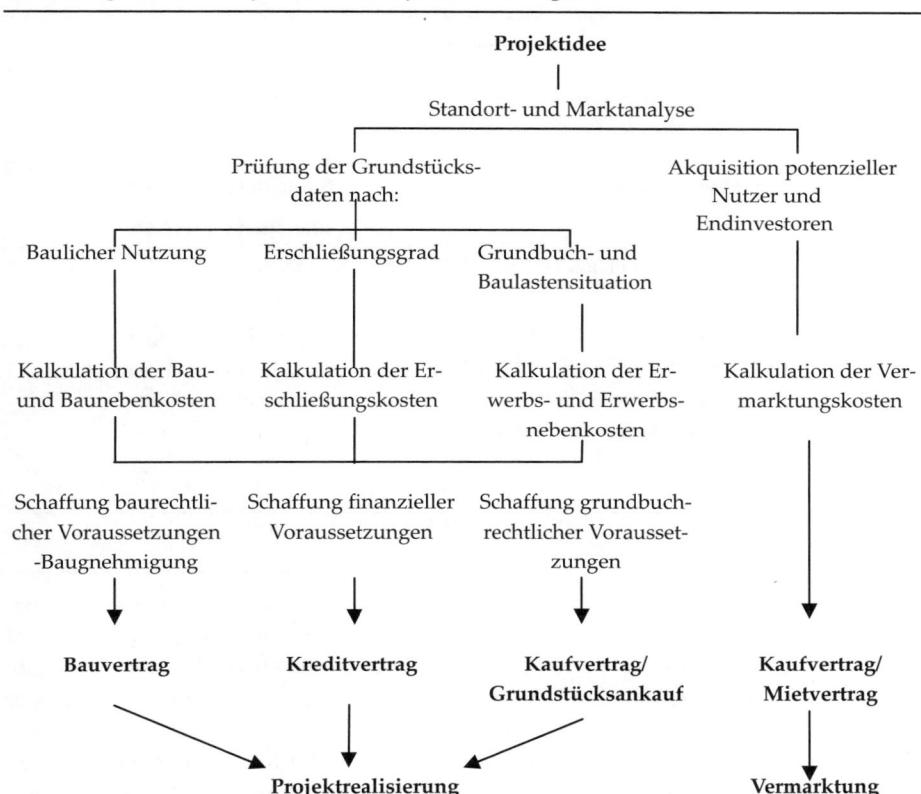

Abbildung 8.4: Ablaufschema der Projektentwicklung

```
                           Projektidee
                                |
                    Standort- und Marktanalyse
         ┌──────────────────────┴──────────────────────┐
         Prüfung der Grundstücks-              Akquisition potenzieller
              daten nach:                           Nutzer und
                                                   Endinvestoren
   ┌─────────────┼─────────────┐                        │
Baulicher    Erschließungs-  Grundbuch- und             │
 Nutzung        grad         Baulastensituation         │
   │             │             │                        │
Kalkulation   Kalkulation   Kalkulation der        Kalkulation der Ver-
der Bau-      der Er-       Erwerbs- und           marktungskosten
und Bau-      schließungs-  Erwerbs-
nebenkosten   kosten        nebenkosten

Schaffung bau-   Schaffung       Schaffung grund-
rechtlicher      finanzieller    buchrechtlicher
Voraussetzungen  Voraussetz-     Voraussetzungen
-Baugnehmigung   ungen
      ↓              ↓                ↓                  ↓
  Bauvertrag    Kreditvertrag    Kaufvertrag/       Kaufvertrag/
                                 Grundstücksankauf  Mietvertrag
         ↘          ↓          ↙                         ↓
            Projektrealisierung                     Vermarktung
```

Mit der Entwicklung von Immobilienprojekten sind einerseits Chancen auf hohe Gewinnmargen, andererseits auch hohe Verlustrisiken verbunden. Das Risiko ist umso größer je länger die Zeitspanne von der Projektidee bis zur Vermarktung des Immobilienprojekts ist. Infolge der relativ langen Produktionsdauer[1] einer Immobilie kann sich die Marktlage wesentlich geändert haben. Die in der Konzeptionsphase berechnete Rentabilität der Immobilie erweist sich gegebenenfalls als nicht erzielbar. Vermarktungsprobleme sind die Konsequenz.

Die Risiken der Projektentwicklung lassen sich in objektive und subjektive Risiken einteilen.

---

[1] Unter Produktionsdauer wird hier nicht nur die bauliche Realisierung verstanden, sondern außerdem das Planungs- und Genehmigungsverfahren. Vgl. Kapitel 1.1.2 Charakteristik des Wirtschaftsgutes Immobilie und des Immobilienmarktes.

Abbildung 8.5: Risiken in der Immobilienprojektentwicklung

Objektive Risiken	Subjektive Risiken = Managementrisiken
■ Entwicklung des Makro – und des Mikrostandortes; ■ Entwicklung der gesamtwirtschaftlichen Situation – fiskal- und währungspolitisch ■ Dauer des Baugenehmigungsverfahrens; ■ Kostenrisiko bei Bestandsobjekten oder im Zusammenhang mit dem Baugrund	■ Aufbauorganisation; ■ Ablauforganisation; ■ Auswahl der fachlich Beteiligten; ■ Wissensmanagement - Informationsfluss zwischen den fachlich Beteiligten; ■ Kompetenzregelung

Die aufgeführten **objektiven Risiken** sind kaum durch den Projektentwickler zu beeinflussen. Die Entwicklung des Makro- und des Mikrostandorts kann zwar bis zum gewissen Grad mit Hilfe von Standort- und Marktanalysen eingeschätzt werden, gibt aber keine Garantie. Allein durch Veränderungen in der verkehrstechnischen oder kulturellen Infrastruktur kann ein Standort maßgeblich auf- oder abgewertet werden. Die parallele Entwicklung von Konkurrenzangeboten, die relativ zeitgleich auf den Markt kommen, kann zu einer Mietpreis- und schließlich damit auch Kaufpreisabsenkung führen. Es besteht das Risiko, kalkulierte Gewinne nicht erzielen zu können.

Zum Faktor gesamtwirtschaftliche Situation gehören gleichermaßen die Einkommensentwicklung, die Entwicklung der Beschäftigtenquote wie auch fiskalpolitische und währungspolitische Rahmenbedingungen. Verändert sich im Verlaufe der Projektentwicklung die steuerliche Situation, kann möglicherweise das anvisierte Investorenklientel die entwickelte Immobilie nicht mehr nachfragen. Ähnlich problematisch kann ein Zinsanstieg gewertet werden, der schließlich zu einer Verteuerung des Immobilienengagements führt.

Gerade bei Großprojekten kann die Dauer des Baugenehmigungsverfahrens erheblich sein, insbesondere wenn raumordnerische Belange für das Investitionsvorhaben relevant werden.

Das Kostenrisiko im Zusammenhang mit einem Bestandsobjekt oder mit dem Baugrund kann trotz vorausgehender Bauzustandsgutachten und Baugrundgutachten nicht vollständig ausgeschlossen werden. Diesem kann nur durch Kalkulation eines angemessenen Risikozuschlags Rechnung getragen werden.

Die **subjektiven Risiken** der Projektentwicklung sind ausschließlich Managementrisiken. Eine effiziente Organisationsstruktur auf der Grundlage eines verbindlichen Projekthandbuchs für alle am Projekt Beteiligten bildet eine Voraussetzung für eine erfolgreiche Projektentwicklertätigkeit. Aufgrund der Vielzahl sich gegenseitig bedingender Prozesse während der Projektentwicklung ist die Transparenz derselben sowie ein schneller und effizienter Informationsfluss zwischen den fachlich Beteiligten unabdingbar. Managementprobleme sind nicht selten eine wesentliche Ursache, wenn eine Immobilienprojektentwicklung nicht erfolgreich realisiert wird.

8.2 Phase bis zur Investitionsentscheidung

8.2.1 Standort- und Marktanalyse

8.2.1.1 Standort- und Marktanalyse als Bestandteil des Marketings

Unter Marketing wird ein duales Führungskonzept verstanden, bei dem Marketing gleichermaßen Leitbild des Managements und Unternehmensfunktion ist. In dieser Dualität ist Marketing eine marktorientierte Unternehmensführung.[2] Ausgangspunkt für eine marktorientierte Führung muss die Kenntnis des Marktes und damit die Informationsbeschaffung über den Markt, d.h. die Marktforschung oder Marktanalyse bilden. Erst auf dieser Grundlage kann gezielt die Marketingstrategie mit produkt-, kontrahierungs-, distributions- und kommunikationspolitischen Instrumenten realisiert werden.

Die Besonderheit und Bedeutung der Informationsbeschaffung über den Immobilienmarkt resultiert aus der Charakteristik des Wirtschaftsgutes Immobilie.[3]

Infolge der **Standortgebundenheit** hat die Analyse des geografischen Teilmarktes, in dem die Immobilie entstehen soll, entscheidende Bedeutung. Während mobile Güter gegebenenfalls in einer anderen Region, als ursprünglich geplant, abgesetzt werden können, ist das bei einer Immobilieninvestition nicht möglich. Genaue Standortkenntnis ist unumgänglich, um erfolgreich zu sein.

Die vergleichsweise **lange „Produktionsdauer"** vom Entstehen der Projektidee bis zur Realisierung und Vermarktung stellt hohe Anforderungen an die Qualität und Nachhaltigkeit gewonnener Informationen. Auf der Grundlage dieser Daten reicht die Be-

---

2 Vgl. Meffert, S. 13ff
3 Vgl. Kapitel 1.1.2 Charakteristik des Wirtschaftsgutes Immobilie und des Immobilienmarktes.

schreibung der Ist-Situation nicht aus, vielmehr ist es notwendig, Prognosen über die weitere Entwicklung des analysierten Immobilienteilmarktes stellen zu können.

Die **hohe Kapitalbindung**, die mit einer Immobilieninvestition verbunden ist, birgt zwangsläufig ein hohes Risiko für den Projektentwickler. Auch hier trägt genaue Marktkenntnis zur Risikominimierung bei.

Die Informationsbeschaffung als Grundlage für die marktorientierte Führung eines Projektentwicklerunternehmens erfordert die Analyse des jeweiligen Mikro- und Makrostandorts bei Berücksichtigung des spezifischen Immobilienteilmarktes, in dem die Immobilie einzuordnen ist (Wohnimmobilien; Handelsimmobilien, Büroimmobilien, Freizeitimmobilien etc.). Die Standort- und Marktanalyse umfasst somit die Analyse eines Immobilienteilmarktes an einem ausgewählten Makro- und Mikrostandort.

In den weiteren Überlegungen wird der Projektentwickler als Zwischeninvestor gesehen, d.h. er entwickelt ein Immobilienprojekt im eigenen Namen und auf eigenes Risiko. Er hat Vorstellungen über eine bestimmte Projektidee in einem von ihm gewählten Makrostandort.

8.2.1.2 Ablauf der Standort- und Marktanalyse

Ausgangspunkt der Standort- und Marktanalyse bildet die Fixierung der Zielgruppe (Nutzer, Mieter und Käufer), für die das Immobilienprojekt entwickelt werden soll. Hieraus ist der zu untersuchende Immobilienteilmarkt in seiner inhaltlichen und räumlichen Abgrenzung zu bestimmen.

Abbildung 8.6: *Übersicht über den Ablauf der Standort- und Marktanalyse*

Bestimmung der Zielgruppe
Abgrenzung des zu analysierenden Immobilienteilmarktes nach:

- Nutzungsart der Immobilie
- Makrostandort
- Mikrostandort

↓

Entscheidung über die Methode der Datenerhebung durch Bestimmung von:

- Erhebungsart
- Erhebungsquellen
- Erhebungsverfahren

↓

Datenauswertung

Die **Methode der Datenerhebung** umfasst:

1. Erhebungsarten
   - Sekundärerhebung
   - Primärerhebung

2. Erhebungsquellen

3. Erhebungsverfahren
   - Vollerhebung
   - Teilerhebung

8.2.1.3 Abgrenzung des zu analysierenden Immobilienteilmarktes

Bedingt durch die tendenzielle Entwicklung der Immobilienteilmärkte vom Vermieter- zum Mietermarkt und vom Verkäufer- zum Käufermarkt hat die dauerhafte und vollständige Vermietung der Objekte oberste Priorität. Die Analyse von Makro- und Mikrostandort muss somit bei den Standortfaktoren beginnen, die für die künftigen Mieter bzw. Nutzer der Immobilie von entscheidender Bedeutung sind bzw. deren Nachfrageverhalten maßgeblich bestimmen. Wird auf Grundlage dieser Überlegungen eine Immobilie entwickelt, mit der dauerhaft hohe Erträge erzielt werden, ist der Erfolgsfaktor für den Verkauf des Immobilienprojekts bzw. der Immobilie geschaffen. Nach der Nutzungsart der Immobilie lässt sich zunächst die Zielgruppe, für die die Immobilie entwickelt wird, fixieren. Hierauf aufbauend muss nunmehr der zu analysierende Makro- und Mikrostandort abgegrenzt werden.

Für die Bezeichnungen Makro- und Mikrostandort existieren keine eindeutigen Definitionen. Der Makrostandort umfasst im Gegensatz zum Mikrostandort einen geografischen Großraum, in dem sich ein Grundstück befindet. Das kann ein Land, ein Bundesland, eine bestimmte Region oder eine Kommune sein. Wie weit der Großraum gefasst wird, hängt von der konkret zu entwickelnden Immobilie und dem damit anzusprechenden Nutzer- und Investorenklientel ab. Der Mikrostandort umfasst die unmittelbare Umgebung. Auch hier sind verschiedene Abgrenzungen möglich. Der Mikrostandort kann auf die unmittelbar angrenzenden Grundstücke beschränkt sein, kann aber auch einen Ortsteil umfassen.

Im ersten Schritt ist abzuleiten, wie groß das Einzugsgebiet für die anzusprechende Zielgruppe ist und welche konkreten Faktoren am Makrostandort und am Mikrostandort für die künftigen Mieter bzw. Nutzer der Immobilie von oberster Priorität sind. Auf dieser Grundlage ist zum einen der Makro- und Mikrostandort in seiner Ausdehnung zu definieren und sind zum anderen die zu untersuchenden Standortfaktoren zu selektieren.

Prof. Dr. habil. Kerry-U. Brauer

Im zweiten Schritt sind Überlegungen zu erzielbaren Erträgen und zu gegebenenfalls möglichen Steuervorteilen anzustellen, um Entscheidungen über das anzusprechende Käufer- bzw. Investorenklientel treffen zu können.

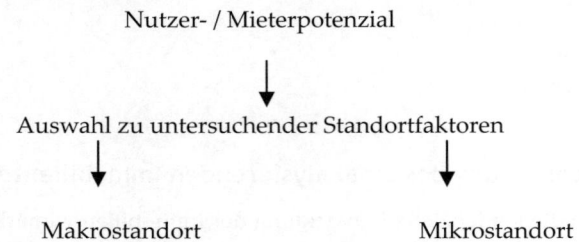

Abbildung 8.7:   Analyse des Immobilienteilmarktes

Nutzer- / Mieterpotenzial

↓

Auswahl zu untersuchender Standortfaktoren

↓   ↓

Makrostandort   Mikrostandort

Nach der Abgrenzung von Makro- und Mikrostandort sind die konkreten zu analysierenden Standortfaktoren auszuwählen. Die in der Abbildung 8.8 aufgeführten Faktoren sind nur Anhaltspunkte. Die konkrete Auswahl zu analysierender Faktoren hängt immer von der konkreten Zielgruppe, für die das Immobilienprojekt entwickelt wird, ab.

Abbildung 8.8:   Standortfaktoren

Standortfaktoren Makrostandort	Standortfaktoren Mikrostandort
Sozio – demographische Faktoren ■ Entwicklung der Anzahl privater Haushalte ■ Struktur privater Haushalte ■ Bevölkerungsentwicklung ■ Bevölkerungsstruktur ■ Sozialstruktur	**Faktoren der Infrastruktur** ■ Fern-/ Nahverkehrsanbindung ■ Kindertagesstätte/ Grund-/ Realschule/ Gymnasium ■ Einkaufsmöglichkeiten ■ Medizinische Versorgung ■ Erholungs-/ Freizeit-/ Kultureinrichtungen ■ PKW – Stellplätze ■ Verkehrslärm/ - schmutz

Ökonomische Faktoren	Ökonomische und Lagefaktoren

▪ Wirtschaftswachstum
▪ Wirtschaftsstruktur
▪ Arbeitsmarktsituation
▪ Einkommenssituation/ - entwicklung
▪ Einkommensverwendung
▪ überregionale Verkehrsinfrastruktur
▪ wirtschaftspolitische Rahmenbedingungen (Fördermittel, Steuern)
▪ Entwicklung des untersuchten Immobilienteilmarktes
   - Angebot/ Nachfrage
   - Leerstände
   - Flächenbedarf nach Größe und Ausstattung
▪ Mietpreisniveau und –entwicklung
▪ Kaufpreisniveau und –entwicklung
▪ Wettbewerbssituation
	▪ Baurechtssituation
	▪ Grundstücksnutzung (GFZ/ GRZ)
	▪ Grundstückszuschnitt
	▪ Grundstücksbeschaffenheit
	   - Topographie
	   - Bodenbeschaffenheit
	   - Grundwasser
	▪ steuerrechtliche Rahmenbedingungen
	▪ Fördermittelgewährung
	▪ Erschließung
	▪ Grundstücksbelastung
	   - Grundbuch
	   - Baulastenverzeichnis
	▪ Grundstückskaufpreis
	▪ Ausstattung der Immobilie
	▪ Architektur der Immobilie
	▪ Einzugsgebiet für die Nutzung der Immobilie – vor allem bei:
	   - Handels- und Dienstleistungsimmobilien
	   - Freizeitimmobilien
	▪ Wettbewerbssituation

Sonstige Faktoren	**Sonstige Faktoren**
▪ Image des Makrostandorts ▪ kulturelle Infrastruktur ▪ Verwaltungsklima ▪ Umweltverschmutzung ▪ städtebauliche Aspekte	▪ Image des Mikrostandorts ▪ Nachbarbebauung ▪ Objektsicht

8.2.1.4 Methode der Datenerhebung

Die Methode der Datenerhebung umfasst:

1. Erhebungsarten,
2. Erhebungsquellen,
3. Erhebungsverfahren.

Zu 1. Erhebungsarten

Bei den Erhebungsarten wird zwischen der Sekundärerhebung (Sekundärforschung) und der Primärerhebung (Primärforschung) unterschieden.

Die **Sekundärerhebung** umfasst die Auswertung bereits vorliegenden Datenmaterials, das ursprünglich für einen anderen Zweck erarbeitet wurde. Der Vorteil der Sekundärerhebung besteht im vergleichsweise geringen Zeit- und Geldaufwand zur Datenbeschaffung. Der Nachteil besteht vor allem darin, dass die vorliegenden Informationen weniger zeitnah als bei einer aktuellen Primärerhebung sind.

Bei der **Primärerhebung** wird neues empirisches Datenmaterial über die ausgewählte Zielgruppe und den speziellen Immobilienteilmarkt gewonnen. Die Primärerhebung ist zeit- und damit auch kostenintensiv. Aus diesem Grunde findet diese Erhebungsart nur dann Anwendung, wenn die vorliegenden Sekundärdaten als nicht ausreichend für die Standort- und Marktanalyse eingeschätzt werden. Die Primärerhebung baut insofern auf der Sekundärerhebung auf.

Zu 2. Erhebungsquellen

Bei den Erhebungsquellen ist zu unterscheiden, ob die Daten im Zuge der Sekundärerhebung oder im Zuge der Primärerhebung gewonnen werden. Hierauf aufbauend lässt sich folgende Gliederung der Erhebungsquellen vornehmen.

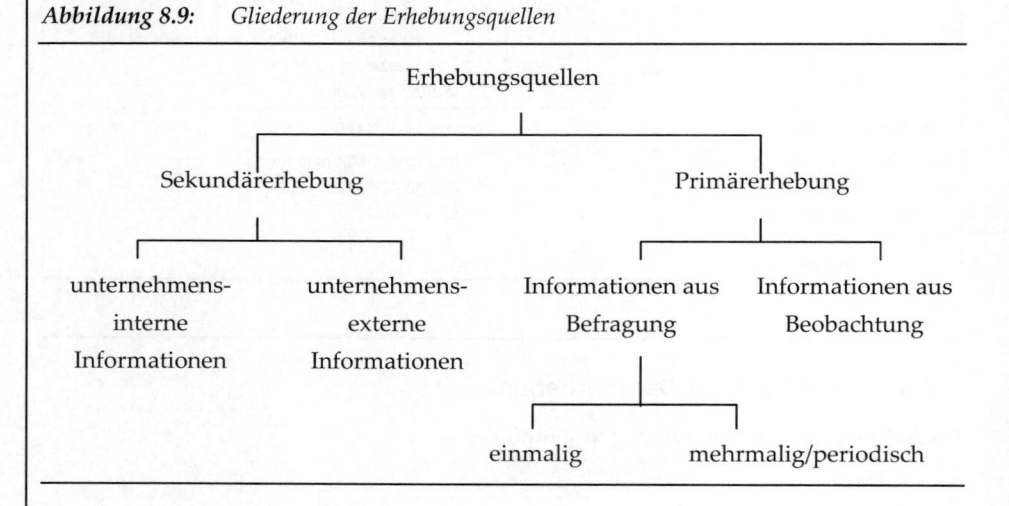

Abbildung 8.9: Gliederung der Erhebungsquellen

```
                              Erhebungsquellen
                                     │
                  ┌──────────────────┴──────────────────┐
            Sekundärerhebung                      Primärerhebung
                  │                                     │
         ┌────────┴────────┐                ┌───────────┴───────────┐
    unternehmens-    unternehmens-      Informationen aus      Informationen aus
      interne           externe            Befragung              Beobachtung
   Informationen     Informationen             │
                                       ┌───────┴────────┐
                                    einmalig    mehrmalig/periodisch
```

Zu 2.1 Erhebungsquellen der Sekundärerhebung

Datenquellen der Sekundärerhebung können sowohl unternehmensinterne als auch unternehmensexterne Informationen sein.

Unternehmensinterne Informationen:

Auf Informationen aus dem eigenen Unternehmen kann der Projektentwickler vor allem dann zurückgreifen, wenn am Makrostandort bereits ein ähnliches Immobilienprojekt realisiert wurde. Solche Informationen können sein:

- erzielte Verkaufspreise pro Quadratmeter,
- erzielte Umsätze und Gewinne,

- Dauer der Vermarktung,
- Erfahrungen in der Arbeitsweise von Genehmigungsbehörden,
- Miet- oder Kaufinteressenten anhand der vorliegenden Kundendatei,
- bereits erarbeitete Marktberichte.

Unternehmensexterne Informationen:
Unternehmensexterne Informationen können in Auswertung von Fachliteratur, amtlichen Statistiken, Veröffentlichungen von Forschungs- und Hochschuleinrichtungen, Veröffentlichungen von Fachverbänden und Unternehmen gewonnen werden. Wesentliche für den Projektentwickler relevante Informationsquellen sind z.B.:

Fachpresse:	„Immobilienzeitung", Wiesbaden; „Immobilien und Finanzierung", Frankfurt/Main; „Immobilienwirtschaft", Freiburg i. Br; „Grundstücksmarkt und Grundstückswert", Neuwied; „Die Wohnungswirtschaft", Hamburg ;
Amtliche Statistiken und Dokumente:	Grundstücksmarktberichte der Gutachterausschüsse; Mietpreisspiegel; Veröffentlichungen der statistischen Ämter; Flächennutzungs- und Bebauungspläne;
Veröffentlichungen von Forschungs- und Hochschuleinrichtungen:	BulwienGesa AG empirica Wirtschaftsforschung und Beratung GmbH gfk Prisma Institut für Handels-, Stadt- und Regionalforschung GmbH & Co. KG iSt. Institut für immobilienwirtschaftliche Studien, Leipzig Institut für Stadt-, Regional- und Wohnforschung GmbH, Hamburg; Gesellschaft für immobilienwirtschaftliche Forschung e.V. (gif); Wiesbaden Rheinisch-Westphälisches Institut für Wirtschaftsforschung, Essen; HWWA-Institut für Wirtschaftsforschung, Hamburg; Deutsches Institut für Wirtschaftsforschung (DIW) Berlin; Ifo Institut München Institut für Weltwirtschaft, Kiel; IWH - Institut für Wirtschaftsforschung, Halle/Saale; Institut für Gewerbezentren (IfG);
Veröffentlichungen von Fachverbänden und Unternehmen:	Immobilienpreisspiegel des ivd; GdW Bundesverband deutscher Wohnungs- und Immobilienunternehmen e.V.; BFW Bundesverband Freier Immobilien- und Wohnungsunternehmen e.V.; Royal Institution of Chartered Surveyors Deutschland; Marktberichte überregional tätiger Maklerfirmen; Auswertung der Tagespresse zu Immobilienangeboten und -preisen.

Prof. Dr. habil. Kerry-U. Brauer

Zu 2.2 Erhebungsquellen der Primärerhebung

Primärdaten können sowohl auf der Grundlage von Befragungen als auch auf der Grundlage von Beobachtungen gewonnen werden.

Informationen aus Befragung

In Abhängigkeit von der anvisierten Nutzergruppe und damit Zielgruppe ist die Befragung auf diese auszurichten. Die Befragungen können schriftlich, telefonisch oder mündlich erfolgen. Problem schriftlicher Befragungen ist die erfahrungsgemäß geringe Rücklaufquote. Bei mündlichen Befragungen ist zwar die Rücklaufquote sehr hoch, jedoch auch der damit verbundene Kosten- und Zeitaufwand. Telefonische Befragungen sind zwischen die bereits genannten Befragungsarten nach Kosten und Rücklaufquote einzuordnen.

Bei den Befragungen wird zwischen dem standardisierten Interview, dem strukturierten Interview und dem freien Gespräch unterschieden. Im standardisierten Interview werden anhand eines Fragebogens die Informationen eingeholt. Bei einem strukturierten Interview ist neben der im Fragebogen vorgegebenen zu gewinnenden Information Raum für weitere Aussagen. Bei mündlichen Befragungen können sich diese Zusatzfragen unmittelbar aus dem Gespräch ergeben. Außerdem können so genannte offene Fragen gestellt werden, bei denen keine Antwortvorgabe gemacht wird, sondern der Befragte seine Meinung zu einem Sachverhalt oder zu einer Anfrage darlegt.

Das freie Gespräch wird insbesondere bei so genannten Expertengesprächen angewendet. Ziel hierbei ist, die bereits vorliegenden Standort- und Marktkenntnisse Dritter für die Entscheidung über das eigene Projekt zu nutzen.

In der Projektentwicklung werden in aller Regel die Informationen aus Befragungen nur einmalig erfasst. Eine mehrmalige Erfassung ist aus Zeitgründen kaum möglich, es sei denn der Projektentwickler kommt nach der ersten Primärdatenerhebung zur Schlussfolgerung, das Projekt zunächst nicht zu realisieren und wiederholt zu einem späteren Zeitpunkt in der Annahme einer veränderten Marktlage die Primärdatenerhebung. Mehrmalige oder periodisch durchgeführte Erhebungen bei gleich bleibender Befragtengruppe werden als Panel bezeichnet. Solche Erhebungen werden vorwiegend von Forschungsinstituten durchgeführt.

Informationen aus Beobachtung

Die Informationsgewinnung aus Beobachtung kann in der Projektentwicklung insbesondere bei der Planung von Handels- und Dienstleistungsimmobilien von Bedeutung sein. Aus der Analyse der Passantenfrequenz lassen sich Schlussfolgerungen auf eine künftige Kundenfrequenz für das zu entwickelnde Objekt treffen.

Im Vergleich zur Befragung hat die Beobachtung für eine Standort- und Marktanalyse im Projektentwicklerbereich eine geringere Bedeutung.

Zu 3. Erhebungsverfahren

Die Primärdatenerhebung kann als Vollerhebung oder als Teilerhebung durchgeführt werden.

Bei der **Vollerhebung** werden alle Elemente einer Grundgesamtheit untersucht, d.h. alle Mitglieder der anvisierten Zielgruppe werden befragt oder beobachtet. Der Vorzug einer Vollerhebung besteht in der exakten Informationsgewinnung. In der Immobilienprojektentwicklung kann die Vollerhebung nur in wenigen Fällen angewendet werden. Das könnte beispielsweise dann der Fall sein, wenn eine sehr spezifische Immobilie entwickelt wird, für die nur eine überschaubare Anzahl von Betreibern in Frage kommt.

Umso weniger spezifisch eine Immobilie ist, desto größer ist die anvisierte Zielgruppe und damit die zu untersuchende Grundgesamtheit. Die Informationen können hier nur über **Teilerhebungen** gewonnen werden. Die Schwierigkeit bei Teilerhebungen besteht in der Auswahl der Teilgesamtheit. Für die Auswahl der Teilgesamtheit kann sowohl eine Zufallsauswahl als auch eine Zielauswahl getroffen werden. Auf Erläuterungen zu den Auswahlverfahren wird an dieser Stelle verzichtet. Dem interessierten Leser wird hierfür weiterführende Literatur empfohlen[4].

8.2.1.5 Datenauswertung

Die Datenauswertung umfasst die Aufbereitung, Verarbeitung und Interpretation der gewonnenen Daten.

Für die Auswertung umfangreichen Datenmaterials ist dessen statistische Erfassung und Verknüpfung notwendig. So muss bereits bei der Ausarbeitung eines Fragebogens berücksichtigt werden, dass die gegebenen Antworten verdichtet werden können. Voraussetzung hierfür sind so genannte geschlossene Fragen, bei denen die Antwortalternativen vorgegeben sind. Offene Fragen lassen sich statistisch nicht verdichten. Ihre Auswertung unterliegt immer einer subjektiven Interpretation.

Bei der Aufbereitung der Daten kann sich sowohl der Check-List-Methode als auch der Scoring - Methode bedient werden. Bei der Check-List-Methode gehen alle erfassten Daten gleichermaßen in die Auswertung ein. Bei der Scoring - Methode werden die erfassten Daten nach ihrer Relevanz für das Untersuchungsziel gewichtet, worauf schließlich die Interpretation der Daten und die Schlussfolgerungen basieren.

---

[4] Vgl. Berekoven, Eckert, Ellenrieder: S.43 ff

Prof. Dr. habil. Kerry-U. Brauer

Im Ergebnis der Auswertung der Sekundär- und der Primärdaten muss die Entscheidung fallen, ob die anvisierte Projektidee weiter verfolgt wird. Wird zu einem positiven Ergebnis gelangt, muss der Investor klären, in welchem Umfang die bauliche Nutzung des anvisierten Grundstücks möglich ist. Auf dieser Grundlage können erste Wirtschaftlichkeitsüberlegungen für den End- und Zwischeninvestor angestellt werden.

8.2.2 Prüfung der Grundstücksdaten

8.2.2.1 Prüfung der baulichen Nutzung des Grundstücks

Anhand der Auswertung der Sekundär- und Primärerhebungen wurde die Entscheidung getroffen, die Projektidee weiter zu verfolgen. Die wirtschaftlichen Rahmendaten am Makrostandort lassen auf eine Nachfrage nach dem zu entwickelnden Projekt nutzer- und investorenseitig schließen. Im nächsten Schritt ist zu prüfen, inwieweit die Projektidee unter den konkreten Grundstücksbedingungen aus bau- und erschließungsrechtlicher, grundbuchrechtlicher und schließlich kostenmäßiger Sicht realisierbar ist. Parallel dazu wird die Projektidee nach qualitativen und quantitativen Aspekten präzisiert. Die qualitative Ausgestaltung beinhaltet erste Festlegungen zur Gebäudestruktur, zu Raumgrößen, Ausstattungsniveau und Serviceleistungen. Die quantitative Ausgestaltung beinhaltet Berechnungen über die zu schaffenden Flächen. Zu unterscheiden ist hier zwischen:

1. Geschossflächenberechnung nach der Baunutzungsverordnung (BauNVO);
2. Grundflächenberechnung nach DIN 277;
3. Wohnflächenberechnung nach der Wohnflächenverordnung (WOFIV).

Während die Geschossfläche gemäß § 20 (3) BauNVO nach den Außenmaßen der Gebäude in allen Vollgeschossen zu ermitteln ist, wird die Grundfläche nach DIN 277, Teil 1, 3.2 innerhalb des Gebäudes in Fußbodenhöhe ermittelt. Die Wohnflächenberechnung lehnt sich an die Wohnflächenverordnung an. In dieser ist aufgeführt, welche Grundflächen zur Wohnfläche gehören und wie diese Grundflächen berechnet werden. Auch wenn die Wohnflächenverordnung nur bindend für Wohnungen ist, die unter das Wohnraumförderungsgesetz fallen, wird sie dennoch in der Praxis prinzipiell angewendet.

Die mit dieser Phase der Projektentwicklung verbundenen Leistungen sind im Wesentlichen in der HOAI- Leistungsphase 1 – Grundlagenermittlung – und in der HOAI – Leistungsphase 2 – Vorplanung (Projekt- und Planungsvorbereitung)[5] festgeschrieben. Die HOAI stellt im Rechtssinne zwar reines „Preisrecht" dar. In der Praxis

---

[5] Vgl. § 3 (4) und Anlage 11 Honorarordnung für Leistungen der Architekten und Ingenieure - HOAI

werden jedoch die Leistungsbilder der HOAI für die Beschreibung der werkvertraglichen Leistungspflichten genutzt[6]. In der Grundlagenermittlung sind die vorgegebenen Rahmenbedingungen zu analysieren und ist der Leistungsumfang für die Projektrealisierung zu ermitteln. Vorarbeiten, die über die Grundleistungen der HOAI - Leistungsphasen 1 und 2 hinausgehen, können Baugrund- oder Bauzustandsgutachten, Vermessungsleistungen etc. sein. Im Rahmen der Vorplanung wird ein Planungskonzept mit zeichnerischen Darstellungen und Flächenberechnungen erarbeitet.

Abbildung 8.10: Übersicht über die Gliederung der Flächen nach DIN 277

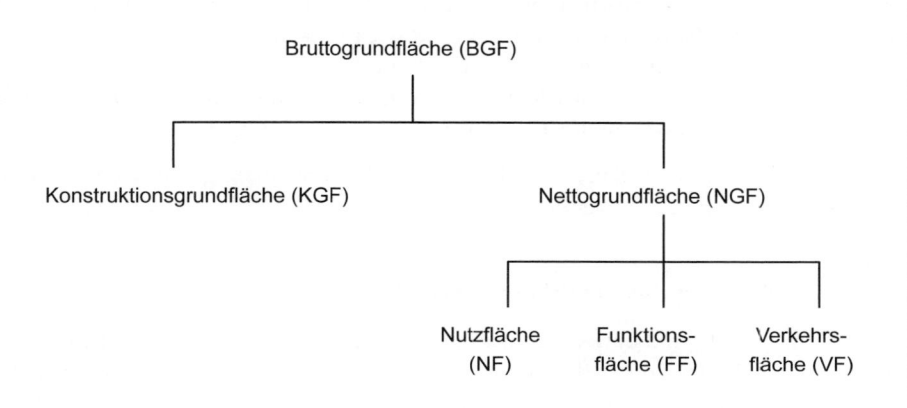

```
                        Bruttogrundfläche (BGF)
                                 |
                  ┌──────────────┴──────────────┐
    Konstruktionsgrundfläche (KGF)      Nettogrundfläche (NGF)
                                                 |
                                 ┌───────────────┼───────────────┐
                            Nutzfläche      Funktions-       Verkehrs-
                               (NF)         fläche (FF)      fläche (VF)
```

Für die Kosten- und Gewinnkalkulation des Vorhabens ist vor allem Rechtssicherheit über Art und Umfang der baulichen Nutzung des Grundstücks notwendig. Mit Hilfe einer Bauvoranfrage kann bereits vor Bauantragstellung diese Rechtssicherheit erlangt werden. Die hierfür einzureichenden Unterlagen hängen von der konkreten Fragestellung ab. Soll eine Aussage über die mögliche Bruttogeschossfläche und dafür notwendiger PKW-Stellplätze getroffen werden, sind folgende Unterlagen einzureichen:

- Formular „Antrag auf Bauvorbescheid"
- Fragestellungen zum Bauvorbescheid
- Flurkarte
- Beschreibung des Bauvorhabens
- Bauzeichnungen

---

[6] Vgl. Kapitel 2.2 Öffentliches und privates Baurecht.

Prof. Dr. habil. Kerry-U. Brauer

- Berechnung der Bruttogeschossfläche
- Berechnung der Grundflächenzahl und der Geschossflächenzahl
- Nachweis der PKW-Stellplätze
- Nachweis über die Bauvorlagenberechtigung.

Im Ergebnis der Bauvoranfrage wird von der zuständigen Bauaufsichtsbehörde ein Bauvorbescheid erteilt. Mit diesem werden die in der Bauvoranfrage gestellten Fragen rechtsverbindlich entschieden. Wird mit fortschreitender Realisierung der Projektidee das Baugenehmigungsverfahren zu einem späteren Zeitpunkt eingeleitet, kann zu den bereits mit dem Bauvorbescheid getroffenen Festlegungen nicht abweichend entschieden werden. Der Bauvorbescheid hat befristete Gültigkeit. Die Frist ist in den einzelnen Bundesländern unterschiedlich geregelt und beträgt zwei bis drei Jahre. Eine Fristverlängerung kann in der Regel vor Ablauf beantragt werden. Die konkreten Festlegungen hierzu sind in den jeweiligen Landesbauordnungen getroffen.

Mit Hilfe eines erteilten Bauvorbescheids besteht baurechtlich gesehen die Sicherheit für die Realisierung der Projektidee.

8.2.2.2 Prüfung des Erschließungsgrades

Die Prüfung der Grundstückserschließung ist sowohl aus baurechtlicher Sicht als auch aus Kostengründen von Bedeutung. Eine Baugenehmigung wird nur dann erteilt, wenn das Grundstück erschlossen ist. In Abhängigkeit vom Erschließungsgrad wird der Projektentwickler mehr oder weniger kostenmäßig mit Erschließungsbeiträgen belastet.

Da der Begriff Erschließung gesetzlich nicht definiert ist, ist auch nicht definiert, was unter einem erschlossenen Grundstück zu verstehen ist. Im Allgemeinen wird hierunter

- die Anbindung des Grundstücks an eine öffentliche Straße,
- die Wasserver- und Abwasserentsorgung,
- die Versorgung mit Elektroenergie, gegebenenfalls mit Gas oder mit Fernwärme

verstanden. Diese Leistungen obliegen teilweise der Kommune, teilweise privaten Versorgungsträgern oder dem Investor selbst. Die Bestandteile der Grundstückserschließung lassen sich gemäß Abbildung 8.11 gliedern.

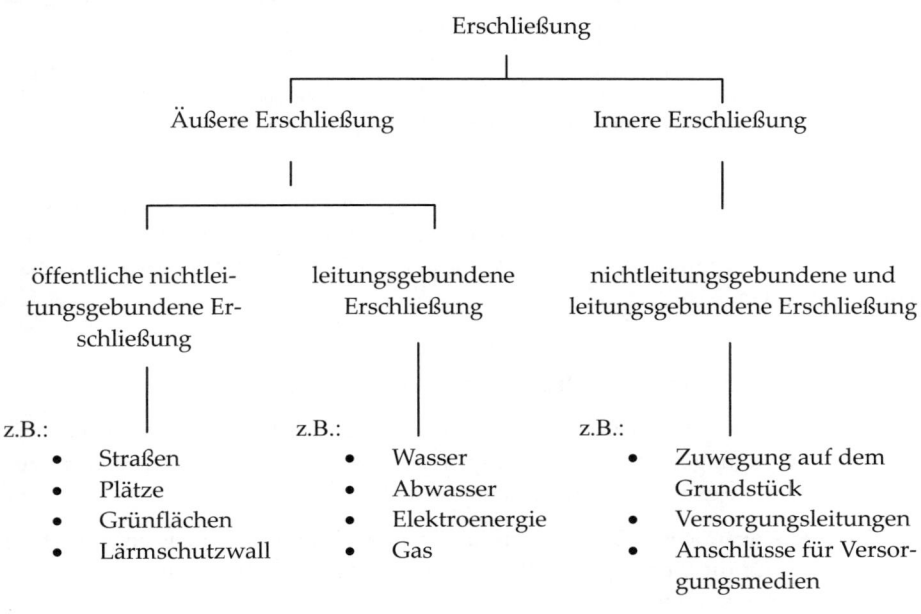

Abbildung 8.11: *Gliederung der Grundstückserschließung*

```
                                Erschließung
                        ┌────────────┴────────────┐
                Äußere Erschließung         Innere Erschließung
                        │                           │
            ┌───────────┴───────────┐               │
   öffentliche nichtlei-      leitungsgebundene    nichtleitungsgebundene und
   tungsgebundene Er-         Erschließung         leitungsgebundene Erschließung
   schließung
```

z.B.:
- Straßen
- Plätze
- Grünflächen
- Lärmschutzwall

z.B.:
- Wasser
- Abwasser
- Elektroenergie
- Gas

z.B.:
- Zuwegung auf dem Grundstück
- Versorgungsleitungen
- Anschlüsse für Versorgungsmedien

Die äußere Erschließung betrifft die Erschließung bis zur Grundstücksgrenze. Die innere Erschließung umfasst alle Erschließungsmaßnahmen auf dem Grundstück, auf dem die Projektidee realisiert wird.

Zunächst ist zu prüfen, ob die äußere Erschließung vollständig gegeben ist. Ist diese vorhanden, muss geprüft werden, ob öffentliche Lasten infolge der Erschließung noch zu begleichen sind. Erschließungsbeiträge dürfen nach § 127 Baugesetzbuch durch die Kommune für die öffentliche nichtleitungsgebundene Erschließung erhoben werden. Die Gemeinden sind nach dem Baugesetzbuch berechtigt, 90 Prozent des damit verbundenen Erschließungsaufwandes auf den Grundstückseigentümer umzulegen. Der Maßstab für die Verteilung des beitragsfähigen Erschließungsaufwandes ist in der Erschließungsbeitragssatzung der Gemeinde fixiert. Diese Kosten müssen in der Projektkalkulation berücksichtigt werden.

Ist die Erschließung des Grundstücks nicht oder nicht vollständig gegeben, ist zu prüfen, ob die Erschließung durch die Gemeinde erfolgt oder ob der Projektentwickler mit der Gemeinde einen Erschließungsvertrag nach § 124 Baugesetzbuch abschließen muss. In dem Fall besteht für die Gemeinde nach § 124 (2) Baugesetzbuch grundsätzlich die Möglichkeit, dass der private Investor, in dem Fall der Projektentwickler, den gesamten Erschließungsaufwand trägt.

Prof. Dr. habil. Kerry-U. Brauer

Sofern die Kommune die leitungsgebundene äußere Erschließung beauftragt und durchführen lässt, können auf der Grundlage des landesrechtlichen Kommunalabgabengesetzes damit verbundene Beiträge erhoben werden. Eine solche Beitragserhebung ist jedoch dann nicht möglich, wenn die leitungsmäßige Erschließung vertraglich zwischen dem jeweiligen Versorgungsträger und dem Projektentwickler geregelt ist. In dem Fall ist zwischen dem Projektentwickler und dem jeweiligen Versorgungsunternehmen ein Vertrag zur Errichtung der Erschließungsanlagen auszuhandeln.

Für die innere Erschließung, d.h. für die Verlegung der Erschließungsanlagen auf dem Grundstück des Projektentwicklers einschließlich notwendiger Hausanschlüsse muss in jedem Fall ein separater Vertrag mit dem jeweiligen Versorgungsunternehmen abgeschlossen werden.

8.2.2.3 Prüfung der Grundbuch- und Baulastensituation

Im Kapitel „2.1. Grundstücksrecht" wurden die wesentlichen das Grundstück belastenden Eintragungen bereits aufgezeigt. Hier sollen die damit verbundenen Wirkungen für die Projektentwicklung genannt werden.

Die Prüfung eingetragener Belastungen im Grundbuch und im Baulastenverzeichnis ist zum einen für die Sicherung der Realisierbarkeit der Projektidee, zum anderen für die Kostenkalkulation relevant.

Eingetragene Grundpfandrechte in Abteilung III werden in der Regel im Zusammenhang mit der Kaufpreiszahlung gelöscht oder aber bei Übernahme mit der Kaufpreishöhe berücksichtigt.

Schwieriger ist die Wertung der in Abteilung II des Grundbuchs verzeichneten Eintragungen. Unabhängig davon, ob die eingetragene Belastung Wert mindernd auf das Grundstück wirkt oder nicht, ergeben sich im Rahmen der Vermarktung Schwierigkeiten. Selbst dann wenn die Eintragung de facto kaum Wert mindernd ist (z.B. ein am Rande des Grundstücks verlaufendes Leitungsrecht) wird die Vorlast beim Verkauf des Immobilienprojekts die Kaufpreisverhandlungen beeinflussen. Insofern sollte der Projektentwickler so weit als möglich versuchen, die Belastung zu bewerten und gegen Zahlung eines Ausgleichsbetrages die Löschung bewilligen und durchführen zu lassen. Besteht diese Möglichkeit nicht, ist abzuwägen, inwieweit die Belastung bei der Vermarktung Kaufpreis mindernd wirkt. Um diese Größenordnung sollte der Ankaufspreis für das Grundstück vermindert werden.

Die im Grundbuch eingetragenen Belastungen beinhalten privatrechtliche Verpflichtungen. Im Unterschied dazu sind die Eintragungen im Baulastenverzeichnis öffentlich - rechtliche Verpflichtungen. Baulasten können sowohl Wege- und Leitungsrechte als auch Baubeschränkungen, die im Zusammenhang mit benachbarten Bauvorhaben eingetragen wurden, umfassen. Ihre Löschung setzt zwingend die Zustimmung der zuständigen Bauaufsichtsbehörde und des durch die Baulast Begünstigten voraus.

Neben den Belastungen, die im Grundbuch oder im Baulastenverzeichnis ersichtlich sind, können weitere Lasten auf dem Grundstück ruhen. Das sind öffentliche Lasten, wie Erschließungsbeiträge oder zu zahlende Grundsteuerbeträge. Auch die hiermit verbundenen Aufwendungen müssen in die Kostenkalkulation des Vorhabens einfließen.

Nachstehend werden ausgewählte Eintragungen in Abteilung II des Grundbuchs mit den daraus resultierenden Wirkungen auf die Projektentwicklung aufgezeigt.

Eintragungen in Abteilung II des Grundbuchs

Varianten der Eintragungen von Belastungen in Abteilung II des Grundbuchs sind fast unbegrenzt. Ihre Wirkung hängt immer vom konkreten Sachverhalt ab. Auf die Beschreibung einzelner Belastungen wird an dieser Stelle, mit Ausnahmen der Eintragungen auf der Grundlage des Baugesetzbuches, verzichtet.

Vermerke nach dem Baugesetzbuch sind insbesondere bei Projektentwicklungen im innerstädtischen Bereich zu berücksichtigen. Das betrifft in erster Linie den Sanierungs-, den Umlegungs- und Entwicklungsvermerkvermerk.

Ein **Sanierungsvermerk** wird eingetragen, wenn sich das Grundstück in einem förmlich festgelegten Sanierungsgebiet befindet. Für die Projektentwicklung sind damit weit reichende Konsequenzen verbunden. So bedürfen nach § 144 (2) Baugesetzbuch in förmlich festgelegten Sanierungsgebieten der schriftlichen Genehmigung durch die Gemeinde:

1. Veräußerung eines Grundstücks und die Bestellung und Veräußerung eines Erbbaurechts;
2. die Bestellung eines das Grundstück belastenden Rechts mit Ausnahme von Rechten, die mit der Durchführung von Baumaßnahmen verbunden sind;
3. ein schuldrechtlicher Vertrag, wodurch eine Verpflichtung für die in Nummer 1 oder 2 genannten Rechtsgeschäfte begründet wird (z.B. Kaufoption);
4. die Begründung, Änderung oder Aufhebung einer Baulast;
5. die Teilung des Grundstücks.

Die hier aufgeführten Genehmigungen sind nur dann zu versagen, wenn Grund zu der Annahme besteht, dass damit die in der Sanierungssatzung festgelegten Ziele nicht oder nur eingeschränkt erreicht werden können. Aufgrund der Genehmigungspflicht von Kaufverträgen werden auch die darin fixierten Kaufpreise geprüft. Eine Genehmigung kann versagt werden, wenn der Kaufpreis über dem Verkehrswert liegt. Auf diese Weise soll verhindert werden, dass mit den Grundstücken in Sanierungsgebieten spekuliert wird. Auch wenn die Nichtgenehmigung der oben aufgeführten

Sachverhalte eher die Ausnahme als die Regel bildet, behindert eine solche Eintragung die Verkehrsfähigkeit der Grundstücke, da der Sanierungsvermerk bis Abschluss der Sanierungsmaßnahme, welche in der Regel einen Zeitraum von 10 bis 15 Jahren in Anspruch nimmt, bestehen bleibt. Nach Abschluss der Sanierungsmaßnahme ist die Gemeinde gemäß § 154 BauGB berechtigt, einen Ausgleichsbetrag für Bodenwertsteigerungen infolge der durch die Sanierung bedingten Werterhöhung des Grundstücks zu erheben. Das heißt, dass zu einem Zeitpunkt x theoretisch der Eigentümer des jeweiligen Grundstücks einen Betrag y zahlen muss. Da eine solche Aussicht die Vermarktung eines Immobilienprojekts außerordentlich erschwert, besteht die Möglichkeit, diesen Ausgleichsbetrag bereits vorher abzulösen. Dieser Betrag muss bei der Kostenkalkulation des Immobilienprojekts berücksichtigt werden.

Den hier aufgeführten Erschwernissen einer Projektentwicklung in einem Sanierungsgebiet steht der Vorteil staatlicher Förderung solcher Gebiete gegenüber. So gelten für die in Sanierungsgebieten gelegenen Gebäude nach den §§ 7 h und 10f Einkommensteuergesetz erhöhte Absetzungen. Darüber hinaus werden verfügbare Fördermittel in einer Kommune schwerpunktmäßig für die Entwicklung von Sanierungsgebieten verwendet.

Ein **Umlegungsvermerk** beinhaltet die Neuordnung von Grundstücken mit dem Ziel der Sicherung einer ordnungsgemäßen Bebauung. Damit verbunden ist eine Verfügungs- und Veränderungssperre nach § 51 Baugesetzbuch. Jegliche Rechtsgeschäfte sind damit genehmigungspflichtig.

Als vereinfachte Umlegung wird die Neuordnung von Grundstücken im Rahmen der Grenzregelung nach § 80 ff Baugesetzbuch bezeichnet. In dem Fall werden benachbarte Grundstücke oder Teile dieser zum Zwecke einer ordnungsgemäßen Bebauung oder für die Durchführung von Infrastrukturmaßnahmen ausgetauscht. Im Unterschied zur Umlegung wird ein schwebendes Grenzregelungsverfahren nicht im Grundbuch vermerkt. Aus diesem Grunde sollte der Projektentwickler bei Vermutung eines solchen Verfahrens Auskünfte bei der zuständigen Bauaufsichtsbehörde einholen.

Festlegungen zum städtebaulichen Entwicklungsvermerk sind in den §§ 165ff im Baugesetzbuch geregelt. Ein städtebaulicher Entwicklungsvermerk wird in das Grundbuch eingetragen, wenn eine städtebauliche Entwicklungsmaßnahme in einem Gebiet geplant ist, d. h. das Gebiet erstmalig entwickelt oder im Rahmen einer städtebaulichen Neuordnung einer neuen Entwicklung zugeführt wird. Die hiermit verbundenen Vor- und Nachteile für einen Projektentwickler sind denen in einem Sanierungsgebiet ähnlich.

8.3 Konzeptions- und Planungsphase

8.3.1 Schaffung grundbuchrechtlicher Voraussetzungen für die Realisierung des Immobilienprojekts

8.3.1.1 Grundstückssicherung und Grundstückserwerb

Die Standort- und Marktanalyse sowie erste überschlägige Wirtschaftlichkeitsberechnungen führten zum Ergebnis, das anvisierte Immobilienprojekt weiter zu verfolgen. Rechtssicherheit über die grundsätzliche bauliche Realisierung nach Nutzungsart und -umfang wurde mit Hilfe einer Bauvoranfrage und dem daraufhin erteilten Bauvorbescheid erlangt.

Parallel zur Prüfung der baulichen Nutzung des Grundstücks, spätestens jedoch mit Erteilung des Bauvorbescheids ist die verbindliche **Sicherung des Grundstücks**, auf dem das Immobilienprojekt realisiert werden soll, erforderlich. Der Grundstückserwerb sollte erst dann erfolgen, wenn die Finanzierung des Immobilienprojekts gesichert ist.

Für die Grundstückssicherung bestehen zwei prinzipielle Varianten:

1. Vorvertrag
2. Einseitige Kauf- oder Verkaufsbindung.

1. Vorvertrag

Ein Vorvertrag ist ein schuldrechtlicher Vertrag, in dem sich Käufer und Verkäufer verpflichten zu einem späteren Zeitpunkt, wenn bestimmte Voraussetzungen gegeben sind (z.B. Finanzierungszusage einer Bank) oder bestimmte Hindernisse ausgeräumt sind (z.B. Lastenfreistellung des Grundstücks), den Hauptvertrag zu schließen. Gemäß § 311b BGB[7] bedarf ebenso wie der Hauptvertrag der Vorvertrag der notariellen Beurkundung. Privatschriftlich geschlossene Vorverträge sind wegen des Verstoßes gegen § 311b BGB unwirksam. Für die Wirksamkeit des Vorvertrages ist darüber hinaus erforderlich, dass sich die vertragsschließenden Parteien über die wesentlichen Punkte, die den Inhalt des Hauptvertrages bestimmen, einig sind.

---

[7] „Ein Vertrag, durch den sich ein Teil verpflichtet, das Eigentum an einem Grundstück zu übertragen oder zu erwerben, bedarf der notariellen Beurkundung..." BGB § 311b.

2. Einseitige Kauf- oder Verkaufsbindung

Eine rechtliche Grundlage für eine einseitige Kauf- oder Verkaufsbindung existiert nicht. Bei ihrer Begründung wird der zu schließende Kaufvertrag in Angebot und Annahme aufgespalten. Das Angebot zum An- oder Verkauf enthält bereits den vollständigen Inhalt des Kaufvertrages. Der Kaufvertrag kommt dann mit der Annahme des Angebots zustande. Analog zum Vorvertrag muss auch das Angebot zum Abschluss eines Kaufvertrages notariell beurkundet werden. Eine einseitige Kauf- oder Verkaufsbindung wird regelmäßig befristet und ist innerhalb der Frist unwiderruflich.

Auf der Grundlage erster Planungen zum Immobilienprojekt (Grundlagenermittlung und Entwurfsplanung) sowie der Sicherung des Grundstückserwerbs muss vom Projektentwickler die **Finanzierung des Vorhabens** sichergestellt werden. Die vom Projektentwickler einzureichenden Unterlagen, sowie die von der Bank durchgeführten Bonitäts- und Objektprüfungen entsprechen im Wesentlichen der Prüfung eines Bauträgerkreditantrages[8]. Aufgrund der in der Regel großen Investitionssummen, die mit der Realisierung eines Immobilienprojekts verbunden sind, ist eine enge Zusammenarbeit mit dem Finanzierungsinstitut sinnvoll und auch notwendig. Ein Vorteil einer engen Zusammenarbeit besteht vor allem in der Abstimmung der Zahlungsmodalitäten zwischen Kreditausreichung einerseits und Kaufpreis- sowie Baukostenzahlungen andererseits. Ein weiterer Vorteil besteht dahingehend, dass gegebenenfalls mit der Bank Konditionen ausgehandelt werden können, von denen gleichermaßen Bank und Projektentwickler profitieren. Gedacht wird hier an Formen wie „Participating-Mortgage - Finanzierung", bei der die Bank den Kredit zu günstigeren Zinskonditionen vergibt, im Gegenzug dafür am erzielten Projektentwicklergewinn beteiligt wird oder an „Joint-Venture-Finanzierung", bei der sich die Bank am Immobilienprojekt selbst beteiligt.[9]

Ist die Finanzierung sichergestellt, steht dem **Grundstückserwerb** nichts mehr im Wege.

Beim Abschluss eines Grundstückskaufvertrages ist zwischen Kauf und dinglichem Erfüllungsgeschäft zu unterscheiden. Der Kauf an sich wird mit dem Abschluss des Kaufvertrages vollzogen. Das dingliche Erfüllungsgeschäft beinhaltet die Auflassung nach § 925 BGB und die Eigentumsumschreibung. Zwischen beiden liegt in der Regel ein Zeitraum von mehreren Wochen. In diesem Zeitraum hat zwar der Projektentwickler das Grundstück bereits erworben, ist jedoch noch nicht Eigentümer. Um weiterhin agieren zu können und das Immobilienprojekt voranzutreiben, muss der Projektentwickler vom Verkäufer (und Noch-Eigentümer) mit entsprechenden Vollmachten ausgestattet werden. Das betrifft zum einen die Finanzierungsvollmacht, die in der

---

[8] Vgl. 6.4 Bauträgerfinanzierung.
[9] Vgl. 6.5 Alternative Formen der Kapitalbeschaffung zur Realisierung von Immobilieninvestitionen

Regel bereits im Kaufvertrag vereinbart wird. Das betrifft zum anderen Vollmachten, die gestatten, alle Maßnahmen zur Schaffung grundbuchrechtlicher und baurechtlicher Voraussetzungen auf eigene Kosten durchführen zu können.

Bereits nach Prüfung der baulichen Nutzung des Grundstücks, jedoch spätestens mit Abschluss des Grundstückskaufvertrages, muss der Projektentwickler mit der Vermarktung seines Vorhabens beginnen. Der Nachweis Erfolg versprechender Vermarktungsaktivitäten ist eines der wesentlichsten Kriterien für oder gegen eine Kreditgewährung. Das Immobilienvorhaben muss parallel zu allen weiteren Schritten innerhalb der Konzeptions-, Planungs- und Realisierungsphase vermarktet werden. Aus methodischen Gründen wird die Vermarktung separat im Abschnitt 4 des Kapitels behandelt. Die gewählte Reihenfolge hat weder etwas mit der Wertigkeit noch mit dem Zeitpunkt der Vermarktung zu tun. Zu beachten ist jedoch, dass vor Abschluss der Verkaufsverträge inklusive Geldfluss an den Projektentwickler eine Reihe rechtlicher, insbesondere grundbuchrechtlicher Voraussetzungen geschaffen werden müssen.

8.3.1.2 Verbindung, Teilung und Belastung von Grundstücken

Bei der Entwicklung von Immobilienprojekten bilden in der Regel die Verbindung, Teilung und Belastung von Grundstücken eine wesentliche Voraussetzung, um das geplante Vorhaben realisieren zu können.

Die **Verbindung von Grundstücken** wird immer dann erforderlich, wenn der Projektentwickler zur Realisierung seiner Projektidee mehrere nebeneinander liegende Grundstücke erwerben muss. Das Erfordernis zur Verbindung von Grundstücken ergibt sich zum einen aus dem Baurecht und zum anderen aus dem Gesetz über das Wohnungseigentum und das Dauerwohnrecht. Prinzipiell kann über Grundstücksgrenzen hinweg kein Gebäude errichtet werden. Ebenso wenig kann Wohnungs- und Teileigentum in der Weise begründet werden, dass das Sondereigentum mit Miteigentum an mehreren Grundstücken verbunden ist[10].

Für die Verbindung von Grundstücken bestehen nach § 890 BGB zwei Möglichkeiten:

1. Vereinigung von Grundstücken;
2. Zuschreibung von Grundstücken[11].

In öffentlich beglaubigter Form muss die Notwendigkeit zur Verbindung nachgewiesen werden. Das kann in Form einer Bestätigung durch das zuständige Bauordnungsamt erfolgen.

---

10 Gesetz über das Wohnungseigentum und das Dauerwohnrecht, § 1 (4).
11 Vgl. Kapitel 2.1.2.2 Veränderung des Grundstücks.

Prof. Dr. habil. Kerry-U. Brauer

Nach der Verbindung der Grundstücke kann sich in Abhängigkeit vom konkret zu realisierenden Immobilienprojekt die Teilung des Grundstücks oder die Begründung von Wohnungs- und Teileigentum erforderlich machen.

Die Notwendigkeit der Grundstücksteilung oder aber der Bildung von Wohnungs- und Teileigentum resultiert aus der geplanten Vermarktung der Immobilie oder aber aus Gründen der Risikominimierung. Ist die Veräußerung der entwickelten Immobilie an verschiedene Erwerber geplant, ist das bereits in der Konzeptions- und Planungsphase zu berücksichtigen. Bei großen Immobilienprojekten kann das Risiko der Vermarktung und Realisierung dadurch gemindert werden, dass das Gesamtprojekt schrittweise realisiert und damit auch schrittweise finanziert wird. Der für die Realisierung der einzelnen Teilprojekte benötigte Kredit kann dann auf dem jeweiligen Grundstück abgesichert werden.

Die Teilung von Grundstücken erfolgt auf der Grundlage der § 19 des Baugesetzbuches und der §§ 2 und 29 der Grundbuchordnung.[12] Mitunter sind darüber hinaus in den Landesbauordnungen Regelungen zur Grundstücksteilung getroffen. Nach § 19 Baugesetzbuch muss vom Grundstückseigentümer nur dann eine Teilungsgenehmigung von der Gemeinde eingeholt werden, wenn die Gemeinde im Geltungsbereich eines Bebauungsplans mit Satzung festgeschrieben hat, dass die Teilung zu ihrer Wirksamkeit der Genehmigung bedarf. Nach § 2 Grundbuchordnung kann die Grundstücksteilung im Grundbuch nur vollzogen werden, wenn das Grundstück vermessen und im Liegenschaftskataster unter einer besonderen Nummer verzeichnet ist. Darüber hinaus müssen nach § 29 Grundbuchordnung die zur Eintragung erforderlichen Erklärungen durch öffentliche oder öffentlich beglaubigte Urkunden nachgewiesen werden.

Für die Teilung von Grundstücken sind folgende Schritte erforderlich:

1. Prüfung, ob die Grundstücksteilung genehmigungspflichtig ist. Im Falle der Genehmigungspflicht ist der Teilungsantrag beim zuständigen Bauamt der Gemeinde einzureichen. Zum Teilungsantrag einzureichende Unterlagen:

    - Antrag – formlos oder auf Vordruck der jeweiligen Behörde;
    - Begründung des Teilungsantrages;
    - Flurkarte, in der die geplante Teilung gekennzeichnet ist;
    - Kopie des Grundbuchs.

2. Erteilung der Teilungsgenehmigung nach § 19 Baugesetzbuch und ggf. nach Landesbaurecht.

---

[12] Vgl. ebenda.

3. Beauftragung der Grundstücksvermessung. Ein amtlich bestellter Vermesser nimmt die Vermessung vor, fertigt einen amtlichen Lageplan und markt die neu entstandenen Flurstücke im Gelände ab.
4. Fortschreibung der Grundstücksteilung im Liegenschaftskataster. Auf der Grundlage der vom Vermesser erstellten Unterlagen und der ggf. notwendigen Teilungsgenehmigung prüft das Katasteramt die Angaben, legt die neuen Flurstücksbezeichnungen fest und schreibt das Liegenschaftskataster fort.
5. Antrag auf grundbuchmäßige Fortschreibung der Grundstücksteilung. Nach § 29 Grundbuchordnung hat die Antragstellung in öffentlich beglaubigter Form zu erfolgen. Auf der Grundlage des Antrages und der Unterlagen des Liegenschaftsamtes, aus denen die neue Flurstücksbildung und Flurstücksbezeichnungen ersichtlich werden, werden rechtlich selbständige Grundstücke durch Registrierung der neu gebildeten Flurstücke unter einer eigenen laufenden Nummer im Grundbuch gebildet.

Ein rechtlich selbständiges Grundstück liegt dann vor, wenn das im Grundbuch ausgewiesene Flurstück als kleinste vermessungstechnische Einheit unter einer separaten laufenden Nummer im Bestandsverzeichnis des Grundbuchs erfasst ist.

Die Begründung von Wohnungs- und Teileigentum beruht auf den Bestimmungen des „Gesetzes über das Wohnungseigentum und das Dauerwohnrecht" (Wohnungseigentumsgesetz – WEG). Wohnräume (Wohneigentum) oder nicht zu Wohnzwecken dienende Räume (Teileigentum) gelten als abgeschlossen, wenn sie einen separaten Zugang ins Freie, ins Treppenhaus oder in einen gemeinschaftlichen Vorraum haben, über eigene Wasser-, Abwasser- und Stromanschlüsse verfügen, sowie eine eigene Kochgelegenheit und eigene Toilette verfügen.

Zur Begründung sind folgende Schritte erforderlich:

1. Antrag auf Erteilung der Abgeschlossenheitsbescheinigung beim zuständigen Bauamt. Mit dem Antrag einzureichende Unterlagen:

- Objektanschrift und Angaben zum Bauvorhaben;
- Grundbuchdaten;
- Ausweis der Anzahl zu bildender Wohneinheiten und zu bildender Teileigentumseinheiten;
- Aufteilungspläne mit Kennzeichnung des Wohnungs- und Teileigentums und der Sondernutzungsrechte;
- Grundbuchauszug

2. Teilungserklärung (nach § 8 WEG) oder Einräumungsvertrag (nach § 3 WEG). Die Begründung nach § 3, d.h. nach der vertraglichen Einräumung von Sondereigentum findet nur dann Anwendung, wenn mehrere Eigentümer der Immobilie diese unter sich aufteilen.

Im Falle der Immobilienprojektentwicklung wird Wohnungs- und Teileigentum auf der Grundlage einer Teilungserklärung nach § 8 WEG gebildet. In dieser erklärt der Eigentümer (Projektentwickler) gegenüber dem Grundbuchamt die Teilung des Grundstücks in Miteigentumsanteile in der Weise, dass jeder Anteil an ein bestimmtes Sondereigentum gebunden ist. Für die Teilungserklärung reicht, im Unterschied zum Einräumungsvertrag, die notarielle Beglaubigung aus. Die Teilungserklärung wird in der Praxis jedoch regelmäßig beurkundet, um im später zu schließenden Kaufvertrag auf die Teilungserklärung als Identitätsnachweis für die veräußernde Einheit verweisen zu können.

3. Auf der Grundlage von Abgeschlossenheitsbescheinigung und notariell beglaubigter oder beurkundeter Teilungserklärung wird auf Antrag nach § 29 Grundbuchordnung das Grundbuch über das Grundstück geschlossen und einzelne Grundbücher für das Wohnungs- und Teileigentum angelegt.

Für eine erfolgreiche Projektrealisierung und -vermarktung sind bereits im Zuge der Teilung von Grundstücken bzw. der Begründung von Wohnungs- und Teileigentum notwendige einzutragende Belastungen im Grundbuch, wie z. B. Geh- und Überfahrrechte, Leitungsrechte oder im Baulastenverzeichnis, wie z.B. Vereinigungsbaulast, Stellplatzbaulast oder Abstandsflächenbaulast zu berücksichtigen.

8.3.2 Schaffung baurechtlicher Voraussetzungen

8.3.2.1 Entwurfs- und Genehmigungsplanung

Grundlagenermittlung und Vorplanung (HOAI - Leistungsphasen 1 und 2)[13] für die Realisierung des Immobilienprojekts sind abgeschlossen. Auf der Grundlage der damit vorliegenden ersten Kosten- und Erlösschätzungen lässt sich die voraussichtlich erzielbare Rendite für den Zwischeninvestor und für den Endinvestor berechnen. Damit sind gleichermaßen die Ausgangspunkte für die Akquisition potenzieller Nutzer und Endinvestoren und für Finanzierungsverhandlungen mit einem Kreditinstitut gegeben. Mit Hilfe eines Bauvorbescheids erhielt der Projektentwickler Rechtssicherheit zur Realisierung des geplanten Vorhabens nach Nutzungsart und Umfang (Bruttogeschossfläche). Das Grundstück hatte sich der Projektentwickler durch eine Kauf-

---

[13] HOAI § 3 (4).

option oder einen Vorvertrag gesichert, so dass mit definitiver Finanzierungszusage von der Bank dem Kaufvertragsabschluss nichts mehr im Wege steht. Erste Vorbereitungen für die Schaffung grundbuchrechtlicher Voraussetzungen für die Projektrealisierung wurden getroffen.

Nunmehr gilt es, die bereits vorliegenden Informationen mit der Entwurfs- und Genehmigungsplanung (HOAI - Leistungsphasen 3 und 4)[14] weiter zu präzisieren.

Entwurfsplanung

Mit der Entwurfsplanung wird das bisher vorliegende Planungskonzept unter Berücksichtigung aller fachspezifischen Anforderungen und unter Einbeziehung von Verhandlungen mit Behörden und an der Planung fachlich Beteiligter überarbeitet. In dieser Planungsphase sind, sofern als besondere Leistungen vereinbart, vom Architekten Alternativen in der konkreten Ausgestaltung und der Baustoffverwendung im Hinblick auf damit entstehender einmaliger Investitionskosten und laufender Bewirtschaftungskosten aufzuzeigen. Solche Alternativen können beispielsweise sein:

- Baustoffvergleiche nach Wärmedurchgangskoeffizienten,
- Belüftungsalternativen (Klimaanlage oder natürliche Belüftung),
- Heizungsalternativen (Nutzung herkömmlicher Brennstoffe oder regenerativer Energieträger)
- Anteil verglaster Flächen und damit verbundener Heiz- und Reinigungskosten,
- Fußbodenmaterialien nach Verschleiß und Reinigungsaufwand.

Die bereits vorliegende Kostenschätzung wird mit der Kostenberechnung nach den einzelnen Gewerken präzisiert. Hierauf aufbauend wird nunmehr der Finanzierungsplan erstellt, der die Grundlage für abschließende Kreditverhandlungen mit der Bank bildet. Parallel dazu wird ein Zeitplan für die Realisierung des Immobilienprojekts erstellt. Der damit präzisierte Zeithorizont ist wesentlich für durchzuführende Vermarktungsaktivitäten des Projektentwicklers. Das betrifft sowohl die Überprüfung der Höhe erzielbarer Verkaufserlöse als auch die zeitliche Bindung potenzieller Nutzer und Endinvestoren an das Immobilienprojekt.

Genehmigungsplanung

Mit der Genehmigungsplanung werden all jene Unterlagen erarbeitet, die beim zuständigen Bauordnungsamt für die Erteilung der Baugenehmigung einschließlich der Anträge auf Ausnahmen und Befreiungen einzureichen sind.

---

[14] Ebenda.

Prof. Dr. habil. Kerry-U. Brauer

Einzureichende Unterlagen sind:

- Formular Bauantrag
- Formular Baubeschreibung
- Erhebungsbogen für Baugenehmigungen
- Berechnung des umbauten Raums
- Berechnung der Bruttogeschossfläche
- Berechnung der Geschossflächenzahl und der Grundflächenzahl
- Berechnung der Wohn-/Nutzfläche
- Statische Berechnungen
- Nachweis der PKW-Stellplätze
- Berechnung der Rohbaukosten
- Lageplan
- Bauzeichnungen im Maßstab 1 : 100
- Nachweis der Bauvorlagenberechtigung
- Versicherungsnachweis.

Im Rahmen der Projektentwicklung kann sich herausstellen, dass nicht allen im Baurecht fixierten Vorgaben entsprochen werden kann. Das kann z. B. die Einhaltung von Abstandsflächen oder die Schaffung von PKW-Stellplätzen betreffen. In dem Fall können Befreiungen von zwingenden Vorschriften oder Ausnahmen von nicht zwingenden Vorschriften erteilt werden. Mit dem Bauantrag ist zu begründen, warum einzelne baurechtliche Vorgaben nicht eingehalten werden können.

Unabhängig davon, ob der Projektentwickler bereits Eigentümer ist oder nicht, kann er den Antrag auf Baugenehmigung stellen. Diese Regelung ist gerade für den Projektentwickler von außerordentlicher Bedeutung. Er kann somit parallel zur Grundstückssicherung und dem Grundstückserwerb das Baugenehmigungsverfahren durchführen. Die damit verbundene Zeitersparnis ist im Projektentwicklerbereich umso wichtiger, je größer und spezieller das Investitionsengagement ist. Je weiter der Zeitraum zwischen Projektidee und Vermarktung, desto unsicherer werden die kalkulierten Verkaufserlöse.

Ebenso wenig muss der Antragsteller nach erteilter Baugenehmigung das Vorhaben realisieren. Da die Rechte aus der Baugenehmigung übertragen werden können, kann der Projektentwickler das Grundstück zusammen mit der Baugenehmigung an einen Endinvestor veräußern.

8.3.2.2 Beteiligung von Fachplanungsbehörden und Grundstücksnachbarn

Im Zuge der Entwurfs- und Genehmigungsplanung sind die Planungen für das Immobilienprojekt mit öffentlichen und privaten Interessen abzustimmen. Die Einbeziehung von Fachplanungsbehörden und Versorgungsträgern ist unumgänglich. Je frühzeitiger die genannten Interessenvertreter in das Planungsvorhaben einbezogen werden, desto geringer ist der Kostenaufwand. Stellt sich erst im Zuge des Baugenehmigungsverfahrens heraus, dass einzelne Punkte nicht realisierbar sind, hat das gegebenenfalls die gesamte Umplanung des Projekts, einschließlich erneuter Kosten- und Renditekalkulation zur Folge.

Welche Fachplanungsbehörden und Versorgungsträger im Einzelnen einzubeziehen sind, hängt immer vom jeweiligen konkret zu realisierenden Immobilienprojekt ab.

Wesentliche Fachplanungsbehörden sind:

- Stadtplanungsamt
- Verkehrsplanungsamt
- Grünflächenamt
- Tiefbauamt
- Brandschutzamt
- Feuerwehr
- Denkmalschutzamt
- Umweltamt
- Amt für Stadtsanierung

Wesentliche Versorgungsträger sind:

- Elektroenergieversorgung
- Trinkwasserversorgung
- Abwasserentsorgung
- Wärmeversorgung.

Neben Fachplanungsbehörden und Versorgungsträgern schreiben die jeweiligen Landesbauordnungen die Beteiligung der vom Vorhaben betroffenen Nachbarn vor. Zu unterscheiden ist hierbei zwischen Nachbarn und Angrenzern. Unter Angrenzern sind all jene Grundstückseigentümer zu verstehen, die eine gemeinsame Grundstücksgrenze mit dem Grundstück, auf dem das Immobilienprojekt entwickelt wird, haben. Der Begriff Nachbar geht über die unmittelbaren Angrenzer hinaus. Nachbar ist auch der Eigentümer eines auf der gegenüberliegenden Straßenseite befindlichen Grundstücks. Werden die Grundstücksnachbarn bereits in die Planungsphase einbezogen und werden von ihnen die Lagepläne und Bauzeichnungen unterschrieben, entfällt die

Benachrichtigung während des Baugenehmigungsverfahrens, was wiederum zu Zeiteinsparungen im Interesse einer effizienten Projektentwicklung führt.

8.3.3 Schaffung finanzieller Voraussetzungen

8.3.3.1 Schritte der Kostenpräzisierung

Im Zuge der Immobilienprojektentwicklung sind die voraussichtlich entstehenden Entwicklungs-, Planungs-, Bau-, Vermarktungs- und Finanzierungskosten stetig zu präzisieren. Unter dem Aspekt der Kostenpräzisierung wird zwischen folgenden Schritten der Kostenermittlung unterschieden:

1. Kostenüberschlag
2. Kostenschätzung
3. Kostenberechnung
4. Kostenanschlag
5. Kostenfeststellung

Zu 1. Kostenüberschlag:

Eine erste überschlägige Kostenermittlung wird bereits im Rahmen der Analyse der Projektidee und damit in einer sehr frühen Phase der Projektentwicklung angestellt. Nachdem erste Vorstellungen über die Nutzungsart und den Nutzungsumfang, d.h. die zu schaffende Bruttogeschossfläche vorliegen, lassen sich die voraussichtlich mit dem Vorhaben verbundenen Kosten grob ermitteln. Der Kostenüberschlag bildet somit einen wesentlichen Aspekt für die grundsätzliche Entscheidung für oder gegen die weitere Projektverfolgung.

Der Kostenüberschlag beruht auf folgenden Angaben:

- Grundstückskosten:
    - Grundstücksgröße x Bodenrichtwert oder voraussichtlicher Kaufpreis/m²
    - Erwerbsnebenkosten

- Notar/ Amtsgerichtsgebühren

- Grunderwerbsteuer

- Maklercourtage

- geschätzte Kosten für Grundstücksaufbereitung
    - Vermessungskosten
    - Abbruchkosten
    - innere Erschließung

- Baukosten:
  - Wohnfläche x Baukosten/m²
  - Bürofläche x Baukosten/m²
  - Ladenfläche x Baukosten/m²
  - Lagerfläche x Baukosten/m²
  - Sonstige Flächen x Baukosten/m²
- Baunebenkosten:
  - Planungskosten   } Prozentsatz
  - Gebühren   } der Baukosten
- Vermarktungskosten
  Schätzung zu zahlender Maklercourtage bzw. Schätzung eigener Aufwendungen für die Vermarktung
- Finanzierungskosten
  Berechnung auflaufender Zinsen bis zur vollständigen Vermarktung

Die in Ansatz zu bringenden Baukosten beruhen auf Erfahrungswerten unter Berücksichtigung des geplanten Ausstattungsniveaus.

Die Berechnung der Planungskosten fußt auf der Honorarordnung für Architekten und Ingenieure. Als Pauschale für die Berechnung der Baunebenkosten, in denen die Planungs- und Projektsteuerungskosten enthalten sind, kann mit 12 bis 15 Prozent der Baukosten gerechnet werden.

Die Gebühren für die Baugenehmigung werden auf der Grundlage eines Tausendstels der Rohbaukosten und einem vom Bauordnungsamt festgelegten € -Satz ermittelt. Bei 10 Mio. Rohbaukosten und einem angenommenen Gebührensatz von 8,- € ergibt sich eine Baugenehmigungsgebühr in Höhe von 80 000,- €.

Bei der Berechnung der Finanzierungskosten wird unterstellt, dass die Kosten für den Grundstückserwerb und die Grundstücksaufbereitungskosten über den gesamten Zeitraum der Projektentwicklung einschließlich Realisierung anfallen. Bei den Baukosten wird die hälftige Inanspruchnahme über den gesamten Zeitraum unterstellt. Mit dieser Annahme kann gearbeitet werden, da die finanziellen Mittel erst nach Baufortschritt in Anspruch genommen werden. Bei einem Gesamtinvestitionsvolumen von 15 Millionen Euro, bei dem die Grundstückskosten einen Anteil von 2 Millionen Euro aufweisen, können pauschal bei einem Zinssatz von 7,0 Prozent und einer Realisierungsdauer von 3 Jahren folgende Finanzierungskosten berechnet werden.

Finanzierungskosten für das Grundstück	$2\,000\,000 \times 0{,}07 \times 3$	$= 420\,000\ €\ +$
Finanzierungskosten für das Gebäude	$\dfrac{13\,000\,000 \times 0{,}07 \times 3}{2}$	$= 1\,365\,000\ €\ +$
Summe Finanzierungskosten		$1\,785\,000\ €$

Prof. Dr. habil. Kerry-U. Brauer

Die Finanzierungskosten vermindern sich entsprechend, wenn das Immobilienprojekt schrittweise vermarktet wird und dem Projektentwickler hierfür die Erlöse zufließen[15].

Zu 2. Kostenschätzung:

Die Kostenschätzung ist Bestandteil der Vorplanung (HOAI - Leistungsphase 2) und basiert auf der Kostengliederung nach der DIN 276. In der Kostenschätzung sollen die Gesamtkosten nach Kostengruppen mindestens bis zur ersten Ebene der Kostengliederung ermittelt werden.

Kostengruppen nach DIN 276 sind:
- 100 Grundstück
- 200 Herrichten und Erschließen
- 300 Bauwerke – Baukonstruktion
- 400 Bauwerke – Technische Anlagen
- 500 Außenanlagen
- 600 Ausstattung und Kunstwerke
- 700 Baunebenkosten

Ebenso wie beim Kostenüberschlag bilden Kostenrichtwerte die Grundlage für die Kostenschätzung. Neben den Quadratmeterpreisen beruht die Kostenschätzung auf Preisen/m³ umbauten Raums.

Zu 3. Kostenberechnung:

Die Kostenberechnung ist Bestandteil der Entwurfsplanung (HOAI - Leistungsphase 3).

Die nach der DIN 276 gegliederten Kosten werden bis zur 2. Ebene ermittelt. Die so ermittelten Kosten sollten nicht mehr wesentlich von den tatsächlichen Kosten abweichen. Grundlage bilden die Entwurfsunterlagen mit exakten Mengenberechnungen und die Baubeschreibung mit Aussagen zur Qualität verwendeter Materialien, technischer Anlagen und zu Ausrüstungsgegenständen.

Zu 4. Kostenanschlag:

Der Kostenanschlag beinhaltet die Kostenermittlung nach den einzelnen Gewerken. Der Kostenanschlag wird im Rahmen der Ausführungsplanung und in Vorbereitung und Mitwirkung der Leistungsvergabe ermittelt (HOAI - Leistungsphase 7). Im Kostenanschlag sollen die Gesamtkosten nach Kostengruppen mindestens bis zur 3. Ebene ermittelt werden.

---

[15] Vgl. 6.4 Bauträgerfinanzierung

Zu 5. Kostenfeststellung:

Die Kostenfeststellung fällt in die bauliche Realisierungsphase (HOAI - Leistungsphase 8). Sie dient dem Nachweis entstandener Kosten. Grundlage hierfür bilden geprüfte Abrechnungsbelege, wie z. B. Schlussrechnungen. Mit der Kostenfeststellung wird das Immobilienprojekt nachkalkuliert. Auf diese Weise wird die Grundlage geschaffen, um die tatsächlich vom Projektentwickler erzielte Rendite berechnen zu können.

Bei der Berechnung von Kosten und erzielbaren Verkaufserlösen sowie Mieteinnahmen sind die zugrunde gelegten unterschiedlichen Flächenberechnungen unbedingt zu berücksichtigen.

Die Berechnung der Grundflächen und Rauminhalte von Bauwerken im Hochbau erfolgt nach der DIN 277. Die so ermittelte Bruttogrundfläche weicht erheblich von der vermietbaren Fläche ab. Für die Berechnung der vermietbaren Fläche ist die Verordnung zur Wohnflächenberechnung zugrunde zu legen. Für die Berechnung vermietbarer Flächen im Gewerbeimmobilienbereich existiert keine rechtsgültige Berechnungsvorschrift. Als Empfehlung dient hier die „Richtlinie zur Berechnung der Mietflächen für Büroräume (MF-B)" der gif – Gesellschaft für immobilienwirtschaftliche Forschung. Die Differenz zwischen Bruttogrundfläche und vermietbarer Fläche wird durch den Umfang geplanter Verkehrs- und Funktionsflächen bestimmt. Im Durchschnitt sind nur 80 bis 85 Prozent der Bruttogrundfläche vermietbar. Wird angenommen, dass nur 85 Prozent der Bruttogrundfläche vermietbare Fläche sind, entsprechen Investitionskosten in Höhe von 1 400,- €/ m² Bruttogrundfläche de facto Investitionskosten in Höhe von 1 647,- €/ m² vermietbarer Fläche!

Bei der Kostenkalkulation ist außerdem zu berücksichtigen, inwieweit die Mehrwertsteuer vom Endinvestor zu tragen ist oder als durchlaufender Posten kalkuliert werden kann. Letzteres ist nur bei der Vermietung im gewerblichen Bereich mit separatem Ausweis der Mehrwertsteuer in den Mietverträgen möglich. Bei Abschluss von Mietverträgen, bei denen der Mieter die Mehrwertsteuer **nicht** optieren kann (z. B. im Wohnimmobilienbereich, bei Vermietung an öffentliche Einrichtungen, an Kreditinstitute oder an Ärzte) besteht auch für den Erwerber der Immobilie nicht die Möglichkeit, die im Kaufpreis enthaltene Mehrwertsteuer absetzen zu können. Das bedeutet für den Projektentwickler, dass er bei seiner Kostenkalkulation in diesen Fällen die Mehrwertsteuer mit einbeziehen muss und nicht als durchlaufende Größe betrachten darf.[16]

8.3.3.2 Finanzierung des Immobilienprojekts

Sofern der Projektentwickler als Zwischeninvestor fungiert und damit im eigenen Namen und auf eigenes Risiko das Immobilienprojekt entwickelt, obliegt ihm die

---

16 Vgl. Kapitel 3.6. Immobilien im Umsatzsteuerrecht.

Prof. Dr. habil. Kerry-U. Brauer

Finanzierung desselben. Die Finanzierung einer Immobilienprojektentwicklung ist analog der Bauträgerfinanzierung eine Zwischenfinanzierung mit all den damit verbundenen Merkmalen.[17] Die bei der Bauträgerfinanzierung genannten Risiken, wie Vermarktungs-, Fertigstellungs- und Kostenrisiko sowie das Risiko der Mittelverwendung bestehen analog. Sowohl für den Projektentwickler als auch für die finanzierende Bank ist das Risiko umso höher, je größer das Investitionsvolumen ist. Risikominimierung ist für beide Seiten gleichermaßen wichtig. Divergierende Auffassungen bestehen jedoch in den Wegen zur Risikominimierung.

Eine Variante der Risikominimierung aus Sicht der Bank besteht in der Forderung, dass erst nachdem ein bestimmter Vermarktungsstand (z.B. 50 Prozent der Fläche vermarktet) erreicht ist, mit der Valutierung der Kreditmittel begonnen wird. Die damit verbundene einseitige Risikominimierung für die Bank erhöht das Risiko zu Lasten des Projektentwicklers. Der Verkauf einer Immobilie nur auf der Grundlage von Planungsunterlagen erweist sich häufig als schwierig. In jedem Fall verzögert sich mit dieser Forderung die Projektrealisierung und verteuert sich.

Risikominimierung für den Projektentwickler bedeutet eine möglichst schnelle Realisierung des Immobilienprojekts. Die Chancen der Vermarktung sind umso größer, je weiter das Immobilienprojekt baulich realisiert ist. Werden Kreditmittel ohne nachweisbaren Vermarktungsstand valutiert, bedeutet das jedoch die Umkehrung der oben geschilderten Situation und damit eine einseitige Risikoverlagerung zu Lasten der Bank.

Finanzierungsformen müssen gefunden werden, mit denen beiden Interessenlagen Rechnung getragen wird. Eine solche Möglichkeit besteht in Finanzierungsformen, bei denen sich mehrere Anleger an einem Immobilienprojekt beteiligen. Eigenkapital wird in Form von Beteiligungskapital in die Finanzierung des Vorhabens eingebracht. Das kann über die Initiierung von geschlossenen oder offenen Immobilienfonds, von Immobilienleasingfonds oder Immobilienaktiengesellschaften erfolgen. Damit verlagert sich jedoch das Risiko auf den Endinvestor. Die Zwischenfinanzierung erübrigt sich. Das Immobilienprojekt wird langfristig finanziert.

Eine ausführliche Darstellung der Finanzierung von Bauträger- und Projektentwicklervorhaben ist im Kapitel 6 Immobilienfinanzierung zu finden.

---

[17] Vgl. Kapitel 6.4 Bauträgerfinanzierung.

8.4 Realisierungsphase und Vermarktung

8.4.1 Bauliche Realisierung des Immobilienprojekts

Die Projektrealisierung gehört nur insofern zur Projektentwicklung wie diese den Bauträgerbereich einschließt und damit über die Projektentwicklung im engeren Sinne[18] hinausgeht. Die bauliche Realisierung des Immobilienprojekts ist nicht primär Gegenstand der Projektentwicklung. Die damit verbundenen Aufgaben können vollständig an die Projektsteuerung delegiert werden. Insofern soll nur auf wenige wesentliche Aspekte hingewiesen werden. Es wird auf einschlägige Baufachliteratur verwiesen.

Die Konzeptions- und Planungsphase endete mit der Genehmigungsplanung, auf deren Grundlage die Baugenehmigung erteilt wurde. Es schließen sich die HOAI-Leistungsphasen:

- 5 Ausführungsplanung
- 6 Vorbereitung der Vergabe
- 7 Mitwirkung bei der Vergabe
- 8 Objektüberwachung
- 9 Objektbetreuung und Dokumentation an.

In der **HOAI - Leistungsphase 5** werden für die entwurfsgerechte Ausführung notwendige Detail- und Konstruktionszeichnungen im Maßstab 1:50 bis 1:1 angefertigt. Damit ist die Grundlage für Ausschreibung und Vergabe der Bauleistungen gelegt.

Die Vorbereitung der Vergabe der Bauleistungen erfolgt in der **HOAI - Leistungsphase 6**. Nach Fertigstellung der Ausführungsunterlagen werden die erforderlichen Massen losweise unter Verwendung der Zuarbeiten anderer an der Planung fachlich Beteiligter ermittelt, zusammengestellt und abgestimmt. Die Aufteilung der erforderlichen Arbeiten in entsprechende Fachlose sowie die zu den einzelnen Aufgaben ermittelten Mengen dienen als Grundlage zum Aufstellen einer Leistungsbeschreibung mit Leistungsverzeichnis.

In der **HOAI - Leistungsphase 7** werden alle Aufgaben bearbeitet, die für die Vergabe der Leistungen erforderlich sind. Neben dem Zusammenstellen der Verdingungsunterlagen für alle Leistungsbereiche werden in Absprache mit dem Bauherren die Leistungen ausgeschrieben, um entsprechende Angebote einholen zu können.

---

18 Vgl. Kapitel 8.1.1 Inhaltliche Bestimmung der Projektentwicklung.

Prof. Dr. habil. Kerry-U. Brauer

Für die Auftragsvergabe der Leistungen bestehen drei Möglichkeiten:

- die Öffentliche Ausschreibung,
- die Beschränkte Ausschreibung,
- die Freihändige Vergabe.

Bei der **Öffentlichen Ausschreibung** geht die Aufforderung zur Angebotsabgabe über die Veröffentlichung in Tages- oder Fachzeitungen an eine unbeschränkte Anzahl von Unternehmen. Unternehmen, die sich an der Ausschreibung beteiligen, fordern auf dieser Grundlage das Leistungsverzeichnis mit Leistungsbeschreibung und Massenberechnung ab. Die öffentliche Ausschreibung ist zwingend vorgeschrieben, sofern der Investor ein öffentlich-rechtlicher Bauherr ist und sofern Fördermittel für die Realisierung der Projektidee fließen.

Bei der **Beschränkten Ausschreibung** werden eine beschränkte Anzahl von Unternehmen, mindestens drei, zur Angebotsabgabe aufgefordert. Entsprechend der geringeren Anzahl bietender Unternehmen ist auch der Wettbewerb geringer als bei einer öffentlichen Ausschreibung.

Bei der **Freihändigen Vergabe** wird der Auftrag ohne Vergleich zwischen verschiedenen Anbietern vergeben. Diese Form der Auftragsvergabe ist eher die Ausnahme als die Regel.

Nach der Verdingungsordnung für Bauleistungen, Teil A – Allgemeine Bestimmungen für die Vergabe von Bauleistungen – wird im Paragraph 5 zwischen drei Vertragsarten unterschieden:

- Leistungsvertrag
- Stundenlohnvertrag
- Selbstkostenerstattungsvertrag.

Grundsätzlich ist ein **Leistungsvertrag** zu vereinbaren. Die Vergütung erfolgt hier entweder auf der Grundlage eines Einheitspreisvertrages, bei dem für technisch und wirtschaftlich einheitliche Teilleistungen, deren Menge in den Verdingungsunterlagen anzugeben ist, pro Mengeneinheit ein Einheitspreis fixiert wird. Eine andere Variante des Leistungsvertrages bildet der Pauschalleistungsvertrag. Die Vergütung erfolgt hier in einer vereinbarten Pauschalsumme, wenn die Leistung nach Ausführungsart und Umfang genau bestimmt ist und mit einer Änderung bei der Ausführung nicht zu rechnen ist.

Kann ein Leistungsvertrag nicht vereinbart werden, ist der Abschluss eines **Stundenlohnvertrages** möglich. Er beinhaltet, dass Bauleistungen geringeren Umfangs, die überwiegend Lohnkosten verursachen, auf der Grundlage von Stundenlohn vereinbart werden dürfen.

Eine weitere Ausnahme bildet der **Selbstkostenerstattungsvertrag**. Hierfür gilt, dass Bauleistungen größeren Umfangs, die vor der Vergabe nicht eindeutig bestimmt werden können, nach den tatsächlich anfallenden Kosten des Auftragnehmers einschließlich eines hierauf festgelegten Prozentsatzes für Wagnis und Gewinn abgerechnet werden dürfen.

Die **HOAI - Leistungsphase 8** umfasst die Überwachung des Bauablaufs durch den damit beauftragten Bau leitenden Architekten. In dieser Phase erfolgt die eigentliche bauliche Realisierung der Projektidee. Bei Realisierung des Bauvorhabens durch Beauftragung eines Generalunternehmers ist in der Regel von diesem der Terminplan zu erstellen. Die vom Generalunternehmer nicht auszuführenden Gewerke werden zeitlich in den Ablauf eingeordnet, so dass ein Gesamtterminplan erstellt werden kann. Die Einhaltung geplanter Termine ist insbesondere unter dem Aspekt der Vermarktung der Immobilie von herausragender Bedeutung. So kann einerseits bei späterer als geplanter Fertigstellung möglicherweise nur ein geringerer Preis infolge bereits eingetretener Marktsättigung erreicht werden. Andererseits können gegebenenfalls Forderungen von Erwerbern infolge Mietausfall oder Forderungen künftiger gewerblicher Mieter infolge Einnahmeverlust durch verspätete Nutzung der Immobilie aufgemacht werden.

Terminüberwachung, Kostenkontrolle und Qualitätsüberwachung sind die wesentlichen in dieser Phase zu erbringenden Leistungen durch den Projektleiter. Im Ergebnis dieser Leistungsphase werden sämtliche Leistungen der Bau ausführenden Firmen abgenommen und wird das Objekt an den Projektentwickler als Auftraggeber übergeben. Mit der Schlussrechnung kann die Kostenfeststellung vorgenommen werden.

Die **HOAI - Leistungsphase 9** reicht weit in die Phase der Immobiliennutzung. Vor Ablauf der Verjährungsfrist von Gewährleistungsansprüchen müssen die Mängel festgestellt werden. Ganz wesentlich ist hierbei, eventuell aufgetretene Unterbrechungs- oder Hemmungstatbestände zu berücksichtigen. Diese resultieren primär aus dem Zeitraum zwischen Mängelanzeige und Mängelbeseitigung, was schließlich zu einer entsprechenden Verlängerung der Gewährleistungsfrist führt.

Für den Projektentwickler ist hier relevant, inwieweit er die bestehenden Gewährleistungsansprüche an den Endinvestor abtritt oder aber bis Ablauf dieser Frist für deren Geltendmachung und damit letztlich für die mängelfreie Nutzung der Immobilie verantwortlich ist. Regelungen hierzu sind im Kaufvertrag eindeutig zu treffen.

8.4.2 Vermarktung des Immobilienprojekts

Die Vermarktung des Immobilienprojekts bildet den Abschluss der bewusst marktorientierten Führung des Projektentwicklerunternehmens. Alle Aktivitäten des Projektentwicklers, beginnend mit der Standort- und Marktanalyse, über die permanente Anpassung des Immobilienprojekts an die Bedürfnisse potenzieller Nutzer bis hin zur Vermietung und zum Verkauf. Die Behandlung der Vermarktung zum Abschluss des Kapitels heißt nicht, dass Verkauf und Vermietung die letzten Schritte in der Projektentwicklung sind. Vielmehr verlaufen die Vermarktungsaktivitäten parallel zu allen übrigen Prozessen, wie eingangs im Ablaufschema zur Projektentwicklung dargestellt. Je frühzeitiger es dem Projektentwickler gelingt, potenzielle Nutzer und Endinvestoren zu binden, desto preiswerter wird sein Investitionsengagement. Kostenersparnis resultiert zum einen aus der zielgerichteten auf die Nutzerbedürfnisse zugeschnittenen Planung der Immobilie. Je später der künftige Nutzer der Immobilie feststeht, desto höher sind die möglichen Kosten, die mit Umplanungen und veränderten Ausführungen verbunden sind. Kostenersparnis bei zeitiger Vermarktung kann zum anderen durch die Zahlung des Kaufpreises in Raten nach Baufortschritt erreicht werden. Die auflaufenden Kreditzinsen des Projektentwicklers können mit den Guthabenzinsen infolge ratenweiser Kaufpreiszahlung des Endinvestors kompensiert werden. Allerdings ist hier zu berücksichtigen, dass institutionelle Anleger (z.B. offene Immobilienfondsgesellschaften, Versicherungsgesellschaften) regelmäßig erst mit Fertigstellung den vereinbarten Kaufpreis zahlen, um nicht das Fertigstellungsrisiko zu tragen.

Der Projektentwickler muss entscheiden, welcher Vertriebsweg der erfolgreichste für sein Vorhaben ist. Grundsätzlich besteht die Entscheidungsmöglichkeit zwischen Eigen- und Fremdvertrieb.

Beim **Eigenvertrieb** vermarktet der Projektentwickler mit eigenen personellen Kapazitäten das Projekt selbst. Inwieweit diese Vertriebsform sinnvoll ist, hängt vom Vertriebs-Know-how und den eigenen personellen Kapazitäten sowie bereits vorhandenen Kundenkontakten und von der konkret zu vermarktenden Immobilie ab. Wird die Immobilie für einen bestimmten Investoren- und Nutzerkreis entwickelt, kann in der Regel auf die Beauftragung eines Maklers verzichtet werden. Bei der Entscheidung für den Eigenvertrieb müssen folgende Positionen in die Kostenkalkulation für die Vermarktung einfließen:

- Personalkosten;
- Exposégestaltung und –fertigung;
- Annoncen;
- Kosten für Messen und Verkaufsveranstaltungen.

Umso anonymer potenzielle Endinvestoren und Nutzer sind, desto wichtiger ist es, auf die Markt- und Kundenkenntnisse sowie das Know-how professioneller Immobilienmakler zurückzugreifen. Die zunächst vermeintliche Kostenersparnis im Eigenvertrieb kann sich sehr schnell als außerordentlich kostenintensiv, insbesondere aus Gründen schleppender, unprofessioneller Vermarktung erweisen.

Beim **Fremdvertrieb** engagiert der Projektentwickler eine Vertriebsgesellschaft für den Verkauf und/oder die Vermietung des Immobilienprojekts. Die damit verbundenen Kosten umfassen zum einen die Vergütung der Vertriebsgesellschaft, sofern eine Innenprovision vereinbart wird. Sie umfassen zum anderen die mit der Bereitstellung von Verkaufsunterlagen sowie mit der Kontrolle der Vertriebsgesellschaft verbundenen Kosten. Beide Kostenpositionen können, in Abhängigkeit des konkreten Vermarktungsauftrages, stark variieren.

Bei Beauftragung eines Maklerunternehmens ist mit einer Vergütung zwischen vier und sieben Prozent zuzüglich Mehrwertsteuer auf den Kaufpreis der Immobilie zu rechnen. Zu überlegen ist, ob ein Alleinauftrag an ein Maklerunternehmen gegeben wird oder ob mehrere Makler beauftragt werden. Es ist falsch anzunehmen, dass proportional zu den beauftragten Maklern der Verkaufserfolg zunimmt. Der gegenteilige Effekt kann bewirkt werden, wenn ein und dasselbe Objekt von verschiedenen Seiten über einen längeren Zeitraum massiv auf dem Markt angeboten wird. Es entsteht der Eindruck eines „Ladenhüters". Mutmaßungen über mangelnde Standort- oder Ausstattungsqualität führen letztlich zu erfolgloser Vermarktung. Die Auswahl eines, maximal zwei bis drei regional unterschiedlich agierenden Immobilienmaklerunternehmen ist mit höherer Erfolgswahrscheinlichkeit verbunden. Nachgewiesene Referenzobjekte unter Angabe der Vermarktungszeiten geben einen wesentlichen Anhaltspunkt über die Qualität des Maklerunternehmens.

Für den Vertrieb notwendige Unterlagen, die vom Projektentwickler bereitzustellen sind, sind:

- Grundbuchauszug;
- Bauzeichnungen;
- Baugenehmigung;
- Aufteilungsplan und ggf. Abgeschlossenheitsbescheinigung;
- Flächenberechnungen;
- Bau- und Leistungsbeschreibung;
- Lageplan mit eingezeichnetem Objekt;
- Aufstellung der Wohnraum- und Gewerbeeinheiten mit Kennzeichnung der Lage und Flächenberechnung;
- Musterkaufvertrag;
- ggf. Teilungserklärung und Gemeinschaftsordnung;
- ggf. Verwaltervertrag;
- ggf. vorläufiger Wirtschaftsplan.

Zusammenfassung

Die professionelle Entwicklung von Immobilien setzt gleichermaßen ökonomische, rechtliche und bautechnische Kenntnisse voraus. Der entscheidende Ausgangspunkt für den Erfolg oder Misserfolg eines Immobilienprojekts wird mit der Standort- und Marktanalyse vor Projektrealisierung gelegt. Priorität haben die Bedürfnisse und Anforderungen potenzieller Nutzer der Immobilie. Besteht eine nutzerseitige Nachfrage nach der Immobilie, ist mit laufenden und schrittweise steigenden Erträgen zu rechnen. Damit ist der Verkauf an einen Endinvestor gesichert. Mit dem Verkauf wiederum erwirtschaftet der Projektentwickler, sofern er als Zwischeninvestor agiert, seinen Ertrag.

Für eine erfolgreiche Entwicklung von Immobilien müssen eine Vielzahl, teilweise parallel laufender Prozesse koordiniert und entschieden werden. Das betrifft:

1. Entwicklung einer Projektidee,
2. Prüfung der Realisierbarkeit dieser Projektidee,
3. Kosten- und Ertragskalkulation als Ausgangspunkt für die Berechnung erzielbarer Rendite,
4. Finanzierung/ Kapitalbeschaffung,
5. Vermarktung (Vermietung/ Verkauf).

Projektentwicklertätigkeit ist damit in erster Linie Koordinierungs- und Leitungstätigkeit bei genauer Kenntnis des jeweiligen Immobilienteilmarktes sowie aller Facetten der Planung, Realisierung und Vermarktung eines Immobilienvorhabens.

8.5 Literaturverzeichnis

Berekoven, Ludwig; Eckert, Werner; Ellenrieder, Peter: Marktforschung: methodische Grundlagen und praktische Anwendung, Wiesbaden 2009

Meffert, Heribert: Marketing - Grundlagen der marktorientierten Unternehmensführung, Wiesbaden 2012

Weis, Hans-Christian: Marketing, Ludwigshafen (Rhein) 2009

Stichwortverzeichnis

A

Abgeschlossenheitsbescheinigung · 307, 309, 537, 639, 640, 653
Abgrenzung zwischen Wirtschaftlichkeit, Rentabilität und Rendite · 27
Abgrenzungsfragen · 269
Ablauforganisation · 537
Abmahnung · 254, 305, 306, 537
Abrechnung · 119, 179, 193, 207, 227, 230, 231, 232, 233, 235, 246
Abrechnungsfrist · 207, 232, 246
Abschluss · 154, 162, 171, 172, 173, 174, 177, 197
Abstraktionsprinzip · 537
Ahndung · 305
Alleinauftrag · 295, 296, 297, 298, 653
Anfechtung · 300, 315
Asset · 42, 43, 46, 562, 563, 591, 593, 605, 611
Asset Management · 42, 43, 46
Aufhebung · 91, 94, 198, 301, 313, 633
Ausschluss · 109, 114, 176, 187, 217, 223, 234, 236, 313
Ausschreibung · 173, 201, 649, 650

B

Bank · 83, 199, 279, 359, 360, 386, 445, 460, 635, 636, 641, 648
Baugenehmigung · 6, 97, 122, 130, 150, 156, 157, 158, 159, 160, 161, 162, 163, 164, 166, 167, 278, 617, 630, 641, 642, 645, 649, 653
Baulastensituation · 609, 632
Bauleistungen · 119, 168, 169, 170, 172, 173, 174, 175, 177, 179, 180, 181, 195, 201, 269, 270, 275, 278, 281, 372, 377, 384, 649, 650
Baumängel · 119, 184, 185, 334
Bauordnungsrecht · 119, 121, 122, 123, 151, 152, 154, 155, 167
Baurecht · 25, 31, 33, 97, 117, 119, 121, 122, 123, 124, 125, 126, 168, 273, 275, 283, 629, 637, 642
Bauträger · 12, 17, 24, 31, 32, 33, 99, 171, 265, 267, 269, 270, 271, 272, 275, 276, 278, 279, 281, 282, 283, 284, 285, 342, 648
Bauträgerfinanzierung · 507, 515, 518, 519, 520, 521, 529, 636, 646, 648
Bauträgerkreditvertrag · 523
Bauträgerverordnung · 270, 273, 277, 279, 283
Bauträgervertrag · 171, 270, 273, 274, 276, 277, 283, 285, 288, 316
Bauzeit · 191, 192
Bedingung · 300
Belastung · 70, 80, 82, 86, 88, 91, 99, 100, 103, 108, 111, 112, 113, 346, 375, 609, 632, 637
Belegeinsicht · 207, 233, 234
Besicherung · 100, 527, 528, 529
Bestandsmanagement · 28
Betriebskosten · 207, 227, 228, 229, 230, 231, 233, 237, 248, 336, 337, 340, 341
Betriebsvermögen · 323, 324, 325, 326, 330, 350, 385, 387
Betriebswirtschaftslehre · 5, 6, 7, 10, 17, 18, 24, 58
Bewertung · 30, 37, 133, 218, 224, 253, 269, 323, 325, 328, 329, 331, 333, 334, 335, 336, 338, 342, 387

Stichwortverzeichnis

BGB · 139, 143, 168, 169, 170, 171, 172, 173, 174, 175, 176, 177, 178, 179, 181, 182, 183, 184, 185, 186, 187, 188, 189, 190, 191, 192, 193, 194, 195, 196, 197, 198, 199, 200, 201, 203
Bonitätsprüfung · 496, 535
Büroimmobilien · 11, 55, 620
Büroimmobilienmarkt · 55

C

Corporate Real Estate Management · 23, 43, 44, 46
Corporate und Public Real Estate · 591, 592

D

Datenauswertung · 609, 620, 627
Datenerhebung · 609, 620, 621, 623
Dienstleistungsprozess · 5, 6

E

Eigenheimzulage · 322, 368, 369
Eigentümergemeinschaft · 211, 307, 312, 313
Eigentümerversammlung · 312, 313, 314, 315
Einführung in die Immobilienwirtschaft · 27
Einkommen · 321, 343, 344, 345, 346, 350
Einkommensteuerrecht · 343, 344
Einkommensteuertarif · 343, 345
Einkünfte · 322, 323, 324, 325, 326, 343, 344, 346, 347, 349, 356, 357, 358, 359, 360, 361, 362, 363, 364, 365, 366, 367, 368

Einnahmen · 343, 347, 348, 356, 357, 360, 441, 442, 443, 444, 445, 447
Einordnung und Grundlagen des Immobilienmarketing · 27
Erbschaft · 322, 323, 334, 336, 387, 388, 394, 395
Erbschaftsteuer · 321, 329, 334, 338, 387, 388, 391, 392
Erbschaftsteuerrecht · 323, 387
Erfüllungsanspruch · 182, 283, 289, 297
Ersatzvornahmerecht · 223

F

Fachplanungsbehörden · 609, 643
Facility Management · 7, 24, 25, 28, 42, 43, 46, 611
Fälligkeit · 279, 282, 284
Finanzdienstleistungen · 5
Finanzierung · 9, 34, 35, 625, 635, 636, 647, 648, 654
Förderung · 325, 344, 368, 369
Freizeitimmobilien · 57

G

Gebrauchspflicht · 226
Gebrauchsrechte · 223
Genehmigungsplanung · 611, 612, 616, 640, 641, 643, 649
Generalübernehmer · 269, 270, 272
Generalunternehmer · 269, 270, 272
Geschäftsbedingungen · 280, 281, 293, 294
Gestaltungsfreiheit · 172
Gewährleistung · 218, 220, 223
Gewährleistungsansprüche · 275, 285
Gewährleistungsausschluss · 220, 223
Gewerbeertrag · 385, 386, 387
Gewerbesteuer · 321, 329, 384, 385, 387
Gewerbesteuerrecht · 356, 384

Grundbesitz · 323, 331, 334, 336, 357, 387, 394
Grundbuch · 63, 64, 67, 71, 72, 73, 74, 75, 76, 77, 78, 79, 80, 82, 83, 84, 85, 88, 89, 90, 91, 92, 93, 94, 95, 96, 98, 99, 100, 102, 106, 107, 108, 110, 112, 113, 114, 115, 212, 299, 309, 315, 342, 362, 609, 617, 623, 632, 633, 634, 638, 639, 640
Grundflächenberechnung · 628
Grundsatzentscheidungen · 477
Grundstücksdaten · 628
Grundstückserwerb · 83, 121, 273, 609, 635, 636, 642, 645
Grundstückshandel · 356, 394, 395
Grundstückskauf · 93, 97, 373, 376
Grundstücksnachbarn · 609, 643
Grundstückssicherung · 609, 635, 642

H

Haftung · 274, 304
Handelsimmobilien · 47, 56, 620
Hauptvertrag · 296, 298, 299, 300, 301, 302, 303, 635
Heizkosten · 207, 227, 231, 234
Herausgabeansprüche · 284

I

Immobilienbewertung · 7, 23, 25, 29, 31, 33, 37, 475, 499, 503, 507, 537
Immobilienfinanzierung · 28, 30, 319, 463, 465, 467, 468, 470, 472, 474, 476, 477, 480, 481, 482, 485, 492, 519, 529, 536, 648
Immobilieninvestitionen · 8, 21, 27, 29, 41, 47, 57, 437, 441, 442, 457, 460, 468, 472, 530, 531, 532, 536, 636
Immobilienmarketing · 23, 26, 29, 397, 399, 401, 431

Immobilienprojektentwicklung · 26, 33, 609, 611, 612, 618, 619, 627, 640, 644, 648
Immobilienwirtschaft · 467, 492, 515, 533
Instandhaltung · 36, 113, 165, 207, 212, 220, 235, 237, 238, 243, 256, 311, 313, 354, 383
Instandsetzung · 36, 165, 207, 237, 243, 354, 368, 383, 394
Investitionsentscheidung · 11, 25, 26, 31, 32, 34, 609, 612, 615, 619
Investitionszulage · 369, 395
Investmentsteuergesetz · 358

K

Kapitalbeschaffung · 21, 22, 25, 27, 28, 467, 468, 472, 477, 530, 531, 536, 616, 636, 654
Kapitalgesellschaft · 323, 324, 328, 384, 385
Kapitalvermögen · 344, 357, 358, 359, 360, 361, 362
Kausalität · 302
Kaution · 207, 244, 245, 246, 247
Klauselproblematik · 293
Kostenpräzisierung · 609, 644
Kreditantragstellung · 494, 496, 519
Kreditart · 476, 477
Kreditgewährung · 468, 490, 494, 507, 511, 516, 529, 534, 637
Kreditsicherheiten · 477, 488, 498, 512, 517, 523
Kreditvergabe · 470, 474, 476, 477, 480, 482, 487, 488, 490, 498, 500, 535
Kreditvertrag · 471, 487, 509, 510, 513, 523, 528, 617
Kündigung · 119, 176, 197, 198, 199, 207, 212, 213, 215, 220, 222, 223, 235, 248, 249, 250, 251, 252, 253, 254, 255, 259, 276, 296

L

Lebenszyklus · 564, 565
Leistungsempfänger · 372, 383, 384
Leistungsverweigerungsrecht · 188, 287
Logistikimmobilien · 56

M

Maklerrecht · 31, 35, 265, 267, 290, 294
Maklerverträge · 292, 296, 303
Management · 560, 562, 563, 564, 565, 566, 567, 568, 569, 570, 571, 572, 591, 592, 593
Mängel · 94, 99, 136, 137, 138, 160, 169, 176, 181, 182, 183, 184, 185, 187, 190, 221, 222, 278, 279, 285, 286, 289, 290, 651
Mängelrechte · 119, 184
Marktanalyse · 29, 54, 609, 615, 617, 619, 620, 624, 627, 635, 651, 653
Miete · 210, 211, 212, 214, 215, 220, 221, 223, 226, 227, 228, 230, 235, 236, 237, 242, 244, 247, 248, 252, 254, 257, 259
Mieterhöhung · 36, 207, 235, 236, 237, 243, 244, 253
Mieterwechsel · 208, 258
Mietrecht · 25, 31, 205, 207, 209, 218, 221
Mietstreitigkeiten · 208, 260
Mietstruktur · 207, 227
Mietvertrag · 207, 211, 212, 213, 214, 215, 216, 217, 218, 219, 221, 223, 224, 226, 228, 233, 235, 237, 240, 242, 244, 249, 250, 256, 258, 259, 261, 374, 617
Minderungsrecht · 287
Mitwirkungspflichten · 180
Modernisierung · 6, 25, 36, 207, 237, 238, 242, 243, 354, 368, 394
Monte Carlo Analyse · 456, 457

N

Nacherfüllungsanspruch · 188, 190, 285, 286
Nutzungsart · 10, 12, 14, 15, 22, 23, 34, 43, 45, 53, 54, 148, 232, 313, 380, 620, 621, 635, 640, 644
Nutzungsentschädigung · 93, 208, 256, 257, 262

O

Objektbeschreibung · 310
Objektivierung · 456
Objektprüfung · 475, 499, 507, 509, 511, 520, 521, 522, 529
Optionsrecht · 95, 322, 347, 374

P

Personensicherheiten · 489
Planungsphase · 609, 615, 616, 635, 638, 641, 643, 649
Portfoliomanagement · 23, 46, 560
Privatvermögen · 321, 322, 323, 324, 325, 326, 343, 349, 395
Produktionsimmobilien · 54
Profits Method · 29
Projektentwicklung · 611, 612, 615, 617, 618, 619, 626, 628, 632, 633, 634, 642, 644, 645, 649, 652
Prolongation · 486, 511, 513, 515
Public Real Estate Management · 23, 42, 44, 46

R

Real Estate Private Equity · 51
Realisierung · 611, 612, 613, 616, 617, 619, 630, 635, 636, 637, 638, 640, 641, 645, 648, 649, 650, 651, 654
Rechtsbeziehungen · 106, 119, 168
Rechtsfolgen · 96, 137, 181, 183, 196, 207, 219, 280
Rechtsnatur · 130, 162, 174, 250, 273, 274
Refinanzierung · 470, 471, 472, 473, 476, 477, 480, 483, 507
Rendite · 13, 26, 29, 41, 51, 56, 367, 640, 647, 654
Renditeberechnung · 25, 26, 27, 41, 435, 437, 442, 443, 444, 445, 448, 456, 457
Residual Method · 29
Risiken · 196, 199, 609, 615, 617, 618, 619, 648
Rückgabepflicht · 208, 248, 255
Rücktritt · 188, 190, 278, 287, 288, 289, 301
Rückzahlung · 246, 493, 523, 527

S

Sachsicherheiten · 491
Schadensersatz · 98, 100, 105, 188, 189, 190, 192, 220, 221, 288, 289, 290
Schenkungsteuer · 323, 334, 395
Schulden · 386
Sicherung · 36, 83, 94, 96, 99, 100, 108, 111, 119, 124, 126, 139, 140, 142, 150, 151, 199, 200, 277, 278, 279, 280, 292, 315, 348, 632, 634, 635, 636
Sicherungspflicht · 276
Sondereigentum · 92, 112, 306, 307, 308, 309, 310, 311, 312, 313, 637, 640
Steuerarten · 321, 328
Steuerfreiheit · 373
Steuerschuldnerschaft · 383, 384

T

Teileigentum · 14, 36, 37, 306, 307, 330, 338, 616, 637, 638, 639, 640
Teilung · 63, 67, 68, 76, 110, 142, 307, 309, 609, 616, 633, 637, 638, 640
Teilungserklärung · 112, 307, 309, 310, 311, 312, 313, 315, 640, 653

U

Umsatzsteuer · 194, 203, 321, 322, 354, 355, 370, 371, 372, 373, 375, 376, 377, 378, 379, 380, 382, 383, 384, 395
Umsatzsteuerrecht · 370, 647
Unterlassungserklärung · 305, 306

V

Valutierung · 108, 511, 512, 523, 527, 528, 648
Veränderungssperre · 123, 134, 140, 141, 634
Vergütungsanspruch · 119, 176, 178, 182, 187, 193, 194, 199, 276, 281, 283
Verjährung · 110, 182, 190, 191, 208, 257, 273, 276, 283, 285, 290
Verjährungsfragen · 290, 291
Verjährungsfristen · 184, 190, 283
Verlustabzug · 344, 358, 359, 364, 365, 366
Verlustausgleich · 358, 364, 365, 367
Vermarktung · 611, 612, 615, 616, 617, 619, 625, 632, 634, 637, 638, 642, 645, 648, 649, 651, 652, 653, 654
Vermieterpfandrecht · 207, 247, 248
Vermieterwechsel · 208, 213, 258, 259

Stichwortverzeichnis

Vermietung · 323, 324, 325, 326, 343, 344, 346, 347, 353, 356, 357, 358, 363, 364, 365, 366, 371, 372, 373, 374, 376, 377, 381, 385, 394
Vermögenszuordnung · 321, 324, 325, 326
Verpachtung · 323, 324, 325, 343, 344, 347, 353, 356, 357, 358, 363, 364, 365, 366, 372, 373, 374, 394
Verstoß · 185, 186, 189
Vertragsabschluss · 213, 214, 217, 224
Vertragsabschluß · 172, 173, 174, 187, 196
Vertragsinhalt · 214
Vertragsstrafeversprechen · 306
Verwaltung · 7, 9, 28, 36, 37, 72, 171, 224, 314
Verwaltung von Immobilien · 27
Verweigerung · 150, 184
Verzug · 100, 192, 221, 222, 241, 254, 282, 284, 288
Verzugsfolgen · 119, 191
VOB/B · 168, 172, 174, 175, 176, 177, 178, 179, 180, 181, 182, 183, 184, 185, 187, 188, 189, 190, 192, 193, 194, 195, 196, 197, 198, 199, 200, 201, 275
Voraussetzungen · 611, 616, 617, 635, 637, 640, 641, 644

Vorsteuerkorrektur · 380, 381, 382
Vorvertrag · 635, 636, 641

W

Werbungskosten · 322, 342, 343, 344, 346, 348, 349, 350, 353, 354, 359, 360, 363, 364
Werkwohnungen · 208, 259
Wettbewerbsrecht · 305
Wirtschaftlichkeit · 231, 439, 440, 441, 461
Wohnungseigentum · 28, 64, 66, 74, 84, 112, 252, 306, 307, 308, 309, 312, 330, 637, 639
Wohnungseigentumsrecht · 265, 267, 306

Z

Zinsvereinbarung · 482
Zustimmungserfordernisse · 299
Zweckerklärung · 512, 514